U0922237

太原年鉴

2016

太原市地方志办公室　编

山西出版传媒集团
三 晋 出 版 社

图书在版编目（C I P）数据

太原年鉴. 2016 / 安捷主编. — 太原：三晋出版社，2016.11

ISBN 978-7-5457-1422-7

Ⅰ. ① 太… Ⅱ. ①安… Ⅲ. ①太原—2016—年鉴 Ⅳ. ①Z522.51

中国版本图书馆CIP数据核字(2016)第287772号

太原年鉴（2016）

主　　编：安　捷
责任编辑：张仲伟
责任印制：李佳音

出 版 者：山西出版传媒集团·三晋出版社（原山西古籍出版社）
地　　址：太原市建设南路 21 号
邮　　编：030012
电　　话：0351-4922268（发行中心）
0351-4956036（总编室）
0351-4922203（印制部）
网　　址：http://www.sjcbs.cn

经 销 者：新华书店
承 印 者：山西嘉祥印刷包装有限公司

开　　本：889mm × 1194mm　1/16
印　　张：35.5　彩页 40
字　　数：1270 千字
版　　次：2016 年 11 月　第 1 版
印　　次：2016 年 11 月　第 1 次印刷
书　　号：ISBN　978-7-5457-1422-7
定　　价：380.00 元

太原市地方志编纂委员会

主　　任：耿彦波　市委副书记、市长

副 主 任：任在刚　市委副书记

王立刚　市委常委、常务副市长

王爱琴　副市长

魏　民　副市长

张齐山　副市长

刘　鹓　副市长、市政府秘书长

委　　员：（以姓氏笔画为序）

马雪峰	市农业机械发展中心主任	马竣敏	市委宣传部副调研员
王守清	市安全生产监督管理局局长	王利生	市中级人民法院党组成员
王建堂	市城乡管理委员会主任	王素红	市民族宗教事务局局长
王晋章	市住房公积金管理中心主任	王富旺	市人力资源和社会保障局局长
史水鸿	市公安局警令部主任	白晋虎	市政法委副书记
冯润春	市人大常委会秘书长	吕德岗	市国有资产经营公司总经理
任建忠	市民政局局长	刘建中	市政协秘书长
刘振华	市纪委副书记、市房产管理局局长	刘照升	市粮食局局长
齐宏明	市旅游局局长	安　捷	市地方志办公室主任
孙锁刚	市直属机关工委书记	阴海锁	市人民政府法制办公室主任
杜志强	共青团太原市委员会书记	李　钢	市文化局局长
李发平	市委组织部副部长、老干部局局长	李亚江	市委常务副秘书长
李树人	太原日报社社长	杨万生	市司法局局长
杨云龙	市委党史研究室主任	杨支军	市文物局局长
连金会	市审计局局长	肖新卯	市国土资源局局长
吴素贤	市国家税务局局长	何爱萍	市统计局局长
张　勇	市发展和改革委员会主任	张志宏	市委统战部副调研员
张炎魁	市台湾工作办公室主任	张建刚	市园林局局长
张树明	市委市政府信访局局长	陈向阳	市财政局局长
陈继光	市环境保护局局长	邵社教	市城乡规划局局长
郝宝清	市卫计委主任	胡会强	太原警备区军务动员科科长

胡建林	市社会科学院院长	茹述创	市国有资产监督管理委员会主任
姜　波	市住房和城乡建设委员会主任	姚晓蓉	市档案局局长
贾立进	市水务局局长	高　波	市体育局局长
高二虎	市防震减灾局局长	高屹城	市中小企业局局长
高金虎	市供销合作社联合社主任	郭治明	市交通运输局局长
郭晋龙	市城镇集体工业联合社主任	郭德魁	市质量技术监督局局长
萧芬芬	市妇女联合会主席	常跃平	市政府副秘书长
康宝林	市农业委员会主任	梁宏宇	市教育局局长
尉子旺	市地方税务局局长	韩少峰	市人民检察院检委会专委
谢承泮	市科学技术局局长	雷学东	市委党校常务副校长
詹玉梅	市委宣传部副部长、文明办主任	樊小高	市总工会副主席
潘保欢	市外事侨务办公室主任	薛建明	市商务局局长
薛维柱	市经济和信息化委员会主任	薛新福	市林业局局长
冀克平	市人民防空办公室主任	澹台宏亚	市城市建设国有资产经营公司董事长
魏元平	市食品药品监督管理局局长	魏建庭	市经济发展研究中心主任

《太原年鉴》编审人员

主　　编：安　捷

副 主 编：张艳民　张永霞

监　　制：陈向荣　何志涛　张晓东

编　　辑：刘雁珍　阎玉山　赵志英

编　　务：韩　莉　张宝燕　单　伟　赵计生　梁晓玲

设　　计：吕　诚　姚善善

摄　　影：张晓东　米国伟　赵世凯

审　　稿：山西省地方志办公室年鉴期刊处

城市立体交通

太原市行政区划图
静乐县
鹅城镇
岚县
东村镇
娄烦县
娄烦镇
古交市
交城县
天宁镇
文水县
凤城镇
汾河水库
文峪河水库
静游镇
庙湾乡
杜交曲镇
马家庄乡
盖家庄乡
米峪镇乡
天池店乡
嘉乐泉乡
镇城底镇
梭峪乡
西曲街办
河口镇
桃园街办
东曲街办
屯兰街办
阁上乡
岔口乡
马兰镇
常安乡
邢家社乡
原相乡
娘子神乡
神峪沟乡
丰润镇
康家会镇
赤泥洼乡
普明镇
王狮乡
社科乡
梁家庄乡
庞泉沟镇
东坡底乡
水峪贯镇
会立乡
岭底乡
西社镇
洪相镇
开栅镇
西营镇
西城乡
南庄镇
南安镇
夏家营镇
马峪乡
东于镇
上明乡
土峪乡
吕梁市
忻

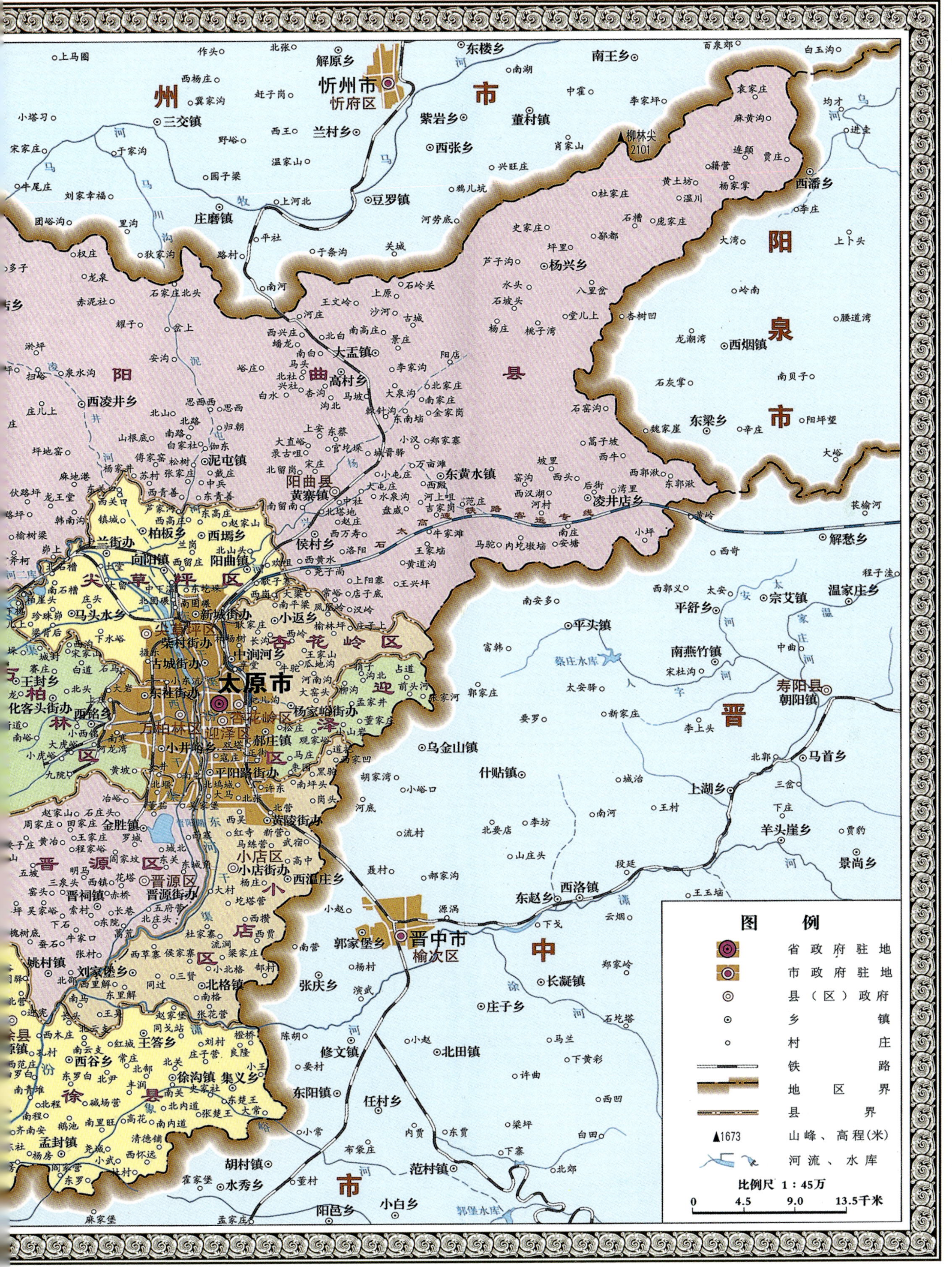

太原市
忻州市
忻府区
阳泉市
晋中市
榆次区
阳曲县
寿阳县
尖草坪区
杏花岭区
迎泽区
万柏林区
小店区
晋源区
清徐县
图例
省政府驻地
市政府驻地
县（区）政府
乡镇
村庄
铁路
地区界
县界
山峰、高程(米)
河流、水库
比例尺 1：45万
0 4.5 9.0 13.5千米

省委书记骆惠宁在能博会参观、指导

省长楼阳生在太原西矿北社区居家养老服务站调研

省委常委、市委书记王伟中在民营区调研

市长耿彦波督导市直医院迁建项目

城市交通枢纽

横跨汾河直通长风商务区的跻汾桥鸟瞰

汾河水系

俯瞰汾河二库

太原地质博物馆

中华傅山园

山西博物院

西山万亩生态园秋色

长风桥

建于 1988 年的五一广场人行天桥即将拆除

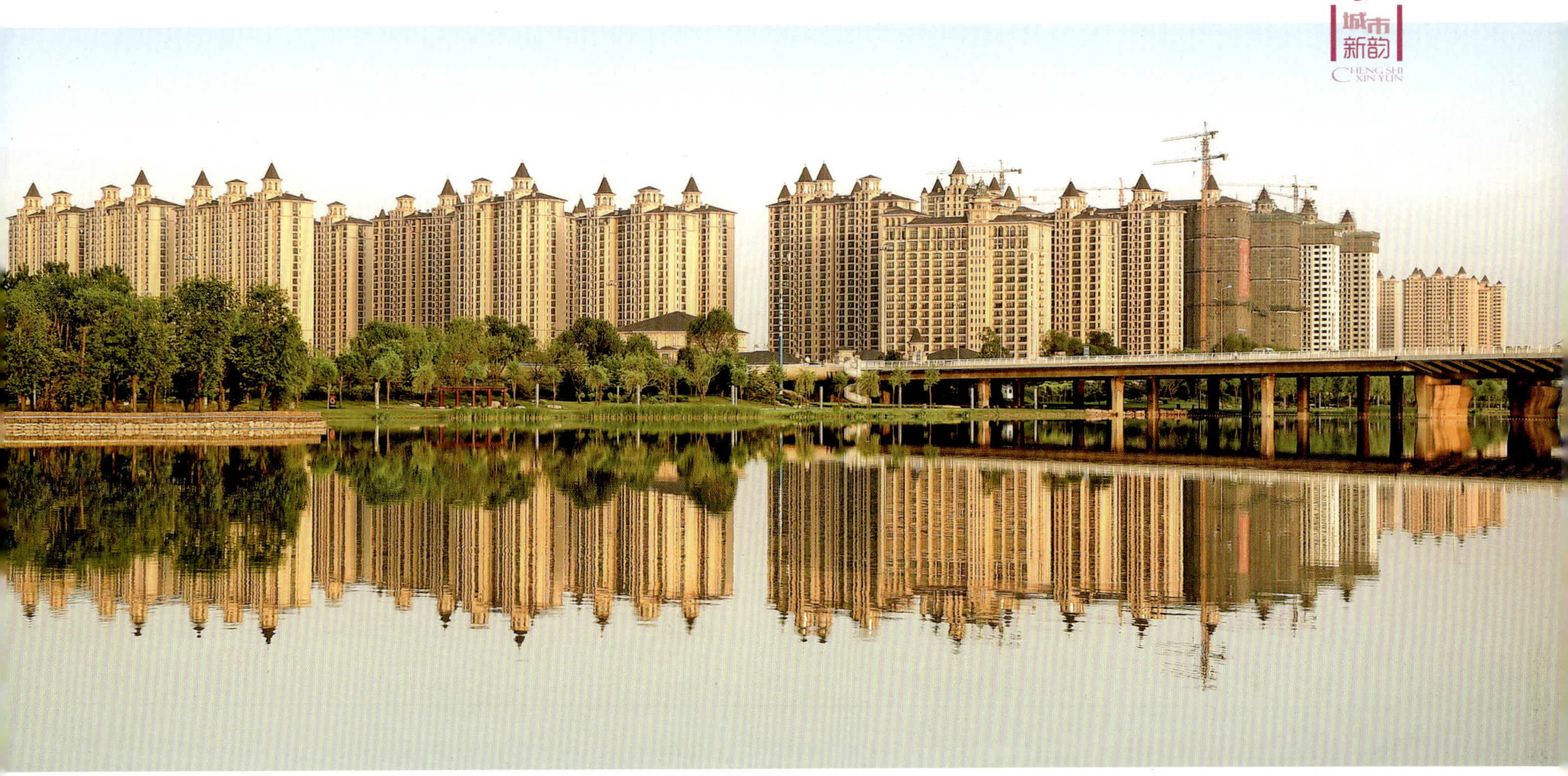

宜居住宅小区

城市建设
CHENG SHI JIAN SHE

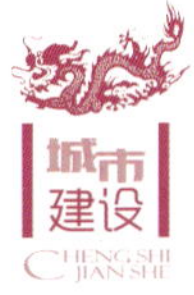

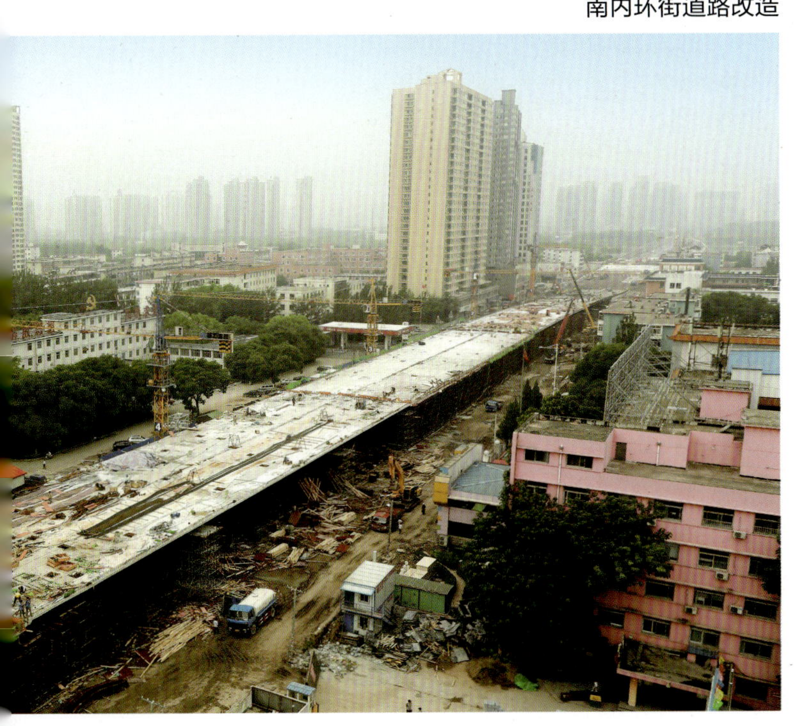

南内环街道路改造

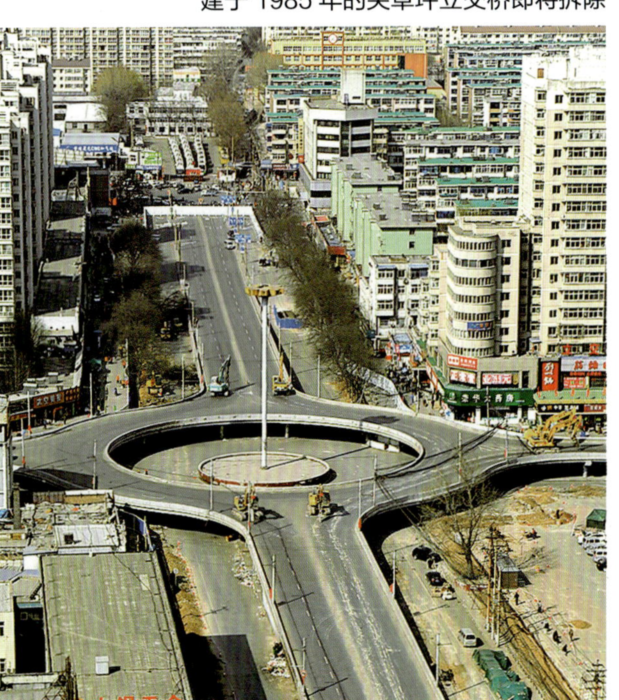

建于 1985 年的尖草坪立交桥即将拆除

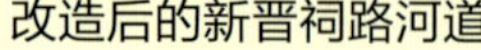

改造后的新晋祠路河道

西海公园段

中北大学

太原理工大学

山西中医学院附属医院

山西大医院

滨河公园

邮政大厦

中国优秀旅游城市——太原

太原火车站内景

维修公交自行车

城市环卫车

驾驶证照路考

新能源电动出租车全面取代燃油出租车

冷轧生产线

生态农业，花卉养植

小学生环境保护实践课

市老年大学学员交流书法作品

非物质文化遗产——剪纸

太原动物园

绿色出行

70
1945-2015
中国梦·太行魂
纪念抗战胜利70周年大型摄影展
Large exhibition to commemorate the 70th anniversary of the victory of the war
主办单位：中共山西省委宣传部　山西省文学艺术界联合会　中共长治市委宣传部　中共晋城市委宣传部　中共晋中市委宣传部
承办单位：山西省摄影家协会　山西博物院

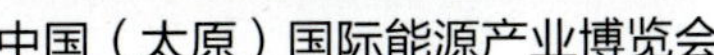

中国（太原）国际能源产业博览会

太原国际锣鼓大赛

社火

《于成龙》剧照

乡村儿童文艺表演

宽银幕电影院

图书市场

中国煤炭博物馆

数字太原 2015

SHUZI TAIYUAN

综合

地区生产总值	2735.34 亿元
第一产业	37.40 亿元
第二产业	1020.17 亿元
第三产业	1677.77 亿元
人均地区生产总值	63483 元

人口

常住人口	431.87 万人
男性	220.69 万人
女性	211.18 万人
出生人口	38818 人
死亡人口	19043 人
自然增长率	4.59‰

对外经济贸易

海关进出口总额	106.77 亿美元
出口总额	65.92 亿美元
进口总额	40.85 亿美元

能源

一次能源产量	2849.26 万吨标准煤
二次能源产量	4143.87 万吨标准煤
煤炭消费量	6305.85 万吨
全社会用电量	240.36 亿千瓦时
焦炭消费量	348.71 万吨

物价

城镇居民消费价格总指数	100.4
食品	100.3
衣着	103.4
居住类	99.8
城镇商品零售价格总指数	98.6
工业生产者购进价格指数	93.0
工业生产者出厂价格指数	89.4

社会从业人员和劳动报酬

社会从业人员	222.75 万人
第一产业	25.17 万人
第二产业	64.92 万人
第三产业	132.66 万人
城镇非私营单位在岗职工年平均工资	60515 元

固定资产投资

固定资产投资额	2025.61 亿元
第一产业	35.55 万元
第二产业	455.35 万元
第三产业	1534.71 万元
全社会房屋竣工面积	959.75 万平方米
住宅	486.07 万平方米

人民生活

城镇居民家庭人均可支配收入	27727 元
城镇居民家庭人均消费性支出	15455 元
农村常住居民人均可支配收入	13626 元
农村住户人均生活消费支出	10124 元

农村经济

农作物播种面积	100.33 千公顷
粮食面积	75.57 千公顷
粮食产量	29.93 万吨
油料产量	0.30 万吨
肉类产量	5.60 万吨

工业

规模以上工业企业单位	408 个
规模以上工业总产值	2159.27 亿元
原煤产量	3988.88 万吨
发电量	257.48 亿千瓦时
生铁产量	777.37 万吨
粗钢产量	1078.60 万吨
不锈钢产量	401.84 万吨
水泥产量	478.07 万吨

建筑业

建筑企业单位	1056 个
建筑企业竣工产值	948.31 亿元
建筑企业总产值	1985.01 亿元
建筑企业房屋建筑竣工面积	1736.76 万平方米

住宿、餐饮业和旅游

住宿、餐饮业营业额	347035.2 万元
国内旅游人数	4891.47 万人次
国际旅游人数	21.01 万人次
旅游总收入	588.35 亿元
旅游外汇收入	8059.54 万美元

财政、金融和保险

公共财政预算收入	274.24 亿元
公共财政预算支出	419.99 亿元
城乡居民人民币储蓄存款余额	3432.12 亿元
原保险保费收入 160.66 亿元	160.66 亿元

交通运输邮电通信业

铁路营业里程	2791.71 公里
公路营业里程	7359.55 公里
铁路货物周转量	17829.75
公路货物周转量	13977.40
铁路旅客周转量	5598.60
公旅客周转量	2785.00
市话年末数	98.63 万户
农话年末数	3.60 万户
移动电话户数	741.30 万户

批发和零售业

社会消费品零售总额	1540.80 亿元
城镇消费品零售额	1433.61 亿元
乡村消费品零售额	107.19 亿元

教育科技

高等学校	43 所
高等学校在校学生数	54.66 万人
高等学校专任教师数	23771 人
中等职业学校	58 所
中等职业学校在校学生数	8.50 万人
中等职业学校专任教师数	4612 人
独立科学研究机构	104 个

文化体育卫生环保

群艺文化馆数	12 个
公共图书馆数	12 个
一级以上裁判员	1256 人
等级运动员	1254 人
广播电视台数	6 个
医院数	185 个
市区二级以上空气质量天数	230 天

编纂说明

一、《太原年鉴》是由太原市人民政府主管、太原市地方志编纂委员会主办、太原市地方志办公室组织编纂的市级综合年鉴。

二、《太原年鉴》是一部系统记述太原市自然、政治、经济、文化、社会等方面情况的年度资料性文献。为读者了解太原、认识太原、研究太原、投资太原、建设太原提供帮助。

三、《太原年鉴(2016)》是依照国务院《地方志工作条例》和《山西省地方志工作条例》,根据中指组《地方综合年鉴编纂出版规定》和省志办《山西省综合年鉴编纂规范》,规范后依法编纂、出版、发行的第五部地方综合年鉴。记述时限为2015年1月1日至12月31日,特载、彩版记述至2016年。

四、《太原年鉴(2016)》采用分类编排法,以类目、分目、条目组成主体部分,有些分目增加了次分目。全书共34个类目、141个分目、64个次分目和2100个条目,随文照片96幅,统计报表44页,总字数127万字。限于框架结构与年度实际之间略有差异,个别条目略有交叉,由于表述角度不同,可以互为参见,以保持内容的相对完整。

五、《太原年鉴(2016)》有较为完备的检索系统。书前有总目和详细目录及英文目录,书后附有主题词索引,主题词按首字的汉语拼音音序排列。

六、《太原年鉴(2016)》涉及的数据由各行业、各部门提供,由于统计口径不同,如遇数据不一致,当以太原市统计局公开发布的统计数据为准。统计数据除农业经济、县区概览类目外均使用法定计量单位。

七、《太原年鉴(2016)》稿件由太原市各党、政、军机关和企事业单位撰写,并经撰稿单位领导审核。统计资料由太原市统计局提供。为了增强《太原年鉴》的时效性和可读性,彩色专版部分均为供稿单位的最新资料。

八、《太原年鉴》自1989年创刊以来,得到社会各界的大力支持,在此对关心、支持太原年鉴工作和太原市地方志事业发展的各部门、各单位领导和撰稿人表示衷心的感谢!由于编纂水平所限,难免有疏漏之处,敬请读者批评指正。

总目

ZONG MU

comprehensive table of contents

目 录
CONTENTS

大事记

2015 年太原市大事记

中国共产党太原市委员会

综　述

市委办公厅

组织工作

宣传工作

统战工作

政法综治

中国共产党太原市纪律检查委员会

民主党派和工商联

中国国民党革命委员会太原市委员会

民盟太原市委员会

中国民主建国会太原市委员会

中国民主促进会太原市委员会

中国农工党太原市委

九三学社太原市委员会

市工商联

群众团体

太原市总工会

共青团太原市委

太原市妇女联合会

太原市文学艺术界联合会

太原市归国华侨联合会

太原市红十字会

太原市残疾人联合会

太原市慈善总会

工业经济

粮食供销

中石化太原石油分公司

供销合作社

建筑业　房地产业

建筑业

房地产管理

住房公积金管理

城乡建设　环境保护

城乡管理

城乡规划

市容环卫

园林绿化

城市供水

城市供热

民航机场

邮政　通信

邮　政

·山西省邮政公司太原市分公司·

通　信

·太原电信分公司·

·太原联通·

财政　税务

财　政

保险业

科学技术

科　技

气　象

防震减灾

科协工作

社会科学

经济发展研究

太原社会科学研究院(联)

教　育

教　育

·教育装备中心·

慈善职业技术培训中心

·太原市财贸学校·

·太原城市职业技术学院·

·万柏林实验中学校·

文化　新闻　出版

文　化

体 育

文物 旅游

文 物

旅 游

社会生活

民族宗教

老龄工作

单位选介

区县概况

小店区

迎泽区

杏花岭区

尖草坪区

万柏林区

晋源区

古交市

清徐县

阳曲县

娄烦县

附　录

社会和经济发展统计资料

CONTENTS

中共太原市委常委会工作报告

——2015 年 12 月 14 日在市委十届七次全会上

中共山西省委常委、太原市委书记 吴政隆

同志们：

我受市委常委会委托，向全会报告工作。

市委十届六次全会以来，在党中央和省委的正确领导下，市委常委会紧紧依靠全委会的同志，团结带领全市干部群众，认真落实党的十八大和十八届三中、四中、五中全会精神，深入贯彻习近平总书记系列重要讲话精神，协调推进“四个全面”战略布局，认真落实省委“五句话”总要求，一手抓党风廉政建设和反腐败斗争，全面从严治党、从严治吏，着力净化政治生态；一手抓经济社会发展，主动适应经济发展新常态，积极转方式、调结构，着力推动富民强市，努力在全省发挥“六个表率”作用。

一、深入学习贯彻习近平总书记系列重要讲话精神，认真落实省委“五句话”总要求

坚持把学习贯彻习近平总书记系列重要讲话精神作为重大政治任务，组织召开市委常委会议、中心组学习会和全市性大会认真学习贯彻，深刻理解、深入贯彻“四个全面”战略布局等一系列新思想、新观点、新论断。党的十八届五中全会闭幕后，市委常委会及时传达学习，全面安排部署，在全市迅速掀起学习宣传贯彻热潮。认真落实省委“五句话”的总要求，扎实开展学习讨论落实活动，市委常委带头“双学”，既深入学习贯彻习近平总书记系列重要讲话精神，又自觉学习以习近平同志为总书记的党中央领导集体崇尚实干、勇于担当、廉洁自律的优良作风，学习新的省委领导班子治晋兴晋强晋的政治担当和良好作风，坚持从自己做起，一级做给一级看，一级带动一级干。认真学习贯彻省委十届七次全会精神和王儒林书记对太原工作的重要指示精神，精心组织起草市委“十三五”规划建议，持续抓好“六个表率”42 项分解任务的推进落实。全面落实省委和我市确定的 36 项重点整治任务，多年存在的一些突出问题得到有效解决。各级领导班子和党员干部认真践行“三严三实”，发扬“马上就办”精神，工作作风、精神状态发生了可喜变化，敢于担当、积极作为、迎难而上的劲头和干事创业的氛围正在加快形成，“净化政治生态、实现弊革风清、重塑三个形象、促进富民强市”取得明显成效。

二、全面落实从严治党政治责任，坚定不移推进党风廉政建设和反腐败斗争

认真学习贯彻习近平总书记全面从严治党重要指示精神，坚决落实省委决策部署，充分认识我市反腐败斗争的严峻性、复杂性、尖锐性和特殊性，切实增强抓好党风廉政建设和反腐败斗争的紧迫感和自觉性。

坚决把纪律和规矩特别是政治纪律、政治规矩挺在前面。坚持纪严于法、纪在法前，严格执行党章，认真宣传贯彻新修订的《中国共产党廉洁自律准则》《中国共产党纪律处分条例》《中国共产党巡视工作条例》，抓早抓小、动辄则咎，着力把握运用好批评教育、组织处理、纪律处分、立案审查四种监督执纪形态，真正让纪律和规矩成为不可触摸的“高压线”。严肃查

处古交市客运办原主任违反政治纪律的问题，问责主体责任不落实的古交市交通局分管领导和主要领导。对2008年以来市管干部问题线索进行集中起底、集中研判，实施分类处置，对78名市管干部进行谈话，促进干部认清问题、改正错误、放下包袱、轻装上阵，焕发干事创业激情，得到了省委、省纪委的充分肯定。

全面落实“两个责任”。深刻认识我省发生系统性、塌方式腐败的根本原因在于管党治党不严，失之于宽、失之于软，紧紧牵住主体责任这个“牛鼻子”，制定下发落实“两个责任”的清单，压实全市各级党委（党组）、纪委（纪检组）党风廉政建设责任。市委书记作为第一责任人，坚持重要工作亲自部署、重大问题亲自过问、重要环节亲自协调、重要案件亲自督办，其他常委同志认真履行“一岗双责”，从严抓好分管部门“两个责任”落实，对落实“两个责任”不力的95名领导干部严肃问责。领导和支持纪委履行监督责任，聚焦主业，加快“三转”，市县两级纪委牵头或参与的议事协调机构精简95%以上。市委专门组织对“两个责任”落实情况进行督查，发现问题，督促整改，层层传导压力，推动责任落实。

始终保持惩治腐败的高压态势。坚持用最坚决的态度减少腐败存量，用最果断的措施遏制增量，坚持“零容忍”态度，有案必查、有腐必反、有贪必肃。今年1–11月，全市各级纪检监察机关处置问题线索2268件、初核1656件、立案1187件，同比分别增长205%、153%、84%；立查县处级干部77人，处分县处级干部64人。认真做好省委巡视六组反馈意见的整改落实，抓好移交问题线索的办理。

始终保持狠刹“四风”的高压态势。坚持作风建设永远在路上，持之以恒正风肃纪，紧盯“四风”隐形、变异问题，坚持重拳出击、露头就打，坚决防止“四风”反弹回潮。全市共查处违反中央“八项规定”精神问题108个，处理违规违纪人员175人，“四风”问题蔓延势头得到有效控制。严肃查处乱作为、不作为、慢作为等问题，对市市容环卫局原局长等人进行了问责。清理规范市级议事协调机构和临时机构，精简率达86%。

坚决查处发生在群众身边的腐败问题。落实省委“乡村治、百姓安”要求，深入开展以群众举报乡村干部腐败为切入点集中解决群众信访诉求问题专项治理和农村集体“三资”管理专项清理整治，全市受理乡科级和一般干部、村居干部举报1270件，立案查处群众身边腐败案件477件、结案472件、处分506人，全市106个乡镇（街办）均有自办案件，侵害群众利益的腐败现象得到有效遏制，“上面九级风浪、中间波澜不惊、下面纹丝不动”的状况有了明显改变。

三、努力促进经济平稳健康发展

主动适应经济发展新常态，着力稳增长、促改革、调结构、惠民生、防风险，全力推进“六大发展”。积极争取省委、省政府支持，省政府专门出台支持太原率先发展的《意见》，市委、市政府专题研究，分解任务、认真落实。今年前三季度，全市地区生产总值完成1935.58亿元，增长8.8%，城乡居民收入分别达到20328元、9662元，增长8.7%和9.2%，固定资产投资完成1214.51亿元，增长14.5%，一般公共预算收入完成212.56亿元，增长3.1%，各项主要经济指标位居全省前列。在省委十届七次全会上，王儒林书记对此充分肯定，认为这说明事在人为，是真抓实干，干出来的。

着力抓好“五个一批”。把抓好一批重大产业项目、一批重大基础设施项目、一批重大民生项目、一批不稳定因素的化解、一批重大改革事项作为推动工作的重要载体和抓手，滚动推进、狠抓落实。坚持每季度召开全市经济形势分析会，市委常委会及时研究解决经济运行中的重大问题，着力抓薄弱、补短板、添措施、增动力，不断增强经济工作的前瞻性、系统性、针对性，有效推动了经济平稳较快发展。

全面实施“三个突破”。认真落实省委、省政府部署，坚持把科技创新、金融振兴和民营经济发展作为推动经济发展的重要突破口，分别召开推进大会进行安排部署，制定出台深入实施创新驱动发展战略、促进金融振兴、加快民营经济发展三个实施意见。在省委、省政府及有关部门的大力支持下，经过努力争取，国家五部门将我市确定为小微企业创业创新基地示范城市，三年安排9亿元，省配套支持 1 亿元;促进大众创业、万众创新。新增国家重点实验室1个，新认定高新技术企业105家。“新三板”挂牌公司由3家增至20家，创业板实现零突破。今年前三季度，金融业增加值完成329.96亿元，增长19.4%，全市新增各类市场主体1.6万户，增长18.8%，民营经济增加值完成1128.72亿元，增长9.23%。

大力推进产业结构调整。强化产业的支撑作用，坚持抓增量与抓存量并举，通过做大做优增量促进结构调整，通过调整优化结构促进存量发展。把工业作为产业发展的重要引擎，发挥龙头企业的带动作用，促进传统优势产业升级改造，培育发展高端装备制造、新能源、新材料、节能环保、食品药品等新兴产业，加快做大做强醋产业，江铃重汽整车及发动机、阳煤化工、富士康手机制造、中天信二期等一批重点项目加快推进。今年1–10月，全市规模以上工业增加值完成485.33亿元、增长6.5%，其中新兴产业增加值占65.5%。把发展现代服务业作为转方式、调结构的战略重点，加快发展养老服务业，制定出台《关于加快发展养老服务业的实施意见》和2016年《行动计划》，分解任务，明确责任，着力推进以居家为基础、社会为依托、机构和医养融合为支撑的养老服务体系建设，建成日间照料中心338个。推进文化旅游、现代物流、信息服务等产业发展，着力培育消费热点。今年前三季度，全市社会消费品零售总额完成1130.64亿元，增长6.0%；服务业增加值完成

1224.56亿元，增长10.9%；旅游总收入实现473.09亿元，增长16.6%。把发展都市现代农业作为农民增收、脱贫致富的重要途径，围绕特色产业、市场需求和产业链做文章，推进农业和农村经济结构调整，提升农业综合效益，九牛牧业、蓝顿旭美等龙头企业带动作用进一步增强。今年前三季度，全市农产品加工销售收入达136.31亿元，增长11.5%。

*积极拓展产业发展空间。*坚持把开发区作为全市产业发展的重要基地和改革开放的重要平台，着力破解开发区发展空间不足的瓶颈，依法依规推进开发区拓展。民营区扩区已经省政府行文批复，高新技术开发区、经开区、不锈钢园区的拓展报批正加快推进。着眼加强西山地区生态保护，积极争取国家批复创建国家新能源示范园区，启动设立太原西山生态产业区申报工作。充分发挥开发区的体制机制优势，制定《关于开发区行政管理事项的决定》，赋予四个开发区行政主体资格，市人大正在履行立法程序。

四、举全市之力推动城中村改造

去年十月，省委王儒林书记在我市调研时，一针见血地指出了我市城中村存在的种种乱象，要求我们加快城中村改造步伐，研究解决城中村系列问题。市委常委会高度重视，迅速研究部署，组织专题调研，形成了《太原城中村调查报告》，提出将城中村改造作为重大民生工程、发展工程和战略工程，作为全市全局工作的重要突破口，作为重塑“三个形象”的着力点和试金石，用五至六年时间完成全市剩余170个城中村的改造，切实改善占城区近三分之一的城中村居民的生活环境。

*把形成和保持“三个高压态势”作为切入点。*在省纪委的领导、支持下，市委责成纪检监察机关组织协调检察、公安、审计等部门180余人成立7个专案组，对全市城中村违纪违法问题进行集中查处。去年10月以来，查处城中村案件305件，涉及103个城中村，处分村干部326人，其中，撤销党内职务以上重处分92人，移送司法机关75人，倒查存在违纪违法问题的国家机关领导干部和公职人员56名。开展“打黑除恶”专项行动，从部督、部转、省转的涉黑涉恶线索入手，打掉了15个盘踞在城中村的黑恶势力犯罪团伙，抓获涉案人员176人。对去年“9·21”坞城村自建房垮塌事件进行严肃查处，对负有监管责任的5名干部给予党纪政纪处分，对涉嫌玩忽职守罪的4名干部依法移送司法机关。通过形成和保持惩治腐败、狠刹“四风”、打黑除恶“三个高压态势”，斩断了城中村乱象背后各种利益黑手，规范了市场秩序，净化了发展环境，赢得了干部群众和企业的信任、支持，为城中村改造扫清了障碍。

*大力整治城中村乱象。*针对城中村存在的突出问题和种种乱象，开展违法建设、环境卫生、社会治安、消防安全、黄赌毒等综合整治，坚决制止和叫停在建的违法建设，清理城中村卫生死角1万余处，查处城中村治安案件9000余起，整治城中村“九小场所”6800余家，依法取缔非法经营，坚决消除城中村的安全隐患，坚决防止各种非法利益的固化，城中村违法建设行为得到有效遏制，环境面貌、治安状况有了明显改善。

*全力推进城中村改造。*召开全市城中村改造动员大会安排部署，举全市之力坚决打赢城中村改造这场硬仗。市委常委会提出敢于担当、积极作为，从最关键、最紧迫、最困难的环内城中村开始，先难后易，拣难的先干，拣“硬骨头”先啃，把困难解决在当下，以背水一战的决心、舍我其谁的勇气、崇尚实干的作风推进城中村改造。坚持把群众利益放在第一位，保证群众合法权益，着力解决群众实际问题，优先建设回迁安置房。坚持规划先行，“地上”“地下”统筹、“面子”“里子”并重、当前与长远结合，同步布局建设城市公共服务和基础设施，完善城市功能，提升城市品质，改善群众生活。坚持依法阳光操作，政策公开、信息公开、过程公开、结果公开，使城中村改造成为法治太原建设的生动实践。坚持分类指导，逐村分析研究，“一村一策一方案”，确保积极稳妥推进实施。坚持优化服务，政府转变职能，城改办协调有力，各部门服务到位；干部转变作风，数千名干部奔走在工作第一线，进村入户摆道理、讲政策，把工作做到人头，做到村民的炕头，得到了群众的理解和支持。市委加强组织领导，城六区和经开区落实主体责任，市直部门做好服务保障，充分发挥党组织的战斗堡垒和党员的先锋模范作用，推动形成全市工作合力。按照今年城中村改造任务，40个村已基本完成整村拆除，完成总拆迁量的81.3%；41个村启动建设回迁安置房5.1万套564万平方米，全市城中村改造工作开局良好，进展顺利。

城中村改造首战告捷，来之不易。这是省委、省政府正确决策和坚强领导的结果，是我们坚持全面从严治党、加强党风廉政建设和反腐败斗争的结果，是全市广大党员干部自觉践行“三严三实”，敢于担当、积极作为的结果。城中村改造的实践充分证明了习近平总书记“反腐并不会影响经济发展，反而有利于经济发展持续健康”的重要论断，完全符合王儒林书记“发展必须廉洁、廉洁促进发展”的工作要求。省委和王儒林书记要求全省学习太原市城中村改造所体现的积极作为、攻坚克难、依法办事、为民谋利的精神，人民日报、新华社等中央媒体，山西日报、山西电视台等省属媒体进行了深入报道，给予了充分肯定。这对我们既是巨大鼓励，又是有力鞭策，市委常委会将紧紧依靠、团结带领全市广大党员干部再接再厉，再鼓干劲，坚决打赢城中村改造这场硬仗，向省委、省政府和全市人民交出一份满意的答卷。

在加快推进城中村改造的同时，市委常委会高度重视城市规划建设管理工作。注重发挥规划的引领作用，召开规委会研究部署，组织开展城市空间发展、地下空间利用、市政基础设施管廊控制等规划研究,编制修订一批专项规划。围绕城市建设短板和薄弱环节,推进一批重大基础设施项目。研究完善轨道交通建设规划,地铁2号线一期开工准备工作进展顺利,3号线一期建设正在抓紧研究推进;太榆路、南沙河、南内环街、学府街等快速化改造完成,城市路网体系不断完善;新改建供水管网77.76公里、供气管网150公里,启动既有建筑节能改造工程,完成412万平方米,实施公共停车场建设、悬空线缆入地、背街小巷整治、公园绿地等专项建设,城市功能进一步提高、环境进一步改善。

五、全力推进省城环境质量改善

牢固树立"既要金山银山又要绿水青山"、"绿水青山就是金山银山"的理念,把省城环境质量改善作为关系太原人民及子孙后代幸福安康的重大民生工程和转方式、调结构的绿色发展工程,着力抓好"五大工程"、"五项整治",努力让省城的天更蓝、水更清、空气更清新。截至12月13日,市区二级以上优良天气224天,优良率达到64.5%,同比增加33天,空气质量综合指数同比下降6.6%。市区饮用水源地水质达标率保持100%,城市水域功能区水质达标率保持75%。

全力抓好五大工程。大力推进清洁供热,集中供热扩网对接落实3103万平方米,关停和改造燃煤锅炉423台。拆除城中村小锅炉4554台,棚户区燃煤小火炉3148台。实施城中村、城边村的气化改造和清洁焦炭替代,基本实现洁净煤配送全覆盖。关停西山石膏矿等6家污染企业和28家非法排污企业。实行最严格的水资源管理制度,保护水安全,治理水污染,启动汾河水库上游岚河湿地工程和汾河治理三期南延工程,加大黑臭水体治理力度,南沙河建设南路至滨河东路段完成水体截污,城南污水处理厂作用进一步发挥,晋阳、汾东污水处理厂建设加紧推进,汾河出境断面水质得到改善。

积极推进五项整治。实施工业企业提标改造,推进29个焦化、水泥企业的污染治理改造,完成太钢、二电厂、西山兴能电厂燃煤发电机组超低排放改造306万千瓦。推进机动车污染防治,严禁中重型车辆进入市区,淘汰黄标车及老旧车2.98万辆。推进扬尘污染治理,市区范围内建筑工地达标作业率79.6%,工业企业、城市周边道路扬尘得到遏制。推进面源污染治理,开展露天烧烤、餐饮业油烟污染治理,进行各类经营场所、商品交易市场燃煤设施整治。推进垃圾无害化处理和秸秆禁烧,生活垃圾焚烧发电和餐厨垃圾处理项目加快推进,秸秆综合利用率达95%。今年前三季度,万元GDP能耗下降5%左右,六项主要污染物排放量均达到省下达的年度任务要求。

大力推进造林绿化。实施城市周边百万亩森林围城工程,着力打造城市绿肺,加大东、西、北山植树造林和生态建设力度,推动生态建设与产业发展、休闲观光、养老服务相结合。全市完成营造林29.07万亩,森林覆盖率预计达到23%。加快太原植物园、和平公园等13个公园建设,完成了阳兴大道、建设路、南沙河等主干道的景观绿化。新增绿地3000亩,建成区绿化覆盖率、绿地率、人均公园绿地面积分别达到41%、36.07%和11.56平方米。

严格保护耕地。坚持最严格的耕地保护制度和土地节约集约利用制度,市、县(市、区)两级政府严格落实耕地保护目标责任制,耕地保有量控制在184.66万亩,基本农田控制在153万亩,万元GDP建设用地下降28%。

六、着力深化改革扩大开放

坚持把改革作为推动发展的根本动力,全面贯彻落实中央、省委全面深化改革领导小组有关会议精神,发挥市委全面深化改革领导小组作用,加强统筹协调,建立健全机制,优化顶层设计,推动改革落地,增强改革实效。承接落实中央和省委、省政府部署的改革任务,司法体制改革试点、深化户籍制度改革、城市公立医院改革、工商登记"三证合一"、农村土地确权登记等改革事项稳步推进。坚持问题导向,着眼推动"三个突破"、"六大发展",破解瓶颈制约,研究部署、加快推进73项改革事项,农信社改制、国资国企改革、排污权有偿使用和交易等46项改革取得阶段性成果。深化行政审批制度改革,制定《太原市"六权治本"推进方案》,市级行政权力事项精简54%,审批和服务事项总办理时限压缩21.6%,市级下放权力事项83项,城中村改造审批效能大幅提高。

积极研究"一带一路"背景下,我省被纳入京津冀协同发展和环渤海合作发展的重大战略机遇,将引进外部要素资源作为加快结构调整、经济发展的有效途径和重要抓手,充分发挥省会城市综合优势,努力以开放促发展、以开放促改革。加强区域经济合作,承办环渤海区域合作市长联席会,达成《推进环渤海区域产业合作的太原共识》。加大招商引资力度,欧亚山西锦绣店等一批重大项目签约落地,比亚迪电动汽车、大族激光数控机床等一批重要产业项目抓紧推进。今年1-10月,签约项目总投资2645.3亿元,落地项目投资1483.28亿元,外贸进出口总额完成87亿美元,增长5.5%。

七、发展社会主义民主政治,大力推进法治太原建设

坚持党的领导、人民当家做主、依法治国有机统一,市委常委会听取市人大常委会、市政府、市政协、市中院和市检察院党组工作情况汇报,研究部署相关工作,扎实推动社会主义民主政治发展。

加强和改进党对法治太原建设的领导。坚持走中国特色社会主义法治道路,积极运用法治思维和法治方式解决改革发展稳定中的各种矛盾和问题,不断提高依法执政水平。落实

市委十届六次全会通过的加快推进法治太原建设的实施意见，抓好任务分解、责任落实等重点工作。实施“阳光司法”五年规划，推动审判公开、检务公开、警务公开，保障司法公开公正。深刻汲取“12·13”案件教训，集中开展执法司法突出问题专项整治，全面加强政法队伍建设。做好法律服务，开展普法教育，营造全民尊法学法守法用法的社会氛围。

坚持和完善人民代表大会制度。加强和改进对人大工作的领导，支持和保证人大及其常委会加强自身建设，依法行使职权。召开市十三届人大五次会议。市人大及其常委会适应全市经济社会发展需要，着力提高立法质量，推进科学立法、民主立法，审议、初审《太原市养老机构条例》等3件法规，修改《太原市消防条例》等15件法规；深化立法改革，建立立法联系点、立法咨询专家库和立法研究咨询基地；加强对法律法规实施情况的检查和“一府两院”工作的监督，就省城环境质量改善、城乡居民医保体系建设等重点工作开展集中视察和调研，进行专题询问和满意度测评；依法作出重大事项和人事任免决定；加强和改进代表工作，强化代表建议督办，搭建代表履职平台，进一步提高代表履职水平。

坚持和完善中国共产党领导的多党合作和政治协商制度。支持市政协围绕大团结大联合，积极发扬社会主义协商民主，充分发挥代表性强、联系面广、包容性大的优势，更好履行政治协商、民主监督和参政议政职能。市政协及其常委会不断完善协商民主制度和工作机制，认真实施年度协商计划，将视察调研与协商议政有效衔接，充分发挥人民政协作为协商民主重要渠道的作用，围绕推进金融创新、做大做强县域经济等重大问题开展协商议政，积极建言献策。召开了市政协十二届四次会议。坚持巩固和发展最广泛的爱国统一战线，召开市委统战工作会议，落实中央和省委统战工作会议精神，安排部署新形势下的全市统战工作。落实“双月座谈会”、重大情况通报等六项制度，进一步拓宽“知情议政”渠道，支持民主党派、工商联和无党派人士积极参政议政、建言献策。坚持依法管理，切实维护民族、宗教领域和谐稳定。不断拓展海内外联谊工作渠道。加强党外代表人士队伍建设，促进非公有制经济人士健康成长。

加强党对群团工作的领导。召开市委群团工作会议，贯彻中央《关于加强和改进党的群团工作的意见》和省委的实施方案，下发市委具体实施《方案》，指导各级群团组织落实中央和省、市委部署，着力解决群团工作存在的“机关化、行政化、贵族化、娱乐化”问题，切实保持和增强党的群团工作政治性、先进性、群众性，工会、共青团、妇联等群团组织的作用进一步发挥。

坚持完善军地齐抓共管国防后备力量建设机制。加强党管武装工作，召开市委议军会议，制定出台《关于加强“八个体系”建设，全面推动军民融合发展的意见》，建立完善与驻地军工企业协调机制，提升服务国防建设能力，推动军民融合深度发展。荣获全省双拥模范城“九连冠”，扎实做好创建全国双拥模范城“八连冠”工作。

八、切实加强宣传思想文化工作

市委常委会高度重视和加强宣传思想文化工作，牢牢把握意识形态工作的领导权、管理权、话语权，充分发挥宣传思想工作在唱响主旋律、凝聚正能量、营造好氛围、重塑新形象上的重要作用，不断激发推进弊革风清、富民强市的强大精神动力。

加强思想道德建设。持续抓好中国特色社会主义宣传教育，推动党的十八届三中、四中、五中全会精神和习近平总书记系列重要讲话精神入心入脑，引导全市干部群众进一步增强思想认同、理论认同和情感认同。带头践行、大力倡导社会主义核心价值观，坚持用群众身边的道德模范、好人好事感染人、教育人、引导人。深入开展群众性精神文明创建活动，扎实抓好城六区全面禁止燃放烟花爆竹等移风易俗活动，引导树立文明新风。组织开展了中国人民抗日战争暨世界反法西斯战争胜利70周年纪念、烈士纪念日等活动。

做好舆论宣传工作。强化政治意识，加强宣传阵地和队伍建设，及时做好社会舆情分析研判，推动主流媒体和网络舆论发挥宣传引导作用，敢于发出主流声音。整合新闻媒体资源，推动传统媒体和新兴媒体融合发展，不断增强传播力、公信力和影响力。加强对外宣传，配合国家和我省主流媒体做好对我市城中村改造、“五个一批”等重点工作的报道，促进重塑“三个形象”。

推进文化事业、文化产业发展。着眼满足人民群众精神文化需求，健全城乡四级公共文化服务体系，加强城乡公共文化基础设施建设，加大政府购买公共文化服务力度，组织开展了各类文化惠民活动。以弘扬“三个文化”为主题，创作推出《于成龙》《拔剑长歌》等一批优秀文化作品。认真做好文物保护和非物质文化遗产传承保护工作。加快发展新型文化产业，传统文化业态与新兴媒体融合取得进展。成功举办太原国际马拉松等重大赛事，在第一届全国青年运动会上取得好成绩，启动第二届青运会太原有关准备工作。

九、着力保障和改善民生

市委常委会坚持把保障和改善民生作为一切工作的出发点和落脚点，按照“坚守底线、突出重点、完善制度、引导预期”的要求，正确把握发展与民生的关系，不断突出民生工作的针对性、实效性，着力办好民生实事，努力把“民生”工程办成“民心”工程，让人民群众共享发展成果。

积极推动就业和社会保障工作。坚持就业优先战略，制定和实施更加积极的就业政策，加快创业孵化基地、实训基地和园区建设，鼓励以创业带动就业。统筹做好高校毕业生、农村剩余劳动力、城镇困难人员、退役军人、残疾人等重点群体的就业工作，城镇登记失业率控制在4%以内。统筹推进社会保障体系建设，城镇职工基本养老、城镇基本医疗、失业、工伤、生育保险等基本实现全覆盖，困难家庭最低生活保障、助学、医疗救助等制度进一步完善。保障房建设有序推进。

扎实推进教育和卫生事业。坚持办人民满意的教育，推进教育资源均衡化，新改续建中小学和幼儿园60所，实现义务教育阶段学校校长和教师交流全覆盖。促进教育公平，推进义务教育阳光招生、优质高中定向招生，解决11万余名进城务工人员随迁子女就学问题。推动太原幼儿师范学校申办高等专科学校。深化医药卫生体制改革，推进医药、医保、医疗联动，加快构建布局合理、分工协作的医疗服务体系和分级诊疗就医格局。加大医疗卫生投入，完善医院基础设施功能，提升医疗机构综合服务能力，加快推进市中心医院、市人民医院、市妇幼保健院、市公共卫生中心等项目建设。县级公立医院全部实行药品零差率销售。

加大脱贫攻坚力度。把扶贫作为最大的民生工程，坚持"六个精准"，因地制宜、综合施策，实施精准扶贫，加快困难群众脱贫致富步伐。综合推进专项扶贫、行业扶贫和社会扶贫，加大金融扶贫力度，推广龙头企业、专业合作社与贫困户利益联动的扶贫新举措。完成产业扶贫投资24.91亿元，发放扶贫贷款4500万元，1.67万贫困人口实现脱贫。

着力办好一批民生实事。坚持雪中送炭，集中力量抓了一批老百姓热切盼望的民生实事。推行小学生放学后免费托管服务，12万个家庭受益；完成背街小巷综合改造30条，新建小游园46个、人行天桥10座、地下通道5座、停车位8160个，改造公厕52座，新增公交运营线路20条，30条道路的架空线缆实现入地；解决了2.28万农村人口的饮水安全，让发展成果更多惠及人民群众。

十、努力维护社会和谐稳定

市委常委会坚持把维护社会和谐稳定作为重大政治任务和政治责任，守土有责、守土负责、守土尽责，强化底线思维，切实维护省城政治稳定、社会大局稳定。

着力化解一批重大不稳定因素。积极应对各类社会矛盾交织叠加，风险隐患持续增多的严峻挑战，加强分析研判和分类管理，从源头上控制和化解不稳定因素。坚持既扬汤止沸又釜底抽薪，落实社会稳定风险评估机制，多措并举、滚动排查、及时预警，抓早抓小抓苗头。集中力量化解重大不稳定因素，在矛盾较为集中的金融、物流、房地产等领域成立排查处置专项小组，深入开展排查，分类分项、分层分级落实化解责任，综合运用法律、行政、经济等办法进行化解，有效推动了存量减少，增量下降。今年以来，交办重大不稳定因素912件，化解696件；累计减少重大不稳定因素357件。

认真做好信访工作。市委常委会充分认识信访稳定工作的长期性、艰巨性和复杂性，坚持每季度进行信访形势分析研判和针对性部署，对全局性重大问题专题研究，及时解决。加强制度建设，推进涉法涉诉信访工作改革，全力推进网上信访工作，着力保持正常信访秩序。市委常委包县（市、区）、副市长和法检两长包领域，推动各级各部门强化信访案件的化解。1–11月，接待群众来信来访6万余人（件）次，中央和省交办的重点信访案件化解99.5%，省交办的2014年以来网上未办理案件全部办结。进入三季度以来，全市信访流量首次实现同比、环比双下降。党的十八届五中全会期间，我市实现进京"零非访"，受到省委、省政府的充分肯定。

全力抓好安全生产。坚持安全生产责任重于泰山，时刻绷紧安全生产这根弦，坚决克服麻痹思想、侥幸心理，扎实做好安全生产工作。每季度听取安全工作汇报，研究制定《太原市安全生产党政同责、一岗双责、失职追责暂行办法》，健全安全生产责任体系，严格实施安全生产目标责任考核"一票否决"。围绕煤矿、非煤矿山、危化品、交通运输、油气储运等重点领域，组织开展安全生产大检查、大排查、大整治，深化"打非治违"和专项整治，发现隐患2.2万余个，95.5%完成整改。加强食品药品安全监管，有效防止了食品药品安全事故发生。

加强社会治安综合治理。坚持以法治思维和法治方式推动"平安省城"建设。学习推广"枫桥经验"，进一步提高人民调解工作水平。加快推动以信息化为支撑的立体化社会治安防控体系建设，组织开展各类社会治安集中整治专项行动，严密防范、严厉打击境内外敌对势力、敌对分子的捣乱破坏活动，强化反暴恐应急处置工作，始终保持"打黑除恶"的高压态势，社会治安大局持续平稳。1–11月，共打掉黑恶势力犯罪团伙22个，破获刑事案件239起，32起现行命案全部告破，影响人民群众安全感的八类严重暴力案件得到有效控制，同比下降16.1%，未发生重大恶性案件和群死群伤治安灾害事故，群众的安全感和满意度进一步增强。

十一、全面加强党的建设

市委常委会坚持从严管党治党，牢固树立"抓好党建是本职，不抓党建是失职，抓不好党建是不称职，党建大面积出问题就是渎职"的理念，把抓好党建作为最大的政绩，以开展"三严三实"专题教育为契机，敢管敢治、严管严治、长管长治，努力营造良好的政治生态。

扎实开展"三严三实"专题教育。坚持把"三严三实"专题教育作为持续深入推进党的思想政治建设和作风建设的重要

举措,作为严肃党内政治生活、严明党的政治纪律和政治规矩的重要抓手,与协调推进"四个全面"战略布局和贯彻落实省委"五句话"总要求结合起来,与抓好"五个一批"、推动"六大发展"、实现"六个表率"结合起来,努力把专题教育的实际成效转化为推动全市各项工作的强大动力。市委常委带头讲党课,深入分管单位和基层开展"三个一"活动;组织5次中心组专题学习研讨,召开专题民主生活会,对照正反两方面典型,深化思想认识,深刻汲取教训,自觉查摆问题,剖析思想根源,制定整改措施,明确努力方向。

*加强领导班子和干部队伍建设。*把从严治吏作为从严治党的关键,贯彻落实习近平总书记关于新时期"好干部"标准,切实树立"德才兼备、以德为先、以廉为基"的用人导向。市委常委会坚持按制度和规矩选人用人,严格执行《党政领导干部选拔任用工作条例》和《山西省各级党委(党组)在干部选拔任用工作中严格执行民主集中制的办法》,强化集体领导把关作用,共任用市管干部53名,初步实现了风清气正。深入实施"三个一批",推动干部能上能下,以"上"的动力和"下"的压力,激发党员干部干事创业的活力。严肃干部管理工作,制定下发《关于规范干部管理工作的通知》,切实解决我市县处级干部管理不规范的问题。深化干部人事制度改革,落实县以下公务员职务与职级并行制度。加强干部监督工作,开展个人有关事项抽查核实,清理规范领导干部在企业兼职和兼任社团职务。修订完善综合考核办法,强化结果使用,考核的"指挥棒""风向标""助力器"作用进一步显现。

*加强基层党组织建设。*出台《关于加强基层服务型党组织建设的实施意见》,指导制定国企、农村、机关和学校等领域服务型党组织建设贯彻落实意见,进一步强化基层党组织的政治功能和服务功能。深入开展"三级联述联评联考",落实党委书记抓基层党建的主体责任。开展软弱涣散基层党组织集中整顿,98.4%的软弱涣散基层党组织得到转化。按照"一好双强"标准,选优配强农村基层党组织书记,做好"领头雁"培训,选派265名机关优秀干部到村担任第一书记。强化党员队伍教育服务管理,发展党员2250名,组织处置和党纪处分不合格党员804名。

一年来,市委常委会始终高度重视和大力加强自身建设。坚持把深入学习贯彻习近平总书记系列重要讲话精神作为重大政治任务,加强集体学习和研究思考,不断用讲话精神武装头脑、指导实践、推动工作。带头参加"三严三实"专题教育,严守党的纪律和规矩特别是政治纪律和政治规矩,深刻认识周永康、薄熙来、郭伯雄、徐才厚、令计划、苏荣等违反党的政治纪律和政治规矩的严重危害性,坚决反对"七个有之",自觉做到"五个必须",始终在思想上政治上行动上与以习近平同志为总书记的党中央保持高度一致,坚决维护中央权威。认真落实省委"五句话"的总要求和各项决策部署,确保政令畅通,维护省委权威。认真执行民主集中制,严格遵守常委会议事规则和决策程序,严格落实集体领导和个人分工负责制,不断提高市委常委会科学决策、民主决策、依法决策水平,保证总揽全局、协调各方作用的发挥。坚持以身作则、以上率下,带头落实中央"八项规定"精神,严格遵守新修订的《准则》《条例》等规定,要求别人做到的自己首先做到,要求别人不做的自己坚决不做,努力把市委常委班子打造成政治坚定、作风过硬、奋发有为、敢于担当的领导集体。

以上是市委常委会一年来的主要工作。这些成绩的取得,是党中央和省委正确领导的结果,是全市各级党组织、广大党员干部群众团结奋斗的结果。省委、省政府高度重视、十分关心支持太原发展,王儒林书记、李小鹏省长等省领导多次深入我市调研指导,省直相关单位给予大力支持。各位委员和各级各部门的负责同志,做了大量富有成效的工作,对市委常委会给予了真诚帮助。在此,我代表市委常委会表示衷心感谢!

同时,市委常委会清醒认识到,与省委"六个表率"要求和人民群众的期盼相比,市委工作和我市经济社会发展还存在许多差距和不足,主要是:产业结构不优,创新能力不强,发展的持续动力不足;基础设施欠账较多,城市管理水平不高,生态环境脆弱;城中村和棚户区改造、采煤沉陷区治理等工作繁重,脱贫攻坚任务艰巨,社会和民生建设任重道远;社会矛盾比较突出,安全生产基础不牢,社会治安形势复杂,维护社会和谐稳定面临较大压力;发展环境不优,政府职能转变不到位,对外开放水平不高,依法治市水平有待提升;领导干部思想作风和能力水平有待提高,党组织和党员的作用有待强化,党风廉政建设和反腐败斗争形势依然严峻复杂,全面从严治党、依规治党仍有许多薄弱环节。对此,市委常委会将高度重视,认真加以解决。

同志们,进入"十三五",我市站在了新的历史起点上。我们要在省委的坚强领导下,深入学习贯彻习近平总书记系列重要讲话精神,全面落实党的十八大和十八届三中、四中、五中全会精神,以及省委决策部署,按照"四个全面"战略布局和省委"五句话"总要求,团结带领全市各级党组织和广大干部群众,坚定信心、迎难而上,敢于担当、积极作为,为"净化政治生态、实现弊革风清、重塑三个形象、促进富民强市",为全面建成小康社会、实现"两个一百年"奋斗目标的第一个百年目标作出新的更大贡献。

希望同志们对市委常委会的工作提出意见和建议。

太原市人民代表大会常务委员会工作报告

——2016年2月25日在太原市第十三届人民代表大会第六次会议上

太原市人大常委会主任　弓　跃

各位代表：

我受市人大常委会委托，向大会报告工作，请予审议。

过去一年的主要工作

过去的一年，在中共太原市委的坚强领导下，市人大常委会认真贯彻党的十八大和十八届三中、四中、五中全会精神，深入学习贯彻习近平总书记系列重要讲话精神，按照"四个全面"战略布局和省委"五句话"总体要求，把党委重要决策、政府着力推进、群众普遍关注的问题作为重点，坚持在服务"六大发展"上谋划工作，在支持改革开放上发挥作用，在推动法治建设上主动作为，在促进民生改善上取得成效，依法履职，努力创新，共召开常委会会议9次、主任会议17次，审议地方性法规3件、集中打包修改20件，听取专项报告35项，任免国家机关工作人员24人次，审查市人大代表资格13名，补选省人大代表3名，为开创我市弊革风清、富民强市新局面做出了积极贡献。

一、围绕市委中心，服务全市大局，全力助推我市"六大发展"

深刻理解和把握市委以"五个一批"为载体和抓手、加快推进"六大发展"的精神内涵，把新常态下实现经济平稳健康发展作为监督重任。对事关全市经济发展的重要课题深入企业进行视察，对晋西车轴、江铃重汽、宝迪食品、清华启迪园等十多个产业、民生、基础设施项目实地调研，听取和审议了"五个一批"重点工作进展情况报告，指出要科学编制项目、提升服务水平、加速推进落地，努力促进"五个一批"工作顺利开展。针对我市开发区发展空间不足的问题，常委会听取和审议了开发区拓展工作情况的报告，要求依法依规推进拓展工作，努力促进产城融合。

推进经济结构战略性调整、提升财政科学管理水平，是提高经济发展质量和效益的重要内容。常委会听取和审议了计划、预算报告，组成人员认为，面对各种复杂严峻的挑战，市委统揽全局、科学决策，政府积极应对、迎难而上，向改革创新要动力、向市场经济要活力，更加注重速度、质量、效益统一，几项主要经济指标增长均居全省前列，成绩来之不易，必须进一步坚定发展信心，深化改革转型，促进全市经济不断提档升级。组成人员建议，要充分认识、积极适应经济发展新常态给我市改革发展稳定带来的挑战，以科技创新为驱动，以深化改革扩大开放为根本，进一步优化政务环境和企业发展环境，加快形成符合我市科学发展的经济生态；要加强政策对接，着力推动"三个突破"，推进固定资产投资和重点项目建设，不断增强经济发展的活力和动力。

常委会贯彻市委将城中村改造作为重大民生工程、发展工程和战略工程的重大决策部署，全力以赴支持配合城中村改造。先后4次组织五级人大代表进行集中和个人持证视察，对大力整治城中村乱象和城中村改造的规划、拆迁、产业发展等各个环节进行监督，听取和审议了专项工作报告，针对改造进展不平衡、综合整治不彻底等问题，提出逐级传导压力、坚持规划先行、加强统筹协调、注重标本兼治等意见建议，为举全市之力坚决打赢城中村改造这场硬仗发挥了人大常委会应有的作用。

"菜篮子"一头连着千家万户的"餐桌子"，一头连着农民增收的"钱袋子"。为进一步改善我市农业生产结构，推进设施蔬菜的发展，常委会通过公开征求代表意见、召集主管部门座谈、走访蔬菜产销大户、深入种植园区调研等方式，全面掌握我市蔬菜生产现状，有针对性地提出注重品牌培育、强化服务功能、创新产销模式、提升质量安全水平等意见建议。农村土地承包经营权确权登记颁证和流转工作事关农村长远发展和农民切身利益，常委会高度重视，强调要确保确权颁证任务如期完成，引导土地向规模经营流转，推进都市现代农业健康发展。

科学编制"十三五"规划，事关富民强市和如期全面建成小康社会。围绕"十三五"规划编制，常委会组织省、市人大代表视察，召开市人大代表座谈会，形成了大力发展战略性新兴产业、全力推进城市建设和管理、加快中小学校改造规划布局和新改扩建医院进度等30多条意见建议，为市委市政府规划"十三五"宏伟蓝图提供了重要参考。

二、坚持依法治国，弘扬法治精神，大力推进"法治太原"建设

强化党对立法工作的领导，把市委精神贯彻到了立法工作全过程。充分发挥人大在立法中的主导作用，加快重点领域立法，自觉将立法工作置于经济社会发展的全局和维护人民利益、促进社会和谐的大局中权衡。当前我国已步入老龄化社会，发展养老事业已刻不容缓，应对人口老龄化趋势，出台了《太原市养老机构条例》，对养老机构的规划建设、扶持发展、服务运营和监督检查作出了详细规定，为养老机构规范发展夯实了法律基础。地下管网是城市的血管和神经，体现"地上""地下"统筹、"里子""面子"并重的发展理念，制定了《太原市城市地下管网条例》，为合理利用地下空间资源、保障管网的有序建设和安全运行、推进海绵城市建设提供了法律依据，对城市未来发展必将产生深远影响。《太原市雷电灾害防御条例》明确了主管部门责任，规范了防御行为，对有效避免和减轻雷电灾害损失、保障人民生命财产和公共安全将发挥重要作用。坚持立改废释并举，对我市地方性法规进行全面梳理，先后3次对20件法规进行了集中打包修改，法规的实效性进一步增强。《太原市禁止燃放烟花爆竹的规定》修改后，政府相关部门严格执法，随意燃放烟花爆竹在城六区得到了有效治理。

落实民主法制领域改革任务，出台《太原市组织实施宪法宣誓办法》，规范了宪法宣誓活动，彰显了宪法的权威，增强了被任命人员的宪法意识。深化立法改革，扎实推进立法精细化，成立38名专家组成的立法咨询专家库，与山西大学合作建立地方立法研究咨询基地，筹建基层立法联系点，不断拓宽社会各方有序参与立法的途径。贯彻新预算法，对计划及预算决算审查批准监督规定进行了修改，强化了对本级预算的初步审查，公开审查过程及结果，将1000万元以上的市本级预算安排纳入审查范围，将审计监督贯穿于预算编制、调整、执行到决算审查的全过程，并对审计整改报告进行了满意度测评。贯彻"六权治本"对人大工作的新要求，监督政府制定行政权责清单，对22件政府规范性文件进行了备案审查，从源头上强化了对政府权力运行的监督。

确保法律法规正确实施，加大执法检查力度是宪法和法律赋予人大的一项重要职权。为保障人民群众平等享受法律服务，维护社会和谐稳定，组织开展了《太原市法律援助条例》执法检查。采取上下联动、边查边改、点面结合、全面覆盖的方式，查制度建设、查责任落实、查服务质量、查援助效果，全面深入细致地检查了市、县及基层站点援助工作开展情况。听取并审议了执法检查报告和市政府贯彻实施条例情况的报告，提出健全协作联动机制、扩大法律援助范围、提高办案补贴标准等意见建议。对本届以来制定的《太原市森林防火条例》等9件地方法规进行了立法"回头看"，推动法规全面贯彻落实。

司法机关是维护社会公平正义的最后一道防线，在保障人民群众安居乐业上发挥着重要作用。常委会大力支持司法机关依法公正行使权力，不断强化司法监督。听取和审议了市人民检察院反贪污贿赂工作情况的报告，督促检察机关保持惩治的高压态势，查处发生在群众身边的贪污贿赂案件，坚持惩防并举，加强能力建设，切实提升工作水平。对市中级人民法院减刑假释案件审理工作进行了监督，强调要严格规范程序，突出监督制约，强化实质审查，杜绝利用不正当手段获取减刑、假释。听取了市公安局深入推进"打黑除恶"专项斗争工作情况的汇报，针对当前黑恶势力犯罪的新趋势和新动向，要求公安部门持续发力，加大打击力度，彻底铲除黑恶势力滋生、蔓延的环境和土壤，将黑恶势力消灭在萌芽状态。

三、关注难点热点，回应社会关切，努力促进民生事业改善

落实党的十八大提出的健全全民医保体系要求，常委会组织开展了医保体系建设专题询问。实地察看了市医保中心和市中心医院等多家定点医院，与小店区、古交市等4个县级卫生局和省人民医院、解放军264医院等7个定点医院进行了座谈，在听取相关工作报告的基础上，结合向社会各界公开征集到的意见建议，向市人社局、卫生局等5个部门负责人，现场询问了大病医保、分级诊疗、基金监管等16个百姓关注的热点医疗保障问题。政府相关部门以此次专题询问为契机，推出了完善分级诊疗体系、实行新农合管理市级统筹、扩大重大疾病救助范围、提高住院费用支付比例等一系列惠民举措，积极回应了人民群众关切。

加快发展现代职业教育是党中央、国务院做出的重大战略部署。常委会听取和审议了我市职业教育发展情况的报告，提出了促进校企紧密对接、加快职教园区建设、强化人才资金保障、注重社会宣传效果等意见建议。通过安排职业院校校长做客电视台新闻对话节目，组织与企业家代表座谈，促成12对校企合作意向。对我市中小学校规划布局和生均用地情况开展了调研，要求政府着力解决学校布局不合理、生均用地面积严重不足等问题。

始终把生态文明建设摆在重要位置，坚定不移地推动影响环境质量突出问题的有效解决，为打造蓝天碧水的美丽太原做出不懈努力。连续33年，坚持每年第一次常委会听取和审议环境保护工作情况的报告。围绕建筑垃圾、生活垃圾、餐厨垃圾的处理及综合利用项目的进展情况进行了调研，提出

要加快制定产业发展政策、推进综合利用进程、启动固体废弃物循环产业园建设等意见建议，得到市委、市政府采纳，并将付诸实施。组织省市人大代表对我市全力推进清洁供热全覆盖工作进行了集中视察，继续开展了以“推进环境整治提标工程，全面改善省城环境质量”为主题的“并州环保行”活动，组织执法检查、采访报道30多次，发现曝光扬尘、煤烟污染及露天烧烤等方面的具体问题40多个，推动了企业违规排污、垃圾无序堆放等一批影响环境质量突出问题的解决。

注重回应群众合理合法利益诉求，积极畅通信访渠道，推进信访改革，强化综合分析，及时化解矛盾纠纷。全年转办交办人民群众来信来访120件，重点督办23件，为维护群众合法权益发挥了积极作用。

四、突出主体地位，强化服务保障，充分发挥人大代表作用

坚持将代表是否满意、人民群众是否认可作为第一标准，切实强化代表建议督办，让代表为民代言不负百姓众望。人代会后及时交办，梳理确定督办重点，2015年重点督办建议数量大幅增加；中期抓限期办结，广泛征询代表意见，通过走访代表、组织座谈、听取政府部门汇报、建立联动督办机制等方式，督促相关部门强化办理实效；后期抓督办难点，深入排查“回头看”，形成了提高代表建议办理工作质量的综合分析报告，并报市委，推进了办理质量有效提升。市十三届人大五次会议期间提出的3件议案全部办理完毕，248件建议在规定时间内办结并答复代表，建议落实率达到70.84%，关于完善山西体育中心周边交通的建议、科技下乡尽量满足农民“三盼”等16个方面的18件重点督办建议得到较好落实。

以推进代表履职常态化为目标，持续巩固和完善履职平台建设，为代表执行职务提供更好保障。完善代表学习平台，举办了210名代表参加的履职培训班，邀请中纪委、省人大、省委党校的领导作专题辅导，组织代表履职交流，不断提高代表的政治意识和履职能力。完善代表联系平台，坚持和落实“两联系”制度，进一步密切人大常委会与代表、代表与人民群众的联系，使人大履行职能、行使职权的民主基础更加广泛厚实。完善代表工作平台，坚持代表述职，健全代表履职登记和激励机制，通过《太原人大》“代表风采”、广播电台“人大之声”积极宣传代表履职情况，为代表执行职务营造良好的社会舆论氛围。

积极保障代表闭会期间活动，不断完善工作机制，创新活动方式，代表发挥作用的渠道更加广泛。制订了对无固定工资收入的市人大代表发放履职补贴的意见，明确了补贴的范围、条件、标准和方式，并将代表履职补贴经费纳入了市财政预算。组织19名市人大代表赴山西晚报、太原晚报和太原电台现场接听市民热线，梳理汇总出107条意见建议，召开政府部门负责人约见会集中转交办理，有关教育、住房、交通和社会保障等方面的一些具体问题得到解决。邀请市人大代表列席人大常委会会议、旁听重大案件庭审、督查文明城市创建、检查城乡清洁工程、参与行风政风评议等各类活动200多人次，使代表主体作用得到更好发挥。

一年来，各位代表不负全市人民重托，以高度的政治责任感和强烈的历史使命感，依法履职，积极作为，主动投身改革发展“主战场”，齐心唱响议政督政“好声音”，全力当好人民群众“代言人”，为促进全市率先发展，开创弊革风清、富民强市新局面，汇聚了强大力量，作出了重要贡献！

五、加强自身建设，践行“三严三实”，着力提高依法履职能力

始终把坚持党的领导放在首位，牢固树立政治意识、大局意识、核心意识、看齐意识，更加自觉地把人大工作置于全市大局中去谋划，使人大工作与党的工作相适应、相协调、相促进。完善了立法、监督、决定、人事任免等重大问题、重要事项向市委请示报告制度。一年来，向市委请示、报告事项71件，市委6次常委会研究人大议题9个，作出批示71次，确保了人大各项工作都在市委的坚强领导下开展。

扎实开展“三严三实”专题教育，以“严”的要求、“实”的作风推动工作的氛围初步形成。一是严明政治纪律和政治规矩。深入学习习近平总书记系列重要讲话精神，反复强调党员干部要守纪律讲规矩，严格落实“五个必须、五个绝不允许”要求，确保常委会与以习近平同志为总书记的党中央保持高度一致。二是推进党风廉政建设。认真学习《中国共产党廉洁自律准则》和《中国共产党纪律处分条例》等党内法规，严格履行党风廉政建设主体责任和“一岗双责”，引导党员干部自觉坚持理想信念宗旨“高线”、坚守党的纪律“底线”，营造风清气正的环境氛围。三是加强机关作风建设。着眼于建立一支“善学习、勤落实、作风硬、守规矩”的人大干部队伍，制订了加强机关作风建设的意见，进一步规范了机关的办公、办文、办会等工作程序，严格了机关各项规章制度，认真贯彻执行中央八项规定精神、坚决反对“四风”成为人大机关干部的自觉行动。

贯彻中发〔2015〕18号文件精神，注重上下工作联动，通过列席会议、座谈交流、考察调研等多种形式加强对基层人大联系指导，在开展执法检查、工作监督、建议督办、代表活动等方面与基层人大密切配合，推动人大工作整体提升。迎泽区代表进选区述职，杏花岭区组织代表服务区委决策大调研，尖草坪区表彰代表履职，万柏林区开展代表救助贫困活动，清徐县以案说法培训代表，为全市代表活动的开展拓宽了思路；小店区建立人大信息平台，晋源区实行被任命人员履职承诺制度，古交市跟踪监督重大事项决定，阳曲县四级百名人大代表视察

“五个一批”工程，娄烦县健全满意度测评制度，这些成功做法，增添了全市人大工作的特色和成效。

各位代表，常委会这些成绩的取得，是市委正确领导的结果，是组成人员和全体代表共同努力的结果，是全市人民积极支持和参与的结果，也是市政府、市政协、市中级人民法院、市人民检察院及县市区人大常委会密切配合的结果。在此，我谨代表市人大常委会，向全市人民、全体人大代表和社会各界表示衷心的感谢！

在总结成绩的同时，我们也清醒看到，当前人大工作与党和人民群众的要求还有一定的差距，主要表现在：立法质量还需要进一步提高，跟踪监督的力度还需要进一步加大，对政府工作报告承诺事项的监督还需要进一步加强，代表作用的发挥还需要进一步创新，常委会和机关工作效能还需要进一步提升等。我们将虚心听取代表意见建议，自觉接受各界监督，认真解决这些问题和不足，切实推动人大工作不断向前发展。

今后一年的主要任务

2016年是全面建成小康社会决胜阶段的开局之年，也是推进结构性改革的攻坚之年。市人大常委会工作的总体思路是：高举中国特色社会主义伟大旗帜，全面贯彻党的十八大和十八届三中、四中、五中全会精神，以马克思列宁主义、毛泽东思想、邓小平理论、“三个代表”重要思想、科学发展观为指导，深入贯彻习近平总书记系列重要讲话精神，按照“五位一体”总体布局和“四个全面”战略布局，认真落实省委“五句话”总体要求和市委十届七次全会部署，坚持党的领导、人民当家做主、依法治国有机统一，围绕推进“六大发展”、实现“六个表率”，认真履行宪法和法律赋予的职责，为我市实现“十三五”时期经济社会发展良好开局和在全省全面建成小康社会进程中率先发展作出贡献！

贯彻这个总体思路，抓好全年工作任务的落实，必须更加自觉地坚持和依靠党的领导，努力使党的主张经过法定程序成为国家意志，确保人大工作始终坚持正确的政治方向；必须更加主动地服务全市改革发展大局，牢固树立和贯彻落实五大发展理念，紧紧围绕市委推进供给侧结构性改革、完善城市功能、改善生态环境、打赢扶贫攻坚战、保障和改善民生等重大决策部署，发挥好地方国家权力机关在推进全市经济社会发展中的重要作用；必须更加有力地保障人民主体地位，把事关群众利益的民生问题作为履职重点，确保人大工作为了人民、依靠人民、造福人民、保护人民；必须更加坚定地发挥人民代表大会的制度优势，把各方面的智慧和力量凝聚和动员起来，形成推动我市各项事业持续健康发展的强大合力。今年常委会工作的主要任务是：

一、落实“六权治本”新要求，推进科学民主立法，不断强化法制保障

坚持改革决策与立法决策相衔接，立法进程与发展进程相适应，从全局和长远来谋划和推进立法工作。继续坚持党对立法工作的领导，健全人大主导立法工作机制，加强对立法工作的组织协调，完善法规立项、起草、审议、评估等各项工作。加强立法力量建设，提升常委会和专门委员会立法专业化水平，健全人大代表、基层人大及社会公众参与立法的机制，充实完善立法咨询专家库、地方立法研究咨询基地和基层立法联系点建设，形成多方参与立法工作的新格局。今年将按照急需优先、成熟优先、量力而行、立改废释并举的原则，拟制订物业管理条例、中小学校规划建设条例、餐厨废弃物管理条例，修改立法条例，对旅游条例、革命遗址保护条例进行立法调研。

二、适应经济发展新常态，依法履行监督职能，切实增强工作实效

科学、灵活运用听取和审议工作报告、视察、调研等监督方式，并将执法检查、专题询问、满意度测评常态化。着力提高常委会审议质量，加强审议前调查研究，增加联组会审议次数，公开审议发言，接受群众对审议情况的监督。抓住重点热点难点问题，连续跟踪监督，委托主任会议听取审议意见落实情况的汇报，必要时提请常委会审议并进行满意度测评。以转变经济发展方式为主线，全力推动改革与发展。听取和审议计划、预算执行情况报告，审计报告及审计整改报告，审查和批准财政决算，重点监督市政府供给侧结构性改革情况。加强对高新区、经济区、民营区、不锈钢园区的经济和法律监督，作出“四区”行政管理事项的决定，尽快理顺开发区管理体制。围绕实现“三个突破”，分别听取和审议实施科技创新、金融振兴、民营经济发展情况的报告。围绕“双创”和简政放权，对小微企业创业创新开展专题调研，对推进工商事务制度改革的报告进行满意度测评，促进相关工作扎实、有序开展。以维护群众根本利益为出发点，大力推动民生改善。听取和审议推进学前教育情况的报告，对发展养老服务业、精准扶贫工作、社区卫生工作、贯彻实施国家和省的宗教事务条例等情况进行监督。持续强化对城中村和棚户区改造的监督，重点关注回迁安置问题。以提升城市功能品质为目标，积极推进城市管理和生态建设。听取和审议环境保护、土地利用与管理、近期建设规划、轨道交通建设进展情况的报告，对贯彻落实《大气污染防治法》情况报告进行满意度测评，对加快停车场建设、改善停车难停车乱问题进行专题询问。围绕开展“五城联创”，听取百万亩森林围城工程建设、绿地系统规划和青运会筹备情况的报告。以推进法治太原建设为重点，有效

促进依法行政和公正司法。开展旅游法执法检查，听取和审议法治政府建设情况的报告，对市中级法院行政审判工作、市检察院侦查监督工作进行监督。关注涉众案件，维护人民群众的合法权益。

三、着眼人大工作新任务，积极构建服务平台，充分发挥代表作用

增进代表与群众的密切联系。制定主任会议成员联系市人大代表办法，进一步贯彻落实加强市人大代表与人民群众联系的意见。推行代表履职登记和通报制度，加强对代表履职情况的管理与服务。开展代表向选民、选举单位述职活动，促进人大代表更好地接受人民群众监督。积极邀请市人大代表列席常委会会议和参加执法检查、视察等活动，列出“菜单式”工作计划，让代表自主选择参与，努力增强闭会期间活动实效。健全代表履职服务保障机制。分期分批组织代表履职学习，引导人大代表以小组为单位开展学习和专题自学，提高代表的政治意识、大局意识、职务意识和履职能力。拓宽代表知情知政渠道，组织代表围绕改革发展重大问题和人民群众关注热点问题开展专题调研，进一步提高代表提出议案建议水平。加强代表意见建议的督办。修改代表建议办理办法，完善办理机制，推行网上交办，拓展重点督办范围，加强跟踪督办。建立代表意见建议提出和办理情况向社会公开制度，探索制定更为科学的建议办理评价办法，提高意见建议的办成率和代表的满意率。开展建议办理“回头看”，组织代表约见办理部门负责人，促进办理质量进一步提高。

四、围绕能力建设新目标，努力践行“三严三实”，全面加强自身建设

坚持把思想政治建设摆在首位，把纪律和规矩挺在前面，自觉做政治上的“明白人”。深入开展“两学一做”学习教育，继续巩固“三严三实”专题教育成果，紧盯不严不实问题持续抓好整改落实。健全常委会党组中心组集体学习制度，继续坚持常委会专题讲座，努力提高理论水平和决策能力。落实全面从严治党要求，强化党风廉政建设“两个责任”和“一岗双责”，严格执行中央八项规定精神，持续反对“四风”。认真落实《关于加强市人大常委会机关作风建设的意见》，扎实开展“冬季行动”，倡导“马上就办”精神，使机关工作各个层面和环节高效运行。加大机关干部培养交流力度，着力锻造高素质的人大干部队伍。加强人大理论创新和工作研究，推动人大工作与时俱进。

围绕县乡两级人大换届选举，结合贯彻中发〔2015〕18号文件和省委实施意见，加强对基层人大的指导，总结推广经验，推动全市人大工作不断创新发展。

各位代表，全面建成小康社会的新征程已经开启，人民的期待在激励着我们，责任与使命在召唤着我们。让我们紧密团结在以习近平同志为总书记的党中央周围，在市委的坚强领导下，坚定信心、迎难而上，敢于担当、积极作为，为实现弊革风清、富民强市，夺取全面建成小康社会新胜利而努力奋斗！

政府工作报告

——2016 年 2 月 24 日在太原市第十三届人民代表大会第六次会议上

太原市市长　耿彦波

各位代表：

现在，我代表市人民政府向大会报告工作，请予审议，并请市政协委员和其他列席人员提出意见。

一、“十二五”时期及 2015 年经济社会发展回顾

“十二五”时期是我市发展很不平凡的五年。五年来，我们认真贯彻落实党的十八大和十八届三中、四中、五中全会精神和习近平总书记系列重要讲话精神，坚持稳中求进工作总基调，积极适应和引领经济发展新常态，全市经济社会发展取得新成就。特别是 2014 年 9 月以来，在以王儒林书记为班长的新的省委和市委的坚强领导下，全市上下按照“四个全面”战略布局，坚持“深入学习贯彻习近平总书记系列重要讲话精神，净化政治生态、实现弊革风清、重塑山西形象、促进富民强省”五句话的总要求和总思路，始终保持惩治腐败、狠刹四风、打黑除恶“三个高压态势”，以“五个一批”为载体，推动“六大发展”，实施“三个突破”，努力在全省发挥“六个表率”作用，开创了各项事业发展的新局面。全市地区生产总值由 2010 年的 1781 亿元增加到 2015 年的 2735.34 亿元，年均增长 8.4%；固定资产投资由 2010 年的 916.48 亿元增加到 2025.61 亿元，年均增长 18.2%；社会消费品零售总额由 2010 年的 825.85 亿元增加到 1540.8 亿元，年均增长 13.3%；一般公共预算收入由 2010 年的 138.48 亿元增加到 274.24 亿元，年均增长 14.6%；城镇常住居民人均可支配收入达到 27727 元，农村常住居民人均可支配收入达到 13626 元，两项收入增速均高于地区生产总值增速，为“十三五”发展奠定了坚实基础。

2015 年，面对经济下行压力，全市上下积极作为、奋力拼搏，着力稳增长、促改革、调结构、惠民生、防风险，保持了经济社会平稳健康发展。地区生产总值增长 8.9%，规模以上工业增加值增长 5.7%，固定资产投资增长 16%，社会消费品零售总额增长 6.2%，一般公共预算收入增长 5.9%，城镇常住居民人均可支配收入增长 7.6%，农村常住居民人均可支配收入增长 8%，综合实力进一步提升。

——大力推进产业结构调整，服务业对地区生产总值的贡献率明显提升。培育发展高端装备制造、新能源、新材料、节能环保、食品药品等新兴产业，推进开发区扩区拓展，招商引资力度进一步加大。阳煤化工、江铃重汽、华润万象城、欧亚锦绣城市综合体、宝迪屠宰加工、润恒冷链物流等重点项目进展顺利。新兴接替产业增加值占到规模以上工业的 67.1%，装备制造业增加值占到规模以上工业的 44.6%。服务业投资占到全市固定资产投资的 75.8%，增加值占到地区生产总值的 61.3%。

——持续推进城市基础设施建设，城市承载力和发展水平进一步提高。新改建主次干道 31 项，改造背街小巷 32 条，建设里程 113.23 千米。太榆路、学府街、南内环街、南沙河路等相继改造完工，城市快速路网体系日趋完善，逐步进入立体交通时代。地铁 2 号线一期全线招标开工，首开段车站主体工程封顶。新改建供水管网 232 公里、供气管网 178 公里。500 千伏等 9 项供电工程竣工投运。加大历史文化名城保护力度，推进青龙古镇、明太原县城等农耕文明保护。开工建设晋阳湖、和平公园等 13 个公园，新建 46 个小游园，完成阳兴大道、建设路、南沙河路等主干道景观绿化，新增绿地 3000 亩，建成区绿化覆盖率、绿地率、人均公园绿地面积分别达到 41%、36.07%、11.56 平方米。

——举全市之力推进城中村改造，人民生活环境进一步改善。推动 54 个城中村改造，47 个村基本完成整村拆除，完成总拆迁量的 88%，46 个村启动安置房建设。城中村改造取得重要突破，省委王儒林书记要求全省学习我市城中村改造所体现出的“积极作为、攻坚克难、依法办事、为民谋利”的精神。推进棚户区改造，新开工保障性住房 57711 套，基本建成 45510 套，完成投资 118.65 亿元。

——全面推进“五大工程”“五项整治”，省城环境质量进一步好转。市区空气质量综合指数下降 7.76%，优良天数达到 230 天、比上年增加 33 天，优良率达到 63%、比上年提高 9 个百分点，6 项主要污染物排放量均好于省下达的减排要求。集

中供热扩网3104万平方米，实施城边村气化改造16个，减少冬季燃煤100万吨。关停二电厂3×20万千瓦燃煤机组等污染企业34家，减少燃煤180万吨。城南污水处理厂新增日处理能力15万吨，晋阳污水处理厂通水调试。淘汰老旧机动车和黄标车3.35万辆。秸秆综合利用80.92万亩。完成营造林29.07万亩，森林覆盖率达到23%。

——不断加大民生保障和改善力度，人民群众幸福感、获得感进一步增强。提升托底保障能力，民生支出346.7亿元，占一般公共预算支出的82.5%。城镇新增就业10.5万人。实现脱贫1.67万人。扎实推进教育卫生事业，16所新续建学校、12所改扩建医院进展顺利，16所村办幼儿园主体完工。办好一批民生实事，完成既有建筑节能改造412万平方米，新建公共停车位8160个，解决2.28万农村人口饮水安全。采煤沉陷区治理取得阶段性成果。举办太原国际马拉松赛，推进汾河体育健身长廊建设，我市体育健儿在全运会、青运会、省运会等重大赛事取得优异成绩。高度重视安全生产，安全生产事故和死亡人数分别下降4.46%、3.25%。推进"平安省城"建设，严厉打击各类违法犯罪，社会保持和谐稳定。

——全面实施"三个突破"，发展动力和活力进一步提升。加大科技创新力度，全社会研究试验经费投入93.21亿元，新增国家重点实验室1个，新增高新技术企业107家、增长39.77%，市内技术合同成交额21.96亿元、增长162%，高新技术企业销售额占到规模以上工业企业的29%。加快金融改革创新，"新三板"挂牌企业达到20家，占到全省的三分之二。推进民营经济发展，获得全国首批小微企业创业创新基地城市示范，新增民营企业1.88万户、增长16.22%，实现民营经济增加值1571.53亿元、增长10.1%。

——深入推进"六权治本"，政府自身建设进一步加强。严格落实"两个责任"，狠刹"四风"，严肃问责不作为、慢作为。编制完成市级权力清单和责任清单，行政职权事项由6033项精简到2764项，精简率达到54%。取消、调整、下放行政审批事项119项，审批时限压缩21.6%。公务用车改革有序推进，涉改公车全部封停。全面实行政务公开、企务公开和村务公开，建立全方位、全过程、多层次的权力制约监督机制。自觉接受人大、政协监督，认真听取各民主党派、工商联、无党派人士建言献策。办理人大代表建议和政协提案851件，市人大常委会审议意见22件。深入开展"三严三实"专题教育，干部作风明显转变，干事创业氛围更加浓厚。

各位代表，五年的成绩来之不易。这是我们坚决贯彻落实党中央决策部署和省委一系列治晋兴晋强晋战略举措的结果，是省委、省政府和市委统揽全局、正确领导，市人大、市政协有效监督、全力支持，全市人民同心同德、团结奋斗的结果。在此，我代表市人民政府，向全市人民，向驻并解放军、武警官兵和中央、省驻并单位，向尽心履职的各位人大代表、政协委员、各民主党派、各人民团体，向所有关心、支持、参与太原改革发展的社会各界人士，表示崇高的敬意和衷心的感谢！

回顾过去的五年，我们也清醒地看到经济社会发展中仍然存在一些困难和问题。经济结构不优、效益不高的问题仍然突出，传统产业产能过剩、亏损严重；园区承载能力、引领作用仍然不强，好项目、大项目不多的老问题没有有效破解；基础设施、民生改善、环境治理、脱贫攻坚等短板仍然明显，兜底保障能力有待提升；管理创新仍然不够，社会治理还存在不少薄弱环节；安全生产形势仍然严峻，社会潜在风险较多；政府自身建设仍有差距，职能转变仍显滞后，"四风"问题尚未根除。对此，我们将积极面对、勇于担当、认真解决。

二、"十三五"时期经济社会发展的指导思想和目标任务

"十三五"时期是全面建成小康社会的决胜阶段。根据市委十届七次全会精神及"十三五"规划《建议》，"十三五"时期我市经济社会发展的指导思想是：高举中国特色社会主义伟大旗帜，全面贯彻党的十八大和十八届三中、四中、五中全会精神，坚持以马克思列宁主义、毛泽东思想、邓小平理论、"三个代表"重要思想、科学发展观为指导，深入贯彻习近平总书记系列重要讲话精神，协调推进"四个全面"战略布局，坚持发展是第一要务，树立五大发展理念，落实省委"五句话"总要求，以实施"五个一批"为重要载体和抓手，积极推进创新发展、协调发展、绿色发展、开放发展、共享发展、廉洁和安全发展，着力提高发展质量和效益，着力保障和改善民生，统筹推进经济建设、政治建设、文化建设、社会建设、生态文明建设和党的建设，努力实现在全省全面建成小康社会进程中率先发展。

"十三五"时期经济社会发展的主要目标是：经济结构得到新优化。地区生产总值年均增长7.5%以上，力争提前一年实现翻番、到2020年经济总量突破4000亿元。民生改善达到新水平。居民人均收入提前一年比2010年翻一番，力争到2020年城镇常住居民人均可支配收入达到4万元、农村常住居民人均可支配收入达到2万元；力争提前两年实现贫困人口脱贫、贫困县摘帽。城市功能实现新提升。城市空间布局更加优化，基础设施不断完善；城中村和棚户区改造全部完成，省会城市功能和辐射引领作用不断增强。文化建设取得新进步。人民群众思想道德、文化素质、健康水平明显提高，力争进入全国文明城市行列；国家历史文化名城影响力进一步扩大。生态环境得到新改善。主要污染物排放量、PM2.5浓度逐年下降，重污染天气大幅减少，市区优良天气率力争达到80%左右，森林覆盖率力争达到30%，建成区绿化覆盖率达到42%以上，城乡人居环境全面改善。改革开放实现新突破。资源型经济转型综合配套改革试验区建设取得重要进展，重点领域和关键环节

改革取得决定性成果，发展动力和活力显著增强，开放型经济和对外合作机制基本形成。民主法治取得新进展。人民民主不断扩大，法治政府基本建成，司法公信力明显提高，人民权益切实保障；法治太原建设全面推进，社会治理能力和水平不断提高，社会更加和谐稳定。

“十三五”规划《纲要（草案）》已印发各位代表，这里对主要任务做简要报告。

（一）推动创新发展，着力提高发展质量和效益。深化供给侧结构性改革，大力发展高端制造业和现代服务业，培育壮大都市现代农业。充分发挥科技创新的引领作用，推动民营经济做大做强，把太原建成具有较强影响力的金融聚集区。

（二）推动协调发展，着力形成均衡发展结构。围绕改善民生，促进经济社会协调发展、城乡协调发展、物质文明和精神文明协调发展。以迎接2019年第二届全国青年运动会为契机，推进“五城联创”。促进军民融合深度发展。

（三）推动绿色发展，着力改善生态环境质量。落实主体功能区规划。实行最严格的环境保护制度，实施大气、水、土壤污染防治行动计划，深入推进省城环境质量改善。实施城市周边百万亩森林围城工程和以汾河为重点的生态环境修复工程，促进人与自然和谐共生。

（四）推动开放发展，着力实现合作共赢。建立健全对外开放政策机制，加快开发区和开放平台建设，不断拓展对外交流合作新领域。积极参与国家“一带一路”建设，推进与京津冀、环渤海经济圈协同发展，深化太原城市群协作，努力形成全面对外开放新格局。

（五）推动共享发展，着力保障和改善民生。增加公共服务供给，推进城乡基本服务均等化。办好一批民生实事。全面打赢三年脱贫攻坚战。统筹人口均衡发展，提高教育医疗水平。促进就业创业，提高城乡居民收入，建立公平、可持续、全覆盖的社会保障制度。

（六）推动廉洁和安全发展，着力夯实发展基础。全面推进“六权治本”，严格落实“两个责任”，营造廉洁发展社会环境。强化安全红线意识，夯实安全生产基础。全面加强社会治安综合治理，深入推进“平安省城”建设。

三、2016年工作安排

2016年是“十三五”开局之年，也是推进供给侧结构性改革的攻坚之年。我们要主动适应经济发展新常态，认真落实省委提出的“六个表率”作用的要求，用好用足省政府出台的《关于支持太原率先发展的意见》，坚定信心、抢抓机遇、奋力拼搏，在全省全面建成小康社会进程中率先发展，努力实现“十三五”良好开局。

经济社会发展的主要预期目标是：地区生产总值增长8%左右，固定资产投资增长12%，一般公共预算收入增长3%，社会消费品零售总额增长6.5%，城镇和农村常住居民人均可支配收入分别增长8%和8%以上，居民消费价格涨幅控制在3%，城镇新增就业人数8.5万人，城镇登记失业率控制在4%以内。

约束性指标是：万元地区生产总值能耗、二氧化碳排放量、用水量，主要污染物减排，市区空气质量优良天数比例，劣Ⅴ类水体比例，新增建设用地降幅，农村贫困人口脱贫人数，城市棚户区住房改造数量，均完成省下达任务。

围绕上述目标，在全面推进经济社会发展的同时，重点抓好以下八个方面的工作：

（一）深化供给侧结构性改革，推动产业转型升级。当前，我国经济发展进入速度换挡、结构调整、动力转换节点，我们必须把发展基点放在创新上，把改善供给结构作为主攻方向，以培育战略性新兴产业和现代服务业为抓手，提高供给结构对需求变化的适应性和灵活性，提高供给体系质量和效率，提高投资有效性，加快培育形成新的增长动力。

做好供给侧结构性改革的“加法”，瞄准世界产业技术发展前沿，招商引资、招才引智，加大对人力资本的可持续投入，倾力支持创新型企业发展。抓好富士康手机制造和维保、太重风电装备、江铃重汽、比亚迪新能源汽车、太钢碳纤维T800、纳克润滑油、阳煤化工等一批高端制造业项目；抓好华润万象城、欧亚锦绣、万达综合体、苏宁电器、远大购物广场、传化物流等一批现代服务业项目；围绕低碳发展为主题的太原论坛等，打造国际化会展平台，大力发展会展经济，在更高水平上实现可持续发展。做好供给侧结构性改革的“减法”，开展“降低实体经济企业成本行动”，落实好中央和省出台的企业减负松绑政策措施，为企业降低税费、财务、物流、人工、制度性交易等成本，用新技术改造、提升、优化煤焦冶电等传统产业，促进经济持续增长。做好供给侧结构性改革的“乘法”，实施创新驱动战略，推动“双创”和“中国制造2025”“互联网+”行动计划，发挥企业在创新中的主体作用，以新供给创造新需求，以新技术带动新产业，以新空间发展新业态，培育经济增长的“乘数因子”，创造新产业“几何式增长”。做好供给侧结构性改革的“除法”，有效化解过剩产能，化解房地产库存，清理“僵尸企业”，促进产业优化重组，提升要素投入的综合效率，清除经济发展路上的“拦路虎”。不断破解制约发展的一切束缚，激发全社会的创造力，让新动能茁壮成长，传统动能焕发生机。

（二）继续推进城市基础设施建设，不断提升城市品质和服务功能。太原“三面环山、一水中分”，具有好山好水好风光自然之美。要尊重城市发展规律，紧紧围绕建设生态宜居城市的目标，更加注重城市基础设施功能完善，更加注重城市建设管理质量，更加注重地上地下统筹。

加快完善快速路、主次干路和支路级配合理的路网体系，提高道路通达性和出行便利性。新建滨河西路南延、卧虎山路，续建太行路南延、龙城大街东延、南内环西街、南沙河路东段等城市快速路；新改续建五一路、太茅路、东峰路、新旧晋祠路、马练营路、迎泽大街东延、摄乐汾河大桥等道桥项目；改造提升50余条背街小巷。高标准推进地铁2号线建设，积极做好1号、3号线前期工作；坚持地上地下一体规划，同步完成解放路快速化改造。积极创建国家公交都市，优化公交线网布局，新建300个公共自行车站点，努力构建轨道交通、公交车、出租车、公共自行车高效对接的城市公共交通体系。进一步推进太原、晋中同城化，实现规划建设无缝对接。积极拓展地下空间，大力发展静态交通体系，规划建设地下综合管廊，加快建设海绵城市。完成既有建筑节能改造500万平方米。着力提升水、电、气、暖等公共配套设施保障水平，开工建设阳曲、清徐5000吨垃圾焚烧电厂，加快建设餐厨垃圾和污泥处理厂，实现垃圾无害化处理。推进220千伏等24项供电工程建设。继续以城郊森林公园为重点，推进东西北山生态绿色屏障建设，完成造林面积30万亩以上。推进晋阳湖、植物园、汾河三期、迎泽公园等重大园林景观项目建设改造，建成区绿化覆盖率达到41.4%。

坚决打赢城中村改造这场硬仗。加快完成54个城中村拆迁建设安置任务，启动31个城中村拆迁。坚持规划引领，打破乡村界限，集中连片规划，高标准开发建设，做到拆迁与建设并举、安置与开发并重、政府主导与市场化运作有机结合。严控拆迁、成本、资金、市场风险，鼓励和吸引大集团、大企业参与城中村改造。加快推进棚户区改造，启动2万户改造任务，加快在建棚户区安置房建设，力争年内完成晋东、民政园、建材小区等在建工程，确保拆迁群众尽快回迁，加快推进小北关等棚户区改造工程。

以“五城联创”为抓手，全面加强城市管理。增强城市功能，改善人居环境，提升文明程度，为迎接青运会营造良好氛围。构建建管分开、重心下移、区街为主、职责明确、运转有序的城乡管理体制机制。推进智慧城市建设，完善城市公共信息平台，提升网格化、数字化、精细化管理水平。人是城市的主体，人的素质就是城市的素质。要弘扬正能量、培育新风尚，强化规范和文化教化，引导广大市民树立主人翁意识，践行社会主义核心价值观，不断提升文明素养，争当“五城联创”的参与者和推动者。

(三)继续引深“三个突破”，创造率先发展新路径。充分发挥科技创新的引领作用、民营经济的生力军作用、金融振兴的支撑性作用。

要把企业自主创新作为科技创新的基本抓手。坚持需求导向和产业化方向，以企业为主体，充分发挥省城科技资源优势，推进产学研用深度融合，增强科技进步对经济增长的贡献度。深化科技管理体制改革，全力支持山西科技创新城建设。充分发挥开发区和综合保税区的引擎作用，强化科技创新驱动，加快新兴产业发展。全市高新技术企业数量增长10%，高新技术企业销售额占规模以上工业企业的比重提高1个百分点，有效发明专利拥有量增长10%，建设1—3个国家技术创新中心，培育发展10个众创空间和科技企业孵化器，技术合同成交额增长13%。

要把国家小微企业创业创新基地城市示范作为民营经济发展的强大动力，推动“大众创业、万众创新”，打造我市“众创”发展的新形态，激发内生增长的新动力，形成内源发展的新方式。推广新型孵化模式，建设中小微企业创业基地，引导社会力量建设一批低成本、便利化、全要素、开放式创业社区和众创空间，优化创业创新生态，形成线上与线下协同创业创新格局。实行诚信激励政策，推进创业人员和小微企业社会信用体系建设，提高社会诚信度和行为规范性。大力弘扬晋商敢为人先、“无中生有”的创新精神，尊重企业家的社会地位和首创精神，厚植尊重创新、尊重人才的文化“土壤”，激励创新、包容失败，不断释放创业创新的动力和活力。

要把资本市场作为振兴金融的基本载体，加快金融改革创新，提升金融服务水平。大力发展多层次资本市场，力争“新三板”挂牌企业再突破20家，有效利用资本市场扩大直接融资规模。建立政府、银行和企业合作机制，广泛开展与工、农、中、建、交等商业银行的合作，提升金融支持地方经济发展的水平和能力。加强与国开行、农发行等政策性银行的合作，用好用足长周期、低利息的政策红利。完成农村信用社体制改革，增强地方金融发展实力。加快建设互联共享的公共信用信息系统，有效防范、依法处置各类金融风险，打击各类非法集资行为，营造良好金融生态环境。

(四)牢固树立绿色发展理念，持续改善省城环境质量。实行最严格的环境保护制度，全力实施控制燃煤、抑制扬尘、防治尾气、企业提标、整治面源、垃圾秸秆禁烧、治理污水、生态绿化、严格监管、改革创新十大举措，确保省城环境质量全面提升。

全面改善空气质量。完成太古长距离供热输送管网建设，新增供热能力5000万平方米。加快兴能2×66万千瓦、瑞光二期2×35万千瓦热电联供项目建设，为基本实现市区分散燃煤锅炉全替代创造热源条件。实施一电厂关停搬迁，大幅度削减燃煤总量。实施原煤禁烧，推广使用民用洁净焦炭。建立全方位扬尘控制管理系统，实施渣土密闭化清运，全面推行绿色工地标准化管理，重点整治城乡结合部扬尘污染，推进市区裸露地面绿化。淘汰老旧机动车和黄标车2万辆，全面供应国五标准车用汽、柴油，完成纯电动新能源出租车整体更新。调整物流布局,启动中心区各类市场和物流仓储搬迁。推进工业企业提标改造,实施太钢原料场全封闭工程、二电厂铁路运煤和周边环境综合整治工程,完成古交兴能电厂超低排放改造,对焦化等重点行业实施限期提标改造。取缔露天烧烤,中环以内餐饮摊点加装油烟净化装置,城六区内严禁销售燃放烟花爆竹和旺火;杜绝秸秆焚烧,实现全市农田秸秆综合利用全覆盖。全年PM2.5年均浓度值下降4%,二级以上优良天气力争增加20天以上,空气质量持续改善,在全国空气质量重点监控城市中排名稳定前移。

加大水环境治理力度。加强饮用水源地保护,建立水源地持续性生态补偿机制,开展汾河水库水源地生态环境治理,强化集中式饮用水源地环境监管,水质达标率稳定保持100%。完成32万吨晋阳污水处理厂一期工程,力争年底开工建设36万吨汾东污水处理厂一期工程,新增污水日处理能力10万吨以上。实施水环境综合整治,完成汾河小店桥上游河道截污等工程。加大黑臭水体整治力度,加快编制建成区17条黑臭水体整治方案,推进城区9条河流治理,建成区黑臭水体比例下降30%。实施再生水利用工程。

(五)推进文化产业文化事业发展,提高国家历史文化名城的影响力。文化是城市的灵魂,是城市竞争力的核心,是城市创新发展的强大动力,影响并决定着城市未来发展的前景和方向。

要以历史文化名城丰富的历史遗存为基础,继续抓好晋祠景区完善提升、明太原县城保护性开发、晋阳古城大遗址保护、太山龙泉寺佛教文化园和青龙古镇保护修复、太化工业文明遗存展示,打造文化旅游大产业、大景区。推进府城文殊寺、普光寺、关帝庙等20余处历史文化遗存抢救保护工程。坚持点面结合,积少成多,久久为功,蔚成大观。以文化战略眼光,处理好历史与现代、继承与发展、保护与创新的关系,留住历史的记忆,彰显文化的神韵,标志名城的高度。

要优化文化产业结构,着力培育新型文化业态和特色文化产业,建设华夏文明主题公园,扩大万达影城的影响力,打造文化领军企业和知名文化品牌。加快文化改革发展步伐,推动文化繁荣,搞好选题策划和资源统筹,聚焦现实题材和重大主题,弘扬和传承晋剧等优秀传统剧种,充分运用多种艺术表现形式,努力打造有历史厚重感和思想感染力的精品佳作。坚持政府主导、社会参与、重心下移、共建共享,推动基本公共文化服务标准化、均等化发展,提高服务效能和普惠水平。加快市图书馆改扩建工程、博物馆布展陈列工程,力争上半年具备对外开放条件。积极开展"文化精品惠民基层行""书香太原"全民阅读系列活动,不断满足群众精神文化需求。

(六)着力发展和改善民生,不断提升公共服务能力和水平。问题是时代的声音,民生是最大的政治。要把群众的呼声当方向、百姓的期盼当目标,坚持从群众最关切的问题抓起,从群众最希望的实事做起。

持续推进一批重大民生项目。加快幼师、五中、成成中学、一外、二外等新校区建设,积极推进职教园区建设,完善太原学院办学条件,提升教育基础设施建设水平和教育质量。大力支持山西大学东山校区建设,提升省城高等教育的影响力。推进市中心医院、市人民医院、市妇幼医院和省人民医院、省妇幼医院等新院建设,放大优质医疗卫生资源服务效应。加快推进儿童福利院和老年福利院建设,完善社会救助服务政策和体系。大力发展机构养老、社区养老、日间照料中心等多层次养老服务业,落实各项优惠政策,在全社会形成发展养老服务业的强大合力。新建市体育训练中心等一批群众性文化体育活动场馆,加快推进青运会赛事及配套工程,提前做好各项准备工作。

完善创业就业优惠政策,突出做好高校毕业生等重点群体的就业工作,多措并举对困难人员、市属国有破产改制拆迁企业人员实施就业援助。持续扩大社保覆盖面,推进城乡社会保险一体化。全面实施城乡居民大病保险制度,新农合人均筹资标准提高到500元,住院补偿最高支付限额提高到18万元,门诊慢性病补偿比例提高10个百分点。实施公办小学免费托管服务、为义务教育阶段学生办理综合保险等教育惠民事项。

牢固树立安全发展理念。进一步增强红线意识、忧患意识、责任意识,切实落实企业主体责任、部门监管责任、党委和政府领导责任。加强安全预防和隐患排查,重点开展煤矿、非煤矿山、危险化学品、道路交通、公共场所等领域的安全监管和专项整治,有效防范、坚决遏制重特大事故。落实"四个最严"要求,严格食品药品安全监管,规范食品药品生产流通秩序。加强社会治安综合治理,推进社会治安防控体系建设,严厉打击各类违法犯罪,从严整治治安突出问题,维护社会公平正义,保障社会和谐稳定。

(七)强力开展脱贫攻坚,协调推进小康社会目标实现。要树立科学治贫、精准扶贫、根本脱贫理念,坚决打赢三年脱贫攻坚战,今年要实现脱贫2万人。

实施精准扶贫。大力发展农产品加工、物流配送、休闲观光农业、光伏产业、食醋产业等特色产业,强化宝迪、润恒、九牛牧业、太原老陈醋和百企千村等龙头企业的辐射带动功能,激发内生动力,走产业化、市场化扶贫的路子。按照搬得出、稳得住、能致富原则,落实易地搬迁政策,促进移民脱贫。倾斜支持贫困地区发展基础教育、特别是职业教育,让贫困家庭的孩子接受良好教育,掌握一技之长,阻断贫困代际传递。对完全或部分丧失劳动能力的贫困人口,实行社会保障兜底脱贫。探索生态脱贫新路子,通过生态建设与修复实现脱贫。

开展对口帮扶。各城区、开发区及所属行政、企事业单位要对口精准帮扶娄烦、阳曲两县贫困村集中的15个贫困乡、157个贫困村。要立足当地资源优势,重点帮助发展管长远、有效益、能致富的产业,在改善交通、通讯、电力、农田水利等方面多下功夫。各部门要落实对口精准帮扶责任,制定有效推进措施。各行各业要肩负起行业帮扶责任,发挥行业优势,创新帮扶举措,提高扶贫实效。将脱贫攻坚列入年度目标责任考核体系,强化目标考核。

强化主体责任。娄烦、阳曲两县要把脱贫攻坚作为重大机遇,用好用足国家、省、市有关政策,统筹规划,整体推进,树立脱贫致富信心,增强"造血"功能,大力发展县域经济,形成县有龙头企业、乡有特色产业、村有合作组织、户有增收项目的扶贫格局。

(八)加强政府自身改革和建设,提升为民服务能力。认真落实"三严三实",把忠诚干净担当铭刻在思想上,体现在责任上,落实在行动上。

深化"六权治本",大力推进"两清单、两张图、两平台"建设,制度的"笼子"要扎得更密,执纪的"利剑"要始终高悬,守纪的"扣子"要扣得更紧,把政府各项工作纳入制度化轨道。自觉接受人大及其常委会的法律监督和工作监督,主动接受人民政协的民主监督,加强行政监察和审计监督,重视社会舆论和社会监督,全面接受人民监督。推进协商民主,加强与人大代表、政协委员以及各民主党派、工商联、无党派人士多渠道沟通协商,完善人大代表所提建议批评意见和政协提案的办理联系机制,提高办理质量和落实率,充分体现人民意愿。

持续推进简政放权、放管结合、优化服务,释放更多改革"红利"。不断深化行政审批制度改革,营造审批事项少、行政效率高、行政成本低、行政过程公开透明的政务环境。推行"多证合一"和"一证多用",继续推进商事制度、城市管理体制、农村土地制度、国有企业、科技管理体制、金融服务创新等各类改革,以改革推动劳动力、土地和资本等要素资源优化配置,激发创造和发展活力。

认真履行"一岗双责",落实全面从严治党责任。坚持党风廉政建设和经济社会发展统一部署、同步落实,严格控制"三公"经费,严肃财经纪律,严格公共资金、公共资源、国有资产监管,严厉查处违纪违法案件,始终保持惩治腐败、狠刹四风、打黑除恶"三个高压态势"。自觉遵守廉洁自律准则,严把廉洁从政关口。

深入开展"学党章党规、学系列讲话,做合格党员"学习教育,牢固树立政治意识、大局意识、核心意识、看齐意识。深入学习习近平总书记系列重要讲话精神,认真学习以习近平同志为总书记的党中央领导集体的优良作风,自觉、主动、经常向党中央和习近平总书记看齐。认真学习以王儒林书记为班长的新的省委治晋兴晋强晋的政治担当和工作作风。坚持把以上率下作为基本工作方法,以实际行动一级做给一级看,一级带动一级干,做到胸中有数、落实有策、行动有力,努力创造经得起实践、历史和群众检验的业绩。

各位代表,新起点开启新征程,新目标赋予新使命,新作为绘就新梦想。让我们紧密团结在以习近平同志为总书记的党中央周围,在省委、省政府和市委的坚强领导下,以敢于担当、积极作为的精神状态,抓铁有痕、踏石留印的务实作风,真抓实干、当好表率的拼搏意志,为实现"十三五"良好开局努力奋斗!

政协第十二届太原市委员会常务委员会工作报告

——2016年2月23日在市政协十二届五次会议上

太原市政协主席　张贵元

各位委员：

我代表政协第十二届太原市委员会常务委员会，向大会报告工作，请予审议。

一、2015年工作回顾

2015年，在中共太原市委的领导下，市政协常委会深入学习贯彻中共中央大政方针和习近平总书记系列重要讲话精神，团结带领市政协各参加单位和广大政协委员，高举爱国主义、社会主义旗帜，坚持团结和民主两大主题，紧紧围绕"四个全面"战略布局、省委"五句话"总体要求和全市中心工作，认真履行职能，努力发挥协商民主重要渠道和专门协商机构作用。全年召开常委会议、主席会议、秘书长联席会议共26次，开展议政协商、专题协商、对口协商、界别协商、提案办理协商36次，组织调查研究、视察考察、座谈研讨等各类履职活动37次，参与委员1360多人次。政协工作呈现出更加活跃有序、扎实有效的良好局面，为开创我市弊革风清、富民强市新局面做出了新的贡献。

（一）坚持学习引领作用，团结奋斗的共同思想基础更加巩固

常委会坚持把加强思想理论建设、增进思想政治共识摆在首位，坚决用中央大政方针和省、市委决策部署统一思想行动。

把握正确政治方向。组织和推动各界委员深入学习贯彻中共十八大，十八届三中、四中、五中全会和习近平总书记系列重要讲话精神，学习中共中央关于加强社会主义协商民主建设的决策部署和中央统战工作会议精神，深刻领会"四个全面"战略布局的科学内涵和实践要求，不断增强中国特色社会主义道路自信、理论自信、制度自信。深入学习贯彻省、市委十届六次、七次全会和吴政隆书记对市政协工作的重要指示精神，切实把思想和行动统一到市委推动"六大发展"，发挥"六个表率"的部署要求上来。认真落实各项学习制度，全年组织中心组、党组（扩大）学习会19次，委员全员培训1次，常委会专题学习讲座3次，以及其他各类培训，参加学习培训的委员达2000余人次。

夯实委员履职基础。邀请全国政协理论专家和有关领导等围绕党中央治国理政方略中的人民政协、"互联网+"、食品安全现状与发展等做专题报告。完善情况通报制度，组织听取市政府、市法院、市检察院等方面工作通报，共举办情况通报会18次，10位市级领导、26位党委政府有关部门负责人通报我市编制"十三五"规划、经济社会发展形势及重点工作推进、法治太原建设、城中村改造等情况。组织市教育、卫生、人社、民政、公安等16个部门集中开展协商咨询，为委员拓宽视野、知情明政、聚焦重点创造有利条件，促进了履职协商能力和水平的明显提升。

（二）坚持服务工作大局，凝心聚力助推全市改革发展取得新成效

常委会坚持把服务全市改革发展大局作为政协工作的第一要务，开展创新务实的协商议政活动。

紧扣大局咨政建言。组织委员深入调查研究，围绕进一步深化改革、扩大开放、开发区建设、产业发展、创新驱动、城市建设、民生改善等，形成全会发言材料32份，提出意见和建议700多条。市委主要领导给予充分肯定，并就建议的研究、吸纳做出重要批示。围绕编制"十三五"规划，开展调查研究分析论证，形成了15个专题报告，在此基础上，召开了议政性常委会议进行协商讨论，重点就科学确定"十三五"规划的指导思想和发展目标、加快转变经济发展方式、提升城市建设管理水平、着力保障和改善民生、努力建设文化强市、进一步释放发展活力等7个方面提出26条建议，为科学编制我市"十三五"规划作出积极贡献。

紧扣中心竭诚献策。召开"做大做强县域经济"专题议政会议，就创新体制机制、优化经济结构、加强产业支撑、强化要素保障等方面积极建言献计。吴政隆书记出席会议，对委员的建议给予了充分肯定，并要求相关部门逐一认真研究，切实予以吸纳。围绕"推动铁路装备制造业集群发展""大力发展都市现代农业""加强信用体系建设，优化金融生态环境""推进我市职业教育改革发展"等召开协商座谈会，市政府分管领导和

有关部门负责人与委员积极互动、坦诚交流，取得丰硕的协商成果。十二届四次会议以来，共收到提案641件，立案575件，提案办复率100%，采纳率86.3%，这些都为推动我市改革发展，促进产业结构调整和民生改善发挥了积极作用。

紧扣重点倾心出力。及时下发《关于发挥政协优势，合力助推我市城中村改造工作的通知》，两次组织市区政协委员100余人次，对我市城六区和经济区城中村拆迁改造进展情况和拆迁安置房建设情况进行视察调研，就加强宏观规划引导、努力构建良好筹融资环境、处理好城中村整村拆迁与文化记忆留存的关系等问题提出建议。吴政隆书记批示："政协视察报告提出的六点建议很好"，"安置房建设必须优先，必须按期兑现承诺"。广大政协委员通过提案、社情民意信息等反映群众诉求、提出对策建议，用自己的实际行动参与、支持和推动了我市城中村改造。加强立法协商，就《太原市养老机构条例(草案)》召开立法协商座谈会，从规划建设、扶持发展、运营管理等方面提出36条意见建议，根据委员所提意见，《条例(草案)》内容有26处做了修改完善。就《城市地下管网条例》《雷电灾害防御条例》《临时救助办法》等地方法规条例，广泛征求委员意见建议，组织专家研究论证，形成了29条意见建议，开展立法协商取得积极成果。围绕发挥好综合保税区作用、发展电子商务、农村土地承包经营确权登记颁证等问题，开展调研论证，形成20篇专题调研报告，为促进全市经济持续健康发展凝聚智慧和力量。

(三)坚持强化监督职能，用协商理念推进民主监督迈出新步伐

常委会坚持问题导向，注重通过调查研究和协商讨论提出批评性、建设性意见，不断加强和改进政协民主监督，有力促进了监督的水平和实效。

围绕推进"六权治本"凝心。广泛凝聚推进"六权治本"的共识，组织各民主党派深入调研，就科学编制权力清单、责任清单和负面清单、公布监管清单，科学划分决策权、执行权、监督权权限，加强重点领域和关键环节制度建设，建立公民参与的基层协商民主新机制，搭建合力监督权力的工作平台，形成全覆盖的立体式制度体系等问题，形成6份专题调研报告，召开"推进'六权治本'、加快法治太原建设"议政性常委会议，以推进"六权治本"、加快法治太原建设的政协建议案咨送市委、市政府。

围绕推动重点工作聚力。充分发挥政协专委会的职能作用，围绕环境质量改善十项重点工作落实进展情况，组织市区两级委员联动视察，就严格工地管理、加大燃煤小锅炉拆除力度、落实老旧车辆淘汰制度等提出建议。召开"重视污水处理及中水利用"协商座谈会，就尽快出台再生水强制性使用政策、制定合理定价机制、规划设计分质供水系统等提出建议。围绕食品药品安全监管、城建重点工程进展、城市改造建设中的文物保护、城乡清洁工程、背街小巷道路改造等开展监督性的视察活动，如实反映情况，坦率提出批评意见，促进重点工作的改进和落实。

围绕加强作风建设献计。针对落实中央八项规定精神和反对"四风"，省、市委关于加强改进作风的部署，通过调查研究，找准民主监督的切入点和着力点，不断提高监督的针对性实效性，助推优良党风政风的形成。组织委员民主评议市发改委、市城乡管委，坚持问题导向，加强协商讨论，针对性地提出评议意见，促进了部门的作风改进和效能提高。组织委员参加全市年度目标责任考核、党风廉政建设评议和有关方面的招录考试监督视察等活动，继续做好特约监督工作，充分发挥民主监督员作用，助力推进行风政风转变和法治太原建设。

(四)坚持践行为民宗旨，发挥优势促进民生改善和社会和谐实现新进展

常委会坚持围绕涉及人民群众切身利益的热点难点问题，开展调查研究，组织议政建言，为保障和改善民生，促进社会和谐发挥积极作用。

聚焦食品安全发力。积极回应社会关注和民生关切，围绕提升《加强食品安全监管，保障百姓食品安全》重点提案的办理实效，精心制定办理方案，创新办理形式，组织委员明察暗访、带案视察，适时召开5次专题协商会，采用视频和图片等形式向10部门反馈问题21个，提出建设性意见27条。召开议政性主席会议协商督办，市政府及相关部门高度重视，主动听取意见，认真采纳落实，有力推动了食品安全监管体制改革和基层监管力量加强，同心合力保障"舌尖上的安全"。

聚焦民生关切倾力。召开"建立和完善便民利民的健康服务体系"议政性常委会议，就完善医疗卫生服务体系、提高健康管理和服务水平、扩大健康产业规模等方面提出意见建议。积极反映社情、传递民声，全年共征集社情民意信息1200余篇，编报284期，其中，《关于制定国家"十三五"规划的建议——农业专题》《建议做好"第一批300名著名抗日英烈"后续工作》等31期被全国政协、省政协采用。《太原清真古寺礼拜大殿地基下沉，墙体开裂急需抢修》等37期信息得到市委市政府领导重视批办。继续组织好民生问题大调研，全面反映民思民忧民盼，为市委市政府切实办好民生实事提供决策服务。

聚焦团结和谐助力。积极宣传贯彻党的民族宗教政策，开展"少数民族流动人口服务与管理"等课题调研，提出对策建议，积极促进民族团结、宗教和谐。召开"发挥好社会组织在社会治理中的作用"协商座谈会，就激发社会组织活力、扶持社会组织发展、创新社会治理工作模式、承接政府购买服务等问题提出意见和建议。实施精准扶贫，市政协主席班子成员带头深入扶贫联系点开展帮扶，市政协机关协调推进定点扶贫村

致富增收取得较大进展。重视发挥文史资料“存史、资政、团结、育人”的作用,《太原文化发展丛书》120万字书稿编审工作已全部完成。

(五)坚持抓好自身建设,实现政协工作科学化水平新提升

常委会坚持用严的要求、实的作风推动工作的创新发展,切实加强履职能力建设。

着力在协商中增进共识。深入贯彻中办《关于加强人民政协协商民主建设的实施意见》,加强协商民主制度建设,根据全市经济社会发展的重大问题和群众亟须解决的热点难点问题,甄选和确定协商内容,认真实施年度协商计划。议政性常委会议增设大会发言环节,加强互动交流;完善主席会议协商机制,深入进行协商讨论;改进协商成果报送,积极推进成果转化落实。发挥秘书长联席会议作用,组织各党派、工商联、各县(市、区)政协积极参加政协工作的共同性事务和政协内部的重要事务,联合开展大规模的视察调研活动。加强专委会联系服务界别工作机制,努力在尊重多样性中增进共识,在寻求一致性中形成合力。

不断完善工作体制机制。建立实施了《政协委员联系群众制度》《公民旁听政协会议制度》《大会发言工作规则》《全会期间联组讨论工作规则》等。创新政协例会形式,邀请市民旁听政协全委会、常委会,扩大政协开放度,基层代表列席主席会、协商座谈会,在更大范围宣传社会主义协商民主制度。规范工作流程,提高工作效率,建立网络舆情监测预报系统,充分发挥政协门户网站办公自动化系统作用,促进了信息资源的开放和共享。

切实加强“两支队伍”建设。加强委员队伍建设,采取专题讲座、培训、交流等多种形式,不断提升委员政治把握能力、调查研究能力、联系群众能力、合作共事能力。加强和改进委员履职的服务管理,完善委员履职考核机制,认真开展委员述职评议工作,及时依规处分违纪违法委员,引导委员自觉按规矩和程序办事。广大委员珍爱事业,珍惜荣誉,恪尽职守,主动作为,展现了心系大局、情牵民生、致力改革发展的时代风采。加强机关干部队伍建设,扎实开展“三严三实”专题教育和“学习讨论落实”活动,深入“双学”,全面落实从严管理干部的各项制度规定,机关党员干部理想信念进一步坚定,工作作风进一步转变,服务意识进一步增强,能力素质和工作科学化水平进一步提升。

一年来,中共太原市委、市人民政府高度重视政协工作,市委常委会定期听取政协党组工作汇报,市委主要领导全年出席政协各类会议5次,对政协报送的推进“六权治本”加快法治太原建设的建议等13项成果批示分送市委常委、有关副市长阅研。市政府主要领导多次出席政协会议,对政协报告作出明确批示。市委常委、副市长等市领导共65人次出席政协会议和活动,批办政协报送件共240多人(件)次。这些都有力地促进了政协协商成果的采纳落实,是对政协工作的极大支持,也是对委员履行职能的鞭策和鼓舞,为做好政协工作注入了动力、激发了潜力、增添了活力,使我们对政协工作更加自信、自为和自觉。

过去一年市政协工作取得的成绩,是中共太原市委正确领导、省政协有力指导的结果,是市人大、市政府大力支持的结果,是市政协各参加单位、广大委员和政协机关团结奋进、扎实工作的结果,也是有关方面和社会各界热忱关心的结果。在此,我代表市政协常委会,表示崇高的敬意和衷心的感谢!

凡是过去,皆为序章。又一年的履职实践,使我们深深体会到:做好新时期的政协工作,一定要自觉坚持中国共产党的领导,不断巩固共同思想政治基础,这样政协事业才能始终保持正确的前进方向;一定要紧跟时代步伐,在继承中创新、在创新中发展,这样政协工作才能与时偕行、与时俱进;一定要紧密围绕全市工作大局,与党政工作目标一致、有机衔接,在找准着力点上谋良策、出实招,这样人民政协才能在“商”中求同、在“协”中成事;一定要充分发挥委员的主体作用,委员强则政协强,积极调动政协委员的能动性,这样才能使政协委员真正做到“聚是一团火、散是满天星”,才能够聚集满满正能量、发出洪亮好声音。

在肯定成绩的同时,我们也清醒的认识到,政协工作还存在一些差距和不足。主要是协商民主制度建设还有待完善,协商质量和成效还有待提高;民主监督组织形式和工作机制还有待创新;委员履职服务和管理、充分发挥委员主体作用还有待加强。这些问题,我们将在今后的工作中认真加以改进。

二、2016年工作部署

2016年,是我市实施“十三五”规划的开局之年,是推进结构性改革的攻坚之年,也是十二届市政协的收官之年。市政协工作总体要求是:深入贯彻落实中共十八大和十八届三中、四中、五中全会精神,深入贯彻落实习近平总书记系列重要讲话精神,突出团结和民主两大主题,在中共太原市委领导下,按照“四个全面”战略布局和省委“五句话”总体要求,坚持创新、协调、绿色、开放、共享的发展理念,紧紧围绕我市抓好“五个一批”、推进“六大发展”、发挥“六个表率”,认真履行各项职能,切实发挥协商民主重要渠道和专门协商机构作用,为实现我市“十三五”良好开局,夺取全面建成小康社会新胜利凝聚共识、汇聚力量。

(一)着力加强思想理论建设。深入学习贯彻中共十八大,十八届三中、四中、五中全会和习近平总书记系列重要讲话精神,用马克思主义中国化的最新成果武装头脑,指导实践。坚决贯彻执行中共中央和省、市委的决策部署,努力把党的主张

转化成为参加人民政协的各党派团体和各族各界人士的共识和行动。全面了解和把握太原未来五年经济社会发展的主要目标、战略任务和重大举措，牢固树立并积极践行创新、协调、绿色、开放、共享的发展理念，把智慧和力量汇集到推动我市“六大发展”上来。认真落实学习制度，积极创新学习方式，扎实抓好委员培训，采取多种形式，组织、引导政协各参加单位和广大政协委员牢固树立政治意识、表率意识、责任意识、贡献意识，敢于担当、积极作为，为把宏伟蓝图变成美好现实而不懈努力。

（二）着力围绕全市工作大局献计出力。按照市委要求，认真落实年度协商工作计划，围绕影响制约我市“六大发展”的突出短板和重点难点问题，深入调查研究，积极建言献策。重点就“大力推进‘双创’基地建设、培育经济发展新动力”，“全面提升城市精细化管理水平、扎实推进‘五城联创’”，“推动‘三医联动’、助力医卫惠民政策落到实处”召开3次议政性常委会；就“全力改善省城生态环境”召开专题议政会；就大力发展生产性服务业、推进我市产业结构调整，整合提升旅游文化资源、打造我市经济新引擎，促进义务教育健康发展，加强基层公共文化服务体系建设，加快推进百万亩森林围城造林生态工程、建设绿水青山美丽太原等广集政协委员和群众智慧，召开协商座谈会；就打造创客之城、推进大众创业万众创新，推进海绵城市建设、增强城市保障能力等开展调研视察，积极建睿智之言、献务实之策。

（三）着力提高民主监督的水平和实效。积极协助市委制订出台贯彻落实省委《关于加强人民政协民主监督的意见》的实施意见，为开展政协监督提供遵循。选择市委市政府重大改革发展项目和民生建设工程中推进落实不力，群众呼声较高，社会影响较大的问题，抓住事关民生关切的热点难点问题，通过协商会议、视察、提案、专题调研、反映社情民意信息、民主监督员等方式开展监督。重点就落实六个精准要求、打赢脱贫攻坚战开展协商性监督。围绕贯彻中央《关于加强和改进新形势下民族工作的意见》情况、落实市委市政府关于加快民营经济发展系列决策部署情况、城中村改造进展情况、公安系统执法规范化情况等进行专项监督性视察。注重把政协的民主监督与其他形式的监督有机结合起来，扩大监督的影响力，提升监督实效。

（四）着力汇聚推动发展的正能量。今年是全面建成小康社会决胜阶段的开局之年，开好局、起好步取决于齐心协力、团结奋斗，特别是在面临严峻挑战和困难的时候，坚定目标、凝心聚力尤为重要。人民政协人才荟萃、智力密集，具有独特优势，我们要把思想和行动凝聚到中央大政方针和省、市委的决策部署上来，凝聚到服务“十三五”发展上来，在道路方向目标上统一意志和步调。就我市经济社会发展的重大问题、全面深化改革的难点问题、推动创新创造的关键问题深入调查研究，提出真知灼见，在补短板上聚焦发力。要充分发挥协商民主重要渠道作用，通过协商凝聚共识、凝聚智慧、凝聚力量。要发挥政协的界别优势，主动做好协调关系、理顺情绪、化解矛盾的工作。要发挥联系广泛的优势，促进民族团结，维护宗教和睦。加强同港澳台同胞和归侨侨眷、海外侨胞团结联谊，主动牵线搭桥，推动招商引资、引智工作。努力为推动“六大发展”、实现富民强市形成最大公约数，画出最大同心圆。

（五）着力推动基础工作的改革创新。按照习近平总书记提出的“懂政协、会协商、善议政”的新要求，要准确把握政协性质定位，以求实创新的精神全面加强自身建设，不断提高政协工作科学化水平。积极推进协商民主制度建设，加强政协协商与党委政府工作的有效衔接，推动协商成果的转化运用。要进一步突出界别特色，发挥界别作用。要加强和改进专委会工作，突出联系委员、团结各界的功能，增强统筹谋划、组织落实的能力。要以严实的要求和作风切实加强委员队伍建设，巩固“三严三实”专题教育成果，持续引深“双学”，不断在“学系列重要讲话”上深化，在“学优良作风”上看齐。广大委员要增强责任意识和使命担当，真正做到精彩履职、双岗奉献。要创新宣传形式，扩大政协履职宣传的影响力。要从严从实加强和改进作风，切实把政协工作往深干、朝实做、向前推。

各位委员，新使命赋予新的责任，新目标激励新的作为。让我们紧密团结在以习近平同志为总书记的中共中央周围，在中共太原市委的领导下，以更加饱满的热情、创新的举措、务实的作风，扎实推进政协各项工作，为全力推动“六大发展”，发挥“六个表率”，实现我市“十三五”发展良好开局，奋力夺取全面建成小康社会决胜阶段新胜利而努力奋斗。

关于太原市2015年国民经济和社会发展计划执行情况与2016年国民经济和社会发展计划(草案)的报告

——2016年2月24日在太原市第十三届人民代表大会第六次会议上

太原市发展和改革委员会主任 张 勇

各位代表：

受市人民政府委托，我向大会报告太原市2015年国民经济和社会发展计划执行情况与2016年国民经济和社会发展计划草案，请予审议，并请市政协委员和其他列席人员提出意见。

一、2015年国民经济和社会发展计划执行情况

过去的一年，面对复杂严峻的宏观经济形势，全市上下在市委的坚强领导下，依据市十三届人大五次会议审议批准的国民经济和社会发展计划，主动适应经济发展新常态，以“五个一批”为抓手，大力实施“三个突破”，全力推进“六大发展”，统筹推进稳增长、促改革、调结构、惠民生、防风险的各项工作，经济运行稳中趋好，社会事业发展和民生建设取得新成绩，多数指标完成全年目标并位居全省前列。

2015年，地区生产总值(GDP)完成2735.34亿元，为年计划的101.3%，比上年增长8.9%，增幅比上年(3.3%)提高5.6个百分点，分别高出全国(6.9%)和全省(3.1%)2.0和5.8个百分点，在全省居第2位；一般公共预算收入完成274.24亿元，为备案预算的99.6%，增长5.9%，增幅比上年(4.7%)提高1.2个百分点，高出全省(下降9.8%)15.7个百分点，在全省居第2位；城镇常住居民人均可支配收入27727元，为年计划的100.6%，增长7.6%，增幅比上年(7.9%)回落0.3个百分点，低于全国(8.2%)0.6个百分点，高出全省(7.3%)0.3个百分点，在全省居第4位；农村常住居民人均可支配收入13626元，为年计划的100.0%，增长8.0%，增幅比上年(10.4%)回落2.4个百分点，低于全国(8.9%)0.9个百分点，高出全省(7.3%)0.7个百分点，在全省居第2位；居民消费价格指数(CPI)上涨0.4%，低于3.0%左右的控制目标；万元地区生产总值能耗、万元工业增加值水耗、主要污染物减排等约束性指标均可完成省下达任务。

经济运行呈现以下主要特点：

(一)三次产业同步增长，服务业成为驱动经济增长主动力

三次产业增加值分别增长1.3%、6.0%和11.4%，三次产业比例由上年的1.5∶40.0∶58.5调整为1.4∶37.3∶61.3，对经济增长的贡献率分别为0.2%、29.2%和70.6%。

农业生产形势基本稳定。新发展设施蔬菜8895亩，完成全年任务的161.7%，全市蔬菜总产量128.83万吨，增长0.5%。规模健康养殖水平明显提高，肉、蛋、牛奶产量分别增长4.8%、3.1%和2.4%。农业产业化龙头企业产能进一步扩大，全市农产品加工销售收入达到187.45亿元，增长15.0%。休闲农业与乡村旅游景点发展到129家，年接待游客380.6万人，年营业收入2.97亿元。

工业经济平稳运行。全市认真贯彻落实省工业减负60条、工业19条等一系列稳增长措施，出台了《太原市减轻企业负担促进工业稳定运行工作方案》，发布了《太原市重点工业产品推荐目录》，积极帮助企业应对工业经济下行压力，全市规模以上工业增加值完成600.48亿元，为年计划的87.0%，增长5.7%，增幅比上年(0.4%)提高5.3个百分点，低于全国(6.1%)0.4个百分点，高出全省(下降2.8%)8.5个百分点，在全省居第2位。组织实施工业重大项目40项，当年完成投资140多亿元，华能东山燃气热电联产、二电厂七期扩建等项目已竣工投产或部分投产，江铃重汽整车及发动机、阳煤化工等重大项目正在加快推进。工业内部结构发生积极变化，新兴接替产业增加值增长8.2%，占全市规模以上工业的比重由上年的59.8%提高到67.1%，拉动规模以上工业增长8.9个百分点。工业节能降耗成效显著，万元工业增加值能耗下降11.4%，比上年(增长1.0%)回落12.4个百分点。

服务业发展势头良好。坚持把大力发展服务业作为转方式调结构的战略重点，制定出台了《关于加快推进生产性服务业发展的实施意见》等政策措施，组织实施了一批服务业重大项目，服务业增加值完成1677.77亿元，增长11.4%，拉动GDP增长6.28个百分点，茂业天地、万达商业综合体等项目竣工投运。服务业主要行业全面增长，其中，金融业增加值增长15.9%，交通运输、仓储和邮政业增加值增长8.6%，房地产业增加值增长4.0%，批发零售和住宿餐饮业增加值增长1.7%，营利性和非营利性服务业增加值分别增长11.5%和33.3%。

(二)固定资产投资较快增长，消费品市场总体平稳

投资规模扩大的同时结构持续优化。坚持把产业、基础设

施、民生领域重大项目和省市重点工程建设作为扩大投资的重要抓手，加大工作力度，全市固定资产投资完成2025.61亿元，为年计划的100.0%，比上年增长16.0%，增幅高出上年(4.5%)11.5个百分点，分别高出全国(10.0%)和全省(14.8%)6.0和1.2个百分点，在全省居第3位。三次产业投资分别增长39.5%、3.0%和20.0%，新兴接替产业和房地产开发投资高速增长，增速分别达到25.9%和25.0%，拉动全市投资增长3.7和6.9个百分点。民间投资表现活跃，增长21.7%，高出全市投资增速5.7个百分点，占全市投资的比重由上年的47.1%提高到49.4%，拉动全市投资增长10.2个百分点。

消费平稳中呈现新亮点。通过组织企业参加“山西品牌中华行”系列活动、培育新型消费业态等措施全力促进消费稳定增长，全年社会消费品零售总额完成1540.80亿元，为年计划的99.3%，增长6.2%，增幅低于全国(10.7%)4.5个百分点，高出全省(5.5%)0.7个百分点，在全省居第1位。太原高新区电子商务产业园成为国家级电子商务示范基地，贡天下等3家企业成为全国电子商务示范企业，易扬众和等9家企业成为省级电子商务示范企业，清徐县成为商务部电子商务进农村示范县，全市限额以上批发零售企业通过互联网实现商品零售额增长77.9%。限额以下消费快速增长，实现零售额690.75亿元，增长15.6%，高出全市平均增速9.4个百分点。旅游经济快速发展，全市实现旅游总收入588.35亿元，增长17.7%。

(三)城市建设步伐加快，环境质量改善取得新进展

城市基础设施建设加速推进。全年城市基础设施建设投资达到341.03亿元，城市轨道交通2号线一期工程开工建设，南沙河快速路、太榆路改线、南内环街、学府街、新晋祠路、兴华西街等道路建成通车，太行路南延、环湖东路、南中环太行立交南段、北中环与高速连接、胜利街东延、东峰路等道路工程正在加紧建设；改造背街小巷32条，新改建供水管网232公里、供气管网178千米。

城中村改造取得重要突破。坚持把城中村改造作为造福群众的重大民生工程、推进富民强市的重大发展工程和增强城市功能的重大战略工程，作为全市全局工作的重要突破口，建立了市委常委会每季、政府常务会每两月研究和听取城中村改造工作情况等一系列制度，制定出台了推动城中村改造的各项优惠政策和措施，列入改造计划的54个村共拆除建筑面积1512万平方米，总拆迁量完成88%；47个村基本完成整村拆除，46个村启动了5.9万套、661万平方米回迁房建设。引进万科、恒大、富力、南海、融创、远大、广州广电等知名企业，初步形成了合作改造、村集体经济组织自我改造、政府托底改造、城中村改造与相邻地块搭配综合开发四种改造模式。

生态环境质量继续好转。坚定不移推进“五大工程”和“五项整治”，全面实施控制燃煤、关停企业、工业企业提标改造、治理污水、防治尾气、抑制扬尘、整治面源、垃圾处置、秸秆禁烧、生态绿化十大重点举措，省城环境质量进一步改善。市区空气质量二级以上优良天数为230天，比上年增加33天；优良率为63.0%，比上年提高9个百分点。环境空气质量综合指数为7.13，比上年下降7.76%。列入省考核的化学需氧量、氨氮、二氧化硫、氮氧化物、烟尘和工业粉尘6项主要污染物排放量降幅均好于省下达的减排任务要求。以城郊森林公园建设为重点，完成营造林面积29.07万亩，建成区绿化覆盖率、绿地率均比上年提高0.5个百分点。

(四)财政支出快速增长，对外贸易结构发生积极变化

重点支出得到有效保障。全市积极适应财政“紧日子”的新常态，大力压缩一般性支出，集中财力保民生保重点。一般公共预算支出完成419.99亿元，增长30.2%。其中，支持中小企业发展支出增长4.2倍，住房保障支出增长99.3%，城乡社区事务支出增长34.3%，农林水支出增长30.0%，社会保障和就业支出增长24.2%，医疗卫生与计划生育支出增长20.3%，教育支出增长17.8%。

对外贸易结构进一步优化。外贸进出口总额完成106.77亿美元，增长0.1%；出口总额完成65.92亿美元，增长0.3%。加工贸易进出口额增长7.3%，占全市进出口总额的比重由上年的73.1%提高到78.3%；一般贸易进出口额下降19.5%，所占比重由26.1%回落为21.0%。机电产品和高新技术产品出口占全市出口总额的比重分别由上年的62.6%、53.5%提高到68.6%和57.3%，钢材、焦炭、煤炭、金属镁四大传统出口产品比重由32.6%回落为27.6%。

(五)重点领域改革实现新突破，经济发展活力进一步增强

“三个突破”成效初显。召开了全市金融振兴推进会、科技创新推进会、民营经济发展推进会暨小微企业创业创新基地城市示范动员大会，制定出台了《关于促进金融振兴的实施意见》《关于贯彻落实创新驱动发展战略的实施意见》《关于大力推动创业创新促进小微企业健康发展的实施意见》，强化政策支持和引导，努力发挥金融、科技、民营经济在促进经济社会发展中的重要作用。金融业实现增加值373.62亿元，占GDP的比重达到13.7%；增长15.9%，增幅比上年(4.9%)提高11.0个百分点，拉动GDP增长1.8个百分点。资本市场多元发展迈上新台阶，创业板实现零突破，“新三板”挂牌企业达到20家，我市企业在资本市场和银行间交易市场融资达到704亿元。加大对实体经济的支持力度，引进平安银行，扩大金融规模；吸纳民间资本组建了山西省小额再贷款公司、山西省扶持大学生创业小额贷款公司、山西焦煤融资担保公司、展通融资担保公司等金融主体；实施“助保贷”政策，市、县两级共为432户中小微企业放贷18亿元。全市新认定高新技术企业105家，新增国家重点实验室1个，涌现出太钢集团、东杰设备等

一批科技创新企业。我市被确定为小微企业创业创新基地示范城市，国家三年安排 9 亿元，省配套支持 1.3 亿元，促进大众创业、万众创新。民营经济快速发展，全市新增民营企业 1.88 万户，民营经济增加值比上年增长 10.1%。

重点领域改革深入推进。编制完成市级行政权责清单，建立了投资项目审批流程记录机制，行政审批制度改革不断深化，行政审批行为进一步规范。《太原市市属国有企业财务等重大信息公开办法(试行)》及实施细则正式实施，太原绒织印染厂等 7 户破产企业职工安置工作全部完成，市属国有企业改革稳步推进。农村土地制度改革全面展开，市、县两级均成立了土地确权领导组，共清查土地 29.2 万份；农村土地承包经营权流转工作继续加强，预计新增土地流转面积 1.5 万亩。出台了太原市城市公立医院综合改革方案，全市 28 所县级公立医院全部取消药品加成。

(六)民生状况持续改善，社会事业全面进步

就业和社会保障工作继续加强。城镇新增就业 10.5 万人，为年计划的 101.9%；城镇登记失业率 3.43%，低于 4%的控制目标，就业形势基本稳定。五大社会保险参保人数全部超额完成年度目标任务，城乡低保标准进一步提高，全年累计支出低保金 3.1 亿元。新建城市日间照料中心 39 个、农村日间照料中心 70 个，养老服务能力稳步提升。

教育卫生等社会事业协调发展。启动小学生放学后免费托管服务工作试点，16 所新校建设工程进展顺利，16 所农村幼儿园建设项目主体已全部完工。"百院兴医"6 个原址改扩建项目 4 个已封顶，6 个迁建项目 4 个已开工建设。市图书馆改扩建、汾河体育健身长廊、社区篮球场(多功能活动场)建设有序推进，公共文化和体育基础设施不断完善。

采煤沉陷区治理等民生工程加速推进。11 个采煤沉陷区治理项目全部开工建设，涉及 16 个乡(镇、街办)、63 个村(社区)，开工率 100%。新开工建设各类保障性住房 57711 套，基本建成 45510 套，完成投资 118.65 亿元，发放廉租住房补贴 2292 万元。新增公交线路 232.6 千米，具备通车条件的城六区内行政村基本实现公交全覆盖。扎实推进扶贫攻坚，1.67 万人实现脱贫。

安全生产形势持续稳定好转。全市各类生产经营性事故死亡 113 人，比省下达的控制目标少 18 人，未发生重大及以上生产安全事故。

2015 年，我市经济总体上好于全国和全省平均水平，但制约经济社会发展的突出矛盾和问题依然较多。一是结构调整任重道远，煤、焦、冶、电等传统产业全面亏损，战略性新兴产业等接续产业发展不足。二是园区承载能力、引领作用仍然不强，好项目、大项目不多问题没有有效破解。三是城市基础设施、公共服务设施欠账较多，污水、垃圾处理、水电气暖等保障能力不足，城市各类管网建设严重不足，道路、公交设施建设滞后。四是环境质量改善任务仍很艰巨，PM10、PM2.5、SO2 三项指标均值浓度高于国家二级标准，地表水污染和城市黑臭水体问题突出。

二、2016 年全市经济社会发展的总体要求和预期目标

(一)经济社会发展计划安排的总体要求

根据全市经济工作会议精神，2016 年全市经济社会发展计划安排的总体要求是：全面贯彻党的十八大和十八届三中、四中、五中全会精神，以邓小平理论、"三个代表"重要思想、科学发展观为指导，深入贯彻习近平总书记系列重要讲话精神，按照"五位一体"总体布局和"四个全面"战略布局，认真落实中央、全省经济工作会议精神及市委十届七次全会部署，全面贯彻五大发展理念，适应经济发展新常态，坚持改革开放，坚持稳中求进工作总基调，坚持稳增长、调结构、惠民生、防风险，落实宏观政策要稳、产业政策要准、微观政策要活、改革政策要实、社会政策要托底的要求，着力加强结构性改革，去产能、去库存、去杠杆、降成本、补短板，提高供给体系质量和效率，提高投资有效性，着力抓好"五个一批"，统筹推进"六大发展"，加快培育新的发展动能，实现"十三五"开好局、起好步。

(二)经济社会发展的主要目标

预期性目标：地区生产总值增长 8%左右；固定资产投资增长 12%；一般公共预算收入增长 3%；社会消费品零售总额增长 6.5%；城镇和农村常住居民人均可支配收入分别增长 8%和 8%以上；居民消费价格涨幅控制在 3.0%；城镇新增就业人数 8.5 万人，城镇登记失业率控制在 4%以内。

约束性指标：包括万元地区生产总值综合能耗、水耗、二氧化碳排放量，二氧化硫、化学需氧量、氮氧化物、氨氮、烟尘、工业粉尘排放量，市区空气质量优良天数比例，劣 V 类水体比例，新增建设用地，农村贫困人口脱贫人数，城市棚户区住房改造数量，按照省要求设置，完成省下达任务。

上述经济社会发展指标是在综合考虑就业、财政、结构调整和发展需要的基础上，结合"六个表率"的要求及现实基础条件制定的，既是需要的，也是可能的。

今年经济增长速度确定为 8%左右。这样安排，从需要上看，发展仍是太原的第一要务，在全省发挥"六个表率"，稳定就业、增加居民收入等均需经济保持一定的增长速度。计划目标确定为增长 8%左右，高于全省 2 个百分点，既符合省委、省政府对太原率先发展的要求，又体现了全市上下鼓足干劲促发展的决心和信心，更好地发挥对全省的支撑和带动作用，并与"十三五"规划提前一年实现经济总量比 2010 年翻一番、到 2020 年力争突破 4000 亿元的目标紧密衔接，为后四年经济发展留足空间。从可能上看，我市纳入国家"一带一路"建设、京津冀协同发展和环渤海地区合作发展战略，省委、省政府支持太原率先发展，均为我市加快发展注入了新的动力；"五个一

批”的实施，开发区扩区、城中村改造、科技金融民营经济“三个突破”等重点工作的强力推进，新的经济增长点不断呈现，将为完成全年经济增长目标提供有力的保障。

固定资产投资增长12.0%。从需要上看，在外贸出口回落、消费持续低迷的情况下，应对经济下行，投资仍然是我市稳增长、调结构、促改革、惠民生的重要抓手，必须充分发挥投资对经济增长的关键作用，因此，在优化结构的基础上，保持一定的投资增速是非常必要的。从可能上看，今年全省将继续在铁路、公路、水利、城乡人居环境改善、科技创新城、新兴产业等十大领域扩大投资规模，太原轨道交通2号线、太原铁路枢纽西南环线、太焦客专、晋中至太原城际铁路等项目纳入省重点，将得到省里的大力支持；我市也初步落实了一批2016年拟实施的重大产业、重大基础设施和重大民生项目，保持投资稳定增长具备一定的基础。

三、2016年经济社会发展的主要任务和措施

(一)加大经济结构调整力度，不断提高经济发展的质量和效益

全力推动工业经济转型升级。多措并举化解产能过剩，严格控制新建煤矿产能，严格控制现有生产煤矿核增产能，坚决压减存量产能；加大煤炭、焦炭、钢铁等行业落后产能淘汰力度，坚决依法依规关停各类不达标企业，积极稳妥处置“僵尸企业”；鼓励企业开展上下游兼并重组，提高产业集中度。着力壮大工业经济，做大做强高端装备制造、新能源、新材料、节能环保、生物医药、信息产业和物联网等战略性新兴产业，重点抓好江铃重汽、比亚迪新能源汽车、太重风电装备、富士康手机维修、阳煤化工等重大项目建设。加快发展特色优势主导产业，培育壮大矿用成套设备、重型机械、铁路装备、汽车及零部件制造、不锈钢及深加工等产业集群。加大企业帮扶力度，认真落实国家和省一系列减负措施，进一步减轻企业负担、降低企业成本；采取一企一案、一业一策等办法，对重点骨干企业、困难企业特别是中小微企业实施精准帮扶，帮助企业渡过难关，促进企业正常生产经营。

加快发展现代服务业。要把大力发展现代服务业作为调结构、转方式的战略重点，着力培育新的经济增长点。大力发展总部经济和楼宇经济，重点引进跨国公司、国内500强企业在太原设立功能型总部，推进省内大型企业集团总部落地建设，加快山西国际金融中心、汾酒集团总部等总部经济项目建设。大力发展金融、现代物流、健康养老、电子商务、信息服务等现代服务业，满足人民群众多样化的服务需求，重点抓好华润万象城、欧亚综合体、华强文化科技主题公园等项目建设。统筹推进研发设计、融资租赁、服务外包等生产性服务业，促进生产性服务业向专业化和价值链高端延伸。加快发展旅游文化产业，继续推进晋祠景区、太山龙泉寺、明太原县城、阳曲青龙古镇等文化旅游景区保护开发工程，将旅游资源优势尽快转化为产业发展优势。积极发展“互联网+”新兴业态，推动互联网技术应用等与现代农业、制造业、服务业深度融合。

大力发展现代都市农业。实施“百园兴农”工程，建设一批特色种植、规模健康养殖、标准加工和休闲养生农业园区，做大做强水塔、九牛、宝迪、六味斋、青玉等特色农业龙头企业。加快发展以特色葡果、设施蔬菜、健康养殖和农作物种业为基础，食醋酿造、肉制品、乳制品等精深加工为主导，休闲养生农业和花卉园艺观赏为重点的都市现代农业。

(二)全力抓好重大项目建设，努力保持投资稳定增长

加快重大项目建设。坚持把投资作为稳增长的强大引擎、调结构的主要抓手、惠民生的重要载体，重点抓好纳入全市“五个一批”的重大产业、重大基础设施和重大民生项目，进一步提高投资的有效性和精准性。要坚持马上就办、真抓实干，抓好“冬季行动”，发改、规划、国土、住建、环保等部门要开辟绿色通道，进行联合办公、集中审批，切实简化审批流程、提高审批效率，力争纳入“五个一批”中的产业项目、基础设施项目和民生项目尽快完成审批并开工建设。要进一步完善重点工程调度制度，采取切实有效的工作推进机制，强化督促检查，严格追责问责，确保项目早日落地、尽快开工、顺利推进和按期投产。要不断充实和完善重大产业、重大基础设施和重大民生项目库，加快形成连续不断、滚动推进的良性机制。

创新投融资体制机制。完善和推广政府与社会资本合作模式(PPP)，鼓励和引导社会资本通过特许经营、政府购买服务、股权合作等方式参与城市基础设施、公共服务设施等项目建设。准确把握国家、省产业政策和投资方向，加紧完善重大项目前期工作，争取国家和省更多的预算内投资、专项建设资金，指导企业发行更多企业债券，为重大项目建设提供资金支持。全面深化与国开行、农发行等政策性银行的合作，加大对实体经济的支持力度。坚持控总量、调结构，合理控制好政府性债务。

(三)以城中村和棚户区改造为突破口，加快推进新型城镇化

坚定不移推进城中村和棚户区改造。大力发扬“积极作为、攻坚克难、依法办事、为民谋利”的城中村改造精神，在去年启动54个城中村改造的基础上，今年再启动31个村的整村拆除和同步改造，加紧完善相关规划，集中力量抓好拆迁，切实做好回迁安置，加大招商引资力度，强化风险防控，高质量、高标准推进城中村改造。加大棚户区改造力度，力争年内完成晋东、民政园、建材小区等在建工程，新开工小北关等改造工程，加快拆迁和安置房建设进度。将棚户区改造与消化商品房库存结合起来，采取棚改货币化安置、放宽公积金政策等多种方式，积极消化商品房库存。

加大城市基础设施建设力度。加快推进轨道交通2号线建设，积极做好3号线、1号线前期工作。抓好滨河西路南延、南内环西街、卧虎山快速路、太行路南延等城市快速路建设，五一路、太茅路、环湖西路、环湖北路、柴村东西立交改造、迎泽大街下穿及东广场路网等主次干道建设，对精营东边街、文庙巷、皇庙东西巷等破损严重、排水不畅、环境脏乱背街小巷进行综合性改造，加快形成外成环内成网、级配科学的城市路网体系。推进海绵城市建设，实施城市供热、供水、供气、供电、污水处理、垃圾处理、防洪排涝、地下综合管廊等配套工程。

不断提升城市管理水平。以开展"五城联创"为契机，切实加强城市管理，构建建管分开、重心下移、区街为主、职责明确、运转有序的城乡管理体制机制。加快智慧城市建设，完善城市公共信息平台和数字城管系统平台，提升城市管理的网格化、数字化和精细化水平。在学校、医院、大型商场等人流密集路段新建10座人行过街设施。开展空中线缆专项整治，完成100千米城市道路通信线缆入地改造。加快公共停车场建设，新增两万个停车场位。全力创建国家"公交都市"示范城市，加强公交站场建设，优化公交线网，实施城市公共交通智能化示范工程，提升公共自行车服务能力。

加快县城和小城镇建设。切实加强清徐、阳曲、古交、娄烦县城建设，提升规划建设管理水平，按照产城融合要求大力发展县域经济，着力打造经济活跃、功能配套、特色鲜明、环境优美的卫星城，充分发挥其完善城市功能、承接农村转移人口、促进全市经济发展的重要作用。同时，规划建设一批具有传统风貌、民俗风情、自然禀赋的特色小城镇，发挥好衔接城乡、服务"三农"的重要作用。

（四）深入实施"三个突破"，切实增强发展活力

强化科技创新驱动作用。全力支持山西科技创新城建设，依托高新区、经开区等建设一批科技创新平台和"双创"示范基地，掀起大众创业、万众创新的热潮。落实普惠性财政税收科技政策，引导激励企业加大技术研发投入、健全创新组织、转化科技成果，着力增强企业的自主创新能力。继续实施科技型中小微企业成长计划，推动高新技术企业数量和产业规模较快增长。聚焦特色优势产业，整合省城科技资源，协调建设由行业龙头企业牵头，产学研用紧密联合的产业技术创新战略联盟、中试基地等协同创新平台，围绕破解制约产业创新发展的重大技术问题，开展协同攻关，形成一批具有自主知识产权的重大发明专利、技术标准和高新技术产品。改革科技计划管理体制，启动建设市级科技管理平台和科技计划项目管理信息系统。

全面推进金融振兴。加快推进金融聚集区建设，加强与驻并金融机构的交流合作，构建区域性、功能性金融中心。完成农村信用社体制改革，增强地方金融发展实力。深化政、银、企联动，加大"助保贷"、税银合作等金融扶持力度。抓好"新三板"挂牌和上市公司再融资工作，鼓励企业通过资本市场直接融资，力争"新三板"挂牌企业再突破20家，力争A股上市有新的突破。

充分释放民营经济发展活力。完善政策，着力破解民营经济准入难、融资难、用地难、人才短缺等发展瓶颈。着力发展民营经济产业集群，支持民营企业发展以养老服务、文化旅游等为重点的现代服务业和都市现代农业，拓宽发展空间。坚持把国家小微企业创业创新基地城市示范作为民营经济发展的强大动力，建设中小微企业创业基地，引导社会力量建设一批低成本、便利化、全要素、开放式的创业社区和众创空间。

（五）加强节能减排和生态环境治理，确保省城环境质量持续改善

持续抓好空气质量改善。加快推进集中供热工程建设，新增供热能力5000万平方米，建成区内20吨及以下燃煤采暖锅炉全部淘汰，建成区外燃煤采暖锅炉替代拆除50%，拆除城中村土小燃煤采暖锅炉5000台。继续推进城边村气化改造，在市区和阳曲、清徐县城全面实施洁净煤置换。严格规范整治扬尘污染，对建成区内全部的裸露地面和城乡结合部暂不开发的裸露地面进行绿化、硬化。加大污染企业关停搬迁力度，全面实施工业企业提标改造和环境综合整治，年内对一电厂4台30万千瓦和西山矸石电厂2台0.6万千瓦燃煤机组实施永久性关停，完成古交兴能电厂60万千瓦燃煤机组烟气超低排放改造和太钢原料场全封闭工程、二电厂公路运煤改铁路运煤建设。严格控制机动车排气污染，淘汰黄标车和老旧车辆2万辆，完成纯电动新能源出租车整体更新。强化面源污染控制，彻底取缔露天烧烤，杜绝秸秆垃圾焚烧。2016年，市区二级以上优良天数力争增加20天以上，PM2.5年均浓度值下降4%。

加大水环境改善力度。加强饮用水源地保护，启动汾河水库上游汾河干流湿地工程，完成岚河湿地工程建设。开工建设汾东污水处理厂一期工程，晋阳污水处理厂一期工程建成投运，年内市区日新增城市污水集中处理能力10万吨以上。开工建设汾河太原城区段治理美化三期工程，对汾河太原段主要河流实施防洪、生态修复和截污整治，完成建成区17条黑臭水体整治方案编制，加快推进城区9条河流治理，年内建成区黑臭水体比例下降30%。

加快推进生态修复治理。大力推进东西北山造林绿化和三县一市荒山绿化，加快实施城市周边百万亩森林围城工程，年内完成造林面积30万亩以上，构建城市生活、近郊休闲和远郊防护三大生态圈。加快公园广场绿地建设，加快实施晋阳湖周边环境综合整治、太原植物园、和平公园等21个公园建设，加大500米出行街头小游园建设，全市建城区绿化覆盖率达到41.4%。

扎实做好节能和低碳城市试点工作。编制完成《太原市低碳发展规划》和《太原市温室气体排放清单》，加快低碳示范试点建设，全面完成二氧化碳减排任务。积极推进太原不锈钢园

区循环化改造和太原餐厨垃圾处理等循环经济示范试点建设。继续推进既有建筑节能改造,完成500万平方米的改造任务。

(六)进一步深化改革,着力扩大对外开放

突出抓好重点领域改革。在认真落实和承接中央、省各项改革举措的同时,围绕影响我市发展的短板和瓶颈,着力抓好一批重大改革事项。继续深化行政审批制度改革,完善行政审批平台、公共资源交易平台和便民服务平台建设,继续清理规范行政审批中介服务事项,承接和落实好国家、省取消下放和调整的行政职权事项。继续深化工商登记制度改革,试行企业简易注销和企业名称核准登记改革,推行电子营业执照改革。继续深化住房制度改革,加大棚户区改造力度,探索建立租、购并举制度。稳步开展土地确权颁证,扎实推进农村综合改革,加快土地经营权有序流转,引导农民发展多种形式的适度规模经营,培育家庭农场、专业大户、农民合作社、农业产业化龙头企业等新型农业经营主体。扎实推进市属国有企业改革,完成第一机床厂的职工安置和资产处置工作。

努力提高对外开放的质量和水平。要主动对接、积极融入“一带一路”、京津冀协同发展、环渤海地区合作发展等国家重大发展战略,全面落实省委加快推进太原城市群、太原晋中同城化等重大决策部署,加快高新区、经开区、民营区和不锈钢园区拓展步伐,进一步明确功能定位,优化产业和项目布局,充分发挥开发区(园区)招商引资平台作用,切实引进一批国际国内一流的大项目好项目;发挥利用好武宿综合保税区功能政策优势,提升航空口岸、铁路口岸开放水平,不断拓展发展新空间。

(七)守住底线完善制度,扎实做好民生工作

切实抓好就业和社会保障工作。制定和实施更加积极的就业政策,加快创业孵化基地、实训基地和园区建设,进一步优化创业就业环境,鼓励以创业带动就业。统筹做好高校毕业生、农村剩余劳动力、城镇困难人员、退役军人、残疾人等重点群体的就业工作,加大对困难人员的就业援助力度。鼓励支持企业采取在岗培训、轮岗轮休等办法稳定就业岗位。进一步完善社会保障和救助服务体系,不断扩大社会保险覆盖面,做好企业退休职工养老金、城乡低保、农村五保供养和优抚对象待遇的正常调整工作,加快推进儿童福利院和老年福利院建设。加快完善以居家为基础、社区为依托、机构为支撑的社会养老服务体系,建设79个社区养老服务中心、57个社区日间照料中心和54个农村日间照料中心。坚持政策托底,守住民生底线,更加注重对特定人群特殊困难的精准帮扶,建立困难残疾人生活补贴和重度残疾人护理补贴制度。

积极促进教育、卫生等各项社会事业发展。以义务教育、学前教育、职业教育为重点,加快幼师、五中、成成中学、一外、二外等新校区建设,积极推进职教园区建设,调整和优化中小学、幼儿园布局,持续加大薄弱学校改造力度,扩大优质教育资源覆盖面,逐步缩小城乡、区域和校际之间的办学差距。扎实推进“百院兴医”工程,加快市中心医院、市人民医院、市妇幼医院和省人民医院、省妇幼医院等迁建项目建设。统筹推进公立医院综合改革,合理配置卫生资源,夯实基层医疗卫生服务基础,构建布局合理、分工协作的医疗服务体系和分级诊疗就医格局。繁荣发展文化体育事业,积极推进市图书馆改扩建、市体育训练中心、二青会运动员村等项目建设。统筹推进新闻出版、人口和计划生育、妇女儿童等社会事业全面发展。

全力推进脱贫攻坚。按照精准扶贫的要求,全力实施“五个一批”脱贫攻坚工程,确保完成1.9万人的脱贫任务。因地制宜发展特色高效农业,重点支持贫困乡村发展农、林、牧、商、游等特色产业;鼓励社会资本、龙头企业参与扶贫开发,加大电商、金融、旅游、光伏等扶贫力度,通过发展生产带动脱贫7920人。统筹做好产业开发、城镇化建设、旧村开发利用和完善社会保障等工作,积极稳妥实施异地搬迁,实现移民脱贫3500人。加大贫困地区生态保护修复力度,探索生态环境保护补偿机制,推动生态保护与脱贫开发协同增效,实现脱贫580人。加强职业培训和技能培训,提高贫困人口就业创业能力,促进转移务工就业,实现脱贫2200人。统筹协调农村扶贫标准和农村低保标准,通过低保兜底脱贫4800人。

加快推进其他民生工程。加大保障性住房建设力度,新开工建设保障性住房45500套。加快实施采煤沉陷区治理,完成11058户、29073人的搬迁安置工作。着力抓好农村改厕改浴、村通水泥(油)路完善提质、农村公路安全生命防护、美丽乡村等工程建设。加强粮油肉蛋菜等居民生活必需品的生产储备和价格监测,落实社会救助标准与物价上涨挂钩的联动机制,扎实推进平价商店建设管理,持续开展“一元菜”惠民活动,保持物价稳定。

持之以恒抓好安全生产。全面落实安全生产党委和政府领导责任、部门监管责任和企业主体责任。加大安全生产执法监督检查力度,深入开展隐患排查治理,持续抓好煤矿、非煤矿山、道路交通、建筑施工、危险化学品、烟花爆竹、油气管道、冶金工贸等重点行业领域和人员密集场所的安全生产专项整治,严格落实安全生产目标责任考核“一票否决”制,严肃事故查处和责任追究,坚决遏制重特大事故,防范较大事故,减少一般事故,确保全市安全生产形势持续好转。

各位代表,做好2016年经济社会发展各项工作,任务艰巨,责任重大。让我们在市委的坚强领导下,自觉接受市人大的监督,虚心听取市政协的意见和建议,认真贯彻落实市委十届七次全会和全市经济工作会议精神,坚定信心,迎难而上,鼓足干劲,奋力前行,努力促进全市经济持续健康发展、社会和谐稳定,为全面建成小康社会做出新的贡献!

关于太原市2015年全市和市本级预算执行情况及2016年全市和市本级预算(草案)的报告

——2016年2月24日在太原市第十三届人民代表大会第六次会议上

太原市财政局局长　陈向阳

各位代表：

受市人民政府委托，现将太原市2015年全市和市本级预算执行情况及2016年全市和市本级预算(草案)提请市十三届人大六次会议审议,并请政协委员和其他列席人员提出意见。

一、2015年全市和市本级预算执行情况

2015年,面对经济下行压力加大的严峻挑战,在市委的坚强领导下,在市人大、市政协的监督支持下,全市各级财税部门积极作为,狠抓落实,预算管理不断规范,预算执行总体平稳,财政改革有序推进,扎实有效地支持了全市经济社会的发展。

(一)2015年全市预算执行情况

1.一般公共预算执行情况

2015年,全市预算经市十三届人大五次会议审查批准后,各县(市、区)人民代表大会相继批准了本级预算,市政府于2015年6月汇总各县(市、区)预算报送市人大常委会备案。2015年全市一般公共预算收入预算275.3亿元，与备案预算一致;支出预算由400.6亿元变动为478.7亿元,是由于上级转移支付增加77.2亿元、新增省转贷地方政府债券8亿元、调入资金增加支出6亿元及各级超收、净结余建立预算稳定调节基金、增加上解等净减少支出13.1亿元等因素所致。实际执行结果，全市一般公共预算收入274.24亿元，为备案预算的99.6%,增长5.9%;一般公共预算支出419.99亿元,为调整预算的87.8%,增长30.2%。

2015年,市级和各县(市、区)均实现当年收支平衡,略有结余。除结转下年专款58.69亿元外,净结余和超收全部建立了预算稳定调节基金。年末全市预算稳定调节基金余额为35.3亿元(其中,市级14.5亿元,县区20.8亿元)。

主要收入项目执行情况：税收收入221.35亿元，下降0.5%。其中,营业税67.60亿元,下降1.3%;增值税29.17亿元,下降10.8%(含营改增9.65亿元，如剔除营改增下降10.6%);企业所得税29.46亿元,增长4.5%;土地增值税19.58亿元,增长5.5%;城市维护建设税17.84亿元,下降1.3%;契税14.40亿元，增长9.8%；房产税13.46亿元，增长9.1%。非税收入52.89亿元,增长45.7%。

主要支出项目执行情况:教育支出62.09亿元,为变动预算(下同)的89.7%,增长17.8%;科学技术支出12.80亿元,为预算的96.5%,下降9.5%;文化体育与传媒支出6.70亿元,为预算的87.1%,增长13.9%;社会保障和就业支出50.94亿元,为预算的95.1%,增长24.2%;医疗卫生和计划生育支出27.04亿元,为预算的85.2%,增长20.3%;节能环保支出14.00亿元,为预算的81.0%,增长9.6%;城乡社区支出105.50亿元,为预算的97.0%，增长34.2%；农林水支出15.52亿元，为预算的63.4%，增长30.0%；交通运输支出10.90亿元，为预算的86.3%，下降15.4%；住房保障支出17.06亿元，为预算的79.6%,增长99.3%。

省对市、市对县(市、区)转移支付执行情况:2015年,省对我市转移支付119.34亿元,增长41.2%。其中,一般性转移支付40.22亿元，增长14.1%；专项转移支付79.12亿元，增长60.5%。市对县(市、区)转移支付75.35亿元,增长21.9%。其中，一般性转移支付29.87亿元，增长20%；专项转移支付45.48亿元,增长23.2%。

2.政府性基金预算执行情况

2015年，全市政府性基金收入181.69亿元，为预算的118.4%,下降2.1%。其中,国有土地使用权出让收入147.11亿元,城市基础设施配套费收入14.17亿元,政府住房基金收入6.31亿元。政府性基金支出175.92亿元，为变动预算的71.7%,增长2.6%。

3.国有资本经营预算执行情况

2015年,全市国有资本经营收入1.36亿元;国有资本经营支出1.35亿元。

4.社会保险基金预算执行情况

2015年,全市社会保险基金收入227.15亿元,为预算的114.7%;社会保险基金支出190.38亿元,为预算的95.5%。

5.政府债务情况

2015年,省转贷我市政府债券80亿元,其中:新增债券22亿元,主要用于太原南部热电联产清洁能源集中供热工程、晋阳污水厂外管网建设、图书馆建设、百院兴医建设、地铁建设等基础性、公益性项目建设;置换债券58亿元主要用于置换到期政府债务。省转贷政府债券对我市应对经济下行压力、加快基础设施和民生项目建设、优化债务结构、防范财政金融风险发挥了积极作用。

截至2015年底,全市政府债务限额299.9亿元,其中:市本级253.41亿元,县(市、区)46.49亿元。全市政府债务率预计57.3%,债务风险总体可控。

(二)2015年市本级预算执行情况

1.一般公共预算执行情况

2015年,市十三届人大五次会议审查批准市本级一般公共预算收入预算137.8亿元,支出预算197.5亿元(含省提前安排的转移支付);预算执行中,由于新增上级转移支付26.8亿元,新增省转贷政府债券8亿元,调入资金增加支出7.9亿元及超收、净结余建立预算稳定调节基金和增加上解等减少支出7.4亿元等因素,支出预算相应变动为232.77亿元。实际执行结果,市本级一般公共预算收入138.51亿元,为预算的100.5%,增长7.5%;一般公共预算支出207.91亿元,为变动预算的89.3%,增长30.5%。收支相抵,除结转下年专款24.87亿元外,净结余和超收全部建立预算稳定调节基金,年末预算稳定调节基金余额为14.5亿元。

主要收入项目执行情况:税收收入107.17亿元,增长0.3%。其中,营业税26.50亿元,增长2.9%;企业所得税24.05亿元,增长2.5%;增值税11.54亿元,下降18.7%(含营改增3.02亿元,如剔除营改增下降13.8%);契税12.41亿元,增长16.3%;城市维护建设税10.06亿元,增长2.8%;个人所得税5.54亿元,下降10.7%;房产税6.30亿元,增长17.4%。非税收入31.34亿元,增长42.6%。

主要支出项目执行情况:

教育支出23.11亿元,为变动预算(下同)的87.3%,增长10.0%。其中:下达3.07亿元用于保障义务教育、职业教育和学前教育的经费需求,下达4.61亿元用于支持新校建设,下达2.9亿元用于支持校舍维修和教学设施设备的信息化建设,切实推进了教育事业健康发展。

科学技术支出1.37亿元,为预算的99.8%,增长107.7%。按照深入实施创新驱动发展战略的要求,投入1600万元扶持重大新产品研发项目,投入5979万元设立太原市科技型中小微企业信贷风险补偿专项资金,投入1080万元补助院士工作站建设,切实提高我市科技创新能力。

文化体育与传媒支出5.34亿元,为预算的88.0%,增长16.6%。其中:下达1.14亿元扶持13个文化产业项目,下达1.88亿元支持市图书馆改扩建、太山龙泉寺复建工程建设,下达2543万元保障各类体育赛事活动的进行,下达8679万元支持青龙古镇、晋阳古城等文物考古项目的资金需求。

社会保障和就业支出20.22亿元,为预算的96.8%,增长23.5%。其中:下达养老保险补助资金3.47亿元,保障企业退休人员养老金实现“十一”连增和事业单位退休人员各项待遇的落实;下达就业补助资金4.1亿元,推进全市就业创业工作的开展;下达退役安置资金1.81亿元,保障军队移交地方人员的各项经费需求,下达社会福利经费1.85亿元,保障各项社会福利事业的正常发展。

医疗卫生和计划生育支出10.85亿元,为预算的77.4%,增长12.0%。其中:下达1.5亿元推进基本公共卫生服务体系建设,下达2.63亿元支持百院兴医工程推进,下达4.79亿元支持各类人员参加医疗保障体系,下达5225万元支持食品药品的监督管理。

节能环保支出9.43亿元,为预算的93.8%,增长54%。其中:下达5.83亿元用于支持既有建筑节能改造项目,下达6000万元保障强制报废黄标车和老旧汽车补贴,同时积极支持省城环境综合治理各项资金需求。

城乡社区支出61.08亿元,为预算的97.5%,增长15.2%。主要用于确保市委市政府确定的南沙河快速化、南内环街、学府街等干道的新建改建,供热管网及地铁二号线等“五个一批”重点城建项目的资金需求。

农林水支出1.54亿元,为预算的54.7%,增长39.5%。主要用于农林水基础设施建设和林业生态建设的资金需求。

交通运输支出8.40亿元,为预算的97.4%,下降20.8%。主要用于城市公交运营补贴7.74亿元,有力推进全市“公交都市”建设。

住房保障支出16.02亿元,为预算的83.4%,增长112.4%。主要用于推进保障性住房建设和棚户区建设,有效改善住房困难群众的居住条件。

2.政府性基金预算执行情况

2015年,市本级政府性基金收入154.54亿元,为预算的119.3%,增长0.7%。其中,国有土地使用权出让收入123.06亿元,城市基础设施配套费收入12.09亿元,政府住房基金收入6.28亿元。政府性基金支出95.46亿元,为变动预算的75.8%,下降30.5%。

3.国有资本经营预算执行情况

2015年,市本级国有资本经营收入1.36亿元;国有资本经营支出 1.35 亿元，为变动预算的 57.0%。

4.社会保险基金预算执行情况

2015 年，市本级社会保险基金收入 189.24 亿元，为预算的 108.6%；社会保险基金支出 159.54 亿元，为预算的 94.7%。

（三）2015 年开发区预算执行情况

2015 年开发区预算执行总体平稳，具体执行情况如下：

2015 年开发区一般公共预算执行情况

单位：亿元

名称	一般公共预算收入			一般公共预算支出		
	执行数	为预算%	增长%	执行数	为变动预算%	增长%
高新区	11.46	106.8	-14.7	12.12	99.6	-11.1
经济区	14.28	92.4	15.5	16.33	88.5	32.3
民营区	3.77	102	1	4.17	87	13.7
不锈钢园区	1.95	112.7	29.7	1.67	81.5	90.6

以上有关预算执行的具体情况详见《太原市 2015 年预算执行情况及 2016 年预算表（草案）》表一至表十。

（四）落实市十三届人大五次会议预算决议情况及预算执行效果

按照市十三届人大五次会议有关决议，以及市人大财政经济委员会的审查意见，全市财税部门狠抓财税改革，创新体制机制，稳定民生保障，推进城市建设，在稳增长、调结构、促改革、惠民生等方面主动作为，为全市经济社会发展提供了有力保障。

1.预算执行实现平稳运行。过去的一年，受经济下行和结构性减税政策影响，财政收入形势严峻，持续低位运行。面对困难，全市各级财税部门始终保持积极态度狠抓收入，全市一般公共预算收入全年完成同比增长 5.9%，超额完成省定 5.5% 的考核指标，在全省 11 个地市中增幅排名第二。在狠抓收入的同时，主动作为、综合施策，积极采取盘活资金存量、强化资金统筹、加大转移支付、申请政府性置换债券、争取上级转移支付等得力措施，扎扎实实地支持和保障了“五个一批”等重点工程和重点项目的推进发展，较好地完成了市委、市政府交办的各项工作任务。

2.不断创新投融资模式，扎实推进产业转型升级。着力推进 PPP（政府与社会资本合作）模式，推荐上报了晋阳污水处理厂及配套管网一期工程等三个项目，并被确定为国家级示范项目和省级首批示范项目。示范项目的推介推广，将使我市项目在全国全省的平台上展示并吸引更优质的社会合作方参与到我市建设中来。积极推进产业转型升级，重点支持市委市政府确定的富士康、江铃重汽、宝迪食品工业园等大项目、好项目加速成长。认真落实清费减负财政政策，清理取消、停征或减免涉及企业的 60 项收费项目，全面落实省政府减轻企业负担、促进工业稳定运行 60 项措施和煤炭资源税从价计征改革政策，同时积极办理企业退税，切实减轻企业负担，培育企业发展活力。

3.着力支持创业创新，不断推进“三个突破”。大力支持发展多层次资本市场，积极支持企业通过金融支撑做强做大，对挂牌和上市企业给予专项奖励补助。着力推进创新驱动发展战略，安排专项资金支持科技型小微企业创业创新，重点支持重大新产品研发项目和引进高端创新型人才，努力提高我市企业自主创新能力。大力支持民营经济发展，2015 年我市成功跻身“全国小微企业创业创新基地示范城市”行列，2015—2017 年中央和省累计补助我市 10 亿元专项资金，今年已经下达 6.8 亿元。政策落地以来，全市小微企业创业创新空间载体达到 160 个，全年新登记小微企业近 1.9 万户，解决就业 9.35 万人，占全市新增就业 10.5 万人的 89%。与此同时，不断加大对中小微企业融资的帮扶力度，切实缓解其应急资金困难和融资难，为市场主体的生存发展提供了极大的帮扶。

4.注重以人为本，倾力支持城市建设。积极调整财政支出结构，千方百计筹集资金，确保城中村改造前期拆迁费用落实；针对城中村改造中土地出让金返还难的困局，主动作为，全年返还城中村改造的国土收入 52.6 亿元，占到市本级国土收入的 41%，有力地保障了城中村改造工作的顺利进展。同时，不断加大盘活存量资金的力度，统筹安排各类资金，有力地支持和保障了全市“五个一批”重大项目和工程的顺利推进。

5.完善财政投入机制，切实保障和改善民生。全年下达各类民生支出 346.64 亿元，占到全市一般公共预算支出的 82.5%。城乡低保对象最低生活保障、优抚对象补助、公益岗位岗位补贴等社会保障提标政策如期执行；城镇职工医保、城乡居民医保、大病医保、医疗救助等医疗制度有效衔接，百姓“看病难看病贵”进一步得到缓解；严格落实各项教育专项补贴政策，切实支持教育优先发展战略；公交线网继续优化，公共自行车服务能力提升；统筹整合资金支持实施强农惠农富农政策，着力推动精准扶贫工作，农村人居环境得到大力改善。与此同时，“一元菜”工程、平价商店建设、社区惠民项目、文体事业发展等为民利民项目也按照要求给予了及时足额的保障。民生项目的落实到位，进一步增强全市人民的获得感，提升了百姓的幸福感。

6.坚持依法理财，扎实推进“六权治本”。财政是国家治理的基础和重要支柱，一年来，财政工作全面落实“六权治本”要求，不断扎紧制度的笼子，在“不敢腐”的基础上，形成“不能腐”的长效机制。印发了《太原市财政局行政权力清单动态管理办法》，确定了市财政局的 18 项行政权力；制定了《太原市财政局关于印发财政专项资金分配职责规定的通知》和《太原市财政局市级财政专项资金管理办法》,形成了财政专项资金管理和分配两个重要制度,印发了《太原市财政局重大行政决策合法性审查制度的通知》,强化了对规范性文件的管理;出台了关于财务会计、政府采购、资产管理等制度的汇编,努力做到用权有制度,行权有界限,施权有责任的依法理财体系。同时,严格按照法律法规规定,将全部理财行为自觉纳入法治的轨道之内,自觉主动接受人大监督、政协监督、审计监督等方方面面的监督,扎实开展各类监督检查,切实保障各项重大财税政策落到实处。

7.加快推进财政预算改革,全面提升理财水平。一是完善政府预算体系。初步建立了涵盖一般公共预算、政府性基金预算、国有资本经营预算、社会保险基金预算在内的全口径预算体系,并在年初市人代会上做了报告。二是建立健全预算公开制度。进一步加大预算公开力度,预算公开率达到100%,预算支出公开到项级科目,预算信息公开力度和细化程度明显加大。三是不断完善转移支付制度。全面梳理竞争性领域和专项转移支付的"项目清单",着手建立专项转移支付定期评估和退出机制,规范控制专项转移支付项目设立和资金规模。四是着力构建全过程预算绩效管理机制,在部门申报2015年部门预算项目资金时,明确规定按要求填报绩效目标,实现预算绩效管理和预算编制、执行、监督有机结合,提高了财政资金管理科学化精细化水平。五是加强地方政府性债务管理,防范和化解政府性债务风险。印发《关于加强政府性债务管理的实施意见》,从制度上规范我市政府性债务举借、使用、管理、偿还、风险监测、置换等方面的管理。按照要求将政府债务纳入全口径预算管理,严格按规定向人大报告新增债券规模及使用方向,全年争取省转贷债券资金80亿元,全部用于城市基础设施和民生项目的推进和实施,有力地促进了我市的率先发展。

2015年是"十二五"收官之年。回顾过去的五年,全市一般公共预算收入由2010年的138.48亿元增加到2015的274.24亿元,年均增长14.6%,全市一般公共预算支出由2010年的189.64亿元增加到2015年的419.99亿元,年均增长17.2%。为推进全市经济结构转型、民生事业发展、生态宜居城市建设等各项事业的发展壮大提供了坚实的财力保障。

成绩的取得,是市委科学决策、坚强领导的结果,是市人大、市政协监督指导、大力支持的结果,是各级各部门以及全市人民共同努力的结果。在看到成绩的同时,我们也清醒的认识到:由于经济下行压力持续加大,财政收入增长乏力与财政支出之间的矛盾不断加剧;新时期新常态下,积极财政政策任务艰巨,财政改革任重道远,我们将高度重视这些问题,采取有力措施加以解决,也希望各位代表、委员一如既往地给予监督和指导。

二、2016年全市和市本级预算(草案)

(一)编制2016年预算(草案)的指导思想和原则

2016年全市财政预算编制的指导思想是:全面贯彻党的十八大、十八届三中、四中、五中全会以及中央、省、市经济工作会议精神,紧紧围绕市委、市政府决策部署,按照"六个表率"要求,全力抓好"五个一批",深入实施"三个突破"。继续落实积极的财政政策并加力增效,充分发挥财税政策作用,大力支持稳增长、调结构、惠民生、防风险;适应经济发展新常态,加大财政资金统筹使用力度,深化财政改革,加强预算管理,强化依法理财,实施有效监督,促进经济社会持续健康发展。

落实上述指导思想,贯彻新修订的《预算法》,2016年全市财政预算编制遵循以下原则:一是收入预算编制实事求是,与经济社会发展水平相适应,与国家政策相衔接;二是支出预算进一步优化结构、盘活存量、加大资金统筹力度。统筹财力优先"保工资、保运转、保民生";集中财力重点保证市委、市政府中心工作和重点工程、重点项目;三是坚持依法理财,强化部门主体责任。严格遵照《预算法》规定,各部门、各单位负责本部门、本单位的预算编制和执行,并对预算执行结果负责;四是坚持厉行节约,严格控制一般性支出,牢固树立过紧日子思想。

(二)2016年全市财政收支计划安排的宏观指标依据和相关财政收支政策

1.经济社会发展主要预期指标

2016年全市地区生产总值增长8%左右,固定资产投资增长12%,社会消费品零售总额增长6.5%,城镇和农村常住居民可支配收入分别增长8%和8%以上,居民消费价格涨幅控制在3%。

2.财政收支政策

——进一步实施减税降费政策。2016年要将建筑业、房地产业、金融业和生活服务业纳入试点范围,实行不动产进项税抵扣,全面推开营改增改革。煤炭资源税扩大扣除范围;2015年11月1日起,统一取消和暂停征收37项行政事业性收费,2016年1月1日起再取消2项收费;从2016年1月1日起,将政府住房基金、水土保持补偿费等五项基金转列一般公共预算。

——民生支出标准继续提高。城乡居民医疗保险人均财政补助标准在2015年380元/年基础上再提高40元/年;基本公共卫生服务项目人均补助标准在2015年40元/年的基础上再提高5元/年;城乡低保补助水平分别提高5%和8%;统一城乡义务教育"两免一补"政策。

——推进中期财政规划管理。对重大支出政策,按三年统筹考虑,确保财政可持续。

（三）2016年全市预算（草案）

1.一般公共预算

2016年全市一般公共预算收入安排282.5亿元，增长3%。按现行财政体制匡算，2016年全市当年可用财力约为313亿元（不含省提前安排的专项转移支付）。按照收支平衡的原则，财政支出相应安排313亿元，由市、县两级财政分别安排。

省提前安排我市2016年转移支付62.42亿元。其中，一般性转移支付34.74亿元，专项转移支付27.68亿元。市本级提前下达县（市、区）2016年转移支付36.46亿元，其中，一般性转移支付25.30亿元，专项转移支付11.16亿元。市县两级财政已按预算法要求将提前安排的转移支付编入本级预算。

2.政府性基金预算

2016年，全市政府性基金收入预算安排142.7亿元，下降21.4%（主要是政府住房基金等5项政府性基金转列一般公共预算，国土收入减少以及价调基金停征）。按照收支平衡原则，政府性基金支出预算相应安排142.7亿元，由市县两级财政分别安排，按规定用途使用。

省提前安排我市2016年专项转移支付0.61亿元，市本级提前下达县（市、区）2016年专项转移支付0.14亿元，市县两级财政已按预算法要求将提前安排的转移支付编入本级预算。

3.国有资本经营预算

2016年，全市国有资本经营收入预算安排214万元，支出预算相应安排214万元。

4.社会保险基金预算

2016年，全市社会保险基金收入预算安排229亿元。其中，保险费收入151.2亿元，财政补贴收入23.3亿元（含上级转移支付）。支出预算安排219.6亿元，本年收支结余9.4亿元，年末滚存结余201.4亿元。

（四）2016年市本级预算（草案）

1.一般公共预算

2016年，市本级一般公共预算收入安排142.7亿元，增长3%。按现行财政体制匡算，市级预算财力为143.8亿元，较上年预算财力增加6.7亿元。由于今年人员经费等刚性增支较大，按照“三保”要求安排工资、运行和基本民生支出后，“五个一批”等重点支出安排缺口较大，为保证市委市政府“五个一批”顺利推进，拟调入预算稳定调节基金11.2亿元纳入年初预算统筹安排。因此，2016年市本级当年可用财力为155亿元。按照收支平衡原则，市级一般公共预算支出相应安排155亿元。

按照政府收支分类科目，一般公共预算支出安排情况为：

——一般公共服务支出安排8.50亿元，比上年（下同）增加0.48亿元，增长6%。主要包括市委、人大、政府、政协等基本公共服务与管理部门的支出。

——国防支出安排1911万元，增加100万元，增长5.5%。主要包括太原警备区、武警太原支队、预备役部队等用于民兵建设、国防教育等方面的补助支出。

——公共安全支出安排13.25亿元，增加2.1亿元，增长18.9%。主要包括公、检、法、司等部门维护社会公共安全方面的支出。

——教育支出安排27.33亿元，增加2.02亿元，增长8%。主要包括教育部门及所属各类学校普通教育、职业教育、特殊教育等方面的支出。重点安排8.6亿元用于新校建设（连同上年结转共计10.8亿元），安排义务教育、中职教育免学费补助等配套资金1.2亿元。

——科学技术支出安排1.58亿元，与上年基本持平。主要包括科技、科协等部门科学技术管理、基础研究、应用研究、社会科学、科学技术普及等方面的支出。重点安排了科技专项经费8094万元，院士工作站建设经费990万元等。

——文化体育与传媒支出安排3.25亿元，减少0.34亿元，下降9.5%。主要包括文化、文物、体育、广播电视等方面的支出。重点安排了农村文化体育设施配套经费、市级文化产业资金、文物维护保护费等专项经费。

——社会保障和就业支出安排13.72亿元，增加0.63亿元，增长4.8%。主要包括人力资源和社会保障管理事务、民政管理事务、企业改革补助、就业补助、残疾人事业、城乡低保等方面的支出。重点安排了就业补助配套资金2.07亿元，机关事业单位养老保险补助2.9亿元，社区办公经费及社区干部补贴7208万元，企业关闭破产补助1.98亿元，特困企业离休干部及建国前老工人生活补贴4000万元，城乡居民养老保险财政补助3020万元，义务兵优待金2500万元，做实企业养老保险个人账户补贴2311万元，农村五保户集中供养配套1300万元等。

——医疗卫生与计划生育支出安排7.01亿元，减少0.59亿元，下降7.8%（下降原因是百院兴医资金按照统筹原则统一在其他支出—社会事业类基本建设中安排）。主要包括卫生部门所属医疗卫生管理、公立医院、基层医疗卫生机构、公共卫生和行政事业单位医疗保障等方面的支出。重点安排了特困企业离休干部医疗统筹2875万元，新农合市级补助4101万元，城镇居民医保配套3302万元，基本公共卫生服务项目1673万元，城市公立医院能力建设及公立医院改革1500万元，城乡医疗救助1650万元、计划生育家庭奖励1800万元等。

——节能环保支出安排5.08亿元，增加2.67亿元，增长110.9%。主要包括环保部门的运行支出以及天然林保护、能源节约利用、污染减排等方面的支出。重点安排了省城城市环境综合整治1.7亿元（连同政府性基金、省补助专款和上年结转共计安排9亿元),既有建筑节能改造2.5亿元等。

——城乡社区支出安排25.79亿元,增加5.32亿元,增长26%。主要包括城建系统各部门运行支出及城市维护方面的支出。重点安排了城市建设及还本付息5亿元、晋阳污水处理厂运行费1.1亿元、城乡清洁工程1.2亿元、迎泽公园改造及园林绿化1亿元等。

——农林水支出安排4.74亿元,减少0.15亿元,下降2.8%。主要包括农业、林业、水利、扶贫等方面的支出。重点安排了造林资金1亿元,精准扶贫1亿元,设施蔬菜建设4300万元等。

——交通运输支出安排5.03亿元,减少4.46亿元,下降47%。主要包括交通运输管理和公共交通运营补贴等方面的支出(下降较多主要是公交公司购置公交车、公共自行车到期贷款还本减少,当年应还的1.7亿元拟通过置换债券解决)。重点安排了公交公司公交车及公共自行车运营补贴4亿元,购置公交车及公共自行车付息资金2776万元等。

——资源勘探信息等支出安排2.53亿元,增加1.6亿元,增长172.4%(增幅较大主要是新增安排“双创”配套资金)。主要包括安全生产监管、国有资产监管等方面的支出。重点安排了“双创”示范城市配套资金1.5亿元等。

——商业服务业等支出安排2719万元,增加132万元,增长5.1%。主要包括商业、旅游业管理等方面的支出。重点安排了旅游宣传促销经费820万元等。

——国土海洋气象等支出安排1.95亿元,减少1.21亿元,下降38.2%(下降较多主要是两权收入减少)。主要包括国土资源管理、地震、气象等方面的支出。重点安排了国土整治1亿元等。

——住房保障支出安排5.63亿元,增加5.13亿元(增加较大主要是政府住房基金转列一般公共预算)。主要是廉租房、公租房补贴支出。重点安排了公积金增值收益用于廉租住房3.6亿元、采煤沉陷区治理8000万元等。

——粮油物资储备支出安排4659万元,增加820万元,增长21.4%。主要包括粮油事务方面的支出。重点安排了粮食风险基金2900万元等。

——预备费安排1.30亿元,与上年持平。

——债务付息支出安排2.01亿元,增加0.36亿元,增长22.4%。全部为省转贷一般地方政府债券付息资金。

——其他支出安排25.36亿元,增加4.43亿元,增长21.2%。重点安排了社会事业类建设项目(百院兴医、图书馆、公检法业务用房、华强文化城等建设)6.2亿元,新能源汽车补贴4.7亿元,工业振兴及支持小微企业发展专项资金2亿元,供热补贴1.3亿元,黄标车治理6000万元,信息化建设3000万元,应对公共危机、公共突发事件及维稳资金2000万元,支持园区发展及困难县区补助2000万元,偿债准备金2亿元等。

省提前安排市本级的2016年转移支付共计25.96亿元。其中,一般性转移支付9.45亿元,专项转移支付16.51亿元。主要包括公共安全1.09亿元,教育1.02亿元,社会保障2.89亿元,节能环保3.78亿元,农林水0.63亿元,住房保障4.38亿元。

经初步汇总,2016年市本级行政事业单位使用一般公共预算资金安排的“三公”经费预算为16941万元,较上年减少802万元,下降4.5%。其中,因公出国(境)费223万元,下降3.5%;公务接待费1888万元,下降8%;公务用车购置及运行维护费14830万元,下降4.1%。

2.政府性基金预算

2016年,市本级政府性基金收入预算安排120.2亿元,由于土地商业出让形势不乐观、政府住房基金和水土保持补偿费转列一般公共预算及价格调节基金取消等因素,较上年减少34.4亿元,下降22.2%。其中,国土收入110.8亿元,城市基础设施配套费收入8亿元,污水处理费收入1亿元,城市公用事业附加收入0.3亿元。

按照收支平衡原则,市本级政府性基金支出预算安排120.2亿元,主要内容如下:

——国土收入安排支出110.8亿元。主要用于:城中村改造、棚户区改造成本返还70亿元,征地拆迁成本15亿元,国土收益基金10亿元,城市建设、工程还欠及到期债务还本付息支出7.5亿元,计提保障房资金3亿元,破产改制企业职工安置3亿元,专项政府债券还息2亿元。

——城市基础设施配套费8亿元用于城市建设及还本付息。

——污水处理费1亿元用于省城环境综合整治。

——散装水泥基金、墙改基金、城市公用事业附加等3691万元按规定用途安排。

省提前安排市本级2016年专项转移支付0.47亿元。其中,社会保障0.07亿元,城乡社区0.15亿元,其他支出0.25亿元。

3.国有资本经营预算

2016年,市本级国有资本经营收入预算安排200万元,全部为利润收入。支出预算安排200万元,全部用于国有企业资本金注入。

4.社会保险基金预算

2016年,市本级社会保险基金收入预算安排189.8亿元,支出预算安排173亿元,本年收支结余16.8亿元,年末滚存结余185.5亿元。

分资金来源看,保险费收入126.4亿元、财政补贴收入10.5亿元(含上级转移支付)、投资收入3.8亿元。分支出方向看，社会保险待遇支出 168.7 亿元、其他支出 0.5 亿元。分保险类别看，企业职工养老保险收入 113.1 亿元，支出 107.7 亿元，本年收支结余 5.4 亿元，年末滚存结余 56.5 亿元；机关事业单位养老保险收入 11.3 亿元，支出 11.3 亿元；城镇职工基本医疗保险收入 45.1 亿元，支出 40.8 亿元，本年收支结余 4.3 亿元，年末滚存结余 45.7 亿元；居民基本医疗保险 5.6 亿元，支出 3.3 亿元，本年收支结余 2.3 亿元，年末滚存结余 9.7 亿元；工伤保险收入 3.5 亿元，支出 2.1 亿元，本年收支结余 1.4 亿元，年末滚存结余 18.9 亿元；失业保险收入 9.6 亿元，支出 6.2 亿元，本年收支结余 3.4 亿元，年末滚存结余 52.3 亿元；生育保险收入 1.7 亿元，支出 1.7 亿元，年末滚存结余 2.5 亿元。

（四）2016 年开发区预算（草案）

各开发区 2016 年一般公共预算安排情况具体如下：

2016 年开发区一般公共预算安排情况

单位：亿元

地区	收入预算		当年财力	支出预算	
	预算数	为上年执行数%		预算数	为上年预算数%
高新区	12.04	105	12.08	12.08	111.7
经济区	15.7	110	16.19	16.28	104.5
民营区	2.5	66	2.51	2.51	68.4
不锈钢园区	2.18	112	1.55	1.55	127

以上有关预算（草案）安排的具体情况详见《太原市 2015 年预算执行情况及 2016 年预算表（草案）》表十一至表二十三。

根据新预算法规定，预算年度开始后，在本级人民代表大会批准前，可安排下列支出：上年度结转支出；参照上年同期的预算支出数额安排必须支出的本年度部门基本支出、项目支出，以及对下级政府的转移性支出；法律规定必须履行支付义务的支出，以及用于自然灾害等突发事件处理的支出。根据上述规定，2016 年 1 月市本级一般公共预算支出执行 6.74 亿元。

三、2016 年财政工作的主要任务和措施

（一）着力强化预算收支管理，确保全年预算平稳运行

全力以赴做好收入组织工作，夯实财源涵养税基，培育新的税源增长点；定期研判经济形势，逐月分解任务落实责任，切实做到应收尽收；不断强化重点税源监控，及时解决征收管理中存在的问题，真正做到心中有数；强化财税协同合作，建立部门沟通机制，确保收入任务完成。认真落实市人大决议，强化预算执行主体责任，严格财政资金管理和监督，把政府所有收支全部纳入预算管理，切实做到“收入一个笼子、预算一个盘子、支出一个口子”；健全预算支出标准体系，加强全口径预算管理，加大资金统筹使用力度，硬化预算约束，突出重点，集中财力办大事，有效提升保障能力和保障水平。

（二）着力支持实体经济发展，继续引深“三个突破”

加快转换经济发展动能，不断加大对金融创新的扶持力度，支持企业在主板、创业板、新三板上市，加大政银企合作力度，增强金融服务实体经济的能力。着力推动“双创”发挥“大众创业、万众创新”的倍增效应，在全市形成大企业顶天立地、小企业铺天盖地的发展格局。进一步完善支持民营经济发展的政策措施，激发民营经济发展活力，着力破解民营企业融资难、融资贵等突出问题。积极支持创新驱动战略，推进科技领域项目资金整合，有力推动科技创新。大力支持全市产业协调发展，切实扶持现代物流、文化旅游等现代服务业发展，继续支持全市引进的大项目、好项目做强做大。主动落实结构性减税政策，建立完善收费清单目录制度，坚决遏制各种乱收费，切实减轻企业负担，给企业和市场主体留下更多的发展资金。

（三）着力推动财政支出结构优化，确保民生事业改善

加大支出结构调整力度，开展好财政投入绩效评价工作，及时将无效支出调整下来，将重复或错位的支出整合或修正过来保障民生。要按照“坚守底线、突出重点、完善制度、引导预期”的总体要求，打实打足民生支出。支持教育发展，在既有政策落实的基础上，统一城乡义务教育“两免一补”政策，积极促进义务教育均衡发展。促进扩大就业，结合“双创”工作，鼓励以创业带动就业，完善创业实训、就业技能培训等政策，全面做好各类就业困难人员的就业问题。加强社会保障，积极稳妥落实机关事业单位养老保险制度改革实施方案，确保落实各项社会保障待遇标准。深化医药卫生体制改革，不断深入公立医院改革，积极支持“百院兴医”工程顺利推进。

（四）着力打赢脱贫攻坚战，全面落实涉农扶持政策

统筹加大扶贫资金投入，探索建立财政扶贫资金精准化支持机制，支持“五个一批”脱贫攻坚行动计划，高度重视易地扶贫搬迁，自觉主动与省对接易地扶贫项目资金衔接工作，扎实保障脱贫任务的完成。继续大力扶持村集体经济，不断促进农业稳定发展，加快农业结构调整，打造优势特色产业集群，全面落实国家、省、市出台的各项强农惠农富农政策，增强农村可持续发展能力。

（五）统筹兼顾，着力支持生态宜居城市建设

多方筹措，统筹安排，继续大力支持城中村和棚户区改造，切实将城中村和棚户区改造与房地产去库存结合起来，安排资金支持实施货币安置，减少过渡期和周转费。千方百计加大投融资力度，支持加快城市基础设施建设，促进我市加快形

成外成环内成网、级配科学的城市路网体系,同时下大力气支持城市供气、供暖等公用事业发展,切实保障事关民生的停车场建设、管线下地等专项建设的推进开展。扎实推进“五城联创”,大力支持省城生态环境的改善,抓好水、土壤污染防治,支持文化旅游事业的发展。

(六)依法理财,着力深化财政改革

全面贯彻落实中央关于推动供给侧结构性改革的要求,自觉主动破除体制机制障碍,创造友好的政策和制度环境,促进提高全要素生产率。从七个方面深化财政改革。一是加大预算统筹力度,将水土保持补偿费等5项政府性基金转列一般公共预算,政府性基金预算超出规定比例的结转结余资金也要调入一般公共预算。二是进一步盘活存量资金。继续清理收回两年及两年以上结转资金,建立健全财政存量资金和预算安排统筹结合机制,统筹用于经济社会发展急需支持的领域。三是强化政府债务基础管理,及时编制预算调整方案,自觉接受人大对政府债务的监督。同时积极争取省扩大对我市的地方政府债券转贷规模,努力弥补我市城市建设的资金短板。四是将政府采购实施计划由核准改为备案管理,切实提高采购效率并不断扩大政府购买服务规模。五是下大力气推广PPP模式。扩充PPP项目储备库,对国家和省级示范项目给予财政奖补,推动项目落地。预算安排的项目进行PPP筛查,能使用PPP模式推进的,优先使用PPP模式,最大程度腾挪盘活资金。六是不断支持和深化国有资产管理改革,以管资本为主加强行政事业单位国有资产监管,做好资产清查和产权登记工作,提高国有资产资源的配置使用效率。七是继续加强和加大财政监督检查力度,切实严肃财经纪律,规范资金管理,有效防范各类财政风险。

与此同时,积极主动争取中央、省的支持,密切跟踪中央、省“去产能、去库存、去杠杆、降成本、补短板”政策制定和资金安排情况,扎实做好省对我市“率先发展”支持资金、政策、项目的对接工作,尽最大可能争取中央、省对我市的财力支持。

各位代表,2016年经济形势复杂严峻,财政改革发展任务繁重艰巨,编制好2016年财政预算和做好2016年各项财政工作,任务艰巨,意义重大。我们将在市委的坚强领导下,自觉接受市人大的监督,虚心听取市政协的意见,马上就办、真抓实干,确保2016年财政预算任务圆满完成,为我市实现“十三五”良好开局,全面建成小康社会做出新的更大的贡献!

太原市中级人民法院工作报告

——2016年2月25日在太原市第十三届人民代表大会第六次会议上

太原市中级人民法院代院长 侯晓东

各位代表：

现在，我代表太原市中级人民法院向大会报告工作，请予审议，并请市政协委员和其他列席人员提出意见。

二○一五年工作情况

2015年，全市法院在市委、人大、上级法院的领导、监督、指导和政府、政协及社会各界的关心支持下，深入贯彻党的十八大和十八届三中、四中、五中全会精神和习近平总书记系列重要讲话精神，认真落实省、市委十届六次全会的决策部署，坚持服务大局、司法为民、公正司法，以审判为中心的各项工作取得了新成绩。由于经济下行压力增大，各类矛盾纠纷增多和立案登记制实施等多种因素叠加影响，全年受理各类案件53365件，同比上升39.32%。审执结40852件，同比上升25.59%。市中院受理各类案件10855件，审执结9151件，同比分别上升35.11%和29.91%。两级法院受结案数均创历史新高，仍然保持了良好的审判运行态势。

一、认真履行审判职能，服务保障发展大局

——依法审理刑事案件，全力维护社会稳定。坚持宽严相济刑事政策，依法严惩各类刑事犯罪。全年受理一审刑事案件4309件，审结3667件，判处罪犯4843人，同比分别上升9.67%、3.44%和17.95%。其中，判处无期徒刑以上刑罚的77人，五年以上刑罚的459人。

坚持严打方针不动摇，依法严惩严重刑事犯罪。审理严重危害人民群众生命财产安全的故意杀人、故意伤害、抢劫、绑架、强奸等严重暴力犯罪一审案件710件997人；审理贩卖、运输、制造毒品犯罪一审案件241件355人；审理扰乱社会秩序、聚众斗殴、寻衅滋事等涉黑涉恶案件108件288人。震慑了犯罪分子，维护了社会稳定，促进了平安太原建设。审理破坏市场经济秩序犯罪一审案件408件756人，同比分别上升55.73%和89.95%。专项打击集资诈骗、非法吸收公众存款等涉众型经济犯罪99件340人，同比分别上升110.64%和230.10%，涉案受害人多达13530人，涉案金额约113.43亿元。依法严惩贪污贿赂、渎职等职务犯罪，审理贪污贿赂、渎职等一审案件240件302人，同比分别上升34.83%和22.76%，为净化政治生态，保持反腐败斗争的高压态势提供了有力的司法保障。审慎做好未成年犯罪案件审判工作，认真贯彻教育、感化、挽救方针，落实未成年人犯罪记录封存制度，进一步完善未成年人犯罪“圆桌审判”方式，全年审理未成年人刑事一审案件89件165人。编辑印发《法律与我同行，未成年人普法读本》4.5万册，坚持开展送法进校园活动。

——依法审理民商事案件，维护市场经济秩序。坚持平等保护各类市场主体合法权益和公平竞争原则，积极倡导诚实信用，维护市场经济秩序，依法保障经济发展。受理民商事一审案件30362件，审结23539件，同比分别上升41.14%和29.09%，诉讼标的额达100.77亿元。

注重平等保护各类市场主体。审理商事一审案件17502件，同比上升63.19%。审理劳资、债务、劳动争议、金融借贷等纠纷案件1683件，同比上升12.84%，维护了债权人和企业员工的合法权益。审理房地产纠纷案件916件，依法保护房屋买卖双方的合法交易，促进了房地产市场健康发展。审理民间借贷、企业融资案件3355件，同比上升104.82%，维护了金融安全和金融秩序。秉持维护社会公平正义，妥善处理涉及人民群众切身利益和涉民生案件。审理民事一审案件12860件，同比上升19.22%。其中，审理人身损害赔偿、婚姻家庭、赡养抚养、财产继承、相邻关系等涉民生案件9190件，同比上升29.20%。高度重视涉军维权案件的审理工作，切实维护军属的合法权益。充分发挥多元化纠纷化解机制作用，认真贯彻“调解优先、调判结合”的工作原则，调处交通事故保险纠纷和医患纠纷案件931件。全市法院全年调解撤诉处理各类案件9506件，调撤率达43.38%，化解了矛盾纠纷，弘扬了社会公德，维护了公序良俗。万柏林区法院被确定为全国保险纠纷诉调对接机制建设示范法院。加大知识产权司法保护力度，完善知识产权保护的刑事、民事、行政案件“三审合一”审判机制，依法制裁和

严厉打击侵犯知识产权和制售假冒伪劣食品、药品、商品行为,保障人民群众的生命健康、财产权益,遏制不正当竞争行为,支持创新发展。全年审理侵犯知识产权纠纷一审案件 201 件,同比上升 30.52%。判处制售假冒伪劣食品、药品、商品违法犯罪 27 案 36 人。坚持“少破产多重组”,稳妥审理破产案件,审理企业破产案件 10 件,从有利于保障和促进企业改制改革、重整发展为出发点,最大程度激发企业优化资源配置,创新内生动力。

——依法审理行政案件,推进法治太原建设。积极应对《行政诉讼法》的修改和立案登记制改革,充分发挥司法审查职能,审理行政诉讼一审案件 726 件,同比上升 169.89%。审理行政非诉案件 499 件,同比上升 98.02%。加强行政非诉案件的合法性审查,依法裁定准予强制执行 21 件。总结全市法院行政审判工作,发布 2014 年度行政审判白皮书,提出行政执法工作中存在的问题和建议。坚持行政审判与行政执法的联席会议制度,促进司法与行政良性互动,既有效维护行政相对人的合法权益,又积极延伸行政审判职能,监督、促进行政机关依法行政。审结国家赔偿案件 8 件。

——强化执行措施拓展力度,努力保障胜诉当事人的合法权益。全市法院全年共执结 6081 案 93.04 亿元,同比分别上升 27.99%和 64.24%。深入开展“转变执行作风、规范执行行为”,集中开展打击拒执犯罪和“三清三治”活动。积极清理涉民生、涉金融执行案件,共执结 784 件,标的额 2.28 亿元。依法审结拒不执行判决、裁定犯罪 8 案 9 人,司法拘留“老赖”40 人,维护了司法权威。强化执行工作手段的威慑力,曝光失信被执行人信息 1268 例,促使被执行人自动履行或协商和解结案。建立了被执行人银行账户信息查询平台,协助办理查询被执行人银行账户财产线索 3618 件次。通过限制高消费、限制出境、限制信贷等信用惩戒措施,督促 112 案的被执行人履行了义务。

——畅通信访渠道,推进涉诉信访案件化解。认真落实最高法院“四个必须”、“五项制度”,制定全市法院化解涉诉信访工作方案,坚持两级法院领导班子成员包案接访、院长接待、法官答疑、律师代理等多项制度,健全涉诉信访终结机制。畅通涉诉信访入口,强化“诉访分离”,建立网上申诉信访平台,开通远程视频接访渠道,取得了显著成效。市中院全年接待群众来信来访 1959 人次。

——健全审判监督指导机制。坚持实事求是、有错必纠的原则,做好再审案件的审理工作,受理各类申诉申请再审案件 205 件,审结 142 件,依法改判、发回重审各类案件 59 件。积极组织庭审观摩和裁判文书评查活动,评查各类裁判文书 120 份。加强审级监督和指导,强化对二审案件程序实体审查的标准力度,维护司法公正和法律的尊严。

——发挥司法能动,服务中心工作。坚持服务大局为己任,充分发挥审判职能,全力服务市委、市政府中心工作,制定保障城市建设、城中村改造等重点工作的实施方案。基层法院普遍建立了服务城中村改造的“驻村法官日常联系制度”,采取院领导带队包村、法官上门明理释法、真诚耐心沟通等有效方法,消除思想障碍,化解对立情绪,增强大局观念。重视维护群众的合法权益,对建设改造中出现的各类纠纷案件快立快审快处。对于无正当理由拒不履行、态度强硬的“钉子户”,依法裁定强制执行。充分发挥司法能动作用,服务重点项目建设。

二、积极推进改革创新,促进司法公正高效

——努力方便人民群众诉讼。贯彻落实最高法院《关于人民法院推行立案登记制改革的意见》和《关于人民法院登记立案若干问题的规定》,从去年 5 月 1 日起,全市法院统一将立案审查制转变为立案登记制。推行立案首问负责制,利用短信、微信及时告知当事人立案、开庭等信息,开通电话、网上预约立案功能,彻底解决了人民群众立案难的历史问题。全市法院立案大厅全部升级为诉讼服务中心,实行“一站式”、“全方位”的诉讼引导服务。依法为 653 案经济上确有困难的当事人缓减免诉讼费 1129 万余元,真正让生活困难的群众打得起官司。

——稳步推进试点法院司法体制改革。贯彻落实《最高人民法院关于全面深化人民法院改革的意见》,按照全省司法体制改革统一部署要求,成立领导小组,制定司改方案,深入调查研究,积极推动我市首批试点法院尖草坪区法院的司法改革工作,顺利完成了情况摸底、人员上划、入额考试和法官遴选等工作。目前,20 名遴选出的员额内法官已宣誓就职,为后续以司法责任制为核心的各项改革工作奠定了良好的基础,也为全市法院今后司法改革工作的全面铺开提供了有益借鉴。

——加强审判质效管理。强化审判流程、审限监控等八项质效管理机制,将案件审理的每个环节均纳入审判流程管理。案件审判质效情况定时分析通报,上网裁判文书定期抽查评查,改革审判委员会议案议事规则,落实合议庭的审判权责。充分发挥刑事、民事审判指导组的作用,统一全市法院案件裁判标准,确保司法审判的严肃性。

——强化人民陪审员工作。进一步加强司法民主,拓宽人民陪审员参审案件的范围,完成了人民陪审员换届选任工作和“倍增计划”,全市人民陪审员的数量增补至 553 名。全年人民陪审员 16975 人次参与审判案件 9715 件,占审结一审案件总数的 35.05%,有效缓解了人民法院案多人少的矛盾。探索人民陪审员参与减刑假释案件审理的工作机制,人民陪审员全

程参与审结案件 1876 件，充分保证和发挥了人民陪审员参与案件审判的权利和民主监督的作用。

——深入推进司法公开。狠抓审判流程公开、裁判文书公开、执行信息公开三大平台建设，运用信息化手段助推司法公开，确保阳光司法。全市法院通过网站、短信、微信等公开案件审判流程信息，加强庭审直播、远程视频审判等信息化建设，建成信息化法庭 16 个，全年远程开庭 181 次。迎泽区法院刑事案件简易程序远程审判的做法，得到中央改革办、最高法院司改办的肯定与推广。加大网上公布裁判文书的力度，全年上网各类生效裁判文书 16352 份。执行案件信息平台与最高法院、省法院实现了四级联网，方便了查询被执行人在银行网点的存款信息。强化减刑、假释案件网上公示、开庭审理等措施，与检察院、监狱建立减刑假释案件联席会议制度，完善减刑假释与社区矫正的对接机制，认真做好减刑、假释工作。

三、坚持从严管理队伍，不断提高队伍素质

——深入开展专题教育活动。根据市委的统一部署和要求，紧密联系审判工作实际，认真开展了"三严三实"专题教育和"学习讨论落实"活动，结合干警的思想和工作实际，集中查摆突出的问题，建立问题台账、清单，明确整改的时间和效果，扎实推进专项整治工作。围绕群众反映强烈的"六难三案"问题，广泛征求社会各界的意见建议，从严从实整治整改各类问题 9 项 53 条。

——着力提高法官司法能力。积极开展向"全国模范法官"邹碧华同志学习活动。先后组织 600 余人次赴高等法律院校、国家和省法官学院学习培训，组织开展了书记员、司法警察岗位练兵和技能比武活动，全面提高干警的司法业务能力。2015 年，全市法院共有 17 个集体、10 名个人分别受到国家、最高法院和省法院的表彰奖励，迎泽区法院荣获"全国模范法院"荣誉称号。

——提高干警廉洁自律意识。市中院认真落实党风廉政建设主体责任和监督责任，院党组成员积极履行"一岗双责"，认真落实"五个严禁"、"六权治本"，加大司法巡查、审务督察的力度。实现了与最高法院、省法院网络监督系统联网运行，通过手机短信平台发送廉政格言警句、廉政法规、违法违纪典型案例等内容，加强对干警的日常廉政教育监督，随案发放廉政监督卡，强化廉政风险防控机制，以"零容忍"态度整治司法腐败，收到了明显成效。全年处理网络举报案件 43 件，办理转交反映材料 249 人次，教育处理违纪干警 3 名。

——加强新闻宣传，正确引导舆论。多措并举，多渠道多角度大力宣传人民法院维护稳定、服务大局、司法为民的神圣职责，发挥审判工作的教育、示范、普法作用，弘扬法治精神。全年被省级以上报刊和新闻门户网站转载全市法院宣传文稿 2000 余篇，与《太原日报》合办《并州法苑》专版 10 期，发行《太原法院文化周刊》52 期。市中院荣获全国法院网络新闻宣传先进单位。

四、坚持党的领导，自觉接受人大监督

全市法院始终坚持党的领导，及时向党委报告法院工作。自觉接受人大、政协的监督。向市人大常委会专题报告了减刑假释案件审判工作情况，邀请人大代表、政协委员 103 人旁听案件庭审，发送法院工作信息 85 条，认真及时办理答复人大代表和政协委员的议案、提案，办理督办案件 59 件。依法接受检察机关诉讼监督，受理抗诉案件 48 件，改判 15 件，发回重审 7 件。广泛接受社会监督，加强与媒体沟通，接受舆论监督。

各位代表，过去一年是审判执行工作经受重大考验的一年，面对案件数量大幅度增长的压力，全市法院从挖掘内部潜力、优化审判资源上求质量、要效率，较好地完成了各项审判任务。所有这些，离不开市委的坚强领导，离不开人大、政协的有力监督和政府的大力支持，离不开人大代表、政协委员和社会各界的关心帮助。在此，我代表全市法院表示衷心的感谢!

我们清醒地认识到，全市法院工作中还存在不少问题和困难：一是一些法官的司法能力不高，认定事实、适用法律、化解矛盾的能力不强；二是作风建设成果还不够牢固，极个别干警违规违纪、违法裁判的现象依然存在；三是执行难的问题仍未得到根本解决；四是矛盾纠纷增多，案件数量大幅增长，审理难度加剧，公正高效面临挑战；五是案多人少问题愈加突出，办案压力增大，个别基层法院一线法官人均结案 154 件，最高达 278 件，审判条件有待进一步改善。对此，我们将积极努力，采取有效措施，加以缓解解决。

二〇一六年工作安排

全市法院要深入学习贯彻党的十八大和十八届三中、四中、五中全会精神，深入贯彻省委、市委十届七次全会精神，把牢正确的政治方向。进一步把思想和行动统一到党中央和省委、市委的决策和部署上来；进一步增强政治意识、大局意识、核心意识、看齐意识；进一步主动适应经济发展新常态，着力推动"六大发展"。坚持司法为民、公正司法主线，深化司法体制机制改革，努力在协调推进"四个全面"战略布局和落实省委"五句话"总要求中当好表率，深入推进"六权治本"，为全市"十三五"时期经济社会发展提供坚强有力的司法保障。

一要充分发挥审判职能，服务保障发展大局。全市法院要准确把握审判工作服务和保障"十三五"规划落实的切入点，增强经济发展新常态下工作的前瞻性、主动性，在全面深化服务大局上有新作为。依法从重从快打击暴力恐怖、杀人、抢劫、绑架、爆炸等严重暴力犯罪，严厉打击黑恶势力犯罪和盗抢

骗、黄赌毒等犯罪,始终保持依法严惩各类犯罪的高压态势。依法惩治非法吸收公众存款、集资诈骗等涉众型犯罪,最大限度地挽回和减少受害群众的资产损失。依法惩治危害食品药品、环境污染等犯罪,维护良好的经济和社会秩序。始终保持反腐败斗争的高压态势,确保重大职务犯罪案件审判取得良好的政治、法律和社会效果。

充分发挥民商事审判工作职能,主动适应经济发展的新常态,坚持落实产权保护、尊重契约自由、坚持平等保护、坚持权利义务责任统一、维护诚实守信和坚持程序公正与实体公正相统一的六个原则。高度关注“十三五”时期婚姻家庭、教育就业、医疗、劳务等民生领域人民群众的新诉求,加强对弱势群体合法权益的司法保护。慎重使用强制措施,保护具有发展前景的困难企业,防止因机械执法、就案办案引发或加剧企业经营风险。依法妥善审理企业破产案件,坚持“党委领导、政府主抓、司法处理”的工作模式和“多兼并重组、少破产清算”的工作思路,最大限度地激发企业发展的内生动力,促进经济发展,维护社会稳定。创新完善矛盾纠纷多元化解机制,不断深化涉诉信访改革,不断完善司法便民利民措施,切实为群众诉讼提供优质便捷的司法服务。

坚持“积极参与、主动服务、全力支持”的工作原则,依法保障省市重点工程和重大项目建设,妥善处理好城中村改造、棚户区改造过程中出现的各类矛盾纠纷案件,为稳定发展保驾护航。公平公正处理行政诉讼案件,推进法治政府建设。加大执行工作改革创新力度,认真开展好涉民生案件专项集中执行活动。

二要深入推进司法改革,确保公正高效。今年是全面推进司法体制改革的攻坚之年,全市法院要按照党中央、最高法院和省委政法委的统一部署,总结首批试点改革法院的经验,全面推进以司法责任制为核心的审判权力运行机制改革,强化主审法官和合议庭的权责定位,切实让审理者裁判,由裁判者负责。大力推进以审判为中心的诉讼制度改革,着力推动庭审实质化,提高证人、鉴定人出庭率、律师辩护率。实行案件繁简分流,充分运用简易程序、小额速裁程序,缓解审判压力。加强对全市行政诉讼案件集中管辖、交叉管辖的监督指导,进一步提高审判质效。着眼促进创新,进一步发挥审判工作的规范、引领和促进作用,不断优化法治“软环境”。

三要完善阳光司法,确保司法公开。继续完善三大平台建设,以信息化助推实现审判体系和审判能力的现代化,推进人民法院审判工作标准化管理机制,实现开放、动态、透明、便民的阳光审判机制。继续加强诉讼服务中心建设,完善诉讼服务网站、微博、微信、手机客户端等服务平台的功能,推进立案、庭审、执行、听证、审务的全方位公开。更好地发挥人民陪审员的作用。为律师依法执业提供更多的便利和保障。

四要强化队伍建设,提高司法能力水平。坚持从严治院,从严管理,努力提高法院队伍的政治业务素质。坚持不懈加强审判队伍建设,抓好干警的教育培训、理论研讨,努力提升职业行为素养和审判专业水平。扎实开展“两学一做”学习教育活动,培养造就一支政治过硬、业务精通、忠诚干净、勇于担当的法院队伍。加强对干警的关心、关爱,最大限度缓解办案压力,努力营造秉公廉洁,积极向上的工作氛围。依法严厉打击报复法官,扰乱法庭秩序的行为,坚决维护司法权威,为干警依法履职创造良好的条件。

五要加强党风廉政建设,确保廉洁司法。全面落实管党治党主体责任和监督责任,加强法院党组织建设,增强党组成员的看齐意识,以“钉钉子”精神率先做好各项工作。持之以恒落实中央八项规定精神,深入推进“六权治本”,坚定不移推进党风廉政建设和反腐败斗争。巩固和拓展“三严三实”专题教育成果,始终把纪律和规矩挺在前面,严格依法公正行使审判权,努力让人民群众在每一个司法案件中感受到公平正义。

六要坚持党对法院工作的领导、主动接受监督。坚持在思想上、行动上与以习近平总书记为核心的党中央保持高度一致,紧紧依靠市委的坚强领导,担当起落实党委重大决策部署的政治责任。强化接受监督的意识,认真负责地向人大报告工作、执行人大决议,自觉主动接受人大代表、政协委员和社会各界的监督,接受检察机关的诉讼监督,完善与代表、委员的联络机制,不断拓展人民群众的知情权、参与权和监督权,促进人民法院审判工作公开公平公正高效。

各位代表,新形势和新任务对人民法院工作提出了更新更高标准的要求,使命光荣,责任重大。我们将认真贯彻落实本次大会决议,以更加务实的作风,开拓创新、攻坚克难、发奋努力,在市委的坚强领导下,为贯彻实施“十三五”规划提供更加优质的司法服务和保障!

太原市人民检察院工作报告

——2016年2月25日在太原市第十三届人民代表大会第六次会议上

太原市人民检察院检察长　周茂玉

各位代表：

我代表太原市人民检察院向大会报告工作，请予审议，并请市政协委员和其他列席人员提出意见。

2015年主要工作

2015年，全市检察机关在市委和上级检察机关的正确领导下，在市人大及其常委会的有力监督下，全面贯彻党的十八大和十八届三中、四中、五中全会精神，深入学习贯彻习近平总书记系列重要讲话精神，认真落实省、市委十届六次全会决策部署，不断深化"三比一创"活动，各项检察工作取得新进展。

一、围绕中心、服务大局，保障经济平稳健康发展

立足检察职能，紧紧围绕市委重大决策部署，认真落实省检察院服务保障"六大发展"的意见，不断增强服务大局的主动性、针对性和实效性。

用法治力量助推城中村改造。坚持以法治思维和法治方式维护城改秩序及各方合法权益，出台服务和保障城中村改造的意见，明确服务重点和保障举措；编印并赠送《发挥检察职能服务城改建设法律手册》1万册，开展警示教育30次，检察约谈800余人次；查处破坏城中村改造的贪污受贿、寻衅滋事等犯罪36人。城中村改造启动以来受理的举报线索中，无一涉及组织实施城中村改造的各级干部，"发展必须廉洁、廉洁促进发展"在城中村改造实践中得到有力印证。

坚决打击破坏市场经济秩序犯罪。批捕侵犯知识产权、制假售假、损害商业信誉、金融诈骗等破坏市场经济秩序犯罪嫌疑人514人，起诉580人，同比分别上升112.4%和85.3%。围绕"三个突破"战略，出台服务民营经济发展的意见，引导检察人员树立平等保护各类市场主体意识；精选58个案例编印法律服务手册，向民营企业赠送16000余册；在办理涉及企业、创新、金融类案件时，注重选择办案时机和方式，落实"六个不轻易""六个严禁"等措施，做到既依法办案，又切实维护正常生产经营。

合力创优发展环境。经市委批准，首次召开全市行政、检察联席会议，就如何在新常态下发挥合力，进一步营造敢于担当、积极作为的干事创业氛围，共同推进依法行政进行安排部署。要求全市检察机关在查办职务犯罪特别是渎职侵权类案件时，秉持实事求是的态度，充分考虑案发时的历史环境和社会条件，切实做到"四个慎重对待"。

二、着力维护社会稳定，推进平安省城建设

坚持以人民群众平安需求为导向，依法打击破坏社会秩序、影响群众安全感的刑事犯罪，保障人民安居乐业。

严厉打击严重刑事犯罪。共批捕各类刑事犯罪嫌疑人3547人，同比上升10.8%；起诉4786人，同比下降4.5%。坚决打击故意杀人、抢劫、强奸等严重暴力犯罪，批捕227人，起诉199人。深入开展"打黑除恶"专项行动，共批捕涉黑涉恶犯罪嫌疑人154人，起诉116人。坚决惩处涉众型经济犯罪，批捕非法吸收公众存款、集资诈骗犯罪嫌疑人288人，起诉271人，同比上升238.8%和367.2%；贯彻宽严相济的刑事司法政策，对积极退赃、协助追赃的，依法从轻处理，最大限度地挽回受害人的经济损失。

积极参与社会治安防控体系建设。与公安、法院建立信息沟通机制，共同推进社会治理创新。批捕寻衅滋事、聚众扰乱社会秩序、赌博等犯罪嫌疑人642人，起诉738人，维护祥和安宁的社会秩序。坚决打击涉毒犯罪，批捕290人，起诉288人，遏制毒品犯罪蔓延势头。批捕暴力伤医犯罪嫌疑人2人，切实维护医疗秩序。严惩暴力抗法、妨碍执法，批捕妨害公务犯罪嫌疑人61人，起诉72人，维护正当执法的尊严和权威；严惩执法犯法、粗暴执法，查处执法司法人员17人，促进严格规范文明执法。编印并发放《拒绝高利诱惑远离非法集资》宣传册，努力提高群众的辨别能力和防范意识。

全力化解社会矛盾。注重回应群众的涉法诉求，推行疑难复杂案件联合接访、听证制度，邀请律师等第三方参与息诉工

作,召开申诉案件听证会8次,化解信访积案3件,办理申诉案件71件。市检察院办理的冉从明申请国家赔偿案作为我省首例精神损害赔偿案,被最高检评为“全国刑事申诉检察优秀案件”。

三、坚决查处和预防职务犯罪,促进反腐倡廉建设

按照中央和省市委反腐倡廉总体部署,落实市人大常委会审议市检察院反贪污贿赂工作情况时提出的“保持惩治的高压态势,查处发生在群众身边的贪污贿赂案件,坚持惩防并举,加强能力建设,切实提高工作水平”决议,着力营造风清气正的政治生态。

严肃查办职务犯罪,促进形成“不敢腐”的强大震慑。坚持有腐必反、有贪必肃,共立查贪污贿赂、渎职侵权犯罪案件180件216人,其中大案126件,县处级以上要案44人(厅级3人),贿赂犯罪70件78人,为国家挽回直接经济损失7000余万元。开展查办发生在群众身边、损害群众切身利益职务犯罪专项行动,查处56件97人。受理职务犯罪举报线索709件,同比下降24.3%。在办理重大敏感案件过程中,坚守法律底线,保持法治定力,既注重收集嫌疑人有罪、罪重的证据,也注重收集嫌疑人无罪、罪轻的证据,做到全面客观取证,理性指控犯罪。

加强职务犯罪预防,促进形成“不能腐、不想腐”的社会氛围。根据市委目标责任制考核要求,对110个单位职务犯罪预防工作进行考核,各单位对此项工作的重视程度明显提高。举办预防专题讲座、警示教育199场,直接受众4.7万余人。立足于“让数据多跑路、让群众少跑腿”,积极探索“互联网+检察工作”,在全省率先开通行贿犯罪档案互联网查询平台,受理查询46342次,招投标企业足不出户即可完成查询,《法制日报》等20余家新闻媒体予以专题报道。开展“进机关、进乡村、进社区、进学校、进企业”法治教育,促进公民尊法学法守法用法。

四、强化诉讼监督,促进严格执法、公正司法

坚持把维护社会公平正义作为核心价值追求,认真落实省、市人大关于加强人民检察院诉讼监督的决定、决议,维护法律统一正确实施。

加强对诉讼活动的监督。侦查监督方面,监督公安机关立案10件、撤案10件,依法追捕122人、追诉128人。刑事审判监督方面,对45件刑事判决、裁定提出抗诉,法院已改判15件,发回重审7件。刑罚执行监督方面,开展社区服刑人员脱管漏管专项检察,纠正违法行为288件;做好特赦案件同步监督,发现并纠正漏报2人、不符合特赦条件10人,建议特赦80人。民事行政诉讼监督方面,审查民事、行政监督案件276件,抗诉3件,提出检察建议、提请上级监督173件;耐心释法说理,引导当事人服判息诉88件,促成当事人和解12件。

创新诉讼活动监督机制。收集翔实案例,向有关执法司法机关发出刑事侦查、刑事审判、社区矫正、民事行政诉讼专项监督报告,并抄报市人大常委会、市委政法委,提升诉讼监督的权威和实效。推行命案主办检察官负责制,介入命案现场勘查35起(公安机关已全部侦破),提出建议200余条,批捕期限缩短2天,审查起诉退补率下降40%。积极适应以审判为中心的诉讼改革,在公安机关设立侦查监督检察室,探索同步动态监督。在加强监督的同时,认真贯彻刑事诉讼法关于人民法院、人民检察院和公安机关“分工负责、互相配合、互相制约”原则,凝聚法治共识,形成法治合力。

加强对民生重点领域的法律监督。围绕“蓝天碧水”和“舌尖上的安全”,深入推进环境治理和食品药品安全两个专项检察行动,会同或参与环保、食药监、工商等部门执法检查150余次;监督公安机关立案侦查26人,批捕25人,起诉18人;针对履职不力问题,发出督促履职检察建议56件;查办不作为渎职犯罪16件17人。

五、注重人权保障,不断提升司法文明水平

坚持打击犯罪与保障人权并重、实体公正与程序公正并重,严防司法擅权、严防伤及无辜。

保障无罪的人不受刑事追究。坚持罪刑法定、疑罪从无,严把事实关、证据关、程序关和法律适用关,对非法证据主动排除并同步发出纠正违法通知书,对瑕疵证据要求补正或作出合理解释。共不批准逮捕和决定不捕673人,其中无社会危险性不捕363人、证据不足不捕296人、不构成犯罪不捕14人;决定不起诉290人,其中相对不起诉141人、证据不足不起诉137人、法定不起诉12人。

保障律师及诉讼参与人合法权利。着力构建新型检律关系,召开律师代表座谈会,征求司法局、律协的意见,出台保障律师权利的具体举措。全面推行“一站式服务”工作机制,共受理律师申请阅卷、调取证据、听取意见等事项1625件,提供电子卷宗15091册,提供短信告知服务6122条。开展羁押必要性审查,对认为没有必要继续羁押的,建议办案单位对18人改变强制措施。

保障特殊群体合法权益。落实教育、感化、挽救方针,对罪行轻微、真诚悔罪、取得被害人谅解的未成年人犯罪,决定不批捕29人,不起诉28人,促其改邪归正、重塑人生。注重维护劳动者合法权益,与法院、司法局、人力资源和社会保障局共同推进支持起诉专项活动,办理支持起诉案件207件,帮助农民工追回劳动报酬200余万元。救助刑事被害人15人,发放救助金11.13万元。

六、加强队伍建设，全面提升履职能力

认真开展“三严三实”专题教育和“学习讨论落实”活动，统筹推进思想政治、纪律作风、业务能力建设，着力营造风清气正、干事创业的良好院风。

引深检察职业道德建设。积极探索新形势下加强职业道德建设的方式和途径，以弘扬主旋律、汇聚正能量、激发源动力为基本要求，精心打造道德讲堂等“七个载体”，大力弘扬社会主义核心价值观和“忠诚、公正、清廉、文明”的检察官职业道德。道德讲堂在系统内宣讲的同时，应邀到省内外巡讲50余次，《新华社内参》《检察日报》等10多家国家级媒体进行了深入报道。市检察院以“修三严三实官德、尽法律监督之责”为主题的第23期道德讲堂在基层巡讲，促使“三严三实”要求内化于心、外践于行。

全面加强纪律作风建设。认真履行全面从严治党管党主体责任，自觉接受纪检监察机构监督并全力支持其履行监督执纪问责，召开专题党组会10次，开展检务督查154次。完善基层院检察长和内设机构负责人述职述廉制度，逐级开展廉政谈话，全面建立廉政档案。注重抓早、抓小、抓苗头，抓住关键节点，扎实开展“规范司法行为”“规范公车使用”等七个专项治理活动，通过明察暗访、警示教育、严格执纪，深化和巩固纪律作风建设成果。坚持把纪律和规矩挺在前面，严肃处理1名违纪违法检察人员。

着力提升学习型机关建设水平。开通“检察实务”网络学习平台，在北大、清华、西南政法等法学院校及国家检察官学院组织专项培训766人次，开展岗位练兵、技能比武及精品案件评选13次。树立强烈的人才意识，促进优秀人才脱颖而出，7名全国、全省检察业务专家通过复审，2名检察官获全国检察业务能手称号，6名检察官被上级机关遴选，博士研究生增加2名、硕士研究生增加6名。开展“读好书、好读书”活动，营造浓厚的读书氛围。开展班子成员领题调研，《检察机关指定居所监视居住实证考察及完善建议》获全国检察机关应用理论研究一等奖。

注重先进榜样引领。着力发现身边的凡人善举，涌现出一批“可敬可爱可学”的模范人物。其中，5名检察官入选市直机关首批“30名道德模范”，3名入选市直机关“践行党的群众路线”先进典型，2名入围“50名榜样山西”候选人。市检察院周艳获全国优秀女检察官称号（全国检察机关共6名），迎泽区检察院冯磊入选中央文明办“中国好人榜”，清徐县院反贪局原副局长李洪达获“第五届全国道德模范”提名奖（全国检察机关共2名），市文明委作出向李洪达同志学习的决定，中央电视台、《解放军报》、人民网等媒体进行了专题报道。

有序推进司法改革试点。市检察院成立司改领导小组，积极指导、协调尖草坪区检察院的司改试点工作，人员登记、财产确认等工作顺利完成，18名检察官通过严格考试、考核进入检察官员额并宣誓就职。

七、坚持党的领导，强化内外监督

始终坚持党对检察工作的领导，重大工作部署、重要工作情况及时向党委汇报。同时，牢固树立监督者更要自觉接受监督的意识，以监督促进各项检察工作。

切实加强内部监督制约。以“六权治本”精神为指导，“立改废”168项制度。加强动态管理监督，网上受理流转案件11249件，发现并纠正不规范行为126件次。建立案件质量评查常态化工作机制，评查职务犯罪、不捕不诉、涉法涉诉信访案件173件。落实“办案日志”和全程同步录音录像等制度，加强对职务犯罪侦查活动的全过程监督。出台《领导干部、司法机关工作人员过问案件记录卡》等制度，对干预司法的行为形成有效制约。

自觉接受人大监督和政协民主监督。认真落实人大及其常委会各项决议决定，积极配合专题调研和执法检查。加强与人大代表、政协委员的沟通联络，邀请视察30余次，发送“检察专报”信息100余条。高度重视代表意见办理工作，对36条建议逐一研究、认真办理并书面答复。

主动接受社会监督。努力改变“只做不说”的陈旧观念，开辟各种宣传、公开渠道，切实保障人民群众的知情权、参与权、监督权。人民监督员监督职务犯罪案件14件，参与公开听证会、答复会50余人次。“宪法宣传日”邀请中学生到检察机关参观座谈，“检察开放日”邀请社会各界零距离感知检察工作。按照最高检规定，公开案件程序性信息8591件、重要案件信息207件、法律文书2190件。在太原广播电视台录播《龙城检察》12期（其中4期被中组部共产党员网采用），在《太原日报》刊发“检察之窗”11期，通过互联网、微信公众号发布信息1300多条。

一年来，全市检察机关攻坚克难、锐意进取，较好地完成了各项检察工作。共有18个集体、53名个人荣获省级以上表彰奖励，在全市年度综合考核中被评为“优秀”等次，多项经验得到上级肯定并推广，省会城市的龙头带动作用进一步增强。这些成绩的取得，是市委正确领导、人大有力监督和政府、政协及社会各界支持帮助的结果。在此，我代表全市检察人员，表示崇高的敬意和真诚的感谢！

我们也深切感受到，检察工作中还存在不少问题和不足：一是运用法治思维和法治方式服务大局、惩治犯罪、化解矛盾的能力亟待提升；二是法律监督不到位等问题依然存在，监督实效与人民群众对公平正义的期待还有不小差距；三是高层次人才总量依然不足，一些基层检察院检察官断层缺员、案多人少矛盾日益突出；四是司法不文明、不规范甚至违法违纪问

题仍有发生，司法规范化建设和从严治检力度还需要进一步加大。对此,我们将通过深化检察改革,采取有力措施,认真加以解决。

2016年工作安排

2016年是实施“十三五”规划的开局之年,也是全市检察机关“三比一创”活动的决胜之年。全市检察机关将全面贯彻党的十八大和十八届三中、四中、五中全会精神,深入学习贯彻习近平总书记系列重要讲话精神,紧紧围绕“四个全面”战略布局和五大发展理念,认真落实省委“五句话”总要求和省市委十届七次全会各项决策部署，主动适应形势新变化和经济发展新常态,切实增强政治意识、大局意识、核心意识、看齐意识,坚持法治原则、遵循司法规律,把防控风险、服务发展和破解难题、补齐短板摆在更加突出的位置,履行好维护社会大局稳定、促进社会公平正义、保障人民安居乐业的职责使命,为实现“十三五”时期经济社会发展良好开局,促进“六大发展”、实现“六个表率”提供有力司法保障。

一是主动融入“六大发展”,在围绕中心、服务大局中积极作为。充分发挥检察职能,保障“三个突破”“五个一批”等决策顺利实施。依法打击破坏市场经济秩序犯罪,突出打击非法吸收公众存款、集资诈骗等涉众型经济犯罪,加强与公安、法院的协调配合,最大限度挽回受害人的经济损失。坚决打击破坏城中村和棚户区改造的各类犯罪,促进城改工作顺利进行。注重保护创业创新,慎重稳妥处理科技创新融资、科技成果资本化产业化、科技人员成果转化收益中的新情况,宽容创业创新中的失误,最大限度激发社会创造活力。坚持平等保护,更加重视平等保护民营企业、小微企业、外资企业的合法权益,特别是在经济下行压力较大的情况下，防止因司法办案不当加剧企业生产经营困难。依法严惩涉恐、“两抢一盗”、电信诈骗、网络诈骗等危害公共安全、侵害公民财产的犯罪。始终保持打黑除恶高压态势,坚决查处黑恶势力背后的职务犯罪。深入开展环境治理和食品药品安全两个专项检察行动，促进美丽太原、宜居太原建设。

二是加大查办和预防职务犯罪工作力度，在净化政治生态、实现弊革风清中积极作为。坚决贯彻中央和省市委反腐败决策部署,在党委统一领导下与纪检监察部门协作配合,重点查处十八大以来不收手不收敛、问题线索集中、群众反映强烈、现在重要岗位以后还可能提拔使用的领导干部,始终保持反腐败高压态势。开展集中整治和预防扶贫开发领域职务犯罪专项工作,重点查办和预防虚报冒领、截留私分、挥霍浪费涉农、扶贫资金的职务犯罪。严肃查处拉票贿选、买官卖官、权钱交易等职务犯罪,确保换届风清气正。坚决查处乱作为、不作为涉嫌渎职犯罪的案件,同时注意准确把握法律政策界限,为担当的干部担当、对负责的干部负责,进一步强化干事创业的浓厚氛围。严肃查处基层腐败犯罪，坚决惩治群众身边的“蝇贪”。组建校园、乡村、行业宣讲团,建成并发挥好全市警示教育基地的作用,结合典型案例、运用道德讲堂,有针对性地开展预防宣传、法治宣传。

三是切实加强和改进诉讼监督工作,在更新监督理念、增强监督实效上积极作为。强化主动监督、理性监督意识,综合运用口头纠正、检察建议、纠正违法通知书、查处严重违法行为等监督手段和方式,提高监督权威,提升司法公信力。以向市人大常委会专题报告侦查监督工作为契机，在引导侦查取证、纠正违法办案、提高监督质效上取得新突破。加强刑事司法领域人权保障,严格落实罪刑法定、疑罪从无、非法证据排除等法律原则,注重对刑讯逼供、非法取证的源头预防。切实保障律师职业权利,着力解决职务犯罪案件律师“会见难”问题。强化刑事执行检察,加大社区矫正、财产刑执行监督力度。加强民事行政检察,统筹推进生效裁判监督、审判程序监督和执行活动监督,加强对虚假诉讼、违法调解、违法执行的监督。

四是深入推进司法体制改革,在破解发展难题、推动检察工作创新发展上积极作为。坚持问题导向、遵循司法规律,总结尖草坪区检察院试点经验，扎实做好全市检察机关司法体制改革试点工作。按照“六权治本”精神,结合司法权力清单制度,推行司法办案精细化管理机制,落实“谁办案谁负责,谁决定谁负责”。以开放的心态,推动检务公开从表面化、数字化向纵深化、具体化转变,以公开促公平、赢公信。积极适应“微时代”新闻传播规律,增强主动宣传、立体传播理念,努力实现检察工作与社会舆论的良性互动。主动适应大数据时代要求,牢固树立“民主、开放、参与”的互联网思维,更加重视云计算、大数据等现代信息技术在检察工作中的运用，以信息化带动检察工作创新发展。

五是全面加强队伍建设,在补齐“短板”、铸造过硬检察队伍上积极作为。以“政治过硬、业务过硬、责任过硬、纪律过硬、作风过硬”为标准，认真学习习近平总书记系列重要讲话精神,扎实开展“学系列讲话、学党章党规、做合格党员”学习教育,引导检察人员自觉成为中国特色社会主义的坚定信仰者、忠诚实践者。加强两级院党组建设，主动向市委报告重大事项,自觉接受人大及其常委会的监督。坚持全面从严治党,严格履行主体责任，始终把纪律和规矩挺在前面，形成规范司法、严守规矩的思想自觉。加大学习和教育培训力度,不断提高司法能力。以“速度上第一时间、态度上不折不扣、方法上联系实际、效果上做到最好”为标准,不断加强执行力建设,使“马上就办、真抓实干”成为一种行为习惯、工作常态。

各位代表,使命催人奋进,责任重于泰山。我们将在市委和上级检察机关的坚强领导下，在市人大及其常委会的有力监督下，认真落实本次大会决议，忠实履行法律监督职责，敢于担当、积极作为，为推动“六大发展”、实现“六个表率”作出新的更大贡献！

有关用语说明

【三比一创】 2012年4月，太原市人民检察院党组在调查研究的基础上，确定的指导今后五年全市检察工作的总体思路，即“比纪律作风、比学习创新、比岗位业绩，创一流检察工作”。市检察院党组提出：纪律作风是前提、是保障、是底线，学习创新是途径、是方法、是要求，岗位业绩是成果、是表现、是标准，一流检察工作是大局所需、地位所定、职责所在、形势所迫和人心所向。全市检察机关要坚持以“三比一创”活动为总抓手，推动全市检察工作争创一流。

【六个不轻易】 不轻易传唤企业负责人，不轻易查封企业账册，不轻易扣押企业财产，不轻易冻结企业账户，不轻易动用警车进企业办案，不轻易发表影响企业形象和声誉的报道。

【六个严禁】 严禁越权办案，插手经济纠纷；严禁到发案单位吃拿卡要；严禁利用办案接受赞助与拉赞助费；严禁占用发案单位的通讯、交通工具等财产；严禁在发案单位报销各种费用；严禁插手工程招投标等经济活动谋取私利。

【四个慎重对待】 一是对在法律政策规定不明确情况下的积极探索要慎重对待；二是对服务经济发展中的违规行为要慎重对待；三是对集体决策类失误要慎重对待；四是对案件追责范围要慎重对待。

【相对不起诉】 指人民检察院对侦查机关侦查终结移送审查起诉的刑事案件，经审查后，认为犯罪嫌疑人的犯罪行为情节轻微，依照刑法规定不需要判处刑罚或者免除刑罚的，可以依法作出不起诉决定。

【法定不起诉】 又称绝对不起诉，是指人民检察院对侦查机关侦查终结移送审查起诉的刑事案件，经审查后，认为犯罪嫌疑人没有犯罪事实，或具有《刑事诉讼法》第15条规定情形之一的，应当作出不起诉决定。根据《刑事诉讼法》第15条及第173条的规定，法定不起诉适用于以下七种情形：1、犯罪嫌疑人没有犯罪事实的；2、情节显著轻微、危害不大，不认为是犯罪的；3、犯罪已过追诉时效期限的；4、经特赦令免除刑罚的；5、依照刑法告诉才处理的犯罪，没有告诉或者撤回告诉的；6、犯罪嫌疑人、被告人死亡的；7、其他法律规定免予追究刑事责任的。

【新型检律关系】 中央政法工作会议强调，司法官员与律师之间要加强沟通协作，推动形成彼此尊重、平等相待，相互支持、相互监督，正当交往、良性互动的新型检律关系。

【律师接待“一站式”服务】 检察机关专门设立律师接待“一站式”服务区，由专人负责办理审核、查询、阅卷、复制、申请、答复等工作，律师可在该服务区办理所有代理事项，有效解决多头办事的繁琐。

【羁押必要性审查】 指犯罪嫌疑人、被告人被逮捕后，人民检察院对羁押的必要性进行审查，对不需要继续羁押的，应当建议予以释放或变更强制措施。有关机关应当在十日以内将处理情况通知人民检察院。

【刑事被害人救助制度】 指国家对遭受犯罪行为侵害，而又没有得到充分赔偿的特别困难的被害人及其近亲属，通过法律程序给予一定经济补偿的制度。

【专项监督报告制度】 指检察机关在依法履行法律监督职责过程中，定期对刑事侦查、刑事审判、刑罚执行、民事行政诉讼等执法司法活动进行分析，剖析影响执法司法公正的普遍性问题，提出针对性整改意见和建议，督促被监督单位规范执法司法行为的制度。该制度改变了以往只是针对个案发出《检察建议书》或《纠正违法通知书》的方式，解决了监督工作方式单一，缺乏整体性的问题，有利于监督对象及时发现工作中存在的某类问题和不足。同时，也能够使党委、人大、政协等领导、监督机关全面掌握情况，引起足够重视，增强监督效果。

【七个载体】 为深入推进社会主义核心价值观教育，加强“忠诚、公正、清廉、文明”的检察职业道德建设，市检察院结合工作和思想实际，创新推出“七个载体”：道德讲堂、历史文化、干部在线学习、检察讲坛、青年干警座谈会、我们的节日、检察志愿者。

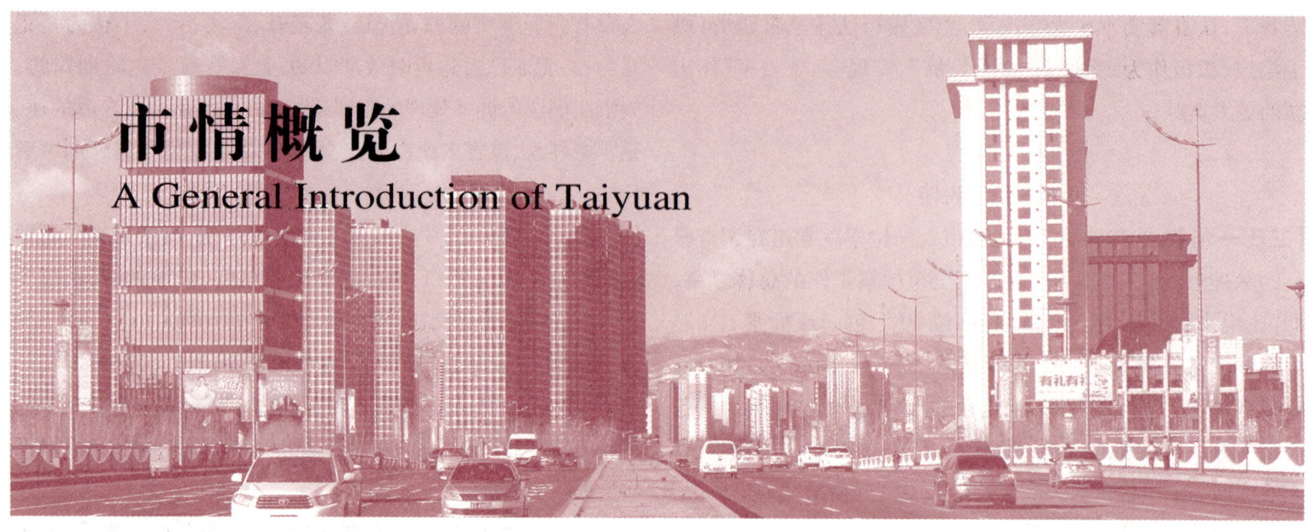

人口状况

【人口总量】 2015年年末，太原市常住人口431.87万人，比上年末增加1.98万人。其中：城镇人口364.51万人，增加2.33万人；乡村人口67.36万人，减少0.35万人。城镇化率84.40%，比上年提高0.15个百分点。男性人口220.69万人，女性人口211.18万人，性别比为104.50：100。

全年出生人口3.88万人，人口出生率9.01‰；死亡人口1.90万人，死亡率4.42‰；自然增加人口1.98万人，自然增长率4.59‰。（崔　晰）

发展综述

【经济总量及结构】 2015年，太原市实现地区生产总值(GDP)2735.34亿元，比上年增长8.9%。其中：第一产业增加值37.39亿元，增长1.3%；第二产业增加值1020.18亿元，增长6.0%；第三产业增加值1677.77亿元，增长11.4%。三次产业比重为1.4%、37.3%、61.3%，分别拉动经济增长0.02、2.60和6.28个百分点。与上年相比，第一产业比重下降0.1个百分点，第二产业比重下降2.7个百分点，第三产业比重提高2.8个百分点。

人均地区生产总值63483元，比上年增长8.4%，按2015年平均汇率计算达到10195美元。（崔　晰）

【劳动就业状况】 2015年，太原市全社会从业人员222.75万人。分城乡看，城镇从业人员173.25万人，乡村从业人员49.50万人。分三次产业看，第一产业从业人员25.17万人，第二产业从业人员64.92万人，第三产业从业人员132.66万人。三次产业从业人员结构比为11.3：29.1：59.6。城镇新增就业10.50万人，其中创业带动就业2.29万人。4.16万名下岗失业人员实现再就业，其中就业困难人员再就业1.10万人。年末城镇登记失业率3.43%。（崔　晰）

【农业与农村经济】 2015年，太原市农林牧渔业总产值73.91亿元，比上年增长1.8%。粮食总产量29.93万吨，下降11.7%。其中：夏粮产量0.07万吨，下降23.7%；秋粮产量29.86万吨，下降11.7%。全年油料产量0.30万吨，下降3.0%；蔬菜产量128.83万吨，增长0.5%；水果产量8.85万吨，增长16.7%。肉、蛋、奶产量分别为5.60万吨、2.99万吨、10.184万吨。

全年农作物种植面积100.32千公顷，比上年减少1.62千公顷。粮食种植面积75.57千公顷，比上年减少0.55千公顷。其中：夏粮种植面积0.11千公顷，秋粮种植面积75.46千公顷。蔬菜种植面积21.12千公顷，药材种植面积0.63千公顷。年末农业机械总动力140.02万千瓦。农用化肥施用量(折纯)28967吨。造林面积19.25千公顷。零星植树1200万株。新增育苗面积0.93千公顷。（崔　晰）

【工业和建筑业】 2015年，规模以上工业增加值600.48亿元，比上年增长5.7%。其中：中央企业增加值104.89亿元，增长9.1%；省属企业增加值214.55亿元，下降4.3%；市属及以下企业增加值281.04亿元，增长7.4%。

分经济类型看，国有企业增加值18.88亿元，比上年下降0.7%；集体企业增加值1.91亿元，下降17.4%；股份制企业增加值368.78亿元，下降2.3%；股份合作企业增加值0.131亿元，下降23.6%；外商及港澳台商投资企业增加值206.29亿元，增长15.3%；其他经济类型企业增加值4.51亿元，增长3.7%。分轻重工业看，轻工业增加值80.17亿元，增长11.7%；重工业增加值520.31亿元，增长1.8%。

主要行业完成情况：计算机、通信和其他电子设备制造业增加值185.75亿元，增长15.0%；黑色金属冶炼和压延加工业增加值88.93亿元，下降8.5%；煤炭开采和洗选业增加值75.97亿元，增长6.6%；烟草制品业增加值37.31亿元，增长2.8%；燃气生产和供应业增加值28.73亿元，增长12.3%；电力、热力生产和供应业增加值21.50亿元，增长

6.4%；交通运输设备制造业增加值20.30亿元，增长11.5%；通用设备制造业增加值16.14亿元，下降16.0%；专用设备制造业增加值14.08亿元，增长1.6%；仪器仪表制造业增加值14.08亿元，增长1.6%。

主要工业产品产量：原煤产量3988.88万吨，增长9.3%；洗煤产量2822.03万吨，增长0.7%；焦炭产量1029.40万吨，下降4.6%；钢材产量1018.53万吨，下降6.2%；移动通信手持机2038.36万台，下降9.6%；铁路货车3322辆，增长479.8%；车轴8.88万吨，增长14.4%；发电量257.48亿千瓦时，下降1.8%；食醋产量47.01万吨，增长36.3%；卷烟产量163.50亿支，与上年持平。

全市规模以上工业主营业务收入2594.65亿元，下降22.3%。利税总额48.59亿元，下降55.1%。规模以上工业利润盈亏相抵后净亏损42.50亿元。

建筑业：具有建筑业资质等级的总承包和专业承包建筑业企业总产值1985.01亿元，下降2.7%；利税总额116.41亿元，下降2.9%；利润总额55.40亿元，下降2.7%；上缴税金61.01亿元，下降3.1%。

建筑业企业房屋建筑施工面积9442.63万平方米，竣工面积1736.76万平方米。（崔 晰）

【固定资产投资】 2015年，太原市固定资产投资2025.61亿元，比上年增长16.0%。其中：中央项目投资154.23亿元，下降16.4%；省属项目投资240.42亿元，增长2.3%；市属及以下项目投资1630.96亿元，增长22.9%。

分产业看，第一产业投资35.55亿元，增长39.5%；第二产业投资455.35亿元，增长3.0%。其中：工业投资450.42亿元，增长2.8%；第三产业投资1534.71亿元，增长20.0%。城市基础设施建设投资341.03亿元。三次产业投资比重为1.8%、22.5%和75.7%。

全年在建固定资产投资项目1256个。其中：5亿元以上项目177个，计划总投资3570.32亿元，完成投资836.03亿元，占全市固定资产投资的比重为41.3%；10亿元以上项目98个，计划总投资3019.25亿元，完成投资664.65亿元，占全市固定资产投资的比重为32.8%。

房地产开发：全年房地产开发投资604.22亿元，比上年增长25.0%。住宅投资443.02亿元，增长25.6%，其中：90平方米以下住房投资158.91亿元，占住宅投资的比重为35.9%；商业营业用房投资44.41亿元，增长0.8%。全年商品房竣工面积446.67万平方米，商品房销售额337.16亿元。（崔 晰）

2015年分行业固定资产投资

指 标	投资额(万元)	比2014年增长(%)
总 计	20256080	16.0
农、林、牧、渔业	362105	35.0
采矿业	629737	-25.0
制造业	2032995	-16.0
电力、热力、燃气及水的生产和供应业	1841446	64.3
建筑业	56446	36.8
批发和零售业	337951	35.0
交通运输、仓储和邮政业	519577	3.3
住宿和餐饮业	57000	286.4
信息传输、软件和信息技术服务业	172919	-41.0
金融业	3770	-
房地产业	10012805	29.6
房地产开发	6042152	25.0
租赁和商务服务业	87147	45.8
科学研究和技术服务业	271110	186.4
水利、环境和公共设施管理业	3097737	-5.0
居民服务和其他服务业	12740	-87.8
教育	300003	62.4
卫生和社会工作	265790	175.2
文化、体育和娱乐业	110508	57.4
公共管理和社会组织	84294	-26.9

【能源】 2015年，太原市一次能源生产折标准煤2849.26万吨，比上年增长9.3%；二次能源生产折标准煤4143.87万吨，下降0.5%。

全年全社会用电量240.36亿千瓦时，下降5.1%。其中：农业用电1.94亿千瓦时，增长7.9%；工业用电（含电厂自用电）158.89亿千瓦时，下降10.4%，其中：占工业用电量68.1%的煤炭、炼焦、化工、建材、冶金、电力等高耗能行业用电量108.13亿千瓦时，下降11.0%；建筑业用电3.63亿千瓦时，下降0.4%；第三产业用电39.50亿千瓦时，增长7.4%；城乡居民生活用电32.10亿千瓦时，增长6.0%。（崔 晰）

【国内贸易】 2015年，太原市实现社会消费品零售总额1540.80亿元，比上年增长6.2%。其中：城镇消费品零售额1433.61亿元，增长6.4%；乡村消费品零售额107.19亿元，增长4.6%。

限额以上贸易企业零售额850.05亿元，比上年下降0.3%，占社会消费品零售总额的55.2%。限额以上批发零售业企业通过互联网实现商品零售额9.35亿元，增长77.9%。（崔 晰）

2015年社会消费品零售总额

指　标	零售额(亿元)	比2014年增长(%)
社会消费品零售总额	1540.80	6.2
分地域:城　镇	1433.61	6.4
其中:城　区	1255.63	8.8
乡　村	107.19	4.6
分行业:批发业	159.14	24.1
零售业	1304.89	4.8
住宿业	8.89	-8.5
餐饮业	67.88	2.1

2015年外贸进出口总额

指标	绝对数(亿美元)	比2014年增长(%)
进出口总额	106.77	0.1
出口额	65.92	0.3
其中:一般贸易	13.91	2.8
加工贸易	51.32	0.1
其中:机电产品	45.24	10.0
高新技术产品	37.77	7.4
其中:国有企业	21.53	-8.8
外商投资企业	38.04	6.8
进口额	40.85	-0.4
其中:一般贸易	8.47	-40.6
加工贸易	32.27	21.0
其中:机电产品	26.07	19.5
高新技术产品	20.66	32.3
其中:国有企业	14.69	-12.3
外商投资企业	23.68	27.0

注:高新技术产品和机电产品分类有交叉。

【对外经济】 2015年,太原市外贸进出口总额106.77亿美元,比上年增长0.1%。其中:出口额65.92亿美元,增长0.3%;进口额40.85亿美元,下降0.4%。

全年新设立外商投资企业13家。实际利用外商直接投资额8.50亿美元,下降21.0%。

全年有贸易往来的国家和地区151个。年进出口额在千万美元以上的国家和地区56个,比上年增加2个。

(崔　晰)

【交通、邮电和旅游】 2015年,太原市公路线路里程累计达到7360千米,其中高速公路287千米。公路密度105.3千米/百平方千米。太原地区铁路客运量2597.55万人次,下降0.8%;铁路货运量4414万吨,增长2.0%。航空客运量884.30万人次,增长11.5%;航空货运量4.55万吨,增长1.3%。

全年邮电业务总量107.22亿元,比上年增长18.4%,其中:邮政业务总量5.86亿元,增长3.8%;电信业务总量101.36亿元,增长19.3%。年末市话到达98.63万户。农话到达3.60万户。移动电话用户741.30万户,其中:3G、4G移动电话用户分别为154.64万户和278.51万户。全市固定及移动电话用户总数达到843.53万户。每百人拥有电话195部,其中:固定电话和移动电话普及率分别达到24部/百人和171部/百人。计算机互联网用户128.91万户,其中:宽带网用户123.59万户。

年末全市民用汽车保有量112.29万辆,比上年末增长10.5%,其中私人汽车99.24万辆,增长13.0%。本年新注册汽车15.22万辆,增长6.5%。年末轿车保有量70.28万辆,增长13.9%,其中私人轿车65.14万辆,增长15.4%;本年新注册轿车9.50万辆,增长5.7%。

全市接待海内外游客4912.48万人次,比上年增长17.1%。其中:国内游客4891.47万人次,增长17.1%;海外游客21.01万人次,增长4.7%。海外游客中:外国人14.80万人次,香港同胞3.48万人次,澳门同胞0.40万人次,台湾同胞2.33万人次。全年旅游总收入588.35亿元,增长17.7%。其中:国内旅游收入583.34亿元,增长17.8%;旅游外汇收入0.81亿美元,增长5.1%。　(崔　晰)

【财政、金融和保险】 2015年,全市一般公共预算收入274.24亿元,增长5.9%。其中:税收收入221.35亿元,下降0.5%,国内增值税、营业税、企业所得税、个人所得税、资源税和城建税共计完成税收145.91亿元,下降8.2%。全年一般公共预算支出419.99亿元,比上年增长30.2%。其中教育、医疗卫生、社会保障和就业、住房保障、交通运输、节能环保、城乡社区事务等民生支出346.64亿元,增长28.1%,占全市一般公共预算支出的82.5%。

年末全市金融机构本外币各项存款余额10830.05亿元,比年初增长5.6%;本外币各项贷款余额9121.35亿元,增长13.2%。人民币各项存款余额10593.91亿元,增长4.7%,其中:个人储蓄存款余额3432.12亿元,增长3.2%;人民币各项贷款余额9027.59亿元,增长13.6%。人民币贷款中,中长期贷款余额5524.47亿元,增长12.6%;短期贷款余额2841.48亿元,增长14.8%。

年末上市公司达到19家,其中:主板16家,中小板2家,创业板1家。“新三板”挂牌企业达到20家。

全年原保险保费收入160.69亿元，增长41.0%。其中：寿险业务保费收入103.60亿元，增长64.8%；健康险业务保费收入10.95亿元，增长45.1%；意外伤害险业务保费收入3.34亿元，增长21.3%；财产险业务保费收入42.77亿元，增长4.9%。支付各类赔款及给付43.07亿元，增长5.9%。其中：寿险业务给付17.86亿元，增长3.7%；健康险业务赔款及给付2.54亿元，增长9.1%；意外伤害险业务赔款0.93亿元，增长1.6%；财产险业务赔款21.75亿元，增长7.7%。

（崔 晰）

【城市建设和绿化】 2015年，太原市新建改建主次干道31项，改造背街小巷32条，总计建设里程113.23千米。太榆路、学府街、南内环街、南沙河路等相继改造完工。地铁2号线一期工程全线招标开工，首开段车站主体工程封顶。城市配套项目推进了太古、太交长输供热管线、华能东山热电联产、大温差供热等供热管网工程，市给水管网扩建、西山城市供水、南部区域核心区供水、呼延水厂二期工程等供水管网工程，结合道路新建改建同步铺设供气管网120千米、改造管网50千米。推动54个城中村改造，47个村基本完成整村拆除。

年末全市天然气供气总量6.77亿立方米。集中供热扩网4830万平方米。年末城市公交运营车辆2501辆，其中：公共汽车2380辆，电车121辆。公交运营线路网长度3174千米，年客运量5.41亿人次。公共自行车服务点增加到1285个，累计投放自行车4.1万辆。

全年开工建设晋阳湖、和平公园等13个公园，建成46个游园，完成阳兴大道、建设路、南沙河路等主干道景观绿化。创建省级园林单位2个，省级园林小区2个。全市共有综合性公园37个，专类公园11个，带状公园5个，街头游园209个，社区游园43个，街旁绿地146块。建成区绿化覆盖面积达到13940公顷，园林绿地面积12264公顷，公园绿地面积3930公顷。建成区绿化覆盖率41.00%，绿地率36.07%，人均公园绿地面积11.56平方米。

（崔 晰）

【科学技术和教育】 2015年，全年技术市场共登记技术合同1422项，成交金额52.99亿元。研究与试验发展（R&D）经费支出93.21亿元，占地区生产总值的比重为3.4%。国家认定企业技术中心11家，省级企业技术中心90家。年末累计建成7个国家级重点实验室，4个国家级工程实验室，1个国家级工程研究中心，8个国家级科技企业孵化器，35个“院士工作站”。年末累计认定高新技术企业376家。全年获得国家科技奖励5项。全市发明专利申请量2890件、授权量1533件，有效发明专利拥有量5157件。规模以上工业高新技术产业增加值248.05亿元，占地区生产总值的比重为9.1%。获得全国首批小微企业创业创新基地城市示范。

年末共有普通高等院校43所（其中高职院校22所），成人高等院校9所，中等职业教育学校58所，普通高中94所，普通初中130所，小学416所，幼儿园640所。全市学前三年毛入园率95.5%。小学学龄儿童入学率、初中生入学率、巩固率均达到国家标准。2015年太原市高考一本、二本达线率和录取率在全省继续名列前茅。

（崔 晰）

【文化、卫生和体育】 2015年末，太原市共有专业、具备规模的民营艺术表演团体18个。群艺文化馆12个，博物馆11个。公共图书馆馆藏图书670.52万册。国家综合档案馆12个，馆藏档案资料147.64万卷（件、册）。广播节目11套，电视节目16套。有线广播电视用户107.08万户（其中数字电视用户103.29万户），有线电视入户率94.0%。广播人口覆盖率99.9%，电视人口覆盖率100%。开展以“中国梦”为主题的艺术创作，推出晋剧《于成龙》《续范亭》《紫穗槐》，话剧《谍杀》，承办纪念抗战胜利70周年“烽火战歌”专场音乐朗诵。全年荣获国际奖3项、国家奖4项、省级奖2项。其中，戏曲电影《傅山进京》获中美国际电影节“最佳戏曲片”奖，晋剧《上马街》获第十六届上海白玉兰戏剧表演“主角奖”“配角奖”。年末共列入国家级非物质文化遗产保护项目17项、省级保护项目67项、市级保护项目115项。

年末共有卫生机构2791个（不含村卫生室），医疗床位36760张。每千人拥有医疗床位8.5张。各类卫生技术人员52952人，其中：执业（助理）医师20045人，注册护士24245人。每千人拥有医生4.6人。实际参加新型农村合作医疗的农民105.82万人，参合率99.7%。“先住院、后付费”服务模式惠及农民16.2万人次。在全国首创“千医千村牵手”帮扶模式。创建2个国家级、163个省级群众满意的基层医疗卫生机构，2个慢性病综合防控示范区。

2015年各类教育学生数

指 标	招生（人）	在校生（人）	毕业生（人）
研究生	8143	23781	7255
普通高等教育	126551	421429	103530
成人高等教育	27561	101371	40798
中等职业教育	23973	84959	38674
普通高中	27501	84524	29209
普通初中	35405	122033	44699
普通小学	50111	275621	36073
特殊教育	186	1202	137
学前教育	43721	114031	36790

全年太原运动员在国内外大赛中，获得12枚金牌、11枚银牌、3枚铜牌，24个第四至第八名。在第一届全国青运会中，获得11枚金牌、9枚银牌、7枚铜牌的好成绩。太原国际马拉松赛蝉联“金牌赛事”，继续打造“龙城赛龙舟”“全国篮球城市”“汾河体育健身长廊”等体育名片，获得2015中国体育文化·体育旅游博览会“最佳组织奖”。（崔　晰）

【人民生活和社会保障】 2015年，太原市居民人均可支配收入25408元，比上年增长7.8%。按常住地分，城镇居民人均可支配收入27727元，增长7.6%，城镇居民人均消费支出15455元，增长7.1%；农村居民人均可支配收入13626元，增长8.0%，农村居民人均消费支出10124元，增长7.2%。城乡居民收入比为2.03∶1，比上年缩小0.01个百分点。

全年居民消费价格总水平（CPI）比上年上涨0.4%。其中：食品价格上涨0.3%，非食品价格上涨0.4%；消费品价格上涨0.3%，服务项目价格上涨0.6%。商品零售价格总水平下降1.4%。工业生产者出厂价格（PPI）下降10.6%。工业生产者购进价格下降7.0%。

城镇社会保险参保率97.7%。全市企业职工参加养老保险82.98万人，参加城镇基本医疗保险242.18万人，参加失业保险86.75万人，参加工伤保险95.13万人，参加生育保险96.88万人。年末城市低保覆盖人口3.32万人，农村低保覆盖人口3.98万人，4238人纳入农村五保供养，全年发放最低保障资金3.09亿元。

全市各类收养类单位50个，床位6624张，收养5238人。救济农村五保户4219户，城市临时救助8404户次，农村临时救助5003户次。年内新建城乡日间照料中心109个。（崔　晰）

【环境保护和安全生产】 2015年，太原市区空气质量二级以上天数230天，达标比率为63.0%。空气污染综合指数7.13%。集中式饮用水源地水质达标率保持100%，地表水环境功能区水质达标率75%，市区区域环境噪声年均值52.9分贝、交通噪声年均值68.3分贝。全年PM2.5达标253天，达标比率为69.3%。

全年平均气温8.7℃～11.4℃，降水量318.4～403.6毫米。地下水水位平均上升0.3米。全社会用水量7.45亿立方米，其中：生活用水2.03亿立方米，生产用水4.70亿立方米，生态用水0.72亿立方米。

全年各类安全生产事故发生数比上年下降4.5%。其中：工矿商贸企业事故、道路交通事故起数分别下降21.4%、14.7%。煤炭百万吨死亡率为0。（崔　晰）

机构设置和领导班子名单

中共太原市第十二届委员会

书　　记　吴政隆
副 书 记　耿彦波　王　成
常　　委　弓　跃*　任在刚　汪　凡　王建生　李吉山
　　　　　张明星　刘海芸(女)*　陈河才
　　　　　任玉和(兼太原警备区司令)　寿伟光*

太原市第十三届人民代表大会常务委员会

主任、党组书记　郭振中*　弓　跃
副 主 任　郝小军*　傅建荣
副主任、党组成员　刘　剑(女)　王建勋　冯晋生
　　　　　　　　梁争平　李文清

太原市人民政府

市　　长　耿彦波
常务副市长　任在刚
副 市 长　王建生　寿伟光(挂职)*　王爱琴(女)
　　　　　魏　民　张齐山
秘 书 长　刘　鹓
市长助理　邓维元

政协太原市第十二届委员会

主席、党组书记　张贵元
副主席、党组副书记　任书文
副 主 席　张　政　王爱萍(女)　陈远新　张文旺
　　　　　薛维梁
副主席、党组成员　毛志鸣　冯　霞(女)　任晓峰

中共太原市第十二届纪律检查委员会

书　　记　弓　跃*　李吉山
副 书 记　陈殿祥*　刘　伟　李国敏　梁永明　孙建宏
常　　委　高晋晖　李丽芳(女)　张忠云*　王振军
秘 书 长　李丽芳(女)
副调研员　田保平
监察局局长　李国敏(兼)
监察局副局长　常继德

太原市人民法院

院长、党组书记　冯少勇*
副院长、党组副书记　路德坤　韩育兵
副院长、党组成员　张庭保　郭　旗　任有会
党组成员、纪检组长　刘欣旺
副院长、党组成员　段培林
执行局局长、党组成员　李晓涛
政治部主任、党组成员　张文华(女)
副调研员、党组成员　王效林
党组成员　王利生
正县级审判员　牛志道*
副县级审判员　杨江海　张拖有
审判委员会专职委员　王润树　韩利民

太原市人民检察院

检察长、党组书记　周茂玉
副检察长、党组副书记　谢宏江
常务副检察长、党组成员　郭　鸿
副检察长、党组成员　张克军
副检察长、党组成员　江　晨
党组成员、纪检组长　尚阿涛
政治部主任、党组成员　蔡治安
副检察长、党组成员　李南明
反渎职侵权局局长、党组成员　张巨保
检察委员会专职委员、党组成员　任　萍(女)
副调研员、党组成员　祝积岐
检察委员会专职委员、党组成员　韩少峰
反贪局局长、党组成员　刘忠勇
反贪局政委　江珍荣*
反渎职侵权局政委　张秀明
正县级检察员　李根元
调 研 员　刘爱林
副县级检察员　杨俊杰　王京江

市委工作机构

市委办公厅

秘 书 长　陈河才
常务副秘书长　白玉明
副秘书长　王栋梁　李亚江　刘振华*　张树明　雷世昌
调 研 员　王瑞文
副调研员　孙玉文　谭国栋

组织部

部　　长　张明星
常务副部长　李增锁
副 部 长　郑旭东*　王富旺　李发平　陈晓红(女)
部务委员、考核办主任　梁宏宇
副调研员、部务委员　雷学义

宣传部

常务副部长　孟德东
副 部 长　曹俊清　贾可春　詹玉梅(女)
副调研员　刘建光　马竣敏

统战部

部　　长　刘海芸(女)*
常务副部长　李文权
副 部 长　王贵云　王莎莎(女)　李　波

政法委员会

书　　记　汪　凡
常务副书记　张守斌
副 书 记　宫殿元　相　辉　吕静英(女)
政治部主任　赵　彬
调 研 员　韩　玲(女)
副调研员　张　波　王长征
综治办主任　宫殿元(兼)
综治办副主任　杨　静

市委防范办

主　　任　王学明
副 主 任　汪志宏　陈增云

政研室

主　　任　杨向东
副 主 任　赵德学　栗继东

编　办

主　　任　郑旭东
副 主 任　李　宁　范振会
副调研员　冯寅卯　吴春福　王建功

市直机关工委

书　　记　孙锁刚
副 书 记　张俊杰　崔雪岭　郭　炳
纪工委书记　傅　立
调 研 员　韩勇先*
副调研员　王世斌

接待办

主　　任　李亚江
副 主 任　澹台应兵　焦　岗　李高儒

信访局

局　　长　刘振华*　张树明
副 局 长　于学刚　要福鱼　雷治平
调 研 员　杨保根
副调研员　李智富　曹昶民　陈爱军　董建平

老干部局

局　　长　李发平
副 局 长　解建国　安建斌　侯丽芬(女)
副调研员　陈　兵(女)

台　办

主　　任　张炎魁
副 主 任　贾时钟　黄定发
调 研 员　郭芳民

机要局

局　　长　戴耀生

保密局

局　　长　赵　静(女)
副 局 长　李连科

精神文明办

主　　任　詹玉梅(女)
副 主 任　肖善才　谷兰杰
调 研 员　刘沛洪　王晓峰

太原市第十三届人大常委会工作机构

市人大办公厅

秘书长、党组成员　冯润春
副秘书长　李恩庆　王小明　马彦明　段建忠
调 研 员　张　升　刘　跃　裴丽娜(女)

研究室

主　　任　张　刚
副 主 任　孙　安　秦原平(女)　袁洪建

法制委员会

主任委员　孟小勇
副主任委员　孟凡政　车晓蓓(女)

内务司法委员

主任委员　张建国*
副主任委员　邢德谦　李　平(女)

财经委员会

主任委员　康树芬(女)*
副主任委员　冯　健

城建环保委员会

主任委员　肖永房*
副主任委员　王春生　冯利峰

教科文卫委员会

主任委员　赵雁萍(女)
副主任委员　乔情义　王培仁

农业与农村委员会

主任委员　王　瑾
副主任委员　彭生全　张一平

人事代表委员会

主任委员　左　伟
副主任委员(兼)　李增锁
副主任委员　张志佩

民宗侨务外事委员会

主任委员　李晓伟

副主任委员　李冠萍(女)

人大信访局

局　　长　朱永平

副 局 长　刘　婧(女)

市委党校(行政学院)

校　　长　王　成

常务副校长　雷学东

副校(院)长　刘亚晋(女)*　王晓东　王宝进　张　忠　张峰杰

教 育 长　邓翠香(女)

太原日报社(日报报业集团)

社长、党委书记、董事长,太报传媒公司董事长、总经理(兼)　李树人

党委副书记、董事、总编辑,太原日报总编辑(兼)　王丽萍(女)

纪委书记、党委副书记　刘越凤(女)

党委委员、董事,副总编兼晚报总编辑　王福庆

副社长,党委委员、董事　张向明

副 总 编　王艾萍(女)　杨　松

副社长、党委委员　赵安林　王　剑

副总编辑　董　豪　徐大为

正社级调研员　裴晓敏*

副社级调研员　詹朝亮　赵国柱*

太原市人民政府工作机构

办公厅

秘书长、厅党组书记　刘　鹓

副秘书长、党组成员　薛维柱　李树忠*　郭德魁　窦力奋　常跃平　庞　虹(女)

纪检组长、党组成员　武晓英(女)

调研员、党组成员　田维春　安龙柱　闫丽娜(女)

调 研 员　毋青松　孟小军

副调研员、党组成员　牛　亮　潘　侠

应急办副主任、党组成员　师旭东

发改委

主任、党组书记　张　勇

副主任、党组成员　王世瑛　史铁成　卫建业　崔效荣　王振宇

纪检组长、党组成员　王益民

总经济师、党组成员　王世忠

总工程师、党组成员　赵爱忠

转型综改办副主任、党组成员　王晓东

调研员、党组成员　王喜彬　尚克勤*　张耀民

副调研员、党组成员　张权斌　李申华　侯维国　倪福田

经信委

主任、工委书记　赵瑞雪

工委副书记　吕川美

副主任、工委委员　赵新春　刘元亮　刘书林　原云生　刘剑明

纪工委书记、工委委员　王玉厚

总工程师、工委委员　杨灵生

总经济师、工委委员　吴光昭

调研员、工委委员　汤志杰　杨春林

副调研员、工委委员　李建忠　谢禄雪

教育局

局长、党委书记　马兆兴

党委副书记　刘富海

纪委书记、党委委员　王太杰

副局长、党委委员　刘富海　荆俊杰　王树红　赵长虹　曲向平

科学技术局

局长、党组书记　谢承泮

副局长、党组成员　樊怀林　郑文明　张兴民

纪检组长、党组成员　程　莉(女)

总工程师、党组成员　徐　华(女)

副调研员、党组成员　刘文昌　李保现　张浩明

财政局

局长、党组书记　陈向阳

党组副书记、调研员　崔崇恩

副局长、党组成员　邢建成　强培东　王国柱　杨桂梅(女)

纪检组长、党组成员　闫保丰

总会计师、党组成员　张艳红(女)

副调研员、党组成员　唐春玉　胡　毅

人社局

局长、党组书记　王富旺

副局长、党组成员　张晓林　赵　军　韩武雁　赵　俭

纪检组长、党组成员　张国栋

调研员、党组成员　贾宏鸣

副调研员、党组成员　欧阳湘晋　李保亮　秦崇年

环保局

局　　长　陈继光(民革)

党组书记、副局长　朱天晓

副局长、党组成员　许德茂　孔向明　郭　玺　刘永慧

总工程师、党组成员　夏玉林

调研员、党组成员　刘　福*

住建委

主任、党委书记　姜　波
党委副书记　郝明俐(女)
纪委书记、党委委员　胡丽丽(女)
副主任、党委委员　王清河　张晓军　崔学锋　梁晓岗　石永明
总经济师、党委委员　陈志强
总工程师、党委委员　王清雨
调研员、党委委员　张晓军　董克平
副调研员、党委委员　张晋生　强力军

城管委

主任、党委书记　王建堂
副主任、党委委员　张　利　朱茂生*　段　洪　刘作铭　张志杰　孙玉锋　耿炤宇　张　红(女)
党委副书记　张　利　高喜跃
纪委书记、党委委员　任晓艳
总工程师、党委委员　武卫华
调研员、党委委员　段　洪
副调研员、党委委员　蒙晓禄　赵有仁

交通运输局

局长、党组书记　郭治明
副局长、党组成员　阎明生　贾秀荣(女)　张则福　高海林　李建斌*　马剑峰
纪检组长、党组成员　郭雪梅(女)
总工程师、党组成员　贾全福
总会计师、党组成员　姜原祯
副调研员、党组成员　梅玉光　张海萍(女)

水务局

局长、党组书记　贾立进
副局长、党组成员　董国芬(女)　张怀玉
纪检组长、党组成员　周永乐
总工程师、党组成员　赵树林
调研员、党组成员　张振发*
副调研员、党组成员　刘新平　侯俊林

农业委员会

主任、党委书记　康宝林
党委副书记　郭树生
纪委书记、党委委员　郭润喜
副主任、党委委员　郝锁业　南红卫(女)　王青书　郭志鸿(女)
总农艺师、党委委员　巩天奎
总畜牧师、党委委员　武济顺
副调研员、党委委员　孙德武　王　峰

林业局

局长、党组书记　薛新福
副局长、党组成员　张爱文　蒋光中
副局长　任金旺
纪检组长、党组成员　曹宏伟
总工程师、党组成员　田双保

商务局

局长、党委书记　高屹城
党委副书记　李建民
副局长、党委委员　杜淑婵(女)　陈西林　杨金陵
纪委书记、党委委员　成晓平(女)
调研员、党委委员　梁世斌　王晓进
副调研员、党委委员　赵伟民　张宏玉

文化局(版权局)

局长、党组书记　李　钢
副局长、党组成员　曹永明　张广亮　安俊跃　张志年　李红星
调研员　李元红　孟恭才　周广健*
副调研员　安仰谊　董晓英(女)　郭桂红(女)
党组成员　夏宝刚

卫生局*

局长、党委书记　郝宝清
党委副书记　安鲜萍(女)
副局长　刘振保　张　泽
纪委书记　侯士君
调研员　温耀春　马秉权
副调研员　袁　琳　胡亚书　赵永生

人口计生委*

主任　崔　燕(女)
副主任　腾　军　黄建宏
纪检组长　刘玉伟
副调研员　张永杰

审计局

局长、党组书记　连金会
副局长、党组成员　苗五保　李德明　杨　玲(女)
纪检组长、党组成员　马晋达
总审计师、党组成员　何　茜(女)
调研员、党组成员　晋志平*　李贵生
副调研员、党组成员　徐国强

外侨办

主任、党组书记　潘保欢
副主任、党组成员　畅绍德　李　岩　尉　韬(女)
纪检组长、党组成员　赵晓平
副调研员、党组成员　刘勤儿　王　磊(女)

煤炭工业局

局长、党组书记　邓维元

副局长、党组成员　张晓峰　李春生
总工程师、党组成员　王双斗
纪检组长、党组成员　尹达恒
副调研员、党组成员　郭树林

国资委

主任、党委书记　茹述创
副主任、党委委员　李振忠　韩东来　阎树亮　刘军华
党委副书记、党委委员　黄建民
纪委书记、党委委员　孙建祁
调研员、党委委员　张东升*
副调研员、党委委员　孟永宁

体育局

局长、党组书记　高　波
副局长、党组成员　李永昌　何文平　裴红霞(女)
纪检组长、党组成员　张吉祥
党组副书记、调研员　孟广昭
副调研员、党组成员　毕宗敏

统计局

局长、党组书记　薛建明
副局长、党组成员　岳国平　戴陆寿　梁永昭
纪检组长、党组成员　李栓英(女)
总统计师、党组成员　马亚晓
调研员、党组成员　乔　木
副调研员、党组成员　王振军　张太生　陈亚萍(女)

安全生产监督管理局

局长、党组书记　王守清
副局长、党组成员　李亚瑾　张永宽
纪检组长、党组成员　梁福云
总工程师、党组成员　曹玉田
调研员、党组成员　席建业　刘春友　刘　豹

旅游局

局长、党组书记　齐宏明
副 局 长　杨永生
副局长、党组成员　刘德清(女)
调研员、党组成员　宁克强　赵金英(女)

民族宗教事务局

局长、党组书记　王素红(女)
副局长、党组成员　张升万
调研员、党组成员　孙世文

粮食局

局长、党组书记　刘照升
副局长、党组成员　凌长明　岑　杰　李殿彪
总经济师、党组成员　李春瑞
调研员、党组成员　洛正明

副调研员、党组成员　董韵雷

食药监管局

局长、党组成员　魏元平
党组书记、党组成员　高金虎
副局长、党组成员　连　波　李文军
纪检组长、党组成员　王临庆(女)
总检验师、党组成员　刘慧君
调研员、党组成员　马尧英
副调研员、党组成员　高俊常　赵　伟

文物局

局长、党组书记　杨支军
副局长、党组成员　刘　军
副 局 长　于振龙
副局长、党组成员　冀晓峰
纪检组长、党组成员　曹维明
总工程师、党组成员　薛建文
调研员、党组成员　赵乃仁*
副调研员、党组成员　谷立新　秦建军　吴春明

人防办

主任、党组书记　冀克平
副主任、党组成员　崔　嵬　张志强
副 主 任　令狐小静(女)
调研员、党组成员　马立骏
副调研员、党组成员　陈　海　聂守跃

法制办

主任、党组书记　阴海锁
副主任、党组成员　杨位保　温建国　张志强
副调研员、党组成员　陈江峰

物价局*

局　　长　孟小军
副 局 长　南孟广　张世明　王晓东
纪检组长　傅　立
调 研 员　张耀明
副调研员　倪福田

城乡规划局

局长、党组书记　姜　波*　邵社教
副局长、党组成员　白树栋　白晓平　王建廷　赵宏亮
纪检组长、党组成员　闫继华(女)
总工程师、党组成员　邵社教*
总规划师、党组成员　杨迎旭
副调研员、党组成员　李学昌　梁云龙

房产管理局

局长、党组书记　王静恩*　刘振华
副局长、党组成员　王东立　康建斌　耿国胜

总经济师、党组成员　张屹东
调研员、党组成员　程银喜　郑建文
副调研员、党组成员　赵　义　钱国栋　李玉东

园林局

局长、党组书记　张建刚
副局长、党组成员　吕从标　荣锁平　赵学军
纪检组长、党组成员　杨琳岚(女)
总园艺师、党组成员　王书宏
调研员、党组成员　杨创家　张世隆
副调研员、党组成员　许济民　程清太

卫计委

主任、党委书记　郝宝清
党委副书记　安鲜萍(女)
副主任、党委委员　刘振保　滕　军　张　泽
副　主　任　黄建宏
纪委书记、党委委员　侯士君
调　研　员　温耀春　马秉权　李向斌
副调研员　袁　琳　胡亚书　赵永生　张永杰

公安局

局长、党委书记　汪　凡
党委副书记、纪委书记　孟庆祥
调研员、党委委员　杜海生＊　代来伟＊
副局长、党委委员　雷毓智　赵山成　白国宝　武　润
副局长、党委委员，交警支队支队长、党委书记　仇跃勇
副局长、党委委员，巡警支队支队长(兼)　韩迷中
副局长、党委委员，反恐应急处置支队支队长　刘贵虎
副局长、党委委员　白安平
政治部主任、党委委员　米炳生
杏花岭分局局长、党委委员　常丹飞
警卫处处长、党委委员　郭建文
消防支队支队长、党委委员　王　政
武警支队政委、党委委员　马金标
后勤保障部部长　王志华
监督部部长　周　宏
经济犯罪侦查支队支队长　李明亮
治安管理支队支队长　黄维星
刑事侦查支队支队长　马拖生
监所管理支队支队长　谢志宏
技术侦查支队支队长　范志强
网络警察支队支队长　康文智
人口管理支队支队长　魏　颖(女)
执法监督支队支队长　杨世海
科技信息应急通信支队支队长　陈晋忠
特警支队支队长　王海军
特警支队支政委　姚力群
出入境管理支队支队长　吕建国
交警支队政委　亢　晶
高新技术开发区分局局长　王润贵
高新技术开发区分局政委　贾毅民
国内安全保卫支队支队长　胡灵芳
经济技术开发区分局局长　李三庆
经济技术开发区分局政委　韩树轩
直属第二分局局长　薛晓峰
国内安全保卫支队政委　贾建琳
调　研　员　闫　平＊　王　涛＊　王宏柱　田全廷
交警支队副支队长、党委委员　刘建国
经济区分局副调研员　路　虎
高新区分局副调研员　张为民
民营区分局副调研员　李树忠
交警支队副支队长、党委委员　刘茂林
治安支队副支队长　尹洪志
警令部副主任　邵永平
政治部副主任　解建民
监督部副部长　李德荣
后勤保障部副部长　张富和
网络警察支队副支队长　李维春
科技信息应急通信支队副支队长　荣　军
特警支队副支队长　孙新民
巡警支队副支队长　刘丕军
反恐应急支队副支队长　王小荣

司法局

局长、党组书记　杨万生
副局长、党组成员　刘自国　褚晓峰　韩　飞
纪检组长、党组成员　鹿建平
副局长兼政治部主任、党组成员　张四民
助理调研员、党组成员　丁忠泽
强制戒毒所副所长　张廷梁

民政局

局长、党组书记　任建忠
副局长、党组副书记、市双拥办主任　杜效敏
调研员、党组成员　白少敏＊
副局长、调研员、市慈善总会常务副会长　宋建平
副局长、党组成员　张世明
纪检组长、党组成员　段建生
调研员、党组成员　韩建平　周　强
副调研员、党组成员　王　龙　张　仪
党组成员，市双拥办主副主任　续鲜珍(女)

市企业上市办

主任、党组书记　许　强
副主任、党组成员　孙　炜
市档案局
局长、党组书记　姚晓蓉(女)
副局长、党组成员　崔国铭　李国琳*
纪检组长、党组成员　武变仙(女)
副局长、党组成员　冯　刚　赵国清
市防震减灾局
局长、党组书记　吕大成
副局长兼总工　张晓峰
副局长、党组成员　邓子平　续　渊(女)
纪检组长、党组成员　尹浩瑞
副调研员、党组成员　师　菁(女)
市政府发展研究中心
主任、党组书记　魏建庭
副主任、党组成员　王志仙(女)
农机中心
主任、党组书记　马雪峰
副主任、党组成员　李瑞春　李恩科　卫　华　王三保
城镇联社
主任、党组书记　郭晋龙
副主任、党组成员　吴同义
副 主 任　张国宏
副主任、党组成员　裴志红　涂　超
调研员、党组成员　马兴荣
中小企业局
局长、党组书记　葛文军
副局长、党组书记　郭文斌　房保富　王晋昌
纪检组长、党组书记　滕悦茹(女)
调研员、党组书记　石　勇　刘志勇
副调研员、党组书记　樊志新
国有资产经营公司
董事长、党委书记　成恒太*
党委副书记、副董事长、总经理　吕德岗
党委副书记　张润玲(女)
董事、党委委员　张牛喜*　冯信信　任启海
总会计师　张　援
调 研 员　李晓静
市住房公积金管理中心
主任、党组书记　韦和平
副主任、党组成员　黄火平　刘建红　相似锦
副主任、党组成员兼铁路中心主任　张小平
副主任、党组成员　张　麒
市城市建设国有资产经营公司
董事长、党委书记　澹台宏亚
董事、工会主席、党委副书记、纪委书记　刘玉刚
副总经理、党委委员　张春贵　李　宏
财务总监、董事　李　博(女)
总工、董事　韩　柏　陈庆芳*
中心医院
副 院 长　李新华
党委副书记　李　莉(女)
副院长、党委委员　张　静(女)*
党委委员　薛伟珍(女)
副 院 长　王　水　王计良
总会计师　韩　宏(女)
市公共交通控股(集团)有限公司
董事长、党委书记　周　齐
董事、总经理、党委委员　杨大康
党委副书记　翟奇伟(女)
董事、工会主席、党委委员　贾　珊(女)
监事会主席、党委委员　孙年生
副总经理、党委委员　于　军
董事(兼)　李　博(女)
董事、副总经理　李文胜
副总经理　孟建华　郝铭生　霍雁朝
市经济建设投资公司
总经理、党组书记　李同立
副总经理、党组成员　王晓东　刘元林　高志敏　陈迎光　张　丽(女)
财务总监、党组成员　宁振华
市龙城发展投资有限公司(中心)
主任、党组副书记　薛维柱
总 经 理　薛江炤
副总经理　郭志强　谭晋生
并州饭店
总经理、党总支书记　王中华
慈善培训中心
主　　任　李　越
事业单位登记管理局
副 局 长　贾瑞琦　冀晓东
城建档案馆(市城乡规划局)
馆　　长　权进立
市国有林场(市林业局)
书　　记　张保国
场　　长　王巧珍(女)*
市林业科学研究所(市林业局)
所　　长　樊明瑞

太原市物产集团有限公司
董事长、总经理、党委副书记　贺寿明＊
党委书记、副董事长　宋雪峰
副总经理　赵瑞平
副总经理、董事　武建平
副总经理　杨静德
党委委员、工会主席　王东明
党委委员　程亚青(女)
董　　事　王文庆
总会计师　周鲁静(女)
市饮食服务集团有限公司
党委书记、董事长(兼)　王中华
党委副书记　白效红
常务副总经理、党委委员　原满红
副总经理、党委委员　袁晋江
龙城电影发展(集团)公司
总经理、党委书记　夏宝刚
党委副书记、党委委员　刘光亮
纪委书记、党委委员　乔晓梅(女)
财务总监、党委委员　刘培宏
市委宣传部社会科学院
院　　长　胡建林
调 研 员　任德胜

政协太原市第十二届委员会工作机构

办公厅
秘 书 长　刘建中
副秘书长　吴玲玲(女)　祁向东
调 研 员　金　钢(满族)　孟福平(女)　崔守成　王建平
　　　　　严卫星　何宏伟
研究室
主　　任　胡祖泉
副 主 任　冀燕林(女)＊
提案委员会
主　　任　姚原梅(女)
副 主 任　田　瑞　王静芸(女)
学习文史委员会
主　　任　杨北龙＊
副 主 任　岳骁骏(女)　杜海柱
人口资源环境和城乡建设委员会
主　　任　范智慧＊
副 主 任　王秀丽(女)
台港澳联络委员会
主　　任　武映文
经济科技委员会
主　　任　高慧卿
副 主 任　霍凤鸣　王永红(女)
教文卫体委员会
主　　任　李明远＊
副 主 任　曹亮亮(女)　王贵斌
社会和法制委员会
主　　任　郭　奉＊
副 主 任　齐春林
民族宗教委员会
主　　任　梁晓光＊
农村工作委员会
主　　任　徐　洋
副 主 任　安红金
社情民意研究室
主　　任　王晓光

太原警备区

司 令 员　任玉和
政治委员　张文广
参 谋 长　张太平　吕运良
政治部主任　张培军
后勤部部长　冯新华

开发园区

高新技术产业开发区
主任、党工委副书记　赵伟东
党工委书记　胡志峰
党工委副书记　郭　力
副主任、党委委员　刘增钢　白建生
工会主席、党委委员　刘建刚
副调研员、党委委员　蔺徐平　刘　军
经济技术开发区(武宿综合保税区)
主任、党工委副书记　刘　斌
党工委书记　尤天栓
党工委副书记　邢珺森(女)
副主任、党工委委员　董　良　陈　曦　乔建伟　王建民
纪工委书记、党工委委员　刘永华
工会主席、党工委委员　满长海
总工程师、党工委委员　杨敦勤
调研员、党工委委员　李春友　屈立军
副调研员、党工委委员　高润林　吴英志
民营经济开发区
主　　任　陈耳东

党工委书记　王新明
党工委副书记　李彦炜
副 主 任　徐美玲(女)
副主任、党工委委员　张荣跃
副 主 任　赵利军
副主任、党工委委员　赵秀萍(女)
工会主席、党工委委员　李晓玉(女)
纪工委书记、党工委委员　薛运中
总工程师　熊　斌
副调研员、党工委委员　康小平　张文龙

不锈钢园区

主　　任　郭建发
党工委书记　徐宝明
副主任、党工委委员　李贵增　张俊一　王承江
副调研员、党工委委员　张　健

群众团体

总工会

主席、党组书记　冯晋生
党组副书记、常务副主席　张　霞(女)
副主席、党组成员　薛　跃
副主席、党组成员、经审委主任　郎学军(女)
副主席、党组成员　樊小高　韩铁柱
调研员、党组成员　鲁欢晓
副调研员、党组成员　黄小飞

团　委

书记、党组书记　李京京
副书记、党组成员　刘　冰　杜志强　章晓煜(女)　李　琦(女)
少工委主任、党组成员　马　斌

妇　联

主席、党组书记　萧芬芬(女)
副调研员、党组成员　高　燕(女)*
副主席、党组成员　柴　洁(女)　康一萍(女)　米丽萍(女)　王国华(女)

市科协

主席、党组书记　武忠民
副主席、党组成员　李　相
副 主 席　曹慧彬(女)
副主席、党组成员　尹效军
副调研员　王　星(女)

市残联

理事长、党组书记　杨　健
副理事长、党组成员　薛晓峰　黄淑芝(女)　云志威(蒙古族)
调研员、党组成员　王成庆

市文联

主　　席　王爱琴(女)
党组书记　张体仁
副主席、调研员、党组成员　张运刚
副主席(提名)、党组成员　王宏伟　韩　莹(女)

市侨联

主席、党组副书记　李　慧(女)
党组书记　王莎莎(女)
副主席、党组成员　郑　勇
副调研员、党组成员　白劲松

市工商联

主　　席　陈远新
党组书记　王贵云
副主席、党组成员　乔瑞生　白建红(女)
调 研 员　郝乃全

市红十字会

专职副会长　李东山

大专院校

太原学院

党委书记　任玉平(女)
院长、党委副书记　张瑞君
党委副书记　吴建设　蔡耀群
纪委书记　张正书
副院长、党委委员　邢金龙
副 院 长　徐秋琴(女)　曹艺鸣　荆在京

太原市城市职业技术学院

院长、党委副书记　杨志家
党委副书记　刘洪海
副院长、党委委员　杨春旺　谢振芳　王蒙田
工会主席、党委委员　刘志强

太原广播电视大学

党总支书记　白宏武
校长、总支副书记　时耐敏
副校长、总支委员　徐松山

太原旅游职业学院

党委书记　王全拴
院　　长　王春玲(女)
党委副书记　王　蓉(女)
副院长、党委委员　耿寅杰　张立芳　韩一武

注:单位名称标注*表示年内发生机构改革,名字后标注*表示年内退休或免职。

2015年太原市大事记

1月

1日

313路公交车开通，起点山西科技学院，终点小店。

4日

杏花岭区同煦苑社区获“全国科普示范社区”称号。

5日

太原市委办公厅出台《关于培育和践行社会主义核心价值观的实施意见》。

6日

《太原日报》报道，国家质检总局下发《关于同意创建“全国质量强市示范城市”的函》，同意太原市为“创建全国质量强市示范城市”。创建期2年，创建期满、通过验收可获得国家质检总局正式命名。

7日

《太原日报》报道，市委中心组举行“学习讨论落实”活动集中讨论。省委常委、市委书记吴政隆主持并讲话。他强调，要切实把好讨论反思关，让广大党员干部通过讨论、反思、剖析，划清是非界限、澄清思想认识、坚定理念信念、站稳政治立场、严明政治纪律、严守政治规矩，进一步凝心聚力、勇于担当、积极作为，坚决打赢“净化政治生态、实现弊革风清，重塑山西形象、促进富民强省”这场艰苦的、持久的硬仗。省委第一督导组组长王水成，省委第一督导组副组长王建文，市委副书记、市长耿彦波，市委副书记荣彤，市人大常委会主任郭振中，市政协主席张贵元及中心组其他成员参加。

太原铁路枢纽(北六堡)物流中心增设口岸功能。太原铁路枢纽(北六堡)物流中心位于太中银铁路北六堡车站西北侧，距太原市约15千米，距晋中市区约5千米，占地面积2919.34亩。物流中心主要分为六大区域，分别为铁路港、保税港、零担快运港、仓储港、汽贸港和商务港。

《山西日报》报道，国家文化部公布2014—2016年度“中国民间文化艺术之乡”名单，太原市尖草坪区西墕乡(太原锣鼓)榜上有名。

9日

国家科学技术奖励大会在北京举行，由太原理工大学主持完成的“低渗透煤层高压水力割缝强化瓦斯抽采成套技术与装备”项目获国家技术发明奖二等奖；太原理工大学主持完成的“界面性质与光电器件特性关系调控技术及应用”项目和太原钢铁(集团)有限公司主持完成的“先进铁素体不锈钢关键制造技术与系列品种开发”项目，获国家科技进步奖二等奖。太钢不锈钢股份有限公司参与完成的“600℃超临界火电机组钢管创新研制与应用”项目获国家科技进步奖一等奖；太钢集团参与完成的“高等级中厚钢板连续辊式淬火关键技术、装备及应用”项目获国家科技进步奖二等奖。

太原市中小企业融资信用担保协会和山西云尚天成网络科技有限公司共同推出的“智慧我家”便民生活服务平台启动，这是太原市首家开放式便民生活服务平台，涉及的行业板块将涵盖零售、餐饮、休闲娱乐、生活服务等若干方面，包括商户自营产品与服务、便民增值服务、居家生活服务、社区文化服务、公益爱心活动等。

11日

太原市环保部门消息，杏花岭区一不锈钢渣洗选厂负责人李某，由于没有环保手续、利用渗坑非法排放含铬的液体，被杏花岭区人民法院判处有期徒刑6个月。该案成为“两高”最新司法解释实施后，太原市首例因污染环境而被判处刑罚的案件。

12日

太原市经济工作会议举行。吴政隆、耿彦波、郭振中、张贵元等出席会议。会议提出了全年经济工作的主要任务：以优化结构为着力点，促进三次产业协调发展；以城中村改造为重要突破口，加快推进新型城镇化；以改善省城环境质量为重点，不断加强生态文明建设；以深化改革扩大开放为根本，进一步激发经济社会发展的动力和活力；坚持以保障和改善民生为目的，让发展成果更多惠及

人民群众；以确保经济社会安全稳定为目标，积极化解矛盾、主动防范风险。

15 日

《太原日报》报道，中国(太原)煤炭交易中心完成铁路煤炭交易量 10.08 亿吨，交易金额 5347.59 亿元。其中，邀约交易量 9.73 亿吨，交易金额 5214.62 亿元；挂牌交易量 3562.95 万吨，交易金额 132.97 亿元。公路煤炭交易量 3.05 亿吨，交易金额 1176.96 亿元。

市政府发布关于春节元宵节期间禁止销售燃放烟花爆竹的通告。市辖六城区范围内，除部分区域外，禁止任何单位和个人销售、燃放烟花爆竹。

1 月 15 日至 2 月 8 日

太原美术馆举办馆藏作品精品展，展出太原美术馆馆藏近现代美术精品，囊括国画、书法、雕塑等多个艺术种类，共展出 7 位艺术家的约 50 件展品。

16 日

市委召开常委会议。会议传达学习习近平总书记在十八届中央纪委五次全会上的重要讲话精神，研究太原市贯彻落实意见。吴政隆主持并讲话。

中国三号线煤炭网在太原上线，采取线上和线下相结合的方式，通过线上获取交易信息，线下实施交易流程设计，解决了资金流管控和煤炭运输环节中科学化管控和节约成本的问题。

19 日

《太原日报》报道，杏花岭区环卫工人取得“新型干式清扫车过滤装置”和“干式清扫车滤芯清洁设备”两项实用新型专利证书。

20 日

由市纪检委、市委组织部、市委宣传部、市委党史研究室主办的“中国共产党反腐倡廉历程展”在太原美术馆展出。省委学习讨论落实活动第一督导组组长王水成、副组长王建文，市委常委、市纪委书记弓跃，市委常委、统战部部长刘海芸，市委常委、市委办公厅秘书长陈河才观展。分为新民主主义革命时期、社会主义革命和建设时期、改革开放和社会主义现代化建设时期三个部分。

23 日

山西省农村工作会议召开。省委常委、市委书记吴政隆，市委副书记、市长耿彦波，市领导陈河才、李文清、冯霞在太原分会场参加会议。

经省十二届人大常委会第十八次会议表决，批准通过了太原市制定的《太原市城市桥梁管理条例》和《太原市发展新型墙体材料条例》。两部地方性法规将分别于 5 月 1 日和 6 月 1 日起施行。

太原市委印发关于成立中国共产党太原市卫生和计划生育委员会的通知，撤销原太原市卫生局党委、原太原市人口和计划生育委员会党组。

28 日

省委书记王儒林参加太原代表团审议。在审议中，吴政隆、耿彦波、郭振中、张勇、尤天栓、陈向阳、于亚军、冯少勇、王创民等代表踊跃发言、认真讨论。

《太原日报》报道，迎泽区人民法院被最高人民法院授予“全国优秀法院”荣誉称号。

29 日

太原市增加“一元菜”品种，从 2 月 1 日至 3 月 10 日，“一元菜”品种由 4 种增加为 6 种。

2 月

1 日

山西首届大型沙雕艺术展在太原动物园恐龙主题乐园开展，展出 100 余只种类各异的仿真恐龙和由哈尔滨沙雕艺术家徐明、汲怀龙等创作的《白雪公主》《侏罗纪时代》《金字塔》等 10 余件巨型沙雕作品，其中最大的一座巨型城堡沙雕高度超过 7 米。

2 日

吴政隆主持召开市委常委(扩大)会议，传达学习省十二届人大四次会议、省政协十一届三次会议精神和王儒林参加太原代表团审议时的重要讲话。耿彦波等市领导出席会议。

清徐县获“全国计划生育优质服务先进县”称号。

2 日至 3 日

国家民政部副部长宫蒲光一行对太原市社会救助工作情况展开调研，走访慰问低保户。副省长张建欣，副市长王爱琴、魏民参加调研慰问。

3 日

吴政隆在娄烦县调研。

4 日

太原市 2014 年度目标责任考核大会举行。吴政隆主持并讲话。省目标责任考核第一组组长、省政协常委、社会法制委员会主任王水成对做好考核工作提出要求。耿彦波代表太原市党政领导班子作述职报告。

海边街社区日间照料中心启用，这是省城首家日间照料中心。中心主要针对社区内一些孤寡、空巢、高龄在家无人照看的老人进行托付服务。

“国家标准文献共享服务平台山西服务站”在太原揭牌成立。该平台以互联网为平台、以搜索引擎为工具，为山西产业特色的技术标准支撑提供信息服务。

5 日

《山西日报》报道，1 月下旬，全球最有影响力的国际环保组织“绿色和平”，对 2014 年全国 190 个城市公布空气 PM2.5 浓度的城市进行统计分析后，按城市空气污染程度由高到低发布了 PM2.5 年均浓度数据和排名。太原市排名为 56 名，PM2.5 年均浓度数据为 67.7 微克 / 立方米。

《太原日报》报道，按照市政府关于改善大气环境质量的整体部署，太原平板玻璃厂新厂址迁往清徐工业园区。

6 日

《山西日报》报道，太原市 2014 年有效发明专利为 4030 件，占全省有效发明总量的一半以上，每万人有效发明专利拥有量达到 11 件，超过国家平均水平两倍以上。

8 日

《山西晚报》报道，由中国冶金矿山企业协会主办的第五届全国冶金矿山

"十佳厂矿"评选结果揭晓,太钢尖山铁矿和东山矿从入围的25家企业获此殊荣。

10日

吴政隆在太原矿棉厂、柴村街道敬老院、迎新街街道北固碾村困难劳模刘长富家中和困难职工倪玲家中慰问。

11日

张建欣、王爱琴带领省市食药监、工商等部门负责人检查太原市春节期间食品安全工作。

副省长、省公安厅厅长刘杰,市委常委、政法委书记、市公安局局长汪凡走访慰问太原市公安特困民警刘冬生及烈士张锡钢家属。

11日至15日

市领导耿彦波、郭振中、张贵元、弓跃、任在刚(市委常委、常务副市长)、王建生(市委常委、副市长)、刘海芸、任玉和(市委常委、太原警备区司令员)、张齐山(副市长)分别带队到迎泽区、小店区、杏花岭区、万柏林区、晋源区、清徐县、阳曲县、娄烦县、古交市走访慰问困难老党员、困难劳模、困难企业、困难职工和困难群众代表。

12日

吴政隆主持召开市委常委(扩大)会议,传达学习王儒林在省纪委十届五次全会上的重要讲话精神。耿彦波等市领导参加。

13日

市国税局发布消息,"e税客"APP软件业务正式上线,龙城纳税人步入掌上办税E时代。

14日

王儒林慰问西山煤电职工赵兔林,省劳模、太原市特级劳模王金凤,并到太原市社会(儿童)福利院、太原酒厂了解相关情况。省领导吴政隆、王伟中(省委常委、秘书长)、田喜荣(省人大常委会副主任、省总工会主席)一同慰问。

山西水塔醋业股份有限公司董事长武峥兴获"全国农村青年致富带头人"称号。

15日

市委召开常委会议,听取市总工会、团市委、市妇联、市侨联的工作汇报。吴政隆主持并讲话。耿彦波等市领导出席会议。

16日

山西省委副书记楼阳生到国家电网山西太原供电分公司、太原热力公司、太原煤气化集团公司的生产调度室、太重集团,慰问春节期间工作在一线的干部职工。吴政隆一同慰问。

太原市举行2015年春节团拜会。吴政隆出席并致辞,耿彦波主持团拜会,张贵元出席。

17日

山西省委副书记、省长李小鹏到太原机场、迎泽西春运执法服务站、省公安厅指挥中心、太原市公交集团汽车一公司调度站、太钢集团生产车间,慰问节日期间坚守岗位的一线干部职工。

省委常委、常务副省长高建民在山西天然气调控中心、建南汽车站、太原供水集团有限公司总调度室和太原市数字化城市管理指挥中心,慰问春节期间坚守岗位的一线职工。

吴政隆会见了福建汽车集团董事长、金龙汽车集团董事长廉小强一行。同日,会见了山西美锦能源集团董事长姚俊杰一行。

18日

《太原日报》报道,省委书记王儒林到省食品药品检验所、太原火车站、杏花岭区公安消防大队小北关中队、杏花岭区环卫局北大街东区班组看望慰问一线职工。

19日

《山西日报》报道,太原食品街春节文化活动正式启幕。食品街在春节期间隆重举行过大年看花灯、趣味有奖猜灯谜活动,组织省城民间艺术家进行现场表演民俗糖画、民俗玩具、烫画葫芦、花鸟字画、传统面塑等传统手艺表演。

25日

太原市纪委十届五次全会召开,吴政隆出席并讲话,市委副书记、市长耿彦波,市人大常委会主任郭振中,市政协主席张贵元,市委常委任在刚、汪凡、王建生、刘海芸、陈河才、任玉和、寿伟光出席会议。市委常委、市纪委书记弓跃主持会议,省纪委有关负责同志出席会议。弓跃代表市纪委常委会作了题为《切实履行监督责任,坚定不移惩治腐败,为净化政治生态、实现弊革风清提供坚强保证》的工作报告。

《山西日报》报道,清徐县地下水开采总量也下降到了3493万立方米,农业年节水30321万立方米,工业年节水1114万立方米,地下水位回升9米。

26日

太原市政府召开廉政工作会议,耿彦波出席并讲话,任在刚主持会议,王建生、寿伟光(市委常委、副市长)王爱琴、张齐山参加,市委常委、市纪委书记弓跃应邀参会。

27日

太化工业遗址公园开工兴建,公园是太原市2015年重点工程之一,建设主体单位为太原化学工业集团有限公司,项目占地面积960亩。

3月

2日

全市城中村改造动员大会召开。吴政隆出席并讲话,耿彦波做工作部署。市领导郭振中、张贵元、弓跃、任在刚、王建生、刘海芸、陈河才、任玉和、寿伟光、王建勋、王爱琴、魏民、张齐山、张文旺(市政协副主席、九三学社太原市委员会主委)、任晓峰(市政协副主席),市法院院长冯少勇,市检察院检察长周茂玉出席。吴政隆强调,全市各级各部门必须拿出背水一战的勇气和舍我其谁的精神,敢于担当、积极作为,从最关键、最紧迫、最困难的环内46个城中村开始,攻坚克难、决战决胜,不达目的决不罢休。要坚持以人为本、依法依规、公开公正、分类指导,综合施策、稳妥推进,切实将城中村改造工作打造成阳光工程、廉洁工程、民心工程。要抓住科学编制规划、抓好招商引资、做好拆迁工作、加快回迁安置、搞好专项整治、加强协调服务等关键环节,精心组织实施,真正让群众在城中村改造中得到实惠。要加强领导、落实责任，六城区和经济区要积极承担主体责任，市直有关部门要各司其职、主动服务,形成加快城中村改造的强大合力。要推进“三个一批”,抓好“城中村”党组织建设,始终保持“三个高压态势”,为城中村改造提供强有力的保障。要强化舆论引导,发出好声音,凝聚正能量,努力营造加快城中村改造的良好氛围。

央视财经频道发布《中国经济生活大调查》国民大数据,在调查的 104 个城市、300 个县的样本中,太原位居全国幸福城市第二位。

《太原日报》报道,全市民营企业总户数实现了较快增长，民营企业新增 9898 户,总户数达到 5.01 万户,创历史新高。

3 日

《2015 年新农合补偿方案》出台，2015 年起,新农合人均筹资标准提高到 470 元，参合农民住院补偿最高限额从 15 万元提高到 55 万元，重大疾病补偿病种增加到 25 种。

4 日

国家统计局总经济师李晓超一行先后到太钢、兴业银行钢园支行、太重,观摩了企业的主要特色产品和加工生产车间等。

10 日

全市办公室主任会议召开。传达了习近平总书记重要批示精神和全国、全省党委秘书长会议精神，以及市委书记吴政隆在市委办公厅会务处党支部组织生活会上的讲话精神。市委常委、秘书长陈河才参加会议并讲话。

《太原日报》报道,太重集团 6400 吨液压复式起重机通过省科技成果鉴定,6400 吨液压复式起重机是太重结合国家能源战略和市场需要开发研制的新产品，解决了中国在超大型细长件整体吊装施工领域的瓶颈。

11 日

由全国妇联书记处书记焦扬带队的调研团一行在太原市庙前街道海边街社区,参观社区“最美家庭”活动的相关展示,了解太原市“最美家庭”活动开展情况。朱先奇(省政协副主席)、刘海芸一同调研。

12 日

2015 年第一次改革办主任会议召开,陈河才主持会议。

13 日

“精微入玄——山西省中国画小品名家邀请展”和“火红的山楂树——俄罗斯当代油画展”同时在太原美术馆开展,两项展览至 4 月 3 日结束。

14 日

国家环保部首批 12369 微信举报平台试点落户太原,市民可用手机关注微信平台 12369,通过文字、语音、图片定位等信息,举报环境污染,并通过该平台,全程跟踪,及时了解举报事件的处理结果。

15 日

《太原日报》报道,太重山西煤矿机械制造有限责任公司工业化和信息化“两化”融合管理体系顺利通过了工业和信息化部电信研究院专家的评估审核,成为全国首批 250 家通过“两化”融合认证审核的企业之一。

晋西集团员工当选中国兵器集团首届“最美兵工人”。

17 日

市委常委(扩大)会议召开。吴政隆主持,传达学习全国“两会”精神和习近平总书记在全国“两会”期间的重要讲话，传达学习王儒林在全省传达贯彻全国“两会”精神会议上的重要讲话精神,研究部署太原市贯彻落实意见。听取了市十三届人大五次会议和市政协十二届四次会议筹备情况的汇报。

18 日

中国科学院、中国工程院“两院”院士李德仁在太原作“智慧城市大数据”专题科普讲座。寿伟光主持。

《太原日报》报道,人力资源社会保障部下发《关于公布第三批国家级“充分就业社区”名单的通知》,太原市万柏林区的和平社区和康乐社区榜上有名。

21 日

《太原日报》报道,工信部批复山西广电信息网络集团，同意在太原市开展基于有线电视网的互联网接入业务、互联网数据传送增值业务、国内 IP 电话业务。

太原市循环经济产业园项目拟选址清徐县柳杜乡东南社村,占地面积约 92 公顷。

23 日

《太原日报》报道,“全球契约中国最佳实践案例”颁奖仪式在京举行。太钢凭借“倾力维护员工权益,努力构建和谐企业”案例入选,这是太钢连续第三年获此荣誉。

25 日

国家文物局局长励小捷在太原市调研古建筑保护工作。副省长张复明,市领导、耿彦波、魏民参加调研。

山西省政协副主席李悦娥带队的调研组一行在太原高新技术产业开发区,实地察看山西众人科技有限公司、众创空间有限公司等企业。市领导寿伟光、冯霞(市政协副主席)一同调研。

27 日

全市农村土地承包经营权确权登记颁证工作培训会召开。

太原市 49 所学校成为首批“全国青少年校园足球特色学校”。

晋西集团“张建宏创新工作室”挂牌，标志着该公司首个以职工命名的创新工作室正式成立。

29 日

太原召开“打黑除恶专项斗争推进年”活动动员部署大会。市领导汪凡、魏民,市中级人民法院院长冯少勇,市检察院检察长周茂玉出席。

太原市中心医院迁建项目开工,地址位于小店区贾家寨村汾东商务区。

30 日

耿彦波会见了澳大利亚朗塞斯顿市

市长阿尔伯特·万·泽腾一行。副市长魏民参加会见。

31 日

太原海关启动“丝路通关一体化改革”。通关模式从根本上打破地域限制和关区的行政界线，简化海关手续、降低物流成本、便利企业通关、节约社会资源，形成“多地通关，如同一关”的通关一体化格局。

在第 25 届“上海白玉兰戏剧艺术奖”颁奖典礼上，《上马街》中“车伍儿”的扮演者牛建伟获“白玉兰戏剧表演艺术主角奖”，剧中“徐光明”的扮演者吴云花获“白玉兰戏剧表演艺术配角奖”。

本月

据统计，太原市有 3839 所医疗机构，其中医院 210 所，社区卫生服务机构 290 所，乡镇卫生院 66 所，村卫生室 1025 所，门诊部 210 所，诊所 1796 所，卫生室 237 所，其他 5 所。全市千人口床位数 7.85 张，千人口医师数为 3.93 人，100% 的县级综合医院达到二级甲等水平。

4 月

1 日

杏花岭区敦化坊村改造启动，截至 4 月 15 日，签订协议 261 户，其中宅基地 27 户，公私产 234 户，占全村动迁总数的四分之一。

3 日

太原市召开城中村改造专题会，吴政隆、市长耿彦波出席并讲话。市领导弓跃、任在刚、汪凡、陈河才、张齐山，市法院院长冯少勇，市检察院检察长周茂玉参加。

团市委在双塔烈士陵园组织开展“清明祭英烈共铸中华魂”太原市各界青年缅怀先烈主题活动。市直机关干部、护士、武警和大中专院校团员青年共计 300 余人参加活动。

首部城市形象原创微电影《回家》首映。该剧由市委外宣办、太原龙城电影集团、山西经济日报社联合策划。2014 年 7 月开拍，先后在晋祠、蒙山、太山、双塔寺、汾河景区、长风商务区、食品街、长风剧院、太钢集团、太重集团、清徐宝源老醋坊、葡峰山庄实地取景。

市委印发关于落实党风廉政建设党委主体责任清单（试行）和关于落实党风廉政建设纪委监督责任清单（试行）的通知。

7 日

省委、省政府召开全省扶贫开发暨干部驻村帮扶电视电话会议。省领导楼阳生、盛茂林、田喜荣、郭迎光、朱先奇出席，副市长魏民在主会场参加会议。市领导李文清、冯霞在太原分会场收听收看。

小店区狄村整村拆除工作启动。

9 日

省委书记王儒林，省长李小鹏，省政协主席薛延忠，省委副书记楼阳生等省党政军领导和太原市干部群众、少先队员参加义务植树活动。吴政隆、耿彦波等市领导参加义务植树活动。

王儒林、李小鹏、薛延忠（省政协主席）、楼阳生等省党政军领导和太原市干部群众、少先队员在尖草坪区参加义务植树活动。

郑州市政协主席王璋率政协考察团来并考察学习，张贵元会见考察团一行。

13 日至 14 日

省委副书记楼阳生赴部分驻晋国防科技工业企事业单位，就深入开展学习讨论落实活动，加快推动军民融合发展进行调研。吴政隆参加调研。

14 日

《太原日报》报道，太钢生产的移动式压力容器用不锈钢顺利通过了全国锅炉压力容器标准化技术委员会（简称“全国锅容标委”）的技术评审，太钢成为全国首家取得认证资格的企业。

15 日

李小鹏在太原市调研新兴产业发展、人居环境改善和电力项目建设工作。

16 日

楼阳生赴清徐县、娄烦县和古交市进行调研。省委常委、太原市委书记吴政隆，市委副书记、市长耿彦波，市领导陈河才、魏民参加调研。

人社部党组副书记、副部长杨志明一行先后到清徐县水塔老陈醋集团和山西紫林食品有限公司观摩了碾磨、蒸料、淋滤等传统酿醋工序，参观了整个酿醋工艺流程，并询问了该县的劳动就业情况。任在刚陪同。

张建欣、卫小春（省政协副主席）一行在太原市中心医院调研医院新院区规划建设以及改善服务环境、推进医联体建设情况。王爱琴一同调研。

17 日

省委常委、统战部长、省促进民营经济发展工作领导小组组长孙绍骋带队的调研组一行与太原市部分民营企业负责人座谈交流。市领导刘海芸、陈远新（市政协副主席）参加调研座谈。

17 日至 5 月 7 日

由文化部、中国文学艺术界联合会、中国美术家协会主办的“第十二届全国美术作品展览暨中国美术奖·创作奖、获奖提名作品展览山西巡展”在太原美术馆举办。此次巡展囊括“第十二届全国美展”国画、油画、版画、水彩水粉等各美术门类的获奖精品，共计 250 件。

18 日

南内环街开始封闭改造，改造路段为建设南路口至滨河东路口。

20 日

市政府 2015 年第一次全体会议召开，会议就《政府工作报告（征求意见稿）》征求意见。市委副书记、市长耿彦波，副市长、秘书长、市长助理及有关部门、县（市、区）、开发区负责人出席会议。听取《政府工作报告（征求意见稿）》起草过程说明后，各部门、各县（市、区）、各开发区负责人对报告提出修改意见和建议。

太原东山煤电集团王封煤业投产运行，这是东山煤电集团继李家楼煤业之后第二座进入投产运行的兼并重组矿井。

21 日

市人大常委会、市纪委、市委组织部分别召开干部大会，宣布省委、市委干部

职务任免决定：弓跃任市人大常委会党组书记，不再担任市委常委、市纪委书记职务；由于年龄原因，郭振中不再担任市人大常委会党组书记；李吉山任太原市委委员、常委和纪委书记；张明星任太原市委委员、常委，组织部部长。吴政隆出席并讲话。

市委、市政府出台太原市2015年全面改善省城环境质量实施意见。目标PM2.5年均浓度值下降4%，二级以上优良天气率确保增加3个百分点以上，力争达到60%，市区环境空气质量在国家公布的74个重点城市中排名力争前移2—3位，在京津冀及周边地区国家考核的16个城市中保持较好水平。城市集中式饮用水源地水质达标率稳定保持100%；城市水环境功能区水质达标率保持75%；5条边山支流（杨兴河、九院沙河、南沙河、玉门河和城南退水渠）消除黑臭水体。全面完成省政府下达的化学需氧量、氨氮、二氧化硫、氮氧化物、烟尘和工业粉尘6项污染物减排指标任务，完成国家下达的“十二五”重点减排工程（即晋阳污水处理厂一期工程建成投运）任务。

22日

太原的“城市服务”在支付宝钱包、微博和手机淘宝正式上线，包括机动车违法、违章提醒、挂号就诊、生活缴费、驾驶人违法、驾驶证扣分、驾驶人体检信息、公安办事预约、公安预约查询、景点门票、汽车票在内11项业务，可以支持在手机上预约或办理。

23日至7月23日

“书香三晋”读书节启动仪式暨体验活动在太原书城启幕，王爱琴副市长出席。读书节由省新闻出版广电局和山西出版传媒集团联合发起，太原市教育局、山西新华书店集团太原有限公司和北岳文艺出版社具体承办。活动内容包括“百社千校书香童年”“书博下乡村图书进万家”“售书下基层”“好书伴成长”“悦享读书会”“文化的正能量”专题读书荐书活动等20多项品牌活动。

25日

市政协十二届四次会议开幕。吴政隆、耿彦波到会祝贺并在主席台前排就座。市政协主席张贵元，副主席任书文、张政、王爱萍、陈远新、张文旺、薛维梁、毛志鸣、冯霞、任晓峰，秘书长刘建中在主席台前排就座。在主席台就座的还有市领导弓跃、任在刚、汪凡、王建生、李吉山、张明星、刘海芸、陈河才、任玉和、傅建荣、刘剑、王建勋、冯晋生、梁争平、李文清、王爱琴，市中级人民法院院长冯少勇，市人民检察院检察长周茂玉，市级老领导及市政协常委和市爱国宗教团体负责人。会议审议通过政协第十二届太原市委员会第四次会议议程。张贵元作市政协常委会工作报告，任书文（市政协副主席）作提案工作报告。28日闭幕，通过政协第十二届太原市委员会第四次会议关于政协太原市委员会常务委员会工作报告的决议、政协第十二届太原市委员会第四次会议关于市政协十二届三次会议以来提案工作报告的决议、政协第十二届太原市委员会提案委员会关于市政协十二届四次会议提案审查情况的报告、政协第十二届太原市委员会第四次会议政治决议。

26日

市十三届人大五次会议开幕，耿彦波作政府工作报告。大会执行主席、主席团常务主席弓跃主持第一次全体会议。大会执行主席、主席团常务主席吴政隆、弓跃、傅建荣、刘剑、王建勋、冯晋生、梁争平、李文清、冯润春在主席台前排就座。在主席台就座的还有市领导耿彦波、张贵元、任在刚、汪凡、王建生、李吉山、张明星、刘海芸、陈河才、任玉和、王爱琴、魏民、张齐山、任书文、张政、王爱萍、陈远新、张文旺、毛志鸣、冯霞、任晓峰，正市级领导荣彤，太原卫星发射中心技术部主任高家智，市中级人民法院院长冯少勇，市人民检察院检察长周茂玉，市级老领导及主席团其他成员。会议审查了市人民政府关于太原市2014年国民经济和社会发展计划执行情况与2015年国民经济和社会发展计划草案的报告；审查了市人民政府关于太原市2014年全市和市本级预算执行情况及2015年全市和市本级预算草案的报告。4月29日闭幕表决通过关于市政府工作报告的决议、关于太原市2014年国民经济和社会发展计划执行情况与2015年国民经济和社会发展计划的决议、关于太原市2014年全市和市本级预算执行情况与2015年全市和市本级预算的决议、关于市人大常委会工作报告的决议、关于市中级人民法院工作报告的决议和关于市人民检察院工作报告的决议。

《太原日报》报道，小店区五龙城郊森林公园建成开放，五龙城郊森林公园建设启动以来，已完成高标准绿化约1.2万亩，栽植油松、国槐、火炬等各类苗木120万余株。全长9公里的登山步道以山西5000年文化为背景，设置7个景观节点，已完成投资8300余万元。

27日

晋源区北阜村完成整村拆除，成为2015年继义井村之后，晋源区第二个完成整村拆除的城中村。北阜村地处晋阳湖东岸，新晋祠路以西，有人口756人、宅院164处。

由青岛海关牵头、丝绸之路经济带沿线9省（区）10个海关共同参与的改革步入试运行阶段。当天，青岛、太原、济南、郑州、西安、兰州、银川、西宁、乌鲁木齐、拉萨10个海关的关长共同在青岛签署《丝绸之路经济带海关合作协议》。

山西省开出首例“按日计罚”环保罚单，太钢被处罚金共计165万元。

28日

太原市政协十二届四次会议闭幕。吴政隆出席并讲话。耿彦波出席。张贵元主持会议，副主席任书文、张政、王爱萍、陈远新、张文旺、薛维梁、毛志鸣、冯霞、任晓峰，秘书长刘建中在主席台前排就座。王爱琴就领办1号提案作表态发言。在主席台就座的市领导还有弓跃、任在刚、汪凡、王建生、李吉山、张明星、刘海芸、陈河才、任玉和、傅建荣、王建勋、冯晋生、梁争平、李文清、王爱琴、魏民、张齐山，市中级人民法院院长冯少勇，市人民检察院检察长周茂玉，市级老领导及市政协常委和市爱国宗教团体负责人。

29日

太原市第十三届人民代表大会第五次会议圆满完成各项议程闭幕。大会执行主席、主席团常务主席、省委常委、市委书记吴政隆出席并讲话。市委副书记、市长耿彦波，市政协主席张贵元出席会议并在主席台就座。大会执行主席、主席团常务主席、市人大常委会主任弓跃主持。大会执行主席、主席团常务主席傅建荣、刘剑、王建勋、冯晋生、梁争平、李文清、冯润春在主席台前排就座。

同日，市十三届人大五次会议举行第三次全体会议。弓跃当选为太原市第十三届人民代表大会常务委员会主任。吴政隆在主席台就座。会议由大会执行主席、主席团常务主席刘剑主持。大会执行主席李吉山、张明星、傅建荣、王建勋、冯晋生、梁争平、李文清、冯润春在大会主席台前排就座。在主席台就座的还有市领导耿彦波、张贵元、任在刚、汪凡、王建生、刘海芸、陈河才、任玉和、王爱琴、魏民、张齐山，正市级领导荣彤，驻太原铁路局军事代表办事处主任刘全新，太原卫星发射中心技术部主任高家智，市中级人民法院院长冯少勇，市人民检察院检察长周茂玉，市级老领导李荣怀、郭振中、李毓玲、郝小军及主席团其他成员。

"科技梦·中国梦——中国现代科学家主题展"全国巡展(太原站)在并开幕。本次主题展在北京国家博物馆首次展出后，太原市是巡展的第二站，展览设置了七个篇章，内容涵盖了中国当代近700位科学家的事迹，使用资料近千种，通过展板、实物、多媒体进行展示。

太原师院附中的耿展等3名选手入选第三届中国汉字听写大会省级队。

30日

太原市学习讨论落实活动总结暨"六权治本"推进会召开，吴政隆出席会议并讲话。吴政隆指出，要把习近平总书记提出的"反腐倡廉的核心是加强对权力运行的制约和监督""把权力关进制度的笼子里"的重要论述作为全面推进"六权治本"的根本指针，按照王儒林的讲话要求强力推进。要准确把握"六权治本"总体要求和关键环节，突出重点、分类指导，加强领导、大力推进，主要负责人亲自推动，相关单位协同配合，形成工作合力。省委第一督导组组长王水成讲话，副组长王建文出席。耿彦波主持会议。市人大常委会主任弓跃，市政协主席张贵元，市四大班子负责同志，法、检两长出席会议。

30日至5月4日

市委组织部，市委办公厅，市委统战部等分别召开中心组(扩大)学习会议传达学习"两会"精神和省、市学习讨论落实活动总结暨"六权治本"推进会议精神。

5月

1日

《太原日报》报道，市纪委对7起违反中央八项规定精神的典型案例发出通报。

5日

《太原日报》报道，太原市下达2015年第一批市级重大产业项目计划，共计79项，分布于第一、二、三产业，总投资达1829亿元。

太原个人住房贷款新政出台。中国人民银行太原中心支行发布消息，山西省市场利率定价自律机制日前确定了太原市房贷最低首付比例及最低贷款利率执行标准，即太原市个人住房贷款最低首付比例为30%，最低贷款利率不低于基准利率的0.85倍。

5日至8日

王儒林在中科院山西煤化所、太原经济技术开发区、山西大学、太原高新区等地调研，吴政隆、孙绍骋、王伟中、王一新(副省长)、张复明等分别参加调研。

6日

由全国人大环资委副主任委员王云龙带队的调研组莅临太原市，专题调研煤炭清洁高效利用情况。省市领导吴政隆、李政文（省人大常委会副主任)、弓跃、王建生、陈河才、王建勋(市人大常委会副主任)参加调研活动。

香港环境保护署主要负责人一行来到太原市，了解电动公交车相关产业发展情况，交流电动公交车充换电站运营模式和关键技术。

《太原日报》报道，国家发改委、住建部、财政部、环境保护部、商务部5部委联合印发通知，公布全国首批26个生活垃圾分类示范城市(区)，太原市成为全省唯一入选的城市。

6日至8日

太原市惠民社区服务中心作为山西省唯一受邀参展单位参展在国家会议中心举办第四届中国国际养老服务业博览会，吸引了美国、英国、法国等20多个国家的养老机构参与。

7日

高建民率调研组在太原市住房公积金管理中心，了解市住房公积金管理工作情况。张齐山陪同。

8日

任在刚、张齐山先后会见平安银行行长邵平一行、绿地集团投资发展部常务副总经理陈奇欧一行。双方就太原市地铁2号线投资建设合作方案展开讨论。同日，平安银行太原分行正式开业。

《太原日报》报道，"微微拼车"山西站启动仪式举行，市民通过"微微拼车"软件，可搜索周边拼友找到顺风车便捷出行，也可以通过对话聊天结识同路的新朋友，实时地将网络关系转化为线下的真实关系。

11日

《太原日报》报道，截至5月5日，太原市公共自行车租骑总量累计达2.81亿人次、免费租用率平均98.67%，年减少碳排放量3432吨以上，多项运行指标位居全国第一，创造出独具特色的"太原

模式”。

12 日

市委常委会议召开，吴政隆主持。会议审议“三严三实”专题教育工作方案，传达贯彻中央纪委、省纪委强化监督执纪问责深入纠正“四风”电视电话会议精神，听取“六权治本”以及权力清单制度推进情况汇报，研究了 2015 年清洁供热全覆盖实施方案。吴政隆主持并讲话。耿彦波等市领导参加会议。

13 日至 15 日

中共中央政治局委员、中央政法委书记孟建柱在山西调研，孟建柱先后到大同、忻州、太原等地，深入煤矿企业、街道社区和政法机关，就经济新常态下政法综治工作进行调研。

14 日

吴政隆会见福特汽车集团副总裁兼亚太地区总裁萧达伟、江铃汽车股份有限公司总裁陈远清一行。耿彦波、陈河才、王建生参加会见。

16 日

“宁化府益源庆历史档案”入选第四批《中国档案文献遗产名录》。“宁化府益源庆历史档案”以益源庆醋酿造技艺为主要内容，较为系统地记录了益源庆自明代创办以来 600 多年的酿醋技艺的发明、发展和传承的过程，包括有益源庆全固态发酵食醋生产工艺、益源庆商标、醋具实物、经营管理及历史实景照片等共计 80 件档案文献，反映和展示了山西醋文化的悠久历史和丰富内涵。

17 日

吴政隆会见了由中国国民党前副主席蒋孝严率领的台商经贸考察团一行，省台办主任黄进明，市领导刘海芸、陈河才、魏民、张齐山参加会见。

奭中书院（山西河汾国学培训学院）在太原市景峰艺术馆正式成立。书院以秉承国学大师章太炎、姚奠中先生“兴文兴教、为国为民”的用世主张，提高国民素质，传播中华民族优秀传统文化为主旨。

18 日

中华全国供销合作总社理事会副主任邹天敬在并调研供销合作社系统改革发展情况。副市长魏民参加。

19 日

太原市城中村改造项目专场推介会在武汉举行，太原市共推介城中村改造项目 24 个。万柏林区推介大王村、南屯村、南社村、瓦窑村等 10 个项目，小店区推介北张社区、寇庄社区、许西社区等 7 个项目，尖草坪区推介大东流村、光社村等 4 个项目，晋源区推介城北村、贾家庄村、棘针村 3 个项目。

20 日

晋阳堡“11·8”惨案纪念馆开建，建筑面积 300 余平方米，惨案遗址分布面积约 2000 平方米。

22 日

吉林省政协党组副书记、副主席王尔智一行在国投城郊森林公园、梗阳城郊森林公园、玉泉山城郊森林公园进行实地调研。省市领导朱先奇、张贵元、任书文一同调研。

山西省首个微生物学院士工作站在市疾控中心成立。

23 日至 5 月 30 日

“薪火相传·山西木刻版画展”在太原美术馆开幕，展出以力群、牛文等为代表的老中青几代山西版画艺术家的木刻版画作品 100 多幅。

25 日

吴政隆为全市各级领导干部讲专题党课。耿彦波主持会议。市人大常委会主任弓跃，市政协主席张贵元出席。市委常委，市人大、市政府、市政协负责同志，市法院院长、市检察院检察长及有关方面负责同志参加。

26 日

《太原日报》报道，近日，吉林省政协主席黄燕明，副主席王尔智等一行在太原市考察工作。省市领导薛延忠、吴政隆、张贵元、陈河才参加考察。

“2014 年中国社区发展十大贡献奖”评选在江苏永联村揭晓，太原市社区老年餐桌服务模式荣膺“2014 年中国社区发展十大贡献奖”称号。2013 年，太原市在迎泽区海边街社区、五龙口三社区、杏花岭区锦绣苑社区打造社区日间照料及老年餐桌示范点。截至 2014 年底，通过采取政府购买服务、社区与爱心企业合作等方式，全市新建社区日间照料中心 17 个、社区老年餐桌 37 个，设立老年就餐站点 600 余个。

全国 106 个重点城市周边将划定永久基本农田，太原位列其中。永久基本农田一旦划定，任何单位和个人不得擅自占用或改变用途。

26 日至 28 日

杏花岭区、迎泽区、万柏林区、小店区、娄烦县、清徐县、古交市、阳曲县、尖草坪区、晋源区，高新区、经济区、民营区和不锈钢产业园区分别启动“三严三实”专题教育。

27 日

太原市入围全国小微企业创业创新基地示范城市，从 2015 年开始连续 3 年，太原市每年将获得中央财政小微企业创业创新基地专项扶持资金 3 亿元，共 9 亿元。

微信公众号“掌上太原”因发布未经核实的信息，被警方予以警告并处以罚款 15000 元、责令停机整顿三个月的处罚，这是太原市首次对微信公众号追责。

太原投资 2.2 亿改造新晋祠路。该工程从长风西街至冶峪河，道路全长约 3.6 千米。

28 日

按照最新调查统计，太原市湿地资源总面积达到 6580.99 公顷，湿地斑块 114 块，湿地中湿地植被面积 2697.27 公顷。

29 日

市政府系统举行“三严三实”专题教育党课报告会。耿彦波作专题教育党课辅导报告。市委常委、市政府党组成员、副市长王建生主持报告会。

国家发改委、科技部、国土部、住建部等 11 部委日前联合公布 143 个国家生态保护与建设示范区名单，太原市是唯一被列入示范区的省会城市。

2015 中国—东盟博览会文化展在广西南宁国际会展中心拉开帷幕，太原市的山西斯维特科技有限公司、太原特玛茹电子科技有限公司、太原市艺鸿苑晋韵古今文化传播中心参展。

31 日

杨家堡社区南片区启动城中村改造。小店区平阳路街道杨家堡社区位于平阳路以西、滨河东路以东，由长风街分割为北片区和南片区两部分，地理位置优越，北片区于 2014 年已完成城中村改造及回迁安置工作。南片区的改造工作涉及宅基地 96 户，住宅楼 2096 户，拆迁面积 33 万平方米。

亲贤社区启动城中村改造。亲贤社区位于长风大街中段，有着优越的地理位置和便利的交通条件，是 2015 年度太原市确定的城中村改造重点村。本次改造范围是长风街体育路口 4 个片区，共有宅基地院落 400 余个，拆迁用地总面积260 亩，建筑面积 47.86 万平方米。

本月

中国指数研究院日前发布的《2015 年 5 月中国房地产指数系统百城价格指数报告》显示，5 月份全国 100 个城市(新建）住宅平均价格环比上涨 0.45%。太原新建住宅价格为 7043 元 / 平方米，环比上涨 1.03%，涨幅位列全国百城第七位。

6 月

1 日

国家卫计委督导组一行就全市流动人口卫生计生动态监测工作展开督导，并到迎泽区文庙街道五龙三社区入户督查。王爱琴参加座谈会。

《太原日报》报道，太原市园林部门自主研发的“治絮垂降剂”近日获得国家发明专利认证。该制剂通过缩短飞絮时间，使飞絮由水平扬飞变为垂直降落，从而达到抑制飞絮的目的。

尖草坪区人民检察院青少年法制教育基地，张国亮爱心帮扶救助站正式揭牌。该救助站由尖草坪区人民检察院、尖草坪区汇丰司法所指导成立，是太原第一个专门针对特殊困难家庭子女进行爱心帮扶的救助站。

2 日

《太原日报》报道，市精神文明建设委员会下发《关于向清徐县人民检察院反贪局副局长李洪达学习的决定》。《决定》号召学习他信念坚定、勇于担当的责任意识，学习他秉公执法、敬业奉献的职业操守，学习他淡泊名利、修身律己的优秀品质，学习他敬老爱亲、言传身教的大爱情怀。

北京时间 2015 年 6 月 2 日 18 时 51 分，太原市晋源区(北纬 37.8 度，东经 112.5 度）发生 3.2 级地震，震源深度 5 千米。震中距晋源区城区 7 千米，距小店区城区 7 千米。太原市晋源区、清徐县与晋源区交界处、迎泽区、小店区部分人有感。

3 日

吴政隆会见华侨城集团总经理段先念一行。市领导耿彦波、王建生、陈河才参加会见。

太原市参加山西省政府主办的跨国公司入晋暨产业合作(上海)推介会。太原市 6 个项目签约总投资 46.94 亿元。其中，服务业类项目 2 个，项目总投资 15 亿元；工业类项目 4 个，项目总投资 31.94 亿元。

成成中学开建新校区。新校区位于环湖东路以东、新晋祠路以西，总建筑面积约为 72671 平方米。

由古交输往太原市区的太古供热隧道已打通 9700 米，占输热隧道总长度一半以上。

5 日

王一新带领省证监局、金融办有关人员到清徐县，就山西水塔醋业股份有限公司筹备上市进行调研。副市长魏民陪同。

商务部等 10 部门日前联合印发《全国流通节点城市布局规划(2015—2020 年)》，确定了太原、石家庄等 37 个国家级流通节点城市。

迎泽区解南社区、庙前社区、棉花巷社区卫生服务中心，杏花岭区敦化坊社区、坝陵桥社区、鼓楼社区卫生服务中心，万柏林区下元社区、和平社区卫生服务中心，尖草坪区南寨社区卫生服务中心、尖草坪社区卫、汇丰社区卫生服务中心等 11 个社区卫生服务机构开通健康服务微平台。平台以微信公众服务号为媒介，将社区卫生服务中心的各项服务进行线上和线下结合，居民可以随时随地享受辖区社区卫生服务中心的医疗保健服务。

6 日

张复明、魏民等在太原市外国语学校、市高考指挥中心、太原十二中等地对高考考务工作进行巡视。

太原高新区信息技术产业协会成立。

7 日

清徐县 188 个建制村、24 个社区全部配备了法律顾问，实现了基层法律服务全覆盖。

8 日

司法部、民政部组织的第三批“全国法治县(市、区)创建活动先进单位”评选活动揭晓，太原市迎泽区、阳曲县获“全国法治县(市、区)创建活动先进单位”称号。

9 日

《太原日报》报道，太原市从 36 个参评城市(区)中成功突围，以第一名的成绩成功入选国家小微企业创业创新基地城市示范市(区)。

市档案局向社会公布馆藏抗战档案史料 98 件，其中史料 60 件，资料、实物档案 38 件。

10 日

全省大学生征兵启动仪式举行。省委常委、常务副省长高建民，省委常委、省军区司令员冷杰松，省军区政委郭志刚，市委常委、常务副市长任在刚，市委常委、警备区司令员任玉和出席启动仪式。

11 日

2015 年“并州环保行”启动，主题为“推进环境整治提标工程，全面改善省城

环境质量”。市人大常委会主任弓跃为“并州环保行”记者采访团授旗。市委常委、副市长王建生,市人大常委会副主任王建勋等参加启动仪式。

15日至17日

省委书记王儒林到太原、晋中、吕梁的煤炭、焦化、煤层气、电力、铝业相关企业,以及中北大学、太原理工大学、太原科技大学等高校重点实验室进行调研。省市领导吴政隆、王伟中、耿彦波、陈河才参加在太原的调研活动。

16日

省人大常委会副主任周然带领执法检查组一行,对太原市贯彻执行《水污染防治法》情况展开执法检查。市领导弓跃、王建生、王建勋参加。

18日

《太原日报》报道,山西东杰智能物流装备股份有限公司IPO(首次公开发行新股)通过中国证监会创业板发行审核委员会审核,成为太原市第一家创业板上市企业。

《太原日报》报道,太钢一批经专用包装的不锈钢热轧中板、锻造圆钢运抵国内某特种设备制造厂,经全面复检各项指标和性能全部合格。标志着太钢在工艺装备、技术研发、质量控制、生产组织等方面具备了批量生产核聚变装置用特种不锈钢材料的能力。

19日

太原五中毕业生柴肖琦获中国科学技术大学本科生最高荣誉——郭沫若奖学金。

24日

吴政隆会见国家开发银行董事长胡怀邦一行,市领导耿彦波、任在刚、陈河才、张齐山参加。

狄仁杰廉政文化与法治文化研讨会在小店区狄村社区举行,省社科院、山西大学、省文史馆以及戏剧界、考古界的专家学者,围绕狄仁杰的廉政思想、执法断案创新、亲民护民、民族政策、人格魅力以及太原市狄氏历史文化遗存等议题进行讨论。

25日

吴政隆会见了国家开发银行董事长胡怀邦一行,市领导耿彦波、任在刚、陈河才、张齐山参加。

由太原武宿综合保税区打造的全国首个以保税区进口商品为标的的“云沃国际进口商品创业平台”上线营运,在保税区内开设大众创业平台,属全国首创。

太原市柳巷老年日托中心正式启用,这种“不离家、不离亲”的养老新方式在太原为第一家。

26日

市委、市政府出台《关于促进金融振兴的实施意见》。

27日

吴政隆会见参加“活力澳门推广周(山西太原)”活动的中央人民政府驻澳门特别行政区联络办公室副主任姚坚一行。市领导任在刚、陈河才参加会见。

29日

吴政隆会见中国铁建股份有限公司总裁张宗言一行。市领导陈河才、张齐山参加会见。

30日

省委书记王儒林到太原市,走访慰问老党员和困难党员,省领导吴政隆、王伟中一同慰问。

吴政隆会见了华夏银行行长樊大志一行。市领导王建生、陈河才参加会见。

万柏林区南上庄社区旧村拆除启动,南上庄社区有居民3000人,宅院440个,总拆迁面积约45万平方米。

7月

1日

太原市对住房公积金缴存基数和缴存比例进行调整:缴存基数调整为2014年职工月平均工资;缴存比例不得低于单位10%、个人6%,不得高于单位12%、个人12%。

2日至3日

田喜荣带队的省总工会“组织建设年”“五小”竞赛工作督查调研组在太原市督查调研。市人大常委会副主任、市总工会主席冯晋生陪同调研。

3日

原清徐县检察院反贪局副局长李洪达入选“第五届全国道德模范候选人”。李洪达是太原市唯一入选者,也是山西省政法系统唯一入选者。

6日

吴政隆会见绿地集团董事长、总裁张玉良一行。市领导耿彦波、任在刚、陈河才、张齐山参加会见。

晋源区南阜社区完成旧村拆除。南阜社区地处晋阳湖南岸,新晋祠路以西,有居民322户、1218人。旧村有256处宅院,占地169.9亩,涉及拆迁面积7.9万平方米。

7日

吴政隆会见由全国政协委员、香港新闻联主席、大公报董事长兼社长姜在忠率领的香港媒体高层参访团一行。

8日

市委组织部、市委农村工作领导组办公室、市扶贫开发领导组办公室联合下发《关于做好选派机关优秀干部到村任第一书记工作的通知》,太原市选派机关优秀干部到村任第一书记工作。

10日

吴政隆会见中国工程院院士倪光南、工信部科技司巡视员韩俊、中国计算机学会秘书长杜子德、龙芯中科技术有限公司总裁胡伟武、奇虎360公司副总裁谭晓生、山西百信信息技术有限公司董事长王宪朝等。

12日

山西大学自行车协会16名队员从太原双塔革命烈士陵园出发,沿途寻访抗战遗址,重温抗战精神,用时1个月,骑行3000公里,经山西、河南、湖北、湖南、贵州,最终到达目的地云南昆明。

国家卫生计生委副主任崔丽一行在迎泽区庙前街道南海街二社区实地了解基层人口计生工作。省市领导张建欣、卫小春、王爱琴参加调研。

《太原日报》报道,自“单独两孩”政策实施以来,太原市共核查单独夫妇家庭1.5144万户,已领取"单独两孩"再生育服务证的家庭有2674个,占全省总量的33%,非农业人口占比为86.55%。

14日

国家卫生计生委副主任崔丽一行实地调研基层人口计生工作。副省长张建欣,省政协副主席卫小春,副市长王爱琴参加调研。

15日

太原市召开创建"全国质量强市示范城市"工作会议。2014年底,国家质检总局正式批复太原市创建"全国质量强市示范城市"。2015年以来,太原市制定了《创建全国质量强市示范城市工作方案》及任务目标分解计划,从产品质量、工程质量、服务质量、环境质量等多个方面提出明确目标。

16日

"重返战场、致敬老兵"公益活动走进太原。此次大型公益活动于7月7日在湖南启动,100多名来自全国各地的青年志愿者,途经重庆、贵州、陕西、山西等八省市十五地,行程5000公里,历时15天,走访慰问70位抗战老兵,并沿途组织公益演讲、入户慰问等活动。

美国田纳西州纳什维尔市中学生来太原住访交流,副市长魏民会见了师生代表。

17日

张建欣一行在山西华晋骨科医院、太原爱尔眼科医院、山西红十字口腔医院,调研解民营医院的运行及发展建设情况。王爱琴参加调研。

第二届太原茶博会启幕,在为期4天的茶博会上,推出"茶马史诗·健康普洱"专题讲座、"新常态、新模式、新晋商、新发展"高峰论坛、长嘴壶茶艺表演、品牌企业推介会和品鉴洽谈会、"人文茶席与生活美学"及"茶·东方美人"系列艺术讲座、"阳光天使"小记者孝子奉茶等一系列茶文化主题活动。

18日

太原至佳县高速公路东段通过省交通厅的竣工验收,经评审确认该工程质量评定和项目综合评价均为优良等级。

19日

在大同大学举行的全省第十二届大中学生田径运动会上,太原代表团以男、女团体总分399分的优异成绩蝉联团体总分冠军,并夺得女子团体、男子团体冠军,共夺得20枚金牌、打破9项全省纪录。

在郑州举行的全国射击锦标赛中,山西代表队的裴蕊娇(太原人)获步枪三姿(卧、立、跪3种姿势)冠军。

20日

吴政隆在迎泽区调研指导"三严三实"专题教育时强调,要深入学习贯彻习近平总书记系列重要讲话精神,认真落实中央和省委部署,强化问题导向、注重学用结合,高标准严要求、重实际求实效,把"三严三实"专题教育不断引向深入,以过硬的作风稳增长、调结构、促改革、惠民生,用改革发展稳定民生各项事业的成果检验专题教育的成效。市领导张明星、陈河才参加。

《太原日报》报道,在北京举行的第十二届中国企业发展论坛暨首届"一带一路"园区建设国际合作峰会上,太原高新技术产业开发区、太原经济技术产业开发区入围2015年中国产业园区影响力百强榜单,太原不锈钢产业园区入围2015年中国产业园区创新力百强榜单。

太原理工大学跻身400强。在2015年发布的《QS金砖五国大学排名》中,该校成为山西省唯一入选400强的高校。

在武汉举行的第42届国际横渡长江活动中,太原的105名游泳爱好者用"方阵横渡"模式成功渡江。这是太原市首次以团体方队形式参与渡江活动。

20日至8月1日

太原市首批"村来村去"定向培养的村医定向生将回生源所在地卫生局报到。这批153名毕业生将按要求接受为期3个月的上岗前培训和执业注册后,补充到村卫生室上岗执业。

21日

晋源区木厂头社区完成旧村拆除。木厂头社区位于省体育中心以南,新晋祠路以东,是晋阳湖片区20个环湖城中村之一,也是晋源区本年列入改造的9个城中村之一。该社区共有居民456户、1900余人,旧村的421处宅院占地约220亩。

22日

《太原日报》报道,中国旅游研究院日前发布2015年第二季度全国游客满意度调查报告显示,在全国60城市游客满意度指数中,太原为78.40,排名第10位。

23日

全市上半年经济形势分析会召开,听取全市经济运行、"五个一批"进展、城中村改造、省城环境质量改善、安全稳定等情况汇报,分析当前形势,部署下一阶段工作。吴政隆主持并讲话。耿彦波出席并讲话。弓跃、张贵元出席,市委常委,副市长及有关方面负责同志参加。

大型新编历史京剧《陈廷敬》在并首演。该剧由省京剧院创作,是继京剧《紫袍记》后,又一部立足本土文化、反映山西悠久历史的新创剧目。

25日

"国家记忆暨三晋抗战历史影像展"在山西省太原市汾河景区免费开展。展览共选取200余幅图片,展示了抗日战争时期中国军民全面抗战的英勇事迹。

高科技企业"中国快联"落户太原。

2015年全国现代五项青年锦标赛暨第一届全国青年运动会现代五项资格赛在山西体育中心举行,12个代表队的110名运动员将展开激烈的角逐。

26日

舞剧《千手观音》在第四届中国新疆国际民族舞蹈节上演出,至此该剧公演记录达到220场。

28日

王儒林就太原市"城中村"改造和城市社区养老服务规划建设情况进行调研。省委常委、太原市委书记吴政隆,省委常委、秘书长王伟中一同调研。市委副书记、市长耿彦波,市领导陈河才、王爱琴、魏民、张齐山参加调研。

尖草坪区域医疗联合体宣告成立，在太原市城六区尚属首家。尖草坪区医疗联合体以区属医疗机构中规模最大、实力最强的太原中西医结合医院为核心，以向阳镇、柏板乡、西墕乡、阳曲镇、马头水乡5个乡镇卫生院以及新城、柴村、上兰、汇丰、尖草坪5个社区卫生服务中心为成员单位，形成覆盖全区91个村卫生室和28个社区卫生服务站的分级诊疗网络体系。

30日

中绿环保科技股份有限公司在全国中小企业股份转让系统（“新三板”）正式挂牌。任在刚出席挂牌仪式并致辞。

太钢不锈钢入选2015年中国企业500强。

8月

1日

吴政隆会见2015全国堆焊再制造技术学术会议的主要嘉宾。省科技厅厅长张金旺，省科协党组书记杨伟民，市领导王建生、陈河才参加会见。

省城全面启用流动人口电子婚育证明。据太原市计生委统计数据，截至2014年底，太原市流动人口约108万。

太原南站开行直达吕梁城际列车。

2日

《太原日报》报道，2015年上半年，晋西集团在主营业务收入同比下降13.10%的情况下，利润总额同比增长62.32%；实现出口交货值6.89亿元，同比增长110.35%，创造了外贸出口的历史新高。

2015全国堆焊再制造技术学术会议在太原开幕。中国工程院院士徐滨士、周克崧作特邀报告，装甲兵工程学院教授马世宁、张平，中国焊接学会副理事长王麟书等参加，王建生致欢迎辞。

3日

张建欣带领省质监局、省特检所有关人员在迎泽区朝阳街东方红服装城、小店区长风街北美新天地等地检查太原市电梯安全。王爱琴陪同。

4日

王儒林在太钢4350立方米高炉、不锈冷轧厂，山西老陈醋集团东湖醋园、宁化府益源庆醋业公司调研。吴政隆、王伟中参加调研。

5日

省委常委、省纪委书记黄晓薇在太原市就治理基层腐败、通过查办“城中村”干部违纪违法案件净化政治生态、推动基层干部作风转变、促进“城中村”改造等情况进行调研。李吉山参加调研。

卫小春在晋源区调研民进基层组织建设。民进太原市委会主委、市政协副主席张政参加。

5日至6日

李小鹏考察杏花岭区晋东棚户区改造项目，万柏林区后北屯城中村改造项目，太古供热工程、晋阳污水处理厂项目，阳曲县青龙古镇、国新能源阳曲液化天然气、宝迪食品工业园、华润万象城等项目。吴政隆参加调研。

6日

李悦娥考察创升大学生电子商务创业园、高新区电商区乐村淘公司和创咖啡——山西斯玛特科技有限公司。

《太原日报》报道，赛鼎工程有限公司承担的国家高新技术研究发展计划（863）项目——大规模碎煤加压气化技术与示范项目在天津启动。这是中央驻并企业在新能源化工领域攻克的一项具有国际先进水平的技术成果。

7日

太原市中心医院、人民医院、第二人民医院、第三人民医院、第四人民医院、第八人民医院、精神病医院、妇幼保健院、中医医院、社会福利精神康宁医院和山西华晋骨科医院、太原爱尔眼科医院等12家市级医院开通“一站式”医疗救助，困难群众在这12家医院住院看病，出院时即可获得民政部门的“一站式”医疗救助，免去申请、审批、报销等程序。

8日

由临汾市委书记罗清宇、市长岳普煜带队的临汾市考察团在晋源区木厂头社区、小店区龙堡社区、万柏林区后北屯社区实地考察城中村改造进展情况。市领导王成（市委副书记）、张齐山陪同考察。

13日

全市科技创新推进会召开。吴政隆出席会议并讲话。耿彦波主持会议。市人大常委会主任弓跃，市政协主席张贵元，市四大班子负责同志，法、检两长出席会议。市直各部门，各县（市、区）、开发区，市管企业、大中专院校，中央、省驻并科研院所、企业、学校，市属科研院所、科技服务机构负责同志参加会议。

吴政隆会见了长春欧亚集团股份有限公司董事长、党委书记曹和平一行。市领导任在刚、陈河才参加会见。

由中央网信办应急管理和网络舆情局局长方楠带队的中央联合督导组一行，就太原市信访稳定和矛盾排查化解工作进行督导，并听取市信访局和市维稳办工作汇报。

14日

吴政隆会见由晋城市委副书记、市长刘润民率领的考察团一行。市领导耿彦波、陈河才、张齐山参加。

晋阳堡“11·8”惨案纪念馆主体完工。为纪念中国人民抗日战争暨世界反法西斯战争胜利70周年，2015年5月20日，晋阳堡“11·8”惨案纪念馆开建，建筑面积300余平方米，晋阳堡“11·8”惨案遗址分布面积约2000平方米。

17日

耿彦波带领市经信委、规划局、安监局等部门负责人在晋西集团江阳化工有限公司，调研企业及相关周边消防安全工作。

《太原日报》报道，太重老人郝继尧出版纪念抗战专集，该专集大16开本，文字全部用书法和篆刻展现。

山医大二院开通微信平台智慧医院，智慧医院功能开发共分三期，首期核心功能已完成并上线使用。随后，二期、三期将进一步完善智能分诊、住院缴费、病床预约、住院患者服务等功能。

19 日

太原市第一高楼信达国际金融中心开工兴建，信达国际金融中心高度达到266米，建筑总面积为142925平方米，分地下4层和地上54层。

吴政隆会见了由运城市委副书记、市长王清宪率领的考察团一行。市领导耿彦波、陈河才、张齐山，运城市领导王俊飚参加会见。

21 日

省政协副主席李雁红在万柏林区兴华街道后北屯社区、晋源区金胜镇木厂头社区，详细了解城中村改造进展情况。市领导张贵元、任晓峰参加。

全国乒乓球会员联赛(太原站)在山西工商学院体育馆开赛，来自北京、云南、浙江、河南、山西等地57家乒乓球俱乐部近500名运动员参加比赛。

24 日

全市城中村改造推进会召开，吴政隆出席并讲话，耿彦波做工作部署。市委副书记王成传达王儒林重要讲话精神和李小鹏、楼阳生、黄晓薇、盛茂林等领导的指示精神。市人大常委会主任弓跃，市政协主席张贵元，市委常委，副市长，市人大、市政协有关领导，法检两长出席。

25 日

太原古交110千伏火山变电站启动投运，全站总占地面积约7.82亩，位于古交市区汾河大桥西侧火山村附近，作为太原市重点工程之一，将为火山工业园区、周边煤矿企业提供安全可靠的电源支撑。

26 日

吴政隆会见中国中铁股份有限公司总裁张宗言一行。市领导耿彦波、陈河才参加会见。

《太原日报》报道，山西省首辆文化主题机场巴士——“发现山西号”正式亮相。太原机场文化主题巴士专线由20辆机场巴士组成，每一辆巴士将由山西的文化、旅游、老字号等品牌冠名。

27 日

太原市就《太原市法律援助条例》贯彻实施条例情况向市人大常委会汇报。市人大常委会副主任李文清主持汇报会，副市长魏民出席。

《太原日报》报道，太原市建立查处重大劳动保障违法案件的市级联席会议制度。联席会议召集人由市人社局负责人担任，市公安局、住建委、交通局、煤炭工业局、水务局、国资委、工商局、总工会负责人为联席会议成员。

28 日

省人大常委会组织全省部分全国人大代表和省人大代表专题视察太原城中村改造。省人大常委会党组副书记、副主任李政文，省人大常委会副主任周然，省人大常委会副主任、省总工会主席田喜荣参加。市委副书记、市长耿彦波，市委副书记王成，市人大常委会主任弓跃，市人大常委会副主任王建勋，副市长张齐山等参加。

吴政隆会见中石化山西分公司总经理徐建春一行。市领导任在刚、陈河才参加。

孙绍骋带领省调研组一行就太原市归国留学人员创业园区发展情况展开调研。市领导张明星参加。

太原不锈钢产业园区政务大厅发出全省首张“三证合一”营业执照。“三证合一”就是将工商营业执照、组织机构代码证和税务登记证“三证合一”。

30 日

2015太原第13届大型房地产交易展示会闭幕，会展为期3天，观展市民达到6万余人次，订购、成交房屋共3978套。

高建民带领省城环境质量改善指导协调组，对太原市建筑工地和工业企业停工(产)限产情况进行实地督查。王建生陪同。

9 月

1 日至 10 月 15 日

太原市集中整治出租车议价、拒载、拼客等行为，重点包括太原火车站、太原南站、武宿机场、各大长途汽车站等交通节点周边以及高校园区、商业中心、旅游景点等客流集散地。

2 日

全省城中村改造现场推进会召开。省委常委、常务副省长高建民出席会议并讲话。吴政隆出席会议并致辞。耿彦波介绍太原市城中村改造工作经验。副市长张齐山参加。

由中共太原市委宣传部、太原广播电视台联合出品的大型历史文献纪录片《太原·抗战》在太原广播电视台新闻频道播出，共计10集，每集30分钟，采用大量胶片资料、同期录音、珍贵档案、亲历者与见证人回忆、军事专家剖析等多种表现手段，表现了山西军民为抗战做出的重要贡献和付出的巨大牺牲。

4 日

改造后的南内环街主线通车。

8 日

国家新闻出版广电总局数字出版司副司长宋建新带队全国“扫黄打非”第二督导检查组对全市相关工作进行督导检查。市领导王爱琴参加。

省人大常委会副主任张茂才带领调研组一行，就太原市贯彻落实《省人大常委会关于加强人民检察院对诉讼活动法律监督工作的决定》等有关情况展开调研。

9 日

第二届山西文化产业博览交易会开幕。省委书记王儒林，省委副书记、省长李小鹏，中宣部常务副部长黄坤明，文化部副部长项兆伦，国家新闻出版广电总局副局长田进，国家文物局副局长宋新潮，中国文联副主席刘兰芳出席开幕式。出席开幕式的还有甘肃省委常委、宣传部长连辑等兄弟省、市有关负责人以及省、市领导薛延忠、楼阳生、胡苏平、吴政隆、王伟中、李政文、周然、张复明、李悦娥、王成、陈河才、王爱琴。

王儒林到太原青年路小学、山大附中、山西职业技术学院，看望慰问广大教师。省领导吴政隆、王伟中、张复明一同看望慰问。

张建欣一行在太原调研养老服务业

发展情况。市领导王成、王爱琴参加调研。

中国科协党组成员、书记处书记王春法带队，在太原市高新区就企业科技创新情况进行调研。

被誉为“亚洲电动车之父”的中国工程院院士陈清泉在太原市参观迎西电动公交车充换电站，对该站运营模式和技术方案给予高度评价。

10日

泉州—杭州—太原航线正式开通。

10日至11日

省人大常委会副主任李政文带领部分山西省全国人大代表，就太原市安全生产情况进行集中调研。市领导王成、弓跃、梁争平、张齐山参加调研。

13日

2015太原国际马拉松赛在中国(太原)煤炭交易中心开赛。省委常委、市委书记吴政隆，副省长张复明，省政协副主席李悦娥，中国田径协会副主席沈纯德等共同为起跑鸣枪发令。截至本届比赛结束，太原国际马拉松赛已经成功举办6届，累计吸引了近20个国家和地区的10余万人次参赛，在全国乃至世界都具有一定知名度和影响力，成为展示太原城市形象的一张靓丽名片。

14日

吴政隆会见由忻州市委书记李俊明率领的党政考察团一行。市领导王成、陈河才、张齐山；忻州市委副书记、市长郑连生，忻州市领导郝钧藩、武宪堂参加会见。

娄烦县召开精准扶贫工作推进大会。

15日

国务院对《环渤海地区合作发展纲要》作出批复。批复指出：“努力把环渤海地区建设成为中国经济增长和转型升级新引擎、区域协调发展体制创新和生态文明建设示范区、面向亚太地区的全方位开放合作门户。”

16日

吴政隆会见由朔州市委书记、市人大常委会主任王安庞率领的党政考察团一行。

由国务院妇儿工委办公室副主任王卫国带队的“两纲”调研组对《中国妇女发展纲要》《中国儿童发展纲要》在太原市实施情况进行调研。市领导王爱琴陪同。

高建民在清徐亚鑫煤焦化有限公司，实地考察洁净煤的燃烧效果。

第五届中国(太原)国际能源产业博览会2015低碳发展高峰论坛开幕，李小鹏作题为《低碳引领创新驱动绿色发展》的主旨演讲。耿彦波及科技部、商务部、国家能源局等主办单位相关负责人出席。

太榆路全线通车。

17日

吴政隆会见出席第五届中国(太原)国际能源产业博览会2015低碳发展高峰论坛的SK中国有限公司总裁全贤守、SK中国有限公司常务副总裁洪钟国、大宇中国有限公司副总经理金贤旭、中日韩经济发展协会常务副会长刘红路。市领导王建生、陈河才参加。

由交通运输部公路科学研究院副院长何勇带队的督导组在太原督导“公交都市”创建工作情况。市领导魏民参加。

19日

山西省2015年“全国科普日”暨第十二届“科普三晋”系列活动拉开帷幕，省市领导孙绍骋、李悦娥、王建生、张明星、傅建荣、任晓峰，参加了当日的省城“全国科普日”主场活动。

20日

首届青运会自行车赛在并开赛。这是太原市自2003年成功举办第五届全国城市运动会自行车比赛之后，再次承办的全国性自行车赛事。

晋源区北堰村完成整村拆除。北堰村地处西中环、南中环路交接处附近，南与太原药业相连，东临和平南路。该村有宅院425处、村民1847人，旧村占地384亩。

21日

市委、市政府出台《关于加快发展养老服务业的实施意见》，到2020年末，全市养老服务业累计投入105.14亿元。

23日

吴政隆会见中国安全产业协会理事长肖健康、香港中国轨道车辆集团公司董事长蔡毅、中安宏信科技发展有限公司总经理何长深、中安安产控股集团公司副总裁杨欣。市领导陈河才、张齐山参加会见。

24日

由中国科协党组成员、中国科技馆馆长束为带队的国家《科学素质纲要》实施工作督查组督查太原市“十二五”《科学素质纲要》实施情况。市领导王爱琴参加。

由中国旅游研究院、中国气象局公共气象服务中心联合主办的首届中国避暑旅游产业峰会在昆明举行，会议发布了2015年避暑旅游城市、避暑旅游城市观测点和最佳避暑旅游城市名单，山西省的太原市获“最佳避暑旅游城市”称号。

历史纪录片《共赴国难——太原会战纪实》在央视开播，该片由市委外宣办、市政府新闻办与中国传媒大学共同制作。

25日至27日

第二十五届书博会在太原举办。全国政协副主席陈晓光出席开幕式。王儒林、国家新闻出版广电总局副局长阎晓宏、著名作家王蒙致辞。李小鹏主持。太原作为主会场，共有29.1万人次参观，出版物交易量达到12064万册、总码洋30.16亿元，现场总销售60.01万册、码洋1500.04万元，书博会成了群众的“读书节”。

27日

晋祠博物馆、中国煤炭博物馆、太原动物园、太原碑林公园和中华傅山园等5大景区实行头道门票免费。

28日

晋商银行直销银行上线。该行通过电脑、手机等，为客户提供跨区域、全天候、多品种的金融服务。填补了太原本土银行直销银行的空白。

29日

吴政隆会见华润集团董事长傅育

宁、总经理乔世波一行。市领导耿彦波、王建生、陈河才、张齐山参加会见。

在市工商局办证大厅举行的“三证合一、一照一码”新版营业执照颁发仪式上，张建欣向太原普汇商务孵化园负责人颁发全省第一张“三证合一、一照一码”新版营业执照，标志着太原市“三证合一、一照一码”登记制度开始启动实施。市领导魏民参加。

本月

太原市城乡居民基本养老保险参保人数72.07万人。

娄烦县完成脱贫13772人，提前超额完成全年脱贫1.1万人的任务。

10月

1日

省委常委、副省长付建华在娄烦县太原煤气化集团公司龙泉能源公司，看望慰问节日里坚持工作的一线矿工，检查煤矿安全生产工作。

刘杰在太原市小店区检查区域火灾隐患和仓储物流寄递行业安全整治工作。

太原市正式实施购置1.6升及以下排量乘用车减半征收购置税的政策。

《太原日报》报道，杏花岭区食药监局为太原市规模最大的海鲜类交易市场——五龙口海鲜市场，颁发首张食品流通许可证，标志着该区对集贸市场的监管进入标本兼顾、共同治理的新阶段。

9日

吴政隆会见中国科学院大学校长助理徐中平、吉贝克公司董事长刘世平、上海证券交易所总工程师白硕、中国服务外包研究中心主任蹇芳莉、江苏加德绿色能源有限公司总经理周楚新、中国云计算专家委员会委员杨素东、上海农商银行首席信息官周衡昌、中科招商投资管理集团股份有限公司常务副总经理刘海光等。

10日

2015年汾河龙舟公开赛预选赛拉开帷幕，来自福建、山东、陕西以及山西省的12支龙舟队伍参加12人标准龙舟200米直道竞速、500米直道竞速两个项目的争夺。

《太原日报》报道，“娄烦山药蛋”商标被国家工商总局认定为地理标志证明商标。这是太原市继山西老陈醋、清徐葡萄、阳曲小米等之后获得的第7个地理标志证明商标。

11日至12日

国家体育总局局长刘鹏带队对山西省体育工作进行了调研督查。省市领导李小鹏、吴政隆、张复明、耿彦波、陈河才、王爱琴分别陪同调研。

11日

由国家体育总局、中国奥委会主办，山西省人民政府承办的2015中国体育文化·体育旅游博览会在太原开幕。省委书记王儒林，国家体育总局副局长、组委会主任冯建中致辞。省长李小鹏主持。

12日至13日

由住建部党组成员、副部长王宁带队的专项督查组一行在太原市万柏林区西铭街办风声河村、同舟能源有限公司垃圾焚烧厂、民政园棚户区改造项目及晋东棚户区改造项目工地和迎泽公园，实地督查农村危房改造项目、垃圾焚烧发电项目、棚户区改造项目和防火避险公园建设情况。

13日

第二轮《太原市志(1978—2011年)》评审会暨市县地方志工作会举行。副市长王爱琴，市级老领导范世康、杨瑞武出席评审会。

2015年全民终身学习活动周全面启动。

15日

《太原日报》报道，经省住建厅考核验收，昌盛东街、文兴路、大同路、新建北路(羊市街至大同路段)、滨河东路(尖草坪辖区)、南内环街、腾飞路(古交市)、朝阳南路(阳曲县)等8条街道被命名为省级容貌示范街道；坞城路、漪汾街、建设南路(府东街至学府街段)、唐槐路、钢园路(新城大坡至晋庄桥段)、金牛东大街(古交市)、城南街(阳曲县)、滨河北路(娄烦县)等8条街道被命名为省级保洁示范街道。

16日

全省旅游发展暨“互联网+旅游”大会召开。省长李小鹏出席并讲话。国家旅游局副局长李世宏，省领导张茂才、王一新、李雁红出席，耿彦波致辞。

“雪海流香——赵梅生90艺术回顾展”在太原美术馆展出，共展出赵梅生先生代表作品近400幅，包括国画、书法、篆刻、油画、瓷画等多种形式。省领导李悦娥，市级老领导李毓玲出席开幕式。

国家工商总局副局长马正其调研太原市工商工作。省市领导吴政隆、张建欣、陈河才、魏民参加。

20日

吴政隆会见深圳大族激光科技产业集团股份有限公司董事长高云峰一行。

夸客金融进驻太原，这是继上海、北京、广州、深圳等国内一线城市后开的第14家财富管理中心。

由全国人大常委会委员、全国人大内务司法委员会主任委员马文带队的全国人大常委会老年人权益保障法执法检查组在太原开展执法检查。全国人大常委会委员、全国人大内务司法委员会副主任委员陈秀榕，省市吴政隆、张茂才、弓跃、陈河才、李文清、魏民参加执法检查活动。

21日

《太原日报》报道，国家公布了第二批政府和社会资本合作(PPP)示范项目共206个，总投资6589亿元。太原市晋阳污水处理厂及配套管网一期工程、太原市妇幼保健院迁建工程成功入选。

22日

太原市政府与国电华北电力有限公司就国电太原第一热电厂搬迁重建事宜签订框架协议。中国国电集团公司副总经理、党组成员高嵩，耿彦波出席签约仪式。

太原入选“宽带中国”示范城市。

23日

第四届中国(山西)特色农产品交易

博览会招商引资暨贸易签约仪式举行。省委副书记、省长李小鹏,省委副书记楼阳生,副省长郭迎光,中国农业发展集团董事长、中国农业产业化龙头企业协会会长刘身利,中国中医科学院副院长黄璐琦,市委副书记、市长耿彦波,副市长魏民等出席。

同日第四届中国(山西)特色农产品交易博览会开幕。农业部副部长屈冬玉,中国贸促会秘书长徐沪滨,中国农业发展集团董事长、中国农业产业化龙头企业协会会长刘身利以及北京、内蒙古、河南、浙江等20个省(市、自治区)农业部门的负责人,中国水产总公司、中粮集团有限公司、北京新发地农产品批发市场、首都农业集团、双汇集团等国内知名企业的代表参加开幕式。

25日

由市中小企业局倡导,迎泽区慈善会、生活晨报社以及社会各界爱心人士、企业单位共同援建的"慈善超市"正式在古交市岔口乡提子头村成立。

26日

《太原日报》报道,科技部发出《关于批准建设第三批企业国家重点实验室的通知》,公布了批准建设的75个企业国家重点实验室名单,太重集团承建的"矿山采掘装备及智能制造国家重点实验室"榜上有名。

27日

首届全国青运会闭幕。太原代表团获得11枚金牌、9枚银牌、7枚铜牌的成绩,在金牌总数、奖牌总数和参赛人数上实现了全面突破。28日下午,市委常委、秘书长陈河才,副市长张齐山到武宿机场迎接代表太原市参加首届全国青年运动会的运动员。

28日

华能东山供热工程投入使用,市热力公司所属的1号隔压站正式启动,标志着东山区域的居民冬天将使用到新的热源。

山西阳曲县喜悦发公司获首批全国公路科普教育基地称号,成为全国首批25家"公路科普教育基地"之一。

《太原日报》报道,在2015中国机器人大赛暨ROBOCUP公开赛总决赛中,太原理工大学机器人团队勇夺机器人武术擂台非标无差别1V1项目和非标无差别1V1挑战项目两项冠军。

29日

太原职工意外伤害险正式启动,9月1日以后符合条件的医疗费用,可凭相关资料到太原市社保大厦三层意外伤害险服务中心窗口办理报销。

30日

由省委宣传部、省文化厅主办,市委宣传部、市文化局承办,市晋剧艺术研究院、市戏剧家协会创作演出的新编历史晋剧《于成龙》在北京长安大戏院与观众见面。文化部部长雒树刚,省委常委、宣传部长胡苏平,市委副书记王成等与首都近千名观众一同观看演出。

31日

候鸟式智慧养老项目太原孟家井老年产业园区启动,该项目由山西光彩慈行集团打造。

本月

"十一"黄金周期间,太原市旅游总收入40.03亿元,同比增长19.07%。同时,呈现出节日活动多、"拼假"出境游受热捧、自助游自驾游散客游成主体、"互联网+"与旅游进一步融合等特点。

山西广电信息网络集团旗下数字媒体中心出品的DMC电影(轮播)频道、DMC电视剧(轮播)频道在太原地区实现同步覆盖,频道号分别为"194"和"195"。

11月

1日

2015年送温暖、献爱心"慈善一日捐"活动在全市开展。5日,市委、市人大常委会、市政府、市政协机关分别举行送温暖、献爱心"慈善一日捐"活动。吴政隆、耿彦波、王成、弓跃、张贵元等市四大班子领导或在机关参加捐款,或委托他人捐款。

《山西日报》报道,在省农业产业化领导组公布的全省农产品加工513工程省级重点龙头企业名单中,太原市12个企业名列其中。分别是:山西水塔醋业股份有限公司、太原六味斋实业有限公司、山西青玉油脂有限公司、蓝顿旭美食品有限公司、山西世誉畜牧科技开发有限公司、山西汇福科技发展有限公司、山西紫林醋业有限公司、太原双合成食品有限公司、山西宝迪农业科技有限公司、清徐县美特好农产品配送物流有限公司、太原田和食品集团有限公司、山西九牛农业开发有限公司。

2日

《太原日报》报道,经冶金企业管理现代化创新成果审定委员会严格评审、中国钢铁协会审核,太钢申报的"员工职业技能测评体系的内核与实践"获得2015年冶金企业管理现代化创新成果一等奖。

4日至5日

市委中心组举行"严以用权"专题学习。吴政隆主持专题学习并讲话。王成、任在刚、陈河才、任玉和作重点发言,其他常委作交流发言。

6日

《山西日报》报道,由国家文物局指导,中国古迹遗址保护协会、中国文物报社共同主办的第二届(2014年度)全国十佳文物保护工程终评揭晓。山西省古建集团负责的太原市窦大夫祠保护工程入选。

吴政隆会见由晋中市委书记张璞率领的党政考察团一行。

8日

中国在太原卫星发射中心用长征四号乙运载火箭成功将遥感二十八号卫星发射升空,这是长征系列运载火箭的第217次飞行。

9日

学府街全线通车。学府街快速化改造项目是2015年市政重点工程之一,其改造范围东起建设路,西至滨河东路,全长4.3千米,红线宽50米。地面主线由原来的双向4车道改为双向10车道,高架桥桥面为双向4车道,高架桥下方的地面辅道为双向6车道。

11日

中国残联副主席王新宪一行在并调研,调研组到太原市华夏残疾人创业就业服务中心,就残疾人创业就业工作进行调研。副市长王爱琴参加调研。

耿彦波会见意大利科莫省切尔诺比奥市市长保罗·弗谷尼带队的意大利科莫省代表团一行。

海南航空新增太原—南京、太原—海口、太原—长沙—福州三条航线。

13日

中央宣讲团党的十八届五中全会精神报告会举行。中央宣讲团成员、国务院研究室副主任韩文秀作宣讲报告,省委书记、省人大常委会主任王儒林主持。省委常委、市委书记吴政隆在主会场听取报告,耿彦波等市四大班子领导在太原分会场收听收看。

15日

太兴铁路太原至静游段全线双线贯通。太兴铁路位于山西省中西部地区,正线全长164.26千米,线路经过万柏林区和尖草坪区、阳曲县、古交市、娄烦县、岚县、兴县抵达临县境内。起点为太原北编组站汾河站,终点为山西中南部铁路通道的白文站。

16日

《太原日报》报道,11月起,太原市居民大病医保在所有医保定点医院启动试运行,符合政策规定医疗费用,可在医院即时报销。心脏先天性房间隔缺损、先天性室间隔缺损、先天性动脉导管未闭、先天性肺动脉瓣狭窄和儿童急性淋巴细胞白血病、急性早幼粒细胞白血病等六种特种疾病纳入报销36种门诊慢性病范围。

18日

太原液化天然气储配调峰中心项目暨山西国新物流园区项目奠基仪式举行。市委常委、副市长王建生出席。

《太原日报》报道,据太原海关统计,2015年前十个月,太原市实现外贸进出口537.7亿元,增长6.1%,其中,出口330.6亿元,增长9%,进口207.1亿元,增长1.7%。按地域划分,前十个月,太原市实现外贸进出口537.7亿元,增长6.1%。同期,仅有太原市、阳泉市(增长1.8%)进出口实现增长。

张复明带领调研组先后到太原师范学院附属中学富力校区、五一路小学、令德中学、三十九中、十九中,详细了解学校基础设施建设、校园安全管理、公参民学校管理体制、公办初中招生等方面的具体情况。

19日

太原市2015年度"身边好人"名单出炉。分别是:晋源区化肥厂幼儿园教师郭瑞芳;小店区环卫清运队车队环卫司机张宝录;姚村镇北邵小学教师李翠红;太原市妇幼保健院杨燕玲;太原市公安局杏花岭分局刘佳;太原市人民医院康梅蓉;古交一中王翠敏;太原精神病医院郝伟平;太原市急救中心西站孙国强;太原市城市规划设计研究院武建奎;离休干部张文元;太原市第四人民医院王彩瑛;太原市红十字血液中心无偿献血志愿者沈菊芳;清徐县见义勇为模范王超;太原市爱心志愿者协会严英俊;太原市急救中心张韬;晋源煤运公司郝翠英;太原市第二人民医院曲方;太原市质量技术监督局小店区分局连建华;太原市妇幼保健院宋子胜。

19日至20日

最高人民法院院长周强分别在市中院、市迎泽区法院东太堡人民法庭、尖草坪区人民法院进行调研。

22日

太重集团的"三辊连轧管机及其主减速机"获得由韩国授权的专利。这也是太重集团首次获得国外授权专利。

《太原日报》报道,在全国爱婴医院复核工作总结大会上,太原市妇幼保健院被评为"全国百家优秀爱婴医院",是山西省271所参评医院中唯一获此殊荣的市级医院。

24日

国家发展改革委、交通运输部印发《城镇化地区综合交通网规划》。《规划》范围包括太原在内的21个城镇化地区,涵盖215个城市。《规划》明确,太原地区交通网络规划区域包括太原、晋中、阳泉、忻州、临汾、长治、汾阳、孝义等。未来应构建以大西高铁和青银、青太、太焦等轨道交通,青银、京昆、二广、青兰等高速公路为骨干,G108、G207、G208、G307等国道为基础,太原综合交通枢纽为支点的"K"型放射状快速城际交通网络。至2020年,城际铁路运营里程约1000千米(其中,利用路网铁路800千米,新建城际铁路约190千米),覆盖全部节点城市(8个)和20%左右的县(市);新建和改扩建国家高速公路约140千米。建成太原城市轨道交通网络主骨架,建设太原市域(郊)铁路。《规划》确定的重点工程包括建设太原至榆次、阳曲至榆次、太原至五台山(忻州至石咀)等城际铁路及建设太原集装箱办理站、北六堡货运物流中心等。

25日

山西智德安全技术股份有限公司、山西高科耐火材料股份有限公司、山西泰和鑫软件股份有限公司在全国中小企业股份转让系统举行太原企业专场挂牌仪式。市委常委、常务副市长任在刚出席仪式并致辞。

27日

吴政隆对各县(市、区)委、市直机关工委、各开发区党(工)委书记、纪委书记进行集体约谈。

太原湖滨广场综合项目获中国建筑业的最高荣誉——鲁班奖。

29日

《太原日报》报道,全国首条全钢渣市政路在阳曲县境内的民营区工业新区里建成。

本月山西省电话用户总数累计达3788.2万户,电话普及率达到103.8部/百人,其中,太原市电话普及率达到177.42部/百人,居全省首位。

12月

1日

《太原日报》报道，中国机械工业科学技术奖励工作办公室正式下发文件，对2015年中国机械工业科学技术奖共计366项奖励项目给予表彰。其中，太重集团“6400吨液压复式起重机研制”获一等奖；“薄壁类零件三辊轧机架的加工工艺的改进”获二等奖；“加压移动床气化炉布煤破粘系统研究与应用”和“延长磨齿机金刚轮使用寿命的方法”荣获三等奖。

孙绍骋一行在太原市圆通寺、普光寺、关帝庙、清真古寺、天主教堂、崇善寺等处实地调研。

2日

迎泽法院首次网上视频直播庭审。

由国家能源局副局长刘琦带队的国家能源局调研组在太原专题调研太原西山生态产业园区新能源建设情况。省市领导吴政隆、王建生、陈河才参加调研。

3日

《人民日报》发布“2015年中国中小城市科学发展评价指标体系研究成果”，小店区跻身全国投资潜力百强区，排名第54位。

《山西日报》报道，山医大二院副院长、耳鼻咽喉科主任、博士生导师赵长青，以其丰富的临床经验和高超的鼻科临床诊治水平，入选2014年度中国名医百强榜。

4日

太原市司法局官方普法微信平台——“太原普法”正式开通。

6日

晋源区义井街道南堰社区启动旧村拆除。南堰社区位于南中环与西中环连接处，晋祠路以西，有居民883户、3353人；旧村有宅院581处、公建3处、建筑面积23.16万平方米。

8日

《太原日报》报道，在第二届全国青年创新创业大赛上，太原市三个创业项目——成长天使网、多功能救援履带车系统、泓哲网络科技有限公司荣获铜奖。

清徐县徐沟镇列入全省“乡村文化记忆工程”首批试点，“乡村文化记忆工程”主要是对乡村的历史脉络、文化烙印、发展轨迹、历史街区、传统村落和乡风民俗等文化资源进行调查和梳理，建立档案和数据库。

9日

省市领导高建民、王建生带领环保等部门负责人，先后到太钢渣场、市环境空气质量预警预报中心、中铁三局科技研发中心建设工地，检查重污染天气减排措施落实情况。

10日

中国农业发展银行董事长、党委书记解学智考察太原市重点工程项目。市领导耿彦波陪同。

太原武宿国际机场与太原火车南站共同启动“空铁联运”项目。

中北大学获“全国科普教育基地”称号，成为山西省首个通过国家级科普教育基地认证的高校。

909路城际公交开通，由太原火车南站至晋中公交南场。

11日

太原植物园景观及建筑设计方案评审会召开。太原植物园项目选址位于晋源区，西起风峪沟沟口，东到旧晋祠路，北起风峪沙河以北100米，南至太古公路。规划建设面积2730亩，建设周期3年，总投资21.72亿元。

12日

2015太原国际雕塑双年展在太原美术馆展出。省委常委、宣传部长胡苏平，省委常委、市委书记吴政隆出席。中国美术家协会副主席、中国美术馆馆长吴为山，中央美术学院党委副书记王少军，中国美术家协会雕塑艺委会主任、广州美术学院院长、雕塑双年展组委会副主任黎明，市委副书记王成先后致辞。展览为期2个月，由中国美术家协会、中央美术学院、太原市人民政府主办，分为新境域、新做物、新界面、新视场、新陶式、新晋风六大板块。

14日

中国共产党太原市第十届委员会第七次全体会议召开。全会深入学习贯彻党的十八届五中全会特别是习近平总书记重要讲话精神，认真贯彻落实省委十届七次全会和王儒林书记讲话精神，听取讨论《市委常委会工作报告》，审议通过《中共太原市委关于制定国民经济和社会发展第十三个五年规划的建议》、市委十届七次全会决议及有关事项。省委常委、市委书记吴政隆受市委常委会委托作工作报告并讲话，就《建议（讨论稿）》向全会作说明。市委副书记、市长耿彦波，市委副书记王成，市人大常委会主任弓跃，市政协主席张贵元，市委常委任在刚、汪凡、王建生、李吉山、张明星、陈河才、任玉和出席会议。

15日

省委常委、组织部长盛茂林先后到古交市邢家社乡，邢家社乡龙子村以及东曲街道义学路社区实地调研。张明星陪同调研。

16日

太原市最大的国有煤炭企业——太原东山煤电集团(东煤集团)投资重组威迩思科技有限公司正式签约。标志着太原市煤炭企业转型发展非煤高科技产业迈出了实质性步伐。

17日

楼阳生在清徐县委党校详细考察了基础设施、管理服务、师资队伍建设等情况。吴政隆一同调研。

省经信委批复《太原市电动汽车产业基地发展规划（2015—2020年）》《太原市燃气汽车产业基地发展规划（2015—2020年）》。根据规划，电动汽车产业发展到2020年，太原市力争形成1家客车、1家乘用车电动汽车整车企业和5至8家关键零部件企业，电动汽车产量达到2万辆，产值达到500亿元，具备电动汽车核心零部件自主研发和产业化能力，建设充换电站20座，充电桩3000个，电动汽车产业基地基本建成。

燃气汽车方面,到 2020 年,太原市力争形成年产煤层气重卡 2 万辆生产能力,燃气发动机 2 万套、燃气汽车燃料储存设备 10 万套生产能力,燃气汽车产业基地产值突破 100 亿元;形成以 1 到 2 家整车企业为核心,从原材料到多级零部件近 100 家配套企业集聚化发展的产业集群;建成加气站 110 座,形成覆盖全市的加气站服务网络。

19 日

太原动物园科普馆正式开馆。

20 日

太原市发布重污染天气蓝色预警,同时启动重污染天气应急预案蓝色(Ⅳ级)响应。

太原机场开通由北部湾航空公司执飞的南宁经停绵阳至太原航线,这是北部湾航空公司首次开通太原地区的航线航班。

21 日

《太原日报》报道,在西安举行的古村落与“一带一路”——2015 中国古村落保护与发展论坛暨“第六届中国景观村落”授牌颁证大会上,晋源区店头村被评为“中国景观村落”之一。

22 日

王儒林、李小鹏在太原会见比亚迪股份有限公司董事局主席兼总裁王传福一行,并出席省政府与比亚迪战略合作框架协议、太原市与比亚迪投资协议签约仪式。省市领导吴政隆、王伟中、付建华、耿彦波参加。

中组部老干部局副局长杨保平带队的调研组在太原老年大学调研。张明星参加调研。

24 日

《太原日报》报道,在中国第四届能源经济论坛上,太重煤机公司研发制造的智能型千万吨煤炭综采成套设备获“中国能源装备十大年度创新产品”称号。

25 日

《太原:1937》出版。该书由中共太原市委党史研究室编著,中共党史出版社出版。本书以太原会战前后形成的档案、媒体报道及抗战亲历者的回忆为主体,分抗战综述、档案资料、媒体聚焦、回忆摘录、大事记要、附录 6 个部分。全面再现了 1937 年前后的太原作为华北抗战中心、抗日民族统一战线实践地、敌后战场战略起点的地位和作用。

27 日

王儒林在太原铁路局就贯彻落实中央经济工作会议精神、加快供给侧结构性改革特别是现代物流产业转型发展进行调研座谈,省领导高建民、吴政隆、付建华参加调研座谈。

30 日

吴政隆会见中国建设银行山西省分行行长尚朝辉一行。市领导任在刚、陈河才、张齐山参加会见。

《太原市城市公立医院综合改革实施方案》出台,到 2017 年底,太原市将实现城市公立医院逐利机制基本破除。

D S J 太原年鉴

2016 da shi ji

大事记

中国共产党太原市委员会

Taiyuan Municipal Committee of the Communist Party of China

综　述

【概述】 2015年，在党中央和省委、省政府的正确领导下，太原市领导班子坚持一手抓党风廉政建设和反腐败斗争，全面从严治党、从严治吏，着力净化政治生态；一手抓经济社会发展，主动适应经济发展新常态，积极转方式、调结构，着力推动富民强市，努力在全省发挥“六个表率”作用。

深入学习贯彻习近平总书记系列重要讲话精神，认真落实省委“五句话”总要求。坚持“双学”，把学习贯彻习近平总书记系列重要讲话精神作为重大政治任务，组织召开市委常委会议、中心组学习会和全市性大会认真学习贯彻，不断强化思想认同、理论认同和情感认同，始终同以习近平同志为总书记的党中央保持高度一致，自觉维护中央权威、维护省委权威；坚持学习以习近平同志为总书记的党中央领导集体崇尚实干、勇于担当、廉洁自律优良作风，学习以王儒林书记为班长的新的省委领导班子治晋兴晋强晋的政治担当与工作作风，有效推动了全市多年存在的一些突出问题的解决，各级领导班子和党员干部工作作风、精神状态发生了可喜变化，敢于担当、积极作为、迎难而上的劲头和干事创业的氛围加快形成。

坚定不移推进党风廉政建设和反腐败斗争。坚决把纪律和规矩特别是政治纪律、政治规矩挺在前面。认真学习贯彻新修订的《廉洁自律准则》《纪律处分条例》《巡视工作条例》，树起高线、守牢底线，抓早抓小、动辄则咎，真正让纪律和规矩成为不可触摸的“高压线”，对违反政治纪律和主体责任不落实等问题进行严肃查处。积极运用执纪问责“四种形态”，有效促进了干部认清问题、改正错误，焕发干事创业激情。

全面落实“两个责任”。牵住主体责任这个“牛鼻子”，制定下发“两个责任”清单，压实全市各级党委（党组）、纪委（纪检组）责任。市委书记作为第一责任人，坚持“四个亲自”，先后主持召开市委常委会42次专题听取有关工作汇报和案件查处情况，414次对党风廉政建设和反腐败斗争作出具体批示。班子成员认真履行“一岗双责”，从严抓好分管部门“两个责任”落实。市委支持纪委履行监督责任，市县两级纪委牵头或参与的议事协调机构精简95%以上。2015年问责“两个责任”落实不力的领导干部99名。

始终保持惩治腐败和狠刹“四风”的高压态势。坚持以“零容忍”态度惩治腐败，有案必查、有腐必反、有贪必肃。狠抓中央八项规定精神落实，坚决防止“四风”反弹回潮。2015年全市各级纪检监察机关处置问题线索2574件、初核1825件、立案1330件，结案1310件，同比分别增长131.9%、114.2%、54.5%、55.2%；给予党纪政纪处分1342人，同比增长64.1%；重处分328人，同比增长60.8%；县处级干部81人，同比增长44.6%；移送司法机关70人，同比增长84.2%。

坚决查处发生在群众身边的腐败问题。落实省委“乡村治、百姓安”要求，深入开展专项清理整治，2015年立案查处群众身边腐败案件536件，结案533件，处分570人，同比分别增长70.2%、73.6%、80.4%。全市106个乡镇（街办）均有自办案件，侵害群众利益的腐败现象得到有效遏制，“上面九级风浪、中间波澜不惊、下面纹丝不动”的状况有了明显改变。

努力促进经济平稳健康发展。着力抓好“五个一批”。坚持把抓好一批重大产业项目、一批重大基础设施项目、一批重大民生项目、一批不稳定因素的化解、一批重大改革事项作为推动工作的重要载体和抓手，滚动推进、狠抓落实。积极争取省委、省政府支持，出台支持太原市率先发展的《意见》，市委常委会专题研究，分解任务，推动落实。全年完成地区生产总值2735.34亿元、同比增长8.9%，规模以上工业增加值600.48亿元、增长5.7%，固定资产投资2025.61亿元、增长16%，社会消费品零售总额1540.80亿元、增长6.2%，一般公共预算收入274.24亿元、增长5.9%，城镇居民人均可支配收入27829元、增长8%，农村居民人均可支配收入13688元、增长8.5%,外贸进出口总额107亿美元、增速与上年持平,完成省下达各项任务,主要经济指标均位居全省前列。

全面实施“三个突破”。分别召开推进大会,制定深入实施创新驱动发展战略、促进金融振兴、加快民营经济发展三个实施意见。争取国家五部委将太原市确定为小微企业创业创新基地示范城市,3年支持9亿元,省政府配套支持1亿元。新增国家重点实验室1个,认定高新技术企业105家;“新三板”挂牌公司由3家增至20家,创业板实现零突破。2015年金融业增加值完成340亿元,增长10.5%;民营经济增加值完成1557.84亿元,增长9%;全年新登记小微企业18753户,全市市场主体达到313545户。

大力推进产业结构调整。大力推动传统产业转型升级,积极培育发展高端装备制造、新能源、食品药品等新兴产业,做大做强醋产业,江铃重汽整车及发动机、阳煤化工等一批重点项目加快推进,比亚迪新能源汽车等项目签约落地。加快发展养老服务业,制定出台《关于加快发展养老服务业的实施意见》。2015年签约项目总投资3497.2亿元,落地项目投资1840亿元。

着力深化改革扩大开放。承接落实中央和省委、省政府部署的改革任务,加快推进73项改革事项,农信社改制、国资国企改革、排污权有偿使用和交易等46项改革取得阶段性成果。积极参与“一带一路”战略、京津冀协同发展和环渤海合作发展,将引进外部要素资源作为加快结构调整、经济发展的有效途径和重要抓手,充分发挥省会城市综合优势,努力以开放促发展、以开放促改革。

举全市之力推动城中村改造。把城中村改造作为重大民生工程、发展工程和战略工程,作为全市全局工作的重要突破口,作为重塑“三个形象”的着力点和试金石,以形成和保持“三个高压态势”为切入点,大力整治城中村乱象,以背水一战的决心、舍我其谁的勇气、崇尚实干的作风推进城中村改造。2015年启动54个城中村改造,47个村基本完成整村拆除,总拆迁量完成88%,46个村启动建设回迁安置房。太原城中村改造所体现的积极作为、攻坚克难、依法办事、为民谋利的精神,得到了省委、省政府,王儒林书记的充分肯定。

加快城市基础设施建设。坚持“地上”“地下”统筹,“面子”“里子”并重。完善轨道交通建设规划,地铁2号线一期全线招标开工,首开段车站主体工程封顶。完成南内环、学府街、南沙河快速路等31条城市主次干道改造建设,整治小街小巷32条;新改建供水管网232公里、供气管网177公里,完成既有建筑节能改造412万平方米,晋阳污水处理厂、500千伏龙城供电、太古供热等工程加快推进,城市基础设施建设进一步提速。

全面启动“五城联创”。以迎接青运会为契机,部署开展创建全国文明城市、国家环境保护模范城市、国家卫生城市、国家生态园林城市、国家森林城市“五城联创”活动,进一步增强城市功能、改善人居环境、提升文明程度,展示良好形象。

全力推进省城环境质量改善。着力抓好“五大工程”“五项整治”,市区二级以上优良天气达到230天,较2014年增加33天,优良率达到63%,比2014年提高9个百分点。集中供热扩网3104万平米,解决既有建筑供热2100万平米,替代拆除锅炉8699台,16个城边村、6036户实施燃气化改造。关停污染企业6家。淘汰老旧机动车28232辆。集中式饮用水源地水质达标率保持100%。万元地区生产总值综合能耗和万元工业增加值用水量均下降5个百分点,6项主要污染物减排指标均超额完成省下达任务。完成营造林29.07万亩,建成区绿化覆盖率、绿地率、人均公园绿地面积达到41%、36.07%和11.56平方米。

全面推进法治太原建设。落实市委加快推进法治太原建设实施意见,积极运用法治思维和法治方式解决改革发展稳定中的各种矛盾和问题,不断提高依法执政水平。调整了市委法治建设领导小组及办公室,由市委主要领导担任组长,市委常委会定期研究法治建设工作,听取法治建设情况和人大、政府、政协、法院、检察院工作汇报。实施“阳光司法”五年规划,开展普法教育,做好司法体制改革试点工作,尖草坪区法院、检察院的试点改革有序推进。集中开展执法司法突出问题专项整治,全面加强政法队伍建设。进一步规范权力运行,制定《太原市“六权治本”推进方案》,市级行政权力事项精简54%,审批和服务事项总办理时限压缩21.6%,市级下放权力事项83项。

发展社会主义民主政治。加强和改进市委对人大工作的领导,支持和保证人大及其常委会加强自身建设,依法行使职权。支持市政协发挥协商民主重要渠道作用,围绕大团结大联合,更好履行政治协商、民主监督和参政议政职能。成立市委统一战线工作领导小组,制定贯彻《统一战线工作条例(试行)》实施意见,推进统一战线工作制度化、规范化和科学化。加强党对群团工作的领导,进一步保持和增强群团工作的政治性、先进性和群众性。加强“八个体系”建设,全面推动军民融合发展,荣获全省双拥模范城“九连冠”。

切实加强宣传思想文化工作。牢牢把握意识形态工作的领导权、管理权、话语权,有效激发推进弊革风清、富民强市的精神动力。深入开展群众性精神文明创建活动,扎实抓好城六区全面禁止燃放烟花爆竹等移风易俗活动。加强对外宣传,配合国家和山西省主流媒体做好对太原市城中村改造等重点工作的报道。创作推出《于成龙》等一批优秀文化作品。成功举办太原国际马拉松等重大赛事,在第一届全国青年运动会上取得好成绩,启动承办第二届青运会太原有关准备工作。

着力保障和改善民生。统筹推进社会保障体系建设,五大保险参保人数超额完成省下达任务。城镇新增就业10.5万人,城镇登记失业率控制在3.4%。扎

实推进教育事业均衡发展，新改续建中小学和幼儿园60所，解决11万余名进城务工人员随迁子女就学问题。深化医药卫生体制改革，28所县（市、区）级公立医院实行药品零差率销售。推进精准扶贫，全市1.67万人脱贫。推行小学生放学后免费托管服务，12万个家庭受益。新建小游园46个、人行天桥10座、地下通道5座、停车位8160个，改造公厕52座，新增公交运营线路20条，30条道路的架空线缆入地；解决了2.28万农村人口的饮水安全。

努力维护社会安全稳定。集中力量化解一批重大不稳定因素，在矛盾较为集中的金融、物流、房地产等领域成立排查处置专项小组，分类分项、分层分级落实化解责任，2015年化解不稳定因素706件，增减相抵累计减少355件。每季度进行安全生产和信访稳定形势分析研判和针对性部署，市委常委包县（市、区）、副市长和法检两长包领域化解信访突出问题，2015年中央和省交办的重点信访案件化解99.5%，省交办的2014年以来网上未办理案件全部办结。制定《太原市安全生产党政同责、一岗双责、失职追责暂行办法》，深化"打非治违"和专项整治，发现安全隐患2.2万余个，95.5%完成整改。推动"平安省城"建设，组织开展社会治安集中整治，形成和保持惩治腐败、狠刹"四风"、打黑除恶三个高压态势，打掉黑恶势力犯罪团伙26个，破获刑事案件254起，群众的安全感和满意度进一步增强。

加强领导班子和干部队伍建设。扎实开展"三严三实"专题教育。认真学习贯彻习近平总书记关于"三严三实"的重要论述，坚持与协调推进"四个全面"战略布局和贯彻落实省委"五句话"总要求相结合，与抓好"五个一批"、推动"六大发展"、实现"六个表率"相结合，坚决把"三严三实"要求体现到坚定正确的立场上、体现到落实党中央重大决策部署上、体现到对分管方面的管理上、体现到严格要求自己上，市委中心组"三严三实"专题学习讨论6次。12月23日，市委常委班子召开了"三严三实"专题民主生活会，深入查找了存在的问题，开展了严肃的批评与自我批评；王儒林书记全程指导，给予充分肯定，同时提出了"五个更"的要求，市委常委班子进行了专题学习，并就贯彻落实王儒林书记重要讲话精神作出了安排部署，已经研究制定了《整改方案》，抓好工作落实。全市548个单位和部门，2169名领导干部参加了专题教育，共查找问题4600余个，能够马上整改的已经进行了落实；其它问题列入各自的《整改方案》，进行了安排部署。

全面从严治吏。贯彻落实新时期"好干部"标准，严格执行《党政领导干部选拔任用工作条例》和《山西省各级党委（党组）在干部选拔任用工作中严格执行民主集中制的办法》，强化集体领导把关作用，深入实施"三个一批"，推动干部能上能下，任用市管干部53名，实现了选人用人风清气正。严肃干部管理，制定下发《关于规范干部管理工作的通知》，积极解决太原市县处级干部管理不规范的问题。

加强基层党组织建设。出台《关于加强基层服务型党组织建设的实施意见》，落实党委书记抓基层党建的主体责任，市委主要领导主持县（市、区）委和市直党（工）委书记抓基层党建述职评议考核会议，逐个点评，提出要求。按照"一好双强"标准，选优配强农村基层党组织书记，选派265名机关优秀干部到村担任第一书记，98.7%的软弱涣散基层党组织得到转化。（张晓茜）

市委办公厅

【概述】 2015年，在市委的正确领导下，市委秘书长班子团结带领市委办公厅全体干部职工，围绕市委中心任务，着力协助市委总揽全局、协调各方和发挥"六个表率"作用，履职尽责、狠抓落实，圆满完成各项工作任务。（办公室）

【强化学习教育】 学习贯彻中央和省委、市委全会精神。落实办公厅中心组、党支部集中学习制度，组织办公厅中心组学习17次、党支部学习百余次，学习贯彻党的十八大和十八届三中、四中、五中全会精神，学习贯彻省委、市委十届六次、七次全会精神，并做好全会精神的解读，确保全厅广大干部职工学深学透，并在工作中深入贯彻落实。通过学习，全厅干部职工切实把思想和行动统一到中央精神和省委、市委的重大决策部署上来，自觉以新的理念、新的要求指导"三服务"工作，努力维护中央和省委、市委权威。

抓好"双学"。落实省委"五句话"总要求和王儒林书记对太原工作的指示要求，既学习贯彻习近平总书记系列重要讲话精神和"五个坚持"的要求，又学习以习近平同志为总书记的党中央领导集体"崇尚实干、勇于担当、廉洁自律"的优良作风，学习以王儒林书记为班长的省委领导班子治晋兴晋强晋的政治担当和优良作风，学习吴政隆书记"案无积卷、事不过夜"和"马上就办、真抓实干"的作风，坚定理想信念，坚持正确政治方向，牢固树立宗旨意识，不断提高党性修养，切实在思想上政治上行动上与以习近平同志为总书记的党中央保持高度一致，不断提高政治敏锐性与警觉性，自觉做政治上的明白人。

开展"三严三实"专题教育。落实"三严三实"专题教育各项要求，坚持领导带头、突出重点，抓住要害和关键，广泛征求意见，认真查摆问题，深刻反思剖析，形成对照检查材料，组织召开市委秘书长班子专题民主生活会和党支部专题组织生活会，制定整改清单，明确今后的努力方向和整改措施，为办公厅进一步形成敢于担当、积极作为、迎难而上的作风和干劲奠定了坚实基础。（办公室）

【狠抓落实，提升"三服务"工作水平】 突出督促检查落实，确保市委重大决策部署落地生根。围绕市委重大决策部署和重点工作的落实组织开展督查活动，重点抓了贯彻落实中央"八项规定"精神、

"五个一批"重点工作、改善省城环境质量、"六个表率"42项任务等重大任务的督查工作，全年完成决策督查20余次，完成153项市委常委会明确事项的督办落实。对省市领导关注、社会反响强烈的一批热点难点问题进行了专项督查督办，督办落实省委主要领导批示件22件，督办落实市委主要领导批办、交办事项2433件；承办政协提案29件，办理回复率100%，有效保证了中央和省委、市委重大决策部署的贯彻落实。

改进思路和方法，重点做好协调服务工作。一是完善协调保障机制。年初召开了全市党委办公厅(室)主任会议，发挥党委办公厅(室)协调抓总作用，定期召开市"四大班子"秘书长联席会议，确保"四大班子"政令畅通、步调一致。开展清理整顿各类议事协调机构和临时机构工作，精简率达86%。二是搞好会务活动服务。严格会议审批程序，精简会议活动，组织召开全市性会议、市委常委会和系列专题会议130余次，狠抓重大事项请示报告制度落实，服务市委主要领导开展调研、会见及接待各级视察活动近160次，承办各类请示报告1100件，转办市委主要领导批示7234件。三是强化党委系统值班工作。重点改进和完善值班信息报送制度，切实提高值班信息报送效率，全年办理值班快报700余期，协助领导妥善处置了"天和旺"商户聚集等重大突发事件。四是做好社情民意工作。社情民意通道累计受理群众意见建议2306件，严格落实限时办结制度，办理期限内的问题回复率达到97%，市委吴政隆书记对网民留言作出批示的97个问题均已回复。

加强统筹和创新，努力为市委科学决策提供优质服务。一是在调查研究上下功夫。围绕推动"六大发展"、实现"六个表率"和全市改革发展稳定的重点难点问题组织开展调研活动，全年服务市委主要领导深入基层开展调研70余次。二是在文稿服务上下功夫。按照重思想、出精品的要求，紧密结合太原实际，组织起草《市委十届七次全会工作报告》《吴政隆书记在全市城中村改造动员大会上的讲话》等重要文稿，共起草各类文稿近500篇200余万字，较好发挥以文辅政作用。三是在信息服务上下功夫。强化主渠道作用，加强综合研判，提高信息质量，全年上报中办信息210篇，上报省委办公厅信息528篇，在全省中办信息直报点年度考评和全省党委信息工作年度考评中获得"双第一"。完成市、县两级党委系统电子政务内网综合改造，2015年12月顺利通过涉密信息系统分级保护测评。四是在文件规范上下功夫。严格行文程序，提高发文质量和效率；对1978年以来的市委规范性文件838件进行全面清理，精简率达75%；做好规范性文件报备工作，共向省委报备市委规范性文件26个。五是在改进接待工作上下功夫。严格控制接待规格和标准，出台实施《太原市公务接待管理办法》，不断加强对基层公务接待工作的监督检查，全年接待各级各类团组221批9076人次。

以严谨细致的态度，做好各项服务保障工作。一是做好文件收发和档案管理。严格文件传阅、交换和管理制度，全年累计传阅、收发、清退各类文件13万余件，清退和销毁涉密文件3万余份。推进档案管理数字化，做到档案应归尽归。二是搞好后勤保障。进一步完善群防群治体系，切实做好市委机关信访接待和疏导工作，发现并及时整改安全隐患6起，确保机关大院安全有序。执行财务管理制度，认真做好专项经费使用、部门预算决算等工作，加强审核审计，厉行勤俭节约。不断加强基础设施建设，完成市委常委会议室、视频会议室升级改造，牵头完成全市党政机关办公用房清理整顿和腾退调剂工作；落实公车改革制度，组织32家党群部门封存公务用车166辆。三是做好机要保密工作。密码通信保障和密码电报译传办理全年零差错，密码通信主渠道升级改造和装备更新工作稳步推进，密码装备管理水平不断提高。加强保密管理制度化规范化建设，分层次开展保密宣传教育，不断强化涉密人员管理和保密督促检查。做好干部培训调配、离退休人员服务管理、定点扶贫、《太原工作》编辑出刊等工作。（办公室）

【加强党的建设，提高依法办事能力】 履行"两个责任"。市委秘书长班子始终把党风廉政建设和反腐败工作摆在突出位置，带头落实"两个责任"，按照"一岗双责"要求，以上率下，层层传导压力，着力加强党风廉政建设责任落实。一年来，全厅没有发生违法违纪案件，营造风清气正的良好氛围。

坚决把纪律和规矩挺在前面。市委秘书长班子带头严格遵守《中国共产党廉洁自律准则》和《中国共产党纪律处分条例》坚决反对"七个有之"，执行民主集中制，严肃党内政治生活，坚持纪严于法、纪在法前，抓早抓小，不断提醒全厅党员干部时刻保持党规党纪意识，牢固树立正确的权力观，打造一支特别守纪律、特别能战斗的干部队伍。

坚持不懈强化作风建设。按照市委书记吴政隆对办公厅工作"五个干事"的要求，强化市委秘书长班子自身建设和办公厅干部队伍作风建设，形成马上就办、狠抓落实的作风建设新常态。落实中央"八项规定"，防止"四风"问题死灰复燃和隐身变异。

提高依法办事能力。市委秘书长班子落实市委关于法治太原建设的实施意见，维护宪法法律权威和尊严，自觉在宪法法律范围内活动，带头尊法学法守法用法，带头依法办事，没有违法行使权力，也没有以言代法、以权压法以及干预具体司法案件。提高运用法治思维和法治方式解决问题的能力，形成办事依法、遇事找法、解决问题用法、化解矛盾靠法的良好氛围，确保各项工作符合宪法法律和党章党规。（办公室）

组织工作

【概述】 2015年，太原市委组织部贯彻党的十八大和十八届三中、四中、五中

全会和全省组织部长会议精神，围绕中心、服务大局，坚持从严从实，坚持问题导向，坚持狠抓落实，突出抓好思想政治教育、从严管理干部、开展“三严三实”专题教育、加强基层组织建设、强化人才支撑，全市组织工作科学化水平得到提升。 （王　慧）

【提高思想政治水平和能力素质】 全年组织举办县处级领导干部培训班4期、中青年干部培训班2期、优秀青年干部培训班2期，共培训市管领导干部、中青年干部400余人。选调领导干部30批110余人参加中组部、省委组织部各类培训班、专题研讨班等。全市17.79万各级党员干部参加了习近平总书记系列重要讲话精神学习培训，培训率达96.7%。围绕“六权治本”“六个表率”“五个一批”等内容，在省委党校、山西医科大学、山西农业大学组织举办干部选学班次7期，培训各级各类干部430余人。组织各县（市、区）、市直有关单位203名干部完成现代农业、安全生产、金融等3个网络专题培训班次的有关学习工作，全部干部按时参加考试并结业。 （王　慧）

【专题教育】 把学习教育抓在手上。为全市县处级以上领导干部发放“三严三实”专题教育学习资料1万余册；为全市998个农村党组织、516个社区党组织、2413个非公党组织配发3927套《习近平总书记系列重要讲话读本》和《习近平谈治国理政》。强化督导推动工作。采取走访调研、随机抽查等方式，对专题教育进行督促指导，派人参加83个党委（党组）的学习研讨，抽查255份领导干部的发言材料，及时掌握各部门各单位推进情况。发挥典型带动作用。在太原日报开辟《自觉践行“三严三实”努力实现“六个表率”》专栏，宣传“三严三实”专题教育的进展动态和实际成效，报道各部门各单位的做法经验和亮点特点。加强反面警示教育。组织省管干部、各县区、市直单位的主要领导集中阅读《党的十八大以来省纪委查处的严重违法领导干部忏悔录汇编》，通过“活”的反面教材，充分发挥警示、震慑和教育的作用。

按照省、市委统一安排部署，在全市学习讨论落实活动共有107个单位、9140个基层党组织、16.39万名党员干部参加。各级党组织紧密围绕活动主题，坚持问题导向，边学习、边讨论、边落实，统筹协同推进，活动部署的6个方面25项任务65项具体成果，均取得一定成效。10个督导组对全市107个单位严督实导，有效推动学习讨论落实活动各项任务的贯彻落实。全市38项专项整治工作已基本结束。 （王　慧）

【服务“城中村”改造】 印发《市委组织部服务城中村改造工作举措》，开展“五个一”城改服务工作。向城改一线选派了29名机关干部担任第一书记推动城改，选派45名年轻干部到信访部门挂职服务城改，选派769名区街干部深入一线组织城改；开展“好组织、好干部、好党员”推选活动，在《太原日报》刊发3篇综述、在太原电视台推出6期《新闻对话》，宣传城改工作涌现出的好组织、好干部、好党员；组织各类专家人才开展城改咨询服务。 （王　慧）

【规范管理干部】 市委组织部贯彻落实《干部任用条例》，坚持按照习近平总书记“信念坚定、为民服务、勤政务实、敢于担当、清正廉洁”好干部标准和省委“德才兼备、以德为先、以廉为基”的要求，从严选拔任用干部。全年共调整市管干部148人，其中提拔重用5人，交流48人，免职及退休95人。把选任干部程序完善和细化为选配动议、认真摸底、廉政初审、民主推荐等10个环节，协调纪检、检察、司法、计生等部门从严联合审查，最大限度地降低违规提拔率。针对全市县（处）级领导干部多层次管理的问题，市委高度重视，研究出台《关于规范干部管理工作的通知》，制定《党群系统机关事业单位人员调配暂行规定》《太原市市管干部退休办法（试行）》《市管干部动议酝酿任免议事规则（讨论稿）》《举报件办理办法》《任前公示办法》等一系列选人用人制度，规范干部管理工作。推进“县以下机关建立公务员职务与职级并行制度”工作，完成全市10县（市、区）符合晋升条件2284人的相关工作。举办太原市党政机关中层干部任职培训班，对有关市直单位2014年新晋升中层的160名公务员分2期进行集中培训。做好公务员（参公人员）和调任人员的登记备案、法检系统考录公务员录用审批备案等工作。完成全市军转安置和2016年公务员考录准备工作。贯彻落实省委“三个一批”工作精神，制定出台《关于推进市管干部“三个一批”工作的实施方案》，召开4次工作推进会，采取结合选任及时查、抽查拓展查、调查跟进查、评优主动查、换届提前查、职能带头查“六个结合”的办法，推进“三个一批”工作。对5111名干部进行“六查”，与2745名干部开展谈话，对890个班子进行分析研判。全市共取消任职资格并进行诫勉谈话3人，处理惩治不廉洁、乱作为干部87人，调整退出不作为、不胜任干部42人，选拔任用敢担当、善作为干部597人，“六查”比例明显提高，取得初步成效，为防止干部“带病提拔”提供有力保障。按照“严控增量、消化存量”的要求，推进超职数配备干部整改消化工作，共消化超配干部134名。开展个人有关事项抽查核实，收回1178名市管干部个人事项报告表，审核录入信息1050份14700条，对116名抽查核实对象进行核查。对全市6名县委书记推荐人选和18名拟提任干部进行廉政初审，从选人用人源头上防止“带病提拔”。发挥“12380”举报平台“三位一体”作用，全年查核各类举报23件，转办处理26件，完成举报平台升级改造，畅通举报受理渠道。

（王　慧）

【考核评价干部】 市委组织部制定印发《太原市年度综合考核办法（试行）》，不断完善干部考核评价制度和发展成果考核评价体系。注重分类考核,充分考虑地区间资源禀赋和功能定位,差异化设置考核指标。建立月通报、季分析、半年督查制度,加强重点考核指标过程管理。扎实推进太原市年度综合考核信息系统建设,实现从目标制定、贯彻执行、考核督查到反馈提高的闭环过程管理,拓展在线评议、问卷调查、民意征集等功能,强化社会各界群众的参与和监督,切实增强考核工作的公信力。

制定《太原市领导干部兼任社会团体职务审批管理办法》,研究起草《太原市委在选拔任用市管干部工作中严格执行民主集中制实施细则》《关于对县(市、区)领导班子和领导干部综合研判的实施办法》等办法,通过建章立制,形成务实有效的制度体系,贯彻落实好省委和省委组织部各项工作任务。 (王 慧)

【落实管党治党责任】 市委组织部认真贯彻落实习近平总书记提出的从严治党八项要求和全省农村基层党建工作会议精神,把抓好党建作为最大的政绩,树立"抓党建是本职、不抓党建是失职、抓不好党建是不称职"的理念,不断强化各级党委(党组)书记第一责任人责任。研究制定《中共太原市委党建工作领导小组2015年工作要点》,开展2015年度县乡党委书记抓基层党建述职评议工作,不断加强对各级党委(党组)书记抓党建工作力度。省委常委、组织部长盛茂林同志参加全市县(市、区)委、市直党(工)委书记抓基层党建专项述职会议,并于会前赴古交市开展基层党建工作随机调研,对全市党建工作给予肯定。

(王 慧)

【强化政治和服务功能】 市委组织部在深入调研的基础上,制定出台市委《关于加强基层服务型党组织建设的实施意见》及其《任务分解》。按照《实施意见》提出的"1+X"思路,制定加强农村、市直机关和市属学校的基层服务型党组织建设意见,推进全市基层服务型党组织建设。同时,近期将出台全市《关于在深化国有企业改革中坚持党的领导加强党的建设的实施意见》,发挥党建工作在国企改革中的积极作用。召开全市农村基层党建工作会议,推进农村基层组织建设。全年全市998个村建立了村务监督委员会,健全完善农村民主决策和民主监督工作机制。围绕全市中心工作,督促检查全市"城中村"党务公开。 (王 慧)

【推选农村带头人】 市委组织部以新一届村"两委"班子、"城中村改造"村"两委"主干、软弱涣散村"两委"主干为重点,举办3期"领头雁"培训班。全市市县两级培训"领头雁"总人数11588人,培训率94.8%。推选全省优秀乡镇党委书记人选10名,推荐"山西最美社区干部"人选7名,选派265名机关优秀干部到村任"第一书记"。选调93名大学生村官参加市级培训,33名参加中央、省级培训。拿出203个县乡事业岗位,采取考试招聘和考核招聘的方式,全年共分流大学生村官205人,完成省下达分流计划的325%,输送一批有一定基层工作经验、愿意服务基层的年轻干部,不断促进农村带头人队伍建设发展。 (王 慧)

【党员队伍管理】 市委组织部采取召开推进会、建立整顿台账、强化督促检查等措施,加大软弱涣散基层党组织集中整顿力度,基层党组织战斗力、凝聚力明显增强。全市确定的558个软弱涣散基层党组织,已有551个实现转化,剩余7个尚未转化,整顿转化率达98.7%。

市委组织部制定全市2015年发展党员工作计划,全年发展党员2205名,其中发展服务"城中村"改造工作人员和"城中村"居民共98名。印发《太原市2015—2018年党员教育培训工作落实意见》,做好党员教育培训工作。拍摄3部反映基层优秀党员先进事迹的党员教育专题片,用身边的人和事教育身边的人。开展2次走访慰问党员活动,为5809名老党员、老干部和生活困难党员送去温暖,增强党组织的感召力和凝聚力。开展处置不合格党员工作,全市进行组织处置和受到党纪处分的共有804名。市委组织部认真学习王儒林书记、吴政隆书记、盛茂林部长的有关重要指示精神,按照省委组织部的统一安排部署,从上年12月起,全市各级组织部门开展在学习讨论落实活动中突出抓好"从严治部"工作。针对"十种问题"在组工干部中开展"五查",对排查出的问题积极查核处理。同时,部机关对照张明星部长在"三严三实"党课报告中指出的组工干部存在的政治素养不高、私心杂念作祟、自律自省松懈、权力行使任性、担当吃苦被动、调查研究粗浅、识人察人不深、文字材料粗放、文档基础薄弱、履行双责偏失、沟通协调欠缺、关怀帮助不足12个具体问题,深刻反思剖析原因,结合实际制定整改措施,切实做到自身正、自身净、自身硬,组工干部队伍良好形象进一步提升。 (王 慧)

【党建制度改革】 市委组织部按照市委深化改革的要求,制定印发《太原市深化党的建设制度改革实施方案》,明确11项28个具体制度,为全市党的建设制度改革绘制"路线图"和"时间表"。建立重大改革项目及事项台账,完善改革事项进展情况月报制度,推进6项承接中央、省委的改革任务,认真完成全市3项探索性、创新性改革任务。

(王 慧)

【发挥人才作用】 服务全市中心工作,根据城中村改造的实际需求,组织市级优秀人才赴万柏林区、杏花岭区等城改一线,开展2次服务城中村改造专业咨询指导工作,为县区搭建一个向市优秀人才进行专业咨询的平台,对全市城中村改造工作起到积极推动作用。举办2期"太原市社会工作人才队伍建设专题培训班",共培训300人,提升社会工作人才专业知识水平和服务能力。落实各类人才的相关待遇,开展体检、疗养等服务活动,进一步激发各类优秀人才的工作积极性和创造热情。 (王 慧)

【强化作风建设】 市委组织部开展“三严三实”专题教育，不断强化组工干部队伍思想建设。开展全民终身学习活动周活动，举办《党章》专题讲座、观看纪录片《筑梦中国》《使命》等影片。开展精准扶贫结对帮扶工作，支持帮助娄烦县潘家庄村建成村民健身活动广场等。开展《基层党组织在推进城中村改造中的作用研究》《党员领导干部“不作为”问题研究》等6个党建重点课题研究工作。开展大组工网分级保护建设、全市服务群众工作平台建设、党员干部现代远程教育系统改版升级工作。认真开展网络舆情监测和网络宣传工作，新浪微博“并州老西”账号已发布微博1.4万余条，在太原红e网上开通组织部长信箱和组织工作公开栏目。 （王　慧）

【构建良好运行机制】 召开全市组织工作推进会，采取述职性总结、项目化推进、制度链保障的办法，通报全市工作，开展民主测评，对10县（市、区）委、15个市直党（工）委组织部工作排出名次。按照“从严从实推进落实”的理念，部机关各处室和各单位按照项目化管理方法，细化分解下半年4项重点工作21项具体任务，责任落实到人；采取日报告、周例会、季通报、年评比等制度，确保各项任务落实到位。全年各项重点工作任务稳步有序推进。 （王　慧）

宣传工作

【概述】 2015年，全市宣传思想文化战线贯彻党中央和省委、市委决策部署，围绕中心，服务大局，主动担当、积极作为，推动各项工作深入开展，服务全市抓好“五个一批”，推动“六大发展”，实现“六个表率”，为“净化政治生态、实现弊革风清，重塑太原形象、促进富民强市”提供精神文化力量支撑。 （边素庭）

【思想建设】 以学习贯彻习近平总书记系列重要讲话精神为各级党委（党组）中心组学习首要政治任务，市委宣传部下发《关于2015年太原市党委（党组）中心组暨干部理论学习的安排意见》和《关于加强党委（党组）中心组学习情况通报工作的通知》，指导和规范各县（市、区）和市委各党（工）委的中心组学习，对全市党委（党组）中心组理论学习情况进行检查通报。做好市委中心组理论学习服务服务工作，全年市委中心组集体学习18次。举办全市理论宣讲骨干研修班、全市学习宣传党的十八届五中全会理论骨干培训班，组建市委宣讲团深入基层宣讲党的十八届五中全会精神，特别是组织太原晚报微信平台开展“走进十三五，太原舞起来”主题微宣讲活动。组织全市近1.8万名领导干部参加理论考试，检验学习效果，以考促学。

（边素庭）

【意识形态管理】 制定印发《中共太原市委宣传部关于加强和规范哲学社会科学类论坛管理的通知》，推进论坛健康有序发展，确保其成为传播党的理论路线方针政策的阵地。制定下发《关于印发 <中共太原市委宣传部理论研究课题组制度> 的通知》，规范理论课题研究工作，加强课题研究力度。 （边素庭）

【廉政文化建设】 起草《关于加强廉政文化建设的意见》，印发《中共太原市委办公厅太原市人民政府办公厅印发 <关于加强廉政文化建设的意见> 的通知》（并办字〔2015〕19号），在全市营造以廉为荣、以贪为耻的文化环境。在全市党员干部中开展“革弊正风、廉洁发展”读一本好书征文活动，在《太原日报》开设专栏刊载一批优秀文章。 （边素庭）

【新型智库建设】 根据中央和省委关于加强新型智库建设的有关精神和市委领导的批示，代市委起草《关于加强太原新型智库建设的实施意见》。 （边素庭）

【新闻宣传】 坚持新闻通气会制度，围绕中央、省委、市委重大决策部署以及全市重要会议、重大活动、重点工作，集中开展宣传报道，弘扬主旋律，凝聚正能量。市属媒体开设专栏，推出系列报道，配发评论员文章，重点就学习贯彻十八届五中全会精神、“三严三实”专题教育、纪念抗日战争胜利70周年、弘扬“三个文化”“六权治本”“五个一批”“冬季行动”“五城联创”“双创”等方面，进行宣传报道和舆论引导。围绕全市城中村改造工作，采取多种形式进行宣传报道，促进全社会认识到城中村改造的意义，及时了解市委、市政府的工作部署、进展情况和政策措施，为工作顺利推进营造舆论氛围。七一前后，组织市属新闻媒体采访先进基层党组织和优秀党员，在太原新闻网开设“先锋颂、堡垒赞”专栏进行集中报道，在全市营造崇尚先进、学习先进、争当先进的良好氛围。 （边素庭）

【对外宣传】 制订下发《太原市建立健全信息发布和政策解读机制的实施意见》，逐步完善新闻发言人制度建设。策划组织太原城中村改造等多次集中调研采访活动。借助平遥国际摄影大展平台，举办太原城市形象图片展。中英文电视外宣片《回家》成功首映并荣获全国电视外宣“彩桥”奖一等奖。全年宣传报道太原稿件中央媒体共计584篇，省级媒体共计4595篇，境外媒体共计54篇。

（边素庭）

【网络宣传管理】 举办全市网络评论和政务微博培训班。组织市属新闻网站开展“社会主义核心价值观学习实践活动”“太原市城中村改造”等网上重大主题宣传活动。组织核心网络评论员开展“重塑山西改革发展新形象”“太原12·13案件”等106个专题网上评论引导工作，形成网上正面舆论。完成“第十届全国网络媒体山西行”太原采访活动，新华网、人民网、新浪、腾讯等40多家全国、地方重点网络媒体记者70多人参观采访。加强太原宣传网内容建设，坚持网站内容每日更新，反映全市宣传思想文化工作动态和创新成果，宣传太原改革开

放和现代化建设的新成就。（边素庭）

【舆情信息工作】 举办全市舆情信息员培训班。全年编辑报送互联网信息等专刊6372期，向市委领导提供互联网信息服务。全年舆情信息被中央宣传部采用998篇、山西省委宣传部共计418篇，撰写《太原全面启动城中村改造引网民热议》等8篇专题分析报告。太原市委宣传部被中央宣传部评为全国舆情信息工作先进单位。（边素庭）

【社会主义核心价值观建设】 出台《太原市关于加强公益广告发布内容管理的实施意见》和《太原市加强以社会主义核心价值观为主要内容的社会公益宣传工作意见》，围绕弘扬和践行社会主义核心价值观，建立一批社会主义核心价值观主题公园，推进"讲文明树新风"公益广告宣传实现全覆盖。在《太原日报》《太原晚报》版面和太原广播电视台频道频率、主要街道灯杆道旗、公交、出租车车载LED、主要路口电子显示屏、建筑围挡等载体共发布14个方面的专题公益广告。市委宣传部联合市双拥办在太原解放纪念馆筹建太原市双拥展览馆。（边素庭）

【专项整治】 制订《太原市关于"摒弃婚丧陋习、树立文明新风"工作的实施意见》和《2015年太原市陈规陋俗专项整治工作实施方案》，专题部署整治婚丧嫁娶大操大办、农村开展崇尚科学破除迷信等工作，"午夜禁炮"效果明显。制定《太原市2015年文明与旅游同行活动方案》。实施文明交通行动计划，开展以"告别不文明行为"为主题的教育实践活动。（边素庭）

【公民道德建设】 组织道德模范、身边好人的推荐申报、学习宣传活动。开展道德模范进基层巡讲活动，推荐申报第五届全国道德模范，清徐县检察院李宏达荣获第五届全国道德模范提名奖。评选出20位太原好人。太原火车站杨静入选2015年12月的中国好人榜。协助中央电视台摄制完成微电影《铁面女包公李学花》并在央视播出。开展"我爱我家——家规家训和家风故事"征集活动。开展心理辅导教育宣传活动和"红领巾相约中国梦"主题读书活动。（边素庭）

【文明城市创建】 落实市委、市政府"五城联创"决策部署，制定《太原市2015年迎接全国文明城市测评工作方案(修订稿)》和《太原市2015年创建全国文明城市工作任务分解》，开展全国文明城市创建工作督促检查，开展网上文明创建活动。

加强志愿服务制度化建设，全年开展各类志愿服务活动62000余场，参与志愿者187.6万人次，提供志愿服务时长752万小时，全市受助人群达30万人次。（边素庭）

【学习培训】 市委宣传部召开学习贯彻习近平总书记在文艺工作座谈会上讲话精神座谈会，太原广播电视台、《太原日报》、市文联等单位负责同志和文艺工作者代表共11人交流发言。会上下发《关于开展习近平总书记<在文艺工作座谈会上的讲话>精神学习宣传活动方案》。举办全市文艺骨干培训班，专题学习贯彻习近平总书记在文艺工作座谈会上讲话精神，来自全市宣传文化系统各有关单位和所属艺术院团、文艺家协会，以及各县(市、区)委宣传部、文联的70余名文艺骨干参加培训。（边素庭）

【文艺精品创作】 围绕实现"中国梦"，弘扬社会主义核心价值观，弘扬山西"三个优秀历史文化"等主题，推进文艺精品创作。组织太原市晋剧艺术研究院实验一团创排省市2015年度文艺创作重点剧目新编题材历史晋剧《于成龙》，9月29日至30日在青年宫演艺中心首演；该剧作为"山西省优秀新创剧目晋京展演活动"剧目，于10月30日至31日在北京长安大戏院展演2场。组织太原市文化艺术学校创排的养老题材晋剧《守护夕阳》10月29日参演在苏州举行的第十四届中国戏剧节，是山西省唯一入选本届戏剧节的优秀剧目。组织太原市歌舞杂技团有限责任公司联合杭州剧院创排太原市首部原创青春励志音乐剧《十年》，3月24日在上海文化广场主剧场举行全国巡演首演，全年全国巡演40余场。组织太原舞蹈团创排大型舞剧《雁丘词》，7月3日至4日在青年宫演艺中心试演两场，7月11日至12日在北京天桥剧院首演。扶持太原市艺术研究院整理编辑院藏剧本选集。组织编辑出版弘扬太原市优秀传统文化的重点图书《太原小说选》《太原散文选》。（边素庭）

【专项文艺创作】 9月，制定《关于"城中村"改造文艺创作专项工作方案》，开展城中村改造文艺创作专项工作。计划用两年左右时间，组织创作一批文学作品、舞台艺术作品、影视艺术作品和书法美术摄影艺术作品，包括组织创作一部长篇小说、一部长篇纪实文学，一批中短小说和诗歌散文；创排一部话剧、一部晋剧，组织创作拍摄一部6集电视纪实专题片、一部现实题材电影、一部30集当代都市题材电视连续剧；创作并举办一台城中村改造专题文艺演出，举办一次"太原市城中村改造书法美术摄影原创作品展"。城中村改造电视连续剧创作项目并得到山西省委宣传部30万元专项资金扶持。城中村改造题材电影推荐申报中宣部、国家新闻出版广电总局和财政部共同发起实施的电影剧本孵化项目计划。（边素庭）

【纪念抗战胜利70周年系列活动】 9月18日，在太原工人文化宫剧场，举办太原市纪念中国人民抗日战争暨世界反法西斯战争胜利70周年重点活动——"烽火战歌"专场音乐朗诵会。组织创作一批抗战题材文艺作品，太原话剧团创作国内首部抗战题材解密话剧《谍杀》，4月24日、25日在青年宫演艺中心首演，并于6月5日至7日在北京首都剧场演出两场；太原市晋剧艺术研究院实验二团创作推出新编晋剧《续范亭》，8月30

日、31日至9月1日在青年宫演艺中心正式演出3场；实验一团改编推出现代晋剧《紫穗槐》并于7月7日至8日在南宫剧场演出两场；太原广播电视台摄制播出10集电视历史文献片《太原·抗战》年制作，9月2日开始在太原广播电视台新闻频道黄金时间首播，每集30分钟。太原市委外宣办、市政府新闻办与中国传媒大学共同制作摄制历史纪录片《共赴国难——太原会战纪实》，并于9月24日至25日，在中央电视台纪录片频道(CCTV—9)《真相》栏目分上下两集播出。组织市文联、太原画院、太原美术馆等举办“民族魂　翰墨情”美术书法作品展、“民族脊梁——抗战老兵经典人文影像摄影大展”“烽火三晋魂”美术作品展、“太行丹青——红色经典美术作品展”等展览。太原市委宣传部编辑出版抗战老兵口述实录图书《寻找太原抗战记忆》，太原市委党史研究室编辑出版抗战资料实录图书《太原，1937》。（边素庭）

【文艺项目】 太原市有5部舞台剧，即晋剧《于成龙》《续范亭》《太宗归晋》《傅山进京》和舞剧《千手观音》获得2015年度国家艺术基金资助。其中，晋剧《于成龙》《太宗归晋》《续范亭》为国家艺术基金2015年度舞台艺术创作资助项目(大型舞台剧和作品)，晋剧《傅山进京》(全国巡演)、舞剧《千手观音》(东盟巡演)为国家艺术基金2015年度传播交流推广资助项目。（边素庭）

【主题实践活动】 组织开展“深入生活、扎根实践”主题实践活动、廉政文化下基层活动，市属文艺院团送戏下基层活动和文艺“六进”活动共250场，“周末剧场”活动演出84场，“好电影公益展映季”活动共有15家影院参加并放映影片30多部，平均每个影院每月放映12场。开展精品剧目《傅山进京》赴包头“文化走亲”活动。《傅山进京》还参加“山西省文艺精品进校团”活动，为中北大学、太原理工大学、山西医科大学、山西大学商务学院等院校师生演出。组织编演小品《大仙》等3个文艺节目参加“风清气正谱新篇，平安创建大太原”省城反邪教文艺节目演出并获奖。（边素庭）

【文化活动】 市委宣传部、市文明办、市文化局联合下发《关于举办2015年太原市“文化太原　幸福龙城”为主题的春节、元宵节“两节”系列文化活动的通知》(并文广新字〔2015〕2号)，部署开展12项“两节”期间主要群众文化活动，并举办“2015中国·太原国际鼓王邀请赛”，丰富省城人民精神文化生活。（边素庭）

【文化改革】 全市9项重点文化改革项目基本完成。推进媒体融合，太原日报新闻客户端(APP)稳步运行，太原晚报官方微信(微信号：tywanbao)位列山西综合性纸媒第一位，均实现微盈利。《推进媒体融合　深化新闻改革》《太原市文化局简政放权的一些做法》《完善志愿服务需求对接　加强志愿服务站点建设》3个改革案例得到市改革办认可。（边素庭）

【文化产业发展】 组织太原特码茄电子科技有限公司等企业和单位参展第十一届深圳文博会和山西省文化产业招商项目推介会，重点推介阳曲县青龙古镇文化旅游等4个项目。组织36家企业和单位参展第二届山西省文博会，太原展厅600平方米，展示太原文化创意、文化科技融合、传统工美非遗等文化成果，太原市被授予优秀组织奖和优秀展示奖。2015年市级文化产业专项资金扶持舞剧《雁丘词》、晋剧《于成龙》、太原新闻网改造、山西特色旅游文创产品开发与推广项目、梓古轩绿色水墨印刷等14个项目。（边素庭）

【公共文化服务】 举办全市公共文化服务体系建设干部培训班、太原市宣传干部培训班两期培训。组织开展2015年度重点文化扶持奖励项目申报工作，向省委宣传部上报重点文艺作品类项目8件，特色文化产品类项目6件，文化节庆活动类项目1件，重点图书类项目2件。加快太原博物馆陈列布展和配套设施建设，推进图书馆改扩建工程，市群艺馆被国家评为地市一级群艺馆。开展第四次全国文化馆评估定级工作，拨付市级专项资金182.34万元。推进晋祠环境综合整治、府城文物保护工作、西山文化带文物保护工程、古城镇和古村落保护工程。太原美术馆举办“第十二届全国美展获奖作品展览”太原巡展、新态·太原国际雕塑双年展、“中国共产党反腐倡廉历程展”“雪海留香——赵梅生90艺术回顾展”“艺苑驰骋——马泉书画作品展”等25场展览及2场研讨会、14场“大美讲堂”。（边素庭）

统战工作

【概述】 2015年，在市委的正确领导下，全市统一战线高举爱国主义、社会主义旗帜，围绕大团结、大联合主题，促进党派、民族、宗教、阶层和海内外同胞“五大关系”和谐，发挥党外代表人士履职作用的发挥，为太原市推动“六大发展”、实现“六个表率”发挥统一战线的优势作用。市委统战部荣获全国统战信息工作二等奖、全省统战信息工作一等奖；全国统战理论政策研究创新成果三等奖、全省统战理论政策研究工作先进单位；全国、全省统战宣传工作先进单位；全省统战工作先进集体。（刘慧资）

【夯实统一战线共同思想政治基础】 2015年，中央、省委统战工作会议召开后，市委高度重视，迅速贯彻落实，召开了市委统战工作会议，市委书记吴政隆作了重要讲话，对全市做好统一战线工作提出10个方面的具体要求，并全年先后对统一战线相关工作作出批示49次。按照中央、省委、市委统战工作会议精神和吴政隆书记的重要批示精神，全市统一战线将学习贯彻会议精神作为统一战线的一项重大任务，以强化统战成员的思想认识、增进共识。一是抓培训。在中央统战部培训中心、中央社会主义学院、宁夏社会主义学院、浙江大学、山西社会主义学院、山西财经大学、太原市委党校举办了全市党外领导干部、党外优秀中青年干部暨党外知识分子、民族宗教界代表人士、非公经济代表人士等9个培训班，参训人数达1300余人；二是抓活动。在各民主党派、工商联、无党派人士中开展了坚持和发展中国特色社会主义学习实践活动，在非公经济人士中开展了以守法诚信为重点的理想信念教育实践活动，增强了党外人士对中国特色社会主义的理论自信、制度自信和道路自信；三是抓节点。以纪念《中共中央关于进一步加强中国共产党领导的多党合作和政治协商制度建设的意见》颁发10周年为契机，在《太原日报》刊发了全市6个民主党派市委会主委的署名文章，组织各民主党派、工商联负责人及无党派代表人士赴重庆进行了学习考察。在纪念抗战胜利70周年之际，向党外人士开展了征文活动，并编印了《太原统一战线》专刊。精心指导各民主党派分别开展了学习培训、考察调研、专题讲座等形式多样、内容丰富的思想教育活动，党外代表人士教育引导工作取得了明显成效，圆满完成了省里对太原市“充分发挥民主党派在思想政治教育工作方面的特殊作用、最大限度地凝聚正能量”的考核指标。

（刘慧资）

【保证民主党派履职作用发挥】 以“四个支持”推进民主党派工作，一是支持民主党派建言献策取得实效。在坚持多党合作重大问题协商、双月座谈、情况通报等6项制度的基础上，制定了太原市《党外代表人士意见建议采纳情况反馈制度》，进一步调动了党外代表人士参政议政的积极性，提高了建言献策的针对性和实效性。召开市委双月座谈会6次、情况通报会2次，各民主党派、工商联和无党派人士围绕全市工作重点，提出意见建议260条，其中在市委双月座谈会上提出的185条意见建议，大多被政府职能部门采纳，采纳率为92.7%；二是支持民主党派开展调研成果丰硕。按照“党委出题、党派调研、政府采纳、部门落实”的太原市民主党派调研工作机制，支持各民主党派围绕全市城中村改造、产业发展、环境保护、养老服务等深入调研，形成120余篇调研报告，并将其中的18篇重点课题调研报告汇编成册，分送市委、市政府相关部门。各民主党派在市“两会”上共提交议案和提案379件，其中有4件得到吴政隆书记的批示，农工党市委会提交的《加强食品安全监督、保障“舌尖上”的安全》的提案被市政协评为1号提案；三是支持民主党派开展社会服务形成品牌。按照“一党派一特色”的工作思路，全市各民主党派充分发挥界别特色和人才优势，开展形式多样、贴近民生的社会服务活动，民革开展的“博爱·牵手”爱心帮扶、民盟开展的“城乡儿童手拉手”、民建开展的“民企项目帮扶”、民进开展的“公益讲堂进校园”、农工开展的“医疗下乡”、九三学社开展的“扶贫支教”等活动，都产生了很大的社会反响；四是支持民主党派加强自身建设成效明显。结合民主党派面临的换届工作，协助指导各民主党派加强了领导班子后备干部队伍建设，经过民主推荐、协商确定人选、市委“五人小组”审议等程序，建立了55人的民主党派后备干部队伍。建立了市级民主党派领导班子传阅文件制度，使他们“知情参政”。召开了各民主党派秘书长例会，就各民主党派开展学习实践活动、廉政教育、基层组织建设、机关建设、制度建设等进行指导，民主党派自身建设得到加强。（刘慧资）

【维护民族宗教领域和谐稳定】 一是以民族宗教工作联席会议制度的落实为抓手，抓突发事件的解决和大型宗教活动的开展。坚持由统战、宗教、公安、安全等部门组成的民族宗教工作联席会议制度，及时沟通情况、依法稳妥处置民族宗教问题。共召开7次全市民族宗教工作联席会议，就接收安置省天主教修道院神甫、新疆籍伊吉拉特人员在“七·五事件”敏感节点对本市的渗透活动、“中华万宝园”“全球福音传遍日”非法宗教活动等做出处置，防止了事态的扩大和蔓延。对全市大型宗教活动协调指导“认识到位、预案到位、责任到位、措施到位、防控到位”，确保了伊斯兰教古尔邦节、圣纪、开斋节、板寺山天主教“三大瞻礼”和天主教、基督教圣诞节等重大宗教活动安全有序；二是以民族宗教工作“月巡”“约谈”制度的落实为载体，抓日常矛盾和问题的解决。共月巡宗教活动场所36处，约谈宗教代表人士50人（次），及时掌握民族宗教界代表人士的思想状况和民族宗教领域存在的问题和隐患，将其处理在萌芽状态。如：在巡查过程中，发现有60名阿富汗籍医学生在山西省进修期间，每周要定期在清真寺参加宗教活动，为防止境外敌对势力的渗透，市委统战部联合宗教、公安、安全等部门制定防范预案，并全程指导服务阿富汗籍医学生在本市的宗教活动。特别是在太原市列入改造的54个城中村涉及一批宗教活动场所，如果在拆迁改造中工作处置不当，极易引发全市宗教领域的不稳定。为此对全市城中村改造中涉及的14处宗教活动场所进行了深入调研，根据发现的问题及时协调规划部门对晋源区武家庄村天主教堂的拆迁改造规划进行调整，对尖草坪区大东流村基督教活动点的拆迁改造进行了解释、引导工作，稳定活动点牧师和信教群众的情绪；三是以宗教团体负责人联席会议制度的落实为平台，抓宗教团体自身建设。召开宗教团体负责人联席会议4次，掌握他们的诉求，依法做解答和协调工作。指导市宗教局在全市范围内对宗教场所存在的问题开展专项整治，进一步规范宗教活动场所的相关宗教活动。指导市伊斯兰教协会换届及市道教协会成立的前期筹备工作。

（刘慧资）

【充分发挥非公经济作用】 坚持一手抓鼓励支持，一手抓教育引导。一是提供政策支持。市委、市政府召开了全市民营经济发展推进会暨小微企业创业创新基

地城市示范工作动员会，出台《关于大力推动创业创新促进小微企业健康发展的意见》《关于加快发展养老服务业的实施意见》《关于印发 < 太原市小微企业创业创新基地城市示范工作实施方案 > 的通知》，为民营企业发展提供政策支持；二是搭建服务平台。开展了“法律进民企”活动，举办了民营企业招聘周活动，召开小微企业发展政策解答会，组织企业进行转型升级的铁路制造装备、电子商务等现场观摩活动，赴娄烦、阳曲开展了企业帮扶考察活动等，提升了民营企业家的法治意识、创业能力；三是加强组织建设。以市委办公厅文件转发省委办公厅《重塑山西民营企业家队伍形象的意见》，提出了全市民营企业家队伍要树立的“遵纪守法、诚实守信、创新转型、承担责任、勤俭自律”五大新形象。推荐太原市 26 名民营企业家担任了省光彩事业促进会第五届副会长和理事。指导商会按照商会章程，加强制度化建设，建立健全内部管理制度，形成规范有序的运作机制。指导市工商联召开了第十三届四次执委会。审议通过了《工作报告》，并对加强非公经济代表人士思想政治工作、创新经济服务机制、夯实工商联工作基础等作出安排部署。全市建立起一支 200 人的非公经济代表人士队伍。

（刘慧资）

【扩大海内外的知名度和影响力】 发挥市侨联、市台联、市海外联谊会、市海外王氏联谊后援会四个联谊平台的作用，扩大了太原市在海外的知名度和影响力。一是真诚“请进来”。与 30 个社团、100 余人（次）进行了联系沟通，邀请他们来太原观光考察、寻根祭祖、投资发展。接待了“晋港青年汇山西机遇行”首届香港青年学生山西实习计划团、澳门山西商会、澳门“京华之旅”、东南亚五国王氏社团等的交流访问，宣传了太原。由香港福建工程基金会拟捐资在本市建设一所希望小学，已选址在晋源区；二是主动“走出去”。市海外王氏联谊后援会组团赴缅甸参加了第十二届世界王氏恳亲联谊大会，太原市作为世界王氏祖地，指导大会启用了新的世界王氏恳亲联谊大会会旗，决定了第十三届世界王氏恳亲联谊大会的时间和地点，成立了“世界王氏恳亲联谊大会理事会”，与东南亚多国王氏社团组织交流互动，增进了共识、加深了感情。其他海外社团组织也先后赴厦门、成都、泉州等地与当地海外社团组织进行了交流学习，迎泽区侨联还与黑龙江省牡丹江穆棱市侨联缔结友好侨联；三是加强组织建设。通过同新华侨华人及新生代杰出代表的联系，重点掌握了一批高层次专家学者的信息，建立了一支百人海外联系队伍，进一步丰富了本市海外统战工作资源、拓宽了对外联谊交友渠道。

（刘慧资）

【重视党外代表人士队伍建设】 发现、培养、使用、管理是加强党外代表人士队伍建设的重要环节，一是注重党外代表人士的发现。通过工作调研、民主推荐、活动表现等，建立了 600 余人的党外干部队伍人才库，并实行动态化管理，确保在多党合作工作中手中有人，需要时能拿得出，关键时能用得上，而且起作用；二是注重党外代表人士的培养。先后举办 9 个培训班，基本实现了对党外代表人士教育培训的全覆盖。加强实践锻炼，选派了第四批 6 名党外干部在迎泽区挂职街办副主任或主任助理。掌握了有代表性的归国留学人员 283 人，积极推进欧美同学会的成立，组织民营企业参加了全省“百城同台”海归人才暨高校毕业生招聘会，成立了太原市“同心·律师服务团”，开展了“同心·服务下基层”系列活动，促进党外知识分子健康成长；三是注重党外干部的使用。针对市、县、乡即将换届的实际，在以市委名义下发的文件中，提出了争取在法检两院领导班子中配备党外干部，在乡镇（街道）领导班子中配备党外正职，并以市委名义开展督查；同时按照省委统战部要求，经过严格审核、市委批准，向省里推荐了 13 名优秀党外中青年干部；四是注重对党外干部的教育管理。制定下发了太原市《关于开展党外代表人士综合评价工作的意见（试行）》，召开了党外领导干部年度述职述廉大会，组织观看了廉政教育警示片，邀请市纪委主要负责同志向各民主党派、工商联负责同志通报了全市党风廉政建设和反腐败工作情况，修订了太原市《党外领导干部廉洁从政若干意见》。

（刘慧资）

【强化组织领导，提升统战工作水平】 一是加强党对统一战线工作的领导。成立了由市委书记吴政隆担任组长的市委统一战线工作领导小组，下发了市委贯彻《中国共产党统一战线工作条例（试行）》的实施意见，对全市统战工作作出了部署；二是健全完善工作体制机制。按照省委统战部合署办公会议要求，推动全市 10 个县（市、区）统战部门在坚持“两统两合”“五个不变”的原则下，全部完成合署办公，形成了工作合力。制定太原市《推荐产生政协委员协商细则》《推荐使用党外干部 “一岗双责”制度》，完善《对各县（市、区）、四个开发区统战工作量化办法》等，规范工作程序、严肃工作纪律；三是着力推进统战调研宣传信息“三项工作”。“三项工作”是动手、动脑的工作，也是锻炼提高统战干部工作能力的有效途径。全年编发《太原统一战线（双月刊）》6 期，《太原统一战线网》上传文字信息 1725 余条，图片信息 72 张，省委统战部网站采用 64 条，上报中央统战部信息 154 期，完成 76 篇统战调研论文，太原市调研宣传信息“三项工作”在中央、省委统战部年度工作评比中都获得名次、受到表彰。

（刘慧资）

政法综治

【概述】 2015 年，全市政法综治部门学习贯彻落实党的十八大、十八届四中、五中全会精神和习近平总书记系列重要讲话精神，开展“学习讨论落实”活动和“三严三实”专题教育活动,自觉把思想统一到中央和省、市委的工作指示和决策部署上来,精心履职、积极作为,推进“平安太原”、“法治太原” 和过硬队伍建设,服务省城经济发展,完成各项工作任务。全年未发生危害国家安全和社会稳定的重大政治事件,未发生重大群体性事件,未发生重大公共安全事件,未发生严重暴力恐怖事件和个人极端案(事)件,未发生重大安全生产事故。 (王一飞)

【防范、打击敌对势力】 全市政法机关始终将维护政治安全置于首要位置,严密防范、严厉打击境内外敌对势力、敌对分子的捣乱破坏活动,不断加强境外非政府组织的规范管理,深入开展摸底调查,对有境外渗透背景的开展了专案调查工作。深入开展反邪教斗争,严厉打击“法轮功”“实际神”等邪教组织的捣乱破坏活动,不断加大对一般邪教人员的教育转化力度,依法处理骨干和顽固分子。 (王一飞)

【反恐防恐,确保省城安全】 市政法综治部门主动适应反恐维稳严峻形势,健全完善反恐情报信息共享机制,密切掌控关注群体现实动向,全面加大对党政首脑等重点目标单位守护力度,加大对散装汽油、管制刀具等涉恐要素管控力度,开展社会面巡逻防控,不断强化反恐应急处置工作,组织开展“龙城 2015”反恐怖演习,反恐防恐水平明显提升。召开全省反恐怖工作太原现场会,市公安局在会上做经验汇报。 (王一飞)

【群体性事件预防处置】 市政法综治部门围绕涉众型经济犯罪、房地产开发以及物流、出租车、建筑等矛盾纠纷较为集中的领域,深入开展不稳定因素排查化解工作,及时掌握预警性、行动性情报信息,做到 100%预警。大力推进重大社会决策、重大工程项目社会稳定风险评估工作,建立了涵盖律师、规划、水电设计、环境保护等方面 64 人组成的专家库。不断加大群体性上访和群体性事件的处置力度,成功处置“6.15”两参人员赴省委上访、鑫盛源担保公司、天和旺物流公司受害群体堵门堵路等 129 起群体性事件,依法打击处理缠访闹访、组织煽动、挑头闹事等 484 人。 (王一飞)

【依法打击违法犯罪】 全市全年立刑事案件 36647 起,同比上升 19.7%;破获刑事案件 10867 起,同比上升 15.3%。共抓获刑事作案成员 4917 人,同比上升 6.5%。查处治安案件 86970 起,同比上升 45.1%,其中查处黄赌毒案件 3453 起,同比上升 0.8%;查处违法人员 101466 人,同比上升 33.5%。全市检察机关共受理审查逮捕各类案件 2704 件 3566 人,同比分别上升 11.4%和 12.4%。批准逮捕 2210 件 2889 人,同比分别上升 19.1%和 20.1%。受理审查起诉 3973 件 5866 人,同比上升 1.5%和 10.5%,提起公诉 3127 件 4181 人,同比下降 2.5%和 2.3%。全市两级法院受理刑事案件 4668 件,比去年同期增加 430 件,同比上升 10.15%,审结 3511 件,判处罪犯 3071 人。 (王一飞)

【推进矛盾纠纷多元化解体系建设】 提高各县(市、区)及市直部门联调工作能力和运用法治思维和法治方式化解矛盾纠纷的水平。全市县(市、区)、乡镇(街道)、村(社区)共有村级调解组织 1498 个,乡级调解组织 106 个,企业调解组织 266 个,县级调解组织 10 个,三级联调平台已基本建成并投入运行。全市共调解各类纠纷 31076 件,调解成功 30117 件,调成率 96.91%,防止民转刑案件 22 件,防止群体上访 564 起,防止械斗 13 起。全市法院受理一审民商事案件 31165 件,较去年同期增加 9578 件,同比上升 44.37%,一审调解、撤诉结案 7678 件,调解撤案率达 43.19%。受理执行案件 9011 件,较去年同期增加 3086 件,同比上升 52.08%,执结 3768 件。执结标的额达 53.31 亿元。 (王一飞)

【推进“天网”视频监控建设】 市政法综治部门视频监控建设三年规划全部完成,共建视频监控 320000 个,其中一类视频监控 19000 个,二类视频监控 10000,三类视频监控 291000 个。深入开展平安创建,积极推进“六安联创”,不断延伸平安建设触角,拓宽平安建设覆盖面,强化群防群治队伍建设,加强平安志愿服务工作。共组织群防群治队伍 4104 支 21887 人,平安志愿者 40680 人。

(王一飞)

【特殊人群的服务管理】 全市在册严重精神障碍患者 9245 人、在管患者 7921 人,易肇事肇祸精神障碍患者 1853 人,平均患者检出率为 2.18‰,管理率为 79.75%,服药率为 51.44%;在册管理的社区服刑人员 1884 人,重新犯罪率为 0.1%;衔接管理的安置帮教对象 5446 人,帮教率为 97.8%、安置率为 90%,重新违法犯罪率控制在 2%以内;登记在册吸毒人员 16000 余人,参加维持治疗人员 2814 人;在册管理的艾滋病感染者 643 例、艾滋病病人 266 例,抗病毒治疗 666 例;在册帮扶重点青少年群体 3582 人,未发生在全省全国有影响的重大案(事)件。 (王一飞)

【推进社会服务管理平台建设】 市政法综治部门制定出台《关于进一步加强基层社会治安综合治理工作的实施意见》《关于进一步加强全市社会服务管理体系建设的实施意见》进一步夯实基层基础,配齐配强乡镇(街道)专抓副职和综治专干。落实体系建设经费保障,县(市、区)将三级平台运行经费和网格长补助纳入财政预算。针对平台运行存在的问题与不足,市县两级有计划、分批次地开展基层综治工作者业务大培训活动,进一步提高了基层综治工作者的能力水平。基层三级平台共受理各类事项 210945 件、办结 174380 件,处置率为 82.7%,在维护基层社会稳定、服务群众方面发挥积极的作用。同时,按照中央、省综治办文件要求,积极推进市县两级综治信息化建设。市级综治视频会议系统建设已完成，县（市、区）综治视频会议系统设备正在安装联网调试过程中，实现中央、省、市、县四级政法综治视频会议功能。（王一飞）

【化解进京非正常上访】 全年共对恶意非法进京上访人员刑事拘留22人次，行政拘留107人次，行政警告101人次。牵头组织市综治办、市信访联席办、市维稳办、市公安局等部门，组成联合督导组，对全市进京非正常上访治理工作情况进行督导。全国“两会”、9.3纪念抗战胜利70周年等重要时期，集中组织开展专项整治行动，充分发挥“护城河”作用。年内全市发生进京非正常上访527人次。（王一飞）

【交通、消防管理】 全市进一步加大对交通、消防的管理力度，全市共发生交通事故790起，同比下降14.5%；死亡186人，同比上升2.8%，受伤912人，同比上升23.7%；直接经济损失203.5万元，同比下降1.3%。共发生火灾1736起，死亡5人，受伤8人，直接经济损失493.9万元，未发生特大火灾事故。（王一飞）

【寄送、物流业清理整顿】 市政法综治部门贯彻落实全国、全省集中开展危爆物品、寄递物流清理整顿和矛盾纠纷排查化解专项行动电视电话会议精神，不断加大工作力度，全市共排查登记涉爆企业37家，涉爆从业人员4000余名；涉危单位445家，其中加油站259家，危险品从业单位117家，剧毒使用单位46家，放射性物质使用单位23家；涉爆、涉枪重点人员434名。共排查危货企业45家，危货车辆1001辆，从业人员2082名。（王一飞）

【健全体制机制】 市委下发《中共太原市委关于贯彻落实党的十八届四中全会精神加快推进法治太原建设的实施意见》，出台《贯彻实施〈中共太原市委关于贯彻落实党的十八届四中全会精神加快推进法治太原建设的实施意见〉重要举措分工方案》；细化各相关单位的职责分工，形成七部分具体任务。同时，市委办公厅印发《中共太原市委关于调整市委全面深化改革领导小组等机构组成人员的通知》（并字〔2015〕23号），明确中共太原市委法治建设领导小组组长、副组长和成员单位名单，领导小组办公室设在市委政法委，市委法治办印发了《关于印发市委法治建设领导小组及办公室等机构组成人员的通知》（并法治字〔2015〕1号），明确了领导小组成员名单及专项小组名单；领导小组下设地方立法、依法行政、公正司法和法治社会建设三个专项小组。市委法治建设领导小组经市编办批复，已列入保留的市级综合议事协调机构名单，市委将统一调整人员组成。（王一飞）

【公正司法】 全市两级法院如期完成“三大平台”信息化建设，实现办案流程信息、裁判文书、执行信息的全面公开。检察机关全面开展“阳光检察”，积极构建完善开放、动态、透明、便民阳光检察工作机制。公安机关设立“执法信息公开平台”数据上传已基本完成，结合省公安厅“四项整治”工作，严格在全市开展专项检查，对发现的问题进行通报。司法行政机关公开发布政务信息累计149条，市司法局还对公众信息网进行改版升级工作。（王一飞）

【司法体制改革试点】 市政法综治部门按照山西省司法体制改革试点工作动员部署会议精神，尖草坪区结合本区实际，在深入调研和多次论证的基础上，提出“横向大部制，纵向扁平化”的改革方案。该方案不仅可以适当提高检察官、法官的职级待遇，而且还能解决基层法检两院办案力量不足、工作效率不高、业务工作发展不平衡等问题。省“1+8”司改制度体系出台后，机构和人员上划前期工作已经完成，首批法官、检察官遴选工作已经完成，各项试点工作稳步推进。（王一飞）

【专项整治】 为深刻汲取“12.13”案件教训，市委政法委从1月10日开始在全市政法系统集中开展为期五个月的执法司法突出问题专项整治活动，全市政法部门共梳理查摆出突出问题1114项，其中两级法院436项，两级检察院201项，市公安局376项，司法行政系统101项。对于专项整治中发现的问题，坚持“四个必查”、做到了“四不放过”。活动中，全市政法部门共收到举报线索152条，查处违法违纪案件16案38人，其中法院2案2人，公安14案36人，同时公安清理清退“吃空饷”人员27人。对于整治中发现的问题，都做到了深刻剖析原因，切实找准症结，明确整改方向，制定整改措施，规定整改期限，一个一个加以解决。通过集中整治，政法机关执法不严、执法不公、司法腐败的问题明显减少，公信力明显提高。（王一飞）

【普法教育】 市政法综治部门全面深化“六五”普法，丰富“法律六进”主题活动。紧紧抓住领导干部开展专题培训。继续办好“普法大讲堂”，推广“普法大篷车”等普法活动。组织举办全市各级各部门普法骨干（联络员）培训班。精心打造龙潭法治主题公园、万柏林公园路法治文化长廊、矿北社区“法治文化游园”、杏花岭三墙路“法治文化一条街”等法治文化示范点开展普法宣传。开展法治县（市、区）、民主法治示范村（社区）创建活动。加强公共法律服务体系建设，推进一村（社区）一法律顾问工作，为全市1519个村（社区）配置了法律顾问。（王一飞）

【推进“六权治本”】 市委把“六权治本”作为推进法治太原建设的重要内容，按照市委指示精神，市委法治办印发《2015年法治太原建设工作要点》，细化目标、明确任务，市纪委监察局、市四大班子办公厅、编办、法制办、政务办等部门按照职责分工各负其责、分头落实。依法确定权力，全市共梳理出行政权力事项6033项，通过严格清权确定4005项，减少1978项，精简33%；科学配置权力，将政府工作部门由原来的43个精简为

40个，对54个市直党政工作部门内设机构进行重新梳理和科学配置；制度限制权力，对现行涉及行政权力、对外职能等事项的相关制度进行全面清理完善；阳光行使权力，全面实行党务公开、政务公开、村务公开、和企务公开；合力监督权力，健全完善党内监督、人大监督、行政监督、民主监督、舆论监督、审计监督和司法监督制度，形成全方位、全过程、多层次的权力制约监督合力；严惩滥用权力，建立实施重大决策终身责任追究、责任倒查、纠错问责、权力运行痕迹管理等制度，依法对以权谋私、失职渎职等职务犯罪和行为严查严惩。 （王一飞）

【推进涉法涉诉信访改革】 市委政法委严格贯彻落实中央和省、市政法工作会议精神，以中央和省、市关于涉法涉诉信访改革相关配套文件精神为依据，不断推进涉法涉诉信访改革工作。各县（市、区）委政法委和市直政法各单位进一步建立完善依法导入机制、纠错补瑕机制、终结退出机制、违法信访依法处置机制等工作机制；组织开展涉法涉诉进京非正常访积案清理活动，省委政法委交办51件信访案件全部按时核销；组织开展涉法涉诉信访案件评查活动和依法处理非正常上访行为专项治理活动。

（王一飞）

【开展“打黑除恶”斗争】 市政法综治部门保持对黑恶势力的高压态势，制定印发《关于服务保障城中村，改造进一步加大“打黑除恶”工作力度的意见》、《太原市打黑除恶专项斗争推进年活动实施方案》。召开会议对“打黑除恶”进行安排部署。全市共打掉黑恶势力犯罪团伙47个，抓获犯罪嫌疑人368人，破获刑事案件327起。王儒林书记在太原调研考察时指出的14件涉黑涉恶核查线索全部办结，“历史挂账”一举突破；承办的60件公安部、省“打黑办”批转涉黑涉恶核查线索已全部办结。通过打击，一些区域、行业，特别是“城中村”中干扰基层政权，插手工程承包，为抢揽工程而进行强迫交易、寻衅滋事等犯罪行为明显减少，确保“城中村”改造的进行，受到王儒林、吴政隆、王建明、刘杰等领导同志表扬。太原市“打黑除恶”的做法在全省“打黑除恶”斗争汇报会上作经验介绍。

（王一飞）

【开展社会治安重点整治】 市政法综治部门加强以“城中村”为重点的社会治安六项集中整治工作，制定出台《关于服务和保障全市城中村改造，进一步加强社会治安综合治理的意见》和《关于在全市集中开展城中村社会治安整治专项行动暨不稳定因素排查化解的实施方案》，召开会议对“城中村”社会治安整治专项行动暨不稳定因素排查化解进行安排部署。排查“九小场所”14030余家（次），整治8087家（次）；以“零容忍”态度破获刑事案件1988起、刑事拘留923人，查处治安案件10734起（其中涉黄涉赌案件741起）、治安拘留3562人，在城中村建设平安警务室55个。特别是对蓄意煽动、组织、策划非法上访以及挑头闹事、阻挠工程进度等违法行为，及时收集固定证据，坚决依法打击，服务保障全市“城中村”改造的顺利推进，受到吴政隆、耿彦波等领导的表扬。“城中村”社会治安集中整治的做法在全省电视电话会议上作经验介绍。 （王一飞）

【提供法律服务】 全市政法部门围绕重点工程建设，主动适应经济发展新常态，在市委政法委统一协调下各司其职，相互配合，充分发挥职能作用，形成“1+4”制度体系。全市两级法院充分发挥职能作用，狠抓城中村改造重点项目案件的审理，依法惩治犯罪，打击职务犯罪，参与“以群众举报乡村干部腐败为点集中解决群众信访问题”专项清理整治活动，开通快立、快审、快执的绿色通道，确保全市法院审判工作顺利进行，为省城建设营造良好的法治环境和治安环境。

检察院充分发挥检察监督职能，依法严惩人民群众深恶痛疾的刑事犯罪，创优发展环境。建立了对黑拐枪、盗抢骗、黄赌毒等犯罪常态化打击整治机制，增强人民群众的安全感，坚持上下一盘棋，整合强化办案资源，确保形成打击合力，获得较好的法律效果和社会效果。全市公安机关主动适应新常态服务保障“六大发展”，充分发挥公安机关的职能作用，部署开展“夏季攻势”打击整治专项行动，抓住排查预警、化解稳控和打击处置三个关键环节，深入开展“城中村”突出治安问题分类治理，全力保障“城中村”拆迁改造的顺利进行。司法行政系统整合法制宣传、律师、公证、法律援助、人民调解、基层法律服务、社区矫正等职能，充分发挥司法行政法治宣传、法律服务和法律保障优势，及时动员，组织优秀律师事务所和“城中村”对接，深化“一村一法律顾问”的主战场，实现全市1519个乡村（社区）法律顾问全覆盖，全力服务和保障城中村拆迁改造工作。

（王一飞）

【开通太原长安网站平台】 根据省委政法委关于推进山西长安网群建设的部署和要求，全省市、县两级政法委（综治办）建立各自的长安网网站并依托省级平台集群建设，网站系统、硬件设备由省级提供，市、县两级不需单独建设。各长安网与中政委、省委政法委网站联通，形成全国长安网整体布局。市委政法委（综治办）已注册登记太原长安网网站，页面设计已经完成，县级网站还未建立。通过这一平台，大力宣传政法综治工作信息，为广大市民了解政法综治工作提供便捷的窗口。 （王一飞）

【建立政法舆情监测】 随着互联网和微博、微信等新型媒体的快速普及，政法工作面临空前开放、高度透明、全时监督的舆论环境，特别是涉及社会政治稳定和政法舆情信息更是社会高度关注的热点。特别是“12·13”案件发生后，境内外网上舆情的热炒，使全市陷入非常被动的局面。针对社会稳定和政法舆情信息的掌控方面的短板，2015年7月10日，

政法委与法制网舆情监测中心签订舆情服务协议,建立协作关系,建立起社会稳定和政法舆情信息监测平台,为社会稳定和政法舆情信息提供服务,每日提供舆情简报及信息的研判分级,遇有重大舆情信息时及时发出预警,并协助提供引导和应对舆情的建议和办法。政法委派人前往该中心进行培训。（王一飞）

【舆情应对机制运作】 市政法综治部门为了汲取“12·13”案件舆情应对的教训,组成“12·13”案件舆情引导和应对领导组,先后制定“12·13”案件公诉审判阶段舆情引导工作预案和“12·13”案件宣判期间舆情引导与应对工作预案。建立“12·13”案件庭审期间舆情会商研判制度,由市委政法委牵头,市委宣传部、市外宣办、市网信办、市法院、市检察院、市公安局网警支队、警令部警察公共关系处、市国安局、市司法局等确定一名舆情人员参加,进行会商研判,并将每日舆情信息当日报送市委、省委政法委及市委宣传部,为领导提供参考。在庭审期间,针对网上不实之词和炒作的负面舆情,组织政法部门网评员以普通网民身份进行引导和应对,取得初步效果。

（王一飞）

【加强政法队伍建设】 按照省、市委统一安排部署,市委政法委紧密结合工作实际,组织全市政法机关深入开展“学习讨论落实活动”和“三严三实”专题教育活动。活动中,市委政法委始终把握总体要求,突出活动和教育主题,坚持问题导向,贯彻从严要求,确定具体项目,细化目标任务,层层落实责任。通过集中学习、开办专家讲座、观看影视教育片、参观廉政教育基地等多种形式深入开展活动。在深入查找问题的基础上,扎实开展了“执法司法突出问题”和“不严不实”问题整治,形成预防、整改工作的常态化和长效机制,党员干部的党性意识和宗旨意识明显增强,达到了深化认识、筑牢根基,以思想自觉引领行动自觉的效果。

（王一飞）

【提高政法干警服务意识】 以政法机关窗口单位为主体,引深政法窗口建设活动。深入开展“创建”群众满意的政法窗口活动,把政法窗口建设与习近平总书记提出的“政治过硬、纪律过硬、作风过硬”的要求和努力建设一支信念坚定、执法为民、敢于担当、清正廉洁的政法队伍的目标紧密集合起来,与贯彻市委十届六中全会精神、加快推进法治太原建设,促进“六个表率”的奋斗目标紧密结合起来,在认真总结和查找窗口建设中存在的突出问题的同时,通过政法窗口作风和效能的转变,为广大群众多办实事、多解难题。进一步增强同人民群众的感情,树立新时期政法队伍的新形象。以基层政法机关干警为主体（窗口干警除外）,开展“一村(社区)一警”联系走访活动。充分发挥政法部门的职能作用,发挥乡街政法工作服务队的作用。了解社情民意,排查矛盾隐患,整治治安乱点,化解矛盾纠纷,指导平安建设、提供法律服务,解决群众难题,夯实基层基础。全市两级政法机关共有3418名干警参加活动,共联系走访25398余次,走访群众25398余次,走访群众28243余户,75828余人次,收集社情民意6214条,意见建议3060条,排查矛盾隐患3070处,整治治安乱点813处,排查案件线索991条,化解矛盾纠纷3779件,帮扶困难群粽1556户,3204人,提供法律服务20110次,健全基层群防组织691个,开展法律宣传、讲座1457次。（王一飞）

【开展思想政治建设】 市政法综治部门落实党建工作责任制,加强督促检查力度,努力构建“书记抓、抓书记”的基层党建工作格局。严格党内政治生活和组织生活制度,突出抓好“三会一课”制度的落实。开展政法干警的思想政治建设,忠诚教育,使全体干警在思想上牢固树立忠于党、忠于国家、忠于人民、忠于法律的观念,切实打牢高举旗帜、听党指挥、忠诚使命的思想根基;开展纪律教育。从政治纪律、工作纪律、生活纪律方面,坚决做到“五个必须、五个绝不允许”,坚决与“七个有之”作斗争。围绕执法司法突出问题,开展专项整治;宗旨教育。教育干警牢固树立以人为本、执法为民的思想,将政法工作的触角延伸到社区、农村、学校、企事业单位等基层,为群众办实事,解难事,增进警民关系。开展廉政教育。抓住执法一线岗位、关键环节,开展警示教育。落实“两个责任”,把廉政建设作为重要工作来抓,常抓不懈。（王一飞）

【廉洁从政】 市政法委机关结合开展的”三严三实”专题教育活动,对照“忠诚、为民、公正、廉洁”政法干警核心价值观教育,贯彻落实党风廉政建设责任制,开展反腐倡廉工作和廉政文化建设。扎实开展“依案说纪、以案说法”警示教育活动,召开党员大会传达学习了通报内容,观看《警钟长鸣》警示教育片,并以支部为单位组织进行“汲取案件教训、廉洁从政大讨论”;邀请省公安厅纪委书记周培斌“围绕预防职务犯罪”作廉政讲座;组织机关全体党员干部参观于成龙廉政文化馆,借鉴著名廉吏于成龙的典型实际进行廉政文化教育。全委干部职工的宗旨意识、公仆意识和廉洁意识得到明显加强。（王一飞）

【培养干警的价值追求】 市委政法委向省、市有关部门推荐选送模范人物16名、先进集体5个。其中:市总工会推荐选送1名政法干警获全国先进工作者,1名干警获省五一劳动奖章,推荐选送4名山西省杰出、优秀政法干警、10名个人二等功人选、4个严格执法、公正司法先进集体。同时,政法各系统推出先进模范人物,如检察系统推出“用生命守护公正,用奉献谱写忠诚”的清徐县检察院反贪局副局长李洪达、公安系统推出丁辉、牛继文等英雄模范人物,为政法战线树立榜样。全市政法系统共选树先进个人典型41名;有3名个人和4个集体获得国家(部)级表彰,78名个人和26个集

体获得省(厅)级表彰,574名个人和147个集体获得市(局)级表彰。 (王一飞)

【提升队伍的整体素质】 市委政法委和市综治办根据市委组织部批准的年度培训计划,在四川大学举办"全市政法系统领导干部能力素质综合提升培训班",70名政法各级领导干部和业务骨干参加培训;在浙江绍兴党校举办"全市政法综治干部社会治理创新与法治建设培训班",62名各级政法、综治领导干部参训。通过培训,开拓思路,学到经验,提高各级领导干部的素质能力。市法院系统在抓好人才教育培训基础上,建立人才储备库,并对这些同志进行专门的培养,在干部任免使用等方面优先使用;市检察院加大人才培养力度,着力提高全市检察业务尖子、办案能手的专业素质和专业技能;市公安局组建公安机关律师队伍,有39名通过司法考试资格证的民警被确定为公职律师。 (王一飞)

机构编制

【概述】 2015年,太原市编办主动适应新常态,扭住关键精准发力,明确目标多点突破,加快政府职能转变,深化行政审批制度改革,扎实推进事业单位分类,创新机构编制管理,为促进率先转型跨越发展做出应有的贡献。同时,以践行社会主义核心价值观为统领,注重机关精神文明建设,双拥、扶贫、计划生育、老干部管理、干部队伍建设等一系列工作卓有成效,连续15年被市里评为"精神文明标兵单位",获市"双拥模范单位"称号。 (王琳)

【行政审批制度改革】 推进简政放权,提高取消下放事权"含金量"。承接国务院和省政府取消、下放和调整的行政职权事项378项;并经合法性审查和市政府常务会议研究审定,市级下放给县级行政职权事项及权限83项。创新工作机制,确保权责清单制度工作按时保质完成。市级行政权力清单事项由上年的6033项精简到2764项,总精简比例达到54%。同时,编制责任清单,梳理出与行政职权相对应的责任事项19435项,编制形成《太原市市级行政权责清单》,经市政府常务会议研究审议通过,向社会公布。优化权力运行流程,提高行政职权运行的规范化水平。在对确认保留的行政职权事项编制运行流程图及廉政风险防控图的基础上,努力在打通服务群众最后一公里上做文章,增设行政职权事项《办事指南表》,拓展延伸清单的服务功能,将权责清单打造成了便民清单。建立权力清单动态调整机制,印发《太原市市级行政权力清单动态管理办法》,以切实维护好权力清单的时效性、权威性和准确性。 (王琳)

【政府机构改革】 市编办贯彻落实王儒林书记"六个表率"重要指示精神,根据市委全面深化改革领导小组的要求,对全市54个党政工作部门主要职责和内设机构进行全面梳理,重点解决工作中管理越位、缺位、错位问题,按照依法确定、科学配置和职责一致原则,共梳理主要职责260条、取消职责6条、增加职责2条、划入职责6条、划出职责4条;130个内设机构更名、260个内设机构调整职责。按照两办关于清理整顿市级各类议事协调机构和临时机构的要求,参与对市级议事协调机构和临时机构集中清理整顿。市级议事协调机构和临时机构由875个精简为122个,精简率为86%。清理后严格按照《太原市市级议事协调机构和临时机构管理办法》,健全台账,做好议事协调机构和临时机构的日常管理和审核工作。 (王琳)

【事业单位分类及控编减编】 以市编委名义印发86个部门的分类文件,涉及事业单位806个。各县(市、区)同步完成事业单位分类工作,均已按程序行文。制定《太原市控编减编工作方案》,针对3年核减5045名的目标,按照"坚持控制总量、积极盘活存量,坚持统筹协调、严控编制使用,坚持改革方向、实行分类控减"的原则对市县两级事业编制进行核减。通过反复与部门沟通,耐心细致解释政策,本着上门送服务的原则,将所有减编文件全部印发送至市直各个主管部门和各县(市、区),宣传政策,答疑释惑,争取了部门和县区的最大理解和最大支持,完成2015年减编2018名的目标任务。 (王琳)

【机构编制管理】 市编办推动文化体制改革,在试点单位建立法人治理结构。在市图书馆开展组建理事会试点工作,建立和完善以理事会领导下的管理层为主要构架的事业单位法人治理结构,指导市图书馆制定事业单位章程,组建理事会,明确理事会决策地位,召开市图书馆理事会成立大会,规范事业单位行为,确保公益目标的实现。认真做好事业单位登记管理改革工作,按照中央编办要求,改革事业单位年检制度,取消一年一度的年检,建立事业单位法人年度报告公示制度,全年共在"太原事业单位在线"网站向社会公示708家年度报告,有效地实现了转变职能、改进服务、强化监管、提高效能的工作目标。全面推行党政机关网站标示认证工作,根据中央编办与中央网信办部署,全面推进市党政机关网站开办审核、资格复核和网站标志管理工作,对全市747个开办网站的党政机关及事业单位进行网站挂标工作,保证官网的唯一性和可靠性,方便群众网上办事。 (王琳)

政策研究

【概述】 2015年,市委政研室把开展"双学"作为重大政治任务,贯彻并掌握习近平总书记系列重要讲话的新思想,自觉用讲话精神武装头脑、指导实践、推动工作,确保中央和省、市委的各项决策部署落到实处。组织开展学习讨论落实活动。把学习教育放在首位,查找制度缺失、工作漏洞和自身不足,提出整改举

措，推进专项整治；坚持统筹兼顾，把开展活动与推进工作有机融合，提高思想认识，开展作风建设。开展“三严三实”专题教育，深化学习教育，开好中心组学习会和民主生活会，坚持问题导向和目标导向，突出领导带头，强化和落实组织领导责任。

把握经济社会发展态势，为市委和领导提供决策服务、文字服务和信息服务。一是起草市领导在全市开展“三严三实”专题教育动员大会上的讲话和专题教育党课、太原市“三严三实”专题教育进展情况汇报、市委常委班子对照检查材料、太原市委领导班子整改方案等一系列重要文稿。二是起草市领导在市委十届七次全会、全市经济工作会议、经济形势分析会、全市科技创新推进会、金融振兴大会和民营经济推进会、省市委民主生活会、省市委中心组学习会等重要会议上的讲话和发言等重要文稿，推动全市各项重大工作部署的有效落实。

（王红进）

【调研成果】 深入基层、深入群众，完成《“十三五”时期太原市全面深化改革研究》《关于太原市城镇化率指标有关情况的研究报告》《关于太原市良好天气率情况的研究报告》《中小微企业党组织发挥实质作用问题研究》等调研成果。调研报告情况准确、分析透彻、观点鲜明、对策可行，对推进全市“十三五”规划《建议》起草和相关领域工作具有参考借鉴价值和实际应用价值。特别是起草对“十三五”规划建议的《说明》，统一全市思想，坚定党员干部的信心和决心。

（王红进）

【精品刊物】 提高《决策研究与信息》质量，紧扣中心工作和市委、市政府重大工作部署，突出刊物的政策导向性，及时捕捉新视点、反映新情况、提出新建议，为领导决策提供“短平快”的信息服务，全年共刊发12期48万余字。以刊物为阵地，加强与基层的联系，密切与各大中城市的沟通，扩大社会影响力。

（王红进）

【深化改革】 履行市委改革办职能，强化政策研究、统筹协调和督促落实，推动重点领域和关键环节的改革，组织召开全市改革领导小组会议和改革办主任会议，下发《中共太原市委全面深化改革领导小组2015年工作要点》，建立《2015年太原市重大改革项目及事项台账》，出台《太原市全面深化改革工作年度考核办法（试行）》和《市委改革办与专项小组联络员工作联系办法》等，完成各类改革相关文稿40余篇，编发《太原改革信息》17期。全年明确的73项改革任务完成69项。

（王红进）

【党组织建设】 坚持把纪律和规矩特别是政治纪律和政治规矩挺在前面，反对“七个有之”，做到“五个必须”，维护中央和省、市委权威，确保政令畅通。以落实民主集中制为重点，完善中心组学习、工作调研和决策等制度，加强领导班子建设，把抓班子、强队伍、讲团结、重管理作为搞好工作的根本保证。按照从严治吏要求，加强干部队伍建设，调入一批年轻骨干力量，打造“学习型、服务型、创新型、廉洁型、和谐型”机关。把支部建设放在突出位置，执行“三会一课”制度，组织党员领导干部过好民主生活会，开展批评与自我批评，加强对全体党员的经常性教育工作，做好发展党员工作。发挥好工会作用，从身边小事入手关心职工，开展各类文体和联谊活动，做好老干部工作，抓好安全保卫工作，对干部职工政治上关怀、工作上支持、生活上关照。按照机构健全、教育深入、制度落实、活动经常的原则，开展双拥先进单位和文明单位创建工作，取得成效。（王红进）

【党风廉政建设】 落实党风廉政建设责任制，注重教育、制度和监督并重，构建反腐倡廉的长效机制。落实“两个责任”，研究制定《市委政研室关于落实党风廉政建设党支部主体责任清单（试行）》和《市委政研室关于落实党风廉政建设纪检监督责任清单（试行）》，坚持以零容忍态度反腐正风的同时，主动接受、配合市纪委对政研室进行监督。按照“一岗双责”要求，对党风廉政建设责任制进行任务分解细化。开展廉政教育，学习廉政制度，增强理想信念、宗旨意识和廉洁意识。坚持突出问题导向，坚持领导带头，坚持严字当头，落实中央八项规定和“三严三实”要求，执行公务用车改革相关规定，全部上交并封存所有4台公务用车。

（王红进）

老干部工作

【概述】 2015年，太原市离退休干部55634人，其中离休干部3506人，退休干部52128人。离休干部中，行政机关1250人，事业单位754人，企业单位1502人。离休干部平均年龄86岁。退休干部中，行政机关13299人，事业单位26985人，企业11844人。全市离退休干部党员28219人，占全市党员总数（21.5万）的13%，占离退休干部总数的50.7%。其中，离休干部党员2690人，退休干部党员25529人。全市设立离退休干部党委、党工委、党总支15个，单建离退休干部党支部408个。（董修竹）

【学习“双先”精神】 全市各级老干部工作部门以多种形式认真学习全国离退休干部“双先”表彰大会精神，市县两级共举办各类辅导讲座、宣讲、座谈、研讨交流100余次，给全市老干部部门和离退休党支部发放学习资料。召开全市学习全国离退休干部“双先”表彰大会精神会议，并邀请全国离退休干部先进个人获得者张福清同志作精彩的事迹报告。

（董修竹）

【为党和人民事业增添正能量活动】为广大离退休干部积极发挥正能量提供了舞台和平台，举办文艺汇演场、体育竞技活动、读书节、摄影书画展等各项活动200余场，吸引全市2万余名离退休干部参与。搭建主题活动平台。以纪念抗战胜利70周年、建党94周年和太原解放

66周年为契机,开展系列活动。

十县(市、区)、市直机关、老年社会组织共开展100多次主题活动,让老同志在活动中传递正能量。组织市级老领导赴武乡八路军纪念馆参观;市老干部党校举办迎“七一”学习习近平总书记系列重要讲话精神专题辅导讲座;娄烦县开展“我看这一年、共话娄烦发展”活动;市老年骑协赴平型关大捷纪念馆。搭建宣传平台。与《太原晚报》合作采访10名抗战时期参加工作的离休干部,年龄最大的97岁。推出“我的抗战:寻访当年老兵”系列报道,在离退休干部中引起强烈反响。搭建建言献策平台。市委常委、组织部长张明星就“两会”及2015年一季度经济和安全稳定形势、全市上半年经济形势分析会为市级老同志作了详细通报。小店区、万柏林区、古交市也召开了老领导情况通报会。通过通报会让老同志充分发挥三个优势,为太原的发展建言献策。搭建网络平台。全市有80余家老干部工作部门为老同志建立QQ群和微信群,用于平时学习和沟通交流。利用活动中心、老年大学等阵地,给老同志讲解网络宣传知识,培训他们熟练使用网络宣传平台,在网络上积极发声,对网络舆论进行有效引导。古交市还建立老干部工作微信公众平台,及时发布工作信息、刊登老同志的作品,传播好声音,弘扬正能量,关注人数达1000人。市城管委退休干部张福清,开通博客十余年,点击量达15万人次,在省委老干部局网站的《老党员博客》发表作品80余篇,刊稿数量名列榜首。全市有212位离退休干部党员关注共产党员微信,老干部正能量网络宣传队参与人数达1000余人。搭建财政支持平台。离退休干部党支部比上年增加了21个,全市321个离退休党支部经费160.5万元全部落实到位。搭建培训平台。利用老干部党校教育平台,培训教育离退休干部党支部书记及理论骨干,市县两级共举办迎“七一”学习习近平总书记系列重要讲话精神专题辅导、深刻领会“四个全面”战略布局等讲座30余场,培训离退休党员干部1000余人次。（董修竹）

【完善离退休干部工作机制】 市委老干部局在市人民医院、市第二人民医院、市第八人民医院、市中心医院为离退休干部健康体检医院。为市直单位5061名离休干部安排体检并根据老同志需求调整体检项目,完善老同志健康档案。为全市110名离退休干部提高享受按副省(部)长级标准报销医疗待遇。为抗战时期及以前参加革命工作的离休干部和退休老工人发放慰问金237.5万元。市县两级全年共救助苦难离退休干部及无工作遗属1012人次,发放救助资金296万元。阳曲县老干部活动中心争取到贫困县省补资金30万元,完善活动中心设施。（董修竹）

【队伍建设】 市委老干部局开展“三严三实”专题教育活动,抓学习,严纪律,转作风,提素质,进一步强化了老干部工作队伍的政治意识、纪律意识和责任意识、局班子成员带头讲党课。局长为全局讲党课、副局长为各支部讲党课;带头开展专题调研。由局班子成员率队,分五路深入基层一线,针对离退休人员增加的离退休费到位情况、利用社区资源做好离退休干部服务工作等专题开展调研;带头学习研讨。局班子成员精心准备、自己撰写发言材料、带头发言,除参加中心组学习研讨外,还分别参加各支部的学习研讨。增加关于引导离退休干部发挥正能量的调研与思考课题。全市共完成28篇调研论文(其中市局5篇、县区10篇,市直13篇),论文数量创历年来新高。其中市委组织部副部长、老干部局局长李发平领题的调研论文《开展为党的事业增添正能量的探索与思考》,在全省专题研讨会上作交流发言。古交市委老干部局的调研论文《引导离退休干部发挥正能量的探索与尝试》,在全省专题研讨会上作书面交流。

9月份在延安干部培训学院举办第三期全市老干部工作人员“学习延安精神、弘扬优良作风”素质能力提升培训班。通过学习,对延安精神的本质、灵魂、核心和精髓有深刻的理解,并表示要把延安精神的时代价值和老干部工作紧密结合起来,推动老干部工作不断发展进步。（董修竹）

【评先汇演】 央视三台《黄金100秒》大型综艺节目,播放市老干部活动中心晋韵模特艺术团团长王先兰带领团队成员参与挑战,并喜获成功。老干部活动中心舞蹈二团参加央视举办的《出彩中国人》第二季山西分赛区总决赛,获得第四名。在南宫广场,市老干部活动中心艺术团参加山西经济广播《财通天下》听友鉴宝会文艺表演。老年大学舞蹈二团参加中国老年大学协会举办的“第四届全国老年大学文艺汇演”老年大学彩虹合唱团参加第四届“黄河大合唱”全国合唱邀请赛获优秀奖。（董修竹）

【调研接待】 省老干部局来调研督查召开以“我看党的十八大以来的新变化”为专题的座谈会。银川市委组织部老领导一行24人考察学习城市建设。中组部老干部局副局长杨保平、一处调研员陈刚、钱彦琮在省委组织部副部长、老干部局局长陈跃钢、省委老干部局副局长郭世卿陪同下到太原市老年大学调研。张明星陪同。（董修竹）

市直属机关工委

【概述】 2015年,中共太原市直属机关工作委员会(简称“市直工委”)有在职人员编制35人,其中,行政干部编制29人,行政工勤编制4人,全额事业编制2人。内设党总支、办公室、调研室、组织部、宣传部、统战部、纪工委、机关工会、团工委、老干处和财务处等11个部门。下辖直属党组织86个,其中,机关党委54个,党总支13个,党支部19个。所属党组织1283个,其中,党委94个,党总

支50个，党支部1139个。共有党员26298人，其中，在职党员18209人，离退休党员8089人。基层工会组织323个，会员24366人。基层团组织18个，共青团员1840人。（乔保证）

【思想建设工作】 市直工委制定下发《关于2015年市直机关中心组理论学习暨干部理论学习的安排》，为中心组成员和党员干部发放《习近平谈治国理政》等资料7000余册，对中心组理论学习进行通报，组织市直机关5800余名科级干部进行理论考试。开展"三严三实"专题教育。出台《市直机关工委关于开展"三严三实"专题教育的实施方案》，制订学习计划，细化学习内容，组织党员干部开展集中学习、专题研讨和整改落实，共组织集中学习20次，专题研讨5次，上党课2次，专题辅导2次。坚持把"双学"作为党性基本要求。认真学习党的十八大、十八届三中、四中、五中全会精神和习近平总书记系列重要讲话精神，深钻细研，融会贯通，不断强化思想认同、理论认同和情感认同，始终同以习近平同志为总书记的党中央保持高度一致，自觉维护中央权威、维护省委权威、维护市委权威。理论学习做到年有计划，季有安排，月有重点。全年集中学习达28次，年终对学习笔记进行认真检查评比，对6名学习优秀的同志进行表彰奖励。（乔保证）

【组织建设工作】 市直工委加强换届工作指导。指导12个直属机关党组织进行换届选举，调整机关党组织书记、副书记、机关纪委书记24名。召开"市直机关党组织书记抓基层党建工作述职评议考核会议"，对民主测评情况进行汇总排名，并向每位机关党组织书记进行反馈。加强党务干部培训，做好发展党员工作。制定对机关基层党组织书记两年进行一次轮训的规划。分级分批对1284名基层党组织书记完成第一轮集中培训。规范入党积极分子的培养、教育、考察等工作，严格标准，注重质量，全年共发展新党员186名，预备党员转正224名。开展"基层组织规范化建设年"活动。制定下发《关于在市直机关开展"基层组织规范化建设年"活动的实施方案》，进行周密部署，特别是对落实好"三会一课"、组织生活会、民主评议党员等制度提出明确要求。为基层党组织配发《中国共产党党和国家机关基层组织工作条例》和《党支部工作记录本》，对市直机关基层党组织2012年以来党费收缴、使用和管理工作情况进行全面自查自纠。抓好集中整顿软弱涣散基层党组织工作。根据《关于集中整顿软弱涣散基层党组织的通知》精神，摸排研究确定11个整顿对象。建立领导干部联系点制度，每名班子成员分别联系一个软弱涣散基层党组织，切实加强工作指导，11个整顿对象全部完成整顿任务。扎实开展基层服务型党组织建设工作。按照市委1+X要求，出台《关于加强市直机关基层服务型党组织建设的若干意见》。（乔保证）

【作风建设】 市直工委全面落实"两个责任"。制定"两个责任"清单，把党风廉政建设和反腐败工作有机融入机关党的工作全局，与党建工作同研究、同部署、同检查、同考核。召开党风廉政建设工作专题会议7次。开展理想信念教育、警示教育和岗位廉政教育。组织市直机关270余名党员干部参观《中国共产党反腐倡廉历程展》；组织2800余名党员干部赴党员教育基地和警示教育基地开展活动；对查处的贾中建等6起市直机关党员干部违法违纪典型案件进行通报，使广大党员干部做到警钟长鸣，严于律己。反对"四风"。认真落实中央八项规定精神，持续推动反"四风"向深度延伸、向广度拓展。加大监督检查、明察暗访和公开曝光力度，形成监督合力。对市直机关12起有关违反中央八项规定精神的问题线索进行认真调查核实并纠正处理。做好信访举报管理工作。对市直纪工委收到的涉纪信访举报件进行大起底，按照问题线索五种处置方式的要求，对34件涉纪信访举报件进行认真研判并全部处置。严肃查处违纪违法案件。始终把纪律挺在前面，认真查办顶风违纪、以权谋私、失职渎职等违纪违法案件，严肃查处发生在群众身边的腐败问题，全年共调查核实案件12件，查处违纪违法案件29件29人。（乔保证）

【精神文明建设】 市直工委扎实抓好思想道德建设。组织开展"我推荐、我评议身边的好人"活动，充实市直机关"道德模范人物库"，收录道德模范人物53人，编辑出版《太原市直机关先进典型事迹录》第三、四辑。推进文明单位创建。按照《太原市文明单位创建管理规定》，稳步推进市直机关文明单位创建工作。推选申报年度省级文明单位标兵8个、文明单位33个、文明景区3个、先进个人3个，取缔不符合申报要求的单位5个。市直机关现有市级文明单位81个，市级文明单位标兵156个，省级文明单位31个，省级文明单位标兵7个，国家级文明单位4个。加强机关文化建设。通过征文、诗歌、座谈等形式，组织开展中国人民抗日战争暨世界反法西斯战争胜利70周年纪念活动。举办"8.8"健步行活动。

（乔保证）

【依法行政】 市直工委坚持民主集中制。做到重大问题和重大事项集体研究，共同决策，全年召开工委会30次。推进"六权治本"。在巩固党的群众路线教育实践活动和学习讨论落实活动成果的基础上，修订完善21项工作制度，并汇编成册，实现机关党建工作的制度化、规范化和科学化。认真贯彻执行《中国共产党党和国家机关基层组织工作条例》，牢固树立《条例》就是法规，落实《条例》就是依法开展工作的观念，做到部署工作以《条例》为依据，检查指导工作以《条例》为准绳。（乔保证）

【群团工作】 市直工委加大统战工作力度。完成市直机关港澳台、海外代表人士和归国留学人员的摸底汇总工作，共摸排出23人并上报市委统战部。加强机关工会基层组织建设。制定出台《太原市直属机关工会贯彻落实党的群团工作有关精神的具体措施》，新组建工会组织32个，新增会员1463人，直属单位工会组织建设实现全覆盖。弘扬劳模精神。劳模宣传月期间组织400余名市直机关职工参观劳模先进事迹展览，推荐市动物园井林林参评省五一表彰，并荣获“山西省五一劳动奖章”。加强机关团组织建设。下发《关于认真学习宣传贯彻落实中央党的群团工作会议精神的通知》，组织团员青年进行志愿者注册工作，开展“争做向上向善好青年”等活动。开展调研活动，制定《2015年机关党建工作调研方案》，工委领导围绕党的思想、组织、作风、反腐倡廉和制度建设方面的热点、难点问题分组带队深入基层进行调研指导。市直机关共形成调研成果165篇，并将获奖成果汇编成册。召开“市直机关2015年度党建工作调研活动总结表彰大会”。向省直党建工作研讨会报送论文3篇，并进行书面交流。（乔保证）

【党建扶贫工作】 市直工委做好帮扶工作。救助市直机关困难职工257人次，共计37.2万元；组织参加职工医疗互助工程。市直机关400个单位20000余名职工，参加全市第11期职工医疗互助工程。做好慰问党员工作。2015年春节期间开展走访慰问生活困难党员、老党员和老干部活动，共慰问571人，发放慰问金285500元；七一期间，开展慰问建国前老党员活动，共慰问319人，发放慰问金95700元。精准扶贫工作取得新突破。为扶贫对象娄烦县天池店乡南岔村投资4000元制作宣传版面、购买宣传设备。投资5000元购买办公设备。春节前为8名困难老党员每人送去600元慰问金，共计4800元。“六一”期间为村小学师生送去1920元慰问品。扶贫日机关党员干部为村里捐款1920元。结队子时为扶贫对象送去6480元慰问品。征得娄烦县交通局资金支持，投资40000余元为村里修建桥梁一座，改善村民的出行条件。

（乔保证）

党 校

【概述】 2015年，中共太原市委党校（太原行政学院、太原国防教育学院、太原社会主义学院）贯彻落实全国党校工作会议精神和《中共中央关于加强和改进新形势下党校工作的意见》，贯彻落实《党校工作条例》《行政学院工作条例》和《2010—2020年干部教育培训改革纲要》，围绕中心、服务大局，履行职责，发挥作用。

教学方面，坚持党校姓党的原则，坚持正确的办学方向，在思想上、政治上、行动上，自觉同党中央保持一致，把党校姓党的要求贯穿教学工作全过程。突出强化理论教育党性教育主业，处理好理论教育党性教育和学习新知识的关系，创新教学方式方法，提升教学质量，发挥党校教育补钙壮骨、立根固本作用。2015年，共完成主体班培训8期，共387人。分别是：第6轮第5期县处班48人，第36期中青班50人，第1期青干班50人，第6轮6期县处班48人，第6轮第7期县处班45人，第6轮第8期县处班46人，第37期中青班50人，第2期青干班50人；协助相关单位举办全省党政领导干部岗位专业知识网络培训班、全市非公党建示范培训班、太原市综合考核系统专业培训班等班次，全年累计共13期，培训学员1980人；同时，完成2013级和2014级在职本科班的各类教学工作。

科研方面，增强党校科研工作的针对性和实效性，发挥科研的基础和支撑作用，加强党的思想理论研究，巩固马克思主义在意识形态领域的指导地位。2015年，全校教研人员发表论文40篇，其中，国家级论文3篇，省级论文9篇，市级论文29篇。其中，国家级论文3篇，省级论文9篇，市级论文29篇；全校共承担科研课题16项，其中，省级5项，结项2项，市级课题11项，全部结项；全年共有11项科研成果获奖，其中，省级奖励5项，市级奖励6项。

《中共太原市委党校学报》“坚持正确政治导向、坚持马克思主义理论研究、坚持围绕党委政府中心任务”的办刊思路，致力于三个提升办好刊物：一是关注高层次理论工作者的文章，全年选发全国党校系统作者文章提升到70%，教授、博士等高级职称、高学历作者占比提升至8%；二是提倡创新，复制比要求由30%向10%提升；三是突出党校特色和公正采稿，作者范围涉及全国，收稿数稳定增长。全年出版6期，刊发48余万字。与全市58家职能部门和200多家院校建立学术交换关系。

校图书馆改进工作，加大对传统纸质业务的甄别精选，重点保证教学科研需求，精选2016年期刊173种、人大资料42种，报纸19种，同时剔除一批使用率不高的报纸期刊；续订万方数据资源供校园网使用；利用数字资源、电子文献和网络信息为教学科研提供情报信息服务，编辑二次文献《资料汇编》4期，计43余万字。（霍永刚）

【党建工作】 强化党的理论教育。推出《〈资本论〉导读》《〈共产党宣言〉导读》《〈费尔巴哈〉导读》等学习马克思主义经典著作专题课，开设关于中国特色社会主义理论特别是习近平总书记重要讲话的系列课程，帮助干部增强“三个自信”。

突出强化党性教育。把党风党纪教育贯穿培训的全过程，《党章》学习解读成为各个主体班上的必修课，每期进行党纪党风的专题讲课，推出关于法制建设、纪律规范、财务审计等课程，使干部增强规矩意识，深化对纪律规定的理解把握。

强化党的优良传统教育。推出《中国共产党山西历史》《中国共产党太原历史》《培育和践行社会主义核心价值观》等课程，使干部增强历史使命感，增强干事创业的责任与担当。

强化党性锻炼。在教学内容上，增设

“理想信念教学单元”,包括“让理想信念引领人生”“社会主义核心价值观”等相关内容。在教学形式上,开展“党性教育教育现场教学”,组织主体班学员到牛驼寨了解太原解放历史,接受革命传统教育;到阳曲县店子底村听支前故事、走支前小道、吃咸菜窝头,感受党的奋斗与革命成果;组织学员到延安传承延安精神,重温南泥湾大生产岁月,感受党的性质、党的精神、党的力量。在学员管理上,以党性锻炼为核心,以考勤考纪和“三个百分考核”为抓手,加强学员纪律教育。

（霍永刚）

【教学改革】 在班次设置上,增加一个县处级干部专题研讨班、一个青年干部培训班,并将两个县处班的学习时间由两个半月改为6周。

在课程内容上,增设“理想信念教学单元”。课程包括“世界社会主义五百年”“共产党宣言”“以理想信念引领人生”“社会主义核心价值观”等内容。

在教学组织上,针对学员工作需求、兴趣爱好,打造红色经典、国学文化、热点解读、修身养性、实用技能六个模块20个左右的专题供学员选择,县处班、中青班、青干班自主选择听课,丰富学习内容。

在主体班次设置讨论课,每个班每学期有3—4场师生专题交流会,促进教学相长、学学相长。鼓励教师更多开展案例式、情景式、体验式、模拟式教学,注重调动学员的参与意识,促进学员将所学理论应用于实践。组织主体班学员到牛驼寨参观,了解太原解放史;延伸教学到革命圣地延安,体验革命先辈奋斗的艰辛;参加红色拓展训练,感受团结合作的力量。

在延伸教学上,根据学制长短、学员素质等情况,设置课程,谋划教学,在最后一周分别将培训办到国家行政学院、延安市干部培训学院,提高教育培训的针对性和实效性。

在教务管理上,开发学员教育培训档案系统软件,开学第一周,就将主体班学员的培训经历、职务、学历发给教师,有利于教师针对性进行讲课。调整学员完成的“四个一”,改进学员“三个百分考核”,在不同班次师生座谈会上了解学员对培训的意见和建议等等,使干部教育培训适合组织要求、岗位需要和个人需要,提高教学质量。组织教师赴中央党校、国家行政学院、省会城市兄弟党校等学校参训学习,了解学科动态,夯实理论功底。加强集体备课,增加教师间的学习与交流,促进讲课质量提高。（霍永刚）

【科学研究】 学习研究党的理论和路线方针政策,研究把握中央和省市委有关精神。对十八大、十八届三中、四中、五中全会精神,对中央及省、市委重要会议、重大决策精神,组织教师集中学习研究,研读原文,把握精神实质,鼓励教师撰写发表理论研究、学习体会文章,答疑解惑、统一思想。

发挥科研的基础性、支撑性和先导性作用,支持教研人员把教学中遇到的难点和热点问题作为科研课题进行研究,提升教学的科研含量,鼓励科研成果进入课堂,推进教学与科研的紧密结合和良性互动,克服二者的“两张皮”现象;加强国情省情特别是市情的研究,坚持理论联系实际,从应用的视角深入研究改革开放中的现实问题。教师申报并主持国家行政学院、山西哲学社会科学规划办、山西省社科联、山西省委党校,以及市发改委、市社科联等多部门多项课题的研究。在专题调研的基础上,开设《太原市转变政府职能的思路与对策》《太原市情与发展》《太原“城中村”改造的重点与难点》《推进太原金融市场建设的分析和思考》等课程,共同深化对市委市政府决策的把握、对太原市情的了解。

推进党校新型智库建设,为市委市政府决策提供服务。认识党校教学、科研、咨政“三位一体”的科学定位,研究现代化建设中出现的新情况、新问题,主动地对重大理论和现实问题进行研究,并使研究成果转化为指导实践的能力。重点围绕全市“十三五”期间所要完成的任务开展调研,提出具体对策建议。2015年,教师参与完成太原市十三五时期有关课题的调研,一些教师参与市党建研究会、市法学会、市双拥学会、市老年学会,以及市发改委、市民政局等部门的课题研究,一些教师被市社科院聘为特约研究员,一些教师被市新闻单位聘请为特约评论员,一些教师参加市委、市政府、市政协召开的咨询研究性会议,并建言献策,通过多种方式服务中心工作,发挥党校科研的“思想库”作用。

以教研部为单位,组织教师参加县处班、中青班、青干班的社会调研。改变过去教师跟班调研的随意性、松散性,将教师以教研部为单位分配到各学员班,通过学员征集并遴选调研课题,在此基础上每个班分为五个组五个不同选题,教师全程跟组跟选题深入企业、社区、农村进行调研,期间,教师就调研的意义方法、如何撰写调研报告等问题进行辅导,组织学员就调研课题进行分组讨论、举办学员论坛,最后由学员写出调研报告。（霍永刚）

【思想建设】 加强党建工作。校委班子落实主体责任,组织开展“三严三实”专题教育,加强中心组学习,抓“三会一课”制度的落实,坚持双重组织生活,带头讲党课,推动全校党建工作的开展。执行民主集中制,坚持集体领导和个人分工负责有机结合,形成合力。严格党内民主生活,开展批评和自我批评,加强团结。加强与教职工沟通交流,增进理解,促进工作。按照《党政领导干部选拔任用工作条例》,完成全校专业技术职称的续聘工作。

加强党风廉政建设。学习中央和省市委关于党风廉政建设的精神,特别是“八项规定”和《党政机关厉行节约反对浪费条例》,组织制定相应的落实措施,增强廉洁意识和勤俭节约的自觉性。

（霍永刚）

【文明创建】 改善办学条件和环境。筹措资金,完成校园集中供热管网改造、宿舍楼节能保温改造。完成自来水管网改造工程，提高饮用水质量。完成新校门建设和校园围栏建设，推进3号综合楼的装修改造工程。开展“清洁校园、优化环境”整治活动，更换树种，栽植优质草坪，美化校园。坚持开源节流并重，严格执行财经纪律，加强资金管理，为工作顺利运行提供经费保障。重视安全工作，完善安保设施和器材，新建16个室外消防专用井，维护校园的秩序和安全。同时，落实资金，加大力度开展扶贫工作。加强老干部工作，增加校园活力。（霍永刚）

信访工作

【概述】 2015年，全市信访工作贯彻落实中央和省、市委关于信访工作的决策部署，推进信访工作制度改革，不断深化“信访法治建设年”活动，开展“化解一批重大不稳定因素”工作和“以群众举报乡村干部腐败为切入点集中解决群众信访诉求问题”专项治理活动，着力打造“阳光信访”“责任信访”“法治信访”，各项重点工作圆满完成。全年共受理办理来信来访70966件（人）次，赴省、赴市集体访逐季双下降；确保抗战胜利70周年阅兵、党的十八届五中全会、海南博鳌论坛、上海合作组织、三级“两会”、昆明南博会、北戴河暑期会议和苏州世乒赛活动等20余次重要会议、重大活动的顺利进行，全年未发生一起被媒体炒作事件和极端事件，维护全市社会和谐稳定。党的十八届五中全会期间实现进京“零非访”。太原市被省信访联席会议评为“抗战胜利70周年纪念活动期间信访工作先进市”。市信访局复查复核处张东同志被省信访联席会议评为“抗战胜利70周年纪念活动期间信访工作先进个人”。市信访局驻京接返处韩朝晖同志被省信访联席会议评为“抗战胜利70周年纪念活动期间信访工作先进个人”。（李　佳）

【化解不稳定因素】 市信访联席办按照“做减法不做加法”的工作目标和方法，坚持月排查、月交办、月通报、季研判、年考核，加强分析研判和分类管理，多措并举，集中力量在矛盾较为集中的金融、物流、房地产等领域，分类分项、分层分级落实化解责任，综合运用法律、行政、经济等手段化解不稳定因素。全年共排查梳理出925件重大不稳定因素，化解794件，实现了每月“做减法不做加法”的工作目标。（李　佳）

【推进专项治理】 市信访开展“以群众举报乡村干部腐败为切入点集中解决群众信访诉求问题”专项治理活动以来，坚持市委常委、副市长和法检两长包县（市、区）、包领域推进重点案件化解，突出把握好化解率、稳控率、办理程序和审核把关等四个关键点，如期高标准完成省下达任务。在“以群众举报乡村干部腐败问题为切入点集中解决信访突出问题”专项治理活动中，中央和省共交办重点信访案件363件，化解342件，化解率94.2%。（李　佳）

【网上信访和逐级走访】 市信访开通市、县两级网上信访投诉平台和市、县、乡三级信访信息系统。开展“信息录入百日会战”，实现网上流转、网下办理。全年通过信访信息系统共受理各类信访事项3884件，及时受理率100%。结合信访工作改革和“诉访分离”工作要求，明确信访业务受理范围、对越级上访和涉法涉诉类信访事项的涉及者进行正面引导，对其反映的诉求只登记、不受理，全年共发出不予受理告知书681份，并按规定导入相关系统和部门。（李　佳）

【抓好进京非访】 市信访加大进京非访工作力度，压实化解、稳控和依法处置“三个责任”，进京非访量有效控制在指标线之内，敏感节点期间上访老户在京滞留现象也得到有效遏制，全年未发生大规模集体非访事件，未发生个人极端事件，未发生因信访问题被媒体负面炒作的信访事件，确保市信访工作形势平稳可控。特别是加大对非访行为的依法处置力度，加强督导督办、双向追责，倒逼工作落实。全年共处置违法信访行为528人次，进京非访上升势头得到了初步遏制。（李　佳）

【排查化解】 市信访加大矛盾排查化解和领导干部接访下访工作，及时就地化解大量的矛盾纠纷。全年共排查出各类信访矛盾纠纷242件，化解197件，化解率81.4%；开展大接访36次，接待群众16783人次，当场或跟踪化解3281案，化解率95.8%。（李　佳）

【信访保障和应急处置】 市信访从大局意识出发，坚持全省“一盘棋”的指导思想，勇于担当，完成三级“两会”、抗战胜利70周年阅兵、党的十八届五中全会、海南博鳌论坛、上海合作组织、昆明南博会、北戴河暑期会议和苏州世乒赛活动等20余次重大活动和敏感节点期间的信访保障工作。全年教育分流和劝返进京、赴省、赴市及赴重大会议、重要活动举办地上访人员5844人次，其中，中直、省直及外地市人员1511人次。同时，加强省、市党政机关门前的应急处置，强化公安、维稳、信访等部门间的沟通联系和信息预警、应急响应。全年未发生一起导致事态升级或引发极端事件的问题，省、市党政机关门前秩序进一步好转。（李　佳）

【重要会议】 2月11日，市长耿彦波主持召开全市安全稳定工作会议；2月13日，省委副书记楼阳生主持召开全省“两会”信访工作电视电话会议；2月28日，市委召开全市信访工作会议，参会领导市委常委、常务副市长任在刚、市委常委、政法委书记汪凡；3月9日至10日，中央督导组组长、公安部三局副局长马维亚一行4人来市督导依法处置进京非正常上访工作；4月21日，市委召开全市信访工作点评会议，参会领导市委常委、常务副市长任在刚、市委常委、政法

委书记汪凡；6月3日，省督导组组长、省政法委副巡视员张耀仁来并督导，参会领导市委秘书长陈河才；6月5日，市委书记吴政隆主持召开全市专项治理工作推进会；8月18日，中央政法委、综治办、联席办、公安部联合召开关于70周年纪念活动依法处置非访工作电视电话会议。北京市副市长、公安局长王小洪、公安部副部长黄明、中央维稳办主任、公安部副部长陈智敏、中央政法委副秘书长、综治办主任陈训秋、国家信访局局长舒晓琴主持并讲话；9月7日，市委副书记王成主持召开市信访联席会议机构调整会议；10月20日，市委常委、政法委书记汪凡主持召开党的十八届五中全会期间安保维稳信访工作电视电话会议；11月27日，省督导组组长、省政法委副巡视员张耀仁来并督导“以群众举报乡村干部腐败为切入点集中解决群众信访诉求问题”第二阶段专项治理工作，市委常委、政法委书记汪凡出席会议；12月1日，国家信访局召开信访信息录入“百日会战”电视电话会议，国务院副秘书长、国家信访局局长舒晓琴出席会议并讲话。（李　佳）

【党建工作】 建立完善财务管理、党组会议、局长办公会、中心组学习、全局干部职工大会制度等各项制度，用制度管人、管事的工作机制正在逐渐形成。同时，严格落实干部选拔任用有关规定，推进中层干部调整；严格落实《中国共产党章程》《中国共产党党和国家机关基层组织工作条例》要求，有序推进局机关支部换届工作；严格落实《中国共产党发展党员工作细则》规定，发展党员1名、预备党员转正1名；发挥青年干部锻炼基地作用，安排两批45名锻炼干部在信访接待一线经受磨炼，提升开展群众工作的能力与水平。

严格落实中央和省、市扶贫工作会议要求，精准扶贫帮助本局包扶点娄烦县静游镇井子村解决实际困难和问题。扶贫工作以来多次进村入户，深入调查了解，厘清该村121户272人的详细情况，开展了建档立卡“回头看”工作，确定82户205人贫困户和特困户。全年有52人实现稳定脱贫，市信访局先后筹资5.5万元（本局党员干部共捐款4100元），恢复井子村人畜饮水和村村通道路修复工程，解决全村吃水难、出行难的问题。受到娄烦县委和静游镇党委的高度评价。（李　佳）

【干部人事工作】 为贯彻落实中央和省委的精神，在市委组织部的大力支持下，先后两批抽调45名年轻干部到信访局培养锻炼，加强信访工作力量。市信访局召开全局干部大会，市委组织部常务副部长李增锁来局宣布市委副秘书长张树明兼任太原市委市政府信访局局长。（李　佳）

精神文明建设

【概述】 2015年，太原市精神文明建设办公室贯彻落实中央和省市关于精神文明建设的决策部署，分析把握文明创建工作面临的新形势新要求，围绕中心，服务大局，扎实苦干、尽心履职，以培育和践行社会主义核心价值观为主线，着力在加强公民道德建设、开展群众性精神文明创建活动、开展“讲文明树新风”活动、开展“三大创建”、推进诚信建设和志愿服务制度化建设上下功夫，圆满完成各项任务，为太原市实现“净化政治生态、实现弊革风清、重塑三个形象、促进富民强市”提供强大精神动力和道德支撑。（王　冰）

【宣传教育】 市文明办以党委（党组）中心组和县处级以上领导干部为重点，带动各级党组织和广大党员干部学原著、读原文、悟原理，真正学深学透、把握精髓要义。重点抓《习近平谈治国理政》《习近平总书记系列重要讲话读本》的学习使用。通过举办理论宣讲骨干研修班和培训班，深入开展理论宣讲和学习教育活动，推动讲话精神进农村、企业、社区、学校。组织开展专题学，领导班子带头学，联系创建实际学，以讲话精神为思想武器发现问题、分析解决问题，扎实推进各项创建工作向纵深发展。（王　冰）

【社会道德建设】 通过全市882家道德讲堂、1058个善行义举榜，5个核心价值观主题公园，弘扬社会主义核心价值观、宣传凡人善举、推进全民道德教育，强化规则意识，弘扬公序良俗。开展道德典型的学习宣传评选表彰活动。组织开展全国道德模范和“我推荐、我评议身边好人”申报评选活动。太原市李宏达荣获第五届全国道德模范提名奖。太原火车站杨静入选中国好人榜。李丽珠等3人获得感动山西人物（提名奖）。评选出20位太原好人。出台《太原市道德模范荣誉称号管理暂行办法》《广泛开展“道德模范在身边”学习宣传活动的通知》等，切实加强对道德模范的管理和宣传。通过承办山西省道德模范基层巡讲太原专场、组织太原市道德模范巡讲团、运用新闻媒体、文艺作品等多种形式，持续深入宣传道德模范先进事迹，先后在基层宣讲16场次。太原市培育和践行社会主义核心价值观演讲比赛，13人获奖，1人选送省文明办。修订《太原市帮扶生活困难道德模范等先进典型实施办法》，慰问李洪达遗孀及生活比较困难的道德模范和身边好人，努力在全市树立起崇德向善、好人有好报的浓厚氛围和价值取向。（王　冰）

【道德实践活动】 组织开展家风家训征集活动，共征集优秀家规家训118条、优秀家风故事68个、优秀家风展现剧目3篇，编印成书下发全市，进一步弘扬中华优秀传统文化，深化社会主义核心价值观教育实践活动。（王　冰）

【塑造社会主义核心价值观】 市文明办以社会主义核心价值为主要内容的社会公益宣传覆盖面和影响力持续扩大。围绕社会主义核心价值观、省委66条宣传标语等主题，先后出台4个文件、召开

6次会议对社会公益宣传做出安排部署。全市以20条主要街道为重点,依托火车站、长途汽车站、飞机场、高速路出入口、广场公园等场所,利用报刊、电台电视台、网络、道旗、电子显示屏、广告橱窗、建筑围挡、公交出租车身、移动电视、楼宇电视、海报等形式,全天候广泛宣传,实现全覆盖。全年,主要街道共上道旗2448组,公交、出租车电子显示屏每天滚动播放了相关公益广告7393条次。建筑围挡的公益广告596幅,延长线5126米。太原日报、晚报共刊发151.75版;太原广播电视台共播出916小时;迎泽大街、五一广场等地166块电子显示屏经常性播放。印发倡导社会主义核心价值、公民道德基本规范等宣传海报20多万张。"梦娃"系列动画视频也分别在太原电视台、公交移动电视、楼宇电视、各大影剧院、各大型商场超市和主要街道的电子显示屏高密度滚动播放。征集18部"讲文明树新风"公益广告作品上报中央文明办,其中《远离危险》获得国家网信办主力的2015年中国好网民公益广告设计大赛视频类优秀奖。牵头组织省第二届文博会、纪念抗战胜利70周年、第25届书博会、双博会、迎接全国文明城市创建等重大活动社会宣传任务。 (王　冰)

【群众性文明创建活动】 下发《全国文明城市测评体系》的3大版块、12个项目、90项内容、188条标准进行任务分解,经过六上六下反复征求市属84个责任部门意见后,印发《太原市2015年全国文明城市创建工作方案》,细化各部门任务,明确工作责任,为创城工作提供了标准。先后19次召开各类安排会、工作会、推进会、培训会,推动创城工作。

市文明办营造创建宣传氛围。通过对全市2万余名群众问卷调查,通过新闻媒体等各种阵地,利用建筑围挡、灯杆道旗、电子显示屏、公交出租车身广告、海报等各种形式,大张旗鼓地宣传创建文明城市的理念。成立专项工作督查组,对城六区、重点窗口单位和责任部门进行多次督查。发现问题,督促改进。完成全国文明城市、全国未成年人思想道德建设工作先进城市80多家责任单位审核资料的上传报送工作。召开创建全国文明城市重点工作推进会。通报创建工作的进展情况,对存在的问题进行查摆分析,对重点工作提出迅速整改的要求。迎接省文明城市测评组和全国文明城市测评组对文明城市的测评。全市各城区、各责任部门积极配合、努力整改,创建工作全面有序进行。 (王　冰)

【文明村镇创建活动】 市文明办出台《太原市文明村镇创建标准》,以建设"美丽乡村"为载体,配合全市进行的大规模"城中村"改造,加强民风建设和环境整治,开展崇尚科学、破除迷信主题教育实践活动,用好村规民约、建好道德讲堂、乡村文化墙、善行义举榜和文化广场,把弘扬优良家风家训、创新发展乡贤文化作为农村培育和践行核心价值观的基础工程。充分发挥各级文明单位的优势,不断加强结对共建社会主义新农村工作,结成共建对子150对,有效推进城市反哺农村、以城带乡文明建设。 (王　冰)

【文明网络创建活动】 市文明办增加"不文明行为曝光台"等3个新栏目。共制作各类网上活动专题25个,视频5个,信息采用量全省第一。自行设计制作以社会主义核心价值观为主要内容的12集系列动画片,并进行广泛的传播与宣传;承建中国文明网"网上文明游戏厅"栏目,共设计制作了集知识性、趣味性7个文明游戏;开展"践行社会主义核心价值观—我的中国梦"原创论文征集活动,共征集300多篇作品,并将优秀作品结集成册进行宣传。建立文明网公共微信、微博平台,设置微话题60余条,阅读量达500万人次以上。发展网络文明传播志愿者队伍,有队伍2支,网络文明传播志愿者3000余名。制作"太原地区网上抗日战争历史纪念馆"网上展馆和"太原道德模范、身边好人"网上展馆。重点培养周吉良、董巍等网上特约评论员,获得中国文明网季度好稿奖,多次被中央文明办收录;在全国扶贫日,组织网络文明传播志愿者为阳曲县贫困村积极筹款,送去温暖。

(王　冰)

【陈规陋习专项整治】 与市科协、市教育局联合承办了"科技梦·中国梦——中国现代科学家主题展览",全市机关、学校、企事业单位约4.7万人参观了展览;全市组织大型集体婚礼,近80对新人婚事新办、喜结连理。全年社区干部和社区民警共成功劝阻1986起结婚家庭燃放烟花爆竹,处罚6起结婚家庭非法燃放烟花爆竹案例。78家婚庆公司、116家酒店、2969家临街店铺签订禁炮责任书。广大市民对整治陈规陋俗、移风易俗有了极大认同和普遍共识。婚庆放炮特别是午夜放炮现象得到有效遏制。

(王　冰)

【志愿服务、诚信建设制度化】 搭建志愿者、服务对象和服务项目的对接平台,开展以法律、文体、科技、医疗卫生为主要内容的"三下乡"和"四进社区"志愿服务活动;广泛开展《山西省志愿服务条例》、山西省志愿者标志等内容的公益宣传,印发宣传海报1万份、宣传手册2万份、《太原市优秀志愿服务心得交流》丛书2000余册;加强学雷锋志愿服务工作站负责人交流培训、省文博会志愿者培训等培训工作。全年开展各类志愿服务活动达62000余场,参与活动的志愿者达到187.6万人次,为全社会提供志愿服务时长752万小时,全市受助人群达30万人次之多。市民群众对志愿服务工作的认可度达到99%,参与率达到78%,"奉献、友爱、互助、进步"的志愿服务精神深入人心。印发《太原市推进诚信建设制度化实施方案》。建立"红黑榜"发布制度。迎泽区法院在市区主要交通干道、繁华闹市的户外LED广告屏上公布首批6名失信被执行人的姓名、照片、身份证号、失信内容等信息,引起强烈的社会反响。 (王　冰)

党史研究

【概述】 2015年,市委党史研究室学习贯彻党的十八大和十八届三中、四中、五中全会精神,贯彻落实中央和省委关于党史工作的部署要求,学习贯彻习近平总书记系列重要讲话精神特别是关于党的历史和党史工作重要论述精神,学习贯彻省党史办主任会议精神和市委常委会会议精神,学习贯彻落实市委十届七次全会精神,围绕中心、服务大局,开展学习讨论落实活动和"三严三实"专题教育,主动参与纪念抗战胜利70周年活动的相关工作,强化以史鉴今、资政育人的作用,各项党史工作取得进展。

（孙生杰）

【党史研究】 编写出版太原地方党史基本著作。编辑出版《中国共产党太原历史大事记(1919—2014)》。全书52万字,概要记述从1919年5月到2014年12月95年间,党领导太原人民进行新民主主义革命、社会主义革命和建设、改革开放和社会主义现代化建设的历程,是一本编年体的中共太原简史。组织开展课题研究。室课题组在《太原日报》发表《保护开发太原红色文化资源建议》《太原在全国抗战初期的地位和作用》等课题。此外,与市委宣传部共同完成《太原红色资源》课题,与市委组织部对省委组织部网站《太原市情况简介》中的"重大事件"部分进行核实、完善和充实。 （孙生杰）

【党史纪念活动】 2015年是中国人民抗日战争暨世界反法西斯战争胜利70周年。围绕纪念抗战胜利70周年做好纪念工作:一是编辑出版《太原·1937》。全书60万字,以太原会战前后形成的档案资料、媒体报道及抗战亲历者的回忆为主体,分抗战综述、档案解密、媒体聚焦、回忆摘录、大事记要、附录6部分。二是利用电视媒体宣传太原在中国抗战中光辉历史。与太原电视台等部门联合拍摄10集电视文献片《太原抗战》、2集电视专题片《共赴国难——太原会战纪实》。三是为中央省市媒体提供太原抗战史料,先后回答中央电视台纪录频道、太原电视台、长沙电视台、太原广播电台、《长沙晚报》等部门提出的党史咨询。 （孙生杰）

【党史宣传和教育】 加大党史宣传力度,运用报告会、宣讲活动、展览活动等多种形式,推动党史教育进基层。在小店区、市财政局、市社科联、省博物院举办4场党史知识讲座;与市科协等单位在龙潭公园、汾河公园、饮马河公园联合举办主题为"传承革命历史　弘扬红色文化"红色文化展。此外,利用现有资料开展党史宣传,为《太原日报》《太原工作》等新闻媒体提供党史资料和稿件,宣传地方党的历史。 （孙生杰）

【党史资料征编】 按规划做好党史资料征集工作。1—10月,围绕纪念抗战胜利70周年,组织人员分赴北京国家档案馆、南京国家第二档案馆,征集一批抗日战争时期太原地方资料,并对收集资料进行整理编纂,为编写太原抗战历史和开展宣教工作提供翔实史料。同时,根据全国全省党史工作会议精神要求,在继续加强新民主主义革命时期党史资料征集的同时,重点征集社会主义建设特别是改革开放时期的太原地方党史资料,启动《太原执政日记2014》编写工作。 （孙生杰）

【贯彻会议精神】 全国、全省党史研究室主任会议先后召开。市委常委会召开会议,传达学习全国全省党史研究室主任会议精神,研究太原市贯彻落实意见。会议指出,要认真学习贯彻习近平总书记系列重要讲话精神,特别是关于党的历史和党史工作的重要论述精神,按照中央和省委的要求着力抓好党史学习、搞好党史宣传、深化党史研究、注重党史资料征集工作。

全市党史研究室主任会议召开,传达习近平总书记关于党史工作的重要指示,传达学习贯彻全国全省党史研究室主任会议精神,传达学习市委常委会关于党史工作意见的精神,总结和部署全市党史工作。对全市各县市区贯彻全国党史工作会议精神情况进行一次督导检查。举办全市党史干部业务培训,培训党史业务骨干40余人。 （孙生杰）

【举办反腐倡廉历程展】 利用党史资源优势与市纪检委、组织部、宣传部等部门联合举《中国共产党反腐廉政历程展》。展览系统反映党在新民主主义革命、社会主义革命和建设、改革开放和现代化建设三大历史时期加强党内监督、坚决反对腐败的重要举措和伟大成就。展览历时21天,全市1.3万余名党员干部参观,受到警示和革命传统教育。人民网、中国新闻网、凤凰网、网易、新浪、山西新闻网、山西日报、太原日报、黄河电视台、太原电视台、山西广播电台等多家媒体刊播展览消息,跟踪报道展览进程。 （孙生杰）

人民代表大会会议

【太原市十三届人大五次会议】 4月26日至29日召开,会期4天。大会主席团由51人组成。吴政隆、弓跃、傅建荣、刘剑(女)、王建勋、冯晋生、梁争平、李文清、冯润春为主席团常务主席,梁争平为大会秘书长。太原市出席省十二届人大代表,市人大常委会有关部门负责人,市人民政府工作部门负责人,市委所属工作部门负责人,县(区)党委书记、县(区)长,县(区)人大常委会副主任,开发区负责人,市人民政府有关直属事业单位负责人,市人民政府驻外办事处(联络处)负责人,市人民团体负责人,金融系统驻并有关单位负责人,其他有关单位负责人,共计170人列席会议。市政协十二届四次会议全体委员列席市十三届人大五次会议第一次全体会议。会议分四个阶段进行,第一阶段:听取和审议太原市人民政府市长耿彦波所作的《太原市人民政府工作报告》;审查太原市人民政府关于太原市2014年国民经济和社会发展计划执行情况与2015年国民经济和社会发展计划(草案)的报告;审查太原市人民政府关于太原市2014年全市和市本级预算执行情况及2015年全市和市本级预算(草案)的报告。第二阶段:听取和审议太原市人大常委会副主任刘剑所作的《太原市人民代表大会常务委员会工作报告》,听取和审议太原市中级人民法院院长冯少勇所作的《太原市中级人民法院工作报告》,听取和审议太原市人民检察院检察长周茂玉所作的《太原市人民检察院工作报告》。第三阶段:会议补选弓跃为太原市人大常委会主任。第四阶段:会议采用无线电子表决器表决的方式,通过太原市第十三届人民代表大会第五次会议《关于太原市政府工作报告的决议》《关于太原市2014年国民经济和社会发展计划执行情况与2015年国民经济和社会发展计划的决议》《关于太原市2014年全市和市本级预算执行情况与2015年全市和市本级预算的决议》《关于太原市人大常委会工作报告的决议》《关于太原市中级人民法院工作报告的决议》《关于太原市人民检察院工作报告的决议》。会议结束时,省委常委、市委书记吴政隆发表重要讲话。

大会共收到代表联名提出的议事原案3件。经研究,决定将李树结等13名代表提出的“关于修改《太原市消防条例》”、李树结等12名代表提出的“关于制定《太原市城市地下管线管理条例》”、清徐县代表团提出的“关于修订《太原市晋祠泉域水资源保护条例》有关条款”三件议事原案列为议案,不列入本次会议议程,会后交由市人大有关专门委员会审议并向常委会会议作出报告。大会收到代表提出的建议、批评和意见248件,会后将专门召开办理督办会,交由有关部门研究办理,并按照相关规定,在相应时间内办结并答复代表。 (米睿民)

常务委员会会议

【市十三届人大常委会第二十七次会议】 2月12日召开,常委会组成人员31人出席,请假9人。常务副市长任在刚,市中级人民法院副院长张庭保,市人民检察院副检察长李南明,市人大常委会副秘书长,市人大各部门有关负责人、各县(市、区)人大常委会负责人以及与本次会议议题相关的市政府有关部门负责人和九名市人大代表列席会议。

会议听取和审议市人民政府关于环境保护工作情况的报告,会议认为,近年来,市人民政府高度重视环境保护工作,持续组织实施环保五大工程,推进环境五项整治,不断加大工作力度,强化监督管理,有效控制排污总量,基本实现环境质量“三年大见成效”目标。但是,全市生态环境的压力依然巨大,环境保护任重道远。组成人员建议:(1)突出改善大气环境质量。继续把大气污染防治作为改善省城环境质量的重点,加强组织领导,明确责任分工,强化统筹协调,全面完成减排任务,努力实现空气质量提升、污染减排能力提升,确保“四年目标任务全面完成”。(2)全面推进“五大工程”和“五项整治”。“五大工程”方面,进一步大力推进集中供热全覆盖工程,加快热源、热网

建设;加快城中村和棚户区改造,巩固城中村综合整治成果,实现生态环境城乡一体化;加大污染减排力度,严格控制燃煤总量,全面推进节能和清洁能源改造替代工程;对重污染企业实施全面关停、淘汰;加强饮用水源地保护,强化饮用水监测检查,确保水质稳定达标;整治黑臭水体,加快城镇污水集中处理设施建设,推进中水回用,实现水环境质量提升。“五项整治”方面,加强对工业企业等重点行业、环境敏感地区、农业用地土壤的检测和修复治理,确保环境安全;严格控制机动车排气污染总量,加大高污染车辆限行力度,有效减少氮氧化物的排放;采取有效的防风抑尘措施,严格控制建筑工地扬尘污染;全面整治小型燃煤设施,集中整治露天烧烤和油烟污染,彻底杜绝秸秆禁烧,有效遏制面源污染。同时要抓好环境基础设施建设,加快对生活垃圾、建筑垃圾和固体废弃物处理设施的建设,从根本上解决城市垃圾处理能力不足问题,提高垃圾无害化处理率。(3)严格执行环保法,加强环境监督管理。环境保护主管部门要对本区域环境保护工作实施统一监督管理,加大环境执法力度,依法严厉查处环境违法行为。不断完善环保工作的长效机制,持续开展环境保护专项行动,建立重污染天气、土壤、水等监测预警机制,对重点区域加强大气污染防治联防联控,对危害环境安全的行为严格予以处罚和问责,维护人民群众的环境权益。

会议听取关于太原市2014年国民经济和社会发展计划执行情况与2015年国民经济和社会发展计划(草案)编制情况的汇报,会议认为,2014年,面对“三期”叠加的经济社会发展状态,市人民政府积极采取措施,做好止缓回稳促增各项工作,经多方努力,全市经济发展态势有所好转,重点领域改革稳步前行,城市基础设施建设加快推进,民生社会建设取得新进展。但地区生产总值、固定资产投资、公共财政预算收入、城乡居民人均可支配收入、单位地区生产总值能耗等涉及经济发展的主要指标未能完成。市十三届人大四次会议审议批准的目标,突显出太原市经济下行和转型压力持续加大、科技创新能力不足、开发区引领带动作用不强等问题,应引起足够重视。2015年的计划编制贯彻党的十八届三中、四中全会精神和省、市经济工作会议精神,各项预期指标与全市“十二五”规划目标相衔接,基本符合太原“六个表率”要求和经济社会发展实际,总体安排可行。组成人员建议:(1)认识新常态,细化国民经济和社会发展计划编制,增强计划编制的科学性和可行性。深刻领会经济新常态的内涵,全面分析研判全市经济社会发展的新趋势、新动力,科学客观、实事求是编制国民经济和社会发展计划,提高计划的可行性,把指标落到实处,把任务分解到部门,保证计划顺利完成。(2)面对新常态,坚定发展信心,推进全市经济健康持续发展。正确认识经济新常态带来的挑战和机遇,越是形势困难、任务繁重,越要勇于担当、攻坚克难。要准确把握自身特点,发挥好全市比较优势,按照“六个表率”要求,振奋精神、主动作为,肩负起省城引领全省各项事业发展首善之市的责任。(3)适应新常态,以科技创新为驱动,以深化改革扩大开放为根本,激发经济发展的新动力。要紧紧围绕省、市经济工作会议提出的目标任务,拿出主动适应新常态的新思路、新举措,找准发展定位,紧密对接国家“一带一路”、京津冀协同发展等重大战略,加快推进本市改革开放。要继续坚持工业强市理念,以工业为引擎带动三次产业协调发展,以科技创新为驱动促进产业转型升级;发挥省会城市的区位优势和科技禀赋,发展信息化背景下的现代服务业和生产性服务业;有序推进开发区空间拓展和布局优化,发挥其引领支撑作用;以“五个一批”为载体,推动“六大发展”;按照“六权治本”的要求,优化政务环境和企业发展环境,加快形成符合全市科学发展的经济生态。

会议听取关于太原市2014年全市和市本级预算执行情况及2015年全市和市本级预算(草案)编制情况的汇报,会议认为,2014年,全市各级财税部门认真落实市十三届人大四次会议批准的有关决议,全力组织收入,优化收支结构,面对经济下行压力的影响,主动将财政收入短收情况报市人大常委会调减支出预算,确保民生和城市建设重点项目支出,全年财政收支运行基本正常。2015年,预算编制贯彻党的十八大、十八届三中、四中全会和全市经济工作会议精神,主动适应经济发展的新常态,基本符合太原市实际。组成人员建议:(1)贯彻执行预算法,全面科学细化预算编制。按照全口径预算要求,编制好一般公共预算、政府性基金预算、国有资本经营预算和社会保险基金预算。将所有收支,包括政府性债务纳入政府预算编制范围。按照预算法要求,细化政府预算和部门预算编制,确保人代会上审查好部门预算。围绕“五个一批”项目建设,科学安排项目资金,尽最大可能把资金落实到项目上,保证重大项目顺利实施。留足改革所需资金。(2)加强财源建设,夯实财政基础。面对经济运行新常态,要更加注重财源建设,综合运用财政补贴、税收抵扣、贷款贴息和信用担保等方式,支持新兴产业和传统产业转型发展,扩大税源和税基。强化税收征管,依法加大税收征管力度,挖掘增收潜力,做到应收尽收。加强非税收入管理,严格执行将政府性非税收入全部纳入预算管理的规定。(3)优化支出结构,确保财政资金安全高效使用。坚持统筹兼顾,量力而行,集中财力办大事的原则,继续严格控制行政经费,坚决压缩“三公”经费等一般性支出。对地方政府性债务实行限额控制,严格控制新增债务,建立债务风险预警及应急处置机制,切实防范财政风险。加强结余结转资金管理,盘活存量资金,深入推进预算绩效管理,提高资金使用效益。

会议审议太原市人大常委会代表资格审查委员会关于个别代表资格的审查报告。

会议任命张宏为太原市中级人民法院行政审判庭副庭长，免去李瑜的太原市中级人民法院行政审判庭副庭长职务。（米睿民）

【市十三届人大常委会第二十八次会议】 3月23日召开，常委会组成人员34人出席，请假6人。常务副市长任在刚，市政协副主席陈远新，市中级人民法院副院长任有会，市人民检察院副检察长李南明，市人大常委会副秘书长，市人大各部门有关负责人、与本次会议议题相关的市政府有关部门负责人列席会议。会议听取市人大常委会秘书长冯润春所作的《太原市人民代表大会常务委员会关于召开太原市第十三届人民代表大会第五次会议的决定（草案）》的说明，审议表决决定草案，决定太原市第十三届人民代表大会第五次会议的召开时间为2015年4月26日。（米睿民）

【市十三届人大常委会第二十九次会议】 4月9日召开，常委会组成人员28人出席，请假12人。市人民检察院副检察长谢宏江，市人大常委会副秘书长，市人大各部门有关负责人列席会议。会议许可对市十三届人大代表白红墙采取强制措施。（米睿民）

【市十三届人大常委会第三十次会议】 4月23日召开。常委会组成人员31人出席，请假9人。常务副市长任在刚，市政协副主席张文旺，市中级人民法院院长冯少勇，市人民检察院检察长周茂玉，与议题相关的市政府有关部门负责人，市人大常委会副秘书长，市人大各部门有关负责人列席会议。（1）会议听取和审议太原市第十三届人民代表大会常务委员会代表资格审查委员会关于个别代表资格的审查报告。（2）会议听取太原市第十三届人民代表大会第五次会议筹备工作的报告。（3）会议审议太原市第十三届人民代表大会第五次会议议程（草案）。（4）会议审议太原市第十三届人民代表大会第五次会议主席团和秘书长名单（草案）。（5）会议审议了太原市第十三届人民代表大会第五次会议议案审查委员会组成人员名单（草案）。（6）会议审议太原市第十三届人民代表大会第五次会议列席人员名单（草案）。（7）会议审议太原市人民代表大会常务委员会工作报告（稿）。（8）会议审议《太原市人大常委会关于接受部分市人民代表大会常务委员会委员辞职请求的决定（草案）》，接受吴国荣、张建国、康淑芬因年龄原因辞去太原市第十三届人民代表大会常务委员会委员，并报太原市第十三届人民代表大会第五次会议备案。（9）会议审议《太原市人大常委会关于接受张建国、康树芬辞职请求的决定（草案）》，接受张建国因年龄原因辞去太原市第十三届人民代表大会内务司法委员会主任委员职务，接受康淑芬因年龄原因辞去太原市第十三届人民代表大会财政经济委员会主任委员职务，并报太原市第十三届人民代表大会第五次会议备案。（10）会议审议《太原市人大常委会关于接受郝小军辞职请求的决定（草案）》，接受郝小军因年龄原因辞去太原市第十三届人民代表大会常务委员会副主任职务，并报太原市第十三届人民代表大会第五次会议备案。（11）会议审议《太原市人大常委会关于接受郭振中辞职请求的决定（草案）》，接受郭振中因年龄原因辞去太原市第十三届人民代表大会常务委员会主任职务，并报太原市第十三届人民代表大会第五次会议备案。（12）会议审议人事免职事项，决定免去寿伟光的太原市副市长职务（挂职）；决定免去刘跃的太原市第十三届人民代表大会财政经济委员会副主任委员职务，决定免去裴丽娜的太原市第十三届人民代表大会人事代表委员会副主任委员职务。（米睿民）

【市十三届人大常委会第三十一次会议】 6月24日召开。常委会组成人员31人出席，请假5人。副市长魏民，市政协副主席毛志鸣，市中级人民法院院长冯少勇，市人民检察院副检察长郭鸿，与本次会议议题相关的市政府有关部门负责人，市人大常委会副秘书长，市人大各部门有关负责人，各县（市、区）人大常委会负责人，九名市人大代表列席会议。另有六名本市公民旁听会议。

会议听取市气象局局长胡建军受市人民政府委托作关于《太原市雷电灾害防御条例（草案）》的起草说明，审议市人民政府关于提请审议《太原市雷电灾害防御条例（草案）》的议案。组成人员认为，太原市作为全省雷电灾害高发区，雷电灾害对人民生命财产安全、公共服务设施、文化遗产等构成的威胁日益突出，制定符合太原实际的地方性法规意义重大，是非常必要的。雷电灾害防御条例草案坚持问题导向，进一步完善雷电防御工作体制，强化雷电灾害预防和监测预警工作，加强防雷装置检测维护与雷电灾害调查鉴定，并明确相应的法律责任。

会议听取并审议市人民检察院常务副检察长郭鸿受市人民检察院检察长周茂玉同志委托作关于反贪污贿赂工作情况的报告。会议认为，全市检察机关认真贯彻中央和省、市委关于反腐败斗争的决策部署，依法查办大案要案，不断加大反贪污贿赂工作力度，为促进全市经济社会发展提供了有力的司法保障。但反贪污贿赂的成效与人民群众的期待相比还有差距，查处重点领域、民生领域的贪污贿赂犯罪的力度还需进一步加大，贪污贿赂犯罪预防工作还需进一步加强，反贪侦查能力和水平还需进一步提高。组成人员建议：（1）突出办案重点，继续保持惩治贪污贿赂犯罪高压态势。全市各级检察机关要深刻认识和把握全市当前反腐败工作面临的形势和任务，把反贪工作置于反腐败工作整体格局中，针对近年来发生的贪污贿赂犯罪大案要案的特点，加大查处力度。进一步突出办案重点，对问题线索反映集中、群众反映强烈的系统和行业，积极主动挖掘案件线索，切实加大侦办力度；突出查处发生在党政机关领导干部中的贪污贿赂犯罪案

件；查处权力集中、资金密集的重点领域和关键环节的贪污贿赂犯罪案件；从严查处商业贿赂案件，加大对行贿犯罪的惩处力度。(2)关注民生领域，查处发生在群众身边的贪污贿赂案件。推进查办发生在群众身边、损害群众利益的贪污贿赂犯罪专项工作。着力查办在医疗卫生、教育科技、社会保障、食品药品安全、环境保护、房地产开发等关系民生领域的贪污贿赂犯罪。围绕省委开展的“群众举报乡村干部腐败为切入点集中解决群众信访诉求问题”专项治理和农村集体“三资”管理专项清理整治工作，坚决查处一批群众反映强烈的乡村干部违反农村集体“三资”管理规定、侵占国家资金、侵吞集体财产、侵蚀农民利益、侵害农民权益和“城中村”改造中发生的贪污贿赂犯罪案件。(3)坚持惩防并举，增强预防工作实效。贯彻《山西省预防职务犯罪工作条例》，围绕“六权治本”“五个一批”和结合办案深化预防工作研究，定期向有关部门提出预防建议；帮助容易滋生腐败和权力寻租的煤焦、土地、交通、房地产等重点领域和有关单位堵塞管理漏洞，制定预防对策，完善监督机制。运用典型案例开展警示教育，实现“查办一案、教育一片”的社会效果，从源头上预防和减少贪污贿赂犯罪的发生。(4)加强队伍建设，提升反贪污贿赂工作水平。推进队伍专业化建设，加大对年轻干警的培养力度，抓好专业型、复合型人才的选任、培养和使用，形成年龄梯次合理的反贪队伍。重视对新形势下反贪工作特点规律的分析研究，有加强业务培训和实战锻炼，提高信息化条件下发现犯罪、审讯突破、取证固证、运用信息技术手段办案等能力。建立健全保障和激励机制，保护办案干警身心健康。深入贯彻新刑事诉讼法，规范执法行为，确保依法文明办案，提升反贪污贿赂工作水平。

会议听取并审议市教育局局长马兆兴市人民政府委托作关于本市职业教育发展情况的报告。会议认为，近年来，市人民政府及教育行政部门认真贯彻落实《中华人民共和国职业教育法》等法律法规，在优化职业教育发展环境、培养专业技能人才、提高劳动者素质、服务于全市经济社会发展和改善民生等方面，取得一定成效。但还存在对职业教育重要性认识不足、管理体制不顺、办学条件薄弱、质量有待提高等困难和问题。组成人员建议：(1)全面落实职业教育法，促进职业教育与社会需求紧密对接。要在“十三五”规划及国民经济和社会发展相关规划中，把握服务发展、促进就业的办学方向，把提高职业技能和培养职业精神高度融合。建设一批办学质量高、专而精、特色明显的职业院校。引导支持社会力量兴办职业教育。鼓励行业和企业举办或参与举办职业教育，发挥企业重要办学主体作用。研究制定促进校企合作有关政策。加大统筹协调力度，发挥职业教育工作联席会议制度的作用，定期研究解决职业教育发展中的新情况新问题。(2)规划建设职业教育园区，有实现新发展新跨越。落实2015年市人民代表大会批准的政府工作报告中关于“建设职业教育园区”的目标任务。通过“以优带薄”“同类组合”“近邻合并”等方式，加大职业教育资源整合力度，做到资源统筹，优势互补，实现太原市职业教育规模化、特色化、品牌化发展。(3)加大支持力度，提升发展保障水平。逐步建立完善职业教育经费保障机制，重点支持职业院校改善基本办学条件，落实教育费附加用于职业教育比例不低于30%的规定；将职业院校外聘教师所需经费纳入财政预算；安排专项资金用于职业教育实训基地建设和增加教学设备设施。有计划有步骤地招聘职业院校教师，解决好教师短缺、编制不足的问题，提高专业教师比例。制定完善就业和用人保障措施，创造平等就业环境。(4)强化职业教育宣传，营造良好社会氛围。通过各种新闻媒体加大职业教育宣传力度。宣传高素质劳动者、高技能人才的先进事迹和积极贡献，展示“人人皆可成才，人人皆能出彩”的职教成果。宣传职业院校的办学优势和办学特色，引导全社会确立尊重劳动、尊重知识、尊重技术、尊重创新的观念，弘扬劳动光荣、技能宝贵、创造伟大的时代风尚，提高职业教育的社会影响力和吸引力，为全市建设“制造强市”和打造“太原技师”品牌营造良好社会环境。

会议听取并审议市城改办副主任陈志强受市人民政府委托作关于城中村改造和综合整治工作情况的报告。会议认为，市人民政府落实省委、市委决策部署，把城中村改造列入全市工作重中之重，采取有效措施，加大力度，举全市之力加速推动城中村改造和综合整治工作，取得明显成效，特别是改造工作尤为突出。但改造中还存在进展不平衡、区域拆迁缓慢、部分改造资金未能及时足额到位、环境综合整治不彻底等问题。组成人员建议：(1)逐级传导压力，有序推进城中村改造。市政府要加大组织领导，强化顶层设计，制定完善相关政策，及时研究解决涉及部分村国有土地与集体土地成片改造等突出问题；适时组织观摩和经验交流，典型引路，形成压力传导机制。城六区和经济区作为责任主体，要切实把城中村改造工作摆在重要位置，敢于担当，抓好落实。调动部门、街办和社会力量，共同给力，保证按计划推进，如期完成全年目标任务。(2)坚持规划先行，立足提升城市形象和人居环境质量。坚持“政府主导、规划引领、整村拆迁、安置优先”的原则，发挥规划在城中村改造中的引领作用，提前界定城中村拆迁后的功能定位，细化和完善各项规划。加强城中村与片区改造整体布局规划衔接，做好同步规划，统一实施。重点推进中环内和周边以及晋阳湖、南客站等重点区域的城中村改造。按照整村拆除、“一村一案”、改造模式多样化的原则，高标准做好统筹设计，高起点搞好城中村规划，使改造后的城中村成为城市新的亮点。(3)加强统筹协调，解决城中村改造中的突出问题。坚持村民利益优先原则，正确处理好政府、开发商、村民的利益分配，重点解决好土地处置、拆迁安置建设、产业发展等突出问题。加快手续办理,提高行政审批效率。把回迁安置房建设摆在突出位置,确保居民及时入住,按区域同步配套建设医疗、教育、文体、社区等公共服务设施和市政公用基础设施。加大融资力度,采取与开发企业合作改造、村集体经济组织自我改造、政府托底改造、城中村改造与相邻地块搭配综合开发等多种模式,拓宽招商思路,破解融资难题。确定好区域产业发展方向和建设规模,保障村民和改制后集体经济组织的长远利益。研究失地村民的社会保障等政策问题,解除群众后顾之忧。(4)坚持标本兼治,巩固和扩大综合整治成果。建立综合整治常态化长效监管机制,加大对各类违法违规建设和非法经营活动的打击力度,防止非法利益既成事实,避免增加改造难度。加强环境卫生整治,杜绝脏乱差现象反弹回潮。加强城中村社会治安综合治理,查处城中村治安乱象和犯罪行为,建立起规范有序的民主化、制度化和法制化管理模式,改善城中村人居环境。

会议任命阎丽为太原市人民检察院副院长、检察委员会委员、检察员(挂职),向被任命人颁发任命书并组织新任命人员向宪法宣誓。会议结束时,弓跃就做好当前人大工作提出三点要求:一是要牢牢把握人大工作正确的政治方向;二是依法行使好人大常委会各项职权;三是要加强人大常委会自身建设。

(米睿民)

【市十三届人大常委会第三十二次会议】 7月16日召开。常委会组成人员31人出席,请假5人。市人民检察院副检察长郭鸿,市人大常委会副秘书长,市人大各部门有关负责人列席会议。(1)会议听取市检察院常务副检察长郭鸿作关于对市人大代表安秉怡采取强制措施的说明,经审议,许可对市十三届人大代表安秉怡采取强制措施。(2)会议听取市人大人事代表委员会主任委员左伟作关于罢免郑富梅山西省第十二届人民代表大会代表职务议案的说明,市委组织部常务副部长李增锁就有关情况进行说明。经审议并表决通过太原市人大常委会关于罢免郑富梅山西省第十二届人民代表大会代表职务的决议。 (米睿民)

【市十三届人大常委会第三十三次会议】 8月19日召开。常委会组成人员31人出席,请假5人。副市长魏民,市中级人民法院院长冯少勇,市人民检察院检察长周茂玉,与议题相关的市政府有关部门负责人,市人大常委会副秘书长,市人大各部门有关负责人、各县(市、区)人大常委会负责人,九名市人大代表列席了会议。另有六名本市公民旁听会议。会议听取市民政局局长任建忠受市人民政府委托作关于《太原市养老机构条例(草案)》的起草说明,审议市人民政府关于提请审议《太原市养老机构条例(草案)》的议案。

会议听取市人大法制委员会主任委员孟小勇所作的关于《太原市人民代表大会常务委员会关于集中修改部分地方性法规的决定(草案)》的说明,审议并表决通过《太原市人民代表大会常务委员会关于集中修改部分地方性法规的决定》。

会议听取和审议市发改委主任张勇受市人民政府委托作关于太原市2015年国民经济和社会发展计划上半年执行情况的报告,针对经济运行依然存在下行压力大,固定资产投资不足,多数企业经营困难,重点项目推进不快,改革创新力度不够等问题,组成人员建议:(1)积极作为,完成2015年各项目标任务。市政府要坚定信心,明确目标,研究分析当前经济形势,结合全市实际,找准太原经济发展的"难点",积极作为,寻求突破。推进简政放权、放管结合、优化服务改革,完善政府监管方式,营造破束缚、汇众智、促创新和维护公平的良好环境。用好用足国家、省的各项优惠扶持政策,使政策优势转化为发展优势。加大对现有重点支柱企业和传统企业的扶持力度,帮助解决生产经营过程中遇到的困难和问题,提高发展的质量和效益,确保年度计划目标顺利实现。(2)推动金融振兴、科技创新、民营经济"三个突破",增强发展活力。要拓宽融资主渠道,发展多层次资本市场,强化金融对实体经济的支持。实施创新驱动发展战略,破除束缚创新驱动发展的观念和体制机制障碍,增强企业创新主体意识,增加科技创新投入,推进以科技创新为核心的全面创新。落实支持促进民营经济发展的各项政策措施,引导鼓励支持民营企业转型发展、创新发展,激发民营经济的活力和创造力。(3)采取有效措施,推进固定资产投资和重点项目建设工作。要讲实际、出实招、重实效,加快推进"五个一批"重点项目建设。发挥政府相关部门的职能作用,以产业项目建设投资带动固定资产投资扩大规模。加大招商引资力度,调动民间投资积极性,吸引更多社会资本参与。按照年初确定的项目建设计划,落实项目推进责任制,多措并举推进项目实施。(4)持续保障和改善民生,推动社会和谐发展。推进城中村改造工作,坚持先安置后开发,完善规划,做好风险防范,确保目标任务全面完成。要落实好促进就业各项政策,鼓励支持劳动者自主创业。完善养老、最低生活保障和社会救助等社会保障体系建设。加快推动教育、医疗等领域优质资源均衡配置。加大对安全生产和安全执法的监督检查力度。持续抓好省城环境质量改善,推进"五城联创",提高市民幸福指数。(5)编制"十三五"规划纲要,促进经济社会可持续协调发展。要按照"四个全面"战略布局要求,围绕实现"六个表率""六大发展",找准"一带一路"战略机遇,融入京津冀协同发展,正确研判今后五年发展面临的大背景和新环境,系统分析新常态下全市经济社会发展的阶段性特征,突出深化改革、扩大开放、创新驱动、产业转型、普惠民生、改善生态、安全生产、依法治市、政府建设等重点,科学设置指标,确保规划科学、合理、切实可行。

会议听取和审议市财政局局长陈向阳受市人民政府委托所作的关于太原市

2014年市本级财政决算(草案)及2015年上半年全市和市本级预算执行情况的报告,并表决通过《太原市人大常委会关于批准2014年市本级财政决算的决议》。为做好财政工作,组成人员建议:(1)发挥财政调控职能,促进经济平稳健康发展。要注重研究财政运行中出现的新情况、新问题,及时制定应对措施。落实结构性减税政策,落实减轻企业负担和促进消费的各项政策,创新财政资金投入方式,综合运用税收、债券、担保、贴息、PPP等政策工具,支持产业发展,培育发展动力,夯实财政增收基础。(2)贯彻落实预算法,提高预算编制、执行及决算的科学性。按照预算法,规范一般公共预算、政府性基金、国有资本经营和社会保障基金预算决算的编制口径,建立全面完整、规范高效的预算体系。坚持“先有预算、后有支出”的原则,控制预算科目、预算级次和项目间的资金调剂,增强预算刚性。(3)强化支出管理,提高财政资金使用绩效。要提高预算执行效率,保证预算支出进度。减少结转结余资金,加大统筹使用力度,集中财力办大事。健全绩效评价结果与预算安排有机结合的机制,强化支出责任,实施绩效问责。加强政府性债务管理,严控债务风险。(4)推进预决算公开,增强预决算的透明度。要稳步推进预决算信息公开,建立预决算发布、解读和回应公开机制,逐步扩大公开范围,细化公开内容。预算、预算调整、决算、预算执行情况的报告及报表,应当在批准后依法向社会公开。保障人大代表和社会公众的知情权、参与权、监督权,提高财政运行的透明度。

会议听取和审议市财政局局长陈向阳受市人民政府委托所作的市人民政府关于2015年市本级预算调整方案(草案)的报告,并表决通过《太原市人大常委会关于批准2015年市本级预算调整方案的决议》。为做好预算调整后的资金使用,组成人员建议:(1)用好盘活资金和债务资金。市人民政府要严格按照批准后的预算调整方案,保证新增债券、置换债券安排支出到位,保证动用的预算稳定调节基金及时足额拨付。同时要加强对资金使用情况的监督检查,全程监控项目实施,开展绩效评估。政府有关部门要积极组织项目实施,尽快发挥盘活财政资金和地方政府债券的作用。(2)加强地方政府性债务的监管。要增强政府性债务风险意识和忧患意识,实行规模控制和预算管理,加强政府性债务管理的制度建设。要完善地方政府性债务统计报告制度,加快建立权责发生制的政府综合财务报告制度,全面反映政府的资产负债情况。要加强债务分析,建立健全科学的债务风险监控和评估体系,制定合理的还款计划,明确管理职责和偿还责任,有效防范债务风险。每年定期向市人大常委会汇报政府性债务管理使用情况。(3)加强财政资金的管理。落实国务院盘活存量资金的各项要求,研究制定财政资金管理办法,建立盘活存量资金与预算编制、执行挂钩机制,加大工作力度,减少资金沉淀,防止存量资金闲置过多。控制新增存量资金,加强预算编制管理,提高年初预算到位率,做实项目前期准备工作,提高资金使用效益。(4)保障民生投入。按照市人大常委会批准的预算调整执行,优先保障民生支出,并保持稳定增长。要注重中小学建设,着力解决城区义务教育学校建设布局不合理和生均占地面积严重不足的问题,从财政资金上支持优化配置教育资源,推进义务教育均衡发展。加大对农业基础设施、农业产业化、生态环境、防疫减灾等方面的投入力度,加大对科技、卫生、文化、社保等方面的支持保障力度,促进各项民生事业协调发展。

会议听取和审议市审计局局长受市市人民政府委托所作的关于太原市2014年度市本级预算执行情况和其他财政收支的审计工作报告。组成人员建议:(1)加大整改力度,确保整改落到实处。要高度重视审计查出问题和提出的整改意见,分析原因,抓紧制定整改方案,明确整改目标、举措和时间表,采取有效措施加以解决。对整改不到位的预算部门负责人,严格追究责任,坚决查处违法违纪行为,保证整改到位。做好12月份市人大常委会对审计结果整改情况报告进行满意度测评的各项工作。(2)健全完善审计制度,遏制违法违规问题的产生。审计部门要针对不同问题,深刻查找原因,提出相应的解决措施,杜绝屡查屡犯问题的发生。督促财政部门按照预算法要求,改进预算编制,强化预算约束,杜绝截留、改变资金用途的问题。督促地税部门加大监管力度,规范税源户登记管理,杜绝偷逃税费、欠税、税费流失的问题。督促预算部门健全管理审批制度,减少违规问题的发生。(3)加强审计监督,促进财政资金依法高效使用。审计部门要加快建立覆盖全部预算资金和预算管理全过程的审计监督制度,对照预算项目,对所有使用财政资金的预算单位进行审计,形成真实完整的审计报告。要加大绩效预算跟踪监督力度,加强对“五个一批”、城中村改造等重点项目支出、盘活存量资金和新增地方政府性债券的合规性使用的审计监督,并对财政支出效果做出客观评价。要加大审计结果的公开力度,适时公开预算执行审计、专项资金审计、重大投资项目审计等,自觉接受社会和舆论监督。

会议听取和审议市人民政府关于全市蔬菜生产情况的报告。组成人员建议:(1)加强组织领导,推进设施蔬菜产业发展。按照《山西省设施蔬菜百万棚行动计划实施意见》要求,以增加农民收入为目的,以集中连片规模化发展为主要目标,以“一县一业、一乡一品或一乡多品”为发展格局,坚持“集中优势区域,加快核心基地建设;突出日光温室,优化蔬菜产业布局”的原则,把加快发展设施蔬菜工作切实摆在重要议事日程,加强组织领导,创新发展理念,明确发展目标,落实工作责任,密切协调配合,形成工作合力,着力提高冬春季蔬菜生产能力。(2)加大投入力度,促进蔬菜产业提档升级。强化省城意识,加大财政资金对设施蔬菜建设扶持力度,引导、吸引和带动更多的社会资本投资设施蔬菜发展。加大对老旧蔬菜基地改造支持力度，改善设施蔬菜生产条件。(3)注重品牌培育,提高蔬菜生产科技水平。重视蔬菜地域品牌的培育,加快无公害、绿色和有机食品蔬菜基地建设和品牌认证及标志管理,引导鼓励知名度较高、特色鲜明的源产地产品申办集体商标或证明商标，形成品牌优势,提高市场竞争力和占有率,促进农业增产农民增收。(4)强化服务功能,增强精准服务能力。加强调控性信息指导,及时为菜农提供市场信息,提升菜农应变市场的能力。完善蔬菜技术推广体系，开展各种蔬菜栽培技术培训和科技下乡活动,及时解决技术难题。加大农业新技术、新品种的引进推广力度,促进农业科技成果和先进适用技术的推广应用。(5)创新产销模式,建立稳定市场销售体系。转变传统销售模式,发展新型流通业态,积极探索现代营销手段。加强市场体系建设,拓展蔬菜市场功能。建设集中规范的产地批发市场，提高产地交易能力。深化体制改革,发挥供销社“农资服务、农产品流通、农村服务”职能。鼓励社会资金投资建设集蔬菜集散、信息发布、电子商务、检测检验、冷链仓储和包装加工为一体的专业化农产品市场。(6)以标准化为抓手,提升质量安全水平。规范蔬菜生产技术和生产流程,形成“环境有检测、操作有规程、生产有记录、产品有检验、上市有标志”的蔬菜安全质量监测体系，从源头上提升农产品质量安全水平。加强对蔬菜生产、销售等环节的检测监督，建立严格的质量标准体系和蔬菜质量安全追溯制度，实现蔬菜从菜地到餐桌的全程质量监管和安全控制。

会议审议并表决通过人事免职人员名单,决定免去:牛志道的太原市中级人民法院审判员、审判委员会委员职务;阴大年的太原市中级人民法院审判员职务；王来和的太原市中级人民法院审判员职务；柳茂骏的太原市中级人民法院审判员职务；陈瑛的太原市中级人民法院审判员职务；张则善的太原市中级人民法院审判员职务；朱小兰的太原市人民检察院检察员、检察委员会委员职务；苏继先的太原市人民检察院检察员职务；曹顺梅的太原市人民检察院检察员职务；候幼月的太原市人民检察院检察员职务；李伍生的太原市人民检察院检察员职务；张成生的太原市人民检察院检察员职务。(米睿民)

【市十三届人大常委会第三十四次会议】 9月6日召开,常委会组成人员30人出席,请假6人。市人民检察院副检察长李南明,市人大常委会副秘书长,市人大各部门有关负责人列席会议。会议许可对市十三届人大代表郭天荣采取强制措施。(米睿民)

【市十三届人大常委会第三十五次会议】 11月4日召开，常委会组成人员31人出席,请假5人。常务副市长任在刚,市政协副主席任书文,市中级人民法院院长冯少勇，市人民检察院检察长周茂玉，与议题相关的市政府有关部门负责人,市人大常委会副秘书长,市人大各部门有关负责人、各县(市、区)人大常委会负责人,九名市人大代表列席了会议。另有六名本市公民旁听了会议。

会议听取人大法制委员会主任委员孟小勇同志作关于《太原市雷电灾害防御条例(草案)》审议结果的报告,审议并表决通过《太原市雷电灾害防御条例(草案修改稿)》。

会议听取市城乡管委主任王建堂同志受市人民政府委托作关于《太原市城市地下管网条例(草案)》的起草说明,审议了市人民政府关于《太原市城市地下管网条例(草案)》的议案。

会议听取市人大法制委员会主任委员孟小勇同志所作的关于《太原市人民代表大会常务委员会关于集中修改部分地方性法规的决定(草案)》的说明,审议太原市人民代表大会常务委员会主任会议关于提请审议《太原市人民代表大会常务委员会关于集中修改部分地方性法规的决定(草案)》的议案,并表决通过《太原市人民代表大会常务委员会关于集中修改部分地方性法规的决定(草案)》。

会议听取市人大财经委员会副主任委员冯健所作的关于《太原市人民代表大会关于国民经济和社会发展计划及预算决算审查批准监督规定（修订草案)》的说明，审议市人大财政经济委员会关于提请审议《太原市人民代表大会关于国民经济和社会发展计划及预算决算审查批准监督规定(修订草案)》的议案,并表决通过《太原市人民代表大会关于国民经济和社会发展计划及预算决算审查批准监督规定(修订草案)》。

会议听取审议并表决通过市十三届人大常委会代表资格审查委员会副主任委员左伟作关于个别代表资格的审查报告。

会议听取和审议市人大内务司法委员会副主任委员邢德谦所作的太原市人大常委会执法检查组关于检查《太原市法律援助条例》实施情况的报告,同时审议市人民政府关于全市实施《太原市法律援助条例》情况的报告,会议认为,《太原市法律援助条例》是一部促进社会公平正义,让困难群众平等享受法律服务,维护群众合法权益的地方性法规。针对执法检查中发现的问题,结合审议情况,组成人员建议:(1) 加大力度贯彻实施《法律援助条例》。市人民政府要从全面推进依法治国的战略高度，认识法律援助工作的重要意义,抓好《条例》的贯彻实施工作。要加大力度,完善司法局、公安局、检察院、法院等主要执法部门之间的联动,形成高效的援助协同机制。要及时协调解决《条例》贯彻实施中存在的困难和问题。要加大保障力度,建立动态增长机制,逐步提高经费保障水平。(2)加强《法律援助条例》宣传。要结合当前法律援助工作面临的新形势和群众对法律服务需求的新特点,创新理念,多渠道、多形式宣传法律援助条例，增强法律援助宣传的实效性。不断扩大宣传覆盖面,

提高社会知晓率，让困难群众了解《条例》的精神和内容。(3)提高法律援助服务质量。按照中央《关于完善法律援助制度的意见》要求，扩大法律援助范围，降低援助门槛，完善便民措施，保障困难群众合法权益。加强对基层法律援助站点的业务指导，完善站点工作制度，规范工作程序，提高服务水平，让群众就近接受法律服务。加强对案件服务质量的监管，建立案件质量评估体系，提高案件办理质量。建立律师奖惩机制，调动律师积极性，为受援群众提供高质量的法律服务。

会议听取和审议市人社局局长王富旺受市人民政府委托作关于全市城镇基本医疗保险体系建设情况的报告，市卫生局局长郝宝清受市人民政府委托作关于全市新型农村合作医疗工作情况的报告，并就市人民政府关于本市开展城乡居民医疗保障体系建设情况进行专题询问。会议认为，近年来，市人民政府贯彻落实国家有关基本医疗保险的决策部署，推进医疗保障体制改革，医疗保障水平稳步提高，基本形成人人享有基本医疗保障的制度格局。但医疗保障工作与人民群众的需求还有一定差距。组成人员建议：(1)逐步完善基本医疗保险政策体系。推动全市新型农村合作医疗实现市级统筹，解决好各县(市、区)参合农民报销比例不同的问题，体现新农合制度的公平性。对医疗保险基金实行科学的预算管理，在确保收支平衡的基础上，适度调整基金支付范围和保障水平。结合全市实际，加强和完善大病医疗保险工作和医疗救助制度，有效减轻重病参保患者的大额医疗费用负担。(2)要强化对定点机构的服务和监管。医保管理部门应当健全完善对定点医疗和药品服务机构的协议管理，探索医疗保险费用支付机制和控制机制，改进支付方式，引导医生使用适宜的技术、设备和基本药物，依法规范医疗服务行为，确保为参保人员提供合理、必要的医疗服务。加快推进医疗保险信息化建设，完善覆盖全市的医保网络，发挥好网络监控系统监管作用，及时纠正查处各种违规行为。(3)提升定点医疗机构服务能力。围绕缓解人民群众“看病难、看病贵”问题，优化医疗资源配置，加快定点医疗机构服务能力建设，注重乡镇卫生院、村(社区)卫生室标准化建设，突出加强医疗人才队伍建设，到2017年，乡镇卫生院人员在编比例达到省政府规定的80%的要求，不断提高医疗水平和服务质量。积极推进分级诊疗，引导参保城镇职工和城乡居民合理有序就医，实现就医人群分流，解决好“小病大医”等问题。(4)加大医疗保险政策宣传培训力度。对国家有关医疗保险法律法规和政策规定进行宣传，提升全民对医保政策的理解和认识，提高企业参保意识，做到应保尽保。及时全面发布有关基本医疗保险的政策内容、药品目录、诊疗项目目录和分类报销等规定，提高医保政策透明度和公开性。加强对医保经办人员和定点服务机构工作人员的培训。

会议听取和审议常务副市长任在刚所作的关于人事任命事项的提请报告、市人大人事代表委员会主任委员左伟作关于人事任命事项提请报告的审议报告，决定任命郝宝清为太原市卫生和计划生育委员会主任，李钢为太原市文化局(版权局)局长，并组织任命人员向宪法进行宣誓。 (米睿民)

【市十三届人大常委会第二十六次会议】 12月3日召开，常委会组成人员29人出席，请假7人。常务副市长任在刚、市政协副主席王爱萍，市中级人民法院副院长路德坤，市人民检察院副检察长李南明。与议题相关的市政府有关部门负责人，市人大常委会副秘书长，市人大各部门有关负责人列席了会议。(1)会议听取审议并表决通过市十三届人大常委会代表资格审查委员会副主任委员左伟作关于个别代表资格的审查报告。(2)会议听取和审议常务副市长任在刚所作的关于人事任免事项的提请报告、市人大人事代表委员会主任委员左伟所作的关于人事任免事项提请报告的审议报告、主任会议关于人事免职的议案，表决通过人事任免名单，决定任命姜波为太原市住房和城乡建设委员会主任，邵社教为太原市城乡规划局局长，刘振华为太原市房产管理局局长，决定免去姜波的太原市城乡规划局局长职务，王静恩的太原市房产管理局局长职务，并组织任命人员向宪法进行宣誓。 (米睿民)

【市十三届人大常委会第三十七次会议】 12月29日召开，常委会组成人员33人出席，请假3人。常务副市长任在刚、市政协副主席毛志鸣，市人民检察院检察长周茂玉，市中级人民法院副院长韩育兵，市政府秘书长刘鹓，与议题相关的市政府有关部门负责人，市人大常委会副秘书长，市人大各部门有关负责人，九名市人大代表列席会议。另有六名本市公民旁听会议。

会议听取和审议常务副市长任在刚所作的关于“五个一批”重点工作进展情况和太原市开发区拓展工作情况的报告。就“五个一批”重点工作进展情况，会议认为，市人民政府把“五个一批”作为推动“六大发展”的基本载体和总抓手，强力推进，大力实施，成效明显；但也存在开工率和完成投资率较低，审批效率不高，招商引资力度还需要进一步加大等问题。组成人员建议：(1)科学编制项目，凸显重要载体和抓手。根据五大发展理念和“六大发展”任务以及全市“十三五”目标任务，结合贯彻中央经济工作会议、城市工作会议和省、市经济工作会议精神，按照“三去一降一补”的要求，征求各方意见，规划2015年“五个一批”项目。要把优化产业结构，改善教育、卫生等基础设施建设，解决“城市病”，化解重大不稳定因素，破除束缚创新驱动发展的体制机制障碍作为项目建设的重点，提高项目的针对性和实效性，起到全市经济和社会发展的基本载体和总抓手的作用。(2)招商引资，助推“五个一批”提档升级。要主动对接、融入“一带一路”和京津冀、环渤海等国家发展战略，组织招商引资，引进一批行业领先、带动性强的大企业、好项目。抓住省全力支持太原率先发展的契机，主动联系对接，将省重点工作纳入“五个一批”。准确把握国家政策，争取国家和省专项资金，调动民间投资积极性，综合运用BOT、PPP等方式多渠道筹集资金，引导、吸引各类市场主体参与城市建设，助推“五个一批”提档升级。(3)优化政务环境，为项目落地松绑加速。要加强政务中心建设，坚持一站式服务、一次性告知、限时办结。优化行政审批流程，在合法依规的前提下，按照“并联审批、规范报批、缩短时限、公开透明”的要求，整合审批事项，简化手续、减少审批环节和审批范围，加快审批进度，提高审批效率。完善监管方式，弱化事前管理，强化事中监管和事后奖惩；突出监管重点，以“十个更加注重”为标尺，优化“五个一批”重点项目；注重监管实效，着力破解准入、融资、用地难的瓶颈，加快推进重点项目落地。(4)拓展保障能力，提升服务项目水平。要坚持问题导向，针对推进“五个一批”中出现的问题，分析总结，健全和完善制度机制，为服务项目建设提供制度保障。注重配套设施建设，在重大产业项目建设中，同步安排城市道路、供水、供气、供热等基础设施配套工程，提高公共服务水平，为项目尽快落地投产达效创造有利条件。强化精细化管理，建立项目进展台账，严格落实项目推进责任制，对照项目时间节点，明确作战图、倒排时间表，多措并举努力构建服务企业、服务项目的良好氛围。

就太原市开发区拓展工作情况，会议认为，开发区拓展工作依法依规，稳步推进，开局良好，但是与市委的要求仍有一定差距，扩区审批进展缓慢、园区基础设施建设有待进一步推进、产城融合度不够、拓展区与属地县(区)责权划分尚未明确等问题，市人民政府需要高度重视。组成人员建议：(1)科学规划，加大拓展工作力度。市政府要高度重视，抓好开发区拓展工作，要与国家的政策做好对接，提高拓展工作的可行性；处理好当前利益与长远发展、局部利益与全局利益、特色开发与全市协调发展三个关系，做到科学规划、合理布局、全面发展；加大开发区拓展工作力度，加快推进园区拓展的审批，为全市培育发展新动力，从而促进转型升级，推动全市经济健康发展。(2)加强统筹协调，理顺体制机制。市政府主要领导要统筹协调，及时解决遇到的困难和问题。加快推进区区融合，满足开发区发展的需要。实行园区“封闭管理，联合审批，一站式服务”，提高工作效率，支持园区开发建设，形成加快园区发展的合力，激发动力，增强活力。(3)抓好招商引资，推进开发区发展壮大。要坚持产业招商与园区招商相结合，既要围绕全市重点产业实行专向、定向招商引资，引进大项目，把产业横向做大、纵向拉长，形成集群发展态势，又要树立超前意识，根据园区定位主动对接洽谈一批好项目，形成各具特色、集聚发展的新局面。注重入驻企业的提档升级，在优化企业结构、空间布局等方面多做文章。制定园区企业考核退出机制，腾笼换鸟，努力破解资金、用地等难题。走园区产业发展和城镇开发建设相互促进的产城融合之路，推动以城聚产、以产兴城、产城联动、融合发展，从而改善园区投资环境，加速产业和项目集聚。(4)创新发展，优化转型，加快开发区建设。要鼓励用好、用足、用活相关政策，借鉴其他省、市开发区的先进经验，立足转型、勇于创新，加快园区基础设施建设，提高公共服务水平。探索、推广建设“飞地经济”等多种开发模式。搭建大众创业万众创新平台，推进全市开发区实现创新、协调、绿色、开放、共享发展。

会议听取市人大法制委员会主任委员孟小勇所作的关于《太原市养老机构条例(草案)》审议结果的报告、副主任委员孟凡政同志所作的关于《太原市城市地下管网条例(草案)》审议结果的报告，审议并表决通过《太原市养老机构条例(草案修改稿)》《太原市城市地下管网条例(草案修改稿)》。

会议听取市人大法制委员会副主任委员车晓蓓所作的关于《太原市人民代表大会常务委员会关于集中修改部分地方性法规的决定(草案)》的说明，审议太原市人民代表大会常务委员会主任会议关于提请审议《太原市人民代表大会常务委员会关于集中修改部分地方性法规的决定(草案)》的议案，表决通过集中修改的《太原市老年人权益保障办法》《太原市城市绿化条例》《太原市学前教育管理条例》《太原市清洁生产条例》《太原市天然林保护条例》等五部地方性法规。

会议听取市人大人事代表委员会主任委员左伟所作的关于《太原市实施宪法宣誓制度办法(草案)》的说明，审议并表决通过《太原市实施宪法宣誓制度办法(草案)》。

会议听取和审议市审计局局长连金会所作的关于太原市2014年度本级预算执行情况和其他财政收支审计结果整改情况的报告，会议认为，市人民政府及其审计部门高度重视审计结果整改工作，整改效果明显，但涉及体制机制、历史或现实等深层次原因造成的问题仍未彻底整改。组成人员建议：(1)加强审计成果运用，确保整改落实到位。市政府要把审计结果及其整改情况作为考核、奖惩的重要依据。对审计反映的典型性、普遍性、倾向性问题，要及时研究，完善制度规定。对整改不到位的，要约谈被审计单位主要负责人。对整改不力、屡审屡犯的，要严格追责问责。要加强审计、监察等部门之间的沟通协作，实现审计成果互通共用，发挥审计和其他监管部门的效能。(2)突出审计实效，做好审计工作。审计部门既要突出重点，又要考虑审计资源状况，推进对公共资金、国有资产、国有资源和领导干部履行经济责任情况审计全覆盖。要加强对预算编制、执行全过程和决算的审计，深化对农业、教育、社会保障、重大基础设施项目等专项资金、政府性基金的审计，加大对政府债务资金使用的监督力度，及时发现问题，提

出审计意见，并在审计工作报告中对预算编制的准确性、科学性，预算执行的安全性、时效性以及决算的真实性、完整性作出评价，推动财政资金合理配置、高效使用。(3)强化财经制度培训，规范财务行为。审计部门要发挥经济卫士的职能，继续做好“服务保障”工作，对审计对象做到边审计边整改边培训，在督促整改的同时，加大培训力度，增强被审计部门负责人和财务人员的法制观念和专业素养，强化财务基础工作，健全规章制度，以依法合规为标尺，提高财务管理水平，提升财政预算执行效果，遏制重复违规情况的发生。会议对报告进行满意度测评，测评结果为满意。

会议听取和审议市财政局局长陈向阳所作的关于2015年市本级预算调整方案(草案)及政府债务限额分配方案的报告，表决通过《太原市人大常委会关于批准2015年市本级预算调整方案及政府债务限额分配方案的决议(草案)》。

会议听取审议并表决通过市人民政府秘书长刘鹓所作的关于市十三届人大五次会议代表提出的建议、批评和意见办理情况的报告。

会议听取市人大常委会秘书长冯润春同志所作的关于《太原市人民代表大会常务委员会关于召开太原市第十三届人民代表大会第六次会议的决定（草案)》的说明，审议并表决通过《太原市人民代表大会常务委员会关于召开太原市第十三届人民代表大会第六次会议的决定(草案)》，决定太原市第十三届人民代表大会第六次会议于2016年2月24日召开。

会议审议并表决通过市人大内务司法委员会、城建环保委员会、农业与农村委员会关于市十三届人大五次会议主席团交付的第5001号、5002号、5003号议案审议结果的报告。

会议听取市人大人事代表委员会主任委员左伟作关于补选山西省第十二届人民代表大会代表的说明，表决通过了《太原市第十三届人民代表大会常务委员会第三十七次会议选举办法（草案)》《太原市第十三届人民代表大会常务委员会第三十七次会议补选山西省第十二届人民代表大会代表监票人名单（草案)》。经选举，弓跃、宋伟、秦作栋当选为太原市出席山西省第十二届人民代表大会代表。会议结束时，市人大常委会主任弓跃对常委会2015年的主要工作进行回顾和总结，并对2016年的工作提出具体意见和建议。（米睿民）

常委会主任会议

【第一次主任会议】 1月14日召开。(1）会议研究确定市十三届人大常委会第二十七次会议议程。(2)研究讨论太原市第十三届人民代表大会常务委员会第二十六次会议对市人民政府《关于太原市2013年度本级预算执行和其他财政收支审计结果整改情况的报告》《关于环境保护工作情况的报告》的审议意见。(3）听取关于建议召开太原市第十三届人民代表大会第五次有关事项的报告。（米睿民）

【第二次主任会议】 2月5日召开。(1）会议传达省十二届人大四次会议精神、省委书记王儒林参加太原代表团审议时的重要讲话和市委关于贯彻省“两会”精神及太原市委书记吴政隆重要讲话精神。(2)确定市十三届人大常委会第二十七次会议日程，听取市十三届人大常委会代表资格审查委员会关于个别代表资格的审查报告。(3)研究安排常委会机关近期主要工作。会议强调，一是要学习贯彻落实省人代会精神和王儒林书记重要讲话，把思想和行动统一到大会精神上，统一到省市委决策部署上，增强服从服务大局的自觉性，做好人大各项工作。二是将学习贯彻省人代会及王儒林、吴政隆重要讲话精神纳入2015年工作计划，确保年度工作与省市委合拍同步。三是统筹安排好各项工作，组织好学习讨论落实活动，确保两不误两促进。四是做好市十三届人大五次会议的各项筹备工作。五是抓好中央八项规定的落实，狠刹“四风”问题，确保春节期间机关安全祥和、风清气正。（米睿民）

【第三次主任会议】 2月28日召开。会议听取市人大法制委员会关于2015年立法计划建议的汇报。郭振中强调，2015年立法计划要按照《中共太原市委关于贯彻落实党的十八届四中全会精神加快推进法治太原建设的实施意见》和市委十届六次全会精神要求，围绕市委、市政府的中心工作，征求社会各界意见，加强重点领域立法，注重立法调研工作，增强立法的针对性和实效性。

研究确定太原市第十三届人大常委会第二十七次会议对市人民政府《关于太原市2014年国民经济和社会发展计划执行情况与2015年国民经济和社会发展计划(草案)编制情况的汇报》《太原市2014年全市和市本级预算执行情况及2015年全市和市本级预算（草案)编制情况的汇报》《关于环境保护工作情况的报告》的审议意见。会议强调，审议意见要着眼经济新常态，体现全市经济工作会议精神，内容要具体，要求要明确。同时要加强对审议意见的跟踪问效，确保审议意见落到实处。

研究讨论《太原市人大常委会机关经费管理办法(草案)》。郭振中要求，常委会机关要严格执行中央八项规定，按照市委有关要求加强对经费使用的监督和管理，营造风清气正的良好氛围。（米睿民）

【第四次主任会议】 4月2日召开。会议研究讨论《太原市人民代表大会常务委员会工作报告(讨论稿)》。会议强调，常委会工作报告对过去一年工作的总结要客观全面，对今后一年工作的部署要体现党的十八大、十八届三中、四中全会和习近平总书记系列重要讲话精神，围绕省、市委中心工作，重点放在实现“六个表率”、实施“五个一批”、推动“六大发展”、推进“六权治本”等方面，通过依法行使国家权力机关各项职权，为开创“净化政治生态、实现弊革风清、重塑三个形象、促进富民强市"新局面注入正能量。

研究确定《太原市人大常委会2015年工作责任分解》《太原市人大常委会2015年常委会及主任会议题》和太原市第十三届人大常委会第二十九次会议建议议程。 (米睿民)

【第五次主任会议】 4月16日召开。(1)会议研究市第十三届人民代表大会第五次会议大会临时党组成员建议名单、主席团和秘书长组成建议名单、主席团常务主席名单(草案)、大会副秘书长名单(草案)、列席人员名单(草案)、选举办法(草案)、议案审查委员会组成人员建议名单(草案)、综合日程、大会日程(草案)和主席团会议日程(草案)、大会执行主席分组名单(草案)、在主席台就座的其他有关人士名单(草案)。(2)确定市第十三届人大常委会第三十次会议日程。(3)听取市人大人事代表委员会关于人事事项的汇报。(4)研究讨论太原市人大常委会2015年立法计划建议。(5)听取市人大内务司法委员会关于参加全省人大内务司法工作座谈会情况的报告(书面)。 (米睿民)

【第六次主任会议】 5月20日召开。会议听取太原市第十届村民委员会换届选举工作情况的汇报。会议强调,村委会换届选举是基层政权建设的一件大事,搞好本届村民委员会换届选举,对于净化政治生态、实现弊革风清,促进城中村改造顺利进行,具有重要现实意义。要巩固换届选举成果,结合农村工作的重点,督促、帮助新的村委会尽快开展工作,发挥作用。重点是要贯彻落实好《村民委员会组织法》,提高基层干部和群众对《村民委员会组织法》的重要性认识,激发参与和关心村委会组织建设工作的政治热情,保障村民充分行使民主政治权利。强化民主管理和民主监督,特别是要加大村务公开的监督力度,使村务公开规范化、制度化、程序化、常态化,提高村民的参与意识、管理意识和监督意识。推进农村集体"三资"管理专项清理整治工作与推进村委会民主管理和民主监督有机地结合起来,促进村委会运行机制更加规范。结合全省正在开展的集中解决群众信访诉求问题专项治理,排查化解农村的各类矛盾,为村委会发挥自治组织作用扫清障碍。

听取市人大城建环保委关于参加全省人大城市建设环境保护工作座谈会情况的汇报。

研究确定市十三届人大常委会第三十一次会议的建议议程。 (米睿民)

【第七次主任会议】 5月28日召开。会议听取太原市公安局关于推进"打黑除恶"专项斗争情况的汇报。全市"打黑除恶"专项斗争推进有力,打击坚决,取得阶段性成果,一批群众反映强烈、严重危害社会治安的黑恶势力被彻底摧毁,一批大案、要案得以破获,一批黑恶势力犯罪分子得到惩处,社会治安秩序持续向好,人民群众的安全感明显增强,成绩值得肯定。会议强调,一是要高度重视。打黑除恶是一项具有长期性、复杂性和社会性的斗争,不可能毕其功于一役。市政府、特别是市公安局要牢固树立打持久战的思想,持续保持打黑除恶高压态势,持续推进专项斗争不断深入。二是要突出重点。对涉黑涉恶案件高发的重要领域和利用高科技威胁、恐吓的重点人员加大打击力度,彻底铲除黑恶势力滋生、蔓延、发展的环境和土壤。三是要抓早抓小。落实黑恶势力违法犯罪线索摸排、发现、分析和报告制度,争取早发现、早处理,将黑恶势力消灭在萌芽状态。四是要加大宣传。宣传党和政府以及政法机关坚决铲除一切黑恶势力的决心和能力,激发人民群众参与打黑除恶工作的热情,形成群防群治的局面,在全社会营造浓厚的打黑除恶氛围。

会议听取太原高新技术产业开发区、经济技术开发区、民营经济开发区和不锈钢产业园区关于2014年本级预算执行情况和2015年本级预算(草案)的汇报。会议强调,2014年,在经济下行压力加大的形势下,"四区"管委会贯彻全市经济工作会议精神,狠抓立项工作,强化收入征管,优化支出结构,实现收支平衡。但目前太原市开发区发展空间不足、经济总量不大、带动作用不强,与市委书记吴政隆提出的要使开发区成为全市经济发展的"大马力发动机"要求仍有差距。一是要发挥好引领、带动作用,加强财源建设,提高"四区"经济在全市经济总量中的比重。二是要做好开发区拓展工作,推进开发区扩容提质。三是要合理安排资金支出。注重调整优化支出结构,保证财政资金用得到位、用的有效。要加快财政资金绩效评价体系建设,跟踪监督资金使用情况益,确保每一分钱都用在刀刃上,提高财政资金的使用效益。四是要盘活存量,加大招商引资的力度。要坚持一手抓存量,一手抓增量,支持多种方式的招商引资,招大商、招好商,把科技含量高的企业引入园区,同时还要"腾笼换鸟",淘汰落后企业和产能,以增量调结构,以创新促升级,推动开发区经济良性发展。 (米睿民)

【第八次主任会议】 6月15日召开。(1)会议听取市人民政府关于农村土地承包经营权确权登记颁证和流转工作情况的汇报。会议强调,农村土地承包经营权确权登记颁证和流转工作是农业和农村工作的重点,事关农村长远发展和农民切身利益,要高度重视,加强领导,依法开展各项工作;按照实事求是的原则,稳步推进、把握重点、分类指导;强化政策引导,注重规范运作,加大宣传力度,确保确权颁证任务如期完成,引导土地向规模经营集中流转,推进都市现代农业健康发展。(2)听取市人大人事代表委员会关于市人大常委会重点督办市十三届人大五次会议代表建议的汇报。弓跃要求,一是要高度重视,制定好督办方案,在规定时间内完成好建议督办工作。二是要加大力度,督办领导要亲自过问,

亲自策划，加大督促、检查力度，采取措施，以踏石留印的作风完成好督办工作。三是加强与承办部门和提建议代表的沟通、协调，掌握进展情况，解决办理过程中存在的问题，确保代表意见办理工作有效推进，办理结果成效明显。(3)确定市十三届人大常委会第三十一次会议日程。（米睿民）

【第九次主任会议】 7月8日召开。(1)会议研究确定太原市第十三届人大常委会第三十一次会议对市人民检察院《关于反贪污贿赂工作情况的报告》，市人民政府《关于我市职业教育发展情况的报告》《关于城中村改造和综合整治工作情况的报告》的审议意见。会议强调，审议意见要体现中央和省、市委的精神，使人大监督与市委同心同向同力，促进市委重大决策部署的贯彻落实。要结合全市实际，找出的问题要准确，提出的建议要具体，提高审议意见的针对性和实效性。对工作中存在的难点问题，要组织专人进行认真调研，形成专项报告，为市委、市政府决策提供参考。(2)会议还研究确定市十三届人大常委会第三十二次会议建议议程。（米睿民）

【第十次主任会议】 8月3日召开。会议听取市政府关于太原市档案管理工作情况的汇报。会议强调，档案作为党和国家各项工作和人民群众各方面情况的真实记录，是促进中国各项事业科学发展、维护党和国家及人民群众根本利益的重要依据。档案工作是贯穿于党政管理全过程的基础性工作，记录着历史的真实原貌，反映着社会的运行轨迹，体现着责任的履行情况，对总结经验、认识规律、服务群众、传承文明有着重要的作用，做好档案工作意义重大。市政府一定要重视档案工作，落实好市委、市政府《关于加强和改进新形势下档案工作的实施意见》，加大财政投入力度，解决档案工作重要性认识不足、基础工作有待加强、馆舍建设较为滞后、信息化建设进展缓慢等问题。增强档案意识，加大资料收集力度，做好重要历史资料的抢救工作。发挥档案服务社会的功能，与全市中心工作相结合，通过档案成果展示，激发全社会热爱太原、热爱城市的热情。要加快《太原市档案管理条例》修订和完善工作，确保档案事业有法可依、有序发展，不断提升档案管理法治化水平。

听取市人大法制委员会关于集中修改部分地方性法规的情况汇报，原则通过《太原市人民代表大会常务委员会关于集中修改部分地方性法规的决定（草案）》并提请常委会审议。

审议《关于对无固定工资收入的市人大代表发放履职补贴的意见（草案）》并原则通过。

听取市人大人事代表委员会关于人事免职事项的汇报，确定市十三届人大常委会第三十三次会议日程。（米睿民）

【第十一次主任会议】 8月31日召开。会议研究确定市十三届人大常委会第三十三次会议对市人民政府关于《太原市2015年国民经济和社会发展计划上半年执行情况的报告》《太原市2014年市本级财政决算（草案）及2015年上半年全市和市本级预算执行情况的报告》《2015年太原市本级预算调整方案（草案）的报告》《太原市2014年度市本级预算执行情况和其他财政收支的审计工作报告》《我市蔬菜生产情况的报告》的审议意见。会议建议要做好节假日期间的安全稳定工作，加强对人大常委会机关的安全隐患排查。贯彻落实中央八项规定精神，防止“四风”问题反弹。尤其是全体机关干部职工在假日期间要严讲规矩、严守纪律，自觉执行廉洁自律的各项规定。要学习全市城中村改造中体现出的敢于担当、积极作为以及践行“三严三实”的良好作风，推进人大各项工作深入开展，完成年度工作任务。（米睿民）

【第十二次主任会议】 9月16日召开。会议听取市中级人民法院关于减刑假释案件审理工作情况的汇报。会议强调，一是加强领导。要学习党的十八大和十八届三中、四中全会、中央政法工作会议精神，提高思想认识。查找减刑假释案件审理工作中存在的问题，分析原因，制定改进措施，推动减刑、假释案件审理工作深入开展。二是严格程序。规范减刑、假释案件的审理工作，严格审理的工作程序，确保减刑、假释案件严格依法规范进行，同时注重强化办案责任，提高司法公信力。三是强化监督。落实上网公示制度、公开审理要求等，增强工作透明度，杜绝“关系案”“人情案”“金钱案”。四是把握标准。要落实中央有关文件精神，严格把握减刑、假释条件，统一执法标准，注重实质审查，扩大审查范围，全面查明罪犯接受教育改造情况，综合考量罪犯执行期间表现、犯罪具体情节、再犯罪危险性、案件的社会效果等，确保司法公正。

会议还研究确定市十三届人大常委会第三十五次会议建议议程。(三)会议结束时，弓跃就“两节”期间贯彻落实中央八项规定精神，抓好“三严三实”专题教育和机关安全工作提出明确要求。

（米睿民）

【第十三次主任会议】 10月15日召开。(1)会议听取市政府关于清洁供热全覆盖工作情况的汇报。会议强调，清洁供热全覆盖工作是太原市推进环境整治提标工程、改善省城环境质量的重大举措，是事关老百姓切身利益的重大民生问题，市政府要高度重视，加快工程建设进度，确保如期完工；要勇于担当，加大工作力度，解决工作中存在的难点问题；要强化服务保障意识，加强管理，确保居民温暖过冬。(2)会议还研究讨论《太原市雷电灾害防御条例(草案修改稿)》。(3)听取市人大法制委员会关于集中修改部分地方性法规的情况汇报。(4)研究市人大财政经济委员会关于提请修改《太原市人民代表大会关于国民经济和社会发展计划及预算决算审查批准监督规定》的议案。(5)听取市人大人事代表委员会关于个别代表资格变动情况的汇报。(6)

确定市十三届人大常委会第三十五次会议日程。(7)听取市人大法制委员会关于参加第二十一次全国立法研讨会的情况汇报(书面)。（米睿民）

【第十四次主任会议】 10月19日召开。会议研究讨论《太原市雷电灾害防御条例(草案修改稿)》,听取市人大法制委关于集中修改部分地方性法规的情况汇报,研究讨论《太原市人民代表大会关于国民经济和社会发展计划及预算决算审查批准监督规定（修订草案)》。会议强调，立法工作要适应新形势新任务新要求,坚持党对立法工作的领导,发挥人大代表和常委会组成人员的主体作用,组织社会各方有序参与立法活动，提高全市立法工作的水平和质量，实现立法和改革决策相衔接，做到重大改革于法有据,为全市发展提供有力法制保障。

（米睿民）

【第十五次主任会议】 11月20日召开。(1)会议听取市国家安全局关于贯彻实施《中华人民共和国反间谍法》情况的汇报。(2)研究确定太原市第十三届人大常委会第三十五次会议对市人大常委会执法检查组《关于检查<太原市法律援助条例>实施情况的报告》的审议意见和对市人民政府《关于我市开展城乡居民医疗保障体系建设情况的报告》的审议意见。(3)研究讨论《太原市人大常委会关于审计结果整改情况报告满意度测评的实施方案》。会议建议各相关部门要密切配合，组织开展好测评前的调研工作,起草好专题调研报告,为常委会开展好满意度测评提供借鉴。(4)审议《太原市人大常委会立法咨询专家库管理办法(草案)》,听取市人大常委会立法咨询专家库和立法研究咨询基地建设情况的汇报。会议强调,建立立法咨询专家库和立法研究咨询基地是市委确定的太原市2015年全面深化改革的内容,对于提高常委会立法的质量和水平具有重要作用。对专家人选,要在现有的基础上,按照新修订的《立法法》的规定,调整充实熟悉“城市管理、环境保护和文物保护”三方面内容的法律专家，同时还要注意多吸收一些熟悉太原市情、有时间有精力参与全市立法工作的法律专家；对专家库和立法研究咨询基地建设发生的费用,要严格按照有关规定执行,相关专门委员会要拿出一个方案；对于专家库和立法基地下一步的挂牌、颁发聘书等工作,相关部门要做好前期准备,齐心协力把工作做好。（米睿民）

【第十六次主任会议】 11月30日召开。会议听取市人大人事代表委员会关于人事任免事项、太原市第十三届人民代表大会个别代表资格变动情况的汇报，研究确定市十三届人大常委会第三十六次会议建议议程及日程、三十七次会议建议议程。会议强调,一是要加强政治理论学习。按照中央、省市委的要求,组织好“三严三实”专题教育,加强习近平总书记系列重要讲话精神的学习,提高明辨是非能力，在思想上政治上行动上自觉同以习近平为总书记的党中央保持高度一致,做政治上的明白人。二是加强机关能力建设。各部门要重视能力建设,部门负责人要当好政治上、业务上、工作上的带头人,加强业务学习,提高机关干部队伍的素质,提高工作效率。三是加强机关制度建设。要按照“三严三实”的要求,以问题为导向,对机关现行规章制度进行梳理完善，使规章制度符合实际,真正立起来,形成用制度管人、按制度办事、靠制度管理的氛围。四是搞好团结协作。部门之间、同志之间要重视团结,相互支持,相互帮助,不利于团结的话不说,不利于团结的事不做,齐心协力做好人大各项工作。（米睿民）

【第十七次主任会议】 12月16日召开。会议听取市人民政府办公厅关于市十三届人大五次会议代表提出的建议批评和意见办理情况的汇报。会议强调:一是市政府要高度重视代表建议的办理工作。做好人大代表建议办理工作是“一府两院”的法定职责。政府主要领导要亲自负责,承办单位要组织办理,对2015年所承办的建议重新梳理,进行“回头看”,采取针对性措施,促进建议办理。二是市政府及各承办部门要完善办理代表建议的措施。要将代表建议办理与当前开展的“三严三实”专题教育结合起来,按照“马上就办”的精神,提高办理效率。要与城市建设和管理结合起来，纳入城市建设管理范畴集中办理，提高办理的可行性。与落实党的群众路线教育结合起来,密切与代表的联系,做好反馈工作,提高代表的满意度。三是加大问题解决的力度。既要强调答复率,更要强调落实率和问题的解决率,要加快工作进度,制定时间表、明确责任人,力争在六次人大会议前再办结一批。

听取市人大内务司法委员会、财政经济委员会、教科文卫委员会、城建环保委员会、农业与农村委员会、民宗侨外工委关于2015年人大常委会重点督办的代表建议办理情况的汇报。

研究讨论《太原市实施宪法宣誓办法(草案)》《太原市养老机构条例(草案修改稿)》、太原市人民代表大会常务委员会主任会议关于提请审议《太原市人民代表大会常务委员会关于集中修改部分地方性法规的决定(草案)》的议案、市人大内务司法委员会关于市十三届人大五次会议主席团交付的第5001号议案审议结果的报告、市人大城建环保委员会关于市十三届人大五次会议主席团交付的第5002号议案审议结果的报告、市人大农业与农村委员会关于市十三届人大五次会议主席团交付的第5003号议案审议结果的报告。

听取关于建议召开太原市第十三届人民代表大会第六次会议时间及有关事项的报告。

研究确定太原市第十三届人大常委会第三十七次会议日程。（米睿民）

综　述

【概述】 2015年，太原市人民政府面对经济下行压力，全市上下积极作为、奋力拼搏，着力稳增长、促改革、调结构、惠民生、防风险，保持经济社会平稳健康发展。完成地区生产总值2735.34亿元，比2014年增长8.9%；规模以上工业增加值600.48亿元，增长5.7%；固定资产投资2025.61亿元，增长16%；社会消费品零售总额1540.8亿元，增长6.2%；一般公共预算收入274.24亿元，增长5.9%；城镇常住居民人均可支配收入27727元，增长7.6%；农村常住居民人均可支配收入13626元，增长8%，综合实力进一步提升。（耿龙飞）

【产业结构调整】 2015年，市政府服务业对地区生产总值的贡献率明显提升。培育发展高端装备制造、新能源、新材料、节能环保、食品药品等新兴产业，推进开发区扩区拓展，招商引资力度进一步加大。阳煤化工、江铃重汽、华润万象城、欧亚锦绣城市综合体、宝迪屠宰加工、润恒冷链物流等重点项目进展顺利。新兴接替产业增加值占到规模以上工业的67.1%，装备制造业增加值占到规模以上工业的44.6%。服务业投资占到全市固定资产投资的75.8%，增加值占到地区生产总值的61.3%。（耿龙飞）

【城市基础设施建设】 2015年，市政府的城市承载力和发展水平进一步提高。新改建主次干道31项，改造背街小巷32条，建设里程113.23公里。太榆路、学府街、南内环街、南沙河路等相继改造完工，城市快速路网体系日趋完善，逐步进入立体交通时代。地铁2号线一期全线招标开工，首开段车站主体工程封顶。新改建供水管网232公里、供气管网178公里。500千伏等9项供电工程竣工投运。加大历史文化名城保护力度，推进青龙古镇、明太原县城等农耕文明保护。开工建设晋阳湖、和平公园等13个公园，新建46个小游园，完成阳兴大道、建设路、南沙河路等主干道景观绿化，新增绿地3000亩，建成区绿化覆盖率、绿地率、人均公园绿地面积分别达到41%、36.07%、11.56平方米。（耿龙飞）

【城中村改造】 2015年，市政府改善人民生活环境。推动54个城中村改造，47个村基本完成整村拆除，完成总拆迁量的88%，46个村启动安置房建设。城中村改造取得重要突破，省委书记王儒林要求全省学习太原市城中村改造所体现出的“积极作为、攻坚克难、依法办事、为民谋利”的精神。推进棚户区改造，新开工保障性住房57711套，基本建成45510套，完成投资118.65亿元。（耿龙飞）

【环境整治】 2015年，市政府推进“五大工程”“五项整治”，省城环境质量好转。市区空气质量综合指数下降7.76%，优良天数达到230天、比2014年增加33天，优良率达到63%、比2014年提高9个百分点，6项主要污染物排放量均好于省下达的减排要求。集中供热扩网3104万平方米，实施城边村气化改造16个，减少冬季燃煤100万吨。关停二电厂3×20万千瓦燃煤机组等污染企业34家，减少燃煤180万吨。城南污水处理厂新增日处理能力15万吨，晋阳污水处理厂通水调试。淘汰老旧机动车和黄标车3.35万辆。秸秆综合利用80.92万亩。完成营造林29.07万亩，森林覆盖率达到23%。（耿龙飞）

【改善民生】 2015年，市政府加大民生保障和改善力度，人民群众幸福感、获得感增强。提升托底保障能力，民生支出346.7亿元，占一般公共预算支出的82.5%。城镇新增就业10.5万人。实现脱贫1.67万人。扎实推进教育卫生事业，16所新续建学校、12所改扩建医院进展顺利，16所村办幼儿园主体完工。办好一批民生实事，完成既有建筑节能改造412万平方米，新建公共停车位8160个，解决2.28万农村人口饮水安全。采煤沉陷区治理取得阶段性成果。举办太原国际马拉松赛，推进汾河体育健身长廊建设，市体育健儿在全运会、青运会、省运会等重大赛事取得优异成绩。高度重视安全生产，安全生产事故和死亡人数分别下降4.46%、3.25%。推进“平安省城”建设，严厉打击各类违法犯罪，社会保持和谐稳定。（耿龙飞）

【科技创新】 2015年，市政府实施“三个突破”，发展动力和活力提升。加大科技创新力度，全社会研究试验经费投入93.21亿元，新增国家重点实验室1个，新增高新技术企业107家、增长39.77%，市内技术合同成交额21.96亿元、增长162%，高新技术企业销售额占到规模以上工业企业的29%。加快金融改革创新，“新三板”挂牌企业达到20家，占到全省的三分之二。推进民营经济发展，获得全国首批小微企业创业创新基地城市示范，新增民营企业1.88万户、增长16.22%，实现民营经济增加值1571.53亿元、增长10.1%。（耿龙飞）

【政府自身建设】 严格落实“两个责任”，狠刹“四风”，严肃问责不作为、慢作为。编制完成市级权力清单和责任清单，行政职权事项由6033项精简到2764项，精简率达到54%。取消、调整、下放行政审批事项119项，审批时限压缩21.6%。公务用车改革有序推进，涉改公车全部封停。全面实行政务公开、企务公开和村务公开，建立全方位、全过程、多层次的权力制约监督机制。自觉接受人大、政协监督，认真听取各民主党派、工商联、无党派人士建言献策。办理人大代表建议和政协提案851件，市人大常委会审议意见22件。深入开展“三严三实”专题教育，干部作风明显转变，干事创业氛围更加浓厚。（耿龙飞）

·重要政事·

【创新引领发展】 创新是引领发展的第一动力。市政府适应和引领经济发展新常态，关键是要依靠科技创新转换发展动力。抓创新就是抓发展，谋创新就是谋未来。要强化战略提升、管理变革、产品升级、产业转型的核心理念，积极实践和丰富“互联网+”理念和行动计划，推动移动互联网、云计算、大数据、物联网等与现代制造业结合，促进电子商务、工业互联网和互联网金融健康发展，寻找更多的发展机遇和更大的发展空间。企业是创新的主体。要加大企业科技创新投入，强化创新驱动，驾驭新常态。推进实施富士康太原园、江铃福特重汽配套园区千亿元计划，抢占新兴产业和高端制造业竞争高地，形成现代信息产业和现代制造业集聚效应，带动太原产业转型升级。（耿龙飞）

【推进信息化和工业化融合】 市政府探索和创新工业4.0“中国版”新思维和新路径，培育和发扬极致“工匠”精神，着力打造矿用成套设备、重型机械、铁路和化工、电力装备、新能源汽车、不锈钢深加工等产业集群，重点抓好阳煤现代煤化工装备制造基地、中天信安防科技、太原锅炉厂、太重轮对、北车工程机械等一批领军项目。实施“中国制造2025”，坚持创新驱动、智能转型、强化基础、绿色发展，建设制造强市，打造太原制造品牌，实现低成本、高质量、新生态、可持续发展。加大现代信息技术对传统产业的改造，强化互联网思维，推动煤电等传统产业提质升级。认真贯彻省政府为企业减负60条新举措，促进全市工业经济平稳运行。（耿龙飞）

【开发区扩容提质】 市政府把高新区、经济区、民营区、不锈钢园区作为领先发展的重要载体，切实发挥好综合保税区对外开放的重要作用。实施北扩南延战略规划，近期拓展60平方公里左右，为开发区快速发展创造空间载体。深化开发区体制机制改革创新，靠改革增动力、开放拓空间。强化对开发区经济增长贡献、投资开发强度、招商引资质量数量等主要业绩考核，树立发展导向。做大做强县域经济，创造区域特色优势。

（耿龙飞）

【发展现代服务业】 市政府发展现代服务业是社会经济转型升级的内在要求，也是省会城市的资源和区位优势。主动顺应消费需求升级，重点发展智力化、资本化、专业化、效率化的现代服务业，重点发展和培育总部经济、物流快递、电子商务、现代金融等产业，逐步增强服务业的支撑作用。抓好华润万象城、万达城市综合体、山西国际金融中心、汾酒集团总部经济、中海和绿地集团楼宇经济等重大服务业项目，向以服务业为主体的第三产业要动力。积极培育消费热点，支持社会力量兴办各类服务机构，发展养老、健康、文化等服务业，满足人民群众多样化的服务需求。（耿龙飞）

【培育壮大都市现代农业】 市政府加快转变农业发展方式，科技创新，产品升级。适应城郊型特点，建设高质量“菜篮子”“米袋子”“奶瓶子”基地。利用资源禀赋，发展生态休闲观光、健康养生等特色农业。抓好宝迪养殖屠宰加工一体化、九牛现代农业循环产业园、康培农业科技示范园等龙头项目，打造精品化、现代化、高效化新型农业。扎实推进农村土地承包经营权确权登记颁证工作。开展美丽示范乡村创建活动。推进百企千村产业扶贫开发工程，组织单位定点扶贫、党员干部结对帮扶，实施精准扶贫，力争脱贫1.3万人。（耿龙飞）

【简政放权，放管结合】 市政府按照中央和省的统一部署，再取消和下放一批审批事项，全部取消非行政许可审批，建立规范行政审批的管理制度。建立市场准入负面清单，公布市级政府权力清单、责任清单，切实做到法无授权不可为、法定职责必须为。市、县政府对应当放给市场和社会的权力，要彻底放、不截留，对中央和省下放的审批事项，要接得住、管得好，真正做到企业的事情交给企业、市场的事情交给市场、社会的事情交给社会，创造公平竞争、开放创新的环境。

（耿龙飞）

【行政审批制度改革】 市政府建设综合性政务服务平台。落实"一口受理"、实行限时办理、严格规范办理、坚持透明办理、推进网上办理，为企业高效服务，为创业提供便利。大幅减少投资项目前置审批，大幅缩减政府核准投资项目范围。在城市规划控制区范围内，教育、卫生、养老、办公等公共服务类项目和商品住宅、写字楼、购物中心等商业开发项目审批，取消土地预审、矿产覆压、水土流失等前置性条件，大幅简化审批程序，用政府权力的"减法"、依法办事的"加法"，换取市场活力的"乘法"。 （耿龙飞）

【推进改革开放】 市政府以开放培育和催生经济社会发展新动力，赢得转型发展的主动、市场竞争的主动。以开放释放创造力、生产力，推动大众创业、万众创新，让千千万万个市场细胞活跃起来，汇聚成发展的巨大动能。下大力气招商引资，引进聚集一批行业领先、带动性强的大企业、好项目，引进一批先进技术和高端人才，富集加快发展的资源要素。民营经济是开放的产物，蕴藏着无穷的创造力，要倾力解决其发展中的体制性障碍、制约性瓶颈、政策性问题，充分释放企业家的创新精神和能力。小微企业是最大的生力军、有生力量，要留足市场发展空间，加快中小微企业园区建设，搭建公平竞争舞台，厚植创业创新文化，更好地实现创业发展和自身价值。要适应互联网时代的"网状组织"，推进"企业平台化、员工创客化、用户个性化"，以组织构架和市场模式的变革，迎接互联网时代的挑战。 （耿龙飞）

【城市基础设施建设】 道路是城市的血脉，是城市流动的风景线。道路畅通是现代城市的基本条件。市政府改造南内环、学府街、兴华西街，续建南沙河快速路、龙城大街东延等主次干道，尽快启动滨河东路南延工程，改造小街小巷 30 条，完善中环路、建设路、长风街、滨河东西路等快速路重要节点，构建快速高效、级次匹配、路网完整的道路交通体系。加快南客站、太原站东广场建设，强化功能配套，完善周边路网，提升服务水平。优化线型和空间布局，推进地铁 2 号线建设。加快建设 500 千伏龙城供电及送出等电力工程，完善电网输变体系。建设晋阳 32 万吨污水处理厂、4500 吨垃圾焚烧电厂、餐厨垃圾、污泥无害化处理等重点项目，完善污水处理和垃圾收运处理体系。 （耿龙飞）

【城市综合整治】 市政府坚持建管并重，不断提升城市管理水平和城乡规划建设水平。建立健全城市管理体制，按照属地管理、依法行政和责权利统一原则，权力下放，重心下移。大力度加快城市静态交通建设。创建国家"公交都市"，推广应用新能源公交车辆。加强县城和中心镇建设，加大市政公用和公共服务设施建设力度，提升品质，改善环境。加强城乡统筹，搞好村居环境特别是城边村的综合整治，改善农村人居环境。健全完善城市信息资源，开展地下管线综合普查，建立高效集成的信息共享平台，提高城市管理数字化、规范化、精细化、常态化水平，建设智慧城市。 （耿龙飞）

【省城环境质量改善】 良好的生态环境是最公平的公共产品，是最普惠的民生福祉。市政府认真落实控制燃煤、关停污染企业等改善环境的十大措施，深化"五大工程、五项整治"，二级以上优良天气力争达到 60%以上，实现环境质量全面好转的阶段性目标。加快大气污染治理步伐，以集中供热和清洁能源转换为手段，多措并举整治燃煤污染，加快古交兴能电厂一二期超低排放改造、三期 2×66 万千瓦热源电厂建设、太古热源长输管网建设，确保 2016 年实现供热 5000 万平方米。加快推进交城晋能热源长输管网建设和华能东山燃气热电及配套管网建设，力争实现新增集中供热面积 3000 万平方米，替代既有建筑 2100 万平方米。实施 30 个城边村气化改造和未改造城中村洁净煤置换，大幅度减少冬季燃煤总量。关停搬迁主城区污染企业，完成太钢电厂和二电厂超低排放改造，加快一电厂迁建工程、瑞光热源电厂建设工程，全方位推进重点企业环境综合整治。严格控制面源污染，严格执行施工现场绿色标准，坚决控制扬尘污染，禁绝秸秆垃圾焚烧，从严整治露天烧烤，依法淘汰黄标车和老旧机动车 1.15 万辆。全面启动娄烦水源地保护工程。加强水污染治理，集中式饮用水源地水质达标率稳定保持 100%。 （耿龙飞）

【生态文明建设】 市政府完成营造林 29.07 万亩。建设东西山绿色生态屏障。新建北山森林防火通道 59.4 千米，形成东、西、北山完整的森林防火通道体系。开工建设晋阳湖、太山植物园、和平公园等城市公园和汾河南部景观三期工程，凸现太原"三面环山、一水中分"的山水城市大格局。 （耿龙飞）

【推动城中村改造】 市政府加快城中村改造，既是重大民生工程，又是重大发展工程。要加大整村拆除力度，同步实施安置房建设，落实拆迁谁、改变谁、造福谁的惠民目标。要以规划引领为先导、区级政府为主体、惠民政策为根本、平安拆迁为底线、合作团队为关键、审批效率为保障，牢牢把控社会风险、资金风险和市场风险。同步规划教育、文化、体育、医疗、社会管理、社区服务中心等公共服务设施，同步配套水电气暖、道路、绿地、停车场、环卫等基础设施，高度重视历史文化遗存保护，大力发展、培育和保护特色产业，举全市之力，坚决打赢城中村改造这场硬仗，变城市的暗点为城市的亮点，实现省会城市的华丽转身。 （耿龙飞）

【就业指导和创业扶持】 市政府坚持把就业作为民生之本。认真落实促进就业的各项政策，鼓励创业带动就业。做好高校毕业生等重点群体的就业工作，加大对残疾人、零就业家庭等困难人员的

就业援助力度。全面治理拖欠农民工工资问题,健全劳动监察和争议处理机制,让法律成为劳动者的守护神。(耿龙飞)

【教育医疗】 市政府坚持教育医疗资源标准化、均衡化、优质化发展。深化教育领域综合改革,调整和优化中小学、幼儿园布局,推进现代职业教育改革和发展,在优化调整专业设置基础上建设职教园区,鼓励企业和社会发展职业教育。续建52中、64中、财校等9所学校,新建太原五中、成成中学、十二中等11所学校,积极发展公办、民办等多元体制幼儿园,努力满足社会需求。加快推进山西大学东山新校区建设。完善太原大学配套功能,不断提升教育质量和影响力。加大公立医院改革力度,促进优质医疗资源向基层流动,规范配建社区卫生服务机构,为群众提供质优价廉的医疗卫生服务。搭建市级健康云平台,推进市中心医院、市妇幼保健院、市人民医院和市公共卫生中心新建工程。加强公共体育设施建设,继续做好人口和计划生育工作。(耿龙飞)

【健全完善社会保障体系】 市政府不断扩大社会保险覆盖面,加快城乡社会保险一体化发展,坚守民生保障底线。推进采煤沉陷区综合治理。办好农村饮水安全和危房改造等民生实事。加快棚户区改造和保障性住房建设,新建开工保障性住房57572套,基本建成42300套。用足用活住房公积金,为改善住房条件和稳定房地产市场加力。推进既有建筑节能改造,让人民群众增加温暖过冬的幸福指数。开工建设老年社会福利院、社会(儿童)福利院等民生项目,发展社区和居家养老事业,推动社区便民服务提档升级。城乡居民最低生活保障标准在现有基础上分别提高5%、6%。实施“一元菜”惠民政策。推进农村公路完善提质工程。(耿龙飞)

【树立安全发展理念】 市政府把安全生产作为最大民生、比泰山还重的责任、任何人任何时候任何地方都不可逾越的红线。健全“党政同责、一岗双责、齐抓共管”的责任体系,落实政府安全监管责任,强化企业安全生产主体责任,严格落实安全生产“一票否决”制,加强对煤矿、燃气、公共场所、人员密集场所等重点部门和环节的安全检查和监管,消除事故隐患,杜绝重特大事故,减少一般性事故。加大食品药品安全监管力度,确保人民群众舌尖上的安全。(耿龙飞)

【加强和创新社会治理】 市政府全力维护社会稳定,推动政府治理和社会自我调节、居民自治良性互动。深入开展矛盾纠纷排查化解工作,及时妥善处置突发性群体事件。继续保持打黑除恶的高压态势,全力推进以“天网”视频监控为主的社会治安防控体系建设,努力营造和谐稳定的社会环境。健全普法教育机制,继续深入开展“法律六进”活动。支持工会、共青团、妇联等人民团体发挥作用。建立未成年人社会保护制度,为农村留守儿童、妇女、老人提供关爱服务。加强应急队伍、应急能力建设。加强气象防灾减灾能力建设。加强国防后备力量建设和双拥工作。(耿龙飞)

【发展文化旅游产业】 市政府加快历史文化街区保护和修复,保护好府城普光寺、文殊寺、关帝庙等历史遗存,综合整治天主教堂、纯阳宫、崇善寺、清真古寺等国保单位的周边环境,延续历史文脉,守护文化尊严,留住城市记忆。积极推动钟楼街步行街保护性改造,融入现代元素,打造传统与时尚交融、老字号与新业态混合、历史传承与商业价值并重的城市新名片,增强市场活力和文化魅力。不断提升“唐风晋韵·清凉太原”的知名度和影响力,推进晋祠大景区、太山龙泉寺景区、阳曲青龙古镇、晋源农耕文化等保护工程,发展太化工业遗址创意文化产业园,形成历史文化名城的产业支撑,培育新兴文化产业的增长点。(耿龙飞)

【文化体制改革】 市政府培育和践行社会主义核心价值观,以创建全国文明城市为引领,推动“五城联创”,全面提升城市两个文明建设水平。将太原古老厚重的历史文化与城市核心价值观紧密结合,以良好的公共文化基础设施、丰富的文化活动,保障人民群众基本文化权益,满足人民群众不断增长的文化需求。打造一批精品力作,讲好太原故事,提升文化传播的影响力。加快市图书馆改扩建工程。以承办全国第二十五届图书交易博览会为契机,组织“书香太原”、“电影下乡”和“锣鼓大赛”等系列文化活动,开创文化发展的新局面。(耿龙飞)

【依宪施政、依法行政】 市政府深化“六权治本”,把权力关进制度的笼子里。坚持依宪施政、依法行政,把政府工作全面纳入法治轨道,让法治筑牢社会共识的基座,以制度管权、管钱、管事。要尊法学法守法用法,依法全面履行职责,所有行政行为都要于法有据,任何行政部门都不得法外设权。要强化法治思维,努力形成办事依法、遇事找法、解决问题用法、化解矛盾靠法的良好法治环境。要自觉接受人大及其常委会的监督,接受人民政协的民主监督,加强行政监察和审计监督,认真听取人大代表、政协委员、各民主党派、工商联、无党派人士和人民团体的意见,办理好人大代表建议和政协委员提案,全面接受人民的监督,充分体现人民的意愿。(耿龙飞)

【强化为民宗旨】 市政府坚持“三严三实”。巩固学习讨论落实活动和党的群众路线教育实践活动成果,继续完善并严格执行作风建设各项制度,积极开展“三严三实”专题教育,把讲认真、抓落实作为政府工作常态,把强化责任、靠前指挥作为政府工作方法,努力在深化“四风”整治上见实效,在守纪律讲规矩、营造良好政治生态上见实效,在真抓实干、推动改革发展稳定上见实效。大力弘扬敢于担当、积极作为、迎难而上的精神,建设

为民务实清廉的公务员队伍。（耿龙飞）

【推进党风廉政建设和反腐败斗争】 市政府牢固树立"抓党风廉政建设是本职、不抓是渎职、抓不好是失职"的理念，全面贯彻政府系统党风廉政建设责任制和党委党组主体责任，自觉履行领导班子成员"一岗双责"。认真执行中央"八项规定"，持续纠正"四风"突出问题，严厉惩处顶风违纪现象，坚决整治损害群众利益的不正之风。始终保持惩治腐败的高压态势，对腐败分子零容忍、严查处，形成不敢腐、不能腐、不想腐的机制。要加强理论学习和党性修养，是非明于学习、境界升于自省、名节源于修养、腐败止于正气，筑牢拒腐防变的思想堤坝。

（耿龙飞）

·重大决策·

【建立统一的城乡居民基本养老保险】 市政府下发《关于建立统一的城乡居民基本养老保险制度的实施意见》。《意见》提出根据国务院和省政府关于建立统一的城乡居民基本养老保险制度的文件要求，市政府决定在总结太原市新型农村社会养老保险（以下简称新农保）、城镇居民社会养老保险（以下简称城居保）试点经验的基础上，将新农保和城居保两项制度合并实施，在全市范围内建立统一的城乡居民基本养老保险（以下简称城乡居民养老保险）制度。《意见》提出建立统一的城乡居民基本养老保险制度的基本原则：按照全覆盖、保基本、有弹性、可持续方针，以增强公平性、适应流动性、保证可持续性为重点，全面推进、不断完善覆盖全市城乡居民的基本养老保险制度。坚持和完善社会统筹与个人账户相结合制度模式，巩固拓宽个人缴费、集体补助、政府补贴相结合的资金筹集渠道，完善基础养老金与个人账户养老金相结合的待遇支付政策，强化长缴多得、多缴多得等制度激励机制，建立基础养老金正常调整机制，健全服务网络，提高管理水平，为参保居民提供方便快捷的服务。《意见》提出建立统一的城乡居民基本养老保险制度的参保范围：年满16周岁（不含在校学生），非国家机关和事业单位工作人员及不属于职工基本养老保险制度覆盖范围的城乡居民，可以在户籍地参加城乡居民养老保险。《意见》提出建立统一的城乡居民基本养老保险制度的基金筹集：城乡居民养老保险基金由个人缴费、集体补助、政府补贴构成。个人缴费。参加城乡居民养老保险的人员应按规定缴纳养老保险费。缴费标准为每年100元、200元、300元、400元、500元、600元、700元、800元、900元、1000元、1500元、2000元12个档次。依据城乡居民收入增长等情况适时调整缴费档次标准。参保人自主选择档次缴费，多缴多得。集体补助。有条件的村集体经济组织应对参保人缴费给予补助，补助标准由村民委员会召开村民会议民主确定。鼓励有条件的社区将集体补助纳入社区公益事业资金筹集范围。鼓励其他社会经济组织、公益慈善组织、个人为参保人缴费提供资助。补助、资助金额不超过最高缴费档次标准。（耿龙飞）

【基础养老金和缴费补贴】 基础养老金补贴（出口补）。政府对符合领取城乡居民养老保险待遇条件的参保人全额支付基础养老金。缴费补贴（入口补）。市政府对参保人个人缴费给予每人每年10元补贴；县（市、区）政府对参保人个人缴费分别给予缴100元补20元、缴200元补25元、缴300元补30元、缴400元补40元、缴500元至600元补50元、缴700元至900元补60元、缴1000元至2000元补70元补贴。有条件的县（市、区）可以适当提高补贴标准。重度残疾人、低保户等缴费困难群体，由县（市、区）政府为其代缴最低标准养老保险费。鼓励和引导城乡居民普遍参保、正常缴费。政府对参保人缴费补贴不得冲抵个人缴费。个人不缴费的不予补贴，事后追补缴费的也不予。《意见》提出建立统一的城乡居民基本养老保险制度的个人账户：县级社会保险经办机构为每个参保人建立终身记录的养老保险个人账户。个人缴费、地方人民政府对参保人的缴费补贴、集体补助及其他经济组织、公益慈善组织、个人对参保人的缴费资助，全部记入个人账户。个人账户储存额按国家规定计息。《意见》提出建立统一的城乡居民基本养老保险制度的待遇与调整：城乡居民养老保险待遇由基础养老金和个人账户养老金组成，支付终身。

（耿龙飞）

【基础养老金】 2015年，太原市基础养老金最低标准为每人每月75元。其中，中央确定的基础养老金标准每人每月55元，省政府增加的基础养老金每人每月10元，市政府增加的基础养老金每人每月10元。县（市、区）政府可以根据实际情况适当提高基础养老金标准。根据经济发展、物价变动等情况和国家安排，适时调整城乡居民养老保险基础养老金最低标准。农村幼儿教师养老保险基础养老金标准随全市城乡居民养老保险基础养老金标准等额同步调整，所需资金从农村幼儿教师养老保险统筹基金中支付。

（耿龙飞）

【个人账户养老金】 个人账户养老金月计发标准为个人账户全部储存额除以139（与现行职工基本养老保险个人账户养老金计发系数相同）。参保人死亡，个人账户资金余额可依法继承。《意见》提出建立统一的城乡居民基本养老保险制度的领取条件：参加城乡居民养老保险的个人，年满60周岁、累计缴费满15年，且未领取国家规定的基本养老保障待遇的，可以按月领取城乡居民养老保险待遇。新农保或城居保制度实施时已年满60周岁，本实施意见发布之日前未领取国家规定的基本养老保障待遇的，不用缴费，自本实施意见实施之月起，可按月领取城乡居民养老保险基础养老金；距规定领取年龄不足15年的，应逐年缴费，也允许补缴，累计缴费不超过15年；距规定领取年龄超过15年的，应按年缴费，累计缴费不少于15年。城乡居民养老保险待遇领取人员死亡的，从次月起停止支付其养老金，有条件的县（市、区）政府可以结合本地实际探索建立丧葬补助金制度。县级社会保险经办机构应每年对城乡居民养老保险待遇领取人员进行核对；村（居）民委员会应协助社会保险经办机构在行政村（社区）范围内对参保人待遇领取资格进行公示，并与职工基本养老保险待遇等领取记录进行比对，确保不重、不漏、不错。《意见》提出建立统一的城乡居民基本养老保险制度的转移接续与制度衔接：参加城乡居民养老保险的人员在缴费期间户籍迁移、需要跨地区转移城乡居民养老保险关系的，可在迁入地申请转移养老保险关系，一次性转移个人账户全部储存额，并按迁入地规定继续参保缴费，缴费年限累计计算。已经按规定领取城乡居民养老保险待遇的，无论户籍是否迁移，其养老保险关系不转移。城乡居民养老保险制度与职工基本养老保险、优抚安置、城乡居民最低生活保障、农村五保供养等社会保障制度以及农村部分计划生育家庭奖励扶助制度的衔接，按有关规定执行。《意见》提出建立统一的城乡居民基本养老保险制度的基金管理：将新农保基金和城居保基金合并为城乡居民养老保险基金，完善城乡居民养老保险基金财务会计制度和各项业务管理规章制度。城乡居民养老保险基金纳入社会保障基金财政专户，实行收支两条线管理，单独记账、独立核算，任何地区、部门、单位和个人不得挤占挪用、虚报冒领。城乡居民养老保险基金暂实行县级统筹管理，随着工作推进逐步提高管理层次。城乡居民养老保险基金按照国家统一规定投资运营，实现保值增值。《意见》提出建立统一的城乡居民基本养老保险制度的基金监督：各级人力资源和社会保障部门应会同有关部门认真履行监管职责，完善城乡居民养老保险各项业务管理规章制度，规范业务程序，建立健全内控制度和基金稽核监督制度，对基金的筹集、上解、划拨、发放、存储、管理等进行监控和检查，并按规定披露信息，接受社会监督。财政部门、审计部门应按各自职责，对基金收支、管理和投资运营情况实施监督，严禁挤占挪用，确保基金安全。对虚报冒领、挤占挪用、贪污浪费等违纪违法行为，依法严肃处理。积极探索有村（居）民代表参加的社会监督有效方式，做到基金公开透明，制度在阳光下运行。

（耿龙飞）

【城乡居民养老保险经办能力建设】 市政府提出建立统一的城乡居民基本养老保险制度的工作要求：搞好经办管理服务。各县（市、区）政府要加强城乡居民养老保险经办能力建设，科学整合现有公共服务资源和社会保险经办管理资源，充实加强基层经办力量，做到精确管理、便捷服务。加强城乡居民养老保险工作人员专业培训，不断提高公共服务水平。社会保险经办机构要认真记录参保人缴费和领取待遇情况，建立参保档案，按规定妥善保存。城乡居民养老保险工作经费纳入同级财政预算，不得从城乡居民养老保险基金中开支。根据城乡居民养老保险经办服务的特殊性和工作需要，县级人民政府要在乡镇社区设置固定的城乡居民养老保险业务办公场所，配备必要的设施和人员。按每位服务对象每年补助3–5元标准，建立与服务人群和业务量挂钩的经费保障机制，纳入县级财政预算，用于通过购买服务方式解决基层经办人员不足和必要的经费开支等。县级财政确有困难的，市级财政可给予适当补助。

加强信息化建设。使用全省统一的城乡居民养老保险信息管理系统，整合现有新农保、城居保业务管理系统，把城乡居民养老保险信息网络建设纳入“金保工程”建设，并与其他公民信息管理系统实现信息资源共享。各县（市、区）政府要加大资金投入，将信息网络向基层延伸，实现省、市、县、乡镇（街道）、社区实时联网，有条件的延伸到行政村。要大力推进社会保障卡发放和应用，方便参保人持卡缴费、领取待遇和查询本人参保信息。各县（市、区）政府要充分认识建立城乡居民养老保险制度的重要性，将其列入当地经济社会发展规划和年度目标管理考核体系，切实加强组织领导；优化财政支出结构，加大财政投入，为城乡居民养老保险制度建设提供必要的财力保障。各级人力资源和社会保障部门要切实履行主管职责，会同有关部门做好城乡居民养老保险工作统筹规划、政策制定、综合协调、监督检查等工作。加强政策宣传。各县（市、区）政府、各有关部门、各新闻媒体要认真做好城乡居民养老保险政策宣传工作，正确把握舆论导向，运用通俗易懂的语言和群众易于接受的方式，深入开展宣传活动，引导城乡居民踊跃参保、持续缴费、增加积累，保障参保人合法权益。（耿龙飞）

【健全完善审计整改工作机制】 市政府下发《关于进一步健全完善审计整改工作机制的意见》。《意见》提出为切实维护审计监督的严肃性，加大对审计查出问题的整改力度，健全、完善审计整改工作长效机制和联动机制，根据《国务院关于加强审计工作的意见》和《山西省人民政府关于加强审计发现问题整改工作的意见》，经市政府同意，结合实际，充分认识审计整改工作的重要性。审计整改是审计工作的重要组成部分，积极落实审计意见建议，加强审计整改，对推进依法行政、维护财经秩序、提高财政资金效益、加强廉政建设和反腐工作、促进经济社会又好又快发展具有重要意义。从全面贯彻落实党的十八大、十八届四中全会精神，建设法治政府的高度，充分认识审计整改工作的重要性，自觉维护审计监督的严肃性、权威性，充分发挥审计在促进善政良治中的“免疫系统”功能，提高政府的执行力、公信力和法治化水平。健全完善审计整改工作机制。建立审计整改工作领导机制建立太原市审计整改工作联席会议。由市长担任召集人，市政府办公厅、市发改委、市监察局、市人社局、市财政局、市公安局、市国资委、市地税局、市审计局为成员单位。联席会议办公室设在市审计局。联席会议各成员单位按照《太原市审计整改工作联席会议制度》要求，对审计整改工作分工负责、分类督办。完善审计整改联动机制完善由政府办公厅、发改、监察、人社、财政、公安、国资、地税、审计等单位和部门参与的联合督促整改机制。根据审计机关通报，结合自身职责，督促被审计单位认真落实整改责任。对审计机关依法移送的案件线索或有关事项，监察、司法机关、各有关部门和单位要按各自职责及时查办，并将查处结果及时书面反馈审计机关。对审计机关依法提请协助落实审计整改工作的意见、依法作出的审计决定和建议，共同督促落实整改。

（耿龙飞）

【定期报告审计整改】 报告内容包括：审计整改基本情况、存在问题及加强审计整改工作的建议等。政府应依法就本级预算执行和其他财政收支审计发现问题的整改情况向人大常委会作出报告。强化审计整改跟踪检查机制审计机关应完善内部审计整改落实机制，在审计报告、审计决定书和移送处理书等审计结果文书送达之日起60日内，对被审计单位进行审计跟踪检查。被审计单位在规定时间内未执行审计决定，未采纳审计建议，未落实审计移送处理事项和审计信息等渠道反映、领导批示要求整改事项的，应查明原因，督促落实。必要时提交审计整改工作联席会议研究解决。建立审计整改问责机制各级政府，各有关部门（单位）要将审计结果及其整改情况列入领导班子、领导干部年度目标责任考核、奖惩及任免内容。对存在问题突出且具备整改条件而整改不到位、不按时整改、弄虚作假或拒不整改的单位，由本级政府有关领导与被审计单位主要负责人进行诫勉谈话。必要时，在一定范围内通报批评。对由于整改落实不力造成重大影响和损失的部门（单位），按照中共中央办公厅、国务院办公厅《关于实行党政领导干部问责的暂行规定》、国务院《财政违法行为处罚处分条例》规定，由监察、人事部门及上级主管部门对有关责任人依法予以处理。推行审计整改结果通报和公告制度审计机关在适时推行审计结果公告的基础上，应采用会议、文件通报或审计结果公告等方式，在公开审计发现问题、审计建议的同时，逐步加大审计整改结果公开力度。对拒不整改或屡审屡犯、屡禁不止的部门（单位），予以公开曝光。被审计部门（单位）应按照市政府有关政府信息公开工作要求，及时、全面、准确公开整改情况。附件：太原市审计整改工作联席会议制度。

（耿龙飞）

【采煤沉陷区治理】 市政府下发《关于加快推进采煤沉陷区治理工作的通知》。《通知》提出加快推进采煤沉陷区治理工作的总体要求：采煤沉陷区治理是事关群众生产生活的民生工程、事关生态环境保护和发展的生态工程，要统筹规划，创新办法，采取果断措施，对居住在危房中的群众进行避让搬迁，确保群众生命财产安全。采煤沉陷区治理要与城镇化建设、产业化发展、加强基础设施建设、提高公共服务水平、推进生态文明建设相统筹。坚持当前与长远相结合、生产与生活相结合，因地制宜、分类推进、多措并举，加快实施。2015年全面启动采煤沉陷区治理工作，力争2017年底前全面完成治理任务。打造一批各具特色、设施齐全、功能完备、生活便利、环境优美、保障有力的新村镇，使受灾群众居住条件、生活质量等得到明显改善。《通知》提出加快推进采煤沉陷区治理工作的治理范围及方式：治理范围原则上以省国土厅2013年确认的8个县（市、区）、30个乡镇、195个村、33202户、98327人为依据。经县（市、区）国土、住建部门组织深入调查和评估确认，村庄处于采沉区域具有地质沉陷危害发生，且有持续性沉陷发展趋势，并影响居民居住安全的村庄，列入本次沉陷区治理范围。

（耿龙飞）

【采煤沉陷区治理搬迁安置项目化管理】 认真摸底调查各县（市、区）政府要组织相关部门和机构，逐村、逐户排查，彻底摸清采煤沉陷区范围、村庄个数、房屋面积、居民户数、受灾人数，做好企业责任主体认定和危房鉴定工作，并将相关数据和工作情况按要求报市治沉办。实施避险安置各县（市、区）政府要立即行动，一级抓一级，层层抓落实，加强采煤沉陷区住宅、学校、医院等建筑物受损情况动态监测。对破坏严重并影响到居民安全的住宅，利用政府现有廉租房、公租房或租借社会房屋、新建过渡期住房、发放应急避险费、投亲靠友、邻里互助或村民自助等多种措施实施避险安置。对受损较轻的房屋，要加强监测，确保沉陷区危房住户生命财产安全，杜绝房倒屋塌、人员伤亡等事故发生。严格项目管理采煤沉陷区治理搬迁安置实行项目化管理。要层层分解落实责任，确保目标、任务、进度、责任人“四落实”。项目建设要严格执行法人责任制、招标投标制、合同管理制、工程监理制“四制”规定。相关部门要加强事中监督检查，确保项目建设质量和安全。加强监督检查各级监察部门要对相关部门及工作人员职责履行情况进行监督检查，工作中推诿扯皮、责任不落实、进度缓慢的，予以问责，并追究相关部门和人员责任。加强对项目资金和物资的监督管理，杜绝挤占、转移、挪用、截留，防止造成资金浪费和物资损失。

（耿龙飞）

【推进生产性服务业】 市政府下发《关于加快推进生产性服务业发展的实施意见》。《意见》提出加快推进生产性服务业发展的指导思想和基本原则：深入贯彻落实党的十八大和十八届三中、四中全会精神，以国务院和省政府关于加快生产性服务业发展的文件精神为指导，把大力发展生产性服务业作为转方式调结构的战略重点，科学规划布局，创优发展环境，深化改革，扩大开放，加快生产性服务业创新发展，实现服务业与农业、工业的深度融合，推动经济结构和产业结构优化升级。

充分发挥市场配置资源的决定性作用，更好的发挥政府政策引导和协调服务作用，鼓励支持各种所有制企业根据市场需求，积极发展生产性服务业。选择重点产业、园区和企业开展特色鲜明的先行试点，充分发挥生产性服务业在研发设计、流程优化、市场营销、物流配送、节能降耗等方面的引领带动作用。创新驱动，深化改革，扩大开放，推动云计算、大数据、物联网等在生产性服务业的应用，鼓励企业开展科技创新、产品创新、管理创新、市场创新和商业模式创新，发展新兴生产性服务业业态。集聚发展，结合城市总体规划，统筹规划布局生产性服务业发展集聚区或产业园区，完善基础设施，引导和促进生产性服务业集聚发展，实现规模、效益和特色同步发展。《意见》提出加快推进生产性服务业发展的发展目标与战略布局。 （耿龙飞）

【推动重点行业领域加快发展】 促进生产性服务业结构进一步优化，产业领域逐步拓宽，竞争力不断提升，生产性服务企业集中化、规模化、专业化和社会化程度大幅提高，形成融合配套、错位分工、优势互补的生产性服务业发展格局。到2020年，全市生产性服务业增速不低于地区生产总值年均增速，服务业增加值占GDP的比重保持在55%以上，生产性服务业占服务业比重逐年提高。根据全省生产性服务业“天字形”空间布局和打造山西中部生产性服务业密集区的战略定位，依托太中银铁路、石太铁路、大兴铁路、石太客运专线、大西客运专线和京昆高速等交通轴线，通过实施太原—晋中同城化、山西科技创新城，重点发展金融服务、研发设计、信息及服务外包、现代物流、商务咨询、人力资源、检验检测等生产性服务业，使其成为全省产业集聚、品牌汇集、业态丰富、功能完善的生产性服务业核心区，中国中西部地区生产性服务业发展先导区和示范区。同时，在汾东新区和大型企业外迁旧址结合园区建设，规划布局现代生产性服务业集聚区或产业园区，加强基础设施配套，构筑现代服务业产业园区，促进全市生产性服务业上规模、上档次、上水平，结构进一步优化，竞争力不断提升。《意见》提出加快推进生产性服务业发展的重点领域：突出研发设计服务对提升产业创新能力的关键作用，大幅提高装备制造、新材料、新一代信息技术、新能源、节能环保与静脉产业、生物制药等领域自主创新能力，全面提升研发设计服务竞争力。以建设环渤海和黄河中游地区现代物流中心为目标，以物联网公共信息化平台为依托，合理布局保税物流、商贸物流、制造业物流、农产品物流、冷链物流等业态，发展第三方物流和多方物流，打造全省现代物流核心区和具有全国影响力的区域性物流枢纽，着力提升物流业对相关产业的综合服务能力。以建立与资源型经济转型相适应的现代金融服务体系为目标，强化金融服务对现代产业发展的支持力度，壮大金融服务业规模，提高金融服务水平，将太原建成具有较强影响力的金融聚集区，显著增强金融服务全市实体经济的能力和辐射全省的能力。 （耿龙飞）

【智慧城市建设】 发展网络信息服务和三网融合业务，开展国家智慧城市试点城市建设工作，建成全省信息通信枢纽和互联网中心城市。以能源、原材料等行业为重点，大力开展专业化节能环保服务，推动节能环保产业向价值链高端发展。加快发展检验检测认证服务，大力推进全国质量强市示范城市创建工作，为实现转型发展、安全发展打下坚实的质量基础。以创建国家电子商务示范城市为抓手，重点培育同城电商，推动网络经济与实体经济深度融合，以融合发展推进电子商务实现追赶型、跨越式发展。提升商务咨询服务业专业化、多样化和网络化水平，形成种类齐全、分布广泛、功能完善的现代商务咨询服务体系，促进全市产业转型升级。以产业引导、政策扶持和环境营造为重点，推进人力资源服务创新，提升人力资源服务水平。积极发展专业化社会化售后服务，着力增强服务功能，健全服务网络，提升服务质量，完善服务体系，提高企业市场综合竞争力。适应生产性服务业社会化和专业化发展需要，鼓励发展服务外包业，促进企业优化生产流程、突出核心业务。加强对名优企业和名牌产品的扶持和保护力度，引导企业大力实施商标、品牌、质量战略，走质量兴企、品牌强市的发展道路。

（耿龙飞）

【推进生产性服务业发展】 提高开放水平。充分发挥市场的决定性作用，进一步放开生产性服务业领域市场准入，简化行政审批，鼓励社会资本以多种方式发展生产性服务业，营造公平竞争环境。加大招商引资引智力度，引导知名企业来并设立生产性服务业企业、各类功能性总部和分支机构、研发中心、营运基地等。推进生产性服务业领域开展多层次国内外合作交流，鼓励有条件的企业依托现有产业优势走出去，在本市域外设立分支机构，与国内外行业龙头企业开展战略合作，拓展生产性服务业发展空间。鼓励企业利用电子商务开拓国际营销渠道。各级财政在各自事权和支出责任范围内，重点支持公共基础设施、市场诚信体系、标准体系建设以及公共服务平台等服务业发展薄弱环节建设，探索完善财政资金投入方式。整合生产性服务业领域各类专项资金，提高资金使用效率。鼓励开发区、现代农业产业基地、生产性服务业集聚区和发展示范区积极建设重大服务平台。研究自主创新产品首次应用政策，增加对研发设计成果应用的支持。完善政府采购办法，逐步加大政府向社会力量购买服务的力度，凡适合社会力量承担的，都可以通过委托、承包、采购等方式交给社会力量承担。研究制定政府向社会力量购买服务的指导性目录，明确政府购买的服务种类、性质和内容。强化金融支持。鼓励商业银行开发适合生产性服务业特点的各类金融产品和服务，加大信贷扶持力度。研究探索险资入并的投资方式。建立政银企合作机制，定期向金融机构推介发布项目，吸引各类金融机构参与生产性服务业项目建设。支持金融机构开展中小微生产性服务业企业以集合贷款方式发放贷款业务。支持节能环保服务项目以预期收益质押获得贷款。研究制定利用知识产权质押、仓单质押、信用保险保单质押、股权质押等方式融资的可行措施。鼓励融资性担保机构扩大生产性服务业企业担保业务规模。建立生产性服务业重点领域企业信贷风险补偿机制。支持符合条件的生产性服务业企业在境内外特别是境内创业板上市，力争形成政府引导、社会投入、市场化运作的投融资体系。完善土地扶持政策。在土地利用总体规划和城乡规划中，统筹考虑生产性服务业发展需要，合理安排生产性服务业用地，促进节约集约发展。鼓励工业企业利用自有工业用地兴办促进企业转型升级的自营生产性服务业，经依法批准，对提高自有工业用地容积率用于自营生产性服务业的工业企业，可按新用途办理相关手续。依托转型综改试验先导区平台，对城镇低效用地的改造发展生产性服务业。在符合土地规划、年度计划和产业政策的前提下，通过挖潜盘活的城镇存量土地和城乡建设用地增减挂钩节余，对生产性服务业项目用地优先给予保障，确保项目落地。对列入国家及省鼓励类的生产性服务业，在供地安排上给予倾斜。落实价格税收政策。加快落实生产性服务业用电、用水、用气与工业同价。对工业企业分离出的非核心业务，在水、气方面实行与原企业相同的价格政策。支持符合条件的生产性服务业重点领域企业与发电企业直接交易试点。做好生产性服务业收费项目清理工作。对研发设计、检验检测认证、节能环保等科技型、创新型生产性服务业企业，符合条件认定为高新技术企业的，按规定办理减免税备案手续后，可享受15%的企业所得税优惠税率。对符合条件的中小企业信用担保机构提供担保服务，按照国家有关规定，实行免征营业税政策。（耿龙飞）

【知识产权保护和人才队伍建设】 鼓励生产性服务业企业创造自主知识产权，加强对服务模式、服务内容等创新的保护。扩大知识产权基础信息资源共享范围，促进知识产权协同创新。加强知识产权执法，加大对侵犯知识产权和制售假冒伪劣商品的打击力度，维护市场秩序，保护创新积极性。完善服务标准体系，扩大服务标准和服务范围，推动重点领域服务标准化试点，运用标准化手段提高服务质量。加强政府引导，及时发布各类人才需求导向等信息。建设大型专业人才服务平台，增强人才供需衔接。支持生产性服务业创新团队培养，建立创新发展服务平台。扶持研发设计、创意人才队伍建设，鼓励创新型人才发展。引导产业集聚。依托高新区、经济区等国家级开发区优势，重点推进研发设计、金融服务、信息服务、电子商务、节能环保、商务咨询等生产性服务业领域发展，以产业带服务，以服务促产业，形成分工明确、专业配套、协调发展、循环高效的专业园区。在汾东新区、晋阳湖区等地域空间，规划布局生产性服务业集聚区或产业园区，吸引国内外生产性服务业优质企业集聚，充实和延伸服务业产业链，促进形成若干主体功能定位清晰、具有示范效应的生产性服务业集聚区。鼓励在政策扶持、体制创新等方面积极探索、先行先试，引导形成以龙头企业为核心、中小企业协同发展的生产性服务业集聚区。强化统筹协调机制。调整完善服务业协调机构，建立各级、各部门联动推进机制，重大政策、重要改革事项研究工作制度。进一步完善生产性服务业统计调查制度，对研发设计等生产性服务业实行分类统计，制定指标体系，明确各部门统计任务，建立健全信息发布、共享机制，加强对生产性服务业发展的监测和跟踪分析。把加快发展生产性服务业作为转变经济发展方式、调整产业结构的重要任务，大胆探索实践，协调配合推进。同时，要围绕人民群众的迫切需要，发展生活性服务业，落实和完善生活性服务业支持政策，做到生产性服务业与生活性服务业并重、现代服务业与传统服务业并举，切实把服务业打造成经济社会可持续发展的新引擎。（耿龙飞）

【简政放权，放管结合】 市政府印发《2015年太原市推进简政放权放管结合转变政府职能实施方案》。《方案》提出深入推进简政放权放管结合转变政府职能工作的工作目标：全面贯彻党的十八大和十八届二中、三中、四中全会精神，按照“四个全面”战略布局和省、市经济工作会议要求，立足太原市实际，主动适应和引领经济发展新常态，坚持“放、管、服”三管齐下，努力推动各项改革从重数量向提高含金量转变，从减少审批向放权、监管、服务并重转变，统筹推进行政审批、投资审批、职(执)业资格、收费管理、商事制度、教科文卫体等领域改革，着力解决跨领域、跨部门、跨层级重大问题。继续下放含金量高的行政审批事项，彻底取消非行政许可审批类别，大力简化投资审批，实现“三证合一”，全面清理一批收费项目和资质资格认定，出台一批规范行政权力运行、提高行政审批效率的制度和措施，推出一批创新监管、改进服务举措。努力在放权上求实效，在监管上求创新，在服务上求提升，在深化行政管理体制改革，建设法治政府、创新政府、廉洁政府和服务型政府方面迈出坚实步伐，促进政府治理能力现代化。

（耿龙飞）

【转变政府职能工作】 推进行政审批制度改革。积极做好国务院、省取消下放和调整的行政权力事项承接工作。对承接的行政权力事项，主动沟通衔接，及时研究解决承接工作中出现的问题，衔接工作原则上在20个工作日内完成。对承接下放的行政权力事项按照“谁审批、谁负责、谁监管”原则，优化审批流程，强化后续监管，明确监管责任，制定监管措施，防止出现监管“真空”。推进向基层放权。继续坚持“合法性、合理性、实效性”原则，本着“优先下放执行主体为县级以上人民政府承担的事项和法律法规规定县级以上人民政府承担的审批项目；直接面向基层和群众，由县级政府实施更为方便有效的审批事项，一律下放县级政府管理”的改革思路，以有效激发市场和社会活力、推进政府治理能力现代化为目的，以基层和社会需求为导向，通过下放行使层级、实施属地管理等措施，尽可能把权力下放，切实提高简政放权的含金量。建立健全行政权力清单制度。根据各文件精神，修改完善《太原市市级行政权力清单》。对确认保留的行政权力事项，以清单形式将每项职权的名称、编码、实施依据等，在政府门户网站公布，接受社会监督。（耿龙飞）

【规范权力运行】 对确认保留的行政职权事项，细化、量化行政裁量标准，缩小自由裁量空间，促使显性权力规范化，隐性权力公开化。按照透明、高效、便民原则，对保留的职权事项进行流程再造，编制行政职权运行流程图，减少内部运转环节，明确每个环节的承办机构、办理要求、办理时限等，提高行政职权运行规范化水平。建立健全责任清单制度。在建立权力清单的同时，按照权责一致原则，逐一厘清与行政职权相对应的责任事项，建立责任清单，明确责任主体，健全问责机制。市县两级政府部门责任清单与权力清单一并公布。积极推进清理规范行政审批前置中介服务工作。根据省政府安排部署，全面梳理现有行政审批中委托企业、事业单位、社会组织等机构开展的作为行政审批受理条件的有偿服务（包括各类技术审查、论证、评估、评价、检查、检测、鉴证、鉴定、证明、咨询、试验等事项）。放宽中介服务机构准入条件，加快推进中介机构脱钩，规范中介服务收费，实行中介服务清单管理，强化对中介服务的事中事后监管。加快推进相对集中行政许可权试点工作。确定经济开发区为相对集中行政许可权试点，以清理减少行政审批事项、优化审批流程、公开审批标准、规范审批行为、加强监督管理为重点，探索推进相对集中行政许可权、创新行政审批方式、提高行政审批效率，便利企业和群众办事，激发市场和社会活力。（耿龙飞）

【推进投资审批改革】 按照《政府核准的投资项目目录》，取消下放和调整投资审批权限，精简规范投资项目审批事项和前置审批条件，优化审批流程，提高审批效率和质量。加快投融资体制改革，持续推进简政放权，更好释放投资潜力、促进大众创业、万众创新。创新投资管理方式，加快信息资源开放共享，整合建立集中统一规范的公共资源交易平台。既抓好网络平台建设，加快建设各级各部门横向连接、市县乡村纵向贯通的政务服务网络建设，实现行政审批、资源配置、便民服务、信息公开、效能监察的一体化运行，又抓好实体平台建设，全面落实“两集中、两到位”，实行一个窗口受理、一站式审批，建立完善政务标准作业程序和操作规范，推行权力运行流程图、一次性告知、限时办结、服务承诺等工作制度，提高政务服务中心建设运行标准化水平。（耿龙飞）

【推进职（执）业资格改革】 清理职（执）业资格许可认定。根据国务院、省政府要求，加强职（执）业资格实施监管，完善职（执）业资格考试和鉴定制度，着力解决“挂证”、“助考”、“考培挂钩”等问题。对国家和省取消的准入类职（执）业资格，立即取消。取消后的相关后续工作按照人力资源社会保障部相关规定严格执行。根据国家制定的行业组织承接水平评价类职（执）业资格具体认定工作管理办法，探索推行水平评价类职（执）业资格具体认定工作由行业协会等组织承担的长效机制。开展全市职（执）业资格清理整顿专项督查活动，摸清全市职（执）业资格底数。督促检查市直各部门是否已对国务院、省公布取消的职（执）业资格停止相关认定工作。有无自行设置职（执）业资格情况，自行设置的职（执）业资格是否已取消。市直各部门对于没有法律法规或国务院决定作为依据的准入类职（执）业资格，是否已取消；自行设置的水平评价类职（执）业资格是否已取消。市直各部门就取消的职（执）业资格是否已按照人力资源社会保障部及省人力资源社会保障厅制定的后续措施和办法严格执行，是否已建立职（执）业资格组织实施工作长效机制。完善职（执）业资格制度政策，规范职（执）业资格证书管理。待国家修订《职业技能鉴定规定》后，修订太原市具体实施办法，明确认定规则，严格认定标准，规定认定程序，定期开展评估检查，加强宏观管理，建立退出机制，确保职（执）业资格认定工作平稳有序开展。（耿龙飞）

【推进收费清理改革】 严格落实收费（目录）清单制度。清理规范后保留的收费（基金）项目，实行收费目录清单管理并向社会公布，对清单之外的行政事业性收费（基金）项目，公民和法人有权拒绝支付并可举报。对乱收费行为，一经查实，按照有关规定追究有关人员责任。清理规范涉企收费行为。加强涉企收费管理，激发市场活力，支持实体经济发展。严格执行国务院、国家发改委、财政部、省财政厅、省物价局关于取消、降低涉企收费（基金）的相关政策，切实减轻企业负担；加强监管，坚决遏制各种乱收费，对确需保留的涉企收费基金项目，建立依法有据、科学规范、公开透明的管理制度。清理规范收费基金项目。按照收费（基金）审批权限，坚决取缔违规设立的收费基金项目。凡没有法律法规依据、越权设立的，一律取消；凡擅自提高征收标准、扩大征收范围的，一律停止执行。根据财政部统一部署，清理规范按规定权限设立的收费基金，取消政府提供普遍公共服务或体现一般性管理职能的行政事业性收费；取消政策效应不明显，不适应市场经济发展需要的政府性基金；对收费超过服务成本及有较大收支结余的政府性基金降低征收标准；整合重复设置的收费基金；依法将具有税收性质的收费基金并入相应税种。清理规范具有强制垄断性的经营服务性收费。凡没有法定依据的行政审批中介服务项目及收费一律取消；不得将政府职责范围内事项交由事业单位或中介组织承担并收费。整顿规范行业协会、商会收费，坚决制止强制企业入会并收取会费，以及强制企业付费参加各类会议、培训、展览、评比表彰和强制赞助捐赠等行为；严禁行业协会、商会依靠代行政府职能擅自设立收费项目。（耿龙飞）

【推进商事制度改革】 推进工商营业执照、组织机构代码、税务登记证“三证合一”。按照《国务院办公厅关于加快推进“三证合一”登记制度改革的意见》（国办发〔2015〕50号），积极推进“三证合一”登记制度改革各项工作，做好实施“一照一码”登记模式改革各项准备工作，待统一社会信用代码实施后，与全国同步推行“一照一码”登记模式。推进企业信用信息公示“全市一张网”建设。加快建立市场主体信用信息公示体系，以整合各类市场主体信用信息资源、完善征信记录为基础，建设信用信息公示“全市一张网”。加快建立信用信息归集体系，归集整合市政府各部门对市场主体产生的行政许可准予、变更、监管等信息。组织开展企业名称登记管理改革试点。由企业自主选择使用企业名称，并承担相应责任，适时取消企业集团登记。放松经营范围登记管制，支持企业自主决定经营事项，鼓励创业创新。组织开展企业简易注销试点，坚持便捷高效、公开透明、控制风险的基本原则，开展未开业企业、无债权债务企业简易注销登记试点，明晰各方责任，着力构建便捷有序的市场退出机制。推进全程电子化登记管理和电子营业执照应用，围绕信息公示、全程电子化登记管理、电子营业执照等环节进一步开发完善系统，实现业务应用一体化。（耿龙飞）

【推进教科文卫体领域改革】 推进教育管办评分离。加强自费出国留学中介服务机构监管，推进教育管办评分离，全面落实高校在考试招生、学科专业设置、教育教学、人才选聘、科学研究、经费管理、国际交流合作等方面的自主权。深化督学责任区工作，积极探索实施校长职级制，探索引入第三方评价的机制和途径。增强科技创新意识。推进科技计划管理改革，强化顶层设计，搭建公开统一的太原市科技管理平台，政府部门不再直接管理具体项目。加快推进科研项目经费管理模式改革，从改变科研经费管理模式上入手，积极研究构建适应创新驱动发展要求、适合太原市实际的科研项目经费管理新模式，提升科技经费使用效益。完善激励政策，实施分类管理，建立科研项目绩效管理，促进成果转化。继续加大招才引智力度，优化相关管理、产业技术研发等体制机制创新。促进体育消费。落实《国务院关于加快发展体育产业促进体育消费的若干意见》（国发〔2014〕46号）要求，出台太原市实施意见，积极扩大体育产品和服务供给，推动体育产业成为经济转型升级的重要力量，促进群众体育与竞技体育全面发展，不断满足人民群众日益增长的体育需求。（耿龙飞）

【推进监管方式创新】 着力优化政府服务。积极创新监管体制机制，构建信用监管体系，加强跨区域、跨部门的执法协作，建立行政执法与刑事司法有机衔接和信息共享的平台，形成案件信息资源共享、互联互通、及时介入、相互移送的执法协作联动机制。依法履行市场监管职责，进一步转变监管方式，突出事中事后监管，严厉查处损害市场公平竞争秩序、侵犯消费者权益等违法行为，并依法向社会公示行政处罚信息，促进社会共治。严格规范执法行为，完善执法监督考核，切实解决不作为、慢作为、乱作为问题，确保依法执法、公正执法、文明执法。搭建为市场主体服务的公共平台。以工商行政管理部门日常登记、监管的市场主体信用信息为数据源，建立全市集中统一的市场主体信用信息交换共享体系，整合各类市场主体信用信息资源、完善征信记录，形成全市统一的“经济户籍数据库”，为部门间信用信息互联互通、档案互认、协同监管，推进企业信用体系建设提供技术保障。积极推进全程电子化操作，设立网上“行政审批大厅”，整合优化申请、受理、审查、核准、公示、发照等程序，实行“一次申请、一口受理、一套材料、一表登记”，实现部门间信息互联互通、档案互认，提高审批效率，最大限度降低社会成本和行政成本。

（耿龙飞）

【推进职能转变协调】 发挥统筹指导和督促落实的作用，统筹研究重要领域和关键环节重大改革措施，协调推动解决改革中遇到的困难和问题，指导督促各县（市、区）、开发区、市直各部门抓好改革措施落实。市协调小组下设行政审批改革、投资审批改革、职（执）业资格改革、收费清理改革、商事制度改革、教科文体改革、卫生计生改革7个专题组和综合、督查、法制、专家4个功能组。各县（市、区）政府主要负责人和市协调小组各专题组、功能组组长要高度重视，切实担负起推进本部门本系统本领域简政放权、放管结合和转变政府职能改革的重任，及时组织制订工作方案，并限期出台改革文件，明确时间表、路线图和成果形式，将任务逐项分解到位、落实到人。各专题组要发挥牵头作用，协调解决好跨部门跨领域问题。各功能组要加强沟通协调和支持保障。市直各部门要坚决贯彻落实市政府和协调小组决策部署，加强与有关部门的工作衔接，建立健全协调联动工作机制，及时研究解决工作中的重点难点问题，形成共同推进改革的强大合力。并加强对各县（市、区）、开发区（园区）改革的跟踪指导和考核，加大政府信息公开力度,加强改革举措政策解读,切实回应社会公众关切,努力凝聚改革共识,形成推动改革的良好舆论氛围。

(耿龙飞)

【公共停车场建设】 市政府下发《关于太原市2015年公共停车场(库)建设的实施意见》。《意见》提出关于2015年公共停车场(库)建设的指导思想:以缓解停车难、治理乱停车为目标,大力加快推进公共停车场(库)建设,完善停车建设及管理的配套措施,促进全市停车产业化、规范化。《意见》提出关于2015年公共停车场(库)建设的实施原则:统一规划、市场运作、政策支持、自主经营,谁投资、谁受益;统筹规划、分步实施;需求引导、用地节约、形式灵活、技术先进。《意见》提出关于太原市2015年公共停车场(库)建设的工作目标:从2015年起,逐年增加全市公共停车泊位供给,缓解停车难问题。全年确保完成10000个公共停车泊位建设,其中利用立交桥下空间建设停车泊位4500个,独立选址建设停车泊位5500个。《意见》提出关于太原市2015年公共停车场(库)建设的适用范围:指对社会开放的、为满足社会公众停车需要的停车场(库),不包括商场、宾馆等公共建筑和住宅区按规定配套建设的停车场及其他以房地产开发形式可以一次性出售停车泊位(车库)的停车场。

提出关于太原市2015年公共停车场(库)建设的实施办法:加强城市静态交通规划和公共停车场(库)近期建设计划的编制。市规划、住建、城管、公安、国土等部门,依据城市总体规划,编制城市静态交通专项规划,并根据城市发展及停车供需状况,编制近期建设计划。多种形式建设公共停车场(库)。按照规划选址要求,单独建设专门提供停车服务的公共停车场(库);利用公园绿地、防护绿地、广场、道路等地下空间,高架桥下空间及地下人防工程建设公共停车场(库);企事业单位利用自有用地建设公共停车场(库);对既有公共停车场(库)进行扩容改造;建设项目超出配建比例,为社会提供停车服务的公共停车场(库),包括采用与商业、办公合建地上停车库;对未开发地块局部调整建设公共停车场(库);在住宅小区空地上,征得三分之二业主同意,在小区自有土地范围内建设公共停车库;利用闲置集体建设用地或政府储备地块建设临时公共停车场(库);在部分交通条件允许的路段划定临时和错时停车位。多渠道筹措资金投资公共停车场(库)建设。优先支持龙投、国投等政府国有投资公司,采用"土地补偿、拆迁安置、停车场建设运营管理"一体化模式,利用公园、绿地、广场、道路等地下空间建设地下公共停车场,在规划停车场用地建设公共停车场(库);鼓励社会资金采用PPP等方式投资建设公共停车场;鼓励企事业单位利用自有土地(包括地下空间),通过租赁、合作经营等方式吸引社会资金参与公共停车场(库)建设。《意见》提出关于太原市2015年公共停车场(库)建设的政策保障。

(耿龙飞)

【停车泊位配建标准】 在规划编制中,根据地块性质和建设容量,充分预留停车场建设用地。国土部门对经营性停车场(库)用地进行储备。政府投资或委托国有投资公司建设的公共停车设施项目用地以及利用城市交通、公园、绿地、人防等建设的停车场(库),符合划拨目录的,以划拨方式供地。利用公园、绿地、道路、广场等地下空间建设经营性公共停车场(库)地下空间应以出让方式获得,出让价按地下建筑投影面积对应的用地楼面备案价的20%核算,出让年限按照《中华人民共和国城市房地产管理法》规定的用途类别分别确定。在符合规划要求的前提下,鼓励土地使用权者利用自有土地投资建设公共停车场(库),也可通过PPP、租赁、合作经营等方式引入其他投资主体进行建设,原供地方式不变,不再单独办理用地手续。其建设不受现有用地属性及规划控制用地性质限制,规划部门出具规划意见、办理规划许可证,发改部门办理项目立项手续。单位利用自有用地建设公共停车场(库),项目类别定性为构筑物工程,其建筑不纳入地块指标计算范围。随建设项目同步配建的公共停车场(库),建筑面积不计入容积率。

社会力量投资新建地上公共停车楼或地下公共停车库泊位数达到100个(含)以上的,可配建一定比例的商业。地上公共停车楼商业建筑面积占总建筑面积一般控制在10%(含)以下,地下公共停车库商业建筑面积占总建筑面积一般控制在20%(含)以下。公共停车场(库)项目符合广告设置规划和景观要求的,可以设置广告位。费用减免政策。新建公共停车场(库),按照省财政厅、省住建厅《关于城市基础设施配套费转为政府性基金管理有关问题的通知》免缴城市基础设施配套费,免收防空地下室易地建设费。临时占用绿地、道路等,由停车场建设主体按审核预算交费,相应主管部门恢复。

(耿龙飞)

【市区停车秩序管理】 按照"地面高于地下、路内高于路外、白天高于夜间、商业区高于住宅区"的差异化收费标准和"谁投资、谁受益,谁管理、谁受益"原则,以出让方式获取土地的,实行政府指导价;以划拨方式获取土地的,实行政府定价。鼓励行政企事业单位开放自有用地内部停车场。对于停车供给大于停车需求的道路,新建公共停车场(库)周边300米范围内不设置道路停车泊位。建立市区智能停车诱导系统和停车信息服务平台,实现市区智能停车联网管理,引导车辆合理停放,提高停车泊位的利用率和周转率。

为推动公共停车场(库)建设工作,各职能部门建立统一协调工作机制,安排专人负责公共停车场(库)报建审批工作,公共停车场(库)审批纳入各部门绿色通道,简化程序,限时办结。《意见》提出关于太原市2015年公共停车场(库)建设的监督管理:清理恢复改变用途的停车场(库)。未履行相关审批手续,任何单位和个人不得擅自改变停车场(库)用途,将停车场违规转让、出租、改做他用等。对已违规改变用途的停车场(库),逐步清理恢复停车功能。依法查处停车场违规行为。向社会公众开放的新建停车场(库),不得挪为他用。一经发现,将取消所享受的一切优惠政策,依法收回土地使用权、停车场(库)及配套商业经营权,并依法予以处罚。各级各有关部门、单位应依据本实施意见,迅速组织开展所负责公共停车场(库)项目投融资、方案设计、手续办理、开工建设等工作。市政府将于年底组织对2015年公共停车场(库)项目进行监督检查、总结验收。

(耿龙飞)

市政府办公厅

【概述】 2015年,在市委、市政府的坚强领导下,市政府办公厅全体干部职工围绕中心、服务大局,认真贯彻落实习近平总书记关于办公厅工作"五个坚持"的重要要求,以提升"三服务"水平为出发点,以开展"三严三实"专题教育为切入点,以实施"三基两高一提升"(完善基本制度、基础资料和基础设施,实现政务工作高质量和高效率,提升工作执行力)为着力点,加强理论学习,转变工作作风,提升服务水平,充分发挥参谋助手、综合协调和服务保障职能,圆满完成了各项工作任务。

(李 炜)

【提升政务服务质量,发挥参谋助手作用】 2015年,围绕市政府中心工作,科学安排会议活动,及时提出建议措施,为推进太原市各项事业发展和政府重点工作全面完成发挥了积极的促进作用。全年组织会议、调研、督查等各类政务活动1100余次,起草审核各类文稿600余万字,制发各类会议纪要147期。牵头推进全市"六权治本"工作,明确责任部门、重点单位和各项工作的时间表、任务书、责任人,取得明显成效。积极参与市委十三五规划建议的起草工作,对全市经济社会发展情况底数更清、把握更准。围绕"五个一批"等全市重点工作广泛开展调研,高标准完成城中村改造、现代养老服务业发展等10余篇调研报告。编发《并政信息》149期,被国务院办公厅和省政府办公厅采用127条,采用量连续三年居全省第一。

提升办文办会质量。以事不过夜、案无积卷的工作效率和滴水不漏、万无一失的工作标准,坚持高标准办文、高质量办会、高效率办件。全年共办理请示报告6756件、来文来电1822件,重要文件、明传电报838件,报告市委重要工作事项2031件。进一步优化流程,精简程序,消除文山会海现象,全年制发市政府、市政府办公厅文件326件,同比减少3%;以市政府名义组织召开全市性会议11次,同比减少15.4%。落实保密责任,开展保密培训,完善保密制度,加强保密管理,广大干部保密安全意识进一步增强。

提升督促检查实效,切实提升督查工作实效。全年接受国家、省督导检查86次,督办整改事项53项;细化分解省下达本市的96项重点工作和考核指标,全程跟踪督办;梳理分解40项市委常委会议议定事项、20项市政府常务会议议定事项、773项市长办公会议议定事项,逐一定期督办;组织开展全市性督查39次,撰写督查报告34篇;对11720件市委、市政府领导批示件和121件市长来信落实情况开展督查,下发督查通知200余份,编报《市长来信情况》9期,确保市委、市政府决策部署政令畅通、落地生根。

提升服务基层能力。便民服务热线全年受理来电28.3万个,转办38191个,办结37744个。回复人民网留言1662条、市长信箱留言2166条、人民网"省长留言"41条,连续3年被评为全国网民留言办理工作先进单位。全年办理人大代表建议、政协提案851件,市人大常委会审议意见22件,办结率100%。积极推进政务公开,在市政府门户网站开设重点领域信息公开专栏,公布政务信息50余项,方便市民查阅监督,政务公开栏目荣获"2015政府网站信息公开精品栏目奖"。全年收到依申请信息公开事项49件,全部按规定要求办结。

(李 炜)

【提升服务保障能力,优化政务服务流程】 2015年,政府系统市级议事协调机构和临时机构由875个精简为122个,精简率86%。清理规范34个部门的审批和服务事项,审批事项从119项减少至102项,服务事项从106项减少至98项。构建完善市县乡村四级服务体系,推进电子审批系统向基层延伸。建立了涉及22个部门、58项中介服务的项目目录库和中介服务机构目录库,推动中介服务平台和审批平台联动运行。

推进电子政务建设。完成全市政府部门网站普查、清理工作,优化完善政务信息化"五共享"(共享网络、机房、服务器、安全体系和数据)设计方案;开发全网管理平台和市政府值班信息接报、政务信息报送等系统。市政府门户网站托管143家部门网站及应用系统,全年刊登各类政务信息1万余条。市政府网站在第十四届(2015)中国政府网站绩效评估中获得第9名的好成绩。

完善基础设施保障。严格落实"八项规定",全年"三公"经费同比下降52%。落实政府系统涉改公车封存停驶工作,全市公务用车制度改革工作有序推进。完成全市105个市级单位、774个市级下属事业单位、10个县(市、区)办公用房清理整改数据汇总和上报工作,清理腾退超标基本办公用房面积6.8万平方米,统筹调剂使用面积6.7万平方米,全市各级党政机关减少在外租用办公用房建筑面积1.3万平方米,节约财政资金486.7万元。完成所辖13个宿舍区自来水和供热管网改造、房屋公共设施维修和部分庭院道路硬化工作。组织120余人参加消防知识培训,逐一排查机关大院安全隐患,努力营造安全和谐的办公环境。

提升应急管理能力。完善全市应急预案体系建设,制订发布市级应急预案目录,修订市级专项应急预案4部。组织市级专项应急演练12次,培训应急管理干部100余人,编制并免费向市民发放应急知识手册3万册。严格执行领导带班和24小时值班制度,编报《太原市值班信息》70期、《应急动态》33期、《值班要情》181期。协助市领导分别协调处置各类突发事件138起。 (李 炜)

【提升自身建设水平】 扎实开展"三严三实"专题教育。加强理论学习。深入学习贯彻习近平总书记系列重要讲话精神和党的十八大、十八届三中、四中、五中全会精神,厅党组先后集中学习和专题研讨;通过采取中心组学习、支部学习和个人学习等方式,进一步强化理论武装,提升理论水平。

加强党风廉政建设。坚持全面从严治党,认真落实"两个责任",加强党风廉政建设和反腐败工作。厅党组严格落实主体责任,把党风廉政建设作为分内之事、应尽之责。厅纪检组严格落实监督责任,完善纪检监察工作制度,加强全面监督,增强监督实效,加大风险防控排查,对厅属单位6名主要负责人进行廉政集体约谈。

加强机关党建工作。深入推进"基层组织规范建设年"活动,积极开展党组织书记抓基层党建专项述职及测评工作。加强服务型党组织建设,健全完善党员联系服务群众制度,与娄烦县天池店乡东沟塔村精准对接,为全村45户贫困户安排帮扶责任人,组织开展进村入户送温暖、献爱心活动。开展"道德讲堂"、扶困捐助、双拥和志愿者服务等文明创建活动,精神文明建设水平进一步提升。

加强干部队伍建设。积极稳妥推进"三个一批"工作,平稳有序开展副科级以上领导干部"六查"。选派17名干部参加依法行政、干部选学、新闻发言人等培训。落实老干部"两个待遇",丰富老干部文化生活。慰问大病困难职工,完成市级机关服务中心工会换届选举工作。

下属(代管)单位成效显著。市地方志办《太原市志(1978—2011年)》通过省、市专家评审,《太原年鉴》荣获第五届年鉴编纂出版质量评比综合二等奖。市级采购中心完成采购招标590次,市本级采购预算、工程材料采购分别完成8.7亿元和20亿元,节约率分别为9.43%和10%,连续两年荣获"全国十佳集采机构"荣誉称号。机关事务管理中心圆满完成"2015中国·太原国际青年金属雕塑创作营"活动有关任务。市级机关服务中心实现收入510万元。并州饭店实现营业额7525万元,荣获"全国公务接待定点宾馆饭店业十佳奖"等荣誉。编发《政府公报》24期,发行4.8万份。国防教育训练中心完成1.5万人次国防教育和军事训练保障任务。各驻外办事机构积极拓宽外联渠道,圆满完成信息传递、接待服务等任务;有序推进深圳、广州办事处撤并整合工作。 (李 炜)

政务服务管理

【概述】 2015年,太原市政务服务管理办公室(以下简称"市政务办")引深流程再造和四级政务服务体系建设,开展"学习讨论落实"活动和"三严三实"专题教育,加强政务服务中心规范管理。全年市政务服务中心受理办件81482件,办结81489件,办结率100%。其中,涉及固定资产投资的16个部门统一受理审批事项8428件,审批办结8306件,办结率98.55%。咨询引导台服务群众22800余人次,收到群众、投资者送来的锦旗、表扬信124件,呈现出办件量增加、办件速度加快、审批流程完善和群众满意度提高的良好态势。 (刘 宁)

【简政放权】 落实简政放权、放管结合的有关要求,组织各县(市、区)政务服务机构和中心各窗口首席代表对市级下放的行政审批事项实施情况进行专题调研,广泛征求县(市、区)、开发区的意见建议。深化"五证联办"改革,推行"三证合一"。配合市工商局,结合实际,协调组织相关部门研究、设计,推行工商、税务、质监的"三证合一"。多次研究论证,与市公安局对接协调,加快刻制公章办理进度,实现了工商、国税、地税、公安、质监部门"五证联办"。在全市各县(市、区)、开发区全部建立运行政务服务中心,乡镇(街、办)、村(居)便民服务机构设立到位的基础上,各县(市、区)、开发区进一步简化民生服务类审批项目和流程,梳理报送乡(街)审批服务项目和流程,并已全部固化到全市统一的电子审批系统,推进了政务服务向基层延伸。

(刘 宁)

【投资项目审批全流程记录】 2015年,市政务办对涉及的审批和服务事项进行全面梳理,确定全流程记录的相关节点,明确通过一个编号公示和查询项目全部审批手续办理情况的实施方案并通过了研究论证,实现投资项目咨询开始,即编号计时进入审批全流程、无空档电子记录,直至项目建成投产截止,实现项目审批全程监控,为审批项目问题的大数据分析、责任划分和责任追究提供准确科学的依据,完成总体设计和任务需求,系统开发进入最后阶段。

(刘 宁)

【政务服务体系建设】 2015年,市政务办在中心信息化一期(行政审批向县区延伸)建设项目的基础上,组织相关人员和平台开发团队赴乡镇(街办)、村(社区)两级便民服务中心和服务代办点实地调研,并与各县(市、区)级政务服务中心对接,了解并解决在推进过程中遇到的困难和问题。四级政务服务网络平台已完成部分乡镇(街办)、村(社区)两级上报的1400余项服务事项的梳理工作,对发现的问题进行确认和反馈;完成杏花岭区、万柏林区试点乡镇(街办)700余项服务事项的电子化流程配置和测试;完成数据资源共享平台、县区企业注册一表制、便民办事引导等主要功能的开发和测试。推进乡、镇(街办)便民服务中心网络专线的规划、开发和建设。组织专人赴各县(市、区)、开发区政务服务中心实地查看,就新建、改扩建工作进行指导。共有12个县(市、区)、开发区新建、改扩建原中心,已基本完成并投入运行,使用情况良好。各县区乡(街)便民服务中心建立运行率达98%,村(居)便民服务代办点建立率达80%以上。(刘　宁)

【电子政务建设】 搭建市、县区一体化运行的政务服务网络平台,并加快向乡镇(街办)和村(社区)延伸,形成"一张网"、二个平台、三级管理、四级体系的新型政务服务生态。一是统一规划建设全市政务服务网上平台。在市级和10个县(市、区)、3个开发区全部建成实体政务服务平台的基础上,市政务办统一建设网络、统一开发软件系统和门户网站,初步形成了全市政务服务"一张网"。群众只需登录市政务服务中心网站就可了解市和各县区政务服务信息,并进行网上咨询、网上登记、网上申报、办件查询,实现网上申报现场即办的事项10项,实行网上咨询预审的事项170项。实现行政审批和便民服务事项的五个统一,即事项名称统一、办理条件统一、办理流程统一、办理时限统一、收费标准统一,进一步规范了政务服务行为,提高了为民服务效率。实现政府层级之间的协同、联动,有效解决了信息、流程"碎片化"问题。全市统一的政务服务网络打通了不同层级部门之间的联系,将乡镇(街办)、县级、市级等多级部门办理的事项流程无缝对接,群众办事只需到基层窗口申请即可。实现全市行政审批和便民服务事项的统一管控,各类事项纳入统一平台办理,系统对流程运行情况实时监督、管控,确保按时办结、高效服务。

(刘　宁)

【推进城中村改造和"五个一批"项目】 召集相关部门首席代表以及涉及重大基础设施、产业、民生、教育项目主管部门负责人,了解项目手续办理情况,对审批服务中急待解决的问题逐项对接。建立项目手续办理进展"台账",实行审批部门窗口及项目牵头单位手续办理进展周报制度,定期通报进展情况。组织中心窗口有关人员主动赴项目现场,上门服务,帮助解决手续办理中遇到的困难。组织中心相关窗口首席代表与民政局相关项目负责人建立对接联系机制,就民政局公益类项目提供手续办理实时指导,并赴九牛牧业改扩建、外国学校校新校区、赵梅生美术馆等项目现场办公协调推进手续办理6次,帮助加快推进项目手续办理。(刘　宁)

【开通审批快速通道】 建立专人负责制。要求有关窗口指定业务精通、责任心强的工作人员,全程指导、帮助城改项目审批事项的手续办理。先行介入制。对主件齐全且具备基本条件的城改项目审批件,组织中心窗口予以提前审查,待完善或补充材料后即时办结。优先办理制。对城改项目审批实行当日受理当日启动,审批时限原则上应比现行承诺时限再缩短30%。联动办理制。将涉及城改审批事项前置的事业单位服务事项实行首席代表派单限时办结机制,对中介服务事项实行目录库自选和激励考评机制。建立督办通报制。市政务办印发《督促办理2015年重大民生项目审批手续的通知》,对接收的城改项目实时跟踪督办,对手续办理进度每周通报,共发放通报29期。中心各窗口办理涉及城中村项目审批服务事项的168项,涉及重大基础设施、产业、民生类项目审批服务事项341项,各项手续办理取得重大突破。

(刘　宁)

【推进制度限制权力】 各相关部门对本部门的各项制度进行摸底清理,初步制定并报送1100余项规章制度。市政务办细化建立制度建设台账,并与相关部门共同制定制度限制权力会商制度。在市政务服务中心组织召开"六权治本"制度建设会商会议,与会人员在会上共同对部门报送的制度目录清单逐条逐项进行了研究,重点从五个方面进行审核,对10个重点单位和53个责任单位逐部门分别提出具体的补充和修改意见,合计340余项。市政务办向63个单位印发《会商会议意见单》,要求各单位补充报送完毕。完成全市制度汇编工作。

(刘　宁)

【对中介机构的规范管理】 按照国务院对行政审批涉及的中介机构进行改革的要求,初步建立涉及22各部门58项中介服务项目的中介机构目录库,设计开发中介机构管理信息系统,对中介机构按照自选、抽签、竞价三种方式选取,促进中介机构公平、公开竞争。根据《关于清理规范国务院部门行政审批中介服务通知》要求,持续督促、跟踪各部门对行政审批中介服务改革进展。不断细化中介机构委托选取操作规定,建立相应的中介机构自选及随机选取的电子管理系统。(刘　宁)

【提升服务水平】 按照"严细深实"的标准健全完善中心10余项管理制度,不断强化中心窗口的规范管理,严肃工作纪律,加大日常巡查和每周不定期抽查频率;制定印发《着装标准》,规范中心工作人员的着装仪容;运用电子技术,结合监控系统、指纹输入系统,将日常考勤纳入中心电子审批系统监管,实行网上请销假制度,对违规违纪问题在中心网站通报,实现管理的公开化和电子信息化。规范中心审批服务行为,推进审批服务标准化、规范化。(刘　宁)

人力资源和社会保障

【概述】 2015年,太原市人力资源和社会保障局贯彻市委十届七次全会精神,围绕"民生为本、人才优先"的工作主线,坚持稳中求进,坚持依法行政,把握创业就业、社会保障和居民增收三个重点,稳步推进社保制度、人事制度和收入分配制度三项改革,筑牢民生保障基础、人才队伍基础与和谐劳动关系基础,推动"六大发展",全市人力资源和社会保障工作

取得明显成效。（张守峰）

【创业就业】 由于受国内经济增速放缓等因素影响，全市就业压力持续加大，就业形势依然严峻。全市城镇新增就业10.5万人，完成目标任务的102%；下岗失业人员再就业41602人，完成目标任务的102%；就业困难人员再就业10989人，完成目标任务的104.4%；创业带动就业22915人，完成目标任务的105.6%；转移农村劳动力11986人，完成目标任务的103.3%；城镇登记失业率3.43%，全市就业形势基本稳定。

推进创业带动就业。组织召开太原市创业培训成果展示暨创业项目展示会，对征集入库的1598个市级创业项目进行推介和跟踪服务。为各类创业群体提供政策咨询、创业培训、融资服务、开业指导、跟踪扶持等“一条龙”的创业服务。落实创业扶持政策，鼓励市、县创业孵化基地吸纳更多高校毕业生创业，认定20家高校毕业生创业实训基地，共有1367名高校毕业生参加创业实训，有547名高校毕业生成功创业。

做好重点群体就业。把高校毕业生就业放在就业工作首位，150名高校毕业生到基层从事支教、支农、支医和扶贫工作，共征集高校毕业生就业见习岗位1321个，落实低保家庭高校毕业生求职补贴资金185.5万元。根据就业困难人员的不同情况，分类采取鼓励灵活就业、企业吸纳就业、自主创业、托底安置等多种形式实施帮扶，对符合援助对象条件的，坚持“出现一人，认定一人，扶助一人，稳定一人”。统筹做好农民工、退伍军人等其他各类群体的就业工作，共落实16548名公益性岗位安置的就业困难人员社保补贴和岗位补贴4.68亿元，促进社会的和谐稳定。

开展职业技能培训。以促进和扩大就业为目标，开展职业技能培训和创业培训，共有38所审核合格的民办职业培训学校，全市完成城镇失业人员再就业培训2.42万人，为目标任务的110%；创业培训3861人，为目标任务的110.3%；农民工职业技能提升培训2.42万人，为目标任务的110.1%；新成长劳动力培训1.65万人，为目标任务的110%。

发挥公共服务平台作用。依托公共就业服务机构，精心组织实施了“春风行动”“民营企业招聘周”“就业援助月”“2015省城首届公益综合人才招聘、创业项目展示交流会”“山西·太原人才智力交流大会”等特色招聘活动。全年共举办各类现场招聘交流会近400场，提供各类就业岗位28万余个，进场求职人数约40万人次，近10万人次通过市场求职实现就业。（张守峰）

【社保体系建设】 围绕“制度完善、服务高效、百姓实惠”的目标，推进社保体系建设，城镇职工基本养老、城镇基本医疗、失业、工伤、生育保险参保人数分别达到134.06万人、242.18万人、86.75万人、95.13万人和96.88万人，分别完成全年任务的101.9%、101.2%、102.1%、101%和101.8%；城乡居民养老保险参保人数72.47万人，完成全年任务的100.7%。

完善养老保险政策。为36.8万名企业退休人员调整养老金待遇，月平均增加258元。有序推进机关事业单位养老保险制度改革工作，开展改革数据采集培训，并将个人缴费进行预扣预留，为市机关事业单位工作人员养老保险制度改革的顺利实施做好前期准备工作。

健全“全民医保”体系。以非公有制经济和困难企业以及灵活就业人员为重点，扩大医疗保险覆盖面。下发通知，要求全市城镇居民大病保险从2015年1月1日起实施，经大病保险信息系统查询，太原市城镇居民大病保险项目已发生案件数约4324人次(件)。为保障医疗保险基金安全和可持续发展，全市职工基本医疗保险在定点医疗机构中全面开展付费总额控制工作。提高城镇居民基本医疗保险筹资及待遇标准，2015年，城镇居民基本医疗保险财政补助标准由每人每年320元提高到380元。

加强城乡居民养老保险工作。对新农保和城居保制度进行合并实施，建立全市统一的城乡居民养老保险制度。将城乡居民基础养老金从每人每月75元提高到每人每月90元；同时，将农村幼儿教师基础养老金标准从每人每月260元提高到275元。做好服务保障城中村改造工作，对48个项目的被征地农民养老保险进行审核，太原市被征地农民养老保险缴纳预存款资金达2.1亿元。

发挥失业保险作用。每月向国家人社部和省人社厅上报150户企业失业动态监测数据信息，上传报告数据28800个。为失业人员按时足额发放失业保险待遇。对符合条件的困难企业拨付社会保险补贴和岗位补贴，帮助企业渡过难关，发挥失业保险“援企稳岗”的作用。

完善工伤、生育保险体系。面对经济下行的趋势，为减轻企业负担，确定新的工伤保险费率，由原来的企业职工工资总额的0.5%—2.0%降为0.2%—1.9%，提升工伤待遇水平，2015年太原市一次性工伤死亡补助水平提高至57.69万元，共有5698名工伤(亡)职工及遗属享受工伤保险待遇，保障工伤人员及亲属的基本生活。做好全市生育保险在扩大覆盖面、提高待遇水平等方面的工作，推进机关、事业单位参加生育保险，落实好生育保险各项待遇。从2015年10月1日起，太原市生育保险费率由用人单位职工工资总额的0.8%下调至0.5%。

推进社保信息网络建设。健全信息网络安全监控和应急保障机制，完善数据安全和应用安全保护措施，五险业务数据均可通过软件进行金保工程联网数据上报，保证人力资源社会保障信息系统的安全。加大社会保障卡发放力度，累计发放社保卡337万张。（张守峰）

【人才队伍建设】 坚持人才优先发展的理念，围绕全市发展大局，加强各类人才队伍建设。

加大高层次人才选拔引进力度。打

造高层次人才梯队的高度和宽度，推荐高层次专业技术人员参加国家百千万人才工程人选和省级学术技术带头人选拔，共选拔市级高端创新型人才35名。推进“千人百县”高层次人才服务基层计划，全年通过选派、自行聘请、公益行动和各行业自行组织服务活动，服务基层达17000余人次，涵盖全市各县区及乡镇。强化外国专家引进，办理外国专家来华工作许可和初续聘手续共164人次，完成国家级引进国外经济技术专家项目10项，省级经济技术项目7项，通过引智渠道全年来太原进行短期指导和长期工作的外国专家人数共213人次，为太原市经济发展提质增效升级发挥作用。

加强技能人才队伍建设。结合太原市产业结构调整和经济发展的实际，抓住技能培养、考核评价、岗位使用、竞赛选拔、表彰激励等诸多环节，健全和完善高技能人才的培养、选拔、使用、激励工作体系。依托市高级技工学校，深化高技能人才培训基地建设，举办太原市第十届职工职业技能大赛，共培养技能人才18719人，新增高技能人才2930人。

依法管理公务员队伍。完善任职审核备案工作，共为228人办理任职审核备案，为216人办理公务员登记手续。开展公开遴选和公开选调公务员（参公人员）工作，推进行政机关考试录用公务员工作，为市公安局招录124名公务员。按照考核工作的有关规定，对市直单位的年度考核及平时考核工作进行监督审核。对有关部门拟开展的评比达标表彰项目进行审核，按照规定提出审核意见，杜绝违规开展评比达标表彰活动。与市委组织部、市委党校、高校等联系，就聘请教师参与授课进行多次沟通，开展公务员初任培训、任职培训、在职培训、业务培训等工作，全市共培训6000余人次。

深化事业单位人事制度改革。以完善聘用制度、岗位管理制度为重点，加大事业单位岗位设置管理实施工作的力度，市事业单位岗位设置完成率已达98%，市直事业单位共聘任32982人。坚持公开招聘制度，指导各单位实施公开招聘工作，2015年全市共招聘事业单位工作人员704名，其中：市直属事业单位295人，县、区409人。开展机关事业单位“吃空饷”专项治理工作，做到有案必查、违纪必究。（张守峰）

【社会保障制度】 加大工资分配调控，确保居民收入增长和经济发展同步、劳动报酬增长和劳动生产率提高同步，全市城镇居民人均可支配收入增长7.6%，完成预期目标。

落实最低工资制度。制定下发《关于贯彻落实我省最低工资标准的通知》，发布企业最低工资标准，太原市城区最低工资标准由每月1450元调整为每月1620元。加强对企业执行最低工资标准的监督检查，组织专项执法大检查，制止和依法查处不落实最低工资的违法行为，保障劳动者的基本权益。

落实企业工资集体协商制度。结合签订企业集体合同工作，推动企业工资集体协商工作在全市已建立工会的企业中展开。督促指导企业合理安排职工工资增长，并建立企业工资指导线备案制度。为建立健全市属企业负责人收入分配的激励和约束机制，制定深化市属国有企业负责人薪酬制度改革实施方案。

推进机关事业单位工资制度改革。配合机关事业单位养老保险制度改革，重点做好机关事业单位基本工资提标工作。太原市2014年10月1日以前离退休人员增加的离退休费已发放到位，在职人员增加的工资已经预发。起草太原市县级以下机关职务与职级并行制度实施方案，县（市、区）已经开展此项工作。（张守峰）

【监督管理】 发挥协调劳动关系三方机制的作用，加大劳动用工的监督管理力度，强化争议调处工作，促进劳动关系的和谐稳定。

加强劳动合同管理。贯彻《劳动合同法》等相关法律法规，太原市企业劳动合同签订率达到98%。与工会、工商联、企业家联合会配合，推动已建立工会的企业进行集体合同签订，太原市集体合同签订率已达92%。

加强劳动保障监察。开展农民工工资、清理整顿人力资源市场秩序等专项行动，在日常检查工作中共主动检查用人单位1.5万户，涉及劳动者24.69万人；投诉结案689件，举报结案252件，结案率均为100%；书面审查用人单位8074户，涉及劳动者12.7万人；参与处理突发事件302件，涉及劳动者1.44万人；补签劳动合同0.51万人；追发劳动者工资等待遇2.57亿元，涉及劳动者1.94万人。

开展拖欠农民工工资突出问题专项整治工作。在全市范围内开展历时三个月的拖欠农民工工资突出问题专项整治工作，共检查用人单位3303户，补签劳动合同人数3255人，查处拖欠、克扣劳动报酬案件99件，为劳动者追讨工资金额1372.86万元，专项整治期间未发生建筑领域拖欠农民工工资大范围、长时间群体性上访讨薪案件，专项整治取得阶段性效果。

加强信访和争议调处。集中开展矛盾纠纷排查化解，构建和谐劳动关系。深入企业，深入基层，从源头上消除和预防信访问题，共接待来电、来信、来访、政策咨询6925件，涉及人数为8411人，信访办结率达97%。推进仲裁机构实体化建设，提高劳动争议处理效能。全市各级劳动人事争议仲裁机构共受理劳动争议案件2200件，结案2002件，结案率达91%。（张守峰）

【宏观管理】 一是加强军转干部工作。严格安置计划，拓宽安置渠道，改进安置办法，健全完善公开公正公平的安置机制，通过做好档案审查接收、培训等工作，确保军转干部安置任务完成。落实“五包”责任制，做好企业军转干部的解困和稳定工作。二是加强规划统计工作。严格进人计划管理，完成上年度人力资源和社会保障年报统计，并撰写分析报告。抓好人力资源和社会保障目标责任制考核，对十县(市、区)任务进行分解，并签订目标责任书。三是加强宣传工作。加强人力资源社会保障宣传阵地建设，以报刊的征订为抓手，扩大宣传的覆盖面，山西日报、太原日报、山西电视台、太原电视台等多家新闻媒体单位对市人力资源社会保障专项工作进行跟踪宣传报道。四加强是财务基金监督审计工作。严格财务收支管理，做好部门预决算工作，多方筹措资金，为全局各项重点工作和项目提供资金支持。日常工作中，严格财务支出审核手续，确保人员、公用和专项经费等各项财政资金的及时到位和合理支出。按照全省统一部署，重点开展就业资金、社保基金管理和公共服务中突出问题专项整治工作，确保基金安全。

(张守峰)

【自身建设】 围绕全市人力资源和社会保障的中心工作，坚持“民生为本、人才优先”的主线，发挥各级党组织服务中心、推动发展、促进和谐的作用，以学习贯彻党的十八届三中、四中、五中全会精神为抓手，狠抓机关思想作风建设、精神文明建设、党风廉政建设，践行“忠诚可靠、团结和谐、勤政为民、风清气正”的要求，自身建设增强，干部队伍整体素质提高，促进各项工作的发展。一是以上率下，深化“双学”。通过集体讨论、组织宣讲、理论研讨、专题辅导等形式，坚定理想信念，提高政治敏锐性和政治鉴别力。二是从严执纪，落实“两个责任”。制定出台《关于落实党风廉政建设党组主体责任的实施意见》和《关于落实党风廉政建设纪检监督责任的实施意见》等文件，明确主体责任和监督责任的职责任务。三是持之以恒，狠抓作风建设。开展“三严三实”专题教育、“学习讨论落实”活动，完善22项制度，排查出局系统工作运行中的风险点148项，纳入重点整治20项，把防范和化解风险的责任落实到岗位和个人。此外，做好对老干部的服务工作，加强局系统后勤、安全等日常管理，开展各种社会公益活动，开展关怀慰问及排忧解难等关心职工生活工作，全局上下形成团结、和谐、文明、上进的氛围。

(张守峰)

民　政

【概述】 2015年，太原市民政工作以“狠抓落实年”活动为抓手，围绕服务民生，突出改进服务，推进托底民生保障、社会治新创新、服务国防建设、专项事务管理和自身能力建设等5个方面19项工作，各项民政业务工作稳步发展，完成年度目标任务。 (刘　震)

【社会救助】 工作机制进一步健全。以市社会救助与救助管理工作协调小组为指挥中枢，市、县、乡(街)、村(居)四级相关部门、单位为协同单元，“8+1”救助领导体系不断完善；全市105个乡镇(街办)全部建立服务窗口，万柏林、迎泽已将服务窗口延伸至社区一级，“一门受理、协同办理”的运行机制得到有效发挥；信息核对平台由8部门扩展到12部门，全年完成核对19.1万人次，出具核对报告7.92万份。开展社会救助专项治理、低保专项整治、反四风专项检查、救助专项资金检查，净化救助环境。

(刘　震)

【城乡低保】 超额完成“城乡居民最低生活保障标准在现有基础上分别提高5%、6%”的省考核任务。全年共支出城市低保资金1.35亿元，人均补差442元，覆盖率为1.27%；给支出农村低保资金9505万元，人均补差283元，覆盖率3.75%。 (刘　震)

【医疗救助】 太原市“一站式”即时网络结算服务全面推开，12家医院被指定为市级定点医院，“一站式”医疗救助由区到市，实现跨区救助；全年共下拨医疗救助资金4639万元，救助7.02万人次。

(刘　震)

【五保供养】 太原市有五星级养老院6所、四星级7所、三星级5所，占27所敬老院的63%；全市有五保供养对象4220户、4238人，其中，集中供养3146户、3153人，集中供养率75%，处于全省领先水平。全年全市五保供养金支出2086万元。 (刘　震)

【临时救助】 全年共救助困难家庭5001户，支出救助资金613.41万元。迎泽区、万柏林区纳入全国“救急难”试点县区。 (刘　震)

【防灾减灾】 开展春荒灾民生活救助汛期灾害救助工作，推进国家、省级综合减灾示范社区创建活动，3个社区被命名为“全国综合减灾示范社区”，50个社区被

2015年4月15日，副省长张建欣(右三)在锦绣苑社区调研

命名为“山西省综合减灾示范社区”；全年累计下拨救灾款1475.68万元，共救助受灾群众10万余人、5万余户。

（刘 震）

【社会养老服务】 全市《关于加快发展养老服务业的实施意见》顺利出台，15个配套政策文件也在抓紧制定，一个齐抓共管、整体推进的工作格局初步形成；全省养老服务业推进会太原现场会成效显著，漪汾苑社区日间照料中心创新互联网+居家养老服务模式得到认可。

（刘 震）

【养老基础建设】 全年新发放“爱心一键通”22006部，在六城区新建立39个日间照料中心，52个老年餐桌项目，与餐饮企业联办设立服务网点600余个，在三县一市农村新建70个日间照料中心，全市城乡居民养老服务能力稳步提升；高龄老人津贴制度和居家养老补贴制度全面建立，全年发放高龄老人津贴资金526.7万元，受惠老人10560人。社区管理服务中心荣获全国开展老年餐桌项目社区贡献奖和全省养老工作示范单位称号。古交市被评为全省农村日间照料中心建设先进县，5个村日间照料中心被评为全省示范单位。

特殊人群服务保障全面到位。儿童特殊教育中心建成开课，全年完成明天计划手术治疗49人，实现涉外收养53名，国内收养16名。社会康宁医院通过ISO9001质量管理体系认证，全年共接待门诊患者1216人次，收治住院患者450人次，床位使用率达到100%。

强化社会慈善意识、营造慈善氛围。全年累计接收捐赠款物169.8万元，实施救助157.8万元。

福彩发行把握规律，激活市场，改进服务，加大宣传，全年累计销售福利彩票11.44亿元，同比增长13.83%。

（刘 震）

【基层组织建设】 民间组织管理服务规范发展。推进专项整治，加快行业协会商会与行政机关脱钩步伐，市直412个社团，已完成脱钩287个，注销或撤销55个，各级领导干部退出社团兼职176人；启动涉企社团收费清理规范工作，2518个企业共减免会费614.5万元，全市会费较上年减少930.7万元。全年共完成社团年检240个，民非年检360个，新登记社会组织46个，直接登记20个，变更登记120个，注撤销42个，社会组织新备案34个。

（刘 震）

【社区管理服务】 推动社区惠民项目建设，加强城乡社区协调，严格执行“四议两公开”程序，全市实施惠民项目社区507个，最终确立1417项，全年共完成惠民项目1275个；继续推进社区“三有一化”建设，全年完成新建和改扩建100个标准化社区办公服务场所。（刘 震）

【巩固农村基层政权】 依法做好第十届村民委员会换届选举后续工作，全市998个村民委员会，99%的村建立村务监督委员会，农民群众的知情权、参与权、表达权和监督权得到保障；分三批对全市600余名村“两委”主干进行培训，全年组织“领头雁”培训24期，5640人；以“3·15”“7.15”农村村务公开检查日为重点，全市173个城中村和97个软弱村做到边检查、边整改、边落实，取得良好成效，公开率达到99%；推进农村社区建设试点工作，全市4个县(市、区)共建立农村社区服务站196个，农村社区工作者已达880人。

（刘 震）

【社会工作】 加强社会工作人才队伍专题培训，对310名社工人员和200名持证社工开展继续教育和实务培训；配合省厅开展2015年“国际社工日”主题宣传活动；探索推进社会工作实践试点，万柏林区5个试点社区开展“守望·相助”养老支持项目，为社区空巢、独居、病残老人提供各类专业养老服务1.47万人次；加快实施社会工作“三区计划”，组织阳曲县、娄烦县试点单位开展专业社会工作服务；进一步推进“三社联动”，全年新增50个试点社区，全部完成与第三方组织有效对接。

（刘 震）

【双拥优抚和安置】 开展送教育、送科技、送法制到军营，帮助现役军人排忧解难；为519名随军家属举办“就业专场招聘会”；随军家属困难生活补助标准从260元提高到600元；驻并部队支持地方建设，全年出动3.4万人次，抢救被困人员425人，抢救财产价值1969.35万元，扑救各类山林火灾10余起。

2015年7月28日，山西省委书记王儒林在太原市就“城中村”改造和城市社区养老服务规划建设情况进行调研

加快推进双拥八连冠创建步伐，打造城市双拥品牌。全省首家双拥专题展馆建成，成为全市重要的国防教育基地；《军民团结铸丰碑》画册完成编印，太原市双拥模式课题研究取得丰硕成果。

（刘　震）

【优抚安置】 保障优抚对象基本生活，全年下拨抚恤补助金1.23亿元；开展为重点优抚对象进行巡诊活动；畅通提残“绿色通道”，为33名老残疾军人办理提残手续；接受部队落户残疾军人36人；组织伤残人员提残、补评残40人；办理国家机关工作人员一次性抚恤金181人；完成《烈士证明书》换发工作，为736名烈士持证人换（补）发新证；对6134名在职两参人员退伍老兵进行参战身份鉴定和登记造册；新批享受困难生活补助“两参”人员217人；审批六十周岁农村籍退役老兵享受生活补贴238人；为151名参试退役人员进行体检；为17名“两参”人员申请直接分配廉租住房。

（刘　震）

【退役士兵安置】 全年共接收2014年退役士兵1570人；妥善安置历年遗留退役士兵50人；引导112名退役士兵自谋职业，发放一次性补助金561.9万元；为被拒收困难退役士兵发放生活补助金13.9万元；对614名退役士兵开展职业技能培训，帮助退役士兵增强社会融入能力。

（刘　震）

【纪念抗战胜利70周年系列活动】 组织抗战老战士和烈士遗属代表赴京参加抗战胜利70周年系列纪念活动和全市抗战胜利70周年音乐朗诵会；为抗战老战士发放“中国人民抗日战争胜利70周年”纪念章和一次性生活补助金每人5000元；9月30日，解放纪念馆承办“省城各界向烈士纪念碑敬献花篮仪式”；双塔烈士陵园为9名对越自卫还击战牺牲的烈士举行骨灰入土安放仪式；发挥红色资源优势，加强爱国主义教育基地建设，全年举办大型纪念活动47场，接待爱国主义教育人数15.3万余人，免费讲解2311场。

（刘　震）

【管理机制】 军休服务围绕“两支队伍”建设主线，落实休干两个待遇，军休经费下拨及时，医疗保障更加有力，休干文体活动丰富多彩，军休管理服务水平不断提升。全年接收军休人员15人，军队无军籍退休退职职工11人；军供服务立足国防现代化，内强素质，外树形象，在环境条件不优，保障压力加大的情况下，提升技能，科学配餐，一批军供保障设施设备得到更新，部队评议满意率100%。

（刘　震）

【专项社会事务管理】 行政区划地名工作稳步推进。省市列入考核重点的1条地级线、4条县级线勘界任务全部完成，平安边界创建扎实有效；协助市政府完成行政区划调整调研工作；全市第二次全国地名普查工作有序展开，开展本级地名普查业务知识培训；加强数字地名建设，全市街路地名标志全部联入数字城管指挥中心，全年完成数字城管任务483件；12345便民服务热线427件，新命名（更名）街路29条，门牌编码126个。

（刘　震）

【殡葬改革】 倡导移风易俗，宣扬“绿色殡葬、低碳祭扫”主题；全市农村普遍建立红白理事会，有效治理城乡婚丧陋习；开展经营性公墓清理整顿工作，清理超标墓1435穴，纠正殡葬行业的奢靡之风；继续推进生态公益葬区建设，全年实施生态安葬93人，龙山墓园打造“忠烈魂壁葬区”，并在中元节为4名抗战老兵和无名无主逝者骨灰举行集体安葬仪式，受到社会各界好评；落实惠民殡葬政策，全年办理惠民殡葬2674人，共火化尸体11501具，销售公墓2469穴。

（刘　震）

【婚姻登记管理服务】 组织全市婚姻登记员培训工作，实现全员持证上岗；婚姻登记网上预约系统正式启用，完成预约登记61对；全年全市完成婚姻登记35156对，其中结婚28920对，离婚6236对。

（刘　震）

【流浪人员救助】 完善市、县、乡（街）、村（居）四级救助网络体系，开展“传递温暖，关爱救助”“冬送温暖、夏送清凉”等系列主题救助活动，通过数字城管、市民反馈、12319热线等平台，强化24小时主动救助。全年共救助流浪乞讨人员9472人次，其中流浪未成年人228人次。

（刘　震）

外事侨务

【概述】 2015年，市外侨办遵循习近平总书记“三严三实”的总体要求，贯彻落实中央外事工作会议精神，围绕“规范管理、严守底线、服务发展”总基调，实现外事领域平稳、安全，完成各项重点工作，为全市的改革发展做出贡献。

（冯启仁）

【外事领导体制机制】 调整市委外事工作领导小组成员，制定《中共太原市委外事工作领导小组职责和工作规则》《中共太原市委外事工作领导小组办公室工作细则》，出台《关于进一步规范我市国家工作人员因公临时出国的实施意见》《太原市因公临时出国（境）审批程序》和《太原市建立国际友好城市关系审批程序》等外事管理规定，弥补外事管理方面的漏洞。

（冯启仁）

【因公出国（境）人数下降】 执行中央“八项规定”和国务院“约法三章”，严把出国审批关口。2015年审核因公出国（境）团组19批49人次，比2014年的32批109人次，分别下降40.6%和55%。2015年出国经费支出47.5万元，比2014年的78.6万元下降39.6%。

（冯启仁）

【处置涉外事件】 组织人员深入10个县（市、区）及市直重点部门、企事业单位对境外非政府组织活动情况进行调查摸底，建立境外非政府组织在并情况动态数据库。在日常管理中，发挥境外非政府组织活动管理协调机制的作用，协调配合有关部门，妥善处置省林科院伊朗籍交流生在其宿舍发生一氧化碳中毒死亡、越南籍侨民胡迪珍因心肺功能衰竭死亡等涉外事件。（冯启仁）

【规范境外媒体采访】 发挥太原市外国记者工作联席会议机制作用，加强与有关部门的沟通协调，妥善处置美联社两名记者于2月6日至7日在古交市西山煤电集团东曲矿、西曲矿采访工人事件；日本富士电视三名记者于3月3日采访“12·13”案件受害者家属事件。按照“依法依规、有礼有节”的原则，既做好被采访对象的思想工作，又密切关注、全程跟踪，杜绝不良影响的发生。（冯启仁）

【外事交流】 省委常委、市委书记吴政隆、市委副书记、市长耿彦波、市委副书记王成、市委常委、秘书长陈河才、副市长魏民、张齐山等市领导多次出面会见考察、访问，以及进行商洽活动的各类经贸团组和国际友人。先后接待来自美国、英国、德国、澳大利亚、韩国、香港、澳门等各类团组和友好人士23批251人次。（冯启仁）

【江铃重汽建设】 市委常委、副市长王建生带队，赴国际友城开姆尼茨市访问，重点就江铃重汽发动机制造设备引进合作事宜进行商讨，推动江铃重汽项目引进及早通过验收达产。（冯启仁）

【中法交流】 落实太原市与友城法国留尼汪省圣但尼市签订的友好合作交流《备忘录》。一是选派太原市乒乓球教练赴圣但尼鹰飞俱乐部执教，提高该俱乐部的训练和竞技水平，帮助留尼汪队在四年一度的印度洋岛国运动会上夺取乒乓球男单、男双、混双三个项目的金牌，实现历史性突破。二是应邀选派太原市歌舞杂技团、太重锣鼓队等一行28人，组成太原市文化艺术代表团，于2015年8月5日至8月16日，赴圣但尼市参加2015“关帝诞辰”庆典演出。（冯启仁）

【与港澳合作活动】 应香港特别行政区驻武汉经济贸易办事处之邀，市外侨办4月8日参加香港特别行政区驻武汉经济贸易办事处启用庆祝活动。5月5日至6日，以香港特区首席环境保护主任方健华为首的香港政府代表团一行3人，在太原市就新能源汽车推广应用及电动汽车充换电池技术、装备、运行和政策进行考察调研。6月下旬，活力澳门推广周系列活动太原站在长风商务区煤炭交易中心开幕。活动促进港澳与太原的商贸、旅游及文化交流，为双方深化合作奠定基础。（冯启仁）

【扶贫济困】 以侨为桥，联系香港多家慈善机构扶贫。

2015年，香港方树福堂慈善基金会投资40万元，为阳曲县北小店乡捐建卫生院。11月中旬，香港慈善机构莅并考察该项目进展情况，并对捐建的娄烦县娄家庄小学、王家崖谭希小学、爱心第十小学、团堡小学、静游镇卫生院门诊楼、阳曲县泥屯中心小学综合教学楼及20台电脑、清徐县特教学校综合教学楼及20台电脑等扶贫设施设备的运行维护情况进行考察评估。（冯启仁）

【侨界文化活动】 组织各县（市、区）的归侨侨眷子女90余人开展冬令营活动，参观长风商务区，观看爱国主义教育影片《烽火侨女》和《海外同胞与中国》。举办以“文化太原·侨连四海”为主题的侨界群众艺术节。（冯启仁）

【中学生住访交流活动】 太原市与日本姬路市、美国纳什维尔市开展互派中学生住访交流活动。暑假期间，组派太原市成成中学一行11人，于7月8日至7月14日赴日本姬路市开展家庭住访交流活动。日方于7月29日至8月4日组派中学生代表团一行7人，对太原市进行回访。组派太原市育英中学代表团一行13人，于2月22至3月3日赴美国纳什维尔市进行住访交流。美国纳什维尔市中学生一行7人，于7月10日至21日对太原市进行回访。（冯启仁）

【医疗领域技术交流】 与国际友城德国开姆尼茨市在医疗领域建立交流合作机制，市人民医院、市二院、市卫校等医疗机构分别与德方医疗机构开展交流与合作。6月8日至14日，民营山西贞德妇儿医院一行4人，赴德国友城开姆尼茨市大医院进行医学考察交流。双方在“中医小儿推拿”与“月子中心”等方面开展务实合作。（冯启仁）

【侨务进社区】 在各县（市、区）、各开

省委常委、市委书记吴政隆会见中央驻澳门特别行政区联络办副主任姚坚一行

访日中学生留影

发区、国有大中型企业开展“设立侨法宣传角”活动，确定工作基础较好、归侨侨眷较为集中、工作成果较为显著的青年路二社区、山西大学、坞东、金刚堰、翠馨苑、滨河、新友谊等社区为侨务工作示范社区。其中，迎泽区青年路二社区被授予“全国社区侨务工作明星社区”，小店区山西大学社区、万柏林区滨河社区被国侨办确定为“全国社区侨务工作示范单位”，万柏林区新友谊社区被国侨办授予“侨法宣传角”。（冯启仁）

【招商引资】 争取省外侨办和国侨办支持，促成福建侨资企业代表团一行于11月17日对太原市进行经贸投资考察。安排其考察城中村改造等多个项目，召开小店区招商推介会、太原市经贸投资推介座谈会。各区和市发改委、市教育局、市房地局、市旅游局、市外侨办、市贸促会、市侨联、市金融办等部门与福建侨企进行洽谈对接，为太原市招商引资搭建平台。（冯启仁）

【为侨服务工作】 向省城归侨侨眷发放“为侨服务联系卡”“涉侨法律援助服务热线卡”，公布市、县所有涉侨部门的联系电话，承诺服务内容。对生活困难的105名归侨、15名“三侨生”进行困难救济。在全市选派10名华文教师赴东南亚侨民聚居地开展华文教育，增强侨界凝聚力，扩大海外影响力。（冯启仁）

政府采购

【概述】 2015年，太原市政府采购中心学习贯彻党的十八届三中、四中、五中全会精神，贯彻落实习近平总书记系列重要讲话精神，贯彻省委十届七次全会和太原市委十届七次全会精神，以“六大发展”为统领，发挥“六个表率”作用，推进“六权治本”工作，推进依法依规采购。

（王　轲　郑慧敏）

【采购规模】 2015年，采购中心共接收市财政局下达的政府集中采购计划16个，集中采购预算总金额11.85亿元，同比下降12.2%；执行政府集中采购预算金额8.7亿元（含2014年集中采购预算3.2亿元），同比下降0.4%；签订合同金额7.88亿元，同比下降6.2%；节约金额8200万元，节约率9.43%，与上年基本持平。

共接收市住建委、交警支队等部门委托采购计划41个，中标供应商共计50余家，累计市场总价为20亿元，政府采购总价18亿元，与市场价相比节约资金近2亿元，节约率10%，累计完成招标采购590次，同比增长10%。其中公开招标采购279次，竞争性谈判采购109次，竞争性磋商采购87次，邀请招标采购9次，协议二次询价采购3次，单一来源采购100次。发布招标（采购）公告490份、变更（补充）通知85份、中标公告490份，在中国政府采购网、山西省政府采购网和太原市政府采购网累计发布公告1143次。（王　轲　郑慧敏）

【采购项目】 实施市政道路建设工程材料集中采购，全年共采购波纹管、沥青等9类材料。此外，首次实施集中采购的项目有：华北最大的晋阳污水处理厂建设所需顶进施工法用钢筋混凝土污水管道项目，管道内径最大达到13.8米，污水处理效率提高，项目总投资3.15亿元，合同金额2.35亿元，节约资金0.8亿元，节支率达到25.4%；全市“空中线缆专项整治工程”所需七孔梅花管、钢管，项目预算1254万元，合同金额1080.2万元，节约资金173.8万元，节支率13.86%；实施重点工程“既有居住建筑节能改造”所需模塑聚苯板、喷涂硬泡聚氨酯、热量表、塑钢门窗采购计划4个，项目总预算2.85亿元，其中大口径超声波热计量表采购预算3792万元，合同金额1851.54万元，节约资金1940.46万元，节支率为51.17%。为改善市区空气质量，加强城中村、棚户区和农村燃煤污染治理，首次对民用洁净焦炭和焦炭服务实施集中采购，项目总投资4.2亿元，合同金额4.165亿元，节支率0.83%。

新增服务采购项目35个，涉及金额1.14亿元，与上年同期相比增长270.8%。新增项目主要包括：商铺招租、城乡居民大病保险、物业管理、维稳处突特勤服务、停车场管理服务、绿色循环低碳节能减排交通运输规划、数字化城市管理信息采集公共服务、审计服务、拍卖机构服务、建设用地节约集约利用初始评价及矿产资源总体规划（2016–2020年）编制、会计师考试考场等。

（王　轲　郑慧敏）

【采购特点】 一是从采购职能看，通过重点工程采购项目的洗礼，中心的采购职能由保障市本级机关事业单位正常运转延伸至服务社会公共事业发展，如城市道路建设、保障房建设、既有居住建筑节能改造工程、"公交都市" 建设、"百院兴医"工程、"百校兴学"工程、省城环境质量改善工程、天网工程等各个方面，在有效保障各项工程进度的同时，为全市各项社会事业发展提供支撑。二是从采购单位看，全年陆续有太原市住建委、太原市交警支队、太原市经信委、太原市环保局等13余家单位委托中心实施采购，部门委托单位数量同比增长60%，委托计划数同比增长80%，政府采购认可度提升。三是从采购成效看，全年采购满意度达到100%，采购综合节支率维持在较高水平，有效质疑率为0。中心连续荣获"全国十佳集采机构"荣誉称号。

（王 轲 郑慧敏）

【管理机制】 一是坚持问题导向，建立采购项目催办和退回机制，加快采购项目运行速度，缩短采购周期。全年共发出催办函250余份，对于滞留时间长且不能执行的项目，在与采购人多次联系仍未果的情况下，对太原市环保局小店分局所需检测设备等15个项目进行退回处理，解决采购人项目滞留积压的问题。二是实施采购项目"预警"机制。重点对影响政府集中采购效率提升的"废标"情形如供应商响应不足法定数量、采购人需求设置存在倾向等实行标前筛查，累计完成文化执法大队执法设备、智能枪弹柜等32个项目"预警"工作，降低废标的发生，提升政府集中采购工作效率。三是提高防范意识，在电梯招标过程中，先实行资格预审，优选综合实力强的电梯企业，其次进行邀请招标，在着重考虑产品质量的同时，更加注重电梯售后维保。全年电梯中标企业中，通力、蒂森、三菱等知名品牌占90%以上。四是建立法律顾问制度，聘请政府采购法律专家作为顾问，对采购需求审核、采购程序、质疑投诉处理等方面的问题进行指导，全年法律顾问协助中心处理质疑投诉45件，在规范采购行为、保障公平竞争等方面发挥作用。

（王 轲 郑慧敏）

【标准化建设】 一是推进采购流程标准化，结合最新颁布的《政府采购法实施条例》等法律规定，梳理采购执行环节节点，研究制定公开招标、竞争性谈判等方式采购流程图，形成了内容完整、标准统一、节点明晰、操作性较强的流程指导规范。二是推进采购文本标准化，制定《太原市政府采购中心采购需求参照文本》，并在采购需求核实过程中向采购单位推广；制定采购文本范本7份，已投入使用。三是推进采购档案标准化，按照法律规定和档案管理的通行标准，重新修订《太原市政府采购中心项目档案管理办法》，办法中对采购档案的归档、保管、交接、销毁等做了具体要求；聘请档案部门业务专家对采购档案分类、整理、立卷，装订成册、归档保存，累计完成216个项目，450余盒，为采购项目监管提供依据。四是推进批量集中采购标准化，在借鉴先进地区经验的基础上，分两批次完成批量采购台式电脑、打印机的采购任务，共采购台式电脑4228台，打印机463台，涉及采购预算为1884万元，采购合同金额为1547万元，节约金额为337万元，节支率为17.91%，节支率高于全年集中采购平均节支率7个百分点。

（王 轲 郑慧敏）

【服务创新】 一是倒排采购日期，服务城市建设。主动与市住建部门对接，了解道路施工安排，掌握材料使用时序，分清轻重缓急，从核实采购计划到招标完毕，平均时间仅为21天，效率提升30%左右。同时，为满足施工要求，中心工作人员经常放弃休息时间，9种材料中，有5种材料是在周六日组织开标完成，且所有材料的中标单价均低于上年采购价格。二是突出重点，服务民生工程。对全采购计划进行梳理，对涉及民生采购项目重点关注，相继完成太原市公安局"警务云"平台建设项目，太原市环境监测中心站环保监测设备，太原市数字化城市管理信息采集公共服务项目、太原市"天网"治安工程等重大民生项目，共涉及预算金额3.92亿元。三是多措并举，做好应急采购。通过科学调度、周密安排、提前介入，中心工作人员加班加点完成太原市招生考试管理中心标准化考场建设所需设备维护、无线信号屏蔽器及手持金属探测器采购项目、太原市排水管理处所需反捞式格栅清污机、伸缩蝶阀等防汛设备采购项目、太原市急救中心所需急救车、防护服及太原市第四人民医院所需脉动真空灭菌器等埃博拉出血热疫情医疗救治物资采购项目，为全市高考、防汛、防疫工作提供支撑。

（王 轲 郑慧敏）

【党建工作】 开展"三严三实"专题教育。加强理论学习，强化理论武装，提升理论水平。通过征求意见建议、开展谈心谈话，查找不严不实问题；召开民主生活会，开展批评与自我批评，中心班子和班子成员分别查摆出14条和35条不严不实问题。提出整改措施，对查摆出的问题建立清单，逐项研究，细化整改方案，建立长效机制。

落实党风廉政建设"主体责任"。一是制定《落实党风廉政建设主体责任实施办法》，分解落实党风廉政建设任务，在落实支部书记第一责任人的同时，强化分管主任和科长的责任，建立层层传导压力和落实责任的体制和工作机制。二是加强学习教育，通过一把手讲党课、集中学习、观看廉政教育影片等方式，运用正反典型案例，增强责任主体的责任感和干部职工的廉洁自律意识，筑牢思想防线。三是加强内部监督，梳理采购业务执行的廉政风险点，对采购业务执行的关键环节、重点岗位，实行AB角管理、同级监督、定期轮岗。四是加强纪律建设，在政治原则、政治立场、政治观点和路线、方针、政策上同党中央保持高度一致；强化规矩意识，执行请示报告和请销假制度；狠刹"四风"，做到力度不减、温度不降、尺度不缩，中心干部作风建设得到加强。

（王 轲 郑慧敏）

【自身建设】 一是推进"六权治本"工

作,围绕“三重一大”事项和采购流程,修订完善《政府采购项目需求审核的主要内容及要点》等制度28项。二是加强干部队伍建设,组织参加省、市两级业务培训;开展人员选调工作,充实人才队伍;组织领导干部个人事项报告工作和副科级以上领导干部“六查”工作。三是开展“慈善一日捐”、春节献爱心、志愿者服务和“道德讲堂”等文明创建活动,完成双拥先进单位申报和验收工作,提升中心和谐文明建设水平。(王 轲 郑慧敏)

政府值班

【概述】 2015年,太原市政府总值班室按照“应急值守、左右协调、上传下达”的工作思路,围绕全市工作大局,发挥应急值守工作的信息主渠道作用,完成各项工作任务。（办公室）

【自身建设】 总值班室把加强值班队伍的自身建设作为突破口,为开创应急值守工作新局面提供保证。一是强化学习,提高业务能力。把政治理论和业务能力学习作为值班人员的必修课,采取不定期集中学习和交流讨论的方式,集中传达省、市领导关于值班工作的指示精神。同时,选派人员参加省、市组织的各类应急培训,提升人员的业务能力。二是增强意识,培养吃苦精神。总值班室要求每个工作人员树立“值班工作无小事”的责任意识,对接打每个电话、收发每个文件都要迅速反应、细心对待、谨慎处之。（办公室）

【值班形式】 2015年,总值班室适应新形势、新环境、新要求,在做好传统的“接、传、收、转、报”工作的前提下,发挥突发信息主渠道的作用,与市委总值班室、市信访局等各部门配合,突出紧急情况重大事件报告和处置值班工作的第一要务,在第一时间内掌握突发事件的第一手资料,为领导准确把握决策先机提供服务。一是坚持领导带班制度。实行全年365天全天24小时在岗值班和领导带班制度,在法定节假日和敏感时期坚持双人值班、领导在岗带班以及应急办应急联络值班制度,实行节假日市领导、厅领导双带班制度,全天24小时随时处置各类突发事件,保障节假日期间全市工作的正常运转。二是强化人员值守工作。总值班室值守工作采取“三班倒”的方法,工作日期间由总值班室人员负责,节假日期间由厅各处室轮班、总值班室人员共同协助处置的机制,保障值守力量,特别是汛期、防火期、重大节假日期间,总值班室所有人员均轮岗值班,确保突发事件的及时处置。三是实行督导检查制度。采取电话抽查的方式,不定期对各级各部门的值班情况进行抽查、检查。特别是重大活动和敏感时期及春节、“五一”“十一”期间,与市委总值班室配合,加大督促检查力度,通报检查结果,促进值班工作的科学化、规范化,确保值守工作的高效有序运转。2015年协助领导及时协调处置各类突发事件138余起,小规模堵路和聚集事件121余起,《值班要情》181期,《值班信息季报》4期。向省政府上报《太原市值班信息》70期,《应急动态》33期。（办公室）

【信息化工作】 2015年,总值班室根据中央、省政府关于在应急信息报送工作中利用先进的通信技术,提高信息报送效率的要求,会同信息公开处借鉴先进经验,在信息安全的前提下,开发《太原市政府值班信息接报系统》,利用网络和手机的便捷性的特点,压缩信息上报时间,为领导第一时间掌握突发事件动态提供保障。（办公室）

应急指导

【概述】 2015年,太原市应急指导处围绕预案建设、宣传培训、调研指导等中心工作,服务全市应急管理建设,完成年度工作任务。（办公室）

【应急预案制定和修订】 对37个市级专项应急预案进行梳理,分解本年度预案制定修订任务,全年共指导修订市级专项应急预案4个,分别是《太原市气象灾害应急预案》《太原市水上搜救应急预案》《太原市重污染天气应急预案》《太原市突发环境事件应急预案》;指导制定市级专项应急预案2个(《太原市通信保障应急预案》《太原市长输油气管道事故应急预案》),完成征求意见;指导各县(市、区)进行总体预案的修订工作。（办公室）

【应急预案目录】 参照《山西省省级突发事件应急预案目录》的设置,结合全市突发事件应对工作实际,通过征求37个相关单位意见,拟定《太原市市级突发事件应急预案目录》,对全市现有市级专项应急预案、市级部门应急预案进行规范,设置全市总体预案1部,市级专项应急预案38部,市级部门应急预案38部。（办公室）

【应急预案检查】 集中半个多月时间,对10个县(市、区)、4个开发区及12个重点部门进行检查,深入社区、学校、商场、企业、文化娱乐场所等基层单位,普及应急预案知识,指导应急预案制定,夯实应急预案工作基础,确保社会安全。（办公室）

【应急知识宣传】 2015年,为推动应急知识进社区,摘编适合全市实际情况的应急手册,印制3万份,免费向全市各社区发放。内容涵盖“气象预警”“求救信号”“紧急呼救”“自然灾害避险”“事故灾难避险”“公共卫生常识”等;形式上采取图文并茂,折页便携的方式。（办公室）

【应急管理培训】 在省委党校组织为期四天100人参加的全市应急管理培训,培训对象为十县(市、区)、各开发区分管应急工作的领导和应急办副主任,市直部门及有关单位分管应急工作的领导以及各县(市、区)选定的本区重点部门。邀请省政府应急业务负责人讲授“政务值班”“应急预案管理”;省委党校教师采取模拟新闻发布和桌面推演等

形式提升学员对应急工作的认识和实际操作能力。参训学员在互动中加强协调配合，提升团队意识、责任意识、沟通技能。（办公室）

【党建工作】 2015年，组织实施“三严三实”专题教育活动，贯彻落实党的十八大精神，学习贯彻习近平总书记系列重要讲话精神，对照“三严三实”的要求，聚焦对党忠诚、个人干净、敢于担当，通过听取党组书记讲专题党课，分管领导讲专题党课，支部开展专题党课和民主生活会等形式，强化政治意识，规范党员行为，促进工作开展。

干部职工学习新修订的《中国共产党廉洁自律准则》，按照中央和省市提出的领导干部廉洁自律的有关要求约束自己，遵守党的政治纪律、组织纪律、经济工作纪律和群众工作纪律，把廉政准则的各项要求落实到具体工作的各方面，贯穿于日常工作的全过程。（办公室）

【队伍建设】 加强处室内部建设，所有的节假日除参加厅机关值班，还参与应急办轮流联动值班；日常工作制度规范完善，在预案管理方面按照省预案管理办法标准执行；培训宣传等工作中执行太原市经费支出制度；注重创建学习型机关，精读时政理论及应急书刊，提升自身综合素质。（办公室）

应急协调

【概述】 2015年，太原市应急协调处在应急管理工作建设和应急处置抢险救援工作中，加强自身建设，坚持应急工作以预防为主的原则，提高“三服务”的质量和水平。（办公室）

【党建工作】 学习贯彻党的《廉政准则》和《纪律条例》，用“八项规定”和办公厅工作的“五个坚持”自觉规范言行，从思想上树立正确的人生观和价值观。通过听取专家、领导讲党课、支部集体讨论学习等形式，结合“三严三实”专题教育学习活动，学习领会，查找差距，并落实到实际工作中，廉洁自律，严守规矩，把应急工作做好、做实、做出成效。

（办公室）

【突发事件处置】 在应急处置突发事件中遵循救治第一、科学合法、协调作战等六大原则，2015年协助市领导紧急处置2起较大以上突发事件。一是8月2日阳曲县强暴雨导致河水上涨，河里村被围困，秘书长现场组织解救被困村民。二是8月25日，将万柏林区存放的危险品金属钠转移至尖草坪区，排除重大安全隐患。

全市较重大突发事件发生次数同比下降80%，应急工作的开展，为全市社会稳定和经济发展提供保障。

为随时应对突发情况，重点做好日常预防准备工作，根据处置突发事件工作需要，做好办公厅应急装备库的建设。应急常用物品购置完成，应急物资装备时刻处于保障状态。（办公室）

【应急演练】 下发《全面做好开展2015年应急演练工作的通知》，并根据行业季节突发事件发生的特点，督促各县（市、区）及城管（水、电、气、暖）、农业、公安、林业、卫生、安监、防震等部门加强应急队伍体系建设，按照应急专项预案内容，科学简化处置流程，指导协助开展经常性应急演练工作，提高一线抢险队伍人员素质和实际救援经验水平。

全年重点指导完成“市防汛应急一级演练”“煤矿事故应急演练”“‘直面实战’2015卫生应急综合演练”“市突发环境事件应急演练”“市‘龙城2015’反恐应急演练”“市地质灾害避险应急演练”“市突发重大动物疫情应急演练”“市森林火灾应急演练”“市燃气事故应急演练”“市供热抢险综合演练”等专项应急演练共12次，全市共举行大小规模应急演练6千余次。（办公室）

【应急平台建设】 坚持厉行勤俭节约，精细化管理的原则，做好各平台的管理工作。一是为加强应急通讯平台的管理，优化网络服务和技术升级，对首批应急通讯一级平台手机用户进行更新续约。二是做好市级应急指挥平台一般性日常维护和管理工作，每周进行运维测试，做好与省政府应急平台建成后的互联对接准备工作，为全市下一步应急网络建设提供基础保障。三是结合全市实际，起草《太原市应急单位卫星电话网络建设方案》，购置11部应急卫星电话并及时配置到市委市政府有关领导，并按照要求每季度进行互联测试。同时，督促落实太原市卫星电话网络建设工作，十县（市、区）和十三个部门完成应急卫星电话购置任务，并按要求配置到有关领导。

（办公室）

【应急管理】 部署并完成全市2015年度突发事件应对工作总结评估等工作。8至9月，协同市抗震救灾指挥部组成联合督查组，分赴十县（市、区）、三个开发区和有关部门对2015年应急管理、防震减灾等工作情况进行摸底、督查。提高预防和处置突发事件的能力，突发事件下降，应急演练和技能培训得到提高。

（办公室）

地方志工作

【概述】 2015年，太原市地方志工作以服务经济建设和社会发展为主题，以编修本级志鉴和方志丛书为主线，第二轮《太原市志》通过评审，《太原年鉴》规范编纂出版步入正轨，连续出版2012、2014、2015年三部《太原年鉴》，《太原年鉴（2013）》荣获第五届年鉴编纂出版质量评比综合二等奖。《太原市晋源区志》和《娄烦县志》通过评审，太原市县区综合年鉴实现总体全覆盖。市地方志办荣获全省地方志系统先进集体，“志、鉴、网、库、馆、用、会、刊、研”九位一体总格局统筹推进，为文化强市建设作出贡献。省委常委、市委书记吴政隆5月专题听取市地方志办工作汇报，肯定太原市地方志工作取得的成绩并作出五点重要指示，之后又两次作出重要批示，11 月吴书记对第二轮太原市志修改方案作出批示“这是大事，一定要准确把握，严谨求实。重大事项要及时向市委请示报告。适当时候向市委常委会汇报一次。”耿彦波市长、任在刚常务副市长、王爱琴副市长、刘鹓秘书长、潘侠副调研员多次对地方志工作作出批示、指示，既是对地方志工作的鼓励和支持，也对地方志工作提出了更高的要求和希望。（刘雁珍）

【第二轮《太原市志》通过评审】 2015 年，第二轮《太原市志》记述太原市改革开放的历程，上限为 1978 年，下限 2011 年。历经 7 年的充分准备和 4 年的组织编纂，于 2015 年 8 月完成 33 卷、560 万字的评审稿，及时报请省地方志办组织审稿后，于 10 月 13 日至 15 日召开评审会通过省市方志专家的评审。评审会后市地方志办组织专家成立修改组，着手制定修改方案，加强力量，组织开展资料补充完善和文字修改加工工作。

（刘雁珍）

【《太原年鉴》规范出版获质量评比二等奖】 2015 年，市地方志办连续编纂出版 2012、2014、2015 年三部《太原年鉴》。3 月出版补编的《太原年鉴(2012)》，之后续编出版《太原年鉴(2014)》，年底《太原年鉴(2015)》交付印制。市地方志办规范出版的首部《太原年鉴(2013)》在中国出版协会组织的评比中，获第五届年鉴编纂出版质量评比综合二等奖。

（刘雁珍）

【《太原市晋源区志》和《娄烦县志》通过评审】 2015 年，继 2009 年《太原市小店区志》出版后，县区第二轮修志工作打破多年沉寂取得新突破。《太原市晋源区志》作为晋源新区第一部区志，历经 3 年的编纂，于 1 月 15 日至 16 日召开评审会，受到专家的好评。《娄烦县志》2011 年启动编纂工作，至今年 11 月完成 26 编、170 余万字的评审稿，12 月 15 日至 16 日召开评审会通过省市方志专家的评审。《万柏林区志》《迎泽区志》《阳曲县志》正在加快资料收集和编纂进度，《清徐县志》和《杏花岭区志》启动后编纂进度滞后，《古交市志》《尖草坪区志》仍未启动编纂。（刘雁珍）

【太原市县区综合年鉴实现总体全覆盖】 2015 年，经市地方志办指导审核后出版《古交年鉴》《阳曲年鉴》《小店区年鉴》《清徐年鉴》等县区综合年鉴，其中《尖草坪区年鉴》《杏花岭区年鉴》首次公开出版，《万柏林区年鉴》《迎泽区年鉴》正在编纂，《晋源区年鉴》《娄烦年鉴》在近年出版过的基础上，正在筹备按年度编纂工作，太原市县市区综合年鉴首次实现无空白县区的总体全覆盖。（刘雁珍）

第二轮《太原市志》评审会暨市县地方志工作会议举行

【编辑出版《地方志工作法规读本》】 2015 年 3 月，在全面依法治国的开局之年，太原市地方志办公室组织编印的《地方志工作法规读本》出版，该书共 22 万字，分为五部分，第一、二、三部分分别选编国务院和中指组、山西省、太原市关于地方志工作的法规、规定、规范 26 篇，第四部分为国家有关图书编辑和出版方面的法律、规定等 8 篇，第五部分选编国务院领导讲话和有关重要文件 16 篇。该书的出版推进太原市地方志工作的法治化进程，为各级领导干部依法重视支持地方志工作、依法履行领导责任提供参考，为各级地方志工作机构依法履行组织实施和管理职责，社会各界依法参与和支持地方志工作提供帮助。（刘雁珍）

【组织编纂《太原地情简志》整合利用地方志资源】 2015 年，市地方志办注重地方志资源整合利用工作，加大地方志书的收集收藏力度，全年共收集全国各级各类地方志书 789 册，其中志书 469 册，年鉴 229 册，地情书 91 册。利用多年来收集收藏的地方志资源组织编纂的《太原地情简志》也在加快编纂进度。

（刘雁珍）

【公开征集第二轮《太原市志》人物卷资料】 2015 年 5 月，市地方志办首次通过《太原日报》《太原晚报》在全市范围内公开征集《太原市志》人物卷资料，拓展地方志资料收集渠道，营造社会参与修志氛围。（刘雁珍）

【加强信息化建设】 2015 年，市地方志办加强“太原方志网”站建设，及时充实更新完善网站内容。加强志鉴合一后的大数据库建设，完成近 500 万字的年鉴和地情书籍的数字化工作。（刘雁珍）

【推进方志馆建设】 2015 年，太原方志馆的筹建历经 13 年的努力，3000 平方米、1500 万元投资的方志文化基础设施，紧跟省地方志办的省情方志馆一并规划后一体建设，在获批项目建议书后

获批规划选址意见书。 （刘雁珍）

【加强学会建设开展理论研讨】 2015年，市地方志办和地方志学会共同组织地方志理论研讨活动，共收到县区方志工作者和学会成员提交的文稿20余篇。通过举办理论研讨活动，激励全市专兼职方志工作者学习研究方志理论，宣传交流工作经验，提高太原市方志队伍理论素养和专业素质，促进志鉴编纂水平的提高。市地方志学会加强自身建设，实行会长例会制度，成立内设机构。6月16日，学会召开第四次会长例会，组织学习贯彻全国地方志机构主任工作会议精神。 （刘雁珍）

【《太原地方志》办刊质量稳步提升】 2015年，由市地方志办主办、市地方志学会协办的《太原地方志》期刊首次参加市文化局组织的内部资料性出版物（刊型）质量评估，被评为一级刊物，获荣誉证书。编辑部人员增强精品意识，提高编校质量，注重社会效益，增设"抗战记忆"栏目，组编了纪念抗战胜利70周年专题稿件，增加了"图说太原"栏目，努力使方志期刊成为全面展示太原市地方志事业持续健康发展的窗口和地方志工作学习交流的平台。 （刘雁珍）

【召开市县地方志工作会议】 2015年10月13日，第二轮《太原市志（1978—2011年）》评审会暨市县地方志工作会议在市政府会议室举行，王爱琴副市长出席并讲话，要求认识地方志工作的重要意义，做好全市第二轮修志任务的落实工作，各县市区要确保2020年前全面完成第二轮修志任务，尽早实现县区综合年鉴全覆盖，市地方志办要努力提高志书质量，把第二轮太原市志打造成精品佳志。省地方志办李茂盛主任肯定太原市地方志工作，要求乘宣传贯彻《全国地方志事业发展规划纲要》的时机，推动太原市地方志工作再上新台阶。市级老领导范世康、杨瑞武出席会议，各县市区政府分管领导，市水务局、交通局、旅游局等部门分管领导，各县市区地方志工作机构负责人和市地方志办各科室负责人参加会议。 （刘雁珍）

【召开县区志办主任工作会议】 2015年6月，在阳曲县召开市地方志学会一届五次常务理事会暨县区志办主任工作会议，学习吴政隆书记对地方志工作的重要指示，学习贯彻全国、全省地方志机构主任工作会议精神，重点贯彻落实全国会议的主题"一纳入、八到位"，即把地方志工作纳入国民经济和社会发展规划及各级政府工作任务之中，做到认识到位、领导到位、机构到位、编制到位、经费到位、设施到位、规划到位、工作到位。省地方志办副主任刘益龄、市社科联副主席张明等出席会议并讲话。与此同时，市地方志办还利用《晋源区志》和《娄烦县志》评审会的有利契机，多次推促县区第二轮修志工作和总体工作。 （刘雁珍）

【谋划制定"十三五"规划引领方志事业创新发展】 2015年，太原市地方志办依照国务院和山西省地方志工作条例、国务院和山西省地方志事业发展规划纲要，贯彻市委关于制定国民经济和社会发展第十三个五年发展规划的建议，经过调查研究和征求意见，结合太原市地方志工作实际，拟定《太原市地方志事业2016—2020年发展规划》，呈报市政府后，根据市政府领导批示和指示，修改完善，适时向市委常委会汇报。规划提出"十三五"时期太原市地方志工作要完成六个方面的主要任务，到2020年全面完成第二轮修志任务和实现综合年鉴全覆盖两个约束性目标，规定了县区完成第二轮修志任务的具体时间，同时明确了质量要求。强调了依法治志和落实"一纳入、八到位"，提出加快信息化建设步伐，积极推进市、县两级地情网站建设，实现全市联网、资源共享，提升公共服务能力等。要求各县市区结合实际、突出特点，制定本县市区地方志事业发展规划，确保实现目标任务。规划要求到2020年太原市地方志事业各项工作力争在全省领先、全国创先。 （刘雁珍）

【不懈推进《太原市地方志工作条例》立法申报工作】 2003年以来太原市地方志办连年推进《太原市地方志工作条例》立法申报工作，2015年太原市地方志办贯彻《全国地方志事业发展规划纲要》，完善《太原市地方志工作条例（草案）》，连续13年报送立法计划，市人大法制委首次召开地方志工作立法专题座谈会。3月市地方志办办组织编印《地方志工作法规读本》，为推进太原市地方志工作的法治化进程发挥作用。

（刘雁珍）

【部门专题志和地情书编纂取得新成绩】 2015年，太原市部门专题志和乡镇村志编纂取得新成绩，《太原市园林志》出版，《太原审计志》进入评审阶段，市地方志办支持关注并指导编纂的尖草坪区《宇文村志》正式出版，地方志办完成了市委交办的《太原市简要情况》中"重大事件"的编辑工作。为纪念太原市地方志事业35周年而编辑的《方志文稿》正在进行出版前的核校工作，市地方志办组织编纂的《太原地情简志》也在加快编纂进度。 （刘雁珍）

【《太原市园林志》出版发行】 2015年，《太原市园林志》由山西经济出版社正式出版发行。该志按照志书体例的要求，结合太原园林的实际，共设置了综述、大事记、古代近代园林、现代公园、绿化、园林植物、苗圃、科技与教育、园林管理、创建园林城市、区（市、县）园林绿化、人物及文献辑存共13部分，总字数142万字，插图216幅。该书全面、系统、完整、真实地记载了太原市园林的整体风貌，既纵述史实，又全面记述了新中国成立至2013年太原市园林事业的发展情况。为了解太原、认识太原提供了参考，为太原市园林事业的发展提供了借鉴。

（刘雁珍）

协商会议全体委员会议

【十二届四次会议】 2015年4月9日至4月12日，市政协十二届四次全体委员会议举行。会议听取和审议政协太原市委员会常务委员会工作报告和政协太原市委员会常务委员会关于市政协十二届三次会议以来提案工作报告；列席太原市第十三届人民代表大会第五次会议，听取并讨论政府工作报告及其他有关报告；审议通过政协第十二届太原市委员会第四次会议政治决议；审议通过政协第十二届太原市委员会第四次会议关于政协太原市委员会常务委员会工作报告的决议和政协第十二届太原市委员会第四次会议关于市政协十二届三次会议以来提案工作报告的决议；审议通过政协第十二届太原市委员会提案委员会关于市政协十二届四次会议提案审查情况的报告。委员们以政府工作报告为主题，就全市经济社会发展重大问题以及关系人民群众切身利益的实际问题，深入协商讨论、议政建言。就创新驱动引领太原转型发展、现代服务业开启转型发展新引擎、中考定向生招生工作应将好事真正做好、支持小型微型企业健康发展、城市家庭应强制配备消防逃生器材、提升城市的功能和品质、全面推行"柴改气"、尽快解决公共自行车修保场地等关系到太原经济发展、教育领域综合改革、环境保护、企业科技创新、城市建设与规划等方面提出许多中肯的建议和意见。会议通过政协第十二届太原市委员会第四次会议关于政协太原市委员会常务委员会工作报告的决议、政协第十二届太原市委员会第四次会议关于市政协十二届三次会议以来提案工作报告的决议、政协第十二届太原市委员会提案委员会关于市政协十二届四次会议提案审查情况的报告、政协第十二届太原市委员会第四次会议政治决议。市政协主席张贵元讲话。副主席任书文、张政、王爱萍、陈远新、张文旺、薛维梁、毛志鸣、冯霞、任晓峰，秘书长刘建中出席会议。 （刘　蓉　赵晋胜）

常务委员会会议

【十二届十五次常委会议】 2015年2月2日，市政协十二届十五次常委会议举行。市政协主席张贵元出席并讲话。市政协副主席、秘书长出席会议。会议审议通过市政协十二届十五次常委会议议程，认真传达学习省"两会"精神，审议通过政协太原市委员会常务委员会《关于授权主席会议对违纪违法政协委员及时作出处理的决定》。依照政协章程及有关规定，通过免去商广喜政协第十二届太原市委员会教文卫体委员会兼职副主任职务、撤销其政协第十二届太原市委员会常委、委员资格的决定。

（刘　蓉　赵晋胜）

【十二届十六次常委会议】 2015年4月15日，市政协十二届十六次常委会议举行。市政协主席张贵元出席并讲话。市政协副主席、秘书长出席会议。会议决定，市政协十二届四次会议于4月25日召开。会议审议通过关于召开市政协十二届四次会议的决定，市政协十二届四次会议议程（草案）和日程，提交市政协十二届四次会议审议的市政协常委会工作报告及报告人名单，提交市政协十二届四次会议审议的市政协常委会关于市政协十二届三次会议以来提案工作报告及报告人名单，市政协十二届四次会议邀请人员、列席人员名单，市政协十二届四次会议全体会议执行主席及主持人名单，市政协十二届四次会议大会秘书长、副秘书长和工作机构负责人名单；听取并讨论市政府工作报告（征求意见稿）、市中级人民法院工作报告（征求意见稿）、市人民检察院工作报告（征求意见稿）；协商讨论关于太原市2014年国民经济和社会发展计划执行情况与2015年国民经济和社会发展计划（草案）的报告（征求意见稿）、关于太原市2014年全市和市本级预算执行情况及2015年全市和市本级预算（草案）的报告（征求意见稿）。会议还追认了市政协十二届三十六次主席会议作出的关于撤销王忠政协第十二届太原

市委员会委员资格的决定，并通过有关人事事项。（刘 蓉 赵晋胜）

【十二届十七次常委会议】 2015年4月27日，市政协十二届十七次常委会议举行。市政协主席张贵元出席并讲话。市政协副主席、秘书长出席会议。会议审议通过提请市政协十二届四次会议第三次全体会议审议的四个相关草案。

（刘 蓉 赵晋胜）

【十二届十八次常委会议】 2015年6月30日，市政协十二届十八次常委会议举行。市政协主席张贵元出席并讲话。市政协副主席、秘书长出席会议。会议通过市政协十二届十八次常委会议程，审议通过市政协“关于推进‘六权治本’加快法治太原建设的建议”；通过“政协太原市委员会委员联系群众制度（试行）”和有关人事事项。（刘 蓉 赵晋胜）

【十二届十九次常委会议】 2015年9月23日，市政协十二届十九次常委会议举行。市政协主席张贵元出席并讲话。市政协副主席、秘书长出席会议。会议通过政协第十二届太原市委会常务委员会第十九次会议议程，审议通过《市政协关于对我市“十三五”时期经济社会发展的建议》，听取市发改委、市城管委工作汇报，并宣读民主评议市发改委、市城管委实施方案。（刘 蓉 赵晋胜）

【十二届二十次常委会议】 2015年12月24日，市政协十二届二十次常委会议举行。市政协主席张贵元出席并讲话。市政协副主席、秘书长出席会议。

会议审议通过市政协十二届二十次常委会议议程，审议通过市政协《关于建立和完善我市便民利民健康服务体系的建议》；听取市委办公厅、市政府办公厅关于市政协提案办理情况的通报；听取市发改委、市城乡管委关于民主评议整改意见的汇报，审议通过市政协民主评议市发改委、市城乡管委的总体评价意见。（刘 蓉 赵晋胜）

专门委员会工作

【提案委员会】 市政协十二届三次会议以来，共征集提案689件，其中，各民主党派、工商联、政协各专门委员会集体提案92件，委员及联名提案597件。经提案委员会审查，立案576件，未立案转为来信处理113件，立案率为83.6%。在立案的576件提案中，属于经济发展方面362件，属于科教文卫体方面121件，属于党群政法等方面93件。从办理结果看，提案建议得到采纳或基本采纳的516件，占已办总数的89.58%；所提建议已吸纳，列入相关工作计划，需要逐步落实的42件，占已办总数的7.29%；因客观条件所限或其他原因难以解决的18件，占已办总数的3.13%。

（刘 蓉 赵晋胜）

【学习文史委员会】 2015年，举办全体委员、政协常委专题学习讲座，特邀中国人民政协理论研究会秘书长原冬平作题为“以习近平同志为总书记的党中央治国理政方略中的人民政协”的报告。邀请相关专家作题为《“互联网＋”》《食品安全现状与发展》《关于“十三五”规划的建议》等专题讲座。组织召开《太原文化发展》丛书编审工作会议，对所征集的150万字资料进行编辑和审核，形成120万字丛书初稿。就太原市城中村改造中文物保护情况开展视察调研。在加强文物保护工作体制机制改革创新，加大文物保护管理工作力度，加紧城中村改造和城镇化建设进程中历史文化遗存的抢救保护等方面提出8条具体意见和建议。2015年编辑出版《太原政协》6期，约36万字，图片90多幅。继2008年、2010年之后，又一次被市新闻出版局（文化局）评为太原市2014年度一级内部资料性出版物（刊型）。（刘 蓉 赵晋胜）

【港澳台侨和外事委员会】 2015年，组织委员对太原市武宿综合保税区建设情况开展视察调研。形成了考察调研报告，为市委、市政府决策提供参政。组织委员对关于进一步加大简政放权力度，推进改革向纵深发展深入开展调研，汇总建议形成了市政协《关于推进我市“十三五”期间简政放权工作的几点意见》书面报告材料，并在省政协组织的经验交流大会上作主旨发言。举办二次台海形势报告；组织三次台胞台属联谊活动。负责全会期间委员小组讨论，对17个小组的三次分组讨论进行组织，记录委员小组讨论发言1600余份，编辑整理会议简报9期。（刘 蓉 赵晋胜）

【经济科技委员会】 组织召开“加强信用建设、优化金融发展环境”协商座谈会，提出许多合理化建议。组织召开“着力推动铁路装备制造业集中发展”为主题的协商座谈会从不同角度为太原市推动铁路装备制造业集中发展建言献策。组织部分委员对电子商务发展集聚区高新区电子商务产业园进行视察调研。

负责撰写《市政协大会发言规则》。组织部分委员对“中小企业发展新型产业”的情况进行视察调研，并形成视察调研报告上报省政协。（刘 蓉 赵晋胜）

【人口资源和环境委员会】 2015年，组织召开“重视污水处理及再生水利用”协商座谈会，将委员的建议修改整理报送市委、市政府，供决策参考，为循环经济可持续发展出实招、献良策。组织委员视察全市城中村改造工作，通过视察，针对存在的问题和制约因素，结合委员们提出的意见和建议，形成视察报告，报送市委、市政府，为推进全市城中村改造工作顺利有序开展建言献策。视察部分重点工程及背街小巷的改造工作，形成《关于对我市重点工程及背街小巷道路改造视察情况的报告》报送市委、市政府，为科学决策提供参考依据。

视察全市环境质量改善十项重点工作。深入开展城乡清洁工程督查。组织委员对市城乡管委进行民主评议，形成的《太原市政协民主评议市城乡管委情况报告》,在市政协十二届二十次常委会上进行汇报，评议意见经市政协十二届二十次常委会议审议通过后,报送市委、市政府。（刘 蓉 赵晋胜）

【教文卫体委员会】 2015年，对市食品药品监管工作进行视察,全力保障“舌尖上的安全”。形成调研报告报市委、市政府决策参考,并得到答复。对职业教育改革情况进行视察和协商座谈。会后形成的转变社会观念,提升职教战略地位;改革办学体制,探索多元办学模式;吸引优秀人才,优化职教师资结构;树立大职教观,深化现代职业教育体系建设;立足产业需求,构建产教融合机制;合理配置资源,促进职教均衡发展等建议报市委、市政府决策参考。对建立和完善便民利民健康服务体系情况进行调研。针对性地提出建立和完善政府投入机制，继续加强医疗保障服务建设，持续强化食品药品安全监管，开展全民健身活动等方面具有指导性和可行性的意见和建议，在市政协十二届二十次常委会上一致通过,并报市委市政府决策参考,以推动便民利民的健康服务体系快速发展。组织委员参加中考阅卷现场开放日活动。组织委员观摩监督市民办初中学校招生电脑派位现场。认真完成市政协全会联组讨论的组织工作。（刘 蓉 赵晋胜）

【社会和法制委员会】 完成《推进“六权治本”加快法治太原建设》等课题调研工作,形成《关于推进“六权治本”加快法治太原建设的建议》和六个专题调研报告，经市政协十二届十八次常委会议专题协商议政,咨送市委、市政府。与市民革共同完成“发挥好社会组织在社会治理中的作用”课题视察调研。形成《充分发挥社会组织在我市社会治理中作用的建议》咨送市委市政府。完成太原市开展“人民陪审员制度”执行情况的调研工作和对十三五规划社会治理发展的调研，形成相关调研报告。组织召开《太原市养老机构条例(草案)》立法协商座谈会。从规划建设、扶持发展、运营管理、监督检查等方面提出36条意见建议,转送市人大审议采纳。《太原市养老机构条例(草案)》已通过市人大二审,政协提出的意见建议有26条被采纳，采纳率72.2%。还以函审的方式完成《太原市城市地下管网条例》、《太原市雷电灾害防御条例》、《太原市临时救助办法》等地方法规条例的立法协商工作。针对《太原市城市地下管网条例》提出增加编制诸如地下管网三维数字化地图等数字化档案、增加对违规的管网建设单位在竞标方面的限制等7条建议,有4条被采纳,采纳率57%;对《太原市雷电灾害防御条例》提出持续监测检测结果变化趋势、缩小行政自由裁量权等7条建议;对《太原市临时救助办法》提出加强临时救助与其他救助和保障制度的衔接配合、细化救助对象等15条建议。（刘 蓉 赵晋胜）

【民族宗教委员会】 2015年，市政协围绕“少数民族流动人口服务与管理”开展专题调研。针对性地提出“健全各项机制,形成管理合力;强化队伍建设,广泛开展服务；依法加强管理，妥善化解矛盾；重视解决回族群众反映的回民墓地和清真宗教场所的问题”等四条建议,上报市委、市政府。围绕“十三五”交通运输发展规划的制定开展调查建言。提出“制定十三五交通运输发展规划，与国家发展战略和太原市总体发展规划相适应；做好交通运输发展的多元化投融资体系建设;注重交通运输的低碳环保,做好未来车辆的管控；建立公交用地的保障机制,确保公交场站建设;发展快速公交,加快乡村或跨地区公交一体化和公交都市建设”等五条建议。报市委、市政府决策参考。配合省政协督促相关问题的落实。就省政协领导来并调研视察时提出的:尽快落实《山西省物价局关于全省宗教活动场所生活用电价格的通知》精神，解决好太原市宗教机构的生活用电问题;落实“对板寺山天主教堂外围环境进行修缮的建议”,与相关部门进行了情况了解和督促落实。按照省政协关于贯彻落实《国务院宗教事务条例》《山西省宗教事务条例》的调研要求,详细汇报贯彻落实《两个条例》的工作情况,反映存在的问题。针对“宗教工作队伍建设薄弱；工作条件与工作的形势和任务还不相适应、经费不足;省宗教事务条例的可操作性有待加强；渗透和反渗透的斗争更加艰巨”等实际问题,针对性地提出了四条建议。参加少数民族、宗教界别的委员年度“双岗履职”述职考核工作。

（刘 蓉 赵晋胜）

【农村工作委员会】 对农村土地承包经营权确权登记颁证工作进行视察。针对性地提出进一步加强政策宣传和人员培训工作；进一步加强问题研究和政策指导,不断总结推广好的经验,提高工作效能；建立长效机制，持续规范推进工作;建立确权纠纷解决联动机制,确保农村和谐稳定等4条建议。围绕发展都市现代农业主题开展视察调研。针对存在的问题，提出促进都市现代农业健康发展的意见和建议。召开“围绕特色大力发展都市现代农业”协商座谈会,12名政协委员提出了统筹规划,科学布局,建立一、二、三产业融合发展的都市现代农业产业体系;整合资源,完善机制,促进农业增产农民增收等43条意见建议。就“十三五”期间加强气象服务保障能力建设提出建议。气象事业关系国计民生,在经济社会发展中占据重要地位。为进一步推进气象基础设施建设，提升气象工作的服务保障水平，尤其是提高气象在防灾减灾和灾害预警、人工影响天气等方面的作用，组织委员对太原市气象工作进行了视察调研。围绕做大做强县域经济深入开展调查研究，通过专题议政会提出意见建议。针对市县经济发展实际,从促进一、二、三产业融和并进及加快互联网产业、绿色生态建设等层面,提出统筹协调全市县域经济规划布局;构建质量高、结构优的县域产业体系;把新型城镇化作为发展县域经济的重要抓手；建立县域经济发展的可持续投融资

机制；建设开放型县域经济；充分释放县域改革红利等63条对策建议。

（刘　蓉　赵晋胜）

【社情民意研究室】 2015年，征集社情民意信息1170篇，经过筛选、编辑和综合，向省政协和市委、市政府编报284期。其中：编报省政协232期，编报市委、市政府52期。编报信息被全国政协采用7期，省政协采用24期，省领导批示2期，市领导批示37期，市级部门反馈15期。其中《建议做好"第一批300名著名抗日英烈"后续工作》《对推进行政审批制度改革的意见建议》《关于制定国家"十三五"规划的建议——农业专题》等7期被全国政协采用；《建议对我省闲置农村集体建设用地进行摸底》《建议我省从三方面调动高新技术企业积极性》等24期被省政协以单篇或转送形式采用。

（刘　蓉　赵晋胜）

重要活动

【协商座谈会】 市政协召开"围绕特色，大力发展都市现代农业"协商座谈会　5月20日，市政协召开"围绕特色，发展都市现代农业"协商座谈会。市政协主席张贵元主持会议，副市长魏民及市政协副主席薛维梁、冯霞，秘书长刘建中参加。座谈会上，冯霞作"关于围绕特色，发展都市现代农业调研活动的说明"，市农委负责人介绍了全市发展都市现代农业的工作情况。市政协组成调研组，深入各县（市、区）对都市现代农业建设情况视察调研。调研中委员们发现，都市现代农业已逐步由增产战略向增效战略转变，特色主导产业规模和效益逐步显现。但也存在一些深层次矛盾和问题，具体表现为：具有地域特色的农业发展不够明显，省会城市都市农业优势显现不够充分；扶持引导特色农业发展的政策导向不突出，农业产业规模和体量相对较小；统筹推进农业发展的协作机制不完善，整合资源集中扶持都市现代农业发展的力度不够大。

政协委员和专家学者们围绕主题讨论。市发改委、科技局、农业委、财政局、水务局、林业局、商务局、旅游局、农机局、供销社等相关部门负责人，认真听取意见和建议。魏民代表市政府表示，对大家提出的意见和建议，将认真研究，参考采纳。

委员们建议：统筹规划，科学布局，打造一二三产融合发展的现代产业体系；加强高层协调，完善上下联动整体配合的工作机制；整合资源，建立支农稳定增长的投入机制；倾力培育特色优势企业，增强引领和带动作用；实施人才优先科技支撑战略，加速都市现代农业的跨越升级；发展休闲观光农业，满足城乡居民的休闲消费需求。（刘　蓉　赵晋胜）

【提案交办会】 6月17日，市政协召开2015年提案交办会。市政协主席张贵元出席会议。市委常委、常务副市长任在刚应邀出席会议并讲话。市政协副主席任书文、张政，秘书长刘建中出席会议。

市政协十二届四次会议以来，政协委员、政协各参加单位和专门委员会，围绕中心、服务大局，紧扣实现"六个表率"、推进"五个一批"，聚焦深化改革、法治建设和民生改善等重点工作，积极通过提案参政议政、建言献策。截至2015年6月10日，提案委共收到提案589件。经过认真审查后，立案528件，占提案总数的89.64%；作为来信处理和工作参考的61件，占提案总数的10.36%。其中，由市政府系统负责承办的提案，占到提案总数的95%。改革发展、城市管理、道路交通、食品安全、教育卫生、农村农业、社会管理7个方面的10件提案被确定为重点提案。其中，农工民主党太原市委会提交的《加强食品安全监管，保障百姓食品安全》为一号提案。重点提案的办理，将实行市委、市政府领导领办、市政协领导督办、相关职能部门具体承办，提案者和相关专委会全程参与的工作机制。

政协提案是人民政协一项具有全局意义的工作，是履行政协职能的重要形式。办理好政协提案是各级党政机关的重要政治责任。加强提案办理协商对于充分发挥人民政协协商民主重要渠道作用，促进党委政府科学决策、民主决策具有重要意义。各承办单位要从讲政治的高度，以为民务实的工作态度进一步重视政协提案办理和落实，突出重点，注重实效，着力推进提案办理工作制度化、规范化、程序化，力求使提案办理落到实处，使委员们的履职成果得以体现。

（刘　蓉　赵晋胜）

【召开"重视污水处理及再生水利用"协商座谈会】 2015年7月20日，市政协围绕"重视污水处理及再生水利用"主题展开协商座谈。市政协主席张贵元主持会议，副市长张齐山及市政协副主席张文旺、任晓峰，秘书长刘建中，部分市政协委员、专家学者及政府有关部门负责人参加。座谈会上，九三学社太原市委作"关于建设资源节约型城市努力推广使用再生水的建议"的专题调研报告。市城乡管委负责人介绍污水处理及再生水利用有关情况。

按照市政协全年重点协商计划的安排，九三学社太原市委员会与市政协人资环和城建委员会成立专门课题组，对市污水处理和再生水利用情况展开专题调研。调研中，委员们发现，长期以来，由于再生水的特殊性，在推广使用方面存在缺乏强制性约束、管网建设滞后、内在动力不足、定价机制不健全等问题。委员们提出建议：出台再生水强制性使用政策；培育拓展再生水利用市场；研究制定再生水定价机制；努力推进使用再生水充填景观用水；在城市管网改造中规划设计分质供水系统等。政协委员和专家学者们围绕主题，积极讨论，踊跃发言。市发改委、住建委、城乡管委、规划局、水务局、环保局等10个部门的负责人，认真听取意见和建议。副市长张齐山表示，对大家提出的意见和建议，将认真研究，参考采纳。（刘　蓉　赵晋胜）

【召开"加强信用体系建设，优化金融生态环境"协商座谈会】 2015年7月

29日,市政协召开“加强信用体系建设,优化金融生态环境”协商座谈会。市政协主席张贵元主持,市委常委、常务副市长任在刚,市政协副主席毛志鸣,秘书长刘建中出席,民盟、共青团、妇联、科技、经济、农林、少数民族等界别的部分政协委员参加座谈会。民盟太原市委会负责人就“优化金融生态环境要‘四个诚信’同步推进”调研情况作了说明,市发改委、市金融办、市中小企业局、中国人民银行太原中心支行征信管理处等部门负责人就加强信用体系建设,优化金融生态环境有关情况作介绍。政协委员高慧卿、阎美蓉、武卫东、李继军、冯琳、朴华和海通证券股份有限公司山西分公司总经理杨小平围绕主题作了发言。大家认为,金融生态环境是金融生存和发展的外部环境和基础条件的总和,信用体系建设是金融生态环境建设的核心。切实加强信用体系建设,优化金融生态环境,是振兴金融的治本之策。大家结合调研实际,针对金融业发展整体水平还不高,社会信用体系还有待进一步完善,金融生态环境还需优化等问题,从明确领导体制和工作机制,加大对信用体系建设的投入,建立信用管理体系和失信惩戒制度,建立诚信信息资源共享平台,推进商务诚信建设,加强诚信文化建设等方面提出了意见和建议。市发改、工商、人社、卫生、食药监、物价、法制办、金融办等部门负责人与委员们进行互动交流,产生良好的协商效果。 (刘 蓉 赵晋胜)

【召开“发挥好社会组织在社会治理中的作用”协商座谈会】 2015年9月21日,市政协围绕“发挥好社会组织在社会治理中的作用”主题展开协商座谈。市政协主席张贵元主持会议,副市长魏民及市政协副主席任书文、王爱萍参加。

座谈会上,民革太原市委就相关课题调研情况作报告,市民政局负责人介绍了社会组织在社会治理中发挥作用的有关情况。

市政协组成调研组,深入市民政局等单位,就社会组织在社会治理中发挥作用的情况进行了视察调研。委员们在调研中发现,社会组织在社会治理中已担当重要角色,并不断发挥积极作用。但受法律法规顶层设计、社会组织自身建设等因素影响,发挥社会组织在社会治理中的作用还面临一定的困难和问题:承接政府购买服务主动性较弱;社会组织监管扶持政策滞后;社会组织整体发展不均衡;社会组织建设不够完善。委员们提出建议:扶持社会组织发展,建立社会组织发展基金;搭建社会组织平台,建立政府部门与社会组织的日常联系制度,建立全市社会组织与外地社会组织的联动机制;扩大社会组织承接政府购买服务的覆盖面,促进政府职能转移制度化、常态化;强化孵化基地功能,推进“三社联动机制”实施等。市民政局、财政局、发改委等相关部门负责人听取发言。魏民充分肯定大家对社会组织发展和社会治理工作的关心,并责成政府相关部门汇集意见和建议,认真研究,吸取采纳。 (刘 蓉 赵晋胜)

【召开《太原市养老机构条例(草案)》立法协商座谈会】 2015年9月24日,市政协召开《太原市养老机构条例(草案)》立法协商座谈会。市政协主席张贵元主持并讲话,市政协副主席任书文、王爱萍,秘书长刘建中,部分委员、有关专家,市人大、政府有关部门负责人参加。本届市政协举办的第二次立法协商座谈会。会议听取市人大法制委、市政府法制办关于制定起草、审议《太原市养老机构条例(草案)》的情况说明。参加会议的政协委员、省城专家学者、养老机构负责人和基层干部代表展开深入讨论。大家表示,该《条例(草案)》从养老机构规划建设、机构设立、扶持发展、服务规范、运营管理等各个方面进行规范,对加快全市养老服务业发展、提高养老机构管理水平和效率、增强养老机构质量和效益必将产生推动作用。为了增强《条例》的科学性、可行性和可操作性,大家对《条例(草案)》修改完善提出了意见和建议。市政府机关职能部门积极互动,予以回应,表示将吸纳委员、专家的意见和建议。

开展立法协商,是市政协贯彻落实中共十八届三中全会精神的重要举措,是建设法治太原的必然要求,也是政协履行职能、发挥协商民主重要渠道作用的一项重要工作。政协立法协商的实践说明,政协委员在立法协商中讨论发表意见的过程,就是统一认识、协调利益的过程,草案经过多方讨论通过后,在实施落实过程中,必然会得到更广泛的群众基础和更多的支持,立法协商意义重大。希望广大政协委员和社会各界要继续关心关注养老服务业的发展,在市委、市政府《关于加快养老服务业的实施意见》的落实推进和《太原市养老机构条例》的出台实施过程中,发挥更加积极的作用,为促进养老服务业持续健康发展贡献智慧和力量。 (刘 蓉 赵晋胜)

【召开“着力推动铁路装备制造业集群发展”协商座谈会】 2015年10月15日,市政协召开“着力推动铁路装备制造业集群发展”协商座谈会。市政协主席张贵元主持会议,市政协副主席陈远新、毛志鸣,秘书长刘建中参加。会上,陈远新介绍了关于着力推动铁路装备制造业集群发展的调研情况。来自工商联、民革、青联、科协、科技、经济等界别的市政协委员和省城有关专家学者围绕主题,坦诚交流,畅所欲言,积极建言献策。与会政府职能部门和有关企业负责人介绍有关情况,认真听取委员意见,积极与委员互动交流,对委员的意见建议,表示将认真汇集梳理,专门吸取采纳。

市政协围绕实现“六大发展”,将“着力推动铁路装备制造业集群发展”作为参政议政的重要课题。市政协经科委、市工商联组织政协委员和有关专家学者,对太原铁路装备造修基地、晋西车轴、太重铁路工业园、智奇高速动车组轮对工业园进行实地调研,赴株洲、珠海学习考察,广泛征求意见,深入研讨论证,形成

专题调研报告。课题组认为，铁路装备制造业有骨干企业、有优势产品、有研发实力，已初步具备集群发展的基础。而铁路装备制造业集群发展存在的主要问题是：推动产业集群发展的意识不强，骨干企业运行模式相对封闭，为产业集群发展服务的平台滞后等。与会政协委员和专家学者建议：建立协调机制，强化规划落实，实现铁路装备制造业发展归口管理；推进现有骨干企业合作创新，合力发挥铁路装备制造业潜在优势，激发产业活力；加强配套企业的培育和引进，构建完整产业链条，壮大产业集群规模；为产业集群发展提供周到细致的服务，为推进产业集群发展奠定良好发展环境等。

（刘　蓉　赵晋胜）

【召开“推进我市职业教育改革发展”协商座谈会】 2015年11月4日，市政协召开“推进职业教育改革发展”协商座谈会。市政协主席张贵元主持，副市长魏民，市政协副主席张政、王爱萍，秘书长刘建中，部分委员、专家学者和政府部门负责人参加。张政介绍“关于推进我市职业教育改革发展”调研情况，市教育局负责人介绍职业教育改革发展有关情况。来自市政协教育、民进、农林、科协、特邀等界别的委员，部分职业院校负责人及有关专家学者，围绕主题，坦诚交流。

市职业教育在政策支持、职教发展规划、加强师资队伍建设、促进行业企业参与等方面做了大量工作，取得明显成效。但与经济社会发展需求相比还有一定差距。为此，委员们建议产教融合，专业设置要满足产业需求；课岗融合，课程设置要满足岗位要求；不同层次的职业院校之间建立学分积累和转换制度，打通从中职、专科、本科到研究生的上升通道；鼓励民间资本介入，多种形式创办职业教育。魏民对大家的发言给予肯定，并表示将认真研究，吸取采纳。

（刘　蓉　赵晋胜）

【召开“做大做强县域经济”专题议政会】 2015年11月18日，市政协召开“做大做强县域经济”专题议政会。省委常委、市委书记吴政隆出席并讲话。市委副书记王成出席，市政协主席张贵元主持，市领导陈河才、张齐山，市政协副主席、秘书长参加。发言人围绕推动县域经济发展议政建言。吴政隆介绍全市按照“四个全面”战略布局，认真贯彻落实党中央的决策部署，认真落实省委“五句话”总体要求和省委、省政府的决策部署，坚持两手抓、两手都要硬，一手抓全面从严治党，坚定不移推进党风廉政建设和反腐败斗争，始终保持“三个高压态势”，着力解决发生在群众身边的腐败问题，抓好“三个一批”，干部作风明显转变；一手抓经济社会发展，坚持发展第一要务，着力稳增长、促改革、调结构、惠民生、防风险，实施“三个突破”，推进“五个一批”，城中村改造、省城环境质量改善、开发区建设、扶贫攻坚等重点工作有力有序有效推进，经济社会保持持续健康发展的良好势头。成绩来之不易，是全市上下齐心协力、敢于担当、积极作为的结果，也凝聚着全市各级政协组织、广大政协委员的智慧和贡担当、积极作为的结果，也凝聚着全市各级政协组织、广大政协委员的智慧和贡献。

吴政隆强调，要以五大发展理念引领率先发展。要深入学习贯彻党的十八届五中全会和习近平总书记系列重要讲话精神，牢固树立创新、协调、绿色、开放、共享的发展理念，坚持“四个全面”战略布局，按照省委“五句话”总体要求，研究制定好“十三五”规划建议，统筹推进经济建设、政治建设、文化建设、社会建设、生态文明建设和党的建设。要统筹规划、突出特色，促进县域经济的发展。要坚持目标导向和问题导向相统一，充分发挥太原作为老工业基地、省会城市、国家小微企业创业创新基地示范城市以及具有一定的民营资本积累、城乡统筹以城带乡拉动力相对较强等优势，抓住城中村改造、开发区建设的机遇，立足实际、发挥优势、彰显特色，发展壮大县域经济，发挥政协作为协商民主重要渠道的作用。推进协商民主广泛、多层、制度化发展，注重听取各界人士的意见和建议，把政治协商纳入到党委、政府的决策程序中。

（刘　蓉　赵晋胜）

中国共产党太原市纪律检查委员会

Taiyuan Municipal Committee for Discipline Institution of Communist Party of China

【概述】 2015年，太原市纪律检查委员会贯彻党中央对山西工作的重要指示精神，落实省委“五句话”和对太原“六个表率”的要求，团结带领全市广大党员干部和人民群众，协调推进“四个全面”战略布局，一手抓经济社会发展，一手抓党风廉政建设和反腐败斗争，持续保持惩治腐败、狠刹“四风”、打黑除恶“三个高压态势”，全面从严治党、从严治吏，人民群众对党的信心和信任进一步增强，全市政治生态进一步净化，党风政风向善向好，干部敢于担当、积极作为、干事创业的氛围正加快形成，聚焦主业、挺纪在前，从严监督执纪问责，全市党风廉政建设和反腐败斗争不断深入。（白瑞军）

【中国共产党太原市第十届纪律检查委员会第五次全体会议】 2015年2月25日，中国共产党太原市第十届纪律检查委员会第五次全体会议在并州饭店举行。出席会议的市纪委委员30人，列席168人。省委常委、市委书记吴政隆出席全会并作重要讲话。市委常委，市人大、市政府、市政协领导，市法院院长，市检察院检察长出席会议。有关方面负责同志参加会议。全会深入贯彻党的十八大、十八届三中、四中全会和习近平总书记系列重要讲话精神，紧密结合工作实际，全面落实十八届中央纪委五次全会、省纪委十届五次全会和市委十届六次全会部署的任务，总结2014年全市党风廉政建设和反腐败工作，研究部署2015年任务。全会由市纪委常委会主持，审议通过市委常委、市纪委书记弓跃同志代表市纪委常委会所作的《切实履行监督责任、坚定不移惩治腐败，为净化政治生态实现弊革风清提供坚强保证》的工作报告。

全会总结党风廉政建设和反腐败工作。市委深入学习贯彻习近平总书记系列重要讲话精神，坚决贯彻落实党的十八大、十八届三中、四中全会精神和中央纪委、省委、省纪委的部署要求，把加强党风廉政建设和反腐败斗争提到新的高度，在从严治党、严明纪律、改进作风、严惩腐败、体制改革等方面，作出一系列新的重要决策部署。全市各级纪检监察机关在省纪委和市委的坚强领导下，坚决贯彻落实省委、省纪委、市委对加强党风廉政建设和反腐败斗争作出的各项部署和安排，坚持党要管党、从严治党，坚定不移惩治腐败，坚持不懈纠正“四风”；加快推进“三转”，聚焦主责主业；全面落实“两个责任”，扎实推进党的纪律检查体制改革；加强自身建设，重塑纪检监察队伍形象；坚守责任担当，层层传导压力，强化责任、增强信心、提振精神，推动全市党风廉政建设和反腐败斗争取得新进展、新成效。

全会强调：深入贯彻党的十八大、十八届三中、四中全会和习近平总书记系列重要讲话精神，按照十八届中央纪委第三次、四次、五次全会，省委十届六次全会，省纪委十届五次全会和市委十届六次全会的部署，坚持从严治党、依规治党，严明政治纪律和政治规矩，落实“两个责任”，强化监督执纪问责，持之以恒落实中央八项规定精神，始终保持狠刹“四风”和惩治腐败高压态势，坚决遏制腐败蔓延势头，深化纪律检查体制改革，以铁纪打造铁军，落实“六权治本”要求，发挥“六个表率”作用，坚定不移推进党风廉政建设和反腐败斗争，为“深入学习贯彻习近平总书记系列重要讲话精神，净化政治生态，实现弊革风清，重塑三个形象，促进富民强市”提供坚强保证。

（白瑞军）

【太原市纪委干部会议】 2015年4月21日，太原市纪委召开干部会议，省纪委常务副书记迟耀云出席。省纪委组织部部长高金喜宣布省委、市委干部职务任免决定：弓跃任市人大常委会党组书记，不再担任市委常委、市纪委书记职务；李吉山同志任太原市委委员、常委和纪委书记。省委常委、市委书记吴政隆出席并讲话。

2015年6月8日，太原市纪委召开干部会议，宣布刘伟任市纪委常务副书记。市委常委、市纪委书记李吉山主持，省纪委组织部部长高金喜出席，市委组织部副部长郑旭东宣读市委任职文件。

（白瑞军）

【“两个责任”落实体系】 市委、市纪委

牢牢把“两个责任”扛在肩上、抓在手上，主要领导坚持“以上率下”的工作方法，一级带着一级干，一级做给一级看，层层传导压力，夯实压实责任，强化问责追究，逐步形成有清单、有部署、有督查、有整改、有述评、有考核的“两个责任”落实体系。

市纪委落实监督责任，督促和指导全市各级各部门全部制定“两个责任”清单，主要领导签字背书，层层细化责任，分解任务，落实到人。对10个县（市、区）、4个开发区和部分市直单位落实“两个责任”情况进行专门督导检查，发现12个方面问题，市委点名道姓予以通报。督促有关单位认领问题，建立台账，逐条整改，推动“两个责任”落实。2015年涉纪信访举报中，反映2014年9月以后的问题仅占总量的7.2%。这与逐渐强化“两个责任”落实有着直接关系。

市纪委坚持“一案双查”，对因主体责任落实不力的81人、监督责任落实不力的18人进行问责追究，其中给予党纪政纪处分24人。严肃查处清徐县王答乡南录树村灌渠被堵背后的问题，一案处理6名不作为、乱作为的党员干部；严肃查处古交市一名老人在当地政府门前吊死背后的问题，一案处理9名干部；对借用被管理企业车辆、豪华装修车辆、清理“小金库”不力、违规参加宴请的5名市管干部给予党纪处分或组织处理。特别是在严肃查处古交市客运办原主任任长春违反政治纪律的问题中，对主体责任不落实的古交市交通局分管领导和主要领导，监督责任不落实的局纪检组长进行严肃问责，得到中央纪委、省纪委的高度认可。（白瑞军）

【清理问题线索】 2015年，市纪委率先对2008年至2015年4月底掌握的反映党员干部问题线索进行全面起底，共梳理出涉及188名市管干部的问题线索。严格按照中央纪委问题线索拟立案、初核、暂存、谈话函询和了结5类处置标准，进行集体研判，专题向市委常委会报告。对2015年4月后收到的问题线索，组织3次分析研判，形成定期研判、动态管理、即来即处的线索处置机制，做到底数清、数字准、责任明。督促指导各县（市、区）纪委对问题线索全面清理，严格执行分类处置标准。（白瑞军）

【纪律审查】 2015年，市纪委围绕遏制腐败蔓延势头的目标任务，重点查处“三种人”，以“零容忍”的态度推进纪律审查。全市纪检监察机关共受理涉纪信访举报7535件（其中重复信访4228件）。处置问题线索2574件，同比增长131.9%；初步核实1825件，同比增长114.2%；立案1330件，同比增长54.5%；给予党纪政纪处分1342人，同比增长64.1%。其中，重处分328人，同比增长60.8%；移送司法机关70人，同比增长84.2%。市纪委机关处置问题线索244件，周均4.7件；初步核实91件，立案43件，给予党纪政纪处分30人。立案查处市管干部26人，超过前3年的总和。严肃查办市住房和城乡建设委员会原主任王忠，市食品药品监督管理局原调研员杨顺平，市外事侨务办公室原党组成员、正处级调研员梁涛，市警官职业学院原政委侯爱民、小店区委原副书记高筱燕、太原物产集团有限公司原副总经理（副处级）鲁占中等典型案件。全市检察机关共立案侦查贪污贿赂、渎职侵权等职务犯罪案件180件；全市法院系统审结一审贪污贿赂、渎职侵权案件183件。市政府组织开展庸政懒政怠政和不作为问题专项治理，监察机关会同有关部门问责处理86人。因生产安全事故问责处理35人。（白瑞军）

【清剿“四风”】 2015年，落实中央八项规定精神，弛而不息狠刹“四风”。发挥交管、旅游、税务等职能部门作用，交通要道、旅游景点、饭店会所等排查“四风”问题线索，探索构建专业监督、部门监督、舆论监督、群众监督充分发挥作用、形成整体合力的立体监督体系。紧盯重要时间节点，层层设防、一寸不让，深挖细查“四风”隐形变异新动向、新形式；开展违规收送礼金红包和领导干部大操大办婚丧喜庆事宜借机敛财问题专项整治，查处问题18起，处理32人，给予党纪政纪处分19人；对违反中央八项规定精神问题线索，专门设立台账，分类统计，对党的十八大后，中央八项规定出台后，党的群众路线教育实践活动后，特别是中央对山西省委班子作出改组式调整后的违纪问题，跟踪督办、严查重处，释放越往后执纪越严的强烈信号。全市查处违反中央八项规定精神问题120个，处理194人，给予党纪政纪处分118人，其中乡科级以下干部109人，县处级干部9人。在重要时间节点分4批通报曝光25起典型问题，持续保持震慑。（白瑞军）

【查处腐败】 2015年，立案查处群众身边腐败案件536件，党纪政纪处分570人，重处分128人，其中专项工作开展后，立案462件，处分492人，重处分101人，分别占全年的86.19%、86.32%、78.9%。全市涉纪信访总量由第二季度最高时的4260件，下降到第四季度的1467件，减少65.6%。开展以群众举报乡村干部为切入点集中解决群众信访问题专项治理和农村集体“三资”管理专项清理整治，市纪委先后五次召开工作调度会议，市纪委领导和有关纪检监察室深入各县（市、区），督促检查、具体指导、推进工作。办结省信访局转交的93个问题线索。跟踪督办省纪委交办的三批侵害群众利益不正之风和腐败问题线索的查核处置工作。坚决查处群众身边“四风”和腐败问题，为推动社会综合治理、改善发展环境、加强基层党建都提供直接支持，为实现“乡村治、百姓安”发挥重要作用。（白瑞军）

【推动城中村廉洁改造】 认真落实省委书记王儒林在太原调研时的讲话精神和省纪委、市委要求，持续保持“三个高压态势”，查处城中村腐败案件。2014年10月以来，共查处涉及109个城中村案件327件，处分347人。其中，重处分117人，移送司法机关75人；查处村“两委”主干99人，倒查公职人员56人。高压反腐为城中村改造打开切口、扫清障碍。出台《关于强化监督执纪问责保障推进城中村改造廉洁发展的意见》，明确重点，划分责任，保障城中村廉洁改造。市委、市政府自觉履行主体责任，从查处的腐败案件中汲取教训，把廉洁贯穿城中村改造全过程。2015年首批确定54个城中村改造，已有47个基本完成整村拆除，完成总拆迁量的88%。实践证明，反腐不会影响经济发展，反而有利于经济发展持续健康。12月27日，《中国纪检监察报》以《太原：反腐败为“城中村”改造扫清障碍》为题作报道。（白瑞军）

【警示教育】 2015年，市纪委监察局选取查处的城中村腐败典型案例制作《贪欲之害》警示片，编印《警示录——发生在群众身边的“四风”和腐败问题案例选编》等，开展“以案示纪、以案明纪”警示教育活动，用身边事教育身边人，全市接受教育的党员干部达6万余人(次)。适应反腐倡廉宣传新形势、新要求，对市纪委监察局内外网进行全新改版升级，全方位传递崇廉拒腐、风清气正的正能量。深入挖掘山西巡抚吕坤《近溪隐君家训》、太原王家、清徐牛家、刘家等家规家训和阳曲青龙古镇乡规民约等蕴涵的优秀传统文化基因，教育引导党员干部崇德重礼、遵规守纪，营造懂规矩、守纪律的氛围。（白瑞军）

【纪严于法】 严格用纪律的尺子衡量党员干部行为。严肃查处清徐县王答乡南录树村灌渠被堵背后的问题，一案处理6名不作为、乱作为的党员干部；查处古交市一名老人在当地政府门前吊死背后的问题，一案处理9名干部；对借用被管理企业车辆、豪华装修车辆、清理“小金库”不力、违规参加宴请的5名市管干部给予党纪处分或组织处理。2015年，全市给予党员干部党纪政纪轻处分和组织处理的1208人，占51%，属大多数；给予重大职务调整和重处分但未移送司法机关的328人，占13.8%，属少数；给予重处分并移送司法机关的70人，占3%，属极极少数。

发挥市委反腐败协调小组作用，完善通报机制，对司法机关移送的135件（不含重复件），通报的250件案件涉案人员及时作出处理，对公安机关提供的涉案人员身份进行甄别，对其中21名党员和公职人员依纪依规进行处理，体现纪在法前、纪严于法。（白瑞军）

【清理机构和纪检干部兼职】 持续巩固“三转”成效。深入清理议事协调机构和纪检干部分工兼职，市纪委监察局牵头或参与的议事协调机构由139个精简到5个，各县(市、区)纪委监察局均精简到7–8个，市直各派驻纪检机构和全市所有乡镇(街办)纪委负责同志，全部不再兼职或分管纪检监察业务以外的工作。重点解决组织机构转变后工作方式和作风转变的问题，市纪委机关各厅部室对照职责，细化工作、列出清单，将101项职责细化分解为1097项具体工作。纪律检查体制改革各项工作稳步推进。市委批准印发市纪委“三个提名考察办法”，各纪检监察室、案件监督管理室加强对下级纪委线索处置情况的管理，“两个为主”有了工作支撑。在认真调研摸底、多方征求意见的基础上，初步提出市纪委派驻“全覆盖”方案，报市委研究后，正按照中央纪委、省纪委最新要求和市委的意见，加紧完善。（白瑞军）

【县级纪委改革】 2015年，协调有关县(市、区)党委，将3个县级纪委行政编制全部划转到位。按照省纪委指导意见和市委要求，采取“五个统一”和“5+X”或“4+X”的模式，2015年底前10个县(市、区)纪委全部完成内设机构改革工作，改革后县级纪委执纪监督机构数、编制数分别达到89.6%、64.2%。全市106个乡镇(街办)全部配齐纪委书记。（白瑞军）

【打造纪检监察铁军】 2015年，市纪委常委会就太原发生的严重腐败问题，市纪委原常委张忠云严重违纪问题，省委、省纪委、市委领导同志专题党课指出的问题和报送数据出错的问题，先后组织5次反思剖析，分别向省纪委、市委作了检查报告。市纪委机关领导干部全部就落实“一岗双责”签字背书。从严立规矩、从严抓班子、从严带队伍，完善信访举报、线索处置、纪律审查、案件审理、涉案款物管理等20余项制度，规范请示报告、外出报备，健全党支部会议、室务会制度，把党的建设和执行民主集中制融入业务工作。在整顿中转变作风。对报送数据不实、把关不严的问题，责令两区两室召开民主生活会和组织生活会反思剖析，责令6名市县纪委有关负责同志作出检查，2名区纪委书记在工作例会上作了检讨。举一反三，列出自身队伍中存在的5个方面问题，专门通报全系统，要求对照查摆、引以为戒。充实工作力量，调配用房用车，发挥纪检监察干部监督机构作用。全年共处置纪检监察干部问题线索68件，初核17人，谈话25人，立案11人，处分10人。（白瑞军）

【“学思践悟，岗位练兵”】 2015年，中央纪委提出“学思践悟”、省纪委常委会号召全省纪检监察干部“岗位练兵”，按照省纪委监察厅的统一部署，太原市纪委监察局结合“三严三实”专题教育，对照“责任、能力、作风”要求，在开展“反思、整顿、聚焦”工作的基础上，在全市市、县两级纪检监察机关集中开展为期一个半月的“学思践悟·岗位练兵”活动。市委常委、纪委书记李吉山同志认真谋划活动内容及开展方式，亲自审定《活动安排方案》，进行动员部署，强调要按照黄晓薇书记“结合不同岗位职责要求，从基础知识和基本技能抓起，全员参加，比学赶帮超，在履职中提高业务本领”的要求，参照省纪委的做法，结合太原市纪检监察工作实际，扎实有效地开展好此次岗位练兵活动。机关各厅部室、县(市、

区）纪委监察局在市纪委总体活动方案的指导下，精心组织、扎实开展，结合各自岗位特点，从制订方案安排部署、专题学习讨论交流、对照问题岗位练兵、收集汇总总结提高等四个阶段细化具体练兵方案，举办形式多样、各具特色、富有成效的练兵活动。

结合“三严三实”专题教育，市纪委机关各厅部室主动到省纪委对口学习请教。组织“学思践悟·岗位练兵”活动，围绕必学必会必用的业务知识专门组织考试，围绕纪律审查业务技能开展15场练兵，比学赶帮抓业务、真学真练提能力。10县(市、区)、机关19个厅部室全部采用PPT形式作了汇报交流，10县（市、区)纪委书记、副书记，机关全体干部和派驻纪检组长参加会议。（白瑞军）

【提高业务能力和综合素质】 2015年，市纪委监察局按照中央纪委、省纪委的要求，组织开展“学思践悟岗位练兵”活动，提高全市纪检监察干部的业务能力和综合素质。全市各级纪委监察局领导班子高度重视，加强领导，市委常委、纪委书记李吉山共审定各方面练兵活动方案、报告20余次，既给予充分肯定鼓励，又给予具体指导。各分管领导积极谋划组织，结合工作实际，按照岗位特点，制订活动方案，全程参与指导点评，积极组织厅部室人员主动开展练兵。市纪委监察局机关各厅部室都按照要求开展内容丰富、形式多样的练兵活动，县(市、区)纪委组织县、乡两级纪委开展活动。精心谋划制定每场活动的具体方案，各厅部室组织实施，每个口每场活动都内容充实、富有创新、匠心独运。市纪委监察局“开门练兵”，邀请县区和派驻机构的同志参与进来，练兵既推动工作，又听取基层意见、共同研究工作。如，办公厅结合岗位特点和工作运行中存在的问题，围绕请示报告、文稿起草、公文写作与处理、档案管理、保密工作、信息工作、信息化工作和会务接待等专题分别进行讲解练兵，并重点与各县(市、区)纪委办公室主任进行了专题探讨；纪检监察五室、六室与26个联系单位共同开展专场练兵。古交市通过领导班子领学、开展“读书评报”、创新拓展“微课堂”等多种形式，注重培养好的思维习惯（辩证思维、逻辑思维、换位思维、宏观思维、顺向思维、底线思维)，形成“学思践悟岗位练兵”长效机制；阳曲县组织县直机关35个单位的150余人开展知识竞赛，7名县四大班子领导亲临现场。

案件监督管理室和纪检监察一至四室的练兵紧扣问题展开，聚焦主业，从理解认识纪律审查的新形势新要求的角度，设置“如何理解把纪律和规矩挺在前面”等4个问题，从解决具体工作业务层面问题，既有“如何把纪律和规矩挺在前面”这类宏观上的问题，又有办案安全、线索处置和突破案件等具体问题，真正做到不偏、不空、不虚。万柏林区、杏花岭区和小店区针对乡镇纪委力量薄弱，业务不精、能力不强的问题，以联组为单位进行岗位练兵，以案代训，提升纪检监察组织办案水平和能力。坚持紧密联系工作实际，“缺什么补什么、哪里薄弱就练哪里”。比如，党风政风监督室就“两个责任”追责问责、参与事故调查，机关党委就发展党员程序和“三会一课”，信访室就来信来访处置等分别进行练兵，有效促进业务工作的开展；迎泽区推行联组巡查和协同办案制度，改进办案方法，整合办案资源，增强办案合力，提高办案质量和效率。（白瑞军）

中国国民党革命委员会太原市委员会

【概述】 2015年，民革太原市委会机关内设办公室、组织处、宣传处、联络处4个职能处(室)，行政编制13名，工勤编制2名。民革太原市第十一届委员会主任委员陈继光，副主任委员杨继文、闫爱爱、南建民、刘建伟、吕薇。市委常委18名，委员44名。民革市委会有9个专门工作委员会，分别为人口资源环境委员会、祖国和平统一促进委员会、教科文卫体委员会、社会和法制委员会、理论研究与学习委员会、三农委员会、经济委员会、老龄委员会、妇女和青年工作委员会。 (闫 峰)

【思想建设】 2015年，市委会开展坚持和发展中国特色社会主义学习实践活动，举办学习贯彻中共十八届四中、五中全会精神以及中央统战工作会议精神、《中国共产党统一战线工作条例(试行)》等专题报告会、学习会、座谈会等10余次，为市委委员、基层支部主委、骨干党员下发《习近平谈治国理政》以及中共十八届四中、五中全会精神辅导百问等书籍300余本。组织230人次参加中共山西省委统战部举办的山西民主党派学习讲堂及中共太原市委统战部组织的学习实践活动专题讲座。召开纪念《中共中央关于进一步加强中国共产党领导的多党合作和政治协商制度建设的意见》颁布10周年座谈会。

市委会领导班子及基层支部党员100余人次先后赴重庆、上海、广西、成都、兰州、保定等地开展“观故居，走多党合作之路”活动，传承民革优良传统，坚定多党合作信念。制定《民革太原市委会基层支部主委集中学习制度》，提高基层支部支委的政治素质和理论素养。尖一、杏九支部联合六个支部清明前夕在窦大夫祠祭扫辛亥革命前辈赵戴文，缅怀革命先辈的丰功伟绩。杏四支部开展民革党史专题讲座，迎三支部等开展抄写党章活动，提升党员的参政意识。

开展孙中山思想和参政党理论建设工作。举办民革E家专题培训会，组织党员参加民革中央参政议政成果评选活动。做好宣传工作，民革太原市委会网站1月1日正式开通，与《太原民革》共同成为全市民革党员思想学习、理论宣传的重要载体和形象窗口。民革中央副主席修福金莅临太原市古交总支调研时，对市委会宣传思想和理论建设给予肯定。市委会被授予“民革全国宣传思想理论工作先进集体”荣誉称号。 (闫 峰)

【参政议政】 2015年，市委会班子成员参加中共太原市委、市政府举办“双月座谈会”、征求意见会、情况通报会等，提出的20余条建议受到重视并被采纳。市委会递交市政协十二届四次全会集体提案14件，其中《关于做好土地承包经营权确权登记，规范土地承包经营权流转，发展都市现代农业的建议》被市政协列为重点提案，《关于大力推进大数据时代智慧太原建设的建议》进行大会发言。民革党员中各级人大代表、政协委员递交个人提案、议案320余件。参加市政协组织的民主协商工作，专题调研报告《关于六权治本依法确定权力工作的建议》《关于对十三五规划期间社会治理发展的建议》《关于发挥好社会组织在社会治理中的作用》在市政协常委会和协商座谈会进行协商议政。

基层支部、专委会组织党员开展参政议政工作，人口资源环境委员会、三农委员会、妇女和青年委员会、教科文卫体委员会、基层支部先后赴阳曲县、太原市血液中心、太原市婚介补贴大厅等地就农村土地承包经营权流转、环境保护生态建设、晋阳古城开发建设等内容进行调研。党员王勇连续三年成为递交个人提案最多的一名市政协委员，太原日报等省城主要新闻媒体以“提案大王”进行专题报道。党员杨见青被聘为太原市第十三届人大常委会立法咨询专家，应邀参与《太原市城市地下管网条例》的立法咨询。古交二支部联合其他支部在古交建立“民革古交调研基地”，激发民革党员履行参政党职能的热情。

做好反映社情民意信息工作，其中党员周学恭撰写的《关于加强我市学前教育发展的建议》被市政协单篇采用。党员刘梅青撰写的《关于尽快开通"120"高速路绿色通道的建议》《关于推进我市可回收生活垃圾分类收集的建议》被省、市政协单篇采用。党员任静荣获太原市网络舆情优秀社情民意二等奖。（闫　峰）

【组织建设】 按照各民主党派组织发展工作会议纪要以及民革中央、山西省委有关组织发展的要求，在做好渊源关系特色发展的同时，严把党员发展入口关，执行联系人士登记制度、发展党员考察培养制度、新党员培训教育制度等。全年共发展新党员31名。截至2015年底，民革太原市委共有基层支部37个，总支1个，小组1人。党员983人，其中女党员404人，平均年龄51.6岁，其中博士3人，研究生45人，本科440人，本科以上488人，占49.6%，正高职称8人，副高职称72人，中级职称314人，中级以上职称共394人，占40%。副县级以上26人，其中实职安排8人。有民革特色的党员452人，占46%。各级人大代表14人，各级政协委员111人。

加强党员培训教育工作，举办2015年中青年骨干党员培训班和新党员培训班，32人次参加省委会第五期、第六期中青年代表人士、太原市党外干部等专题培训班。强化后备干部队伍动态化管理，建立82名党员的后备干部数据库，在十一届六次全体(扩大)会议上进行领导班子后备干部人选推荐工作。建立《市委会与基层支部定期联系会议制度》《市委会常委联系基层支部制度》，制定《民革太原市委会评选先进支部先进党员办法》。成立太钢支部工作组，促进太钢支部活动正常化。组织召开基层支部工作会议和市委会定期联系会议8次，拓宽上情下达渠道，共同推进基层组织建设。举办2015年运动会爬山团体比赛。走访联系县(市、区)统战部及党员所在单位中共党组织30余次。党员井涛作为优秀党外干部赴迎泽区挂职锻炼。

各基层支部开展规范化、制度化建设，利用微信、QQ等"互联网+"模式宣传多党合作知识和参政党建设理论，开辟民革党员教育园地。杏三支部在活动中向新党员倾斜，使新党员尽快融入民革组织。杏七支部编制支部宣传手册，回顾支部的发展历程。晋源支部坚持一月一活动，推进"人才强支部"战略，吸收政治素质好、学有专长、富有生气的中青年干部。清徐支部与古交总支联合举办工作经验交流会，互相学习，共同促进。阳曲小组成立党员之家，发挥支委带头做表率、老党员带头做表率的"两个表率"作用。（闫　峰）

【社会服务】 2015年，组织基层支部开展"博爱·牵手"活动。春节前夕，省、市民革组织中山艺术团赴山西省未成年犯管教所开展帮教送暖文艺演出活动，捐赠价值3000元的文化书籍和文体用品。省、市民革经济委员会赴党员杨宏玉创办的晋中市祁宏粉煤灰科技开发有限公司就促进全省环保产业发展、推进粉煤灰综合利用项目健康发展进行专题调研，并召开固废资源综合利用、产业经济转型发展研讨会。组织召开经济委员会及各基层支部经建委员会议，邀请山西财经大学国际贸易学院副院长周新生做《构建山西开放型经济新体制》专题报告会。赴阳曲县洛阴村春节慰问10户贫困户，并为该村争取到600万元的农业综合开发项目，实施娄烦县静游镇步斗村精准扶贫工作。联合中华传统文化联合会、太原市慈善总会组织开展"孝行天下献爱心"进社区活动，迎泽五支部捐款2.5万元。小店一、二、三支部联合区委统战部举办"民革小店支部送健康进社区"活动。尖一支部在七一前夕慰问太原红星印刷厂的职工，并在兴华商贸广场举办"中国梦、庆七一消夏文艺演出活动"。尖二支部、文艺支部联合区文化馆举办戏曲知识讲座。古交一支部联合中铁十二局医院在古交社区举办义诊活动，接诊500余人次。清徐支部赴清徐敬老院进行慰问并送去棉衣、棉被等生活用品。阳曲小组参加县委统战部、工商联举办的"非公经济统战沙龙"，为小微企业提供法律援助。医卫一、二支部赴太原市公交四公司进行义诊和健康咨询活动。法制支部赴阳曲县委中小企业负责人进行《企业如何防范劳动关系的法律风险》专题讲座，并与阳曲县工商联签订帮扶协议。杏七等5个支部前往杏东小学开展送健康到校园活动。党员康德卿创办太原市婚姻补贴服务大厅，截至2015年底共为全市结婚青年补贴3000万元。小二支部开展法律进社区活动，与汇丰街办联合举办首届"见青杯"社区(村)法律知识竞赛活动，联系中国初级卫生保健基金会为娄烦县乡镇医院免费捐赠医疗设备，帮助县医院解决建设资金缺口。党员邵雁波投资500万元建设的高科技数字影院，被列入阳曲县2015年为民办七件实事之一。（闫　峰）

【祖国统一工作】 促进祖国和平统一工作委员会学习习近平总书记会见马英九、朱立伦时提出的维护两岸关系和平发展的政治主张，组织2015年台情报告会，山西大学军事教研室特聘教授倪宁应邀举办专题辅导讲座。市委会通过在山西国民师范旧址革命活动纪念馆召开座谈会、组织观看电影《百团大战》、开展主题征文活动，纪念中国人民抗日战争暨世界反法西斯战争胜利70周年；房爱华、林承威创造的《抗战号角》参加民革中央主办的"民族魂——纪念抗战胜利70周年"书画展，并收入民革中央画院编印的《民族魂—纪念中国人民抗日战争暨世界反法西斯战争胜利70周年美术作品集》，雕塑作品被民革中央收藏并颁发收藏证书。此外，组织党员赴平遥参观《团结报》社举办的"铭记与关爱—镜头中的抗战老兵"摄影展，在新春、中秋之际慰问抗战老兵和黄埔老人，民革党员中4名抗战老兵参加全国纪念抗战胜利70周年大阅兵活动。党员杨俊明当选山西黄埔同学联谊会副会长。杏九支部通过举办台湾时政和人文地理座谈会，增进大家对两岸关系和平发展的理解和憧憬。杏一支部赴左权将军纪念馆举行纪念抗日战争胜利70周年纪念活动。迎二支部参观“太原集中营”旧址和太原市纪念中国人民抗日战争胜利70周年实物图片展。万一支部先后赴平型关抗战旧址、三晋抗战胜利纪念馆等地祭奠抗战英烈。小二支部赴忻州参加抗战将领张培梅将军的立碑仪式。清徐支部联合晋源支部参观清太徐抗日民主政府旧址。古交总支赴河口镇慰问当地居住的抗战老兵并赠送过冬物品。尖二支部接待台胞邓志鹏一行，赴土堂大佛、窦大夫祠、中华傅山园进行参观并进行座谈。杏八支部台属党员主动与台湾亲人联系，宣传祖国大陆改革开放的伟大成就，以增强他们对祖国的向往。党员方月霞赴上海与到大陆探亲的台湾亲人，共叙亲情和期盼祖国早日统一的美好愿望。台北阎锡山纪念会理事长、阎锡山侍从副官张日明在台北接待民革党员李金良夫妇，并进行交流。（闫　峰）

【机关建设】 组织完成机关历史档案的整理，建立机关档案室。组织机关退休干部开展“登崛围山重阳节”活动，坚持周二机关干部学习例会制度，评选出机关优秀公务员和先进工作者。接待党员来访近50人次。慰问生病党员、吊唁去世党员。开展“博爱一日捐”活动捐款1010元，参加全市文明单位网络文明传播活动。打造中山系列品牌工程，成立中山艺术院、书画院、宣讲团、企业家联谊会、志愿者义诊服务队和法律援助中心。参加市委会对口联系单位的联系工作、太原市住房和城乡建设委员会举办的纪念“八一建军节”活动及2015年党务工作总结会。慰问现役军人并赴牛驼寨烈士陵园参观。深入党员创办的企业进行走访。老龄委赴迎泽公园赏牡丹、组织参观山西国民师范旧址革命活动纪念馆，妇青委举办三八妇女节讲座和“五四”爬山活动。（闫　锋）

民盟太原市委员会

【概述】 中国民主同盟，简称“民盟”，是中国共产党领导的爱国统一战线的组成部分，是同中国共产党通力合作的参政党，是主要由从事文化教育以及科学技术工作的高、中级知识分子组成的，具有政治联盟特点的，致力于社会主义事业的政党。中国民主同盟太原市委员会（简称盟市委）是民盟山西省委和中共太原市委领导和管理的地方组织。盟市委机关有“一室四部”，分别为：办公室、组织部、宣传部、社会服务部、参政议政部，专职工作人员14人，14人全部为大专以上学历。

2015年，民盟太原市委在中共太原市委和民盟山西省委的领导下，学习贯彻中共十八大、十八届三中、四中、五中全会精神，加强自身建设。围绕全市实现“六个表率”的要求，参政议政、建言献策，履行好参政党职能，各项工作取得成效。（孟秀君）

【思想建设】 2015年，民盟中央期刊《中央盟讯》第一期刊登民盟太原市委开展坚持和发展中国特色社会主义学习实践活动综述，民盟太原市委借此契机，总结上年度活动开展情况，并根据民盟省委和市委统战部的工作安排，评选推荐开展学习实践活动的先进基层组织和先进个人。确定“理论学习为主线”“实践活动为载体”“参政议政为抓手”三个活动重点，推进学习实践活动引向深入。

盟市委中心学习组重点学习《关于加强社会主义协商民主建设的意见》《中国共产党统一战线工作条例（试行）》，中央统战工作会议精神，党的十八届五中全会精神等；盟市委机关结合形势，坚持每周理论学习，并丰富学习内容，组织盟员参加市委统战部举办的党外后备干部培训班学习；组织骨干盟员听取市民主党派、无党派代表人士坚持和发展中国特色社会主义学习实践活动专题讲座。参加盟省委组织的“加强社会主义协商民主建设”理论研讨会；组织新盟员、后备干部培训班，并围绕盟史、盟章和盟务工作进行授课，围绕参政议政、社情民意进行交流；出席在南宁、江阴举办的盟务工作会议；结合纪念抗战胜利70周年，召开座谈会，畅谈爱国主义精神和抗战斗争的伟大胜利。

在学习中，盟市委把重点学习材料打印成册，下发常委和机关干部，并围绕学习主题，进行解读、讲座、报告研讨等多种形式的学习。基层支部理论学习活动成为常态。在盟省委理论研讨会上，三篇论文被采用。（孟秀君）

【参政议政】 2015年，盟市委发挥高层协商作用，通过参加中共太原市委、市政府和有关部门举办的双月座谈会、情况通报会等，对全市“十三五”期间义务教育均衡发展、现代物流、提高城市中水回收建设资源节约环境友好型城市、食品安全、农村文化建设、城中村改造等方面提出意见建议，有的被采纳和落实。通过参加市政协的常委会、主席会、秘书长联席会，及时发表意见建议。在政协太原市十二届四次会议上，民盟市委提交团体提案14件，20位政协委员提交个人提案80件。

社情民意稿件数量稳中有升，全年修改并报送稿件404件。盟市委关注调研活动，对群众关心的热点难点问题确定调研课题，研究制定调研课题招投标办法，发挥盟员专业优势，中标盟员自行组建课题组。调研活动深入基层，深入一线，掌握第一手资料，完成24个课题研究。经两个环节把关，提请常委会集体评审，20个课题调研报告通过评审。内容涉及城市规划建设、“六权治本”、社区服务、“十三五”规划、城中村改造、生态环境、土地撂荒治理、信用建设、金融环境等，调研成果对改善民生、加强综合治理、改善市民生存环境、推进协商民主、促进社会精细化管理的高层决策发挥重

要作用。（孟秀君）

【组织建设】 2015年，坚持高标准、严把关，以重点界别为主，适当拓宽发展领域，吸收一批政治素质好、知识层次高的优秀分子入盟，盟员结构进一步优化。2015年，发展新盟员63人（女38人）。截至2015年底，全市共有盟员1781人，总支4个，支部68个。高中级职称占82%；中上层人士占87%；大专以上学历比例91.9%，其中博士学位6人；硕士学位107人，占6%；盟员平均年龄53岁，离退休人员597人，占33.5%。盟员中同时是中共党员的119人，占7.1%。盟员界别分布：高等教育123人，占6.9%；普通教育865人，占48.5%；科技医卫238人，占13.3%；文艺出版56人，占3.1%；公有制经济225人，占12.6%；新的社会阶层61人，占3.4%；机关团体213人，占11.9%，其他3人，占0.1%。主体界别为1279人，占71.8%。

全市盟员中担任市人大副主任1人，10个县区中盟员担任人大副主任2人、政府副县区长3人、政协副主席1人，在职县处级以上领导32人，各级学校正副校长20人，高校教务处长及院系主任17人。全市担任各级人大代表、政协委员盟员85人次（其中全国政协委员1人，省人大代表1人，省政协委员1人），各级特约人员40人。

在组织发展中，盟市委注重坚持“四个有利于”原则：有利于坚持和完善中国共产党领导的多党合作和政治协商制度；有利于贯彻“长期共存、互相监督、肝胆相照、荣辱与共”的方针；有利于加强自身建设；有利于更好地发挥参政党职能，继承和发扬民盟的优良传统，为推进社会主义现代化建设、维护社会稳定服务。

（孟秀君）

【社会服务】 2015年，开展“烛光行动”爱心捐书活动。募捐图书6700余册。6月18日，市直五支部在太钢锦绣苑小区募捐图书3千多册；市直二支部在开元小区募捐图书2000余册；旅游支部募捐图书1000余册；市直一支部募捐图书700册等。民盟太原市委9月26日组织市直一支部、五支部、文化支部及部分志愿者远赴垣曲县堤沟小学将3000余册图书送到孩子们手中。民盟太原市委在小店区西柳林小学开展第七届“风雨同舟心连心　城乡儿童手拉手”活动。

开展“爱心点滴行动”，关爱贫困人群。民盟太原市委利用微信平台建立“爱心点滴行动”微信群。在群里发出倡议，多次组织帮困活动，为救助阳曲县白血病患儿宋赛博义卖捐助活动，捐款10000元；为太铁一中家庭特困又品学兼优的李欢宴捐助一学年学杂费1400元；组织杏花岭二支部和部分志愿者赴宁武南沟子村，捐赠衣物206件、便携治疗仪40台、食用油4箱、向特困户捐款1100元，并为病患者联系省城医院，帮助就医；组织市直一支部、市直五支部、中心医院支部、太钢支部赴河曲吴峪村、罗圈堡为贫困家庭捐赠衣物78件及价值330元的食品，为横岭村农村老人摄影，洗出相片送到每位老人家中，组织盟员为太谷小白乡王村贫困家庭烧伤孩子王中元捐助1500元治疗费，11月21日送到孩子父母手中。

深化送医下乡活动。8月16日，盟市委组织市中心医院支部各个科室专家到尖草坪区的偏远农村横岭村为贫困家庭义诊，尤其关注农村留守老人，为其进行心血管病筛查，常见病诊治，对较重的病患者提出入院治疗建议，并帮助联系医院及医生；组织太钢支部在开元社区开展健康讲座，为社区居民服务。

拓展教育帮扶行动。11月10日，与民盟阳泉市委联合赴平定马山中学开展教育帮扶活动。开展“黄丝带”行动。以文艺支部盟员为主，组织有艺术特长的盟员，深入监区，为学员编排有益改造的文艺节目。（孟秀君）

【定点帮扶】 解决农民实际困难。民盟市委定点帮扶阳曲县凌井店乡西郭湫村。民盟市委领导深入农村，探索种养殖产业发展，建议发展以休闲养老结合的新型服务业；联系水处理专业人员实地考察村民饮水状况，提出改善饮水解决初步方案；联系省城食品企业订单收购蔬菜；夏秋季，帮村民销售茴子白35000余斤，解决农民实际困难；晋源支部帮扶店头景区发展，生态学校支部对农民进行产业指导、技术服务，法律支部送法下乡服务，中心医院支部义诊服务等，不断深化。（孟秀君）

中国民主建国会太原市委员会

【概述】 中国民主建国会太原市委员会（简称民建太原市委），是中国民主建国会的地方组织。中国民主建国会，主要由经济界人士以及有关专家学者组成，是具有政治联盟特点的、致力于建设中国特色社会主义事业的政党，是中国共产党领导的多党合作和政治协商制度中的参政党。民建太原市委机关现有“三处一室”，分别为：调研咨询处、组织处、宣教处和办公室。民建太原市委把开展好学习实践活动作为推进参政党建设和自身建设的重要突破口。民建太原市委贯彻习近平总书记系列讲话精神和中共十八届三中、四中、五中全会精神，围绕“四个全面”战略布局和“十三五”规划积极参政议政，围绕市委市政府的中心工作和群众关心的热点难点问题，开展好各项工作。强化政治共识，知情明政；建言献策，凝聚改革正能量，做好参政议政和民主监督工作，发挥参政党地方组织优势，提高履职能力和参政议政水平，为推进太原市“六权治本”、促进“六大发展”发挥作用。得到中共中央统战部和民建中央的表彰，荣获民建全国参政议政先进集体和全国先进集体等。（郝亚婷）

【加强政治学习，巩固思想基础】 民建太原市委以开展坚持和发展中国特色社会主义学习实践活动为主题，不断加强思想建设。坚持以会代训,深入学习贯彻中共十八大、十八届三中、四中全会和习近平总书记系列重要讲话精神,重点学习贯彻中共十八届五中全会精神和中央统战工作会议精神,并对学习中国特色社会主义理论知识和民建会章会史常抓不懈。另外,市委会还组织支部会员深入领会省市两会、民建全会和其他各级各类会议精神。坚持开展针对支部主任、新会员、机关工作人员等不同层次的培训,充实机关图书室的书籍,倡导向书本学、学以致用。召开民建太原市委第十届五次全委会议,听取审议《民建太原市委第十届常委会2014年工作报告》,对市委会2015年工作做了部署,并安排市委会关于纪念民建成立70周年的各项活动。市委会共下发关于学习中央统战工作会议、中共十八届五中全会精神和各类征文通知7个。全年,组织集中学习12次,举办专题报告会4次,举办新会员培训班2期,编印《并州民建》4期,印发各类学习资料3000余(册)份。

(郝亚婷)

【开展主题活动】 2015年,民建太原市委结合纪念多党合作制度确立65周年、纪念抗战胜利70周年和建会70周年等重大主题,市委会及专委会和全市各支部开展形式多样的活动,如主题征文活动、赴山西国民师范旧址参观活动、赴驻并部队慰问活动、赴清太县抗日民主政府旧址参观活动、主题登山活动、羽毛球乒乓球健身比赛、重阳节慰问及座谈等,形式灵活、不拘一格、主题鲜明,弘扬老一辈的优良传统,铭记历史,坚定信仰。市委会在省社会主义学院召开纪念中国民主建国会成立70周年大会,并表彰114名优秀会员,另外,各专委会联合举办纪念民建成立70周年文艺联欢晚会。围绕经济形势,市委会还举办经济形势专题座谈会。同时,古交总支、晋源区支部、尖草坪支部、小店一支部、杏花岭支部、机关二支部、机关三支部、太原百货支部和清徐支部等支部分别开展文件学习、捐资助学、慰问老会员、送医送药、主题登山、参加太原国际马拉松赛和帮助贫困孩子圆满夏令营活动等。这些主题活动不仅进一步增强会员走中国特色社会主义道路的政治自信、道路自信、制度自信,也进一步凝聚起广大会员的政治共识,自觉传承政治薪火。 (郝亚婷)

【完成好组织提案工作】 2015年,民建太原市委将学习实践活动与履职实践活动紧密结合,注重科学选题,注重成果转化,提升参政议政工作水平。坚持由领导带头,会员参与,以点带面,自上而下的调研工作机制。市委会组织民建界别委员召开参政议政工作会,对年度调研工作进行总结,并安排部署2015年的市政协大会发言和组织提案选题、调研、组稿、撰写等工作。围绕就业创业工作、改善农村医疗卫生条件、加快养老服务体系建设、打击非法吸收公众存款、规范金融秩序、提高社区工作人员待遇、支持中小企业创新发展、推动城中村改造配套设施建设、推动旅游业发展,扩大消费促进经济稳增长、完善科技创新驱动发展制度体系和市政公用事业引入民营资本等热点难点问题提出建议,在市政协全会上提交团体提案13件,大会发言3件。社情民意工作也成绩显著,全年共计向省民建、市政协、市委社情民意办公室、市委统战部等不同渠道,报送社情民意信息80余条,被采纳21条。其中,《关于整治大学城周边黑车保障大学生人身安全的建议》被省政协采纳,并由两位副省长亲自批示。响应市政协2015年度委员述职动员会的要求,市委会组织召开民建界别政协委员述职报告会。

(郝亚婷)

【开展好调研工作】 2015年,民建太原市委在调研工作中,坚持课题制度,深入一线调研。围绕"六权治本"中的制度限制权力、推进太原市养老事业发展、优化发展环境和完善农村社会保障体系等课题展开调研。完成的《关于"六权治本"中制度限制权力的建议》的调研报告得到市政协的高度重视。同时还参加市政协组织的"做大做强县域经济"专题议政会,完成《资源型县域经济转型发展的建议》的调研报告。 (郝亚婷)

【加强对外交流】 2015年,民建太原市委加强与市发改委和市住建委的对口联系与合作,通过互访、座谈、交流简报刊物等形式,了解太原大政方针政策和行业发展情况,互相监督工作,开展调研协作。另外,市委会主委与部分企业家会员一同参加2015中国(长沙)非公有制经济发展论坛。市委会与来访的民建郑州市委就如何提高开展会务、服务会员的能力和水平,进行深入的学习交流。

(郝亚婷)

【自身建设】 2015年,市委会以开展坚持和发展中国特色社会主义学习实践活动为契机,夯实组织基础,加强自身建设。班子成员坚持民主集中制,贯彻《会内民主监督条例》,坚持"谈心会"制度,班子成员关系和谐,发表意见开诚布公,做好会务工作,努力做到整体提高"五种能力"。2015年共召开主委会议6次。认真贯彻《民建中央关于进一步做好组织发展工作若干问题的意见》精神,继续加强骨干队伍、会务工作者和后备干部队伍建设,重点做好具有代表性、高素质人才的入会发展工作,严格发展程序,保持和发展民建的组织特色和优势。全年发展新会员53名,全市有民建总支、支部28个,会员1065名。其中,经济界会员占会员总数的87%。大专以上文化程度的会员占78%,中、高级以上职称会员占38%,新的社会阶层人士占22%,各级人大代表、政协委员103人。 (郝亚婷)

【心系扶贫,服务社会,传递党派正能量】 2015年,民建太原市委在社会服务工作中贯穿中国特色社会主义学习实践活动的红线,发挥组织优势、智力优势,加强在娄烦县庙湾乡水峪村的定点扶贫工作,在精准扶贫上下功夫,主委多次带领机关干部和部分企业家会员入村开展帮扶活动,多次进行调研,深入村里

慰问贫困户,开展“送医药下乡活动”。市委会机关选派一名机关干部担任定点扶贫村水峪村的第一书记。与此同时,科大支部、杏花岭支部、古交支部、市直支部还自发组织“关爱特殊儿童活动”、到尖草坪区暮云山庄开展义务植树活动、扶贫捐款捐衣物活动、公益夏令营活动等等。

(郝亚婷)

中国民主促进会太原市委员会

【概述】 2015年,中国民主促进会太原市委员会坚持“有思有行、集智聚力、顺势而为、开拓创新”的方针,牢记“为执政党助力、为国家尽责、为人民服务”的宗旨,围绕中心、服务大局,议政为本、参政为民,以社会服务年和支部换届年为主线,突出自身建设和参政议政两大主题,凝心聚力,开拓创新,各项工作取得新的成效。

(张冰晶)

【理论学习】 2015年,民主促进会太原市委员会通过全委会、常委会、主委办公会议和机关工作例会,集中学习中共十八届四中、五中全会和中央、省委、市委统战工作会议精神以及《中国共产党统一战线工作条例(试行)》,学习传达民进中央十三届三中、四中全会、民进山西省七届四次全会和太原市“两会”精神。晋源总支、徐沟中学等基层支部也纷纷响应市委会的号召,组织开展政治理论学习、会史会章讲座等活动。市委会主委张政、清徐县民主副县长芦国庆参加省委统战部在北京怀柔举办的全省党外干部培训班,20名新任支部主任参加民进山西省委在省社会主义学院举办的全省骨干会员培训班,11名后备干部参加市委统战部举办的全市优秀党外代表人士培训班,市委会班子成员和基层支部主任参加市委统战部举办的学习实践活动专题讲座,机关干部参加民进中央、省委统战部、市委组织部、市委统战部举办的业务培训学习。

(张冰晶)

【组织建设】 2015年,根据民主促进会太原市委员会基层组织换届工作的要求,完成61个基层支部的全部换届工作。注重队伍建设,严把“入会关”,举办两期入会积极分子培训,学习《中国民主促进会章程》,系统讲解民主党派的概况、民进会史会章以及民进太原市委的主要机构和工作职能,市委会八届十三次常委会审核批准48名新会员,八届五次全委会民主推选12名后备干部,会同市委统战部对后备干部进行考察、培训。在基层组织建设方面,与民进吕梁市委会开展走访交流活动,一些支部能够走出去学习借鉴先进经验,如晋源总支与平鲁支部继续开展“结对共建”交流活动,晋源总支赴朔州市与平鲁支部举行工作经验座谈会,参观平鲁支部办公室,学习档案资料规范化管理情况,并在紫晨广场观摩由平鲁支部组织的纪念抗战胜利70周年“爱国歌曲抗日歌曲大家唱”。杏花岭机关支部、民进机关二支部前往阳泉市开展走访交流,与阳泉市医卫支部、机关一支部结成“同心共建”互助支部。

(张冰晶)

【议政调研】 2015年,民主促进会太原市委员会主动融入全市经济社会发展中,聚焦改革发展稳定中的重大问题和群众最为关切的热点问题开展调查研究。《关于我市义务教育阶段实施均衡发展的建议》等12件调研报告作为集体提案提交市政协十二届四次会议,参与市政协组织的“六权治本”课题调研,就“阳光行使权力”进行专题研究,并形成调研报告进行大会发言。与市政协联合开展“推进我市职业教育改革发展”专项调研,走访相关职能部门和部分职业院校,举行专题协商座谈会,市政协主席张贵元、市政府副市长魏民、市政协副主席张政和王爱萍、市教育局局长马兆兴听取民进界别政协委员、部分会员以及有关专家的建言献策。市委会召开参政议政调研课题研讨会,组织骨干会员赴阳曲县天怡山庄和青龙古镇调研乡村旅游产业、赴中小企业创业服务中心调研金融企业如何助推民营经济、赴康大学校和汇丰中学调研“小升初”程序公开化状况等等,通过实地调研,掌握第一手资料,提出调研成果,发挥参政议政的主体作用,体现党派工作的界别特色和社会价值。基层支部结合自身实际开展调研,广大会员关注民生热点,撰写社情民意信息,征集会员反映的社情民意信息121条,在归纳整理的基础上,通过信息报送系统上报62条,其中《关于公共建筑能耗动态监测平台建设的建议》和《建议教育部合理安排中小学体检时间》被全国政协采用,《关于推进我市出租车行业改革的建议》和《建议我市采取紧急措施防范“苹果棉蚜”虫害扩散》得到省委常委、市委书记吴政隆同志批示,省政协采用1条,省委统战部采用5条,市政协采用20条,社情民意信息工作连续八年位居全市各民主党派首位,被会省委评为“参政议政先进集体”。

(张冰晶)

【社会服务】 2015年,民主促进会太原市委员会发挥人才优势,巩固老阵地,拓展新领域,实现新作为开展“微公益”活动,提高社会服务的质量和水平。太原民进名师讲学团集中全市民进组织优质教育资源,是开展社会服务工作的重要品牌,进行支教帮扶活动,邀请省实验中学、山大附中、太原五中、进山中学、成成中学、市教科研中心的优秀教师会员在晋源区实验中学进行高考考前专题辅导,在高三开学之际又针对文理科的全面学习进行了方法指导,赴阳泉市郊区杨家庄学校开展支教讲学活动,为初三学生进行中考考前的英语、数学、物理、化学等学科辅导。还启动“民进公益讲堂进校园”活动,走进汇丰中学、育英中学、尖草坪一中、万柏林四中等9所学校举办专题讲座20场,听讲学生达3000人次,助推校园文化建设。市委会响应市政府倡导的“推动全民阅读 建设书香太原”,在清徐县举办“送图书送文化下乡”

活动月，开展“迎新春，送挂历”、艺术家文艺下乡、摄影学会免费拍照、书法家送春联等系列活动，被人民政协报、团结报等多家媒体进行宣传报道。市中心医院支部参与会省委赴阳泉市西岭村的送医送诊活动，带领医疗专家赴清徐县西怀远村开展“同心·义诊”活动，诊疗群众40余人，发放健康资料百余份，测量血压、血糖近50人，并举办“清洁牙齿、关爱牙齿”宣传教育讲座。市人民医院支部选派内分泌科、消化内科、妇产科、眼科共6名专家在晋源区黄楼村开展义诊活动，义诊群众百余人。太原生态工程学校支部在马恩正老师的带领下，以阳曲县中兵村和晋源区北河下村为科技支农服务点，开展农业技术培训，指导黄瓜、西红柿病虫害的早期识别和病情防治，确保广大菜农丰产增收。法律支部开展8次“法律咨询进社区”公益活动，为社区居民免费发放宣传资料、普及法律常识、解答法律问题。晋源一支部利用暑期时间深入晋祠社区开展书画公益培训，由书画会员义务为中小学生教授硬笔书法和水粉画写生。晋源三支部选派骨干教师前往东关小学、花塔小学开展送教下乡活动。（张冰晶）

【主题活动】 2015年，民主促进会太原市委员会响应民进中央开展“书香彩虹”公益活动的号召，为贵州省金沙县捐赠《国学启蒙》《趣味数学》《名家字帖》等图书3600余册，组织会员500余人在山西大剧院观看爱国主义话剧《马兰花开》，组织会员100余人在中国（太原）煤炭交易中心聆听国学大师钱文忠教授主讲《弟子规》，弘扬爱国精神，传承民族文化。杏花岭机关支部、民进机关二支部联合开展爱心捐助行动，为太原市东华门小学1名身体残疾的贫困学生捐赠轮椅1辆、助学基金4500元以及学习用具，前往阳泉市郊区苏家泉小学捐助图书价值2万余元。为纪念抗战胜利70周年，小店一、二、三支部开展“向英雄致敬”主题活动，邀请90岁高龄的抗战老兵讲述抗战事迹，会员们还合唱《大刀进行曲》等红色歌曲。晋源一支部赴娄烦参观高君宇故居纪念馆，寻访红色足迹，聆听先烈故事，接受革命传统教育和爱国主义教育。中秋节前夕，回民小学支部组织学生与南海街二社区共同开展“做月饼、迎中秋”活动。重阳节期间，徐沟中学支部、晋源二支部对老会员进行节日慰问，杏花岭机关支部、民进机关二支部联合杏花岭区桃北东社区、金刚里社区以及桃园二社区共同举办“九九重阳节茶话会”，体现基层组织的亲切关怀，传承尊老敬老的传统美德。此外，会员、青年女书法家徐晓梅和李爱玲在晋商博物馆举办“凤舞晋阳”六人书法作品展，市书法家协会副主席席德生在太原晟源艺术中心举办“惟德尚美——席德生书法作品展”。（张冰晶）

【对外宣传】 2015年，民主促进会太原市委员会继2014年《家有儿女》家庭教育文集编辑出版后，组织开展以感恩父母为主题的征文活动，广大会员积极响应，踊跃撰稿，精选80篇优秀文章汇编成册，编辑出版《感恩父母》文化建设文集1000本。坚持以“太原民进”网站为宣传主阵地，及时编报新闻，适时更新动态，全面反映工作情况，共编写《工作简报》50期，编印《太原民进》报纸500份。通过中央统战、人民政协、民进中央、山西民进、太原统战、太原政协等网站宣传报道太原民进的各项工作，其中民进中央网站采用43篇。《民进太原市委开展送文化下乡活动》《太原民进赴阳泉市杨家庄学校支教讲学》《晋源一支部启动“微文化进社区”活动》等7篇新闻报道在《人民政协报》《团结报》刊登，《民进中央副主席卫小春在晋源总支调研》在山西电视台、太原电视台和《山西日报》《太原日报》做专题报道。随着无线网络WIFI的日益普及和微信的广泛使用，支部建立公众微信群，晋源总支建立民进基层组织微信公众平台。（张冰晶）

【会务工作】 2015年，民主促进会太原市委员会召开民进太原市八届五次全委（扩大）会议，全会听取并审议张政主委代表民进太原市委第八届常委会所作的工作报告，通报2014年参政议政工作情况，市委会领导班子及班子成员提交书面述职报告，杨利生副主委安排2015年主要工作，开展市委会领导班子民主测评和后备干部民主推荐。举行庆祝民进成立70周年暨教师节表彰大会，会省委原主委张正明、会省委副主委张建豪和任建国、市委统战部副部长王莎莎、市教育局、市卫生局相关领导应邀参加。对12个先进支部、53名优秀会员和11名优秀支教教师进行表彰，播放社会服务工作专题片，进行中国民主促进会成立70周年文艺展演，在康大晋阳书院设立“太原民进教育基地”。民进太原市委会作为民进中央副主席卫小春开展坚持和发展中国特色社会主义学习实践活动的联系点，卫小春主席在市委会领导班子成员和晋源区委书记王立刚、区政协主席董云飞，区委常委、统战部长李志民等领导的陪同下，参观晋源总支学习实践活动支农基地北河下村和“会员之家”活动场所，并召开学习实践活动基层组织座谈会。连续两次受到民进中央表彰，召开民进全国社会服务工作会议上，市委会被民进中央评为“社会服务工作先进集体”，会员徐文龙、温双伟、席德生被评为“社会服务工作先进个人”。在民进中央召开的庆祝中国民主促进会成立70周年大会上，会市委和晋源总支荣获“民进全国先进集体”称号，会员马恩正、周倩荣获“民进全国先进个人”称号。此外，坚持开展传统的会务活动，在新春之际举办迎新迎春联谊会，200余名新老会员欢聚一堂，会员表演歌曲联唱、诗朗诵、葫芦丝独奏、沙画表演、书画创作等精彩节目。在“三八”妇女节之际，邀请会员、山大附中高中实验班班主任于绪迎老师作“播种的事业”专题讲座。在重阳节之际，组织部分老会员观看由市文化艺术学校创排的全国第一部关注养老题材的大型现代晋剧《守护夕阳》。市委会机关开展精神文明创建活动，在五一广场开展“文明交通志愿服务”行动。推进双拥共建活动，与省军区警卫连结为双拥共建单位，签订双拥共建协议，召开军地双拥座谈会，组织机关干部参观连队建设。（张冰晶）

中国农工党太原市委

【概述】 2015年，农工党太原市委会贯彻落实中共十八大、十八届三中、四中、五中全会精神，学习贯彻习近平总书记系列重要讲话及中央统战工作会议精神，围绕“四个全面”战略布局和中共太原市委、市政府的决策部署，加强思想教育，推进组织建设，履行参政党基本职能，开展社会服务，各项工作取得成效。（赵晋春）

【学习宣传】 抓形势教育。引导广大党员把思想和行动统一到中共中央关于“十三五”规划的形势判断和决策部署上，发挥参政党作用，为完成“十三五”规划的目标任务贡献智慧和力量。

开展“三学”竞赛系列活动。贯彻落实农工党中央、省委有关部署，开展“学精神、学党章、学党史”知识竞赛系列活动；市委会组织班子成员学习中共中央统战工作会议精神；对县处级以上领导干部开展“三严三实”专题教育。组织代表队参加农工党省委举办的“三学”知识竞赛，农工党太原市委获优秀奖；组织党员参加农工党中央问卷答题活动，促进赛学结合。参观党史教育基地。市委组织市委委员、市委机关工作人员赴上海农工党“一干会址”、中共“一大”会址、嘉兴南湖纪念馆进行参观学习。举办纪念抗日战争胜利70周年暨中国农工民主党成立85周年书画摄影展，反映祖国大好河山与建设成就。（赵晋春）

【组织建设】 加强领导班子和干部队伍建设。组织班子成员学习习近平总书记在中共全国组织工作会议上的讲话精神，建设工作高效、廉洁自律的领导班子，提升班子的履职能力。

加强后备干部学习培训。一是举办新党员《党章》、党史培训班，31名新党员参加农工党省委、市委组织的培训；二是举办60名骨干党员参加的中共十八届五中全会、统战工作条例精神学习培训；三是结合基层组织换届工作，对换届后的90名支部委员进行培训；四是开展支部联谊活动，到尖草坪区支部、杏花岭区支部、市第二人民医院支部相继进行了联谊交流。西山支部还与农工党朔州支部联合举办纪念农工党成立85周年书画笔会。

完善组织发展工作的制度体系。制定发展党员流程，规范完善基层组织发展工作程序。发展党员31名，发展比例为3.9%。其中男14，女17，有学士6名，硕士3名，本科19名，大专3名，16名党员具有中高级职称。2015年共有党员808名。

开展基层组织规范化建设。统一下发《基层支部工作手册》，制定和完善支部的各项活动制度。农工党市委被农工党中央评为“先进市级组织”，有三个基层支部被农工党中央评为“优秀基层组织”。完成基层组织换届工作。农工党市委会42个基层支部全部完成换届工作。（赵晋春）

【参政议政】 “两会”提案获重视。“两会”期间，提交大会发言1篇，集体提案17件，委员提案35件。农工党太原市委提交的《加强食品安全监管，保障百姓食品安全》被列为市政协的重点“一号提案”。市政府把“一号提案”作为2015年食品安全工作的切入点和着力点，强化全市的食品安全监管工作。农工党太原市委组织政协委员从面上推进、专题调研、反馈与协商、新闻对话、专题督办等五个阶段，对食品生产流通企业、农村田间地头、校园食堂等进行带案视察，全面推开督办工作。

开展专题调研。农工党太原市委“合力监督权力”课题组，派出调研组赴吕梁、孝义和上海等地学习考察，就如何完善全市监督体系建设提出建议，并在市政协常委会第十八次会议上作大会发言。此外，结合十三五规划，完成《关于“十三五”时期加强我市卫生事业的几点建议》的报告，上报市委、市政府及相关部门。

完成政府部门调研课题。按照“党委出题，党派调研，政府采纳，部门落实”的参政议政模式，围绕全市经济社会发展中的焦点、热点问题开展调查研究，形成《关于医疗机构工作人员实现同工同酬的建议》《坚持地上地下并重又好又快发展城市基础设施建设》《关于发展我省马铃薯产业的建议》等3个调研报告，提出对策建议。（赵晋春）

【社会服务】 开展“中国环境与健康宣传周”活动。2015年6月5日，农工党太原市委围绕“农村环境与健康”主题，以“建设美丽新农村，共创健康新生活”为活动内容，为太原市尖草坪区呼延村200多名群众提供医疗咨询、检查服务，发放生态环境与健康宣传资料200份，还为群众捐赠价值三千元的常用药品。

开展“精准扶贫”工作。多次深入娄烦县红崖头村开展调研，形成养殖可行性报告和实施方案，投入20万元扶贫资金，帮助贫困户兴办养殖业。

举办“国际科学与和平周”义诊咨询活动。11月11日，农工民主党太原市委组织医疗专家组深入尖草坪区向阳镇中下温村，为村民提供内科、妇科、外科、中医科、口腔科、放射科及心电图检查等医疗服务，发放卫生保健、安全用药、安全饮食、妇女保健、儿童免疫接种、儿科常见病护理等宣传资料200份和价值五千余元的常用药品。

农工民主党古交总支组织党内口腔专家及医护人员到古交市第一小学开展主题为“定期口腔检查，远离口腔疾病”的全国爱牙日宣传活动。活动现场，医护人员为400名小学生进行免费口腔健康检查，并发放宣传资料400余份。10月13日上午，农工党尖草坪区支部组织内科、中医科、外科等医护专家赴尖草坪区南寨街道兴安苑社区开展义诊活动。

(赵晋春)

九三学社太原市委员会

【概述】 2015年,九三学社太原市委以开展“坚持和发展中国特色社会主义学习实践活动”为统揽,学习贯彻中共十八届四中、五中全会精神和习近平总书记系列重要讲话精神,围绕中共太原市委、市政府工作大局,开拓创新,履行参政议政和民主监督职能,推进社会服务,加强自身建设,各项工作取得成绩。

(司建林)

【自身建设】 2015年,社市委加强思想建设及制度建设、组织建设,做好其他各项社务工作。在组织发展工作中,坚持“三为主”方针,按照社省委下达的指标,坚持“三严”,即严格要求、严格标准、严格程序,坚持数量服从质量,宁缺毋滥的原则,全年发展社员9人。 (司建林)

【传统教育】 2015年是5号文件颁布十周年,主委张文旺在《太原日报》上发表《民主光辉的足迹　多党合作的春天》的纪念性文章,社市委组织“纪念5号文件颁布十周年”征文活动,在社市委网站上开辟“纪念5号文件颁布十周年”专栏。

2015年是中国人民抗日战争和世界人民反法西斯胜利70周年,也是九三学社成立70周年,社市委举办系列纪念活动。活动包括:纪念抗日战争胜利70周年征文活动,在社市委网站上开辟纪念活动专栏;组织社市委常委,带着“六权治本”的课题,赴重庆拜谒九三学社成立旧址纪念碑,参观民主党派历史陈列馆;组织社市委委员、骨干社员参观平型关大捷纪念馆;8月28日,举办“纪念九三学社建社暨抗日战争胜利70周年专题讲座”。

开展以“坚持和发展中国特色社会主义学习实践活动”为主题的教育活动,使社员增强中国特色社会主义的“道路自信、理论自信和制度自信”,保持与中国共产党在思想上同心同德、目标上同心同向、行动上同心同行。 (司建林)

【参政议政】 2015年,在市政协十二届四次会议上,社市委提出12篇团体提案,其中《关于做好我市“互联网+”产业布局的建议》被定为政协主席重点督办提案,《关于提高太原城市绿化率的建议》被市政协评为优秀提案。

完成六权治本“严惩滥用权力”的调研及调研报告,并在市政协常委会上进行汇报。完成“重视污水处理与再生水利用”的调研,并在市政协的专题协商议政会上进行建言献策。议政会后,调研成果报全国政协,新华社记者就课题有关情况对学社进行专访。之后,根据专家和委员们的建议,课题组对报告进行充实完善,报市委、市政府主要领导决策参考。组织社内专家,为全市十三五产业发展规划提建议,调研报告《关于做好我市“十三五”产业规划的几点建议》在市政协常委会上进行汇报交流。此外,在2015年6次双月座谈会上,社市委主要领导围绕城中村改造、经济工作、教育改革、反腐倡廉等热点问题提出20余条建议。

(司建林)

【社会服务】 2015年,开展扶贫支教工作,为阳曲县归朝村学校捐赠书包、书本等学习用具,并为归朝村小学解决冬季供暖的实际问题。组织政协委员和部分专家学者,赴北小店乡北小店村开展帮扶对接工作,并为北小店村的发展出谋划策,开展精准扶贫工作。 (司建林)

市工商联

【概述】 2015年,市工商联学习贯彻党的十八大、十八届三中、四中、五中全会精神和习近平总书记系列重要讲话精神,围绕中央“四个全面”战略布局、省委“五句话”总体要求,在市委领导下,把握“两个健康”工作主题,团结带领全市非公有制经济人士紧扣中心工作,认真履行职能,努力发挥桥梁纽带助手作用,工商联工作呈现出活跃有序、扎实有效的良好局面,为开创全市弊革风清、富民强市新局面做出贡献。 (李维秀)

【深入学习,把握正确政治方向】 2015年,市工商联组织和推动会员企业和非公有制经济人士学习贯彻十八大,十八届三中、四中、五中全会和习近平总书记系列重要讲话精神,学习统战工作会议精神,深刻领会“四个全面”战略布局和“五大发展理念”的科学内涵和实践要求,不断增强对中国特色社会主义的信念、对党和政府的信任、对企业发展的信心、对社会的信誉。深入学习贯彻省、市委十届六次、七次全会精神,切实把思想和行动统一到市委推动“六大发展”、发挥“六个表率”的部署要求上来,为太原发展凝聚共识、献计献策、贡献力量。

(李维秀)

【坚持教育培训,提升综合素质】 2015年,市工商联组织县(市、区)工商联负责人、执委以上企业家和商会负责人参加全市经济工作会议精神传达会、全省民营经济发展推进大会精神宣讲太原报告会,引导企业家及时了解中央、省、市相关政策,提升政策分析和把握能力。举办“三晋高管课堂”专题培训,邀请国内著名经济、管理、法律领域的专家学者开展“新常态下的经济发展与转型调整”“互联网+背景下传统产业转型升级”“企业法律风险防范”等培训5期。据不完全统计,一年来,全市工商联系统共举办企业家专题培训、讲座27次,培训非公有制经济人士2400多人(次)。通过培训,集中宣传了党和国家的最新方针政策,提升了企业家科学研判经济发展大势的能力,提振了企业家转型发展、创新发展的信心,为推进“六大发展”、实现“六个表率”增强动力。 (李维秀)

【强化宣传表彰,营造良好发展氛围】 坚持广泛宣传、正面引导,以理想信念活动为抓手,引导非公有制经济人士不断增强政治自信、发展自强、守法自觉。通过广播、电视、报纸、网络等新闻媒体向全市非公有制经济人士发出“迎两节、塑新风”倡议书，倡导勤俭节约、风清气正、健康向上的社会新风尚。积极为省、市民营经济发展推进大会提供行业和企业有关资料，积极推荐优秀民营企业发展典型，为省、市委了解企业、宣传企业、出台支持民营经济发展政策提供了参考和依据。强化典型宣传，报道企业守法诚信、转型升级、创新发展等先进事迹60多篇，信息90余条，为太原市非公有制经济发展营造良好的舆论氛围。（李维秀）

【紧扣大局建言献策】 2015年，市工商联围绕市委“做大做强县域经济”的部署，参加市政协专题议政会，工商联《打造特色街区，拓宽县域经济发展路径》的发言，得到市委书记吴政隆肯定。围绕市政府轨道交通装备制造业基地建设规划的实施，市工商联组织调研，通过座谈交流、赴株洲和珠海考察学习、举办专题协商会，形成《着力推进太原市铁路装备制造业集群发展》的课题报告。定期开展对会员企业、县区工商联、直属商会走访调研活动，倾听企业家意见建议，了解企业发展形势和发展中存在的问题。先后对太原市发展电子商务、民营企业“走出去”“十三五”规划建议、城中村改造中民营企业用地难等方面进行深入调研和分析，形成了《太原市民营企业“走出去”调研报告》《太原市电子商务发展情况的视察报告》《城中村改造中应关注民营企业用地难问题》等调研报告8篇，形成了《关于尽快出台政策支持我市总部经济发展的建议》《大力发展电子商务打造我市经济发展新引擎》等团体提案、大会发言5件，积极主动向市委、市政府建言献策。据不完全统计，一年来，全市工商联系统共提交团体提案24件，个人提案80余件，反映社情民意140余件。

（李维秀）

【围绕发展搭建平台】 2015年，市工商联与市“双创办”联合举办扶持小微企业政策解读会，邀请市中小企业局、科技局、财政局、工商局、地税局相关负责人为小微企业解读民营经济发展和小微企业创业创新相关政策。针对小微企业融资难问题，与建行、国税、地税沟通联系，搭建“金融机构进企业”平台，促成“税易贷”新的融资方式在尖草坪区和阳曲县展开试点，为小微企业开辟新的融资渠道。组织推荐会员企业参加诚信认定，先后两批142家会员企业被认定为“太原市中小微诚信企业”。与市人社局、教育局、总工会联合举办2015年太原市民营企业招聘周活动，400余家用人单位提供就业岗位7000余个。开展“法律进民企”活动，通过调研、座谈、问卷调查等形式，梳理汇总企业存在的法律问题，针对经济合同纠纷、劳动用工纠纷、聘请法律顾问等共性问题组织法律知识讲座，并进行现场解答交流，提高企业运用法律防范风险、维护权益、促进发展的能力。

（李维秀）

【整合资源促进合作】 2015年，市工商联推进大企业与小企业“手拉手”，通过实地调研、现场对接、座谈交流，促成东港餐饮集团与永丰禽业、利昇园蔬菜基地形成产业链合作，乐村淘与永丰禽业达成线上销售协议，一些大企业与拉手小企业形成合作意向。为会员企业“走出去”“引进来”牵线搭桥，先后组织企业参加第九届中博会、晋澳行业合作交流会、民企助推海南招商推介会、西部进口展暨国际投资大会等经贸交流活动，展示企业形象，促进企业开放发展。市县两级工商联开展企业间互学互访活动，通过组织企业家开展座谈交流、观摩考察，增进了解，促进合作。（李维秀）

【重视基层基础，做好服务指导】 2015年，市工商联做好会员发展和数据库管理工作，新发展会员1300个，会员队伍不断发展壮大。适应社会组织改革新形势，积极吸纳经济类商协会成为工商联团体会员，指导成立了太原市灵石商会、孝感商会、新媒体商会，并吸纳其为团体会员；指导太原市十堰商会、原平商会、南安商会完成换届。指导县（市、区）工商联加强基层商会建设，实现乡镇商会、街道商会全覆盖，并结合实际，组建楼宇商会等新型基层商会组织。推进“五好”县级工商联建设，太原市季度推进、联动联创、抓好重点的做法受到了全国工商联“五好”县级工商联创建工作检查验收组的肯定，并被中华工商时报报道。迎泽区工商联、小店区工商联被授予“五好”县级工商联称号。（李维秀）

【强化作风建设，提升履职能力】 2015年，市工商联开展“三严三实”专题教育，学习贯彻习近平总书记关于“三严三实”的重要论述，坚持用严的要求、实的作风推动工作的创新发展。强化问题导向，组织专题学习、专题研讨，广泛听取意见建议，诚恳开展谈心谈话，认真开展专题民主生活会、专题组织生活会，班子整体素质不断提升，班子成员和机关干部勇于担当、积极作为的工作状态进一步形成。认真落实“两个责任”，大力开展党性党风党纪教育，强化班子成员和党员干部坚定理想信念、坚定政治立场的意识，在大是大非问题上，始终保持政治定力，坚决维护中央权威。严肃党内政治生活，严明党的政治纪律和政治规矩，严格贯彻民主集中制原则，领导班子和干部队伍政治意识和政治责任感不断增强，守纪律、讲规矩已经成为每个党员和机关干部的行为准则。强化学习型机关建设，坚持党组（中心组）理论学习制度、机关全员学习制度，通过集中学习、参与培训、在线学习等措施，全面提高干部队伍综合素质。深入开展文明创建工作，连续被市委、市政府评为“文明单位标兵”。

（李维秀）

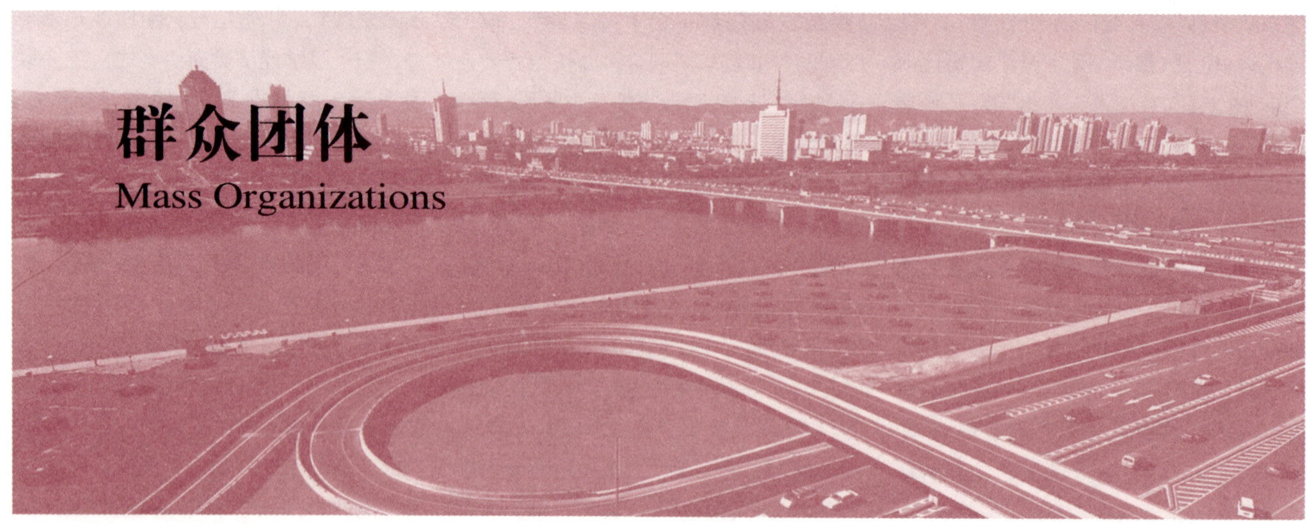

太原市总工会

【概述】 2015年,太原市总工会坚持服务改革发展稳定大局,履行工会各项职责,开展"学习讨论落实"活动和"三严三实"专题教育,在激发广大职工的劳动热情和创造活力、加强基层基础建设、旗帜鲜明维护职工合法权益、全心全意服务职工群众等各项工作中取得新的成绩,被山西省总工会评为2015年度"先进市总工会"。 (李钟锴)

【落实群团工作精神】 2015年,市总工会联系工会工作实际,学习习近平总书记系列重要讲话精神特别是关于党员领导干部践行"三严三实"的新思想新观点新要求,开展"学习讨论落实"活动,组织实施"三严三实"专题教育,召开党组中心组(扩大)学习会议8次,专题讨论5次。坚持以上率下,讲好专题党课;通过谈心谈话、征求意见,查摆"不严不实"问题;按照"六对照六反思"要求,召开专题民主生活会,开展批评和自我批评;坚持问题导向,建立整改清单,开展"四化"专项整治工作,推动践行"三严三实"专题教育取得实效。中央党的群团工作会议召开后,省、市委党的群团工作会议相继召开并出台有关实施方案,市总组织各级工会学习贯彻会议精神和有关方案,结合全市工会实际,就增强"三性"、克服"四化"问题,制定《太原市总工会贯彻落实党的群团工作有关精神的具体举措和责任分工方案》,细化分解工作任务,并明确责任,狠抓落实。 (李钟锴)

【夯实工会工作基础】 2015年,市总工会采取加强"工会网格"三级网络建设、"农民工入会"集中行动和与统战部、工商联联合推进非公企业工会建设等措施,把包括农民工和劳务派遣工在内的职工群体组织到工会中来。针对城中村进行集中改造的实际情况,对涉及的工会组织和职工队伍状况进行排查,督导各城区工会抓好城中村基层工会的组建、重建和整顿工作。克服城市拆迁改造、经济下滑等因素,全年共新建工会组织305个,新增覆盖法人单位899个,新发展会员21977人,工会覆盖面扩大,工作基础夯实。加强工会规范化建设,引深"双亮""三双""四权"活动,覆盖基层工会80%以上,畅通职工利益诉求和"有困难找工会"渠道。市总设置"组织建设年"活动专项经费,对成绩突出的县区和基层工会进行通报表扬并予以经费补助。市总加强社会化工会工作者队伍管理的经验荣获全省工会组织建设创新成果一等奖。 (李钟锴)

【岗位创新竞赛】 2015年,市总工会开展转型综改试验先导区立功竞赛、城中村改造重点工程劳动竞赛、"我为节能减排做贡献"立功竞赛等,与创建"工人先锋号"、创建"职工创新工作室"活动有效联动。其中,重点组织开展"五小"岗位创新竞赛活动,全市5000余个企业的83万名职工参加,共征集"五小"竞赛成果1799项,涉及煤炭、钢铁、电力、装备制造等传统行业,新增电子、新能源、现代农业、文化创意等新兴行业,200个项目获奖,创造效益5.8亿元,在全省3个优胜单位中排名第一,市总获山西省五一劳动奖状。市总还举办涉及27个工种的太原市第十届职工职业技能大赛,参加决赛的810名选手经过比拼,150名选手获得"技术能手"称号。在全省第五届职工技能大赛中,取得3个工种第一和团体第一名的成绩,市总获全省优胜组织奖。弘扬劳模精神,选树12名全国劳模,8个省五一劳动奖状和27名省五一劳动奖章。发放全国劳模"三金"和省市困难劳模帮扶金172.28万元。举办百名著名劳模事迹展,市委书记吴政隆亲自观看展览并赴基层看望劳模代表,全市有80余个单位8000余名职工观看了展览,营造了尊重劳模、学习劳模、关爱劳模的氛围。 (李钟锴)

【筑牢"中国梦"的思想基础】 2015年,市总工会开展创建"省城职工诚信文明示范岗"、评选职工职业道德建设"双十佳"、"劳模宣传月"活动和"岗位学雷锋,争做好员工"等主题教育活动,职工

“四德”建设得到加强。举办全市职工法律知识竞赛活动并参加全省竞赛，获团体二等奖。以创新发展职工文体活动品牌为突破点，开展春节、元宵节职工群众文化展示活动、省城职工迎五一文艺演出活动、省城职工球类比赛及歌舞、曲艺小品、舞台剧、合唱等职工文化建设成果微比赛活动，在全省职工文化建设成果微比赛中获3个金奖、4个银奖、9个铜奖和最佳组织单位称号，唱响主旋律，传播正能量。举办“周二惠民专场演出”，并组织文艺团体赴城中村改造项目工地进行慰问，为一线职工唱响劳动赞歌。全年共举办文艺演出50余场，民俗表演80余场，免费开放工会文化活动阵地120余场（次），培训基层职工文体骨干800余名。文化宫、俱乐部发挥“学校和乐园”作用，组织开展文化教育和娱乐活动，丰富省城职工精神文化生活。参与组织科技活动周、全民终身教育活动周、全国文明城市体系测评、反邪教宣传等一系列社会公益活动，在构建社会公共文化服务体系中发挥作用。（李钟锴）

【维护职工合法权益】 2015年，市总工会重视工会法治建设。以落实工资集体协商提质增效三年规划为目标，推行行业性工资集体协商。全市共签订工资集体合同2669份，覆盖企业18302个，覆盖职工72.28万人，覆盖率达93%，维护职工的劳动经济权益。加强劳动争议调处，全年共预防劳动争议337起，受理劳动争议案件256起，受理职工投诉156起，调解劳资纠纷123起，其中群体性事件12起。在“农民工有困难找工会、拿不到工资找工会”专项维权行动中，受理投诉案件48起，涉及农民工1910名，欠薪额4670万元。各级工会配合政府有关部门追回欠薪3760万元，其中工会直接帮助追回352.16万元，市总获“全国农民工工作先进集体”称号。组织开展全市“妈咪小屋”创建工作，建成省级示范单位8个、市级22个，获全省创建工作优秀组织奖，市总女职委被省总评为先进单位。建立煤矿井口群众安全工作站星级管理和考核制度。开展“安康杯”竞赛活动，参赛企业达3600个，参赛职工89万余人。举办“安康杯”竞赛十六年成果展，扩大“安康杯”竞赛活动的影响力。推动《安全生产法》的实施，49万名职工参加知识答题等教育活动。组织“安全在我心中”文艺汇报演出和265场“安全在我心中”演讲比赛，提升职工的安全意识，促进安全发展。（李钟锴）

【办实事、解难事】 2015年，太原市各级工会筹措资金560万元，走访高温一线岗位（工地）880余个，慰问一线职工近20万人。为推动“城中村”改造项目实施，给六城区的总工会下拨60万元送清凉活动补助资金，专门用于慰问“城中村”改造项目的一线职工。2015年，全市各级工会筹集送温暖和帮扶资金总额3000余万元，实施精准帮扶，2.8万人次困难职工包括农民工得到帮扶救助，确保了在档困难职工、困难企业走访慰问“全覆盖”，工会组织的吸引力和凝聚力增强。（李钟锴）

【加强自身建设】 2015年，市总工会加强廉洁自律教育，坚持把政治纪律和政治规矩挺在前面，履行主体责任和监督责任，制定市总《落实党风廉政建设党组主体责任和纪检组监督责任的实施办法》和《落实党风廉政建设党组主体责任清单》。党组成员带头执行中央八项规定，自觉接受群众监督，杜绝违规违纪现象的发生。推进“六权治本”工作，强化对一把手和关键岗位的监督。按照“基层组织建设规范化建设年”活动要求，强化落实基层党组织“三会一课”制度和党员领导干部过双重组织生活制度，工会党建工作得到切实加强。统筹抓好其他工作。加强经费的预算管理和执行，严格执行厉行勤俭节约、反对铺张浪费有关规定，三公”经费支出比上年大幅下降。加强工会资产监管，有效提高工会资产监督工作的规范化、制度化水平。加强调研工作，市总推荐省总的10篇优秀调研报告全部获奖。各产业、系统工会在推动本行业发展和维护职工权益中，彰显自身特色和作为。认真抓好信访、统计、督查、老干部等工作，推进全会整体工作。（李钟锴）

共青团太原市委

【概述】 2015年，共青团太原市委牢记根本任务，把握工作主线，履行政治责任，扎实践行“三严三实”要求，深入贯彻落实市委党的群团工作会议精神，重点开展基层宣讲、专题培训等9项工作，对照市委《关于加强和改进党的群团工作的具体实施方案》形成33条团市委具体落实举措。工作开展中，坚持青年导向、基层导向、问题导向，着力提升思想引领力、拓展动员影响力、强化服务向心力、增强组织凝聚力、狠抓干部执行力，重点抓好城中村青年工作、共青团新媒体建设、青年创新创业大赛等特色工作，实现青少年思想引领有新举措，团的工作改革创新有新突破，团的制度建设有新成效的目标。（杨俊国）

【提升思想引领力】 2015年，团市委深化社会主义核心价值观教育，凝聚青少年思想共识，引领青少年坚定不移跟党走，夯实青少年思想基础，开展“中国梦”主题系列教育活动、“六一”主题队日活动、十八岁成人宣誓仪式、青少年中华传统文化教育等各类主题教育活动494场，覆盖青少年32万余人。其中，青少年中华传统文化教育活动获全国优秀国学教育项目奖。按照2015年初市委常委会指示精神，突出互联网上共青团作用，构建“互联网＋共青团”工作模式，在全省率先建成团的新媒体中心，围绕共青团工作、社会热点话题，通过微博、微信进行宣传发布、转发跟帖活动，累计发布信息500余条，阅读、转发量合计194万余人次。建设“青年之声”新媒体互动平台，以“青年之声”网站和手机APP为载体，

反映青年呼声，回应青年诉求，维护青年权益，服务青年成长，打造“青春太原”新媒体工作品牌。（杨俊国）

【拓展动员影响力】 2015年，团市委服务党政中心，重点加强城中村青年工作，组织市、县两级专职团干部深入54个城中村开展宣传发动、调查研究、服务青年工作，发放调查问卷、统计表等9000余份，形成《太原市城中村青年调研报告》。建设美丽太原，围绕“五城联创迎青运”目标，开展“保护母亲河”行动，举办环保大讲堂100场，覆盖青少年5000余名，加强青年林建设，新建青年林6个，植树1.2万余株。宣传锦绣龙城历史风韵和太原青年时代风采，依托新媒体中心举办“元旦随手拍”、“魅力龙城我来秀”网络摄影节等青少年新媒体互动活动。开展青少年对外交流活动，市青年宫团干合唱团获2015年世界合唱博览会展演银奖，市少年宫在第十届DI创新思维中国区总决赛中获“达·芬奇”奖和“文艺复兴”奖等多个奖项，并取得赴美参赛资格。汇聚人才，发挥青联、青企协联系服务、教育引导各界青年作用，联系省、市两级青联委员600多名，市青企协会员200多名。加强青年社会组织工作，打造“青春部落”太原青年社会组织服务中心，联系青年社会组织200余家，组织青年社会组织开展各类社会公益活动。加强对外交流，开展青少年民族团结进步创建和对口支援工作，选派一名班子成员赴新疆五家渠，开展为期三年的援疆服务工作；组织青联委员赴新疆开展经贸交流活动并慰问部分贫困家庭；向新疆101团提供2万元对口援建资金；组织新疆101、103团部分团干部来并进行培训交流；开展“并疆少年手拉手”结对交流活动，组织20余所中学与新疆多所中学进行互通书信、交流学习。（杨俊国）

【强化服务向心力】 2015年，团市委服务青年创业创新，举办太原青年创新创业大赛，对36个优胜项目进行持续帮扶。在第二届“创青春”中国青年创新创业大赛（商工组）竞赛中，摘得的3枚铜奖全部为团市委选送的青年创业项目；举办第三届“让梦想起航”青年就业服务月活动，开展南宫广场招聘会、省展览馆大型人才招聘会及太原青创现场招聘会、校园招聘会等大型招聘活动，全年举办招聘会83场，服务青年2万余人次；深化青年创业小额贷款、技能培训工作，发放城市青年创业小额贷款216笔，发放农村青年创业小额贷款1.5亿元，扶持农村创业青年1152名；开展青年就业创业技能、金融知识、电子商务等培训，累计培训8245人次。服务青年婚恋交友，构建公益性、专业性、长期性青年婚恋交友服务平台，建设“青春家园”青年交友服务中心，倡导移风易俗，引领婚嫁新风，为42对新人举办“缘定龙城”大型汉式集体婚礼，全年开展青年交友联谊活动33场，服务青年1400余人次。服务青少年权益维护，发挥12355青少年服务平台作用，通过12355热线、QQ等向全市青少年提供法律维权、心理咨询、公益救助等服务。开展青少年普法教育，发放《自救自护手册》5000余册，发放“两法一例”宣传页3000余份，光碟1000余份，举办公益大讲堂140场。加强青少年社会事务工作，在小店滨东社区、万柏林荔梅社区建设青少年事务社会工作示范站2家，组建由364名专业人员构成的太原市青少年事务社会工作队伍。服务青少年成长成才，突出典型带动，联合太原日报开设优秀青年风采展示专栏，选树11名优秀青年典型进行风采展示，激励团员青年学典型、赶典型、当典型。组织青年文明号集体、青联委员、青企协会员、青年志愿者开展共青团“暖冬行动”“圆梦龙城”捐资助学行动。“暖冬行动”募集10余万元资金物资，捐助200人次。“圆梦龙城”捐资助学共募集资金30万元，资助60名困难大学生。（杨俊国）

【增强组织凝聚力】 2015年，团市委坚持团要管团，一手抓县、乡两级团组织、少先队层级化建设，一手抓非公有制经济体团组织非层级化建设。层级化组织建设方面，以“百县千乡”分类示范创建活动为抓手，强化县、乡两级团组织建设，建立“百县千乡”分类示范创建活动联系点，建立示范县1个，示范乡镇10个。在全团“百县千乡”分类示范创建活动中，清徐被评为“全国农村基层团建示范县”。强化全团带队，按照学校、家庭、社区“三位一体”，建设人民南路社区和滨东社区2个社区少先队，全国少工委把太原社区少先队建设作为“太原经验”在全国少先队组织中进行推广，全省少先队工作会现场观摩市社区少先队建设成效。建立基层团组织向街道报到、区域化团建考核和区域化团建轮值主席制度，推动条管团组织进入青年共建委员会。全市新建非公企业团组织246家。建立基层团组织量化考核体系，按照年初分解任务，年中督导述职，年底量化考评的步骤，围绕既定目标，一周一推进、一事一总结、半年一回顾、一年一考核，根据年度综合考核结果对各县（市、区）团委和市直团组织进行工作情况通报。（杨俊国）

【提升干部执行力】 2015年，团市委坚持从严治团，以“强三性、去四化”为重点，以作风建设为核心，加强干部队伍建设。结合“三严三实”专题教育，开展“学讲话、学作风”活动，中心组全年集中学习23次，开展党组织书记讲党课5次，专题学习重要会议、文件、讲话精神50余次。以集中培训、分级覆盖为主要方式，实现团队干部培训全覆盖。集中举办全市共青团干部理论培训会，培训团干260余名。举办太原学校系统团学干部培养营8期，培训团学干部3000余名。结合团干部健康成长大讨论，围绕“自省自励、懂得感恩，克服缺点、虚功实做，坚定信念、远离贪腐”，集中开展全市共青团干部“去四化、强三性”专题研讨。深化“走进青年、转变作风、改进工作”大宣讲大调研活动，组织团市委班子成员深入基层宣讲中央、省委、市委党的群团工作会议精神。从严落实团干部联县下乡住村制度，要求团市委每名机关干部直接联系一乡两村10名青年，明确服务内容，落实下乡制度，强化考核监督。从严落实“两个责任”，严格实行党组主体责任和纪委监督责任清单管理制度，切实贯彻执行团市委“两个责任”实施意见。严格落实领导干部一岗双责制度，完善党风廉政建设责任书和党风廉政建设目标责任制考核制度。开展机关廉政教育系列活动，组织廉政基地学习、廉政文化建设、廉政教育片观看等活动，每周为机关干部发送1条廉政短信。严格执行财务制度、接待制度、出差审批制度、公务用车管理制度，坚持抓小、抓早、抓细，不断强化党员干部廉洁自律意识。

（杨俊国）

太原市妇女联合会

【概述】 2015年，市妇联贯彻党的十八大和十八届三中、四中、五中全会精神，贯彻习近平总书记系列重要讲话精神，贯彻中央、省委、市委党的群团工作会议精神，把握妇女运动的时代主题，坚持服务大局与服务妇女相统一，立足基本职能，发挥独特优势，围绕促进“六大发展”、抓好“五个一批”、深化巾帼“六大行动”，引领广大妇女为全市重塑“三个形象”、实现“六个表率”贡献巾帼力量。

（曹素玲）

【女性素质提升工程】 组织妇女投身大众创业、万众创新热潮。深化“并州妇女建新功，共筑美丽太原梦”主题活动，加大新型女农民培训力度，培训妇女800余人。扶持发展巾帼现代农业科技示范基地、“三八绿色工程”基地，做好扶贫工作，引导带动妇女创业致富、就业增收。举办各类创业就业培训280期，参与培训的妇女达14000余人，帮助万余名女性实现创业就业。开展2015年“春风行动四季行”女性专场招聘会暨“妇女手工艺品”项目推介月活动，组织131家企业提供2996个用人岗位，4100余名求职女性参加招聘会。开展“妇乐坊”（妇女手工作坊）——妇女手工艺培训进社区、进农村活动和“女大学生生涯导航行动”，为获得全国“巾帼文明岗”单位举行授牌仪式，为女企业家搭建交流平台，鼓励妇女投身经济新领域、新业态。

（曹素玲）

【“建设法治太原·巾帼在行动”活动】 围绕四中全会作出的战略部署，在妇女中启动“建设法治太原·巾帼在行动”活动。一是举办以“深化巾帼维权、推进法律六进、建设法治太原”为主题的“三八”维权月系列活动，开展普法宣传教育活动168场，为妇女和未成年人提供维权咨询、心理服务、法律援助共计1366次。二是带领巾帼法律志愿者深入山西女子监狱对女服刑人员开展帮教活动。三是组织巾帼法律志愿者宣讲团深入基层开展宣讲活动，举办113场专题讲座，引导妇女走中国特色社会主义法治道路。四是全市各级妇联上下联动，发放《妇女“两癌”防治宣传手册》《平安家庭创建手册》《家长早教课堂》《婚姻家庭维权知识100问》等宣传资料计15000余份，开展婚姻家庭矛盾纠纷大排查工作，接待来访2266件，为妇女儿童提供维权服务。五是成立“太原市政策法规性别平等咨询评估委员会”，参与源头维权。

（曹素玲）

【家庭文明建设】 开展“我与中国梦”主题宣传教育活动157场，16000余名妇女参加活动。以习近平总书记“三个注重”重要论述为指导，在农村、社区常态化开展寻找“最美家庭”活动，各级涌现出“最美家庭”1782个。办好《太原妇女》，强化对各类妇女先进典型、妇联各项重点工作的宣传，提高妇联重点工作在主流媒体上的宣传效应。向全市党员干部及家属发出“争做廉洁家庭”倡议书，持续开展“文明和谐家庭”“绿色文明家庭”“低碳家庭”“平安家庭”等特色家庭创建活动和“弘扬家庭美德，传承德孝文化”等家庭道德建设活动。举办太原市第二届“家庭文化节”和第二十届军地青年鹊桥联谊会，组织巾帼志愿者探望孤寡老人、开展义务献血活动，春节期间慰问军烈属，以实际行动推动和谐社会建设。办好“女性文化学堂”，举办各类讲座12场。开展“好爸、好妈、好孩子家庭微视频展播活动”，有5582个家庭参加活动。在全市农村、社区、学校举办家庭教育、巡回宣讲、宣传咨询、亲子互动等活动200余场次，受益家长3万余人。

（曹素玲）

【基本国策宣传】 推动男女平等基本国策进党校、进机关、进高校、进媒体、进社区、进家庭，6个县（市、区）委党校开展培训。通过展出版面、发放宣传资料、组织群众健身操表演等形式，组织宣传教育活动266场，召开太原市妇女儿童“十二五”两纲两规终期监测统计培训会议，推动规划终期目标实现。（曹素玲）

【办实事解难事活动】 2015年，市妇联深化“巾帼关爱行动”，推进落实农村妇女“两癌”免费检查、贫困地区儿童营养改善、儿童幸福家园、母婴关爱等惠及妇女儿童的实事项目。抓好社区“儿童之家”建设工作，开展“天籁列车”助听器配送活动和“六一”慰问活动。开展“恒爱行动——爱心妈妈亲情一线牵”活动，编织“爱心毛衣”966件。募集服务困难妇女儿童资金504000元，开展贫困老年妇女、困难单亲母亲及其他困境妇女儿童救助活动。推进重点工作和实事项目，协调社会资金救助“两癌”患病贫困妇女193人。建立农村留守妇女互助组73个，建立农村留守儿童关爱服务阵地222个，协调社会力量与留守儿童结成关爱帮扶对子87个。组建“太原市心理健康咨询巾帼志愿服务者队伍”，在社区开展妇女儿童心理健康服务工作。

（曹素玲）

【组织建设】 把握新时期群团工作的新要求，把自觉坚持党的领导、团结服务妇女群众、依法依章程开展工作统一起来。各级妇联开展解决机关化、行政化、贵族化、娱乐化问题专项整治活动，持续开展市妇联常委执委联系妇女群众活动、妇联干部到社区蹲点活动,完善联系服务群众的长效机制。召开十一届四次、五次执委会,传达落实中央、省委、市委党的群团工作会议精神,创建市妇联执委微信群,建立省妇联执委代表联系制度,完善联系服务群众的长效机制。开展市级“妇女之家”示范点评选活动,为129个市级“妇女之家”示范点配备价值35余万元的设施。加强乡镇妇联组织建设,采取巡回“流动课堂”的方式,在十县(市、区)举办9期农村妇代会主任培训班,参加人数1200余人。加强干部队伍建设,举办太原市第十二期女干部培训班、专题培训班,培训各级妇联干部4645人次。

(曹素玲)

【党建工作】 2015年,开展学习讨论落实活动、“三严三实”专题教育,出台市妇联“两个责任”实施办法和“两个责任”清单,强化“两个责任”落实。加强基层党组织建设,强化党员教育管理,把从严治党、思想建党、制度治党的要求体现在各项工作中。加强领导班子思想政治建设和作风建设,坚持理论中心组的学习制度,用科学理论指导实践,围绕大局推动工作。开展创建学习型机关活动,以党组中心组的学习带动机关党员干部的学习,把解决突出问题、提高学习质量作为重点,发挥党员干部示范带动作用。从妇联基本职能和组织优势出发,深入基层开展调查研究,建立基层联系点42个。

(曹素玲)

【“下基层 访妇情 办实事”暨2015温情行动】 2015年,市妇联在机关院内举行“下基层、访妇情、办实事”暨2015温情行动启动仪式。温情行动主要针对全市九类特困妇女儿童:“两癌”患病贫困妇女、贫困单亲母亲、基层贫困妇联干部、贫困留守妇女、定点扶贫村扶贫户、军烈属、残疾妇女、贫困老龄妇女、贫困儿童,共567人和50户,送去共计价值四十余万元的暖心被、电压力锅、米面油、床上用品、文具等慰问品和慰问金。

(曹素玲)

【“春风行动”女性专场招聘会】 由市妇联与市人力资源和社会保障局联合主办的太原市“春风行动”女性专场招聘会暨“妇女手工艺品”项目推介月活动在太原市人才交流服务中心启动。2015“春风行动”的活动主题是“搭建共需平台,促进转移就业”。40余家单位为女性求职人员提供会计、收银、服装技工、文秘、保洁等920个岗位,来自太原6个城区的2000余名求职女性参加招聘会,其中383人与企业达成就业意向。以“传承三晋文化、展示巧姐风采”为主题的“妇女手工艺品”项目推介月活动,以创业项目的形式进行现场展示、宣传、推介洽谈。共征集、展示妇女手工艺品近百件。

(曹素玲)

【焦扬莅并调研】 2015年,全国妇联书记处书记焦扬一行到迎泽区庙前街道海边街社区,就太原市开展寻找“最美家庭”活动进行调研。省政协副主席朱先奇,省妇联主席王维卿等陪同调研。调研中,焦扬一行参观社区“最美家庭”活动的相关版面展示,查阅“最美家庭”活动评选资料,了解寻找“最美家庭”采取的新举措以及社区群众参与情况。焦扬一行还参观社区老年餐桌、老年娱乐活动等敬老助老服务场所,并提出指导意见。

(曹素玲)

【省市妇儿工委、市妇联开展慰问活动】 2015年5月28日,省市政府妇儿工委、市妇联在太原市万柏林区兴华礼仪幼儿园举行“六一”慰问暨“书香童年悦读成长”主题活动。省政府妇儿工委赠送3万元慰问金,市妇联赠送价值1万元的儿童绘本。慰问活动后,“幸福起航·旗帜飘扬”——旗帜乳品关爱婴幼儿健康公益捐赠活动在省妇女儿童发展中心启动。 (曹素玲)

【“三严三实”专题辅导报告会】 2015年7月1日,市妇联邀请党建专家——市委党校副校长、教授王晓东,为市妇联机关、下属单位全体干部职工以及城六区三级妇联干部代表共100余人做专题辅导报告,报告以“学习践行‘三严三实’,谱写‘四个全面’战略布局新篇章”为题,从基本内涵做新时期好干部等方面解读“三严三实”,引导妇联党员干部坚定理想信念,激发基层妇女干部为妇女群众服务的热情。 (曹素玲)

【太原市政策法规性别平等评估咨询委员会成立】 太原市妇联与太原市政府法治办公室联合发文,率先在全省11个地市中成立太原市政策法规性别平等评估咨询委员会,标志着太原市政策法规性别平等评估咨询机制的建立。

(曹素玲)

【调研“两纲”实施】 2015年,国务院妇儿工委办公室副主任王卫国一行,对太原市妇女儿童发展“两纲”国家级示范县——小店区“两纲”中期、“两规”终期实施情况进行调研督导。市政府妇儿工委主任、副市长王爱琴陪同调研。王卫国一行先后到长风商务区、小店区八一小学、小店区汾东文体中心和华辰农业观光有限公司进行调研,对太原市妇女儿童文化生活环境、儿童入学情况、妇女文化活动、妇联法律援助中心、保障妇女就业等方面的情况进行了解。 (曹素玲)

太原市文学艺术界联合会

【概述】 2015年,太原市文学艺术界联合会在各县(市、区)文联、各文艺家协会的配合下,贯彻落实习近平总书记在文艺工作座谈会上的重要讲话精神,弘扬社会主义核心价值观,坚持以人民为中心的创作导向,履行“联络、协调、服务”职能,以纪念《讲话》发表73周年、纪念抗日战争暨世界反法西斯战争胜利70周年等重大活动为契机,围绕中心、服务大局、积极进取、开拓创新,组织举办一系列展演、展览、展示活动,不断推出精品佳作,从而为推动文艺事业繁荣发展奠定基础。 (刘俊萍)

【开展文艺志愿服务】 2015年，市文联组织文艺志愿者赴太原市第一建筑工程集团有限公司怡然家园项目部、山西四建集团有限公司保利香槟国际项目部等城中村改造重点项目工地进行专场慰问演出。演员们以饱满的热情表演声乐、器乐、舞蹈、曲艺等精彩纷呈的文艺节目，受到工人师傅的热烈欢迎。市剧协举办纪念“5·23”《讲话》发表73周年折子戏专场惠民演出。举办纪念“5·23”《讲话》文化惠民系列活动，组织市作协、市音协、太原文学院共同举办“2015诗约春天”诗歌朗诵会。

与省文联共同组织指导，省舞协、市舞协联合举办“结缘中国梦，炫舞太原情”2015年迎春舞蹈专场。

组织市文化志愿者赴东山煤电集团李家楼煤业有限公司开展“送欢乐、下基层”迎春文化志愿服务活动。（刘俊萍）

【各项活动】 2015年，市文联与市文化局、省曲协、市总工会联合主办，市艺校、市曲协承办的2015省城“曲苑迎春”文艺晚会在工人文化宫上演。与《太原晚报》编辑部联合主办，组织市作协、太原文学院在外文书店启动“手绘太原城市名片”活动。组织举办“山西民俗文化保护与发展”“走进姚奠中先生的世界”两次专题文化讲座。召开《太原小说选》出版座谈会，组织“太原故事”美文大奖赛，《柳溪——历史深处的诗意存在》等2篇文章脱颖而出，获一等奖，评选出二等奖3名，三等奖5名，优秀奖11名，在太原市“创享天地“举行颁奖仪式。发表抗战题材特稿。（刘俊萍）

【开展重点作品扶持活动】 2015年，太原市文联组织市作协向广大会员征集2015年度重点作品创作项目，包括“廉政文化”“中国梦”“深入生活，扎根人民”等主题专项扶持计划。编辑出版《太原作家》会刊一期。推进《太原文联志》的编写工作，走访近40名老领导、老艺术家。

（刘俊萍）

【提升“太原文艺网”服务功能】 太原文艺网站自上线运行以来，重点突出服务功能，着力做好宣传推广，为全市广大文艺工作者搭建起一个宣传、交流、展示的网络空间。太原文艺网访问量达117546次，发布各类信息786条。其中市文联260条，各县区158条，各协会18条。文字编辑480条，图片编辑处理1280张，现场采编32次。为了让文艺网更好地发挥作用，提升网络信息员的报送水平，组织举办网络信息员专题培训。培训课上，网站负责人对网络专业知识进行了讲解，市文联网络负责人对网络信息报送注意事项进行通报，市美术家协会、清徐县文联等五个单位的网络信息员分别就信息报送进行经验介绍和表态发言。还颁发《太原文艺网网络信息员聘书》。努力将太原文艺网打造成为一个功能完备、特色鲜明、内容丰富、信息海量的网络交流平台，使其真正成为全市广大文艺工作者的“网络之家”。市文联每月对各县区文联和各协会的信息报送情况进行汇总排队，并寄发给各县区和协会主席。（刘俊萍）

【加强文联队伍建设】 2015年，市文联以开展学习讨论落实活动和“三严三实”专题教育活动为抓手，结合时政要求，组织全体党员学习以中央、省、市委有关重要会议、讲话精神，采取集中领学、业余自学等方式，班子成员率先垂范，组织全体党员学习习近平总书记系列重要讲话精神，特别是总书记在文艺座谈会上的讲话及十八届三中、四中全会精神，以及《党章》《中国共产党纪律处分条例》等重要内容，精学《习近平谈治国理政》《习近平同志系列重要讲话精神读本》以及有关“三严三实”方面的重要论述，研读省、市委书记在学习讨论落实活动动员大会上的讲话、“三严三实”专题教育活动中讲党课的讲话精神等内容，并邀请市委党校讲师做专题讲座。组织观看《警钟长鸣》《作风建设永远在路上》等多部警示教育片，集体参观“中国共产党反腐倡廉历程展”，让大家接受廉政教育。在交流讨论中，班子成员对照省委提出的4个方面、市委提出的10个方面的重点内容，进行自我剖析，从宗旨意识、工作作风以及廉洁自律方面查找差距，解决思想认识服务意识方面存在的突出问题，把剖析发现问题与具体整改结合起来，做到认识高一层、学习深一步、讨论深一层，落实好一筹。

文联支部严格落实“三会一课”制度，专门下发文件重新划分了党小组，确定小组负责人。先后3次召开支委会，研究制定2015年党务工作计划，对每一项重点工作进行详细研究部署，明确分工，责任到人，确保每项工作有计划、有检点、有落实、有总结。精心筹划形式活泼、内容丰富、参与性强的党务活动，调动让广大党员参与活动的积极性，让大家获得更多的归属感和荣誉感，提升机关支部的凝聚力、向心力。（刘俊萍）

【老干部工作】 2015年，市文联组织离退休老艺术家发挥余热，积极作为，精心创作一批具有一定影响力的诗歌、散文、书法、美术作品，推出个人诗集，组织并参与一系列丰富多彩的比赛、展览、研讨会、大型音乐会等活动。此外，市文联组织部分老艺术家赴太原美术馆参观“第十二届全国美展雕塑展”，召开老干部季谈会。经推荐，退休老干部梁志宏获“山西省离退休干部先进个人”荣誉称号。主动上门为老干部报销医药费，做好生病、住院、去世老干部的探望慰问工作。

（刘俊萍）

太原市归国华侨联合会

【概述】 2015年，太原市侨联在市委、市政府的正确领导下，在省侨联的指导下，扎实推进学习讨论落实和“三严三实”专题教育活动，认真履行服务经济发展、拓展新侨和拓展海外工作、依法维护侨益、扩大海外联谊、参与社会建设职能，圆满完成各项目标任务，重点工作和

创新工作取得较好成绩。（潘　晓）

【对外服务】 2015年，市侨联与全球40多个国家、地区的山西同乡会、企业家商会建立友好联系，2015年，邀请英国、俄罗斯、巴西、澳大利亚等侨团以及漓江基金等国内投资企业到太原市投资考察，分别与山西西堂文化传播有限公司、太原武宿综合保税区、阳曲县青龙古镇、宁化府益源庆醋业有限公司等进行合作洽谈；加强与东南亚华侨社团及昆明、新疆等地侨联的交流，赴新疆侨联、昆明侨联、成都侨联、厦门侨联进行交流洽谈，探索“一带一路”新机遇下服务经济开放的新途径；举办“晋企晋商与上海自贸区”金融创新座谈会，通过解读上海自贸区金融创新经验，为全市汽车、房产、金融、电商等企业答疑解惑，寻求相关领域的合作；将中华唐氏企业联盟的旅游文化产业投资项目推荐至晋源区，探讨建设含影视基地、休闲养老社区、互联网金融为一体的智慧城镇建设规划。

组织英国华人联谊会、山西青创投资担保有限公司等海内外30余名侨商参加阳曲县现代（都市）农业项目招商会，向侨商推介大盂镇食品园区项目及种植、养殖、农业休闲旅游、新农村建设等项目101个；组织侨企、侨商参加第十三届中国国际人才交流大会、第十八届北京国际科技产业博览会、第十一届中俄蒙经贸洽谈暨商品展销会、冀台国际经济交流会等，向深圳、北京、海拉尔等地企业推荐晋企产品及新侨创新成果；接待黑龙江穆棱市侨联考察团并向其推荐考察太原市农产品深加工及海归创业企业；组织市侨商参观考察云南白药、云南城投，与昆明侨商会、昆明晋商会交流商洽，对接项目。（潘　晓）

【拓展服务】 根据新形势下侨情变化和特点，发挥侨联独特优势，拓展海外工作和新侨工作，围绕大众创业、万众创新彰显侨联作用，帮助新侨创业，引进人才。建立并完善新侨专业人士数据库，开展新侨及留学生群体创业就业调查，制定《扶助新侨中长期规划》，与高新区留创园、众创空间签订协议，建立长期合作联系机制，为留学生创业提供办公场地、专业指导、资金扶持等孵化服务，组织侨商会会员为新侨创业提供担保、小额贷款等支持；通过提交政协提案等形式将百信科技列入全省重点发展的信息安全产业的龙头骨干企业，将“可信安全产品研发和生产”等项目列为全省三年重点推进项目、2015年十大重点项目。

与侨商会、侨青委、留学生商会、海归俱乐部、海外亲属联谊会等社团共同举办青年读书会、晋港澳青年联谊会、打造真人秀节目“山西跑男”《2015向前冲》、海归青年财经论坛、扑克比赛等活动；开展联谊交友、关注尘肺病、扶贫助学、环保低碳等活动；与深圳市侨青委进行座谈洽谈，探讨新形势下海归协会的健康发展以及扶持新侨的项目合作。

建立与海外人才工作站和留学生创业园的直通渠道，为山西军威科技时代广场、高新区留学生创业园、清控科创（太原）科技园挂牌“新侨创新创业示范基地”。为海归创业落实创客空间500平方米、办公活动场所600平方米，创业工位120余个，推荐无察感医药器械研究、3D打印技术、农业环保益生菌等项目入驻留学生创业园；组织省城留学归国青年社团赴武宿综合保税区考察，推荐电子商务、跨境食品、商品等企业入区；组织新侨企业参加中国侨联创新会及科博会、海拉尔中蒙俄商洽会、深圳侨交会；推荐创业项目参加中国青年天使会举办的南北创业文化峰会；组织海归青年团队参加全省青创众帮青年创新创业大赛和百城同台海归人才招聘会，推荐的多个项目晋级获奖，为市、县有关部门、农产品电商等推荐海归创业技术，帮助“开心农场”“E代洗”“云找回”“昂·海派海归商城”“不二一实”快餐加工等海归创新项目拓展市场。（潘　晓）

【文化宣传】 2015年，为纪念中国人民抗日战争胜利70周年，以“侨连四海·文化太原”侨界群众艺术节为主题，开展形式多样的体现侨界特点的群众性文化活动。组织开展华人华侨“侨眼看家乡”摄影展、华人华侨“瀚墨寄乡情”书画展、民族音乐雅集、讲华侨机工的抗战故事等系列活动，增强海外华人文化认同感、民族自豪感。创办“侨之家”公益讲堂，举办英语技能、侨法知识、民族音乐、抗战文学、诗词朗诵、书法课堂等12场，举办“平凡的幸福”品书会、“童年的记忆”趣味运动会、“八一”拥军慰问、金秋阳光助学、海外亲属扑克大赛等活动计17场，增强侨联组织的凝聚力，涵养海外资源，汇聚海外力量。（潘　晓）

【社会服务】 组织市县两级为侨法律援助中心开展送法下乡、入企、进社区等活动，为侨资企业和侨界群众提供法律援助，为侨界群众及侨资企业办实事解难题；组织侨界人大代表、政协委员围绕侨事业发展和侨界群众利益开展调查研究，建言献策，就侨界群众普遍关心的热点、难点问题提出议案、提案15篇，社情民意30篇；开展法制宣传和侨务政策宣传，组织县级侨联参加省侨联主办的“学法守法用法，共建法治侨界”法律知识竞赛活动，市侨联和5个县级侨联获省优秀组织奖，162人获优秀个人奖。

（潘　晓）

【以情联侨】 2015年，市侨联组织归侨侨眷参加科普讲座、心理讲座、养生讲堂和侨之家文化系列讲座，组织侨界人士及基层侨务工作者参观玉泉山城郊公园樱花展，参观店头古堡、青龙古镇等文化古迹；参加“缅怀英烈·共传薪火”主题教育活动，弘扬爱国主义精神；开展走基层访侨户和“送温暖、献爱心”活动，市县两级侨联坚持春节、中秋两节期间走访慰问生活困难、孤老病残的归侨侨眷，走访率达80%；开展“关爱侨界空巢家庭”志愿服务，为老归侨开通老年日间照料室、社区卫生医疗绿色通道，为省城就业困难的归侨侨眷开办电脑、面食、焊接等技

能培训班两期,为65岁以上老归侨进行健康体检。（潘　晓）

【以爱凝侨】 2015年,市侨联发挥“侨爱心工程”传统公益品牌优势,争取香港、澳门、澳大利亚等海外慈善基金,继娄烦三所中小学建设验收后,启动阳曲小学危房改造项目1所、娄烦改善吃水工程1处、迎泽区、万柏林区学校设施项目2处,为孤、残儿童及省实验中学、省师范学院、省财经大学贫困学生落实捐资助学金近30万元,争取海内外侨界爱心人士持续关注并建立长期帮扶联系。开展精准扶贫工作,数次前往对口帮扶点——古交市岔口乡周山庄村开展扶贫工作专题调研走访,党组成员及党员干部与贫困村民实行结对帮扶,开展扶贫日捐赠活动,协调水务局等部门,解决该村种植、养殖、农村饮水等方面的困难。（潘　晓）

【自身建设】 2015年,举办以业务知识和综合能力为内容的侨联干部理论学习班、能力提高班,支持市县侨联干部参加中国侨联、省侨联干部培训班以及全国侨务干部培训班和统战会议精神专题辅导班。指导基层侨联组织与其县级统战部门合署办公、进行侨情普查、走基层访侨户、送温暖献爱心等工作,基层侨联分别成立法律援助站、侨青委等社团,举办电影招待会、侨法宣传日、侨界群众科学日等活动,创建全国侨务示范社区2个;小店区侨联开通官网,网站开设侨联概况、工作动态、政策咨询、侨情参考等10个栏目。建立侨联社区双向工作服务机制,形成社区为侨联工作者服务,侨联工作者为社区做贡献的良性循环;搭建学习实践平台,开展“创先争优”和“机关干部作风大提升”活动,改进机关作风,树立侨务部门良好形象。（潘　晓）

太原市红十字会

【概述】 2015年,太原市红十字会学习中央、省、市党的群团工作会议精神及实施意见、总会十大会议精神,贯彻落实《国务院关于加强红十字工作的意见》,在市委、市人大、市政府、市政协的正确领导和关心支持下,在总会、省红会的精心指导下,秉承“人道博爱奉献”的红十字精神,以加快理顺县级红十字会管理体制、开展行业性应急救护培训等工作为着力点,全面开展“六项”核心业务,充分发挥党委政府人道救助领域助手作用,为推进“六大发展”,实现“六个表率”作出贡献。（张　柳）

【督促指导】 2015年,市红十字会依据“三个一”(一个座谈会、一个会议纪要、一次督导活动)的安排,开展理顺县级红十字会管理体制工作,数量和内涵上都取得成效。

具体为:“一个座谈会”:副市长、市红十字会会长王爱琴主持召开加快理顺县级红十字会管理体制工作座谈会,市政府办公厅、市编办、市红十字会、各县(市、区)分管领导、编办、红十字会参加会议,借卫生、计生机构改革契机,全面理顺县级红十字会管理体制。“一个会议纪要”:以市政府办公厅印发会议纪要,明确理顺工作的重要性、“五个标准”、时间要求,印发至各县(市、区)政府办、编办、卫计局等单位。“一次督导活动”:副市长王爱琴任督导组组长、市政府办公厅副调研员潘侠任副组长、市政府办公厅、市编办、市红十字会参加的督导组对进度落后的五个县(市、区)进行专项督导,督导结果汇报王爱琴副市长,加快理顺进度。“五个标准”:即明确机构、配好干部、财务独立、依法建会、独立办公用房。古交市市委常委会听取红十字会工作及会员代表大会换届筹备等情况汇报,召开会员代表大会,健全理事会。小店区政府常务会听取红十字会工作发展情况,分管领导协调解决区红十字会困难问题。杏花岭区、清徐县、晋源区等召开(区)县长办公会听取红十字会理顺工作的汇报,并提出相关要求。各县(市、区)政府分管领导积极协调编办、卫计局等相关部门为县(市、区)红十字会解决理顺文件、财务预算、办公场所等实质问题。原基本理顺的万柏林区、娄烦县、古交市、尖草坪区等4县(市、区)得到进一步完善,小店区、阳曲县、清徐县、晋源区、杏花岭区、迎泽区基本完成理顺工作,全市理顺工作由去年的60%上升至100%,理顺工作实现跨越式发展。制定县级红十字会工作任务和考核细则,参照省红十字会对市级红十字会考核内容,确定8项15小项的县级红十字会考核内容,12月中旬会机关成立考核组对

2015年11月4日上午,王爱琴副市长,会长接见我市第50例造血干细胞捐献者关希童

十县(市、区)红十字会进行全面考核,考核优秀3个、良好3个、一般4个,考核结果通报县(市、区)考核办,强化县级红十字会的专职领导工作人员的责任意识,促进县级红十字事业的均衡发展。

(张　柳)

【应急救护】 2015年,市红十字会联合市文明办在全市范围内倡导开展“博爱一日捐”募捐活动,以博爱救助项目推介的方式,建立项目促募捐、募捐带项目的良性循环机制,开展“博爱一日捐”为主要形式的募捐救助活动。万柏林区、古交市、娄烦县等以同级政府办下发文件促进募捐工作的开展,市县两级红十字会开展募捐的人道救助,实现工作全覆盖。全市红十字系统共接收“博爱一日捐”捐款152余万元(其中市本级40余万元)。坚持公平、公开、公正原则,开展博爱助困、助学、助公益等救助活动,全市投入29.1万元用于博爱助困218名、15.33万元用于博爱助学83名;打造“博爱送万家”品牌救助活动,全市红会筹措物资140万元,对全市6000户城乡贫困家庭进行慰问,红十字人道救助工作发挥为党委政府分忧,为群众解难的桥梁平台作用。

市红十字会联合盛大齿科医院开展“关爱儿童,从齿开始”暑期公益活动,公益讲座13期、400余人参加;接待150余名适龄儿童进行窝沟检查,为30名适龄儿童进行窝沟封闭;开展“我是小牙医”亲子讲座3期,45对亲子家庭参与。联合太原爱尔眼科医院开展关爱“一老一小”的贫困家庭白内障、小儿斜视的“红十字博爱救助”项目,计划救助贫困白内障50名,小儿斜视25名,截至年底资助4位老人完成白内障手术。

(张　柳)

【人道救助】 2015年,筛查上报总会“小天使基金”14名;上报“天使阳光”先心病4名,上报省红十字会“博爱幸福工程”2名。古交市、阳曲县、娄烦县、清徐县等4县(市、区)开展“省红十字会‘康恩贝健康之旅’—老年病防治博爱行动项目”,向5000余名部分老年病(前列腺疾病)困难群众免费发放价值52.2万元药品,缓解部分老年病(前列腺疾病)困难群众的经济负担。完成总会中央专项彩票公益金支持失能老人养老服务项目申报现场核实工作。选取市红十字托老中心、清徐县云华庄园、市比家美养老院、古交市养老院等四所养老机构,项目物资资助100余万元,改善四家养老机构的基础条件。组织开展“魔豆爱心工程”升级项目“商家云客服”培训,38名困难母亲参加为期5天的升级培训,通过终极考核,“魔豆母亲”以劳务外派的方式成为淘宝或天猫商家的在线客服,提高“魔豆母亲”的就业能力。

(张　柳)

【救护培训】 2015年,开展“红十字应急救护培训进校园”活动。联合市教育局印发《关于在全市中小学校幼儿园红十字应急救护培训工作的通知》,召开各县(市、区)教育、红十字会、市直学校分管领导参加的动员会,启动市红十字应急救护培训进校园工作。按照每个学校1—2名红十字救护员的要求,2015年举办一级培训25场期,市属及十县(市、区)1000所学校1800名教师接受16学时的培训,1681名教师取得《初级救护员证》,全市学校覆盖率100%。开展红十字应急救护进校园活动,市直68所学校(园)开展心肺复苏等技术的专题培训,市红十字会、市教育局联合印发《关于在市直属学校(幼儿园)开展心肺复苏技能培训工作的通知》,以市卫校建立培训基地举行启动仪式,完成23所学校3500余人次的普及培训工作。深入市审计局、市教育局、市委老干局、晋源区武装部等单位开展普及性知识讲座15期,受益人数1800余人。联合有关区应急、地震、红十字会为万柏林区、尖草坪区、晋源区等3个区应急分队181名队员进行16学时的培训。联合山西新闻网举办一期“应急课堂”活动,80余人受益。

开展“红十字应急救护培训进社区、进农村”活动。结合“世界急救日”主题宣传活动,市红十字会在小店区平阳街办南环社区、迎泽区解放南路社区、尖草坪区迎新社区举办讲座3期,200余名中老年人参加。阳曲、古交、尖草坪、万柏林等地红十字会联合同级老龄委等部门也分别在社区、农村开展9期应急救护普及培训,受益人数累计1200余人次。应太原锦天服装厂、晋能能源公司、山西电网保护中心、中化石油山西公司等企业要求,培训红十字急救员616名。市县红十字会围绕2015年“世界急救日”主题开展系列宣传活动。5.8世界红十字日等其他宣传活动也将应急救护技能展示和宣讲列为主要内容。2015年市县开展大型宣传活动16次,印发掌上学堂、心肺复苏、四项技术、气道异物等宣传折页9.2万份,万余人受益。

(张　柳)

【生命健康安全教育】 2015年,市红十字会联合小店区红十字会,选定小店区平阳街办文华苑社区、南环社区、长风社区以及太原学院、太原卫校、长风小学、太师三附小为项目重点社区和学校,以培训红十字救护员、主题宣传、亲子教育、体验式教学、应急演练为主要形式,举办救护员培训班36场,1800人通过培训考核取得《初级救护员》证;开展“5.8世界红十字日”“急救与假日安全”“运动中的急救”“急救与老龄化人群”等主题宣传活动,向群众传播红十字会知识、应急救护技能,受益数千人;开展包括《如何拨打急救电话》《气道异物》等内容的亲子讲座20场,学校各年级学生及家长共800户家庭1600人参加活动;在长风小学开展学校安全教育体验活动2次,发放《学生安全手册》130余本;联合小店区地震局、平阳街办、南环社区、大马小学等单位,开展以地震逃生、群众性自救互救、火灾的预防、火场逃生、烧烫伤的急救等为内容的群众性应急演练2场,1000余人次参与。提高项目实施街办社区居民和学生的安全教育培训普及率,形成“小手拉大手,安全一起走”品牌模式,建成志愿者队伍和场所,为探索建立红十字应急救护长效机制起到促进作用。抓好“红十字生命健康安全体检教室”的建设工作。联合团市委、协调市青年宫签订合作协议，落实项目实施所需要的120平方米的场所，项目装修及设备采购安装已经市财政局审批，进入政府采购公开招投标流程，项目的建成利于促进省城红十字应急救护培训以及红十字青少年应急救护培训工作的开展。

（张　柳）

【无偿献血】 2015年，市红十字会做好无偿献血的宣传推动工作。参与《太原市献血条例》的制定工作，提出的设立献血关爱公益性专项资金等建议均被采纳，组织县（市、区）红十字会工作人员专题学习贯彻献血条例，推动市无偿献血工作发展。参与“感谢您挽救我的生命”第12个“世界献血者日”活动，省、市红十字会工作人员、市红十字血液中心职工等200余名无偿献血志愿者统一身着爱心T恤在迎泽大街迎泽桥西至血液中3公里路段开展“无偿献血健步行”活动，宣传无偿献血工作。发挥红十字无偿献血志愿服务大队的作用，志愿者义工服务工时累计7125.5小时，制作“太原无偿献血志愿者”双月刊6期，组织义工培训3次计702人，在财大南校、山西省建筑学院、坞西社区、五一广场、富士康、玉门河公园、山纺社区及各献血点组织无偿献血宣传32次，有效的宣传了无偿献血的相关知识，为无偿献血者提供服务。从宣传动员、采集入库、陪护服务三方面推进造血干细胞工作，依托市红十字血液中心，2015年新采集入库1185人份，累计入库达3.5万余人份；实现捐献5人，累计捐献50人。借太原市实现50例时机，依托省城报纸、电视等传统媒体开展集中宣传活动，太原电视台新闻频道三次报道，百姓频道发现栏目进行深度报道。协调市文明办授予关希童同志“太原市优秀志愿者”荣誉称号。王爱琴副市长、会长慰问关希童并授予他“太原市红十字会荣誉会员”等称号。印制《与爱相髓　生命同歌——太原市捐献造血干细胞50例》宣传画册，记录市红十字会自2006年开展造血干细胞工作以来50位造干捐献者（其中6位女性）的风采，这标志着太原市造血干细胞工作发展进入新阶段。市红十字无偿献血志愿服务大队9位志愿者被评为中华骨髓库“五星级志愿者”。遗体捐献工作持续发展，参加器官捐献协调员培训班，建立遗体捐献信息员队伍，全年遗体（器官）捐献新登记70人次，历年累计登记620人次；实现捐献19例，历年累计97累，角膜捐献38枚，历年累计103枚。（张　柳）

【世界红十字日活动】 2015年，市红十字会第68个世界红十字日，组织团体会员单位、冠名医疗机构在万柏林区玉门河公园举行“践行基本原则——红十字与红新月运动七项基本原则通过50周年”宣传纪念活动，各县（市、区）红十字会设立分会场同步开展宣传活动。活动现场随机挑选幸运观众回答有关红十字运动和急救知识，市卫生学校的30名学生进行整齐划一的心肺复苏技能表演，市紧急救援中心表演专业心肺复苏和止血包扎技能并与现场的观众进行互动，市直团体会员单位现场进行红十字运动、“三献”知识的宣传、义诊、咨询活动，现场义诊500余人次，发放红十字宣传资料5000份。（张　柳）

【开展“世界急救日”】 2015年，全市红十字系统围绕“急救与老龄化人群”主题举办系列宣传活动。市县两级红十字会分别联合同级老干部局、老龄委开展“急救知识进课堂，与老年朋友一起学急救”公益讲座活动9期，受益人数1200余人次，发放宣传资料3000余份，向老年人传播救护知识和理念，让更多的人关爱老龄化人群。做好世界预防艾滋病宣传教育活动。利用实施大学生“预防艾滋病青年同伴教育”项目的持续效应，继续与山西工程职业技术学院、太原卫校等院校合作，通过专题培训、讲座、发放宣传资料等方式开展艾滋病预防知识的宣传，在青年群体中进一步宣传预防艾滋病等相关知识。（张　柳）

【媒体宣传】 2015年，市红十字会建立红十字宣传工作机制，加强与新闻媒体的联系，向《中国红十字报》、中国人道网等行业媒体投稿30余篇、《太原日报》《太原晚报》、太原电视台等大众媒体上刊登播出50余篇次，通过媒体宣传红十字事业。加强自身宣传工作，更新网站内容54篇，拓展信息交流的新渠道，发布微博290条、更新微信223条，建立完善新闻发言人制度，及时展示红会风采。全市订阅《中国红十字报》200余份、《博

2015年5月8日世界红十字日，太原市红十字会组织会员单位在玉门河公园开展活动

爱》杂志152本,消灭订阅空白县。印制图文并茂的红十字运动、造血干细胞捐献、掌上学堂、心肺复苏、急救四项技术、遗体(器官)捐献等各种类型宣传页10万余份,制作宣扬总会“十大”精神、红十字基本原则、2014年重点工作展示等宣传版面8个,展现红十字工作风采,便于活动的宣传推广,提高红十字会的知名度和影响力。(张　柳)

太原市残疾人联合会

【概述】 2015年,太原市残疾人联合会贯彻落实党的十八届三中、四中、五中全会和习近平总书记系列重要讲话精神,以开展“三严三实”专题教育为契机,以加快推进残疾人小康进程为目标,构建残疾人社会保障和社会服务体系,抓好残疾人各项业务工作,被省政府残工委授予“全省残疾人工作先进单位”称号。

(郝嘉艳)

【残疾人专项调查】 市残联加强组织领导,制订实施方案,强化督导检查,完成全国残疾人基本服务状况和需求专项调查,通过省级验收和中残联组织的第三方评估。全市应调查残疾人74816人,实际调查72952人,完成率97.51%,入户调查率98.45%。在山西省全国残疾人基本服务状况和需求专项调查总结表彰会上,太原市被授予“先进集体”称号,7名工作人员被授予“先进个人”称号。

(郝嘉艳)

【“全国助残日”活动】 2015年,市残联围绕“关注孤独症儿童,走向美好未来”主题,部署全市各级残联开展扶残助残活动。市残联与迎泽区残联等单位共同举办文艺展演活动;杏花岭区残联为残疾人免费配发700余件辅助器具,对120名贫困残疾人进行临时救助,为孤独症儿童捐赠图书;万柏林区残联组织开展志愿助残服务活动;古交市残联为残疾人发放300本康复书籍和10000份孤独症宣传资料;阳曲县残联对35名白内障患者免费施行复明手术,为残疾人发放500余册宣传资料和9辆儿童轮椅车;尖草坪区残联、清徐县残联和娄烦县残联分别走访慰问孤独症儿童家庭。

(郝嘉艳)

【康复服务】 2015年,市残联组织实施国家、省、市各类康复救助项目,全年为4582名贫困残疾人提供康复救助,完成年度考核任务的176%。其中,“七彩梦行动”救助孤独症儿童80名、聋儿10名;国家彩票公益金救助530名贫困精神病患者免费服药、60名患者免费住院,为27名贫困听力残疾人免费配发助听器,为100名智障儿童提供康复训练,装配大、小腿假肢20例;中央“十二五”专项经费为235名精神病患者提供医疗救助,为830名盲人开展定向行走训练并配发盲人用品;省彩票公益金救助脑瘫儿童40名,对聋儿15名进行康复训练,为2700名贫困残疾人配发辅助器具。

(郝嘉艳)

【教育及就业培训】 2015年,市残联协调有关县区和教育部门加强特教学校建设,全市30万人口以上的6个县区中,除万柏林区外均已建成特教学校;组织申报各类助学项目,资助148名残疾学生和19名残疾人子女大学生;推进省“一店三基地”创建工作,对符合条件的4个扶贫基地、1个创业就业基地和20家盲人按摩示范店进行公示并发放扶持资金;组织开展以“就业帮扶、真情相助”为主题的2015就业援助月专项活动;为符合条件的残疾人申请办理小额贷款利息补贴;对88名乡街残疾人专职委员续签劳动合同,按季度为172名公益性岗位人员发放岗位补贴并足额缴纳社会保险。全市共安置残疾人就业1524人,培训残疾人2350人,征收残疾人就业保障金5100万元,其中市本级征收3701万元。(郝嘉艳)

【扶贫及社会保障】 对全市低于省级扶贫标准且未建档立卡的5105名农村残疾人进行信息采集和登记造册。全市有9454名一级残疾人领取护理补贴或生活补贴,其中,尖草坪区、万柏林区补贴标准提高到每人每年500元,迎泽区提高到每人每年600元。全市有13226名城乡残疾人纳入最低生活保障,22299名残疾人参加城镇职工社会保险,20172名残疾人参加城镇居民医疗保险,37355名残疾人参加农村新型合作医疗保险,29371名残疾人参加城乡居民养老保险。全年共慰问贫困残疾人11100余人(次),发放慰问金、慰问品价值400余万元。累计为21378名残疾人办理“助残乘车卡”,为符合条件的932名残疾人发放机动轮椅车燃油补贴24.2万元,为96名残疾人办理减免有线电视收视费近3万元,市残联投资4万余元对阳曲县水头村的贫困残疾人实施精准扶贫。

(郝嘉艳)

【维权信访】 2015年,市残联会同11个部门联合印发《关于建立完善全市残疾人维权协商工作机制充分维护残疾人合法权益的通知》;全市接待残疾人来信来访来电共计9765人次,比上年同期下降13.5%;办理本地及外地来并困难残疾人临时救助31人,救助金额1.9万元;实施彩票公益金残疾人法律救助案件27例;做好残疾人申领机动车驾照工作,已有316名残疾人考取机动车驾驶证。残联系统的19名人大代表、政协委员撰写提案、议案20余份。(郝嘉艳)

【无障碍环境建设】 2015年,贯彻落实《无障碍环境建设条例》,以市政道路建设和城中村改造为契机,推进无障碍环境建设。全市新建、改建道路全部同步建设盲道、坡道等无障碍设施,主要街道设置无障碍标志牌并纳入全市智慧城市信息管理系统,在机场、火车站等大型公共场所设立盲文地图。市、县两级共投入75万元对454户贫困残疾人家庭进行无障碍改造,方便残疾人的日常生活。

(郝嘉艳)

【文体宣传】 2015年,各级新闻媒体共发表宣传全市残疾人事业的稿件252篇(条)。太原电台播出《我想听你说》残疾人专题节目48期。市电视台与市残联合作开播每周一期的电视手语新闻节目。太原残联信息网全年共登载各类政务信息600余条，累计点击量突破100万次。编发《太原残联信息》12期，被中残联、省残联、市委、市政府采用173条；向8万多名残疾人免费发放"图书数字阅读卡"；组织残疾人文学创作组外出采风并编辑出版《丑小鸭》年刊；为基层残联、社区配发价值5万元的图书；组织参加山西省第七届特教学生文艺汇演并取得优异成绩，在参加中残联"讲好残疾人就业创业故事微电影大赛"上，太原市选送的作品《智慧行走》荣获三等奖。

（郝嘉艳）

【基层基础建设】 2015年，全市105个乡镇（街道）残联配齐理事长，配备88名残疾人专职委员；全市924个行政村和594个社区全部建立残疾人协会，配备1308名残疾人协管员。各专门协会组织开展肢残人活动日、健康讲座、盲人演唱会、"手语角""壹基金海洋天堂计划"等活动。全市助残志愿者队伍志愿服务人数达4万余人。此外，各级残联规范《残疾人证》办理工作，办理第二代《残疾人证》达83470本，办证率达到41.7%。

（郝嘉艳）

【自身建设】 2015年，市残联以开展"三严三实"专题教育为契机，狠抓领导班子和干部队伍的思想政治建设、党风廉政建设和精神文明建设。一是组织干部职工认真学习党的十八大和十八届四中、五中全会精神、习近平总书记系列重要讲话精神以及省市领导主要讲话精神。二是扎实开展"三严三实"专题教育，深入查找了领导班子和班子成员存在的不严不实问题并进行了积极整改。三是切实加强党风廉政建设，严格落实党风廉政建设责任制，认真履行了党风廉政建设"两个责任"。四是深入开展精神文明创建活动，提高干部职工的综合素质。五是加强了残疾人事业法治建设，提高了领导班子依法决策、依法行政的能力；举办全系统残疾人工作者《宪法》《残疾人保障法》《无障碍环境建设条例》《太原市残疾人保障办法》等法律法规知识培训；开展了"六权治本"制度建设，健全完善了残联各项工作制度。通过自身建设的不断加强，机关作风明显转变，服务水平明显提高。

（郝嘉艳）

太原市慈善总会

【概述】 2015年，太原市慈善总会在贯彻党的十八大、十八届三中、四中、五中全会和习近平总书记系列重要讲话、《国务院关于促进慈善事业健康发展的指导意见》精神，按照"募集慈善资金，救助贫困人群，缓解社会矛盾，促进文明和谐"的工作思路，动员社会各界参与慈善、奉献爱心，在扶贫济困、改善民生、弘扬中华民族传统美德和社会主义核心价值观等方面发挥作用，全市募集慈善款物和项目费用4601.27万元。其中：市慈善总会募集善款522.02万元，物资2995万元，项目费用466.49万元；十个县（市、区）慈善会募集款物617.76万元。被市委、市政府、太原警备区分别授予"文明单位标兵""双拥先进单位"称号，被中华慈善总会评为"拜科奇项目"先进单位。

（史改莲）

【"慈善一日捐"活动】 2015年是太原市连续第7年开展"慈善一日捐"活动，全市3167个机关、企事业单位的28.9万名干部职工捐赠款物3976.35万元。市委、市人大、市政府、市政协机关分别举行捐款仪式，市四大班子领导带头捐款。市直各党政机关、企事业单位组织干部职工献爱心，市教育局系统捐款19.83万元、市公安局系统捐款17.89万元、太原广播电视台捐款9.13万元、市城乡规划局系统捐款5.11万元。太钢、西山煤电在经济困难的情况下各捐款100万元，跨境通宝电子商务股份有限公司（山西百圆裤业）捐款50万元、市供水集团捐款21万元、太原供电公司捐款8.03万元、山西智诚房地产公司捐款7.5万元、山西领先大屏文化传媒公司捐款7万元，"黄河大爱基金"动员爱心人士捐款5.7万元。十个县（市、区）中，小店区、尖草坪区慈善会募集善款均超过100万元，万柏林区、迎泽区、清徐县慈善会捐款均超过50万元。

（史改莲）

【专项救助】 市县两级慈善组织围绕助学、助医、助困、助孤、助老、助残等慈善活动，提高慈善救助的针对性和实效性。全市支出款物4371.19万元，救助贫困人群4.12万人次。其中：市慈善总会支出善款320.73万元，物资3154.82万元，项目费用330.44万元；十个县（市、区）慈善会支出款物565.2万元。

（史改莲）

"送温暖　献爱心"慈善救助发放仪式

【慈善助学】 太原慈善职业技术学校免费培养贫困学子掌握一技之长。2015年慈善学校招收600名贫困学生，开设10个专业，全部免收学费、生活费、住宿费等费用。"圆梦校园"项目支出善款44万元，对173名考取大学的贫困学生给予救助；"爱心手拉手"项目支出善款9.63万元，对33名特困学生进行一对一救助。 （史改莲）

【慈善助困】 2015年元旦、春节之际，市民政局、市慈善总会开展"送温暖、献爱心"慈善救助活动。市县两级慈善组织支出善款507万元，对受灾困难群众和低保、重度残疾人，市直机关、捐款企事业单位等困难职工给予救助。安排物资2995万元，其中宁波美康生物科技股份公司捐赠2695万元的医疗设备陆续发放到各县区卫生院；百圆裤业公司捐赠200万元的裤子用于贫困环卫职工救助；曦晟源公司捐赠100万元的净水设备定向捐助敬老院。 （史改莲）

【慈善助医】 2015年，市慈善总会支出助医费用236.48万元，救助贫困患者3313人次。"慈善关爱，送医下乡"活动，组织黄河医院、爱尔康明眼科医院、现代妇产医院、新医医院、博大泌尿医院、糖尿病医院、丽人妇科医院、玛丽妇科医院、同济医院、安定医院的80多名医护人员，深入阳曲县、古交市的5个乡镇和敬老院，为1200余名孤寡老人和贫困人群免费体检和送医送药。"慈善康明行动"免费眼病普查2.13万人次，为符合条件的359名贫困白内障患者做复明手术。"爱心手术室"项目为1754名贫困患者免费诊疗、健康体检、发放血糖仪等。 （史改莲）

【项目救助】 2015年，为抓好"爱必妥"直肠癌患者免费赠药项目的组织实施，慈善总会设置发药办公室，配备电脑、冰箱、监控等设备，指定专人服务大病患者，为5名直肠癌患者累计发放价值93.96万元的药品。为推动"血友病患者慈善援助"项目的开展，市慈善总会邀请天津、山西、山东、河北、吉林、辽宁的慈善组织，召开"北区血友病患者援助慈善交流会"，围绕血友病患者项目援助、公益慈善热点话题进行交流探讨。支出善款35.3万元，对27名血友病患者予以救助。 （史改莲）

【慈善助老】 2015年，市慈善总会组织"慈善关爱，抗战老兵"活动支出善款4.35万元，对参加过抗日战争回乡务农或没有工作的87名抗战老兵，每人发放慈善慰问金500元。山西省四川商会捐赠善款2万元，对阳曲县杨兴乡50户贫困老人给予米面油、猪肉等物资救助。

慈善关爱孤残儿童。支出善款3.7万元，救助10名孤儿圆梦校园。联合即美优品爱心企业联盟，为社会（儿童）福利院的孤残儿童送去7万元的米面油和学习用品。联合市第九人民医院，免费为聋儿语训学校的100名特殊儿童进行窝沟封闭和口腔涂氟。 （史改莲）

【黄河大爱基金救助】 项目由山西黄河医院等单位和爱心人士发起设立。2015年黄河大爱基金支出善款15.44万元，围绕助学、助孤、助困等活动，对134名特困户给予救助。 （史改莲）

【县区救助】 2015年，各县（市、区）慈善会围绕全市慈善工作重点，创新思路、突出特色，各项工作扎实有效。迎泽区慈善会推出"衣旧温暖""书送希望"等慈善项目。晋源区慈善会关注宫颈癌和乳腺癌贫困妇女，对30名"两癌"妇女予以救助。杏花岭区慈善会开展"一帮一大手拉小手"等志愿服务。古交市慈善会建立"慈善受助人员信息库"。阳曲县、娄烦县慈善会结合实际定点救助、精准扶贫，形成慈善事业统筹协调发展的局面。

（史改莲）

【慈善宣传】 2015年，共刊播慈善新闻报道308篇次，太原日报用2个整版对"慈善一日捐"捐款单位和个人专项公示。太原日报、太原晚报、太原电视台、山西日报、山西晚报、山西青年报、慈善公益报等媒体围绕慈善活动重点，刊播"市慈善总会、市民政局开启2016年送温暖、献爱心慈善救助活动""三千多万元慈善款物助贫困人群过大年""慈善一日捐、爱心汇暖流""贫困娃可报名慈善学校""慈善医疗队送医下乡"等专题报道，提升慈善组织的公信力和影响力，营造慈善事业发展的良好社会氛围。

开通微信新媒体宣传平台。经过申请注册，开通市慈善总会微信公众号，构建媒体、微信、网站三位一体的宣传平台，推出"慈善动态""慈善典型""县区慈

参加抗战胜利70周年阅兵服务学生欢送仪式

善”“慈善文化”等服务内容，宣传慈善动态、弘扬善行义举，推送慈善信息18期93条。

通过网站信息系统安全等级二级保护备案，加挂事业单位网站统一标志和工信部ICP备案信息链接。做好慈善信息的维护更新，上传各类慈善信息238条，网站浏览点击率42万人次。

中国人民抗战胜利70周年阅兵活动举世瞩目，慈善学校30名学生在阅兵村参加后勤保障服务工作。太原日报、太原晚报、太原电视台、山西青年报、山西晚报等媒体都以专版予以重点宣传，刊播“阅兵村的故事——炊事班里的太原小伙们”“真光荣，我们是阅兵村的小厨师！”“三尺灶台就是他们的阅兵场”等专题报道，树立“慈善娃服务大阅兵”的慈善形象。“好心人七年捐款11万不留名”，弘扬爱心人士“家人”的善行义举。微信平台对太钢、西山煤电、百圆裤业等爱心企业的慈善业绩进行专题推送，引导社会各界参与慈善、奉献爱心、践行社会主义核心价值观。（史改莲）

太原工会困难职工帮扶中心

【概述】 2015年，太原工会困难职工帮扶中心突出帮扶职能，探索创新帮扶工作和服务品牌，拓宽帮扶形式与载体，围绕工会重点工作任务，完成各项目标任务，被国务院农民工工作领导小组评为“全国农民工工作先进集体”；被市委、市政府评为“文明单位”，被市妇联授予“巾帼文明岗”；被共青团太原市委授予“青年文明号”称号。（李日坤）

【职工医疗互助】 帮扶中心突出重点品牌，实现职工医疗互助长效化发展。一是建立健全互助体系。设立网格化管理，市、县（区）、企业三级网格，在各县（市、区）总工会和市总直属基层工会设立50多个办事处和2600多个代办点，覆盖全市所有县（市、区）、开发区和产业工会。二是加强宣传工作力度。开展媒体宣传、政务信息、工作调研大宣传活动，修改、印制新的知识手册、宣传页、宣传单等资料10万余份，送发到各办事处和基层代办点。三是深入基层开展医疗互助工程业务培训。为基层工作人员讲解医疗互助工作的报名、申报、受理等相关程序。受太原煤气化有限公司委托，对其下属的各个代办点一百余名互助工作的承办人进行业务培训，保证互助工作的顺利开展。四是与省医保联系结算发票查询事宜，在方便职工的同时保障数据的安全性及准确性。五是整理、装订历年来互助工程相关资料及病案资料，确保档案资料统一规范，简明条理。六是加强资金安全管理，确保制度执行到位。在发放互助金时，通过网银支付的形式直接发放到职工的个人银行卡上，确保互助金的安全。七是推动“文明服务窗口”建设。坚持文明礼貌用语，做到熟悉业务，坚持原则，按程序办事。八是做好职工医疗互助审核、支付工作。全年共受理职工申请1.1万多件病案，共支付第九期医疗互助金733万多元，互助人次2619人次。支付第十期医疗互助金844.5万元，互助4127人次。（李日坤）

【帮扶救助】 按照“依档施助”“实名制发放”的原则，对困难职工进行救助。在中华全国总工会困难职工帮扶网上，完成对全市18860名困难职工实名制档案的录入、上报等工作；为400多名困难职工、农民工提供帮扶救助政策咨询，共受理70名在档困难职工救助申请，经困难职工个人申请、基层工会审核，发放救助金9.12万元。救助患重大疾病困难职工531人，每人2000元，共计106.2万元；救助残疾职工405人，每人1500元，共计60.75万元；女职工两癌普查42人，每人2500元，共计10.5万元。（李日坤）

【法律援助】 加强对农民工和困难职工合法权益的保护力度。一是设立涉法涉诉法律援助接待窗口，聘请专职律师负责法律咨询，代写法律文书，代为受理法律援助申请，参与一般信访案件的接待、调解工作和协调处理重特大疑难的信访案件。二是利用招聘会、“法律宣传日”等活动开展法律宣传，发放资料2万多份，并为职工群众解答劳动合同、个人权益等方面的问题。三是探索维权工作项目化新路子。被全国总工会列入首批中央专项彩票公益金法律援助项目实施单位之一、被太原市司法局授予“太原市法律援助中心市总工会工作站”称号。全年共受理援助案件215件，办结127件，共帮助235位受援人挽回

开展“关爱留守儿童”活动，为留守儿童送去学习用品等

经济损失 462 万元，并支付律师办案补贴 9.52 万元。（李日坤）

【就业技能培训】 2015 年，帮扶中心委托全国总工会、山西省总工会和太原市总工会指定、挂牌的希望、三桥、成杰三家培训学校共培训下岗职工、困难职工、进城务工人员 915 名，支出培训资金补贴 36.6 万元，915 名培训人员全部获得职业资格证书，就业率达到 85%。向社会发布用工招聘信息 160 多次，发放就业信息 2000 多条。（李日坤）

【“金秋助学”活动】 打造“金秋助学”形象工程，按照太原市总工会《关于开展“2015 年金秋助学”活动》的要求，对困难职工申请助学的资料进行审核，对符合条件的 581 名刚考入大学的困难职工子女和农民工子女每人发放 4000 元的助学金，共发放助学金 232.4 万元。

（李日坤）

【农民工讨薪】 增强责任感、使命感和紧迫感，为农民工解难题、做实事，维护农民工的利益。一是按照市总的统一安排，悬挂“农民工有困难找工会、拿不到工资找工会”的条幅，公布接访电话，指定负责人。二是完善应急处置机制，职工维权热线实行 24 小时值班，确保信访投诉渠道畅通，设立农民工欠薪垫付资金。三是强化责任，形成解决农民工欠薪问题的长效机制。2 月 9 日，为河南籍农民工王春华等 10 名农民工追回欠薪 66 万元。2 月 10 日，为河南籍农民工李效记等 7 人垫付欠薪 10 万元。（李日坤）

【“光明康复”行动】 2015 年，帮扶中心联合太原爱尔眼科医院共同实施“太原市职工白内障光明三年康复行动计划”，全年共收到 1563 名职工申请，医院已为检查合格的 351 人成功实施手术。帮扶中心并为爱尔眼科医院支付医疗费用 17.55 万元。（李日坤）

【信访接待】 一是落实“12351 职工维权热线”要求，为职工群众提供法律法规、政策咨询，解答有关疑难问题，调处劳动关系。二是建立健全信访维稳工作网络，与全市十个县(市)区工会困难职工帮扶中心建立快速反应机制、联合调解机制、事件查处机制，对来电来访进行分类管理、分级负责，应对各类突发事件。全年共受理来电 74 件，其中：工资问题 50 件，占 67%；社会保险问题 12 件，占 16%；劳动合同问题 7 件，占 9%；工伤 3 件，占 4%；咨询建议问题 1 件，占 2%；其他问题：企业改制 1 件，占2%，均在规定时间内答复完毕，做到“事事有回音、件件有落实”。（李日坤）

【文明创建活动】 2015 年，帮扶中心开展创建文明单位、巾帼文明岗、青年文明号等活动，提高干部职工队伍素质，增强履行职责能力，加强中心建设。开展春节召开座谈会、元宵节猜灯谜、端午节包粽子、重阳节看望老人等一系列文化活动，促进职工之间的友情；在志愿服务活动中，开展“博爱一日捐”募捐活动、无偿献血活动、关爱留守儿童、为扶贫点捐赠衣物等；在在职党员进社区活动中，组织党员参与社区的志愿服务活动。（李日坤）

【综治工作】 2015 年，帮扶中心坚持“打防结合，预防为主”的工作方针，一是加强组织领导，明确社会管理综合治理工作责任。二是加强教育管理，安全生产工作常抓不懈。在重大节假日前召开专题会议，安排人员值班，进行安全消防排查，确保节假日期间安全稳定；三是开展“靓丽星期五”活动，卫生状况保持良好。全年治安状况良好，干部职工队伍稳定，没有发生一起重大信访、刑事、治安案件，没有发生重大交通、火灾的事故。

（李日坤）

【队伍建设】 一是加强领导班子建设，推进学习型党组织建设，每个中心组成员学习 1—2 本理论书籍，撰写 1—2 篇调查报告或理论文章等规定；贯彻执行民主集中制有关制度和“三重一大”规定，大事开会碰头，小事相互通报，带头遵守制度、执行决议、维护纪律。开展“三严三实”专题教育，班子成员以普通党员的身份，带头参加组织生活会等活动，主动听取群众意见，开展批评与自我批评。二是加强干部队伍建设，强化干部职工的敬业和奉献意识。坚持每周二下午为集中学习、辅导和互相交流时间。结合“学习讨论落实”活动和“三严三实”专题教育，加强作风建设，未发生向职工群众及基层“吃、拿、卡、要”等现象。三是履行党风廉政建设主体责任。推进“六权治

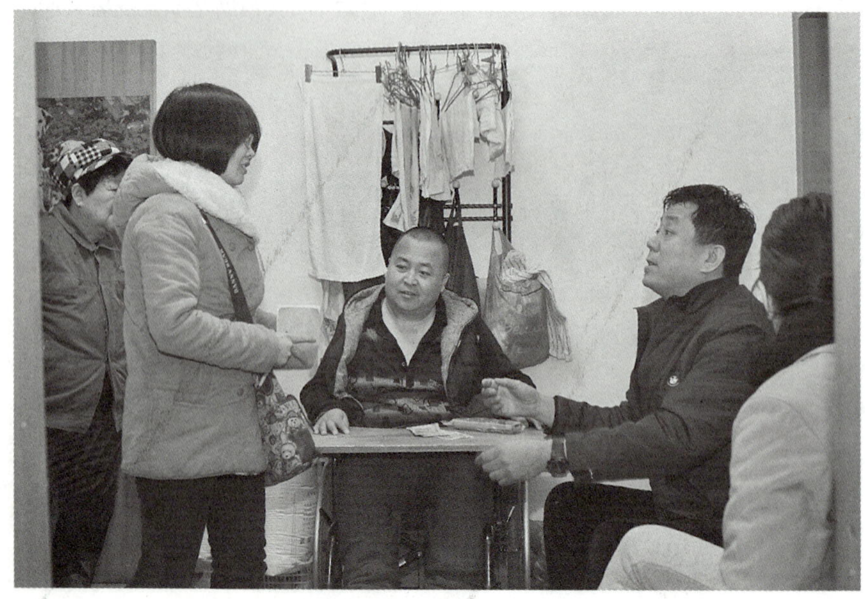

帮扶中心领导慰问困难职工

本”工作，促进党员干部的作风建设和廉政建设。（李日坤）

太原市关心下一代工作委员会

【概述】 2015年，太原市关心下一代工作认真学习贯彻习总书记重要指示，增强工作信念，增加正能量，注入新活力，不断推进社会主义核心价值观教育的各项活动，搭建新平台，开展调查研究，推进基层组织建设，充分发挥“五老”作用，切实做好关心下一代工作，维护青少年合法权益，引导和帮助青少年健康成长成才。在发挥老教师作用，在学校、社会做好青少年关爱工作，在企业发挥老同志作用，做好青工和子女工作。各县(市、区)、教育系统和大型企业关工委配合调研，创办关爱学校、支持帮教基地、创办法律援助中心，为青少年健康成长尽心尽力，为家庭幸福、社会和谐、国家安定作出贡献。（张爱生）

【推进核心价值观】 全市坚持开展中关工委、教育部关工委倡导的“中华魂”主题教育活动，2015年再次荣获全国“中华魂”放飞梦想主题教育活动“先进集体奖”，每年参加活动的人数保持在20万人左右，太原市有20多位获奖的青少年参加北京人民大会堂启动的“夏令营活动”，参观天安门升旗、北大、清华大学等活动，6名优秀者出席受到表彰。通过主题教育活动，激发了青少年积极向上，热爱党，热爱祖国，热爱社会主义，培育和践行社会主义核心价值观，成为广大青少年向往的不可或缺政治教育课。

市关工委搭建常态化教育平台，全市关工委组织的近500名“五老”报告员宣讲团结合党建、国庆和抗日战争胜利70周年纪念日，深入社区进行主题宣讲活动，受教育人数累计达20余万人次。由市关工委和十县(市、区)关工委在全市聘请的750名“五老”网吧监督员，劝阻、监督未成年人进社会网吧，坚持上岗服务，并采取疏堵结合，创办“我的作文”和“晋视通”网站，引导青少年绿色上网。2015年第20个全国“中小学安全教育日”在桃园小学举行，为各县(市、区)社区、学校，捐赠安全教育书仪式，动员社会爱心企业、单位为青少年捐赠安全教育书累计已达20余万册，价值200余万元。民营企业家在迎泽公园创建了“少儿科技乐园”，除正常活动外，免费为残疾儿童、困难家庭子女服务，寓教于乐，坚持不懈，成为省城文明窗口。山机破产后，帮助无主管的技校和幼儿园办成青年就业基地和“弟子规”示范幼儿园。

由市关工委牵头主办的第四届中国太原“关工杯”少儿书画大展赛在市美术馆举行，这次活动共收到来自全市及部分省、区，国外儿童的参赛作品10000多幅，展出优秀作品2000多幅，深受儿童和家长的喜欢，参观人数达1万余人，成为一项有影响的启迪少儿心灵的品牌活动。启动“家长公益学堂”活动，请著名教育专家为家长们讲授科学的先进育人方法和正确理念。编印的《童真童趣》书画册，受到中关工委、省关工委和市四大班子领导及有关部门、社会层面孩子们和家长的称赞，成为启迪少年儿童美好心灵的品牌活动。（张爱生）

【开展调查研究】 2015年，市关工委深入开展调查研究，推动全面工作。以常务副主任畅锦屏带领的基层组织工作部撰写的《关于基层关工委发挥“五老”优势，促进青少年健康成长和存在问题及对策的调研报告》；郝月明带领文教工作部撰写的《关于对全市学校关工委情况的调研报告》；饶国顺带领企业部撰写的《我市企业关工委对青工及青工子女教育发挥着不可或缺的作用的调查报告》三个调研报告，报告送市委、市政府后受到主要领导的重视。由杨瑞武主任签署呈报，中关工委顾秀莲主任阅后，作出重要批示。（张爱生）

【交流学习】 全市10县(市、区)的工作也各有特色。古交市关工委试行村校结合组建基层关工委。实行统一领导，互相配合，促进基层学校关工委工作。晋源区关工委与区教育局紧密配合，在中小学生中开展“中华魂”读书活动和社会主义核心价值观教育活动丰富多彩，成效显著。教师节前夕，区教育局关工委筛选62篇成功案例集结成册《智慧与艺术·班主任工作教育案例汇编》，展现用爱温暖童心的古道热肠。万柏林区关工委和教育局关工委的工作得到区委、区政府的高度重视和支持，给编制，给经费，工作主动积极，细致扎实，点面结合，善于总结。习近平总书记“8·25”重要指示后重新制作宣传版面。组织各学校举办家长公益讲座70余场，有73000多人次参加听讲。尖草坪区关工委、老干局、老年大学“三位一体”与教育局紧密配合建立区、乡、校关工委“三级贯通”，“全局统筹”的关心下一代工作领导机制。通过“老少共建”等形式和载体，发挥“五大优势”(政治、经验、威信、亲情、时空)，帮助、引导青少年树立正确的理想、信念。杏花岭区关工委配合教育局，实行分片管理的改革试点，将所属学校分成中学片，小学片(内划六个小组)，创建未成年人教育新体系，由学校派教工担任社区辅导员，协助社区开展代工作。清徐县关工委与教育局紧密配合，共同推进“中华魂”读书活动和社会主义核心价值观教育活动，在各级学校开展的理想教育、爱国主义教育、中华优秀传统文化教育，文明礼貌教育、特长教育、社团活动和各种实践教育活动中，让广大青少年快乐、健康地进步成长。迎泽区关工委与区教育局关工委紧密配合，齐抓共管，创建红领巾学校、阳光5点钟课堂，楼幢网格化管理等关爱教育平台，在推进学校、家庭、社会“三结合”大教育方面形成良好的氛围和环境。小店区关工委与区教育局密切配合，创新载体，务求实效地开展

“少年向上,真善美伴我行”主题读书活动演讲比赛活动，参加市关工委第四届“关工杯”少儿美术作品大赛展等活动。娄烦县关工委注重革命传统教育,阳曲县关工委抓民企关心下一代工作,都有各自特色。（张爱生）

【为青少年办实事】 2015年，市关工委在社会层面继续搭建关爱青少年,救助弱势群体子女的新平台，在喜宝少儿服装城董事长乔奋生会长倡导带领下，以100多家中小型民营企业家为主体的太原关心下一代志愿者联合会成立,为打工族、民工子女关爱帮助,分别在汇丰小学、流沙坡小学为农民工子女举办大型公益捐助活动。与北京诚安科技有限公司合作,为少年儿童免费制作“安全识别卡”。防止孩子们被诱骗、拐卖、丢失，在迎泽、古交等区市反响较好。与市十三中联合创办关爱下一代综合学校，在华龙泰捐助500万元支持下，兴建关爱教学楼,招收特困生1000名,有700名毕业,其中51%的学生毕业升学深造,其余在掌握一技之长后走上岗位。十三冶下岗职工、市关工委委员韩雅琴创办的失足青少年帮教基地，救助600余名失足青少年,重新走上自食其力生活道路,成为全国救助失足青少年的一面旗帜。韩雅琴继2014年在北京获得全国十大“公益慈善人物”之一称号,获得世界华人华商协会颁发的“世界华人华商慈善人物”称号。尖草坪区汇丰街道办事处创办“青少年法律救助中心”,使700多个孩子受益，将一个青少年犯罪多发区变成零犯罪地区,受到司法部门的表彰。得到中国关工委和省市的肯定。（张爱生）

qunzhong tuanti

群众团体

政府法制

【概述】 2015年，太原市政府法制工作在市委、市政府的领导下，以党的十八大和十八届三中、四中、五中全会精神为指导，以推进依法行政、建设法治政府为目标，贯彻落实中共中央、国务院《法治政府建设实施纲要（2015—2020年）》、省政府《关于加快推进法治政府建设的实施意见》和市委《关于贯彻落实党的十八届四中全会精神加快推进法治太原建设的实施意见》，围绕全市中心工作，秉承“法律至上、服务为先”的工作理念，坚持“马上就办、真抓实干”的工作作风，依法履行职责，创新工作举措，深入推进“六权治本”，政府法制工作取得成效，为推动全市经济社会健康有序发展提供有力保障。 （张　涛）

【地方性法规草案的审核修改工作】 2015年，市政府法制工作按照年度立法工作计划，审核修改3部地方性法规草案：为加强雷电灾害防御，有效避免和减轻雷电灾害造成的损失，保障人民生命财产和公共安全，审核修改《太原市雷电灾害防御条例（草案）》；为规范市养老机构的管理，保障入住老年人和养老机构的合法权益，促进养老事业健康发展，审核修改了《太原市养老机构条例（草案）》；为适应城市发展要求，有效加强城市地下管网管理，保障地下管网的有序建设和安全运行，合理开发利用地下空间资源，审核修改《太原市城市地下管网条例（草案）》。该三部《条例（草案）》经市人大常委会审议通过，待省人大常委会批准后施行。 （张　涛）

【法律专家队伍建设】 2015年，市政府法制工作为充实法律专家人才队伍，充分发挥法律专家在法制建设中的积极作用，推进法律专家库建设工作。在前期工作成果的基础上，不断壮大法律专家库成员队伍，新吸纳分别来自国家行政学院、山西财经大学等单位的7名专家。市政府法制办法律专家库成员已增加至66人。开展法律专家征文活动，并将收集到的论文通过政府法制网站、简报平台予以发布，向《政府法制》推荐发表了部分优秀论文。组织部分专家代表召开以“加强依法行政、建设法治政府”为主题的法律专家座谈会。法律专家库的日趋健全完善，推进政府法律服务水平得到进一步提升。 （张　涛）

【推进规范性文件前置审查工作】 2015年，市政府法制工作深入贯彻落实《太原市行政规范性文件管理办法》，认真做好前置审查工作，有效推进规范性文件管理工作取得新成效。全年共参与起草、协调、审查、咨询各类文件约800余件，其中规范性文件114件。审查过程中，区别轻重缓急，统筹安排时间，认真查阅相关的法律、法规、规章和国家、省市有关政策文件，重点从文件中是否涉及行政许可、行政处罚、行政强制、行政事业性收费等进行严格的法律审查，提出的合法性审查意见均得到政府和有关部门的采纳。其中影响较大的文件主要有：《关于加强城市公共交通安保工作实施方案的通知》《太原市能源发展战略行动计划（2015—2020）实施方案》《太原市人民政府关于深化户籍制度改革的实施意见》等。 （张　涛）

【推进行政处罚案卷评查】 2015年，市政府法制工作结合省政府法制办《关于在全省卫计、食药、物价系统开展行政执法案卷评查工作的通知》（晋政法发〔2015〕37号）精神，在全市开展行政处罚案卷评查工作。评查工作采取单位自查、集中评查、重点抽查、检查验收等方式，全面梳理行政处罚案件、重大行政处罚案件、罚没收入等有关情况。组织召开全市行政执法案卷评查观摩交流会。通过案卷评查工作的开展，使各单位案卷评查意识不断增强，制度建设逐步健全，执法行为更加规范，促进全市依法行政工作的健康发展。 （张　涛）

【提高行政复议、应议、应诉案件办理质量和效率】 2015年，市政府法制工作随着依法行政工作的推进和人民群众维权意识的增强,行政复议、应诉案件数量日益增加,工作任务明显加大。市政府法制办坚持“以事实为根据,以法律为准绳”,力争把每件案件都办成“精品”,解决行政争议,化解社会矛盾,维护人民群众合法权益。全年,市政府法制办共接待行政复议申请300余件,1000余人次;受理案件208件,其中已办结203件,其余5件正在办理之中;承办行政应议案件2件、市政府应诉案件34件。

(张 涛)

【行政复议指导监督】 2015年,市政府法制办分别对晋源区、尖草坪区、古交市、市人社局、市房管局等单位的50余件复议案件和应诉案件进行个案指导。共发出法律意见书10次,口头通报5次;通过电话通知、书面函告等形式,督导工作10次;实地调研指导10次,在听取汇报的同时,对行政复议案卷及行政执法案卷进行检查指导,发现问题,及时纠正,对行政执法行为进行有效监督。

(张 涛)

【行政审批制度改革】 2015年,市政府法制工作根据新形势下“六权治本”工作的总体部署,按照“清权、减权、确权、晒权”的总体思路,全市经过“三报三审三回、专家论证、合法性审查、广泛征求意见”等多个环节的工作,权力清单、责任清单制度推进工作取得阶段性成果。按照市行政审批制度改革领导组工作安排,市政府法制办配合市审改办对权力清单、责任清单进行合法性审查,通过再审核、再清理,将市级行政权力清单事项由2014年上报初期的6033项精简到2764项,总精简比例达到54%,其中:行政许可133项,行政处罚2117项,行政强制93项,行政征收征用25项,行政裁决8项,行政确认40项,行政给付19项,行政奖励9项,其他行政职权252项,市政府为实施主体的职权事项57项,部门共性职权事项11项。推进责任清单的编制工作。市级部门的责任清单基本编制完成,市级行政权责清单公布实施。 (张 涛)

【强化依法行政】 2015年,为贯彻落实党的十八届四中全会精神,市委成立法治太原建设领导小组,设三个专项小组,其中成立依法行政专项小组,其办公室设在市政府法制办。各县(市、区)政府及市直各部门调整组织机构。市政府法制办始终把全面推进依法行政工作作为年度重要工作来抓,严格落实行政一把手负责制。充分发挥依法行政专项小组的作用,认真研究解决依法行政工作中的重大事项及存在的困难和问题,为全市依法行政工作顺利开展提供组织保障。及时制定2015年《依法行政工作计划》和《政府法制工作要点》,并于3月27日召开由各县(市、区)政府、开发区(园区)管委会、市直各部门分管领导及法制机构负责人、法律法规授权和受委托执法单位主要负责人200余人参加的全市依法行政工作会议,对2014年全市依法行政工作进行总结,并重点安排部署2015年依法行政工作任务。 (张 涛)

【组织法制讲座】 2015年,市政府法制工作组织各县(市、区)政府、开发区(园区)和市直各部门分管领导和法制机构负责人以及法律法规授权组织和受委托行政执法组织的主要负责人共200余人,参加法制讲座。专门邀请国家行政学院法学部副主任、教授、博士生导师杨小军以“推进依法行政、建设法治政府”为主题作了专题讲座。邀请西北政法大学行政学院院长、法学教授、博士生导师王周户就《行政处罚法》进行专题辅导。按照依法行政工作计划安排和市委组织部干部教育培训计划,在西南政法大学举办为期一周的法制干部培训班。通过培训学习,增强了领导干部运用法治思维和法治方式解决经济社会发展中突出矛盾和问题的能力和水平。 (张 涛)

【政府法制理论课题研究】 2015年,市政府法制办制定出台《太原市法治政府建设指标体系(试行)》。为贯彻落实党中央、国务院和省委、省政府关于加快推进法治政府建设的相关文件精神,遵照市委、市政府的决策部署,市政府法制办依据法治政府建设的根本目标,按照“六权治本"的总体要求,结合实际,以市政府名义制定出台《太原市法治政府建设指标体系(试行)》,并在《太原日报》向社会予以公布,在全省范围内率先实现对法治政府建设各项工作任务更加全面系统、科学规范的量化与细化。《指标体系》将依法行政考核办法与法治政府建设指标合二为一,通过对各项指标的考核,综合测算出各县(市、区)政府及市直各部门依法行政、建设法治政府工作的现状,并寻找出推进依法行政,建设法治政府过程中的问题及其解决对策,对于准确评估全市法治政府建设的状况和水平,加快推动法治政府建设取得新成效具有重要意义。开展城市管理综合执法课题研究工作。按照年初依法行政工作要点安排,制定了城市管理综合执法课题研究方案,成立了课题研究组,明确研究内容和工作进度。课题组深入市城乡管委就城市综合执法现状、存在问题、面临困难等情况进行专题调研,征求并探讨推进城市管理综合执法的意见和建议,并积极学习借鉴外地先进经验,确保高质量完成课题研究工作。 (张 涛)

【精神文明创建活动】 2015年,市政府法制工作以培育和践行社会主义核心价值观为主线,加大推动精神文明单位创建工作力度,巩固文明单位标兵称号。引深社会主义核心价值观践行活动。组织“伟大胜利,历史贡献”展览参观、“铭记历史,缅怀先烈,珍视和平,开创未来”知识竞赛等一系列主题活动,加强全办党员干部思想道德建设。与市政府办公厅、市编办、市外办、市园林局等九家单位联合举办道德讲堂6次。通过宣传先进事迹、学习法律知识、进行警示教育,引导大家更加爱党爱国、爱岗敬业、文明规范、崇尚法律。建立学雷锋志愿服务队,开展向贫困人群捐款捐物和社会公益志愿服务活动。通过形式多样的各种活动，形成崇德向善、见贤思齐机关风尚，提升全办干部职工的道德素质，促进文明机关的建设。

将“双拥”工作纳入重要议事日程，认真谋划，统筹安排，扎实推进，确保“双拥”各项工作落实到位。组织干部职工参观教育基地，加强国防知识教育。结合法制工作实际，开展警民共建“送温暖，学作风”“双拥在基层”和“送法律到军营，爱党爱国爱官兵”等一系列活动，做好“双拥”相关法律法规保障服务行动，解决涉及广大官兵和优抚安置对象切身利益的问题，不断提高“双拥”工作的质量和水平。

市政府法制办及时与阳曲县西凌井乡西凌井村进行了工作对接，稳步推进扶贫工作的顺利开展。期间，班子成员前往西凌井村进行了扶贫解困调研指导，详细了解了扶贫村尤其是村内贫困户的实际情况。“七一”党的生日之际，向扶贫村中的老党员、生活困难党员进行了走访慰问。在“全国扶贫日”期间，组织全办工作人员进行了“积极踊跃捐款捐物，向扶贫村奉献爱心”活动，共筹集到爱心款3000元，爱心衣物323件。会同市第二人民医院赴帮扶村开展“联合义诊，送医送药”扶贫活动，为村民送去关怀。同时，拟筹建光伏发电站一处，投资70余万元，建成后将为村集体每年增收15万元；推进开发深井工程，为精准扶贫、招商引资奠定良好基础。在收集大量相关资料的基础上，起草《西凌井村精准扶贫工作情况专题调研报告》《精准扶贫有关工作规定汇总工作手册》以及《帮扶西凌井村脱贫致富发展总体规划方案（2015年—2018年）》等，以切实完成好扶贫工作任务，推进扶贫村的长远发展，尽快实现全村脱贫、共同致富的目标。

（张　涛）

政法综治

【概述】 2015年，全市政法综治部门学习贯彻落实党的十八大、十八届四中、五中全会精神和习近平总书记系列重要讲话精神，开展“学习讨论落实”活动和“三严三实”专题教育活动，推进“平安太原”“法治太原”和过硬队伍建设，服务省城经济发展，完成各项工作任务。全年未发生危害国家安全和社会稳定的重大政治事件，未发生重大群体性事件，未发生重大公共安全事件，未发生严重暴力恐怖事件和个人极端案（事）件，未发生重大安全生产事故。

（办公室）

【平安太原建设】 防范、打击敌对势力破坏活动。加强境外非政府组织的规范管理；开展反邪教斗争，打击“法轮功”“实际神”等邪教组织的捣乱破坏活动，加大对一般邪教人员的教育转化力度，依法处理骨干和顽固分子。

落实反恐防恐各项工作措施，确保省城政治安全。主动适应反恐维稳严峻形势，健全完善反恐情报信息共享机制，掌控关注群体现实动向，加大对党政首脑等重点目标单位守护力度，加大对散装汽油、管制刀具等涉恐要素管控力度；开展社会面巡逻防控，组织开展“龙城2015”反恐怖演习。

加强群体性事件的预防处置，维护省城社会稳定。围绕涉众型经济犯罪、房地产开发以及物流、出租车、建筑等矛盾纠纷较为集中的领域，开展不稳定因素排查化解工作，做到100%预警；推进重大社会决策、重大工程项目社会稳定风险评估工作，建立涵盖律师、规划、水电设计、环境保护等方面64人组成的专家库；加大群体性上访和群体性事件的处置力度，成功处置“6.15”两参人员赴省委上访、鑫盛源担保公司、天和旺物流公司受害群体堵门堵路等129起群体性事件，依法打击处理缠访闹访、组织煽动、挑头闹事等484人。

发挥职能作用，依法打击违法犯罪。全市共立刑事案件36647起，同比上升19.7%；破获刑事案件10867起，同比上升15.3%。共抓获刑事作案成员4917人，同比上升6.5%。查处治安案件86970起，同比上升45.1%，其中查处黄赌毒案件3453起，同比上升0.8%；查处违法人员101466人，同比上升33.5%。全市检察机关共受理审查逮捕各类案件2704件3566人，同比分别上升11.4%和12.4%。批准逮捕2210件2889人，同比分别上升19.1%和20.1%。受理审查起诉3973件5866人，同比上升1.5%和10.5%，提起公诉3127件4181人，同比下降2.5%和2.3%。全市两级法院受理刑事案件4668件，比上年同期增加430件，同比上升10.15%，审结3511件，判处罪犯3071人。

推进矛盾纠纷多元化解体系建设。贯彻落实《关于进一步加强矛盾纠纷联调工作的实施方案》，继承和发展“枫桥经验”，提高各县（市、区）及市直部门联调工作能力和运用法治思维和法治方式化解矛盾纠纷的水平。全市县（市、区）、乡镇（街道）、村（社区）共有村级调解组织1498个，乡级调解组织106个，企业调解组织266个，县级调解组织10个，三级联调平台基本建成并投入运行。截至11月底，全市共调解各类纠纷31076件，调解成功30117件，调成率96.91%，防止民转刑案件22件，防止群体上访564起，防止械斗13起。全市法院受理一审民商事案件31165件，较上年同期增加9578件，同比上升44.37%，一审调解、撤诉结案7678件，调解撤案率达43.19%。受理执行案件9011件，较上年同期增加3086件，同比上升52.08%，执结3768件。执结标的额达53.31亿元。

推进“天网”视频监控建设，完善立体化治安防控体系。共建视频监控320000个，其中一类视频监控19000个，二类视频监控10000，三类视频监控291000个。开展平安创建，推进“六安联创”，强化群防群治队伍建设，加强平安志愿服务工作。共组织群防群治队伍4104支21887人，平安志愿者40680人。

加强对特殊人群的服务管理，消除社会安全隐患。制定《关于加强肇事肇祸等严重精神障碍患者救治救助工作实施意见》和《关于全面推进社区矫正工作的意见》等"六类特殊人群"服务管理配套文件,开展各类专项活动。全市在册严重精神障碍患者9245人、在管患者7921人,易肇事肇祸精神障碍患者1853人,平均患者检出率为2.18‰,管理率为79.75%,服药率为51.44%;在册管理的社区服刑人员1884人,重新犯罪率为0.1%;衔接管理的安置帮教对象5446人,帮教率为97.8%、安置率为90%,重新违法犯罪率控制在2%以内;登记在册吸毒人员16000余人,参加维持治疗人员2814人;在册管理的艾滋病感染者643例、艾滋病病人266例,抗病毒治疗666例;在册帮扶重点青少年群体3582人,未发生在全省全国有影响的重大案(事)件。

创新社会治理机制,推进社会服务管理平台建设。配齐配强乡镇(街道)专抓副职和综治专干。落实体系建设经费保障,县(市、区)将三级平台运行经费和网格长补助纳入财政预算。针对平台运行存在的问题与不足,市县两级开展基层综治工作者业务大培训活动,提高基层综治工作者的能力水平。基层三级平台共受理各类事项210945件,办结174380 件,处置率为82.7%。同时,推进市县两级综治信息化建设。市级综治视频会议系统建设已完成,县(市、区)综治视频会议系统设备安装联网调试过程中。

落实责任,化解进京非正常访突出问题。落实《关于建立太原市进京非正常上访问题治理工作衔接机制的意见》,每月定期对全市进京非正常上访情况进行通报。加大对进京非正常上访治理工作责任制落实力度,年内对发生进京非正常集体上访的两个县区进行黄牌警告,对所涉及信访事项进行挂牌督办,市领导对发生进京集体上访的5个县(市、区)党政一把手、政法委书记、公安分(县)局局长、信访局局长进行约谈。贯彻《关于依法处理非正常上访行为的指导意见》文件精神,协调市信访联席办、市公安局研究重点进京非正常进京上访人员及其行为处置办法,全年共对恶意非法进京上访人员刑事拘留22人次,行政拘留107人次,行政警告101人次。牵头组织市综治办、市信访联席办、市维稳办、市公安局等部门,组成联合督导组,对全市进京非正常上访治理工作情况进行督导。全国"两会"、9.3纪念抗战胜利70周年等重要时期,集中组织开展专项整治行动。2015年,全市共发生进京非正常上访527人次,未突破省要求的控制指标。

加大交通、消防管理力度,开展寄送、物流业清理整顿。截至10月底,全市共发生交通事故790起,同比下降14.5%;死亡186人,同比上升2.8%,受伤912人,同比上升23.7%;直接经济损失203.5万元,同比下降1.3%。共发生火灾1736起,死亡5人,受伤8人,直接经济损失493.9万元,未发生特大火灾事故。贯彻落实全国、全省集中开展危爆物品、寄递物流清理整顿和矛盾纠纷排查化解专项行动电视电话会议精神,全市共排查登记涉爆企业37家,涉爆从业人员4000余名;涉危单位445家,其中加油站259家,危险品从业单位117家,剧毒使用单位46家,放射性物质使用单位23家;涉爆、涉枪重点人员434名。共排查危货企业45家,危货车辆1001辆,从业人员2082名。(办公室)

【法治太原建设】 2015年,加强党委对法治建设的领导,建立健全体制机制。细化各相关单位的职责分工,形成七部分具体任务。市委办公厅印发《中共太原市委关于调整市委全面深化改革领导小组等机构组成人员的通知》(并字〔2015〕23号),明确中共太原市委法治建设领导小组组长、副组长和成员单位名单,领导小组办公室设在市委政法委,市委法治办印发《关于印发市委法治建设领导小组及办公室等机构组成人员的通知》(并法治字〔2015〕1号),明确领导小组成员名单及专项小组名单;领导小组下设地方立法、依法行政、公正司法和法治社会建设三个专项小组。

推进"阳光司法"工程,深化公正司法。全市两级法院完成"三大平台"信息化建设,实现办案流程信息、裁判文书、执行信息的全面公开。检察机关全面开展"阳光检察",构建完善开放、动态、透明、便民阳光检察工作机制。公安机关设立"执法信息公开平台"数据上传已基本完成,结合省公安厅"四项整治"工作,在全市开展专项检查,对发现的问题进行通报。司法行政机关公开发布政务信息累计149条,市司法局对公众信息网进行改版升级工作。

引深司法体制改革试点工作。尖草坪区结合本区实际,提出"横向大部制,纵向扁平化"的改革方案。方案可适当提高检察官、法官的职级待遇,解决基层法检两院办案力量不足、工作效率不高、业务工作发展不平衡等问题。省"1+8"司改制度体系出台后,机构和人员上划前期工作及首批法官、检察官遴选工作已经完成。

开展执法司法突出问题专项整治。市委政法委从1月10日开始在全市政法系统集中开展为期五个月的执法司法突出问题专项整治活动,全市政法部门共梳理查摆出突出问题1114项,其中两级法院436项,两级检察院201项,市公安局376项,司法行政系统101项。对于专项整治中发现的问题,坚持"四个必查",做到"四不放过"。活动中,全市政法部门共收到举报线索152条,查处违法违纪案件16案38人,其中法院2案2人,公安14案36人,同时公安清理清退"吃空饷"人员27人。

开展普法教育,增强全民法治观念。深化"六五"普法,丰富"法律六进"主题活动。办好"普法大讲堂",推广"普法大篷车"等普法活动。组织举办全市各级各部门普法骨干(联络员)培训班。打造龙潭法治主题公园、万柏林公园路法治文化长廊、矿北社区"法治文化游园"、杏花岭三墙路"法治文化一条街"等法治文化示范点，开展普法宣传。开展法治县(市、区)、民主法治示范村(社区)创建活动。加强公共法律服务体系建设，推进一村(社区)一法律顾问工作，为全市1519个村(社区)配置法律顾问。

推进“六权治本”。市纪委监察局、市四大班子办公厅、编办、法制办、政务办等部门按照职责分工各负其责、分头落实。一是依法确定权力，全市共梳理出行政权力事项6033项，通过严格清权确定4005项，减少1978项，精简33%；二是科学配置权力，将政府工作部门由原来的43个精简为40个，对54个市直党政工作部门内设机构进行重新梳理和科学配置；三是制度限制权力，对现行涉及行政权力、对外职能等事项的相关制度进行清理完善；四是阳光行使权力，实行党务公开、政务公开、村务公开、和企务公开；五是合力监督权力，健全完善党内监督、人大监督、行政监督、民主监督、舆论监督、审计监督和司法监督制度，形成权力制约监督合力；六是严惩滥用权力，建立实施重大决策终身责任追究、责任倒查、纠错问责、权力运行痕迹管理等制度，依法对以权谋私、失职渎职等职务犯罪和行为严查严惩。

推进涉法涉诉信访改革。一是各县(市、区)委政法委和市直政法各单位建立完善依法导入机制、纠错补瑕机制、终结退出机制、违法信访依法处置机制等工作机制；二是组织开展涉法涉诉进京非正常访积案清理活动，省委政法委交办太原市的51件信访案件全部按时核销；组织开展涉法涉诉信访案件评查活动和依法处理非正常上访行为专项治理活动。　　（办公室）

【和谐社会建设】 2015年，开展“打黑除恶”专项斗争。制定《关于服务保障城中村，改造进一步加大“打黑除恶”工作力度的意见》《太原市打黑除恶专项斗争推进年活动实施方案》。全市共打掉黑恶势力犯罪团伙47个，抓获犯罪嫌疑人368人，破获刑事案件327起。太原市承办的60件公安部、省“打黑办”批转涉黑涉恶核查线索办结。通过打击，一些区域、行业，特别是“城中村”中干扰基层政权，插手工程承包，为抢揽工程而进行强迫交易、寻衅滋事等犯罪行为减少。

开展社会治安重点整治。加强以“城中村”为重点的社会治安六项集中整治工作。共排查“九小场所”14030余家(次)，整治8087家(次)。以“零容忍”态度破获刑事案件1988起，刑事拘留923人，查处治安案件10734起(其中涉黄涉赌案件741起)，治安拘留3562人，在城中村建设平安警务室55个。对蓄意煽动、组织、策划非法上访以及挑头闹事、阻挠工程进度等违法行为，收集固定证据，依法打击，保障全市“城中村”改造的顺利推进。

服务保障重点项目，提供各类法律服务。全市政法部门围绕2015年度太原市重点工程建设，主动适应经济发展新常态，在市委政法委统一协调下各司其职，相互配合，形成“1+4”制度体系，促进重点工程项目建设。

全市两级法院发挥职能作用，狠抓城中村改造重点项目案件的审理，依法惩治犯罪，打击职务犯罪，参与“以群众举报乡村干部腐败为点集中解决群众信访问题”专项清理整治活动，开通快立、快审、快执的绿色通道，为省城建设营造法治环境和治安环境。

检察院发挥检察监督职能，依法严惩人民群众深恶痛疾的刑事犯罪，创优发展环境。建立对黑拐枪、盗抢骗、黄赌毒等犯罪常态化打击整治机制，整合强化办案资源，确保形成打击合力。

全市公安机关主动适应新常态服务保障“六大发展”，部署开展“夏季攻势”打击整治专项行动，抓住排查预警、化解稳控和打击处置三个关键环节，开展“城中村”突出治安问题分类治理，保障“城中村”拆迁改造的顺利进行。

司法行政系统整合法制宣传、律师、公证、法律援助、人民调解、基层法律服务、社区矫正等职能，发挥司法行政法治宣传、法律服务和法律保障优势，动员组织优秀律师事务所和“城中村”对接，深化“一村一法律顾问”的主战场，实现全市1519个乡村(社区)法律顾问全覆盖，服务和保障城中村拆迁改造工作。

（办公室）

【舆论阵地建设】 2015年，全省市、县两级政法委(综治办)建立各自的长安网网站并依托省级平台集群建设，各长安网与中政委、省委政法委网站联通，形成全国长安网整体布局。市委政法委(综治办)注册登记太原长安网网站，页面设计完成。

建立政法舆情监测平台，探索政法舆情应对机制。7月10日，市政法委与法制网舆情监测中心签订舆情服务协议，建立太原市社会稳定和政法舆情信息监测平台，为全市社会稳定和政法舆情信息提供服务，每日提供舆情简报及信息的研判分级，遇有重大舆情信息时及时发出预警，并协助提供引导和应对舆情的建议和办法。

探索舆情应对机制运作的经验。从3月初开始，委牵头组成“12·13”案件舆情引导和应对领导组，制定“12·13”案件公诉审判阶段舆情引导工作预案和“12·13”案件宣判期间舆情引导与应对工作预案。建立“12·13”案件庭审期间舆情会商研判制度，从5月11日开始至7月底，每日由市委政法委牵头，市委宣传部、市外宣办、市网信办、市法院、市检察院、市公安局网警支队、警令部警察公共关系处、市国安局、市司法局等确定一名舆情人员参加，进行会商研判，并将每日舆情信息当日报送市委、省委政法委及市委宣传部，为领导提供参考。在庭审期间，对网上不实之词和炒作的负面舆情，组织政法部门网评员以普通网民身份进行引导和应对。　　（办公室）

【政法队伍建设】 2015年，全市政法综治部门组织全市政法机关开展“学习讨论落实活动”和“三严三实”专题教育活动。通过集中学习、开办专家讲座、观看影视教育片、参观廉政教育基地等多种形式开展活动。在查找问题的基础上，开展“执法司法突出问题”和“不严不实”问题整治，形成预防、整改工作的常态化和长效机制。

提振精神，转变作风，提高政法干警服务意识。一是以政法机关窗口单位为主体，引深政法窗口建设活动。开展“创建”群众满意的政法窗口活动，为群众多办实事、多解难题，增强同人民群众的感情，树立新时期政法队伍的新形象。二是以基层政法机关干警为主体（窗口干警除外），开展“一村（社区）一警”联系走访活动。发挥政法部门的职能作用，特别是发挥乡街政法工作服务队的作用。全市两级政法机关共有3418名干警参加活动，共联系走访25398次，收集社情民意6214条，意见建议3060条，排查矛盾隐患3070处，整治治安乱点813处，排查案件线索991条，化解矛盾纠纷3779件，帮扶困难群众1556户，3204人，提供法律服务20110次，健全基层群防组织691个，开展法律宣传、讲座1457次。

落实“一岗双责”，开展思想政治建设。在机关内部落实党建工作责任制，加强督促检查力度，构建“书记抓、抓书记”的基层党建工作格局。严格党内政治生活和组织生活制度，突出抓好“三会一课”制度的落实。开展政法干警的思想政治建设，从政治纪律、工作纪律、生活纪律方面，做到“五个必须、五个绝不允许”。围绕执法司法突出问题，开展专项整治；开展宗旨教育，教育干警树立以人为本、执法为民的思想，将政法工作的触角延伸到社区、农村、学校、企事业单位等基层，为群众办实事，解难事，增进警民关系。抓住执法一线岗位、关键环节，落实“两个责任”，把廉政建设作为重要工作，常抓不懈。

严明党纪政纪，增强党性观念。贯彻落实党风廉政建设责任制，开展反腐倡廉工作和廉政文化建设。开展“依案说纪、以案说法”警示教育活动，即“三个一”主题教育活动。一是召开党员大会传达学习通报内容，观看《警钟长鸣》警示教育片，并以支部为单位组织进行“汲取案件教训、廉洁从政大讨论”；二是邀请省公安厅纪委书记周培斌“围绕预防职务犯罪”作廉政讲座；三是组织机关全体党员干部参观于成龙廉政文化馆，进行廉政文化教育。

选树政法典型和模范人物，培养干警积极向上的价值追求。2015年，市委政法委向省、市有关部门推荐选送模范人物16名、先进集体5个。其中：市总工会推荐1名政法干警获全国先进工作者，1名干警获省五一劳动奖章，推荐4名山西省杰出、优秀政法干警、10名个人二等功人选、4个严格执法、公正司法先进集体。政法各系统推出先进模范人物，如检察系统推出“用生命守护公正，用奉献谱写忠诚”的清徐县检察院反贪局副局长李洪达，公安系统推出丁辉、牛继文等英雄模范人物。全市政法系统共选树先进个人典型41名，有3名个人和4个集体获得国家（部）级表彰，78名个人和26个集体获得省（厅）级表彰，574名个人和147个集体获得市（局）级表彰。

加强职业技能培训，提升队伍的整体素质。5月22日至29日在四川大学举办“全市政法系统领导干部能力素质综合提升培训班”，70名政法各级领导干部和业务骨干参加培训；11月8日至13日，在浙江绍兴党校举办“全市政法综治干部社会治理创新与法治建设培训班”，62名各级政法、综治领导干部参训。市法院系统在抓好人才教育培训基础上，建立人才储备库，在干部任免使用等方面优先使用；市检察院加大人才培养力度，提高全市检察业务尖子、办案能手的专业素质和专业技能；市公安局组建公安机关律师队伍，有39名已通过司法考试资格证的民警被确定为公职律师。（办公室）

法院

【概述】2015年，全市法院围绕省、市委“六大发展”“六个表率”和“五个一批”等重大战略，开展学习讨论落实活动和“三严三实”专题教育工作，充分发挥审判职能作用，依法审理各类案件，维护社会公平正义，为经济社会的发展提供司法保障。全年受理各类案件53365件，去年同期38305件，同比上升39.32%，审（执）结40852件，法定审限内结案率达99%，诉讼标的额193.81亿元，去年同期96.51亿元，同比上升100.82%。市中院受理各类案件10855件，去年同期8034件，同比上升35.11%，审（执）结9151件，法定审限内结案率达98.5%。

（张晓华）

【刑事审判】依法审理刑事案件，推进平安太原建设。全年受理各类刑事案件5024件，同比上升10.34%，审结4454件；市中院受理刑事案件1147件，审结975件。其中盗窃、危险驾驶、故意伤害犯罪案件在全市法院刑事一审案件中占比较高，分别占刑事一审案件受理数的22.79%、14.6%和11.58%。

依法严惩严重刑事犯罪。全市法院依法惩处各类严重刑事犯罪，受理故意杀人、故意伤害、抢劫、绑架、强奸等严重暴力犯罪一审案件710件997人。受理毒品犯罪一审案件241件355人。对涉黑涉恶案件继续坚持快审快判，从严惩处，维护社会稳定。完成有重大影响的龙城派出所干警涉嫌故意伤害、滥用职权一案的庭审工作。

依法严惩经济犯罪。全市法院受理一审破坏市场经济秩序犯罪案件408件756人，其中集资诈骗、非法吸收公众存款等涉众型经济犯罪案件所占比重较大。审理涉及受害人5000余人、涉案金额5亿余元的朱玉喜、张中英等人的集资诈骗犯罪案件和涉及受害人500余人、涉案金额3亿余元的董志帅等人的非法吸收公众存款犯罪案件。

依法严惩职务犯罪。全市法院受理贪污贿赂、渎职等犯罪一审案件240件302人。市中院和部分基层法院受理一批上级法院指定管辖的大要案、职务犯罪案件，完成审判任务。

抓好未成年审判工作。受理未成年人刑事一审案件89件165人。审理中坚持“教育、感化、挽救”的方针，完善未成年人社会调查、心理评估、犯罪前科封存等工作机制，对未成年被告人进行科学心理测评、心理疏导，为量刑提供依据。（张晓华）

5月28日，市中院冯少勇院长讲授“三严三实”专题教育党课

【民事审判】 2015年，全市法院依法审理民商事案件，促进社会经济发展。受经济发展持续下行的影响，各类民商事案件大量增加，全年受理民商事案件34582件，去年同期24174件，同比上升43.05%，审结27137件，诉讼标的额达100.77亿元；市中院受理民商事案件5738件，去年同期3702件，同比上升55%，审结4722件。受级别管辖标准调整的影响，基层法院受理一审民商事案件数量大幅增长，同比上升40.88%，特别是小店区法院的一审民商事案件受理数呈井喷式增长，同比上升79.96%。运用调解化解民事纠纷。全市法院民商事一审案件中调撤结案9506件，调撤率达43.38%。加强诉讼与非诉讼调解机制的衔接，有效地化解了社会矛盾。与省保监局建立车辆交通事故保险纠纷诉调对接机制，促使保险行业依法合规经营，快速受理、理赔保险合同纠纷，减少保险消费者和受害人维权的时间成本。探索与交警队、省医调委的矛盾纠纷诉调对接机制，化解道路交通事故纠纷778件、医疗纠纷165件。

认真审理民商事案件。受理一审婚姻家庭纠纷案件4967件，同比上升17.84%，其中以离婚纠纷案件居多；受理一审合同纠纷案件17502件，同比上升63.19%，其中以买卖、借款合同纠纷案件居多；受理一审权属侵权纠纷案件7893件，同比上升20.1%，其中以人身损害赔偿纠纷案件居多。受理民间借贷纠纷案件3317件，同比上升105.9%，保护合法的民间借贷和企业融资行为，推动缓解了小微企业融资困难，维护了市场金融秩序；受理房地产案件916件，同比上升324.07%，促进了房地产市场的健康发展；强化涉农案件的审理，受理农村承包合同纠纷、宅基地使用权纠纷案件109件，积极维护农民的合法权益；受理劳动争议案件1683件，维护了正常的用工秩序，保护了劳动者的合法权益。

审理企业破产案件。全市法院贯彻依法破产理念，注重通过案件审查、资产清查、资产处置三个阶段保护国有资产，维护企业职工和债权人的合法权益，依法保障和促进国有企业改革，构建诚信良好的市场经济秩序。全市法院新受理破产案件10件，审结1件，其中市中院新受理破产案件8件。

依法审理知识产权案件。市中院受理知识产权案件201件，同比上升30.52%，其中著作权案件49件，商标权案件93件，专利权案件50件。审结144件，调撤77件，调撤率达53.47%。继续完善知识产权涉及刑事、民事、行政案件“三审合一”的审判机制。（张晓华）

【行政审判】 2015年，全市法院依法审理行政案件，监督行政机关依法行政。新修改的《行政诉讼法》和立案登记制实施以来，行政案件受理数大幅增长。全市法院受理行政诉讼案件940件，去年同期370件，同比上升154.05%；受理行政非诉案件499件，去年同期252件，同比上升98.02%；受理国家赔偿案件10件，审结8件。市中院受理行政诉讼案件451件，去年同期163件，同比上升176.69%；受理行政非诉案件342件，去年同期177件，同比上升93.22%。

在行政审判工作中全市法院坚持“保护合法权益，促进依法行政，优化司法环境，化解行政争议”的行政审判基本要求，坚持行政案件的合法性审查，维护行政相对人的合法权益，保障行政权依法实施，服务省、市重点工程、城中村改造工作，受理、审查并准予强制执行行政非诉案件364件。健全与行政机关的联席会议制度，定期召开联席会议，保证行政机关与全市法院在法律适用、证据研判、事实认定等方面的一致。（张晓华）

【执行案件】 强化执行措施，解决执行难问题。全年受理执行案件10049件，去年同期6380件，同比上升57.51%，结案6081件，执结标的额达93.04亿元；市中院受理执行案件1136件，结案868件，执结标的额80.55亿元。开展“转变执行作风、规范执行行为”专项活动、集中打击拒执犯罪专项活动、全省政法机关专项整治活动以及全省法院“三清三治”活动，组织5个督导组对全市法院执行工作进行专题调研指导，解决执行难问题。集中清理执行涉民生案件661件，涉党政机关案件18件。在执行工作中，穷尽各类执行措施。严格执行信息管理，组织全市法院将执行案件信息录入信息管理系统。在最高人民法院执行信息公开平台上公布失信被执行人名单，以执行信息管理系统的建设推动执行信用惩戒机制的完善。查找被执行人财产线索，“点对点”查控被执行人银行财产信息，协调办理查询被执行人银行账户3618件次。以限制高消费、限制出境、罚款、拘留、在户外大屏幕、公交车电视公开曝光等措施，促使被执行人履行义务，取得良好的社会效果。（张晓华）

【信访工作】 积极化解涉诉信访案件，畅通司法救济渠道。市中院成立诉讼服务中心，强化窗口接待及矛盾化解功能，依法维护申诉信访秩序。完善承办法官接待审查、律师提供免费法律服务以及资深法官答疑解惑“三位一体”的初信初访矛盾化解机制。全年接待来访群众1959人，院长接待来访群众6次21案48人，院长接待案件的办案率达96%。组织信访人与最高法院法官视频接访11案，信访人满意率达100%。

（张晓华）

【审判监督】 2015年，全市法院加强审判监督力度，维护司法公平正义。全市法院受理各类申诉申请再审案件205件，审结142件，做到错案改判。审结减刑、假释案件1876件。严格规范减刑、假释审理程序，通过入监考察、开庭审理、合议研究等形式审查减刑、假释案件，慎重把握裁量幅度。加强与检察院、监狱的协作，建立减刑假释案件联席会议制度，定期召开联席会议研究疑难问题。落实裁前公示制度，在市中院政务网站开设减刑、假释专栏，在信访接待大厅设置减刑、假释案件征求意见箱，及时公示减刑假释相关信息。完善减刑假释与社区矫正的对接机制。积极探索人民陪审员参与减刑假释案件审理的工作机制。

（张晓华）

【助力省城中心工作】 2015年，全市法院服务城中村拆迁改造，助力省城全面发展。根据市委、市政府对54个城中村进行整村拆迁改造的重大部署，市中院围绕全市工作中心，依法发挥审判服务职能作用，积极提供法律支撑。制定了《全市法院依法服务城中村改造实施方案》，从制度、人员上作好保障。建立驻村法官日常联系制度，采取院领导带队的方式，走访调研，包村服务。同时，对妨碍城中村改造的案件从快审理，并与“打黑除恶专项斗争推进年”有机结合，打击城中村改造中出现的黑恶势力和各种犯罪，为全市城中村拆迁改造起重要作用。

（张晓华）

【阳光司法】 2015年，全市法院创新工作思路，细化工作措施，坚持阳光司法，司法公正，提升司法公信力。开展便民活动，促进司法为民。为当事人提供形式多样、方便快捷的诉讼服务。成立诉讼服务中心，完善诉讼服务功能。执行首问负责制，杜绝工作推诿，接待当事人时快回应、不怠慢。开通服务热线，推行预约立案、上门立案，方便弱势群体维权。安装便民缴费银行刷卡机，方便当事人缴纳诉讼费用。设立群众满意评价器，接受群众监督。开通微信公众平台，方便当事人通过手机微信随时了解诉讼流程、查询案件进度、预约查询卷宗档案等信息。市中院依法缓、减、免交诉讼费93案211.98万元，确保经济困难的群众打得起官司。开展三大平台建设，促进司法公开。全市法院以司法公开为抓手，狠抓审判流程公开、裁判文书公开、执行信息公开“三大平台”建设，促进审判管理。全年在互联网上公布刑事、民事、行政案件等生效裁判文书10157份。在最高人民法院执行信息公开平台上公布失信被执行人名单1268条，其中涉及自然人1016条，涉及法人和其他组织252条。深化庭审公开，以公开促公正。

加强审判质效管理，促进司法公正。强化审判流程管理，监控审判动态，抓好审限内结案率考核，催办将超审限案件。定期公布全市法院案件受理、审结的对比情况，完善“三位一体”考核研判机制，及时进行审判绩效考核、发布审判态势分析。将案件审理的各个环节纳入审判流程管理并定期通报，全年通报44期。全年评查、抽查上网裁判文书120份，提高裁判文书质量。清理长期未结诉讼案件，做到责任到人，专人督办，定期通报清理情况。

自觉接受人大监督，促进司法公信。坚持接受人大代表、政协委员等社会各界对法院工作的监督，建立中层副职以上干警与市人大代表、政协委员的长期联络机制，每年两会前组织走访人大代表，赴各县、区代表团听取意见建议。邀请103名人大代表、政协委员旁听案件庭审、视察法院工作。向每名人大代表、政协委员及人民陪审员发送信息85条并赠送每季度的《太原审判》。（张晓华）

【司法改革】 推进司法体制改革，促进审判公正高效，严格按照最高法院、省法院的部署扎实推进司法体制和机制改革，促进审判的公正高效。推进试点法院司法改革。按照中央、中政委精神确定司法改革试点法院，报省法院同意将尖草坪区法院作为试点。配合省法院对尖草坪区法院的人员编制、固定资产、基本建设、案件及经费等情况详细摸底，制定司法改革实施方案，召开司法改革动员会，推进各项改革工作全面开展。参与制定入额法官遴选办法，组织尖草坪区法院首批27名法官参加入额考试，遴选法官20名。

落实立案登记制改革。贯彻落实最高法院《关于人民法院登记立案若干问题的规定》，将立案审查制改革为立案登记制，对法院依法应该受理的案件，及时立案受理，做到有案必立、有诉必理。着力改革立案登记的程序、范围，健全配套机制，制裁违法滥诉以及切实加强立案监督。立案登记制实施以来，全市法院的案件受理数大幅增长，“立案难”问题得到了有效解决。为缓解案件急速增长导致的案多人少矛盾，全市法院不断完善调解制度，推行小额诉讼程序、简易程序以及速裁程序，推进了繁简分流，极大地提高了审判效率,缓解了办案压力。依法加大对虚假诉讼、恶意诉讼、无理缠诉行为的惩治力度,完善了识别、防范、审查、惩处机制。完善司法责任制。完善主审法官、合议庭办案责任制,选拔办案能力强、司法经验丰富的人员担任主审法官,明确主审法官、合议庭及成员的办案权责,实现评价、问责、惩戒、退出与保障机制的有效衔接,做到让审理者裁判、由裁判者负责。

完善刑事、民事指导组职责。完善刑事、民事审判指导组职责作用,召开专题会议研讨刑事犯罪动态,规范刑事量刑尺度;对民商事审判工作存在的问题进行研讨分析;解决刑事、民事审判工作中的新情况、新问题,总结审判经验,提高审判业务水平。发挥审判委员会作用。市中院全年共召开审判委员会28次,讨论刑事、民商事、行政等各类案件589件。组织审判委员会委员旁听重大案件的庭审,使其了解、掌握案情,有利于审委会委员在讨论案件中充分行使表决权,促进"判者不审"问题的解决。加快人民陪审员改革。完善人民陪审员制度,保障人民群众有序参与司法,解决人民陪审员"陪而不审、审而不议"的问题。按最高法院要求完成全市人民陪审员倍增计划,共选任人民陪审员553名,增加329名,参审案件9715件,一审案件陪审率达80.89%,有效保障人民陪审员参审监督工作的开展。同时完善人民陪审员的退出、惩戒和履职保障机制。 (张晓华)

【自身建设】 2015年,全市法院贯彻落实十八大精神,积极开展"三严三实"活动,加强队伍建设、廉政建设和法院文化建设,深入开展学习讨论落实活动。细化开展学习讨论落实活动的目标任务、活动节点、方法步骤,紧抓专项整治工作,清理超审限案件、久执未结案件,治理"立案难"等问题。围绕群众反映强烈的"六难三案"问题,征求社会各界的意见建议,收集、整理、汇总专项整治问题9项53条并认真查摆,制定整改项目和措施,明确整改责任负责人,确保整治任务扎实推进,落到实处。开展"三严三实"专题教育工作。举办专题党课,加强党性教育、理想信念教育、社会主义核心价值观教育。开展专题学习研讨,通过先进典型事迹和违法违纪案件进行廉政教育。开展向邹碧华同志学习活动,引导干警坚守法治信仰,忠实职责。召开专题民主生活会和组织生活会,开展批评与自我批评,对照反思,推动转变工作作风。

开展党建活动和文明双拥工作。完成2015年党建创建工作。组织干警赴太原警备区民兵训练基地进行国防教育实训;参观刘胡兰纪念馆、省军区军史馆,接受爱国主义教育;开展"认亲结对献爱心"活动,慰问2名退伍伤残军人;举办"纪念中国人民抗日战争暨世界反法西斯战争胜利70周年知识竞赛"活动。

加强队伍建设。完善人才选任机制,优化队伍结构。市中院调整7名中层正副职干部,录用5名公务员。抓好人才培训工作,提高队伍素质,组织参加法官学院培训247人次,举办各类培训684人次。全年共获表彰26项,集体获17项,个人获9项。其中市中院获表彰11项,1人被评为全国先进工作者,1人被评为全国优秀司法警察,1人被评为网络宣传先进个人。

加强司法廉政建设。落实党风廉政建设的责任主体,明确分工,积极履行"一岗双责"。始终保持反腐高压态势,通过明察暗访、审务督查、司法巡查、专项检查等多种方式加强对法院干警的监督检查。完成与最高法院、省法院的网络对接机制,设置举报电话、举报网站受理举报案件。坚持向当事人发放案件廉政监督卡,方便当事人反映情况。办理省法院、市纪委、政法部门交办事项6件,收到群众来信来访395件、网络举报反映43件,立案调查完结7件。对2名涉案干警进行训诫谈话,对1名干警进行批评教育。

加强法院文化建设。组织全市法院论文征集及课题调研36次。编发两级法院信息67期138条。出版《太原审判》4期30余万字。完成《2014年太原中院年鉴》编辑工作。刊发《法院文化周刊》50期。在各类媒体上刊发稿件2000余条,其中省级以上报刊、新闻网站刊发2000余条。在中国教育台、香港卫视播出少年法庭专题片3期。市中院获全国"网络宣传先进单位"、全省"司法系统政务新媒体应用奖",被最高法院评为在司法宣传工作中做出突出成绩的人民法院。

加强基层建设。市中院积极推进新建审判大楼及配套用房建设,借鉴和吸收外地"两庭"建设的先进经验。积极向市委、政府汇报沟通,争取党委、政府的支持,有效地解决"两庭"建设中建设用地、建设经费的落实。在市委、政府的

11月6日,法警支队集训

强力支持下,市中院审判法庭建设接近尾声。（张晓华）

检 察

【概述】 2015年,全市检察机关贯彻党的十八大和十八届三中、四中、五中全会精神,学习习近平总书记系列重要讲话精神,落实省、市委十届六次全会决策部署,深化“三比一创”活动,完成各项检察工作。共有18个集体、53名个人荣获省级以上表彰奖励,在全市年度综合考核中被评为“优秀”等次,多项经验得到上级肯定并推广。（李爱军）

【服务保障工作】 用法治力量助推城中村改造。坚持以法治思维和法治方式维护城改秩序及各方合法权益,出台服务和保障城中村改造的意见,明确服务重点和保障举措;编印并赠送《发挥检察职能服务城改建设法律手册》1万册,开展警示教育30次,检察约谈800余人次;查处破坏城中村改造的贪污受贿、寻衅滋事等犯罪36人。城中村改造后受理的举报线索中,无一涉及组织实施城中村改造的各级干部。

打击破坏市场经济秩序犯罪。批捕侵犯知识产权、制假售假、损害商业信誉、金融诈骗等破坏市场经济秩序犯罪嫌疑人514人,起诉580人,同比分别上升112.4%和85.3%。围绕“三个突破”战略,出台服务民营经济发展的意见,引导检察人员树立平等保护各类市场主体意识;精选58个案例编印法律服务手册,向民营企业赠送16000余册;在办理涉及企业、创新、金融类案件时,注重选择办案时机和方式,落实“六个不轻易”“六个严禁”等措施,做到既依法办案,又切实维护正常生产经营。

合力创优发展环境。经市委批准,首次召开全市行政、检察联席会议,就如何在新常态下发挥合力,营造敢于担当、积极作为的干事创业氛围,共同推进依法行政进行安排部署。要求全市检察机关在查办职务犯罪特别是渎职侵权类案件时,秉持实事求是的态度,考虑案发时的历史环境和社会条件,做到“四个慎重对待”。（李爱军）

【平安省城建设】 坚持以人民群众平安需求为导向,依法打击破坏社会秩序、影响群众安全感的刑事犯罪,保障人民安居乐业。

打击严重刑事犯罪。共批捕各类刑事犯罪嫌疑人3547人,同比上升10.8%;起诉4786人,同比下降4.5%。打击故意杀人、抢劫、强奸等严重暴力犯罪,批捕227人,起诉199人。开展“打黑除恶”专项行动,共批捕涉黑涉恶犯罪嫌疑人154人,起诉116人。惩处涉众型经济犯罪,批捕非法吸收公众存款、集资诈骗犯罪嫌疑人288人,起诉271人,同比上升238.8%和367.2%。贯彻宽严相济的刑事司法政策,对积极退赃、协助追赃的,依法从轻处理,最大限度地挽回受害人的经济损失。

参与社会治安防控体系建设。与公安、法院建立信息沟通机制,共同推进社会治理创新。批捕寻衅滋事、聚众扰乱社会秩序、赌博等犯罪嫌疑人642人,起诉738人,维护祥和安宁的社会秩序。打击涉毒犯罪,批捕290人,起诉288人,遏制毒品犯罪蔓延势头。批捕暴力伤医犯罪嫌疑人2人,维护医疗秩序。严惩暴力抗法、妨碍执法,批捕妨害公务犯罪嫌疑人61人,起诉72人,维护正当执法的尊严和权威;严惩执法犯法、粗暴执法,查处执法司法人员17人,促进严格规范文明执法。编印并发放《拒绝高利诱惑远离非法集资》宣传册,提高群众的辨别能力和防范意识。

化解社会矛盾。注重回应群众的涉法诉求,推行疑难复杂案件联合接访、听证制度,邀请律师等第三方参与息诉工作,召开申诉案件听证会8次,化解信访积案3件,办理申诉案件71件。市检察院办理的冉从明申请国家赔偿案作为全省首例精神损害赔偿案,被最高检评为“全国刑事申诉检察优秀案件”。

（李爱军）

【反腐倡廉建设】 2015年,落实市人大常委会审议市检察院反贪污贿赂工作情况时提出的“保持惩治的高压态势,查处发生在群众身边的贪污贿赂案件,坚持惩防并举,加强能力建设,切实提高工作水平”决议,营造风清气正的政治生态。

严肃查办职务犯罪,促进形成“不敢腐”的强大震慑。共立查贪污贿赂、渎职侵权犯罪案件180件216人,其中大案126件,县处级以上要案44人(厅级3人),贿赂犯罪70件78人,为国家挽回直接经济损失7000余万元。开展查办发

2015年3月11日,全市检察机关召开执法司法专项整治活动推进会

生在群众身边、损害群众切身利益职务犯罪专项行动,查处56件97人。受理职务犯罪举报线索709件,同比下降24.3%。在办理重大敏感案件过程中,坚守法律底线,保持法治定力,既注重收集嫌疑人有罪、罪重的证据,也注重收集嫌疑人无罪、罪轻的证据,做到全面客观取证,理性指控犯罪。

加强职务犯罪预防,促进形成“不能腐、不想腐”的社会氛围。根据市委目标责任制考核要求,对110个单位职务犯罪预防工作进行考核。举办预防专题讲座、警示教育199场,直接受众4.7万余人。立足于“让数据多跑路、让群众少跑腿”,探索“互联网+检察工作”,在全省率先开通行贿犯罪档案互联网查询平台,受理查询46342次,招投标企业足不出户即可完成查询,《法制日报》等20余家新闻媒体予以专题报道。开展“进机关、进乡村、进社区、进学校、进企业”法治教育,促进公民尊法学法守法用法。

(李爱军)

【诉讼监督】 加强对诉讼活动的监督。侦查监督方面,监督公安机关立案10件、撤案10件,依法追捕122人、追诉128人。刑事审判监督方面,对45件刑事判决、裁定提出抗诉,法院已改判15件,发回重审7件。刑罚执行监督方面,开展社区服刑人员脱管漏管专项检察,纠正违法行为288件;做好特赦案件同步监督,发现并纠正漏报2人、不符合特赦条件10人,建议特赦80人。民事行政诉讼监督方面,审查民事、行政监督案件276件,抗诉3件,提出检察建议、提请上级监督173件;耐心释法说理,引导当事人服判息诉88件,促成当事人和解12件。

创新诉讼活动监督机制。收集翔实案例,向有关执法司法机关发出刑事侦查、刑事审判、社区矫正、民事行政诉讼专项监督报告,并抄报市人大常委会、市委政法委,提升诉讼监督的权威和实效。推行命案主办检察官负责制,介入命案现场勘查35起(公安机关已全部侦破),提出建议200余条,批捕期限缩短2天,审查起诉退补率下降40%。适应以审判为中心的诉讼改革,在公安机关设立侦查监督检察室,探索同步动态监督。在加强监督的同时,贯彻刑事诉讼法关于人民法院、人民检察院和公安机关“分工负责、互相配合、互相制约”原则,凝聚法治共识,形成法治合力。

加强对民生重点领域的法律监督。围绕“蓝天碧水”和“舌尖上的安全”,推进环境治理和食品药品安全两个专项检察行动,会同或参与环保、食药监、工商等部门执法检查150余次;监督公安机关立案侦查26人,批捕25人,起诉18人;针对履职不力问题,发出督促履职检察建议56件;查办不作为渎职犯罪16件17人。

(李爱军)

【人权保障工作】 坚持打击犯罪与保障人权并重、实体公正与程序公正并重,严防司法擅权、严防伤及无辜。

保障无罪的人不受刑事追究。坚持罪刑法定、疑罪从无,严把事实关、证据关、程序关和法律适用关,对非法证据主动排除并同步发出纠正违法通知书,对瑕疵证据要求补正或作出合理解释。共不批准逮捕和决定不捕673人,其中无社会危险性不捕363人、证据不足不捕296人、不构成犯罪不捕14人;决定不起诉290人,其中相对不起诉141人、证据不足不起诉137人、法定不起诉12人。

保障律师及诉讼参与人合法权利。构建新型检律关系,召开律师代表座谈会,征求司法局、律协的意见,出台保障律师权利的具体举措。推行“一站式服务”工作机制,共受理律师申请阅卷、调取证据、听取意见等事项1625件,提供电子卷宗15091册,提供短信告知服务6122条。开展羁押必要性审查,对认为没有必要继续羁押的,建议办案单位对18人改变强制措施。

保障特殊群体合法权益。落实教育、感化、挽救方针,对罪行轻微、真诚悔罪、取得被害人谅解的未成年人犯罪,决定不批捕29人,不起诉28人,促其改邪归正、重塑人生。注重维护劳动者合法权益,与法院、司法局、人力资源和社会保障局共同推进支持起诉专项活动,办理支持起诉案件207件,帮助农民工追回劳动报酬200余万元。救助刑事被害人15人,发放救助金11.13万元。

(李爱军)

【队伍建设】 引深检察职业道德建设。探索新形势下加强职业道德建设的方式和途径,以弘扬主旋律、汇聚正能量、激发源动力为基本要求,打造道德讲堂等“七个载体”,弘扬社会主义核心价值观和“忠诚、公正、清廉、文明”的检察官职

市检察院为企业招投标提供“行贿犯罪档案查询”服务

业道德。道德讲堂在系统内宣讲的同时，应邀到省内外巡讲50余次，《新华社内参》《检察日报》等10多家国家级媒体进行报道。市检察院以“修三严三实官德、尽法律监督之责”为主题的第23期道德讲堂在基层巡讲，促使“三严三实”要求内化于心、外践于行。

加强纪律作风建设。召开专题党组会10次，开展检务督查154次。完善基层院检察长和内设机构负责人述职述廉制度，逐级开展廉政谈话，建立廉政档案。开展“规范司法行为”“规范公车使用”等七个专项治理活动，通过明察暗访、警示教育、严格执纪，处理1名违纪违法检察人员。

提升学习型机关建设水平。开通“检察实务”网络学习平台，在北大、清华、西南政法等法学院校及国家检察官学院组织专项培训766人次，开展岗位练兵、技能比武及精品案件评选13次。促进优秀人才脱颖而出，7名全国、全省检察业务专家通过复审，2名检察官获全国检察业务能手称号，6名检察官被上级机关遴选，博士研究生增加2名、硕士研究生增加6名。开展“读好书、好读书”活动，营造读书氛围。开展班子成员领题调研，《检察机关指定居所监视居住实证考察及完善建议》，获全国检察机关应用理论研究一等奖。

注重先进榜样引领。5名检察官入选市直机关首批“30名道德模范”，3名入选市直机关“践行党的群众路线”先进典型，2名入围“50名榜样山西”候选人。市检察院周艳获全国优秀女检察官称号（全国检察机关共6名），迎泽区检察院冯磊入选中央文明办“中国好人榜”，清徐县院反贪局原副局长李洪达获“第五届全国道德模范”提名奖（全国检察机关共2名）。

推进司法改革试点。市检察院成立司改领导小组，指导、协调尖草坪区检察院的司改试点工作，18名检察官通过考试、考核进入检察官员额并宣誓就职。

（李爱军）

【监督机制】 2015年，全市检察机关加强内部监督制约。以“六权治本”精神为指导，“立改废”168项制度。加强动态管理监督，网上受理流转案件11249件，发现并纠正不规范行为为126件次。建立案件质量评查常态化工作机制，评查职务犯罪、不捕不诉、涉法涉诉信访案件173件。落实“办案日志”和全程同步录音录像等制度，加强对职务犯罪侦查活动的全过程监督。出台《领导干部、司法机关工作人员过问案件记录卡》等制度，对干预司法的行为形成有效制约。

接受人大监督和政协民主监督。加强与人大代表、政协委员的沟通联络，邀请视察30余次，发送“检察专报”信息100余条。重视代表意见办理工作，对36条建议逐一研究、认真办理并书面答复。

接受社会监督。人民监督员监督职务犯罪案件14件，参与公开听证会、答复会50余人次。“宪法宣传日”邀请中学生到检察机关参观座谈，“检察开放日”邀请社会各界零距离感知检察工作。按照最高检规定，公开案件程序性信息8591件、重要案件信息207件、法律文书2190件。在太原广播电视台录播《龙城检察》12期（其中4期被中组部共产党员网采用），在《太原日报》刊发“检察之窗”11期，通过互联网、微信公众号发布信息1300多条。

（李爱军）

公　安

【概述】 2015年，太原市公安局本着“净化政治生态，实现弊革风清，重塑三个形象，促进富民强市”的指导思想，以“正风肃纪”大整顿为保障，凝聚队伍，重塑形象；以“四项战役”，“夏季攻势”严打整治行动为载体，首责必担，维护稳定；以“四项建设”为抓手，抢抓机遇，赶超发展。全市公安机关牢固树立“太原稳则全省稳”，“太原安则全省安”的大局意识和责任意识，强化底线思维，把维护政治安全和社会稳定作为第一责任，创新维稳工作机制，提升发现控制能力，确保省城政治稳定、社会安定。

（刘华政　刘春生）

【反恐维稳】 2015年，市公安局主动适应反恐维稳严峻形势，围绕“关注群体管控动态化、重点目标管理等级化、社会面防控网格化、现场处置可视化、应急指挥扁平化”要求，全面落实关口把控、动态监控、双向管控、深度查控各项措施，及时掌握关注群体进出太原市、居住落脚、经营活动、身份背景各类信息，形成覆盖全面、反馈及时、防范严密的动态化管控体系。加大党政首脑等重点目标单位守护力度，根据重要程度和风险系数，将全市重点目标划分为三个等级，逐级制定防护标准，逐项落实部门责任，有力地提升目标单位的反恐防恐水平。健全完善市局、分局、派出所三级巡逻模式，创新公安、武警联勤联动武装巡逻机制，形成集巡逻防范、快速处置于一体的网格化巡控体系。不断优化指挥调度和应急处置机制，强化装备建设，组织开展“龙城2015”反恐怖演习，反恐怖工作水平明显提升。8月28日，全省反恐怖工作太原现场会在市局召开。对敌斗争能力显著提升。深入开展境外非政府组织规范管理工作，严厉打击“法轮功”等邪教组织的捣乱破坏活动，破获一批政治性案件。群体性事件预防处置能力显著提升。围绕涉众型经济犯罪、房地产开发以及物流、出租车、互联网金融等当前不稳定因素较为集中的领域，深入排查化解，及时预警处置。大力推进重大社会决策、重大工程项目社会稳定风险评估工作，建立涵盖律师、规划、水电设计、环境保护等方面64人组成的专家库，对多个重大项目开展稳定风险评估。不断加大群体性上访和群体性事件的处置力度，成功处置135起群体性事件，依法打击处理缠访闹访、组织煽动、挑头闹事等违法犯罪人员。网上斗争和舆情应对能力显著提升。以及时发现、提前预警、有效反制为目标，加强网安能力建设，开展“互联网基础数据库”“网综平台”扩建维护和“互联网网站预警监测平台”“舆情监控平台”“网安情报信息会商研判视频系统”等10余个网安系统的招标建设工作。延伸网安工作触角，在10个分、县（市）局全部设立专职网安部门，在6城区分局完成“一级网安大队、三级监控中心”建设工作，进一步提升重大、敏感、热点案（事）件的网上发现、网上应对、网上预警、网上分析研判能力和落地侦控水平。强化网络舆情引导工作，充分利用各大门户网站、手机APP、论坛、贴吧、微博等网络阵地，发布权威信息，删除、封堵网络有害信息，应对网络炒作事件，维护网络秩序。（刘华政 刘春生）

【打防并举 维护稳定】 2015年，全市公安机关结合省城治安实际和发案特点，主动出击，持续开展“四项战役”，“夏季攻势”等一系列专项行动，全市立刑事案件40188起，破获12064起；抓获刑事作案成员5384人，其中刑事拘留4899人，批准逮捕3646人，起诉5700人。查处治安案件102780起，其中查处黄赌毒案件3839起，处违法人员116572人。“打黑除恶”斗争战果显著。开展“打黑除恶”专项斗争，保持对黑恶势力犯罪的严打高压态势，打掉黑恶势力犯罪团伙26个，其中黑社会性质犯罪组织2个，恶势力犯罪团伙24个，抓获犯罪嫌疑人232人，破获刑事案件254起，并在全省作了经验介绍。现行命案全部告破。强化命案侦破攻坚力度，全年发生的19起现行命案全部告破。抓获命案逃犯19名。影响人民群众安全感的八类严重暴力案件得到有效控制，立案1088起，同比下降13.8%；破案667起，同比下降7.5%。多发性侵财犯罪案件破案数大幅上升。全市破获“两抢一盗”等多发性侵财犯罪案件4080起，同比上升9.0%。其中，诈骗案件破案数上升71.2%，盗窃案件破案数上升10.9%。打击经济犯罪成效显著。破获各类经济犯罪案件907起，抓获犯罪嫌疑人791人。其中，涉众型经济案件192起，破案149起，抓获犯罪嫌疑人376人，涉案金额31亿余元。在“猎狐2015”专项行动中，抓获、劝返5名在逃境外的经济犯罪嫌疑人，缉捕率45.45%，受到公安部和省、市领导的批示表扬。成功破获一大批毒品目标案件。以深入开展“百城禁毒会战”为载体，结合太原市毒品犯罪形势特点，严厉打击“零包贩毒”等违法犯罪活动，破获毒品案件469起，其中，破获公安部毒品目标案件6起、省厅毒品目标案件3起。着力打造立体化社会治安防控体系升级版，驾驭社会治安局势能力明显提升。贯彻落实“大连会议”精神，把打造社会治安防控体系升级版作为维护公共安全的骨干工程和平安建设的基础工程，在思想理念、体制机制、科技运用、方式手段上大胆创新，不断推进信息资源集成化、视频应用多元化、街面布警动态化、重点目标等级化、综治力量协同化、网上网下一体化建设，实现防控体系的整体升级，防控能力全面提升。市公安局打造社会治安防控体系升级版的建设思路，在全省立体化社会治安防控体系建设会上得到推广。（刘华政 刘春生）

【加强社会治理工作】 2015年，市公安局围绕全市“六大发展”战略布局，结合省市党委、政府中心工作，以提供和谐稳定、优质高效的发展环境为目标，主动发挥职能作用，加强社会管理服务，加大社会治理力度，服务和保障全市“城中村”拆迁改造，深入开展“城中村”社会治安问题集中整治行动，破获发生在“城中村”的各类刑事案件1532起，刑事拘留773人；查处治安案件9160起，行政拘留2747人；排查“九小场所”11,302家（次），整治6800余家。对蓄意煽动、组织、策划非法上访以及挑头闹事、阻挠工程进度等违法行为，及时收集固定证据，坚决依法打击，有力地服务保障了全市“城中村”改造的顺利推进，受到市委书记吴政隆、市长耿彦波等领导的批示表扬。省公安厅向全省推广太原市局“城中村”治安乱点整治工作经验。

（刘华政 刘春生）

【服务改革发展稳定】 2015年，市公安局落实省、市领导指示精神，净化社会环境，大力整治散发“小广告”、拦车乞讨、兜售物品等街头秩序类问题，取得明显成效。至年底，捣毁伪造证件、制售假发票黑窝点6个，刑事拘留17人；查处治安案件110起，抓获违法人员116人；收缴一大批制假工具及成品、半成品。以“不流失、不炸响”为目标，全面加强涉危涉爆危险物品管理，收缴各类枪支44支、子弹33,486发、炸药2663公斤、雷管17,756枚、索类爆炸物品21,850米；查处违法燃放烟花爆竹案件326起，处罚违法人员169人，收缴烟花爆竹2083箱，劝阻燃放烟花爆竹行为1369起，兑现举报奖金9600元。推进全市烟花爆竹实名制购买和6城区全面禁放工作。坚持把做好重大安保工作作为服务全省全市改革发展稳定大局、重塑省城公安队伍新形象的有利契机，不断总结近年来安保工作成功经验，进一步严格活动审批程序，规范场馆场地使用，细化安保工作措施，完善突发事件处置预案，大型活动安保水平显著提升。完成抗日战争胜利70周年纪念活动、党的十八届五中全会以及省市系列重要会议、重大活动、重要赛事等安保任务42项79次，确保绝对安全、万无一失。

市公安局严厉打击超员超速、疲劳驾驶、酒后驾驶等交通违法行为，围绕全市道路交通是秩序突出问题开展集中整治，改善一些交通乱点通行环境。全市发生交通事故起数、死、伤人数、经济损失四项指标均有较大或不同幅度下降。全面开展消防安全大检查，健全火灾隐患常态化排查治理和重大隐患分级治理机制，保持排查火患的高压态势，全市火灾形势平稳，未发生重特大火灾事故。不断加大物流寄递业管理力度，与省城综治办、市邮政局、交通局等八部门联合下发《关于加强邮件、快件寄递安全管理工作的若干意见》，督促落实验视封箱、实名寄递、邮件安检3个100%要求，控住源头、管住渠道。（刘华政 刘春生）

【大数据项目化管理】 市公安局按照“体制不动、机制先行，稳中求进、赶超发展”的总体思路，坚持信息化引领，突出实战化方向，施行项目化管理，注重基层基础建设，积蓄公安工作发展后劲。强力推进“警务云”建设。主动顺应大数据时代发展要求，推进以数据中心、备份中心和容灾中心为基础的“警务云”建设，打造云计算、云存储、云网络、云安全的良好基础环境，整合数据500余种160亿余条，完成“云搜”功能和大布控预警功能研发，实现全项云搜、智能云搜和“五网”大数据布控。年底，“警务云”一期建设任务完成，为全市公安业务工作提供一个系统高度关联、数据高度整合的应用环境。加大“天网”视频监控建设力度。按照《太原市“天网”视频监控建设三年规划》要求，加大视频监控建设攻坚力度，新建一类视频监控设备7000个、二类5505个、三类163,622个，超额完成三年规划的总任务。在主城区十纵十横道路两侧高层建筑，架设拍摄直径为2公里的高清枪球联动摄像机100套，与“视侦平台”、“视频治安卡口系统”互联互通，实现高低、低低、高卡摄像机的联动策应，提升公安机关打击犯罪、维护稳定的能力和水平。推进基础设施建设改造工作。在党委、政府的大力支持下，将城郊派出所、社区警务室等公安基础设施建设纳入全市“城中村”改造，同步规划、一体建设。年底，涉及拆迁的73个派出所和社区警务室有16个完成选址、37个纳入规划。 （刘华政　刘春生）

【推进执法规范化】 2015年，市公安局按照法治太原建设要求，树立法治思维、强化执法监督、规范执法行为，严格实行网上办案制度，所有刑事、行政案件全部实现网上办理、网上评查，杜绝体外循环。加强涉案财物管理，修订完善《涉案财物管理规定》，规范涉案财物、涉案人员随身财物的管理、处理程序和工作要求。严格实行执法责任终身负责制，制定出台《冤假错案责任终身追究办法》，明确公安机关人民警察在执法过程中应当终身追究责任的14种情形，堵塞执法漏洞。围绕“12·13”案件暴露出的执法问题，先后派出5个检查组，以接处警及现场执法规范情况为重点，对一线执法单位开展全方位的督导检查，对发现的突出问题全部进行整改，执法行为进一步规范。市局执法规范化建设、行政处罚案卷评查工作经验在全省、全市作推介。

（刘华政　刘春生）

【加强公安队伍建设】 市公安局将队伍建设置于公安工作的突出位置，学习贯彻党的十八大、十八届三中、四中、五中全会精神和习近平总书记系列重要讲话精神，组织“三严三实”专题教育，开展“学习讨论落实”活动和“秉公执法、人民公安为人民”主题教育活动，严明纪律，改进作风，凝聚警心，提升形象。严守规矩，压实责任，发挥各级党委班子示范引领作用。坚持将各级党委班子建设摆在首要位置，按照“三严三实”要求，广泛征求意见建议，认真查摆突出问题，逐项落实整改措施，整顿软弱涣散党组织。坚持党要管党、从严治党，制定出台《落实党风廉政建设党委主体责任的实施意见》《落实党风廉政建设纪委监督责任的实施意见》，强化“两个责任”的落实。正风肃纪，从严治警，重塑太原公安队伍形象。年底，在全市公安机关部署开展“正风肃纪”大整顿，出台《正风肃纪、落实责任警示令》和《队伍管理责任书》，形成层层传导压力、层层落实责任、层层严明纪律的高压态势。严肃查处违法违纪问题，坚决清除害群之马。转变作风，着力提升群众满意度，出台《太原市公安局“六权治本”工作推进方案》，制定《行政权力清单》和《责任清单》，全局行政权力由原来的407项精简到328项，逐项编制《办事指南》《运行流程图》《廉政风险防控图》，实现办事流程“一表清”。大力加强窗口服务工作，健全完善群众监督和评价机制，门难进、脸难看、话难听、事难办等突出问题得到有效整治。弘扬正气，让实干肯干成为主旋律。全面贯彻落实省委、市委推进“三个一批”工作的有关要求，制定《太原市公安局党委做好“三个一批”工作的实施方案》，全市各级公安领导干部“六查”工作有序开展。明确“信念坚定、为民服务、勤政务实、敢于担当、清正廉洁”的选人用人标准，建立“实战砺警、大战识人”的选人用人机制，激发广大民警干事创业的热情，涌现出一大批先进单位和个人。全年共有3个单位荣立集体二等功，15个单位荣立集体三等功，1名民警荣立一等功，39名民警荣立二等功，149名民警荣立三等功，112个集体和362名民警受到通令嘉奖。加大从优待警力度。积极争取党委政府和社会各界的支持，组织开展多种形式的慰问活动，累计发放慰问金257.83万元、优抚互助金12万元及70余万元的慰问品。与省福利彩票发行中心组织开展“阳光福彩·关爱民警”资助困难民警活动，救助特困民警180名，发放救助金100万元。

（刘华政　刘春生）

·交通警察·

【概述】 2015年，交警支队将“四项建设”（基础信息化、警务实战化、执法规范化、队伍正规化建设）贯穿全年工作始终，突出抓好“规范执勤执法、智能交通应用、拓展便民服务和建设过硬队伍”四项重点工作，提高保安全、保畅通和服务群众能力。加强执法规范化建设，通过开展执法考评，规范执法实体、标准和程序，端正民警执法思想。按照“六权治本”（依法确定权力、科学配置权力、制度约束权力、阳光行使权力、合力监督权力、严惩滥用权力）要求，梳理支队涉及的行政权力事项369项，规范支队权力运行机制。从严整治重点交通违法，开展改善省城环境质量等系列专项行动，全年累计查处各类违法132.4万起，其中饮酒3221起；醉酒425起；行政拘留680人。完善交通组织，市区施划停车泊位6768个；完成15处交通拥堵节点主次干道改造工程。深化公安交管工作信息化建设和应用，建设交管工作集成指挥平台，完善分指挥室功能，整合升级查缉布控系统，实现交通违法行为抓拍取证，严重交通违法车辆实时查处功能，全年查处涉牌涉证违法机动车247辆。做好道路交通事故风险防控工作，全市排查、整治事故多发(频发)路段22处。加强交通安全宣传，为全市驾驶人发送安全提示短信16.2万条，公布违法5700余条、公布事故案例12例。全年全市发生涉及人员伤亡的道路交通事故938起，同比下降14.65%；死亡219人，同比下降0.45%。加强逃逸道路交通事故侦破，全市共发生逃逸事故35起，侦破34起，侦破率97.14%。创新管理服务举措，引导社会化有资质驾校投资兴建科目三考场，缓解科目三考试积压问题。完成“荣达”“极限”两家道路交通事故快速处理网点建设和使用工作。加强队伍规范化建设，开展向见义勇为先进郑燚、乐于助人好协警石永泉等学习活动，全年共有6个集体、49名个人受到省、市表彰，其中1个单位荣立集体三等功，1人荣立集体二等功，14人荣立个人三等功，12人受到市局嘉奖。力推“双微”平台建设，畅通警民沟通渠道。太原交警官方微博“太原交警”荣获山西省公安系统政务新媒体应用奖、山西省基层政务新媒体综合影响力奖。（郭晓娟）

【省交管局领导慰问烈士家属并就春运工作调研】 2015年2月3日，省公安厅交管局办公室副主任白雪芹、办公室调研员李晓媛在交警支队政治处主任韩燕、指挥中心主任梁国宏等陪同下前往杏花岭大队慰问烈士家属和因公牺牲家属代表。在东客站检查安全检测线，了解春运期间采取的各项宣传措施和具体安排，听取大队负责人对春运交通管理工作情况介绍。（郭晓娟）

【专项培训】 为贯彻落实全省、全市依法行政要求，推进执法规范化建设，提升公安交通管理工作的执法公信力，支队党委从2月1日至2月10日分两期对支队260名行政执法工作人员进行专项培训。培训内容包括依法行政、廉洁从警、公共关系、交通秩序管理、行政执法许可、交通事故处理、车驾管等内容。（郭晓娟）

【支队捐赠安全教育系列图书】 2015年3月30日，在第20个全国中小学生安全教育日来临之际，支队参加市关工委和团市委在桃园小学举办的安全图书捐赠活动，为同学们捐赠安全教育系列图书，被市关工委授予“关心下一代中小学生安全教育捐书活动先进单位”。（郭晓娟）

【新招录辅警进行封闭集训】 2015年3月24日—4月21日，支队抽调专门人员组成新招录辅警集训大队，在太原警官职业学院，对小店区政府委托招录46名辅警、支队补充招录20名辅警进行为期一个月的思想政治、军事训练、业务技能等内容的封闭集训。（郭晓娟）

【结对扶贫】 2015年6月30日上午，支队组织全体党委委员和各党支部书记，赴阳曲县店子底村支前纪念馆进行“三严三实”专题党性修养锻炼，并与贫困户结对帮扶。支队24个党支部在现场与店子底村35个贫困户结成对子。（郭晓娟）

【督察长邓卫平深入迎泽桥西岗慰问执勤民警】 2015年7月15日下午，公安部党委委员、纪委书记、督察长邓卫平一行在暴雨中前往迎泽桥西岗慰问执勤民警，发放慰问品。并听取万柏林一大队大队长李建军关于民生警务、见义勇为、队伍管理等方面工作汇报，对近年来太原市交警工作给予赞扬。（郭晓娟）

【健康宣讲】 2015年9月22日，支队邀请中国环境健康与卫生安全促进会高敏举办讲座。讲座从CPR现场急救知识、PM2.5危害防护、职业常见病预防、心理健康、食品健康等方面进行健康宣传教育，现场与民警互动答疑，并进行急救模拟实践。（郭晓娟）

【警用摩托车培训】 为满足支队路面执勤民警使用摩托车执勤的需求，规范执法，支队于9月初统一组织有需求的民警开展了为期一个月的摩托车驾驶证培训、考试，并于9月底前圆满完成了支队150余人的摩托车驾驶证考试、制证、发证工作。（郭晓娟）

【后勤保障】 2015年，市交警支队申请财政专项资金800万元，用于支付涉案车辆及2013年—2015年专项整治机二、机三部分车辆保管费，并对多年积压、无人认领的涉案车辆进行逐车清理核查建档，实行集中统一管理，过期上缴财政。

全面推行公车改革。根据太原市公车改革办会议和市公安局关于公务用车封存停驶的通知，12月31日，除核定的保留车辆外全部封存。其中：将原有的19辆车况较好的超标车和14辆地方号牌车辆，变更为制式警车，调配至一线各大队用于事故勘察和执勤执法道路巡逻。（郭晓娟）

【法制工作】 2015年，支队推进法制工作。开展执法质量考评4次，考评执法办案单位15个。全年审核刑事案件616起，其中审核刑事拘留334人、取保候审565人、监视居住3人、逮捕56人、移送起诉346人；审核行政拘留案件416起。审核内部规范性文件1件；审核施工、监理、订购等各类合同、协议共77件。对不符合法律规定的提出整改意见。

规范涉案财物管理。4月21日—4月27日，支队根据市局《关于做好涉案财物管理工作调研的通知》要求，对基层各大队涉案财物管理进行实地调研，查找存在问题，提出整改意见和整改时间。（郭晓娟）

【纪检工作】 2015年，支队开展突出问题教育、预防与专项整治活动。5月20日，根据省厅《关于在经侦、治安、监管、交警、消防系统开展突出问题教育、预防与专项整治活动的实施方案》要求，支队印发《全市公安交警系统开展突出问题教育、预防与专项整治活动的实施方案》，要求从即日起至11月30日止，分四个阶段重点整治八个方面的问题。

（郭晓娟）

【专项治理】 2015年6月4日，支队按照省厅、市局部署，下发《太原市公安局交警支队立案突出问题专项治理工作方案》，决定自5月25日—11月10日，开展立案突出问题专项治理。对年内前10个月交通肇事及危险驾驶案件进行全面摸底排查，建立基础台账487起，录入执法办案信息系统。6月9日—12日，支队法制大队深入各执法单位就“四项整治”涉及执法方面和立案突出问题进行检查督导。（郭晓娟）

【秩序管理】 全年累计查处各类违法132.4万起（现场31.8万、非现场100.6万），查处酒后驾驶3646起（饮酒3221起、醉酒425起）、行政拘留680人。

（郭晓娟）

【国务院安委会督察组深入交警支队调研指导】 2015年1月22日上午，国务院安委会督察组姜良维一行二人深入交警支队就交通安全工作进行调研指导。督察组一行参观122指挥大厅，详细了解事故报警平台、智能交通诱导系统、卡口系统，并提出指导建议。（郭晓娟）

【“查违法除隐患、降事故保安全”大会战】 6月16日—7月17日，支队在全市开展为期一个月的“查违法除隐患、降事故保安全”大会战。针对重点区域组建执法小分队开展突击查处，共查处各类违法70605起，其中现场查处34331起，占查处总量的49%，重点车辆超速7起、超员291起、涉牌涉证1118起、逆行1723起、车道违法10098起、毒驾3起、疲劳驾驶3起、饮酒264起、醉酒34起。

（郭晓娟）

【改善省城环境质量专项整治】 2015年7月8日—8月20日，支队采取专门小分队流动执法与固定站点拦查相结合等方式，开展改善省城环境质量专项整治，对重要路段时段必巡必到，重点车辆必管必查，重点违法必究必罚。查处货车违法23822起，其中闯禁行9713起、抛洒628起、闯红灯32起、涉牌涉证201起、逆行116起、车道违法3377起。

（郭晓娟）

【香港警务处领导来交警支队参观访问】 2015年8月29日上午，香港警务处副处长周国良一行来太原交警支队参观访问。太原市公安局督察长孟庆祥，市公安局副局长、交警支队支队长仇跃勇，政治部主任米炳生，以及各支队负责人陪同考察。访问团一行先后参观122交通事故报警平台、122指挥大厅，详细了解了122事故报警流程、查缉布控系统、卡口系统并进行交流座谈。（郭晓娟）

2015年6月19日，全市公安交警“查违法除隐患、降事故保安全”大会战第一次统一行动

【科学合理优化全市路网结构】 2015年，支队完成市政改造38条道路的交通设施设计；完成“重大民生工程”停车位施划计划，设计停车泊位8092个（施划6768个）；将15处交通拥堵节点纳入2015年主次干道改造工程，13处交通拥堵节点纳入2015年断头路打通、小街巷改造工程。（郭晓娟）

【参与道路建设方案评审及城市交通影响评价】 2015年支队全年参加市规划局组织的道路建设方案评审会21次，轨道建设方案评审会3次，大型交通节点建设方案评审会6次。提出方案调整建议33条，均被建设单位采纳。

（郭晓娟）

【完善增加交通设施】 2015年，太原市新增交通隔离护栏约41365米；施划交通标线面积492660平方米；新装各类交通标志2192套，新建信号灯控路口38处，安装交通监控、电子警察新建1500台，安装交通诱导屏13块。

（郭晓娟）

【智能交通信息网络系统改造】 2015年，支队智能交通网络改造工作完成，改造涉及支队智能交通系统网络中各类前端设备4113套、机房各类网络设备55套。完成“天网”项目交警部分一期295个点位1043个相机、二期755个相机的网络接入工作；府东、府西街、并州路、许坦西街74个点位360个摄像机、中环路、文兴路等28条路562个相机的网络接入工作。网络改造大大提高了现有网络的安全性和可管理性，为支队“智能交通”建设打下基础。（郭晓娟）

【互联网交通安全综合服务平台】 2015

年8月，支队开始进行互联网交通安全综合服务管理平台的建设工作，10月完成设备采购、人员配备、场地安排等工作并投入使用，互联网交通安全综合服务平台的启用，大大提高各项交管业务处理效率，将真正实现"让数据多跑路，让群众少跑腿"。（郭晓娟）

【交通管理信息应用平台建设】 2015年，支队建设完成一套汇聚的数据包括卡口、122警情事故、事件检测、视频监控、警员定位、信号状态等数据，集综合指挥、事故、路况专题分析、接处警分析、警务管理、诱导控制为一体的智能交通综合管理平台，并投入使用。（郭晓娟）

【智能交通系统运行监管平台建设】 2015年，智能交通系统运行监管平台已经初步研发完成，进入调式、修改阶段。接入并监管支队智能交通系统各类设备5823套。可以实现在网各类设备的设备监控、拓扑展示、工单下发、GIS地图展示等应有功能，减少人工巡检工作，提高巡检效率及准确率。（郭晓娟）

【分指挥中心建设稳步推进】 随着智能交通综合管理应用平台开发成功，强化分指挥中心功能。支队为分指挥中心扩容网络带宽，将太原市交通管理信息应用平台、道路监控视频管理平台等相关权限下放，并进行相关技术培训。分指挥中心的建设大大提高支队在交通管理实际工作中的122接处警、警务调度、车辆布控等方面的效率。（郭晓娟）

【黄标车及通行证管理系统建设】 2015年，为加强支队城区道路车辆通行管理及黄标车管理，支队研发黄标车管理系统、车辆通行证及货车禁行管理两套系统。其中黄标车管理集成在支队卡口管理系统当中，车辆通行证及货车禁行管理系统为独立系统。截至2015年底，共计采集并回传黄标车记录1309291条、录入6910条；采集回传车辆闯禁行26674条、录入5673条。（郭晓娟）

【"告别陋习、遵守交规、文明出行"专项行动推进会】 2015年，为了开展好全国安全教育宣传月活动，保证学生上下学安全，提倡广大同学、家长绿色出行，做遵守交通规则的践行者、实践者。3月27日下午，市教育局在大营盘小学举办"告别陋习、遵守交规、文明出行"专项行动推进会。支队长仇跃勇，副支队长侯伟星及相关处室负责人参加此次活动。（郭晓娟）

【"122警营开放日"活动】 4月12日，50名晨曦教育学校小学生来到支队122指挥中心参观接处警系统，通过视频电子监控中的"重大交通事故"，身临其境地感受交通违法行为造成的惨痛教训，使同学们深刻体会到文明出行的重要性；小学生日常出行的"骑车"、"乘车"、"过马路"教育警示篇，让同学们零距离感受了如何成为一名合格的文明交通参与者。（郭晓娟）

【集中销毁报废、拼装车辆】 2015年4月22日上午，支队在太钢不锈钢生态园区召开"2015年报废、拼装车辆拆解销毁现场会"，集中销毁拆解898台置换回收残疾车，1841台无牌无证机动三／四轮车，3620辆涉案超期暂扣机动车。（郭晓娟）

【"4.30交通安全涂鸦"活动】 4月30日是山西省第11个道路交通安全日，支队在太原市交通事故快速处理理赔滨河西路极限服务中心与黄河电视台共同推出"4.30交通安全涂鸦"活动，通过画笔展现各自对文明交通行为的认识，提高公民对"文明交通行动"的认知度。侯伟星主持，刘杰副省长出席，李玉生、贾继武、仇跃勇、亢晶参加。（郭晓娟）

【"5.12"防灾减灾日交通安全宣传】 5月12日是中国第七个"防灾减灾日"。上午9时，太原交警与省厅交管局指挥中心、高速交警一支队在五一北广场举行"防灾减灾"交通安全宣传活动。（郭晓娟）

【西山煤电集团与支队联合开展安全主题教育】 针对万柏林辖区第二季度交通死亡事故同比上升，西山煤电集团与支队联合在杜儿坪矿开展交通安全主题教育。以"查违法除隐患、降事故保安全"大会战为契机，采取播放视频，剖析重特大交通事故案例，强化遵守交规意识；邀请太原钢铁集团"防御型驾驶"知名安全讲师沈建温，就防御性驾驶与应用现场授课。提醒驾驶员遵章出行时刻

2015年9月16日，举办警营开放日活动，邀请幼儿园师生走进警营参观（小店二大队）

谨记交通安全。（郭晓娟）

【“122全国交通安全日”活动】 12月2日，支队在车辆管理所安全宣传教育基地举行以“拒绝危险驾驶、安全文明出行”为主题交通安全宣传教育活动。省厅厅长刘杰，副厅长李玉生，厅党委委员、交管局局长贾继武，政委马玉川，副市长魏民，支队长仇跃勇、副支队长侯伟星参加。各大队深入辖区学校、社区、企业开展安全主题教育。（郭晓娟）

【太原市机动车、驾驶人基本情况】 截至12月20日，太原市机动车保有量1131799辆。其中，汽车（含三轮汽车和低速载货汽车）1122913辆，摩托车616辆，挂车8083辆，其他机动车187辆，与2014年同比增长10.51%。全市机动车驾驶人保有量为1344189人，其中男性驾驶人为908707人，女性驾驶人为435482人。（郭晓娟）

【调研车驾管业务】 副市长魏民一行在源梦科目三考场、支队车管所、源梦驾校、向阳科目三考场就驾考工作、机动车上户、选牌工作进行专题调研，实地查看各项措施、硬件配备情况，了解科目三考试流程，新车注册、选牌、上牌流程，驾校报名程序及考试流程。支队长仇跃勇、副支队长刘建国等陪同。刘建国代表支队就今年以来车驾管业务工作情况及目前工作中存在的问题进行汇报。

（郭晓娟）

【车驾管信息系统管理】 2015年，支队实现两部局（公安部、国家质检总局）提出的“实现机动车远程检验，与检验机构脱钩、全部撤回派驻检验机构民警”等相关要求，完成支队机动车远程监控中心软硬件建设工作，实现与全市11家检测线联网，覆盖率100%，（支队机动车远程监控中心全年审核248892辆，一次性审核通过196023辆，一次审核通过率78.75%）；机动车驾驶人考试管理系统覆盖4家科目一、22家科目二、3家科目三考场，实现实时考试监管，机动车驾驶人监管系统对全市机动车驾驶人考试车辆、人员、场地覆盖率100%。（郭晓娟）

【规范科目三考试评判】 规范机动车驾驶人实际道路驾驶（科目三）考试电子评判细则，严格科目三电子化考试评判标准，采取定期或不定期方式对全市科目三考场电子评判参数设置进行抽查，保证科目三考试的公平、公正、公开。

（郭晓娟）

【便民服务】 2015年，支队设置专用号段、开设绿色通道推进新能源汽车注册工作，全年注册6008辆；协调各车管分所、邮政速递等部门发放号牌32213副；4月1日在车管业务大厅开通免费高速WIFI服务；引导社会化有资质的驾校投资兴建科目三考场，三所考场日均考试量扩大至1100人次，基本满足学员对科目三考试需求；将车管所办理业务全部调整下放至基层大队，方便群众办理车管业务。（郭晓娟）

【道路交通事故统计分析】 2015年，全市受理一般以上程序的道路交通事故938起，造成219人死亡，1076人受伤，直接财产损失2380139元。事故起数比上年减少161起，下降14.65%，死亡人数减少1人，下降0.45%，受伤人数减少209人，下降16.26%，直接财产损失减少77634元，下降3.16%。受理简易程序处理的道路交通事故38689起，造成4370人受轻微伤，直接财产损失114075880元。事故起数比上年下降13.77%，轻微伤上升2.32%，直接财产损失上升233.55%。发生逃逸事故35起，占全市交通事故总数的3.73%，其中，死亡逃逸事故14起，侦破14起，侦破率100%，伤人逃逸事故21起，侦破20起，侦破率95.24%。逃逸事故比上年下降31.37%。发生3起一次死亡3人以上的交通事故，造成12人死亡，1人受伤；事故起数比上年下降25%，死亡人数下降25%，受伤人数下降75%。发生生产经营性单位的事故271起，造成100人死亡，271人受伤，直接财产损失680188元。事故起数比上年减少95起，下降25.96%，死亡人数增加1人，上升1.01%，受伤人数减少162人，下降37.41%，直接财产损失减少378433元，下降35.75%。生产经营性道路交通事故死亡人数控制指标110人，生产经营性道路交通事故死亡人数为100人，减少10人。未发生一次死亡10人以上的道路交通事故。（刘小青）

【交通肇事刑事案件及处罚情况】 2015年，刑事拘留129人，移送起诉45人，行政拘留44人，吊销驾驶证220人（其中，终身禁驾26人，危险驾驶109人），罚款30.46万元。（刘小青）

【挂牌督办事故多发点段】 2015年，支队加强对道路交通事故多发、频发路段的排查、整治。将挂牌督办事故多发地段作为确保道路交通安全重要举措。排查出事故多发、频发点段22处，整改完成21处，推进1处（东中环龙堡街口）整改。将存在重大交通安全隐患的事故多发路段307国道晋源段、307国道清徐段、208国道清徐段呈请省政府挂牌督办，将经济技术开发区、清徐县、娄烦县等14处事故多发点段呈请市政府挂牌督办。其中太原市政府挂牌督办的南中环北张小区路段的人行过街天桥已经施工完毕。（宋　彪）

·强制隔离戒毒·

【概述】 太原市强制隔离戒毒所承担着太原地区为强制隔离戒毒人员提供科学规范的生理脱毒和心理治疗；实施道德、法律教育；开展康复训练和职业技能培训，帮助戒毒人员戒除毒瘾、重返社会的职能。建所30余年，市戒毒所成功教育挽救23000余名劳教和戒毒人员。2015年，太原市戒毒所被山西省司法厅评为2015年度完成目标责任模范单位；被山西省戒毒管理局评为“六无”工作标兵单位和2015年度综合工作目标考核优秀单位;被太原市司法局评为“2015年度‘创先争优’活动先进集体”。

(李向阳 牛路捷)

【规范管理】 2015年,市戒毒所深化四位一体,探索两个尝试。规范各项管理措施,建立长效安全防范机制,确保实现第11个“六无”(无毒品流入、无戒毒人员脱逃、无非正常死亡、无所内案件、无生产安全事故、无重大疫情)年。

借鉴中华优秀传统文化中的精髓,提炼以戒文化为核心,以德、孝、礼、法为主要内容,引导戒毒人员立德、行孝、明礼、守法。教育戒毒人员建立自己的内心品德。引导戒毒人员在家庭里懂得孝顺父母长辈,做好家庭中的一分子。明礼,教导戒毒人员在与领导、朋友、同事等身边的人交往当中要懂礼数,讲规矩。教育戒毒人员在回归社会后以法律作为行为规范,法律规定不能做的事情坚决不做,做合格公民。

按照习近平总书记关于禁毒要从青少年教育抓起的指示精神,为推进“四位一体”戒毒工作格局,场所率先以“三个延伸”创新拓展戒毒工作:“向前延伸”,成立禁毒志愿服务队,建立禁毒教育基地,采取走出去、请进来的方式,将防毒、拒毒知识送到百姓身边,从预防毒品开始抓起,深入太原市大、中、小学以及社区中开展禁毒教育,不断扩大禁毒宣传教育的社会影响力;“向内延伸”,以“戒”文化深入戒毒人员思想内心,挽救失足的灵魂,提升戒毒人员教育矫治质量,降低复吸率;“向后延伸”,对解除强制隔离期的戒毒人员,本着“扶上马、送一程”的思路,在戒毒人员出所后,继续延伸帮教,帮助其走上自食其力的创业之路,并积极指导社区康复工作,培训社区康复工作者。 (李向阳 牛路捷)

【宣传教育】 2015年,市戒毒所针对吸毒人员呈现出低龄化的特点,承担起禁毒教育的职能,专门成立禁(戒)毒教育基地和禁毒志愿服务队。采取“请进来,走出去”的形式,到学校、社区、公园开展法制与禁毒宣传教育活动。禁(戒)毒教育基地是目前太原市功能最先进,唯一一个集声光电为一体的教育基地。场所经常邀请企业职工、学校师生来所帮教并接受禁毒知识教育。民警、戒毒人员到山西大学商务学院、杏花岭二中、山西省冶金技师学校等处开展禁毒宣讲活动。2015年累计出外进行戒毒知识讲座8次,受教育群众、学生达5000多人次。上级领导对于场所的禁毒教育工作非常重视,省、市禁毒委,省戒毒局,市司法局分别为所禁毒教育基地增挂毒品预防教育示范单位、太原市禁毒教育基地、山西省禁(戒)毒教育基地、太原市禁(戒)毒教育基地等牌子。 (李向阳 牛路捷)

【教育戒治】 以融入“三大现场”为指导原则,强化善于教学师资,个别教育能手,心理咨询师三支队伍的建设,落实“大教育”理念。整合教学资源,发挥第二课堂优势,在保持之前灵活性、严格性、通俗性特点的基础上,在教育形式的针对性、实效性、多样性、开放性上下功夫。将传统文化、毒品知识、心理知识、爱国主义教育、社会主义核心价值观教育等融入课堂。民警各展所长,戒毒人员兴致盎然,提升教育效果。组织迎新春学员联欢会、元宵节趣味文体活动、清凉消夏文艺晚会、“纪念抗战胜利70周年”歌咏比赛、读书演讲活动等,活跃场所文化氛围。开展吸毒、戒毒大讨论活动、社会主义核心价值观教育活动。在父亲节来临之际,举办“父爱引领、戒除毒瘾”主题教育活动。省市多家电视、平面媒体进行了报道,扩大社会影响。邀请北京香庐书院创始人孙一乃老师来所进行传统文化讲学,免费赠书《家道与孝道》800本,帮助戒毒人员树立关爱亲人、报答亲人的良好品格,提高矫治信心。太原市关公文化促进会筹集善款16165元,赠与家庭困难的戒毒人员子女。动员关公文化促进会,为一名家庭困难的戒毒人员女儿交付高中三年的学费,每月资助生活费,在考上大学后还将给以一次性奖励助其顺利就读,使孩子感受到社会的关爱,戒毒人员更加安心戒毒。开展团体心理咨询观摩比赛,派出6名心理咨询师参加社会培训,提高他们的实操能力。邀请太原市兰馨心理咨询中心的心理咨询师定期来所,全年接受戒毒人员个体心理咨询377人次,团体心理咨询78次。戒毒人员心理测试率、建档率均为100%。开展“6.26禁毒戒毒宣传月”活动,在场所内设置禁毒戒毒宣传栏、张贴宣传画和标语、悬挂横幅,出版戒毒知识小报专刊,

太原市戒毒所禁(戒)毒教育走进东大幼儿园

组织戒毒人员参加毒品危害演讲，收看禁毒影片、毒品危害专题片，营造浓厚的禁毒戒毒宣传氛围。按照把特色工作做强做实的要求，开展职业技术教育。创业培训对累计899名培训合格人员全部进行跟踪服务和回访调查。投资180余万元，聘请专业公司对新所5000平方米习艺车间进行完善。抓项目管理，对现有生产项目重新评估整合，停止袜子缝头项目，新引进整流器项目，形成以充电器变压器组装、手机数据线生产为主，整流器、电子线圈、婚庆拱门等为辅的生产格局。与一家皮革加工厂和一家熟食品加工厂达成合作意向，由厂家投资新建厂房等基础设施，丰富场所习艺劳动项目，提升戒毒人员工作技能。

（李向阳　牛路捷）

【后勤保障】 2015年，安防设施有了质的飞跃。视频监控采用全数字高清视频监控设备，7台流媒体服务器；18台存储服务器；820台摄像机；监区和办公区监控达到全覆盖，无死角。人员定位情况采用区域定位技术，400台定位接收设备，每个戒毒人员都佩戴一个腕带，对戒毒人员分布和当前位置进行监控，腕带全部采用防拆卸技术，具有一键报警功能，在软件上可以灵活设置各种区域限制条件，防止戒毒人员进入某些限制区域或者离开特定区域，当戒毒人员违反设置的限制条件时，软件立即发出告警提示，同时可以进行视频跟踪。会见监听，采用B/S结构，严格登记后才能会见戒毒人员，会见过程自动录音，会见记录可按各种条件进行查询，录音可回放，并自动计时切断通话。周界报警系统，采用地埋式震动光纤技术，2台报警主机、监区围墙周围设防区，具有灵敏度高、误报低、隐蔽性好等特点。门禁监控系统，采用指纹识别技术。监区出入大门处安装车底扫描摄像系统，采用地埋防压式，自动温控防雾处理，对出入车辆进行自动检测和录像，防止车底携带违禁物品或人员。报警处理采用分级处理，戒毒人员报警首先由分管大队进行接收和处理，如果分管大队超时未处理则转发到指挥中心进行告警提示，由指挥中心进行处理。制定下发《出入戒治区违规品、违禁品查验制度》《三号门卫管理制度》，加强人防力量提升。护卫队强化日常训练。提高民警的快速反应和处置突发事件能力。

（李向阳　牛路捷）

【节约型场所建设】 建立量化考核制度，加强节能降耗管理工作。在连续3年整体节约的基础上，2015年，同比节约水费3.4万元，下降25%；同比节约电费9691元，下降3%；同比节约排污费8850元，下降27%；电话费同比减少2.34万元，下降19%。2月，成立121人的志愿消防队，并增加一名专职消防员，每天在管教区开展消防安全检查。邀请市消防安全培训中心教官进行消防知识培训，组织消防应急疏散演练3次，在所内形成严密有效的消防安全网络。

（李向阳　牛路捷）

【信息化建设】 2015年，市戒毒所在便捷化、节约化上下功夫，调整更新内网版面和栏目，促进内网内容更加丰富充实。简化信息报送审批流程，加快内网信息报送速度，组织2次信息化培训。规划协调新所的网络工程，规范铺设网线、电话线。进行保密检查、网络安全检查和保密教育各4次。通过内网登载泄密案例、保密知识宣传片6次。有效强化保密工作，特别是计算机和网络保密工作。

（李向阳　牛路捷）

【队伍建设】 2015年，市戒毒所按照习近平总书记提出的“信念坚定、执法为民、敢于担当、清正廉洁”的政法队伍要求，以创先争优、“三严三实”“两学一做”等多项主题教育多项活动为载体，推进班子、思想、制度、文化四项建设，提升队伍综合素质，为各项工作的圆满完成提供强有力的组织保障。有26人次立功，56人获奖，18个集体被上级评优，场所多年保持“市级文明单位”称号，并创建为市级双拥先进单位。

所党委贯彻执行党中央“二十字”方针，以“创建优秀领导班子”活动为载体，认真抓好自身建设。认真落实政治理论学习制度，坚持个人自学与所党委中心组集体学习相结合，每名班子成员都写出2万字的心得笔记。坚持深入基层、率先垂范、以身作则的工作作风。坚持实行所级领导考勤逐日公示制度。认真践行《所领导团结和谐公约》，凡关系场所利益的大事、难事，都能经过民主集中讨论后，再决定实施；凡经集体讨论决定的，都能做到思想同心、目标同向、工作同步。班子的向心力、凝聚力、战斗力进一步增强。

（李向阳　牛路捷）

【文化建设】 2015年，市戒毒所在办公楼楼梯间制作文化墙，以激励民警职工继续保持高昂的工作干劲。在食堂内外，以节俭、感恩的饮食文化为主题，制作展板和宣传标语。在3楼楼层，以“培育社会主义核心价值观”为主题，制作系列展板，在大厅、电梯间、走廊等处，围绕场所文化主题悬挂宣传标语，使民警职工在潜移默化中受到熏陶和感染。成立摄影和书法协会，举办摄影和书画展，陶冶民警职工情操。工会与团组织继续合作，发挥团员、青年的主力军作用，本着“月月有活动、季季有亮点、全年掀高潮”的思路，组织民警职工“庆元宵”拔河、猜灯谜等系列活动，组织女职工赏花展喜迎“三八”妇女节活动、清明节祭扫烈士陵园活动、捡垃圾绿色环保志愿服务活动等。定时播放工间操音乐，营造“快乐工作、健康生活”文化理念，使民警职工以更好的精神状态投入工作。组织纪念抗战胜利70周年系列主题活动。促进场所的文化建设。

（李向阳　牛路捷）

【思想建设】 2015年，市戒毒所开展“严明纪律，严格履职”专项教育活动，抓好政治思想学习，提高民警职工政治觉悟和责任担当。组织义务清扫、捐送衣物、警民共建文明校园等“学雷锋、树新风”活动；成立文明志愿服务队，定期走出场所开展各类公益咨询服务活动；开展“党员就是一面旗活动”，设立党员示范岗，坚持党员佩戴胸徽上岗制；定期举办道德讲堂，提升民警职工的道德修养和文明素质；组织“博爱一日捐”和“慈善一日捐”活动，累计捐款31580元。民警职工为贫困戒毒人员捐赠过冬衣物150余件，捐款200余元。将国防和双拥教育纳入场所全年政治理论学习宣传教育计划，制作国防教育和双拥工作宣传栏，定期开展宣传。邀请山西省军区教导大队副团职教员武云山同志来所作《我国周边安全环境》的讲座。建军节前夕，前往双拥共建部队进行节日慰问。为表彰场所连续十一年保持“六无”成绩作出贡献的集体和个人，激励先进，鼓舞士气，在全所范围内开展评比，有2个集体、60名个人分别被省司法厅记集体二等功，个人二、三等功和个人嘉奖，在场所范围内形成“以先进为榜样，向先进看齐”的工作氛围。　（李向阳　牛路捷）

【制度建设】 2015年，市戒毒所严格实行民警职工指纹打卡制，修订《民警职工考勤管理和请销假制度》，明确规定上下班必须指纹打卡，凡不按规定时间打卡的，视为迟到或早退，一律扣发岗位津贴。并将民警考勤、参加学习、考试、开会以及工作情况等逐项记录在册，与个人奖金挂钩。以制度严格言行。每月召开一次思想纪律作风整顿大会，对上月全所遵规守纪情况进行点评，并对违反制度的民警职工予以惩处。通过多项举措，打造纪律严明、作风优良的民警职工队伍。

坚持从优待警。全年走访、慰问生病、特困人员74人次；为368名在职民警职工缴纳第十期职工医疗互助工程互助金13248元，为7名生病住院职工向市职工困难帮扶中心申领13118元的医疗互助金，全年走访慰问老、病、困、难及家庭发生意外事故重点人员16户。

（李向阳　牛路捷）

【党风廉政建设】 2015年，市戒毒所以零容忍的态度惩治各种违纪违法现象，为场所安全稳定工作提供坚强的纪律和组织保障。制定出台《太原市戒毒所党委关于落实党风廉政建设主体责任的实施意见（试行）》《太原市戒毒所党委关于落实党风廉政建设纪委监督责任的实施意见（试行）》。以清单的形式，明确党委主体责任和纪委监督责任的职责定位和内容分工，明确主要负责人和领导班子其他成员的责任，以及落实“两个责任”、一岗双责的具体举措。制定出台《太原市戒毒所党委落实党风廉政建设党委主体责任和纪委监督责任约谈制度》《太原市强制隔离戒毒所“三重一大”事项集体决策制度》。逐级签订党风廉政建设责任书。所党委书记、纪委书记、分管所领导与23个部门领导逐级签订《党风廉政建设和执法执纪责任书》。纪检干部全年开展警示教育6次，设置宣传栏8期，内网图说廉政11期。特邀市委党校党史党建教研室、党风廉政教研室主任郑培君教授进行《中国共产党廉洁自律准则》和《中国共产党纪律处分条例》专题辅导讲座。　（李向阳　牛路捷）

【专项整治活动】 2015年，市戒毒所开展为深刻汲取太原市“12·13”案件教训的“专项整治”活动。通过向上级部门征求意见、戒毒人员问卷测评、戒毒人员家属征求意见及民警职工自查相结合的方式，听取意见，梳理有关问题。期间召开专题会议7次，开展专题检查18次、包队检查7次、发放民警职工征求意见表109份、戒毒人员测评表573份、家属征求意见表60份。从所领导到民警职工，人人撰写自我剖析材料，制定整改措施。副科以上领导干部68人填报个人有关事项报告表。通过开展专项活动和纪律作风整顿，民警规范、文明执法意识增强。

（李向阳　牛路捷）

【落实“八项规定”和反“四风”】 坚持把执行党的政治纪律、政治规矩放在首位，坚决贯彻落实中央八项规定精神。春节、中秋期间，所领导和科室大队负责人签订“领导干部廉洁自律、拒收节礼”承诺书。副科以上领导干部68人填报个人有关事项报告表。开展反“四风”整改落实情况“回头看”活动，对教育实践活动整改落实情况进行检查，确保整改落实到位，形成长效机制。实行一把手不直接分管人、财、物的制度，修订完善19项制度。在机关办公区、家属探访室、管教大队内设立举报箱，公开举报电话，在内网上开通举报信箱，接受群众监督。包队领导参加大队思想动态分析会。按照“四个必查、四不放过”的要求，严查各类违法违纪现象。开展“文山会海”“三公经费”管理不严等违反中央八项规定精神突出问题专项整治活动及“大操大办婚丧喜庆”等借机敛财问题专项整治活动，严格查纠“四风”，杜绝公车私用，“三公经费”大幅度下降，公务接待中午全部禁酒，消除生日宴、开锁宴、寿宴、升学等等频繁互相宴请的状况，婚丧嫁娶实行报告制度且基本符合150人数规定的要求。完善《公务接待》《行政经费管理办法》等36项制度。公务接待费用同比减少6.87万元，下降62%；办公费用同比减少7.27万元，下降24%。严格公车管理。严格执行公车节假日所内封存制度，杜绝公车私用。公务用车经费严格控制，指定定点维修机构，费用统一支票结算。车辆统一配备加油卡，规定单车百公里耗油量不能超过平均油耗的5%。同比节约用车费用28.1万元，下降33%。

落实“六权治本”。为推进依法治所，实现戒毒工作的法治化、规范化，印发了《实施“六权治本”推进依法治所工作方案》，分管教执法、干部人事、财务基建、企业工作、纪检审计、行政后勤等工作组，参照省局六权治本工作手册，各工作组整理出相关岗位权力清单和责任清单，并上报市司法局。

（李向阳　牛路捷）

【新所建设】 新所建设历时3年。所党委统筹规划，多措并举，确保完成市政府对戒毒所扩建项目必须于2015年10月投入使用的要求。针对工程后期工作琐碎繁杂的状况，争取市财政支持，安排不同工序分工合作、同步推进，提前对图纸会审和技术交底，倒排施工进度计划，精心组织施工设计,工程量精确到每周,部分重点环节精确到天。强化安全和质量管理。严格执行“两会”制度。建立隐患排查治理长效机制,推进绿色文明工地的创建,做到“六化”管理,保证问题处理跟踪到位,处罚落实到位,结果整改到位,确保不发生任何安全事故。经过三年的紧张建设,2015年10月底,场所扩建一期工程包括综合指挥中心,2栋戒毒学员宿舍楼,1栋综合教学楼和地下习艺车间正式交付使用。2015年10月31日,圆满完成全部戒毒人员由镇城所区向芮城新所区的调遣工作,省戒毒局、市司法局相关领导现场督导。

(李向阳　牛路捷)

司法行政

【概述】 太原市司法局主管全市司法行政工作,主要承担法律服务、法律保障、法制宣传三大职能,具体涵盖普法和依法治理、律师、公证、司法鉴定、基层法律服务、法律援助、司法考试、人民调解、社区矫正、安置帮教、强制隔离戒毒等工作。局机关内设15个处室,包括办公室、政治部(警务部)、法制处、行政审批处、研究室、法制宣传处、律师管理处、公证管理处、司法鉴定仲裁管理处、基层工作处、社会工作处、计财装备处、强制隔离戒毒管理处、机关党委、监察室。直属单位有太原市强制隔离戒毒所、城区三家公证处(城北公证处、城南公证处、城西公证处)、太原市法律援助中心、司法干警培训中心(拟撤销,正在办理核产清资相关手续)。

截至2015年底,市局机关78人,太原市强制隔离戒毒所347人、城北公证处33人、城南公证处32人、城西公证处27人、太原市法律援助中心17人。

(闫菲菲　介晋芳)

【法治太原建设】 做好深化法治太原建设工作,履行市委依法治市办公室职责,牵头分解落实市委、市政府《关于深化法治太原建设实施意见》,推动依法治市“1+6”工作体系运行,完成市委《关于贯彻党的十八届四中全会精神加快法治太原建设的实施意见(初稿)》的部分起草和组稿工作。根据省对市的目标考核,完善法治太原建设考评指标体系,经市委依法治市领导组会议审定出台,并结合在全市开展的“法治惠民生”活动,对各县区、开发(园)区和市直单位法治建设工作进行考评。开展法治创建工作,推荐迎泽区、阳曲县申报“全国法治县(市、区)创建活动先进单位”,推荐迎泽区文庙五龙口三社区等4个村(社区)申报“全国民主法治示范村(社区)”,推荐市档案局申报省级依法治理标兵单位。万柏林区、太原市第二外国语学院的普法工作受到全国普法办通报表扬。推进“法律六进”主题活动,从5月开始,组织司法行政干警、律师、公证员、法律援助工作者等300余人次,每半个月深入一个村,开展“送法进乡村(社区)”暨“一村一警”联系走访活动。6月27日,在东山煤矿召开全市深化“法律进企业”推进会,促进依法治企。与山西财经大学法学院举办“法律进校园”系列活动,对未成年人开展法制教育。协调将法治内容纳入市委党校组织的领导干部轮训班。5月14日,举办全市领导干部法治报告会,邀请省委驻太原群众路线教育活动督导组组长王水成为全市领导干部作专题法制报告,提高其运用法治思维和法治方式的能力。开展“国家宪法日”主题宣传,首个“国家宪法日”当天,在西海子公园开展现场宣传活动;在迎泽区文庙五龙口三社区举办太原市“国家宪法日”主题宣传暨迎泽法治文化建设观摩活动。指导各级各部门开展主题宣传,向群众发放“法律伴你行”法律知识手册8000套,为各县区、市直各单位发放十八届四中全会精神和宪法知识挂图各2000套,弘扬宪法精神,传播法治理念。

(闫菲菲　介晋芳)

【律师工作】 主动服务保障“综改攻坚、创新驱动、项目见效”活动,印发《实施意见》,5月底在阳曲县召开县(市、区)司法局服务三项重点工作汇报会,进行疑难问题会诊攻坚和服务保障工作经验交流。推进普遍建立法律顾问制度工作,起草形成《关于在全市党政机关普遍建立法律顾问制度的实施意见》征求意见稿等;根据政府执法部门等单位的要求,加印发放《征地拆迁和“城中村”改造法律法规及规范性文件汇编》。设计制作《太原市律师事务所和律师推介手册》,陆续向高新区、民政局、经信委等单位推荐律师事务所担任法律顾问;7月份,太原市向省人大法工委推荐29名律师担任立法咨询专家。推荐2名律师参加“1+1”中国法律援助志愿者行动。向市维稳办推荐21家律师事务所进入太原市社会稳定风险评估专家库,参与全市社会稳定风险评估工作等,提升律师围绕中心服务大局的能力。全市180家律师事务所,1500余名律师,全年办理案件16838件,完成年目标的153.07%,同比增长21.83%;担任法律顾问2266家,完成年目标的213.72%,同比增长54.78%。

(闫菲菲　介晋芳)

【公证工作】 拓展公证服务范围,实施便民举措。3月份,开展小额继承免费月活动,全市公证机构累计免费办理小额继承公证347件,免除费用10余万元,1888人受惠。对遗产标的不超过3万元的小额继承公证实施简易程序,全年办理小额继承公证1751件,涉及标的1291万元,5821人受惠。组织市级公证机构自1月1日起统一启用房屋价格评估系统,开展免费房屋价格评估服务,全年为2850套住房评估节省当事人费用28万余元。3月1日至8日,组织全市7家公证机构开展主题为“恪守执业道德,维护公证公信”的公证法宣传周活动。3月1日,全市公证机构发放宣传材料2000余份,解答法律咨询200余人次。5月24至25日,组织全市公证机构举办公证人员培训班,全市公证机构执业公证员、公证员助理及辅助人员共109人参加培训。市级公证机构探索开展知识产权领域证据保全公证,开通“网易公证邮”业务，为群众免费代办房产过户，每周六增加半天工作时间，解决群众工作日不便办理公证的实际问题。基本实现对全市52个街道、53个乡镇公证网格化服务的全覆盖，全年累计办理公证业务71379件，完成年目标的145.67%，同比增长24.02%。业务收费3200余万元，完成年目标的141.63%，同比增长1.76%。

（闫菲菲　介晋芳）

【法律援助】《太原市法律援助条例》于2月26日经太原市第十三届人大常委会第十八次会议审议通过，4月1日经省十二届人大常委会第九次会议表决批准，7月1日起正式施行。该《条例》是太原市1986年有地方立法权以来，第一件司法行政方面的地方性法规，也是市司法局局承担起草任务的第一件地方性法规。7月8日，市政府召开《太原市法律援助条例》实施暨法律援助便民服务专项活动动员会，市司法局利用公交移动电视、楼宇电视等滚动宣传，提高法律援助知晓率。全市法律援助机构降低申请标准，使更多的农民工、下岗失业人员、老年人、残疾人、妇女儿童等困难群众受益。加强法律援助便民服务窗口建设，小店、尖草坪、古交、晋源、阳曲均打造50平方米以上的临街一层接待大厅一站式服务。争取市财政支持对“12348”法律服务热线提质扩容，有3条专线、12名法律专业人员提供服务。全年共受理法律援助案件4207件，接待44520人次，“12348”解答电话咨询21474人次。

（闫菲菲　介晋芳）

【司法鉴定】 2015年，市司法局加强司法鉴定执业活动日常监督和动态监管，组织鉴定机构参加司法部司法鉴定能力验证，指导太原市司法鉴定协会进行换届调整，全年办理司法鉴定案件1398件。7月份组织相关司法鉴定人参加省厅举办的“全省道路交通机动车相关技术司法鉴定培训班”，提高执业服务水平。全年办理司法鉴定援助案件3起，使司法鉴定工作惠及更多的弱势群众。推进司法鉴定机构规范化创建工作，太原市所属山西省精神疾病司法鉴定中心已被评为第二批规范化司法鉴定机构，全市共有2家省级规范化司法鉴定机构。

（闫菲菲　介晋芳）

【国家司法考试】 2015年，市司法局做好国家司法考试工作，推进司法考试工作标准化、规范化、信息化建设。太原考区采取全程网络化报名方式。太原考区共有4799人（含吕梁市588人）报名，占全省应试人数的43.43%。太原市合格人数561人，合格率为13.3%。

（闫菲菲　介晋芳）

【人民调解】 2015年，全市共有人民调解组织1975个，专业性、行业性调解组织87个。选聘人民调解志愿者577名，政府购买服务配备专职人民调解员562人，至年底，有人民调解员10442名。建立14个以全国、全省优秀人民调解员姓名命名的品牌民调工作室，品牌民调工作室全年调处重大矛盾纠纷300余件。编发《省城矛盾纠纷联调经验做法和人民调解典型案例选编》，落实“以案定补”，全年发放补贴38.381万元，补贴案件7717起，占调解总数22.5%，提高人民调解员的积极性。重点时期、重大活动期间开展矛盾纠纷大排查大调处大防范专项活动，加强与矛盾纠纷联调体系的配合衔接，全年共调解纠纷35374件，调解成功34303件，成功率96.97%，人民调解协议经司法确认79件；防止民转刑37件，防止群体性上访425次，制止群体性械斗10次。（闫菲菲　介晋芳）

【强制隔离戒毒】 从2015年3月份开始，在市公安局戒毒所收治满3个月的戒毒人员，凡不涉及案件的全部移送至市强制隔离戒毒所继续戒治，市强戒所收治工作步入正轨。规范运行“三期三区”“四位一体”戒毒模式，办理所外就医、评估诊断等审核工作，戒毒人员心理测试率、建档率均为100%。加强职业技能培训，“SIYB”培训2期，参加培训的60人全部获证，累计培训839人。落实便民措施，对离家远、条件困难的学员实施视频会见101人次，免费亲情电话1万余人次。构建场所长效安全防范机制，市所连续十年保持“六无”目标。“强制隔离戒毒所社会管理创新研究”作为全省司法系统唯一获批项目被列入山西省软科学计划。（闫菲菲　介晋芳）

【安置帮教】 2015年，市司法局全年接收刑满释放人员765人，其中重点对象106人，全市在册管理的安置帮教对象5725人，其中刑满释放人员2706人，解除社区矫正人员3019人。落实刑满释放人员分类管理制度，强化无缝对接，重点对象接回率100%，一般帮教对象接回率达85%，帮教率97%，安置率92%，重新违法犯罪率控制在2%以内。全年审核发放十县区衔接补助金90500元，涉及80家帮教组织，191名重点帮教对象。依托市强制隔离戒毒所建立的社区服刑人员和刑释解矫人员教育培训中心，开展集中教育活动和技能培训，7月29日，首次举办特殊人群SYB创业培训班开班，全市十个县（市、区）的30名刑满释放人员和社区服刑人员经过10天的培训，拿到由国际劳工组织和国家人力资源和社会保障部颁发的合格证书，有机会在以后的创业过程中享受国家提供的不低于8万元的免息小额贷款和其他工商、税务等一系列优惠政策。

（闫菲菲　介晋芳）

【社区矫正】 2015年，市司法局建立特殊人群安全稳定报告常态制度，实行重点时期、重大活动期间日报告，做好突发事件应急处置。全年新增社区服刑人员1251人，期满解除矫正1407人，重新犯罪2人，减刑1人，撤销缓刑8人，对暂予监外执行罪犯收监执行18人，给予警告62人，比上年增长121%，至2015年底，在册管理的社区服刑人员1928人。1月5日，在市、县（市、区）、乡（镇、街道）三级全面启动社区矫正智能管理系统，对社区服刑人员实施区域监管、实时定位、轨迹查询、越界告警、人机分离识别、信息化考核、档案管理，全市第一期800

余名社区服刑人员纳入定位监管。2月9日，在杏花岭区接受社区矫正的社区服刑人员孟某，因在社区矫正期间自觉遵守监管规定，确有悔改表现且有立功表现，被市中级人民法院依法裁定减除余刑，成为《社区矫正实施办法》施行后，太原市第二例在矫正期间获减刑案例。4月23日，全市“两类”特殊人群教育培训中心举办2014年度新入矫社区服刑人员第一期培训班。5月26日，全市司法所长暨社区矫正工作者培训班开班，邀请省检察院业务骨干及高校知名教师讲授社区矫正检察法律监督及矫正工作管理模式创新，重点强调社区服刑人员收监程序。（闫菲菲　介晋芳）

【行政审批】 2015年，市司法局落实《太原市行政审批管理办法》，把好法律服务机构及从业者准入初审关，做好权利清单事项的梳理和上级下放事项的承接工作，全年办理行政审批事项208件，其中律师执业审核191件，律师事务所设立初审16件，司法鉴定机构设立初审1件，办结率百分之百，无超时、无差错、无投诉。（闫菲菲　介晋芳）

【基层法律服务】 2015年，全市注册的基层法律服务所34个，基层法律服务工作者143人，其中持有基层法律服务工作者执业证在法律援助机构工作的人员有8名，变更机构的基层法律服务工作者有3名，1个基层法律服务所和3名基层法律服务工作者放弃职业。全年全市基层法律服务工作者担任法律顾问712家，提供法律服务2077次。（闫菲菲　介晋芳）

【基层司法所建设】 2015年6月，在万柏林区召开全市规范化司法所建设推进会，推广万柏林区司法所规范化建设经验，并组织与会人员参观矿北社区法律宣传主题公园及全省首批规范化司法所长风司法所。（闫菲菲　介晋芳）

【领导、专家在并检查】 2015年1月28日，省司法厅党委书记、厅长崔国红，厅党委成员、副厅长李满胜赴位于阳曲县青龙镇农场的全国安置帮教先进典型韩雅琴的英辉安置帮教基地进行调研和慰问。6月5日至6日，司法部基层司副司长左旭明一行莅临太原市调研安置帮教工作，实地察看尖草坪区“新航家园”、小店区鑫佳源安置帮教基地及杏花岭区英辉安置帮教基地，对全市安置帮教基地建设情况给予肯定。（闫菲菲　介晋芳）

太原警备区

【概述】 2015年，是全军部队大抓整顿、备战、改革、规划的一年，也是太原警备区面对发展压力、经受考验、攻坚克难、破解难题的一年。太原警备区各级以学习贯彻习主席系列重要讲话精神为主线，以强军目标为引领，把握整风整改总基调，坚持使命牵引夯根基，坚强组织有作为，共克时艰渡难关，全面发展求进步，部队各项建设有新的发展。

思想政治建设。2015年，太原警备区把学习贯彻习主席系列重要讲话精神作为首要政治任务，认真落实以党委中心组带机关理论学习等一系列制度，通过全面学、系统学、有重点区分课题学，引导官兵立起了本、铸牢了魂。狠抓古田全军政工会精神的贯彻落实，紧盯军队改革搞好教育引导，肃清郭伯雄、徐才厚案件流毒影响，把“学习践行强军目标、做新一代革命军人”主题教育与纪念抗战胜利70周年系列活动有机融合，官兵政治立场坚定，思想道德纯洁。开展“精品课送教下基层”巡回宣讲的做法，《战友报》版面头条给予连续报道。建立14个国防文化广场，在43所大专院校开展国防教育宣讲活动，出动民兵2000余人次参与拍摄电视剧《黄河在咆哮》，宣传预备役通信团战士张玉宝典型事迹，央视七频道作专访。

战斗力建设。2015年，太原警备区围绕主业抓发展，重心聚焦战斗力，部团考评、干部晋职、经费投向向战斗力倾斜。突出战备值班规范，完善行动预案，加强岗前培训，随机组织拉动演练，战备值班加强。万柏林区人武部承担省军区值班演练规范示范成效明显，为警备区争得荣誉。狠抓按纲施训、以考促训，“探索—2015”国防动员指挥演练和冬季适应性训练落实质量明显增强；参加省军区参谋集训综合成绩第一；警备区机关带通信团接受省军区考核，7个课目4个全优，通信团新大纲试训任务圆满完成。加强信息化、野战化建设，信息指挥通联手段有效提升。以提升兵员质量为抓手，突出大学生征集主体，持续开展“一站式”征兵宣传服务活动，指导小店区人武部圆满完成院校征兵试点任务，及时兑现优待政策，加强廉洁征兵，征集的大学生新兵占到46.4%，为全省提高大学生征集比例做出贡献。

党委班子和干部队伍建设。2015年，太原警备区围绕整风整改、正风肃纪，推进“三严三实”专题教育整顿。突出思想教育、组织生活、清理整治、立规执纪，官兵满意度测评100%。履行党委主体责任，狠抓“八个专项清理整治”，全年解决令位不符干部15名，追回违规发放随军配偶款项16余万元，整改32名干部档案问题，收回上交40人因私出国（境）证件71本，清理参加社团人员1人；纠改不合理开支583.04万元；妥善处理6号楼裙楼问题，下力清退114套不合理住房，整改外售住房223套，收回补差房款8253万元，制约警备区发展的瓶颈问题得到根本性解决。端正选人用人导向，坚持向战斗力聚焦、向基层倾斜，2015年空出的副团、正营职岗位用于基层87%，对7名在本单位工作满六年以上和敏感岗位工作的4名干部进行岗位轮换，增强干部队伍活力。

基层建设。2015年，太原警备区贯彻省军区新修订的《意见及考评办法》，“三帮一考”成效明显。以“帮班子”为切入，4次召开警备区党委全会，集中研究解决部团建设普遍性、倾向性问题，警备区常委分片包点，提升按纲抓建、解决难题的能力；围绕提升能力帮队伍，区分四个层次开展“四学四会”（学理论、学军事、学技能、学专业，会搞教育、会抓基层、会解决问题、会协调办事）专题培训，促进队伍素质整体提升；扭住关键帮基层，遴选7家大型民营企业成立基层武装部，拓展民兵组织新平台，推广晋源区“编、训、管、保、用”一体化建设和迎泽区用路线图牵引队员成长的“三帮一带”活动做法，战斗力基础牢固，《中国国防报》头版头条给予报道。坚持一把尺子量到底，严格组织考评，通过这一平台，以考促建、以考促争、以考促稳，争先创优氛围更加浓厚，5个部团进入一类，晋源区人武部接受省军区抽考，得分全省第一。

军民融合发展。2015年,市县两级普遍落实议军会、过军事日、到军事机关办公等制度,市委、市政府和警备区联合出台《加强“八个体系”建设,推动军民融合深度发展的意见》。协调、妥善安置军转干部129名,启动“四个一批”破解随军家属就业难题,提高随军未就业家属补助标准至每月600元,协调解决27集团军军部搬迁、军人子女入学入托、警备区247名职工住房公积金和涉军维权案件等实际问题,为争创全国双拥模范城“八连冠”奠定了坚实基础。师团两级积极发挥军事机关职能作用,杏花岭区人武部与247厂联合研发了15式110型远程森林灭火系统,全年累计出动民兵8700余人次,完成各类应急抢险、执勤维稳任务86起,参与地方精准扶贫攻坚战,在就业扶贫、助学扶贫、基础设施扶贫、项目扶贫和文化扶贫等方面发挥作用。

安全管理。2015年,太原警备区把安全工作作为党委工作的重中之重,常态落实每周交班会讲评、每月办公会部署、每季安全形势分析和节假日、重要时期重点部署等制度,把预防工作做在平时、抓在经常。以人车枪弹密网为重点,开展“学法规用法规守法规”“百日安全无事故”活动,先后6个波次进行拉网式、兜底式安全隐患大排查,机关不间断组织夜查和突击查,促进安全工作末端落实。针对干部调整、士官选退、军队改革等敏感期,开展大谈心活动,做好思想稳定工作。将全区私家车纳入管理体系,分两期、分层级组织交通法规、驾驶技能培训,从源头降低车辆安全隐患。突出民兵武器装备仓库安全防范,多次迎接上级检查受到好评。

后勤综合保障。2015年,太原警备区围绕战斗力抓保障,及时修订保障方案,充实物资器材,锻炼保障队伍,强化实战实保能力。开展后勤科研项目研究,有3个项目获得国家知识产权局和国家版权局认证。加强职工队伍教育管理,推动综合办公楼建设,下力整治家属院环境,营院面貌有好转。严格执行指示,强化规矩意识,改进工作作风,从严从紧从实开展财务大清查、经适房专项清理整治、不合理住房清退、外售住房核查,一些老大难问题得到解决。

(景春勇　黄承明)

【提高后勤战备训练保障能力】 2015年1月,太原警备区投资100余万元充实后勤战备物资器材,对现储应急物资更新轮换,形成应战应急、对接配套的综合保障体系,后勤战备水平得到提升。5月,结合保障南京军区第1集团军跨区机动任务,及时开设后勤综合保障补给站,锻炼和检验保障队伍真保实备的能力,受到军地领导好评。6月,结合贯彻落实新战备工作规定,修订细化各类后勤保障方案(计划)。 (蔡鹏勇)

【落实民兵整组工作】 2015年2月,太原警备区协调市委、市政府出台《关于进一步加强和改进新形势下民兵工作的实施意见》和《关于做好2015年民兵预备役部队整组工作的意见》,明确民兵工作特别是整组工作的标准要求、军地企责任区分和考评奖惩等具体措施。各部团认真落实上级整组指示要求,推进工作落实,优化组织布局,调整加强应急队伍、支援队伍和储备队伍建设。在全市遴选7家民营企业报批成立基层武装部,在300余家民营企业中建立民兵组织,并选配500名企业领导担任国防教育义务宣传员,夯实了国防后备力量建设基础。4月20日,省军区转发了警备区的经验做法,《中国民兵》第6期进行了转载。 (荀　伟)

【开展“三严三实”专题教育整顿】 2015年3月至12月,太原警备区师团两级党委机关按照上级部署安排,区分集中教育、组织生活、清理整治、督查执纪四个环节,开展“三严三实”专题教育整顿活动。两级党委机关普遍成立了教育整改领导小组,制定了教育整改路线图和专项整治流程图。在集中教育环节,采取研读原著、领导授课、讨论交流等方法,重点组织学习领会习主席在全军政治工作会议上的讲话和在中纪委五次全会上的讲话,并以徐才厚、方文平等案件为反面教材进行了警示教育。在组织生活环节,以整风精神召开民主生活会,班子成员围绕“四个说清楚(说清楚与徐才厚划清界限情况,说清楚存有问题线索的相关情况,说清楚《军队领导干部个人有关事项报告表》填报情况,说清楚个人违规多占公寓房和经济适用房、多占和变相占用车辆、超占使用公勤人员和配备使用秘书等情况)”交底交账,自我批评敢于亮丑,相互批评不留情面。在清理整治环节,针对清理梳理出的20类71项具体问题,制定整改清单、落实整改责任,整改率达到85%以上,官兵满意度测评100%。在督查执纪环节,警备区每名常委分工督导2至3个团级单位,普遍实施了4至5轮检查督导,确保了教育整治的实效。 (杜孟力)

【开展主题教育活动】 2015年3月至12月,太原警备区按照上级指示要求,在全区部队组织开展“学习践行强军目标、做新一代革命军人”主题教育活动。活动区分教育准备、集中教育、拓展深化三个阶段。教育准备阶段,在开展思想调查、收集整理相关资料、分析教育形势的基础上,有针对性地拟制教育的方案计划。集中教育阶段,重点围绕有灵魂、有本事、有血性、有品德4个专题,以全区集中上大课的形式,安排四个团级单位的政治主官进行授课辅导。拓展深化阶段,结合“中国梦?强军梦?我的梦”主题实践活动,从全区遴选4名优秀政工干部组成宣讲团,围绕四个方面内容开展送教下基层巡回宣讲,先后宣讲11场次,受众3600余人,做到现役官兵、专武干部、职工、民兵分队队员“四个全覆盖”,激发全区上下爱军强军的正能量。

(杜孟力)

【加强实战化军事训练】 2015年4月13日,组织全区干部、战士103人,在警备区民兵训练基地开展"两实"训练，消耗手枪弹1500发、手榴弹107枚。5月，组织警备区机关、预备役通信团干部接受省军区考核，在7个考评课目中4项全优、3项良好，在全省总评第三。12月，选派4名参谋参加全省参谋骨干集训，考核取得全省总评第一名。12月3日至7日，组织全区现役干部105人，进行手枪实弹射击、军事体能、图上作业、手工标图和通信装备操作5项课目考核，组织库管人员49人，进行军事体能、56式冲锋枪分解结合和实弹射击3项课目考核，达到训考结合、以考促训的目的。

（荀 伟）

【开展后勤科研项目研发】 2015年4月，根据北京军区联勤部《关于组织申报2015年度军队后勤科研项目的通知》精神，警备区后勤部在科学论证的基础上，将《军队车油信息化管理系统》《车辆故障自动诊断系统》和《用于管理汽车开闭锁权限的远程控制开关》列为科研项目，成立由助理员蔡鹏勇负责的课题研究组，先后投入经费2万余元，经过3个月的研究试验，科研项目取得突破性成果，并上报军队和国家有关部门审定。6月6日，《军队车油信息化管理系统》获得国家版权局计算机软件著作权登记证书；8月26日，《汽车故障诊断系统》和《用于管理汽车开闭锁权限的远程控制开关》获得国家知识产权局专利证书。

（蔡鹏勇）

【太原市委召开议军会】 2015年5月18日，中共太原市委召开议军会。会议由省委常委、市委书记、警备区党委第一书记吴政隆主持，市委副书记、市长、市国防动员委员会主任耿彦波和其他市委常委、相关副市长、市直有关部门主要负责同志以及警备区党委常委、机关科室负责人，共计50人参加。会议传达学习习近平主席关于国防和军队建设的系列重要讲话精神，传达贯彻中央军委、北京军区党委、省军区党委扩大会议和省委议军会精神，听取太原警备区工作汇报，审议通过《关于加强"八个体系"建设，全面推动军民融合发展的意见》和《2015年全市双拥工作要点》，研究提高随军未就业家属生活补助标准，还研究解决影响驻并部队建设的其他问题。（杜孟力）

【组织学习贯彻全军政工会精神理论集训】 2015年5至6月，利用10天时间，着眼新形势下基层民兵预备役政治工作提出的新课题新要求，坚持理论武装与业务培训相结合，整风整改与解决问题相统一，分两期组织全区350余名基层干部和政工骨干，开展学习贯彻全军政治工作会议精神理论集训。组织参训人员，学习研讨习主席系列重要讲话精神和全军政治工作会议精神在基层落地生根的办法，提升开展政治工作的能力素质，促进基层政治工作的落实，经验做法被省军区转发。

（杜孟力）

【开展扶贫助困活动】 2015年，太原警备区各级在六·一儿童节期间，开展捐资助学"送温暖、献爱心"活动，警备区机关对杏花岭区后沟小学、阳曲县大盂小学开展结对助学活动，捐资10多万元现金和教学用品。各部团所援建学校11所、资助学生200多名。11月，警备区机关投入12余万元，扶持娄烦县米峪镇乡康家沟村人畜安全饮水工程和文化设施建设等扶贫项目，改变群众的生活环境。全区通过资金扶持、帮建项目、科普宣讲等途径，带动和辐射14个贫困乡村、1200余户群众脱贫致富，为推动地方经济社会发展作出贡献。

（杜孟力）

【举行随军未就业家属专场招聘会】 2015年6月12日，为贯彻落实太原市委议军会议精神，解决随军家属就业困难的实际问题，警备区联合市双拥办和人社局，邀请东山煤电集团、太原市政公司、中国平安集团等47家用人单位，在太原市人才交流服务中心举行随军未就业家属专场招聘会，驻并部队随军家属87人参加招聘活动，与用人单位进行双向选择，受到广大干部和家属的好评。

（杜孟力）

【提高兵员征集质量】 6至9月征兵工作中，各级坚持突出大学生和应届毕业生这个征集主体。6月10日，在山西大学举行了"山西省大学生征兵启动仪式"，在高校展开了征兵宣传。在太原电视台《新闻对话栏目》解读网上征兵、优待安置等热点问题，帮助适龄青年算政治账、经济账、成才账，调动广大青年的参军热情，圆满完成了征兵任务，其中大学生占征集任务46.3%，比上年提高了16个百分点。还为总装、总参等8个接兵部队补充了学历专业对口的直招士官。8月6日，北京军区副司令员曹清到警备区检查调研时，对征兵工作给予了充分肯定。

（荀 伟）

【完成国防动员演练任务】 2015年10月19日—21日，太原警备区采取背景提示、实案推演、情况处置和上下同步组织实施的方法，组织市、县两级国动委共197人，参加"探索—2015"国防动员指挥演练。通过军地通力合作和两级首长机关的共同努力，先后完成指挥推演、情况处置和实兵演练等任务，研究论证战时指挥流程、行动方法和保障协同，国防动员的实质准备、实战能力得到检验提升，增强全市国防动员组织指挥能力，受到军地领导的肯定。

（荀 伟）

【组织应急分队骨干集训考核】 2015年11月2日—6日，太原警备区按照省军区提出的武器操作使用"五定、四会"的规范要求和警备区军事训练计划安排，集中全区48名民兵应急分队骨干在民兵训练基地，展开武器操作使用专项集训，进行操枪、分解结合、战术动作和实弹射击四个科目的训练考核。集训结束后，各单位组织民兵应急分队进行普训，提高民兵队伍的武器操作使用能力。

（荀 伟）

【开展冬季适应性训练】 2015年12月22日—24日，组织警备区和部团首长机关123人，动用车辆35台，在尖草坪区和阳曲县境内进行冬季适应性训练,行程279.1千米。这次训练,以综合防卫作战为背景全程导调、全程检验,严密组织理论授课、作战值班应急处置和目标勘察演练,展开复杂生疏条件下的摩托化行军、现地作业和综合保障。沿途注重做好群众工作,组织进行访贫问苦和战地宣传。训练期间,省军区副司令员于占唐亲临一线督导,给予肯定。

（荀　伟）

【做好新闻宣传工作】 2015年,太原警备区各级重视新闻宣传工作,全区在省以上军地媒体刊稿121篇,其中中央电视台2篇、解放军报14篇、中国国防报12篇、战友报38篇、华北民兵38篇、山西日报9篇、山西晚报5篇、山西电视台2篇、重点稿件15篇。警备区政治部参与编写的2015年度全国民兵思想政治教育精品刊授教案《强化使命意识,激发敢打必胜的战斗精神》,获全军评选一等奖。年底,太原警备区被省军区表彰为"新闻宣传先进单位"。（杜孟力）

人民防空

【概述】 2015年,太原市人民防空办公室(以下简称市人防办)在太原市委、市政府、太原警备区的正确领导下,在省人防办的指导支持下,深入学习贯彻党的十八大精神,深入学习贯彻落实习近平总书记系列重要讲话精神和《中共中央国务院中央军委关于深入推进人民防空改革发展若干问题的决定》,按照"四个全面"的战略布局,深入推进人民防空工作改革发展,以"六大发展"为目标,发挥"六个表率"作用,推进"六权治本",提升市人防建设发展水平,各项工作推进,完成年度工作任务。（徐敬利　杨志刚）

【党建工作】 2015年,人防办党组、各基层党组织和广大党员干部,牢牢把握"服务中心,建设队伍"两大任务,以认真学习党的十八大精神为主线,以学习讨论落实活动和"三严三实"专题教育活动为抓手,加强党的思想、组织、作风、制度和反腐倡廉建设,党组织凝聚力、号召力、战斗力增强,工作效率和服务质量明显提高,为推动市人防全面建设提供坚强的组织保证。人防办党组把党建工作摆在重要位置,履行党组(支部)书记党建工作"第一责任人"职责,发挥各级党组织的"龙头"和"战斗堡垒"作用。加强党员干部学习教育。健全基层组织机构,打牢党建工作基础。组织机关党委进行换届选举,新一届机关党委对各支部进行工作调研,指导各支部完成换届工作,配齐配强各支部支委、委员,帮助软弱涣散党组织积极进行了整改。落实党内生活制度。推进"服务型"党组织创建工作,把服务发展作为方向,服务基层作为关键,服务群众作为根本。开展"纪念抗战胜利70周年"庆祝活动,"七一"期间,对7名抗战时间参加革命的离休老干部进行慰问,组织观看电影"百团大战"、收看"9·3"阅兵等一系列活动;开展"双拥共建"活动,帮助太原警备区建立卫星地面通信系统,与预备役通信团联合进行训练演练,互相促进,开展精神文明创建活动,组织开展"学雷锋、树新风""送温暖、献爱心"活动,积极参加"博爱一日捐""慈善一日捐","第七届民防杯文体运动会",参加市直工委组织的"全民健身健步行"活动;开展扶贫帮困工作,按要求成立扶贫工作队,向扶贫村派出第一书记,实施定点扶贫、精准扶贫,争取扶贫款50万元,为村民解决企盼多年的吃水难问题。（徐敬利　杨志刚）

【宣传贯彻《决定》】《中共中央国务院中央军委关于深入推进人民防空改革发展若干问题的决定》是新时期人防工作的指南,是人防工作改革发展的重要依据,市人防办坚持把学习贯彻《决定》作为年度工作的首要任务来抓,成立由办领导和相关处室组成的学习贯彻落实《决定》组织领导机构,认真组织学习宣传,积极向市委、市政府和警备区等上级部门宣传《决定》,提出落实《决定》的意见建议,做好调查调研工作,对关于深入推进人民防空改革发展课题研究和政策建议进行了认真的调查和调研,根据省办要求,对省办关于对《中共山西省委山西省人民政府山西省军区关于贯彻〈中共中央国务院中央军委关于深入推进人民防空改革发展若干问题的决定〉的实施意见》进行了认真的学习和讨论研究,针对全省和太原实际,提出九条修改意见建议。（徐敬利　杨志刚）

【人防建设与经济社会融合式发展】 2015年,市人防办配合太原市城市道路改造、城中村改造和轨道交通建设规划,抓住有利时间,谋划人防建设发展。亲贤北街地下人防工程,东段完成全部主体部分施工,进行设备材料二次指标。省人防质监站组织对主体结构进行验收,西段完成主体部分施工;地面道路通车。体育北街地下人防工程,完成全部主体结构施工,地面道路通车。东岗路地下人防工程,完成地下主体结构,道路施工结束。

（徐敬利　杨志刚）

【人防宣传教育】 2015年,市人防办将人防知识纳入全市初高级中学军训教育内容。拓宽教育渠道。依托社区及企业宣传平台,利用"5.12"地震纪念日、警报试鸣宣传日等重大契机,在社区开展人防宣传教育活动。强化宣传教育效果。与省、市新闻媒体加强联系与协调,利用"纪念抗战胜利70周年""9.18"全省警报统一试鸣宣传日等重大活动,邀请省城新闻媒体记者,在各报刊、网站及电视台宣传报道人防建设。迎泽区人防办联合区教育局、美术家协会和36中,举办"纪念抗日战争胜利70周年暨'国防教育进校园'美术书法作品校园师生展",收到良好的效果。"9.18"全省警报统一试鸣宣传日期间,市人防办组织机关和各直属企事业单位,在市政府门口和新建路上开展大型宣传活动,发放宣传材料,现场解答群众咨询,提高全市人民群众人防观念和国防意识。

（徐敬利　杨志刚）

【通信和警报建设】 2015年,市人防

办加强地面、移动指挥所指挥通信设备设施的维护管理，定期进行检查和维护保养，确保指挥信息系统状态良好。加强业务训练和培训。以指挥通信系统战术技术性能和操作使用为重点，提高信息保障中心人员的专业技术水平。参加由省人防办组织的“山西地震人防指挥通信保障协同演练”，增强信息保障技术人员的专业水平和协同保障能力。加强防空警报设施建设。认真落实《中华人民共和国人民防空法》和《太原市人民防空工程管理条例》的相关规定，完成 x 个防空警报器建设项目。加强防空警报维护管理。组织信息保障中心，在防空警报生产厂家技术人员的现场指导下，以设备维护、安全防范、警报设施档案管理为重点，对全市防空警报进行了巡检，确保防空警报器的完好率达到 100%。组织防空警报统一试鸣工作，根据省、市统一部署，成立领导组，制定专项工作方案，召开专项工作会议，组织对全市防空警报器进行测试，及时排除了隐患问题，提前 5 天通过太原日报、太原晚报、山西晚报、太原电视台等媒体发布太原市人民政府公告，保障防空警报试鸣工作进行。

（徐敬利　杨志刚）

【人防工程维护管理】 高度重视早期人防工程的安全管理和治理工作，安排部署各相关单位对所属早期人防工程安全情况进行了全面排查，对存在安全隐患的早期人防工程进行报废回填、加固注浆处理。做好早期人防工程应急抢险准备工作，督促各单位完善应急预案，加强 24 小时应急值班制度，做好应急抢险物资储备，确保早期人防工程安全。

（徐敬利　杨志刚）

【安全生产工作】 2015 年，市人防办根据市政府办公厅、市安委会有关文件要求，结合上海踩踏事件和天津港“8.12”危化品爆炸事故等国内几起重大安全事故教训，制定《太原市人防办安全生产大检查方案》，成立工作组，组织对全市人防 38 个重点单位和部位进行安全检查，消除安全隐患。经市政府批准，印发《太原市人防办 2015 年安全生产监督检查计划》，分成五个工作组，结合消防、防汛工作，对全省人防系统监管单位安全生产工作进行督促检查，建立安全生产检查台帐，对安全隐患进行排查，对发现隐患的单位责令整改，确保年度安全生产无事故。

（徐敬利　杨志刚）

公安消防支队

【概述】 2015 年，太原市公安消防支队围绕“抓基础、保稳定、谋发展”的工作思路，忠诚履职、拼搏奉献、开拓创新、务实苦干，完成各项工作任务，预防和遏制重特大火灾事故，保持火灾形势总体平稳和部队高度安全稳定。全年消防部队接警出动 5533 起，出动车辆 10921 辆次，出动警力 57975 人次，抢救被困人员 879 人，疏散被困人员 1969 人，抢救财产价值 2467.85 万元。其中发生火灾 1964 起，死亡 7 人（含因刑事纵火死亡 1 人），受伤 12 人（含因刑事纵火受伤 1 人），直接财产损失 648.1 万余元。抢险救援 1618 起，社会救助 580 起，公务执勤 175 起，虚假警 1196 起。（李勇东）

【加强部队正规化管理】 2015 年，公安消防支队贯彻落实全军和公安现役部队政治工作会议精神，以确保消防安全形势和部队管理“两个稳定”为目标，以加强部队正规化管理为基础，以推进信息化建设为突破，以开展部队实战化训练为重点，坚持问题导向、改革思维，推动部队各项建设创新发展。（李勇东）

【提升消防监督能力】 2015 年，公安消防支队把预防重特大火灾事故作为重中之重，紧密结合夏季消防安全检查、抗战胜利 70 周年消防安全保卫、今冬明春火灾防控等专项行动，做好基层基础建设、火灾防控、执法规范化建设和消防宣传等工作，全市未发生较大以上和有影响的火灾，取得显著成效。全市各级消防机构共检查单位 23633 家，发现整改火灾隐患 33712 处，责令“三停”单位 261 家，罚款 1010.5548 万元，拘留 340 人，临时查封 287 处，有效净化全市消防安全环境。

（李勇东）

【优化改善战勤保障】 2015 年，公安消防支队的后勤工作结合部队自身实际，以夯本强基为目标，以创新管理为抓手，以官兵满意度为出发点和落脚点，开拓进取，真抓实干，实现经费保障增长，完成 9 个中队营房翻修改造，将迎泽大队、万柏林中队、小店大队迁入所辖中队营区办公，改善大队办公条件，加快营房及基础设施建设。投入 1,700 余万元用于装备建设，新增各类消防车 41 辆，个人防护装备 5601 件套，抢险救援器材 932 件套，实现消防装备的更新换代。

（李勇东）

【建立灭火救援机动队伍】 2015 年，支队结合辖区灾害事故特点，组织 8 个消防大队、17 个执勤中队的 312 名官兵、52 辆消防车辆组建 7 支不同类别机动队伍，通过配齐配强人员、完善车辆及器材装备，制定响应程序、作战方案、战斗编程，开展针对性的专业化训练，发挥机动队伍作战效能，提升专业救援能力。

（贾涛宁）

【开展执勤岗位练兵】 2015 年，公安消防支队组织所有执勤中队对全市 1549 家重点单位预案进行修订、完善，做到“底数清、情况明”。组织全勤指挥部人员深入支队级重点单位开展 14 次熟悉响应训练，开展 6 次支队级实战演练、组织各执勤中队累计开展 3240 次熟悉工作和 1000 余次实地演练，其中夜间演练次数超过总数的 30%。对基层中队进行 60 余次督导帮扶，促进实战化训练开展。通过分区域、分事故类型、分时段组织开展熟悉及实战拉动演练，提高部队临机反应、快速处置和协同配合作战能力。

（王鹏飞）

【专职消防队伍联勤联训】 2015 年，公安消防组织全市 10 支企事业专职消防队伍与现役中队开展实战化训练，有序开展辖区“六熟悉”及演练工作，缩小专职消防队伍与现役消防队的差距，提升消防队伍的综合能力。完成全省“专职消防队规范化建设”达标验收工作，针对硬性指标完成情况，营房、装备建设情况，业务资料建设情况，称谓标志情况以及业务技能进行验收。经总队验收，太原钢铁集团有限公司消防大队达到一级标准，太原武宿国际机场消防支队和山西焦煤西山煤电集团公司消防大队达到二级标准。组织全市10个企事业专职消防队49名专职队员开展比武竞赛。通过考核，掌握全市企事业专职消防队伍建设具体情况。（王鹏飞）

【实施士官拟选为部队保留骨干】2015年，公安消防支队以“选取保素质、退役保安全、全程保稳定”为工作目标，对各基层中队排查摸底，把握脉搏，掌握去留。严密选举晋级程序，层层把关，公开公正。全市士官预选对象严格按照个人申请、群众评议、基层党组织推荐、机关考核、组织审批的程序实施士官拟选工作。支队在士官指标少、晋级人员多的情况下，多次与总队领导协调沟通，争取士官晋级指标，2015年度支队晋级士官143人，退出现役45人。士官晋级率高达90%。为部队保留大量优秀骨干人才。（赵　亮）

【防患安全责任事故】支队为预防各类安全责任事故发生，按执勤安保、季节变换、老兵退伍等重点时期，下发各类通知21次，要求基层单位对安全隐患要早预见、早处理，把工作想在前、做在前，以防患于未然。抓好车辆管理、执勤训练、抢险救援、触电、食物中毒、酗酒滋事等事故和案件的预防。全年各中队开展安全隐患排查360余次，针对存在的薄弱环节和事故苗头排查各类安全隐患186个，召开季节性安全常识教育会议60余次，通过多种形式预防手段，从根源上杜绝各类安全责任事故发生，确保部队内部安全稳定。支队投资4万余元购置并配发公安网专用安全U盘151个，并对安装和使用进行统一培训，对必须入网的移动存储介质进行审核并授权。（吴　昊）

【消除各类火灾隐患】2015年，公安消防支队组织开展今冬明春火灾防控工作、夏季消防检查、劳动密集型企业整治、易燃易爆化危品整治、社会福利机构专项治理等各类专项整治工作8次，累计摸排劳动密集型企业、小作坊130家，关停违法违规企业7家，拆除违章搭建彩钢板2920平方米；清理“三合一”场所河西农产品批发市场，并处罚款15.8万元；拆除彩钢板临时用房25万平方米；摸排石油化工企业和易燃易爆危险品单位318家，检查1309家/次，约谈石油化工企业、易燃易爆危险品场所消防安全责任人和管理人332名。（王安厦）

【消防工程师资格考试审核】按照省人事考试中心和省消防总队统一部署，支队承担2015年度一级注册消防工程师资格考试现场审核工作。在前期准备中专门制作审核指南，对30余名审核人员进行培训，明确审核流程、步骤和要求；在太原消防微信设立专栏，与报名考生一对一实时互动，提供疑难问题咨询和审核情况反馈；开设专门窗口现场解决被审核人员疑难问题。接待被审核人员12000余人，累计审核、校对、分类、装订审核纸质资料9万余页，解答咨询问题2万余个，对审核通过的8120人的报名资料进行分类整理和电子录入。（马　丽）

【拓宽火灾隐患举报投诉渠道】支队在原有来电、来信、来访受理渠道上，新增网易邮箱、腾讯QQ、新浪QQ、太原消防微信、各职能部门（市政府办公厅、市委社情民意办公室、市安委办、数字城管、市局110指挥中心等）转办等多种形式的火灾隐患举报投诉受理渠道。（马　丽）

【重大活动消防安全保卫任务】2015年，公安消防支队完成全国及全省“两会”和抗战胜利70周年纪念活动等70次重大勤务保卫，期间出动执勤车辆176台次、官兵1008名，做好应对突发灾害事故的各项准备工作。（王耀廷）

【警民携手共建双拥】支队副政委张华带队慰问太原市社会（儿童）福利院；3月份支队各单位救助特困家庭和孤寡老人60余次；“五四”“七一”“八一”等节日在消防教育基地，以“警营开放日”“主题党团日”等形式，为驻地群众、中小学生开展爱国主义教育。全年，帮助驻地学校和企事业单位军训学生、员工8000余名，开展爱国主义教育2000人次；组织文艺骨干参加街道社区、工厂企业开展的“双拥联谊会”“迎新春联谊会”等文体活动，兴华、庙前等中队，深入辖区开展创建和谐军民关系慰问演出。（窦晋斌）

【建立官兵健康档案】2015年，公安消防支队对新招收200余名合同制消防员进行下队前体检；根据总队要求对64名中队和机关食堂炊事员进行一年两次健康体检；组织支队全体官兵及合同制文员752人和345名干部进行健康体检，建立个人健康档案1097份，录入体检数据。完善、建立新兵体格检查、心理测试、体能测试个人健康档案。（范海东）

【完善营区配套设施】2015年，公安消防支队累计投入840.89万元经费，对战勤保障大队、东太堡、滨河西路、兴华、广场、大营盘、清徐、东于、徐沟中队等九个中队营区进行翻修改造；将迎泽大队、万柏林中队、小店大队迁入所辖中队营区办公，改善办公条件。同时，投入202.91万元，对特勤二中队、三中队、战保大队自来水管网接入系统进行重新规划，安装21台净水设备；完成特勤一中队、大东关中队集中供热管道接入。支队为21个基层中队安装净水设备，为基层中队全体现役官兵、合同制消防员配发统一的水杯、马扎、脸盆、毛巾等生活用品；为19个基层中队配发新式会议桌、会议椅、战斗班学习桌等设施；通过政府

集中采购为机关、基层大队、中队配备、更换空调、办公电脑等。（张双乐）

【创建新媒体平台】 2015 年，公安消防支队创建新媒体平台，开通太原市公安消防支队官方网站及客户端，加强“移动互联网消防信息服务平台”建设，升级改版太原市行业消防知识在线学习平台，搭建注册消防工程师网站、网上消防科普馆等子栏目，重组“太原消防”官方微信，通过微信、微博、微视“三微”媒体模式，建立“微媒体”联盟，目前支队、大队两级开通 32 个官方微博、微信，“太原消防”官方微博、微信获得“山西基层单位政务新媒体综合影响力奖”。政务新媒体学院发布 2015 年第一季度全国政务微博排行榜，太原消防官方微博被评为最快速的应对政务微博；在人民网舆情检测室发布的全国政法“双微”排行榜中，太原消防“双微”在全国 5000 余个消防政务微博、微信中跻身 20 强；排名升至第 12 位。（贺新新）

【公益宣传】 2015 年，公安消防支队制作公益宣传资料 20 万份，宣传品万余件，免费发放给群众；在商场、超市、娱乐场所及住宅区电梯、楼道口等显著位置张贴 1 万余幅挂图；在 100 余个大中型小区安装公益广告牌 150 余块，悬挂擎天柱式大型公益广告 200 余块；在太原煤炭交易中心主楼 LED 巨型显示屏上滚动播放消防安全知识和消防警示语；拍摄消防知识微电影《密室逃生》和《最炫消防风》等宣传片，《密室逃生》以其独特的表现手法和创意思路，获由公安部消防局举办的全国消防电视公益广告三等奖，并在太原市 21 家影院上映，普及 2000 余万观众，《最炫消防风》渗透进广场舞，群众反响热烈。（贺新新）

J S

2016

jun shi

军 事

发展与改革

【概述】 2015年，太原市发改委按照年初全市经济工作会议、市十三届人大四次会议及市委十届六次全会工作部署，团结协作，真抓实干，推进全市“六大发展”，实现“六个表率”，促进全市经济持续健康发展和社会和谐稳定。全市实现地区生产总值(GDP)2735.34亿元，比上年增长8.9%。其中：第一产业增加值37.43亿元，增长1.3%；第二产业增加值1020.14亿元，增长6%；第三产业增加值1677.77亿元，增长11.4%。第三产业中，交通运输、仓储和邮政业增加值137.62亿元，增长8.6%；批发零售和住宿餐饮业增加值447.86亿元，增长1.7%；金融业增加值373.62亿元，增长15.9%；房地产业增加值143.44亿元，增长4.0%；营利性服务业增加值300.33亿元，增长11.5%；非营利性服务业增加值273.23亿元，增长33.3%。固定资产投资完成2025.61亿元，增长16.0%。

（刘丽宏　冯琬云）

【转型综改】 2015年6月26日，《太原市资源型经济转型综合配套改革试验2015年行动计划》以市政府办公厅文件印发，提出9项重大改革、20个重大事项、30个重大项目、2个重大课题，成为指导全市转型综改工作的纲领性文件。

（刘丽宏　冯琬云）

【公务用车制度改革】 12月31日，《太原市公务用车制度改革实施方案》获省公务用车制度改革领导小组批复，并以市委办公厅、市政府办公厅联合文件印发。全市公务用车制度改革取消车辆统一于2015年12月31日实施封存。

（刘丽宏　冯琬云）

【规划编制】 “十三五”规划编制情况：成立由市领导担任组长的规划编制领导小组(办公室下设在市发改委)。公开遴选确定山西大学、省社科院等单位对事关全市“十三五”经济社会发展的主体功能区建设和生产力布局、区域合作和对外开放等21个重大课题进行研究，起草太原市国民经济和社会发展第十三个五年规划纲要。

太原市热电联产专项规划(2013—2020年)：根据国家发改委发改能源(2007)141号文和省发改委的要求，为推进太原市热电联产机组项目建设，委托山西省电力勘测设计院于2014年7月编制完成《太原市热电联产专项规划(2013—2020年)》。2014年9月，经市政府同意后上报省发改委，省发改委于2015年4月以晋发改能源发〔2015〕209号文对该《规划》予以批复。

太原市西山生态产业区新能源示范产业园区行动计划(2015—2017年)：推进热电冷联供复合新能源站和新能源微电网示范工程建设，会同市西山办、太原国投集团、太原供电公司组织编制完成《太原市西山生态产业区新能源示范产业园区行动计划（2015—2017年）》，并组织市经信委、市住建委、市城管委、市环保局、市国土局、市西山办、市供电公司等和有关专家对《行动计划》进行评审。

太原市能源发展战略行动计划(2015—2020年)实施方案：委托太原市经济信息中心编制完成《太原市能源发展战略行动计划(2015—2020年)实施方案》。8月31日，组织市经信委、市城管委、市统计局、市煤炭局、市环保局、市国土局、市西山办、市供电公司和有关资深专家对《实施方案》进行评审。

太原市国家级生态保护与建设示范区建设方案：根据按照省发改委等10个部门安排，组织省、市相关行业专家编制《太原市国家级生态保护与建设示范区建设方案》。与各相关部门对接，共同商讨编写提纲和相关内容，完成《太原市国家级生态保护与建设示范区建设方案》的编制。经国家有关部门审查批准，第二季度公布全国首批包括太原市在内的30个市(州、地区)、113个县(市、区)国家级生态保护与建设示范区。

（刘丽宏　冯琬云）

【“气化太原”工程】 2015年，“气化太原”工作任务列入省城环境质量综合治理考核。一是完成娄烦—古交—太原煤层气引入工程、西环管网建设工程，完成华能燃气电厂天然气管网建设，全年天然气(煤层气)使用量达到22亿立方米。

二是完成30个城边村气化改造工协调推进华能东山燃气电厂天然气管线、东社—罗城西环管线建设工程，娄烦—古交—太原煤层气引入管线建设。共启动32个村庄的城边村气化工程，16个村庄完成燃气入户改造。按照市政府统一安排，对全市范围内228个城中村推广民用洁净焦炭，其余村庄全部使用洁净焦炭炊事和取暖，完成省城环境质量改善目标任务。

环保部翟青副部长和北京市张工副市长带领京津冀及周边地区大气污染防治协作机制办公室调研组莅并调研，市政府召开大气污染防治工作专题会议，向调研组汇报近三年来"气化太原"工作情况。

保定市政府莅并学习考察大气污染防治工作。保定市政府常务副市长郭建英一行莅并，参观考察城中村集中供热改造、城中村和城边村燃气改造、太原热力公司太谷供热隧道。太原市政府组织召开座谈会，汇报"气化太原"工程总体情况、城边村气化工程情况。

（刘丽宏　冯琬云）

【长输油气管线保护工作】 2015年，市发改委树立安全生产"红线"意识，牵头做好长输油气管线保护，制定工作目标，明确责任分工，与各县（市、区）发改局、有关油气管道企业建立和完善工作机制，建立太原市长输油气管道隐患台账，会同市安监局多次组织召开会议，全年共组织13个检查组、90人次，开展全市8个长输油气管道企业、9条管线、359公里的安全生产大检查、打非治违、隐患整治攻坚战等工作，推进长输油气管线隐患整改，全年消除省油气管道安全隐患整改领导组给市政府挂牌督办的重大隐患1处，一般隐患23处，确保全市长输油气管线安全稳定运营。

根据市安委会安排，制定《2015年太原市长输油气管道安全生产监督检查计划》，提出2015年监管工作的总体要求、目标、重点工作任务，定期对各县（市、区）长输油气管道安全监管工作和油气管道企业安全生产管理工作进行监督检查。制定太原市长输油气管道保护专项行动暨安全生产大检查工作方案。明确检查范围和检查重点内容，组织各县（市、区）发改局、各油气管道企业开展长输油气管道保护专项行动和安全生产大检查，并将进展情况及时报省和市安委办。编制太原市长输油气管道事故应急预案。委托山西赛福特安环科技公司组织专业技术人员搜集资料，赴长输油气管道企业实地调研，开展危险源评价分析等，编制完成《太原市长输油气管道事故应急预案编制方案》（初稿）。

（刘丽宏　冯琬云）

【援疆工作】 修改完善太原市援疆结对工作方案。按照省援疆办提出的"紧紧围绕'就业与产业、教育与人才、基层与基础'重心，统筹产业援疆、人才援疆、教育卫生援疆等重点，打造山西'大统筹、全覆盖'对口援疆升级版"十项工作要求，结合太原市实际，对原制定的援疆工作方案进行修改完善。内容主要包括加强对接考察交流，推进教育卫生援疆、人才智力援疆、经贸产业援疆、文化旅游工会援疆，深化"一对一"结对子帮扶活动，促进援受双方互利共赢、共同发展。

组织开展卫生教育系统援疆结对活动。2015年，重点启动和落实卫生、教育系统已签署的援疆结对帮扶协议，会同市卫生局组织所属6家援疆单位陆续选派医疗、护理、疾控、监督、精神卫生及医院管理专家等共计32人分期分批赴受援单位，开展2个月以上的驻守帮扶和10—15天的业务指导、授课培训等形式多样的对口支援活动。会同市教育局组织所属6所中小学，在两个学期先后派出60名优秀教师赴疆，参加援建助教活动。通过示范课，传递先进的授课理念，推进受援学校的学校管理、教学教研等工作的开展，提升教学教研整体水平；接收对方教师70人次到太原市对口学校进行培训交流学习，提高教师的业务能力和个人素质，提长教育教学理念。

开展新闻文化援疆交流合作。农六师五家渠市党委宣传部副部长、准格尔时报社社长沈际明和102团领导带领报社总编、电视台副台长等一行8人太报集团进行考察交流，就开展新闻文化新疆对接座谈，签署《太原日报报业集团与新疆102团、准格尔时报新闻交流合作协议》。双方从"开设专栏、新闻互动，记者互访、组团采风，拓展合作、产业联动，人才交流、共同提高"等方面开展新闻文化援疆。结合新疆方面的需求，太报集团在采编经营、版面发行、媒体融合、广告业务等方面给予支持和帮助。

（刘丽宏　冯琬云）

【采煤沉陷区治理】 2015年，市发改委开展采煤沉陷区治理规划编制。市县领导和工作人员多次深入乡镇宣传国家政策，调研指导工作。组织指导各县（市、区）对采煤沉陷区的危害范围、村庄个数和居民户数、涉及人数等情况进行摸底调查。各县（市、区）对涉及安置小区选址、户数认定、安置方式、补偿标准等群众关心、关注的切身利益问题充分征求群众意见，逐户登记建档。各村执行"四议两公开"制度，确保群众满意。在摸底调查的基础上，对危房群众进行妥善安置，编制完成全市采煤沉陷区治理规划。

（刘丽宏　冯琬云）

【推进采煤沉陷区搬迁安置】 一是及时向市政府汇报采煤沉陷区进展情况、存在问题，提出解决问题的办法。结合实际情况，按照省政府要求拓宽安置方式，推进以集中建房安置、货币补偿和回购社会存量房屋相结合多种方式并举安置；对采矿企业和县（市、区）配套资金落实难的问题，建议由银行专项低息贷款方式给予支持；对水、电、暖、气、人防工程等基础设施配套资金收费问题，由市政府行文予以减免；根据省、市相关会议精神，与美锦集团对接，签订采煤沉陷区搬迁安置小区钢材采购协议，保证工程使用物美价廉的钢材。二是定期或根据工作需要召开工作推进会议。市委和市政府、市治沉办定期或临时召开会议，进入10月份市县两级实行每周一会，研究解决工作推进中遇到的具体问题，确定各项工作完成时限。全年召开市委常委会、市政府常务会、万柏林现场会、工作例会等大小会议50多次,同时印发采煤沉陷区治理工作简报10期,推进工作进展。三是协调规划、国土、住建等部门,帮助县(市、区)政府办理安置小区规划选址、建设项目用地和项目招投标手续。四是在省下放采煤沉陷区治理审批权限的基础上,将立项、搬迁安置户数认定、责任企业主体认定、搬迁安置方式等权限下放到城六区，根据治理任务轻重和实际情况,及时调整个别县(市、区)安置任务,保证全市总体任务完成。2015年,列入搬迁安置任务的杏花岭区、晋源区、古交市、清徐县、娄烦县5个县(市、区)、16个乡镇、63个村、8634户，共11个建设项目全部开工建设，开工率达100%;完成投资5.41亿元，占年度计划投资的93.1%,通过省目标责任考核。

(刘丽宏　冯琬云)

【重大工程】 2015年,市发改委共办结审批、核准、备案类项目349项。

2015年,牵头做好重大产业和重大民生项目工作。重大产业项目共83项,分第一产业、第二产业、第三产业三部分,总投资1716.9亿元,2015年计划投资386.9亿元。83项重大产业项目,已开工79项,开工率为95.2%,完成投资286.3亿元,为计划投资的74%。全年民生项目及事项共168项，包括农村、教育、卫生、城市建设、环境综合整治、民政、文体、保障性住房及城中村改造等9个方面,总投资2155亿元。2015年计划投资554亿元，其中：城中村改造投资410亿元、保障性住房建设投资67亿元、教育卫生等投资77亿元。已开工项目和开展事项共155项,开工率92.3%;完成投资403.4亿元，为年计划的72.8%。 (刘丽宏　冯琬云)

【项目储备工作】 2015年,全市项目储备投资额24415亿元,为年度目标任务的130%。山西华腾燃气设备有限责任公司燃气设备制造项目。项目总投资105840万元。2015年3月开工。建设地点:太原市民营区工业新区;建设内容:总建筑面积142505平方米,新征土地,建设生产厂房、生产辅助用房、办公生活用房及附属配套设施和设备购置;建设规模:年产安全型燃气计量表系列产品60万台(套)、一体化集成灶具系列产品4万台(套)、节能型燃气采暖器系列产品0.4万台（套)、特种燃气输配设备、LNG及CNC等产品0.1万台(套)。

山西华阳燃气有限公司2.7亿标准立方米/年焦炉煤气制合成天然气项目一期工程项目。项目总投资28915万元,资金来源为企业自筹10000万元和银行贷款18915万元。2015年8月开工。建设地点:太原市清徐经济开发区;建设内容:包括焦化煤气压缩工序、净化工序、甲烷化合成工序、膜分离及脱水工序及配套的气体供应站等公用工程和辅助装置。建构筑物面积约7126.9平方米;建设规模：处理焦炉煤气2.7亿标准立方米/年,合成天然气约1.3亿标准立方米/年。

西山古交三期2×66万千瓦低热值煤热电项目。省发改委于2013年12月以晋发改能源发〔2013〕2326号同意该项目开展前期工作,2015年5月以晋发改能源发〔2015〕330号对项目予以核准,项目总投资54.7亿元。2015年6月开工建设。项目投产后,可新增供热能力3000万平方米。

华能太原东山2×F级燃气热电联产项目。省发改委于2014年5月以《山西省发改委关于华能太原东山2×F级燃气热电联产项目核准的批复》晋发改新能源发〔2014〕696号文对此项目予以核准。项目装机容量860兆瓦，总投资30亿元。该项目于2014年开工建设，2015年10月底建成投产，提供供热能力1200万平方米。

中广核风电有限公司古交阁上48兆瓦风电项目。2014年10月30日省发改委对该项目予以核准，投资总额37068万元。项目于2015年7月开工建设。 (刘丽宏　冯琬云)

【价格工作】 2015年,市发改委稳定物价总水平。加强和改进价格监测工作,价格监测数据上报及时率和准确率均达100%，在全国36个大中城市考核评比中排名第一位。全市价格调节基金征收6922万元,其中市本级收入4248万元。

2015年,全市居民消费价格总水平(CPI)比上年上涨0.4%,低于年度调控目标(3.0%左右)2.6个百分点,低于全国(1.4%)和全省(0.6%)水平。

(刘丽宏　冯琬云)

【蔬菜惠民活动】 69个连锁超市门店和74个平价商店累计优惠销售“一元菜”3665万千克，让利居民6600多万元,优惠销量和让利额比上年大幅增加。

(刘丽宏　冯琬云)

【价格举报平台管理】 2015年,市发改委受理价格咨询、举报(投诉)电话18520个,依法办理价格举报(投诉)案件628件,切实维护群众的合法价格权益。

(刘丽宏　冯琬云)

国有资产监督管理

【概述】 2015年,太原市国资委学习贯彻党的十八大、十八届三中、四中、五中全会精神和习近平总书记系列重要讲话精神,贯彻落实中央和省、市委的决策部署,围绕“六大发展”“五个一批”“六个表率”的工作主题,开展“三严三实”专题教育,落实“两个责任”,抓好国资系统党建工作和党风廉政建设,推进国企改革、招商引资、项目发展、转型升级,构建安全稳定的和谐企业,各项工作取得成效。

(赵国琦)

【思想建设】 2015年,太原市国资委以党委中心组学习为引领，开展专题学习研讨,把理论学习成果转化为指导实践、推动企业改革发展稳定的动力。落实学习制度,中心组集中学习、交流讨论23次,共写出各类学习心得20余篇。通过专题党课、辅导报告、集中培训、理论研讨、专家辅导、座谈交流等多种形式，营造学习氛围，提高学习质量和效果。

结合工作实际，开展“三严三实”专题教育。查找出18个突出问题、36项整治任务，对照“三严三实”的要求，逐条逐项整改到位。树立纪律和规矩意识，发挥表率作用。党委及班子成员带头讲政治、带头讲规矩、带头抓学习、带头转变作风、带头依法办事，发挥表率作用。坚持集体领导和分工负责相结合的原则，坚持不定期召开党委会议、民主生活会和委办公会议。党委及班子成员带头执行《中国共产党党员领导干部廉洁从政若干准则》，如实报告个人和家庭重大事项，加强对亲属和身边工作人员的管理和教育，自觉净化“生活圈”“工作圈”和“社交圈”。（赵国琦）

【党风廉政建设】 明确责任，分工落实到位。对重点任务和工作责任分解细化、责任到人，建立横向到边、纵向到底、覆盖完整、责任落实的责任体系。

加强宣传教育，提高廉洁自律意识。加强作风纪律建设，层层传导压力。采取听取汇报、查阅账目及相关资料、个别谈话、受理举报、实地检查等方式对6户国有企业、2户直属事业单位进行重点抽查，对发现的问题提出整改要求。有案必查，有腐必惩，保持惩治腐败高压态势。共收到举报63件，办结55件。1人受到开除党籍、行政撤职处分；2人受到党内严重警告处分；5人受到党内警告处分；1人被辞退并移送司法机关处理；2人被免去行政职务；同时，约谈27人，函询6人。（赵国琦）

【党建工作】 2015年，太原市国资委坚持目标导向，建立责任机制。确定党建工作目标，层层签订目标责任书；围绕学习讨论落实活动、“三严三实”专题教育，建立“两个清单”，加大考核力度，增强党建工作的责任感和使命感。

抓好队伍建设，创新干部选任机制。对全系统480名支部书记进行集中培训，公开选拔51名后备干部进入人才库，调整配备6名干部进入领导岗位，5户改制企业的11名党务干部进入组织公示阶段。

加强制度建设，创新指导督查机制。建立领导干部企业联系点制度，定期深入基层调查研究，解决问题。班子成员深入企业联系点人均在20次以上，在专题调研、指导服务等方面做到带头带动、以上率下。落实党委会议制度，多次召开专题会议，研究解决党建工作中存在的问题。

夯实基础，强化基层党建工作机制。开展软弱涣散基层党组织集中专项整顿工作，充实配备太原东山煤电集团东峰煤业、太原市饮食集团劳动服务公司等12个党支部班子，调整组建16个基层党组织，合并9个党员活动场所，建立完善“三会一课”、民主评议党员等10余项制度，47个涣散党组织涉及71个问题得以解决。规范党员发展和管理工作，注重在生产一线职工、生产骨干和中青年职工中发展党员，109名入党积极分子进行集中培训，严格按标准、程序进行审查，确保发展党员的质量。推进服务型党组织建设，在夯实组织基础、加强教育管理、创新活动载体、完善制度机制等四个方面重点开展工作，细化20条重点任务，所属企业服务型党组织建设的框架基本形成。（赵国琦）

【法治建设】 2015年，太原市国资委加强国有资产监管体系建设和企业法律风险防范机制建设，确定“两个清单”，规范权力运行。推进简政放权，加快职能转变，对行使的权力事项进行清理，编制完成“权力清单”和“责任清单”，制定“权力运行流程图”和“廉政风险防控图”。同时，依法依规对国资委成立后出台的所有规范性文件进行清理，夯实依法履职的制度基础。（赵国琦）

【信息公开】 打造阳光国企。提高监管效能和企业经营管理透明度，结合全市实际，起草《太原市市属国有企业财务等重大信息公开办法》（简称《办法》），经市政府常务会议审议并报市委常委会议审议通过，正式下发。同时制定与《办法》相配套的《实施细则（试行）》，把信息公开贯穿于生产经营的全周期、决策活动的全过程，推动国有企业接受社会监督。直接监管企业按照《办法》规定，在市政府网站公开企业财务等重大信息。

贯彻“三重一大”制度，促进企业健康发展。梳理完善相关制度，规范决策行为，健全议事规则，防范决策风险。将“三重一大”制度与出资企业班子建设、党风廉政建设和推进企业发展相结合，促进出资企业的廉洁发展、转型发展、创新发展、绿色发展、安全发展和统筹发展。（赵国琦）

【项目建设】 2015年，太原市国资委克服经济下行压力，调整产业结构，以项目促转型，以项目促发展，推进国有及国有控股企业招商引资和项目建设，全年完成引资和项目投入6.77亿元。太原第一机床厂与深圳大族集团开展项目合作，具有国际领先技术的专业化高档CNC数控机床生产线落户太原；太原锅炉集团与山西晋能集团超临界循环流化床锅炉项目具备制造超临界循环流化床锅炉设备的条件；太原市保安服务总公司延伸产业链，推进银行外包服务业发展，推进与广州无线电集团合作金融外包服务项目；太原东山煤电集团多措并举，做好煤与非煤两篇大文章，“以煤为基，多元发展”，煤机、睛彩交通频道等项目建设平稳推进，与太原市威迩思科技有限公司合作开发生产空气源热泵项目全面展开，重金属离子微型检测仪及其物联网系统已进入产品外形设计和搭建完整的物联网平台阶段，煤矿技改项目李家楼煤业、东峰煤业、王封煤业三座煤矿实现试生产目标，五龙煤业、东兴煤业、东昇煤业三座煤矿的主体工程基本完成；太原新森公司棚户区改造项目投入资金1.26亿元，一期工程基本完工；太原物产集团综合开发项目选定合作方，各项工作推开；太原田和食品集团1万平方米海鲜市场主体建筑基本竣工；太原联运集团汽车配件市场的升级和消防设施改造项目已基本完成；推进太原饮食集团晋阳饭店异地重建、老字号品牌保护等一批项目建设；山西长城光电子工业公司研发指纹识别系统，已开始试生产；山西锦地集团PCT项目已进入医院临床测试阶段。（赵国琦）

【国资监管】 2015年，受经济增长速度换挡期、结构调整阵痛期、前期刺激政策消化期“三期叠加”因素的影响，企业面临下行压力，面对各种不利因素，太原市国资委在推进招商引资和项目建设的同时，强化国资监管，挖掘企业内部潜力，增强经济增长活力，推动国有经济平稳较快发展。全年资产总额达357.2亿元，比上年增加5.7%。

发挥业绩考核工作的作用，推进企业健康发展。在论证的基础上，合理确定考核目标，区分不同类型的企业，制定国有资产经营业绩考核体系，对2014年度企业领导人员经营业绩进行全面考核。发挥薪酬分配的激励作用，按照各企业分类指标完成情况，确定考核等级，并合理确定企业负责人的基本薪酬和绩效薪酬。

加强国有资产管理。按照法律法规，加大工作力度，强化对国有股权管理、资产处置、产权转让、产权纠纷、资产评估等事项的管理。太原市国资委所属产权交易平台——太原市产权交易中心全年完成交易5宗，交易成交额6230万元，增值率7.8%。股权托管交易中心托管企业34家，托管股权11.04亿元。

发挥监事会的职能作用，对太原保安服务总公司、太原晋东管理处等出资企业的经营、财务、项目发展和国有资产保值增值情况进行检查和评价，提出意见和建议。

加强审计监督，完善企业负责人任期经济责任及经营绩效的审计监督，完成对太原锅炉集团、太原狮头集团、山西锦地集团、太原田和集团等企业的任期责任审计结果的整改和10户企业改制、搬迁及项目的资金审计工作；对太原晋东管理处、太原迎春楼、太原同苑商务公司、太原第一机床厂、太原工业离退办等单位负责人进行离任经济责任审计，客观评价企业负责人任期经济责任及经营绩效。（赵国琦）

【国企改革】 2015年，太原市国资委按照建立现代企业制度的要求，推进出资企业劳动用工、人事管理、薪酬分配三项改革并出台相关文件。完善管理者能上能下、竞争择优的选人机制、员工能进能出、市场化选择的用工机制及收入分配能增能减、绩效挂钩的薪酬激励机制。

加大股权合作力度，发展混合所有制经济，完善太原东山煤电集团东昇煤业与民营企业上海宝矿集团、太原田和食品集团与远东食品、顶好集团等2户企业的股权合作，实现新建项目与民营企业、社会资本的合资共建。

完善企业法人治理，形成公司股东会、董事会、监事会、经理层各负其责、制衡的决策、执行、监督机制，保证国有企业发展。太原晋东管理处、太原无线电一厂、太原保安服务总公司等国有企业启动公司制改造工作。（赵国琦）

【社会和谐】 2015年，太原市国资委把维护企业和谐稳定作为全年工作的重要内容。将信访稳定工作与生产经营活动同部署、同落实，层层抓落实，主要领导大型接访劝访23次，班子成员大型接访劝访70余次，接待上访人员1698人次，处理上访132件，息诉罢访12件。加强矛盾纠纷排查化解工作。委领导带领相关人员深入基层一线开展摸排化解工作，一批疑难信访案件得以化解。解决职工群众生产生活困难，推动破产改制拆迁企业灵活就业人员上公益岗和享受社保补贴工作。安置破产改制企业3055名灵活就业人员到公交公益岗位上岗；安排1105人返回公益岗位；对符合上环保公益岗条件的140余名灵活就业人员进行岗前培训和专业培训；使5878名灵活就业人员享受社会保险补贴，解决其生活困难和交不起保险的问题。（赵国琦）

【安全生产】 2015年，贯彻新《安全生产法》，建立安全生产长效机制。委领导班子树立以人为本、生命至上的理念，坚守发展决不能以牺牲人的生命为代价的“红线”，贯彻落实“安全第一、预防为主、综合治理”的方针，在全系统建立健全“党政同责、一岗双责、失职追责、齐抓共管”的安全生产责任体系，强化各级领导干部的责任意识、守法意识和服务意识。

太原市国资委由委领导带队，定期或不定期地深入企业一线排查安全隐患，落实安全责任。根据委党委的安排，委领导班子成员按各自联系的企业，重点对煤矿生产、危险化学品、食品生产销售、商场、运输等行业的防火、防爆、防汛应急进行排查。按照安全生产“四个不放过”的原则，对所有排查出的646个问题，全部责令整改。同时，开展重点行业领域专项整治，解决安全生产薄弱环节和突出问题。加强重要节假日或重大活动的安全检查，开展安全生产隐患排查和整改工作。全年未发生任何安全责任事故。此外，发挥煤矿“五人小组”专职队伍的作用，促进安全生产责任制落实，防范和遏制安全事故的发生。“五人小组”检查102次，查出问题隐患1148条次，全部整改完毕。（赵国琦）

【自身建设】 2015年，太原市国资委加强机关党建工作，落实“三会一课”制度，采取集中学习、举办党务工作培训班、参加市直机关组织的各项活动等多种形式，提高机关党员干部的政治思想水平。

推进委机关文明单位创建工作。组织参加网络文明传播，开展志愿者服务、党员进社区服务等活动。做好计划生育、双拥、下乡扶贫、老干部管理服务和城乡清洁工程等工作。协调有关部门，落实军转干部补贴559.21万元、离休干部、建

国前老工人生活补贴等专项经费4827余万元。（赵国琦）

国土资源

【概述】 2015年，太原市国土资源局认真贯彻落实市委、市政府及山西省国土资源厅的各项决策部署，不断强化基础保障能力，提升科学化管理水平，着力推进干部队伍和党风廉政建设，完成太原市十县（市、区）土地利用总体规划实施评估及评估报告备案，编制《太原市2015年度国有建设用地供应计划》及《太原市2015年度住宅供地计划》，对2015年用地的项目、时间、规模等内容进行科学统筹安排。组织落实完成十县（市、区）耕地保护目标责任制有关指标分解，与各县（市、区）签订2015年度《耕地保护目标责任书》。认真解决煤炭企业兼并重组整合历史遗留的矿业权管理问题，推进兼并重组煤矿换发长期许可证工作，及时为具备条件的兼并重组煤矿企业出具换证审查意见，制定并发布《2015年地质灾害防治方案》，《突发性地质灾害应急预案》等。各项工作都取得了新进展。（张迎春）

【规划管理】 2015年，市国土资源局完成太原市十县（市、区）土地利用总体规划实施评估及评估报告备案工作；完成《太原市土地利用总体规划（2006—2020年）调整完善方案》编制前期工作；完成万柏林区、晋源区、古交市、清徐县、阳曲县、娄烦县六个县级土地利用总体规划修改报批及备案，小店区、杏花岭区、晋源区三个县级土地利用总体规划修改方案报省待批；完成杏花岭区杨家峪街办等3个乡级规划修改报批，规划数据库及相关资料按要求备案；完成汾河三期等重点项目涉及的土地利用总体规划局部修改方案编制；汾河南延三期、太焦铁路建设等重点项目用地预审（初审）均按时上报。

根据山西省国土资源厅有关安排，开展《太原市矿产资源总体规划（2016—2020年）》编制前期工作；根据古交市局请示，审查上报古交市金磊采矿场修改省级矿产资源总体规划调整方案及请示，方案经省国土资源厅批准。配合相关部门完成开发区扩展区划定工作；对太原市招商引资项目（共8批、94个）提出会审意见（截至十月底）；对采煤沉陷区搬迁安置、太山龙泉寺景区、太重风电等省、市重点项目选址、用地及《汾河流域生态修复规划纲要》等部门、行业规划提出意见；配合完成《山西省城镇体系规划》等部门、行业规划。按照《关于印发太原市建设用地节约集约利用考核办法的通知》（并政办发〔2014〕59号），太原市国土资源局启动建设用地节约集约利用考核工作，完成基础数据收集整理及评价考核报告的编制。（张迎春）

【土地利用】 2015年，市国土资源局结合2014年及2015年转征报批情况，编制《太原市2015年度国有建设用地供应计划》及《太原市2015年度住宅供地计划》，对2015年用地的项目、时间、规模等内容进行科学统筹安排，指导2015年土地供应有理、有序、有节进行。全年省国土厅下达土地利用计划指标1625公顷，其中农用地指标1315公顷（含耕地910公顷）、未利用地310公顷。省政府批准太原市建设用地470.3666公顷，建设用地批后备案率达100%。批后建设用地的征收工作，其中：六城区完成征地面积394.2835公顷、三县一市完成征地面积275.6265公顷。全年太原市本级土地供应总量为418.5991公顷，占2015年土地供应计划总量（300公顷）的139.53%。其中，住宅用地供应140.89公顷，占2015年住宅用地计划供应总量（100公顷）的140.89%，商服用地46.8839公顷，工业用地3.9631公顷，其他用地226.8653公顷。征收土地出让金总价款162.9亿元，上缴财政161.9亿元；征收上缴财政耕地开垦费18960万元，征地管理费1015万元。配合国家审计署及国家土地督察局对闲置土地进行专项检查，共查处到期未开工土地79宗，涉及土地面积550.76公顷，并对上述宗地闲置原因进行调查，约谈部分用地单位负责人要求开工建设。

（张迎春）

【用地评价】 2015年，按照国土资源部及省国土厅的统一安排和部署，推进用地评价。区域建设用地节约集约评价工作已形成太原市建设用地节约集约利用状况评价报告送审稿，待相关专家对报告进行论证和评审；中心城区建设用地集约利用潜力评价工作已根据太原市土地利用总体规划和太原市城市规划完成了工作底图的制作与功能区的划分，对各功能区的人口、容积率等相关数据进行收集和整理，为展开定性分析、定量分析和潜力测算提供数据支撑。全年太原市已储备土地50宗，面积1178公顷，其中国有土地13宗，面积22.6公顷；集体土地37宗，面积1151.4公顷。出让土地31宗，面积114.27公顷，实现国土收益61.1亿元。在充分调研的基础上，起草修改出台《关于加快推进城中村改造133之外储备土地开发利用的通知》，形成《关于已建成棚户区改造项目办理土地手续的建议》，起草《关于明确出让工业用地收购补偿标准的请示》。（张迎春）

【耕地保护】 2015年，市国土资源局组织落实完成十县（市、区）耕地保护目标责任制有关指标分解，与各县（市、区）签订2015年度《耕地保护目标责任书》。太原市耕地总面积13.07864万公顷（含可调整地类1.4931万公顷）、基本农田保护面积10.30784万公顷。山西省国土资源厅下达太原市高标准基本农田建设年度任务0.4万公顷。累计完工验收市级基本农田整理项目5个，项目建设规模1.3164万亩，新增耕地70.3公顷；2015年太原市累计完成开发造地验收项目43个，新增耕地719.7505公顷。

按照部、省的相关规定，组织开展耕

地后备资源调查评价的相关工作。已完成太原市耕地后备资源调查评价工作报告、太原市耕地后备资源调查评价技术报告、太原市耕地后备资源调查评价分析报告等有关报告的编制。同时完成十县(市、区)耕地后备资源调查成果的技术核查工作,十县(市、区)的耕地后备资源调查数据库成果上报省国土资源厅。全省的耕地质量、评价及数据库修改,通过质检并将全部成果提交省国土资源厅整理中心,上报国土资源部。 (张迎春)

【地籍管理】 2015年,市国土资源局针对市编办《关于整合不动产登记职责的通知》,对登记职责进行整合。省编办、省国土厅等相关单位进行不动产统一登记调研机构组建;国土部不动产登记局调研组来调研,要求完成不动产统一登记前期准备工作,抓好机构组建与信息平台建设。按照省厅要求,市及县区不动产登记机构成立。围绕实现不动产登记机构、登记簿册、登记依据和信息平台"四统一"的核心,起草《平台基础网络建设方案》《平台软件建设方案》《平台数据整合方案》,探索不动产统一登记信息平台架构体系建设。全年完成2014年度土地变更调查工作。利用遥感监测成果,结合本年度建设用地审批、土地整理复垦开发等情况,查清全区各类土地利用变化情况,十县区先后对部下发的2704个图斑共计2028公顷土地进行核查,完善数据库数据资料,重点掌握年度新增建设用地、耕地等变化情况,对所有农转用、开发新增耕地、增减挂钩图斑进行用地信息标注。5月中旬按程序上报省厅,成果质量符合要求,按时入库。

全年征收上缴财政土地登记费152万元,办理土地登记854件,按时办结率达100%;为配合国有土地使用权登记,完成国有土地权属调查539宗,准确率均在98%以上,其中初始土地调查393宗,变更土地调查181宗,总补土地调查30宗;太原市宅基地和集体建设用地使用权应完成调查宗地数22.66万宗,实际已完成调查宗地数为21.84万宗,完成比例为96.4%;监督指导国土分局2015年发放城镇居民住房用地分割登记发证5997本;全年成功调处了华联与机车厂、山西大学与省电建一公司、城北村与一电厂等土地纠纷13起。处理土地调查和登记工作纠纷82件,成功调处80件,正在调处2件。支持政府重点工程建设的顺利进行。

完成年度计划54个"城中村"中具备条件的51个村的地籍调查工作,共335宗土地,面积达1725公顷。有39个村庄向太原市国土资源局提出确权登记申请,其中,33个村庄的248宗现已全部确权,涉及面积862.13公顷,6个村庄的确权程序正在履行;有11个村庄向太原市国土资源局提出35宗土地供应申请,已全部供地,涉及净用地面积106.78公顷。 (张迎春)

【矿产资源管理】 2015年,市国土资源局认真解决煤炭企业兼并重组整合历史遗留的矿业权管理问题,推进兼并重组煤矿换发长期许可证工作,及时为具备条件的兼并重组煤矿企业出具换证审查意见,太原市兼并重组煤矿共有9座矿山企业《采矿许可证》到期,均已按时出具审查意见。太原市采矿权年度检查工作按时完成年检网上报备系统的审查上报,年检总结文件的汇总上报。对太原市辖区内应参加年检矿山135座矿山的《采矿许可证》进行年检。本辖区内应参加年检矿山135座,实际参加年检矿山135座,年检合格矿山66座,年检结论为整改的69座,根据《太原市人民政府关于进一步下放一批市本级行政权力事项的通知》"并政发〔2015〕24号",太原市国土资源局以《关于认真落实市本级行政权力下放事项中有关年检工作的通知》"并国土资发〔2015〕183号"文件将年检工作下放,以后年检及整改工作由县(市、区)国土资源(分)局完成。组织征收矿产资源补偿费3066万元;征收上缴财政采矿权使用费2万元。

完成太原市76座有资源储量动用矿山的季度测量、年报编制、审查工作,实现凡符合要求的矿山均编制年报,年报编制率、年报审查通过率均达到了100%,并重点掌控省厅强调的煤、铁、铜、铝矿山储量年报编制及审查;完成太原市矿产资源数据库的修改补充工作;《固体矿产资源统计基础报表》上报省厅;综合10县区局及3家地勘单位的调研意见,起草《关于做好矿山储量动态监督管理工作的指导意见》。

组织完成市级发证的4座矿山(阳曲县1座水泥用灰岩,3座建筑石料用灰岩)采矿权评估报告的审查,公示和备案工作;完成市政建设项目和企事业单位保障用房等6项重点工程、民生建设项目的矿产资源压覆审核服务工作;太原市5宗探矿权年检在下放县区后第一年内,经县区的日常监管和年度检查,太原市5宗探矿权均年检合格;年检合格率100%。

在太原市生产矿山中开展以"三率"考核为核心的矿产资源节约与集约标准体系建设。要求各县(市、区)按照《关于认真落实矿山企业"三率"考核,推进矿产资源节约集约利用标准体系建设的通知》"并国土资发〔2014〕240号"要求,完成太原市十县(市、区)2014年度生产矿山"三率"的考核和"三率"考核报表的上报和汇总总结。 (张迎春)

【地质灾害防治】 2015年,市国土资源局根据本地实际及2014年度地质灾害发生情况,制定并发布《2015年地质灾害防治方案》,《突发性地质灾害应急预案》。市政府制定下发《2015年地质灾害防治目标责任书》,太原市共签订地质灾害防治责任书719份。其中:市政府与有关部门单位签订责任书50份,县区政府与有关部门单位签订188份,乡镇与村(矿山企业)签订289份,市、(县、区)国土部门签订192份。

太原市调查发现地质灾害隐患点654个。按种类分:崩塌127个,滑坡96

个,泥石流18个,地面沉降2个、地裂缝19个、地面塌陷149个、不稳定斜坡243个。按县区分:晋源区50个,清徐县62个,万柏林区现有70个、娄烦县124个,阳曲县95个,古交147个,迎泽12个,小店12个,杏花岭区现有42个,尖草坪区40个。按规模分:特大型3个,大型38个、中型178个、小型435个,全部设立了安全避险路线警示牌。（张迎春）

【建立完善群测群防网络】2015年,太原市国土资源局覆盖太原市所有地质灾害隐患点,其中10县(市、区)75人,79个乡(镇)164人,430个村(矿)641人,总人数880人。太原市共发放地质灾害防治工作明白卡615份,避险明白卡6112份。古交市、尖草坪区还对群测群防员实行聘任制。全年太原市应急处置8次,其中:6次为小型地质灾害、2次为其他灾害。太原市晋源区、杏花岭区、迎泽区、小店区、娄烦县、古交市及清徐县7个县区组织开展地质灾害应急演练,参与人数700多人。联合市气象台发布地质灾害气象风险3级预警信息11次,通过电台电视发布地质灾害气象风险预警信息13次,地质灾害宣传片41次,通过网络发布地质灾害气象风险预警信息52次,发送地质灾害气象风险预警信息短信27390条,通过电子显示屏和农村大喇叭系统发布地质灾害气象风险预警信息12次,将800多个村庄的大喇叭接入地质灾害气象预警预报系统,实现汛期每天滚动播报,及时预报预警。

（张迎春）

【地质灾害隐患点搬迁治理】2015年,太原市国土资源局与太原龙城电影发展(集团)有限公司合作,借助“农村公益电影放映惠民工程”平台,深入太原市10个县(市、区)的1013个行政村,在数字电影影前播放地质灾害防治科普片,观影人数近30万人;在万柏林区、尖草坪区、晋源区、杏花岭区、古交市、娄烦县、清徐县及阳曲县举办地质灾害防治知识培训,培训人数1300人。太原市农村地质灾害治理搬迁483户,其中清徐县225户,该项目由县政府批准与采煤沉陷区搬迁安置一并建设集中安置,由县发改局牵头,建设主体为城投公司,领取施工许可证,签订施工合同;娄烦县102户,全部签订《地质灾害隐患点搬迁治理安置协议》,娄烦镇尹家窑村43户工程选址和安置房屋工程设计已完成,马家庄乡蔡家庄村24户已开工建设;古交市156户,侯家山村89户确定货币安置,配合市发改委开展的67个村的采煤沉陷区治理工作的搬迁用地及规划调整。各县(市)区在2015年农村地质灾害摸底调查的基础上,县、乡、村及国土部门会同专家技术编制县(市)级《农村地质灾害治理搬迁规划》;太原市国土资源局根据省、市有关精神并结合县(市)级搬迁规划,编制《太原市农村地质灾害治理搬迁规划》(2014—2015年),公布实施,指导地质灾害搬迁工作。依据规划,任务分解完成;在2012年太原市地质环境遥感监测成果（东西山地区）的基础上,采用2014年度最新时相高分辨率卫星遥感数据,建立了2014年度数据库和完善原有的遥感动态监测系统,编制完成了《2014年太原市地质环境遥感监测报告(东西山地区2014年度)》,并通过省内专家评审。（张迎春）

【测绘信息管理】2015年,市国土资源局推进智慧太原时空信息云平台项目（一期）建设。争取市财政资金1500万元,确定政务网、公众网“智慧太原”时空信息云平台建设项目软件体系及智慧城市管理、智慧公共交通2个应用示范为第一期建设项目。完善更新基础地理信息数据库和“数字太原”成果应用。根据应用部门需求,对平台各种数据更新和维护工作,整合现有信息资源,完善平台功能;2015年经应用部门申请和应用需求,确定对药监局、住建委、发改委3个应用系统进行升级改造。对“天地图.太原”的医疗卫生、旅游、交通、教育等公共数据和专题数据进行整理更新;升级测绘生产管理信息平台,提升快速制图统计分析功能;整理完善集体土地和国有土地各类权属地籍测绘数据库,用地转征、供地报批测绘生产数据库信息;更新年度影像数据库,建设主城区和长风商务区两个三维地籍实验区。

在交通路网可视化的基础上,对公共交通、交通管理设施进行统计分析开展地理市情监测。对典型地区（城区扩张)进行数据监测,完善以本底数据库和专题数据库为主的国情监测数据库。

（张迎春）

【测绘地理信息监督管理】完善“一张图”数据,修订完善征地数据库的数据标准,以《征地工作实施完毕函》为依据,对2005年—2013年的征地数据进行整理补充,累计更新数据950余条;完成对地籍、供地、规划、地灾等业务纸质档案的归档803余卷,电子归档803卷。检查135余家,发现存在的保密问题12项,对检查中发现问题的7个单位进行现场整改,对问题较为严重的5个单位下发整改通知书,责令问题单位进行了限期整改;检查地图销售场所16家,发现漏绘中国“赤尾屿”地图20余张的“问题地图”,对经销的漏绘“赤尾屿”地图现场要求下架禁止销售;抽查测绘资质单位13家,发现问题7项,对存在的问题整改通知书,要求限期整改,规范完善质量、档案及保密管理制度12项。按省测绘局要求,完成太原市150余家测绘单位的测绘地理信息信用信息录入、完善、上报工作。举办太原市测绘地理信息行政执法人员岗位培训班,共120余人参加培训。

（张迎春）

【执法监察】2015年,市国土资源局发现违法行为348宗,土地面积252.59公顷;立案341宗,结案341宗。立案率、结案率分别达到95.5%和80%。受理鉴定申请13个,作出鉴定结论11个,2个正在办理。完成年度土地矿产卫执法监督检查工作。太原市584宗违法用地,立案查处439宗,收缴罚没款2332万元,没收建筑物57万平方米,拆除建筑物43

万平方米，移送追究当事人党政纪责任41人，移送公安1人；完成年度矿产卫片11个图斑的督查和上报工作。全年深入县(市)区大接访31次，接待群众来访33批/146人次；市县两级国土部门共受理群众来信来电来访反映各类国土资源信访事项550件，同比下降18.4%。市、县两级国土部门接听受理12336举报电话95件。共办理市政府便民热线、市委社情民意转办事项40件，全部按时调查核实上报市政府便民服务热线管理办公室、市委社情民意办公室。（张迎春）

【非法违法采矿专项整治】 2015年，太原市国土资源局深化“打非治违”专项行动、严厉打击非法违法采矿行为安全生产大检查、安全生产大检查暨严打击非法违法采矿行为专项行动和督查检查等6次专项检查，万柏林、晋源、杏花岭区、迎泽区、小店区、清徐县非法采矿基本灭失，尖草坪、古交、娄烦、阳曲非法采矿行为得到遏制；组织开展2次安全生产宣传活动，太原日报还进行专题报道；督办信访件27件，配合调查尖草坪非法采矿案件1件，给当地政府发整改函5件，给县(市、区)国土部门下发整改通知15件，出动督查人员453人次，车辆151台次；按省政府关闭标准对接收关闭矿进行整治。晋源区54座关闭矿拆除清理28座，进行绿化植树恢复植被；万柏林接收关闭矿75座，经整治后已灭失30座，古交市经整治后灭失7座，杏花岭区经整治后灭失5座。每一座关闭矿的监管工作落实到人。（张迎春）

【窗口服务】 2015年，市国土资源局推进简政放权，将13项事权下放至十县(市、区)国土局办理，窗口接受各类业务报件1209件，办结1065件，办结率达88%(全部按时办结)，正在办理144件。其中：国有土地使用权登记受理854件，正在办理46件，办结808件；建设用地供地受理282件，正在办理76件，办结206件，采矿权审批受理73件，办结51件，正在办理22件；共召开会审会31期，会审业务报件237件。

太原市国土资源局共为廉租房、棚户区改造和经济适用住房等41个“五个一”工程用地建设项目办理用地手续，为13个教育、医疗、卫生等民生项目办理用地手续。编发《太原国土》6期，在主要媒体发布各类新闻稿件212条；向国务院办公厅、国土部、省国土厅及市委、市政府上报政务信息550余条。对门户网站在线查询系统独立办事进度和审批结果的查询功能，更新信息3520条；全年共接收各类档案10661卷(件)，其中业务档案1475卷，各类文件9186件。共接待档案查询人员1024人次，提供利用档案8763卷（件），其中内部查询539人次、查询档案7775卷（份），对外查询485人次，查询档案988卷。（张迎春）

【存量土地整合利用】 2015年，市国土资源局列入增减挂钩试点的阳曲县等7个试点县，组织开展拆旧复垦和安置建新工作。太原市2015年项目建新区报批征收集体土地67.23公顷，完成拆旧复垦面积59.03公顷。各试点县试点项目均按照国土部和省厅要求，按进度要求完成在线备案及实时更新。太原市国土资源局完成试点县阳曲县拆旧复垦区复垦验收，按照印发的省政府新政策规定，完成试点项目整体验收。

太原市52座煤矿中需新增建设用地的48座煤矿纳入整合利用试点。7个试点县试点工作严格按照批复的试点方案组织实施。其中，大部分试点县（市、区）试点煤矿的用地手续已申请上报办理，部分试点煤矿复垦框架工程已完成。太原市国土资源局组织完成对阳曲县矿业存量土地整合利用试点复垦区验收，古交市部分煤矿完成复垦，进入竣工报验阶段。（张迎春）

检验检疫

【概述】 2015年，山西出入境检验检疫局(以下简称“山西局”)新一届局党组成立全面深化改革领导小组，建立实行重要工作(大事)责任制，研究制定《山西检验检疫局“十三五”发展规划建议》。统筹推进“行政审批制度改革、检验检疫监管体制改革、检验检测认证机构整合改革、深化事业单位分类改革和业务互联互通信息化改革”等5项改革工作，有效实施“开展法治质检建设，推进区域发展战略、提升便利化水平，加强口岸核心能力建设、推进口岸动植检规范化，加强出口产品质量安全示范区建设，开展‘三严三实’专题教育，业务技术用房建设，关注民生问题，倡导‘家和万事兴’主旋律加强精神文明建设”等10件大事，形成了“忠诚、崇法、为民、务实、和谐”的治局理念。全年山西检验检疫局共检验检疫出入境货物12752批、货值162285万美元，与上年同期相比，批次增长4%、货值下降6.4%；签发各类原产地证书12932份，签证金额65690万美元，与上年同比份数增长1.6%、金额下降5.2%；检疫查验出入境人员39.9万人次，同比增长5.1%；健康检查6770人次，同比下降8%；从出入境货物中检验出不合格商品99批，不合格金额2923万美元，对外索赔261万美元；在出入境人员健康体检中，检出传染病106例；截获入境旅客携带的禁止进境物3283批、有害生物83种次；完成17批出口非法检产品退运调查。山西检验检疫局机关被中央精神文明建设指导委员会授予第四届全国文明单位称号。（郑　罡　孙卫东）

【质量管理】 2015年，山西局进出口质量宏观管理，开展“一县一业”、跨境电商等专题调研，开展进出口质量安全分析，向政府报告和提出服务外向型经济发展的建议，先后得到国务院、质检总局及省市各级领导的批示20余次。检政共治，对11个地市实施进出口质量安全目标考核；完善诚信体系建设，对辖区561家进出口企业实行信用管理。检企和社会共治，注重部门协作，开展“质量月”“宪

法日”等系列活动，完善12365平台建设、推出“山西国检”公共微信服务号。发挥示范区抓手作用，创建国家级出口工业产品质量安全示范区实现零的突破，永济新时速电机电器有限责任公司获第一批中国出口产品质量安全示范企业称号。与商务、农业部门和运城市政府签署合作协议，共同推进出口食品农产品质量安全示范区建设，全年新增创4个国家级示范区，总数达到13个、位居全国前五。（郑　罡　孙卫东）

【检验检疫】 2015年，山西局保障国门安全。强化口岸核心能力建设，加强联防联控，防止埃博拉、中东呼吸综合征等疫情传入；制定实施口岸动植物检疫规范化建设三年规划；加强入境旅客检疫查验力度、开展“绿蕾”行动。全年共截获进境植物疫情109批，有害生物97种次；在入境旅客携带物中截获禁止进境物3283批、有害生物83种次；在出入境人员体检中检出传染病106例。保障重点敏感进出口商品质量安全。开展进口轮胎3C产品抽查、进口路虎汽车后续监督调查、目录外商品抽查、输非产品检验监管、执法打假等工作，天津“8.12爆炸事件”发生后，全面排查危险品生产企业，落实安全生产大检查任务。2015年，检出不合格商品99批、金额2923万美元，对外索赔261万美元；完成17批出口非法检产品退运调查。保障食品农产品安全。加强源头和残留监控、过程监督检查；开展出口食品农产品安全风险分析、进口食品专项整治工作，完成市售进口婴幼儿乳粉23个样品、34种监控物质的监控。（郑　罡　孙卫东）

【服务经济社会】 2015年，山西局落实区域发展战略，主动融入京津冀、加强与“一带一路”沿线检验检疫局合作，推进检验检疫通关一体化，深化晋陕豫“黄河金三角”协作。围绕“降、快、优”，促进贸易便利化，优惠原产地证书签证达5.54亿美元，为企业减免关税1.82亿元，在通关无纸化、减免收费及开展“三通两直”、“三互”、“三个一”方面，累计为企业年节省费用1600余万元、节约通关时间13万小时以上（其中区域一体化节约600余万元，无纸化报检、通关可节约300余万元；清理行政许可收费减负约300万元；按出境批次、货值估算，全年免收出口商品检验检疫费约326万元）。在太原机场、侯马方略保税物流中心、武宿综保区等完成“三通”、“两直”和“三个一”的货物批次达到3019批（其中“三通”92批，“出口直放”2534批，“进口直通”92批，实现“一次申报”232批，“一次查验”31批，“一次放行”38批）。服务山西全面扩大开放，制定出台一系列政策措施，支持大同机场申请正式开放、运城机场临时开放和太原航空口岸扩大航线，参与政府电子口岸建设；帮扶大同进口肉类指定查验场项目获批筹建；服务重点工程项目和特色产业，优化认证认可流程，探索出口备案第三方采信方法，创新3C免办管理模式，服务富士康IPHONE手机进口；推进上海自贸试验区可复制可推广的政策在山西特殊监管区落地。支持山西产品“走出去”，山西苹果历经17年努力代表中国首次出口美国，实现樱桃对台出口，兔肉对美恢复出口。服务发展的举措和成效受地方政府肯定，省政府对10家驻晋中直单位绩效考核中，山西局名列第一；山西省委副书记、省长李小鹏在运城苹果出口美国专报上批示：“很好！感谢检验检疫部门的大力支持！望继续努力，促进更多山西产品出口。”（郑　罡　孙卫东）

【创新监管模式】 2015年，山西局围绕质检改革，开展涉及检验检疫领域的五项工作，将落实改革任务与抓大事紧密结合，用改革创新的思路和方法，解决涉及检验检疫事业发展、干部职工切身利益以及全局和谐共进的大事要事。行政审批制度改革，下放行政许可事项5项，推行“两个清单”，确定44项权力和责任事项；检验监管模式创新，建立事中事后监管制度，探索开展进出口工业产品和出口水果企业检验监管模式；检验检测机构资源整合，实行建设规划、服务品牌、质量体系、信息平台、检验检测标准、对外技术服务等“六统一”模式。完成事业单位岗位设置和首聘工作，清理规范行政事业人员在企业兼职。信息化互联互通改革，梳理并建立信息资源和共享目录，为互联互通奠定基础。（郑　罡　孙卫东）

【内部管理】 2015年，山西局建立合法性审查制度，业务督查和专项检查得到加强；科技建设，加强国家重点实验室和科研制标工作；信息化建设从基础抓起，应用开发和保障能力增强；局门户网站完成改版，内网平台得到整合升级。机关管理，从制度建设入手，狠抓质量体系、绩效管理和督查督办，“一审双查”、涉企收费督查等工作立行立改，政务、财务、后勤管理及保障工作务实，三年滚动预算编制工作启动，公车改革推进。干部队伍建设，制修订干部选拔任用办法，通过严格程序、严肃纪律、明确导向，促进风清气正；加大干部管理，开展个人事项报告、“三超两乱”等核查治理工作；加强教育培训，举办各类培训班68期、培训人员3778人次。（郑　罡　孙卫东）

【发展与改革】 2015年，山西检验检疫局新建技术业务用房项目于2008年启动，2010年10月取得质检总局立项批复文件，设计方案为“L”型外观，建筑主体长66.7米，宽27.2米，建筑总高度为96.6米。项目于2014年6月6日开工，承建单位为中色十二冶金建设有限公司。在国家质检总局、山西省委省政府的支持下，山西检验检疫局技术业务用房于2015年11月20日实现主体封顶。技术业务用房将主要用于山西检验检疫技术中心及国际旅行保健中心的检验检测及体检等相关业务，为山西外向型经济发展提供技术支撑。2015年，朔州检验检疫局召开全体干部职工大会，山西检验检疫局党组成员、副局长郑慧敏宣布朔州局成立，并宣读山西局党组有关朔州局的人事决定。接受朔州检验检疫局第一份出口货物报检单证，成为山西辖区第6个检验检疫分支机构。山西检验检疫局专门出台《支持朔州市外向型经济发展的意见》，从支持优势农产品出口、大力发展旅游业、加强国际经济合作、推进内陆“无水港”建设、帮助外贸企业有效应对国外技术性贸易措施、改善对外贸易通关环境等方面支持朔州经济社会转型跨越发展。（郑　罡　孙卫东）

【党建和廉政建设】 2015年，山西局开展“三严三实”专题教育，开展专题党课及学习研讨13次；坚持问题导向，对梳理出的问题实施动态清单管理，建立台账，立行立改，逐一“销号”，43个问题得到整改落实；专题民主生活会，敢于动真见硬明确方向；扶贫工作，一对一结对帮扶收到成效。落实“两个责任”，把纪律挺在前面，组织学习贯彻《廉洁自律准则》和《党纪处分条例》，开展作风纪律专项整治；落实党建工作责任制，完成机关党委、纪委的换届选举，加强党风廉政建设组织领导，提请总局党组批准在全省系统分支机构分片派驻纪检组；坚持严格落实“八项规定”、持续反对“四风”。

（郑　罡　孙卫东）

质量监督管理

【概述】 2015年，太原质监系统共有8个城区(开发区)分局(民营区分局、不锈钢园区分局、迎泽区分局、杏花岭区分局、万柏林区分局、尖草坪区分局、小店区分局、晋源区分局)和太原市标准计量质检院、太原市质监局稽查分局及太原市质监局后勤服务中心三个直属事业单位。其中，太原市标准计量质检院和太原市质量技术监督局稽查分局、民营区分局、不锈钢分局为副县处级建制。市局机关现有14个内设处(室)(办公室、人事处、政策法规处、计划财务处、质量处、监督处、标准化处、计量处、认证管理处、特种设备安全监察处、行政审批处、机关党委、离退休人员工作处、纪检监察室)。2015年，全系统实有人员398人，其中市局机关实有人员50人，稽查分局34人，标准计量质检院135人。领导班子局党组书记、局长：赵敏，局党组成员、副局长：孙乃俊、商卫兵、张效良，局党组成员、纪检组长：赵文江，局党组成员、总工程师：李友芬，局党组成员、市局稽查分局局长：王晋生。太原市质监系统在市委、市政府的正确领导下，深入学习贯彻党的十八大、十八届五中全会精神特别是习近平总书记系列重要讲话精神，认真贯彻落实市委、市政府有关决策部署，扎实开展学习讨论落实活动和“三严三实”专题教育，顺应发展形势，及时调整思路，实现了管理体制调整的平稳过渡和顺利衔接，抓质量、保安全、促发展、强基础等各项工作有序推进，质监工作在服务全市经济社会发展中的作用进一步显现。（王小鑫）

【省委常委、市委书记吴政隆在市质监局调研】 2015年，省委常委、市委书记吴政隆在市质监局调研，市委常委、秘书长陈河才，副市长王爱琴参加调研。吴政隆书记视察了市质监局政务大厅、市标准计量质检院、市质监局稽查分局假冒伪劣产品陈列室，详细听取了特种设备安全工作情况汇报，对市质监局特种设备安全工作给予肯定，他针对电梯安全工作提出了“四点要求”：明确安全主体责任；不断强化监督责任；探索电梯尤其是老旧电梯的维修维护基金制度；进一步加大宣传力度，普及电梯安全知识，确保人民群众生命安全；对质监系统下一步工作开展提出了“三点希望”：要进一步增强法治意识，把法治理念贯穿到监管工作的各个环节，严格、公正、文明执法；要牢固树立服务意识，寓监管于服务之中，努力做到监管与发展、服务、执法的有机统一；认真践行“三严三实”，以严的要求、实的作风，推动质监工作不断迈上新台阶，努力让人民群众满意放心。市质监局局长赵敏陪同调研，并向吴政隆书记汇报有关工作情况。（王小鑫）

【创建全国质量强市示范城市工作方案出台】 2015年，太原市人民政府出台具有城市特征、针对性强的《创建全国质量强市示范城市工作方案》(以下简称《工作方案》)，标志着为期两年的创建工作启动。在方案中，在全省率先将质量工作列为县(市、区)、开发区(园区)工作考核的主要指标。《工作方案》提出，通过两年创建期，实现产品质量显著提升，工程质量大幅提高，服务质量持续改善，环境质量不断优化的目标，形成政府监管、市场调节、企业主体、行业自律、社会参与的大质量工作机制；全民质量意识显著增强，质量管理能力普遍提升，质量安全得到有效保障，质量发展基础进一步夯实，产品质量、工程质量、服务质量、环境质量总体水平持续提高；经济社会发展的质量和效益明显提升，质量发展成果全民共享，质量强市建设取得明显成效。顺利通过国家质检总局考核验收，率先成为“全国质量强市示范城市”。《工作方案》中要求，各级各部门要建立落实本方案的工作责任制，务求各项工作落到实处，确保实现创建目标。市政府将适时检查考核该方案的贯彻实施情况，并结合目标考核，对取得突出成绩的单位和个人予以表彰奖励，对推进工作不力的单位和责任人予以通报批评。（王小鑫）

【提供质量安全保障和技术支撑】 2015年，市质监局出台《关于进一步发挥特色职能和技术优势服务保障城中村改造的意见》，7月15日，太原市召开创建“全国质量强市示范城市”工作会议，副市长王爱琴出席，市质量强市工作领导组20多家成员单位负责人参加。会议明确了市质量强市工作领导组各成员单位各自的任务目标，强调了创建“全国质量强市示范城市”工作是一项内容翔实、标准具体、要求严格、考核规范的工作。12月9日，市质监局在太原市液化石油气公司钢瓶检验站召开液化石油气充装单位及钢瓶检验安全现场工作会议。12 月 16 日,市质监局召开会议,将由市局承办的特种设备使用登记许可事项全面下放至县区局。市质监局特监处全体、政务大厅负责人,6 个城区分局、民营、不锈钢质监分局、4 个县市市场(工商)和质量监督管理局的特种设备分管局长和使用登记办理负责人参加会议。要求发挥质监部门在宏观质量、标准计量、认证认可、检验检测、执法打假等方面的职能优势,找准服务保障城中村改造的契合点、切入点和着力点,提供质量安全保障和技术支撑。（王小鑫）

【“质量月”活动】 2015 年,太原市质量强市工作领导组办公室印发文件,就全市开展“质量月”活动进行安排部署。“质量月”期间,市质监、教育、经信、工商等 16 个部门、行业组织将分别开展“电梯安全周”、中小学生质量教育社会实践、全市质量标杆交流经验、打击侵权和假冒伪劣专项执法行动等各具特色的“质量月”活动。11 月 10 日,市质监局特邀中国标准化研究院质量管理分院社会责任与信用研究室主任周莉副研究员,组织举办了《企业质量信用报告编写指南》(GB/T31870-2015)专题培训班。各县区质监局,太航仪表有限公司、晋西车轴、山西老陈醋等全市大中型企业、政府质量奖、名牌、信誉等级企业质量管理人员共计 90 余人参加培训。（王小鑫）

【特种设备安全】 市质监局召开 2015 年度第一次特种设备安全例会,对春节、“两会”、“春运”等特种设备安全工作进行安排部署,市质监局特监处全体人员、各县区局分管局长、各检验检测机构负责人参加,市质监局副局长商卫兵出席并讲话。3 月 12 日,全市特种设备安全工作会议在市政府北四楼会议室召开。市政府王爱琴副市长到会并讲话。市政府副秘书长常跃平主持会议。会上,市质监局局长赵敏对 2014 年特种设备安全工作进行了总结,并结合国家、省重点工作及全市实际情况,对 2015 年度工作进行了安排部署。王爱琴副市长代表市政府向相关部门下达《2015 年特种设备安全目标责任书》并讲话,她在讲话中对全市特种设备安全工作取得的成绩给予充分肯定,对市质监局在体制改革调整的特殊背景下为全市特种设备安全形势的持续稳定好转做出的重要贡献给予表扬。并要求在经济社会发展新常态下,要继续高度重视特种设备安全工作,全面加强特种设备安全监管,认真落实好 2015 年特种设备安全的各项工作。市直有关部门安全负责人、4 个开发区分管安全领导、市质监局特种设备安全监察机构负责人共 50 人出席会议。各县(市、区)分管安全领导及相关部门人员在分会场参会。会上颁发了 2015 年特种设备安全工作目标任务书。（王小鑫）

【安全检查】 2015 年,市质监局指导太原动物园和太原市迎泽公园进行大型游乐设施应急救援演练,确保大型游乐设施安全运行。张建欣副省长带领太原市政府、省有关部门负责人和安全检测工作人员对山西汽运集团天然气利用有限公司东客站加气站进行了安全生产检查。张建欣副省长听取了加气站安全工作负责人安全工作汇报,现场查看该加气站充装许可证等相关资料;详细了解了该站对车载气瓶检查的细节和手段。强调指出:企业要吸取天津滨海新区事故的教训,各级各部门同时要深刻汲取天津港“8·12”爆炸事故教训,把安全生产摆在突出位置,强化安全意识,落实各项安全防范措施,以负责的态度做好特种设备安全工作。（王小鑫）

【安全专项督查】 2015 年,市质监局、太原特种设备协会、通力电梯有限公司山西分公司联合在迎泽区锦泽苑小区,组织开展“电梯安全进社区、共同参与筑和谐”电梯安全知识进社区主题宣传咨询活动。8 月 25 日,市质监局召开全市质监系统安全督查工作部署会。市质监局党组书记、局长赵敏主持会议,市局班子成员,市局直属单位、各城区、民营、不锈钢分局负责人,市局机关各处室负责人参加。会议传达了市委吴政隆书记关于近期安全生产工作的重要讲话精神和市委、市政府及市安委办近期关于安全工作的文件精神,并、对全市特种设备安全工作进行专项督查进行了安排部署。市质监局结合开展的“电梯安全监管大会战”及“自动扶梯和自动人行道安全专项整治”基础上,针对国内接连发生几起电梯事故严峻情况,再次印发《关于立即开展电梯安全自查自纠回头看的紧急通知》,要求在全市范围内立即开展电梯安全自查自纠回头看工作,全力保障全市电梯安全运行。9 月 2 日,市质监局召开会议对新一轮特种设备安全大检查工作进行部署,并对督导工作进行专门安排。市局分管领导李红旺副调研员、市局特监处全体、各县区局分管副局长,市局稽查分局、省锅检院、省特检院、太原市质检协会、太原市特种设备相关负责人参会。（王小鑫）

【项目评估验收】 2015 年,省质监局受国家标准委的委托和安排,组织由宁夏质监局、天津质监局、中国标准化协会、山西省标准研究院及山西省气象局等单位五位专家组成的专家组对山西老陈醋集团有限公司承担的“山西省东湖醋园旅游服务业标准化试点项目”、山西省太原唐久超市有限公司承担的“太原市超市商贸服务业标准化试点项目”进行评估验收,两单位均以 90.5 分的高分通过,在全省名列前茅。省质监局李志强副局长出席了山西省太原唐久超市有限公司评估验收会并指出:企业要主动适应新常态,提高标准契合度,坚持持续改进,做好商贸服务业的示范带动作用,为推动太原市服务业实现“创新驱动、转型发展”做出贡献。（王小鑫）

【开展标准化培训】 2015 年,市质监局利用四个半天组织开展全市质监系统标准化知识培训。培训由山西省质监局标准处刘晓刚处长及中国标准化协会理事、中国标准化协会特聘国家标准培训教师赵祖明高级工程师主讲。市质监局标准处及全市12个县(市、区)质监局(分局)标准化工作分管领导及科(队)长参加了培训。12月16日,市质监局标准化处深入山西大禾新农业科技公司,对该公司20余名从事标准化工作的人员进行国家级农业标准化示范区建设专题培训。围绕世界标准日主题"标准是世界通用语言",市质监局组织开展系列活动,由孙乃俊副局长率标准处对太原福寿和养老服务中心开展的校尉营社区养老服务标准化试点工作进行了调研,各县市区也以多种形式广泛开展标准服务宣传活动。市质监局举办财务检查情况通报暨财务工作培训会,培训会聘请专家郝树锦老师从会计监督、会计管理、预算决算、固定资产等方面进行讲解,通报对全系统10个预算单位的财务检查情况,提出对通报问题限期整改的要求。全系统30余名财务人员和分管财务的领导参加培训。市质监局组织全市质监系统拟申报的224名行政执法人员,参加由市法制办组织的行政执法资格考试,以均分94.3分、100%的通过率取得了优异的成绩。市质监局纪检组举办全市质监系统纪检监察专题培训,市局机关纪委、各直属单位和城区质监分局纪检组长参加培训。该培训旨在明确纪检监察工作的主责主业、突出工作重点,为做好"三转"和下一步纪检监察工作起到推进作用。 (王小鑫)

【开展质量整治】 2015年,市质监局开展全市建筑材料专项整治活动,确保城中村改造过程中所用建材产品质量合格。市质监局联合市公安局车管所对全市9家机动车安检机构贯彻执行GB21861—2014《机动车安全技术检验项目和方法》的情况进行联合检查。市质监局在该局网站首页建立"太原市获证检测机构检测能力查询"信息平台,扩大监管基础信息资源的共享范围。经过两次征求意见、数次修改完善,历时4个多月制定过程的《太原市质量技术监督局行政处罚裁量权适用规则》出台并下发全市质监系统贯彻实施。市质监局联合太原武警消防支队、市工商局对生产、销售消防器材的4家企业进行了突击检查。组织全市质监系统于4月至6月,对2014年办结的行政处罚案卷开展案卷自查、评查工作,这是质监系统行政管理体制调整、归属地方管理后开展的第一次行政处罚案卷检查。 (王小鑫)

工商行政管理

【概述】 2015年,太原市工商系统在太原市委、市政府的领导和山西省工商局的指导下,实现"六大发展",争当"六个表率",全力推进工商登记制度改革,不断强化市场后续监管,为实现"五个一批",服务全市经济稳步健康发展做出了应有的贡献。 (马富荣)

【推进以"三证合一、一照一码"为主的登记制度改革】 2015年,太原市工商局在太原市委、市政府和山西省工商局的领导下,在往年登记制度改革工作的基础上,把"三证合一、一照一码"改革作为登记制度改革的重点推进。制定《太原市实行企业"三证合一"登记制度实施方案》,加强与市编办、市法制办、市质监局、市国税局、市地税局等部门的协调配合,对"五证联办"五个办事环节进行压缩整合,最后形成一个由18位数字组成的社会信用统一代码的工商营业执照。9月29日,省政府张建欣副省长、省工商局董岩局长在太原市工商局发出全省第一张"三证合一、一照一码"营业执照,标志着"三证合一、一照一码"登记模式在全市实行。落实住所(经营场所)改革,推出两项改革措施。试行商务秘书公司登记。首次注册登记全省第一家商务秘书公司"太原市晋商丰华商务秘书有限公司",对"一址多照""商改居"改革迈出一步。试行商务服务公司集群注册登记。选定"山西企创商务服务有限公司"为集群注册商务服务试点企业,指导该企业以集群注册模式登记入驻企业达200余家。实行工商注册制度便利化。简政放权,下发登记事权。对在市局注册登记的1000万元以下的有限公司,实行"审核合一"。将认缴注册资本在500万元以下(不含500万元)的有限责任公司的登记权限下放到迎泽、小店、杏花岭、万柏林、晋源五个城区。将国有、集体企业改制的有限公司且认缴注册资本在500万元以下(不含500万元)企业的登记权限下放到迎泽、小店、杏花岭、万柏林、晋源五个城区。尖草坪区、清徐县、古交市,按照太原市综改试验区和扩权强县政策要求,除法律法规明确规定由上级工商局办理的登记事项外,其他事项均可登记。实行"网上登记"。办事群众足不出户,在网上随时随地可进行"名称核准"和"设立登记"。并制作"网上登记流程示意图",印刷《网上登记操作步骤》,方便网上登记。搭建银行登记平台。分别与晋商银行、建设银行、工商银行签订战略合作协议,在3家银行的营业网点建立企业登记注册一站式无偿登记平台。

支持太原市"双创"工作。太原市工商局出台《太原市工商局关于支持小微企业创业创新发展实施意见》《太原市工商局关于创建小微企业创业创新基地示范城市的工作措施》《太原市工商局大力推进小微企业创业创新工作实施方案》等一系列的文件,大力促进创客空间、孵化园、商务秘书类企业发展,为太原市获"国家小微企业创新创业基地示范城市"作出贡献。全市共有此类企业36家,入驻企业已突破1500余户。推行"个转企"服务。全市拥有"个转企"意向的企业200余户,已办结37户。借助市局股权托管中心服务平台,为非上市企业提供专业规范的股权托管与股权交易服务。截至2015年12月18日,全市新增各类市场主体51051户,其中内资企业

20034户，外资企业1户，个体工商户30756户，农民专业合作社260户。全市现有各类市场主体314018户，同比增长15.8%。其中，内资企业115797户，外资企业473户，个体工商户193990户，农民专业合作社3758户。（马富荣）

【加强网上登记和网络监管技术配套建设】 一是完善企业信用信息公示系统。按照国务院《企业信息公示暂行条例》和国家工商总局有关规定，依法在全省企业信用信息公示系统上，向社会公示了所有市场主体登记注册、备案、动产抵押登记、股权出质登记、工商行政处罚、抽查检查结果、经营异常名录、司法协助、市场主体年报等信息。公示了各类市场主体注册登记信息58万多户，其中存续的市场主体信息31万多户（企业近11万5千户、个体工商户19万2千多户、农民专业合作社3739户），各类市场主体备案信息118493条；2014年10月1日以后的动产抵押登记信息52条，股权出质信息147条，工商行政处罚信息114条，抽查检查结果信息1781条；经营异常名录113753户、移出经营异常名录4222户，司法协助534条；公示市场主体年报信息2013年度120041户、2014年度155339户，市场主体自行公示的行政许可、投资人、股权变更知识产权、行政处罚等信息10285条。二是建立联合惩戒机制和信用信息归集。建立了工商登记信用约束机制，对在监管过程中发现违法违规的企业列入经营异常名录并向社会公示，对被列入严重违法企业名单的企业法定代表人、负责人在企业任职上建立限制性的失信惩戒；对法院、税务等部门需要司法协助的企业出资者或企业进行公示，在办理工商登记业务时进行任职约束，达到联合惩戒的目的。会同市政府法制办对《太原市企业信用信息征集和发布管理办法》（太原市56号市长令）开展了评估工作。在此基础上，按照太原市委办公厅、市政府办公厅《太原市社会信用体系综合性试点性工作方案》的要求，由市发改委牵头在2015—2016年研究制定《太原市企业信用行为联合奖惩办法》《太原市公共信用信息管理办法》，《太原市信用服务机构备案暂行管理办法》《关于在行政管理事项中使用信用记录和信用报告的意见》，作为《企业信息公示暂行条例》配套措施，建立健全了太原市信用法规制度。三是对非法集资企业信息进行专项公示。协助市处非办（办公室设在市工商局）对企业名称、经营范围不规范、住所或者经营场所无法取得联系涉嫌非法集资的587户企业进行锁定，对不履行企业信息公示义务或公示企业信息隐瞒真实情况、弄虚作假的，按照规定程序将其列入经营异常名录，并予以公示。（马富荣）

【改企业年检为企业年报公示】 2015年，太原市工商局监管处多次组织县（市）区工商局、所就年报进行研讨。通过电台、电视台、报纸以及手机等多种媒体广泛宣传。采取上门入户，在大型商场、市场集中办公。先后两次组成督查组，对各局年报工作进行实地检查和督导。全市2013年度，个体工商户年报率为58.39%，企业年报率为91.34%。2014年度，个体工商户年报率为52.94%，企业年报率为91.04%，农民专业合作社年报率66.25%。对未按规定时间年报的78453户个体户、8699户企业、1185户农民专业合作社列入经营异常名录。

（马富荣）

【配合市委市政府做好处非工作】 2015年，太原市工商局加强组织领导，积极上手，主动介入，建立健全处非工作机制，强化宣传教育和风险排查，开展专项整治，配合市委、市政府作好金融市场监管和稳定工作。一是履行市处非办职能，组织协调相关部门开展处非工作。二是立足工商职能暂停各类投资担保公司的注册登记，并对2085户投资担保类企业开展风险排查；三是加大对涉嫌非法集资广告资讯的排查清理力度；四是积极做好非法集资群众信访维稳工作，全年共接访上访群众8000多人次。（马富荣）

【开展企业信用信息公示和企业抽查】 按照国家工商总局、省工商局的统一部署，依据《企业公示信息抽查暂行办法》，先后3次对企业住址、企业出资、农村合作社及个体工商户的信息公示情况进行抽查，共抽查企业住址1602户，企业出资1402户，对无法取得联系的238户企业和存在异常作假的15户企业，列入经

2015年3月10日，太原市人民政府副市长魏民到太原市工商局注册大厅调研“三证合一、一照一码”工作（右一为魏民副市长，右二为王拴成局长，左一为胡二生副局长）

营异常名录并予以公示。（马富荣）

【大力整治市场环境】一是整治集贸市场和环境质量，全力配合全国文明卫生城市创建工作。二是开展成品油市场专项检查考核，抽查各类加油站160家，抽检柴油、汽油336样(次)，立案5起，检查覆盖率达93%。三是对全市集贸市场城乡清洁星级进行单元考核。

（马富荣）

【强化企业日常监管工作】规范企业经营行为，查处无照经营3347户，取缔无照经营89户，罚款30.5万元。开展防范和处置非法集资清理整顿工作，规范企业37户，查无下落列入经营异常名录的企业327户，锁定587户，解锁48户。开展安全生产大检查，对155户违法企业责令限期整改，查处取缔无照经营16户。治理非法超限超载，检查储售煤(货)场及汽车修理厂230户次。开展“城中村”整治和“九小场所”清理整顿，检查企业2100余户，取缔无照经营110户，规范办照1870户，限期整改120户。配合文化部门对校园周边网吧进行专项治理，取缔黑网吧16户，无照游戏厅2户，无照台球厅1户。并配合司法机关对34户相关企业股权进行冻结。（马富荣）

【加强消费维权】一是开展“3.15”消费宣传咨询活动。推进消费维权“五进”(即进社区、进学校、进商场、进农村、进景区)活动，受理消费者投诉300余件，接受咨询服务1万多人次。受理餐饮投诉58起，挽回经济损失12万元。二是开展重点领域消费维权。针对服务领域的误导消费、虚假宣传、霸王条款、不合法最低消费和服务、售后服务不到位、不履行承诺和经营者义务等问题，受理投诉5起，挽回经济损失23.4万元，办结广告违法案件28件，罚没款67万元。加强旅游市场消费维权，共检查企业193户，规范28户，取缔无照经营3户。三是开展热点问题消费维权。出动执法人员3524人次，检查经营户1836户，处理消费者投诉195起，挽回经济损失106.2万元，办结案件7件，罚没款5.7万元。四是强化快速维权。完善推进12345政府网上转办消费维权，坚持做到“五快”，即受理快、出动快、调处快、转办快、答复快。全年共接听电话50174条，受理1234政府网上转办759件，信箱留言183条，处理消费申诉、举报和咨询49278件，为消费者挽回经济损失310余万元，办结各类案件178件，罚没款124万元。

（马富荣）

【推进“品牌兴市”商标战略】2015年，开展新《商标法》宣传和商标培育工作。全市拥有有效注册商标21187件，同比增长6%，占全省的1/3强。山西省著名商标196件，占全省的20%，正在申报的山西省著名商标75件，其中，重新认定的54件，新认定21件。地理标志证明商标新增加“娄烦山药蛋”1件，在2014年5件的基础上增至6件，增长20%。中国驰名商标18件，正在受理的1件。商标案件立案115件，结案90件，罚没款66.02万元，其中市工商局10万元，受理消费申诉举报约96件，同比减少12%，为消费者挽回经济损失18万元。

（马富荣）

【虚假违法广告整治】一是落实新《广告法》。规范资质审批和广告发布登记，运用国家总局广告监测数据，加强监测与监管衔接。二是调整和明确广告监管权限。将省、市级146家媒体单位按照地域管辖和指定管辖相结合的原则，分别下放至各分局进行日常监管，市工商局负责全市广告监管办案的指挥协调和有较大影响及重大复杂案件的查办工作。三是开展虚假违法广告专项整治和日常监管。严厉打击虚假违法广告和违法经营行为，确保查处到位，降低广告违法率。全年办案29件(万元以上案件22件)，罚没款73.1万元。主流媒体广告违法率、违法时长明显下降，广告市场秩序明显好转。10月份，山西省在国家工商总局广告监管平台全国排名，广告违法综合排名第26（违法率越高，排名越靠前）。（马富荣）

【健全网络交易监管体系】2015年，太原市工商局对现有网络交易监管平台升级改造，增强搜索模块、企业分类、营业执照电子链接标示发放，建立初级监管系统。开展银行卡网上非法买卖联合整治专项行动，开展网上数据比对、引擎搜索活动，查处银行卡交易违法行为。开展网络经营者网上“亮照亮标”情况调查分析，规范网络企业网络信息发布。处理转办和移送案件11起，罚没款9.5万元。

（马富荣）

【加大经济检查执法力度】2015年，太原市工商局以查处商业贿赂、限制竞争、傍名牌和打传销工作为重点，查处各类不正当竞争行为，配合市纪检委对5户涉嫌治理商业贿赂企业经营行为进行检查。查处社会反映强烈、严重侵权的垄断企业不正当竞争案件3起。严厉打击传销活动，配合司法机关依法严惩传销组织者、领导者和骨干分子；受理数起传销投诉和相关咨询；开展《禁止传销条例》颁布20年纪念活动，开展宣传咨询活动。加强对直销企业的监管，对权健自然医学科技有限公司涉嫌违法直销进行检查。开展对境外电视网络接收设备专项整治行动，整顿高仿日用品市场。全年共查处各类案件5起，罚没款40余万元。

（马富荣）

【加强合同监管，维护市场交易秩序】一是开展专项行动。集中整治旅游业、银行业、电信业合同违法违规行为，责令改正条款16条，点评意见40条，备案格式合同672份。二是开展打击合同欺诈行动，对合同中明显带有不平等格式条款的企业进行了查处，查办案件2起，罚款1.8万元。三是开展“守合同重信用”活动。对2014年复查合格的385户和新认定24户企业在网上进行公示；对“守合同重信用”称号失效的1191户企业进行规范并予以公示。复查守重企业200余户。四是加大融资力度，扶持小微企业发展。办理抵押登记39件，变更登记1件，注销登记18件。五是开展拍卖备案工作。拍卖备案登记288件，现场监管288次，委托金额19621万元，成交金额18921万元。（马富荣）

【抓教育促管理】 一是坚持狠刹“四风”。召开了全市工商系统纪检监察工作会议，落实“两个责任”，强化监督执纪问责。落实“六权治本”要求，对纠正“四风”、查处案件、监督权力、队伍建设以及非公纪检七项工作统一部署，签订目标责任书52份。深入开展“学习讨论落实”活动，严格公款公车管控；制定《太原市工商局关于严禁违规收送礼金、红包问题的暂行规定》，整治收送红包礼金；制定《太原市工商局关于严禁党员干部大操大办婚丧嫁娶事宜借机敛财的暂行规定》，规范婚丧嫁娶活动，组织220名党员领导干部做出婚丧嫁娶“六不”承诺。二是建立制度，明确责任。清理、制定和修订党风廉政建设相关制度，先后出台了《太原市工商局关于落实党风廉政建设党组主体和纪检组监督责任的实施意见》《太原市工商局违反党风廉政建设责任制责任追究暂行办法》等7项制度。为规范权力运行提供意见指导和制度保障。三是强化队伍建设。组织基层纪检监察人员全员参与案件查办和案件审理等工作；统一购买配发新修订的《准则》《条例》合订汇编资料，做到系统党员人手一册。强化业务学习，举办专题网络培训12期，参加全省商事制度改革与市场监管专题培训班，全年共组织培训人数327人。四是加强执法监督。出台《太原市工商行政管理局关于推进“六权治本”工作的实施方案》，建立和完善“六权治本”各项制度24项，取消、下放了一批行政审批事项。制定《太原市工商行政管理局行政审批违规和滥用审批权问题专项整治方案》。建立电子邮箱、网站、热线电话、信箱等举报受理点144个，加强问题线索集中处置工作。全年受理各类举报114件，其中初核15件，组织处理3人，给予党纪政纪处分8人。（马富荣）

2015年9月18日，市非公工委在市委党校举办为期两天的非公党建示范培训班。图为市委组织部长张明星（右三）作动员讲话

【抓非公强党建】 2015年，太原市工商局落实非公党建经费税前列支精神，确保非公党建工作经费保障工作落到实处。按照大县（市、区）配备3—4人、小县（市、区）配备2—3人的标准，配齐配强非公工委工作人员。贯彻落实市委《关于加强基层服务型党组织建设的实施意见》，出台非公企业党组织贯彻意见，将建设服务型党组织与整顿软弱涣散党组织结合起来，按照不少于5%的比例，在全市确定121个软弱涣散党组织，建立整顿台账。在全市选拔上报了15个全省非公党建示范点，发挥示范党组织的引领带动作用。加强非公党建“两支队伍”培训工作，在市委党校举办为期2天的非公党建示范培训班，230人参加集中培训，市委常委、组织部部长张明星，组织部副部长兼老干局局长、市非公工委副书记李发平出席结班仪式并讲话。组织全市非公工委书记开展专项述职，点评亮点，测评排名。开展非公困难党员慰问活动，慰问困难党员8人。（马富荣）

【做好对接综合保障工作】 2015年，太原市工商局完成编制证的重新审核、数据库的录入、各类人员的工资普涨、养老保险和人事档案移交工作。贯彻落实中办、省办《关于县以下机关建立公务员职务与职级并行制度的实施方案》，向市委、市政府反映基层诉求，化解矛盾和不稳定因素。在列入财政计划开支下降39%的情况下，罚没收入519万元，同比下降48%；各协会收入224万元，同比下降5%。代收残疾人就业保障金598万元，同比下降16%。按照“三保”（即保人头经费、保工作正常运转、保重点工作项目）原则合理安排支出。厉行节约，严格执行三公经费的规定，三公经费大幅度下降。收发各类文件共计4130多份，组织会议800人次，接待信访60多人次，组织协调全局性重大活动20余次。（马富荣）

审　计

【概述】 2015年，太原市审计局以“三严三实”教育和“为官不为”专项整治为动力，以服务中心工作、保障改善民生、落实全覆盖要求为重点，以“正规化建设养成年”活动为抓手，以“质量效益巩固年”活动为主题，狠抓审计基础建设，推动各项工作水平。全市共审计及延伸审计单位700个，查出违规、损失浪费和管理不规范金额398.58亿元，非金额计量问题441个；收缴及原渠道上缴15亿元（含审计期间整改），移送案件线索104件，提出审计建议399条，其中被采纳123条；被省、市有关领导批示报告、信

息30件,较好地发挥了审计促进“反腐、倡廉、改革、法治、发展”的重要作用。市审计局参与实施的晋中土地出让收支和耕地保护情况审计，获得全国土地审计表彰项目。市审计局对清徐县和阳曲县2013年和2014年度财政决算审计项目，分别获得山西省审计厅优秀审计项目和表彰审计项目。市审计局获全省审计系统目标责任考核第一名、全省离退休干部工作先进集体、全市综合考核优秀单位和好班子、太原市级“文明和谐单位标兵”“双拥模范单位”等荣誉称号、通过省级精神文明单位和市双拥标兵单位的验收。

市审计局内设机构为:办公室、人事教育处、法规处、财政审计处、金融审计处、行政事业审计处、企业审计处、农业与资源环保审计处、社会保障审计处、外资运用审计处、机关党委、离退休人员管理处、纪检监察室、经济责任审计分局、政府投资项目审计分局、开发区审计分局、园区审计分局、党群审计处、社会和经济发展审计处、政法审计处、文教科卫审计处、城建审计处、经贸审计处。市审计局下属事业单位两个：太原市审计局后勤服务中心、太原市审计局计算机技术中心。职工总数为117人。

(韩文俊　韩翠峰)

【“三严三实”专题教育活动】 2015年,市审计局开展“三严三实”专题党课和研讨;举行“十八届五中全会”精神培训周活动,邀请市委党校、市纪委、市经研中心、石家庄陆军指挥学院的专家学者来局授课;推进中心组、党支部、党小组与处室四个层次的学习;运用局域网、移动办公平台、审计小报、审计快讯、LED显示屏等发布学习内容,“唱响主旋律、喊响大道理”,保持队伍士气。

(韩文俊　韩翠峰)

【党风廉政建设】 一是抓思想、立支柱。组织广大党员干部和审计人员,深入学习习近平系列重要讲话精神为统领,营造共同理念。学习了《党章》《中国共产党纪律处分条例》《共产党廉洁自律准则》、毛泽东同志《反对自由主义》等党规和论述。特别是狠抓领导班子学习开展了“严以修身、加强党性修养、坚定理想信念”专题讨论和辅导。举办了道德讲堂,进行“伟大事业,光荣的使命”主题演讲。二是抓纪律、明规矩。做到“三严格”,即:严格遵守政治纪律、严格遵守组织纪律、严格遵守审计纪律。三是抓廉政、强监督。组织大家观看警示教育片,强化新常态意识、政治规矩意识、廉洁从政意识。加强法规制度和廉政承诺制度建设，成立了惩治和预防腐败体系建设领导组，先后制定了《太原市审计局党风廉政建设工作督查制度》《审计进点离点公示制度》等8项制度和审计组审计纪律。加大监督力度,由纪检组长带队,深入各审计现场对审计组执行审计“八不准”和工作纪律情况进行监督检查。（韩文俊　韩翠峰)

【质量效益巩固年活动】 2015年,市审计局在获全国审计机关先进集体荣誉称号基础上,开展“质量效益巩固年”活动,将战略目标转移到“全面提高人员素质、全面提高审计质量和全面提高两个效益”的战略目标上来。一是推动强化内控制度建设,完善工作目标考评。先后出台了《质量效益巩固年活动方案》《审计业务会商制度》等制度办法。二是加强法律法规及审计业务培训,开展“法律、法规培训周”活动,邀请省审计厅法制处、市人民检察院反贪局、市财政局等相关部门领导、专家,从《推动依法行政,建设法治政府》等入手,进行讲解和指导。三是加强审计质量跟踪督导,跟踪中指导、跟踪中纠错。四是进行审计质量的考核与评价,促进提高审计质量。五是组织开展优秀审计项目评选活动，发挥优秀项目的示范引导作用。(韩文俊　韩翠峰)

【政策措施贯彻落实跟踪审计】 2015年，市审计局开展对除清徐县外的9县(市、区)“稳增长”等重大政策措施落实情况审计,共审计66个部门单位、86个项目,涉及财政资金10.37亿元。结合决算审计,对县(市、区)同级审计情况进行了抽查审计，促进稳增长等各项工作的落实。（韩文俊　韩翠峰)

【财政收支(预算执行)审计】 2015年,市审计局在项目安排上,突出重点、扫除盲点。在对5年来的审计项目进行全面梳理的基础上，市本级计划安排了11个部门的预算执行审计、6个单位的财政财务收支审计,5城区1园区的财政决算审计等项目27个。在审计内容上，一是把绩效审计理念贯穿审计工作始终,密切关注财政资金的存量和增量,减少财政资金沉淀；二是密切关注违反“八项规定”、反“四风”和“三公经费”使用情况；三是关注税费征缴情况和地税部门预算执行情况；四是结合财政决算审计，加大了对稳增长等重大政策措施落实情况的关注力度。在审计成果上,预算执行和财政财务收支审计项目共延伸审计单位128个,查出违法违规、损失浪费及管理不规范金额39.5亿元,移送案件线索5件。城5区1园区决算审计共审计及延伸审计单位160个，查出问题金额119.4亿元，移送案件线索23件,审计期间整改金额4450.65万元。

(韩文俊　韩翠峰)

【经济责任审计】 2015年,市审计局根据省审计厅授权,开展了对省工商局局长周明定任期经济责任审计,以及太原旅游职业学院原院长王春玲的任期经济责任审计,积极探索厅级干部经济责任审计的路子。在审查领导干部经济责任履行情况的基础上,重点审查其贯彻执行经济法律法规、党和国家方针政策和决策部署情况等。审计发现主要问题42个,审计金额1.03亿元,移送问题事项9件。（韩文俊　韩翠峰)

【金融审计】 2015年,市审计局完成太原市城区农村信用合作联社和三县一市农村信用合作联社资产负债损益审计。审计发现经营管理中的违规问题31个，财务核算方面违规问题2.2亿元，业务

经营方面违规问题 47.74 亿元，移送问题 12 件。促进了农村信用联社深化改革、加强管理、提高效益和增强服务“三农”的能力，在防范区域性金融风险方面发挥作用。（韩文俊 韩翠峰）

【农业与资源环保审计】 2015 年，市审计局完成运城市四县、区农业综合开发项目专项审计。共抽查项目 71 个，涉及财政资金 2.69 亿元，查出违法违规及管理不规范金额 9051.15 万元，移送案件线索 9 件，促进农业综合开发资金、项目管理水平和效益的提升。

（韩文俊 韩翠峰）

【固定资产投资审计】 2015 年，市审计局开展对西山农村旅游及森林防火公路建设项目，高新区成立阳曲、晋源分园区相关情况和市公安局机关业务技术用房项目工程等 4 个政府投资项目进行审计，查出违规及管理不规范资金 6974.33 万元，移送有关部门处理事项 7 项。

（韩文俊 韩翠峰）

【社会保障审计】 2015 年，市审计局开展审计署统一组织的 2014 年度城镇保障性安居工程跟踪审计。检查市本级和 10 个县(市、区)38 个项目的开工情况、21 个项目的基本建成情况、55 个项目的工程建设和质量管理情况，揭示安居工程资金使用和筹集管理、保障性住房分配和使用等方面的问题 24 个，涉及违规及管理不规范金额 21.97 亿元，收缴及原渠道上缴资金 1 亿元。

（韩文俊 韩翠峰）

【行政事业审计】 2015 年，配合对外办事处的整合工作，对市政府驻广州和深圳办事处财政财务收支情况进行审计。

（韩文俊 韩翠峰）

【市委、市政府交办事项】 2015 年，市审计局围绕市委市政府“五个一批”和城中村改造工作，发挥审计监督作用，参与和完成制度建设任务 9 项，对 500 多名市管干部进行“六查”审查把关。配合市人社局等单位进行查处“吃空饷”，落实中央“八项规定”等检查 9 次，参与省、市纪委 5 个重要案件的调查。做好对口扶贫村的帮扶工作。对市咪表公司相关情况，举报太原三晋铝业公司破产清算组违法乱纪有关问题，以及阳曲县政府拨付盛禾农业科技有限公司专项资金等 3 个临时交办事项进行专项审计和审计调查，维护群众利益和社会稳定。

（韩文俊 韩翠峰）

统　计

【概述】 2015 年，太原市统计局以强化党建工作为统领，以提高数据质量为核心，以建设现代服务型统计为抓手，精细化管理、项目化推进，着力夯基础、提素质、转作风、强服务、重落实，为推动全市“六大发展”、实现“六个表率”提供优质统计保障。年度考核的重点工作和所有共性指标均完成。（王 浩）

【推进人口抽样调查】 按照国家和省的统一安排部署，完成机构组建、经费落实、人员选调、业务培训、物资准备、宣传发动、入户登记等任务。组建调查工作协调领导组，印发文件通知，部署各阶段工作任务。与各县区签订《工作目标责任书》，与调查员签订《调查员承诺书》，全市 409 名调查员公开做出 “六项承诺”。局领导分片包县，深入一线现场督导，确保工作推进。实行日报制度，采取“下挂一级”培训模式，组织“青年讲师团”督导等方式推进工作。向公安、计生等部门收集行政资料，为摸底和入户登记做好准备。在市委宣传部、市文明办的支持下，开展“多方位、多角度、立体式”的宣传活动。目前，主体工作结束，通过全省组织的事后数据质量抽查验收。（王 浩）

【经济运行监测和统计分析】 2015 年，太原市统计局面对复杂多变的宏观环境和较大的经济下行压力，结合各方需求，对经济监测和统计服务进行了创新升级。完善“五位一体”监测体系。密切跟踪分析经济运行中的新变化，以《领导参阅》形式向市委、市政府汇报经济走势，提出政策建议和对策措施。创新性地通报和研判经济数据。以政府明电形式，按月向各县区通报主要经济指标完成情况。组织行业领域主管部门以及县区预计主要经济指标完成情况，对全市经济运行走势提前进行研判。及时规范做好数据发布工作。召开经济运行情况新闻发布会，按时向社会发布统计公报。经济监测工作为服务党政部门把握经济形势、及时决策部署发挥作用。（王 浩）

【开展专项统计业务】 2015 年，太原市统计局为“两会”量身打造《2015’统计服务专刊》，从统计视角诠释全市经济社会发展状况，为代表、委员参政议政提供信息参考。首次与市委办公厅联合编印《数据太原》，全面直观反映全市经济社会发展现状。为政府工作报告、“十三五”规划建议、县域经济研究、开发区扩区提质等专题工作提供系列数据服务。共编印《统计报告》19 期，《领导参阅》48 期，各类统计业务信息 560 余条，为党政部门提供重要数据参考。配合市政协完成民生问卷大调查，负责问卷设计、样本抽取、汇总梳理、报告撰写。《2014 年太原市民生问卷调查分析报告》推出后，市委吴政隆书记作出重要批示：“市委、市政府要从调查报告找差距、找方向、明措施，切实办好民生实事”。协助市委组织部完成全市干部队伍状态问卷调查。协助市委考核办完成 2014 年度考核目标结果测算，修改完善考核目标加减分计算办法。协助小店、尖草坪等县区完成教育发展均衡度调查。下发《关于进一步加强部门统计工作的意见的通知》，规范部门统计基础工作，推进部门数据信息共享。建立经济运行监测单位联席会议制度，加强与财政、环保、商务等部门的联系，提升数据报送的及时性准确性。会同机构编制、民政、税务、工商、质检等部门，建立和维护统一完整、不重不漏、信息真实、更新及时的基本单位名录库。同时，加强科技、旅游、邮政等部门的交流沟通，为强化协作共促发展做工作。

（王　浩）

【统计"覆盖"活动】 2015年，太原市统计局按照省统计局开展"八个全覆盖"活动的要求，着手建立长效运作机制。分批对联网直报企业和乡街基层统计人员共计1720人次进行培训。开展深入一线大调研、现场办公抓落实专项督查活动。对全市5000万元以上的657个投资项目，建立项目单位"一企一档"，要求县区统计人员进行核查。与中小企业局联合开展清查摸底，对摸回的企业进行入统知识和统计业务培训。加强与商务局的协调配合，定期交流新入库企业和成长型企业资料。制定日常核查方案，将工作延伸到乡街和社区，探索建立"统一组织、分工协作、责任明确"的入统申报机制。建立专业处室与县区统计局联动执法模式，组织市、县、乡三级统计执法普法培训。签订《统计行政执法目标责任书》，推进"统计全员执法，统计联合执法"，形成全方位、立体化的统计执法网络。共检查342家单位，查处案件59起，消灭"执法空白县"，维护统计工作秩序，受到国家和省统计局的肯定。 （王　浩）

【拓展服务领域】 2015年，太原市统计局加强太原市生产总值核算数据解读工作，在全市建立并推行县级GDP核算相关指标数据通报制度。定期召开服务业重点企业工作会议，解决数据报送过程中遇到的问题。开展月度劳动力调查，采取调研和论证等方式加强监测能力。选派代表参加第二届全国统计从业人员师资大赛，获得一等奖第一名的佳绩。在近日结束的第三届全国统计从业人员继续教育培训资源大赛中再度传来喜讯，局荣获一等奖一名，优秀奖三名的好成绩。加强统计信息化建设，升级改造机房和视频会议系统，提高统计网络安全防护能力，为统计工作开展保驾护航。

（王　浩）

【夯实统计基层基础工作】 2015年，太原市统计局加强对县级统计部门班子的"协管"，实行分片包县责任制，指导推进工作。创新管理模式，大力推行乡街"首席统计员制度"，为稳定基层统计队伍，提高统计队伍素质提供组织保障。省统计局专门调研相关情况，并考虑在全省统计系统推广经验。走基层送服务，宣讲统计方法制度。组建"统计业务宣讲团"，先后深入杏花岭、迎泽、尖草坪、晋源等县区，进行点对点的精准讲解，为当地统计发展提供精准服务。推进农村统计联网直报工作。以全省农村统计数据质量检查评估为契机，将上报方式由乡街一级代报延伸到行政村直接上报，实现全市896个行政村统计数据上报方式的突破性变革。加大社会宣传力度，以板报、条幅、宣传单、报纸专栏、电视字幕、网络媒体等多种形式拉近统计工作与社会公众的距离。先后组织第六届统计开放日、统计讲堂、统计法律法规户外宣传等活动，使社会各界走进统计、了解统计、支持统计，为统计工作开展营造氛围。

（王　浩）

【加强统计法制建设】 2015年，太原市统计局以加强法制建设为保障，提高依法统计意识，提高依法统计能力，提高统计数据质量，提高政府统计公信力。组织实施经济统计数据质量专项整治工作，打击统计违法行为。市委吴政隆书记专门就惩处统计数据弄虚作假工作做出"必须坚决贯彻落实好"的批示，耿彦波市长、任在刚常务副市长也提出明确要求。成立专项整治工作领导组，组织全市开展违背统计法律法规精神文件的清理废除工作，严肃彻查统计数据弄虚作假行为，确保统计数据生产过程规范运作。构建统计上失信企业公示平台，在网上公布违法行为举报电话和举报信箱，及时接收社会各界对统计违法行为的举报，并将依法依规认真组织查处和公示。加大对统计失信行为的惩戒力度，达到"公示一起、教育一片"的作用。坚持"预防、监管、教育、服务与惩戒并重"的工作理念，选取房地产、能源等重点行业，开展对企业统计基础工作的服务与指导，变事后处罚为事前预防，从源头上保障统计数据的真实准确。 （王　浩）

【公益活动】 2015年，太原市统计局开展精准扶贫，组织全局党员干部与贫困户"结对子"，进行一对一帮扶。为包扶村安装太阳能路灯，总价值20余万元。开展扶贫日、慈善一日捐等公益活动，体现统计人的社会责任和担当。举办道德讲堂，传承中华民族美德，弘扬道德力量。推进双拥工作，与政府警卫连开展"八一"军民共建联谊活动。走访慰问抗战老同志。参观山西国民师范旧址，上专题党课。组织"纪念中国人民抗日战争暨世界反法西斯战争胜利70周年知识竞赛"答题活动。参加健步行活动。组织统计青年志愿者学雷锋。提供人口调查数据信息，做好计划生育工作。连续多年被授予"全市文明标兵单位"荣誉称号，2014年被评为全市双拥先进单位。 （王　浩）

【党风廉政建设】 2015年，太原市统计局学习贯彻习近平总书记全面从严治党重要指示精神，认识反腐败斗争的严峻性和特殊性，坚决把纪律和规矩挺在前面，推进党风廉政建设。认真执行党风廉政建设责任制。制定下发《市统计局2015年党风廉政建设工作要点》《市统计局2015年党风廉政建设责任制及责任分解实施方案》，把党风廉政建设列入机关工作目标责任体系，层层签订目标责任书，与业务工作协同推进，共同考核。实行责任分解、考核、追究"三位一体"的工作机制，加大纪检监察对全局重点工作全程监督的力度，强化其"发现违规，随时叫停"的权利。学习贯彻《中国共产党廉洁自律准则》《中国共产党纪律处分条例》，提高防腐拒变的能力。定期组织廉政学习辅导，开展党组成员、党员干部、普通群众三个层面的讨论交流。观看警示教育片《警钟长鸣》《作风建设永远在路上》，参观"反腐倡廉历程展"，建立定期集中学习机制，实行动态检查考核。通过形式多样、内容丰富的宣传教育，增

强统计干部职工把纪律和规矩挺在前面的自觉性、主动性和责任感，筑牢反腐倡廉的思想防线。

坚持民主集中制，重大决策和重要事项由局党组集体研究决定，较大金额的物资采购严格按照招投标程序进行，确保党组决策科学、民主、公开。在选拔任用干部过程中，纪检监察全程监督，对新任干部进行任前廉政谈话。实行局领导带班执周制度，加强机关作风建设和效能建设。在市直单位中率先创新性地制定“单位内部处室党风廉政建设考核办法”，月记录、季点评、半年考核。局内连续多年未发生违纪违法现象。

（王　浩）

安全生产监督管理

【概述】 2015年，太原市安监局贯彻落实党的十八大、十八届三中、四中、五中全会精神和省市关于安全生产工作的一系列决策部署，开展“三严三实”专题教育，持续转变工作作风，不断提高服务能力，推动落实党政同责、一岗双责、失职追责。坚持问题导向、狠抓责任落实、紧盯隐患排查整治，深入开展安全生产大检查、“打非治违”和专项整治，较好地完成了各项工作任务。全年全市共发生各类生产经营性事故284起，死亡113人，占山西省下达指标的86.26%，比2014年度下达指标少死亡18人，各类事故总起数和总死亡人数、各类生产经营性事故起数和死亡人数、较大事故起数和死亡人数均实现双下降，连续7年没有发生重大以上安全生产事故，全市安全生产形势稳定好转。（张　凯　张佩忠）

【强化安全生产责任】 2015年，市安监局制定“党政同责、一岗双责、失职追责”办法。在征求市纪委、市委组织部等部门建议的基础上，充实完善该办法，经市委常委会议讨论通过，于12月19日印发全市执行，在全省11个地市中率先把失职追责作为推动责任落实的重要抓手。全市14个县（市、区）、开发区，38个有关市直部门出台文件分解细化安全监管职责，其中27个部门列出了重点监管对象名单。明确林业局、邮管局以及油气长输管道的安全的监管职责，军工企业、隧道施工的安全监管职责已划分并上报市政府。台账管理的做法延伸到38个有关市直部门领导班子成员中，并每季度进行抽查，有效地落实党政同责、一岗双责。落实政府监管“五级五覆盖”和企业“五落实五到位”。全市105个乡镇全部落实，全市有工矿企业的767个行政村（社区）全部落实，覆盖率为100%。全市26648家企业张贴了“五落实五到位”挂图，751家规模以上企业做到安全生产责任体系“五落实五到位”，796家企业达到安全生产标准化。修订完善安全责任测评体系。组织专家修订安全生产测评体系标准，完成对14个县（市）区和38个部门的安全测评，全市共测评4307家企业，有效推动属地监管、部门职责和企业主体责任的落实。

（张　凯　张佩忠）

【安全隐患排查整治】 2015年，市安监局牵头组织安全生产大检查和“打非治违”行动。汲取2014年“12·31”上海踩踏事故、同煤集团“4·19”透水重大事故和天津港“8·12”爆炸事故教训，在全市范围内牵头开展三轮安全生产大检查，累计检查生产经营单位12.3717万家次，发现隐患64258个，整改61814个，整改率为96.2%。打击治理各类非法违法、违规违章行为14.5641万起，责令停产整顿82家企业，关闭取缔182家企业，行政拘留61人，移送追究刑责8人，罚款1214.64万元。通过大检查，先后解决尖草坪区慕云山地区存在的非法采矿、市农行违规存放大量金属钠等8个重大安全隐患。梳理出全市8个难点隐患，进行任务分解，要求有关县区和部门明确隐患整改“五落实”，定期报告整改情况。

（张　凯　张佩忠）

【安全专项整治】 2015年，开展“专家会诊”工作。非煤矿山市级会诊任务37家、验收任务59家，共发现问题和隐患261条，下达整改指令。对37个危险化学品生产企业和成品油库完成市级专家会诊。冶金等工贸行业市级会诊任务334家完成。重点开展非煤矿山、危险化学品、烟花爆竹和冶金工贸行业安全专项整治。非煤矿山行业共检查企业112家，对娄烦县12家尾矿库、古交市狐偃山地区9个地下矿山、阳曲县23家石料厂逐一进行检查，累计排查隐患376条，下达执法文书23份，已整改376条，整改率达100%。对全市所有危险化学品企业进行检查，发现隐患480条，完成整改。对危险化学品储罐区逐一排查，共排查企业63家，363个罐，发现的问题全部整改。注销六城区烟花爆竹长期零售点35家，关闭三家烟花爆竹批发企业，并对每家企业补偿100万元，补偿资金全部到位。冶金等工贸行业排查企业999家，累计排查隐患3051条，整改率达100%，集中开展粉尘防爆专项整治，共排查出涉尘涉爆企业94家，发现隐患947条，整改922条，整改率97.36%。

（张　凯　张佩忠）

【应急管理专项督查】 2015年，市安监局对全市建筑、物业、商贸行业从业人员进行7期业务培训，培训1297人。开展应急管理专项执法检查，检查24家物业公司，9家建筑施工企业，9家商贸企业，发现各类问题130条，全部整改。选派的18名队员代表山西省参加全国第一届危化品救援技术竞赛，在31个省级代表队中获得团体第11名、中部六省第1名的好成绩，并获得团体优秀奖。

（张　凯　张佩忠）

【安全基础工作】 2015年，市安监局开展“安全月”系列活动。在全市设立14个宣传点、21条宣传街道，印发宣传资料27万份，共计7.6万余人参加132场宣传活动；动员19万人参加“平安山西”网络知识竞赛，获省优秀组织单位；参加国家安监总局新安法知识竞赛，获集体一等奖。对全市4000余名党政领导干部、企业负责人进行新安法的宣贯。推动“三项岗位”人员培训。共培训各类人员45787人,其中:生产经营单位主要负责人1051人,安全生产管理人员2540人,特种作业人员11196人,其他从业人员(包括农民工)31000余人。加强职业卫生监管工作。举办12期职业卫生监管培训班,750家用人单位的1447名有关人员参加培训,1053家企业达到职业卫生基础建设要求,企业职业病防治能力得到提升。检查600余家企业的职业病防治工作,查出各类问题1802条,问题整改率达97%。（张　凯　张佩忠）

【构建安全长效机制】 2015年,太原市安监局公布“权责清单”。加强“六权治本”建设,紧盯重点处室和关键环节,探索对权力运行的监督和制约办法,新增15项制度,完善11项制度。梳理出170项行政权力、170种行政处罚情形,向社会公布权力清单、责任清单。完成市安委会更名及职责调整。市委市政府印发市安委会更名及人员调整的通知,将安委会成员单位由原来的48个增加到58个,明确安委会、安委办及其负责人的职责。完成《太原市安全生产考核指标和考核办法》修订工作。优化考核指标,扩大考核范围,提高奖励条件,突出倾斜基层,明确否决条款。安全生产工作方案65项具体任务,有63项任务落实,其余2项任务在推进中。（张　凯　张佩忠）

【事故查处问责】 全市共查处工矿商贸行业生产经营性一般事故8起,结案8起,党纪处分5人,政纪处分28人,行政罚款242.3128万元。查处较大道路交通事故3起。对尖草坪区联鑫石料有限公司“8·15”非法采矿事件,按生产事故进行调查处理,党纪处分2人,政纪处分6人。通过对以上事故的查处,对全市安全生产工作起警示和震慑作用。

（张　凯　张佩忠）

【党风廉政建设】 落实党风廉政“两个责任”。局党组把党风廉政建设工作纳入安全监管工作总体布局,与全局工作同谋划、同落实、同考核。局纪检组协助党组开展工作,市安监局党风廉政建设工作实现“三无”,即无举报件、无要情况要结果的转办件、无违纪案件。人事处、财务处、审批处和5个直属单位书面报告党风廉政建设情况。党组书记带队对5个直属单位党风廉政建设情况进行督导调研,强化直属单位“一把手”责任意识。局党组听取人事处、财务处、审批处和5个直属单位的党风廉政工作汇报,指出需要加强和改进的方面。局纪检组制定廉政谈话制度、定期报告制度、定期回访制度。对机关50名副科以上干部和5个直属单位班子成员建立了信息档案;对设计院5名新任班子成员进行了集体廉政谈话。紧盯重要时间节点,持续反对“四风”,安排专项检查,按照市车改办的要求,封存停驶18辆公务用车。

（张　凯　张佩忠）

【开展精神文明建设】 弘扬社会主义核心价值观,开展革命传统教育,机关组织形式多样的活动,为全局干部职工进行健康体检。参加全市职工运动会,获得团体第8名的成绩。向贫困户发放价值4.35万元的米面油等生活用品,向学校捐赠2000元学习用品和体育器材,投资7000元建设党员阵地。入村开展结对帮扶工作,调查摸底5次,掌握村里贫困户的情况。连续四年获得精神文明标兵单位和双拥单位。（张　凯　张佩忠）

食品药品监督

【概述】 2015年,太原市食品药品监督管理局贯彻党的十八大、十八届三中、四中、五中全会精神和省委、市委十届七次全会精神,以习近平总书记系列重要讲话为根本指针,开展“三严三实”专题教育,按照“坚守一条底线(即:不发生较大及以上食品药品安全事故),确保两个安全(即:市场监管和监管队伍安全),注重三个突出(即:在监管上突出一个“严”字,使企业敬畏法律,突出一个“化”字,使监管者敬畏责任,突出一个“宣”字,使社会共同参与食品药品安全监督),实现四心服务(即:群众办事更顺心,药店买药更放心,饭店吃饭更安心,购买食品更称心)”的工作思路,一手抓监管,主动适应经济社会发展新常态,着力解决饮食用药安全突出问题;一手抓教育,强化党风廉政建设,着力净化政治生态。完成全年各项工作任务,全市食品药品安全形势持续稳中向好,没有发生较大以上食品药品安全事故。（闫伟卓）

【专题教育】 2015年,市食品药品监督管理局按照“严以修身、严以用权、严于律己,谋事要实、创业要实、做人要实”要求,局党组召开15次专题学习会和4次专题研讨会,各党支部(总支)同步开展专题教育。通过专题党课、个人自学、中心组学习、专题研讨等形式,认真学习党的十八大、十八届三中、四中、五中全会和习近平总书记系列重要讲话精神,学习习近平总书记关于党员领导干部践行“三严三实”的新思想、新观点和新要求,学习党章和《中国共产党廉洁自律准则》、《中国共产党纪律处分条例》等规章制度。针对梳理出的不严不实问题,联系党员干部思想和工作,坚持高标准、真改实改的要求,逐条逐项整改,改进学风和工作作风,增强理想信念,强化干部职工对党忠诚、勇于担当的意识,夯实监管工作的政治思想基础。（闫伟卓）

【专项整治】 2015年,市食品药品监督管理局党组坚持边学习、边讨论、边落实,下发《太原市食品药品监督管理局关于开展制售“三无”食品和假冒伪劣药品突出问题专项整治工作方案》和《太原市食品药品监督管理局关于开展制售“三无”食品和假冒伪劣药品突出问题专项整治行动计划》,梳理出重点区域、重点品种、重点环节,确定3大方面、7个领域、29项任务,集中力量予以严肃整治。围绕“六权治本”,结合实际,完善一系列权力监督制约制度,党员干部纪律意识规矩意识进一步增强,工作作

风进一步转变。（闫伟卓）

【依法行政】 2015年，市食品药品监督管理局制定《太原市乡（镇、街办）食品药品监管站建设指导意见》，全市106个乡（镇、街办）设置90个监管站，每一个监管站都达到独立办公场所、执法用车、快检设备、执法记录仪、便携式打印机的“五个一”基本标准配置和办公室、快检室、库房分设“三分开”要求。统一规范市、县、乡执法文书和制式服装等标志，完善内部管理制度和受理登记、日常巡查工作机制。全市执法人员编制由313名增加到1363名，到位率达70%以上（942名），基层监管站人员编制与监管工作任务相符。开展多层次教育培训，监管人员业务素质和综合执法能力得到提升。修订完善《太原市食品药品监督管理事权划分办法》，避免市、县权力交叉重叠和监管真空地带现象发生。（闫伟卓）

【健全管理体系】 2015年，市食品药品监督管理局制定实施《中共太原市食品药品监督管理局党组落实党风廉政建设主体责任实施办法（试行）》《中共太原市食品药品监督管理局党组落实党风廉政建设主体责任清单》，落实“两个责任”和领导干部“一岗双责”。实施监督抽样、技术检验“两分离”和行政审批受理、现场检查、审批“三分离”，推进日常监管、行政审批、风险警示、案件处罚等信息公开，完善《行政处罚自由裁量权基准制度》《食品药品行政处罚案件信息公开制度》《行政执法过错责任追究》等制度，规范执法流程和监督管理体系。采取“年初有目标签字（责任书）、季度有考核通报、半年有座谈督促”工作措施，制定《食品药品重点工作日常考核办法》等19项制度，健全监督检查责任落实机制。

（闫伟卓）

【信息化建设】 2015年，市食品药品监督管理局坚持“统一规划、统一标准、统一建设、统一管理”原则，制定《太原市食品药品监督管理局信息化建设总体规划》，完成食品原产地可追溯系统的建设使用、重大活动餐饮服务食品安全数字化管理系统开发部署、药品流通实时监管系统的安装部署以及太原市药品质量市民查询系统的二期扩建（100台），全市246家食品生产企业完成基础档案信息电子化管理，在食醋、乳制品、肉制品、白酒四个行业75家企业完成食品原产地可追溯体系建设。初步搭建实时监管、信息公布、公众查询相结合的建设框架。

（闫伟卓）

【净化食品药品市场】 2015年，市食品药品监督管理局结合省会城市实际，印发《创建全国文明城市做好食药监管相关工作的实施方案》，将5个方面32项164项指标任务分解到市、县两级相关部门，解决辖区食品安全突出问题。开展食品生产小作坊整治，取缔脏乱差、制假售假小作坊37家，责令15家小作坊予以停产整顿，对94家小作坊下达《责令整改通知书》，登记建档289家小作坊。下发《关于在连锁超市推行猪肉可追溯管理的通知》，进入超市及其猪肉供应企业的猪肉，实现“一票一卡两证两章”管理。为婴幼儿配方奶粉等食品经营者，安装融合索证索票、进销货台账功能的“食品流通监管及追溯平台”，实现对奶粉等重点品种可追溯管理。以食品原料（食品添加剂）追溯管理为重点，通过“一条主线、二个制度、三种措施、四项创新”，实现餐饮食品原料（食品添加剂）全程可追溯。（闫伟卓）

【查处不良物品】 2015年，市食品药品监督管理局推进新修订药品GMP、GSP认证，开展中药饮片生产经营、特殊药品管理、制剂质量标准执行等15个专项检查，排查隐患230条，对39家药品生产经营企业下达《责令改正通知书》，移送违法药品广告200件。强化药品不良反应监测，上报报表7767例，新的、严重的病例报告1184份，占报告总数的15.4%，严重的病例报告203份，药物滥用报表2701份，化妆品报表数46份，在全省率先完成年度考核目标。出台《太原市医疗器械生产企业分类分级监督管理办法》，推进医疗器械分类分级监管。组织开展体外诊断试剂、口腔义齿等专项检查，注销30家企业《医疗器械经营许可证》，收回17张《医疗器械经营许可证》，取缔75家无证销售隐形眼镜或护理液。

市食品药品监督管理局坚持以问题为导向，深入实施“五个一律”严厉措施，健全与公安部门的案情会商研判、联合执法办案等机制，查办“南方日化城”批零单位化妆品假冒案等一批大要典型案件，全年查办食品药品违法案件2029起，案件总值184.4万元，罚没款1047.5万元，向公安机关移送9起假药案件，完成767批次食品抽验任务、药品抽验803批次，与2014年相比，案件数、案件总值和罚没款分别增长了138.7%、5.8%、25.2%，案件数、案件总值、罚没款均为全省第一。省城食品药品市场得到有力净化。（闫伟卓）

【社会共治】 2015年，市食品药品监督管理局畅通公众参与渠道，完善投诉举报受理，实行24小时投诉举报专线专人值守，实现12331永不占线。印发《关于进一步做好食品药品安全舆情监测工作的通知》，加强网络舆情监测，定期研判舆情，做到早发现、早控制。加强与媒体合作，及时发布权威信息、消费提示和风险警示，帮助群众及时维权，提升消费者自我保护意识。引导行业协会制定行规行约和职业道德准则，强化企业诚信、自律和风险自我管控。开展食品药品知识宣传教育，在全市1530辆公交车上常年发布食品药品安全提示，利用移动电视平台和楼宇电视全天候滚动播放饮食用药安全宣传片，提升人民群众食品药品安全意识，形成社会共治格局。

（闫伟卓）

【党风廉政建设】 2015年，市食品药品监督管理局制定落实“两个责任”的《实施办法》，领导班子成员每人理出《责任清单》，分门别类列出18项具体责任。将党风廉政建设与行政工作同安排、同部署,健全“人人有责任、人人要负责”的责任体系,签订《党风廉政建设责任书》,实现责任网络全覆盖。开展针对性的示范教育、警示教育和岗位廉政教育9次,编发廉政短信43条,廉政提醒谈话38人次,对新提任干部进行任职廉政谈话。制定督查方案,采取巡查、重点抽查、专项检查、突查暗访等方式,集中整治公款购买赠送年货节礼、用公款搞联谊宴请、违规用车、公款休闲娱乐、突击花钱,违规发放津补贴、违规举办各类节庆等违规行为。排查各直属事业单位三公经费等资金使用情况,对发现的集中采购手续不完善、发放补贴不符合政策依据等问题,都按要求限期整改到位。开展“廉洁自律、拒收节礼”廉政承诺自查自纠行动。全年约谈3人次。(闫伟卓)

【监督执纪】 2015年,市食品药品监督管理局对重点领域和关键环节,推行行政执法廉政承诺制,统一印制执法承诺书,制作统一编号的企业反馈执法人员违规信息卡,开展实地回访和督查,收回承诺书1600多份,回访行政相对人400余家。注重从投诉举报、巡查督查、网络舆情中发现问题,对2008年以来信访举报件进行大排查,对50多个线索予以重新核实,剖析问题原因,堵塞制度漏洞。完善《责任追究制度》等13项监督执纪制度,健全纪检监察工作流程。办理上级转办案件,办理省局纪检组转办案件1起,按照省局纪检组要求进行核查,并进行3次专题汇报。(闫伟卓)

经济管理

太原高新技术产业开发区

【概述】 2015年,太原高新技术产业开发区(以下简称高新区)贯彻落实创新驱动发展战略,“一区多园”建设取得突破性进展,科技创新能力提升,平台建设夯实,创新生态系统优化,经济社会发展呈现良好态势。按科技部统计口径,2015年,太原高新区实现科工贸收入1719.1亿元,同比增长1.1%;实现工业总产值1451.3亿元,同比增长0.75%;实现地区生产总值415亿元,同比增长3.5%;实现利税73.7亿元,同比下降7.5%;实现出口创汇4.87亿美元,同比增长86.8%。按在地统计口径,2015年,全区完成地区生产总值87.1亿元,同比增长10.2%;服务业增加值40.08亿元,同比增长16.4%;规模以上工业增加值47.66亿元,同比增长6.7%;固定资产投资89.29亿元,同比增长21.9%;社会消费品零售总额33.91亿元,同比下降8.3%;一般公共预算收入11.46亿元,同比下降14.7%。最新的全国高新区评价结果显示,全国115个国家级高新区(含苏州工业园)中,太原高新区综合排名第42位,比上年前移了10位。知识创造和技术创新能力、可持续发展能力、产业升级和结构优化能力三个一级指标有所前移。信息服务业加快集聚,适合城市社区发展的现代科技、工业服务业正在高新区推进,园区3700家入区企业中,服务业企业约占46.0%;电子商务产业异军突起,引进电子商务企业81家,已聚集相关企业130余家,从业人员5000余人,聚集包括贡天下、易通天下、成宁科技、四季风旅游等一批省内优秀电商,垂直和行业电商发展迅速。 (张少栋)

【汾东拓展区】 2015年,高新区形成一区多园发展格局。随着对汾东、阳曲、姚村拓展区建设规划的确定,汾东园区基础设施工程进展顺利,大运西路、六号线南街已开工,雨污水及电力方涵、电力排管的建设已完成,园区临时供电、供水工程及汾东22万伏变电站建设主体已完成。物联网产业园109万平方米孵化器加速器已全部封顶,投入使用。招商工作已全面开展,将重点打造信息安全产业园、物联网产业园、大学生(留学生)创业园、文化产业园等专业园区。即将投资建设的项目有太原风华信息装备股份有限公司的新型显示成套装备研发与产业化项目和山西美特好连锁超市股份有限公司的美特好众创产业园项目。储备的重点项目包括北京同仁堂山西连锁药店有限公司的北京同仁堂山西连锁互联网医药电子商务平台项目和太原吉贝克金融大数据产业开发有限公司的金融大数据产业园项目。 (张少栋)

【阳曲拓展区】 2015年,阳曲拓展区有意向投资的项目14项,拟投资80.9亿元,总用地需求1870亩。包括北京林达投资集团有限公司的废旧轮胎再生循环利用项目、科工龙盛生产制造基地项目、山西华夏动力科技有限公司的年产5000辆纯电动客车及电动汽车驱动电机、电池、控制器项目、山西远航电动车业有限公司的太阳能动力车生产基地建设项目、山西森达源科技有限公司的年产100吨高纯纳米导电材料项目等。

(张少栋)

【姚村拓展区】 2015年,姚村拓展区共储备项目25项,拟投资135.5亿元,总用地需求273.5公顷。可开工的项目有高新区建投公司孵化器和加速器项目、山西(姚村)中小企业创业示范基地项目、山西国际医疗器械产业园项目、太原酒厂搬迁改造项目、中药材综合开发项目、山西省中医院养老护理项目、正大基因生命科学抗衰老产业园项目。

(张少栋)

【搭建创新孵化平台】 2015年,太原高新区发展众创空间的物理载体,建设一大批众创空间,创业者加速器等创新型孵化器,构建一批面向大众的“众创空间”等创业服务平台,打造经济发展新引擎。创办清控众创、37度、博创、高新梦谷等众创平台。出台《太原高新区关于发展众创空间推进大众创新创业的实施意见》,在创业场地补贴、免费提供网络、软件、购买服务等方面给予支持。规划将创意街打造成太原的双创基地，进入规划设计阶段。企业创新主体地位增强，新获批高新技术企业 65 家，全区共有高新技术企业 211 家，国家企业技术中心 4 家、国家工程技术研究中心 1 家、公共服务平台 4 家，拥有山西省企业技术中心 26 家、山西省工程技术研究中心 4 家、市级企业技术中心 5 家、区级企业技术中心 14 家。产学研联动机制高效运行，与中北大学签订战略合作协议，开展产学研合作，合建的太原高新区 3D 打印公共平台正式启动。知识产权战略深入实施，2015 年申请专利 552 件，新增授权专利 563 件（其中发明专利 137 件）；技术合同成交总金额达 17 亿元，其中小微企业技术合同交易额 6 亿多元。（张少栋）

【招商引资和重点项目建设】 2015 年，高新区新入区企业 1106 家，累计注册资金 113.2 亿元。完成签约项目总投资 370.1 亿元，实际到位资金 91 亿元，储备项目 870 亿元。全区重点工程落地项目 20 个，落地项目投资额 36.87 亿元；开工项目 35 个，开工投资额 76.22 亿元；建设项目累计完成投资 84.39 亿元；投产项目 22 个，投产投资额 57.77 亿元。其中，新建物联网技术应用硬件产品项目，2015 年完成投资 13.42 亿元；新建物联网技术应用软件产品项目 2015 年完成投资 9.45 亿元；云锦盛科技产业园项目 2015 年完成投资 1 亿元，进行外装工程；山西国际金融中心项目 2015 年完成投资 4.68 亿元，一期工程进行幕墙及安装工程，二期工程主体施工；军威新能源创新商务小区项目 2015 年完成投资 4.21 亿元，进行主体结构及二次结构工程。（张少栋）

【资本市场建设】 2015 年，园区共聚集非标金融机构 227 家、各类银行机构网点 30 多家，为园区企业提供流动资金贷款余额达 40 亿元。加快金融平台建设，联合发起设立山西高新普惠资本投资服务有限公司，高新普惠众筹平台正式上线；成立太原高新区股权投资有限公司、太原高新区中小企业融资担保有限公司、太原高新区科融小额贷款有限公司、太原天使投资基金。与晋商银行、国开银行、平安银行、渤海银行、山西省农信社等多家银行建立了战略合作关系；晋商银行在高新区设立科技银行，推出与建行的“助保金贷款”、与民生银行的“互助基金贷”高新区专项计划。推进“四板”区域性股权交易市场和“新三板”挂牌工作，筹备设立太原高新科技股权托管交易中心，将为全省的初创期、成长期中小微企业提供挂牌展示、投融资服务、转板上市通道的金融服务平台，打造具有区域特点的精品四板市场；企业直接融资呈现加快势头，高新区新三板上市企业共 12 家。进一步创造和完善园区金融生态环境，财政出资设立 3000 万元的应急周转保障资金和 2000 万元的金融服务风险金。（张少栋）

【优化人才结构】 2015 年，园区以引进和培育海外高层次人才为核心，完善人才政策体系、加大人才创业扶持、优化创新创业环境，集聚一批领军型人才和国际化团队。全区共有 4 人入选国家“千人计划”，21 人入选省“百人计划”，引进 9 名“千人计划”人才来区创业。加快院士工作站和博士后工作站建设，成立 9 家院士工作站，8 家企业博士后科研工作站。实施新兴产业领军人才培育工程，共 30 名企业家入选“山西省新兴产业领军人才”。20 人入选“山西省学术技术带头人”。构筑海外高层次人才创新创业平台，太原留学人员创业园吸引来自美国、英国、德国等国家和地区的留学人员 266 人，创办企业 158 家。（张少栋）

【行政审批制度改革】 2015 年，园区落实“两集中两到位”，推行电子审批，简化审批流程，缩减审批时限。政务中心共进驻单位 26 个，设 42 个前台办事窗口，办理 69 项审批事项。实施“六权治本”，制定各部门权力和责任清单，对所有事项进行再审核、再清理，初步缩减行政权力事项 59 项。出台《太原高新区项目入区办事流程》，明确部门职责，为推进项目入区落地奠定制度基础。坚持依法履职，依法办事，强化行政规范性文件管理，加大行政执法监督力度，开展普法宣传教育，聘请常年法律顾问，开设《生活晨报》法制宣传专版。（张少栋）

【社会事业】 2015 年，高新区实施片区综合整治、市容环卫整治等专项行动，完成区内 5 条道路的拓宽改造、电力设施“临改正”、供热纳入市集中供热、星级单元创建等工作，完善基础设施和城市服务功能。探索社会治理新机制，全面推行“网格化管理、组团式服务”模式，切实提升社会治理能力。加强食品药品监管，严肃查处违法行为，保持良好市场秩序；积极化解不稳定因素，信访事项共 8 件，已化解 8 件，化解率 100%；建立健全安全生产责任制，深入开展各类安全生产专项整治活动，加大监督检查力度，狠抓各类事故隐患的治理和整改，促进企业主体责任和各级监管责任的落实，园区各行业领域未发生任何重大事故。

（张少栋）

【思想政治建设】 2015 年，高新区坚持中心组学习和党员干部理论学习，学习贯彻党的十八大、十八届三中、四中、五中全会及省市有关重要会议和文件精神，党工委中心组学习 15 次，开展党员干部集中培训 6 次。加强基层党组织和党员队伍建设。严格落实管党治党责任，树立“抓好党建是最大政绩”的理念。加强基层服务型党组织建设，开展“领头雁”培训和基层支部书记培训 4 次。整顿软弱涣散基层党组织，撤销 9 个不具备条件党组织。开展非公经济组织党组织“双强六好”创建活动和社会组织党组织集中组建工作，新组建基层党组织 8个。做好党员发展工作，新发展党员 45 名。推进作风建设。巩固教育实践活动成果，开展“学习讨论落实”活动，全区共查找政治生态存在的突出问题207个，制定整改措施138条。开展“三严三实”专题教育，针对领导班子查找出问题22个。落实中央八项规定精神，反对“四风”，先后开展专项整治、专项督查和10余次明察暗访，“文山会海”得到有效控制，“三公经费”管理严格。推进党风廉政建设。制定下发“两个责任”清单和工作实施意见，强化廉洁从政教育、警示教育、廉政文化、制度机制建设，推动“两个责任”落实。坚持从严管理干部，开展“三个一批”工作。坚决把纪律和规矩挺在前面，抓早抓小，对车辆使用方面违规的4名责任人给予党纪处分。（张少栋）

太原经济技术开发区

【经济发展】太原经济技术开发区2001年6月被国务院批准为国家级经济技术开发区，规划面积9.6平方千米，2002年7月开始建设。

2015年，面对经济下行压力的影响，太原经济技术开发区克服困难，迎难而上，主要经济指标均实现又好又快增长：完成工业总产值642.52亿元，同比增长8%；完成财政总收入41.1013亿元，同比增长23.6%；完成公共财政收入14.28亿元，同比增长15.5%；完成固定资产投资124.12亿元，同比增长20.79%。（栗群新强）

【投资环境】太原经济技术开发区位于太原市东南部，距离首都北京500千米，全程高速4小时。区中心距太原飞机场2千米、太原火车站3千米、市中心10千米；高速公路直达北京、天津、石家庄、西安、呼和浩特、郑州、济南等周边大城市，交通便捷，是商家投资的理想之地。

按照总体规划和“有收益项目市场化引资，无收益项目财政投资”“谁投资、谁受益”的原则，完成9.6平方千米内的道路、雨污水管网、供水、供电、供暖、供汽、煤气设施及管网、通讯网络、绿化、土地平整、污水处理、固体废弃物处理等基础及配套设施建设。区内骨干道路网建设，主干路网基本形成，给排水、热力、煤气管网全部贯通，通讯设施、宽带网络、有线电视线路已随道路管网一并铺设，实现“九通一平”。

截至2015年底，区内建成220千伏变电站、110千伏变电站、35千伏变电站各一座，10千伏开闭所两座；区内全部0采用引黄水，日供水能力达60万吨；区内建成145吨供热供汽热源厂一座，70兆瓦采暖、170吨蒸汽热源厂各一座，实现冬天供热、夏天供冷气、全天供应热水和蒸汽的服务；区内共完成绿化面积442542.3平方米，完成投资约3125.1万元，绿化覆盖率达46%。基础设施的配套完善，为建设循环经济示范区和绿色生态工业园区奠定基础。

太原经济技术开发区有独特的投资软环境，一是推进“两集中、两到位”改革，进一步减少审批环节、简化审批程序、压缩审批时限。行政审批事项由原62项保留为50项，减少幅度19%；政务服务事项由49项合并为24项，减少幅度为51%，确保所有事项在大厅办理，不搞体外循环。二是开展审批流程再造工作，搭建企业入区注册平台和项目落地建设运行平台，开展项目入区联合审批、企业注册联合审批、项目落地建设联合审批和企业运行联合审批服务，编制并公示新的审判流程图，明确各单位审批负责人和办理时限。实现从项目入区联合许可开始到项目报建、施工许可完成，全流程审批时限45天。三是建立行政审批职能整合机制。全面整合各部门内部审批职能，将所有审批权归并到一个科室，确定13家单位入驻政务服务中心，形成权责并重、审管分离、公开透明、廉洁高效的行政审批运行机制。四是建立行政审批授权委托机制。各职能部门对行政审批服务科和行政审批首席审批员充分授权，使其进驻中心后，独立完成行政审批工作，确保窗口审批、盖章、证书制作三到位。（栗群新强）

【科技创新】2015年，高新技术企业新认定7家，累计33家；高新技术成果鉴定2项；高新技术产业销售产值227.79亿元，占规上企业销售总产值36.07%；研发费用投入9428.91万元；有效发明专利授权16件，累计162件。作为国家级产业园区，利用省市对人才的支持政策，管委会申请设立博士后工作站和海外高层次人才创新创业基地，设立企业市级院士工作站7家（其中2家获批省级院士工作站），设立山西省引进国外智力成果示范推广基地一家、博士后创新实践基地一家。拥有国家百千万人才工程、国务院特贴专家省级领军人才10余名，省学术技术带头人5名，引进博士后研究人员4名，与10余名两院院士签订长期的技术合作协议，有4名海归博士入选省“百人计划”，2名“千人计划”专家、2名“百人计划”专家在开发区创建科技型企业，多名优秀人才在科技创新方面做出贡献。

截至2015年底，区内从业人员达9万余人，其中：博士生40余人，硕士生近600人，本科生7000余人，其中2760余名专业技术人员通过评审取得相应的职称。（栗群新强）

【投资促进】2015年，签约项目总数为34个，总投资395.93亿元，其中总投资10亿元以上项目5个，30亿元的项目3个，项目涉及装备制造、新材料研发、移动通信、商贸物流、房地产等行业。2015年度利用外资4.0827亿美元，储备项目总数为43个，总投资1352亿元，涉及装备制造、电子信息、生物医药、仓储物流、商业地产等行业。项目储备定位于新型工业化及现代服务业项目，杜绝煤焦、冶金、化工等传统耗能污染项目；注重储备项目的落地可能，充分考虑储备项目的立项、规划、土地、环保等相关问题，以促成储备项目的高落地率和高开工率；储备项目力争投资大带动性强的项目，10亿元以上项目达43个。（栗群新强）

【社会事业】2015年，在加快园区建设的同时，太原经济技术开发区坚持经济发展和社会事业发展有机结合，构建和谐社会。一是解决失地农民问题,统筹城乡发展,出台和落实一系列政策办法,从政策上引导农民规模化从事养殖业以及商业、饮食等第三产业,鼓励引导农民利用自身优势走自主择业、自谋发展的道路。二是构建就业培训体系,对农村转移劳动力进行加工技能、电脑应用、绿化、服装加工、保安、锣鼓等专业培训,使其拿到就业上岗"通行证",并安排就业。三是成立工程协调中心,区属农村组建工程服务队,为区内建设项目提供土方、物流等多种服务,解决部分村民的就业和收入问题。四是组建成立巾帼锣鼓队,参与社会化服务,解决200个农村家庭妇女的收入问题。五是引导农民将征地补偿款投入到有收益保障的物业项目,增加收入。六是启动"城中村"改造工作,建设社会主义新农村。七是完善居民社会保障体系,做到"老有所养、老有所依"。全区9个农村居委会六十岁以上的老年人参加养老保险,每人每月可领取200元。全区有2851户,9228名农村居民参加新型农村合作医疗,参合率达100%。

(栗　群　靳　强)

【管理与服务】 按照"封闭式管理,开放式运作"的新型管理模式运作,设立企业服务大厅。大厅遵循"审批与服务并重,服务重于审批"的理念,以事为主,方便企业;根据《行政许可法》的要求,实施并联审批,精简办事程序,缩短办事时限;按照公开、公平、公正、透明、规范、高效的原则,实行"一个窗口受理""一个窗口领证""一个窗口收费"的一条龙服务和"首问负责制"。区经济发展局、环保局、建设局、工商分局、质监分局、土地分局、规划分局、地税局、国税局、物业服务中心等审批服务部门组成审批服务窗口,银行、人才交流中心、会计师事务所等机构为入区企业提供延伸服务。区纪检监察、投诉中心在大厅设置监督服务窗口,保证各项审批服务事项的落实;投诉中心24小时受理企业各类投诉。

为加强部门协调,创新服务方式,建立外商投资审批服务中心、企业项目建设服务中心、企业运行服务中心等三大服务体系。实行"三大服务中心"例会制度。所有入区企业在办理各项行政许可和审批事项以及施工建设、生产经营中遇到问题都可以直接上报议题到"三大服务中心",面对面提议,并于例会上当场得到相应行政职能部门的答复和解决方案。截至2015年,40家企业上报的130个议题都有满意的解决方案。"三大服务中心"运行后成为经济开发区入区企业解决问题的终点站。

开发区出台《科技项目发展资金使用和管理暂行规定》。截至2015年底,全区有33家企业通过省级高新技术企业认证,2015年全区完成高新技术领域企业工业总产值达593.99亿元人民币。经过十多年的建设,通过加快推进重大项目的建设和发展及完善产业链,太原经济技术开发区形成国家级装备制造(能源装备)产业基地、国家级新材料新能源基地、国内有影响的电子信息产业基地、食品及农产品加工基地和生物制药产业基地。

(栗　群　靳　强)

【生态环保】 2015年,重点组织实施南畔、南黑窑等四个"城中村"社区的清洁能源供暖改造工程,实现居民原有分散燃煤锅炉的全面置换,同时推进富士康,中电科技33所等单位的燃煤锅炉置换工作,改善全区冬季大气空气质量,烟粉尘、二氧化硫等污染物排放实现大幅度的削减。

随着入区项目的建成投用,生产、生活污水的排放逐年增加,为满足入区企业日益增长的实际需要,开发区推进金世纪阳光污水处理厂二期项目建设,帮助企业解决项目落地过程中遇到的各类困难,项目正式进入施工阶段。

(栗　群　靳　强)

太原民营经济开发区

【概述】 2015年,工业新区扩区获得省政府正式批准,体制机制基本理顺,为民营区发展工业新区奠定法理地位。开发区企业主营业务收入完成200亿元,与上年持平;固定资产投资完成35.97亿元,同比增长54.6%;社会消费品零售总额完成31.59亿元,同比增长10.3%;规模以上工业增加值完成2.33亿元,同比增长10.7%;一般公共预算收入完成3.77亿元,同比增长1%。工业新区是太原市"十二五"期间重点打造的新型工业基地,按照省、市产业政策导向,重点打造三个产业板块:即暖泉湾核心功能区(以生产配套服务和科技研发、商业金融为主)、赵庄高端装备制造产业区、坂寺山新材料新能源产业区。2012年,民营区异地扩区建设计划启动,城市道路建设、工业新区主干道建设等基础设施建设开始推进,多家大型企业落户工业新区"安家筑巢",拉开15平方千米发展框架。在"十三五"期间,工业新区立足"支撑太原工业布局调整、承接沿海和本市产业转移、实现转型发展的重要新兴工业基地"的产业定位根据"生态立区、错位竞争"的发展思路,重点布局装备制造、新材料、节能环保等产业集群,与其他开发区形成错位发展与优势互补,努力建设成为太原市新的工业增长极。

(杨宏平)

【投资环境】 2015年,民营区完善基础设施建设,提升综合承载功能和对企业项目的配套服务功能。基础区方面,配合太原市热力管线改造工作和规划东峰路、红沟中街西段等道路的修建工作,提高基础区生活承载水平。工业新区方面,在建项目锦绣大街、经二路、涌泉路等主干道全线竣工通车,交通标志、路灯等工程正在筹备,110千伏输变电站已建成,外线架设工程完成;新建项目北山消防通道、108国道改造工程建成使用,规划十五路、新区消防站主体完工,累计完成投资3亿元;锦绣大街西段、村民安居工程、工业西路、工业东路等6条道路工程完善前期征地、手续办理等工作。探索管理模式创新,对工业新区200万平方米供热能力的热源厂实行市场化运

作，对公用设施维护、公园绿化养管服务实施政府购买，通过市场手段降低成本、提升服务。（杨宏平）

【招商引资与利用外资】 民营区强化产业发展在金融、科技、人才、市场等方面的要素培育，突出发展高端装备制造、“镁、磁”新材料、新能源、现代物流、总部经济等产业。联合晋西集团、上海环境集团等单位构建6方产业联盟，并进入公司化阶段，致力打造环保装备制造基地、环境产业技术服务平台和环保项目综合园区，打通发展高端装备制造业的资本、技术、制造、市场、服务等重要环节；加大对“镁、磁”新材料的政府引导和政策扶持力度，引进山西联合镁业镁产业园区项目和山西沃邦新能源汽车制造项目，扶持设立镁产业并购引导基金，加强与双塔刚玉、汇镪磁材建设“磁材”表面处理中心的对接，新材料、新能源产业布局进入攻坚阶段；扶持唐久物流、金虎物流与京东、淘宝等国内一流电商深度合作，完善物流信息平台，引入新业态，实现新发展，成功申报国家级“日用品现代物流示范园区”，现代物流业层次不断提升；引进博思特能源、米特尔科技等一批总部经济企业，为楼宇经济发展注入新的活力。全年签约项目14个，总投资328.48亿元，参加第十九届中国东西部合作与投资贸易洽谈会暨丝绸之路国际博览会，先后赴北京、上海、天津、芜湖等地考察垃圾焚烧、表面处理、文化旅游、汽车拆解、电子交易平台等项目，洽谈大族控股集团CNC机床项目、山西新源甲醇燃料调配中心项目、汽车拆解及回收再利用项目等，引进项目的质量不断提高。

（杨宏平）

【主导产业和重点企业】 民营区根据产业布局规划，基础区不再布局工业，按照扩区规划和现有基础，重点做好现代物流产业、楼宇经济和精品商务、金融服务、高品质地产等配套产业，建设一流的东山宜商宜居环境，提升东山城市化水平。工业新区重点发展新兴产业为新材料产业。重点发展钕铁硼、镁合金等新材料产业。节能环保产业。重点发展工业节能节水设备、垃圾处理设备、烟气脱硫脱硝成套装备、污水处理成套装备、余热余能利用设备、固体废弃物处置及综合利用设备，粉煤灰、煤矸石、煤矿瓦斯等综合利用装备，煤层气开发利用技术装备等。装备制造产业。重点发展煤矿机械设备、轨道交通设备、焦化机械设备、化工机械设备、节能环保设备等装备制造业，构建与大区域相衔接的产业链条。

（杨宏平）

【建设项目】 全年重点推进在建企业项目14个，总投资154.9亿元；其中，基础区在建项目4个；工业新区在建项目10个。在建项目中，山西汇大物流仓储配送中心项目一期全部6栋商业用楼建成；晋西集团轨道交通及高端装备制造基地项目一期7万平方米厂房和办公楼基本建成，进行设备安装和部分配套设施建设；华腾燃气的燃气设备制造项目计量表车间主体封顶，宿舍楼二层封顶，进行调度楼二层施工；沃特海默3.6万平方米厂房和办公楼建成并完成外立面工程，部分厂房投入使用；太钢哈斯科钢渣综合利用项目、横店（太原）工业园二期项目、四联重机焦化设备项目、隆润投资新希望双语学校等项目投入运营；双明山水庭院二期项目、绿景房地产项目完成投资6.1亿元。（杨宏平）

【科技创新】 2015年，民营区成立民营区产业（创业）投资引导基金，围绕产业定位设立7个子基金；与银行建立战略伙伴关系，完善“助保贷”融资模式，为中小微企业提供投融资服务，解决企业融资难问题；研究建立上市、挂牌奖励制度，鼓励符合条件的企业上市融资，金虎便利成功在山西股权交易中心挂牌，沃特海默新材料公司已完成股改，准备在“新三板”挂牌，崇光科技、今度生活等企业也为上市完善前期工作；重视加强金融监管，防范风险，营造良好的金融环境。推进科技创新，与清华大学洽谈建立清华大学（太原）先进材料研究院，推动新材料领域产学研深度合作；研究打造科技服务平台，搭建科研设施、仪器设备共享和科技成果转化服务平台，推动科技成果向现实生产力转化；鼓励和扶持企业开展科技创新活动，强化企业推动科技创新的市场主体作用。发展民营经济，实施“双创”工程，着力拓展“双创”的物理空间、金融空间、信息空间等，总面积5万平方米的小微企业产业园进行地基处理，实施“创客空间和科技孵化器”项目。（杨宏平）

【管理与服务】 民营区管委会为太原市政府派出机构，与民营区党工委合署办公，副厅级建制，实行主任负责制，财政独立。截至2015年底，除交通、房产、食品药监等管理职能未下放，主要职能事权基本落实到位，共下放国土、规划、建设等各类职能权限15类108项。推进“六权治本”，全面推行权力清单、责任清单，加快制度体系建设，加强了对权力的监督和制约，全年梳理出14类87项制度，已发布实施45项。提升服务效能，审批时限压缩幅度约65%，固定资产投资项目审批从原来的176个工作日压缩为45个工作日，所有行政审批事项均实现“一口进出、限时办结”。（杨宏平）

【社会事业】 2015年，民营区加强安全生产，严格落实“党政同责、一岗双责、齐抓共管”和“五级五覆盖”要求，通过典型示范推动安全生产标准化，加大安全隐患排查和事故查处力度，构建了制度、宣传、监管、查处并重的安全生产工作格局。加强城市管理，重点整治“伸舌头”经营、占道烧烤和违法建设等群众反映强烈的问题。严厉打击各类违法犯罪活动，破获刑事案件50起，查处行政案件161起，保持打黑除恶的高压态势。健全完善领导干部接访制度，加强源头预防，探索疑难问题解决机制，有效化解天和旺等物流公司拖欠商户代收款等信访问题，消除不稳定隐患。为群众办实事，解难事，在新区设立7个村务办事大厅、3个农村老年人日间照料中心、7个村级卫生服务室，解决出行、吃水等群众反映突出的7个问题，夯实和谐基础。

（杨宏平）

【党建工作】 2015年，民营区推进学习讨论落实活动。坚持学习教育贯穿全过程，领导班子进行6次集中学习、3次集中讨论；各支部集中学习3次以上；组织3次专题讨论座谈会。坚持问题整改贯穿全过程，区领导班子进行3次集中讨论，征求到意见建议82条，查找出遵守党的政治纪律等6个方面共16个问题，22项整治任务整改完成，因此建立完备15类87项制度。推进“三严三实”专题教育活动。制订实施方案，组织召开动员大会和学习讨论，制作发放日程安排表，督促参学人员列出问题清单，做好各项统计上报工作。抓好基层党组织建设工作。开展农村“领头雁”培训工作，将农村培训对象扩大到全体两委成员；对软弱涣散党组织进行整顿，整顿完成一个软弱涣散党组织；组织各支部开展纪念党的生日活动；出台《关于加强基层服务型党组织建设的实施意见》《关于党的基层组织实行党务公开的意见》和《2015年党建工作要点》，为加强民营区基层党组织建设提供依据和保障。（杨宏平）

太原不锈钢产业园区

【概述】 2015年，在市委、市政府的正确领导下，太原不锈钢产业园区全面贯彻党的十八大和十八届三中、四中、五中全会精神以及习近平总书记系列重要讲话精神，认真落实中央和省、市各项决策部署，围绕年度工作目标，主动适应新常态，创新发展思路，破解发展难题，认真履行职责，积极推进招商引资、项目建设、基础设施、党的建设等各项工作，园区经济总体呈现出稳中求进、稳中有为的发展态势。（郭　微）

【经济指标】 2015年，太原不锈钢产业园区规模以上企业工业增加值完成11.95亿元，同比增长33.89%，完成年计划117%。公共财政预算收入完成1.94亿元，同比增长29%，完成年计划129%。固定资产投资完成28.62亿元，同比–22.16%，完成年计划58%。（郭　微）

【招商引资】 2015年，太原不锈钢产业园区面对园区基础区开发殆尽，全国自上而下产业结构调整和转型升级的形势，始终坚持把招商引资作为改造提升传统产业、培育壮大新兴产业的根本举措和有力抓手，不断加强整体经济实力。一是创新招商思路。紧盯战略性新兴产业，抢抓新能源产业加速发展的政策和市场机遇，积极引进新能源汽车和光伏发电产业项目。二是优化投资环境。修改并完善《入园企业办事流程》等资料，用图表方式明确各职能部门服务企业的内容、流程和办结时限，使企业在项目签约后能顺利开展前期准备、手续办理、开工建设等各项工作，大幅度提高审批效率和服务水平。三是创新招商方式。积极实施“走出去，请进来”战略，采取小分队招商、产业招商、以企招商、定向招商、委托招商等多种方式，紧盯国内知名企业和行业龙头企业，主动登门拜访，对接招商项目。全年共引进企业12家，协议引资193亿元。重点引进了新能源电动汽车项目，一期租用A区厂房，现已全面启动，计划投资10亿元，与南京金龙合作，建设汽车制造冲压、焊装、涂装、总装四大工艺生产线，预计2016年2月投产，先期生产客车、专用车两种车型，年内可生产7500台电动车，产值40亿元。二期拟选址和平北路三给片区，占地3000—4000亩，计划投资30—50亿元，将形成年产4000辆改装车、22000辆6400型乘用车、10000辆中型客车和物流车、1000辆大型客车的综合产能，实现年销售收入150亿元，利税13亿元，提供就业岗位5000个。充分利用太原市唯一的集客车、专用车、乘用车为一体的原野新能源汽车生产资质，深度开展以商招商工作。与北汽集团、力帆集团、中国汽车零部件工业公司、上海瑞华等知名电动车生产企业和配套协作企业达成合作意向，着力打造集整车及零部件生产销售、技术创新研发、配套设施供应于一体的专业化、综合化、全产业链、百亿级新能源汽车产业园。远期力争实现年销售规模500亿元，利税30亿元。（郭　微）

【项目建设】 2015年，太原不锈钢产业园区受产业结构调整、市场需求不足、企业效益下滑的影响，园区部分新续建项目建设热情不高。园区坚持多措并举，强力攻坚，全力推进项目建设。全年组织召开现场办公、固投例会、项目协调会议40余次，专题研究项目手续办理、进场施工过程中的各类问题，对发现的难点问题及时研究解决，确保项目建设推进。2015年，园区新续建项目50个，总投资169亿元，累计完成投资54亿元，全年完成投资28.62亿元。新建项目36个：其中，国昶开工方案已完成，办理电网接入手续，推进启动天大、锅炉屋顶的施工。华尊小微项目厂房主体工程完成。国药、华润、东杰项目土方工程完成，待设计方案和总包单位确定后全面开工。续建项目14个：其中，润恒项目23万平方米基础工程已完成，推进12万平方米主体施工。华鑫项目联合厂房和联合公寓主体施工完成。猫王钢结构主体施工完成，实施封顶及管网工程。（郭　微）

【基础设施建设】 不断加大投入力度，统筹布局，积极推进基础设施建设，承载能力进一步提升。道路建设方面，完成市政道路1条（兴安南二巷）；启动小返南街产业园区配套路网工程4条市政道路建设，完成雨污水管网4.6千米，成型路基2.3千米。水气暖配套建设方面，新建供水干线2.1千米，燃气干线1.6千米，集中供热干线0.5千米。新建3座燃气供热站，改造供热管网1.1千米，实现供热能力50万平方米（含赵道峪村民宅10万平方米）。实现7个企业自行独立供热36万平方米。协调市集中供热资源,解决了天朗美域、荣兴天顺和新店小区的集中供热问题。电力工程建设方面,完成电力管沟2公里、电力排管5.5千米,改造旧线入地4千米。实施了10千伏北同蒲贯通线、10千伏阳铁线、10千伏东方线迁改工程2.7千米。园林绿化方面,完成护坡5万平方米的绿化景观和B区1号路、2号路绿化改造7000平方米,实施黄土覆盖绿化3600平方米;完成补植补种700平方米,树木35株;实施三期片区6条道路1333个树穴覆盖工作;新建太锅厂区、荣兴天顺小区等为主的社会绿化面积2万平方米;新增省级园林单位1个。（郭 微）

【行政服务】2015年,太原不锈钢产业园区强化服务意识,深化服务内涵,创新服务方式,园区发展环境得到优化。一是综合服务大厅日趋完善。新增安监局办事窗口,服务窗口增至13个,实行“一个窗口受理、一个窗口办结”的一站式服务。各部门将行政审批权限充分授权给窗口首席代表,确保所有行政审批事项在大厅均可办理到位,杜绝办事群众“多头跑、来回跑”的现象。全年累计接件5500余件,办结率为100%。二是国地税一体化办税模式深化。在联合办税的基础上,共同开展了税收宣传、纳税服务、简化优化办税流程、落实纳税服务规范、联合征管等工作,实现了减负提效“七个一”,即“进一家门办两家事,一个窗口两家服务,一个证件两家共用,一次报送两家共享,一个平台两家共建,一所学校两家共办,一次进户两家共行”。三是“三证合一”工作走在全省前列。按照“一表申请、一窗收件、并联审批、核发一照”的模式,对工商、质监、国税、地税数据进行共享,实行并联审批、限时办结。2015年8月28日,园区政务大厅发出全省首张“三证合一”营业执照,并将原来9至11个工作日压缩到3至4个工作日,压缩审批时限,简化手续流程,提高办事效率。四是企业融资服务再上新台阶。持续开展助保贷工作,与浦发银行兴华街支行合作,为园区新凯盛公司成功融资200万元。鼓励帮扶优质企业进入资本市场,取得全年共有7家企业成功上市的成绩。其中,东杰智能为太原市首家创业板上市企业;柯立沃特、华洋科技、多尔晋泽和日德精密4家企业先后在“新三板”正式挂牌;亿鼎公司与和易公司成功登陆Q板市场。（郭 微）

【提质升级】2015年,太原不锈钢产业园区面对经济下行压力,园区调整发展思路,一方面,狠抓内部提质升级,综合竞争实力提升。一是国家级循环化改造持续进行,获中央财政补助资金的8个重点实施项目推进;二是省级低碳产业园区创建正式启动,今年5月获批,分布式屋面光伏项目、环保产业科技示范园、新能源汽车项目等正按计划扎实推动;三是“双创”工作稳步推进,全面贯彻《太原市小微企业创业创新基地城市示范工作实施方案》,注入配套资金,采用“免二减一”方式,为小微企业提供厂房、办公场所、研发基地等,进一步降低了小微企业的运营成本。另一方面,狠抓外部扩区增容,可持续发展能力进一步提升。市委、市政府于年初启动了全市开发区拓展工作,园区多年来的扩区需求得以迈出实质性步伐。经过若干次沟通调整,最终确定在阳曲镇拓展3.5平方千米。拓展后园区规划管理范围18.36平方千米,在尖草坪区范围实施“区区融合”发展战略。两区开展拟定产业布局、明确地块情况等前期工作,将推动两区在体制机制、一二三产等方面的融合,形成互惠互利、协同发展的共赢局面。（郭 微）

【综合管理】2015年,太原不锈钢产业园区规范社会服务,提升综合管理能力,各项工作取得新进展。一是征地拆迁有序推进。全年完成涉及东张村、马坡村、阳曲村、歇子寨村等土地征收共28.87公顷,完成润恒项目周边配套市政道路涉及的新店村、杜家村、皇后园村共3公顷土地的摸底丈量工作,支付征地补偿款共1.3亿元,确保国药、华润、医科大、新店北路等项目顺利开工建设。二是安全生产形势持续稳定。建立健全“党政同责,一岗双责,齐抓共管”的责任体系,制定出台《失职追责管理办法》,明确了各级各部门的安全生产职责。组织学习贯彻新《安全生产法》,加强安全生产法制建设,强化机关监督执法力度,严肃事故查处和责任追究。推进“五级五覆盖”“五落实五到位”和企业标准化建设工作,强化安全教育培训,提升科技和资金保障能力,不断夯实安全生产基础。深化安全生产改革创新,健全完善安全监管体制机制,创新监管方式方法,完善应急救援体系建设。组织开展各类安全生产检查200余次,累计排查各类安全隐患500余条,现已全部整改完毕,创造连续3年未发生重大安全生产事故的好成绩。三是环境整治日趋优化。开展改善省城环境质量重点工作,全年拆除锅炉3台,减少燃煤量1980吨,减少排放二氧化硫20.6吨、烟尘12.4吨。严格规范排污费征收程序,收缴排污费28.8万元。加大环境执法力度,共出动3000余人次,填写现场笔录600余份,照片200余张,要求5家环境违法企业停产整顿并处罚款共计21万元。处理群众举报、来信、来访案件15起,查处率、办结率、满意率均为100%。四是综合执法规范有序。加强绿色文明工地管理,深入10个在建项目工地进行检查并下达《责令改正通知书》20余份,现场指导、监督各在建项目工地进行整改,保证所有工地绿色文明施工。坚决查处和制止违法建设行为,针对违法施工案件、环境卫生案件等实施行政处罚共38300元。高效、准确办结数字化信息平台案卷共964起,其中城乡清洁案卷914起,12319城建热线案卷50起。加大执法力度,规范企业用工行为,处理劳动用工违法行为举报8起,涉及人数411人,为农民工追回拖欠工资942万元,保障劳动者的合法权益。

（郭 微）

【惠民工程】 2015年,太原不锈钢产业园区坚持把惠民生、促和谐作为社会事务工作的核心,强化政策扶持和资金投入,推动园区和谐发展。一是健全完善干部驻村帮扶机制,选派农村“第一书记”去韩庄村驻村帮扶脱贫,推动“精准扶贫”工作。二是扎实开展双拥工作,组织园区干部职工对驻地部队进行了双拥慰问,及时帮助部队官兵解决所急所困,促进军地和谐共处。2015年被评为双拥模范单位。三是加大对外宣传力度,在各级媒体累计发表报道15余篇,设置户外大型宣传牌,共计922平方米。四是全面加强统战基础工作,开展了统战课题调研,摸清各党外人士的底数,加强了园区在统战工作中的理论研究与实践创新。新增设机关工会、科学技术协会和综合服务中心等机构,扎实开展工作,加强了党与职工的密切联系,调动了广大科技工作者的科研积极性,规范了各类公共资源的交易活动。 (郭 微)

【全面落实“两个责任”】 2015年,太原不锈钢产业园区坚持以更高的标准、更严的要求和更实的举措,落实党风廉政建设党委主体责任和纪委监督责任,保持反腐败的高压态势。一是强化主体责任,保持高压态势。按照“党工委负总责,分管领导各负其责,班子成员齐抓共管、纪检部门组织协调”的领导体制和工作机制,层层签订了党风廉政建设责任书,将党风廉政建设主要任务分解落实到各班子成员及责任单位,严格规定自己第一责任人的主体责任、班子成员履行“一岗双责”的具体责任、各部门“一把手”履行领导干部党风廉政建设第一责任人的职责,推动园区党风廉政建设不断引向深入。二是强化两支队伍,压实“两个责任”。在所有中层部门中,分别组建了党支部,由行政领导担任本部门的党支部书记,切实解决了落实主体责任“最后一公里的问题”。在所有中层部门中,都明确了一名同志作为专(兼)职纪检监察员(政风监督员),承担本部门的党风廉政各项工作,不断加强纪检监察队伍建设。三是强化“三转”职能,提升执纪能力。全力支持纪工委向主业回归。全面退出工程招标、土地出让、政府采购等非主业工作和议事机构,不再承担与纪检监察无关的工作。支持纪工委独立查办案件,大胆开展工作,不断提升监督执纪能力。四是强化纪律意识,全面正风肃纪。学习贯彻新修订的《中国共产党廉洁自律准则》《中国共产党纪律处分条例》和《中国共产党巡视工作条例》,教育引导全体党员干部崇尚高线、不越底线、不踩红线。制定出台园区“40个不准”工作规范,使全体干部职工处处有戒尺、时时受监督。加大明察暗访力度,全年开展明察暗访40余次,专项检查20余次,努力营造风清气正的良好环境。 (郭 微)

【思想建设】 坚持“学讲话、学作风”,始终把习近平总书记系列重要讲话精神作为重大政治任务,通过全面学、专题学、跟进学、反复学和集体研讨与个人自学相结合的方式,不断坚定理想信念,坚决在思想上、政治上、行动上与以习近平同志为总书记的党中央保持高度一致,自觉把思想和行动统一到中央、省委和市委的决策部署上来;深入学习以习近平同志为总书记的党中央领导集体“崇尚实干,勇于担当,廉洁自律”的优良作风,学习新的省委领导班子治晋兴晋强晋的政治担当和良好作风,学习吴政隆书记倡导的“马上就办、真抓实干”的工作作风,努力营造凝心聚力的干事创业氛围。全年累计组织中心组学习11次,专题辅导讲座6次。 (郭 微)

【队伍建设】 一是强化领导班子建设。园区党工委、管委会班子既做到了认真贯彻落实有关规定和要求,坚持民主集中制原则,在重大决策、重要人事、重大项目安排等方面,进行集体讨论、民主决策,又做到了各负其责,认真履职。以建发同志为班长的班子成员之间既讲大局、讲原则,又讲友情、讲信任,相互支持、相互配合,形成了凝心聚力谋发展、同心协力干事业的工作环境。二是强化干部队伍建设。一方面,大力弘扬“攻坚奋进,开拓创新,科学发展,追求卓越”的园区精神,进一步健全完善园区选人用人管人的长效机制,打好“三个一批”组合拳,坚持在招商引资最前沿、项目建设第一线、经济发展主战场上发现干部、培养干部、使用干部、管理干部,不断激发全体党员干部干事创业的积极性和主动性。另一方面,从严管理干部,通过运用日常监督、政务督查、年度考核等有效手段,引导全体党员干部既依纪依规干事,又奋发有为地履行职责。对“不作为”“慢作为”“乱作为”的问题,对推诿扯皮、不敢担当、责任落实不力的都予以严厉追责,切实做到真管真严、敢管敢严、长管长严。 (郭 微)

【基层组织建设】 一是创新基层党建机制。按照“书记抓,抓书记”的思路,将党组织书记抓党建工作延伸到企业基层组织,通过定期召开党建工作例会,听取党建工作报告等形式,形成抓基层党建工作的强大合力。二是构建组织部门主抓、相关职能部门协同参与的“1+N”新格局,进一步理顺非公党建管理体制,努力形成协同配合、各负其责的齐抓共管良好格局,着力破解非公党支部多头管理、运行不畅的问题,开创党建与企业发展“同频共振”的多赢互促新局面。三是推行“三同步”工作法,即支部成立与企业建立同步、党建指导与组织成立同步、党建活动与企业生产同步,不断改进对流动党员的管理和服务。四是坚持落实党员领导干部党建联系点制度,选派3名党员干部,协助和指导非公企业开展党建工作。五是加大党员发展工作力度,年内对4名预备党员进行了跟踪考察,对3名积极分子进行了培训。六是积极开展在职党员“到社区报到”等活动,发挥党员的示范引领作用。 (郭 微)

【“三严三实”专题教育】 按照“明确重

点，创新方式，丰富载体”的要求，扎实开展“三严三实”专题教育，确保各项工作取得实效。具体来讲，就是突出抓好“四个字”：一是强化思想教育，突出一个“全”字。先后6次组织园区领导班子成员和副县级以上党员领导干部，集中学习了习近平总书记系列重要讲话精神，特别是关于党员领导干部践行“三严三实”的新思想新观点新要求，中央和省委、市委规定的必读文献，省委王儒林书记、市委吴政隆书记在专题党课和专题研讨会上的重要讲话精神，把思想和行动统一到中央和省委、市委的精神上来，进一步提高了践行“三严三实”的自觉性和主动性。二是开展研讨交流，突出一个“深”字。按照两月一专题的进度，园区领导班子成员和副县级以上党员领导干部圆满完成了“严以修身，严守党的纪律和政治规矩，严于律己，严以用权”4个专题的研讨。三是坚持边查边改，突出一个“真”字。坚持把问题意识、问题导向贯穿专题教育全过程，针对查摆出来的“不严不实”问题和具体表现，园区领导班子成员，一条一条梳理、一项一项分析，弄清问题性质、找到症结所在，共列出问题清单82条，并逐条整改落实，真正做到边学边查边改、即知即改、立说立行。四是强化建章立制，突出一个“准”字。按照党纪严于国法、领导干部严于一般干部的要求，进一步健全完善了党员教育引导机制、作风建设长效机制和责任追究机制，不断强化制度的刚性执行，推动践行“三严三实”要求制度化、常态化和长效化，共完善工作制度40余项，进一步促进党员干部提振精气神、锤炼好作风、展现新作为。（郭 微）

【“六权治本”工作】 2015年，太原不锈钢产业园区坚持以“六权治本”为抓手，不断加强对权力运行的制约和监督，努力形成“权责一致、规范有序、相互协调、运行顺畅”的制度体系。在依法确定权力上，限制自由裁量权，对行政许可、行政处罚、行政强制、行政征收、行政收费、行政检查等执法行为进行了摸底排查，区内审批事项由78项核减为55项。在科学配置权力上，成立综合服务中心，将政府采购、招投标等工作职能纳入其中，实现了相关部门决策权和执行权的有效分离。以“两集中，两到位”为核心，全面推进国地税一体化办税、工商登记制度等改革。在制度约束权力上，制定完善了“权力清单”和“责任清单”，进一步强化制度的约束力和执行力。共梳理权力清单742项，责任清单742项，建立流程图70个。在阳光使用权力上，全面推行政务公开，对土地招拍挂、工程招投标、干部人事任免等事项，及时公开公示，做到了阳光透明。在合力监督权力上，通过法律顾问全程参与重大事项议定、大额资金使用引入第三方专业评审机构把关等方式，基本形成了党内监督、法律监督、审计监督的全方位、立体式监督合力，有效防止越权、滥权、擅权问题的发生。在严惩滥用权力上，对重大案件、干部违法违纪等问题，实行“一案三查”，健全完善“不能腐”的长效机制。（郭 微）

工业经济和信息化

【概述】 2015年，经信系统贯彻省、市的各项决策部署，主动适应经济发展新常态，围绕建设“全国一流的新兴产业基地”目标，推进太原“工业振兴行动”，坚持“抓项目、扩投资、稳增长、调结构”的思路，坚持多措并举，积极应对下行压力，全市工业实现平稳增长，产业结构进一步优化，工业经济在困境中迈出坚实的步伐。 （师秋娟）

【工业经济平稳增长】 2015年，针对工业经济面临的困难的局面，加大综合协调力度，召开全市工业经济稳增长保运行推进会，发布《太原市重点工业产品推荐目录》，做好工业企业支持服务重点工程建设工作，及时制定实施稳增长保运行方案，保障工业经济运行。班子成员和中层干部组成14个帮扶小组，深入县区和重点企业160余次，服务、协调企业在融资担保、生产指标、用电用气等方面的问题，优化要素保障，促进产需对接。出台落实“省减负60条”工作方案，增加五条太原市政策措施，省市合力，全年减轻企业负担65亿元。实行大用户直供电优惠，降低企业用电成本约1亿元。按照“党政同责、一岗双责”的要求，狠抓安全生产，获得“山西省民爆安全监管先进单位”荣誉。全年完成规模以上工业企业增加值600.5亿元，列全省第一；增速5.7%，比省考核指标高1.7个百分点，列全省第二。 （师秋娟）

【推进项目建设，工业投资保持增长】 2015年，按照市委“五个一批”的安排部署，狠抓江铃重汽整车、阳煤化工新材料、富士康苹果iphone6s智能手机制造、北斗二代芯片等40个重大产业项目，36个项目已开工建设，完成投资140亿元，占全市工业投资的比重近三分之一。在经济低迷、企业投资意愿持续下降的严峻形势下，加大全市重点工业项目常态化服务力度，按照“一月一调度、一季一增减”的动态管理机制和“落地开工一批、加快建设一批、完工投产一批”的工作机制，督查重大项目进度，协调解决存在的问题和困难，加快推进项目建设。全年完成工业投资450.4亿元，增长2.8%。新兴产业投资占比达57.5%，高于省下达指标5.5个百分点。 （师秋娟）

【调整产业结构，加快提质升级】 2015年，主动适应新常态，狠抓产业结构调整，积极培育发展新兴产业。智能手机组装、动车轮对等一批新产品迅速壮大，以电子设备和高端制造为代表的装备制造业实现增加值268亿元，增长9.2%，占全市工业的44.6%，超过能源和原材料行业之和，稳居全市工业第一大支柱产业。积极推进装备制造、新材料、电子信息、节能环保、绿色食品等产业发展规划研究，并提出开发区产业发展、促进食醋产业发展等意见，为打造新的支柱产业奠定了基础。新兴接替产业完成增加值402.6亿元，增长8.2%，占比达67%。非煤产业占比达87.3%，比省考核指标高13.8个百分点。实施创新驱动战略，全年新增市级技术创新示范企业7户，新增省级企业技术中心8户，市级企业技术中心7户，太钢设计院成为国家级工业设计中心，申报省级技术创新项目388个。4个开发区工业全部实现正增长，占全市工业的比重达46.7%，是保障全市工业增长的主力军，园区经济的集聚效应加大。 （师秋娟）

【转变发展方式，增强发展后劲】 狠抓节能降耗，推进重点用能行业和企业能效对标活动，按月监控年耗能1500吨标煤以上的118户工业企业，全年万元GDP能耗下降6.02%，降幅全省第一。积极推进资源综合利用，大宗固废综合利用率达68.2%。在冬季供暖期全面加强“洁净煤”的生产和推广工作，促进空气质量改善。坚决淘汰落后产能，大力推进化产项目建设，督促推进列入省焦化化产布局规划的阳煤集团太化清徐新材料园、美锦4亿立方米、梗阳2亿立方米等焦炉煤气制天然气项目，加快传统焦化产业的转型发展步伐。大力推进燃煤发电机组超低排放改造工作，多次实地调研了解 30 万千瓦燃煤机组超低排放改造工作情况，每月组织电厂召开协调会议，帮助企业协调解决遇到的困难和问题，2015 年，9 台 306 万千瓦机组完成改造，占全省任务的 70%，完成三年总任务的 90%，这项工作得到国务院领导的肯定，国家能源局下发专门文件，将工作经验向全国重点推广。（师秋娟）

【推进信息化建设】加快新一代电信基础设施建设步伐，全面推进“光进铜退改造工程”，建成全光网城市。落实“宽带太原”专项行动计划（2013—2015 年），太原市城市家庭 20 北位 / 秒及以上宽带接入能力达 88%、农村家庭 4 北位 / 秒及以上宽带接入能力达 92%、固定宽带家庭普及率达 91%、3G/LTE 移动电话人口普及率达 93%、4 北位 / 秒及以上宽带用户渗透率达 94%、8 北位 / 秒及以上宽带用户渗透率达 47%，6 项指标均超过“宽带中国”示范城市要求，入围 2015 年度国家“宽带中国”示范城市名单。推进公共场所无线建设，建成 80 个免费无线场点。以经济区、高新区为载体，促进新一代信息化产业基地建设，发展壮大电子信息产业。全市规模以上电子信息企业实现工业总产值 587.9 亿元，增长 9.2%。以装备制造、煤炭、冶金等行业的 55 户骨干企业为重点促进两化深度融合，5 家企业列入省级两化融合示范企业。（师秋娟）

【依法行政，规范权力运行】发挥法治引领作用，加强科学立法，研究制定燃煤发电机组超低排放、无线局域网建设、企业减负等一系列制度、政策和文件。规范权力运行，对赋予市经信委行政处罚职责的 7 部法律法规进行梳理，对行政权力逐项清理、核实，确定权利清单 20 项，日常管理审核工作 17 项。其中，行政许可 2 项，行政处罚 16 项，行政征收征用 2 项。加强行政执法监督，深入 4 户受委托执法单位对 2014 年执法工作情况进行了检查、考核。（师秋娟）

煤炭工业

【概述】2015 年，太原市煤炭战线广大干部职工巩固和拓展教育实践活动成果，推进学习讨论落实活动，开展“三严三实”专题教育，认真践行城改精神，以“严”的标准、“实”的作风，围绕践行“六个表率”、助推“五个一批”、促进“六型”转变，强化依法治安意识，突出煤矿安全监管重点，开展“基础巩固年”活动，推进“五大体系”（安全责任体系、安全基础工作体系、安全保障体系、安全执法体系和安全应急救援体系）建设，完成各项目标任务。（刘林贵）

【煤矿安全指标】2015 年，太原市未发生煤矿安全事故，煤炭安全形势平稳。抽调采、掘、机、运、通、地测防治水煤矿专家，对全市正常生产、建设的煤矿进行了安全测评，累计测评 60 座矿次。建立健全“党政同责、一岗双责、齐抓共管”安全生产责任体系，严格执行挂牌包矿、领导包矿包企制度，完善“五人小组”管理办法，强化主体责任；全力推进企业安全生产责任“五落实五到位”，深入开展“知责、履责”等活动，确保煤矿企业安全主体责任落实到位。确定工作目标、确定工作措施、确定督导原则，加强煤矿安全质量标准化工作，东山等 3 座生产矿井经市、县两级煤炭部门初验达到省一级标准；鸿福等 3 座联合试运转矿井达到了省二级标准。稳步推进矿井建设，原相、鸿福、东于、李家楼 4 座矿井通过转产验收；东峰、银宇、福巨源、王封、福昌 5 座矿井进入联合试运转阶段。全市煤矿瓦斯抽采量 3854 万立方米，完成目标任务的 296.5%；利用量 160.25 万立方米，完成目标任务的 106.8%；地面煤层气开发利用量 339.4 万立方米，完成目标任务的 113.13%。实现变招工为招生，招生比例占招工总数的 100%。健全安全培训机构、完善考试体系，强化“三个一”教育培训制度落实，实现了煤矿安全培训全覆盖、常态化。全市批准生产、建设矿井实现“5 个 100%”；建设项目职业危害防护设施实现“三同时”，从事接触职业危害从业人员职业健康体检率及作业场所职业危害申报率分别达到 100%。完善接转办制度，按程序、按要求受理各类举报案件，及时对各类举报案件进行查处。全年受理举报案件 2 起，办理完结 2 起，核查率 100%；办结行政处罚案件 7 起；无行政复议和行政诉讼案件。（刘林贵）

【安全管理】2015 年，太原市煤炭工业局贯彻党的十八届三中、四中、五中全会精神，落实省、市十届六次全会安排部署，执行新修订的《安全生产法》，推进煤矿安全“五大体系”建设，加强煤矿安全监管。牢固树立安全发展理念，始终把安全生产工作纳入全市经济社会总体发展中，坚持“管行业必须管安全、管生产必须管安全、管经营必须管安全”的原则，建立健全“党政同责、一岗双责、齐抓共管”煤矿安全生产责任体系；组织开展“保护矿工生命，矿长守规尽责”主题实践活动，督促煤矿严格落实安全生产主体责任；建立事故矿井整顿恢复机制和严格约谈问责制度；实行安全生产台账制度，加强对煤矿安全生产党政同责、一岗双责履职情况的监督考核；有序组织开展“四项行动”（铁锤行动、守土行动、固本行动、清源行动），促进县（市、区）及有关部门履职尽责；推动企业安全生产责任“五落实五到位”，全面推进安全生产责任体系建设，狠抓煤矿“零死亡”奋斗目标的落实，完善安全生产责任体系；强化煤矿安全生产挂牌责任制度落实，督促挂牌煤矿企业排除安全隐患，确保安全生产和建设；强化煤矿领导带班下井制度落实，把安全生产的一系列法规、制度落实到井下，落实到现场，落实到区队、班组和岗位；完善安全监管“五人小组”管理办法，建立包保负责工作机制，强化日常监管，实行监管执法报告制度，定期对“五人小组”工作情况进行考核。（刘林贵）

【安全基础建设】 坚持安全教育培训不断线。规范安全培训管理，提高培训的针对性和实用性，提升安全培训基础保障能力和培训质量；严格执行“每日一题、每周一课、每月一考”学习培训制度，开展和引深“干部上讲台、培训到现场”活动，实现安全培训全覆盖、常态化；组织开展素质提升培训活动，推进煤矿管理和技术人员知识更新。全年共举办一般安管人员和特种作业人员培训班54期，2432人接受培训。推进学历提升，全市煤矿“六长”、副总工本科以上学历占55%以上；一般安全管理人员大专以上学历占60%以上；特种作业人员和班组长中专以上学历达95%。推行“变招工为招生”制度，积极与专业院校对接联系、搭建平台，建立矿、校合作机制，直接为煤矿输送技术人才；加大对制度落实情况的监督检查，确保制度落实到位。引进管理团队。先后引进徐州矿业、沈阳矿业晋辽公司等管理团队，参与煤矿生产建设和安全管理，促进大集团和全市地方煤矿在安全管理等方面实现优势互补、合作共赢。狠抓瓦斯防治“十条禁令”和“十条红线”的落实；严格按照规定从安全费用中提取瓦斯防治资金；组织专家开展瓦斯会诊，跟踪问题的督导整改；实施瓦斯抽采全覆盖工程，确保瓦斯抽采矿井抽、掘、采平衡；建立立体瓦斯抽采试点，积极构建“采煤采气一体化”、煤与瓦斯共采的全方位、立体化瓦斯抽采新模式。建立健全煤矿防治水管理制度，强化基础技术管理，严格井下探放水规定，保证探水作业的可靠性。严格按照采空区“三线”（警戒线、探水线、积水线）管理，规范探放水技术标准。开展防治水专项检查，加大防治水措施的落实。加强信息监控系统建设和联网运行的监管，加大对甲烷、风速、一氧化碳超限报警和风机报警的责任追究力度，发挥监测监控系统的监督作用。强化劳动用工管理。严格煤矿从业人员准入，实现劳动用工管理“五个百分之百”，推行煤矿井下建设项目工资保证金制度，建立支付登记台账，严格落实煤矿井下最低工资标准和艰苦岗位津贴制度，切实维护从业人员合法权益。加强职业病防治。33座煤矿完成职业病危害预评价报告，29座煤矿完成职业病防护设施设计专篇。

（刘林贵）

【安全保障体系】 全面实施“五真”（真查、真停、真盯、真改、真验）管理法，实行行政执法向专家技术服务指导转变的安全监管模式，坚持“四不两直”检查原则，把身体沉在一线、把问题发现在一线、把措施落实在一线，强化煤矿安全监管。推进隐患排查治理。树立“隐患就是事故”的理念，建立健全隐患排查治理体系，严格按照隐患排查、确认、报告、治理和整改销号“五步闭环”进行管理，确保隐患整改责任、措施、资金、期限和应急预案“五落实”。全年共排查一般隐患10171条，整改10171条，整改率100%。加强煤矿重大安全隐患有奖举报工作。动员社会力量参与安全监管，推动煤矿重大安全隐患有奖举报制度的全面落实，对举报的每一条信息，按照程序和要求，指派专业人员进行核查。加强煤矿企业诚信建设。建立煤矿企业安全承诺、不良信用记录、诚信“黑名单”、安全诚信评价管理、执法信息公示等制度，把完善“不放心”煤矿挂牌管理与安全生产“黑名单”制度有效衔接，督促煤矿企业进一步落实安全生产主体责任。全力运行煤矿安全责任测评和风险预控体系。按照市级每季度一次，县级（市国资委）、主体每月一次和煤矿每旬一次的安全测评模式，对正常生产、建设的煤矿开展安全测评和安全风险评估进行分类监管，超前防控煤矿安全事故，推进隐患排查治理常态化。加大打非治违力度。科学制定全年煤矿安全执法计划，严格按照“四个一律”的要求，集中开展煤矿“六打六治”专项行动。全年共出动执法人员5611人（次），开展执法行动1075起，累计对14起违规违章行为实施经济处罚26.78万元。

（刘林贵）

【安全执法体系建设】 推进煤炭体制改革。设立煤炭公路运销体制改革、煤炭综合信息平台建设、行政审批制度改革3个工作组，确定责任领导和责任人，积极推进煤炭公路运销体制改革、煤炭综合信息平台建设、行政审批制度改革3项重点工作。推行权力清单制度。准确把握“六权治本”的总体要求，严格推行权力清单制度，在承接省厅下放事项6项，取消事项8项、改为属地管理事项3项的基础上，推进权力清单“瘦身”，目前确认行政权力共63项。其中：行政处罚45项；行政确认4项，其他行政权力14项，并同步公布举报电话和电子邮箱，发布管理信息。

（刘林贵）

【应急救援体系】 2015年，太原市煤炭工业局制定配套应急管理制度，加强应急机构和运行机制建设；完善事故预防、预测、预警和应急值守、信息报告、现场处置等规章制度；建立应急物资储备，保证抢险救援费用，推动应急救援体系“三同时”建设，提升应急救援保障能力；建立救援专家数据库，组织开展事故应急演练，设立井口安全工作站和井口医疗救护站；推动应急知识和技能培训进基层、进企业、进班组，提升从业人员应急意识和应急处置能力。

（刘林贵）

【矿井建设】 2015年，太原市煤炭工业局以推进煤矿联合试运转为重点，加快煤矿建设步伐。落实责任。倒排工期，确定具体责任人，抓好分项工作的落实；市、县两级分别指定一名局领导逐矿驻矿监守，深入现场同步开展工作。提升服务。组织专业技术人员组成工作小组，蹲点包联，开展技术帮扶，跟踪进行指导服务。协调推进。最大限度发挥现有资本、技术、人才等要素的效用，引进管理团队，在拓宽融资渠道上下功夫，筹措建设资金，推进后续工程建设。推进“两化”建设。牢固树立靠科技创新驱动的理念，以“六个标准”为抓手，推进煤矿安全质量标准化和信息化建设，提高全市煤炭行业自动化、信息化水平。

（刘林贵）

【经营管理】 从严贯彻落实省政府“煤炭20条”和“煤炭17条”以及市政府2个“煤炭15条”。严格执行国家和省“三个严格控制”，严厉打击非法违法生产、不安全生产和超能力生产行为，规范煤炭生产建设秩序，稳定煤炭市场，增加企业内生动力。同时深入企业，现场指导，分类帮扶，协调解决煤炭企业生产建设过程中存在的困难和问题，引导煤炭企业转变观念，加强精细化管理水平，激发自身活力，从管理上下功夫、要效益，节能降耗，降本增效，努力开拓市场，扩大合作，保证销售渠道畅通，帮助企业尽快走出困境提高市场竞争力。（刘林贵）

【行业发展】 推进东于、李家楼煤矿及原相煤矿井下瓦斯抽采利用，推进瓦斯抽采全覆盖工程，推行西山蓝焰与山西美锦东于煤矿合作的瓦斯防治模式，推进原相煤矿开发煤层气，鼓励实施地面煤层气抽采工作；推进美锦集团东于煤矿瓦斯发电厂项目，实现矿井瓦斯抽采利用。加大互联网与传统煤炭产业的深度融合，推进现代化矿井建设。重视推广应用先进适用技术装备和互联网新兴技术，提高煤炭机械化、信息化水平。高起点、高标准实施“绿色开采”，实现煤炭产业低碳发展，黑色煤炭绿色开采，高碳资源清洁利用。推进东山煤电集团东山煤矿煤矸石回填和美锦集团东于煤矿地面瓦斯抽采项目建设；推进企业发展煤炭循环经济，延伸产业链，实现转型发展，推动东山煤电集团“食品安全检测仪研发项目”、“煤机制造项目”和“睛彩山西交通频道”项目建设。开展以“小革新、小发明、小创造、小节约、小建议”为主要内容的“五小”竞赛活动。活动开展以来，参与职工3000余人，价值较高的成果项目4个，预计年可增加经济效益5000余万元。（刘林贵）

供　电

【概述】 2015年，国网太原供电公司发展总投入17.87亿元，同比增长39.95%；固定资产投资16.6亿元，同比增长46.28%，其中基建投资14.5亿元。完成售电量159.05亿千瓦·小时，同比降低3.91%；营业收入89.99亿元；综合线损率4.64%，比年计划低0.56个百分点；全员劳动生产率123.18万元/人·年，完成年计划的101%。国网太原供电公司成立于1958年，是国网山西省电力公司的分公司，是国家电网公司30家大型供电企业之一，担负着太原市六区、三县、一市（迎泽区、杏花岭区、万柏林区、尖草坪区、小店区、晋源区、阳曲县、清徐县、娄烦县、古交市）的供电任务，供电区域总面积6988平方千米，拥有固定资产原值131.2亿元，服务用户78.41万户。（张　媛）

【太原电网】 太原电网位于山西电网的中部，是山西电网北电南送、晋电外送的通道。太原电网经500千伏忻侯双回线和朔云线从北部省网受电，通过500千伏侯瑞双回线、侯阳双回线、忻侯双回线、龙云线、龙晋线、云吕线、朔云线，形成向东、向南、向西供电的格局。220千伏网架通过220千伏侯凌线、晋夏1#线、马夏2#线、中西双回、小东双回、云岚双回、娄袁双回、瑞马双回线与晋中、吕梁地区电网联络。太原电网110千伏为辐射型网络，基本上采用分裂运行方式。

太原电网区域内有7座大型发电厂，总装机容量7588.8兆瓦，其中：太原一电厂1200兆瓦机组在冶峪220千伏母线并网；太原二电厂800兆瓦机组在赵家山220千伏母线并网，400兆瓦机组在向阳220千伏母线并网，660兆瓦机组在侯村500千伏母线并网；兴能电厂1800兆瓦机组在云顶山500千伏母线并网；西山热电150兆瓦机组分别在晋阳220千伏母线和河龙湾110千伏母线并网；太钢600兆瓦机组在侯村500千伏母线并网；新嘉电厂989.4兆瓦机组在滨河220千伏母线并网；东山燃气热电厂989.4兆瓦机组在侯村220千伏母线并网。太原电网内地调调度小电厂11座，机组26台，装机容量319.02兆瓦。2015年，太原电网35千伏及以上变电站161座，变压器346台，总容量23175.55兆伏安；其中500千伏变电站3座，变压器18台，总容量5508兆伏安；220千伏变电站31座，变压器62台，总容量9351兆伏安；110千伏变电站75座，变压器163台，总容量6962.4兆伏安；35千伏变电站52座，变压器103台，总容量1354.15兆伏安。太原电网35千伏及以上线路377条，线路总长度3528.946千米；其中220千伏线路78条，总长度1142.352千米；地调调度的110千伏线路155条，总长度1156.787千米；35千伏线路144条，总长度1229.807千米。（张　媛）

【机构队伍】 国网太原供电公司设有本部职能部门11个（办公室、发展策划部、财务资产部（会计服务中心）、安全监察质量部（保卫部）、建设部（项目管理中心）、审计部、人力资源部、党群工作部（工会、团委）、监察部（纪委办公室）、电力调度控制中心、运营监测（控）中心）；业务支撑与实施机构7个（运维检修部（检修公司）、营销部（农电工作部、客户服务中心）、经济技术研究所、信息通信公司、物资供应中心、培训中心、综合服务中心）；县供电公司7个（国网太原市小店区供电公司、国网太原市滨河供电公司、国网太原市晋源区供电公司、国网清徐县供电公司、国网阳曲县供电公司、国网古交市供电公司、国网娄烦县供电公司）；集体企业资产平台1个（山西明业电力工程有限公司）、子公司4个（太原鼎能物业管理有限公司、太原明远工程监理有限公司、山西明卓电力勘测设计有限公司、太原明业电力劳务有限公司）、分公司1个（山西明业电力工程有限公司送变电分公司），代管企业1个（太原明力达电力设计有限公司）。（张　媛）

【人力资源市场化建设】 2015年，国网太原供电公司共有在册人数2427人，其中，年龄29岁及以下312人，占总人数的12.86%;30—39岁的有644人,占26.53%;40—49岁的有922人,占37.99%;50岁及以上的有549人,占22.62%。具有大学本科及以上学历的1446人,占总人数的59.58%;大学专科学历的482人,占20.02%。获得高级技术专业资格的226人,占总人数的9.31%;中级技术资格的540人,占22.25%。获得高级技师职业资格189人,占总人数的7.79%;技师职业资格775人,占31.93%。太供公司完善临时借用、挂岗锻炼、岗位竞聘等配置机制,内部人力资源流动规范、优化。严格用工计划和定员管理,强化薪酬激励约束作用,完成岗位绩效工资改革。坚持"德才兼备、群众公认、不唯选票、不唯学历、不唯年龄"的选人用人原则,注重向一线、艰苦岗位倾斜,干部配置合理。突出竞争择优的选人用人思路,采用"笔试+面试"模式开展大规模岗位公开竞聘。加强员工教育培训,强化培训资源储备,加快建设电力电缆、检修试验实训基地,完成培训96项、17391人·次,8人入选国网优秀专家人才后备,人才当量密度省内保持第一。

(张　媛)

【电网建设】 国网太原供电公司依靠政府推动电网发展,市政府正式批复《太原市供电专项规划》,74座变电站纳入城市规划,38座变电站纳入区域控规。25项服务城市发展供电工程写入省政府《关于支持太原市率先发展意见》,纳入太原市"五个一批"重点工程。市长耿彦波,副市长王建生、张齐山先后到公司现场协调电网发展建设难题,初步形成市领导亲自协调、监督部门重点督办、相关单位合力推进的电网发展协调机制。实施"以规划为统领、以需求定项目、以前期落地定计划、以政策落地定实施"战略,促进城市建设和电网发展同规划、同建设、同落地。取得项目前期手续55项,新开工110千伏及以上项目9项、线路42.87公里、变电容量73.6万千伏安,投产龙城变电站、杨长线等110千伏及以上输变电工程7项,线路83.83千米、变电容量73.6万千伏安。完成配网、农网建设改造69项,架空线路缆化入地15.21千米。电网建设优质工程达标率100%,汾东变电站荣获省公司变电项目管理流动红旗。

(张　媛)

【经营管理】 国网太原供电公司深化"五位一体"应用,创新成立配网工程建设管理办公室、户表工作办公室、配网抢修指挥中心。推进工程财务清理决算,清理各类工程57项、转资9.12亿元。规范物资采购流程,深化物资精益化管理。坚持依法从严治企,将人财物等重点专业全部纳入审计范围,完成各类审计240项,获省公司优秀审计项目2项。加大信访案件、行风投诉举报调查核实力度,核查属实40起,处理问责58人·次。加强本部建设,着力打造"六型"本部,带动公司员工素质和工作质效全面提升。优化对标管理组织体系、责任体系和考核体系,建立日监控、周分析、月通报工作机制,业绩、管理、综合对标在省公司系统取得新提升。注册成立众辉供电服务公司,规范农电业务委托管理。搭建集体资产经营管理平台,集体企业运营结构更加优化。

(张　媛)

【安全生产】 国网太原供电公司贯彻"安全第一、预防为主、综合治理"方针,印发安全指导意见,明确全年37项安全重点工作,与18个单位签订《安全生产工作目标责任书》,组织基层单位制定员工"三不伤害"保证书,安全意识明显增强。健全安全工作机制,落实"三不开工"和外来人员"三个必须"管控要求,确保人员、时间、精力"三个百分之百"。组建市、县两级反违章纠察队伍,以"三铁"反"三违",现场风险管控能力有效提升。从安全责任制、电网调控等12方面常态化开展安全大检查,以"零容忍"的态度狠抓缺陷隐患整治,发现并整改隐患553项。针对输配电设备外部运行环境开展安全隐患专项排查,促成政府开展电力设施环境安全隐患治理专项行动,将117项外部隐患整治纳入政府安全生产考核范围。扎实开展变电精益化创建活动,修编专业巡视卡,做实专业化巡检以及有季节、气候、保电特点的差异化巡检。推进智能机器人巡检系统应用,实现变电站室外设备全方位、全天候、全自主智能巡检及监控。拓展无人直升机应用,开展重载线路测温特巡、雨雪冰冻天气下的杆塔检查、线路覆冰情况检查。

(张　媛)

【电网运行与电力市场】 国网太原供电公司全面开展电网风险分析,对可能发生的风险进行评估,发布检修风险防控预警140份,消除电网事件风险源五级3处、六级4处,太原电网南部区域供电风险—小店站全停电网风险等级由四级下降到五级。开展精细化拉路,接地拉路序位由年度发布动态调整为月度发布,配网故障查找准确率提高30%,减少10千伏线路无效拉路348条次。全面完成地县一体化备调系统建设、各县调远程工作站的部署及接入,实现地县一体化备调系统在各县调的主用。应对经济下行压力,出台"度电必争、失电必究"方案,增供扩销9.05亿千瓦时。建立电费回收"五项机制",全省率先完成电费结零。深化采集数据应用,省内率先实现客户智能抄核收。延续新建住宅小区供电设施工程费政策,拓展太钢、太化等自供区市场,完成户表改造14.94万户,接收客户资产3.10亿元。全国率先编制市级电动汽车基础设施规划等12个方案,完成迎西充换电站改扩建,推动全省电动汽车产业发展。实现电能替代8.62亿千瓦时,完成年计划的193.44%。 (张　媛)

【农电工作】 国网太原供电公司深入开展定点、结对帮扶,完成供电所三年规划编制,推进专业管理向县公司、供电所延伸。切实减轻基层负担,压减供电所台账记录种类17%。8个供电所被评为省级标准化示范供电所,21个村被评为省级安全文明用电村,21个台区被评为省级通用标准型台区。规范农电用工劳动关系，完成众辉供电服务公司组建与运营，784名农电工签订劳动合同。强化农村配电网运维，异常台区次数同比降低19.65%，完成农村地区2473个台区31.88万户低压用户进户线及家保普查建档并实施动态管理。扎实推进2015年农网工程，23项工程竣工，完成23条10千伏线路及127个村低压台区建设改造，新建与改造10千伏线路118.846千米、台区配变108台、低压线路261.706千米。全年通过农网工程、配网大修技改、农维费设备维护多种渠道累计治理“低电压”1.6万户。（张　媛）

【科技与信息化】 国网太原供电公司完成“十三五”通信技术改造规划编制，重点开展通信光缆改造、地区骨干光传输网系统管理平台和功能完善。增强创新驱动，完成申请专利67项、论文173篇，配合完成省公司重点项目“电力电网规划辅助与决策风险分析的研究与应用”的实施和试运行，完成“输电线路抢修作业快捷起重工器具及方案研究”的实施并进行试运行，“变电站设备触点在线监测分析预警平台的研究与应用”和“地区电网风险防控及故障处理的关键技术研究及应用”获得国际先进水平评价。获国家质量管理优秀成果1项，山西省科技进步奖1项、创新成果2项，国网公司创新成果1项，省公司科技进步奖5项。（张　媛）

【内质外形建设】 国网太原供电公司开展“三严三实”专题教育，坚持“严字当头、实字托底、以上率下、问题导向”原则，以“四个着力”全面整改“不严不实”问题。落实党风廉政建设“两个责任”，建立网格责任区管理模式，形成“不想腐、不能腐、不敢腐”格局。实施“亮旗工程”，围绕安全生产等5大专业，开展“亮旗”活动及创新项目攻关，创新成果获山西省二等奖、省公司一等奖。推进“黎明共产党员服务队”建设，小店服务队获国网公司优秀服务队称号。成立服务太原率先发展供电工作领导组，为城中村改造、道路建设、山西科创城等省市重点工程提供优质服务。提高业扩报装质效，资料简化50%，环节压缩20%，800千伏安以下项目属地办理，净增报装容量同比增长56.34%。开展营业厅全天候远程互动服务，积极延伸服务区域，建成省内首家社区营业厅。开展保电工作标准化管理，编制130户重要客户保电方案，完成保电任务368次。围绕电力设施保护、业扩报装提质提速等主题，组织媒体通气会和集中采访22次，对外发稿1770篇，同比翻番，其中国家级媒体发稿量是去年的9倍。（张　媛）

城镇集体工业

【概述】 太原市城镇集体工业联合社成立于1951年，是太原市人民政府直属事业单位，位于太原市迎泽区并州北路7号，依法履行对全市城镇集体企业“指导、维护、监督、协调、服务”的职能，承担着对全市手工业、工艺美术行业指导服务工作。机关内设9个职能处(室)，所属单位17个。

2015年，在市委、市政府的正确领导下，城镇联社围绕发展和稳定两个中心，克服困难，服务大局，各项工作稳中有进，完成全年目标任务。（杨红昌）

【经济效益】 2015年，联社班子和各单位干部职工一道，应对经济下行和拆迁改造带来的困难，激励大众创业，开展二次创收，通过转模式、调结构，整合资源，盘活存量，提高资产利用率，加强精细化管理等措施，开源节流，实现了效益的稳定，在逆境中求得了生存。加强集体资产监管，对17家企业进行了财务审计，对拆迁企业过渡费使用情况进行了监督，确保了集体资产的安全。（杨红昌）

【职工权益】 各单位在企业经费紧张的情况下，优先保障了职工基本保险的正常足额交纳，实现了大病保险和大病互助工程的全覆盖。在国家总工会来山西省调研集体企业职工保险交纳情况时，积极配合，如实反映了集体企业在交纳保险时存在的困难，争取国家和省里有关部门能给予政策和资金支持。完善职工代表大会制度，完成了企业的工会换届工作，实施企务公开，组织职工体检，进行各类培训10余次，切实地维护和保障了职工的合法权益。（杨红昌）

【工艺美术】 2015年，联社累计申请到省、市工艺美术扶持资金56万元用于项目扶持、产品研发、人才培训和平台建设，对太原孟家井古窑址陶器研发项目、原漆坊工作室漆器等市场前景好、价值高、有产业带动作用的项目进行了扶持，推出了仿晋祠宋代侍女彩塑等一批优秀的工艺美术作品。为提高工艺美术从业人员的艺术素养，促进业内传统技艺和新型工艺的合作与交流，组织了学习培训和学术交流等活动，并组织参加各类会展、比赛和文化活动10余次，获各类奖项100多个。其中，在山西省第二届“文博会”中，17家工美企业代表太原市参展，获金奖13个，银奖16个，铜奖15个，金奖数为全省第一，联社荣获了优秀组织奖。与市环保局、共青团太原市委共同举办的“2015年太原市首届青少年环保书画剪纸大赛”，与省城联社共同举办的“红色记忆剪纸展览”，都引起了良好的反响。作为太原市工艺美术集展示、交流、宣传功能为一体的太原工艺美术馆建成，连同已经运行的“太原工艺美术网”“太原工艺美术传承与发展专栏”，形成网络、报刊、展厅多方位展示太原工艺美术风采的新格局。（杨红昌）

【安全生产】 联社党组居安思危，年初根据系统企业的特点对安全生产工作做出了细致的安排部署，并明确提出了“安全生产工作不能有一丝懈怠”的要求。联社和企业领导班子严格落实党政同责和一岗双责，层层签订安全生产责任书，开展安全培训、举行安全演练，完善应急机制,提升了职工的安全意识,增强了应急处置能力。在“安全生产年”活动和专项安全大检查中,对发现的问题限期整改,消除了安全隐患。经过一年的努力,实现了全系统安全生产零事故。 (杨红昌)

【关注民生】 2015年,联社领导深入基层访民情、听民意,采取有力措施,解决冬季供暖、管网淤塞、老同志待遇、健康医疗、生活困难等一批群众最关心、最直接、最现实的民生实事,得到了群众的信任和支持。2015年重点对离退休职工反映较为集中活动场所少、活动室设施陈旧问题进行了解决。筹措资金13万元,在离退休职工居住集中的玉河小区宿舍院内,建造了面积110平方米的活动室,并配备了相应的设备,使其成为离退休人员老有所乐的场所、老有所学的课堂、老有所为的阵地。 (杨红昌)

【扶危助困】 2015年,联社尽其所能践行扶危助困,全年共筹措资金60余万元在全系统开展帮扶慰问活动,对困难党员、困难职工、困难劳模、重病职工、企业军转干部和入学困难家庭进行了慰问和救助,帮扶1500多人次,使他们感受到了党和政府的关怀和联社大家庭的温暖。积极发扬合作互助、共同发展的优良传统,美术公司、塑料公司因拆迁,办公遇到困难,电子材料厂伸出援手,挤出房间为其提供办公场所,各单位也根据自身情况为遇到困难的企业雪中送炭。

(杨红昌)

【信访稳定】 2015年,联社完善了信访责任体系,筑牢了“源头治理、动态管理、应急处置”三道防线;开展法制宣传、领导接访,畅通了群众反映诉求的渠道;进行矛盾隐患排查、处理信访积案,化解了一批潜在矛盾和遗留问题。对于被拆迁企业,联社领导多次驻企为职工做思想工作,纾解职工焦虑与急躁情绪,防止发生群体性上访。同时及时和有关部门沟通协调,稳妥处置了拆迁过程中的各种问题,帮助企业争取了合法权益。2015年,联社共接待群众来访60余人次,受理信访案件13件,没有发生赴京、赴省和重大集体上访案件,接待率100%,办结率100%,保持了全系统稳定的大局。

(杨红昌)

【党的建设】 2015年,联社开展“学习讨论落实”活动和“三严三实”专题教育,党组带头学讲话、学作风,查找存在的问题,以钉钉子的精神落实各项整改任务,完成了16项整改,开展了8个方面的专项整治,新订完善制度17项,切实解决了一批群众反映较多的问题。加强基层党组织建设,规范组织设置,理顺内部关系,整顿纪律制度,培训基层党员和党务工作者,努力把各级党组织建设成为坚强的战斗堡垒。开展精神文明建设“双拥”创建工作。 (杨红昌)

【党风廉政建设】 2015年,联社制定党风廉政建设“两个责任”,学习中纪委十八届五次全会精神和依法治国重要论述,多次开展廉政警示教育和反腐败教育,使党员领导干部筑牢思想防线,远离腐败高压线。开展“六权治本”工作,明确权利,完善制度,推进政务公开、党务公开、企务公开,加大监督力度。重点健全了审计机制,加大了对班子领导履行经济责任情况的审计力度,开展离任审计,任中审计,委托专业审计机构对联社机关和事业单位的财务情况进行审计。

(杨红昌)

烟草工业

【概述】 山西昆明烟草有限责任公司(简称山昆公司)的前身太原卷烟厂始建于1930年。1998年兼并曲沃卷烟厂,2000年配合国家烟草专卖局、山西省烟草专卖局关闭了芮城卷烟厂,成为山西省唯一的卷烟工业企业。2003年7月以太原卷烟厂为基础,山西省烟草公司和昆明卷烟厂共同出资组建山昆公司。2004年11月,按照国家烟草专卖局部署,山西省烟草公司所持股份划转中国烟草实业发展中心持有,企业行政管理权限也随之上划。2005年11月,红云集团组建,红云集团承继原昆明卷烟厂股权控股山昆公司。2008年11月红云集团与红河集团合并组建后,红云红河集团承继原红云集团股权控股山昆公司至今。

截至2015年底,公司占地面积为129435.27平方米,其中厂区占地85477.43平方米,新营库占地43957.84平方米。从业人员为1022人,其中在岗职工962人。企业总资产388789万元(年末值),固定资产总额115207万元(年末净值),流动资产270378万元,资产负债率16.02%。配备5000公斤/小时制丝生产线一条,1250公斤/小时梗丝生产线一条;新购4组ZJ17卷接机组用设备、1组ZB45硬盒包装机组、1组ZB25软盒包装机组、3台YF26滤棒接收机等烟机,形成共14台套卷包机组的设备配置。年卷烟生产能力275.4亿支(55.08万箱)。 (李 莉 陈妍瑛)

【卷烟生产经营】 2015年,山昆公司共生产卷烟163.5亿支(32.7万箱),同比增长0.925%,其中自有品牌紫气东来(1928)生产0.069亿支(0.0138万箱),其余为合作生产品牌。其中,一类烟生产6.3965亿支(1.2793万箱),同比增长3.8925亿支(0.7785万箱);二类烟生产0.1846亿支(0.03692万箱),同比减少0.8825亿支(0.1765万箱);三类烟生产146.3166亿支(29.2633万箱),同比减少2.6085亿支(0.5217万箱);四类烟生产10.6023亿支(2.1204万箱),同比减少0.4016亿支(0.0803万箱);三类以上卷烟增幅为0.26%。

销售卷烟167.92亿支(33.58万箱),同比增长5.05%,其中,一类烟6.5152亿支(1.3034万箱),同比增长3.5708亿支(0.7141万箱);二类烟0.3305亿支(0.0661万箱),同比减少0.599亿支(0.1198万箱);三类烟150.3904亿支(30.078万箱),同比增长5.3184亿支(1.0636万箱);四类烟

10.6855 亿支（2.1371 万箱），同比减少 0.2239 亿支(0.0447)万箱；三类以上卷烟增幅为 5.56%。全部为内销卷烟。全年实现销售收入 47.52 亿元，同比增长 8.74%；实现税利 33.9 亿元，同比增长 5.13%，其中，利润 7.28 亿元，同比减少 2.88%。公司三项费用率 5.82%。

全年万元产值综合能耗为 10.68 千克标煤 / 万元，万支卷烟综合能耗为 3.09 千克标煤 / 万支，平均消耗烟叶 7.17 千克 / 万支，滤棒 2506.26 支 / 万支，盘纸 542.711 米 / 万支，平均耗水 0.0818 吨 / 万支，耗电 7.47 千瓦时 / 万支。

（李　莉　陈妍瑛）

【主要产品】 公司主要生产品牌四个，其中“云烟”“红河”“红塔山”为合作生产品牌，“紫气东来”为自有品牌；生产规格九个，云烟（软珍）、云烟（大紫）、云烟（福）、云烟（紫）、红塔山（硬经典）、红河（硬 66）、红河（硬）、红河（软甲）为合作生产规格，紫气东来（1928）为自有规格；紫气东来（祥瑞）由红云红河集团代加工。全年共生产卷烟 163.5 亿支(32.7 万箱)，其中合作品牌共生产 163.45 亿支(32.69 万箱)，包括云烟品牌生产 122.96 亿支(24.59 万箱)，红河品牌生产 30.31 亿支(6.06 万箱)，红塔山品牌生产 10.35 亿支（2.03 万箱）；自有品牌紫气东来(1928)生产 0.069 亿支(0.0138 万箱)。

（李　莉　陈妍瑛）

【两大战略工程】 易地技术改造。2015 年 4 月 8 日，公司通过竞拍取得项目地块南侧一宗国有建设用地，建设用地面积 4.1551 公顷，净用地 3.0262 公顷。公司技术改造项目及配套工程总征地 31.1081 公顷，净用地 25.7842 公顷。4 月 25 日起土石方开始施工，6 月完工。7 月 1 日开始桩基施工，8 月 20 日完成工程桩施工。9 月 3 日总包进场，截至年底，联合工房主体结构完成 95%，动力中心主体结构完成 85%。全年共完成招标采购项目 49 个，合同金额 46068.71 万元，其中工程、物资项目全部采用公开招标，服务类项目按金额统计公开招标率 99.5%。全年费用支出为 15182.93 万元，完成批复投资的 92%。累计支出总额为 34704.98 万元，其中土建及公用工程：13397.86 万元，其他费用 21307.12 万元。

自有品牌研发。按照国家局“抓紧上市，一炮打响，全省通销，走出山西”的要求，公司全力推进自有品牌产销，开局良好。根据卷烟市场需求多样化发展及国家局政策导向，公司积极研制特色化、差异化的“紫气东来（祥瑞）”“紫气东来（五台山）”细支卷烟，不断完善公司的品牌体系。“紫气东来（五台山）”细支卷烟的整体设计力求将紫气东来祥瑞文化与山西著名旅游胜地五台山有机结合，满足广大消费者对细支卷烟烟气柔和、低焦高质、设计时尚的特色化需求。商标、配套材料设计经过 10 余次完善改进定型；卷烟主流烟气、烟支吸阻、总通风率及其他物理指标经过多次上机试验改进，达到预期效果。（李　莉　陈妍瑛）

【品牌营销】 随着烟草行业“大品牌、大格局”市场的形成，公司坚持走“跟随战略”，处理好合作生产品牌及自有品牌的关系，按照公司统一部署开展品牌培育，围绕“稳定规模，提升结构，同步增长，创新驱动，管理支撑”的总体要求，将“云烟”“玉溪”“红塔山”作为品牌培育的重点，将“紫气东来（1928）”定位为公司形象规格，不断优化适应市场化取向改革的营销模式。一是重心下移精耕市场。按照“一地一策”“一品一策”差异化策略，实施宣传促销方案 77 项，注重扫除盲点，扩大市场覆盖率，调整品牌市场状态，增强产品市场渗透力、控制力。二是聚焦终端引导消费。建成 3522 户终端目标，完成率 100.63%，引导消费由提供产品向价值分享升级，已形成一定的市场需求和消费群体，对公司结构提升、优化品牌结构起作用。（李　莉　陈妍瑛）

【质量管理】 一是深入分析产品质量，提升质控水平。从过程质量控制入手，充分利用先进的统计分析工具，深入研究各质量指标间的相关性及各机组质量差异，形成一个完整的质量分析控制体系，通过推进机台达标、台台过关，将重基础、提质量落到实处，提升整体质控水平。二是创新考核激励手段，促进质量稳步提升。将质量考核结果以 OA 平台、流动红旗、展板等形式传递给一线员工，实现考核奖励透明化、公开化；通过创建质量优秀机组、调整阶段性改进指标、延伸奖罚触角等措施，营造生产一线“比质量，创精品”的良好氛围。三是开展形式多样的质量月活动，增强精品意识。开展以“推精益、提质量、树品牌”为主题，以质量意识宣传、质量警示教育、产品质量竞赛和感官评吸技能竞赛为形式的质量月系列活动。全年成品内部抽检平均得分 97.16 分，同比提高 0.60 分；二级站抽检平均得分 99.16 分；集团抽检平均得分 98.96 分；国家局抽检所有品牌包装与卷制得分均为 100 分，焦油加权平均值为 10.36mg/ 支，所有品牌抽检合格率 100%。

（李　莉　陈妍瑛）

【安全管理】 2015 年，山昆公司重视安全、环境及职业健康工作，树立安全发展、绿色发展的理念，坚持以人为本，强化“红线意识”，积极构建“党政同责，一岗双责，齐抓共管”的工作机制，建立健全岗位责任制，狠抓隐患排查及综合治理。强化班组建设，规范班组管理，发挥班组在安全、环境及职业健康管理工作中的关键作用，积极推进标准化岗位达标，公司的“6+1”安全文化得到进一步积淀。以安全生产责任体系建设与落实为主线，以隐患排查与治理为抓手，进一步完善基础设施建设，通过教育而管理，通过管理而教育，全年用于安全设施设备改造、从业人员的安全健康等相关培训、健康体检、劳动防护用品购置、应急管理、隐患整改及环境治理等方面的资金投入共 1098.97 万元。开展公司级安全培训 1815 人次，预案演练 50 次。

（李　莉　陈妍瑛）

【设备管理】 建立保养、点检重于维修的管理理念和日保、周保加月保的三级保养制度,主要生产设备采取三级点检,对设备静态、动态状况实施监控,重点加强设备状态点检,重点开展以轮保轮修为主的设备状态维修。在设备维护方面,按照六定、二洁、三过滤方法,加强设备润滑管理。在零备件管理方面,全年共采购零配件1225万元,同比减少475万元。

(李　莉　陈妍瑛)

【科技创新】 2015年9月,中烟实业成立科技项目验收专家组对所属企业2014年度科技项目进行验收评审,山昆公司《离子色谱测定卷烟主流烟气中的硫化氢》获2014年度科技项目三等奖。制造中心卷包车间第一QC小组成果《降低排包机故障停机次数》、制造中心动力车间综合QC小组成果《提高ZR400型空压机冷却水进口温度合格率》分获中烟实业第十一届优秀质量管理小组成果评审二等奖和三等奖。赵瑞花、刘建明等人申报的《一种降低卷烟烟气中醛酮类化合物含量的改性磷酸铝分子筛添加剂及其制备和应用》获国家知识产权局发明专利证书。

(李　莉　陈妍瑛)

【企业管理】 2015年,山昆公司结合近年管理工作实际情况和精益管理理念的贯彻情况,进一步修订完善《山昆公司精益管理实施方案》,确定了通过实施精益改善获得的经济效益不低于2300万元的目标。明确了精益研发、精益营销、精益制造(包括精益设备管理)、精益物流、精益成本费用管控的各项职责和工作目标任务,并提出了工作措施。开展精益培训47人次,完善精益改善管理办法。排包机改造、加香机上料改造、筛分加料上料改造、STS排潮系统改造、预防叶组混料改造等精益改善项目获得奖励。全年发现各类隐患、问题点、浪费点等整改点次数236个,各类改善提案170条,可控成本费用下降100余万元。

建立预算定额指标体系,增强对物耗预控的目标和实施方法的约束,推动物耗水平持续优化。重点强化精益设备维修核算,加强设备维修费用的精准归集。以规范性为基础,以可量化为目标,结合修理技术标准,建立一套切实可行的设备维修费用的定额标准;完善备件出入库、退库流程,确保备件采购、备件质量既能满足维修需要,又不造成库存积压,最大程度的降低领用备件成本;对每机台耗用修理费总额分项分析评价,形成总结和分析费用分析报告,定期对标准、流程进行优化。依托ERP财务业务一体化信息系统,不断提升对成本数据的实时采集、分析能力,及时发现生产过程出现的异常情况。重点强化原料成本管理,通过进一步完善原料成本核算方法,制定科学有效的考核方案,促进原料单耗实现下降。

山昆公司“三严三实”专题教育启动大会

增加定期存款比例,在保证日常结算资金、技改资金使用量的前提下,提高2014年定期存款比例。严格落实“两烟”结算管理规定,合理调配日常资金使用,加快资金回笼,提高应收账款周转率、银行活期存款周转率。积极同银行进行协调,积极争取较高的利率上浮比率,目前公司定期存款半年期、一年期、两年期存款利息率分别达到2%、3%和3.72%。

对标指标。公司13项创优指标中达标12项,达标数同比增加1项,8项指标同比优化。34项对标指标中33项可比,15项同比提升,提升率为45.45%,全员人均销售收入、万元增加值能耗、万支卷烟综合能耗、香精香料成本占销售收入比重、盘纸成本占销售收入比重5项指标改善,分别同比改善13.13%、16.13%、13.37%、0.07个百分点(11.11%)、0.05个百分点(12.82%)。

(李　莉　陈妍瑛)

【党建工作】 2015年,山昆公司党委把公司战略目标和党建工作目标分解为各支部指标,通过党支部目标化管理考核办法,提升党建工作绩效水平;以《党支部工作手册》为载体持续推进标准化支部建设;加强党员教育管理,严肃组织纪律,强化基层党支部教育、管理职能。在奖励先进党员、营造创优氛围的同时,加大对那些思想落后、违规违纪的党员干部批评教育、严肃处理的力度。落实两个责任。严格贯彻落实中央八项规定精神和国家局“九条要求”,研究制定两个责任的实施方案及责任清单,成立公司党风廉政建设和反腐败工作领导小组,健全完善廉政监督考核和责任追究制度,持续开展“四风”整治,正风肃纪,努力营造不敢腐、不能腐、不想腐的政治氛围。持而不息纠正“四风”;深化纪检职能“三转”,聚焦主业,强化执纪监督问责。完善“明示与承诺”制度,签订廉洁承诺书120份,特别是中层以上干部带头主动退款,清退不合规费用71余万元。

公司组织开展“严以修身,加强党性

锻炼”“严于律己，严守政治纪律和政治规矩，自觉做政治上的明白人”“严以用权，真抓实干”三个专题过程教育和“支部组织生活会”“整改落实分析会”两个生活会。中层以上领导干部对照党章、党纪、党的优良传统和工作惯例，正反两方面典型，剖析检查自己，班子之间相互进行谈话交心，开展批评与自我批评，撰写党性分析材料；对照“三严三实”查摆问题，梳理整改落实清单共计240余条。进行民主测评，党员满意率达到98%。在建章立制、整改落实分析会上，下发党政班子民主生活会征求意见通知共收集意见建议13条，现场解决职工关心关注的问题23个。对在“三严三实”过程中查摆出的问题，完善修订了关于办公用房、业务接待、婚丧嫁娶、因私出国、和谐稳定等相关制度11个。

（李 莉 陈妍瑛）

中小企业

【概述】 2015年，太原市中小企业局面对复杂多变的宏观经济环境，围绕实现“六个表率”和实施“五个一批”的总体目标，按照省委“三个突破”的要求，坚持主题、主线，坚持稳中求进，各级各部门齐心协力破解民营经济发展难题，全市民营经济呈现总体平稳、稳中略降的发展态势。

（王玉凤）

【经济指标】 2015年，太原市民营经济增加值完成1571.53亿元，同比增长10.06%。上缴税金完成307.5亿元，同比增长1.23%。工商部门企业注册制度的改革和小微企业创业创新城市示范工作，推动民营企业数量实现较快增长。全市新增民营企业1.88万户以上，同比增长16.22%。全市民营企业固定资产投资累计完成589.09亿元，同比增长31.89%。民营经济已成为经济发展的“驱动器”，社会稳定的“减震器”，新常态发展的“稳压器”，民营经济的主体地位显现。

（王玉凤）

【目标考核】 2015年，中小企业为确保民营经济各项指标如期完成，将民营经济发展和双创示范各项指标以目标责任书的形式下发至各县市区，形成以考核带发展，以发展促提高的新局面。全市民营经济增加值完成1571.53亿元，同比增长10.06%；上缴税金完成307.5亿元，同比增长1.23%；吸纳城乡就业162万人，占全市从业人员的75%以上。

（王玉凤）

【政策引领】 2015年，中小企业贯彻落实国务院及省政府出台的系列扶持小微企业发展的意见。按照吴政隆书记“抓大与扶小、存量与增量”的要求，结合市民营经济发展实际，出台《太原市人民政府关于支持小型微型企业健康发展的实施意见》的“13条”、《关于大力推动创业创新，促进小微企业健康发展的意见》的“43条”和《关于加快民营经济发展的实施意见》的“33条”，优化企业发展环境、减轻企业负担，增强企业内生动力。

（王玉凤）

【政银合作】 2015年，中小企业坚持“两个创新”。创新助保贷融资模式。在与建行合作“助保贷”的基础上，又与浦发、民生、渤海银行合作推出“类助保贷”业务，市县两级“助保贷”共为409户企业放贷17.15亿元，省财政先后奖励6200万元。创新政银合作模式，与华夏、光大、邮储三家银行合作推进“税银贷”，形成税务评信、政府增信、银行授信、企业诚信的新型融资模式，构建政府增信长效机制。“助保贷”由点及面，成为全市中小企业破解融资难题的一把“金钥匙”。

（王玉凤）

【为民营经济搞活松绑】 2015年，中小企业深化改革。进一步强化政策落实，凡涉及新注册小微企业的非行政事业性收费一律取消，行政事业性收费一律由市财政补贴；进一步推进商事制度改革，全面推行“三证合一”登记制度改革。依法行政。进一步简政放权，凡涉及小微企业注册组建的工商、质监、国土、规划、公安等行政审批事项一律下放到县（市、区）和开发区。优化发展环境。强化审批服务“一口进出、一次性告知、限时办结”制度。放开放活，对城市建设、城市管理、文化旅游等资源，实行“非禁即入”，支持民间资本进入产业空间。

（王玉凤）

【转型升级】 2015年，中小企业局按照王儒林书记提出的“推进一产、提升二产、发展三产”的总体思路，加快产业结构优化升级。做大做强醋产业，依托“山西老陈醋”品牌优势，加大醋产业的生产研发、宣传推广和品牌维护，全方位纵深发掘醋产业的特性和价值，加快向生物科技、健康产业的拓展延伸，形成产业核心竞争力。做优做美旅游产业。推进晋祠大景区、太山龙泉寺景区、阳曲青龙古镇、晋源农耕文化等保护工程，发展太化工业遗址创意文化产业园，不断提升“唐风晋韵·清凉太原”的知名度和影响力。做好做实养老产业。加快发展社区养老服务、推动居家养老覆盖城乡、构建养老服务体系、推进养老机构医养融合、培育养老服务社会组织。做精做活金融产业。建立政银企合作机制，鼓励金融创新；发展金融要素市场，筹备建设太原金融集聚区。

（王玉凤）

【建立用人机制】 2015年，中小企业局建立“培训育才＋社保留才＋公寓引才＋职称用才”的人才服务体系。抓人才培训。从业人员梯次培训与小微企业“万人培训”双管齐下，培训一批企业高端人才，一批中层管理人员，一批专业技术人员，一批创业人员。抓社保体系建设。加强对民营企业参加社会保险的引导，对进入民营企业工作的各类人才在职称评定、户口迁入、子女入学等方面给予倾斜，推进民营企业依法足额缴纳社会保险。抓大学生就业廉租房建设。利用棚户区改造政策，在产业集聚区附近建设或租赁一部分安置住房，作为大学生就业后的廉租房，采取政府、企业、个人三方共担的方式，解除大学生就业的后顾之忧。抓人才职称审核。有8000余名民营企业专业技术人员申报技术职称，经县市两级人社、民营经济主管部门逐级审核,3000余名专业技术人员进入最终评审环节,为民营企业提供人才支撑服务。

（王玉凤）

【建立现代企业制度】 2015年，太原市中小企业局围绕股份制改造，通过政策引领,“新三板”上市奖励,股权交易中心挂牌激励，引导企业建立现代企业制度。制定《推动“新三板”挂牌工作方案》,从诚信企业、科技企业、传统行业规模以上企业中储备一批(选苗)、培育一批(育苗)、签约一批(上市)。与山西证券等多家证券公司对近百家企业500余人进行以“创新融资”为内容的培训,新三板挂牌企业20家，占全省67%，其中,2015年新增挂牌企业17家。起草新三板资金管理办法，落实新三板挂牌企业事后奖励资金2475万元。培育374家企业在地方股权交易中心挂牌展示。（王玉凤）

【抓大扶小】 2015年,太原市中小企业局坚持抓大不放小,扶强又济弱。抓好一批技术含量高、带动能力强的大项目、好项目,抓好江铃重汽、比亚迪电动汽车、富士康手机维修等重大项目，在抓好大企业,大项目带动、支撑的同时,推进大众创业、万众创新,推动大中小微企业共同发展、传统产业改造和新兴产业成长并驾齐驱、服务业壮大和制造业升级互促共进,形成大企业顶天立地、小企业铺天盖地的发展格局，增强经济发展的动力和活力。（王玉凤）

【建设小微企业示范城市】 2015年，太原市中小企业局在市委市政府主要领导的带领下,以全国第一名的成绩,跻身全国首批小微企业创业创新基地示范城市行列。示范期内国家给予9亿元的资金扶持,市政府按照1:1.3的模式,配套12亿元,省财政还奖励1.3亿元,各项工作成绩突出、示范引领作用强，示范期末,国家还会奖励1亿元,从而形成23.3亿元的资金规模。全年安排8.1亿元资金用于支持小微企业创业创新，创业创新空间房租补贴资金2.4亿元；公共服务资金2.18亿元,融资支持资金2.87亿元,平衡资金0.55亿元,其他资金0.1亿元。其中,切块资金3.8亿元,创业创新空间房租补贴2.4亿元，县区配套3.86亿元;融资支持1.4亿元,县区配套2.2亿元，可撬动银行及民间资本近百亿元的资金投入。从而,起到资金链带动产业链,产业链带动就业链,就业链推动经济链发展的效应。民营企业迎来大发展、快发展的黄金机遇期。（王玉凤）

太原市民政局

2015年7月28日，山西省委书记王儒林在太原市就“城中村”改造和城市社区养老服务规划建设情况进行调研

2015年10月9日，副省长张建欣陪同民政部副部长邹铭（右二）在漪汾苑社区进行调研

2015年7月2日，市人大常委会副主任王建勋（前中）在柳巷社区日间照料中心调研

2015年，在市委、市政府的正确领导下，全市民政工作以“狠抓落实年”活动为抓手，紧紧围绕服务民生、托底保障这个中心，突出改进服务，提升能力两个重点，着力推进托底民生保障、社会治新创新、服务国防建设、专项事务管理和自身能力建设等5个方面19项工作，各项民政业务工作稳步发展，全面落实，年度目标任务圆满完成。

2015年4月3日，省政协副主席朱先奇（右二）在柳巷社区日间照料中心视察居家养老工作

2015年10月16日，省民政厅厅长薛维栋（右二）、太原市副市长魏民（右一）在漪汾苑社区慈善超市调研

中国农业发展银行山西省分行营业部

总经理　刘晓林

总经理刘晓林陪同农发行总行董事长解学智（左二）、副行长林立（右一）、太原市市长耿彦波（左三）、省分行行长刘文平（右二）实地考察太原市晋阳湖整治项目

营业室员工在召开晨会

2015年，是中国农业发展银行改革发展取得重大突破的一年，是“十二五”时期的收官之年。中国农业发展银行山西省分行营业部（简称“农发行山西省分行营业部”）作为太原市唯一的国有农业政策性银行，坚持以党的十八大和十八届三中、四中、五中全会精神为指引，认真履行农业政策性支农职能，坚持政策性主体业务不动摇，强化从严管党、从严治行两大根本保障，坚持执行政府意志、服务“三农”需求和遵循银行规律“三位一体”，全力服务国家安全、农业现代化、城乡发展一体化、区域发展战略和脱贫攻坚五大领域，切实加大对“三农”领域供给侧结构性改革的支持力度，为支持太原市农村经济建设做出了积极的贡献。

开展“6·14信用记录关爱日”征信宣传活动

开展主题登山活动

参加全省系统2015年广播体操比赛

总经理刘晓林陪同省分行行长刘文平（右二）、太原市小店区区委书记车建华（左二）、区长杨继承等领导考察山西科技创新园整区域建设项目

中国农业发展银行行长祝树民莅临山西省分行营业部营业室视察工作

农发行山西省分行营业部面对2015年经济下行的压力，自觉提升站位，强化政策职能，加大支农力度，加强项目营销，业务经营发展再创佳绩，特别是在主营业务发展、存款、利润、欠息清收等方面成效显著。2015年末，全行各项贷款余额58.43亿元，较年初增加25.32亿元，增幅达76.44%，贷款总量较2014年初翻了一番；各项存款余额53.28亿元，较年初增加27.64亿元，增幅达107.8%；实现利润1.89亿元，完成省分行核定利润计划的138%，同比增加0.43亿元；总量、增量、增幅均创5年来最好水平。人均实现利润194.95万元，同比增加47.53万元，增幅为32.2%。收回历年表外欠息，完成省分行下达全年任务的392.47%。表外欠息下降率为52.12%，同比提高29.72个百分点。在农发行山西全省系统2015年经营绩效考评中分别荣获“农业农村基础设施建设贷款业务发展”、“存款营销”、“市级分行营业部（室）经营效益”三个单项一等奖，经营效益再创历史新高。

完成新版百元纸币验钞功能升级工作

参加全省系统“全农发行杯法律合规知识竞赛”并荣获二等奖

召开2015年度工作会议

举办预防职务犯罪专题讲座

中国农业银行山西省分行营业部

农总行党委委员、副行长王纬赴我行信贷集中作业中心视察

营业部行领导赴武警部队慰问

行领导赴太钢沟通洽谈

中国农业银行山西分行营业部是农行设在山西省城太原的唯一一家二级分行，自1979年恢复建行以来，相继经历了国家专业银行、国有独资商业银行和国有控股商业银行等不同发展阶段，目前已成为省城主流银行、全省系统内的先行者和领跑者。

省分行营业部现有在岗员工2181人，下辖一级支行16个，营业网点87个，有离行式自助银行99个。近年来，在各级领导的亲切关怀和大力支持下，砥砺奋进、

超级柜台进校园

走上街头开展征信知识宣传

首届农行杯“我的社区　我的家园”摄影大赛启动仪式

第三次第一届职工会员代表大会

创新前行，紧紧围绕区域一流银行的建设目标，加快了各项业务的发展。到 2015 年末，全行本外币各项存款 948 亿元，各项贷款余额为 546.5 亿元，存贷比例达到 58.74%，实现利润 13.2 亿元，当年综合绩效考核排名全省第二，在全国省级分行营业部中排名第 5。

创新业务发展　举办电子商务专题培训

组织“迎中秋　庆国庆”暨纪念抗战胜利 70 周年职工文艺汇演

组织百谜迎春猜谜活动

组织机关员工健步走活动

农行书法家为客户送春联

客户经理上门安装 pos 机和转账电话

参加全省农行信贷知识竞赛，获得个人第一，团体第二的好成绩

组织开展案例警示教育图片展

近年来，先后被省人力资源和社会保障厅和省总工会授予“山西省模范劳动关系和谐企业”；被省政府和人民银行授予“山西省农村支付服务环境建设暨银行卡助农取款服务先进集体”；被省政府授予“山西省高速公路建设先进集体”；被省总工会授予“山西省金融系统优秀基层工会”；被太原市委、市政府授予“五一劳动模范集体”、“政风行风先进单位”、“社会扶贫先进单位”、“劳动模范单位”；被中国企业文化研究会授予“改革开放 35 周年企业文化竞争力优秀单位”；被农总行授予五一劳动奖状等荣誉称号。

举办“小小银行家”活动，小朋友们体验银行机具

组织机关员工义务献血

在全省农行健身操大赛中荣获二等奖

晋商银行股份有限公司

2015年8月5日，副省长王一新深入晋商银行调研指导工作

2015年7月17日，晋商银行党委书记、董事长阎俊生赴总行定点扶贫村检查指导扶贫工作

晋商银行股份有限公司（简称晋商银行，英文JINSHANG BANK CO.,LTD）经中国银监会批准于2009年2月28日正式挂牌成立，是一家总行设在山西太原的股份制商业银行。

2015年，在山西省委、省政府的正确领导下，晋商银行始终以客户为中心，秉承“诚信、创新、实干”的企业文化，聚焦“转型、风控、发展”三个重心，立足“区域化发展、差异化竞争、综合化经营、网络化服务”四个方向，按照“责任，坚持，落实，效果”的经营理念，持续调整业务结构、持续改变业务增长方式、持续提升业务竞争力、持续推进业务创新，各项业务稳健发展。

2015年9月17日，晋商银行首家晋升财富中心在肖墙路支行隆重开业

2015年9月25日，山西省首家“金融知识普及示范点”揭牌仪式在晋商银行太原兰亭御湖社区支行举行

2015年4月12日，晋商银行为贫困山区小学援建的“爱心教室”正式落成

中国银行太原滨河支行

太原滨河支行业务发展“会诊”会议

太原滨河支行“两学一做”学习教育动员大会

太原滨河支行办公楼

中国银行太原滨河支行成立于 1999 年 8 月 1 日，位于太原市晋祠路一段 33 号。经过 17 年的发展，已成为太原市金融领域一颗璀璨的明珠。现有员工 356 人，机构网点 13 个（1 个营业部、12 个支行）和机关职能部门 4 个。业务范围涵盖外汇和贵金属交易，人民币债券交易、短期融资券和票据业务，本外币债券投资，金融衍生品，本外币理财与资产管理，基金代销和托管等。向公司客户提供贷款、票据贴现、贸易融资、存款、结算、清算、现金管理等各项金融产品和度身定制的财务综合解决方案；

我行与太原武宿综合保税区签署战略合作协议

我行与西山煤电集团公司职工总医院签署全面合作协议

组织开展太原国际车展车改直通车宣传活动

“魅力女人，魅力人生”三八妇女节主题活动

为个人客户提供一系列个人或家庭银行产品及服务，包括储蓄存款、消费信贷、支付结算、银行卡和理财业务等。

2015年，太原滨河支行继续秉承“诚信、绩效、责任、创新、和谐”的企业文化，坚持“担当社会责任，做区域最好银行”的发展理念，发挥自身外汇经营特色，不断丰富的服务品种，更好地满足了不同层次的金融服务需求，为支持山西地方经济转型创新发展、实现金融振兴做出了积极的贡献。2015年实现经营净收入2.71亿元，实现净利润1.11亿元，全年实现安全经营无事故，为全行上下集中精力发展业务营造了良好的经营环境。

太原滨河支行2016年全辖职工广播体操比赛

元宵喜乐会活动

“追求绿色时尚，共建和谐家园”主题植树活动

太原市国家税务局

党组副书记、局长吴素贤（右一）在第24个宣传月启动仪式上向小微企业财务人员赠送宣传书籍

党组副书记、局长吴素贤（后排中）等局领导走进太原广播电台，参加新闻频道《行风热线》直播节目

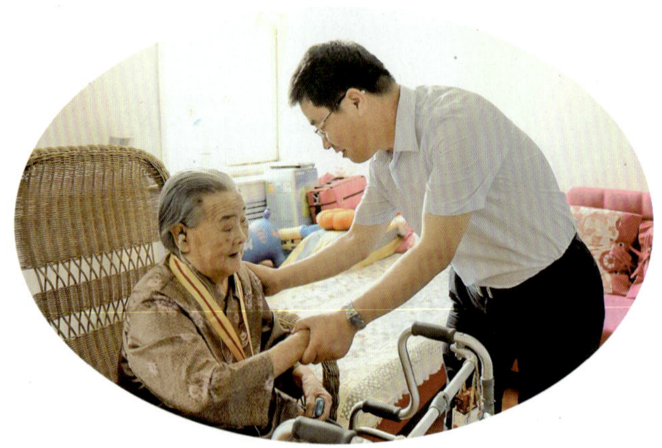

党组副书记、局长吴素贤慰问离休老干部刘廷梅

2015年，太原市国税系统以实现税收现代化为目标，积极适应和有效服务经济发展新常态，突出纳税服务和税收征管核心业务，以制度体系、内控机制建设和绩效管理为保障，大力组织税收收入、全面推进依法治税、不断深化税收改革、持续加强队伍建设，税收事业实现了新突破、取得了新发展。

太原市国税局与太原市地税局、太原市城区联社成功举行“银税互动”签约暨推进仪式

2015年7月2日，组织青年党员干部开展重温入党誓词活动

2015年10月28日，山西省国税局党组书记、局长胡军（前排左二）在清徐县国税局河东税务分局调研指导工作

2015年10月8日，省局党组成员、副局长王德平（左三）、省局党组成员、副局长范扎根（左四）深入太原市小店区国税局就小排量乘用车车购税减税政策落实情况进行调研

2015年10月15日，省局党组成员、纪检组长贾志坚（左二）深入太原市尖草坪区国税局督导重点工作开展情况

省局党组成员、总审计师牛新文（前排左二）在太原市万柏林区国税局调研指导工作

2015年7月31日，太原市国税局组织市局机关干部走访慰问省政府武警中队官兵

太原市工商行政管理局

国家工商总局副局长马正其（右二）在太原工商局调研指导工作。省委常委、市委书记吴政隆（左二），副省长张建欣（右三）陪同调研。市领导陈河才、魏民参加。

副省长张建欣为企业发放“三证合一、一照一码”执照

2015 年，是全市工商系统深化商事制度改革的关键之年。太原市工商系统在太原市委、市政府的领导和山西省工商局的指导下，实现“六大发展”，争当“六个表率”，全力推进工商登记制度改革，不断强化市场后续监管，为实现“五个一批”，服务全市经济稳步健康发展做出了应有的贡献。

市非公工委在市委党校举办为期两天的非公党建示范培训班。市委组织部长张明星（右三）作动员讲话

省工商局党组书记、局长董岩到坞城工商所调研。市工商局局长王拴成（左一）陪同。

副市长魏民到市工商局注册大厅调研“三证合一、一照一码”工作。（右一为副市长魏民，右二为局长王拴成，左一为副局长胡二生）

太原市住房公积金管理中心

5月7日，省委常委、常务副省长高建民一行在管理中心调研

2月7日，太原住房公积金管理委员会三届三次会议召开

太原市住房公积金管理中心成立于2003年6月，是直属于太原市人民政府的不以营利为目的的独立事业单位，主要负责太原地区住房公积金、公房出售收入等住房资金管理工作。2015年，市公积金中心在太原市委市政府的正确领导、省住建厅的业务监管、相关部门的大力支持配合以及中心全体干部职工的共同努力下，以十八届三中、四中、五中全会精神及习近平总书记系列重要讲话精神为指引，围绕住建部3·20电视电话会议“加快资金释放，用足用好公积金”精神和高建民常务副省长调研时提出的“三个五”工作要求，按照中心党组提出的“强化管理、彰显服务、提高效益、确保安全、追求卓越”总体要求和打造“五个一流”公积金中心建设目标，迎难而上，积极作为，多措并举，真抓实干，加大力度释放资金，千方百计提高资金使用率，各项业务快速发展，住房公积金制度作用充分发挥，取得了良好的社会和经济效益。

目前，太原市住房公积金建制单位达到8542个，实缴职工99.99万人，公积金提取种类24种，公积金贷款品种7个，包括商品房贷款、经济适用房贷款、拆迁房贷款、二手房贷款、装修贷款、商转公贷款和公积金与商业银行组合贷款，个人公积金贷款最高额度100万元，基本满足了全市职工购房需求，住房公积金在帮助职工实现“住有所居”正在发挥着积极的作用。

作为服务型窗口行业，中心始终把提升服务水平放在工作的重要位置，不断优化业务流程，提升办事效率。2015年，中心围绕“用足用好公积金”，推出多项便民惠民新举措，如实施住房公积金阶段性提取政策、放宽租赁住房提取住房公积金条件、进一步提高住房公积金贷款额度、取消二手房贷款抵押和装修房贷款抵押的评估等，资金使用效率明显提升，在支持缴存职工解决住房问题方面发挥了积极的作用。

近年来，中心致力于打造群众满意、社会赞誉、政府放心的公积金中心，多次获得“市文明单位标兵”、“省级青年文明号”、“依法行政先进单位”等荣誉称号。

4月2日，全市住房公积金管理工作暨党风廉政建设工作会议召开

市民在服务大厅办理住房公积金业务

太原市中级人民法院

省高院院长左世忠视察市中院新建审判大楼

院长冯少勇在阳曲法院，对群众路线教育实践活动“回头看”和学习讨论落实活动专项治理工作进行督导并对扶贫项目进行验收

4月14日，市中院组织党员干部、青年团员赴阳曲县新阳公园植树

5月4日，市中院正式实行新的立案登记制度

太原市中级人民法院下辖10个基层法院，共有派出法庭23个，承担全市6个城区4个县区420余万人口的法律诉讼。全市法院共有行政人员870人，事业人员140人，其中，太原中院核定中央政法专项编制270名，核定事业编制81名。

1月27日，市中院组织干警参观反腐倡廉展

2月26日，市中院党组中心组学习贯彻市委书记吴政隆在市纪委会议上的讲话精神

8 月 29 日，中央司法改革办公室领导莅临太原中级人民法院视察“三大平台”建设情况

5 月 28 日，院长冯少勇讲授“三严三实”专题教育党课

2015 年，全市法院紧紧围绕省、市委“六大发展”、“六个表率”和“五个一批”等重大战略，积极开展学习讨论落实活动和“三严三实”专题教育工作，充分发挥审判职能作用，依法审理各类案件，维护社会公平正义，为经济社会的发展提供了有力的司法保障。全年受理各类案件 53365 件，去年同期 38305 件，同比上升 39.32%，审（执）结 40852 件，法定审限内结案率达 99%，诉讼标的额 193.81 亿元，去年同期 96.51 亿元，同比上升 100.82%。市中院受理各类案件 10855 件，去年同期 8034 件，同比上升 35.11%，审（执）结 9151 件，法定审限内结案率达 98.5%。

3 月 2 日，市中院召开群众路线教育实践活动整改落实情况专题通报会

11 月 6 日，法警支队集训

5 月 20 日，市中院进行《民事诉讼法》司法解释培训。副院长张庭保到会动员并讲课

太原市万柏林区人民法院

刑事审判庭开展未成年犯罪调研

2015年6月，法院工作人员在城中村工程改造现场提供服务

参观“中国共产党反腐倡廉历程展”

2015年，本院新收各类案件4482件，旧存232件，审（执）结3844件，结案率为81.54%。其中审理各类刑事案件626件788人，审结583件721人，审结率为93.13%；审理各类民商事案件3115件，审结2556件，审结率为82.11%；立案登记行政诉讼案件55件、国家赔偿案件1件，经审查不予受理18件，立案受理的38件，已审结33件，审结率为92.73%；办理执行案件902件，执结638件，执结率为70.73%；受理的15件申诉案件全部审结；强化诉讼服务中心功能建设，完善了司法便民措施，开辟了立案绿色通道，全年共接待来访群众10500余人(次)。坚持了首问责任制、首办责任制。延伸司法服务，认真做好社会治安综合治理工作。以依法打击阻碍、破坏城中村改造的犯罪活动、及时化解城中村改造中出现的矛盾纠纷和及时提供法律服务等为重点，对2015年列入万柏林区城中村改造任务的17个村主动提供了服务和保障。

2015年1月28日，全体干警参观中国共产党反腐倡廉历程展

学习讨论落实暨专项整治活动，邀请市委党校王小佳讲课

太原市强制隔离戒毒所

太原市司法局局长杨万生在太原市戒毒所检查指导

所长李向阳出席小北关社区戒毒康复工作指导站挂牌仪式

太原市戒毒所从场所文化建设入手，着眼戒毒人员思想塑造，借鉴中华传统文化精髓，形成了以“戒”为核心，以“德、孝、礼、法”为手段的戒治文化。引导戒毒人员通过用道德修正德行，用孝道处理好家庭关系，用礼和法处理好与社会关系，明底线，守规矩，教育帮助戒毒人员做一个对社会有用的合格公民。

按照习总书记禁毒要从青少年教育抓起的指示精神，针对吸毒人员日益低龄化特征，以“三个延伸”拓展戒毒工作：“向前延伸”，成立禁毒志愿服务队，建立禁（戒）毒教育基地，采取邀请参观和外出宣讲等方式，到学校、社区开展禁毒教育，2015 年累计接待 5000 多人次；“向内延伸”，不断提升戒毒人员教育矫治质量，降低复吸率；“向后延伸”，对出所后戒毒人员，本着“扶上马、送一程”的思路，助其走上自食其力的创业之路，并积极指导社区康复工作，培训社区康复工作者。

戒毒人员参观所禁（戒）毒教育展览馆

场所禁毒宣传工作受到上级领导大力支持，省、市禁毒委，省戒毒局、市司法局先后为禁（戒）毒教育基地挂了牌。

太原市戒毒所禁（戒）毒教育走进东大幼儿园

太原市戒毒所禁（戒）毒教育走进山西大学商务学院

医疗戒治中心大夫为戒毒人员体检

太原铁路公安局

局长董跃峰向旅客群众进行反恐安全宣传

政委关六斤慰问一线公安民警

太原铁路公安局大门

2015 年，太原铁路公安局将“平安山西”、“法治山西”建设与“平安铁路”建设有机融合，持续开展“创建绿色通道、打造平安站车”主题实践活动，着力健全完善“打、防、管、控、建”五位一体的治安防控体系，全面强化站车线治安风险管理，全局“三年规划”圆满收官，圆满完成了十八届五中全会、新疆自治区成立 60 周年、西藏自治区成立 50 周年等重大安保任务，为服务山西经济社会发展、旅客群众平安出行提供了和谐稳定的治安环境。

全局共查获各类危险品 9.7 万起，特别是立足站车查获毒品 868 起 14268.242 克；破获刑事案件 139 起，打掉犯罪团伙 6 个成员 27 名；

路地公安机关联合开展反恐演练

现代化的信息指挥中心大厅

局党委举行“健步走”活动

举办警体运动会

站车查缉抓获公安部网上逃犯 1257 名；下发消防法律文书 3249 份，判立重大火灾隐患 20 处，安全执行各项专特运警卫任务 193 次。年内，公安局连续三年荣获山西省情报信息预警一等奖，1 个基层单位荣获第八届“山西青年五四奖状”，1 名民警被评为“山西省十佳亲民警察”，有 3 个集体、5 名个人被省公安厅评为“全省抗战胜利 70 周年纪念活动安保成绩突出集体和个人”；有 3 部微电影、3 条微信、2 条微博在全国、全路公安民警“三微”大赛上获奖，微电影《致命救赎》荣获全国公安民警“微电影三等奖”；连续三次参加全路模拟案件现场练兵考核均荣获第一名，取得全路实战练兵片区考核团体第二名、实战练兵成果检测团体第四名；公安局党委连续 10 年被路局评为“先进党委”，公安局领导班子被路局评为“学习型领导班子”；共有 122 个集体、306 名个人立功受奖。

铁路民警开展爱路护路宣传

开展“6·26”国际禁毒日宣传活动

取得的荣誉

太原市卫生计划委员会

省委书记王儒林考察太原红十字托老中心

张建欣副省长调研太原城市公立医院综合改革试点工作

启动实施就医“一卡通”项目，有效缓解群众看病难问题

2015年，全市卫生计生系统在市委、市政府的坚强领导下，认真贯彻市委十届六次、七次全会精神，以强化党建为统领，以落实计划生育基本国策、深化医改、百院兴医、疾病防控为重点，抓班子带队伍、抓管理促发展、抓服务树形象，积极作为，迎难而上，创造性工作，承担的4项省考市目标任务和9项市委、市政府考核指标及24项重大民生项目（事项）全部超额完成，连续4年被评为全省卫生计生系统优秀单位，部分单项工作进入全国先进行列，全市卫生计生事业步入健康发展的快车道。

国家卫生计生委副主任金小桃调研太原市医改工作

省政协副主席、省卫生计生委主任卫小春调研太原社区卫生工作

市长耿彦波督导市直医院迁建项目

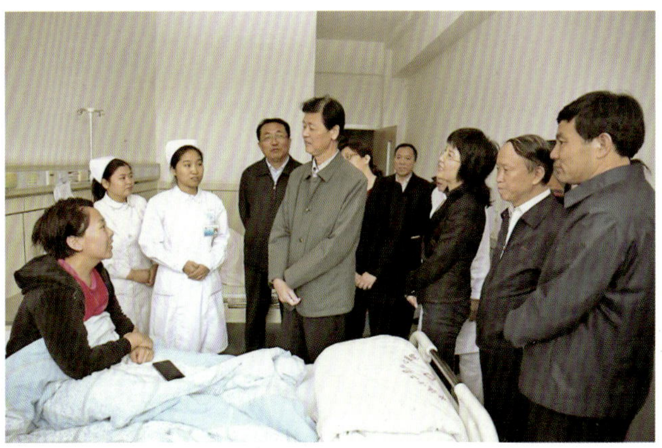

市人大常委会主任弓跃调研太原新型农村合作医疗工作

在全国首建乡村医生“进退流转”机制，筑牢农村卫生服务

参加山西省“直面实战 2015”卫生应急综合演练

12320 卫生计生热线在 2015 年全国服务质量评价中，获得第二名

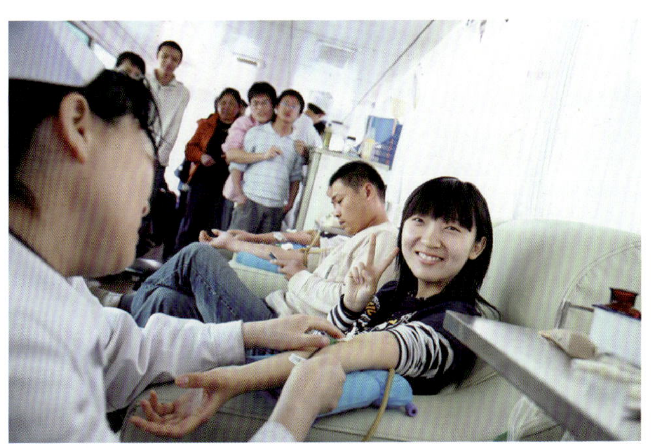

无偿献血

太原市晋祠博物馆

山西省省委书记王儒林在晋祠调研

山西省文物局局长王建武在晋祠检查工作

晋祠是首批全国重点文物保护单位，首批国家AAAA级旅游景区，是太原市最负盛名的风景名胜区，也是最重要的对外开放窗口之一，每年接待150多万人次中外游客。晋祠历史文化遗存极为丰富，是中国现存最早的皇家祭祀园林，晋国宗祠；是中国古代建筑艺术的集约载体，中国仅存的宋元明清至民国本体建筑类型和时代序列完整的孤例，附属彩塑、壁画、碑刻均为国宝；是三晋历史文脉的综合载体，晋文化系统上溯西周封唐建晋至唐肇创文脉传承的实证。

晋祠现存宋、元、明、清时期的殿、堂、楼、阁、亭、台、桥、榭等各式古代建筑100余座，各种雕塑100余尊，碑碣400余通，古树名木100余株，其中上千年古树30株。在一处文化遗产中保存如此门类齐全、数量众多的文物精品，实属罕见。特别是被誉为中国"宋代建筑代表作"的圣母殿，中国古代桥梁建筑史上的孤例——宋代建筑鱼沼飞梁，稳如大殿、巧似凉亭的金代建筑献殿，合称为晋祠三大国宝建筑，在中国古代建筑史上具有极为重要的地位和独特的价值。保存在圣母殿内的宋塑群像突破了宋以前宗教造像的模式，而成为当时社会上真实人物的写照，开创了雕塑艺术写实作品的先河，它不仅是中国雕塑史上唯

岁月光影老照片展

春节慰问老干部

东南亚五国王氏祭祖

唐氏祭祖

一反映宫廷人物的造像，而且是中国雕塑史上艺术高超的罕见精品。此外，具有3000年历史的周柏、唐太宗李世民御制御书《晋祠之铭并序》碑、唐武则天亲自作序的《华严经石刻》等也均为国宝级文物，具有极高的历史和艺术价值。晋祠难老泉水昼夜涌流，声响如玉，更为景区增色。此外，博物馆还藏有近20万件可移动文物，内容涵盖古代书画、陶器、瓷器、青铜器、典籍善本、木器、服饰、刺绣、金银器等众多门类，其中国家三级以上文物3000余件，是山西省馆藏最为丰富的博物馆之一。晋祠以其独特的历史、艺术、科学和鉴赏价值，被称为中国西周时期宗法制度的实物佐证，集中表现了中国古代社会的祭祀文化和市井文化与民族文化；在科学艺术成就上，圣母殿宋代建筑是中国建筑史上的重要标志，鱼沼飞梁是中国桥梁史上的典范，宋塑侍女是中国雕塑艺术的杰出代表；它的园林曲水回合、林木蔽日，与殿堂楼台完美融合，成为颇具唐宋之风的祠庙园林经典，体现了中国古代天人合一的哲学思想和审美心理。

晋祠是古代宗祠与造园艺术相结合且跨越历史最长又最具代表性的实例，是中国古代文化和人类建筑艺术宝库中一份最珍贵的遗产，是三晋大地上一颗璀璨的明珠。

“我们的节日·清明节经典诵读”比赛

参加全市中华经典诵读比赛

正月十五元宵节活动

太原美術館

2015年11月23日，省委书记王儒林赴太原美术馆参观“雪海流香·赵梅生90艺术回顾展”。省委常委、宣传部长胡苏平，省委常委、秘书长王伟中一同参观

雕塑双年展开展后，中国美协副主席、中国美术馆馆长吴为山与省委常委、宣传部部长胡苏平，省委常委、市委书记吴政隆一同观展

2015年1月20日，“中国共产党反腐倡廉历程展”在太原美术馆开展，太原市众多机关、企事业单位、社会团体和个人前来观展

太原美术馆是太原市人民政府新建的省市重点文化标志性工程，是太原市文化局主管的公益性、开放性和永久性文化事业机构，是承担美术作品、文献征集、收藏、陈列、展览并利用美术资源开展教育推广、学术研究、对外交流和休闲服务的艺术博物馆。

太原美术馆位于太原市长风商务区文化岛东北角，占地面积61901平方米，建筑面积32075平方米，由著名设计师、哈佛大学科恩教授总设计，由美国PSC设计事务所和东南大学建筑设计院联合设计。太原美术馆造型的设计灵感来自于极富山西特色的晋中梯田地貌，层层阶梯和蜿蜒曲线完美契合，形成了一个新颖而极具几何张力的现代建筑。馆内拥有各种规格的展厅10个，其中2个一级展厅，8个二级展厅，展厅面积及高度各不相同，最高的展厅高达13米，非凡的尺度、别致的屋顶、光影的交织，构成典

2015年9月25日，第25届书博会“全民阅读·文华三晋”主题书画作品展在太原美术馆开展。图为领导参观展览

2015年12月12日，“新态·2015太原国际雕塑双年展”在太原美术馆开展

2015年2月10日，“中国梦·民族情——欢乐中国年艺术大展”现场送福

2015年4月17日，第十二届全国美术作品展览巡展在太原美术馆开展。展览期间，近10万人前来观展

雅的艺术殿堂。另设有中央大厅、多功能学术报告厅、会议室、艺术超市、培训教室、装裱室、修复室、艺术家沙龙、儿童美术天地、休闲咖啡厅等多种具有社会服务功能及休闲娱乐功能的配套设施。

太原美术馆始终坚持“以研究为龙头，以收藏为基础，以展示为手段，以提供公共文化艺术服务，满足人民群众基本文化权益为目的”的办馆理念；坚持学术立馆，人才立馆、藏品立馆、业务立馆，着力构建美术研发、展藏体系，搭建国内外文化艺术交流平台，发展面向公众的艺术教育；努力建设成为集研究、收藏、展示、教育为一体的具有三晋文化特色的美术艺术博物馆；努力为传承历史文明、弘扬先进文化、塑造人文精神、推动文明进步，建设具有历史感、生态性、文化味的形神兼备的一流文化名城做出积极贡献。

2015年8月8日，太原美术馆“大美工作坊”推出“纸上的舞蹈——书法、舞蹈跨界体验活动”

2015年8月14日，“太原美术馆馆藏山西平阳、绛州木版年画精品展”在苏州美术馆开展

2015年8月20日，“太行丹青——红色经典美术作品展”开展，图为画家陈承齐为抗战老英雄和观众讲解画作创作历程

雕塑双年展期间，太原美术馆干部职工与中国美协、中央美院领导专家共同探讨展览事宜

小店区统计局

小店区区委书记车建华，区委副书记、区长杨继承，区委常委、副区长张振鹏陪同山西省统计局局长翟振新、太原市统计局局长薛建明一行，对小店区的统计从业资格考试工作进行了巡视

小店区 1% 人口抽样调查业务培训会

小店区统计局行政编制为 14 人，现有人员 14 人，其中：局长 1 名、副局长 2 名、总统计师 1 名、工作人员 10 名。下属单位有区经济调查队、区经济监测中心。区经调队工作人员 6 名，区经济监测中心 3 名。年末干部职工共 23 人。

2015 年以来，荣获太原市县级统计机构综合工作总体评价优胜单位、综合分析和信息类优胜单位、综合服务和创新类优胜单位、综合统计资料编辑类优胜单位、综合统计基础管理工作类优胜单位、综合考核优秀领导班子、文明标兵单位。

小店区积极开展第六届中国统计开放日宣传活动

小店区第三次全国经济普查综合业务培训会

太原市中心医院

山西省副省长张建欣、省政协副主席卫小春、省政府副秘书长阎晨曦一行三十余人到本院就城市公立医院综合改革试点工作进展情况进行调研

市长耿彦波、副市长王爱琴在市卫生局局长郝宝清、小店区区长杨继承的陪同下前往本院新院区建设工地视察指导工作

太原市中心医院源于清光绪二十八年（1902 年）意大利籍教士创办的天主教医院，1958 年 8 月，经太原市卫生局批准太原市中心医院成立。之后，不断发展成为市直医院中规模最大、综合实力最强的唯一一所三级甲等综合医院。医院位于解放路杏花岭区东三道巷 5 号，现有医疗用地 90.51 亩，建筑总面积 8.3 万平方米，实际开放床位 1234 张，开设临床科室 32 个，医技科室 21 个。现有省级重点学科 1 个（皮肤科），省级重点实验室 1 个（皮肤科实验室），省市共建学科和省级临床重点专科 2 个（心血管科、神经内科），市级重点学科 11 个（皮肤科、神经内科、心血管内科、检验科、呼吸科、肾内科、妇科、影像科、骨科、生殖中心、耳鼻咽喉科），设有两个硕士学位授予点。现有职工 1894 人，其中有 4 名专家享受国务院特殊津贴，专业技术人员 1476 名，包括博士、硕士一百多名。

医院目前是山西医科大学非直属附属医院，除承担着山西医科大学、山西中医学院、长治医学院、汾阳医学院等全省 8 所医学院校的教学任务外，是山西省首批急诊急救专科护士培训基地、山西省血液透析专科卫技人员规范化培训实践基地和内科、外科、妇产科、全科、耳鼻喉科、精神科、医学影像科、医学检验科、皮肤科、急诊科共 10 个专业的住院医师规范化培训基地。

2015 年是医院加强内涵建设、务实求精、全面推进各项工作更高、更实的一年。一年来，坚持贯彻落实十八届四中、五中全会精神，围绕学科升级、人才队伍、医疗质量、机制制度、创塑作风等重点工作，转变观念，凝神聚力，踏实务实，开拓进取，各项工作都取得较好成绩。

市卫生局局长郝宝清、党委书记安鲜萍一行 5 人对本院安全生产工作进行突击检查

太原市中心医院迁建项目开工仪式在太原市小店区贾家寨村建设工地隆重举行

太原市红十字血液中心（山西省血液中心）

太原市人大副主任李文清莅临血液中心检查指导工作

市卫计委党委书记、主任郝宝清春节期间看望慰问献血者

公益活动

血液中心党委带领广大党员到高君宇故居学习参观并现场宣誓

太原市红十字血液中心（山西省血液中心）成立于1984年12月，1994年经卫生部评审验收达到血液中心标准，2013年增挂“山西省血液中心”牌匾。中心座落于迎泽西大街185号，建筑面积12000平方米，固定资产1.1亿元，在编职工120人，在岗职工249人。负责省城100余所医疗机构临床供血，承担全省采供血机构技术指导、质量控制与评价等工作，是山西省采供血工作业务指导、教学和科研中心。

中心秉承“一切为了献血者的健康与受血者的安全”的宗旨，努力为献血者和临床医院提供更好的服务，无偿献血工作取得了明显的成绩。太原市自1997年来连续9届18年荣获“全国无偿献血先进城市”称号；自1994年以来保持了市文明单位标兵称号；2012年起至今保持了山西省文明和谐单位荣誉称号；多次被省委、省政府授予“模范单位”荣誉称号；被省档案局评为“山西省企业科技事业单位档案工作规范化管理AAA级”单位；被市委、市政府授予“双拥先进单位”称号；被市政府评为“太原市安全生产管理标杆单位”称号；被市妇联授予“巾帼文明示范岗”等荣誉称号。

郝庄献血屋启用仪式

“5·8”世界红十字日宣传活动

学雷锋活动

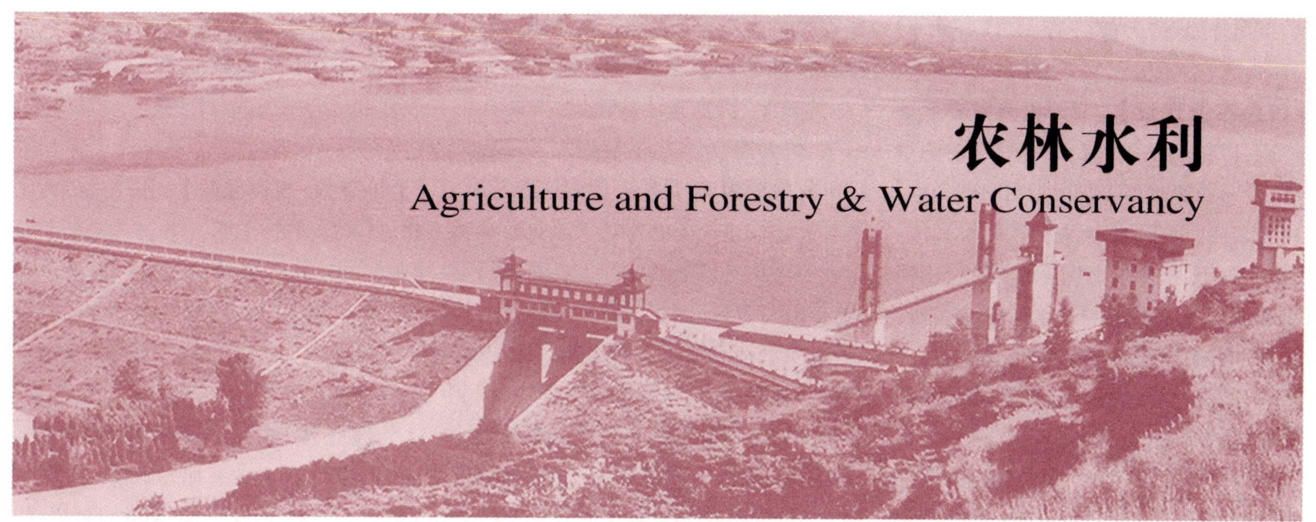

农 业

【概述】 2015年,太原市“三农”工作按照稳粮增收调结构、提质增效转方式的总要求,推进落实全省七大产业振兴翻番工程,完成和超额完成各项指标任务。农民收入稳步增长。全年实现13626元,同比增长8%,超省政府指标1%,在全省排名第一。农业投资成效显著。农产品质量安全水平提升。全年部、省两级农产品安全总体合格率98.84%,超出96%任务2.84%;其中蔬菜、水果、食用菌农产品检测合格率为96.58%;畜产品兽药监测合格率为99.2%;“瘦肉精”抽检合格率100%;乳制品合格率为100%,全年未发生一起农产品质量安全事件。全市做好特色农业、城市需求、产业链延伸“三篇文章”,健全完善农产品加工、物流配送、休闲农业服务“三大体系”,迎难而上,积极作为,取得较好成绩。(郭勇智)

【经济指标】 2015年,全市农业产业投资26.2亿元,完成26亿元任务的100.8%,其中现代农业11.07亿元,完成138.4%,现代畜牧业15.13亿元,完成84.1%。粮食生产再获丰收。全年粮食总产29.93万吨,超出26万吨任务3.93万吨。实施万亩、千亩高产创建示范片各6个,完成任务的133%。推广地膜覆盖28.9万亩,完成27万亩任务的107%,重点打造推广全膜双垄沟播面积12.5万亩。农产品加工业发展稳健。全市农产品加工销售收入187.45亿元,同比增长15%,完成173亿元任务的108.4%。其中:酿造业收入28亿元。畜牧业生产健康推进。改良绵羊11.65万只、山羊14.2万只、猪23.4万头、鸡9.3万只,完成任务的96.9%、89.2%、98.8%、105.9%。人工种草7.32万亩,完成5万亩任务等146.4%,实施草原鼠虫害防治19.8万亩,完成17.5万亩任务的113.1%。开展奶牛生产性能测定5000头,完成4000头任务的125%。预计年底肉类产量达5.41万吨,完成5.4万吨任务的100.18%,禽蛋总产3.01万吨,完成3万吨任务的100.3%,奶类总产10.2万吨,100%完成任务。设施农业标准推进。新发展设施蔬菜8895亩,其中:温室1614亩、大棚2753亩、中小棚4528亩,完成5500亩任务的161%。果品中药材提质增量。发展新果园3366亩,完成任务168.3%,改造中低产果园及老龄果园5220亩,完成任务174%。新发展中药材11960亩,完成任务139.2%。新型经营主体规范发展。创建省级示范社21家、市级示范社40家、县级示范社66家,农民合作社总数发展到3700家(包含合作联社23家)。登记家庭农场253家,认定省级示范农场2家。农业产业化企业发展到218个,其中加工型企业143个,基地型52个,流通型23个。新型职业农民培训有序。认定培训机构35所,组织304名专家建立师资库,培训新型职业农民7002人,完成6516人任务的107.45%。

(郭勇智)

【落实惠农富农政策】 2015年,太原市委、市政府对“三农”工作专题研究部署“三农”工作,吴政隆书记先后深入清徐、阳曲、娄烦和古交,调研农业农村5次,先后就“三农”工作批示5次,强调指出:“农业是基础,农村是短板。夯基础、补短板是全市工作的重中之重。”市人大关心“三农”工作,围绕支农资金、蔬菜生产、土地确权等重点工作,开展督导调研5次,听取汇报并专题审议3次。市政府围绕土地确权、“三资”管理、扶贫开发等工作进行专项督察指导。加大支农资金投入,设立秸秆综合利用补贴资金2895万元,按照每亩70元的标准,对76万亩秸秆综合利用予以补贴;安排1005万元,引导实施畜禽粪污无害化处理;设立1200万元都市现代农业贷款贴息资金,对37个项目给予贷款贴息。设立美丽乡村建设资金750万、领导干部驻村增收资金700万,改进资金管理办法,实现一类资金一种办法的精细化管理,将强农惠农富农政策落实到具体工作中。市政协将特色现代农业列入一号议题,吴政隆书记专门听取讨论,专题调研土地确权等重点工作,提出建议措施。四大班子合力推动都市现代农业的行动前所未有,带动和感染着市、县两级从认识到行

动重视并加强“三农”工作。（郭勇智）

【特色农业建设】 发挥财政资金撬动作用，以落实市委“五个一批”项目为重点，引导农业投资。加大招商引资力度。营造亲商、重商、安商、扶商的招商环境，出台一系列招商投资优惠政策，突出特色农业资源，用好推介会等平台手段，采取“会前走出去、会中树形象、会后抓跟踪”的方式，招大商，大招商，全年招商投资签约项目30个，总投资额73.5亿元，拟引资55.3亿元。贸易签约项目80个，总贸易额达31.4亿元。抓好农业投资跟踪。加强与县(市、区)对接，统一思想，摸清底数，将任务分解落实到县，责任到人，具体到项目。平时注重对项目的跟踪服务和督促落实，按进度分县区通报排名情况。加强与统计部门的横向沟通、纵向协调，如实统计，及时报送，应统尽统，确保全年任务如期超额完成，为特色农业发展注入新的活力。加大项目服务。九牛牧业万头奶牛二期扩建项目、宝迪10万头种猪标准化养殖项目、桦桂10万只规模养羊场项目、永丰禽业蛋鸡扩建项目等有序实施，农业投资按照计划逐月增加。特别是阳曲农产品加工园占地3000亩，总投资65亿元，已有12家企业进驻，有宝迪食品、众能天然气、双合成玫瑰园等6个项目开工建设，累计投资15亿元。

（郭勇智）

【都市农业迈上新台阶】 2015年，太原市农业局秉承农业产业化、产业园区化、园区科技化、科技高效化的理念，实施“百园兴农”战略，加快项目建设，延伸产业链条，培育水塔加工型、惠农科技型、本草基地型、华辰观光型和裕吉流通型农业园区130多个，产业园在技术集成、吸收劳动力、带动增收等方面成效明显，成为都市农业的靓丽名片。以创建蔬菜标准园为带动，集中力量建设清徐集义乡蔬菜连片种植基地，全市蔬菜播种面积44万亩，增长2%，总产156万吨，增长4%。以清徐天禄丰万头生猪养殖园和娄烦康庄生态养殖园为带动，推进生猪养殖扩大规模、提高产能、健康发展。推进阳曲县百万只养羊工程和小店区“一县一业”奶牛基地县建设，发展九牛牧场、恒天然、众和等乳制品加工厂和放心鲜奶直销店，满足居民健康饮奶需求。高标准建设小店区新晋龙、阳曲县永丰禽业、清徐县玖隆禽业等蛋鸡养殖园建设，提升禽蛋自给供应。依托清徐万亩葡萄园，发展清徐绿源生态园、清泉山庄葡萄园等葡果园区，抓好玉露香酥梨、沙金红杏、大久保桃等新品种引进和老品种保护，示范带动葡萄产业挖掘鲜食、采摘、冷藏、加工等多产业链效益。在产业园建设的引领下，实施双合成、维尔生物、青玉油脂、科隆源等28个新改扩建项目，农产品加工龙头企业发展壮大，省城“菜篮子”基地加快建设，为提高产品自给率、增强食品安全性发挥作用。

（郭勇智）

【农业科技】 实施推广“控水、控肥、控药”绿色增产模式，全市播种粮食113.34万亩，其中：杂粮播种面积33.21万亩，完成30万亩任务的110.7%，杂粮产量0.54亿公斤，完成0.4亿公斤任务的135%。推广应用15项种植新技术，在阳曲县实施谷子机播机收技术，谷子亩均产248.5公斤，比全县亩均产114公斤高出134.5公斤；实施玉米双垄沟播技术，亩均产452.5公斤，比全县亩均产226公斤高出226.5公斤；在全市12个蔬菜园推广应用水肥一体化新技术，引领蔬菜园提质增效；引进畜禽良种，优化种群结构，全市发展种畜禽场43家，培育人工授精站(点)103个。阳曲县三晋人和种羊场，先后引进16个肉羊品种，采取人工授精和胚胎移植技术开展改良服务。五和牧业与澳大利亚签订引种2000枚纯种杜柏羊胚胎合同，引进优质胚胎200枚，接种96枚，产仔62只；加快农业物联网技术在现代农业发展中的示范应用，探索农业生产的数字化设计、智能化控制、精准化运行、科学化管理。17家大型蔬菜生产企业运用农产品质量追溯系统把控质量关口。贡天下、维真农场、晋农特、益丰等企业，从生产、加工、销售等不同领域推进“互联网+”与农业的融合发展，取得成效。（郭勇智）

【土地确权，规模经营】 市土地确权工作在3县1市开展，共涉及30个乡(镇)、387个行政村、8.8万户土地承包户，共计开展土地确权84.7万亩，其余六城区完善2014年试点工作，为全面铺开做好准备。市委、市政府从动员部署、工作经费、督察指导等方面保障，全市形成围绕特色抓农业、抓好确权促改革的氛围。全面宣传发动，做到横向到边、纵向到底、家喻户晓，组织开展培训5次，召开例会9次，培训骨干3500人次。采购市域正射影像工作底图，完成数据转换9000多幅，率先在全省交付测绘单位作业。清查摸底承包台账数564份、合同8.4万份、档案数6.5万份、地块29.4万份，解决纠纷矛盾331起。扎实开展权属调查工作，填写发包方调查表430份，承包方调查表7.6万份，承包地块调查表25.9万份。权属调查工作进入尾声，进入公示和登记颁证阶段。信息化机房建设全部完成，确权登记颁证工作进度达到省里要求。在推进过程中，大家普遍认为“宣传发动是前提、把握政策是关键、科学测绘是手段、确地到户是目的、资料完善是成果、农民满意是追求”。加强土地流转政策宣传和规范引导，总流转面积达38.06万亩，占承包地的23.7%，高出全省15%的平均值8.7%。指导91个“一村一品”专业村围绕项目发展产业，带动农民就业致富，申报推荐省部级“一村一品”示范村4个。选择阳曲县作为县级农村产权交易市场试点县，完成基建改造和挂牌工作，开展建章立制和职能部门入驻等准备工作。选择杏花岭区伞儿树村作为农村集体产权制度改革试点村，出台改制方案，开展股权量化。（郭勇智）

【建设美丽乡村】 2015年，太原市农业局按照省、市改善农村人居环境总体规划的布局要求，制定实施《太原市改善农村人居环境2015年行动计划》。以路、水、电、气等基础设施建设和社会事业发展为重点，推进提质完善工程；以采煤沉陷区治理搬迁为突破口，推进农民安居工程，启动5个县（市、区）、16个乡镇、11个采煤沉陷区治理建设项目。4850户农村危房改造任务竣工。实施483户地质灾害搬迁。完成5288人易地扶贫移民搬迁年度任务。以垃圾处理和污水治理为抓手，推进乡村环境整治工程。建设垃圾转运站27个，创建达标村260个。开工建设49个村生活污水防治工程。开工改造5300座农村无害化卫生厕所建设。以“三级联创”和传统古村落保护为重点，全力打造美丽宜居示范工程。申报省级示范村6个，市级示范村10个，县级示范村22个。会同市财政联合出台《太原市美丽宜居示范创建村以奖促治资金管理细则》和资金下达指导意见，明确“以奖促治、先干后奖、奖补到村”和“资金跟着项目走”的资金管理办法，市级财政安排美丽宜居示范村建设资金750万元。据不完全统计，市县两级投入建设资金近2.8亿元，推进改善农村人居环境四大工程的顺利实施。（郭勇智）

【休闲农业】 拓展都市现代农业多功能性，坚持“从一接二连三”的思路，社会资本投资休闲农业的氛围浓厚，投资达5.2亿元。围绕“田园风光美、乡土气息浓、体验趣味多”的发展方向，全市初具规模的休闲农业与乡村旅游景点（园区）发展到129家，建设中的80多家，总投资额85.2亿元，占地29.3万亩。打造出一批深受市民钟爱的精品休闲点，有迎泽区郜台山滑世界、小店区华辰农耕园、尖草坪区薰衣草基地、杏花岭区采薇庄园、舒清园、阳曲县青草坡等。积极组织观光采摘、农家体验、种养认领、创意农业等多种形式活动，休闲农业景点成为市民节假日热衷的好去处。据不完全统计，全市休闲农业与乡村旅游景点接待游客量达380.6万人次，年营业收入达到2.97亿元，吸纳农村富余劳动力2.5万人，带动农民增收356元。（郭勇智）

【农业农村管理】 2015年，太原市农业局开展“2+5”专项治理。强化问题导向，聚焦群众关切，按照“谁主管、谁负责”的要求，围绕惠农补贴落实、涉农乱收费2项重点任务和惠农政策、行政审批、行政执法、涉农资金、政府采购等5方面问题，明确牵头单位，落实主体责任，查改结合，集中整治，对资金拨付不及时、地方配套不到位等问题，督促基层单位整改落实，确保重大决策有效执行、惠农政策落实到位、农业干部干成事、不出事。开展农村集体“三资”专项整治，第一时间进行动员部署，划定时间表，制定路线图，发挥各县（市、区）主体责任，组织展开自查。指导76个村（居）完善委托代理书，212个村（居）完善“三资”管理制度，105个村规范“三资”公开制度。问题导向，点面结合，18个村对违反资金管理问题进行整改，316个村对资产管理不规范问题进行清理，28个村对资源发包不规范问题进行整改，8个村（居）对不实债权债务进行清理。全市移交违反“三资”管理案件82件，涉案108人，移交101，处分117人。通过专项整治，化解矛盾，遏制问题，顺应百姓呼声，密切党群干群关系。开展全市农村集体经济发展情况大调研，草拟《关于发展和壮大农村集体经济的指导意见》，提交市委、市政府研究决策。（郭勇智）

【农产品质量安全】 坚持“产出来”和“管出来”两手抓、两手都要硬，始终绷紧农产品质量安全这根“弦”，以创建农产品质量安全县为抓手，推进监管能力与机制建设。10县（市、区）农产品监管机构覆盖率达70%，娄烦县农产品质量安全综合检验检测站通过验收。推行标准化生产和全程控制，新编10个农产品生产技术标准。扩大例行监测范围，增加监督抽查频次，加强农产品从种养到入市的全程化监管，获证、完成申报面积共30411亩，超3万亩任务1.37%，产品共30个，超22个任务36.4%，全市“三品一标”有效期内获证企业达106家，产品305个。强化源头治理与执法监管，搞好农业法制经常性宣传教育，促进生产经营主体知法、懂法、守法。标本兼治，规范执法，开展六大专项整治行动。全年共检查生产经营企业5757家次，出动执法人员11843人次，查处问题39起，责令整改24起，吊销企业证照1家，从源头上确保人民群众舌尖上的美味与安全。落实重大动物疫病防控责任制，完善应急预案，储备50万元应急物资，落实93万元防控经费。落实58个乡镇兽医站149名基层工作人员工资待遇，落实881名村级防疫员工作补贴。提高防疫队伍的防范意识和职业技能，搞好强制免疫及抗体监测工作，禽流感、口蹄疫等重大动物疫病免疫应免尽免，抗体免疫合格率达95%以上。加大疫情监测频次和范围，全年未发生重大动物疫情。（郭勇智）

【班子建设】 围绕年度目标任务，市农委坚持党建、业务同部署、同督促、同考核，以“三严三实”主题教育活动为主线，组织专题辅导5次，开展专题研讨4次，举行党建知识考试和党史知识竞赛活动，加强理论学习，夯实思想基础，把中央和省市的重大决策转化为自觉行动。把团结作为班子建设的切入点，发挥个人特长，凝聚集体智慧，召开党委会23次，构建起集体领导、分工负责、分项落实、分段检查的决策运行机制。落实党委主体责任和纪委监督责任，班子成员严明政治纪律和政治规矩，集体作出“十不承诺”，带头构建起狠刹“四风”的高压态势。汇总23项制度形成《市农委六权治本廉洁行政工作制度汇编》，扎紧制度的笼子，堵塞工作的漏洞。细化贷款贴息、扶贫资金、产业园建设等项目资金管理办法，确保资金支付规范有序，项目推进落实有效。梳理出4类124项行政权力事项，分类制定权力清单、责任清单、办事指南表、运行流程图、风险防控图，推动农业依法行政。推行在一线研究思路、提出对策、解决问题、推进工作的"一线工作法",解决群众急难问题50余件。
(郭勇智)

林 业

【概述】 2015年,太原市生态建设按照"山上治本、身边增绿、产业富民、林业增效"的工作思路,突出抓好北山森林防火道路建设及绿化;城六区在已基本实现绿化全覆盖的基础上,规划实施市级提档升级工程,引进社会力量打造环城生态公园建设;"三县一市" 围绕各自功能区建设,以县(市)、乡(镇)所在地周边、国道、省道、高速公路、铁路、旅游公路及河流两侧绿化为中心,集中连片规模化实施好省级以上营造林任务。营造林工程、林业改革特别是林改配套工程进展顺利,森林资源保护特别是森林防火工作成效明显。
(李 翔)

【造林投资】 2015年,太原各县市区在连续几年加大财政投入的基础上,面对经济下行压力,仍然不减投资力度,全市财政用于林业建设资金为8.94亿元,其中:各县(市、区)为6.8亿元,市级2.14亿元,省级以上到位资金为1.73亿元,市级为0.58亿元,县(市、区)为9.31亿元(其中:县区财政2.23亿元,涉林及社会投入7.08亿元)。全市林业已完成固定资产投资9.01亿元(统计局提供数据),与2014年同期3.12亿元相比增加5.89亿元,增幅为188.8%。 (李 翔)

【林业生态建设】 2015年,太原市完成营造林29.07万亩(包括市级城六区提档升级造林任务2.25万亩)。全市下达营造林任务29.27万亩(考核任务29.07万亩),其中省下达营造林27.02万亩(考核任务26.82万亩),市下达提档造林任务2.25万亩。全市共完成省营造林考核任务26.82万亩,完成提档增绿工程建设任务2.25万亩。 (李 翔)

【森林防火】 2015年,太原市北山森林防火通道建设工程是市委、市政府确定林业部门牵头实施的"五个一批"重点民生工程项目,工程建设里程60.98千米,计划总投资35402.56万元,全线分为杏花岭区段、尖草坪区段、阳曲县段、民营区段和市住建委城市段五个部分。完成道路建设工程,全线通车。 (李 翔)

【森林资源保护】 进入春季,全市干旱少雨、大风天气较多,火险等级居高不下。为此,全市落实护林防火责任,设置全市森林防火检查卡(点),建立覆盖森林防火区的网格化巡查体系,完成市、县、乡、村、森林经营者森林防火责任书的签订工作,2015年共发生森林火灾9起,全部及时扑灭;过火面积393.9亩,受害森林面积16.35亩,火灾发生起数和面积较上年同期有所上升;同时打击涉林违法犯罪,受理群众举报案件68起,办理68起;市政府12345便民服务热线办结事项市民满意度调查结果排名第一;成功救助国家一级保护野生动物黄金蟒3条;国家二级保护动物长耳鸮1只、隼2只,银环蛇、烙铁头蛇两条;"三有保护动物"苍鹭、戴胜等9只、鳄龟4只;成功办理山西省境内的首起涉及野生动物制品数量最多、涉案价值最大的"11·13""11·14"非法收购国家珍贵、濒危野生动物制品案,获集体二等功荣誉称号一次、个人获三等功一次。
(李 翔)

【病虫害防治】 2015年,太原市林业局预测全市发生各类林业有害生物8万亩,实际共发生面积为8.248万亩,略高于预测面积,测报准确率达97%(指标值83%)。其中:虫害发生面积2.7483万亩,鼠(兔)害发生面积4.345万亩,有害植物1万亩,病害0.1547万亩。危害程度均为轻度,没有出现成灾现象,成灾率为0(指标值3.5‰)。全年防治作业面积共8.248万亩,在防治过程中,采用人工、物理、仿生药剂等无公害防治措施,无公害防治率100%(指标值80%)。

搞好产地检疫和调运检疫,加强植物检疫管理工作,尤其是加大对来自疫区的林业植物及其产品的检疫执法检查力度,做到先检疫、后开证,特别是松科植物及其产品,都要经过严格的检疫检验,合格后才开证。全市共调运检疫苗木2321290株,木材562.6立方米,木胶板1100张,开具检疫要求书19份,产地检疫苗木500000株,产地检疫率100%(指标值100%),全部达到省里下达的"四率"指标。 (李 翔)

【天然林保护】 2015年,太原市天保工程二期实行目标、任务、责任、资金"四到县"管理。经山西省天保管理中心核定,确认全市天保二期工程森林管护补助面积546.67万亩,涉及12个实施单位。其中:国家级公益林91.55万亩,涉及太原市娄烦县、古交市、阳曲县(包括东山林场)、尖草坪区、万柏林区、晋源区、杏花岭区、清徐县、太原市国有林场、太原市人民政府东西山绿化办公室;地方公益林455.12万亩,涉及太原市娄烦县、古交市、阳曲县(包括东山林场)、尖草坪区、小店区、万柏林区、晋源区、杏花岭区、迎泽区、清徐县、太原市国有林场、太原市人民政府东西山绿化办公室。通过天保省级复查与市级复核检查,管护效果明显,没有发生大的森林火灾,没有偷砍滥伐现象。 (李 翔)

【集体林权改革和林权流转】 2015年,太原市林业局扶持规范农民林业专业合作社建设与发展,完善农民林业专业合作组织信息数据库,对2013年扶持合作社建设项目监测检查工作,2015年向省厅推荐5家农民林业专业合作社进行项目建设扶持,获省财政支持资金65万元,并申报1家林业专业合作社为国家级示范社。全市共有林业专业合作组织88个、示范社8个,国家级示范社1个,比2014年增加7.95%;发展林下经济,2015年发展林下经济5000亩,其中娄烦县2000亩,清徐县3000亩,主要种植黄芪、柴胡、甘草中草药;开展森林保险承保工作，对全市符合条件的公益林开展森林保险业务，全年全市政策性森林保险投保公益林177.94万亩，保费规模320.30万元，较上年度增长1.08%；开展森林保险理赔工作，2015年全市参保公益林共发生灾害1600余亩，监督保险公司工作人员和森林保险理赔专家和实地勘测定损，确定理赔范围和金额，以确保森林保险顺利理赔到位。（李 翔）

水 务

【概述】 2015年，太原市水务局完成地下水压采量2000万立方米；万元工业增加值用水量降幅5%；水土流失综合治理面积20.03万亩，为年度目标任务的111.28%；农田实灌面积、农村饮水工程项目完成年度目标任务的100%；清徐县农业水价综合改革项目示范区建设试点按计划完成。（赵文平）

【重点工程】 南沙治理项目按计划组织实施，建设路至滨河东路河道治理工程完成，完成堤防工程7860米，完成清淤工程87000立方米。汾河南延三期工程选址、环评、土地预审等工作完成，省发改委审批立项。（赵文平）

【民生水利】 投资1156万元，完善饮水工程28处，新打12眼井，铺设管网5.02万米，新建蓄水池19座，新建14座泵房，配套11台水泵，改善和提高农村2.28万人的饮水安全标准；投资185.59万元，改造5处小型泵站，新建4座泵房，配套水泵13台、新建及维修进出水池11座；投资529.53万元，完成末级渠系防渗24.5千米；投资9900万元，对清徐县、小店区、晋源区小型农田水利重点县进行建设。更新机井50眼；配套水泵199台；铺设PVC-U塑管333千米，PE塑管1544千米，新建砼U型防渗渠道216千米，修建井泵房103处。清徐县、小店区工程完成形象进度分别为80%；晋源区完成形象进度的40%。（赵文平）

【水土流失治理】 2015年，太原市水务局完成水土流失综合治理面积20.03万亩，其中，基本农田0.65万亩，水保林12.42万亩，经济林1.07万亩，封育治理5.89万亩。生态环境和农业生产条件得到改善，为当地粮食增产、农民增收和促进区域经济发展奠定基础。（赵文平）

【移民扶持】 2015年，太原市水务局按时足额发放大中型水库移民后扶直补资金1559万元；下达水库移民扶持项目资金1925万元；完成43个水库移民扶持项目，受益2.4万人；移民干部培训40余人次；移民技术培训1000余人次。（赵文平）

【渔业渔政】 水产品质量安全检测配合部、省、市产地抽检7次100例，合格率95%。产地抽检200例，合格率100%。全市渔业养殖面积1227公顷，水产品产量1300吨，渔业总产值1080万元。一般渔船事故发生率为0。（赵文平）

【防汛抗旱】 制定印发《太原市2015年度重点河道、水库、缓洪池、淤地坝、市直管公房、城市积水路段防汛责任制》，落实防汛工作行政首长负责制和分级分部门防汛责任制，并在《太原日报》进行公布，5月28日组织召开全市防汛工作电视电话会议，印发《太原市2015年度防汛工作安排意见》等文件，确定全市9项防汛重点和工作目标，明确9个方面的防汛工作任务和措施，印发各县（市、区）防汛工作目标责任书。修复水毁和除险加固工程20余处，对35条道路排水设施清掏疏通，清淤疏浚河道、雨水管涵等防洪排涝设施100余千米。确保汛期各类防洪设施正常运行、安全度汛。在抗旱方面，共开动各类水利抗旱设施0.18余万眼（处），完成春浇亩次面积60.513万亩次，春浇实际完成面积占计划面积的100.9%，解决因旱引起的0.5万人和0.2万头大畜的饮水困难问题。（赵文平）

【水资源管理】 制定2016—2020年度太原市实行最严格水资源管理制度工作计划和控制目标，向各县（市、区）分解下达2015年取用水计划；完成2014年度《用水统计年报》《太原市水资源公报》《水资源管理年报》；对计量设施运行、取水计划执行、取水台账建立等进行严格监管。开展地下水水位自动监测工作，实时对全市2地下水动态监测网络进行维护与监测，对重点地区地下水的动态适

2015年5月11日，市委书记吴政隆调研汾河二库防汛工作

2015 年 6 月 11 日，郭迎光副省长调研太原市防汛备汛工作

时监控，监控系统运行良好，在线率达省厅要求。（赵文平）

【依法治水】 利用"世界水日""中国水周"之际，组织开展宣传活动。在全市 1530 辆公交车上流动播放宣传标语，发放资料 2600 余份，群发宣传短信受众人数达 2 万余人，部分局属单位还开展法律"六进"活动。为规范水行政执法行为，对《水行政执法文书格式文本》进行修订；为 343 名水政监察人员申报水政监察证件；对局系统所有行政执法证进行年审；出动执法人员 1300 人次对水资源、河道、水土保持和渔业四个领域展开检查。检查单位 302 家，查出问题 138 起，责令整改 127 起，立案查处 10 起。

（赵文平）

【行政审批】 2015 年，太原市水务局办理行政审批件 54 件，其中上报件 7 件，承诺件 47 件。上报件中建设项目水资源论证报告书审批 5 件，水利建设项目的审批 2 件；承诺件中取水许可 21 件，防洪影响评价报告及水工程建设规划同意书的审批 8 件，开发建设项目水土保持方案及工程验收审批 3 件，建设项目水资源论证报告书审批 14 件，水利建设项目的审批 1 件。下达水行政许可告知书 3 份，换发取水许可证 15 件。（赵文平）

农业机械

【概述】 2015 年，太原市农机部门以党的十八大、十八届三中四中全会和习近平总书记系列重要讲话精神为指导，贯彻中央一号文件精神和省、市农机化发展的有关精神，落实市委提出的深化"六权治本"，推动"六大发展"，实现"六个表率"要求，开展"学习讨论落实"活动和"三严三实"专题教育，适应经济新常态，深化改革，开拓创新，以服务三农、农民增收为目标，以转变农机发展方式提升发展质量为主线，发挥农机在农业生产中的主力军的作用，精准落实农机购置补贴政策资金，优化调整农机装备结构，狠抓农机重点项目实施，夯实农机社会服务体系，加大农机依法行政管理，深化农机科技创新，农机装备水平、作业水平、安全水平和服务水平发展取得新成果，实现了太原市农机化事业的健康快速发展，为农业增产、农民增收和农村经济发展做出了重要贡献。（马松威）

【农机目标任务】 2015 年，市农机部门落实农机购置补贴资金 1617.449 万元，占计划任务的 162%，已购置农业机械 2044 台(件)，惠及农户 1762 户。完成机耕 110.02 万亩，占计划任务的 110.02%，完成机播 106.47 万亩，占计划任务的 118.3%，完成机收 50 万亩，占计划任务的 142.86%。新增机械化保护性耕作面积 1.5 万亩，占计划任务的 100%。完成机械化肥深施 72.5 万亩，占计划任务的 102.1%，完成机铺膜 28.3 万亩，占计划任务的 113.2%。全市未发生农机安全责任死亡事故，农机事故千台重伤率控制在 0.3 人之内。（马松威）

【落实农机补贴政策】 2015 年，市农机局党组重视主抓。局党组把农机购置补贴作为提高全市农机化发展水平，推动都市现代农业发展，特别是有效提升农机装备水平的重要抓手，召开专门会议进行研究和安排部署，要求精准规范高效落实好国家的强农惠农政策。成立由党组书记、局长马雪峰任组长，市农机局财政局相关领导组成的购机补贴工作领导组，把农机补贴工作列入市局重要议事日程进行安排。提高补贴政策的指向性和精准性、突出普惠性和稳定性、强化公开性和安全性，通过市场机制，发挥补贴政策对农机生产的引导作用，不断改革完善农机购置办法，与市财政局联合下发《太原市 2015—2017 年农业机械购置补贴实施细则》，采取"三个自主"的办法，不断推进补贴产品供需双方市场化对接。组织召开太原市农机购置补贴工作培训班，市县两级农机财政部门有关领导人员 80 余人参加了培训。市局马雪峰局长就机补工作做了重要的讲话。并与县区签订太原市农机补贴工作责任书。补贴重点突出。补贴工作继续重点推进设施农业、玉米、马铃薯等主要作物关键环节的机械化，大力开展先进适用、技术成熟、安全可靠、节能环保机具的推广。加大宣传，争取支持。一方面积极向当地党委政府汇报农机补贴工作，争取党委政府对补贴工作了解和支持，同时充分利用网络、广播、电视、报纸等各种媒体宣传补贴政策程序。4 月 2 日在太原市日报上全文整版刊登《太原市2015—2017

年农业机械购置补贴实施细则》。开展精确补贴。针对急需和重点推广的机具,根据各县(市、区)实际需要,确定机具类型、数量等,做到精准补贴,把好钢用在刀刃上,优化农机装备结构,提高农机装备水平。强化监督检查。主要领导经常深入县乡一线对机补工作进行检查指导,纪检监察部门全程跟踪参与监督。强化警示教育和风险防控,制定出台《太原市农机购置补贴政策落实监督检查工作方案》《太原市农机购置补贴政策咨询、投诉举报处理制度》《太原市农机购置补贴信息公开专栏建设规范》等一系列监管规章制度,实现监督检查工作的制度化、长效化、科学化。开展农机购置补贴专项整治和涉农资金专项检查活动。根据省市有关安排,对全市农机购置补贴和涉农资金进行梳理排查、自查和重点检查,收到良好的效果。（马松威）

【农机服务体系建设】 2015年,太原市农机部门为打牢和壮大农业发展的基础,加强农机服务体系建设和提高农机社会化服务水平。精心组织安排。召开全市农机社会化服务工作会议,下达“并农机〔2015〕24号”专门文件,对新建合作社、示范合作社建设、新增农机大户、新增机械化家庭农场、新增农机维修网点等目标任务全部量化,列入全市农机系统目标责任考核范围,明确提出目标任务、考核办法、完成任务的时间要求,和各县(市、区)签订了目标责任书。加大惠农扶持政策力度。制定优惠政策,加大对农机专业合作社、农机大户的扶持力度,争取省局资金30万元重点用于农机合作社建设。开展服务质量提升年活动,清徐、古交和阳曲等主要农业县区市都举办有合作社法人代表和技术骨干参加的农机技术培训班。发挥部省级农机示范合作社的示范带动作用,抓精品、抓典型。阳曲县的农兴联农机专业合作社依靠科学规范的管理和过硬的作业质量赢得了农民群众的信赖,“农机作业好,咱往兴联跑”成为当地农民的口头禅,包揽本乡全部的农机作业并辐射到邻近的乡村。市局马雪峰局长带领班子成员深入清徐县、古交市等地对农机服务体系建设情况进行实地考察,制定出要根据本地实际情况,因地制宜,走服务功能多元化、经营理念市场化、经营管理规范化路子的发展思路。继续抓好农机化示范社场户创建活动,经市推荐、省局确定的两社两场四户的创建活动完成。

为加快市农机化的发展步伐,根据省局有关文件精神,率先实现农业机械化综合示范县的创建活动,市农机部门确定清徐、阳曲县为项目实施主体,进行2015年建设项目的统一申报和工作安排,争取省农机局项目资金190万元,其中清徐县100万元,阳曲县90万元,用于清徐、阳曲两县规模化经营示范区、机耕道、信息网络系统、数据采集与规划设计、机库棚、农机维修网点等建设。为了使示范县建设项目取得预期效果,市农机局成立了由马雪峰局长任组长,分管副局长、有关处室负责人组成的项目建设领导小组,市局组织清徐、阳曲县结合当地农业和农机化发展实际,分别科学合理地编制项目建设方案,项目建设正在紧锣密鼓实施当中。为更好地促进农机化发展和示范县的创建,市局组织开展了农业机械普查工作,阳曲县、清徐县普查工作已基本完成,进入数据核实阶段,晋源区、古交市、娄烦县的农业机械普查工作在实施中。（马松威）

【组织农机生产作业】 在春、夏、秋农机生产作业中,各级农机部门都做到早宣传、早发动、早安排,精心组织,全面部署,主要领导挂帅负责,采取“三落实”的办法,即任务落实、人员落实、责任落实,切实将农机生产任务落到了实处。狠抓农机技术服务,全市农机系统抽调专门农机技术人员,组成农机服务小分队,深入田间场院和农机生产一线,开展技术服务指导,帮助农机户和操作手进行农机检修保养,开展农机生产和安全生产知识的宣传培训,全市共组织农机服务小分队11个,指导帮助农民机手维护、保养、检修、调试各类农机具13419台(件),培训驾驶员、操作手、修理工等4493人(次)。抓好农机生产组织。发挥农机专业合作社和农机大户的主力军作用,开展规模连片作业和跨区农机作业,扩大机械作业面积,加快作业进度,推广农机化新技术新机具运用,提高农机作业的经济效益。适时做好农机化生产进度统计和信息宣传工作,各县(市、区)及时报送、发布农机生产作业进度和柴油供应、作业价格、天气等动态信息,强化对农机作业服务的引导作用。并将工作中好的做法、经验和典型通过省市新闻媒体进行交流和宣传。发挥农业机械的主力军作用,高质量完成农机生产作业任务。春、夏、秋三季农机生产期间,全市共出动各类农业机械15440万台(套),完成机耕面积110.02万亩,机播面积106.47万亩,机收面积50万亩。做好农机跨区作业服务工作。为提高农机的利用率,促进农民增收,农机部门组织技术人员,深入农机户对参加春、夏、秋季农机作业的机具进行了检修和维护,同时加强机手培训,提高机手的安全生产意识和驾驶、修理技能,确保机车、机手能以良好的状态按时投入农机作业。为机手发布作业和天气等方面的信息,帮助办理跨区作业证等,为农民跨区开展农机作业提供全方位优质的服务。（马松威）

【推广农机科技】 2015年,太原市农机部门把农机科技创新和技术推广作为促进农民增收和都市现代农业发展的重要抓手,引进、推广、研发农机新机具新技术,提升市农机的先进科技水平和技术含量。认真分解落实任务责任。市局结合实际,制定农机科技推广目标责任方案,将任务责任分解落实到县(市、区),并与责任人签订目标任务书,确保农机科技推广工作任务落到实处。在清徐县举办第十届北方现代农业装备推广展示交易会。全国主要农机生产厂家参展,对先进适用的农机新机具、新技术进行展示、演示、示范、推广,全省两千余人参会,组织推广人员及农机户200余人到现场参观学习,促进农机科技的进步。在清徐县、古交市分别召开玉米机收和马铃薯机收劳动竞赛现场会,市县有关部门领导、技术人员、农机合作社、农机操作手及广大农民群众四百余人观摩学习,推动主要粮食作物的全程机械化,促进粮食收获的颗粒归仓。在春、夏、秋的农机作业期间,深入田间地头走村入户开展送科技下乡活动,进行技术推广指导,对设施农业装备:电子除雾器、空间电场促生装置、免硫酸二氧化碳发生仪等进行推广和技术宣讲,深入古交岔口乡关头村进行了马铃薯起垄铺膜播种、膜下滴灌、起垄播种、平作铺膜播种、平作播种的试验示范。争取国家玉米丰产方项目22万亩,引进利用项目资金660万元,在清徐县和阳曲县,建立玉米全程机械化生产技术示范区,2015年全市新推广玉米联合收割机,实现玉米机收56万亩。开展秸秆综合利用,对农机秸秆综合利用工作积极开展调研,将这项工作作为消除环境污染,实现绿色农业的重要措施。推广推进秸秆机械还田、秸秆饲料化、秸秆燃料化等工作,玉米机收全部实现秸秆还田作业,全市机械秸秆还田总面积达63万亩。晋源区天益胜农机合作社玉米秸秆生物燃料也取得初步成功。研发推广物理农业设施装备,推广臭氧灭虫机、日光温室环境系统装备、多功能声波助长仪、空间电场促生装置等装备取得成功,效果明显。全市推广新机具1693台(套)。 (马松威)

【建设绿色生态农业】 2015年,太原市农机部门组织实施机械化保护性耕作工程项目。加强农业基础条件,提高粮食生产能力和遏制地表扬尘,在清徐、阳曲、古交等3个县区市组织实施机械化保护性耕作示范工程,新增实施面积1.5万亩。古交市成功争取到国家发改委保护性耕作基本建设项目。清徐县、阳曲县、古交市分别获得山西省保护性耕作示范项目县立项支持。先后两次召开全市保护性耕作工作会议和推进会,学习《山西省保护性耕作工程建设项目管理办法及实施细则》等文件精神,主要领导亲自安排部署,确保机械化保护性耕作项目的扎实开展。围绕保护性耕作需要,在全市开展人员和技术培训工作,组织开展各种形式的培训班,重点培训技术骨干和作业人员,全市共培训保护性耕作人员2200人。并结合农机作业人员培训,市局编制《保护性耕作技术及机具应用》ppt幻灯片等学习教材教具,使机械化保护性耕作水平提高。 (马松威)

【确保农机安全生产】 2015年,太原市农机部门严格依法行政,坚持文明执法,完善规范管理,强化宣传教育,积极推进农机管理法制化进程,实现农机生产的全面、本质、持久安全,全年未发生农机安全死亡事故,确保农机的安全生产。牢固树立红线意识。明确一把手对安全生产负全责,制定落实农机安全生产党政同责、《一岗双责》、安全生产督查制度和八项制度等。召开全市农机安全生产会议,对安全生产工作进行全面安排部署,签订市县两级的安全生产目标责任书,在全市形成市、县、乡、村、户层层签订农机安全责任书的局面,切实做到"三落实"。召开专门会议进行研究安排,细化措施,分解任务,责任到人,县区和乡镇农机人员走村入户催检催训,对外出人员通过电话短信通知,做到全覆盖无遗漏。根据省市统一安排,开展农机安全生产大检查活动,由主要领导带队,全市组成4个农机安全检查组,深入农机生产基层一线,开展农机安全督导检查,特别是针对重点时间,重点路段、重点人群等重要节点,进行专门安排部署和重点监督检查,确保农机安全生产万无一失。对补贴农机采取集中统一方式,全部办理上户手续。对享受优惠政策参与农机项目作业的农机和农机检验挂钩,进行机车检验。做好"农机安全生产月""农机安全生产专项整治""隐患排查""打非治违"等农机安全生产专项活动,市局领导带头,组成检查组深入古交、娄烦、清徐、阳曲等县区,对方案是否落实,责任是否到位,工作是否落实,知责、履责是否认真执行开展,隐患问题是否建立台账,是否逐一整改,应急安全制度是否建立执行等进行重点检查。落实农机安全生产督查制度。明确相关领导和工作人员的安全监管职责,下发《市农机局关于进一步明确安全生产监管职责的通知》(并农机〔2015〕29号)和《市农机局安全生产监督检查计划办法的通知》(并农机〔2015〕26号)等专门文件,落实安全监督检查职责。加强农机质量监管,下发专门文件,在全市开展玉米机质量调查和3.15农机维权打假活动,全市共出动宣传人员58人,车辆23辆,发放宣传资料12000余份,接受咨询420余人(次),现场解答农民疑难问题50余人(次)。 (马松威)

【建设高素质农机队伍】 2015年,太原市农机部门组织专家学者开展农机管理和专业知识培训,组织编印了培训教材读本,编制多媒体培训PPT,配置仿真发动机模型等教具,进一步提升教学质量和效果。围绕农机管理和农机安全生产,定期开展农机管理人员和安全驾驶操作的教育培训,全年共培训农机管理人员193人(次),提升农机管理服务和安全生产水平。坚持把教育培训与农机化重点工程项目紧密结合起来,利用玉米丰产方、保护性耕作等工程项目对农机管理人员和农民群众进行相关知识培训,既推动工程项目的实施,又提高农机人员的素质水平。坚持把教育培训与重要农机工作紧密结合起来,举办农机购机补贴、农机生产、农机监理培训等项工作的工作培训,通过培训提高人员素质,促进工作开展,推动任务完成,提升农机组织管理水平。通过加大教育培训力度,促进玉米、马铃薯全程机械化进程,采用举办培训班、现场会培训、组织去生产厂家学习培训等多种形式,组织开展玉米、马铃薯收获机械化的培训，推进全市的玉米、马铃薯机械化收获水平的提高。开展各类农机技术管理人员的培训工作，全市农机管理人员和农机操作手水平明显提高。全市共培训各类农机人员4653人(次)，其中新兴职业农民350人，为都市现代农机发展奠定基础。（马松威）

【专项整治和涉农资金检】 2015年，太原市农机部门根据省委、市委对专项整治工作的重要指示要求和省局安排部署，聚焦近年来农机购置补贴存在的突出问题，认真查摆在本单位、本区域的具体表现，以自我革新、自我革命的精神在全市范围内开展学习讨论落实活动农机购置补贴突出问题专项整治，确保机补工作得到科学、规范、高效、廉洁实施。强化组织领导。市局召开局党组扩大会议，传达学习省、市有关专项整治工作的精神，研究讨论全市农机购置补贴突出问题专项整治工作，对整治工作进行安排部署，成立由局长马雪峰任组长的学习讨论落实活动农机购置补贴突出问题专项整治领导组。细化措施保障。制定出《太原市农机局学习讨论落实活动农机购置补贴突出问题专项整治工作方案》，明确整治补贴工作审批环节过多，管理不科学、不规范等六项整治任务，并列出整治工作的时间表、路线图，将措施、步骤、责任进行细化，落到实处。召开全市学习讨论落实活动农机购置补贴突出问题专项整治工作动员会，在全市范围安排部署了农机购置补贴突出问题专项整治工作。要求一把手负总责，下硬功夫，下真功夫，真查摆，真整改，确保专项整治工作扎实深入开展。坚持开门开展专项整治。畅通群众投诉、举报、反映的渠道，市、县两级都设立专门的举报意见箱、联络电话和电子邮箱，指定专门人员受理和汇总群众的投诉、举报信息。积极争取各种公众媒体支持，对农机专项整治工作进行宣传报道，太原日报社已三次刊登农机购置补贴突出问题专项整治工作进展情况，太原市电视台也在黄金栏目作详细报道。在全市开展全覆盖检查，工作中采取三个相结合的办法，即县级自查与市级抽查相结合、电话询问与实地察看相结合、执纪问责与舆论监督相结合，进一步规范工作流程，明确职责分工，加强监督管理，强化廉政教育，全市共实地核查925台补贴机具，核查补贴机具档案2696份。市委第六督导组由师菁副组长带队，深入清徐县王答乡对本市农机专项整治工作进行督导检查，市农机局马雪峰局长汇报全市农机专项整治工作进展情况，通过实地督导检查，督导组对农机专项整治工作取得的成效予以充分肯定，认为学习认真深入，工作细致有特色，专项整治深入扎实。根据省局和市政府安排，在认真开展涉农资金专项整治行动，主要领导高度重视，班子成员分别带队深入基层开展自查自纠，对发现问题全部建立问题台账，并下发限期整改通知书，推动涉农资金的健康高效廉洁使用。（马松威）

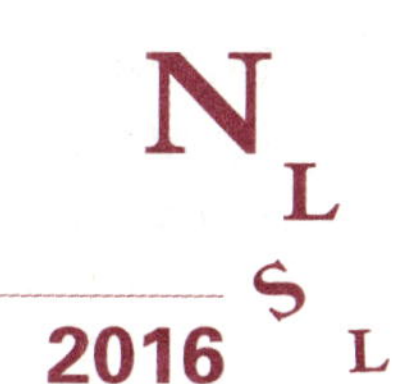

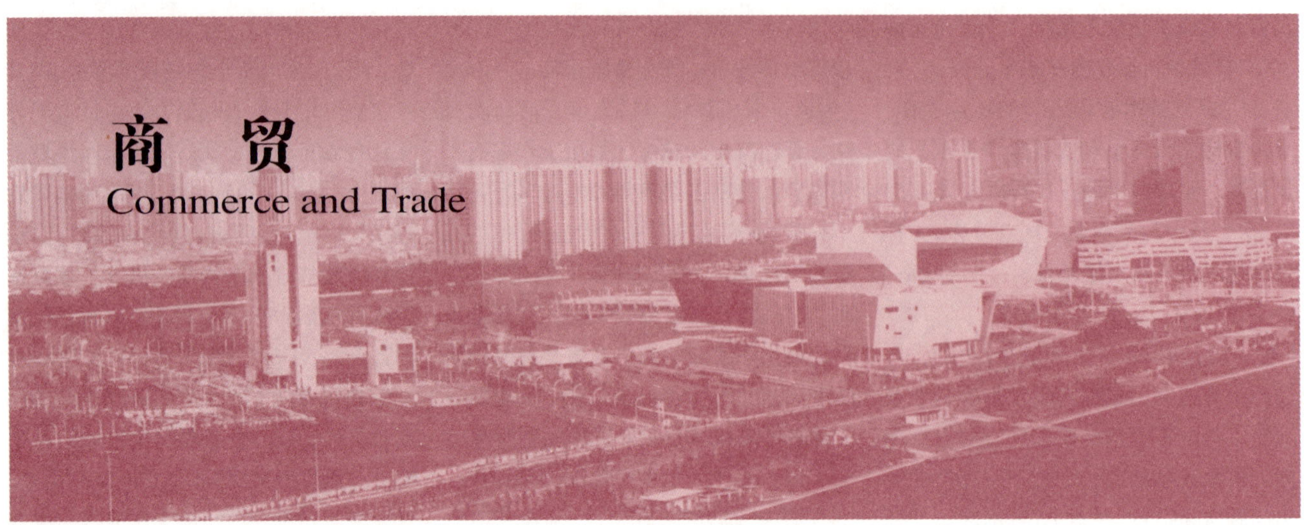

商 务

【概述】 2015年,太原市商务经济工作顶住经济下行的压力,坚持稳中求进工作总基调,主动适应经济发展新常态,深化商务领域改革,突出创新驱动,提高对外开放水平,推进"扩消费、稳外需、惠民生,转方式、调结构、创优势,抓关键、求突破、务实效"工作,流通总量扩大,地区进出口企稳回升,利用外资持续增长,流通现代化程度提高,城市流通先导性和结构升级指数居全国前列。

2015年,太原市商品交易市场18家,其中10亿元以上的3家,5000平方米以上大型商业设施36个,各类连锁便利店3500家。电子商务实现超常规快速发展,太原获批创建国家电子商务示范城市,清徐县成为商务部电子商务进农村示范县;新建成电商产业园(基地)4个,跨境电商基地1个,高新区电商园被认定为国家电子商务示范基地;200余家电商企业中有4个国家级示范企业和9个省级示范企业,30家跨境电商企业入驻综保区跨境电商基地;有活跃网商8000余户,从业人员3万余人。2015年,全市电子商务交易额约30亿元,网络零售额80亿元,大宗商品电子交易额8000亿元以上。

2015年,太原市社会消费品零售总额实现1552.24亿元,同比增长10%,高于全省平均增长水平;地区外贸进出口总额实现109.42亿美元,同比增长16.5%,增速高于全省13.6个百分点,高出全国13.1个百分点;全年签订招商引资项目252个,项目总投资额3590.9亿元,实际利用外资10.71亿美元,实际引进外来资金834.7亿元。社会消费品零售总额、地区进出口总额、实际利用外资三项主要指标绝对值居全省第一。

(路　晶)

【国内贸易】 试点工程进展顺利。2015年,太原市肉菜流通追溯体系建设通过商务部督查组的实地督查,得到商务部肯定。调试完成节点企业的基础设施改造和设备的安装;建成指挥中心和城市追溯管理平台,具备主体备案、追溯管理、工作考核、设备管理等8大功能;开通太原市肉菜追溯体系网站(www.tyrczs.gov.cn)。通过政府合力推进,企业创新驱动,城市共同配送体系初步建成。国家电子商务示范城市创建工作、商贸物流标准化试点工作推进。

推进电子商务工作。太原高新区电子商务产业园成为国家级电子商务示范基地,山西贡天下电子商务有限公司等3家企业成为2015—2016年度全国电子商务示范企业;太原易扬众和信息技术有限公司等9家企业成为省级电子商务示范企业。清徐县成为商务部电子商务进农村示范县。

政企合力促消费增长。贯彻落实国家促消费的各项政策,完善市场体系建设,推动商贸流通发展,实施品牌强市战略。组织企业参加"山西品牌中华行""山西品牌网上行"系列活动;加强协作配合,形成市、县两级部门间促消费联系协调机制,商贸企业节假日促销活动取得成效。优社优家与腾讯合作创建智慧柳巷,传喜科技在国内首创T2O跨屏互动电商模式,"2688商城"将总部由北京迁回太原经济区。 (路　晶)

【对外贸易】 2015年,太原市商务局双管齐下促外贸转型。一是加强外贸主体建设,建立外贸重大项目储备库和项目滚动实施机制,加大政策宣讲推介,加强外贸主体建设,落实进出口鼓励政策,帮助企业争取专项扶持资金,提升外贸企业经营能力,扩大地区进出口规模,先后申报省市各类资金6423.53万元;二是推进跨境电子商务发展,在综保区设立服务全省的跨境电商基地,建立符合太原市产业特点的跨境电子商务平台体系,推动传统贸易转型升级。(路　晶)

【招商引资】 2015年,太原市商务局发挥展会招商的主渠道作用,创新工作方式,开辟新渠道,开拓新市场,为本土企业进入资本市场搭建起投融资合作平台。举办或参加"上交会""晋粤产业合作项目推介""第九届中国中部投资贸易博览会""跨国公司入晋暨产业合作(上海)

推介会”和太原市城中村改造项目专场推介会、2015年中央企业山西行活动等专题性展会。探索尝试中介招商，在武汉中博会上，引入汉海拍卖公司。

（路 晶）

【区域经济协作和开发区拓区】 举办环渤海区域合作市长联席会第十七次市长会议，审议通过《推进环渤海区域产业合作的太原共识》，国内区域经济合作紧密。起草《关于加快开发区发展的若干意见》《关于理顺开发区体制机制若干意见》等政策措施，推动开发区拓区工作。同时，配合市西山办编制完成设立西山经济开发区（西山生态产业区）。

（路 晶）

粮食供销

【概述】 2015年，太原市粮食局贯彻落实党的十八大和十八届四中、五中全会精神，落实省委、市委十届六次、七次全会精神，围绕国家粮食安全新战略这个核心，服从服务于太原市做好“六个表率”、抓好“五个一批”、实现“六大发展”的工作大局，以落实粮食安全省长责任制为中心，以“净化政治生态、实现弊革风清、重塑系统形象、促进强粮兴企”为目标，以“六权治本”为保障，以“五个狠下功夫”（即持续发力，在强化储备粮管理体系建设上狠下功夫；尽职履责，在强化粮食购销体系建设上狠下功夫；多措并举，在强化基础设施建设上狠下功夫；因企施策，在强化管理、深化改革上狠下功夫；大胆探索，在转型发展、创新发展上狠下功夫）为抓手，以“三大保障”（党建工作、党风廉政建设和反腐败斗争、安全生产为保障）为支撑，牢固树立“三个意识”（树立底线意识、表率意识和责任意识），依法管粮、科学管粮、安全管粮，全力做好新形势、新常态下的粮食经济工作，确保省城粮食安全。（魏建文）

【储备粮管理体系建设】 2015年，太原市粮食局根据省粮食局、省发展和改革委员会、省财政厅、中国农业发展银行山西省分行《关于下达7亿斤地方储备粮规模指导性计划的通知》（晋粮调字〔2014〕133号）文件要求，经市政府批准，市粮食局、市发展和改革委员会、市财政局、省农发行营业部联合下发《关于下达2000万斤市级储备粮规模计划的通知》及《关于落实市级储备粮油规模计划并建立应急成品储备粮油的通知》，新增市储粮6000万斤，市储油228万斤落实到位。市级储备粮规模由原来的4亿斤增加到4.6亿斤，市级储备油的规模也由原来的772万斤增加到1000万斤，省下达的市级储备粮油规模和应急成品粮油储备规模落实到位，市级储备粮油数量和质量均达到历史最好水平。小店区、清徐县率先建立3600万斤县级粮油储备（其中，小店区小麦500万斤、玉米1500万斤，清徐县小麦1200万斤、玉米400万斤），形成市县两级分级储备的格局，宏观调控能力得到加强。23200吨省储小麦入库验收工作完成。省储小麦轮换任务20176吨，完成轮换16235吨，其中10000吨省储小麦通过入库验收；全年省储备油轮换任务2000吨，全部完成轮换任务。（魏建文）

【日常监管】 2015年，市粮食局对市级储备粮油实行巡查制度，定期对市级储备粮油进行检查；实行检查结果报告制度，了解掌握储备粮信息、状况；与承储单位签订的《储粮安全责任书》，明确承储单位主体责任；实行一线工作制度，对承储单位主要领导、分管领导、储运科长、保管人员的入库时间和次数做出明确规定，各级责任人员现场发现问题、及时处置问题；“一符六无”粮仓达标率达到96%以上，“三专四落实”达100%；严格真行省级储备粮油轮换旬报、月报、合同备案制度；对辖区内的中央储备粮和省级储备粮坚决落实属地管理原则，打破隶属关系界限，做到监督检查不缺位、查处问题不留情，保证各级储备数量真实、质量良好、储存安全。（魏建文）

【粮食流通工作】 2015年，太原市粮食局全年粮食收购3.9亿斤，完成省下达任务的130%；粮食销售16亿斤，完成省下达任务的198%；产销衔接省外调入6.5亿斤，完成省下达任务的123%，超额完成省下达的目标任务，省城粮食市场价格稳定，供应充足。执行粮食收购“五要五不准”规定，腾仓并库收购农民余粮，防止农民卖粮难现象的发生。加强粮食质量监管，防止不合格粮食流入口粮市场。组团参加全省2015山西粮食（玉米、小杂粮）产销衔接会，并签订产销合作协议20余份，签约总量171173吨，涉及6个县（市、区），22个企业，其中小麦20000吨，玉米74573吨、稻谷8000吨、面粉28680吨、大米10520吨、小米12400吨、高粱17000吨。（魏建文）

【粮油市场监测】 太原市作为粮食主销区，成品粮价格受产区粮食价格、运输成本等因素较大。为此，市粮食局加强价格监测网点的建设，形成覆盖全市的国家、省、市三级粮食价格监测网络，其中，国家级监测点3个、省级监测点5个、市级监测点30个。除对各大超市、批发市场的价格监测外，还及时了解掌握国内市场行情动态，并结合全市粮油经营、转化用粮、连锁超市、收购粮站的价格数据，编写粮食价格监测分析信息，定期发布市场价格信息，为领导决策和政府实施宏观调控提供有效依据。建立粮油应急供应网点。进一步增强粮食应急保障能力，在现有粮食应急供应网点的基础上，进一步扩大粮食应急供应网点覆盖范围，根据国家“每个乡镇、街办至少有1个应急供应点；每3万人至少有1个应急供应点”的要求，建立起覆盖城乡的粮油应急供应网络，粮油应急供应网点达146个。建立应急成品粮储备。为保障应急状态下的粮食供应，规范应急成品粮储备的管理，建立1800万斤应急成品粮储备。完成1848万斤应急成品粮、453万斤应急成品油入库验收任务，提前完成年度计划。（魏建文）

【经销网络建设】 市粮食局在连续几年对“放心粮油”经销网络实施提升改造的基础上，筹措资金，采用以奖代补的方式，对40个“放心粮油”经销店(点)进行提升改造，“放心粮油” 经销网络的供应能力、服务能力、规范化经营能力提升。服务政府中心工作，把“流动粮店”打造成城中村居民家门口的粮店为满足偏远小区群众就近购买放心粮油产品的需求，服务于市委、市政府城中村改造的中心工作，组织国有粮食企业开展“流动粮店”建设项目。购置流动售粮车辆10台，统一标志，供应品种达100余种，以低于市场价5%-15%的价格销售放心粮油产品，使偏远新建住宅小区和城中村、道路改造区居民享受到城市中心区居民同质化的服务，服务范围覆盖120个社区、农村，已开展流动服务590车次。“道路改造到哪里，流动粮店服务到哪里”的服务理念受到群众的欢迎，得到政府的充分肯定，《山西晚报》《太原日报》、太原电视台等省市新闻媒体予以报道。

（魏建文）

【基础设施建设】 2015年，太原市粮食局在认真总结前两幢球形仓建设、管理、使用经验的基础上，市政府拨付资金725万元，支持新城国家粮食储备库开工建设第三幢球形仓。工程进入配套设施安装阶段。省委副书记楼阳生同志对新城国家粮食储备库全国首家引进美国先进技术，建设球形仓的创新精神给予肯定。按照省下达2014年度危仓老库维修改造计划，清徐粮食局、娄烦粮食局、北营库、新城库、南河湾油库等5个责任单位组织改造施工。维修改造任务完成，并按照省相关规定的要求，聘请有资质的单位对工程资金情况进行审计。组织专人对“危仓老库”维修改造工作进行验收。维修改造工程总投资122.59万元，其中财政拨款115万元。工程建设符合规定，资金做到专款专用。 （魏建文）

【南河湾油库保温隔热层工程项目】 2015年，太原市粮食局投资60万元对南河湾油库3个储油罐加装保温隔热层，该项目完成后，储油罐夏天可以隔除阳光直射，使油温处于25℃以下，极大的改善食用油储存环境，保证储油品质，确保储油安全过夏。冬季可以发挥保温功能，基本不需要加温，仅此一项每年节约采暖费用约10万元。3个油罐的施工任务已全部完成，储备油实现“绿色”储存。

（魏建文）

【企业发展和改善民生】 2015年，太原市粮食局为51名职工办理特殊工种提前退休手续，使享受政策的职工总数达到351人；可为企业节省开支3510万元。为粮油供应公司、饲料养殖总公司等7个涉拆企业安置职工215人，解决职工群众的生活困难和后顾之忧，减轻企业负担。为粮油供应公司、挂面厂、油脂厂等300余套职工宿舍进行集中供热改造，提高职工群众生活质量，做到情为民所系、权为民所用、利为民所谋，维护粮食系统的和谐稳定。 （魏建文）

【鼓励多元市场主体参与粮食流通】 2015年，太原市粮食局鼓励其他经济组织参与粮食收购。全市范围内具备资质条件从事粮食收购的其他经济组织32户，占到收购企业总数的52.5%，形成多元市场主体参与粮食收购的格局。把其他社会经济组织吸纳到应急加工供应网络之中，吸纳符合条件的其他社会经济组织参与应急成品粮油储备。在搞好服务的同时，加强监管，引导自觉履行主体责任，诚信守法经营，多元参与政策性粮食流通的格局形成。 （魏建文）

【推进混合所有制改革试点】 2015年，太原市粮食局河西储备库打破体制机制的藩篱，借助山西五得利粮油贸易有限公司的品牌优势和天粟粮油食品贸易有限公司的营销优势，开展合作经营，解决应急储备面粉存储量大、保存期短、轮换困难的矛盾。嘉禾米业有限公司吸引具有管理、营销经验的人才入股，并担任总经理，负责企业的日常经营管理活动；在国有控股的前提下，吸引社会资金和经营人才参与企业经营管理，既保证国有资产保值增值，提高企业经营效益、扩大产品市场占有率，解决应急储备大米的保管、轮换问题，实现“双赢”，为粮食系统混合所有制改革作出探索和尝试。

（魏建文）

【思想政治建设】 2015年，太原市粮食局利用中心组学习、集中学习、专题辅导、专题研讨等方式，在不同层次不同范围组织学习党的十八大精神，学习十八届三中、四中、五中全会精神，学习习近平总书记重要讲话精神，学习省委、市委十届六次、七次全会精神，用先进的理论武装干部职工的头脑，指导粮食工作的实践。把“学讲话、学作风作为重要的政治任务抓实抓好，用学习成果促进作风转变。按照中央、省委、市委统一安排部署，以领导班子为重点，开展“三严三实”专题教育。通过“三严三实” 专题教育，统一思想，锤炼党性，凝聚共识，振奋精神，促进工作作风的彻底转变。培育践行社会主义核心价值观，进一步增强“三个自信”。 （魏建文）

【作风建设】 2015年，太原市粮食局对照教育实践活动查摆出的问题特别是群众反映强烈的突出问题和“两方案一计划”进行回头看。对基本完成任务的提出巩固提高的具体要求，对尚未完成整改任务的逐项明确责任、逐项落实措施、逐项跟踪推进，对整改效果不理想群众不满意的任务责成“回炉”“补课”限期整改到位，对新发现的问题及时纳入整改内容继续整改，坚持了整改工作的长期性、持续性，避免了整改过程中的“一阵风”现象，体现出了教育实践活动成果。开展作风教育，把作风建设列入重要议事日程常抓不懈，制定加强作风建设的配套制度，严格执行中央和市委、市政府关于改进工作作风、密切联系群众的各项规定，加强督促检查，形成了改进作风、推动工作、促进发展的长效机制。把学习习近平总书记系列重要讲话精神作为根本遵循，深入开展学习讨论落实活动。开展学习讨论落实活动，增强全系统党员干部在思想上政治上行动上与党中央保持高度一致的坚定性和自觉性，强化全系统党员干部积极投身净化政治生态的责任感和紧迫感、深化党风廉政建设和反腐败斗争、匡正选人用人风气、优化为民利民惠民便民的发展环境、明确新形势下粮食系统改革发展的思路举措。在完善制度体系的基础上，开展工作纪律专项整治工作，采用日常巡查、重点检查、关键时期突查相结合的方式加强效能检查，对懒、散、玩、浮、拖、推等群众反映强烈的作风问题出重拳、下猛药，力求除根治本，机关作风建设初步实现常态化、长效化。（魏建文）

【队伍建设】 2015年，太原市粮食局加强基层组织规范化建设，坚持“三会一课”、主题党日、民主评议党员、党员党性分析制度，领导干部坚持以普通党员身份参加党小组活动，倾听最基层党员群众的意见建议，党内生活的政治性、原则性、战斗性得到提升，基层党组织的战斗堡垒作用和广大党员的先锋模范作用得到充分发挥。以强化服务功能、健全组织体系、建设骨干队伍、创新服务载体、构建服务格局为突破口，提升基层党组织的服务功能，使共产党全心全意为人民服务的宗旨在基层组织得到发扬光大。落实中央、省委、市委群团工作会议精神，把群团工作作为一项重要工作纳入党建工作同部署、同检查、同考核，鼓励群团组织建言献策积极发挥作用，营造终生学习的环境和氛围。把终生学习的理念引入到工作生活当中，形成集中学习长效机制。全系统学习热情高涨，自觉、主动、持续学习蔚然成风。深化精神文明创建工作，提高精神文明创建水平。严格执行“好干部”标准，树立“德才兼备、以德为先、以廉为基”的用人导向，形成能者上、平者让、庸者下的选拔任用激励竞争机制。二是从严监督管理干部，严格落实提醒谈话制度、函询诫勉制度、重大问题和重要事项请示报告制度，“重选拔轻管理”的现象得到遏制。（魏建文）

【党风廉政建设】 粮食局党组牢固树立不抓党风廉政建设就是严重失职的理念，把落实党风廉政建设主体责任作为一项重大政治任务，与粮食业务工作同研究、同部署、同检查、同落实。专题研究党风廉政建设工作，专题研究剖析典型案例，专题学习党风廉政建设讲话、精神、规定、要求，做到在第一时间传达学习中央和省委、市委关于党风廉政建设的重要精神，研究反腐倡廉工作中的重大问题。党风廉政建设工作与业务工作同部署同安排同考核，进一步推动了粮食系统党风廉政建设的深入开展。党组定期听取基层单位、机关处室党风廉政建设工作情况汇报，及时掌握全系统党风廉政建设情况，及时发现全局性、苗头性的问题，实现了党风廉政建设工作常态化。将领导班子和党组成员落实党风廉政建设主体责任情况纳入党组年度民主生活会报告内容，党组成员围绕履行“一岗双责”、抓作风建设情况、抓党风廉政建设情况和廉洁自律等情况进行报告、开展批评与自我批评，相互提醒、相互监督、相互帮助，营造出浓郁的党内民主监督氛围。旗帜鲜明地领导和支持驻局纪检组履行监督责任，支持驻局纪检组独立查办违纪违法案件，对违纪问题，绝不手软，绝不姑息。经常性开展党风党纪和廉洁从政教育，让党的纪律真正入心入脑、落实在行动上，特别是要对粮食系统发生的违法违纪案件进行剖析，运用典型案件、通过身边人身边事进行教育，使广大党员干部增强对系统反腐败工作形势和重要性的认识，增强廉政意识、纪律意识、规矩意识、法治意识，筑牢拒腐防变的思想防线。利用短信平台，向全系统领导干部发送廉政短消息，强调中央“八项规定”精神，要求领导干部率先垂范做好廉洁自律工作，坚决杜绝节日期间发生公车私用、公款宴请、公费旅游、收送节礼等违规违纪行为。严格执纪问责，始终保持反腐倡廉高压态势。落实党风廉政建设责任制，严格责任考核和责任追究，形成上下联动、全员参与的良好局面。与21个直属单位签订了《2015年度党风廉政建设责任书》，印发《中共太原市粮食局党组关于落实党风廉政建设党组（党委、总支、支部）主体责任的实施意见（试行）》，从制度层面明确了局党组履行主体责任内容，重申落实“一岗双责”要求以及责任追究的相关规定，制定《中共太原市粮食局党组关于落实党风廉政建设党组主体责任清单（试行）》，进一步理清了局党组、党组书记、班子成员主体责任，促进党风廉政建设责任制的全面落实。对10名履行两个责任不力和违反“八项规定”精神的基层领导进行纪律处分和组织处理，其中给予党内警告处分1人，严重警告处分1人，诫勉谈话8人。通过严格的监督执纪问责，提高党员干部的纪律观念和规矩意识。

（魏建文）

【安全生产工作】 2015年，太原市粮食局落实安全生产责任制，实行安全生产“一岗双责、党政同责”，把安全生产工作扛在肩上、抓在手上。建立安全生产监督检查台账，建立有奖举报制度，采取日常巡查、专项检查、重点督查及“回头看”相结合的方式加强安全生产监督检查，督促企业落实安全生产主体责任，强化属地管理意识，实现安全生产无事故。《太原日报》刊发文章，对北营储备库安全生产工作进行专题宣传报道。（魏建文）

中石化太原石油分公司

【概述】 2015年，太原石油分公司围绕“提高发展质量和效益”中心，以“三严三实”教育活动为抓手，强化信心，优化激励机制，实现零售销量稳步回升，各项管理工作精益求精，遏制经营总量的下降趋势，确保企业发展后劲。

（段繁绪 温 阳）

【经济指标】 成品油47.26万吨，同比减少8.22万吨，减幅14.82%，完成年度目标55.91万吨的84.53%。零售36.37万吨,同比减少2.7万吨,减幅6.91%,完成年度目标41.51万吨的87.63%。直销批发10.89万吨,同比减少5.52万吨,减幅33.64%,完成年度目标14.4万吨的75.63%。非油品营业额1.01亿元,同比增长3282万元,增幅48%,完成年度目标8620万元的117%,综合毛利率为12%。考核利润1245万元,完成全年任务的16.4%。报表费用总额1.49亿元,比上年少开支2181万元。吨油费用314.7元,比上年同期指标高7.3元。

(段繁绪　温　阳)

【做强零售】 在国省道等竞争密集区域,科学实施定站、定时、定价、定客户的灵活机动销售方式,发展一批隐形客户。与中石油建立沟通机制,共同应对社会站违规销售劣质油品干扰市场秩序的不法行为。办理优惠加油卡。避免公车改革导致客户流失的经营风险,组织相关人员联系、走访政府机关部门、企事业单位,宣传开卡有奖、充值打折、加油积分等不同层面的优惠政策,公司累计办理公车加油优惠卡6601张,升级"银企联合"措施。先后与邮储、光大、农业、平安、中国银行、银联、华夏、交通等十余家银行及中国电信建立合作关系。在全市系统50多座加油站推出的各项优惠措施,取得社会效益和经济效益的双丰收。全年各合作方总计投入营销费用600余万,惠及30多万个刷卡客户。

公司与太原市各大知名企业、俱乐部、团体合作,印制发放带有中石化标志、微信二维码等宣传内容的礼品,共享客户资源,深化油非互动,为零售扩销增量提供动力来源。　(段繁绪　温　阳)

【做大直销】 2015年,太原石油分公司深入市场调研,结合省、市公司的相关管理办法以及内控要求,对分销工作管理细节进行反思与完善,明确商业客户部的岗位分工职责,加大对客户经理的考核力度,重新梳理经营纪律、业务流程以及激励机制,完善《县区分公司直销管理办法》和《客户经理考核办法》,促使客户经理队伍的责任意识和履职能力,尤其是开发新客户的主观意愿以及工作效果得以提高。公司共计开发区内新客户233家,争取到一部分优质区外客户。将"油非互促"活动平台科学延伸至直销领域,开展信用客户资质评估和清欠工作,增强企业与客户之间的情感联系,降低直分销线条的经营风险。

(段繁绪　温　阳)

【多元发展】 2015年,太原石油分公司把非油业务定位成企业从"油品供应商"向"综合服务商"转型的主线和中心,规范基础管理、深化油非互促以及开拓新领域,公司完善《太原公司易捷便利店服务规范》,在各县(区)公司、加油站、便利店推行优质服务竞赛,以赛促学,引导员工实现开口营销,夯实便利店服务体系管理,以加油站、发卡网点、便利店为平台,通过悬挂条幅、张贴海报等形式,将油非互促活动内容传递到顾客。针对现金客户、加油卡客户和直销客户的不同特征,制定差异化促销方案,并借助微信、广播等媒体定向推送。先后与太平保险、"维真"农场等企业开展合作,通过优势互补拓展销售市场,打开非油业务综合发展多元探索的新局面。

(段繁绪　温　阳)

【网建工作】 2015年,太原石油分公司紧盯网络规模与网点质量两个关键,想方设法做精做大零售终端。新城加气站完成全部手续审批,即将投入运营。按照太原市委书记吴政隆8月28日的指示,在规划、土地等部门的支持下,在选址工作方面初见成效,围绕城中村改造、主干道周边、高速出入口、网络布局的空白区域,在六城区范围内优中选优,共完成9个选址。其中6个已被规划局确定为选址对象,相关情况报告同期送达市委市政府和省公司规划处。

(段繁绪　温　阳)

【安全管理】 强化各级责任意识,围绕新《安全生产法》,层层签订责任书,落实领导干部定点联系制度及副科以上干部下基层制度,突出"四不两直",狠抓各类检查,全年由班子成员牵头带队累计下基层督查指导工作826次,副科以上干部定点下基层1215次。公司定期召开专题安全工作会议和安全主题教育培训,为及时梳理、诊断企业管理活动中存在的问题,切实提高全员安全意识,营造浓厚的氛围。通过严格作业票审批、开展承包商整治、定期演练预案、举行危险化学品专项安全检查、推进隐患治理等措施强化现场管理,为确保系统上下本质安全、理念安全,筑牢防火墙。2015年,公司全市系统未发生安全责任等级事故和数质量上报事故,在销售公司HSE管理

太原石油:最红星期五走红加油站

能力专项测评考核中，公司代表省公司取得82分的好成绩，达到安全先进单位的标准。在全省年度安全设备大检查中，公司整体得分位列全省系统第一。

（段繁绪 温 阳）

【质量管理】 2015年，太原石油分公司用好监控设备，维护质量品牌。在多次开展现场质量抽检的同时，重点对所有监控设备进行摸排统计，给所有视频储存不足30天的监控设备增加硬盘，并对监控中发现的操作不规范现象，进行现场教育整改。采取“基层自校、机关验收”的方式，要求加油站严格按照国家标准，对所有服役的加油枪进行每枪不低于三次的自检，校验记录由县级公司经理和加油站站长共同签字确认后，分别在区县分公司和市公司存档备案，保证付油精度。借助质量日活动平台，在机关、加油站、油库设置咨询台，宣传中石化质量工作方针，普及车用柴油的优点和鉴别方法。通过强化质检室LIMS系统应用、查看油罐车操作流程、出库施封管理、运输轨迹在线视频、开展全员质量培训练兵，为实现油品数质量全程信息化闭环管理，提供坚定保障。（段繁绪 温 阳）

【财务管理】 2015年，太原石油分公司下发《关于进一步加强资金安全的通知》，加大对各营业网点资金管理的检查、督导力度。重点对直分销信用客户进行定期考察，并缩减额度直至取消。召开全员目标成本推进会，出台《太原石油分公司2015年加油站节电降费管理办法》。对全公司包括机关、各县（区）分公司及各加油站的固定电话通讯费实行一票结算制，并且统一开具增值税专用发票，将费用支付由多笔现金支出规范为转账支出，促进资金管理更加规范。完成委托管理费测算工作，为省公司编订委托管理站有关费用、资金、资产等方面的管理制度提供可靠依据。同时选派科室员工参加省公司培训，组织科室学习相关业务，保障ERP大集中上线。

（段繁绪 温 阳）

【机制改革】 按照加快改革的工作总要求，制定《太原石油分公司加油站升油含量工资试行办法》选取两座加油站进行试点推行，通过升油含量工资考核，实现以岗定薪、同岗同酬的管理模式，有效地激发基层员工的工作积极性，提高各区县及加油站的经营总量和经营质量，公司经过政策调整，实现了“薪酬发放总量与上年持平，个别区县以及部分干部职工收入有所上升”的目标，较好地落实企业“造福员工”的核心理念。

（段繁绪 温 阳）

【加油站委托管理】 按照上级要求，市公司分批与10个区县分公司的3000吨以下的站长进行座谈，对加油站员工结构进行排查。在此基础上于10月份完成和省公司的对接，最终确定委托对象和相应的人员编制。此后在各部门的协调配合下顺利完成报名、注册、签订协议以及委托站交接等各项相关工作，整个过程连贯、紧凑、高效，充分展示企业劲往一处使、心往一处想的和谐氛围。

（段繁绪 温 阳）

【党建工作】 2015年，太原石油分公司按照《2015年党委中心组理论学习的安排意见》和《党支部学习的安排意见》，制定详细的学习计划，丰富学习内涵，提高全员的理论水平、自身修养。逐级签订《党建工作目标责任书》和《党风廉政建设目标责任书》，做到党建与经营工作同部署，同考核。七一前夕，对经各支部考核、评选、推荐，由公司党委会研究确定的2个先进基层党支部、40名优秀党员进行了表彰。在“三严三实”主题教育活动中，通过书记讲党课、专题学习研讨、开展民主生活会和组织生活会、整改落实四个“关键动作”，认真查摆和解决思想、作风、工作上存在的“不严不实”突出问题，切实加强党性修养。同时，公司党委还发出公开信，号召党员干部职工开展党员责任区创建工作，划分党员责任区范围，明确党员责任区任务，使每名党员围绕企业中心工作，立足本职岗位，发挥“五带头”作用。（段繁绪 温 阳）

【企业文化建设】 2015年，太原石油分公司按照“机关服务基层、管理服务经营、干部服务员工、员工服务顾客”的“四个服务”要求，增强机关服务意识，努力转变机关工作作风，为构建和谐工作环境，提升企业文化建设软实力，开展职工文体活动，组织在职、内退、离退休人员共计656人进行健康体检，为基层送去高温慰问品，并在重大节假日坚持走访慰问，以实际行动传达企业对职工的关爱。同时还发挥工会的凝聚作用，举办《职工违纪违规行为处分规定》知识大赛，创建和谐职工之家，引导青年员工把

认真落实省公司工作会精神 全力以赴抓好经营提升效益

个人成长梦想融入石化梦，激励青年员工尽快成长成才。有2名个人被省财贸工委评为工会先进工作者，2个集体被省财贸工委授予工人先锋号、3个集体被省财贸工委授予模范职工小家，体现企业的凝聚力和员工的归属感。

（段繁绪 温 阳）

供销合作社

【概述】 2015年，太原市供销社坚持服务三农宗旨，多次组织部分县市区供销社主任、机关处室负责人和直属企事业单位领导参加全国供销总社培训中心举办的《决定》解读培训班、社有资产经营与社有企业转型升级培训班、供销合作社基层社建设与新型业务拓展培训班。娄烦县作为全省25个综合改革试点县之一，率先出台县政府《关于深化供销合作社综合改革的实施方案》。适应“互联网+”新形势，结合全市实际，筹建三农综合服务智能平台，推动社属企业改革发展。组织团队对全市“三农”综合服务智能平台进行设计，农友社区手机客户端研发并投入试用。（孙胜利）

【农产品流通体系建设】 社属企业市百合盛物流配送有限公司与省棉麻公司、民营企业山西众成生物有限公司共同投资，在尖草坪区西村汾河湾花境园区内建设山西供销名特优农副产品展示展销中心，2月11日，中心开业运营。该中心旨在推动和实现全省“一县一业、一村一品”科学发展，让山西优质农副产品立足太原、走出山西、走出国门，带动全省、全市农村经济发展和农民增收，为三农服务。6月27日，由山西省供销社主办、山西供销农产品有限公司承办的山西供销系统农副产品展示展销会在该中心盛大举办，展销会汇集全省供销系统130余家农副产品生产销售企业及专业合作社的4800余种商品，同时，太原市供销社联系相关部门和单位，现场提供农产品有机认证咨询服务、QS认证咨询服务、农民健康咨询服务、农资咨询服务、农产品电子商务咨询服务、大学生村官创业成果展示与合作洽谈、农民需求调查等多种惠农利农增值服务。

加快市果品公司北部市场冷链系统改造升级。冷库主体及穿堂改造完成，与之相配套的装卸平台工程建设场地土地平整，土建工程完工。技改后的冷库，冷冻面积占到80%。该项目总投资5100万元，建筑面积8000平方米，项目建成后，商品储存量可达16000吨。（孙胜利）

【服务工作】 一是做好农资供应。从2014年冬季开始，全系统农资企业早部署、早动手，做好农资冬储，发挥农资流通主渠道作用，服务春耕备耕，满足农民生产需要。进入春耕时节，各县区社争取农资补贴政策，对化肥、农药等农资商品实行优惠补贴销售，让利于农，开展送货到田间地头等优质服务。古交市社争取财政补贴资金102万元，所属农资公司累计送货下乡150余车次，销售各种化肥1450吨，农地膜41吨，农药35吨。清徐县社继续开展“情系三农，服务惠农”活动，实行担保赊销，解决农民“买肥难”，共销售化肥3000余吨，地膜100余吨，补贴农民60万元。全年全系统农资销售11984万元。二是组织当地特色农产品参加展销活动。5月，市社组织全市各县市区老咸菜、小米、杂粮、土豆、亚麻籽等40余种特色农产品赴北京参加山西雁门关特色农产品展销会，宣传推广太原市特色农产品。10月，组织市社系统内企业参加第四届中国(山西)农产品交易博览会。参展企业以宣传企业形象，推广企业产品品牌为宗旨，通过宣传企业品牌促进商品销售，五天的展会，销售近7万元，订购2万多元，取得经济效益和社会效益双丰收。三是推进农村社区综合服务中心建设。尖草坪区社将新(改)建农村社区综合服务中心列入区政府工作报告“五个一批”项目。至2015年底，已完成2个农村社区综合服务中心建设任务。镇城农村社区综合服务中心(新建)投资150万元，建筑面积1000平方米（新建760平方米，改造240平方米)，占地800平方米。欢嘴农村社区综合服务中心(新建)投资300万元，建筑面积2300平方米，占地面积2000平方米，所有工程全部完工，投入使用。农村社区综合服务中心涵盖日用消费品便民店、农资商店、红白理事会、图书阅览室、文娱活动室等多种服务项目，在加快全市新农村建设，创新农村社会管理，加速城镇化进程，推进城乡一体化发展和城乡公共服务均等化等方面发挥作用。四是帮助农民解困增收。通过开展“农超对接”“农市对接”、组织供销系统职工下乡采摘、微信平台发布信息等多种形式，帮助农民销售积压滞销农副产品，赢得农民群众的好评。（孙胜利）

【网络建设】 一是加大农村日用消费品现代经营网络建设力度。清徐县社将农村日用消费品配送中心项目列入县政府“五个一批”重点民生项目，建成配送仓库1个，展示展销中心正在筹建之中。娄烦县社以完善管理制度，提升管理服务水平和加大配送能力为重点，对20个农村便民店进行提档升级，同时，对惠民超市进行改造。晋源区社加大对农村便民连锁店的监督检查力度，确保食品安全，选择部分便民店进行添置货架，粉刷墙面、硬化地面等提档升级工作。二是提升农资现代经营网络运营水平。发挥农资配送中心优势，加强对农资农家店的管理，提高农资连锁配送率，古交、清徐、阳曲、娄烦等县市供销农资市场占有率达到80%以上。三是推进再生资源回收利用体系建设。市物资回收利用总公司做好公共机构废旧商品回收工作，协调各方关系，配合市商务局多次开展对回收站(亭)的检查。与市环卫局对接，承担社区垃圾分类中再生资源的拉运处理工作。古交市社加强对全市废旧物资回收站点的日常监督检查工作，重点对道路沿线的24家回收站点进行规范整治，规范回收市场经营秩序。（孙胜利）

【社有企业经营管理】 2015年，太原市供销社共为企业申请项目资金700余万元。申报农业综合开发项目2个,其中市果品公司冷库改造项目申请资金150万元,补报2014年娄烦县周家窑养猪专业合作社万头生猪养殖小区改扩建项目申请资金75万元;申报新网工程项目3个，其中山西农合成冷藏物流有限公司农副产品冷链物流配送改扩建项目申请资金200万元，尖草坪区食品酿造一厂扩大生产规模项目申请资金86万元;申请本级财政资金230余万元，改造娄烦县惠民超市二部等。社属各企业狠抓主营业务,拓展经营领域,传统经营业态再生资源回收、果品、茶叶、土产、钢木家具、农资、干货经营提升,同时扩展到户外休闲用品、大理石工艺品、厨房主食生产、农产品QS认证和有机认证服务等经营服务领域，为提升经济运行质量注入活力。同时,各社有企业健全完善各类制度,加强资产租赁开发管理工作,年内租赁期限到期的企业均与租赁户签订新合同,保证社有资产收益和职工利益。

（孙胜利）

【安全工作】 2015年,太原市供销社落实“党政同责,一岗双责”安全生产责任制,健全安全责任制体系。加强宣传教育培训,全年组织各种培训40余次,参加人数930余人次,组织13名安全管理人员和28名特殊岗位作业人员参加有关部门组织的培训。落实门卫制度和节假日值班领导带班制度。加强技防设施建设,投资23万元安装、更新监控设备。全年全系统更换灭火器620余个，购置消防带36盘,变压器扩容1个,安装监控28个,用于安全投资达150余万元。落实安全检查制度，到重点单位和场所清查安全隐患,提出整改要求,限期整改落实到位，市社重点抽查12个基层单位,各公司组织安全生产大检查36次,查处问题和隐患16起并全部整改,确保全系统全年无一例重大事故发生，完成市政府下达的安全目标控制指标，被市政府评为全市安全生产目标责任制考核优秀单位。针对供销社建社时间长、遗留问题多、企业包袱重、职工收入低、下岗就业难等影响和谐稳定的问题，坚持以人为本,开展为职工群众办实事、解难事和送温暖等活动,保持和谐稳定的局面。

（孙胜利）

S

2016 M

太原年鉴

shang mao

商 贸

建筑业

【概述】 2015年，太原市住建委组织实施城市基础设施工程建设49项，累计完成投资59.86亿元。城中村改造取得显著成绩，47个村完成整村拆除。组织实施农村危房改造4850户危户，百镇建设完成投资3.1亿元。推进既有居住建筑节能改造，改造面积达412万平方米。重点工程建设"四位一体"任务均超额完成省下达的目标任务。（成瑞鸿）

【基础设施建设】 2015年，太原市住建委共承担21项城市主次干道和28条背街小巷的建设改造，开工里程61.22千米，累计完成投资59.86亿元，为年度目标任务的136.1%。城市主次干道除迎泽大街下穿通道等6项工程因拆迁等原因尚未开工外，其余15项工程均开工建设，建设总里程43.77千米。28条背街小巷改造工程全部开工，完工20条，建设总里程11.73千米。推进轨道交通建设，2号线一期工程首开段车站主体工程封顶，化章街站、嘉节站、人民南路站开工，累计完成投资10.7亿元。（成瑞鸿）

【城中村改造】 2015年，太原市住建委发挥规划引领作用，坚持"里子""面子"并重，"地上""地下"同步，采取集中办公、一站式服务，加快推进城中村改造。共拆除建筑面积1512万平方米，拆迁量完成88%，47个村完成整村拆除，46个村启动5.9万套、661万平方米回迁房建设，完成投资243.1亿元。（成瑞鸿）

【建筑节能】 市住建委组织实施既有居住建筑改造412万平方米，对滨河东路沿线同步实施坡屋顶和亮化美化改造，对南沙河沿岸、滨河东路等沿街改造项目实施空调外挂机机位统一装饰试点。全市新建建筑设计、施工阶段建筑节能标准执行率达100%。设计应用可再生能源新建建筑项目896.98万平方米。新增二星级以上绿色建筑标志40.46万平方米，完成年度目标任务的162%。（成瑞鸿）

【村镇建设】 2015年，太原市住建委着眼于提升农村人居环境质量，实施危房改造4850户，按要求配套下达市级补助资金945.75万元。"百镇建设"16个在建项目累计完成投资3.1亿元。对4处传统村落进行摸底建档，完成青龙镇村九窑十八洞院落保护修复和周边环境整治，晋源区程家峪村、赤桥村申报中国传统村落名录工作启动。（成瑞鸿）

【重点工程建设】 2015年，太原市住建委建立健全推进机制，层层分解目标责任，坚持月调度、月考核、月排名，推动重点工程建设项目提质增效。项目累计落地384个、总投资1805.7亿元，完成目标任务的103.5%；开工项目263个、总投资1310.9亿元，完成目标任务的104.9%，重点工程建设完成投资1690.9亿元，完成目标任务的115.2%；投产项目207个、总投资1283.0亿元，完成目标任务的105.9%。（成瑞鸿）

【建设市场管理】 2015年，太原市住建委推进电子政务，进入建筑市场的项目全部实现电子评标。组织工程招标816次，中标价376.13亿元，其中重点工程招标255次，为政府节约资金0.94亿元。集中打击建筑施工转包及违法分包行为，检查项目433个，对6家违规企业依法予以处罚。加强在建建筑工程质量安全监管，监督房屋建筑工程499项、1066万平方米，下达《安全隐患整改通知书》1997份，提出隐患问题11976条，防止各类事故的发生。（成瑞鸿）

房地产管理

【概述】 2015年，太原市房管局党组团结带领广大干部职工，全面落实党的十八大和十八届三中、四中、五中全会精神，贯彻习近平总书记系列重要讲话精神，协调推进"四个全面"战略布局，认真落实省委"五句话"总要求，学习讨论落实活动和"三严三实"专题教育，全面从严治党、从严治吏，着力保障和改善住房民生，促进房地产市场健康平稳发展，房

管各项工作取得新成绩。 （张远超）

【开展“三严三实”专题教育】 2015年，太原市房管局按照市委的统一部署，学习党的十八大、十八届三中、四中、五中全会和习总书记系列重要讲话精神，学习省委十届七次全会和市委十届七次全会精神，学习省委书记王儒林和市委书记吴政隆的重要讲话精神，共开展各类学习12次，专题研讨8次，查摆问题20余个。学习形式多样化，“走出去”参观清徐县廉政教育基地，“请进来”听取市委党校教授专题讲座，局系统22名县处级干部全部讲授党课，结合房管工作谈“三严三实”，加深学习效果。开展了着力解决不作为乱作为等损害群众利益问题专项整治，对犯玩忽职守罪的2人给予了开除党籍处分。坚持问题导向，班子成员三次集中学习，与处室单位领导班子促膝谈心95次，征求意见建议51条，并认真对照检查，深挖问题根源，制定整改措施。组织召开专题民主生活会，班子成员开展批评与自我批评，互相提80条批评意见，对思想、作风、党性又一次集中“补钙”“加油”，达到“团结—批评—团结”的目的。 （张远超）

【推进学习讨论活动】 2015年，太原市房管局制定《实施方案》，编印学习计划。按照学习教材，认真组织集中学习讨论，形成领导班子反思剖析报告，归纳梳理5个方面、17个问题，制定6大类27项整改任务，明确时限、落实到人。研究制定了专项整治方案，主要集中完成11条专项整治内容，纪检组及时跟进、专题督导，各责任处室（单位）建立台账，措施到位，专项整治取得成效：房产办证历史遗留问题解决办法上报政府，具备条件的在准备先行办理一批；维修资金管理方面通过催缴、整合历史数据、出台应急维修等措施，资金使用申请数额同比上升60%；公共租赁住房保障技术防范加强，共排查出不符合保障条件的申请家庭679户，有效打击了骗保行为，维护了住房保障的公平、公正。 （张远超）

【党风廉政建设】 2015年，太原市房管局制定出台“两个责任”的实施意见和清单，理清局系统主体责任和监督责任的落实措施；落实“八项规定”。采取明察暗访、专项督查等多种方式加大监督检查力度，把纪律和规矩挺在前面；加强组织领导。召开了局系统党风廉政建设工作会议，明确了房管局2015年纪检监察工作重点，并细化到考核当中；开展集体约谈。组织专题会议，传达了省、市主要领导集体约谈讲话精神，对全局系统党风廉政建设、纪律作风建设等多个方面提出了明确要求；狠抓廉政教育。通过廉政谈话、观看《廉政中国》等3部警示教育片、专题廉政文化讲座等多种形式，增强了干部职工的廉洁意识；提高办案能力。把有关信访举报和市纪委转办共20余件作为工作重点，加大核实处理力度，做到件件有回复，事事有回音。 （张远超）

【基层党组织建设】 2015年，太原市房管局坚持“三会一课”制度，制定中心组学习计划，共组织学习12次。通过集体观看《百团大战》《开罗宣言》等抗战影片、开展知识竞赛等活动来纪念抗战胜利70周年。把开展“基层组织规范化建设年”活动作为党建工作重点，重新梳理并明确基层党建各项制度，调整优化支部设置形式，提升支部凝聚力和战斗力。加强党员队伍建设，在党员指标大幅减少的情况下，争取发展新党员8名。选树4名优秀党员和3个党组织等先进典型上报市直工委，200余员党员分别与西辑虎营、老军营、黑龙潭等社区对口开展疏通管道、维修水电、慰问孤寡老人等志愿服务活动。践行社会主义核心价值观，坚持办好“道德讲堂”5次，学习了沈浩、安建香等先进人物事迹，提升了道德建设水平。组织机关干部清明为革命烈士扫墓，春节慰问困难党员、困难职工、烈士遗属共54人，还开展义务献血（干部职工非常踊跃，献血量大大超过规定指标）、植树绿化、慰问孤儿院等活动，弘扬“我们的节日”传统。发起“慈善一日捐”和“全国扶贫日”两次捐款活动，546名局系统干部职工捐款3.6万元。制定精准扶贫方案，与西会村、庙湾村两个贫困村点对点、人对人扶贫，通过支持脱贫项目、两节慰问，努力帮助200余户村民脱贫。着力抓好工、青、团、妇各项工作，推进“双拥”创建工作，在前年、去年解决了60户“两参人员”公租房配租的基础上，又在筹备解决17户“两参”人员的公租房实物配租。通过座谈、慰问、送书送报、组织体检等方式关爱老干部晚年生活，让他们乐享晚年。 （张远超）

【六权治本】 坚持民主集中制，“三重一大”事项全部上会研究、集体讨论、民主决策。建立完善了权力清单，共梳理73条权力和责任事项，明确了权力运行与制约机制，已上报深改办。进一步强化对房管权力运行的管理监督，全局上下按照“六权治本”的思路及要求，建立健全财务管理、干部管理等各项制度，规范权力运行，特别是紧紧围绕商品房预售许可审批、房产交易办证、国有资产管理、财政资金使用、干部选拔任用等重点领域和关键环节，实行流程再造，扎紧制度笼子，防控廉政风险，形成不敢腐、不能腐、不想腐的长效机制。加强干部队伍法制教育，树立法制思维，开展国家宪法日暨法制宣传日活动。对2014年执行的行政处罚案件进行评查，对9件不合格案卷限期进行整改。修改完善执行的51项行政处罚自由裁量权基准项目表，规范行政处罚行为。 （张远超）

【推进保障房建设管理】 2015年，省考核的保障性安居工程建设任务为：新建开工57572套，基本建成42300套，完成投资100亿元。截至2014年底，全市完成新建开工57711套，基本建成45510套，完成投资118.65亿元，分别为任务的100.24%、107.59%、118.65%，建成总量、投资额位居全省第一，开工总量全省第二。工作中，加大指导协调和服务力度，指导各县（市、区）推进工作，协调市直各部门加快手续办理，督促项目单位抓紧开工。签订公租房配建购置合同15个，新增公租房1532套，收缴易地建设费5.5亿元，接管龙康新苑、中铁十四局等2个项目5520套公租房。将公租房低收入家庭准入条件从城镇居民人均月收入1290元进一步放宽到1450元，严格资格审查，对符合条件的6255户，发放补贴2292万元，629户得到了实物配租。（张远超）

【促进房地产市场健康发展】 2015年，太原市房管局做好商品房去库存化工作。对商品房库存5万平方米以上的全部项目（占全市库存量83%），进行认真调查，通过核验销控数据、验证草签合同、确定项目不可售面积等工作，摸清库存底数，通过采取取消住房限购政策、开展棚改货币化和棚改购买服务、解决房屋登记历史遗留问题、办理无房证明配合公积金提取政策放宽等一系列措施，推动商品房库存的消化，库存面积处于合理的销售区间；加强房地产销售市场监管。对190多个在售项目检查，立案查处36件，结案18件，在房产信息网公示曝光项目16个。2015年，全年新建商品房上市面积1069.12万平方米，其中商品住房为797.19万平方米，供应量同比分别上升48.55%和53.50%。新建商品房和商品住房分别成交650.59万平方米和551.38万平方米，同比实际分别上升40.2%和36.4%。全市商品住房价格为7428元/平方米，在中部六省省会城市位居第5，同比实际上升5.2%。太原市住房价格保持平稳，商品房上市面积和成交面积均有增长，呈现出供销两旺的态势。（张远超）

【推进房屋和谐征收】 2015年，全市共启动国有土地上房屋征收补偿项目9个、17.44万平方米。主要措施有：一是加强指导服务。深入各城区进行业务指导，及时发现、查纠违法违规行为，化解矛盾和纠纷；二是加强动态管理。按月做好统计工作，及时掌握房屋征收进展情况；三是拆除燃煤火炉。向相关城区分解工作任务，加强组织协调，拆除燃煤小火炉3148台，圆满完成任务；四是科学调配安置房。共接管安置房屋9623套，为各城区和房屋征收单位提供安置房源6533套，保障重点工程的安置工作：五是妥善处理拆迁难题。主动承担并做好市政府交办的龙潭片区剩余住户拆迁工作，敢于担当、善于作为，妥善解决历时8年的滞迁户问题。（张远超）

【加强直管公房安全管理】 2015年，太原市房管局坚持把直管公房安全、特别是安全度汛作为头等大事来抓，实施网格化管理，定人、定位、定责，修订应急抢险预案，成立抢险队伍，建立抢险物资储备库，落实避险地点，随时应对突发事件。进入汛期以来，先后7次进行拉网式排查，共排查房屋13095户，排除险情38余处，对44.84万平方米的直管公房进行安全隐患排查，没有发生安全事故；投入1000万元，按照轻重缓急的原则用于直管公房维修和地下室整治工作，改善住户居住环境。牵头组织各县（市、区）开展全市老楼危楼安全大排查大整治工作，并将排查整治结果及时上报省住建厅，全年共排查2358幢、面积1307.56万平方米。在建的普光寺等10个历史文化街区改造项目中，除部分工程由于拆迁问题暂时不具备施工条件外，工程进展顺利，大部分项目主体工程完工。（张远超）

【引导物业行业创优服务】 2015年，太原市房管局推进行政审批制度改革，将三级物业企业资质审批下放到城区。做好前期物业管理招投标工作，新建住宅小区100%实施物业管理服务。全年新增物业企业69个，新增物业管理面积727.24万平方米，累计物业企业总数为759个，全市物业管理总面积达11556.93万平方米。对物业服务项目指导查验，50个项目评为星级项目。协调各类物业矛盾纠纷3000余次，构建和谐社区。解决维修资金“使用难”问题，制定应急使用的有关规范，修改完善电梯大修和更换时使用维修资金工作流程，引入第三方审价和招标代理机构，全年受理维修资金使用申请金额1011万元，同比增加60%。通过组合存款方式，促使维修资金保值增值，制定二次分配方案，准备在2016年将9500万元的增值收益分配到户，为群众兑现实惠。（张远超）

【房产办证服务】 2015年，太原市房管局共发放权属证书12.6万本，完成房屋确权登记1648.63万平方米。房产交易办证32457套、面积335万平方米、金额159.05亿元，分别同比增长10.21%、13.49%、17.3%，为既定任务的154.56%、167.5%、318.1%，协助征税6.51亿元，同比增长9.41%，仅契税就协征5.26亿元，同比增长12.36%。针对“办证难”问题，主动与开发企业、房改单位对接摸底，制定了分批解决的实施方案，起草《加快解决我市房屋产权登记历史遗留问题的办法》，全年共解决历史遗留问题8943套；针对“办证慢”问题，研究制订了实施方案，投入人力、财力、物力成倍增加，抓紧推进。对流程全面梳理、科学设计，重新制定快捷、方便的办事流程。提升服务水平，开辟“绿色通道”，为老弱病残孕等特殊人群服务全年办理2000余件，上门为江阳化工有限公司、北方机械厂、金域阅山、富力城等单位、社区办证服务500余人次、5000余套。（张远超）

【开展融资服务】 2015年，太原市房管局扩大抵押范围，并出台担保公司办理抵押登记，小额贷款公司办理抵押登记的实施办法及操作细则。提高办事效率，完善工作流程。开展各项特色服务。一是开通绿色通道，特事特办，为老、弱、病、残、孕提供专项收件通道。二是开设延时服务，工作人员延迟下班，直到送走最后一位服务对象。三是对重点企业急事急办，开展上门服务，现场指导办理业务。

全年共协助企业和个人融资221.34亿元，为既定任务的110.67%，为企业经营和大众创业融资注入动力，为经济发展增添活力。（张远超）

【化解信访纠纷】 2015年，太原市房管局共组织开展局领导大接访活动34次，累计接待213案、1848人次。市委交办重大不稳定因素20案，已经办结10案，6案正在处理，4案列入市级解决范围，办结率71.43%。受理山西省网上信访信息系统交办信访件16案，办结15案、正在处理1案，网上案件办结率93.8%。办理接待处转2014网上未办结信访24案、办结率100%。受理信访局转国家和省、市各类来信41件次，全部按时回复。协助处置和化解赴市委、市政府群体上访112批次、3779人次。完成全国"两会"和抗战胜利70周年纪念活动期间驻京信访维稳任务。抓好"五个一批"，共解决太重、永兴堡、胜利街东延、中冶苗圃棚改等2543户居民的多年拆迁逾期未安置问题。解决纯阳宫36号院及海子边街3号和4号楼23年无气无供暖、南海街25号院供水、大东关修建二公司住宅楼供暖、王村南街25号和26号楼并入集中供热、西华苑三期农民工资、太原市水产公司房改房办证、五福庵回迁安置、万柏林区佳境观邸小区商品房办证等问题。化解小店区易城小区和华德中心广场小区物业纠纷、富豪大厦购房纠纷、双东商城商铺退款纠纷、军景雅居项目退款等不稳定因素信访问题，维护省城的和谐稳定。（张远超）

住房公积金管理

【概述】 太原市住房公积金管理中心成立于2003年6月，是直属于太原市人民政府的不以营利为目的的独立事业单位，主要负责太原地区住房公积金、公房出售收入等住房资金管理工作。2015年，市公积金中心在太原市委市政府的正确领导、省住建厅的业务监管、相关部门的大力支持配合以及中心全体干部职工的共同努力下，以十八届三中、四中、五中全会精神及习近平总书记系列重要讲话精神为指引，按照中心党组提出的"强化管理、彰显服务、提高效益、确保安全、追求卓越"总体要求和打造"五个一流"公积金中心建设目标，迎难而上，积极作为，多措并举，真抓实干，加大力度释放资金，千方百计提高资金使用率，各项业务快速发展，住房公积金制度作用充分发挥，取得了良好的社会和经济效益。2月，省住建厅公布2014年度全省住房城乡建设工作年度目标责任考核结果，市公积金中心荣获全省住房城乡建设工作优秀单位和精神文明建设工作优秀单位称号。（刘文剑）

【公积金业务发展】 2015年，太原市新增住房公积金缴存单位898个，新增缴存职工98702人，全年归集住房公积金77.17亿元，全年办理各类公积金提取172.01亿元，同比增长377.54%，当期提取率222.90%；全年发放住房公积金个人贷款17449户，发放金额67.51亿元，同比增长89.16%，当期个贷率87.48%；当年为经济区农牧场项目发放住房公积金支持保障性住房建设项目贷款1.6亿元；全年实现公积金增值收益7.62亿元，同比增长35.59%；2015年，公积金对太原市住房贡献率为311.29%。

截至2015年底，全市实有公积金建制单位8542个，实缴职工99.99万人，覆盖率84.64%；累计归集住房公积金585.73亿元，归集余额为218.24亿元；累计办理各类公积金提取367.49亿元，提取率62.74%；累计发放住房公积金个人贷款84562户，发放金额188.19亿元，贷款余额139.17亿元，个贷率63.77%。（刘文剑）

【太原住房公积金管理委员会三届三次会议召开】 2015年2月7日，太原住房公积金管理委员会三届三次会议召开。会议由副市长、管委会主任委员张齐山主持，省住建厅住房公积金监管处、省财政厅综合处、市政府办公厅秘书三处、市财政局综合处、市住房公积金管理中心等相关部门负责人列席会议。会议听取并通过太原市住房公积金管理中心主任韦和平做的《太原市住房公积金管理中心关于太原市2014年度住房公积金管理工作情况和2015年工作要点的报告》，审议并原则通过《2013及2014年度太原市住房公积金增值收益分配方案》《2014年度太原市住房公积金执行公报》《2015年度太原市住房公积金归集、使用计划》《太原市住房公积金管理中心2015年度经费预算》《关于申请授权公积金中心审批单位降低缴存比例或者缓缴事项的请示》《关于拨付太原铁路局太铁佳苑、太铁北河湾配建

2月7日，太原住房公积金管理委员会三届三次会议召开

公租房项目使用廉租住房补充资金的申请》等相关议题。（刘文剑）

【全市住房公积金管理工作会议召开】 2015年4月2日，太原市住房公积金管理工作暨党风廉政建设工作会议召开。韦和平主任做题为“适应新常态 推动新发展 依法推进太原市住房公积金管理各项工作”的报告。会议对2014年度中心先进集体、优秀个人、服务工作先进单位和归集扩面优秀业务合作银行进行表彰，为各部门下达2015年度工作目标责任书和党风廉政建设责任书。

（刘文剑）

【放宽个人住房公积金贷款政策】 2015年4月7日，市公积金中心下发《关于进一步推进住房公积金个人贷款业务的通知》，放宽个人住房公积金贷款政策。包括：个人贷款最高额度由60万元提高到80万元；推行个人贷款缴存期限省内异地互认；放宽担保人条件；优先采取房屋抵押的担保方式；取消新房评估等等。新政策自2015年5月1日起执行。

7月30日，市公积金中心下发《关于调整住房公积金提取和个人贷款业务政策的通知》，对住房公积金个人贷款政策进行调整：提高住房公积金贷款额度至100万元；放开申请住房公积金贷款的住房消费行为时间限制；取消收入证明；取消二手房贷款抵押和装修房贷款抵押的评估；进一步简化商转公贷款手续；困难企业职工申请个人贷款的缴存条件适度放宽等。该政策自2015年8月1日起执行。（刘文剑）

【实施宽松住房公积金提取政策】 4月20日，市公积金中心下发《关于放宽租赁住房提取住房公积金有关问题的通知》，放宽租房提取公积金政策。职工连续足额缴存住房公积金满3个月，本人及配偶在本市无自有住房且在本市租赁公共租赁住房或商品房，每隔12个月可以申请提取公积金。六城区范围内缴存职工本人及配偶提取合计不得超过22000元，三县一市合计不得超过7000元。非法套取住房公积金不良记录将纳入征信系统。构成违法犯罪的，承担法律责任。新政策自2015年5月1日起执行。

5月5日，市公积金中心下发《关于实施阶段性住房公积金提取的通知》，从2015年6月1日至10月31日，对1992年1月1日以来购买自住住房取得《房屋所有权证》，且未办理过住房公积金提取的房屋所有权人及其配偶或2006年1月1日以来购买自住住房尚未取得《房屋所有权证》，但签署合法购房文书，同时未办理过住房公积金提取的房屋所有权人及其配偶，实施阶段性提取。房屋所有权人及其配偶合计提取金额不得超过购房支出加每平方米1000元装修费用的总额。为确保政策落到实处，6月3日，中心下发《关于印发<太原市住房公积金管理中心集中办理业务阶段加强服务大厅工作方案>的通知》，拟通过建立领导联包制度，抽调机关处室人员到城区分理处协助工作，周六不休息等措施，保证集中提取阶段各项业务有序开展。该政策实施后根据需要延长至2015年12月31日。

7月30日，中心下发《关于调整住房公积金提取和个人贷款业务政策的通知》，对住房公积金提取和个人贷款政策进行调整：调整购买、建造、翻建、大修自住住房提取住房公积金的时限、申请人范围和额度；扩大偿还购房贷款本息提取住房公积金申请人范围并提高额度；增加进城务工职工提取住房公积金；进一步提高住房公积金贷款额度至100万元；放开申请住房公积金贷款的住房消费行为时间限制；取消收入证明；取消二手房贷款抵押和装修房贷款抵押的评估；进一步简化商转公贷款手续；困难企业职工申请个人贷款的缴存条件适度放宽等。该政策自2015年8月1日起执行。

（刘文剑）

【严惩非法套取住房公积金行为】 2015年4月21日，市公积金中心经市法制办审查批准，下发《关于印发<关于对利用虚假资料等非法手段套取公积金行为的处理规定>的通知》，对利用虚假资料等非法手段套取住房公积金的行为做出处理规定。该《规定》自2015年5月1日起执行。（刘文剑）

【加强住房公积金缴存管理】 2015年4月23日，市公积金中心经市法制办审查批准，下发《关于印发<太原市单位申请降低住房公积金缴存比例或者缓缴相关事项的规定>的通知》，规范单位申请降低住房公积金缴存比例或者缓缴事项的办理，以加强住房公积金缴存管理，维护住房公积金缴存职工的合法权益。

（刘文剑）

【优化住房公积金业务流程】 2015年10月10日起，市公积金中心取消单身职工租赁住房提取住房公积金申请要件中的单身证明。

10月23日起，单身职工申请住房公积金贷款时不再提交民政部门出具的无婚姻登记记录证明。

12月15日，市公积金中心下发《关于取消提取住房公积金单位审核环节相关问题的通知》，从2016年1月1日起取消提取住房公积金单位审核环节。

12月25日，市公积金中心下发《关于在提取业务中实施同城通取的通知》，自2016年1月1日起，持住房公积金联名卡的提取申请人，除办理租赁住房和销户提取（上述两项业务仍然需向本单位缴存分理处申请）以外，可以自行选择在10县(市、区)任一分理处办理。

（刘文剑）

【助力城中村改造重点工作】 2015年4月23日，市公积金中心下发《关于印发<太原市住房公积金管理中心关于为城中村改造重点项目提供资金支持的措施>的通知》，拟通过为保障房项目支持开发建设资金、为购房人支持购房首付资金、为购房人支持购房贷款资金三项支持措施为太原市城中村改造重点项目提供资金支持。

11月7日，在中心主任韦和平、副主

任刘建红带领下，万柏林分理处工作人员来到“天泰玉泽园”售楼处，为购房职工办理贷款业务，受理贷款业务 43 笔，金额 1585 万元，标志着主动将本职工作融入全市的城中村改造工作大潮。

（刘文剑）

【住房公积金年度结息】 2015 年 6 月 30 日，市公积金中心完成住房公积金年度结息工作，共为 7915 个单位 1068717 名职工结息 414071364.27 元。

（刘文剑）

【住房公积金年度缴存基数和比例调整】 2015 年 7 月 1 日起，太原市住房公积金缴存基数和缴存比例进行调整：缴存基数调整为 2014 年职工月平均工资；缴存比例不得低于单位 10%、个人 6%，不得高于单位 12%、个人 12%。六城区基数下限不低于 1620 元，上限不超过 14220 元。2015 年 1 月 1 日以后新参加工作或新签劳动合同的职工，第二个月当月工资为缴存基数；1 月 1 日新调入的，以调入当月工资为缴存基数。

（刘文剑）

【住房公积金利率调整】 2015 年 3 月 1 日起，根据中国人民银行决定，太原市下调个人住房公积金存贷款利率。当年归集的个人住房公积金存款利率不变，仍为 0.35%；上年结转的个人住房公积金存款利率由 2.35%下调至 2.10%。五年期以上个人住房公积金贷款利率由 4.25%下调至 4.00%；五年期以下（含五年）个人住房公积金贷款利率由 3.75%下调至 3.50%。2015 年 3 月 1 日前发放的未到期个人住房公积金贷款，自 2016 年 1 月 1 日起按新规定执行。

5 月 11 日起，根据中国人民银行决定，太原市下调个人住房公积金存款利率和贷款利率。当年归集的个人住房公积金存款利率不变，仍为 0.35%；2014 年结转的个人住房公积金存款利率由 2.10%下调至 1.85%。五年期以上个人住房公积金贷款利率由 4%下调至 3.75%，五年期以下（含五年）个人住房公积金贷款利率由 3.5%下调至 3.25%。5 月 11 日前发放的未到期个人贷款，自 2016 年 1 月 1 日起执行此规定。

6 月 28 日起，根据中国人民银行决定，太原市调整住房公积金存贷款利率：当年归集的个人住房公积金存款利率不变，仍为 0.35%；2014 年结转的个人住房公积金存款利率由 1.85%下调至 1.6%。五年期以上个人住房公积金贷款利率由 3.75%下调至 3.5%；五年期以下（含五年）贷款利率由 3.25%下调至 3%。6 月 28 日前发放的贷款自 2016 年 1 月 1 日执行。

8 月 26 日起，根据中国人民银行决定，太原市下调个人住房公积金存款利率和贷款利率：当年归集的个人住房公积金存款利率不变，仍为 0.35%；2014 年结转的个人住房公积金存款利率由 1.6%下调至 1.35%。五年期以上个人住房公积金贷款利率由 3.5%下调至 3.25%；五年期以下（含五年）个人住房公积金贷款利率由 3%下调至 2.75%。8 月 26 日前发放的未到期个人住房公积金贷款自 2016 年 1 月 1 日起执行。

10 月 24 日起，根据中国人民银行决定，太原市调整住房公积金存贷款利率：当年归集的个人住房公积金存款利率不变，仍为 0.35%；2014 年结转的个人住房公积金存款利率由 1.35%下调至 1.10%。个人住房贷款利率不变，五年期以上个人住房公积金贷款利率仍为 3.25%；五年期以下（含五年）个人住房公积金贷款利率仍为 2.75%。（刘文剑）

【推进分理处建设】 2015 年 12 月 31 日，市公积金中心晋源分理处迁址和开发区城南、开发区城北分理处开业揭牌仪式在三个分理处举行。中心领导班子成员、中层干部、市财政局领导、公积金协作银行代表共同参加揭牌仪式。

（刘文剑）

【住建部巡查工作情况】 2015 年 3 月 25 日，住建部住房公积金督察员张建明、杜康生、康立国对太原市住房公积金贷款支持保障性住房建设项目贷款试点工作和公积金日常管理情况进行巡查。巡查组听取市公积金中心关于试点工作情况的汇报，实地察看项目贷款备选项目：经济区农牧场棚户区改造项目。

6 月 12 日，住建部住房公积金督察员张建明、杜康生、康立国以及住建厅、财政厅试点项目检查组王鲲、李浩处长对太原市项目贷款工作完成情况和申报的新项目进行检查、指导。检查组通过实地勘查所申报项目、听取项目贷款工作汇报、对项目贷款有关情况进行讨论等方式对中心新申报的项目及原项目实际工作进行指导。（刘文剑）

城乡管理

【概述】 2015年,太原市城乡管理委员会(太原市城乡管理行政执法局)抓好"五个一批",实现"六个表率",推进市政重点工程建设规范化、市政公用设施管养精细化、市容环境综合整治网格化、为民便民惠民服务常态化、党建和精神文明建设科学化。城乡管理工作取得较好成绩,获"2015中国地理信息产业优秀工程银奖"等国家级荣誉。太原市城管局主要承担全市城市道路、桥涵、照明、管涵、池渠、泵站、市容环卫等市政基础设施维护管理;城市供水、供气、供热、污水处理等公用事业运营管理;节约用水和再生水利用管理;行使建筑、人防、园林绿化、市容环卫等市政公用设施占用等方面的行政执法职责;对各县(市、区)城乡管理工作进行统一指导协调等。委机关内设27处室;直属有市行政执法总队、太原供水集团有限公司、市政公共设施管理处、市热力公司、市排水管理处、市黄河供水有限公司、市城市照明管理处、市市政池渠设施管理处、市数字化城乡管理指挥中心等19个企事业单位,全系统干部职工万余名。全年共负责实施基础设施建设项目40项,计划完成投资72.66亿元,实际完成投资95.65亿元,占年计划的131.64%。　(李海威)

【道桥工程建设】 2015年,共完成南内环街、太榆路、学府街、亲贤街、环湖东路等主次道路改造建设14条,35千米。

南内环快速化改造工程东起建设路,西至滨河东路,改造范围全长约3.93千米,道路红线宽度50米。主要建设内容为道路、桥涵、排水、照明、热力、燃气、交通设施、绿化及人行地下通道和天桥工程等。包括桥梁3座(其中:引道桥长58米,宽44米,平阳路跨线桥长920米,宽23.5米,长治路体育西路跨线桥长755米,宽23.5米)、4米宽人行天桥2座(寇庄西路西侧、体育路西侧),平阳路口地下人行通道1座。总投资6.5亿元,4月18日开工,9月3日通车。

太榆路改线建设工程(含太榆路连接机场高架两条匝道和车站南街)南起太榆路龙城大街立交以北,北至车站北街,全长2325米,红线65.5—103米,绿线宽110米。总投资5.22亿元,9月16日通车。

学府街改造工程东起建设路,西至滨河东路,全长4.3千米,红线宽50米。主要节点工程包含滨河东路匝道桥,跨平阳路高架桥,跨长治路、体育路高架桥,4座人行天桥,1座地下通道。总投资7.54亿元,工程于6月10日开工,11月6日通车。

环湖东路建设工程北起冶峪河,南至蒙山大街,全长4.3千米,红线宽50米,包括跨冶峪河桥、龙城大街简易立交、西干渠改造和3处地下人行通道。总

2015年6月17日,市委副书记、市长耿彦波调研亲贤街工地

投资 3.53 亿元，工程于 7 月 1 日开工，11 月 20 日通车。

新晋祠路改造工程北起长风西街，南至冶峪河，全长 3.6 千米，红线宽 50 米。总投资 1.12 亿元，9 月 4 日开工，11 月 20 日通车。

亲贤北街改造工程西起平阳路，东至建设路，全长 3 千米，红线宽 40 米。总投资 1.89 亿元，9 月 4 日开工，11 月 20 日通车。

南中环太行立交南段工程（续建）南起车站南街，北至太行立交南，工程内容包括：A、B 匝道、WN1、WN2 匝道、匝道箱涵、R3 人非辅道。总投资 1.3 亿元，4 月复工，完成 WN1、WN2 匝道、匝道箱涵，剩余 A、B 匝道、R3 人非辅道受拆迁影响停工。

太行路南延工程（续建）南起龙城大街（高铁箱涵东出口），北至车站南街，全长 2265 米，红线宽 50 米—64 米，绿线宽 110 米。总投资 2.43 亿元，2015 年仅对中心街以南段约 300 米范围内管线、桥梁工程进行施工。因拆迁、征地问题影响，跨年度完成。

南中环与东环高速连接工程进行方案阶段。

太原南站中心街建设工程（续建）西起规划五路，东至太行路，总长 714 米，红线宽 50 米。总投资 1.27 亿元，3 月 16 日进场复工，基本完工。

古交滨河北路改造工程（续建）位于古交市内，西起迎宾桥以西，东至河下村 2 号泵站，全长约 9.77 千米，规划红线宽 14 米—30 米，包括滨河北路、火山新街、边山路、河康大街、边山公路五条道路。总投资 2.4 亿元，进行管线、桥梁、涵洞、路面施工。

体育西路南段改造工程北起长风街南至学府街，全长 1.1 千米，红线宽 30 米。总投资 0.25 亿元，6 月 10 日开工，10 月 1 日通车。

寇庄西路道路改造工程北起长风街，南至学府街，全长 1 千米，红线宽 20 米。总投资 0.4 亿元，6 月 10 日开工，9 月 1 日通车。

长风南街道路改造工程西起平阳路，东至体育西路，全长 1.1 千米，红线宽 20 米。总投资 0.4 亿元，6 月 10 日开工，9 月 1 日通车。

长风北街道路改造工程西起平阳路，东至体育西路，全长 1.1 千米，红线宽 20 米。总投资 0.4 亿元，6 月 10 日开工，9 月 1 日通车。　（李海威）

【热源建设】 2015 年，计划投运 6 个热源项目完成，新增供热能力 3220 万平方米，完成计划的 131.6%，其中：华能东山燃气热电厂 1200 万平方米、瑞光电厂余热利用改造 150 万平方米、嘉节燃气热电厂余热利用项目 200 万平方米、太钢余热利用改造 450 万平方米、太二七期余热利用项目 220 万平方米、交城国锦电厂供热改造项目 1000 万平方米。

（李海威）

【管网建设】 2015 年，计划新建供热管网 100 千米，完成 172.4 千米，完成计划的 172%，其中：华能东山燃气热电厂集中供热项目 40 千米；古交至太原供热长输管线及中继能源站工程项目，隧道工程总进度 16588 米，完成率为 90.81%，敷设供热管线 15 千米，1#、2#、3# 泵站，中继能源站开工建设。交城国锦电厂至太原供热长输管线工程项目管线 45 千米全线连通；其他供热配套管线敷设工程 72.4 千米。新建热力站 276 座；完成大温差热力站改造 88 座。　（李海威）

【供热老旧管网改造】 计划改造 160 千米，完成 177.5 千米，完成计划的 101.8%，其中：一次管网计划改造 10 公里，完成 12.5 千米；二次管网计划改造 150 千米，完成 165 千米。　（李海威）

【供热扩网和替代既有建筑】 计划力争扩网 3000 万平方米，完成 3104 万平方米，完成计划的 101.8%，其中计划替代既有建筑 2100 万平方米，完成 2139 万平方米。

城市公共供水覆盖工程。配合市政道路建设，同步实施重点项目、重点工程的给水管网改扩建，累计新建和改造供水管网 231.74 千米，完成投资 2.4 亿元。完成“一户一表”用户改造 4.34 万户，关闭自备井 76 眼，新增公共供水面积 50.5 平方千米，覆盖率达 83.8%。以太原市城中村改造为契机，做好供水服务和保障工作。对接东社村等 23 个城中村的接水前期手续；对于不具备城市公共供水条件的城中村，推进加压站及管网建设。呼延水厂二期工程完成地基处理，进行土建基础施工。西部加压站开工前的“三通一平”前期准备工作完成，完善相关手续审批工作。原水预处理与深度处理工程土建主体完成，准备进行设备安装。

（李海威）

【供气项目建设】 2015 年，太原市城乡管理委员会配合市政道路建设，对南内环街、学府街等 36 条燃气管线新建工程及老旧管网进行改造，改造管网约 51 千米，新建管线约 128 千米，提高燃气管网覆盖率。完成西北环（东社—新张段）全线 33 千米，清一罗线工程完成 23.5 千米，西环高压工程完成 15.9 千米。加大管道液化气置换天然气工程推进力度，有 14 个项目竣工送气，涉及用户 4208 户。

（李海威）

【市政配套工程建设】 雨污分流工程。根据《太原市城市排水专项规划》，完成全部 17 个排水分区 6.1 万座检查井、2121 千米雨污水主管线及 384 千米连管外业测量和数据整理工作，并建立数据库，形成普查报告；编制完成第一阶段 33.85 平方千米雨污分流规划方案，并开展第二阶段 140 平方千米的重点规划设计工作。重点实施三项工程：

南沙河分区雨污分流，完成桥东街等 12 处节点改造，共敷设污水管道 2887 米，砌筑检查井 106 座，恢复路面 7785 平方米，污水全部进入污水管网系统，不再进入南沙河内。

玉门河分区雨污分流，实施该分区雨污分流规划设计工作，先行实施小黑水河至西暗涵截污工程，敷设管道500米，砌筑方涵70米、检查井4座。

城南退水渠分区雨污分流，完成可研报告编制。实施完成五、六号缓洪池截污工程。敷设管道1863米，砌筑检查井71座，改造节点19处。

晋阳污水处理厂及配套工程。包括晋阳污水处理厂厂区、主干管和主干管污水中途提升泵站建设3个工程项目。一是厂区工程，2015年3月31日开工，完成土方开挖、MBR和AAO箱体结构施工、MBR设备安装。正在进行MBR工艺(12万吨/日)进水调试和AAO工艺(20万吨/日)设备安装。二是主干管工程，2015年6月9日开工，321座沉井、32.37公里主干管网全部完成。三是主干管污水中途提升泵站工程，2015年7月5日开工，土方开挖、主体结构和设备安装完成。

架空线缆专项整治工程。按照"加快进度、联片整治"的思路，分期分批对中环范围内城市道路架空线缆进行治理，优先对213条道路进行整治，完成154条道路(118千米)的管道敷设和试通维修，其中41条(49千米)完成线缆治理。全部完成整治后，太原市道路线缆入地率将达56.8%，接近中国大城市的平均入地率。

城中村改造市政公用设施配套建设。根据全市城中村改造实施计划，经过调查摸底，主动协调对接，跟进建设，做到城中村改造到哪里，市政公用设施就配套到哪里。(李海威)

城乡规划

【概述】 2015年，太原市城乡规划局完成市规委委员换届工作，增补部分部门委员和专家委员；修订完成并审议通过《太原市规划委员会工作规则》，全市重大规划事项科学决策机制逐步完善；组织对市规委专家库的更新升级工作，建立城乡规划、建筑文化艺术与环境、城市交通及市政设施规划三个专家库，涵盖各专业专家700余位；组织承办2015年度市规委全体会议1次，《太原市开发区拓展布局规划》等重大规划事项；组织承办市规委办公室会议56次，审议项目401个。(李四喜)

【规划编制】 加强规划编制，完善规划体系。一是制定《太原市城市空间发展战略规划研究》。二是修订《太原市园林绿地系统规划》。三是组织完成《太原市南部区域路网专项规划》的编制及报批工作。四是开展中心城区控规全覆盖工作，完成JY-02等19个片区控规修编及编制工作。五是编制完成《太原市行政区划调整工作研究报告》。六是编制完成《太原市市域城乡统筹发展专题研究》。七是研究制定《太原市村庄规划编制审批规定(试行)》《太原市镇(乡)规划编制审批规定(试行)》《太原市乡村建设规划许可管理规定(试行)》。八是完成8个镇(乡)规划编制工作。(李四喜)

【专项规划编制】 组织编制《太原历史文化名城保护规划(2015—2020)》《太原市2015—2017年棚户区改造规划》《太原市街道空间设计导则》《太原市户外广告设施设置阵地社会公益宣传专项规划》《太原市供电专项规划(2014—2020)》《太原市再生水利用专项规划(2014—2020)》《太原市排水防涝设施建设规划(2014—2020)》《太原市供水专项规划(2014—2020)》。会同市交通局启动修编《太原市综合交通规划》。(李四喜)

【推进"六个表率"】 完成3个牵头和18个配合完成的目标任务。一是制定《关于充分发挥城乡规划引领作用的工作方案》，成立工作领导组，建立例会工作机制，完成规划引领的各项工作。二是拓展开发区空间规划编制工作。会同四个园区管委会编制《太原经济技术开发区总体发展规划》《太原高新技术产业开发区总体发展规划》《太原市民营经济开发区总体发展规划》《太原不锈钢产业园区总体发展规划》以及《太原市开发区规划导则》；起草《关于开发区规划管理的指导意见》。三是制止违法建设工作。代市政府起草《太原市人民政府关于坚决查处和制止违法建设的工作方案》《关于国有土地上违法建设专项整治处置办法》，按要求制定《太原市城乡规划局违法建设专项整治工作制度》。启动对国有土地上遗留违法建设的处理。组织召开专项整治案件联审会6次，案件审理会23次，研究处理君威。玉泉龙苑、西吴御龙庭等210个违法建设项目；配合区政府拆除违法建设2700余平方米。指导完善村镇规划编制体系。完成《太原市农村住宅设计图集》《清徐县县城总体规划》《阳曲县城总体规划》《晋源区姚村镇总体规划》《尖草坪区阳曲镇总体规划》及《清徐县东于镇总体规划》等编制工作。(李四喜)

【规划编制基础研究】 2015年，太原市城乡规划局组织编制完成太原市中小学规划建设导则，确定全市中小学规划教育用地的控制标准；完成《太原市地下空间利用研究》《太原市市政基础设施廊道控制规划研究》《太原市府城市政设施提升改造规划研究》《太原市控制性详细规划编制规程》《太原市城市社区服务设施规划导则》《太原市水源地保护规划导则》《太原市北山地区整治提升研究》《边山支沟综合整治提升研究》。(李四喜)

【规划服务】 2015年，太原市城乡规划局创新思路升级服务，实现规划审批提效增速，为开发企业提供优质高效便捷服务。全年受理各类申报项目2352项，发放规划条件114件，用地面积1423.6公顷，核发"一书两证"1587件，其中选址意见书160件，用地面积2375.2公顷；用地规划许可证193件，用地面积1571.1公顷；建筑规划许可证1017件，总建筑面积1675.1万平方米；市政规划许可证227件，批准的各类道路管线296.2千米；核发广告规划许可证5件，核发规划验收许可证295件。全年完成

规划技术服务、规划方案审查项目合计351项，其中选址技术服务162项，建筑方案审查129项，市政方案审查60项。编制完成地块控制性详细规划6项，完成控制性详细规划修改20项，完成选址研究报告审批4项，控规维护134项。

（李四喜）

【公共停车场建设】 缓解市区停车难。一是编制《2015年公共停车场建设实施规划》，确定公共停车场（库）选址方案。二是于2015年5月出台《太原市2015年公共停车场（库）建设的实施意见》。三是加强组织协调，推进停车场建设。2015年共完成公共停车泊位建设8160泊，正在建设1030泊，开展前期工作1700泊。

（李四喜）

【城市地下管线管理】 2015年，太原市城乡规划局开展城市地下管线普查、地下管线综合信息系统建设和城市地下管线综合规划编制。会同城管委在系统建设和试验区普查的基础上，完善《太原市地下管线探测技术规程》和《太原市地下管线数据入库标准》；组织供热、供水、燃气、排水等单位进行现状管线资料调绘；对照规范，进行城市地下管线综合管理信息系统升级完善；梳理近两年编制的集中供热、燃气、排水、防洪、供电、供水、排水防涝、再生水等专项规划；结合排水管网普查和现有管线资料，启动太原市地下管线综合规划编制。全年完成全市范围内2000千米的排水管线普查、2600千米各类管线竣工测量工作。完成城市地下管线综合规划大纲和阶段成果编制。（李四喜）

【重点工程建设】 一是为市政基础设施项目服务。完成城市供水设施自来水调压站5座、供电设施110千伏变电站5座、环卫设施垃圾转运站3座、融雪剂场和环卫工业园区等的选址和控规对接工作。二是为公共服务设施项目服务。完成万柏林8座派出所、迎泽区3座派出所、安全厅业务用房的选址以及汾东中学、杏花岭中心医院、省人民医院的控规完善。三是为龙投公司建设的保障房项目服务，完成11个项目的控规完善。四是为省、市重点工程服务。完成省煤炭安全监察局、省晋剧院、民营阳曲工业新区等的控规完善工作。（李四喜）

【城市路网体系】 2015年，太原市城乡规划局组织完成南内环街、学府街快速化改造、亲贤街、兴华西街、东峰路等等道路规划方案的审查、批复工作，审查批复郝庄正街、寇庄西路等30余条背街小巷改造方案。研究确定了滨河东路南延、滨河西路南延方案，开展五一路、涧河路北延、卧虎山路快速化改造方案研究。

（李四喜）

【重点区域路网建设】 完善城市交通功能。配合山西科技创新城建设，完善市政基础设施配套，组织完成马连营路、迎宾西街、正阳街、化章北街、西温庄西路、经一路等道排工程方案、管线综合方案的审查、批复工作；配合南站建设，结合轨道线网和周边路网规划，审查、确定南站东广场调整方案以及市政配套路网道排工程方案；改善太原火车站周边交通，审查确定太原站东广场及配套路网工程方案。全年，共审查确定76条道路及其管线综合设计方案，其中主干路5条，总长约7.5千米，次干路共30条，总长约32.5千米，支路共41条，总长约28千米。

（李四喜）

【市政基础设施建设】 提高综合服务能力。会同相关主管部门研究确定供热、排水、供电、供气等设计方案，推进城市市政基础设施建设。完成二电七期滨河西路主干线（柴村大桥—北中环）方案、南部热电联产清洁能源集中供热工程（交城—太原）长输供热管道及中继泵站方案、华能东山燃气热电厂供热主干管及隔压站选址方案；组织研究火车站周边雨水排除方案、东山地区排水方案，审查确定晋阳污水处理厂总出水管及排水口设计方案、中水回供清徐工业园路由方案、西南铁路环线排水堑沟下游段设计方案；完成城南地区池渠防洪设施维护工程设计方案，马庄缓洪池方案；研究确定岚县—太原输气管道工程（古交—太原段）选线选址、化章堡门站及（化章堡—小马）次高压输气管线迁改路由方案、太原—平遥高压燃气管线马庄阀室迁改选址方案等；完成华能东山燃气热电厂220千伏送出工程选线、太原南蒲110千伏输变电工程选址、220千伏晋安变电站电力管沟及排管路由方案；研究供水老旧管网改造方案，审查确定迎宾路管线综合规划方案；结合南内环、学府街快速化改造同步实施人行天桥、地下通道外，会同市住建、城管、交警等部门确定2015年18座人行天桥选址方案。

（李四喜）

【公共设施建设】 2015年，太原市城乡规划局为合理解决学校、医院、民政等公益设施普遍存在的用地局促，建筑面积均不能满足标准要求，主动服务学校、医院和民政等惠民工程项目建设，先后为8所学校、8所公立医院进行规划服务。

（李四喜）

【保障房建设】 2015年，太原市城乡规划局出具棚改项目规划设计条件25件，办理项目用地许可12件（包括配套道路及学校等），批复建筑方案3件，核发建筑许可61件。为保障政府主导棚户区改造项目前期工作的开展，出具14个地块的规划情况意见函。（李四喜）

【科技创新城建设】 2015年，太原市城乡规划局为山西科技创新城出具规划条件14件，批复建筑方案14个。为科创城5条道路审批选址、用地规划手续；为科创城中小学办理选址、用地规划手续；先后为山西格盟中关清洁能源研发中心有限公司等7个企业办理入驻科创城的用地、建筑规划手续。

（李四喜）

【背街小巷整治】 依据《太原市街道空间设计导则》，重点对建筑立面、建筑顶部、夜景照明、建筑色彩、街道家具、空调室外机等方面多次现场摸底调研，编制完成27条首批实施背街小巷整治方案，并对接各城区政府下发整治方案。为“城中村”改造搞好服务。作为城中村改造规划工作的牵头单位，发挥优势，创新思维、攻坚克难，一是编制《太原市城中村改造规划导则(试行)》；二是发挥专业技术优势，组织召开规划技术服务会，以保证城中村改造工作的推进；三是坚持实行城中村改造规划工作进展的日报制；四是组织驻村规划师深入区里、现场进行服务，为改造村献计献策。2015年度计划改造的54个城中村，完成城改用地规划划定的有52个村，完成总平面布局规划技术服务的有44个村，完成控规审批的有34个村，完成规划条件出具的有29个村，完成建筑设计方案批复的有10个村，共批复43个地块，完成《建设工程规划许可证》办理的有9个村，共办结113个许可证。(李四喜)

【规划管理】 以多元化的措施处理历史遗留违法建设问题。一是在制度建设上，起草并实施《国有土地上违法建设处理办法》，完成《关于房屋产权办证遗留问题处置办法的报告》；起草《太原市建设工程竣工规划核实管理规定》(初稿)、《太原市城乡规划公示管理制度》，制定《太原市城乡规划局违法建设专项整治工作方案》《太原市城乡规划局违法建设行政处罚裁量权基准》，重新修订《太原市城乡规划局建设工程批后管理办法(初稿)》；二是对国有土地上的违法建设进行梳理，梳理违法建设项目318项、1117.74万平方米；三是结合《实施办法》相关规定，共梳理124个违法建设项目列入专项整治，议定处罚面积21.74万平方米，处罚金额1179.26万元，执行28.67万元。组织召开案件审理会18期，研究处理违法案件182件，议定处罚142件，处罚面积241.72万平方米，处罚金额18245万元，执行4787.48万元。

(李四喜)

【信访化解】 排查化解信访矛盾。修订完善《太原市城乡规划局规划信访化解机制》，实施信访问题处理内部联系单、批前研判等制度，加大信访矛盾的处置力度。全年接待信访群众258批次，6794余人次，无一起赴“两会”和赴京上访案件发生。主动组织矛盾隐患和信访协调会40余次；到省委、省政府，市委、市政府配合处置信访突发事件92批次；开展大接访活动37次，接待信访群众7批89余人次，全部化解。承办省交办的专项治理案件1件，市委市政府交办重大不大稳定因素化解案件共34件，专项治理案件化解结案，重大不大稳定因素案件化解32件。(李四喜)

【审批制度改革】 对审批流程和事项进行重新梳理，服务类事项办理时限压缩为15个工作日，许可类事项办理时限压缩为5—10个工作日，落实《太原市城乡规划局关于部门并联审批的意见》，通过政务中心平台，对固定资产投资项目进行规划手续并联办理。在审批城中村改造项目时，按照市委、市政府要求，在5个工作日内审批完成各城中村申报的事项。(李四喜)

·山西诚信市政建设有限公司·

【概述】 2015年，山西诚信市政建设有限公司全体干部职工在城乡管委的领导下，以高度的责任感和使命感，团结拼搏，攻坚克难，围绕公司中心工作，完成年度各项目标，坚持“以人为本，关爱职工”的理念，全年共投入120万元，为职工办实事，办好事，解决职工民生问题，并通过安排家庭困难的职工子女就业、提高职工福利待遇、健康体检、劳动防护、看望生病职工、帮扶特困职工等措施，解除职工的后顾之忧。公司被山西省住房和城乡建设厅评为建筑施工安全生产标准化单位，在管委系统内获“城乡管理工作优秀单位”“重点工程建设优秀单位”“安全生产工作优秀单位”“党风廉政建设先进单位”等多项荣誉。(办公室)

【产值产量】 2015年，山西诚信市政建设有限公司实现施工总产值11.4亿元，利润2400万元，公司赢得可持续发展态势。完成太原南站中心街建设工程、太原市汾东商务区化章街工程、晋阳污水厂主干管工程三标段、亲贤北街(平阳路，滨河东路)道路改造工程、学府街(滨河东路，建设路)道路改造工程二标段、并州路微循环道排工程体育北街(体育路，并州路)、并州路微循环道排工程东岗路(狄村街，狄村北街)、寇庄西路道排工程、针织路(荣军南街，龙城大街)道排工程等。外埠工程，完成忻州市利民街(七一路至云中路)道路工程、九原南街、杏林东街、公园东街南北一巷、公园东街南北二巷、古交滨河北路道路改造工程、吕梁临县县道三曲线公路改造工程等。新成立的山西鑫诚信房地产开发有限公司和山西安泰和建筑劳务有限公司，标志着公司“实现多元经营，追寻新的利润增长点”的战略构想又迈出一步。

(办公室)

【内部管理】 2015年，山西诚信市政建设有限公司加强安全管理的高压态势，全年在安全管理中投入200余万元，对14个在建项目进行392次安全检查，对检查出需整改的11个问题，落实整改闭合。推行绿色环保施工，全年在文明施工管理方面共投入150万元，涌现出学府街工程、中心街工程等一批优秀的管理项目。开展“回头看”经验总结交流、技术负责人述职、完善质量技术管理制度等措施，提高公司质量技术管理水平。接受ISO9001:2008版质量、环境、职业健康安全管理体系监督审核并通过。强化对在建项目质量检查监督力度，全年对12个在建工程项目进行56次检查，对检查出的32个问题进行督促整改。推行目标成本管理办法，加大对项目成本的落实督导，实现所有新开项目目标成本编制，全年编制新上项目目标成本14项。

(办公室)

【人才梯队建设】 2015年，调整科级以上干部(含科级)20人，评审通过正高级职称1人，副高级职称6人，中级职称9

人，初级职称24人，公路一级建造师考试通过2人。加强干部职工在职教育，全年在职教育累计完成培训508个课时，535人次，培训费用14.9万余元。其中内部培训44个课时、184人次，外部培训464个课时、351人次。在复杂地质条件下，3米大直径内径防洪排水管道顶管施工经山西省工法评审委员会审批通过并在全省推广。（办公室）

市容环卫

【概述】 2015年，太原市市容环境卫生管理局（以下简称市容环卫局）以开展“学习讨论落实”活动和“三严三实”专题教育为契机，立足环卫实际，严格按照市委、市政府关于全面改善省城环境质量的各项工作要求，打造干净、整洁、文明、宜居的城乡环境，取得阶段性的成效，完成目标任务。

太原市市容环卫局为市政府直属事业机构，正县级建制。局机关内设机构有：办公室、环境卫生管理处、市容管理处、基建设备处、财务处、人事处、征费处、绩效考核处、法规宣传处、行政审批处、机关党委、纪检监察室、局工会、离退休人员管理处。下属单位有：太原市市容环卫科研所、太原市生活废弃物管理处、太原市渣土管理处、太原市市容环卫机械清洁队、太原市医疗废物管理处、太原市市容环卫执法大队、太原市南堰生活垃圾压缩转运中心、太原市丈子头生活垃圾压缩转运中心。各县（市区）区市容环境管理机构分别为：迎泽区城市管理局、小店区市容环卫局、杏花岭区市容环卫局、尖草坪区市容环卫局、万柏林区市容环卫局、晋源区市容环卫园林绿化局、古交市市政环卫局、清徐县城乡环卫局、阳曲县市容环卫局、娄烦县市政环卫所。

（安晓娟　贾景钰）

【改善大气质量】 2015年，市容环卫局加大道路机扫冲洗力度，每天对425条道路进行机扫、冲洗、洒水作业，车行道机扫面积达2881万平方米，机扫率达85%，道路洁净度达70%。加强建筑渣土管理，对大型出土工地开展了地毯式检查。累计出动夜查执法人员908人次、执法车辆342台次、查扣无渣土准运证车辆252台、无渣土运输资质165台、无苫盖（苫盖不严）210台、无交警部门核发的车牌号车辆（含外地牌照）50余台。推进环卫基础设施建设，启动日处理4800吨的两座生活垃圾焚烧发电和餐厨废弃物处理项目。（安晓娟　贾景钰）

【整治老旧片区】 2015年，市容环卫局完成30个老旧居住片区改造，共投资1.32亿元。涉及小街巷65条，改造面积11.86平方千米，楼院560个，惠及人口39万。为做好持续降雪降温的清雪除冰工作，市容环卫部门紧急动员、周密安排，共出动人员2.5万人次、车辆3192台次，撒布融雪剂颗粒4799吨，喷洒融雪剂溶液5982吨，全市400多条街巷撒布了融雪剂，清雪工作取得了阶段性成果。创建容貌和示范保洁街道16条，星级公厕3座（晋建城字〔2015〕214号），星级单元965个。加大村容村貌整治，共清理四堆1.47万处，粉刷墙体7.8万平方米，整修残垣断壁1571处，清理积存垃圾5.7万吨，创建达标示范村267个。

（安晓娟　贾景钰）

【垃圾处理达标】 2015年，市容环卫局中心区所有医疗垃圾实行统一管理，集中收运，无害处置，全年共收运处置医疗废物10870吨，收集后无害化处理率100%。生活垃圾上门收集，全市开展上门收集的街道增加至350余条，减少垃圾暴露。全年共收处生活垃圾185.6万吨，其中：无害化处理:182.71万吨，一般处理2.89万吨，无害化处理率98%。

（安晓娟　贾景钰）

【完善信访、提案机制】 市容环卫局办理人大建议和政协提案18件，接听咨询280人次，受理社情民意案件28件，人民网网民留言4件，市长信箱来信14件，互联网信息30件，来函来信1件，12345便民服务热线125件，12319城建服务热线派单3900件，全部办结。

（安晓娟　贾景钰）

【为群众办实事】 2015年，市容环卫局投入资金1000万元，改造旱厕和危旧公厕52座；按照“村收集、乡转运、县处置”的模式，新建乡村垃圾中转站23座。请环卫工人免费吃火锅、看电影、子女免费上技校、送保温桶、送裤子，爱心企业从衣食住行等各个方面帮扶环卫工人，累计向环卫工人捐赠物品36次、价值近300万元，关心、关爱环卫工人的浓厚氛围形成。（安晓娟　贾景钰）

园林绿化

【概述】 2015年，太原市园林绿化工作以生态文明建设为契机，以创建国家生态园林城市为抓手，按照“强力推进公园建设、跟进道路绿化、加强社会绿化管理、传承和保护历史文化遗存、利用地下空间”工作思路，提升园林绿化建设和养护管理精细化水平。（办公室）

【创建国家生态园林城市】 2015年，市园林局起草报送市委《太原市创建国家生态园林城市实施方案》；通过国家住建部组织的国家园林城市复查工作，根据复查组反馈意见，配合市政府办公厅下发《关于做好国家园林城市复查意见整改工作的通知》，明确整改责任单位和完成时限，全市建成区绿化覆盖率、绿地率、人均公园绿地面积分别新增0.5个百分点、0.5个百分点、0.3平方米，达到41%、36.07%、11.56平方米，完成2015年计划目标。（办公室）

【绿随路建、有路皆绿】 2015年，市园林局坚持绿随路建、有路皆绿的原则，完成南内环、学府街、亲贤北街、阳兴大道、建设路、南沙河、兴华西街、长治路绿化工程；完善了许坦东街规二路等11条小街巷绿化。即将实施真武路、人民路、新晋祠路改造、环湖东路绿化工程。在新建改建道路绿化的同时规划建设道路景观林带和进入式绿地(在阳兴大道建设15米宽林带、南沙河建设18米进入式绿地),提升道路绿化景观,为省会城市营造新的景点、景区。督导各区完成35条道路、8个游园绿地提质改造,栽植乔木4572株、灌木6190株;完成8条新道路绿化,栽植乔木3312株、灌木6521株;补栽60条道路1663株行道树。在长风东出口绿地组织群众纪念林植树活动。全年完成义务植树10万株。新增单位绿地18.66公顷、居住区绿地19.1公顷。完成省、市级园林单位(居住区)创建工作。在恒大、富力、万科、华润等小区中建设恒大绿地、富力游园等一批高质量小区绿地。（办公室）

【推进公园建设】 2015年,市园林局重点推进晋阳湖周边环境综合治理等6项重大基础项目和南寒公园等7项民生项目,晋阳湖周边环境综合治理、晋阳街公园、和平公园3项市级重大基础项目和龙城游园、圆照寺游园、晋源新区体育公园等4项民生项目已开工建设,太原植物园、和谐公园、王村缓洪池公园3项重大基础项目和南寒公园、北寒公园、晋源新区中心公园3项民生项目已具备开工建设条件。在所有新建公园和迎泽公园等6个原有公园配套建设地下停车场,预计今明两年将解决4000个停车泊位,解决市民停车难问题。开展、配合做好明太原县城、晋祠景区、风峪沟景区、双塔景区(含白云寺)、唐槐公园扩建等景区规划、研究、建设及绿化景观修复等工作,传承和保护太原2500年历史文化遗存。结合道路、城中村、棚户区改造建设一批游园绿地(南沙河景观治理因地制宜建设7个游园,在阳兴大道上建成游园3个),督导城六区完成游园37个,公园绿地服务半径覆盖率突破60%。

（办公室）

【绿地养护】 2015年,市园林局按照《太原市园林绿化养护管理标准》等七个城市园林绿化管理标准,实施城市道路绿化分级管理、千分制考核办法,真正使养护措施、养管责任落在实处;采取以奖代补的形式鼓励城区加大养管投资力度,实现精细化管理,打造养管示范街10条,巩固盆景花卉街48条。在滨河东西路部分地段推行养护市场化;按照市委吴政隆书记“既要结果,又要过程”的重要指示,对局属14个公园、6条市直养管道路、园林绿化重点工程进行交叉检查。通过检查,完善400余万平方米的园林绿化重点工程景观,补栽乔木6077株、灌木10058株、绿篱色块24086平方米、地被122941平方米;14个局属公园300余万平方米绿地达到黄土不露天,消除卫生死角,提升景观效果。6条市直养管道路500余万平方米绿地消除黄土裸露,修剪植物2万余株,安装隔离网10732米,对道路重要节点进行提档增绿,栽摆花卉100余万株。（办公室）

【公园文化】 2015年,太原市第七届公园“一园一品”活动仍以“春之声”、“夏之歌”、“秋之韵”、“冬之曲”四个篇章展开,共举办20场以“生态、康乐、和谐”为主题的文化活动,23场园林文化知识专题讲座,开展五大花事活动展出海棠花46个品种1万余株,郁金香花20余种30万余株,牡丹花240多种2800余株,荷花20余种7500余株,菊花200余种50万株。太原市第二十五届菊花展览于9月24日开幕,历时一个多月,以“喜迎国庆、菊韵龙城”为主题,设有菊花立体花坛展区、百菊赛展区、悬崖菊展区、艺菊展区等4个菊花展区及12个菊花立体景点,共计摆放各色花卉200多个品种,20余万盆。建立“太原花讯”微信公众平台服务,发布图文信息160余条,阅读量超10万人次,并被太原日报、太原晚报等媒体转载、播发。第十届中国(武汉)国际园林博览会于9月25日正式开幕,由园林局具体承办的太原园同时亮相。

（办公室）

【行业管理】 2015年,市园林局权力清单和责任清单以及配套流程编制完成并通过市编办、市政府法制办组织的联合审阅,将提请市委、市政府研究,组织开展“六五普法”“依法行政宣传月”和“12.4国家宪法日”宣传活动,获“依法行政法律知识问答竞赛活动优秀组织单位”,两名同志获竞赛先进个人。完成对局属15个公园执法委托手续办理工作,重新对园林质监站、植保站进行委托。组织全局行政执法人员参加执法证换证考试,238名换发新证。园林热线办共受理、处置各类投诉举报、建议、咨询共10740件,数字城管受理10450件(其中:12319热线1559件、数字城管采集员上报8884件、媒体舆情7件),政府便民热线290件(其中:12345热线273件、市长信箱11件、人民网留言6件),办结率达100%,群众满意率99.78%。园林审批窗口共受理审批事项179件,已全部办结。其中因城市建设或特殊原因砍伐、移植树木许可办理121件(其中重点工程24件),临时占用城市绿地的许可办理24件,设计方案审核15件,园林资质审核19件。共收缴临时占用绿地费30.54万元,缺建绿地补偿金72.64万元,服务测评满意率达100%。(办公室)

【党风廉政建设】 2015年,市园林局系统党组织建设和党员队伍建设加强,扎实开展“基层组织规范化建设年”活动,精神文明建设工作成效显著。认真贯彻落实党风廉政建设责任制,结合园林工作实际及时提出了落实“两个责任”的具体措施,对市园林局的党风廉政建设和反腐败工作进行了责任分解,加强监督检查。开展“三严三实”专题教育教育,教育和引导党员干部严明政治纪律和政治规矩。深入开展政风行风工作与为民“办实事、解难事”活动。继续开展公园温馨服务和志愿者服务工作。开展群体性文体活动,满足职工文化生活需求,增强单位凝聚力。维护老同志的权益,确保“两个待遇”的落实。抓安全生产,把人民群众生命安全放在第一位,以严谨求实的作风抓好安全生产工作,落实好党政共同负责的监管责任,全面提升园林系统

安全管理水平，坚持责任制与责任心相结合、有效防范和坚决遏制各类安全生产事故的发生。太原动物园被评为市级安全先进单位，园林系统4名同志被评为市级安全生产优秀和先进个人。（办公室）

城市供水

·太原供水集团有限公司·

【概述】 2015年，太原供水集团有限公司全年供水总量完成22096.87万立方米，日均60.54万立方米，同比增长4.18%。管网压力合格率保持100%。水质综合合格率保持100%。投入自有资金实施更改、大修项目。修复枣沟、兰村、向阳等水厂的部分水源井，对厂区管线、阀门实施改造，确保其产水能力和供出能力，提升水源地、水厂的保障水平。在学校、医院、省市机关等重要区域新增水质采样点20个、在线监测点5处，水质全方位保障体系完善。以次氯酸钠取代液氯进行净化消毒，水处理工艺得到全面升级改造。（刘　翔）

【排查整改隐患】 2015年，太原供水集团有限公司可视化安全色彩管理推行。全年开展各类安全检查50余次，排查整改隐患180余处。重新修订《太原市城市公共供水事故应急预案》，开展应急演练10余次，应急管理水平和快速反应能力提升。强化对重点区域、重要路段、施工现场的管线巡查和监管维护。完成DN100以上供水管网抢修479处，抢修及时率达100%。各部门措施得力、密切配合，调度运行科学实施，供水服务精准到位，物资保障不断增强，完成省、市重要会议、重大活动，重点时段各类保供水工作任务，有效保障和满足城市公共供水覆盖范围内居民生活、各行各业的用水需求。（刘　翔）

【推进重点工程】 全力实施太原市给水管网扩建工程、西山城市供水工程、南部区域核心区供水工程、太原市超期服役及落后管材供水管线改造工程，新建、续建、改造供水主管网99.44千米，完成投资1.73亿元。累计关闭36个单位的自备井70眼，置换水量0.92万立方米/日。全年发展自来水新用户402户，增加供水面积50.49平方千米，增加供水人口1.5万人。起草《太原市高层住宅二次供水管理暂行规定》（讨论稿），上报市城乡管委，并会同其协调市法制办以期出台。二次供水小区试接管工作展开。四九〇、王家峰、阳兴河加压站开工建设。配合市规划部门完成太原城市供水专业规划编制工作；编制完成“十三五”城镇供水设施改造与建设规划。（刘　翔）

【精细管理】 2015年，太原供水集团有限公司按照“六权治本”要求，实现“管采分离、管审分离、管办分离”。调整审计管理职能，实施物资采供管理体系的调整与改革，规范招标采购程序。出台集团公司财务资产管理暂行办法，加强财务资产管理，集团化财务管理体系建设完成。深挖节能降耗潜力，全年供水单位电耗403千瓦时/千立方米，比计划降低22千瓦时/千立方米；公车油耗和车辆维修实行定额管理，全年节省费用147.5万元；出台《供水管网维抢修费用管理办法》，强化供水管网维抢修管理，维抢修费用由上年的720万元降至146万元。

适应现代企业制度要求，激发内部活力。水质监测中心、供水稽查大队、计量检测中心分别实行“定额(定项)补助、年终考核”的核算方式；各子公司及下属单位，积极拓展业务，经济效益不断提高。供水主业、工程建设、实业经营“三大板块”协同发展的集团化运营模式逐步形成。地理信息系统升级改造、管网普查工作有序进行。“质量、环境、职业健康安全管理”三体系审核认证完成。出台《用户分项用水比例划分与变更管理办法》，重点加强对特行用水、经营用水的监管，有效维护集团公司经济利益。加大对偷盗用水的稽查力度，全年累计追缴水费327万元。（刘　翔）

【企业文化建设】 2015年，太原供水集团有限公司按时足额缴纳各类社会保险、企业年金和补充医疗保险。岗位技能培训坚持开展，职工业务技能素质提高。部务、班务公开工作得到加强，职工维权机制充实完善。机关大楼、城北营销分公司食堂改造完成，河西营销分公司等乔迁新址，职工生产、工作环境得到改善。兰村、新城、向阳、西张等厂站标准化、园林化建设实施。离退休管理和服务工作取得进展。企业文化建设和精神文明建设形式多样，载体丰富。开展“青年文明号”“青年安全生产示范岗”争创活动。开展武装、双拥等各项工作，荣获“太原市双拥标兵单位”荣誉称号。（刘　翔）

【落实专题教育】 党委深入开展“三严三实”及“学习、讨论、落实”专题教育，立根固本，通过思想上植根、知行上“融入”，切实将学习成效转化为广大党员干事创业的内生动力。牢固树立不抓党建就是严重失职的意识，全面加强党的思想、组织、作风和党风廉政建设，党建工作成效显著，有效推动企业生产经营任务的完成。严格落实党风廉政建设“两个责任”，出台实施意见、责任清单及责任追究办法，统一领导、认真实施、全面落实。党委把党风廉政建设作为应有的政治责任，坚守责任担当，层层传导压力，形成了完整的责任链条。纪委认真落实“三转”要求，严格按照监督责任清单内容，对各基层单位、部门开展了督导巡查，提高广大党员、职工讲规矩、守纪律的意识，促进了集团公司廉洁发展。全面贯彻中央八项规定精神，坚决反对“四风”，狠抓纪律作风整治，以作风建设新成效凝聚企业发展正能量。（刘　翔）

·太原市黄河供水有限公司·

【概述】 2015年，太原市黄河供水有限公司呼延水厂供水量为9061.81万立方米，平均日供水24.83万立方米，东南部加压站完成二次加压供水80.34万立方米，呼延水厂和东南部加压站供水水质综合合格率达100%。生产运行稳定正常，各类净水、供水设施设备运转良好，检修合格率达100%，安全隐患排查工作落实到位，安全生产考核100%达标，实现全年安全零事故工作目标。（姬　哲）

【净水工艺参数优化与节能降耗】 2015年，太原市黄河供水有限公司与哈尔滨工业大学联合开展《呼延水厂净水工艺参数优化与节能降耗研究》科研项目，7月，科研项目通过山西省科技厅组织的科技成果鉴定。该科研项目总结基于呼延水厂净水工艺参数优化的节能降耗技术，可直接指导呼延水厂现行工艺参数优化、水厂局部或整体技术改造以及水厂即将建成的原水预处理与深度处理工艺的调试、运行和管理。该科研项目的投入使用可提高水厂应对原水水质突发事件的能力，保障城市生产、生活用水安全，促进社会和谐和经济可持续发展。

（姬　哲）

【呼延水厂二期工程】 2015年，呼延水厂二期工程由山西省万家寨引黄工程总公司与太原市黄河供水有限公司合作承建。该工程主要为扩建项目，在呼延水厂现有40万立方米/日供水能力的基础上，新增供水规模40万立方米/日，形成80万立方米/日总供水能力。在呼延水厂一期工程建设中，一次完成后续工程征地，场地平整全部完成。呼延水厂二期工程建设内容包括预处理投剂间、净水车间（包括净水处理工艺设施）、深度处理车间、清水池等生产设施。加药间、加氯加氨间、沉泥处理系统土建项目已在一期工程建设中完成，二期工程建设只需增加相应设备。工程总投资估算为5.022亿元，项目可行性研究报告和初步设计均获批，工程进度推进，净水车间、预处理投剂间及清水池地基处理全部结束。经检测，地基承载力满足设计要求，达到合格标准。工程累计完成产值约1亿元。省委常委、市委书记吴政隆，市委常委、秘书长陈河才，副市长张齐山，市城乡管委主任王建堂以及省、市相关部门负责人，赴市黄河供水公司呼延水厂进行调研。省人大常委会副主任田喜荣带领省人大农工委调研组一行，在市人大常委会主任弓跃，副主任冯晋生、梁争平及省市相关部门负责人的陪同下，对市黄河供水公司呼延水厂进行调研。

（姬　哲）

【原水预处理与深度处理工程】 2015年，呼延水厂原水预处理与深度处理工程由山西省万家寨引黄工程总公司与太原市黄河供水有限公司合作承建。该工程是对呼延水厂常规处理工艺的优化与补充，建成投产后可有效应对原水水质变化和突发性事件，并提升出厂水水质。该工程在呼延水厂一期工程预留地位置开工建设，建设规模为40万立方米/日，采用原水投加高锰酸盐复合药剂预处理+原有常规净化处理+臭氧生物活性炭深度处理+(预留UV处理)工艺，主要处理建、构筑物为活性炭滤站8505平方米及臭氧发生器间360平方米。该工程概算总投资为1.42亿元，完成吸水井主体建设，经闭水试验满足蓄水要求。同时，完成生物活性炭滤站滤池与臭氧接触池主体建设。（姬　哲）

【东南部加压站续建工程】 2015年，东南部加压站由山西省万家寨引黄工程总公司与太原市黄河供水有限公司合作承建。东南部加压站建成投产后，可解决太原市东南部地区及长风东大街地区经济、商贸、居住等供用水问题。该加压站建于太原市双塔南路与长风街交叉口东南侧，供水服务面积30.4平方千米，包括主供水面积14.2平方千米(西起双塔路、北营路，东到东山过境路，北起朝阳街，南至南过境高速路)，东山枣园新区7.2平方千米，东峰新区9平方千米。工程项目分两期实施，近期工程供水规模为5.8万立方米/日，远期工程供水规模达到9.5万立方米/日，配套建设DN200～800毫米输配水管线47.49千米。加压站项目总投资1.17亿元，其中近期工程投资0.98亿元，远期工程投资0.19亿元，加压站土地、规划、施工审批手续已全部办理完毕，2015年东南部加压站续建工程，完成水质监测调度综合楼土建收尾工作，装饰装修工程完成90%。（姬　哲）

【西部给水加压站工程】 2015年，西部给水加压站由山西省万家寨引黄工程总公司与太原市黄河供水有限公司合作承建。西部加压站建成投产后，可解决太原市西部地区以及西山地区经济、商贸、居住等供用水问题。该加压站拟在窊流路东、玉门河南岸建设，占地约为35331平方米。工程主要包括厂站和管网两部分，管网部分将按照太原市总体规划，根据西部地区城市道路规划研究确定配套供水管线工程方案。供水范围包括西部地区地形标高在820～870米及西山地区的区域供水，西部地区为北起北外环、南至九院沙河、东起窊流路、西至西外环，东西约2千米，南北约6千米，供水服务面积26平方千米。西部给水加压站厂站工程主要建设内容包括新建3座6500立方米清水池、加压泵站（含泵房、高低压配电室、值班室）1座、加氯间、吸水井、水质监测调度综合楼、附属用房等相关配套设施。工程项目总投资估算1.88亿元。其中，厂站部分投资估算9645万元。西部给水加压站工程为市重点工程，加压站土地、规划审批手续办理完毕，项目可行性研究报告和初步设计获批，开工前的“三通一平”前期准备工作完成，取得《建筑工程规划许可证》，其他相关手续正在办理，以保证国家投资尽早投入工程建设。（姬　哲）

【学习讨论活动】 2015年，太原市黄河供水有限公司开展以“深入学习贯彻习近平总书记系列重要讲话精神，净化政治生态，实现弊革风清，重塑山西形象，促进富民强省”为主题的学习讨论落实

活动。活动深入查找制度缺失、工作漏洞、自身不足,认真剖析产生问题的思想根源、认识根源、制度根源,研究制定整改落实方案和措施,强化长效机制建设,为实现“六个表率”奠定坚实的基础。

（姬　哲）

【开展“三严三实”专题教育】 2015年,太原市黄河供水有限公司开展“三严三实”专题教育。“严以修身、严以用权、严于律己,谋事要实、创业要实、做人要实”是新形势下党员干部行为准则,是落实中央“八项规定”和坚决反对“四风”的延续、深入和拓展,是新时期对党员干部提出的更高、更严、更具体的要求。通过开展“三严三实”专题教育,使公司领导干部自觉以“三严三实”为标尺,做信念坚定、求真务实、廉洁自律的好干部,营造风清气正、干事创业的良好氛围。（姬　哲）

城市供热

·供热管理中心·

【概述】 2015年,太原市供热管理中心完成供热管网913.59平方米,累计完成3820.46万平方米,其中:居住建筑3245.63万平方米,公共建筑574.83万平方米。供热计量收费面积2015年完成297.67万平方米,累计完成2891.23万平方米,其中:居住建筑2346.89万平方米,占集中供热居住建筑面积的30%。完成居住建筑供热计量及节能改造任务420万平方米。起草《太原市既有居住建筑节能改造宣传工作方案》,撰写印刷《太原市既有居住建筑节能改造宣传手册》,发送各项目实施单位,与省电台、太原市电视台、山西太原日报、晚报等多家媒体进行宣传报道。（办公室）

【供热全覆盖工作】 全市供热服务建筑面积约18613万平方米(市区17440万平方米,三县一市1173万平方米)。集中供热面积17699万平方米(市热力公司1.1亿平方米,市第二热力公司803万平方米,城北热力公司1937万平方米,市再生能源供热公司430万平方米,西山、太重、高新、晋源等四家大型区域燃煤锅炉房768万平方米,燃气、谷期电、水地源热泵等其他清洁方式1667万平方米。三县一市1094万平方米)。分散燃煤锅炉供热面积约914万平方米(市区835万平方米,三县一市79万平方米)。全市集中供热普及率为95.08%。

（办公室）

【管网建设】 市供热管理中心完成投资80.4亿元。推进管网建设。计划新建供热管网100千米,完成172.4千米。推进供热老旧管网改造。计划改造160公里,完成177.5千米,其中:一次管网改造,计划10千米,完成12.5千米;推进二次管网改造。计划150千米,由城六区政府组织产权单位实施,各供热企业提供技术支持,完成165千米。推进供热扩网及燃煤小锅炉整治。2015年计划力争扩网3000万平方米,完成3104万平方米,其中替代既有建筑2139万平方米。具体为:计划替代20蒸吨以下分散燃煤锅炉1088万平方米,完成1139万平方米(407台)。计划替代20蒸吨以上较大型燃煤采暖锅炉824万平方米,完成589万平方米。计划解决棚户区改造保障房、城中村改造房、直管公房、无供热设施小区188万平方米,完成411万平方米。

（办公室）

【供热保障工作】 市政府组织召开2015年冬季供热保障工作会议,并向30家相关单位下发冬季供热保障责任书。针对历年来问题小区和未按时供热小区以及投诉较多的小区进行协调,督促因热力站选址困难、开工晚、用户不积极等原因未按期完工的78座热力站推进工作;处理因锅炉抢修、热费收缴困难、燃气收费高等35个未按期供热的区域供热小区11月20实现全部供热。协调解决一电厂与市再生能源公司合同问题,督促桃园三巷与桃园正街交叉口一次管网破裂积极抢修尽早恢复供热问题;协调丰蕴热力在富力城小区因掏炉渣、设备维修白天供热晚上不供热问题等30多件供热问题,确保电厂热源稳定,供热企业达标供热,中心完善数字城管二级平台,设立24小时便民服务电话、设置群众来访接待室,成立便民服务小组。受理12319、12345派单176件,市民投诉电话100多件,接待来访群众5余次;参加大接访24次;处理上访8次;办理政协提案3件;处理省住建厅、市人大、市政府、市政协、舆情专报、社情民意、网民留言、政风行风、黄河新闻等部门等共120多件。

（办公室）

【入户测温工作】 市供热管理中心在前两年测温的基础上,新增测温点1250个达到4450个,还在测温点的选择上有所改变,今年测温点重点设在历年来温度不达标投诉较多小区。中心责成专人负责每日对4450个测温点数据进行收集、汇总、上报,并结合12319、12345以及中心便民服务电话市民所反映的问题进行综合分析,将掌握的全市供热总体情况,测温情况以日报形式上报市委市政府。各供热企业每日将根据天气预报以及测温点测温情况,适时调节热源厂的出水温度,既保证居民家中的温度达标,又节约能源。按照省、市领导的要求,中心指定专人每日将全市集中供热和区域供热运行情况、4450个测温点室温检测情况以及二级平台受理市民供热投诉、各类报纸反映供热问题等各种渠道的供热问题及时汇总,上报省、市政府以及建设厅。共承办供热保障专报105期。

（办公室）

【供热保障能力】 市供热管理中心根据太原市贯彻落实书记王儒林“六个表率”重要指示责任分解《关于提高集中供热保障能力的工作方案》文件要求,为全面了解和掌握全市供热现状情况,建立和完善供热保障服务体系,提高市供热精细化管理水平,保障冬季安全稳定供热,中心开展供热现状调查工作,成立供热现状摸底调查小组,组织城六区、各热力企业等单位参与供热现状摸底调查人员进行专题培训,力求摸底工作有效。为确保各单位上报的数据准确无误，中心将各单位所上报的数据与市环保局等单位的数据进行核实，经核实后整理汇总装订成册上报市城乡管委，全面了解和掌握全市供热现状情况，为“十三五”供热规划提供可靠依据。参加管委组织的供热执法考试。对《太原市城市供热管理条例》的部分条例进行多次修改，并将修改意见上报至市城乡管委。（办公室）

【“三严三实”活动】 2015 年，太原市供热管理中心党支部在“三严三实”专题教育活动中，贯彻落实中央、省委、市委和市城乡管委党委关于开展“三严三实”专题教育的部署和要求，成立工作领导组，并以党支部书记集中学习、讲党课的形式，拉开了中心开展“三严三实”专题教育的序幕。先后组织 3 次集中学习、2 次党课教育、1 次座谈会，召开民主生活会 1 次，认真撰写了班子对照检查材料，查找问题 6 个。中心对查找的问题认真对待逐条研究，认真梳理，抓好整改落实，明确努力方向，把三严三实活动落到实处。组织全体人员学习《李吉山同志在市纪委常委(扩大)会议上讲话》，并传达市城乡管委纪委会议上任晓彦书记的工作安排。按照“三严三实”的要求，中心党支部书记葛跃强同志为全体人员上了一堂“自觉践行三严三实，做忠诚、干净、担当的好干部”组织全体人员开展一把手上党课教育。中心召开“学习讨论落实”总结大会，召集全体党员和入党积极分子参加一把手党课学习，组织全体党员学习《习近平谈治国理政》和《习近平总书记系列重要讲话读本》。中心主任葛跃强参加太原电台行风热线现场直播节目。学习《王儒林同志关于省直机关党风廉政建设工作的讲话》。中心主任葛跃强在山西晚报新闻会客厅，现场协调解决市民反映的供热问题。参加太原电台《政风行风热线》节目，协调解决长风小区、桥东小区等供热问题。召开全体会议，学习十八届五中全会及省委十届七次会议精神。对照“三严三实”标准做出班子和个人对照检查材料。（办公室）

·太原市热力公司·

【概述】 2015 年是全面改善省城环境质量的关键之年，也是公司全力推进集中供热全覆盖建设的攻坚之年。公司上下努力，加快建设步伐，完成投资 49.5 亿元，超额完成公司历史上最艰巨、最繁重的集中供热建设任务。供热运行也达到安全、稳定、优质。(1)公司继续保持“全国文明单位”荣誉称号，(2)公司被评为“2015 太原市 50 强企业”第 25 名，“2015 年太原市服务业 50 强”第 10 名，同时也被评为太原市企业文化示范基地。(3)公司获山西省企业 100 强第 78 名，山西省服务业 80 强第 19 名。

（韩妍妍）

太古项目隧道贯通

【项目建设】 2015 年，太原市热力公司在加快太古供热项目建设的基础上，筹建华能东山、南部供热两大热源项目。华能东山项目，建设完成 40 千米管线和大型隔压站 2 座，实现当年开工，当年投运。南部供热项目，涉及两市一县两区的管辖范围和 8 家较大型企业的征地拆迁，100 余项大小手续的办理，实现管网连通，进入注水清洗和试运行阶段。太古供热项目，隧道工程剩 600 余米即可贯通，屯兰段、汾河段等管线安装完成，相应的 5 座泵站建设开工，完成总工程量的 75%。（韩妍妍）

【扩网建设】 2015 年，太原市热力公司的扩网任务是确保 2000 万平方米，力争 2500 万平方米。通过与各城区的多次对接，协调解决大量的用户难题。年内新建热力站 247 座，完成扩网 2530 万平方米，其中既有建筑扩网 1410 万平方米(不包括棚户区、城中村回迁安置 501 万平方米)。全年新增 460 家用户单位入网，约 17.5 万余户居民，近 55 万人享受到集中供热。扩网中，取缔燃煤锅炉房 298 座，拆除分散燃煤锅炉 393 台，取代燃煤烟囱 310 根，减少锅炉房和煤灰占地 66.47 公顷。每年可节约标煤 101 万吨，减少灰渣 19.9 万吨，减少二氧化硫排放量 3.2 万吨，减少烟尘排放量 0.19 万吨，节能和环保效益十分显著。全年建设完成 147 千米的供热管网，为计划的 163%。（韩妍妍）

【设施改造】 2015 年，市热力公司完成四项改造任务。一是完成 82 座热力站的大温差改造。二是新增计量收费面积 220 万平方米，涉及 30 余个单位和小区。三是实施老旧管网改造 24.43 千米，为原定计划的 2.3 倍。四是新成立的热嘉公司超额完成 310 余万平方米的既有建筑节能

改造任务，改造后的节能效果显著。

（韩妍妍）

【管理机制】 2015年，太原市热力公司调整组建4个部门机构；调整招投标领导组；新拟定及修改完善90余项管理制度；健全安全责任测评体系；采用自动化考勤管理系统；完善固定资产统计归档及报废处置工作；强化后勤管理；加强文明宣传，利用墙报、板报等多种媒介，营造文明创建氛围。（韩妍妍）

【国家环保部副司长白保柱来公司进行调研】 2015年4月2日，国家环保部污防司副司长白保柱一行来公司调研，市委常委、副市长王建生，副秘书长庞虹，市环保局局长陈继光，市城乡管委副主任耿炤宇，公司经理张明智，常务副经理张建伟，副经理吴建琪陪同调研。

会上城乡管委副主任耿炤宇、公司经理张明智先后就全市供热情况和公司集中供热发展情况进行了汇报。太原市在空气环境质量保护工作上主要方针是减煤量、煤改气、控煤质、使用洁净燃料，为此市政府做了几项工作，一是用一到两年的时间拆除8百余台20吨以下的分散锅炉，解决1500万平方米的供热问题；二是解决市区170个城中村和棚户区每年140万吨分散燃煤的问题，通过整村拆除、气化城边村和清洁燃煤置换进行解决；三是加大热源建设力度，满足城市发展的用热需求，并为将来拆除40吨以下燃煤锅炉的工作打下基础；四是启动电厂的超低排放改造。通过这几项工作的推进，使全市的空气环境质量得到改善。

调研组一行到公司城南热源厂了解脱硫除尘改造情况，并进行实地考察，对公司大型热源厂进行的改造给予肯定。

（韩妍妍）

【国家发改委就业司领导来公司督查调研】 2015年11月28日，由国家发改委就业司副司长哈增友带队的国家发改委项目督查组第十组一行7人，对太原市专项建设基金申请、合同签订、投放、开工、支付等情况进行检查。检查组一行到东山华能集中供热项目1号隔压站进行实地检查。公司张建伟常务副经理带队对公司专项基金的使用情况进行了汇报，并全程陪同检查，受到检查组的好评。（韩妍妍）

【中国城镇供热协会六届七次理事会召开】 2015年4月10日，中国城镇供热协会六届七次理事会在山西大酒店召开，原住房和城乡建设部副司长郑立筠、中国城镇供热协会副理事长徐中堂、北京市热力集团有限公司副总经理刘荣、哈尔滨市热力公司经理张雪明、吉林市热力集团有限公司董事长么儒等115位来自全国各地热力公司及相关企业负责人参加了会议。公司张明智经理、张建伟常务副经理、樊敏总工程师出席会议。

会议首先由协会副秘书长陈怀申对2014年协会工作进行总结并对2015年工作进行部署，对协会技术委员会人员调整事宜进行审议，并同意由江毅教授担任协会技术委员会主任，公司张建伟常务副经理任技术委员会委员，会议还就协会有关事宜进行了审议。参会代表90余人还乘专车到公司太古项目中铁六局承建点、公司城南热源厂、瑞光隔压站进行实地考察。（韩妍妍）

【华能东山热电联产集中供热项目正式投运】 2015年10月28日，华能东山热电联产集中供热项目1#隔压站启动，标志着太原市集中供热的又一热源——华能东山燃气热电联产项目投运。经理张明智、党委书记王建宏、副经理吴建琪、总经济师马琦云，基建处、前期处、材料处、东山供暖分公司相关负责人及施工、监理单位负责人参加该仪式。

（韩妍妍）

【提前供热首日数十家媒体全方位报道】 2015年，公司在连续五年提前一天供热的基础上，为广大用户提前一天供热。10月31日是供热首日，中央电视台以及省、市19家媒体30余位记者，分成6组24路深入公司热电联产项目、热源厂、调度中心、热力站及热用户居民家中进行实地采访，对供热进行全方位、多角度的报道。公司经理张明智、书记王建宏、常务副经理张建伟、副经理吴建琪、工会主席贾桂芬、组宣部长李建民等领导现场接待。（韩妍妍）

【全面开展安全生产月活动】 2015年6月是全国第十四个安全生产月，此次安全月活动的主题为“加强安全法治、保障安全生产”。为了做好安全生产月活动，按照太原市城乡管委的安排，加大安全宣传教育力度，深入开展了一系列安全生产活动，努力提高全体员工的安全意识。

6月1日公司安委会组织召开安全生产专题会议，集中贯彻宣传近期国家、省、市的各项安全指示精神，对公司安全生产月活动进行全面部署。在6月3日公司组织开展“太原市热力公司消防安全培训”，邀请市公安局专家进行授课，讲授消防安全知识。6月8日至15日，公司工会和安全处统一组织开展职工安全健康教育培训，邀请市工会和市中心医院有关专家授课，分析安全事故案例、讲授急救自救常识以及突发疾病的防治方法等。6月16日为全国安全生产宣传咨询日。公司各相关部门深入到街道、社区、企业等通过发放宣传材料，现场解答供热问题等方式进行宣传、交流，让更多的人了解供热知识，了解安全生产。

（韩妍妍）

·太原市燃气管理中心·

【概述】 太原市燃气管理中心前身为太原市城市燃气管理办公室，于1994年9月经太原市人民政府批准成立，2011年7月经市编办批准更名为太原市燃气管理中心。燃气管理中心为全额拨款事业单位，隶属太原市城乡管理委员会，规格为副县级，领导职数为副县1名、正科2名。内设机构5个，分别为综合科、财务科、燃气管理一科、燃气管理二科和安全应急科，内设规格为副科级，中层领导职数副科5名。燃气管理中心现编制25人，实有24人。领导班子：尹爱军任主任，魏文生、程军任副主任。全市共有管道燃气经营企业9家：市区3家、阳曲县2家、清徐县2家、古交市2家；燃气管线总长4453.97千米：市区3498.97千米、阳曲县151.28千米、清徐县507.42千米、古交296.3千米；液化石油气充装站18座：市区13座、阳曲县2座、清徐县1座、古交市2座；在运营汽车加气站23座：市区20座、阳曲县2座、清徐县1座。市燃气燃烧器具销售单位共有49家、销售280个型号的产品。2015年，燃气管理中心按照市委市政府和城乡管委的各项决策部署，围绕年度工作目标，以燃气安全工作为主线，以提高燃气管理水平为重点，适应和引领行业发展新常态，改革创新，开展各项工作。（王艳平）

【液化气储配站排查治理情况】 市燃气管理中心下发《太原市液化气市场专项整治行动实施方案》，并召集全市液化气储配站、供应站负责人召开液化气市场专项整治行动动员大会，燃气中心成立检查组，在全市范围内开展为期3个月的液化气市场专项整治行动，此次专项整治行动共检查液化气储配站17家，瓶装液化气供应站55家，查处取缔无证经营液化气站点12家，发现隐患和问题共计74处，全部整改完毕。对市17家液化气储配站及所属供应站进行了安全生产大检查，主要对各家企业执行城镇燃气安全专项整治情况、安全生产制度健全完善情况、落实安全生产责任制情况、执行燃气安全技术规范、操作规程等情况进行检查。检查不打招呼、不发通知，采取突击检查的方式，进行现场查看、抽查资料、询问相关工作人员。检查中共发现安全生产隐患和问题62个，已整改62个，整改率100%。（王艳平）

【加气站排查治理情况】 2015年，太原市燃气管理中心对六城区所属汽车加气站进行检查。内容包括安全生产管理制度的建立和完善情况，燃气设施安全运行情况，安全隐患排查治理情况，燃气应急预案制定和演练情况，燃气安全宣传教育情况等方面。检查中共发现安全生产隐患和问题5类，涉及18座汽车加气站，下发《责令改正通知书》6份，收到整改回复5份。中心于5月向市汽车加气站企业下发太原市燃气管理中心《关于转发山西省住房和城乡建设厅开展汽车加气站专项整治活动的通知》，根据通知要求，共收到各加气站企业上报《汽车加气站统计汇总表》8份，《汽车加气站安全隐患排查整改情况汇总表》5份。通过此项专项整治活动，各加气站对发现的安全隐患问题制定整改措施，按照标准进行整改。中心对无燃气经营许可证，从事燃气经营活动的汽车加气站进行查处，下发《责令改正通知书》16份，涉及6个汽车加气站企业，要求各企业限期完善燃气经营许可手续。（王艳平）

【燃气资质排查】 2015年，太原市燃气管理中心全年共出动120人次，对市区内安装、维修资质企业进行检查，检查内容包括企业设施设备、管理制度、规范化的作业标准、应急演练、安装维修台账记录、24小时值班情况、拍照见证情况、人员培训和安全教育等方面。发现的问题主要是台账记录不全面、24小时值班记录不完整、应急演练不完善、个别企业制度标准不全面、拍照见证工作落实不到位等，要求各企业限期整改到位。中心组织城六区36家安装维修资质企业的法定代表人及技术负责人召开燃气燃烧器具安全警示会。强调取得资质证书后企业的责任及义务；结合几起燃气燃烧器具事故案例，进行宣讲相关法律依据和处罚依据；学习宣贯太原市《燃气燃烧器具管理办法》；做好安装、维修台账、值班记录、拍照见证工作，加强安装、维修人员的安全教育和业务培训工作。（王艳平）

【吸取“8.12天津港爆炸事故”教训】 2015年，太原市燃气管理中心从8月14日开始开展城镇燃气安全大检查，此次专项整治行动共检查管道燃气企业2家，液化气储配站14家，瓶装液化气供应站55家，汽车加气站19家。检查中，中心成立专家检查组，会同各城区燃气管理部门，对市液化气储配站和加气站进行专项检查，对重要设备及设施运行情况、安全制度执行情况、隐患排查治理情况、应急保障等内容进行重点督查，发现隐患和问题共计95处。针对此次检查中发现的问题，中心逐一向各城区、开发区燃气管理部门发函，督促各城区、开发区对所辖液化气储站和汽车加气站存在的问题立即组织整改，并将整改落实情况限期书面上报市燃气管理中心。检查中，中心督促天然气公司、科莱公司对全市中低压管线、阀门井、凝水缸、调压站等燃气设施进行全面大检查，重点对繁华地段、人员密集场所、道路改造管网、新启动调压站、区域管网等燃气设施进行拉网式大检查，特别是对市中心主要街道、铸铁管线、老化腐蚀严重地区的管网以及燃气管道周边井沟、窨井利用手推车、检漏仪逐条逐段、不留死角地进行“地毯式”检查和监测，并作好巡检记录，发现隐患，及时处理。（王艳平）

【燃气经营许可管理】 2015年，市燃气管理中心《太原市燃气经营许可管理办法》正式对外发布实施，此次出台的《办法》，将解决燃气经营许可领域存在的制度规范空白、审批权限集中、许可条件模糊、管理权责不清等问题。《办法》明确，燃气企业应当按规定向有审批权限的发证部门提出申请，依法取得燃气经营许可证后，方可在许可事项规定范围内经营。申领企业须确保燃气设施建设项目符合发展规划；有符合国家标准的燃气气源、燃气设施；有固定的经营场所；有完善的安全管理制度和健全的经营方案；企业主要负责人、安全生产管理人员以及运行、维护和抢修人员要经省

住建厅专业培训并考核合格;有与申请项目规模相匹配的资金保障等。《办法》对本市燃气经营的分类、分级审批设定、申请材料明细、申请受理审查批准程序、证件核发(换证、注销、撤销)规范等作明确规定。《办法》规定,按照谁发证、谁考核的原则,由发证部门根据发证权限,对管理区域内的燃气经营企业进行年度动态考核。燃气经营企业以欺骗、贿赂等不正当手段取得燃气经营许可的,应予撤销。

(王艳平)

【燃气宣传】 2015年,太原市燃气管理中心根据办法的规定,调整业务职能和科室人员的配置,将业务重点放在太原市市区内管道燃气及燃气燃烧器具的监管上,做好与城六区有关瓶装燃气、汽车加气站的衔接工作:将液化气储配站、供应站、加气站、管道液化气供应站摸底情况整理成册,送至各城区;中心组织专家,会同各城区燃气管理部门对液化气储配站、汽车加气站进行联合检查;中心在市城乡管委赵有仁副调研员的带领下,深入城六区开展调研,帮助各城区及时研究和解决行业管理中存在的困难和问题;组织市(含三县一市)燃气管理人员进行培训,全面提升全市燃气管理人员的业务素质和管理水平,适应和满足全市城镇燃气事业的发展需求。利用电视、广播、报纸等传统媒体,围绕燃气用户的责任和义务、燃气安全使用注意事项、燃气燃烧器具使用提示等进行广泛宣传;印制一万多份《太原市餐饮服务业使用瓶装液化石油气安全要求》的宣传海报,通过全市液化气储配站(点)下发到用户手中。 (王艳平)

【落实安全生产】 2015年,市燃气管理中心召开燃气安全管理工作暨安全目标责任书签订会,市燃气管理中心与省汽运天然气公司和市17家液化气储配站负责人签订《安全目标责任书》。燃气管理中心高度重视安全有奖举报和群众投诉事项处理工作,按照《太原市燃气管理中心应急值班工作制度》,成立6个应急值班小组,分别由三名中心领导带班,两名工作人员一组,配备应急值班手机,采取24小时值班制,在突发燃气险情时,第一时间到达现场,协调指挥处置险情,确保社会公共安全和群众利益。2015年共受理各类燃气投诉事项和安全有奖举报事项580起,全部按时办结和回复。中心从对申请列入市燃气燃烧器具及配件销售目录进行审查,并于9月30在太原日报和中心网站对符合相关要求的49家销售单位3大类(家用燃气灶、燃气热水器、燃气炊事器具)63个品牌280个型号的燃气燃烧器具进行公布。

(王艳平)

【遏制毁损燃气管线行为】 2015年,太原市燃气管理中心要求建设单位会同施工单位与燃气企业共同制定燃气管线安全保护方案,做好管线交底和技术交底工作,在施工作业中严格按照燃气管线安全保护方案采取保护措施。同时,督促燃气企业加强对施工地点及周边权属管线巡查和施工现场的监护工作,一旦发生事故立即启动响应程序,组织抢修,恢复供气。全年发生5起挖断燃气管线的事故,与去年17起相比,下降71%。

(王艳平)

【制定燃气管理行政执法手册】 市燃气管理中心在管委领导和燃气管理处的指导帮助下,本着有利工作、便于携带、随时查阅、精准掌握的目的,编印《太原市城镇燃气管理行政执法手册》。该《手册》共收集执法清单44项,涵盖燃气管理的经营许可、燃气供应与保障、燃气使用、燃气燃烧器具安装维修、燃气设施保护、燃气工程建设招投标、燃气工程验收等七个方面的内容,并对每一项执法条款的法律规定、处罚依据予以详列,意在使执法者知权、执法相对人知法、社会监督知情。将《太原市城镇燃气管理行政执法手册》下发到四县(市)和城六区燃气管理部门,相信这本《手册》对提高燃气管理的法制化和规范化水平将起到促进作用。

(王艳平)

【燃气行业岗位培训】 2015年,太原市燃气管理中心组织领取《职业技能岗位证书》的220人和领取《职业技能岗位证书》进行再教育的700多名从业人员参加培训。参训人员主要学习燃气法律法规、专业知识、技术规范、操作规程、安全运行与管理等内容。通过此次培训,提高全市燃气行业技术人员操作技能和燃气安全事故的预防和应急处理能力,在全市燃气行业营造出"重安全、严规范、比服务"的氛围。 (王艳平)

【燃气管线专项整治】 2015年,太原市燃气管理中心的主要职责是负责本市市区内管道燃气经营许可,负责依法行使市区内与管道燃气管理相关的行政处罚权。全市燃气经营许可管理工作的指导、监督。燃气燃烧器具安装、维修企业的资质证进行年度考核和审验;燃气器具气源适配性检测和销售备案工作;燃气器具市场实施监管。各类燃气事故和投诉应急抢险工作。根据市城乡管委《关于印发太原市建(构)筑物占压燃气管线专项整治工作方案的通知》(并城乡管发〔2015〕12号)的文件精神,中心积极配合各城区政府对建(构)筑物占压燃气管线进行专项整治。中心成立领导组,负责对此次专项整治工作进行统一组织、安排部署;同时明确职责,专人负责,对专项整治中出现的问题跟踪处理并上报,确保整治工作的进行。 (王艳平)

【燃气安全进校园】 2015年,太原市燃气管理中心协调市教育局、市天然气公司等相关单位组织开展"燃气安全进校园"活动,并制定详细的活动方案。要求燃气企业与各中小学紧密合作,通过孩子们喜闻乐见、通俗易懂的方式开展一系列的宣传和教育,同时按照"不漏场所、不漏部位、不漏隐患"的要求,开展校园燃气安全专项检查,全面排查隐患。活动从6月16日开始,深入56所学校,涉及27800名师生。中心把"燃气安全进校园"作为一项重点工作,让广大中小学生从小树立安全用气意识,了解安全用气常识，同时当好安全知识宣传员，将安全用气知识普及到每个家庭，让关注燃气安全成为每一个社会成员的自觉意识和行动，营造全民关注燃气安全的浓厚氛围。（王艳平）

【开展双拥创建工作】 2015年，太原市燃气管理中心按照市双拥办的要求，把握重点，突破难点，打造亮点，积极开展双拥先进单位的创建工作。成立了领导组，召开了专题会议，对照创建目标、标准和责任，细化分解，把责任落实到人，形成一级抓一级，层层抓落实，齐抓共管的工作局面，把双拥工作列入本单位重要议事日程和年度工作考核内容；组织干部职工与驻并某部解放军官兵一起参观了“弘扬两弹一星精神　共铸中国梦”大型主题展览。参观过程中，大家被“两弹一星”事业创造出的辉煌伟业和高昂的爱国主义精神打动；三是在“八·一”建军节来临之际，市燃气管理中心组织市天然气公司等燃气企业赴省军区第六干休所开展拥军优属活动。精心组织，全面动员，开展扎实有效的创建活动，有力地推进文明建设的协调发展，提升职工队伍的文明素质和单位的文明形象，促进了各项工作目标任务的完成。中心连续三年被市文明办评为“文明单位”。（王艳平）

【市政服务进社区】 2015年，太原市燃气管理中心组织市天然气公司赴省军区第六干休所开展服务进社区活动。活动现场，工作人员向干休所的居民发放《燃气器具选购和判废》《燃气用户的责任和义务》《燃气安全使用常识》等方面的宣传资料。围绕大家关心的燃气器具、安全用气等问题逐一进行了解答，同时提醒大家：燃气事故会造成破坏和伤亡，要提高安全用气意识，掌握正确使用燃气的方法，养成良好的用气习惯；不要擅自改动燃气设施；使用燃气器具的房间里要注意通风；燃气器具的接口材料和胶管易老化，要经常检查并更换。针对干休所部分用户家中存在用气安全隐患的问题，中心主任尹爱军亲自带领专业的技术人员深入用户家中，对198户居民家中的灶具、胶管、挂表、管道等进行了全面的安全检查，对存在问题的灶具免费进行了维修，并为13户居民更换了软管。中心认真协调处理，特别是露泽园小区业主多次向省、市有关部门反映的火灾事故遗留问题，中心多次前往小区倾听业主代表诉求，积极协调相关单位寻求问题解决办法，并配合管委向市财政申请了事故抢险经费，使该问题得到圆满解决。（王艳平）

【党组织建设】 2015年，太原市燃气管理中心对各科室重新进行划分，领导班子分工负责，指定专人从事党务工作，系统开展党支部工作，把党建工作与行政工作一起谋划、一起部署、一起执行，强化党支部政治功能和服务功能，把抓党建作为最大的政绩。健全党支部各项工作制度，按照支委会《党建工作手册》内容系统安排党建工作，重要工作由支委会研究，一项一项加以落实，努力建设符合“六有”目标的服务型党支部。中心贯彻落实党风廉政建设主体责任和监督责任。中心制定下发《中共太原市燃气管理中心支部关于落实党风廉政建设支部主体责任和纪检监督责任的实施意见》，制定《市燃气管理中心党支部落实党风廉政建设主体责任和监督责任清单》35项，指定责任领导，并签字背书，建立“一把手负总责，分管领导各负其责，班子成员齐抓共管”的领导机制。（王艳平）

·太原天然气有限公司·

【概述】 2015年，太原天然气有限公司在市委、市政府领导下，贯彻落实党的十八届三中、四中、五中全会和习近平总书记系列重要讲话精神，围绕“安全生产、稳定供气”的中心任务，以“客户至上，服务社会”为宗旨，以安全稳定生产为切入点，以高效优质服务为落脚点，为太原市百万用户提供燃气供应及燃气相关配套服务，推动改善省城环境质量，完成全年各项工作任务。（马　翔）

【稳定供气】 公司对全市干线管网压力实时监测，分析往年用气量情况，重点掌握天然气调配规律，结合实际用气需求，提前对天然气、煤气用量进行科学预测，协调上游气源单位，调整供气运行工况，保障气源充足、压力均衡、供应稳定。主动服务下游终端用户，调整优化保供气方案、应急供气预案，满足广大市民及各类用户的用气需求，保障重要节日和重大会议期间的供气安全。公司全年供气量7.3亿立方米。（马　翔）

【安全管理】 2015年，太原天然气有限公司贯彻落实国家、省、市关于安全生产工作的决策部署，围绕工作目标，强化红线意识，以落实党政同责为重点，抓住燃气输配、消防、雨季三防、冬季三防几个关键点，构建企业专管、单位协管、用户自管“三位一体”的客户用气安全管理体系。坚持问题导向，组织开展安全生产事故应急实战演练，深入开展安全生产大检查，加大入户安检维修力度。先后开展太原市建（构）筑物占压燃气管线专项整治、燃气安全隐患专项整治联合检查整改、汽车加气站专项整治、盲板抽堵作业专项整治检查等专项整治工作，并按照“四定六落实”的要求进行及时整改。全年共消除隐患4225处，消除违章压占12起，处置漏气抢修879次，保养阀门1379座，巡查调压站112763座次，完成穿地下室引入管改造594趟，清理破损地下引入管保温垛41处，除锈防腐维修保温破损架空管13269米，安全生产考核100%达标，实现全年安全零事故的目标。（马　翔）

【安全宣传】 2015年，太原天然气有限公司加强安全宣传教育，发挥舆论作用。以“珍爱生命、关注安全”为主题，开展易组织、好操作、能见效、形式多样的社会用气安全宣传教育活动，引导全社会“敬畏生命、敬畏责任、敬畏制度”，培养安全用气思想、指导客户安全用气、科学用气实践。先后开展“加强安全法治、保障安全生产”主题活动，“安全服务进基层、进社区、进校园、进军营”活动，“结对子、一帮一、一包一”入户安全服务活动，“大手拉小手、用气知识到校园”的社会宣传活动。其中，“大手拉小手、用气知识到校园”活动涉及10个学校，8000多名学生受到燃气安全教育，推进市政公用服务进社区活动覆盖全市6城区、43个街办事处、397个社区，发放燃气安全宣传资料6万余份。（马　翔）

【客户服务】 2015年，太原天然气有限公司以“客户至上，服务社会”为宗旨，规范供气服务，建立完善优质服务考评机制，主动贴近群众，服务群众。公司努力拓展缴费渠道，用户提供更为便利快捷的缴费方式，在入户抄收燃气费的基础上，累计开设便利店缴费网点1700处，开通建设银行网银支付、光大银行网银支付，微信公众号平台支付等线上缴费业务；完善燃气信息网、微信公众平台等信息交流平台，公司客服热线受理电话派单100564张，受理处置漏气、塌陷、管道维修各类派单2443件。上门维修件数2402件，政府派单的及时率、办结率、满意率均达100%，在政府平台热线办结率满意率排名名列前茅。（马　翔）

【基础建设】 2015年，太原天然气有限公司为加快清洁能源替代工作，提高燃气输配能力。公司加大燃气管网建设和改造力度。公司配合市政道路建设，先后对南内环、学府街、长风街等36条道路中低压燃气管线进行铺设。改造使用20年以上老旧管线38千米。西北环高压天然气工程、清徐—罗城煤层气输气管道工程、西环高压天然气工程、清徐华阳门站至西木庄高压燃气管道工程等取得重大进展。累计建成城市燃气管线3千余千米，公司燃气管线东至东山煤矿，西到西山杜儿坪煤矿，南到清徐，北达阳曲，基本形成覆盖太原市的高中低压三级燃气管网输配系统。（马　翔）

【重点工程】 2015年，太原天然气有限公司为改善城乡人居环境，实现省会城市的六大发展，提高城镇化质量和水平，公司按照市政府的统一安排，推进太原市城边村改造工程、燃煤锅炉改造工程、管道液化气改造工程等三大民生工程。2015年，城边村改造工程5城区，共8村811户完成整村送气。燃煤锅炉改造工程6城区，6台锅炉，送气6家单位。管道液化气改造工程涉及6城区，49家单位，其中，成功对接39家，26家单位18798户，具备改造条件，送气4208户。（马　翔）

【燃气调价】 2015年，太原天然气有限公司按国家省市物价文件精神，实行天然气采购价格价格存增量气并轨、理顺城市非居民用管道天然气销售价格、降低非居民用天然气价格，公司完善阶梯气价实施的管理方案，完成与用户调价的对接核算，维护燃气市场运行。（马　翔）

【科研应用】 公司致力于科学技术研发，工艺流程改良，对“湿式螺旋式低压气柜塔间水封自动调温、补水系统研发”“减少压缩机冷却水系统的补水量”“提高商用灶测试的准确率”“降低钢－铸管切接作业时间”等课题进行深入研究，项目取得突破性进展，并获得山西省优秀QC成果奖、煤炭行业优秀QC成果奖、技术进步奖等荣誉称号。公司引进新技术、推广新材料。在地下密闭空间应用实时在线监测系统，对调压站安装遥测遥控系统，利用GS系统加强管线监管、在太原市部分居民区应用无线远传燃气表、采用激光巡检车进行管线巡检工作、积极推广PE管、不锈钢波纹软管等新材料。公司对新技术、新材料的研发与应用，有效提高了工作效率，实现信息化管理，为管网的安全运行创造有利条件。（马　翔）

【人员培训】 2015年，太原天然气有限公司按照国家燃气行业相关规定，坚持内部培训与外部培训相结合，从安全生产的角度出发，根据岗位需求，强化职工岗位责任、规程规章、作业标准、“岗位红线”的意识。组织员工培训学习，完善员工专业技能，提高员工素质水平。对压力容器特种设备操作、特种设备电工操作、特种设备电工进网工作许可等工作持证上岗培训。对窗口服务、电话服务、入户抄收、入户安检等工作人员600人次，进行专业规范业务培训。（马　翔）

【党建工作】 2015年，公司坚持改进和加强党风廉政建设。以加强班子建设为基础，全年共组织党委中心组学习24次，开展学习讨论落实活动、“三严三实”专题教育、廉政警示教育等专题活动。以

2015年2月，公司积极开展燃气安全进社区活动，做好安全用气宣传工作

筑牢支部堡垒阵地为重点，共修订完善党建基础管理制度15部，量化监督内容，明确考核目标，落实责任主体，推进标准化党支部创建工作。以队伍建设为抓手，开展"明责任勇担当、学法纪知荣辱、守纪律讲规矩"主题活动，明晰公司各级党员领导干部的工作职责。组织公司799名党员，学习《中国共产党廉洁自律准则》《中国共产党纪律处分条例》。对公司124名中层领导干部进行年度民主测评及廉洁自律考核，好评率达97.58%以上。

（马　翔）

【精神文明】 2015年，太原天然气有限公司加强企业文化建设，根据"一站一特色，一所一品味"的企业文化建设思路，组织制定并实施公司2015年企业文化安排意见，公司先后举办第二十六届龙舟赛、"三八"节拔河比赛、健步登山比赛、游泳赛、"安全在我心中"演讲比赛、职工技能比武等活动，开辟公司摄影园地，强化典型人物典型事迹的宣贯力度，以弘扬企业"四创"精神为内容，加强干部职工爱国主义、集体主义、社会主义和社会公德、职业道德、家庭美德、个人品德教育，开展推荐评议身边好人好事、选树先进典型等活动，鼓励人人爱岗敬业，形成知荣辱、作奉献、促和谐的良好风尚，使职工在工作之余共享企业发展成果。

（马　翔）

【扶贫助困】 公司心系职工，情系帮扶，致力于帮扶机制常态化建设，抓好送温暖工程。建立完善困难职工生活情况摸底及就业情况档案登记，实现管理全覆盖。做好职工大病医疗互助工作，为患病职工减轻经济负担。全年公司为2196名职工办理大病医疗互助相关手续、30人次的患病职工办理医疗费报销、114名困难职工进行救济。（马　翔）

【企业荣誉】 2015年，公司全国燃气行业班组安全竞赛安全班组、进入太原市强势企业排序50强、太原市服务业50强、获得太原市诚信企业、特许经营优秀单位、市安全生产优秀单位、市政公用服务进社区优秀单位、市数字化城市管理工作优秀单位等荣誉称号。（马　翔）

·城市照明管理·

【概述】 2015年，太原市城市照明管理处作为市城乡管委推进效能型政府建设的一个重要窗口，将深化改革和为民服务作为立处之基，贴近百姓生活，通过《重大民生项目工程》及"市政公用服务进社区"等多项活动，全年共计安装或组织改造路灯933盏，敷设及架设电缆1.7万余米，组立灯杆500基。从建设一流省会城市发展的大局出发，践行"三严三实"，转变工作态度，提升为民服务的工作力度，提升管理水平，升级城市品位，完成服务百姓的目标任务。（办公室）

【推进市政公用服务】 2015年，太原市城市照明管理处根据市政府办公厅下达《太原市2015年重大民生项目计划》的通知要求，按照绿色、环保、节能理念，完成市8条小区自建道路照明和7条照明设施安全隐患道路的改造任务。共计安装路灯874盏，组立灯杆492基，敷设电缆1.5万余米。另完成东后小河一条、二条两条无灯街巷的改造任务，安装照明设施4盏、组立灯杆4基、敷设电缆200米。通过管委各小组收集、照明服务分队走访、网民留言等多种方式收集反映并回复处理各类照明问题70件，安装或维修路灯55盏，架设电缆2400余米，组立水泥灯杆4基。集中力量对龙城大街(滨河东路—太榆路)全线600余盏路灯的光源电器全部进行更换及维护。全年共处理数字平台派单、群众反映及巡视发现的各类故障4230起。其中数字化城管来电4029起，群众来电201起。交办问题处理率100%、服务对象满意率100%，收到锦旗4面，感谢信2封。

（办公室）

【提升精细化水平】 2015年，太原市城市照明管理处建立主动维护动态数据库。根据处实际运行情况，出台《采集日常维护信息》通知，全年共摸排采集街道信息768条，照明设施9.4万余盏，配变电设施635台。推进精细化改革发展力度，完善各类管理体系，将《精细化管理手册》重新整理、编排、完善，系统性地将其分为5大类，150余项制度，聚焦如何提升效率，挖掘自身潜能。全年采集整理768条街道的9.4万余盏照明设施及635台配变电设施的相关数据；主动排查维护涉及街道768条，检修路灯故障5万余处。着灯率98.59%、设施完好率98.63%，处理率保持100%，均超部颁标准。通过主动排查，发现问题，全年共对迎泽大街、滨河东西路、长风西街等768条街道的照明设施进行主动性维护，发现并解决路灯故障5万余处，社会投诉量环比去年同期下降14%。每天对滨河东西路的景观照明情况进行巡视检查督导，对灯饰有缺损或未按规定时间开启景观灯饰的楼体，督促其第一时间进行整改，全年共计督促整改28次。定期将灯饰运行结果以《景观照明监管专报》形式向城乡管委报送，全年共计报送12份，全年景观照明完好率达90%以上。对城市花园、太原市青年宫等景观设施有缺损的单位送发《景观设施检修整改通知书》22份，并发送《景观照明设施安全自查整改通知书》26份，确保景观照明安全正常运行。积极推进绿色图审，组织照明处技术骨干及专家对胜利东街东延、亲贤街西段、南内环街快速化等27条道路照明工程的工程图纸进行会审。通过优化维护软件、缩短维护周期、主动调整开闭灯时间等措施，进一步提升GPRS照明监控系统及时率和准确性，保持处辖设施监控覆盖率100%。全年共处理监控故障143起，更换维修监控模块379件；根据天气状况，调整开闭灯时间36次。（办公室）

·排水管理·

【概述】 2015年，太原市排水管理处贯彻落实十八大及三中、四中全会精神，以

建设生态文明、实现蓝天碧水为奋斗目标，围绕市城乡管委年初工作部署，重点抓好城镇污水处理设施建设运行、污水处理行业市场化改革、地区污水处理资源整合、再生水利用等工作，使污水处理设施能力、设施运营管理水平及再生水利用水平不断提升，太原市城区污水处理能力达到69万立方米/日，污水处理率达到90.35%，较上年提高0.3个百分点；再生水利用率达到21.02%，较上年提高3个百分点，两项指标均超额完成“十二五”目标。全年污水处理量2.3亿立方米，较上年增加22.2%；COD和氨氮消减量分别为9.4万吨、0.7万吨，较上年分别增加32.9%和19.3%。污水处理投融资建设管理模式进一步成熟，完成“十二五”各项任务。　（黎俊伟）

【完善制度体系】　2015年，太原市排水管理处组织编制《太原市城市再生水利用专项规划》，明确近远期再生水利用设施建设计划，制定推进措施，并经市政府批准实施。同时，在充分调研和科学论证的基础上，会同太原理工大学共同制定太原市再生水利用系列标准，并经省质监局审核后发布实施。报请市政府出台再生水政府指导价，确定再生水临时价格为每立方米不超过2元。政策、标准等制度体系的建立，为科学指导再生水利用设施建设，运用市场机制和价格杠杆推广再生水使用奠定基础。　（黎俊伟）

【创新监管机制】　2015年，根据处职能，在做好日常监管工作的基础上，创新行业管理机制，组织开展“互比互学、互评互促”活动。处机关成立领导组，制订考核标准和评比办法，对各污水处理厂进行实地检查考核，并根据检查情况进行打分排名。检查工作结束后，组织召开经验交流会，领导组对各厂运行管理情况进行点评，各厂负责人介绍各自好的经验做法，并对其他污水处理厂管理情况进行点评。各污水处理厂查摆不足，交流管理心得，促进全市污水处理设施运营管理水平的提升。　（黎俊伟）

【晋阳污水处理厂建成通水】　2015年，太原市排水管理处根据太原市城市“南移西进，北展东扩”战略布局以及河西地区转型发展要求，按照市委市政府加快建设生态文明的精神和《太原市排水专项规划》，组织实施晋阳污水处理厂一期工程建设。该工程被列为省、市重点工程建设项目，于4月开工建设，12月23日建成通水，并作为PPP项目被国家财政部列入第二批PPP示范项目。该厂位于晋源区姚村东南，307国道以东，规划滨河西路以西，总占地面积410亩，服务范围覆盖太原市汾河以西区域。工程设计规模48万立方米/日，一期建设规模32万立方米/日，总投资15.7亿元，采用双层加盖的全地下式结构设计。地上部分除办公楼外，全部为花园生态型设计，能与周边环境融为一体，具有占地小、噪音及环境污染小、美观性强等优点。处理工艺分别为“改良A/A/O”工艺和“MBR”工艺。其中，改良AAO工艺处理规模为20万立方米/日，设计出水水质为《城镇污水处理厂污染物排放标准》（GB18918-2002）中的一级A标准；MBR工艺处理规模为12万立方米/日，设计出水水质高于一级A标准。该厂建成后，作为河西地区唯一一座污水处理厂，为河西地区实现污水全收集、全处理提供保障。　（黎俊伟）

【北郊污水处理厂实现市场化运营】　按照市政府对《关于以TOT模式对北郊污水处理厂进行投资运营的请示》的批示，组织起草《北郊污水处理厂TOT项目实施方案》《北郊污水处理厂TOT项目招标文件》，并于9月30日经市城乡管委审核通过。经过公开招标程序，于11月25日确定北控水务（中国）投资有限公司为中标人。在市政府授权下，市城乡管委将与中标公司签订《北郊污水处理厂TOT项目特许经营协议》，与中标公司签订《北郊污水处理厂TOT项目资产转让协议》。　（黎俊伟）

【《太原市再生水利用开发协议》签订】　2015年，市城乡管委代表市政府和北控水务集团签订《太原市再生水利用开发协议》。协议对政府与企业的权利、义务以及对经营范围、经营期限、服务标准进行了约定。协议签订后，项目公司将根据政府授权，在经营期内对污水处理厂处理达标的再生水进行开发、投资、建设、运营、维护及管理。此举将使再生水利用步入市场化运营阶段，对建设节水型城市，缓解水资源紧缺压力具有历史意义。（黎俊伟）

【太化水厂纳入城市管理体系】　2015年，太原市长风清源水业有限公司召开第一届董事会第二次会议。历经两年时间，太化集团有限公司水厂划转太原市城市管理体系工作完成。

太化集团有限公司水厂位于太原市西南城乡结合部，主要服务于太化集团各生产企业，同时还负责化工地区排水及防汛的组织和管理。2012年，根据省、市政府对西山地区综合整治的总体安排，太化集团所属企业关停并整体搬迁，经市政府研究，决定将太化集团水厂划转城市管理体系。经过划转范围确定、基准日确定、资产评估、上报审批、签订协议等一系列严格的程序，太原市城乡管委和太化集团有限公司共同签署了《划转协议》，划转资产评估价值共计1.26亿元人民币，划转人员449人，其中党员137人。划转后，太原市城乡管委授权太原市排水管理处注册国有独资太原市长风清源水业有限公司，并履行出资人职责。双方举行划转交接仪式，依法注册的太原市长风清源水业有限公司同时正式挂牌运行。经过各方的共同努力，涉及划转的土地、资产、人员在较短的时间内相继到位，干部职工人事档案规范、职工劳动关系变更、职工社保关系转移等工作全面完成，人事安置工作的有序开展，为企业后续的良性运行奠定坚实的基础。经过市城乡管委党委会议批准，成立太原市长风清源水业有限公司党委、纪委。太原长风清源水业有限公司依据《公司法》及其他有关法律、法规，成立了董事会及监事会，并按程序逐步完善了太原市长风清源水业有限公司行政、党委管理机构及内部机构设置，完善各项管理制度和岗位职责，各项工作步入正轨，有序开展。太化集团水厂划转城市管理体系的成功运作，对于整合污水处理行业资源、促进污水处理规范管理，推进排水事业可持续发展，具有十分重要的现实意义。（黎俊伟）

【国家环保部视察晋阳污水处理厂】 2015年10月13日，国家环保部一行人员深入晋阳污水处理厂项目建设工地，就工程建设情况进行检查。检查组一行首先听取该项目概况及最新进展情况汇报，随后对工程建设情况进行实地察看。检查组指出，晋阳污水处理厂建设项目是国家环保部“十二五”重点减排项目，意义十分重大。剩余工程量大，任务重，各参建单位必须高度重视，科学制定施工方案，在保证工程质量、安全的前提下，继续采取措施推进项目建设。

（黎俊伟）

·市政池渠设施管理·

【概述】 2015年，太原市市政池渠设施管理处广大干部职工贯彻党的十八大及十八届三中、四中、五中全会精神，紧紧围绕市政池渠设施管理的中心任务，以防汛工作和“城乡清洁工程”提档升级为着力点，坚持“高效审批、精细管理、文明执法、热情服务”的原则，狠抓工程建设、设施管养、防汛及党风廉政建设等重点工作，全力提升防洪设施管养工作水平，市政池渠处围绕设施管理及环境综合整治的目标，以精细化管理为抓手，认真落实各级人员管理责任制，强化以管为主，管养结合的职能定位，推进科学管理、提升服务理念，确保了市政池渠设施运行良好。（办公室）

【池渠设施精细化管理】 2015年，市政池渠处以“精确、细致、深入、规范”为原则，落实各级人员责任制，层层落实责任，签订设施管理责任状，将设施管理及保洁工作落实到具体责任人，强化巡管人员的专业素养，充分调动一线职工的工作积极性。同时加强设施管理制度建设，组织对市政池渠处现行的设施管理制度制度进行修订，并及时做好设施硬件维护工作，有效提升设施管理精细化水平。市政池渠处所辖设施完好率达96.79%、巡视及时率100%、共接到数字城管二级平台案件81件，处理率及交办问题处理率均达100%。（办公室）

【池渠设施养护工作】 精心安排、科学组织，制定年度设施维护目标，将设施养护与“城乡清洁工程”有机结合起来，先后组织完成了许坦排洪渠清淤工程、黑驼沟西峰村段清淤养护工程、五、六号缓洪池清淤养护工程等7项清淤养护工程，共计完成清淤量3041.86立方米，平整护坡、杂草33041.9平方米，清运垃圾2752.4立方米，修建抢险道路150平方米，完成片石勾缝600平方米，加固铁皮围挡及修补铁艺栏杆25米。为环境建设和安全度汛奠定基础。（办公室）

【市政池渠设施维护专项工程】 按照市政府以及市城乡管委的安排部署，组织实施城南地区池渠防洪设施维护工程，该工程包括北张缓洪池治理工程、许坦排洪渠长治路及下游段堤防加固疏浚工程两项任务。工程总投资900万元。其中，北张缓洪池治理工程主要是对该缓洪池进行升级改造治理。许坦排洪渠长治路及下游堤防加固疏浚工程完成长治路地铁二号线方涵以北段地铁二号线至太茅路段土明渠清淤工程。（办公室）

【防汛工作】 随着主汛期的到来，市政池渠处的防汛工作也随之进入警备状态，为确保防洪设施在汛期能正常运行，安全度汛，该处积极动手，强化领导，落实责任，细化措施，在应对汛期方面做了大量工作，确保防汛抢险工作招之即来，来则能战。制定完善了防汛工作安排、防汛应急预案、巡视管理制度、雨情上报制度、24小时值班制度及雨夜到岗制度等。建立防汛体系，成立了防汛抢险大队，召开防汛专题会议，签订防汛责任书，强化责任，突出重点，充分做好备战工作。（办公室）

【加大防汛清淤养护力度】 申请和筹集资金，安排落实对所辖防洪设施的清淤保洁工作，并督促相关责任单位对其所覆盖渠段进行清淤治理，做好清淤监管工作，提高设施御洪能力。市政池渠处积极采取应对措施，全力配合好市重点工程的顺利进行。针对性制定处切实可行的防汛应急工作方案，做好安排、务求实效，确保所辖设施安全度汛。

做到下雨全部到岗待命，各防汛重点地段配备专人监管并及时反馈雨情、水情，发现险情，及时处理上报。坚持雨后碰头会制度，及时通报总结防汛经验，对雨中存在的问题及时拿出方案，确保问题不拖延，在最短时间内得到解决。

（办公室）

【防汛物资及车辆】 配备发电机、水泵、管道、草袋等防汛物资及平车、铁耙、雨具、手电等工具，保证防汛需要。市政池渠处全体抢险队员做到了“雨情就是命令”，汛期雨情到岗228人次，到岗率达100%。在几场较大降水中，所有处辖防洪设施全部经受住了考验，未发生险情，确保了防洪设施的正常运行。

（办公室）

【黑驼沟养护治理】 为保障火车南站周边排水畅通、安全度汛，充分发挥该区域防洪设施功效，根据2015年防洪设施养护计划安排，市政池渠处于5月中旬对黑驼沟西峰村段进行养护治理。此次养护治理工作主要包括：对该渠段及上下游进行清淤、疏浚；清理渠内及堤边杂草、垃圾；平整、修复护坡。共计完成清淤160立方米，平整护坡约320平方米，清运垃圾、杂草148立方米。其次，组织实

施的城南地区池渠防洪设施维护工程是2015年城乡管委重点工程之一。该工程包括北张缓洪池治理工程、许坦排洪渠长治路及下游段堤防加固疏浚工程两项任务，工程总投资900万元。（办公室）

·市政公用行业运营·

【市政设施管养】 对解放路、长风街等46条街道进行大面积养护，面积15.9万平方米；对旱西关南四条、迎泽南街等5082处，7.11万平方米道路进行小修保养；破损便道修复及掘路修复6.71万平方米；沥青灌缝10.4万米。疏通管道107.03万米，掏挖检查井、进水井14.94万座，更换检查井盖井箅286套，升降井1783座；改造道路排水管网2855米。对各大型管涵、泵站及明渠进行清淤，清理淤泥1.42万立方米。安装检查井防坠网6247个，复合井具148套。

对祥云桥、北中环桥等170座桥梁及地下通道进行维修养护。发现桥梁病害312项，巡视发现率97.4%，及时处理率、排查率、监控率均达100%；签订桥梁保护协议2份；有效处置桥区各类违章行为18项（次）。常规性检测桥梁153座；结构性检测3座；对新兰路汾河漫水桥、恒山路西山跨线桥2座隐患桥梁跟踪观测44次。（办公室）

【城市照明】 2015年，共摸排采集街道信息738条，照明设施9.87万盏，配变电设施635台；对迎泽大街、滨河东西路等830条街道的照明设施进行了主动性维护，发现并解决路灯故障5.3万余处；处理群众反映等各类故障4041起，社会投诉量环比去年同期下降14%。加强安全隐患排查，2015年共计排查处理各类照明安全隐患141起，全部及时整改，整改率100%。对水西关街、东辑虎营等7条街存在安全隐患的照明设施实施改造，为帽儿巷、兴华东社区中路等8条无灯街巷安装路灯。加强景观照明管理，对重要节点进行重点督导，提升品质，2015年景观照明完好率达90%以上。太原市着灯率98.59%、设施完好率98.63%，及时处理率保持100%。（办公室）

【城市防汛】 一是做好排水管网及排水防涝设施维护。在年初对太原市范围内排水管涵、缓洪池、雨污水泵站等排水设施全面摸底的基础上，完成清掏检查井2万余座、清掏进水井3.03万座、疏通排水管道38.26万米、清理桥梁伸缩缝6255.76米、疏通泄水孔2405处，排水设施的淤积堵塞情况基本得到解决。同时加大排水设施的管理养护力度，实行周期性养护，消除多条小街巷多年排水不畅的难题，确保排水设施畅通。二是开展易积水点工程治理。对恒山路、大同路等20处易积水路段采取工程措施，进行管道改造，提高管网排水能力；在防汛重点监控路段实行汛期专人包点、专人值守，配备移动泵车、拖泵等抽排积水，保证低洼地带的安全。三是做好防汛准备工作。制定防汛工作预案，对所辖设施和责任人划片定责，责任到人，防汛物资和机械全部落实到位，从6月1日起进入战备状态，同时加强重点工程防汛工作，确保2015年防汛任务的圆满完成。（办公室）

【污水收集处理】 2015年，推进太化水厂接收工作和晋阳污水处理厂PPP模式，提升污水处理运营管理水平。加快再生水利用设施建设，完成北郊污水处理厂再生水回供二电厂、城南污水处理厂再生水回供嘉节热源厂、学府街再生水管线等工程建设，提高再生水综合利用。太原市区污水处理量63.51万吨/日，处理率为90.35%，再生水利用量13.36万吨/日，利用率21.04%。（办公室）

【公用事业管理】 稳定供热。组织各供热企业投资1.37亿元对4个热源厂、1128座热力站、930千米一次网及相关设备进行维护、检修和改造；督促各城区政府组织区域供热企业做好锅炉管网设施检修、燃煤储备、资金保障等工作；申请市供热补贴2.5亿元，缓解供热企业和热电联产企业供热运营压力；完善入户测温制度，设置4450个入室测温点，实现远程遥控测温，实时掌握居民室温，科学合理供热；开通24小时服务热线，受理解决供热问题；推广无人值守热力站建设，太原市实施无人值守热力站355座，实现精细化管理。（办公室）

【优质供水】 太原供水集团公司供水总量完成2.19亿立方米，日均供水60万立方米；销水量2.01亿立方米；水质综合合格率、管网压力合格率、供水设备完好率、管道修漏及时率均为100%。黄河供水公司供水量完成供水0.91亿立方米，平均日供水24.83万立方米，出厂水水质综合合格率达100%；各类净水、供水设施设备检修合格率达100%。

（办公室）

【安全供气】 天然气供气量6.1亿立方米，煤气供气量2.2亿立方米，全市燃气普及率达98.55%，市区管道燃气用户105.1万户，其中天然气用户102.4万户，煤气用户2.7万户。强化燃气安全隐患排查治理，在太原市开展液化气市场专项整治、燃气汽车加气站专项整治、城中村”瓶装液化气市场专项整治，及时排除隐患，确保安全运行。推进管道液化气置换天然气工程，已有40个小区办理改造手续，具备改造条件的25个小区中，14个已竣工送气，其余11个正在加快施工；加大燃气安全宣传工作力度，开展燃气入户安全服务活动，入户服务73.74万户，张贴温馨提示卡71.06万张。

（办公室）

【安全生产监管】 坚持“党政同责、一岗双责、齐抓共管”，开展城镇燃气、城市防汛、道路塌陷和有限空间作业等专项整治活动，2015年共检查场所9340个（处），派出检查组964个，检查7165余人次，发现隐患2179个，已全部整改，整改率100%，安全生产形势总体平稳。完善各类应急预案，组织汛期市政设施应急、有限空间作业等抢险实战演练14

次。加强应急联动机制建设,发现并处置挖断燃气管线、道路坍塌、供热供水管道破裂等突发事件10余起。 (办公室)

【节能减排】 通过国家住建部对太原市节水型城市的复查。开展节水型企业(单位校园小区)创建工作,节水型企业、单位覆盖率达36.34%,小区覆盖率达6.3%。组织城市节水宣传周活动,发放宣传品约5000余份;完成太重污水深度处理再生利用改造项目,回用量达1000立方米/日;推动高新区区域再生水利用设施工程落实,累计建成20余个再生水项目,设计处理量达8690多立方米/日。以道路改造为契机,开展中水工程建设,共铺设中水管道3080.65米。继续实施城市照明工程绿色图审,严格节能环保标准;加强照明节能监理,城市低效照明产品淘汰率达100%,城市大型公建、景观照明使用大功率灯具禁止率达100%。推进供热计量改革及收费工作,安装供热计量及温控装置面积913.59万平方米,累计完成3820.46万平方米,占集中供热面积的34.3%。完成供热计量收费面积297.67万平方米,累计完成2891.23万平方米。开展既有建筑节能改造工作,完成改造任务408万平方米。9月22日集中开展“2015年中国城市无车日活动”,倡导市民绿色出行方式。 (办公室)

【建筑工地管理】 开展绿色文明工地创建活动,推动绿色文明工地创建达标升级。一是强化制度。实行《开复工申请制度》。商业开发类工地,要求手续完备,达到绿色文明工地施工标准方可施工作业;重点工程、保障性住房等其他手续不全类工地,要求必须有安监站介入,达到绿色文明工地施工标准,在做好扬尘污染管控的情况下方可施工作业。二是完善监管。实行网格化管理模式,按照大队领导包区,中队长包片,队员包工地、街道的原则,将太原市200余处建筑工地和50余条主要街道分解到具体责任人,形成一级抓一级、一级带一级、层层抓落实的工作机制和责任追究机制;执行《城管行政执法巡查报表制度》,明确巡查时间、巡查路线、发现的问题以及处理结果等,共填写《巡查周报表》48本,《巡查日报表》500余本。三是加强考核。出台《2015年度精细化考核方案》,力求以考核带工作、以评比促管理。每月开展“十佳十优”工地评比活动,将“十佳”工地和“十优”工地名单刊登在《太原日报》,对“最差”工地予以通报批评,责令其限期整改。太原市国有土地上开工在建237处,达到绿色文明工地标准237处,达标率100%。 (办公室)

【扬尘污染治理】 坚持网格化管理,将太原市200余处建筑工地和50余条主要街道分解责任到人;执行《太原市建筑工地扬尘防治提标管理实施方案》,国有土地在建工地,已修建U型车辆清洗机181处,安装喷雾喷淋设施188处,防控扬尘污染;对太原市土方作业工地进行全面排查督导,要求施工过程随时苫盖、48小时内不使用的土方固化篷盖、出土回填作业全过程洒水喷淋,共停工120处土方作业不达标工地;召开“集体土地工地扬尘治理提标推广会”,促进集体土地工地管理提标升级;停工处罚不达标工地,共检查督导建筑工地568处次、市政工程70处次,对扬尘工地责令整改183处次,责令停工38处次,立案13起,处罚26万元。 (办公室)

【露天烧烤整治】 牵头制定《太原市露天烧烤专项整治工作方案》,明确城六区政府、四开发区管委会为整治露天烧烤责任主体,城管、环保、工商、食药监为监管部门。经过连续集中整治,累计整治取缔露天烧烤摊点3700余处,扣押烧烤炉具1000余个,手推车200余辆,其他物品3500余件,60余户安装环保油烟设备;每周组织环保、食药、工商等部门进行督查,发现问题及时督办,共下发督办函503份,露天烧烤现象得到有效遏制。 (办公室)

【占道经营整治】 制定《太原市占道经营专项整治工作方案》,对城市主干道、重点区域周边严重影响市容环境和交通秩序,群众投诉集中的摊点摊群予以取缔,太原市共105条街道列入重点整治范畴。按照“属地管理、责权一致”原则,组织相关部门共取缔各类摊点、摊群9000余个(次);加大对背街小巷各类游商小贩管控力度,根据“设置一批、搬迁一批、取缔一批”的工作思路,共取缔马路市场11个、搬迁市场4个、设置临时便民市场32个;建立限期整改、定期督办制度,下发督办函236余份,并制作占道经营整治纪录片进行宣传报道,重点路段、重点部位市容乱象得到有效遏制。 (办公室)

【行政执法和案件审理】 坚持处罚与教育相结合,严格行政执法行为,规范案件审理程序,依法依规加强案件执行,提高文明执法的质量和效果。对城六区执法分局、开发(园)区、委属执法单位等进行了执法委托;重新修订《案件审理委员会工作规则》,堵塞工作漏洞。共接收一般程序案件666件,审理并作出处罚决定785件(含2015年以前案件283件);自主执行案件667件,共执行处罚金额2245.47万元。 (办公室)

【市政公用服务】 引深市政公用服务进社区活动,创新管理模式,提升管理服务水平,推进活动服务区域、内容、时间“三个全覆盖”,形成“职能部门统一部署,党政领导齐抓共管、基层单位各负其责”三级联动的工作格局,形成多方位、多功能的服务网络。2015年共帮助社区群众解决问题2809件,投入人力7162人次,机械1154台次,资金535.88万元。 (办公室)

【数字化城市管理】 一是围绕“热线全部接通、信息及时采集、任务准确派遣、问题有效解决”四个环节,创新完善工作模式,提升工作水平,实现12319热线系统和数字城管系统的一体化运行,加快问题处置效率,共受理各类城乡管理案

件 217.27 万件，立案派遣 72.69 万件，结案 132.39 万件，总体办结率为 94.49%。其中信息采集员主动发现上报各类城管问题 153.37 万件（自行处置 67.42 万件），接听 12345、12319 两部公众举报电话 63.71 万个，通过微信平台、媒体舆情、门户网站、政务微博等新媒体渠道收集市民问题 5200 条。二是完成信息采集公司政府采购招标，开展信息采集业务培训，提升信息采集队伍整体素质，提高主动发现问题的能力。三是根据城市管理事部件责任主体，协调市公安局、市消防支队等 10 个单位增设数字城管二级平台，拓展数字城管信息传递渠道，扩大城市管理工作覆盖面，推动城市管理的精细化。（办公室）

【行政审批】 坚持“简政放权、放管结合、优化服务”，取消审批事项 4 项，下放审批事项 2 项；深化“两集中”“两到位”行政审批制度改革，将行政审批及供水、供气、供热等公共服务、便民服务事项全部纳入政务服务中心，方便群众办事、减少办事环节，共受理审批事项 313 件，水热气服务事项 173 件，办结率、及时率达 100%。（办公室）

【信访维稳】 共受理信访案件 164 件，接待来访群众 2461 人次；办理人大建议 18 件，政协提案 27 件，《社情民意》142 件、《网民留言》264 件、《互联网信息》172 件，做到件件有回音、事事有结果。（办公室）

【制度建设】 梳理权力清单事项共计 237 项（行政许可类 6 项、行政处罚类 133 项、行政强制类 1 项、其他行政权力类 97 项），其中共划转其他市直部门 17 项，删除、下放 11 项。通过新闻媒体、门户网站，对行政审批项目名称、审批依据、审批条件、申报材料、承诺时限、办理程序、收费依据和标准、办理结构、举报电话等内容实行“十公开”，主动接受群众监督，群众投诉率为零。结合管委工作实际，推进立法和修法工作，制定出台《太原市城市桥梁管理条例》《太原市燃气经营管理办法》《太原市燃气燃烧器具管理办法》，《太原市城市地下管网条例》通过市人大常委会审议，《太原市供水节水条例》正在修订。加强法治教育，通过举办培训班、法律专题讲座等多种形式，学习贯彻国家、省市相关法律法规和政府规章，增强各级领导干部的法律意识，提高依法行政的能力和水平。（办公室）

【组织建设】 制定《2015—2018 党员教育培训工作落实意见》《2015 党员教育培训工作计划》和《2015 年度“领头雁”培训实施方案》，通过中心组、机关干部理论学习、干部在线学习、阅读党报党刊等途径，学习十八届三中、四中全会、中纪委五次全会及省、市委十届六次全会精神，学习全省、全市领导干部大会以来省、市委的重要决策部署，学习习近平总书记系列重要讲话精神、王儒林书记对太原的重要指示精神和吴政隆书记到太原工作以来的重要讲话和指示精神，引领党员干部学讲话、学作风，在真学真懂、真信真用上下功夫，做到内化于心、外化于行。领导班子和其他基层党组织认真开展中心组集中学习 18 次、机关干部理论学习 10 次，举办基层党组织书记专门培训 1 次、纪检干部专题培训 1 次，党风廉政建设主题集中培训 1 次，组织党员干部收看廉政教育片 8 次，赴廉政教育基地参观学习 3 次，共 1047 人参加干部在线学习。（办公室）

【专题教育和整治】 落实中央八项规定和“三严三实”要求，对各级领导班子“两方案一计划”及领导班子、领导干部“四风”整改落实情况和 21 项专项整治情况进行“回头看”；管委系统 102 名领导干部、144 个基层党组织，共计 3104 名党员参加了学习讨论落实活动，对 13 项专项整治内容，进行细化分解，明确责任领导、责任部门和整改时限；开展“三个一批”试点工作，出台《按照“三个一批要求”选拔任用和调整使用党政领导干部的程序规定》，立足“六查”，将民主、差额、署名、留痕、监督、追责等，细化到干部选拔任用和调整使用的各个环节；5 月，在县处级以上领导干部和委管国有企业领导干部中开展“三严三实”专题教育，委党委 13 名成员和委直 10 名党委书记按要求讲党课，委党委委直单位相关党组织开展 19 次“三严三实”相关学习。按照《党政领导干部选拔任用工作条例》规定的标准、资格、条件、程序、办法、纪律选拔作用干部，发挥各级党组织在选人用人中的领导和把关作用，共调整机关干部 14 名，调整直属事业单位干部 2 名，对市行政执法总队 8 名执法大队秘书科长进行轮岗调整。（办公室）

【党风廉政建设】 全面落实“两个责任”，制定《党委落实党风廉政建设主体责任清单》和《纪委落实党风廉政建设监督责任清单》，明确党委领导班子、主要负责人、班子其他成员党风廉政建设相关主体责任 53 项和委纪委相关监督责任 14 项；就“两个责任”落实情况，与 56 名班子成员、处室负责人和委管干部进行约谈；制定《关于建立健全党风廉政建设责任制及责任追究制度的意见》，对党风廉政建设相关责任按照领导分工进行分解，明确工作责任，强化责任追究。共受理核结信访件 48 件（市纪委转办 39 件、委纪委受理 8 件、其他 1 件），诫勉谈话 1 人，对 2 家单位提出整改建议。（办公室）

【精神文明建设】 以文明和谐创建为重点，发挥工会、统战等群团作用，组织参加学雷锋文明交通志愿服务、“关爱未成年人、关爱孤寡老人”“我们的节日”等系列活动。筹集帮困资金，对 185 名困难职工进行救济，为 2423 名职工办理大病医疗互助。组织委机关全体职工为“慈善一日捐”活动捐款 4650 元。举办道德讲堂 130 余场，选树“省城十大诚信模范”王润梅等一批先进模范人物，塑造良好行业形象。（办公室）

·市政公用设施建设中心·

【工程建设】 2015年,太原市市政公用设施建设中心承担重点工程项目建设15项,其中道桥项目10项,完成7项,防洪排水项目5项,完成3项。工程计划投资20.2亿元,完成投资12.03亿元。

道桥项目10项,分别为学府街道路改造工程(含体育西路)、寇庄西路道路改造工程、长风北街道路改造工程、长风南街道路改造工程、亲贤北街道路改造工程(含官道巷)、太原南站路网工程太榆改线工程、中心街建设工程、太行路南延建设工程、南中环快速化改造工程人行天桥、太行立交南段。

防洪排水项目5项,分别为黑水河流域治理工程,郑村沟、一号渠及建设路南段区域排水工程,中心街雨水泵站工程,龙城1、2号雨污水泵站工程,南中环河西泵站工程。 (办公室)

【项目管理】 2015年,针对具体项目,由一名副主任牵头组建项目管理部,抽调各科室专业技术人员进入项目管理部。针对2015年旧路改造的特点,加强现状管线摸底和用户管线调查,确保零遗漏。管综图审批后,各专业管线的施工图再次进行综合,按照先深后浅、有压让无压的原则,安排合理的施工顺序;一些压力管道因旧线压占雨污水管道需提前施工的,控制高程,防止与雨污水支线冲突。坚持例会制度,每周两次工地例会,未雨绸缪,提前安排改迁管线入地,协调交叉施工存在的问题,督促文明施工、进度、质量、安全,快速推动工程进展。完善《业主代表现场管理手册》《工程签证变更管理办法》《甲供材料设备管理办法》《工程预结算审核办法》、质量安全管理制度》等,明确职责分工和办事流程。

(办公室)

【质量管理】 推进工程质量专项行动,组织工程质量现场会,要求各项目部以样板工程为质量标准,定期进行质量安全巡检通报,对发现的问题进行整改。建立健全安全生产责任制,通过宣传画、板报、专题安全会等形式促进安全生产工作,对在建工程中检查井口、基坑围护、施工用电等危险部位及危险源进行重点检查,消除安全隐患。推进工地管理标准化,做好打非治违和大排查大整治工作,深入工地一线检查,排查事故隐患,对发现的各类隐患,明确整改责任、整改要求、整改期限,督促整改,对存在重大安全隐患的项目挂牌督办,确保安全生产。2015年未发生安全事故。 (办公室)

【汛期管理】 2015年,太原市市政公用设施建设中心建立健全防汛机构,制定和完善防汛应急预案,落实防汛责任制度和安全隐患排查制度,落实防汛物资和器材。加强学府街等在建工程汛期检查工作,督促各施工单位制定和落实汛期施工方案,对排水设施是否畅通、防汛措施和物资是否到位、重点易积水地段的专项措施是否落实等情况重点督察,保障施工现场的防汛安全。对完成未移交工程的防汛工作,如龙城大街太榆路立交、和平北路铁路桥下等易积水地段,协调责任单位在汛期出动人员、机械设备等,排除桥下积水,保证交通畅通。

(办公室)

3月27日,吴政隆调研指导南中环与环城高速公路互通工程

【数字平台管理制度】 执行《数字城管二级平台管理制度》,推进数字城管二级平台建设。强化专人值守,确保及时受理、处置并回复指令,在汛期增设24小时值班电话一部,确保来电零遗漏。当遇到指令内容不详细时,在第一时间主动和反映人沟通,确保问题及时准确处理。接到并处理数字城管指挥中心指令2000余件。 (办公室)

【思想建设】 加强政治理论、业务知识和社会道德的学习钻研,开展讨论落实活动和“三严三实”学习活动,对违规收送礼金、红包问题开展专项整治活动,通过自查自纠,未发现中心人员有收受和赠送礼金礼券购物卡等行为。严格执行节假日公车封存制度,公车使用人员在节假日将车钥匙交回办公室,统一封存。

集中组织学习工程建设领域新的政策、法规,掌握国家及省市相关产业政策。学习施工工艺和施工技术,并组织学习讨论,分享管理心得,分析管理失误,总结经验教训。在各项目开工复工前,组织各项目业主代表、施工和监理单位负责人进行安全生产学习,做好开工前的安全隐患排查工作。

开展学习道德模范和身边好人活动,选举先进职工1名,召开先进事迹宣讲会。五一劳动节期间,组织职工参观“践行中国梦,讴歌劳动美”劳动模范事

迹展，激励职工工作积极性。

以文明创建活动为载体，以团支部为平台，组建青年志愿者服务队开展清雪除冰、擦拭桥梁栏杆等社会公益活动；世界读书日在省图书馆开展阅读经典活动；开展关爱生病职工、关爱未成年人、关爱孤寡老人、博爱一日捐等志愿服务活动；开展"我们的节日"主题活动，元宵节猜灯谜，清明节参观烈士陵园，接受革命传统教育。（办公室）

·行政执法·

【概述】 2015年，太原市城乡管委执法总队贯彻落实"高效审批、精细管理、文明执法、热情服务"的工作理念，组织开展党建、队伍管理、工地管理、扬尘污染管控、安全生产大检查等工作，总队共计印发各类文件42份，编发动态、简报等400余期，回复《社情民意》《舆情专报》等各类批件90余份，立案505起。

（办公室）

【强化基层组织建设】 加强党性教育，强化思想基础。进一步引深学习讨论落实活动，总队印发了《关于2015年度党委中心组和干部理论学习的安排意见》，明确规定学习内容，学习时间，做到支部班子带头学，引导党员干部自觉把学习当做一种精神追求和首要任务。严明党的政治纪律。要求全体执法人员认真贯彻落实各项正风肃纪规定，严格执行总队"三条红线"、"八条纪律"，严格规范领导干部廉洁从政行为，使全体党员干部依章办事，遵纪守法，切实促进总队作风转变。各支部强化对入党积极分子的教育引导，积极创造有利于入党积极分子健康成长的良好环境，今年以来，总队党委发展预备党员4人。组织开展"党员干部八带头，履职尽责我先行"活动，评选先进典型，组织金秋登山，开展主题演讲，营造总队典型引路、团结协作、廉洁自律的良好氛围，发挥党员干部的先锋模范带头作用，将"为民清廉务实"贯彻到工作中，将"三严三实"落实到行动上。总队先后分两批树立郭冬玲、梁文华、张喜平、温力、鲍智书等五位同志作为先进典型，深入各大队进行事迹宣讲，充分发挥先进典型的模范带头作用，在总队形成"典型引路、率先垂范、勇挑重担、争先创优"的良好氛围。（办公室）

【创建文明工地】 总队以制度为根本规范执法。有章可循、有据可依是执法规范的根本。实行《开复工申请制度》。商业开发类工地，要求手续完备，全市国有土地上的建筑工地共326处，开工在建234处，达到绿色文明工地施工标准，由执法队员经中队长、副大队长、大队长层层上报，经总队领导同意后方可施工作业；重点工程、保障性住房等其他手续不全类工地，要求必须有安监站介入，达到绿色文明工地施工标准，在做好扬尘污染管控的情况下方可施工作业。各大队上报《建筑工地开复工申请表》共计200余份。执法督察大队根据《太原市绿色文明工地管理细则(试行)》，随时、随机抽查建筑工地，发现问题及时下达《督察通知书》，下达《督察通知书》32份。

（办公室）

【完善监管】 总队重点区域一天一巡查，一般区域两天一巡查。完善网格化管理模式。按照大队领导包区，中队长包片，队员包工地、街道的原则，将全市200余处建筑工地和50余条主要街道分解到具体责任人，明确每个责任人的工作要求和目标，层层抓落实的工作机制和责任追究机制，杜绝了工作漏洞，清除工作死角，达到无遗漏、无缝隙监管的状态；执行《城管行政执法巡查报表制度》。填写巡查时间、巡查路线、发现的问题以及处理结果等，明确一般问题于三日内解决，如遇五日内无法解决的，应及时上报副大队长、大队长。各大队填写《巡查周报表》48本，《巡查日报表》500余本。（办公室）

【促优评先】 总队出台《2015年度精细化考核方案》，力求以考核带工作、以评比促管理，对各大队半年进行一次考核，大队对中队及个人每月考核一次；每月开展"十佳十优"工地评比活动。总队领导、总队办及督察大队负责人组成检查组，对大队自行上报的工地进行检查，并随机抽查2个工地，最终将"十佳"工地和"十优"工地名单刊登在《太原日报》以示鼓励。对"最差"工地予以通报批评，责令其限期整改，并在下月评比中进行复查。开展"十佳十优"工地评比活动5次，评选出"十佳十优"工地120余处。

（办公室）

【加强扬尘污染管控】 2015年，总队制定下发《太原市建筑工地扬尘防治提标管理实施方案》，对辖区内的施工工地提出"五个100%"的硬性达标要求，即"施工现场100%围挡、场内道路100%硬化、散装物料堆放100%苫盖、出入工地车辆100%冲洗、拆迁工地100%洒水降尘"，确保95%以上的在建工地达到扬尘污染防控标准，在未封顶的建筑工地中推广安装U型高效洗轮机和施工现场喷雾降尘设施，最大限度减少施工扬尘污染。全市修建U型高效洗轮机的工地共有156处，设置喷雾降尘设施的工地已达150处。（办公室）

【现场管理】 2015年，市执法总队及各区(开发区)、各部门在做好建筑工地绿色文明达标的日常监管基础上，按照《太原市建筑工地扬尘防治提标管理实施方案》，对所辖建筑工地、拆迁工程、市政工程、园林工程等采取严格的措施，提标升档，细化治理内容，做到专人负责扬尘整治、施工围挡全封闭、施工道路全部硬化、砂石物料全面苫盖、垃圾密闭存放运输、设置车辆清洗设施、推广喷雾降尘设施、严格现场保洁。强化防治，严格执法监督。绘制了扬尘污染源分布图，标明辖区内所有建筑工地分布地点，做到全面不遗漏，并将责任单位标注在图上，及时掌握工地的分布情况，提高工地扬尘治理的直观性和针对性。严格督导528处(次)建筑工地、60余处(次)次市政工程。对扬尘防治不达标工地,严格督促限期整改,对土方开挖、管网配套阶段易产生扬尘污染的重点工地集中力量全天候蹲点督办,同时对逾期不达标的工地责令停工整改,对扬尘工地责令整改183处次,立案13起。对扬尘严重的工地,责令停工38处次,并对千里御景苑等2家扬尘工地断水断电。监督问责。总队把工地扬尘监管责任分解到各执法大队,实行扬尘治理挂牌责任制,明确主体责任人、监管责任人以及直接责任人,同工地三方签订《扬尘污染治理承诺书》,明确各单位的防尘义务及责任,由各责任人逐项落实扬尘防治任务,实施连带问责机制,做到监管无死角。(办公室)

【专项整治】 2015年,市执法总队落实市政府关于加强大气污染防治工作会议,开展扬尘污染专项整治工作。执法总队多次召开会议安排部署工作,召集六城区、四开发区相关单位及市住建委、市环卫局、市环保局、市园林局等单位召开扬尘污染治理工作会议。组织观摩活动,推广治理经验。总队对部分建筑工地进行督导,强制停工三处工地。开展抗日战争暨世界反法西斯战争胜利70周年空气质量保障专项行动。出动执法人员200人次,对全市建筑工地开展"拉网式"排查,严查土方作业,要求做好抑尘措施。迎接环保部、省住建厅、环保厅、市人大、市政协等国家、省市各级部门的检查考核,要求各类工地做到场地道路硬化、土方苫盖、车辆冲洗、设置喷雾降尘设施、密闭垃圾池等。(办公室)

【做好安全生产管理】 2015年,执法总队贯彻落实省市及管委关于安全生产工作的精神指示,开展安全生产大检查、夏季建筑工地防汛检查等活动,制定安全生产应急预案,确保零安全事故发生。贯彻落实省、市、管委关于安全生产工作的精神指示,开展安全生产大检查3次,同期开展"建筑施工和城镇燃气安全生产专项检查""两节、两会期间安全保障自查""夏季建筑工地防汛检查"等专项检查9次。组织总队全体人员安全知识考试3次,其中安全生产法考试1次,安全知识考试2次,配合组织总队大队长以上干部参加省安全知识培训1次。重点对新《安全法》中涉及总队工作内容的部分进行宣传,在总队安全生产宣传月活动中,各大队深入基层一线,为建筑工地管理者、工人送去新安全法相关知识。出台安全生产工作会议纪要10期,安全生产监管台账72期,起草安全生产各类文件、方案、总结10余份,立案61起。总队建筑类立案181起,扬尘污染类立案13起,市政类立案58起,园林类立案135起,安全类立案61起,夜间施工类立案43起,加气站类立案7起,装饰装修类立案7起,共计505起。(办公室)

【规范执法行动】 2015年,市执法总队开展住房城乡建设领域稽查执法和案件处理专项行动,跟踪违法违规开发建设项目的立案处罚情况,规范执法行动。开展房地产开发管理突出问题的专项整治行动,要求违规建设的房地产开发项目立即停工整改。在此期间,总队责令23处违法违规建设项目停工整改,并对其违法行为进行立案调查。各大队成立市政园林整治活动领导小组,制订实施方案,重点整治私设抹爬坡、无证排水、毁绿占绿、占用便道等市政道路、园林绿化方面的违法违规行为。建章立制。制定市政园林整治活动实施方案,明确法律依据、措施步骤、目的要求等内容,对整治行动起到提纲挈领的作用。日常巡查。根据市政园林违法行为发生快、动作小、完成快的特点,执法人员加强日常巡查,发现违法行为,发现一起、处理一起,震慑其他违法行为。加强监管。各大队建立联动互助机制,发现违法行为,通知相关监管大队;调查反馈12319二级平台的举报投诉件,做到处理及时、反馈及时。全年共计发现违法行为为285处,规范整治92处违法行为,立案193起,其中园林类立案135起。(办公室)

·市政工程总公司·

【概述】 2015年,是太原市市政工程总公司"筑精品工程、抓施工成本、增企业效益"的重要一年。全公司凝心聚力、顽强拼搏,各项工作成果稳步提升,较好地完成了各项工作任务。全年企业完成总产值22.03亿元,比2014年增长2.0%;实现利税8287万元;在岗职工人均年收入达到4.77万元,比2014年增长9.2%。工程质量一次交验合格率达100%,优良率达80%。未发生重大质量事故,未出现任何安全事故,工伤事故0起,死亡、重伤事故0起。全年接到"12319"及市民反馈问题共6项,问题处理率达100%。

2015年总公司获全国优秀施工企业、全国建筑施工安全标准示范单位、山西省百强企业(排名第55位,较2014年提升24位)、省骨干建筑业企业、省建筑施工安全生产标准化单位、太原市企业50强(排名第17位,较2014年提升8位)、市服务业企业50强(排名第9位)、市AA级诚信企业等荣誉称号。总公司承建的省道S366线珠海大道金湾互通立交至高栏港段主线改造工程第Ⅳ标施工项目获"广东省市政工程安全文明施工示范工地"。(任跃中　许　航)

【拓宽经营市场】 2015年,太原市市政工程总公司紧抓"一个重心,两个基本点"的经营思路。抓住市内建筑市场这个"重心",捕捉太原市招投标信息,跟进各项工程的招投标工作,积极协调各种关系,占足市内工程市场份额,经营业绩创历史新高。拓展省内其他市县和省外建筑市场这"两个基本点",工程承揽辐射到省内大同、朔州、临汾等11个地级市、85个县。省外市场在原有市场基础上,开拓陕西、河北、黑龙江等新的建筑市场。加强风险分析和管控,用有限的资源获取最大的利益。

积累公司实力,创新经营模式。在PPP模式承包工程方面实现零的突破,总公司参与承建省重点工程——阳泉污水处理二期工程，这也是国务院确立的山西省首批 PPP 建设示范项目之一，拓宽总公司的经营模式和经营思路。

齐抓共管，形成"全民"经营新局面。面对一年来全市工程普遍开工较晚，建设规模适度收缩的局面，各基层单位抓得紧、抓得准、抓得实，能够利用一切资源积极承揽工程，特别是背街小巷工程的承揽和二次经营，初步形成总公司和基层各单位上下齐动、"全民"经营的工作局面，为经营工作注入了强劲动力。2015 年，总公司累计完成投标 218 项，签订审核合同 97 项，中标总额达 29.08 亿元。

（任跃中　许　航）

【全面加强成本管理】 2015 年，太原市市政工程总公司降低施工成本，增加工程利润，提高企业效益，增强总公司抵御风险的能力。各基层单位通过宣讲研讨、读书学习、征集建议、发明革新、实践运用等措施，从项目经理到施工人员都逐步树立了成本控制意识，初步形成了全员关注成本，自觉节约成本的氛围。全程管理，做好成本控制。事前控制，开工前编制成本计划，对成本进行预测，对施工过程进行预演汇报；施工过程中，注重过程控制，把项目成本控制在合理区间；工程竣工后，依据实际成本报告，考核成本执行情况，以 3 年为周期，对项目经济目标完成情况给予奖罚。其中，新晋祠路（长风西街—冶峪河）道路改造工程实际成本比预算成本降低了 616.04 万元，降低率为 14.67%，是全公司成本控制的典范，工程质量和进度也得到了市领导的好评。总公司制定了《价格逐级预控制度》《项目经理经费备用管理制度》《成本动态管理制度》等五项成本管理制度。对施工过程中的成本控制情况，按照收入成本匹配原则对基层各单位进行检查，施工淡季三个月一次、旺季一个月一次，对各工程成本费用是否合理、利润是否准确作具体分析，对不合规的部分进行整改。

（任跃中　许　航）

【工程质量提升显著】 2015 年，太原市市政工程总公司强化质量"生命线"意识，使全员树立"质量树形象""今天的质量就是明天的市场"等精品理念和意识，使总公司筑造精品工程成为常态化，靠建造一流的工程打造市政行业的知名品牌。执行质量管理制度。为确保工程质量，健全和完善了质量管理制度，针对各项工程特点制定了事前、事中和事后的《质量控制要点》，2015 年新编制控制要点 11 项；还建立了《工程质量优劣卡》、坚持推行《项目经理质量负责制》，通过制度规范管理，保证了工程质量。更新技术规范，保证施工质量。2015 年新编写了《侧平石安砌施工方法》和《沥青混凝土路面施工工法》，并要求各基层单位、项目部在施工过程中严格执行。依据 GB/T50903-2013《市政工程施工组织设计》和 GB/T50430-2007《工程建设施工企业质量管理规范》，拟定并下发《施工组织设计编写大纲》。

组织贯标内、外审工作。针对审核发现的 3 处不合格项，进行了及时整改，制定了具体的预防和纠正措施。经过努力，总公司 17 个部门及基层单位顺利通过了北京新世纪对总公司质量体系的监督性审核和环境与职业健康安全再认证的外部审核。

提高施工机械化程度。从硬件方面确保工程质量，提高工作效率。2015 年总公司共投资 1191 万元购置新的施工机械设备，包括两台摊铺机、三台双钢轮压路机等，保证了各项施工任务高质量、高效率完工。（任跃中　许　航）

【保证全员安全生产】 2015 年，坚持"安全第一、预防为主、综合治理"的方针，制定并与各基层单位签订《安全生产目标责任书》，贯彻"谁主管，谁负责"原则，完善安全生产责任制考核办法和量化考核指标体系。强化安全培训和教育，做到持证上岗。针对 2015 年总公司一批安全人员证书到期年审及基层单位专职安全人员缺失的情况，组织 43 人参加住建部、交通部三类人员的延期考试。总公司的专职安全生产管理人员达 122 人，其中住建部 C 类 74 人，交通部 C 类 48 人，国家注册安全工程师 13 人，所有的一、二级建造师人员全部培训了 B 证。

强化安全检查，开展安全生产活动。总公司坚持每周对在建工程项目进行定期及不定期检查，检查次数累计达 28 次，对发现安全隐患及违章行为的项目部下发《安全隐患整改通知书》5 份，并要求整改，直到隐患消除为止。总公司下发《关于大尺寸沉井预留洞口临时封堵及拆除安全作业指导书》，要求各施工单位严格按照作业指导书执行，确保不发

太原南站道路桥梁配套工程

生安全事故。（任跃中 许 航）

【提升职工队伍素质】 2015年，太原市市政工程总公司择优引进急需的各类人才，全年共录用新员工81名，其中：本科16人，大专51人，其他各类人员14人，并与其签订了劳动合同，办理了录用及各项参保手续。根据各基层单位的培训需求，并结合总公司的实际情况，拟定并下发了《2015年员工教育计划》，全年共组织相关培训累计达2000余人次。总公司目前已拥有一级建造师57人，二级建造师56人，造价工程师8人；2015年一级建造师注册4人，二级建造师注册25人，新考取一级建造师8人，二级建造师12人。

总公司首次承办了太原市第十届职工职业技能大赛测量放线员比赛，且比赛前六名均被总公司包揽，本次技能大赛进一步激发了广大职工学技术、比技能的热情，推动了企业培养知识型、技能型、创新型高素质职工队伍的热潮。

（任跃中 许 航）

环境保护

【概述】 2015年，太原市环保局围绕全面改善省城环境质量的重大决策，坚定不移推进集中供热全覆盖、气化太原、城中村整村拆迁改造、污染企业搬迁、水环境治理“五大工程”，深入开展工业污染治理、扬尘污染控制、机动车尾气污染控制、商品市场和饮食服务行业环境整治、垃圾和秸秆焚烧污染控制“五项整治”，全力以赴开展生态建设，环境质量持续改善，全面改善省城环境质量“三年大见成效”的奋斗目标基本实现。市区优良天数达到230天，较上年增加33天，优良率为63%，较上年增加9个百分点，PM2.5、PM10、SO_2年均浓度分别下降13.89%、17.39%、2.74%，市区空气质量综合指数下降7.76%。清徐、阳曲、娄烦、古交三县一市二级以上天数分别达到168天、219天、308天、293天；地表水功能区水质达标率达到75%，集中式饮用水源地水质达标率稳定保持100%，汾河出境断面水质持续好转，全年未发生重大环境污染事故。经国家考核确认，全市6项主要污染物排放量与2014年同期相比，COD下降13.4%、氨氮下降4.28%、二氧化硫下降5.70%、氮氧化物下降6.75%、烟尘下降5.24%、工业粉尘下降1.50%，均好于省下达的年度减排任务要求。（办公室）

【信息管理】 2015年，市环保局加强信息的管理与报送，共向中央、环保部、省报送各类政务信息582篇。通过太原环保网站发布信息1056条，政府信息报送平台发布信息63条。全市共接听“12369”举报电话17666个，受理各类环境污染举报5228件，查处率达到100%，群众满意率在98%以上。（监察支队）

【规划与财务】 2015年，市环保局先后争取中央大气污染防治专项资金9186万元，省政府支持改善环境质量专项资金4亿元，省级大气污染防治、农村生活污水治理、重点流域治理、断面水质考核治理、土壤监测、能力建设等各类省级环保专项资金共计10443万元。安排太原市城中村和农村洁净煤置换工程、太原市集中供热替代分散采暖锅炉拆除改造工程、农田秸秆综合利用和规模化畜禽养殖减排项目、重点区域环境综合整治项目、改善农村人居环境生活污水治理项目、太原市城边村气化改造工程、重点工业园区颗粒物监测试点工作等，保障“五个一批”重点工程的实施。（规财处）

【污染物减排】 市环保局围绕年度减排目标要求，以改善省城环境质量为抓手，向结构减排要空间，向工程减排要能力，向管理减排要效益。关停恒通能源等34家污染企业，对二电3台20万千瓦燃煤机组实施永久性停产，减少燃煤180万吨，减少金属镁产能5万吨、铁合金10万吨、石料开采180万吨；对古交兴能电厂、太钢、二电三大企业共9台306万千瓦燃煤机组实施超低排放改造，冬季减排二氧化硫7000吨、烟粉尘700吨、氮氧化物2100吨；完成102家有机化工、医药、表面涂装等企业开展挥发性有机物综合治理。加大机动车氮氧化物控制力度，报废、淘汰老旧机动车和黄标车33500辆，其中2005年底前注册的营运黄标车7390辆；对小店、古城营、罗城、晋祠4个高速口实施中、重型货车禁行。加大农业减排力度，组织完成45个规模化畜禽养殖场减排项目建设，9个规模化畜禽养殖场正在抓紧进行治理。狠抓年度重点减排项目运行管理，建成娄烦涧河人工生态湿地工程和水库出口自动监测站；城南污水处理厂每日新增污水处理10万吨以上，晋阳污水处理厂膜处理工程建成试运行；完成南沙河建设路以西段雨污分流、绿化美化综合工程。

（总量处）

【环境影响评价】 2015年，市环保局深化审批制度改革，优化发展环境。按照“接得住、管得好”原则，承接省环保厅下放的部分煤矿、电力、采矿、炼铁炼钢、水泥、化工、医药、公路、轨道交通、危险废物处置等项目的环评审批权。同时，按照简政放权要求，坚持“宏观可控、能放尽放”的原则，下发了《太原市环境保护局审批环境影响评价文件的建设项目目录（2015年本）》，市环保局只保留审批环评文件类别106类，将环境影响较小、污染排放相对较少的68类项目全部下放县级环保部门审批。根据省环保厅“关于全面清理整改环境保护违法违规建设项目的通知”（晋环发），在全市开展了全面清理整改环境保护违法违规建设项目行动，为2016年完成整改奠定了基础。全年共受理审批环评文件86件、竣工验收16件、试生产14件，全部在规定时限范围内办结，没有发生超时办件的现象，审批效率明显提高。严格把好项目准入关口，全年没有审批（初审）钢铁、水泥、电解铝、平板玻璃、炼焦、电石、铁合金等新增产能项目。（办公室）

【环境监测】 2015年,市环保局完成各项水、气、声环境质量例行监测任务,共获取环境空气质量有效监测数据约65万个,发布空气质量日报、预报365期,发送空气质量信息短信2.3万余条,获取温室气体监测数据约2.6万个,获取790余个大气环境中降尘和硫酸盐化速率的监测数据,获取1400余个公共场所环境空气质量监测数据。完成地表水汾河太原段及杨兴河2个国控、5个省控、3个市控断面,6个地表水省考核跨界断面、9个市考核跨界断面,晋阳湖、汾河水库、汾河水库上游支流、汾河景区、排污渠及地表饮用水源地汾河水库、呼延水厂、地下饮用水源地等监测任务,共获取监测数据1.65万个。完成市区交通噪声、区域环境噪声、9个功能区噪声监测,获取噪声环境质量监测数据8286个,完成农村监测、土壤例行监测、土壤国控重点区域特定点位监测,获取监测数据2700余个。共编制和上报国家总站、省站、市局各类环境质量报告120余期,数据传输210余次,为环境管理、执法和决策提供了科学依据。　(监测站)

【污染防治】 2015年,市环保局污染防治取得突破性进展。燃煤污染控制取得积极进展,集中供热完成扩网面积3104万平方米,替代燃煤采暖锅炉407台,涉及既有建筑面积1139万平方米;拔掉"城中村"小锅炉5296台,拆除棚户区小火炉3148台;对67台常年运行燃煤锅炉实施清洁能源改造;对16个城边村、6036户实施气化改造,减少冬季采暖燃煤100万吨。完成412万平方米既有老旧建筑实施工节能改造。11月至12月在市区范围内288个城中村、棚户区和农村13.2万户配送民用洁净焦炭23.86万吨。狠抓环境综合整治,市区570家建筑工地达到环保标准要求,达标率79.6%;累计查处违法拉运渣土136车次,处理抛洒19.1万平方米,清理乱倒渣土9.8万立方米,夏季日均机扫喷雾道路2万千米;建成二电储煤场全封闭工程、太钢加工厂渣场及废钢切割等环保治理项目,太钢、二电铁路运煤率分别占到年运输总量的41%和56%。实施面源污染整治,全年取缔露天烧烤摊点3700处;餐饮业油烟净化治理347家;检查50多个商品交易市场的600余户经营场所,查处改造燃煤设施45个;各县区成立秸秆禁烧巡查组44个,严肃查处秸秆焚烧现象,实现秸秆综合利用5.39公顷,综合利用率95%。　(区域处)

【雾霾治理】 2015年,市政府组织环保部门与南开大学、国家环科院、瑞典皇家科学院等科研院所合作,开展挥发性有机物调查研究和臭氧监测,理清挥发性有机物对环境空气质量的影响,对产生雾霾的主要成分PM2.5和臭氧的形成机理、分布情况和变化趋势开展课题研究,实施颗粒物来源解析研究工作常态化,完成"市区空气颗粒物(PM10、PM2.5)来源解析"跟踪研究,建立和完善了各类排放源成分谱数据库,为大气污染治理提供科学依据。　(环科院)

【自然生态保护】 2015年,完成造林面积1.938公顷,城区绿化覆盖率、绿地率分别提高0.59和0.5个百分点;全市共建有建成综合性公园38个,专类公园14个,带状公园6个,人均公园绿地面积达到11.56平方米。完成尖草坪、万柏林、阳曲3个县区5个乡镇22个行政村生活污水管网建设和处理工程。村庄的生态环境得到保护和改善,农村基础设施完善,从根本上改善农村环境,提高农民生活质量。生态效益、经济效益、社会效益得到极大发展。　(生态处)

【辐射安全监管】 市环保局新增放射源和射线装置使用单位16家,发放辐射安全许可证16家(其中射线装置使用单位13家、放射源使用单位3家),注销许可单位2家。对34家Ⅲ类射线装置使用单位完成了审批,对4家放射源使用单位(Ⅳ类,V类)完成审批。对40家射线装置使用单位完成了验收工作,对4家使用Ⅳ类,V类放射源单位完成验收工作。组织举办6期辐射工作人员上岗资质培训班,1200人通过培训取得辐射工作人员上岗证。危险废物处置中心项目全年正常运行,全年共处置危险废物12443吨,协助市政府顺利处置金属钠环境安全隐患。全年共监督200余家危险废物产生单位的4650吨危险废物进行安全处置,对全市363家医院产生的医疗废物11999吨进行安全处置。

(辐射处)

【环境监察与排污收费】 2015年,市环保局构建环境保护"铁腕执法"新常态。组织开展整治违法排污企业保障群众健康等一系列环境执法专项行动,保持对环境违法行为的高压态势。开展环境保护大检查"铁腕斩污"专项行动,共出动人员2224人次,检查企业760家次,其中涉重企业161家次,处理处罚企业32家,其中罚款企业11家,计65万元。按照《山西省人民政府办公厅关于开展全省环境保护大检查的通知》要求,支队牵头开展环境保护大检查。检查各类工业园区5个,重点对涉及13个重点行业的161家企业及177家其他行业工业企业进行了检查。对检查中发现的问题,均责令各级环保主管部门按要求组织限期整改并对环境违法企业依法处罚。对太原市同舟能源有限公司等9家单位下达警示通知,要求确保环保设施稳定运行。在下达警示通知的基础上,对现有51台冬季采暖锅炉进行逐台检查,其中,列入集中供热改造的12台锅炉,6台完成改造,其余6台在改造协调中;列入燃气改造的1台锅炉在改造中;对检查中锅炉仍存在问题的企业下达现场检查笔录,要求按期完成整改。启动冬季大气污染防控专项行动,开展冬季大气污染预控、严厉打击冬季环境违法行为等攻坚行动,全面遏制冬季环境空气质量下滑趋势。构建网格化监管体系,实施挂牌监管制度,通过在线监测、远程监控等现代化科技手段全天24小时监控重点污染源，对全市电力、焦化等重点行业实施执法人员24小时驻厂监控，确保工业企业连续稳定达标排放。经过调研论证，出台排污费征收标准，这是继2004年总量收费以来排污收费标准的又一重大变革，同时市收费标准高于全省标准50%，并增加阶梯式分级收费内容，形成排污收费的新特色。全市累计征缴排污费7207.9万元，其中征收一般排污费5374.8万元，焦炭排污费1833.1万元。

（监察支队）

【环境宣传教育】 2015年，市环保局加大环境保护的宣传教育力度。充分发挥省城优质社会资源，组织开展“太原魅力环保小卫士”“保护母亲河，美丽中国梦”太原青年志愿者在行动，“2015环保微信小视频大赛”“美丽太原我的家、争做龙城环保人”随手拍、“绿色文明家庭”“环保好市民”创建等系列活动。全市共建成环境友好学校151所、环境友好社（小）区68个、绿色宾馆11个、绿色文明家庭350户（其中新建64户）、环境教育基地4座（其中新建1座）和“太原环保好市民”415位（其中新评选102位）。另外，组织举办“百位市民看环保”“安利环保嘉年华”“雾霾与大气污染”和“践行绿色生活”环保知识讲座等专题活动，构建“社会化环保宣教大格局”。推动传统媒体与新兴媒体融合发展，在太原电视台、太原日报等主流媒体定期公布六城区环境质量排名状况，电力、冶金、焦化等重点工业企业污染物排放情况，项目环保审批情况，每月组织开展“重点工业企业环保公开日”活动，定期召开新闻通气会，保障市民环保知情权，接受全社会监督。全年共在各级媒体播发刊登太原环保报道5275条，其中，纸制媒体1381篇，电视播发676条，电台播出1280条，互联网和局域网刊登460条，微信平台刊发1460条，比上年报道数量增长30%以上，着力构建环境全媒体新闻宣传新模式。

（办公室）

太原年鉴

H J B H

2016

huanjingbaohu

环境保护

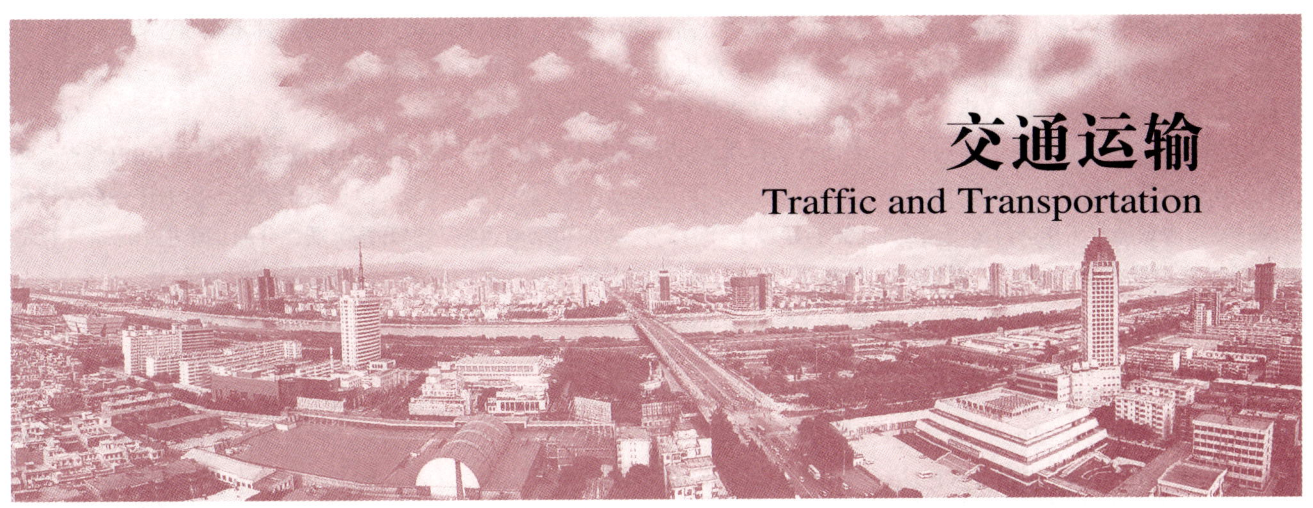

交通运输

【概述】 2015年,太原市交通运输局学习贯彻党的十八大、十八届三中、四中、五中全会精神,坚持党风廉政建设和业务工作同部署、同落实,抓好分管领域的党风廉政建设工作,支持驻局纪检组履行监督责任,开展落实中央八项规定精神监督检查,开展窗口单位、执法部门"吃拿卡要"等发生在群众身边的违规违纪行为的监督检查,开展两项重点专项整治工作的监督检查。全年受理群众举报、投诉和上级转办案件43件,给予党纪政纪处分6人,诫勉谈话9人,约谈3人。主动适应经济发展新常态,坚持稳中求进总基调,推进"五个一批"重点工程,实现交通运输行业科学发展。

(张　玉)

【农村公路】 完成农村公路新改建工程203.8千米,完成投资4亿元,其中:2015年村通水泥(油)路完善提质工程完成133千米,为省目标考核的143%。完成农村公路安全生命防护工程96.4千米。公路工程建设项目监督覆盖率达100%。年末县公路优良路率83.51%,乡公路优良路率77.77%,车辆超限超载率控制在0.2%以内,农村公路养护管理水平提高。 (张　玉)

【城市公交】 创建国家"公交都市",加强公交建设管理。启动城市公共交通智能化示范工程、太原公交技术保障基地项目,开工建设103路电车财经大学停保场,公交线网进一步优化,运营线路增加到192条,线路长度增加到3129.75千米,公交运营速度达16.76千米/小时,公共交通出行分担率达32.26%,公共自行车服务能力进一步提高。

(张　玉)

【城市客运】 加强出租汽车管理服务能力。实施《太原市客运出租汽车运营服务规范》,对全市19家出租汽车企业进行服务信誉考核,建立出租汽车驾驶员IC卡管理系统和出租汽车投诉受理平台,启动出租汽车智能调度服务平台指挥系统建设。结合全市实际,推进出租车经营许可及车辆更新工作。完善与交警部门共同治理营运秩序的机制,加大市场监管,全年规范检查出租汽车40700余台次,查处违章出租汽车5987辆,查处非法营运车辆1326台次,查扣从事非法营运专车65台。 (张　玉)

【农村公交】 2015年,太原市交通运输局解决行政村通公交(客车)问题。新开公交线路13条,调整线路11条,完成67个行政村通公交任务,基本实现城六区具备通公交条件的行政村公交全覆盖,县区公交客运改造同步推进。

(张　玉)

【行业监管】 加强道路运输安全服务保障。履行"三关一监督"职责,落实行业监管和企业主体两个责任。淘汰营运类黄标车辆4001辆,客运车辆中、高级比例由85%提高到95%。全市69户"两客一危"企业,2258辆车安装GPS,全部纳入动态监督管理系统。全年出动稽查人员47000人次,稽查车辆19000台次,查扣非法运营车辆1902辆,违规车牌、证1750套(件)。

加强对基层运管所和运输企业的监督,以"两客一危"为重点进行安全大检查,发现安全隐患41处,100%完成整改。组织开展"安全生产大检查""平安交通""道路运输平安年"等专项活动。全年未发生一般以上安全生产责任事故。

(张　玉)

【专项整治】 重点整治交通工程建设领域突出问题和公路乱设卡、乱罚款、乱收费问题,督查单位14个,检查工程建设项目67个,查阅案卷153卷,对督查中发现的问题进行通报整改。专项整治期间,组织执法培训3次135人,出动执法人员17000人次,稽查车辆3750台次,查扣"三无"黑车117台。 (张　玉)

【法治建设】 制定《太原市交通运输局行政权责清单》,明确行政职权191项。开展执法案卷评查,规范自由裁量权的运用。将一类、二类维修企业管理事权下放到六城区。按照"六权治本"要求,提高对行政审批权力运行的规范约束,全年

办理审批服务事项4626件,办理行政许可事项36件,全部按设定的流程按时或提前办结。（张　玉）

【科技创新和节能减排】 启动行业节能减排专项规划编制工作。落实道路运输车辆燃油消耗量准入制度，淘汰约5000台老旧车辆。（张　玉）

【交通战备】 2015年,太原市交通运输局完善交通战备军地协调机制,做好反恐应急各项工作,组织全市第6次国防动员交通潜力调查，参加全省“探索-2015”国防动员指挥研究性演练,完成各项军事行动道路交通保障任务。（张　玉）

【文明创建活动】 2015年,太原市交通运输局完成弘扬社会主义核心价值观、纪念抗日战争胜利70周年等公益广告宣传活动,开展“寻找山西最美交通人”活动,设立下元和胜利桥东公交枢纽站、客运西站、飞机场等4个学雷锋志愿服务工作站,党员志愿服务达2000人次以上。贯彻落实事业单位工资、津补贴、养老保险制度改革规定，推荐1名干部赴连云港挂职锻炼，选派1名第一书记到阳曲县南留南村。加大交通扶贫工作力度，投资148万元修建村阳曲县南留南村通往县城的公路。全年办理省市人大建议、政协提案共72件,市政府便民热线交办案件300余件。完成机关工会、离退休人员管理、信访维稳等工作。（张　玉）

【党的建设】 2015年,太原市交通运输局开展“三严三实”专题教育。召开党组班子专题民主生活会,查找10个方面存在的问题,开展批评与自我批评。

加强基层党组织建设。开展“基层组织规范化建设年”等活动,推进服务型党组织建设，召开局系统基层党建工作经验交流座谈会，完成年度基层党组织书记履责党建述职评议工作，组织全系统288名副科以上干部理论考试，干部队伍理论水平不断提高。（张　玉）

公　路

【概述】 2015年,山西省公路局太原分局担负着太原地区11条国省道干线公路496千米的养建管任务，包括国道3条(G108京昆线、G208二长线、G307青银线),省道8条(双阳线、太小线、太高线、宁白线、岚马线、岚古线、古吴线、榆古线),桥梁144座,隧道2座,其中一级公路79.977千米，二级公路372千米，三四级公路44千米。分局2015年被省公路局评为目标考核“优秀单位”和“先进单位”。（师彦晋）

太原公路局全力打造太原市高标准的出口通道(国道东山307线绿色、人文、旅游公路)

【加强养护管理】 2015年,山西省公路局太原分局围绕迎国检工作，把保持和提升路况摆在分局工作重中之重，抓基层、打基础,保路况、保安全。

全力以赴完成迎检任务。太原分局作为必检单位,高度重视,及早动手,成立迎检工作领导组，建立分局上下密切配合的工作机制，按照《迎国检实施方案》,精心开展内业资料的整理,全面实施路面病害治理、安保沿线设施修复、划设标线等养护生产,做到内业资料完备、翔实、规范,迎检外业焕然一新、亮点纷呈。9月23日，分局管养G307线东山段、G108太原北出口段、G108黄寨服务区、司徒洼超限检测站顺利通过交通运输部“十二五”国检综合组实地检查考核，部国检组对分局打造特色、突出亮点、注重实效的养护工作目标和取得的成绩给予肯定。同时完成部国检组在太原期间的接待工作,赢得好评。

全面加强养护生产。修订完善各类养护管理细则,科学调配资金,坚持日常养护不放松，加大预防性养护投入和推广力度，努力保持路况稳定。累计投资641万元重点在G307线、G208线、省道岚古线、宁白线、岚马线、榆古线开展示范路创建和车辙、水毁等处治,对管养水泥路进行大面积的刷油灌缝,投资20万元完成省局下达的G108、G208线绿化任务。（师彦晋）

【提升保安全保畅通能力】 2015年，山西省公路局太原分局深入开展安全隐患排查,建立《安全隐患台账》,完成公路安全生命防护工程数据采集，做好灾害治理和隐患跟踪监测。分类处治16处交警部门提出的事故多发路段和国道208线K820处枫林干渠桥安全隐患,完成波形护栏设置、标线划设和钢筋砼护栏4363米；投资72.85万元安装警示标志164套；推进省道岚马线静游隧道和范家村隧道隐患治理，积极编制国道208线、国道307线设置中央分隔带工可上报省局；委托中交公路规划设计院对榆古线K48+600处采空区沉陷进行现场勘查和地质勘探，制定合理处治方案，逐步消除安全隐患。加强应急体系和队伍建设。对全分局养建技术人员开展公路工程施工安全专题培训，积极储备防汛物资，在每个公路段基本建成一座应急物资储备库；年内及时处置2起榆古线道路阻断突发事件，在省道岚马线举行隧道内车辆追尾危化品泄漏应急救援综合演练。10月10日半夜，榆古线K48+600突发采空区沉陷，分局养护、路政人员第一时间赶赴现场，配合交警部门对道路进行交通管制，履行公路部门保安全职责。全年，分局列养里程495.977千米，实际评定里程495.977千米，公路技术状况指数为85.35，公路优良路率为78.3%。

（师彦晋）

【工程建设】 认真践行“三严三实”，切实加强项目建设的组织领导，围绕质量、进度、安全目标，抓住“三个源头”（勘察设计、材料质量、队伍素质）、“两个过程”（施工、监理）、“一个管理”（施工现场），科学统筹，落实责任，明确各阶段工作目标任务，及时发现和解决制约工程进度的突出问题，积极推进项目建设进度，精益求精打造优质工程。列入省局重点工程的4项养护工程（省道双阳线东河桥危桥加固、省道岚古线龙泉中桥危桥加固、省道宁白线安保工程和G108线、G307线、双阳线、榆古线灾损抢修保通工程）全部完工，完成投资2575万元。

中修工程国道307线、省道太小线40000平方米的改性沥青砼路面加铺全部完工，完成投资223万元。

超限检测站规范化建设遗留工程全部完工，完成投资892万元。

新改建项目省道岚古线、岚马线汾河水库段改线工程项目前期，在委托省交科院对2014年编制的项目进行修改和完善后，于6月份上报省厅，完成前期投资500万元，推进环评、水保工作以及土地指标的落实中。

（师彦晋）

【推进依法治路】 不断提高路政治超规范化水平。路政管理重点做好省局下放涉路施工许可审批对接，全面落实路政养护联合巡查制度，强化对各种穿跨越干线公路的审批和安全控制，不断加强涉路行政许可审批监管和路域环境综合整治。年内重点在G108、G208、G307等干线公路，组织开展了以治理“四违”为重点的路域环境综合整治和非公路标志清理工作，共清除堆积物2000余方，拆除违章建筑192处，治理过村（镇）路段470处，努力创建精品路段和示范公路。全面对分局路政治超管理、许可案卷资料进行整理，启用路政管理信息系统并完善数据库，实现了省局、分局、公路管理段和超限站三级信息共享全覆盖。超限治理工作围绕站点和队伍建设为重点，认真落实“三基三化”（基层执法队伍职业化、基层执法站所标准化、基础管理制度规范化）建设，在上年完成8个站点基础设施规范化建设基础上，又投资100余万元为各站点配齐办公、生活设施；继续狠抓治超队伍素质提升，认真开展公路运输执法活动监督检查和执法人员业务知识、职业道德的专题培训，促进分局治超执法水平进一步提升。全年，累计发生路政案件75起，发现率、查处率、结案率均为100%，收赔偿费364万元。分局8个超限固定检测站共检测车辆412万辆，查处超限车辆158辆，卸载430余吨，罚款174000元，超限超载率控制在0.004%以下。

积极开展专项治理活动。按照六权治本要求，重点开展违规设计变更、围标串标、借资质等治理整顿，牢固树立依法建设、依法履职观念，努力杜绝暗箱操作、以权谋私、徇私枉法等问题发生。

（师彦晋）

【综合管理工作】 抓好管理提升。以基层基础管理为重点，在养建工程、财务预算、路政执法管理等领域深入开展“综合管理提升年”活动，对分局全部管理制度重新进行梳理和修订，加强制度建设，着力解决制约分局管理过程中的突出问题和薄弱环节。聘请省委党校等专家教授，就十八届五中全会精神、提高干部领导水平、熔炼团队精神、组织行为学等六个课题对干部职工进行了专题培训，加强职工思想、文化、道德素养。深入开展以“马上就办、真抓实干”为主题的“冬季行动”，制订活动方案和任务清单，明确责任，确保按时完成，大力营造只争朝夕，苦干实干的新风时尚，努力促进单位内涵式发展，在管理上提质增效升级。

加强信访维稳组织领导，认真排查和及时化解矛盾纠纷，多方呼吁，依法研究解决太古公司经营困难方案并积极上报，努力做好公司职工稳定、接访工作。

新改造后通车的东山307国道俯瞰图

积极推动事业单位岗位设置工作，多次召开专题会议，研究和解决职工岗位设置、聘用过程中遇到的困难和问题，按计划完成职工聘用合同签订工作，并于12月底顺利将分局岗位设置聘用方案上报省人社厅，切实解决职工期盼。

（师彦晋）

【安全生产管理】 贯彻落实《安全生产法》《突发事件应对法》，严格落实安全生产责任制，以公路运营、工程施工现场为重点，不断强化安保、桥涵、地质灾害等安全隐患排查治理，深化打非治违专项行动，创建平安公路、平安工地。加强应急体系建设，在建设太原分局公路工程保障中队和应急物资储备库基础上，制定和修改完善12项应急预案，做好节假日、重要时段值班巡路和汛期、冬季恶劣气象条件下的应急保障，分局全年未发生安全责任事故。（师彦晋）

【监管太原路桥经营】 太原路桥2015年主要承建(续建)两个工程项目，分别是：高沁高速公路路面工程第LMSG合同段和长临高速公路路基工程LJ9-2合同段，合同价总计3.8亿元。全年累计完成产值1.23亿元，完成年度目标任务(2.3亿元)的53.48%。受全省公路建设项目缩减影响，2015年未承揽到新工程建设项目。由于施工任务不足，三个分公司(一、四、五)无任务，三、四分公司和试验检测中心的工资依靠总公司发放，公司资金周转较紧张。（师彦晋）

【党建和行业文明建设】 2015年，山西省公路局太原分局以开展学习讨论落实活动、党风廉政教育宣传月活动、“三严三实”专题教育活动为抓手，认真学习贯彻习近平总书记系列重要讲话精神，扎实开展《中国共产党廉洁自律准则》《中国共产党纪律处分条例》的学习讨论，在党员干部中认真开展“三严三实”专题教育，深入查摆“不严不实”问题，召开专题民主生活会，深刻剖析，切实进行整改落实。严格落实管党治党主体责任，全面落实从严治党要求，加强基层基础工作，切实加强各级领导班子和干部队伍建设，深入推进行业文明创建，积极开展“‘寻找最美山西交通人’推荐评选活动，努力为分局发展汇聚强大正能量。

认真落实党风廉政责任制，从严落实“两个责任”。深入开展了“工程建设领域突出问题”、“公路乱设卡、乱罚款、乱收费问题”、“领导干部顶风大操大办婚丧喜庆等借机敛财问题”和“陈规陋俗”等专项整治工作，紧紧扎住制度的围栏，铲除腐败土壤，预防腐败现象发生。

坚持不懈反“四风”转作风。深入开展“文山会海”和“三公”经费管理不严等违反中央八项规定精神突出问题专项整治，在分局各级领导干部中大力提倡讲学习、守纪律、讲规矩、勇担当，主动作为，勤勉敬业，努力推动分局在新时期取得更大发展。（师彦晋）

公共交通

【概述】 2015年，在太原市委、市政府和上级部门的领导与支持下，太原公交集团公司深入贯彻落实党的十八大、十八届三中、四中、五中全会精神，认真学习贯彻习近平总书记系列重要讲话精神，以“三严三实”专题教育为主线，不断深化学习讨论落实活动和党的群众路线教育实践活动，用改革促发展，用优秀促优先，积极推进“公交都市”建设，不断提高服务水平。

截至2015年底，集团全公司共有职工9148人，代管40/50公益性岗位——公交随车安全员3370人；营运车辆2501辆，折3251标台，按全市320万人计算，万人公交车保有量10.16标台；运行线路193条，线路长度3173.54千米；2015年客运总量5.41亿人次；日均运营趟次1.2万趟次；日均行驶里程35.29万公里；日均客运量148.15万人次(其中免费乘车人次12万，刷卡比例79.9%)。公共自行车系统累计开通服务点1285个，安装锁桩5.74万个，投放自行车4.1万辆；2015年骑行总量1.46亿人次，日均使用量40万人次，日均单车周转次数9.76次，日均免费租用率98.76%。

（王 斌）

【新开、延伸公交线路，方便居民出行】 2015年，太原公交集团公司经实地勘察道路通行条件，详细调查各村常住人口和出行需求，通过新开或者延伸公交线路，新增公交覆盖面积86平方千米、新增公交线路长度232千米、新增服务群体6万人，基本完成对具备通车条件的城六区内行政村公交全覆盖工作，让广大村民共同分享城市公交便捷、安全、实惠的出行服务。（王 斌）

【配合城市道路及城中村改造，保障市民出行】 2015年，太原公交集团公司在城市道路和城中村改造期间，积极配合市政府各项工作，克服道路拥堵等困难，通过路边调度车辆、绕行、分段、缩线等运营方式，调整部分线路走向近160条次，保障市民基本出行。结合新建道路的通行状况，调整901、902等5条线路走向，提高运营效率。在公共自行车方面，通过开展民意调查、完善考核制度、加强调运和巡检力度等方式，不断改进各项工作，进一步方便市民租骑。

（王 斌）

【推进“公交都市”等重点项目建设】 智能调度项目的初步设计获市发改委批复；103路电车财经大学停车场服务楼及修理车间项目开工建设。有序推进太原公交技术保障基地、新城公交枢纽站、柴村公交首末站、迎新街公交首末站和公共自行车维保基地、长风东公交停保场、长风西公交停保场等项目的前期手续办理工作。（王 斌）

【狠抓规范管理，提高工作实效】 为提高企业管理效率，构建现代管理模式，实行全面计划管理，进一步加强对各基层单位的规范管理，有效控制企业经营成本；不断加强“一岗双责、党政同责、失职追责”等安全生产工作责任制，不断完善预警机制和事前责任追究机制；通过劳模事迹报告会、经验交流会、道德讲堂等形式，进一步加强一线职工“以人为本，微笑服务”的宗旨意识，用优秀促进服务水平再提高；改革收银管理工作，加强企业的票款管理，严防死守，杜绝跑冒滴漏。（王 斌）

【推进“六权治本”，落实廉政建设】 2015年，太原公交集团公司坚持以“六权治本”为核心，不断强化顶层设计，坚决落实党风廉政建设的“一岗双责”。从实际出发、以问题为导向，先后制定并实施财务审批制度、采购管理办法等制度，不断扎紧制度的笼子，保障权利的阳光运行，促进企业健康发展。各单位严格按照集团公司党委的要求，一手抓业务工作，一手抓反腐倡廉，全面推进廉政建设工作。

经过全体干部、职工不懈努力，企业在深化改革、推进发展、便民出行等方面取得了成绩。2015年2月，公司连续第四届被评为了“全国文明单位”。

（王 斌）

铁 路

【概述】 太原铁路局管辖南同蒲、北同蒲、大秦、侯月、石太、太中银等共计86条线路（含控股合资公司），是全路18个铁路局中货运量最大、重载技术最先进的铁路局，是全路唯一运输主业整体改制上市的铁路局。路网纵贯三晋南北，横跨晋、冀、京、津两省两市，主要担负着山西省的客货运输和冀、京、津、蒙、陕等省市区的部分货运任务，用户群辐射全国26个省市自治区、15个国家和地区。管内线路营业里程4450.076千米，其中客运专线424.054千米，线路总延展长度11422.434千米，其中正线8087.217千米，双线营业里程3398.62千米，电气化营业里程3809.882千米，无缝线路总延长7535.674千米；道岔10677组；道口145处，其中有人看守道口56处；桥梁3776座，762481延长米，其中特大桥209座，525442延长米；隧道526座，726829延长米，其中特长隧道14座，215354延长米，明洞23座，2689延长米。

（孙淑环）

【经营管理】 2015年，太原铁路局以完成总公司盈亏考核任务、实现职工工资增长为目标，坚持依法治企，全面落实预算管理，不断完善经营业绩考核机制，增收节支并举，提质创效并重，在经营压力巨大的情况下，完成了112.3亿元的盈亏考核任务。实施104项节支措施，实现节支19亿元；强推债权债务清理，累计清债3397笔、139亿元；规范物资管理，节约采购成本8337万元；开展“小金库”专项治理，不断优化合资公司管理，各层级资金管理更加规范。特别是以中央专项巡视为契机，全面规范“办公用房、公务用车、业务接待”等管理，全局上下纪律意识、规矩意识普遍增强。（孙淑环）

【客运服务】 2015年，太原铁路局坚持以“人民群众满意”为标准，整治客运服务设施，持续改善旅客出行条件，推出中铁银通卡、常旅客积分、空铁联合售票等便民利民措施，旅客满意度持续提升。倾力打造二十大客运服务品牌，太原站连续29年被评为全路“文明车站”，大西高铁及沿线站车以安全、便捷、高效的服务，在三晋大地树立了铁路良好形象。服务老区人民，开行太原—吕梁直达城际列车，开创太原局路地合作开行旅客列车的先河。主动融入旅游产业链条，大力开行旅游专列，全年共开行36列，客运增收1382.1万元，实现旅游综合收入2237.4万元，在实现企业增效的同时，推动山西文化旅游事业发展，得到山西省委、省政府肯定。全年全局累计发送旅客首次突破7000万人大关，客运收入完成43.43亿元，双创历史新高。（孙淑环）

【安全风险管理】 太原铁路局坚持“三点共识”和“三个重中之重”，抓住管理这个风险源头，细化管理职责，明确工作流程，全局安全职责体系更加清晰。突出高铁客车等重点，动态研判，超前防范，采取2371项管控措施，开展18项安全专项整治，安全风险关键得到有效控制。强化安全基础，先后组织14次集中修及综合维修施工，推进工装设备和检修能力升级，全局固定和移动设备基础进一步改善。持续开展安全大检查活动，两级班子536名领导干部带头，挂牌督办，过程盯控，大秦线机车乘务员超劳等一大批影响安全生产的难点问题得到有效解决。持续加强治安综合治理，公安、保卫、站车联合行动，全局安全发展环境保持稳定。特别是面对工务系统存在的短板，举全局之力，开展“百日会战”，推进“三个集中”改革，组建专门施工组织管理机构，实施“大数据”管理，狠抓设备隐患整治，系统整体面貌迅速改善。（孙淑环）

【货物运输】 太原铁路局按照总公司“全品类物流、全流程服务、全方位经营、全过程管理”的总体要求，优化顶层设计，明确指导意见，合理布局物流节点，200个无轨站（揽货点）形成区域覆盖，95306网站累计注册企业达到16683户，适应市场发展的现代物流格局初步形成。坚持稳黑增白，推行网格化营销模式，着力提升两端接取送达能力，创新性实施协议运输、阶梯运价、承兑汇票等营销举措，大宗货物在市场非常艰难的情况下保持相对稳定，零散白货运量实现了大幅增长。拓展集装箱业务，集装箱办理站点更加密集合理，入箱品类更加丰富，铁海联运通道更加通畅，集装箱发运箱数同比增长52.2%。不断优化运输组织，突出“两高一远”货源装车组织，实施区域联动运输机制，努力用好太兴、瓦日等新线运输能力，最大限度提升运输效益。全年全局货物发送量完成5.87亿吨，占全路货运总量的五分之一，其中煤炭运量完成4.8亿吨、白货运量完成1.07亿吨，运输总收入完成816.8亿元，同比增加10.9亿元，增幅1.4%。

（孙淑环）

【铁路工程建设】 2015年，太原铁路局推进铁路建设，吕临支线、聂庄—东港增建二线、东港站改造等工程按计划开通；曹妃甸港区扩能改造、朔州—准格尔铁路等项目全部兑现节点计划。推进新项目上马，大张高铁正式开工建设，太焦铁路完成立项审批，京原、南同蒲侯马—风陵渡电化改造达到开工条件。特别是大西高铁试验段，顺利完成建设任务，综合试验全面启动，具有完全自主知识产权的两组中国标准动车组都跑出了385km/h的“中国速度”。建设系统干部职工促协调、攻难点、抓推进，太原枢纽新建西南环线工程项目成功与太原市签订入地协议，工程推进实现重大突破；大同站改、太原北枢纽改造施工方案先后优化27次，在确保施工安全、质量的同时，最大限度减少对运输的影响。全年共完成建设投资127.88亿元，年度计划任务百分之百兑现。（孙淑环）

【资产经营开发】 2015年，太原铁路局坚持做强实业、发展实体、壮大实力。商贸物流板块着力发展实体物流服务，太钢袁家村、东港卸车环线等多项全程物流业务得到拓展；加快工业制造新产品研发和新技术储备，动车组研磨子、客车闸片、75公斤重载道岔、27吨轴重道岔、HGM-D型高摩合成闸瓦等一大批项目落地生效；发展土地资源开发、农产品生产加工、种植养殖等业务，太原建北停车场、洗车行，临汾生活中心商铺开发、晋中环城北路高架桥下仓储基地、大同铁联鱼类养殖基地等一大批新产业、新项目实现创效。全年，局直属非运输企业累计完成营业收入155.01亿元，实现利润5.58亿元。在市场竞争日益加剧的新形势下，非运输企业所取得的成效超过以往凭借代发代办、依靠两条钢轨发展的“最好时期”。（孙淑环）

【队伍建设】 2015年，太原铁路局开展“干部学业务、职工练技术、全员学规章、全局大比武”技能竞赛活动，全局8万余名干部职工参与，全员学技练功的积极性明显提升。广泛搭建人才成长平台，开通了高铁试验人员、物流师人才成长快车道；创新实施“双师双证”人才管理，186名专业技术人员通过考评，取得技师、高级技师职业资格；组建了5个省级“技能大师工作室”，472个“技师小组”，命名92名首席技师；针对性出台10项青年成长成才举措，举办建局以来的首次青年人才示范培训班，推荐14名大学生参加铁科院硕士研究生培养，为15名优秀研究生优先分配了廉租房，公开选拔路局团委副书记预备人选。在职工评先工作中，出台“争当岗位标兵、争创一流业绩”劳动竞赛办法，真正让扑下身子、真抓实干、在岗位上作出突出业绩的职工当先进、获表彰，全局尊重知识、尊重劳动、尊重人才的氛围更加浓厚。（孙淑环）

【高技能人才建设】 2015年，太原铁路局建立大西高铁试验段高技能人才重点培养机制，从8个方面对从事高铁试验段职工提供政策保障，为加快培养高技能人才创造条件。组建太原通信段吕丹技能大师工作室、太原车辆段耿二龙技能大师工作室、太原南工务段王全喜技能大师工作室、大同电务段卢长利技能大师工作室、湖东车辆段刘书学技能大师工作室，5个省级“技能大师工作室”，472个“技师小组”，开展技术攻关517项，解决安全生产、运输经营难题。提高高技能人才待遇，对实施“双师双证”的18个主要行车工种的技师、高级技师岗位，每月分别提高技能津贴标准100元；对1585名动车组及重载司机比照享受技师、高级技师待遇；对11名全路技术能手，在总公司奖励基础上，路局再给予每人一次性奖励8000元。投入1600余万元，表彰奖励高技能先进团队和个人，营造尊重人才、岗位成才的氛围。强化人才支撑作用。实行高铁试验段人才5项优先发展政策，启动千名青年骨干人才培养工程，对安全管理、技术攻坚、科技攻关等方面185名优秀人才进行表彰奖励，首评政工专业人员优秀奖11名，优化“人才评价管理信息平台”，研发大秦线CTGBC型电力机车防雾闪装置等多个项目，发挥人才攻坚克难作用。（孙淑环）

【科技创新】 2015年，太原铁路局坚持以创新发展为主线，投入1500多万元，推进科研攻关。主动承担大西客专高速综合试验组织技术研究等3项总公司重点科研课题；“27t轴重C80E货车条件下线桥适应性及强化改造措施研究”等126项科研课题列入路局科研攻关计划，“大秦线重载组合列车机车设备统一授时系统”“半自动闭塞区段断轨监测系统”等一批科研成果通过路局技术评审，“大秦线机车渡板变形”等问题在实践中得到有效化解。推进科技成果转化，“HX1型机车亏电研究及补偿装置”“铁路隧道煤尘清除装置”等研发成果在现场得以推广运用。同时，深化完善各层级调度指挥中心功能，强力推进“视频到车间、网络进班组”建设，持续补强“天眼工程”，开发推行电子公文系统，科技促进生产、科技提升效率的作用更加明显。（孙淑环）

【职工生活】 2015年，太原铁路局通过多种途径增运增收，使职工收入实现了稳步增长。大力推进民生工程三年攻坚计划，沿线220个班组生产生活设施得到明显改善。深化“百千万”站区文体活动，成功举办“我爱足球”职工男子足球赛、“奋进杯”游泳赛等大众文体活动，启动“中国梦·太铁情·劳动美”文化系列活动。推进职工保障房建设，临汾汾铁佳苑、太原胜利小区等6个小区、2961户保障房竣工交房。全年支出“三不让”专项资金4395.98万元，助困1655户次，助医13873人次，助学228人，为沿线车间班组及关键岗位职工补充配备药箱及小药包。更加关注职工身体健康，全年组织17053名职工进行健康休养，为65530名职工进行了健康体检；新增定点医院11家、定点药店14家；巡回医疗累计行程5.2万千米，服务职工8000余名。（孙淑环）

【申报成功“全国5A级物流企业”】 2015年，太原铁路局经过企业对标申报、现场检查评估、集中演讲答辩三个环节，中国物流与采购联合会答辩委员会委员和专家全票通过太原局5A级综合服务型物流企业的申报，标志着路局跨入全国5A级物流企业的行列，成为山西省唯一国家5A级物流企业。路局在山西省综合交通运输体系中居于骨干地位，在全国物流企业中占有举足轻重的地位。开展物流企业综合评估，对深化铁路货运改革，提升铁路货运服务品牌效应，增强路局影响力和社会公信力具有重大意义。 （孙淑环）

【推进现代物流创新发展】 太原铁路局认真落实铁路总公司党组，山西省委、省政府关于创新发展、转型发展，建设现代物流企业等战略部署，推进向现代物流创新发展、转型升级，以互联网+物流的创新模式，着力创建“云聚万商、流通万家”，辐射中西部、面向全国的重要物流基地，引领和带动全省物流业向现代化转型。12月27日，山西省委书记王儒林带领山西省委常委、常务副省长高建民，省委常委、副省长付建华，带领太原、晋中两市和省发改委、国土厅等10个部门的负责同志，深入太原铁路局就加快供给侧结构性改革特别是现代物流产业转型发展进行调研，并主持召开座谈会，研究解决实际问题。山西省省长李小鹏多次就推动全省现代物流业发展、加快中鼎物流园建设作出具体的指示要求。省直有关部门，太原、晋中两市和太原铁路局围绕推进中鼎物流园建设工作，形成思想上高度重视、行动上齐抓共推的良好局面，研究制定协调服务的工作机制，梳理协调和服务项目需求，积极破解园区项目建设难题，制定现代物流推进路线图、重点工作责任表和每天推进动态，先后召开中鼎物流园第一次建设推进会和6次周碰头会，共议定事项48项。

（孙淑环）

【大同至张家口高速铁路工程开工】 太原铁路局大同至张家口高速铁路工程在大同南站正式开工建设。山西省省长李小鹏，省委常委、常务副省长高建民，铁路总公司副总经理卢春房，路局局长赵春雷与来自晋冀两省的有关方面代表一起见证开工。全国劳模冯彩亮宣布大张高速铁路工程开工。李小鹏、高建民、卢春房与劳模、群众代表共同推杆启动项目。

大同至张家口高速铁路由山西、河北两省及铁路总公司共同出资建设，是《中长期铁路网规划》的重要组成部分。大张高铁线路起自山西省米庄线路所，经大同市、阳高县、天镇县，止于河北省怀安县，接轨于在建的呼和浩特至张家口高铁怀安站。东接京张城际铁路，西联大西客运专线，与京包铁路、京西铁路联网，是贯通京、津、冀、晋、陕的客运咽喉工程，也是晋北地区对外交流的“生命线”。铁路设计新建正线里程140.1千米，其中山西境内124.3千米，河北段15.8千米，设计行车速度每小时250千米；初步设计批复总投资165亿元；规划运输能力为每年运送旅客4500万人。本线新建大同南站、阳高南站、天镇站三座车站，建设工期四年；工程建设完工后，大同至北京通行时间将大大缩短到100分钟左右，把晋冀蒙的长城金三角和京津冀环渤海地区的经济区有效联系起来，极大促进山西、内蒙古、河北、北京的联系，对方便沿线地区人民群众出行，促进山西省参与“一带一路”建设、对接京津冀、融入环渤海、加快对外开放步伐意义重大。 （孙淑环）

【开行首趟一站直达城际列车】 2015年，太原铁路局以“八一”建军节和抗战胜利70周年为契机，以“寻找吕梁抗战老战士回曾经战斗过的地方看看”为主题，开行太原南至吕梁K7835/6次城际列车。这是路局首次开行一站直达城际列车，是路局推出的又一项客运服务新产品，是宣传路局“三个出行”优质服务和方便老区人民、服务区域经济的客运新举措。列车的开行，对于满足吕梁老区群众出行，扩大吕梁对外开放，拉动地方经济发展起到积极的推进作用。

（孙淑环）

【大秦线集中修施工】 2015年，大秦线进行为期20天的第二阶段集中修施工。完成成段更换钢轨156.283千米，更换维修侧磨轨27.111千米，成组更换道岔12组，更换轨／桥枕9056根，道床清筛95.62千米，桥梁换砟12.411千米，道岔及岔间线路换砟131组/6.33千米，大机捣固道岔219座，大机捣固线路1118.161千米，大机打磨钢轨924.13千米，道岔达标整治361组，隧道清污131883米/31座，隧道清淤29853米/11座、隧道基底病害整治200米/1座、隧道渗漏水整治370米/4座、隧道拱部无损检测5100米/3座、路基注浆380米/9处、更换桥梁步行板及两线间盖板7648平方米，栏杆除锈油漆10082米。

（孙淑环）

【电子公文系统开通运行】 太原铁路局为提高工作效率，更好地服务基层，推进无纸化办公，路局机关正式开通运行电子公文管理信息系统。自此，全局各单位、各部门之间的收、发文件全面使用电子公文系统进行局域网上办理，实现无纸化办公。电子公文管理信息系统建设是强化效率和服务意识、减轻基层工作负担的具体举措，极大地促进各项工作传达迅捷、信息畅通、易于追踪。

（孙淑环）

【党组织建设】 2015年，太原铁路局强化“抓好党建就是最大政绩”的意识，把党建责任扛在肩上，任务抓在手上，要求落到地上。加强党建基础工作。成立党建工作领导小组，开展党建述职评议考核，以“党支部建设质量提升年”为载体，全面加强基层党建工作。坚持“三个有利于”原则，优化党支部556个，指导瓦日线14个单位成立17个党支部。举办专职党支部书记培训班4期、培训458人，组建基层党建讲师团送教上门培训兼职支部书记1146人。组织“十区百优”党支部书记述职，211名党支部书记考出压力、述出实力、评出动力。指导22个基层单位党委按期换届,优化领导班子结构。突出党组织党员作用发挥。推行基层党建质效积分考评,实施支部分类定级、晋位升级,以"创岗建区"为抓手,以"组织作用在现场、党员作用在岗位"主题实践活动为载体,376个党员攻关组、668个突击队、483个服务队,突击奉献74520人次,完成立项攻关课题501项,新创建党内品牌313个,命名标准化党员活动室60个,强化了示范引领作用。实施《党员激励警示制度》,签发路局级《共产党员表扬书》28张,书面函询10次,加强党员管理。深化企业文化建设。学习践行"安全优质、兴路强国"的新时期铁路精神,紧扣"三化"建设,实施季度安全生产标准化验收、半年安全评估,定期评选表彰安全生产标准化建设示范站段、示范车间、示范班组、示范岗位,推广太原供电段"家文化"、高铁文化示范线等特色做法,激发广大干部职工保安全的积极性。选树宣传全局优秀共产党员标兵陈海波、"全国向上向善好青年"常勇、"全国助人为乐好人"杨静等先进典型,形成"群星耀太铁"的规模效应。优化宣传舆论环境。对内,专题组织机车乘务员超劳、物流转型发展等思想调研分析,及时掌握职工思想动态,做好一人一事的思想政治工作。对外,坚持"低调、平和、据实"原则,主动发声,正面引导,讲好太铁故事,展示太铁形象。全年在中央传统媒体刊稿594篇。《人民铁道》刊稿1481篇,全路排名第二。（孙淑环）

·太原铁路公安局·

【概述】 2015年,太原铁路公安局以开展"三严三实"专题学习教育活动为契机,围绕确保铁路运输生产安全中心任务,结合新常态下面临的新任务、新要求,明确"54321"总体思路,在强基固本、创新发展上求突破,在破解难题、培育亮点上见实效,全局"三年规划"圆满收官,管内政治治安持续稳定,民警队伍健康发展。（武建新）

【依法行政】 2015年,太原铁路公安局查获各类危险品、违禁品97047起,特别是查获毒品868起14268.242克,同比分别上升201%、68.9%,创建局历史新高。检查发现各类消防问题4883件,行政罚款188起478010元,采取临时查封措施17处,依法判立《重大火灾隐患》20处,杜绝火灾事故的发生。同时,办理内保行政案件1301起,同比上升311%,排查内保隐患7314件;内部单位职工犯罪率同比下降12.5%;妥善处置到路局上访人员78批1265人次,协助地方部门劝访进京上访人员57批240人次,实现管内信访重点人员零漏管、零失控。（武建新）

太原铁路公安局开展"6.26"国际禁毒日宣传活动

【线路管控】 排查线路治安隐患8624件,清理各类线路闲杂人员5680名,杜绝撞轧大牲畜事故、因治安问题引发的行车事故以及因掀盗运输物资引发的危行案件,铁路交通事故和防撞停车分别比上年下降27.8%、37.3%,37个派出所实现线路治安"五无","五无"单位数量连续三年保持增长。特别是大西高铁自2014年7月份开通后,取得"零铁路交通事故、零危行、零拆割盗"成绩。（武建新）

【侦察破案】 2015年,太原铁路公安局破获刑事案件139起,抓获犯罪嫌疑人119名,打掉犯罪团伙6个成员27名。拆、割盗案件破案率达88.5%,旅财发案率同比下降11%。破获倒票案件415起,假证案件124起,春运打击倒票和查处假证案件在全路均排名前五。抓获网上逃犯1257名,同比增加54.8%,并提前2个月完成"抓逃千名"年度目标。延伸破获毒品案件19起,缴获各类毒品300余克,实现历史性突破。8月25日,民警巡线查获携枪嫌疑人2名、自制枪支2支、钢珠弹1326枚,并通过延伸侦查,查获销售、购买枪支嫌疑人12人,非制式枪支10支,钢珠10000余枚。（武建新）

【警卫工作】 全年安全执行各项专特运警卫任务193次,其中专运任务102次(一级包车1次、重点二级包车3次、二级包车7次、三级包车21次、重点任务70次)、特运任务91次(二级整列23次、三级整列11次、三级整车57次);执行迁曹线、段大联络线跨京哈线铁路大桥一级看守警戒任务85次,一级交汇任务64次,创历年之最。（武建新）

【科技强警】 公安处、派出所之间公安网络通道达到10M、局界口达到4M、警务区达到2M,与公安厅的直联通道达到1000M。太原铁路公安局完成20个客运站、47个派出所的视频监控建设。建立处、所两级视频指挥、监控平台，完成与省厅的视频资源对接。实现实名制数据全部接入，获得铁路公安局、省厅的各类系统授权，完成30个车站的查缉一体化系统建设，特别是自行研发互联网订票数据分析系统，破获建局第一起特大网络倒票专案。同时，加强刑事技术、技侦专业建设，推进电子物证实验室建设，全局现场勘验信息系统作用发挥居全路第二，利用DNA零口供破获Z198次手机被盗案，实现零突破；现场比中公安部B级指纹，成功破获一起入室抢劫案。

（武建新）

【基础保障】 改造、整修警务区8个，增配警用电动摩托车100辆、350M数字对讲机100部，办公生活用品346件。建成使用执法办案场所80个，完成52个办案区的视频同步采集系统建设和70个办案区新增警铃建设，50%以上办案区监控接入法监部门实时监控，一线民警佩戴使用执法记录仪达100%，网上办案实现100%。同时，加强监所“五化”建设，对监室、单独关押监室、在押人员谈话室、心理咨询室等基础设施进行全面改造，安装监管信息系统，加装监区AB门禁系统、围墙蛇腹型刀刺网、周界红外线报警系统，提升安防水平。年内，2个单位被评为全路执法优秀单位，1个单位被评为全路执法示范单位，太原看守所实现监所安全22年。（武建新）

【队伍建设】 2015年，太原铁路公安局开展“三严三实”专题学习教育，在各类媒体刊发稿件4210篇，其中中央级395篇。公安局连续两年荣获“省直精神文明先进单位”，公安局党委连续10年被路局评为“先进党委”，公安局领导班子被路局评为“学习型领导班子”；3部微电影、3条微信、2条微博在全国、全路公安民警“三微”大赛上获奖，微电影《致命救赎》获全国公安民警“微电影三等奖”；共122个集体、306名个人立功受奖，1个单位被评为“全国铁路青少年维权岗”，1个单位荣获“山西青年五四奖状”，1名民警获山西省“十佳亲民人民警察”称号。特别是年内推进实战化练兵活动，取得全路实战练兵片区考核团体第二名、实战练兵成果检测团体第四名的成绩，连续三次参加全路模拟案件现场练兵考核均获第一名。

同时，推进精神文明创建活动，开设《道德讲堂》，编印大型画册《追梦之歌》《精神文明专刊》，临汾处组织开展纪念尚成书获“二级英模”19周年现场会、初任民警宣誓仪式等活动。年内，全局共举办各类培训班32期，培训干部民警3250余人次。兑现2014年精神文明奖，落实民警伤残和死亡抚恤金235万元，为重困患病民警发放“帮扶救助金”135.9万余元，对民警子女发放励志奖学金17万元、助学金1.7万元。安排190名先进立功民警进行健康休养，完成全局民警的年度健康体检，举办健康救护培训讲座。开展“八小工程”建设，配发基层生活设施设备1000余件。筹措资金37.57万元组织开展慰问，夏送清凉，冬送温暖。同时，坚持从严治警，以枪、酒、车、监所、执法为重点环节，开展“四个五”纪律作风教育、纪律作风教育月等活动，开展专项督察6次，现场纠正整改540余人次，签发《督察通知书》23份。查处违纪问题1件，4名民警受到纪律处分，20名领导干部因工作不力、失职失察等被行政问责。（武建新）

【重点安保工作】 2015年，抗战胜利70周年、十八届五中全会、新疆维吾尔自治区成立60周年、西藏自治区成立50周年、中阿博览会、达沃斯论坛、东盟博览会、上合组织峰会、世界互联网会、中国欧亚领导人会晤、春运、两会等重大安保任务相互叠加，规格高、密度大、时间长，创历史之最。太原铁路公安局上下团结一致、连续作战、拼搏攻坚，完成各项安保任务。特别是在抗战胜利70周年安保工作中，全局以严细茶坞治安检查站各项措施为重点，加强对重点人、事、物的管理，强化进京列车安全卡控，确保期间进京列车人干净、物干净，确保管内一事不出。全局有3个集体、5名个人被省厅评为“全省抗战胜利70周年纪念活动安保成绩突出集体和个人”。

（武建新）

【标准化建设】 以“自控型岗位、自控型班组、自控型管理”的自控型建设为依托，以实施“学技练功”“技能五项”提素工程为保障，打造“高铁民航化”安检模式亮点，拉动“既有线安检全覆盖”标准规范，实现全局安检查危工作全面提升。一是加强基础保障。针对反恐防暴、站车查缉等新任务、新要求，加大安检投入，

太原铁路公安局举办警体运动会

为20趟京车车底和单程运行1000千米以上客车底增配防爆罐63个和防爆毯42个，购置爆炸物探测仪4台，手探330把、电池23430块，更新安检仪35台，对36台安检仪传输带进行了延长改造。同时，投资20万元用于手持金属探测仪更新、维修和购置电池，购置人身安检台300个，均建立长效保障机制。二是加强规范管理。在深入调研分析的基础上，制定《客站安检工作规范》《安检队员管理考核办法》等11项规章制度。推行"一事一奖""小额快奖"的激励模式，共兑现奖励362100元。落实所领导带班盯岗，安检、督察部门检查督导，视频巡控检查等机制，确保各项措施落实到位。特别是实行"岗前必训、岗位实训、岗技连挂"的培训模式，全面推进安检队伍专业化、技能化、标准化建设。8月14日，举办安检系统"学技练功"对标落规现场会，明晰标准、明确要求、补强弱项，提升安检队员的能力水平。三是加强工作效能。落实"四个100%"的安检措施，严密站车"五道防线"，将各类危险品堵在站外车下。共查获各类危险品、违禁品97047起。其中，查获子弹310发、烟花爆竹53385响、管制刀具19844把、煤油0.755升、酒精40.1升、打火机65852个、化工品46119千克、伪造公章47枚、淫秽光盘137张、反宣品19中，其他9391件。特别是查获毒品14268.242克，其中冰毒249.85克、海洛因42.167克、吗啡179.19克，创历史新高，为查破案件提供线索。（武建新）

【线路管控】以高铁线路、重载线路、新建线路等为重点，推进线路治安"秋风战役"，净化线路治安环境。一是完善体系，重抓高铁线路。坚持把高铁安全视为生命线，全面实行局长、处长、派出所所长为责任主体的一把手负责制，推行日报告、周分析制度。按照总公司要求，协调大西客专公司增配线路辅警459人，达到每千米3人标准。开展高铁治安防范"秋风战役"和物防隐患大排查，排查各类治安隐患943件，督促整改620件。特别是探索实施"线路区段管理"、隐患"三色管理"、岗亭"星级管理"、辅警"微信管理"等工作模式，提升高铁安防效能。二是立体防控，常抓既有线路。落实逐人逐级分段包线包区段的责任制，采取人巡、车巡、携犬巡、添乘巡的立体式巡防模式，提高线路见警率，全年清理线路、场区闲杂人员5680人，处罚违治人员2744人，清理上路牲畜8次，劝阻自杀13次。开展"线路治安百日整治"、道口专项整治等专项行动，排查隐患8624件，督促整改1322件。针对重点人群，筹措资金69万元，购置宣传品50余万件，对7065个村庄（社区、街道）、1035所中小学校开展宣传，受教育群众129万人，签订维护道口安全协议1390份。同时，开展打击违法违规施工专项行动，确保成南北同蒲、石太、太焦、侯月、侯西等集中修施工安全。三是全程介入，紧抓新建线路。针对管内新建大西高铁试验段、太兴线、黄韩侯线等多条线路相继开通投入运营的实际，主动跟进、全程介入，协调推进人防、物防、技防建设。完善大西高铁综合试验段派出所、警务区、警亭用房，为管内瓦日线设置区间警务区12个、值勤岗亭56个。提前对大张客运、太焦城际、准朔铁路等重点铁路建设项目实地踏勘、调研选址。围绕各类物防技防治安隐患提早介入协调，开展反复排查，督促问题整改。同时，完成新建线路联调联试安保、动态检测保卫、安全评估等工作，为新线开通奠定基础。（武建新）

【安全防范】2015年，太原铁路公安局坚持治安风险管理，结合治安安全大检查，落实单位治安保卫主体责任及安全防范措施。一是强化内部安全防范。以"除隐患、堵漏洞、保安全"为重点，开展职工"四知"调查，从"管理监护、三防措施、规章制度"等方面入手，加大对要害、重要部位、水源地等处所检查，年内共检查内部单位2349处次，要害处所1175处次、储存易燃、易爆、危险品场所120余次，排查内保隐患7314件；深入基层单位召开职工法制教育大会320余次，受教育干部职工达70000人次。二是强化消防监督检查。突出客车安全、高铁安全，落实三级消防监督职能作用，推动消防管理"网格化"机制。以旅客列车、客车停放场所、新建线路、施工场地和内部单位重点防火部位为重点，开展路用工程车消防安全整治、大西高铁消防检查等专项行动，全年共检查运营旅客列车1706列次，内部单位防火部位3954处，发现各类消防隐患4883件，下发消防法律文书3249份，临时查封17处，依法判立重大火灾隐患20处，行政罚款188起478010元，下发《路局安全问题通知书》804张，杜绝各类责任火灾事故的发生。同时，发挥消防建审职能，做好大西高铁综合试验段、太兴、吕临等7条新线的审验工作，审核工程42项8.2万平方米，提出审验意见267条。三是开展安全大检查。开展两次安全大检查活动，特别是针对"8·12"天津重大火灾爆炸事故，部署开展以"四防"即防火、防爆、防破坏、防治安灾害事故为主要内容的治安安全大检查活动，落实"八查、五治、三抓"，层层查纠、堵塞漏洞。期间，岚县所民警巡线过程中发现一根枕木下沉5厘米，及时排除一起重大安全隐患。（武建新）

民航机场

【概述】山西省民航机场集团公司（管理局）隶属于山西省人民政府，实行"一套机构两块牌子"的管理运行模式。截至2015年底，山西省内在用的机场有太原、长治、运城、大同、吕梁、忻州市五台山六个。其中，太原、长治机场隶属于山西省民航机场集团公司（以下简称集团公司）；大同、吕梁及忻州市五台山机场以委托管理的方式由集团公司运营管理；运城机场隶属于运城市政府；临汾机场由临汾市政府牵头建设。基本形成以太原机场为中心，长治、运城、大同、吕梁、五台山等五个支线机场为辅助，连接全国、面向世界的运输机场格局。2015年,山西省内机场共保障运输起降10.18万架次,完成旅客吞吐量1088.78万人次,货邮吞吐量5.05万吨,分别同比增长5.56%、8.89%、-0.58%。其中,太原机场通航航线108条,通航城市69个,完成运输起降7.84万架次,旅客吞吐量884.30万人次,货邮吞吐量4.55万吨,分别同比增长8.56%、11.49%、1.34%。在全国206个定期航班通航机场(不含港澳台地区)吞吐量排名中,太原机场排名28。太原机场安检站廖宏班组获"全国民航五一巾帼标兵岗";太原机场地勤服务部刘永生获"全国民航五一劳动奖章"。太原机场对73个"小发明、小创新、小改革"优秀项目进行通报表彰及奖励。

(郭　静)

【航空安全】 2015年,省内机场共计安全检查旅客529.73万人次、货邮4.87万吨,查出证件不符54起,查缴各类违禁物25.2万件,安全保障各类警卫任务5次,全年未发生机场责任原因造成的劫、炸机事件、安全检查差错事件、一般航空地面事故及其他飞行事故征候。

(郭　静)

【企业管理】 完成对太原机场、长治机场的投(增)资工作;明确太原机场安保、消防、应急、环卫和能源收费等工作的权属,精简了集团本部会计核算范围。2015年集团公司(管理局)共筹集省市专项资金、节能减排专项资金、民航发展基金等2.18亿元。提出管理局与集团公司政企分开方案;与首都机场集团就将集团公司及所属机场委托首都机场集团管理事宜进行了沟通对接,并在省直有关部门及律师意见的基础上,对政企分开及托管方案进行修订完善。　(郭　静)

【新增航班】 国内方面:太原机场重点加强了对国内航班经停航线的布局,新增长春—太原—宜宾、福州—太原—银川、青岛—太原—乌鲁木齐、哈尔滨—太原—贵阳、昆明—太原—长春、沈阳—太原—长沙等经停航线在内的17条国内航线,加密国内航线19条,并引进邮政航执飞货运航线。国际(地区)方面:太原机场在与外航加强合作的基础上,开通了曼谷、名古屋和岘港的国际定期航班,全年完成国际及地区航班起降3063架次,运输出入境旅客37万人次,与上年基本持平。　(郭　静)

【基础建设】 太原机场开展了燃煤锅炉清洁能源替代(一期)建设工程、T1航站楼终端设备更换升级、安保设施设备更新改造、停机坪扩容工程的前期准备工作等项目。2015年12月24日,太原机场1号航站楼内3台电子借阅机正式投入使用,这是太原机场为推广"书香太原"系列公益活动积极延伸的一项新举措。

(郭　静)

【太原机场飞行程序验证试飞】 2015年1月30日17:52分,由中国东方航空公司MU200(B737机型)实地验证试飞,太原机场PBN飞行程序取得成功,标志着太原机场具备了PBN飞行程序使用和保障能力。民航华北地区管理局、民航华北地区空管局、民航山西监管局、东航山西分公司等相关单位的专家共同参与见证了此次实地验证试飞。

(郭　静)

【山西空港贵宾服务有限公司成立】 2015年4月8日,省民航机场集团公司与首都空港贵宾服务管理有限公司就成立贵宾服务合资公司在首都机场集团公司办公楼举行签约仪式。5月19日,山西空港贵宾服务有限公司召开成立大会,集团公司副总经理梁洪逵主持会议。首都机场集团公司副总经理张木生,省民航机场集团公司党委书记、总经理郝孝义共同为山西空港贵宾服务有限公司揭牌。首都空港贵宾服务管理有限公司总经理陈京云,首都空港贵宾控股、参股机场、贵宾公司代表,集团公司领导、二级正职以上干部参加会议。　(郭　静)

【承接危险品航空运输业务】 2015年4月8日19:00,装载着7件500公斤9类危险品锂电池类货物的深航ZH9956航班从太原机场飞向深圳。这是太原机场首次承接9类危险品航空运输业务。

(郭　静)

【越南航空入驻太原机场】 2015年8月1日,太原机场引进越南航空公司执飞太原至越南岘港航班,该航线航班号为VN458/9。　(郭　静)

【太原机场年吞吐量】 2015年11月22日,太原机场旅客吞吐量首次突破800万人次,这是继2010年突破500万人次,2012年突破600万人次,2013年突破700万人次后,太原机场运输生产实现又一次历史性跨越。2015年12月10日9:30分,太原机场与太原火车南站在太原机场二号航站楼出港大厅内召开了"空铁联运"新闻发布会。太原机场、太原南站、东航山西分公司、海航太原营运基地等相关单位出席。　(郭　静)

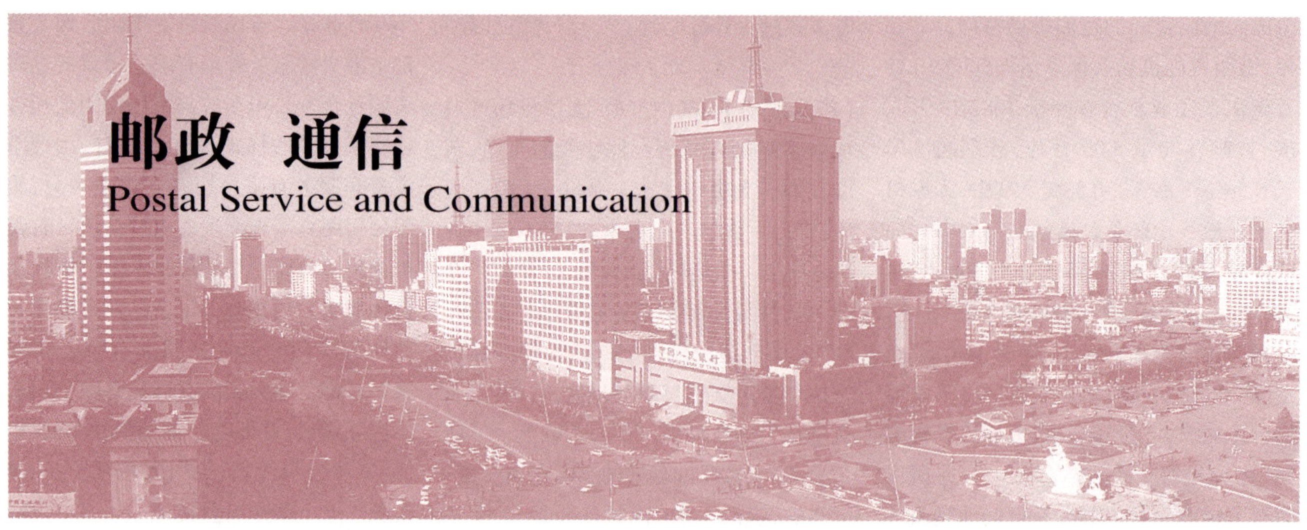

邮 政

·山西省邮政公司太原市分公司·

【概述】 太原市邮政分公司（原太原市邮政局）隶属于山西省邮政分公司，是网络型的社会公用服务企业，是城市基础设施的重要组成部分。太原市邮政分公司下辖4个县（市）邮政分公司、6个区邮政分公司，设9个机关职能部室、7个专业局、3个支撑单位和2个附属公司。员工2566名；拥有总资产2.23亿元，邮政局所178处，城市投递道段105条，乡邮道段104条，便民（三农）服务站1072户，社区邮政服务点990个，邮政信报箱群751处。2015年，太原市邮政分公司围绕"一体两翼"经营发展战略，聚焦"三件大事"，完成"十二五"各项目标任务。市公司步班乡邮员王收秋获"全国劳动模范"称号，罗晓莉被授予山西省五一劳动奖章。 （刘美芬 王 飞）

【量收规模】 全年业务收入实现6.51亿元，完成省份预算的101.34%，同比增长6.71%，发展速度较上年加快5.84个百分点，收入占全省比重21.61%；10个县区全部完成收入预算目标，9个县区入选全省30强县份、10强区份，24个支局入围百强支局；代理金融、函件、集邮、分销、电商5个专业完成收入预算目标。有效收入完成4.28亿元，高于收入增幅1.63个百分点；10个县区、2个专业累计实现超收留利332.72万元。新增金融总资产39.11亿元，同比增长75%，高于全省平均水平22个百分点；其中，新增储蓄余额7.56亿元，总规模达273.31亿元；新增保费27.18亿元，较上年翻一番；理财、基金、国债新增保有量4.36亿元。全市寄递收入实现6603万元，同比增长60.5%，高于全省平均增幅18.35个百分点，规模和增幅全省排名第1。上缴利润完成省公司目标。企业现金流入量达5.88亿元。欠费率控制在3.25%，低于省公司考核线3.75个百分点。劳产率达25.62万元。

（刘美芬 王 飞）

2015年8月7日上午，太原市邮政分公司总经理张俊卿、副总经理康健专程前往清徐县与好朋友商贸有限公司签署快递包裹代收合作协议

【能力建设】 全年完成固定资产投资6841万元，较上年增加3041万元。营业网，完成装修改造网点24处，VMD视觉营销系统植入75处，新建"邮惠购"体验区6个，布放CRS、ATM和自助填单机99台，建成12处"夕阳红"俱乐部。投递网，新增揽投部站3处，增配、更新电动车361辆，新增51台PDA；建成1.6万平方米的电商园区及智能仓储，新增"好朋友"代收代投点198处。便民平台，晋邮惠民站点新增600个，邮惠购关注量达10万人次；集邮网上营业厅、微营销运行显效，微信订阅号在149个网点全部应用；发展合作社区275个，稳固便民服务站点1072个。信息技术支撑，

智能网仓系统10月落地，完成“夕阳红俱乐部”“走千访万”两个实用性管理系统的开发。（刘美芬 王 飞）

【企业管理】 突出风险防范，持续开展欠费效能监察、招投标监督管理；强化制度执行和责任落实，全年安全无事故；清理重大违规2人、下岗培训6人。突出财务规范，重点加强小金库治理及规范招待费使用；推进ERP系统上线，财务管控、数据分析能力明显增强。突出人力效能激发，完善项目经理、支局长管理考核机制，修订完善网点内部分配办法；转聘A类合同工206人、B类合同工84人；推进业务外包、劳务承揽、非全日制用工等工作；压缩管理人员65人。突出服务管控，开展投递服务质量提升年活动，重点落实规范服务，全年用户满意度得分91.99分，在通信质量打分中全省排名第1、神秘人检查排名第2，高于上年同期水平。（刘美芬 王 飞）

【践行人本理念】 增加员工收入，调增支局长、综柜、大堂经理履职津贴，增加投递员津贴，全员年初普涨月绩效、年末普涨岗位工资，经营一线平均年收入增长21.32%，高于企业年收入增幅14.61个百分点。拓宽员工成长通道，分批组织中层干部赴江苏学习交流；聘任47名优秀管理人员为中、初级技术职务；在全省千名理财师评定中41名理财经理被认证为助理和初级资质；在全国性技能竞赛中取得省赛营销团体第2、金融团体第3，员工技能和成长通道得到“双收”。重视员工生产生活，投入165万元落办三件实事，新增适龄女工“两癌”体检项目；建成职工小家5处为32名单身员工提供住宿；增配空气源热泵解决通达支局供暖问题；节日慰问、送关爱活动惠及人数2700余人次。提升企业社会形象，全国劳模王收秋受到中央电视台和中央人民广播电台跟拍采访；西里街的“暖冬”行动、柳巷的关爱空巢老人等公益活动，受到众多新闻媒体的关注报道。（刘美芬 王 飞）

【金融转型】 2015年，金融板块以产能提升为抓手，以“均衡发展、力求双增、夯实基础”为总基调，全年新增总资产39.11亿元，同比增幅75%，其中保费达27.18亿元，创历史新高。跨赛期间，提前65天完成跨赛目标，提前56天完成首季目标，跨赛累计新增余额28个亿、保险12个亿，全省领先。（刘美芬 王 飞）

【“五大专享”服务】 突出客户体验感，“五大专享”增值服务体系更加形象化，“厅堂享尊贵”，具象到专属服务、快捷服务、特色服务和增值服务；“积分享好礼”，包括活动礼、达标礼、幸运礼、节日礼；“购物享优惠”，惠享“1元购”、邮品惠、盟邮惠、邮惠购等优惠活动；“活动享快乐”，乐享节日乐、养生乐、才艺乐、老来乐等客情维系活动；“生活享品质”，聚焦到“车享惠”、月月游、周二剧、“惠生活”。“一元购”等众多超值特惠项目成为邮储客户的专享服务。（刘美芬 王 飞）

【寄递业务】 2015年，太原市邮政分公司发挥邮速合体经营和邮政寄递主渠道优势，加大投入、提升能力，寄递业务实现快速发展。新建揽投部站3处；建成仓配一体、面积达1.6万平方米的北张、西贾、坞城三处电商园区及智能仓储中心，组建网仓管理团队，举办招商推介会，吸引10户优质电商客户入驻；电商小包投递组及102名外包人员、98台投递车辆纳入快递包裹揽投体系；合体后，适时组织各类专项营销活动拼抢市场，全年实现收入6603万元，增幅60.5%，规模和增幅全省排名第1。其中，小包中心收入508万元，较上年增长三倍。（刘美芬 王 飞）

【平台建设】 2015年，太原市邮政分公司打造邮政综合服务平台。5月，初定清徐孟封、徐沟、西谷3处建设“村邮乐购”农村电商运营中心，电商平台触角延伸到村镇；7月，首个“邮惠购”体验店在山大支局正式开业，半年建成6处，关注量达10万人次，邮政自有电商平台客户规模逐步壮大；“晋邮惠民”店全年新增600个、打造精品店25个，下单近2000单，拉动小包收入约万元，邮政融入电商产业链服务；8月，与“好朋友”合作新增198处代收代投网点，投递对外合作模式初探成功；紧扣惠民便民和智慧社区主题，力推社区共建，初选3处合作社区，拓宽综合服务平台渠道。（刘美芬 王 飞）

【集邮文化】 发挥邮票的特色资源优势，创新产品、服务客户，推进金融转型。8月23日，举行纪念抗战胜利七十周年集邮巡展启动仪式暨《黄河》邮票首发仪式，邀请和回馈金融高端客户；在金融客

小朋友们在“时光邮局”排队体验投递邮件的场景

户中开展《中国大阅兵》预售活动，销量在全国省会城市中排名第一。

（刘美芬　王　飞）

【品牌打造】 立足“亲民”品牌打造，开展系列公益活动，营造“百姓银行”“草根银行”形象。特别是10月至11月，策划“重阳节”系列公益活动，10月21日举办“邮情夕阳红摄影书画展”“寻找身边金婚、钻石婚幸福故事”颁奖仪式，11月13日举办公益健康大讲堂。四季度，市分局推进邮政与社区共建工作，柳巷、桥东等邮政支局与合作社区开展“幸福饺子，邮政暖意”包饺子等活动，太原邮政的品牌影响力得以增强。

（刘美芬　王　飞）

【保险工作】 2015年保险“首卖日”，创造3天2个亿、5天3个亿的“吉尼斯”记录，全年保费突破27个亿，达27.18亿元，实现太邮保险发展史新高。

（刘美芬　王　飞）

【企业“两会”工作】 2月7日，太原市邮政工作会议隆重召开，会议提出要围绕“一体两翼”的经营发展战略，立足“服务金融、创意函件、精准报刊、大众集邮、实力电商、渠道分销、质量寄递”的专业定位，深化转型，强化管控，促进“员工待遇上台阶、网点产能大提升、服务质量真改善、能力建设新突破、过程管控再强化”，开启太邮可持续发展新局面。8月13日，全市邮政经营发展年中座谈会召开，明确后5个月要以“一体两翼”为中心，抓住关键、推进转型；以“三严三实”作标尺，改进作风、强化提升，破解发展难题。

（刘美芬　王　飞）

【邮航货运】 10月27日凌晨00点15分，一架满载特快专递邮件的中国邮政航空公司波音737-300型全货机在太原武宿国际机场安全着陆，首航成功落地太原。山西邮政EMS被正式纳入中国邮政航空网络体系，打通邮政EMS标准邮件进口山西、出口全国、通达全球的航空通道，加快邮政EMS标准邮件的传递速度。市公司开展“保航运动”，推动地方电商产业的快速发展。（刘美芬　王　飞）

【企业更名及门牌更换】 根据集团公司关于实施法人体制调整有关事项的要求，2015年4月8日完成市公司及所属分支机构营业执照更名工作。12月28日起，山西省邮政公司太原市分公司（原太原市邮政局）正式更换门牌为“中国邮政集团公司太原市分公司”。同时，县（市）区邮政局也正式更换门牌为中国邮政集团公司县（市）区分公司。

（刘美芬　王　飞）

【职业技能竞赛】 2015年4月17日，市公司召开邮政通信特有职业技能竞赛动员会，该项活动正式启动。6月，市公司组建营销销售和代理金融两支集训队。8名队员于7月21日至24日参加省公司比赛，最终取得营销销售代表队团体第二和代理金融代表队团体第三的成绩。11月，梁冬芹、石磊、杜小乐和晋斐妍四名获奖选手经省公司推荐，被集团公司破格晋升为邮政业务（营销）员高级职业资格，其中一名劳务用工因此实现身份转换，转聘为合同用工。

（刘美芬　王　飞）

通　信

·太原电信分公司·

【概述】 2015年，太原电信分公司重点聚焦客户经营及规模发展，逐步提升专业化管理水平，提升市场经营能力。面对全面迁转4G、小运营商竞争等复杂的市场环境，公司积极应对，寻找差异化竞争优势，全面推进各项工作的开展，取得了较好的经营业绩。（孙　静）

【市场经营】 太原电信分公司重点聚焦客户经营及规模发展，逐步提升专业化管理水平，提升市场经营能力。公司积极探索互联网方式开展精准宣传，寻找与客户的共鸣点，形成客户自传播效应，扩大宣传规模。结合正月十五元宵节，策划“寻找羊驼”的互动活动。以“太原人都在找一只动物园丢了的羊驼”为话题扩散点，结合“寻找羊驼”的互动游戏，通过广播、公关新闻、微信个人号扩散&太原本土微信公众大号展开扩散宣传；线下通过在动物园树立大的二维码，现场分享朋友圈派发小礼品进行扩散，全员参与互动游戏，巧妙植入电信宽带业务，使游客在活动中深入了解中国电信的相关业务。开展无车关爱地球，电信送你出行活动。2015年无车日期间，公司开展“无车关爱地球，电信送你出行”的绿色公益活动。针对出行高峰，安排数位身披红色绶带的电信绿色大使为太原市民普及无车日知识，并发放1元公交礼包，倡导人们选择公共交通工具出行。此次活动参与的客户2天共计6089人，影响受众30万人，三个主流媒体进行了新闻报道，赢得很好的社会反响。（孙　静）

【网络建设】 2015年LTE基站建设过程中，通过创建基站建设清单，其中涵盖了基站基础信息、管理信息及进度信息，围绕清单开展谈址建设工作，创建工程物资清单、基站全程信息卡等一系列清单，力保基站建设有序开展。定时召开周例会+夕会，各工程主管及时跟进所辖范围内基站建设情况，便于鼓励先进，激励后进，推动基站建设工作快速开展。建立进度通报机制（有效利用易信群、海报、例会模式），将进度通报上墙，从不同维度通报工程进度（包括区域和施工单位的比对），将每日施工计划和完成情况进行通报，形成赶、比、超的建设氛围。以网格划小为手段，深化改革，简政放权、前后端联动，持续开展“破冰”和“清零”工作，提升资源使用效率。足额保障业务竞争重点领域4G网络投入，做好2G、3G、4G及wifi协同工作。统筹兼顾，适度加大基础承载网络建设投入，以“去电信化”的思维提升网络安全；建设快速响应、灵活、高效的基础承载网络。

（孙　静）

【运行维护】 太原电信围绕公司发展战略，实施倒三角支撑，从提升客户感知、加强触点服务支撑能力出发，保障网络维护质量，提升网络维护效率，强化基础管理，全力保障网络安全运营。关注以网格、小区为单元的两网能力。关注宽带业务品质保障，持续实施优化保障工作，关注新业务上线对网络的影响，做好业务支撑响应。做好移动网网络质量的持续跟踪与优化工作，及时解决网络中存在的问题，为公司业务的发展做好支撑工作。做好优化支撑流程，持续对支撑工作流程进行关注，做好倒三角支撑。完成第一届省互联网大会、文博会、图书博览会、终端订货会、马拉松赛等16次大型活动的应急通信保障工作，出动40余次应急通信车辆及发电保障车辆，分担话务量2297.5erl，分担流量240933.79MB，完成各项保障工作。通过多次实战经验，应急通信保障人员技能水平得到锻炼，代表山西省公司多次参加西北大区应急演练、并在集团公司应急通信大赛西北大区预选赛取得优异成绩。（孙　静）

【客户服务】 2015年，太原电信分公司倾听客户声音，寻找服务流程中的短板，从中找出管理改善点和营销服务工作的改进点，培养客户思维，优化服务流程。组织前端部门人员及后端支撑人员共计150余人，轮流进入投诉处理台席，倾听客户心声，提出各类合理化建议30余条。借助互联网倾听15966位客户对于移动网络质量的建议，开展"端到端"速率的客户体验。在客户上网高峰时段，维护人员上门测速和客户进行互联网体验，有1500多个客户参与体验活动。借助行风热线节目，提升公司形象。紧密围绕"人民要求是方向，人民满意是标准"的主题，向公众公开承诺分公司的服务标准。参加行风热线节目，接受并解决客户咨询13件。话务人员、星客客户经理和投诉处理人员服务客户时，主动请客户提建议，了解客户对公司产品的建议和需求。共收集客户建议700余件。

公司发挥部门联动，组织专项培训。锁定出现服务短板问题的关联部门与责任人，联动组织对相关责任人开展帮扶培训：培训内容围绕总结共性问题通过案例分析帮扶；解决日常工作中遇到的问题，答疑解惑。通过交流学习，经验讨论，提升员工防患及责任意识。定期组织班组开展培训和考试，受训人数合计1000余人次，月考均分80分以上。建立"培、考一体化"机制，部门人员参与占比达99%。（孙　静）

【综合工作】 2015年，太原电信分公司深入关注细节工作，提升主动服务意识。努力做好倒三角服务支撑工作。后端支撑部门全面关注公司细节小事，形成进门有人接待，询问有人应答，过程有人跟踪，问题齐讨论，案例共分享的工作模式。办公室采取首问负责、一人代办的方式，避免一线员工多处询问和频繁往返公司造成的效率低下，提升员工感知。先后组织多场培训，以"客户为中心"为主题，展开讨论，人人当讲师，人人当评委，结合自身工作，深度发掘工作每一个环节，逐步将"服务意识"纳入工作的点滴细节中，提升服务质量。深入最前端了解员工所需，切实感受一线人员的困难，及时解决实际问题。提前调配车辆，安排司机，为公司各种营销活动提供有力保障。公司落实"5S"基础管理工作，做好常态化服务。发动全员参与，全面覆盖，不留死角、不搞特殊。

公司公务生产车辆以租赁为主，以"谁使用、谁管理、谁负责"的原则，实行网格和部门化管理，公司与每位驾驶员签订《车辆安全承诺书》，对车辆驾驶员做到定人、定车、定责任，每月进行一次车辆违章情况与车辆安全状况分析，并与租赁公司进行沟通，努力做到小事不出日，大事不出周。（孙　静）

【工会工作】 根据太原电信分公司整体"划小"推进情况，2015年底新规划申请"四小食堂"6个，确保市区内七城区全面覆盖。通过"四小"的持续完善，为一线员工创造舒适舒心的工作生活条件，促进企业和谐发展。工会切实将关心关爱员工工作落到实处，体现以人为本的企业关怀，建立和规范送温暖工作长效机制，缓解员工及其家庭在遭受重大疾病及意外事故后造成的生活困难。工会"冬送温暖"活动共慰问困难员工27人，中秋之际走访慰问困难员工28人，慰问郊县公司和一线班组33个。

技能竞赛不仅全面营造学习专业知识的氛围，更是提升员工专业技术能力和素质的有效手段。"五四"青年节期间，工会组织开展主题为"服务从我做起"的演讲比赛；组织开展"4G知识问答竞赛"；针对营业员、厅长、渠道经理、驻店经理及网格经理，组织开展太原分公司销售岗位技能大赛。通过开展多种形式的岗位练兵和技能竞赛，引导和帮助广大职工不断提高自身素质，为公司年度目标做好服务与支撑。太原电信公司工会始终坚持以"快乐、健身、团结、进步"为宗旨，通过开展形式多样的文化体育活动营造健康向上、文明和谐的企业文化氛围，搭建广大员工相互交流沟通的平台，使大家在集体活动中体验快乐，在轻松愉悦的环境中锻炼身体、陶冶情操，以健康的体魄和阳光的心态投入到工作中，为企业的发展做出自己应有的贡献。（孙　静）

【党建工作】 太原电信公司强化领导，健全机制，深入贯彻落实《机关基层组织工作条例》，推动党组织建设规范化。开展标准化党支部建设工作。标准化党支部建设是充分发挥党的思想政治优势、组织优势和群众优势，引导广大党员在新形势下进一步增强党性观念，强化基层党组织的战斗堡垒作用和共产党员先锋模范作用的必要手段。公司党群工作部根据实际工作要求，将公司8个部门153名党员划分为3个党支部，制定"三会一课"制度、党员积分管理制度、党费收缴和管理制度、党风廉政建设制度，建立周学习、月学习台账，明确党支部职责，下发党支部重点工作指引；党群工作部每月组织开展中心组学习1次，每月组织开展支部学习1次，同时宣传党中央路线、方针、政策，培养和教育入党积极分子。2015年组织学习活动36次；各支部党员密切联系群众，深入基层开展调研工作160多人次。重点开展对基层划小单元党组织建设的指导。为切实加强和改进基层党建工作，发挥基层党组织的作用，更好地推进划小承包工作，促进划小承包中各项服务支撑和保障，建立了公司班子成员党建联系点，公司党委班子成员分赴8个基层党建工作联系点开展工作调研10余次，重点对基层的党建联系点给予帮助和指导。（孙　静）

【研讨活动】 2015年，太原电信分公司开展“严以修身”“严于律己”“严以用权”三个专题研讨活动；党群部先后组织下发优秀作品和易信手机链接的邮件，要求全体党员利用碎片时间在线阅读原著或观看《平凡的世界》等电视剧作品，提高党员对人生观、价值观的认识，强化道德思想教育；公司党群部将集团公司通报违反八项规定典型案例制作成PPT，组织全体党员、员工学习，要求做到立查立改立行，警钟长鸣；同时，统一为领导干部和各基层党支部购买《谈治国理政》《关于党风廉政建设和反腐败斗争论述摘编》等16本书籍，要求组织重点学习，并通过网上链接形式下发《走自己的路》《党课教材》，要求广大党员自觉开展读书和学习活动，每位党员都作大量读书笔记；此外，还开展征集各种摄影、手记和随笔等作品的多种主题活动：以“最美身边人”等先进典型为主题；开展“翼家人”文化推广为内容；开展“翼动三晋”活动，把公司基层一线领导干部发挥带头作用好的、能带动一线工作提升的先进典型，树立成标杆，以互联网化思维宣传其事迹，上传到易信公众平台“太原天翼党员专刊”让公司全体员工向其学习。

（孙　静）

【专题教育】 以支部为单位开展研讨工作。党群部制定学习研讨的进度要求，各支部在日常学习教育中，均把“三严三实”教育作为重要内容，推动各级领导人员把“三严三实”作为修身做人用权律己的基本遵循、干事创业的行为准则，争做“三严三实”的好干部。公司党群工作部先后安排“三严三实”“谈治国理政”“作风建设”等专题课程，组织学习了人民公仆焦裕禄、感动中国杨善洲、时代先锋沈浩先进典型事迹，组织全体党员观看《作风建设永远在路上》等专题片。认真落实中央第十二巡视组反馈意见整改任务，党群部根据整改任务，制定出整改方案和主要措施。整改期间，召开整改会议安排部署整改工作，领导小组每两周听取巡视整改进展汇报，对整改情况进行阶段性研究，确保工作有成效、无遗漏。经过认真研究、积极落实，在整改期限前完成全部整改任务。开展专题教育，落实中央巡视整改要求。“三严三实”专题教育开展以来，党群工作部高度重视，组织成立专题教育领导小组，明确专题教育的目标任务是“做好四个关键动作，突出四个着力解决，实现四个明显提升”。（孙　静）

【实践活动】 深入开展党员深学活动。打造“翼路争先”党建工作品牌，把党员学习贯穿始终。结合“三严三实”专题研讨，党群部每月认真组织中心组学习活动，督促各支部把“三会一课”落到实处，做到了个人自学与集体学习相结合。组织全体党员干部深入学习习近平总书记系列重要讲话精神，开展先进典型事迹教育学习，结合党风廉政教育月等活动组织学习党的纪律，开展反面典型警示教育。公司党群部每周发送电子学习期刊，2015年共发送34期。认真开展基础党建工作。党群部把抓好基础党建工作作为推动企业稳定运行的重要组织保障，制定《党支部标准化建设工作手册》，对基层党支部的工作加强指导。按照《党章》要求督促党员按时缴纳党费，及时接转组织关系。组织开展了党员民主评议工作，共表彰30名“优秀共产党员”和4名“优秀党务工作者”，发展3名预备党员；公司党群工作部组织党群工作部书记和3位基层党组织书记参加省公司组织的基层党组织书记集中培训班。在培训的两天时间里，大家认真听讲并做了大量笔记，课间热烈讨论，培训取得实效。完成省公司和太原市住建委的工作部署和要求。在省公司“庆七一、学党章、讲党性”主题活动中，公司积极参与，开展多形式的学习和教育活动，在答题活动中号召全体党员积极参与，答题率高达125.93%，平均得分90.76分，荣获中国电信集团公司最佳组织奖。在住建委的工作安排下，全年报送总结及报告14篇，廉政信息11篇，思政论文4篇。

（孙　静）

【推进党风廉政建设】 2015年，太原电信分公司对全面推进惩治和预防腐败体系建设和推进党风廉政建设进行部署，明确主体责任落实，把党风廉政建设和反腐败工作融入到干部选任、制度建设、监督检查、信访查办等各项工作中去。强化一岗双责，形成工作合力。为公司健康发展提供保障支撑，党群部组织全体党员干部开展《廉洁手册》知识答题活动；各基层单位一把手签订党风廉政建设责任书76份，与中层干部、小CEO和关键岗位员工签订岗位廉洁承诺书114份。强化监督检查，完善监督体系。结合三严三实和廉洁教育，先后多次组织开展针对收受、馈赠礼品礼金、钱物、有价证券，领导班子个人事项，领导人员亲属经商办企业进行关联交易及供应商资助子女留学等问题的专项检查工作，着力逐步推进纪检监察体制机制改革，加强纪检监察队伍建设和能力建设，完善企业内部监督体系，探索建立不敢腐、不能腐、不想腐的有效机制，保障企业改革发展顺利推进。（孙　静）

·太原联通·

【概述】 2015年，太原联通以党的十八届三中、四中全会精神为指引，贯彻落实集团“移动宽带领先与一体化创新”战略和省公司“夯实基础，改革攻坚，量质并重，转型发展”的工作总要求，全年实现主营收入 21.01 亿元，同比全省第二，通服收入累计完成 20.87 亿元，同比全省第二。移网收入累计完成 9.93 亿元，同比全省第一；固网收入累计完成 10.93 亿元，同比全省第七。预算口径利润完成 5.5 亿元，收入利润率全省第一，在全成本同档城市中排名第五。（张国香）

【党建工作】 2015 年，太原联通以“订方案、增考核、强管控、重学习、落责任”为抓手，组织学习党内两个法规、两个责任和四中、五中全会精神，将公司党建工作纳入了绩效考核体系。基层以“标准化管理、带头式争先、重点性学习”为原则，党支部落实“十项工作”，开展月度集中学习和警示教育工作。以“亮身份、比带头、结对子”为要求，发挥党员先锋模范用，认真开展“三严三实”专题集中学习讨论。党建工作受到上级组织好评和集团公司肯定。（张国香）

【党风廉政建设】 2015 年，太原联通强化落实“两个责任”和两项《规定》，按照“谁主管谁负责、谁负责谁担责”的原则，坚持有腐必惩、失责必究。强化反腐倡廉警示教育，防微杜渐、警钟长鸣。强化巡视整改落实，开展三个突出问题专项清理，突出重点工作，增强监督检查的针对性。落实中央八项规定和反四风要求，把纪律和规矩挺在前面。强化沟通协调机制，召开党风廉政建设和反腐倡廉联席会议，启动干部约谈制度，形成“拉耳朵”“扯袖子”新常态。（张国香）

【业务发展】 2015 年，太原联通移动宽带出账用户达 103.96 万户，同比增幅 21.3%。宽带用户到达 80.4 万户，其中 10M 及 20M 以上速率用户占比分别为 56.87%和 7.03%。智慧沃家达 17.05 万户；累计捆绑 4G 29.03 万户，其中 4G 新入网占比为 59.3%，全省第 2；捆绑 20M 及以上宽带占比为 21.21%，全省第 1；IPTV 用户达 17.46 万户，在 FTTH 用户中占比 33.2%，全省第 2。移动宽带单卡续转合约 15871 户，合约到期年内续约率 21.6%。移动业务存量收入保有率 83.33%，全省第 1；移动宽带高价值存量收入保有率 83.15%，全省第 1。在与太原市政府签订“互联网 +”战略合作协议的基础上，分别与清徐、阳曲、娄烦及高新区的区县政府签订“互联网 +”合作协议，落实市旅游局、市公安局、市卫生局以及富士康园区的“互联网 +”合作项目，与市中小企业局、市委组织部的“互联网 +”合作项目也启动。IDC 创新合作模式，关注业务发展和资源效益，全年完成收入 1.51 亿元，同比增长 16.38%；ICT 以大型项目为重点，以小型项目为基础，完成二十余个 ICT 项目建设，全年完成收入 1441 万元。（张国香）

【网络建设】 2015 年，太原联通构建面向综合业务区的项目经理管理体系，实现市场响应效率和项目管控质量的“双提升”。宽带网实现“全光市”，宽带接入能力达 164.31 万线，其中 FTTH 端口总数为 122.29 万线，占比 74.42%。移动网新增 3G 基站 548 个，累计达 2839 个；3G 室分站点累计达 1177 个，A 类楼宇覆盖率 100%；新增 4G 基站 666 个，累计达 1972 个；新增 4G 室分站点 183 个，累计达 296 个，覆盖楼宇 544 栋。传送网实现了 43 个乡镇分组设备 100%覆盖，按照目标网架构，完成了 61 个综合业务区的主干光缆网建设。基础设施共建共享扎实推进，实现年度收益 327.04 万元，节约建设成本约 1500 万元。完成 20 个端局和 235 个模块局下电，PSTN 退网 56.62 万线，DSLAM 退网 35.04 万线，累计退铜 61.08 万线对公里。为深入贯彻落实党的十八大关于加快推动“宽带中国”战略部署实施，山西省人民政府决定在太原市八类重点公共场所建设 160 个 WLAN 网络，开通适度免费服务。由中国移动、中国电信、中国联通三家运营商分四个批次实施覆盖。太原联通承担其中 54 个热点的建设任务。太原联通已完成所承担的建设任务，共实现 54 个热点的覆盖。（张国香）

【运行维护】 2015 年，太原联通网络运行质量持续改善。移动网以 KPI 短板指标治理为抓手，加强故障管控，基站在网率从年初的 81.46%提升到 95.81%，改善明显。宽带网开展 IPTV 专项优化，扩容 10G 中继 81 条、GE 中继 97 条，全网 OLT 上行带宽利用率控制在 60%以下。积极应对市政影响，做好网络优化、缆线改迁工作，完成网络优化 157 项、机房整合 153 个，主干光缆改迁 755 条。（张国香）

【客户服务】 2015 年，太原联通在全光网建设快速推进、市政改造点多面广、cBSS 系统支撑不到位等多重压力下，公司不断理顺工作流程，加大培训帮扶，强化过程管控，提高基层服务水平，服务指标基本达到预期目标。同时完成三批共 140 项大服务承诺落实，为服务水平进一步提升打下基础。在省公司一季度组织的投诉治理“春雷行动”中，获服务销售类和通信质量类投诉控制竞赛三等奖。山西联通微服务绑定任务完成量全省第一。1G 半年流量包、M 码发行量与注册用户数在全省均名列前茅。太原公司完成山西省移动分组网 MME 池组化改造。改造完成后，解决了现网中不同区域或不同时段业务量不均衡的现状，平衡了“潮汐效应”；对突发的业务量具有良好的应对能力，在提升设备利用率的基础上，增强了核心网络的安全性，实现了 MMEPOOL 内的容灾。（张国香）

【体制机制改革】 2015 年，太原联通全面深化基层单元承包及专业化运营改革。撤销市区原 18 个营销服务中心，分专业将县市基层单元优化为 180 个，并以自主经营体模式垂直管理穿透到最小基层单元，公司部门数量也由 60 个精减为 42 个。改革后，所有部门正职全体起立公开竞聘；全部基层单元承包人岗位公开带标选聘，基层单元人员双向互选，优化分布;同时以积分评价模式为依托,对符合要求的20名一线非合同制人员执行转签,90名淘汰的零积分人员纳入转岗培训,全年减员400人。优化薪酬分配,将固薪成本纳入业绩评价薪酬体系;人工成本使用坚持向一线基层倾斜,坚持后台挂钩一线;基层单元薪酬分配100%由专业渠道直接穿透到人。

(张国香)

【专业化运营改革】 2015年,太原联通渠道发展能力快速提升。实施专业化改革后,全渠道移动宽带发展能力由日均不足1300户,提升到日均2100户以上。其中:自有厅通过收入承包、竞标上岗、季度考评、末位淘汰、包片负责、督促帮扶等措施,4G单兵产能从44.8户提升到58.08户,提升29.6%;智慧沃家发展从19.56户提升到49.34户,提升152.2%;人均发展积分由1237分提升到1679分,提升比例35.7%;人均薪酬水平从2413元提升到2740元,提升比例13.6%;“单兵产能、发展积分、员工薪酬”得到有效提升。社会渠道由原来的4个承包区扩大到10个承包单元,管理更加精细化,认标上岗实现了真正的承包责任制,明确“七个必须、四个到位”日常管理以来,全年注册渠道达1369家,全省排名第一;移动宽带日均发展从188户提升到588户,提升比例213%;智慧沃家日均发展从22户提升到52户,提升比例136%;终端日均发展从42户提升到183户,提升比例336%;沃易购平台活跃渠道600家,全省排名第2,终端订购101455台,全省排名第一。城市驻地网围绕“该干啥、怎么干、去哪干、怎么赚、强对标、抓落实”,将业务发展同薪酬考核强关联,低积分人员占比由改革前的12.22%下降至9%,下降3.2%;4G日均发展从100户提升到238户,提升比例138.2%;智慧沃家日均发展从97户提升到198户,提升比例105.4%,终端日均发展从12户提升到29户,提升比例134.7%。农村渠道成立27个基层一体化单元,结合农村光改开展“扫村”营销,通过IPTV演示、“五必须”规定动作落地,智慧沃家的日均发展量由5月的37户提升到12月的76户,提升比例105%,为了增加用户触点,重点在乡镇驻地和千人村拓展代办点129个。

(张国香)

【“团单+行业应用”】 2015年,太原联通集客线主营收入累计完成10.27亿元,占公司总收入48.93%,签单1125单,签约合同总金额达1.84亿元。集客通过“团单+行业应用”拉动移动宽带规模发展,全面完成公司下达的量收指标,收入完成预算的100.04%,人均积分从2357.34提升到5364.19,提升127.5%;单兵产能从33.59提升到143.57,提升327%。商客以“名单制+行业应用”推动营销模式转型,同时结合商务楼宇、聚类市场驻点建设,开展智慧商圈、销售管家等多项专业应用推广,商客经理平均积分实现翻番。校园以名单制大中专院校的开学迎新及日常发展为重点,细分校园目标用户,开展常态化营销与维系。校园专属产品发展量在全国名列前茅,获得集团表扬。电子渠道交易额累计完成11.5亿,同比增长38%,超额完成目标任务38%,全省第一;电子渠道服务量占比74%,同比增长11.9%,全省第一。

(张国香)

【基础管理】 2015年,太原联通公司组织架构调整后,及时进行预算调整、流程改造,确保资源最大限度向基层单元直接配置。落实“两金”清理,促进公司利润、现金流指标稳步提升。严明财经纪律,同时做好中央巡视组、国资委监事会等重点检查配合和整改落实。完成2016–2018年10个专业的三年滚动规划编制工作和2014年建设工程的项目后评价工作;持续推进在建工程清理,开展投资建设流程优化;深入开展物资采购领域专项清理整治,加强对物资采购的招标、谈判管理,本着“方案在先,应招尽招”的原则,严格贯彻招投标法和工信部27号令的要求,加大监察部门对开标、评标会议全过程的监督力度,评标现场全程录音录像,竞争性谈判项目全部挂网公告,保证采购全过程的公开、公平、公正。加强系统稽核,完善业务系统流程,全力保障cBSS智慧沃家发展,同时及时根据公司机构改革情况,修改、规范各项支撑系统数据及相关统计,做好一线营销发展的信息化保障。开展各项审计工作,完成各类工程审计项目3312项,节约投资3034.79万元;依托审计预警系统,针对制约经营效益提升的主要风险,及时跟踪通报变化趋势,及时发现公司经营发展过程中存在的问题;按照组织程序开展各县分公司离任经济责任审计,强化审计职能,防范经营风险。启动“培训送到营销一线”的活动。全年共组织培训420期,人均培训55小时,全员培训率达到95%,创历年新高,与上年同期相比参培人员增加25%。落实安全生产责任目标,强化安全意识和责任落实,不断夯实千分制量化考评制度,将季节性检查、专项检查及节假日检查相结合,有效防范和遏制了各类安全事故的发生。积极组织开展群众性经济技术创新活动,深入开展“全员性”职工文体活动,扎实开展职工关怀工程,加强“职工之家”建设,激发和谐企业活力。做好离退休人员服务工作。在企业内控、风险管理、应急管理、新闻宣传、信访维稳、后勤保障等方面也做了大量扎实有效的工作。

(张国香)

【营销成效】 2015年,太原联通开展以“迎春纳福、智慧沃家”为主题的“迎两节”阶段促销活动。各渠道共发展移动宽带5076户,其中终端发展1231户,终端占比达24.25%。宽带发展1091户,平均日宽带发展量达到363户。完成为金融客户年终决算期间的重要通信保障工作。完成长途两万八电源系统割接,为一枢纽七层长途交换设备、五层长途传输一干设备及112集中测试等设备供电安全奠定了坚实的基础。公司3G业务收入环比全省排名第2,4G业务收入环比全省排名第1。完成山西省人大、政协期间通信保障任务。作为主会场的主要通信服务提供商，太原联通周密部署，成立"两会"通信保障组，制定出通信保障方案。为参会人员提供一流的服务，完成"两会"的通信保障任务。（张国香）

【古交建成全光网络县】 随着古交PSTN及DSLAM端局设备于2015年4月29日正式下电退网，标志着古交联通分公司迈入"全光网时代"，太原联通建成首个县域全光网。古交分公司累计转换用户15000余线；设备下电涉及县局机房1个，模块局和AG机房53个，电交箱27座；设备涉及172架，拆除电缆约5.2万线对公里。（张国香）

【省数据中心IDC机房网络集群化】 新增的NE5000E设备加电运行，新增路由器12080设备入网成功。在满足腾讯客户100G带宽接入需求的同时，大幅度提升了省数据中心IDC机房各类互联网服务和云计算平台的托管容纳能力。其次，太原联通电信迈出室分合路第一步，太原茂业天地的信号覆盖方案，太原联通、太原电信于5月7日确定了工程建设由电信主导建设，联通3G/4G设备与电信合路的原则。此合路方案的提出，在减少电信重复建设，推进通信基站资源共享，降低建设成本、提升建网速度方面为运营商开启了一个新的模式。再次，太原分公司实现宽带和语音三方ONT用户电子工单自动受理和上线。完成BSS系统、集成系统、激活系统、IP综合网管系统、光速网管系统、IMS系统、RMS系统等全流程穿透测试，分别于4月底和5月上旬，实现了宽带和语音三方ONT用户的电子工单自动受理和上线，提高了装移机成功率。（张国香）

【一电厂端局圆满实现关电退网】 5月30日一电厂(632端局)按期退网。退网端局总容量7632线，其中语音6144线，宽带1488线。语音用户4915户，宽带用户1339户全部实现光速覆盖。机房关电后共退网出局主干电缆5条，共计8040线对公里，共涉及交接箱13座，共计9958.52线对公里。所有设备下电后，每年可为公司节省电费12万元，房租2万元，共计14万元。（张国香）

【首次实现UPS交流供电无瞬断切换】 2015年6月9日凌晨4：00，太原联通三枢纽生产楼200KVA UPS供电系统STS转换柜割接工作顺利完成。在全省范围内首次实现了交流用电的无瞬断切换，实现了交流供电系统的双电源供电。其次，太原分公司做好退网电池再利旧工作，分公司充分利用光改接入网机房设备下电退网的有利时机，对即将退网的机房设备进行甄别，将能够利旧的蓄电池组，根据需要调配至在网机房继续使用，维护人员自己动手完成拆装，既解决了现网中部分逾龄蓄电池组的替换，又确保设备发挥了最大效能。再次，太原完成载波聚合试验点的开通。12月7日，太原分公司完成载波聚合试验站点的开通。分公司选择太原市区9处重点营业厅作为试验点，进行此业务的安装开通。经现场测试，无线传输速率下行可达290Mbps。此业务的开通，可支持高数据传输速率，满足多种终端对高无线数据业务需求，提供更好的用户体验。

（张国香）

【平阳路端局PSTN完成转化并退网下电】 平阳路端局是太原第二大端局，涉及各类商务楼宇、小区257个，涉及改造用户总量26534户，其中FTTH宽带用户11606户，单语音用户12510户，PON+AD割接用户2239户，无线固话替代188户；累计退网电缆交接箱74座；下电模块局和AG机房10个，端局下电贝尔和西门子交换设备共计6.12万线；下电DSLAM设备40架，端口容量3.09万个。其次，10月15日、19日两日，太原分公司配合供电局对太原公司第一、二、三、四枢纽大楼和十六个端局进行了高压预防性试验，通过一年一度的高压预防性试验。（张国香）

【重大活动】 集团公司纪检组组长张连如在山西联通总经理苏宝合、副总经理于长安、综合部总经理申波及太原联通总经理胡民等领导的陪同下在大南门旗舰营业厅视察工作。太原联通LTE网络集团测试单项指标均值排名为全国第七，其中有4项指标排名第一，8项指标前五，10项指标前十，单从速率来看，太原跻身全国4G网络下载最快城市之一。8月28日，集团公司总经理陆益民、副总经理姜正新一行在山西省公司总经理苏宝合、副总经理李晓龙、太原市分公司总经理胡民等领导的陪同下深入太原市分公司调研。总经理陆益民一行在义井营销服务中心听取了基层单元改革以来各项工作开展情况的汇报，对营销中心取得的成绩表示肯定的同时指出，基层单元的扁平化改革还需进一步到位。在大南门旗舰营业厅，副总经理姜正新一行深入考察智慧沃家业务发展及受理情况并与营业员进行交流。随后副总经理姜正新一行与太原市分公司领导班子、主要部室和部分营销单位负责人、集团客户行业总监等进行了座谈交流。9月1日，省公司副总经理李晓龙携省网络分公司运行维护部经理柴海波、安全保卫部经理赵海深入公司检查指导网络通信重保和安全保卫工作。在"抗战胜利70周年纪念活动"前夕，副总经理李晓龙一行在公司总经理胡民、副总经理王建业陪同下，先后察看一枢纽楼一层变配电机房、五层长途传输机房、六层网管机房和一层消防控制室。太原公司顺利完成"9.3抗战胜利70周年纪念活动"通信重保任务。重保当日，总经理胡民、副总经理王建业坐镇一枢纽网管监控机房，网络设备重要环节现场加强值守，网管监控和重要线路现场盯防；确保此次重要通信保证网络的畅通。分公司当日重保参与人员达302人，现场值班车辆78台，应急发电油机(车)23台，现场光缆、接头盒，尾纤、ONU设备等各类重保物资、重要设备备件齐备。9月13日太原公司圆满完成国际马拉松通信重保。太原公司启动通信网络保障预案，对赛事涉及区域的所有基站、机房及线路进行故障隐患排查和拉网测试、优化。并对比赛起跑点(终点)——煤炭交易中心进行深度覆盖保障。通过载波扩容、CE扩容、启用应急通信车、开通缓解拥塞的网络功能等优化措施，圆满完成国际马拉松通信重保工作。12月10日，集团公司副总经理李福申一行深入太原分公司调研。在省公司总经理苏宝合、副总经理刘存虎、李晓龙、分公司总经理胡民等领导的陪同下，副总经理李福申一行先后深入到义井驻地网自有营业厅、太化小区的"联通沃店"、大南门营业厅了解一线员工生产经营情况，了解员工诉求及改革实施后员工们薪酬待遇变化并与各层级人员进行了座谈交流。听取总经理胡民的工作汇报后，副总李福申对公司在组织架构改革中所做出的努力表示赞同和肯定。（张国香）

【获奖情况】 第二届山西文化产业博览交易会于2015年9月9日至15日在中国(太原)煤炭交易中心举行，根据组委会要求，太原联通提前准备，精心组织，周密部署，完成通信保障任务，获第二届山西文化产业博览交易会优秀组织奖。太原公司网络优化班组获全国质量信得过班组一等奖。第四届全国质量信得过班组评选比赛在厦门举办。参加"质量信得过班组"评选比赛的班组共计127个，来自全国各地，涉及航天、电力、通信、医疗等行业。代表太原联通参加比赛的网络优化中心网络优化班组，凭借《把握质量 促进发展》课题获一等奖。太原分公司卓越QC小组获2015年通信行业优秀QC小组。11月10日，中国通信企业协会在南昌举办的"2015年度通信行业优秀QC小组成果发布交流会"上，分公司卓越QC小组凭借"降低LTE网络数据业务掉线率"的选题，获得了2015年度通信行业优秀QC小组成果奖。QC活动后，太原市LTE网络数据业务掉线率已由0.31%降低到0.1%。太原夺得传输专业全省练功比武冠军。12月2至3日，省公司在省邮电职工培训中心(太原)举办了2015年山西联通传输专业技术比武竞赛，全省11个地市分公司的22名选手参加竞赛。代表分公司参赛的焦勇、阮栋两名选手取得了"笔试加操作"第一和第二名的战绩，分公司夺得个人和团体两项第一。（张国香）

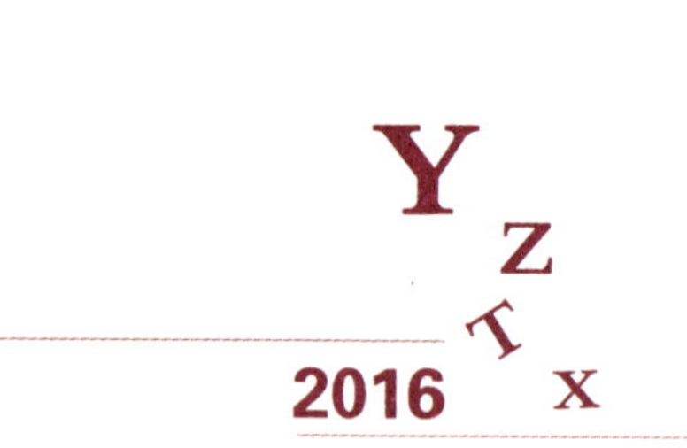

youzheng tongxin

邮政 通信

财　政

【概述】 2015年，受经济下行和结构性减税政策影响，太原财政收入形势严峻，持续低位运行。全市各级财税部门迎难而上，狠抓收入的完成，全年进度保持良好，在2—8月连续7个月增幅位居全省第一的基础上，2015年全市一般公共预算收入全年完成274.24亿元，同比增长5.9%，超额完成省定5.5%的考核指标，在全省11个地市中增幅排名第二，是全省实现正增长的两个城市之一。

（张　洋）

【党风廉政建设】 2015年，太原市财政局党组开展学习贯彻党章、《准则》《条例》，把忠于信仰、敬畏党章、忠于职守贯穿到日常工作中，树立党纪严于国法、领导干部严于普通党员、党员严于一般群众的意识。探索纪律教育常态化，运用好监督执纪的"四种形态"，在严明纪律中体现严格要求和关心爱护。

利用时间节点，强化监督检查，在中秋、国庆、春节等节日期间，召开会议，下发文件，开展明察暗访，强调纪律、严肃作风。邀请专家、政法干部进行案例教育。局有关处室定期不定期检查局机关及局属各单位的工作纪律执行情况，按照《太原市财政局党组关于推进财政部门惩治和预防腐败体系建设2013—2017年工作任务的实施意见》要求，推进财政惩防体系建设。同时，落实基层党建"联述联评联考"，12名党支部书记均进行述职。机关党建强调以人为本，增强党组织的亲和力和凝聚力。局机关被评为省级文明单位和市级"双拥"标兵单位。

（张　洋）

【政策调控】 2015年，太原市财政局加大统筹力度，盘活存量资金，压缩一般性支出，争取上级资金和政策支持，确保全市中心任务和重点工作的资金需求。

重点保障"五个一批"，助推"六大发展"。投入134.8亿元用于南沙河快速路改造、南部热电联产集中供热项目、地铁2号线等重大基础设施项目的开工建设；投入58亿元用于城中村改造拆迁和既有建筑节能改造工作的推进；投入12.87亿元用于百院兴医、校园校舍、图书馆和龙泉寺等科教文卫项目的建设；投入8.5亿元用于全市重点区域环境整治、供热供气优化改造、采煤深陷区搬迁治理和黄标车老旧车淘汰等宜居城市项目建设；投入8.4亿元用于三农重点项目的落地；投入1.8亿元用于社区惠民项目、警务云和强戒所等社会管理服务设施的建设；投入6200万元用于支持富士康、江铃重汽等转型发展产业的加速成长等。

（张　洋）

【财政投入机制】 2015年，太原市财政局下达各类民生支出346.72亿元，占全市一般公共预算支出82.53%。企业退休人员基本养老金、城乡低保对象最低生活保障、优抚对象补助、基本公共卫生服务经费、公益岗位补贴等提标政策如期执行；机关事业单位养老保险制度改革序时推进，养老保险制度"双轨制"正式破题；城镇职工医保、城乡居民医保、大病医保、医疗救助等医疗制度有效衔接，百姓"看病难看病贵"得到缓解；按照政策规定下达各项教育专项补贴，支持教育优先发展战略；公交线网继续优化，公共自行车服务能力提升，"公交都市"建设稳步推进；涉农补贴、"一元菜"工程、平价商店建设、文体事业发展等惠民利民项目财政也按照要求给予足额保障。

（张　洋）

【清费减负】 一是落实清费减负财政政策。清理取消、停征或减免涉及企业的国定59项、省定1项等不合理收费项目，落实山西省政府减轻企业负担、促进工业稳定运行60项措施和煤炭资源税从价计征改革政策，同时办理企业退税，减轻企业负担，培育企业发展活力。二是推进"双创"示范基地建设，2015年，太原市入选国家小微企业创业创新示范城市（简称"双创"示范城市），2015—2017年中央和省累计补助太原市10亿元专项资金，2015年已经下达6.8亿元，政策落地后，各类创业创新载体竞相成立。三是对中小微企业融资难提供帮扶，安排2000万元用于增加担保融资机构增加注册资金，设立4000万元的"企业应急链应急周转保障资金”，提供贷款担保3.46亿元，缓解中小微企业应急资金困难和融资难，为市场主体的生存发展提供帮扶。（张　洋）

【财政预算管理】 财政是国家治理的基础和重要支柱，推进预算管理制度改革是建立现代财政制度的重中之重，市财政结合全市实际，落实落地各类财政预算改革事项。一是完善政府预算体系。初步建立涵盖一般公共预算、政府性基金预算、国有资本经营预算、社会保险基金预算在内的全口径预算体系，并在年初市人代会上进行汇报。二是建立健全预算公开制度。加大预算公开力度，预算公开率达100%。三是完备转移支付制度。梳理竞争性领域和专项转移支付的“项目清单”，建立专项转移支付定期评估和退出机制，规范控制专项转移支付项目设立和资金规模。四是扩大政府采购力度，全年支付政采资金8.3亿元；优化政采程序，对急办的主要采购事项采用前置性采购模式；扩大了政采的规模，将政府购买服务纳入采购目录，2015年此类采购数量达68个，涉及金额8223万元。五是构建全过程预算绩效管理机制，在部门申报2015年部门预算项目资金时，明确规定由一般公共预算资金安排的300万元以上的项目和出国考察、课题研究经费均需按要求填报绩效目标，实现预算绩效管理和预算编制、执行、监督有机结合，提高财政资金使用绩效和财政管理科学化精细化水平。

（张　洋）

【债务管理】 一是建立健全政府性债务管理制度。印发《关于加强政府性债务管理的实施意见》，从制度上规范全市政府性债务举借、使用、管理、偿还、风险监测、置换等方面的管理。二是执行债务预算管理。按要求将政府债务纳入全口径预算管理，按规定向人大报告新增债券和置换债券规模及使用方向，政府债务率为57.3%，远低于全国86%的平均水平；争取上级支持，争取到省转贷债券资金80亿元，其中置换债券58亿元，当年新增22亿元，全部用于城市基础设施和民生社会类项目的推进和实施。三是创新政府性融资模式。探索和研究PPP方式的投融资新途径，推荐上报晋阳污水处理厂及配套管网一期工程等三个示范项目，并被获评为财政部和省级的示范项目。全年评审金额283.19亿元，核减43.9亿元，核减率15.5%。（张　洋）

【制度建设】 2015年，太原市财政局印发《太原市财政局行政权力清单动态管理办法》，确定18项行政权力，如期完成责任清单、办事指南和流程的编制、审核工作制度；强化项目资金的管理，规范市财政局内部分层分岗职责，强化对规范性文件的管理；强化资产管理，出台《市级行政事业单位国有资产管理暂行办法》《太原市财政局行政事业单位国有资产管理内部工作规程(试行)》。

制度执行和监督管理方面，一是增收节支依法依规，在资金筹措中，按照国务院、财政部关于盘活财政存量资金的要求，对财政存量资金进行盘点，统筹用于“五个一批”项目建设。在财政资金支付环节，按照支付制度的要求，通过自身加班加点，强化内部衔接，加快支付与结算，确保达到进度，做到财政收支在预算法律法规的轨道上运行。二是自觉接受党内监督、人大监督、政协监督、审计监督等方方面面的监督，将全部理财行为纳入被监督的视野；对于审计监督，不定期召开会议，对反映出来的问题及审计意见和建议，从制度建设层面和实际执行层面解决好相关问题。（张　洋）

【监督检查】 开展多层次、全方位的监督检查，其中：涉农资金检查发现问题资金43500万元，会计监督检查发现问题资金22763万元，“财政专项资金管理分配不规范”以及“滞留截留、抵扣挪用、虚报冒领、套取侵吞各种补助资金”专项整治检查发现问题资金1107万元；政府采购专项检查发现未办理政府采购手续金额4346万元。此外，开展环保专项资金检查、“三公”经费管理检查、培训中心腐败浪费专项检查、行政事业单位资产管理等项整治行动，发现并纠正存在的问题，严肃财经纪律，保障重大财税政策落实，防范财政财务管理风险。（张　洋）

【队伍建设】 制定机关中层领导干部选拔任用工作方案，按照习近平总书记提出的“信念坚定、为民服务、勤政务实、敢于担当、清正廉洁”的好干部标准，严把民主推荐、考核考察、讨论决定、任前公示、任命五个“关口”，提拔10名中层正、副职领导干部，轮岗交流6名中层正、副职领导干部。同时，加强干部队伍建设，通过“请进来”“走出去”等多种形式强化干部培训，使干部队伍的素质和能力不断提高。（张　洋）

税　务

·国家税务·

【概述】 2015年，太原市国税系统以实现税收现代化为目标，积极适应和有效服务经济发展新常态，突出纳税服务和税收征管核心业务，以制度体系、内控机制建设和绩效管理为保障，大力组织税收收入、全面推进依法治税、不断深化税收改革、持续加强队伍建设，税收事业实现新突破、取得新发展。2015年，太原市国税局荣获了“山西省双拥模范单位”“全国打击发票违法犯罪成绩突出单位”“省城创安活动平安标兵单位”等多项荣誉。在省局委托第三方开展的纳税人满意度调查中，综合得分91.82，全省排名第一。在全省绩效管理考评中，基础得分、特别加分、综合得分均列全省第一。（郭天文）

【全力组织收入】 2015年，面对异常严峻的收入形势，太原市国税局在坚持组织收入原则不动摇的基础上，全面落实堵漏增收各项措施，把握组织收入主动权。对重点税源企业实时监控，密切跟踪税源动态；对收入质量动态监测管理，进一步理顺和完善税收分析机制，撰写的《全省装备制造业经济税源发展状况分析》被省长李小鹏给予肯定性批示；持续加大评估、稽查和清欠力度，向堵漏增收要收入，清理陈欠实现收入102万元，依法检查纳税人276户，查补入库收入3.67亿元。全年共组织入库税收收入239.12亿元，占年度调整计划的100.13%，圆满完成省局和市政府的收入目标。不折不扣落实各项税收优惠政策，各类纳税人依法享受减免抵退税81.9亿元。（郭天文）

2015年5月21日，太原市国税局党组副书记、局长吴素贤（右一）在走出去企业协定宣讲会上为企业代表发放相关资料

【推进依法治税】 不断规范进户执法，全年避免重复检查企业147户次，重复检查率下降86%；强化风险防控，对涉税刑事案件同步启动专项执法督察；强化综合执法督察，发现执法问题30类448件，补征税款7536万元，督察成效为历年最好；协助市政府创建“小微企业创业创新基地城市”，与地方经济决策发展融合度进一步加深，其中杏花岭局被总局作为唯一推荐单位参加国务院“农民工工作先进集体”评选活动；与公安部门联合查处了一批涉嫌虚开增值税专用发票案件，对交通运输、广告等行业发票使用情况开展重点检查，查处非法发票3205份，涉案金额3.78亿元，罚款1544万元；与发改委等15个部门召开了联合惩戒工作联席会议，签发了合作备忘录，将13户企业列入黑名单。多措并举推进依法行政，全力以赴建设法治税务。（郭天文）

【提升服务水平】 以“便民办税春风行动”为主线，把“互联网+”融入纳税服务中，不断提升纳税人的获得感。在全省率先推行“e税客”，注册用户达4万余户，占全省用户的40%，在线解决纳税人涉税问题2000余件；自主研发应用了“导税通”系统，主城区办税服务厅平均等待时间缩短至5.1分钟；深入推进国地税联合办税，各基层单位通过国地税互设服务窗口、共建了办税服务厅、共进政务大厅等方式，有效推进了国地税合作进程；积极推行车购税委托代征，与18户4S店签订了代征协议，通过委托代征办理缴税车辆48072台，缴税金额5.29亿元；联合4家政府部门发起“银税合作”，与建设银行等8家金融机构推出“税信通”“税易贷”产品，累计帮助40户纳税人获得了银行贷款1.12亿元。新华社国内动态清样刊发了太原市的做法，总理李克强、副总理马凯作出肯定性批示。（郭天文）

【提高征管质效】 主动适应改革发展新要求，从工作实际出发，着力构建以风险管理为导向的现代税收征管体系。推送省局17期风险应对任务，查补税款8245万元，调减亏损1786万元；开展了商贸企业一般纳税人风险大排查，推送风险纳税人840户，入库税款4080.6万元；对烟草批零、医药批发、营改增、房地产等四个行业开展了专项整治，评估完成率100%，查补税款1.3亿元；积极整改省局税收管理和执法通报的问题，补税加滞128.16万元，罚款1.5万元；落实消费税改革，评估入库税款4305.78万元；实施出口企业分类管理，共办理出口退（免）税27.5亿元；加强大企业管理，对中海油等6户集团企业开展全流程风险管理，与上海浦东发展银行等3户企业签订《税收遵从协议》。（郭天文）

【激发队伍活力】 2015年，太原市国税局加强干部队伍教育培训，制定了“教育培训办法”，确立了“1+2+3”的培养模式，开展了春季大集训等一系列的教育培训活动；创新运用“考试+民主测评+工作评价”方式，开展干部选拔交流和人才培养工作，共选拔任用科级干部9名，从郊县向主城区局交流一般干部11名，成立文秘综合等4个人才库，入库150人；注重在思想文化上正面引领，在全市系统倡导“人心向上、人心向善”的积极氛围，“包容、理解”的和谐氛围，努力建设太原国税共同的精神文化家园；全面落实“两个责任”，开展了党组织书记履行党建“第一责任人”责任集体谈话和党风廉政建设主体责任集体谈话60余人次；严格执行各项制度、规定，先后开展了4次中央八项规定精神专项检查，对6个基层单位进行了巡视检查，对8名税务干部进行了责任追究。（郭天文）

·地方税务·

【概述】 2015年，太原市地税局围绕全省地税系统“1436”工作思路和“三位一

体促发展，富民强省作贡献”的总要求，按照全市地税系统“11221”工作思路，改进作风，推进各项工作。全市地方税费累计完成222.47亿元，同比下降0.29%，减收6391万元，其中，各项税收收入累计完成207.20亿元，比上年增长2.07%，增收4.20亿元，在全省11个地市中进度排名第2位；市县级地方公共财政预算收入累计完成144.39亿元，比上年增长3.42%，增收4.78亿元，完成市政府任务指标的100.27%。其他各项规费收入累计完成15.27亿元，比上年下降14.05%，减收4.84亿元。

（赵　忠　李　莹　尚潇涛）

【思想建设】 一是持续抓好党的群众路线教育实践活动后续整改工作。根据省地税局提出的“3+7”专项整治工作要求，分别对整治小微企业税收优惠政策落实过程中执行不到位，基层一线和窗口单位门难进、脸难看、事难办、吃拿卡要报，“文山会海”和“三公”经费管理不严等违反中央八项规定精神突出问题，开展专项整治。对全市地税系群众路线教育实践活动“两方案一计划”“领导干部个人整改清单”以及“巩固深化拓展”主题活动开展情况，进行检查和督导。二是完成“学习讨论落实”活动各项工作。通过制订活动方案、健全组织机构、强化学习教育、加强学习交流、深刻反思剖析、加大专项整治、贯彻“两个责任”落实和坚持“两手抓、两促进”等措施，使系统干部职工筑牢反腐倡廉思想根基，净化系统政治生态。三是开展“三严三实”专题教育。全系统共55名党组成员讲党课，组织学习研讨23场次，查找“不严不实”问题22项，梳理归纳边学边改项目16项，出台规范内部管理措施14条。

（赵　忠　李　莹　尚潇涛）

【组织收入工作】 2015年，面对存量税源有限、增量税源不足、一次性税源减少等因素，太原市地税局逐步完善“11221”工作思路，刊发《太原地税》杂志之“组织收入攻坚年”专刊，为开展组织收入工作奠定基础；创新收入计划管理模式，建立“月前预测、月后分析”制度，并借助“税收大讲堂”，利用“收入增长点模型”抓收入；对组织收入原则提出明确要求，制订收入督导工作制度，组织“促收工作组”“解剖式检查”，帮助收入进度不达标的单位抓收入；安排部署“1+5”工作，强化非正常户管理、专业市场税收管理、城中村税收管理、小产权房税收管理、欠税澄底清缴；建立全员学习日制度和基层工作问题解答日制度。此外，在全系统开展“机关服务基层、督导推动落实、调研破解问题、决策跟踪反馈”（简称“服务督导调研反馈”）系列工作，将7大类近20项工作进行“打包式”安排，创新稽查模式，确立稽查“1+3”工作职能，为组织收入工作开展提供保障。

（赵　忠　李　莹　尚潇涛）

【征收管理】 一是组织开展“1+5”工作。强化非正常户管理、专业市场税收管理、城中村税收管理、小产权房税收管理、欠税澄底清缴，堵塞征管漏洞，化解执法风险，管户数量和质量取得阶段性成绩。二是建立协税护税机制。经过多层次调研，借鉴其他省市综合治税工作经验，与市国税局联合制订《太原市税收保障办法（试行）》和《关于起草太原市税收保障办法（试行）说明》，强化全市综合治税能力。三是强化金税三期系统应用。通过规范业务操作、加强系统运维等方法，提高系统的运行质量。四是推广销售不动产自开票。在全市范围内推行“房地产一体化管理系统”，全市共260余家企业实现发票自开。五是加大发票违法案件查处力度。对餐饮娱乐、营利性教育培训、中介机构等社会关注、违法问题高发行业的发票使用情况进行重点检查，全年共检查企业205户，查处违法受票企业49户，涉及非法发票份数55份，涉及金额1115万元，查补税款169万元，罚款25万元。

（赵　忠　李　莹　尚潇涛）

【依法行政】 一是按照国家税务总局、省地税局和太原市行政审批制度改革领导组办公室的要求，推进税收执法权力清单工作。二是按照省地税局和太原市委、市政府关于推进“六权治本”工作的要求，制订并落实《中共太原市地方税务局党组关于推进“六权治本”工作的实施方案》。三是配合政府立法工作，参与讨论《太原市减轻企业负担促进工业稳定运转工作若干措施》《关于鼓励和引导社会资本举办医疗机构实施意见》《关于扶持中小企业“铺天盖地”发展的实施意见》等立法草案7起，针对其中的涉税问题提出具体修改意见。四是开展行政审批违规和滥用审批权问题专项整治。全市地税系统未发现行政审批事项清理核实过程中瞒报的问题、行政审批事项明放暗批的问题、行政审批事项、流程和环节不公开、不透明的问题、其他税务行政审批违规问题十项行政审批违规和滥用审批权问题。

（赵　忠　李　莹　尚潇涛）

【纳税服务】 一是开展税法宣传月活动。开展小微企业税收优惠政策宣传、税收协定服务“一带一路”宣传周、税收政策宣讲“六进”、校园税收宣传等活动，提高市民的税法遵从度。二是做好个人所得税自行纳税申报工作。自行纳税申报期，各办税服务厅均设置专门的受理窗口，确保申报工作畅通有序。全年所得12万元以上纳税人总人数达14802人，比上年同期增加1000人，同比增长7.25%。三是办好“税收大讲堂”“网上税收大讲堂”。全年共举办税收大讲堂讲座11期，共接受预约报名3145人次，参加大讲堂3325人次；现场收回问卷86份，收集到纳税人建议38条；共为纳税人解答解决问题133个。四是落实税收优惠政策有效落实。全年享受减免企业所得税的小型微利企业2855户，共减免企业所得税781.76万元。32725户小微企业及个体工商户享受营业税税收优惠，占整体营业税纳税户数的71.85%，减免营业税5113.54万元。为小型微型企业和金融机构减免借款合同印花税41.77万元。

（赵　忠　李　莹　尚潇涛）

【队伍建设】 一是构建太原地税核心价值观。在全市地税系统提出“遵纪守法、崇尚道德、快乐工作、健康生活、争创一流”的太原地税核心价值观，倡导“太原地税是我家、我爱我家”的工作理念。二是创新教育培训模式。提出“142”教育培训思路，“1”是指一个指导思想：全员学习、立体培训、分类考核、结果运用；“4”是指四个层次：(1)全员教育培训，(2)分级分类教育培训，(3)深度教育培训(对象：省、市级能手和兼职老师)，(4)复合型人才的选拔；“2”是指两个创新：创新教育培训内容，以业务为主，同时将政治、经济、文化、历史、军事等纳入教育培训内容；创新教育培训方式，采取请进来，走出去，到工厂企业、农村、部队，以及发达地区学习培训。组织全员学习日活动7次，举办《夏季养生》《工资调整等人事教育工作简介》《教育子女不能等》和《国防教育知识》等讲座。

(赵　忠　李　莹　尚潇涛)

【党建工作】 一是落实中心组理论学习制度。以习近平总书记系列讲话精神及“三严三实”专题教育要求的内容为重点，通过学习，增强领导班子的意识凝聚力。二是加强党员教育培训工作。结合学习讨论落实活动及“三严三实”活动，跟进教育培训内容，开展教育培训。三是推进文明创建。以打造地税文化为主线，以党建带创建，丰富和完善“一个中心、六大支撑”的文明创建格局。开展工间操推广活动，向全系统每位职工发放工间操八段锦的视频光盘和动作要领解读，做到人手一套。配合省地税局开展文艺作品征集活动，共征集文艺作品260余幅，其中包括人物通讯类16篇，评论24篇，小说10篇，诗歌散文83篇，摄影118幅，影视作品13件。开展在全市地税系统寻找“税苑达人”活动，倡导全市地税系统广大干部职工培养修身养性、终身受益的爱好。四是强化干部廉洁自律意识。在各级各类干部培训班开设廉政教育课程，开展单位主要负责人讲廉政党课、纪检组长定期作反腐倡廉形势报告等活动。执行《税收违法违纪行为处分规定》，将其纳入市、县两级地税党组中心组学习和反腐倡廉宣传教育重要内容，研究查找税收管理中的漏洞和容易滋生问题的薄弱环节，完善税收执法程序，规范税务行政裁量权，转变税收管理方式，规范税收行政行为。开展违规收送礼金、红包问题专项整治、领导干部顶风大操大办婚丧喜庆等借机敛财问题专项整治和违规经商办企业专项整治工作。查处各类案件，惩治腐败行为。

(赵　忠　李　莹　尚潇涛)

caizheng shuishou

财政 税收

金融业

·中国人民银行太原中心支行·

【概述】 2015年是全面深化改革的关键之年，也是全面完成“十二五”规划的收官之年。面对经济下行压力持续加大的局面，山西省坚持稳中求进工作总基调，主动适应引领新常态，统筹推进各项工作，全省经济呈现出缓中趋稳、稳中有进的态势，全省金融业总体运行平稳，发挥金融支持实体经济发展、服务全省转型综改大局的作用。（马　丽）

【存款业务】 2015年，山西省金融机构本外币各项存款余额28641.4亿元，同比增长5.70%，增速较上年加快3.13个百分点，全年新增存款1602.9亿元，同比多增927.4亿元。受互联网金融违约风险暴露、企业投资意愿下降以及A股市场大幅波动影响，山西省金融机构存款回流明显，全年住户存款、企业存款和非银行业金融机构存款同比分别多增399.2亿元、784.6亿元和213.4亿元。

（马　丽）

【贷款业务】 2015年，山西省金融机构本外币各项贷款余额18574.8亿元，同比增长12.17%，增速较上年加快1.96个百分点，全年新增贷款2016.1亿元，创历史新高。其中，山西省法人金融机构各项贷款余额5353.6亿元，全年新增575.7亿元。贷款投向“有扶有控、重点突出”，着力支持经济转型升级。2015年五次实施“降准”政策，释放金融机构流动性796.4亿元，累计发放信贷政策支持再贷款、再贴现资金232.2亿元，定向调控资金投向，严控产能过剩行业贷款规模，着力满足民生领域和薄弱环节资金需求。全年全省“转型综改”领域新增贷款1204.2亿元，采矿业贷款增速较上年回落10.6个百分点，涉农领域贷款同比多增110.7亿元，批发零售业、保障房、就业创业、土地流转、扶贫开发、环境修复等领域贷款也保持较快增长。

（马　丽）

【市场融资】 直接融资规模快速增长，融资结构趋于均衡。2015年，全省共实现各类融资4498.8亿元，其中直接融资2522.8亿元，占到全部融资总量的56.08%，较上年上升5.15百分点。直接融资中，债券市场融资2281.8亿元，同比多增952.7亿元，股票市场融资241.0亿元，同比多增218.2亿元。

货币市场参与主体增多，交易量增加。全省金融机构在全国银行间同业拆借和债券市场累计成交109294.7亿元，同比增长67.53%，增速较上年加快63.73个百分点。其中，在全国银行间同业拆借市场累计拆借资金568.6亿元，在全国银行间债券市场质押式回购89927.0亿元，现券交易14435.3亿元，买断式回购4363.1亿元。

票据市场交易平稳，利率逐季走低。全省各金融机构累计签发银行承兑汇票4044.2亿元，同比减少632.6亿元，降低13.53%。累计办理贴现9928.3元，同比增加4223.8亿元，增幅74.04%。

地方政府债务置换稳步推进。全省共发行各项政府债券580.9亿元，其中置换债券357.0亿元，新增债券223.9亿元，发行期限由3年至10年不等，利率区间2.87%至3.58%，到期一次性偿还本金。发行两期山西省政府专项债券，共计额度137.5亿元，其中置换专项债券110.5亿元，新增专项债券27亿元，发行期限分别为5年、10年，利率2.97%，到期一次性偿还本金。

证券市场稳健运行。山西省境内共有A股上市公司37家，较上年新增2家，其中主板30家，中小板4家，创业板3家；新三板挂牌公司32家，较上年新增28家；上市公司总股本694.46亿股，流通股本565.01亿股；总市值5863.70亿元，流通市值4678.31亿元，总市值在全国排第20位，在中部六省排名第5位。

保险市场运行良好。截至年底，全省法人保险公司1家；省级分公司47家，其中，财产保险公司24家，人寿保险公司20家，较上年新增1家，养老保险公司2家，健康保险公司1家。保险深度4.58%，较上年提高0.93个百分点；保险密度1601.33元/人，较上年增加325.63

元/人,两项指标位居中部六省首位。全省保险业总资产达 1228.1 亿元,同比增长 13.30%,全年累计实现保费收入 586.73 亿元,同比增长 26.08%,位居全国第七,是近年来最好水平。全省保险业赔款与给付支出 214.37 亿元,同比增长 17.48%。（马　丽）

【货币信贷】 2015 年,山西省人民银行落实《山西省金融振兴意见》,引导和促进金融机构抓抢机遇,先行先试,加快金融体制改革和金融创新,支持全省综改试验区建设;制定《关于进一步加大住房公积金支持缴存职工住房消费的指导意见》,做好差别化住房信贷政策的组织实施,指导金融机构加大对保障性住房建设的信贷支持力度;开展小微企业、涉农和绿色信贷三个单项评估,完善信贷政策评估办法;制定扶贫开发金融服务、涉农贷款增量奖励等指导意见,召开"山西省金融支持县域经济转型发展(灵石)项目对接会",开展"金融定向精准扶贫宣传周活动",在支农再贷款的发放上,注重向全省 36 个国定贫困县倾斜,向 8 个试点县各增加 1 亿元支农再贷款限额,并对贫困地区农村金融机构实行支农再贷款优惠利率政策,引导和撬动全省支农信贷投放逐步增大;召开"全省农村金融创新工作推进会",推进土地承包经营权抵押贷款发展;启动跨国企业集团跨境双向人民币资金池业务,对中国银行开展跨境双向人民币资金池结算业务发放备案通知书,标志着山西省跨国企业集团开展跨境人民币资金集中运营业务的新政正式落地。（马　丽）

【金融稳定】 做好存款保险制度组织实施,逐级成立存款保险制度领导小组,建立 7*24 小时值班制度;加强对全省大额资金异常流动、存贷款异常变动等情况的监测,并执行存款保险制度实施前重要异常情况"零报告""日报告"制度;对全省 163 家地方法人投保机构进行风险评级试打分,督促指导辖内各银行业金融机构按时办理投保手续,提交相关资料,并进行审核汇总;深化金融风险监测系统运用,增加存款保险业务板块,实现机构投保和保费计算数据采集电子化、标准化;强化金融风险监测评估,对全省风险较高的 34 家机构开展风险排查工作,并以召开现场会、发出书面风险提示等形式进行风险通报;推进金融稳定再贷款损失认定,重启华康信托公司破产清算,维护人民银行债权。加强与地方政府相关部门、监管部门的信息交流和沟通,关注联盛集团破产重组等金融风险事件,配合省政府开展非法集资专项整治活动,维护辖区金融稳定;发挥"两管理、两综合"工作效能,落实机构设立规划报备制度,制作新设金融机构集中申报资料模版,实行新设金融机构集中申报预审制和限时办结制,构建起规范、全面、配套的制度体系,提高申报审批效率,全年累计受理全省 124 家新设金融机构的开业集中申报;组织开展对 4 家金融机构的综合执法检查和 131 家机构的综合评价工作。（马　丽）

【支付体系建设】 完成支付系统参与者二代系统上线切换。加强支付清算系统管理和维护,保障系统安全高效运行。开展支付结算现场检查、支付机构客户备付金检查,会同有关部门开展联合整治银行卡网上非法买卖专项行动。完成银行机构个人存款账户真实性核实验收。推动设立农村金融综合服务站 13931 个,其中已挂牌 10671 个,达标未挂牌 3260 个,完成农村金融服务站在有条件行政村的全覆盖目标。探索"互联网 + 农村支付"新模式,联合电商开发村镇线下体验店。出台实施《山西省支付机构综合评价办法(试行)》,对 30 家支付机构进行半年评价。上线运行银行卡收单业务监管系统(第一期),实现对收单业务的实时、动态和科学管理。（马　丽）

【国库业务】 上线运行省本级国库集中支付电子化管理系统,全面推行横向联网电子退更免业务,推广安全规范的销售点终端(POS)刷卡缴税、网银缴税等新型电子缴税业务,提高国库服务效率。在孝义市支库上线试点运行国库无纸化系统直接办理集中支付业务。推进国库"直补"工作,全年全省累计直接支付各类政府补助资金 483.79 万余笔,金额 33.70 亿元,涉及资金类别 12 类。（马　丽）

【反洗钱工作】 依规对 70 家金融机构进行现场检查,累计处罚 494 万元。协调金融机构同执法机关开展特定洗钱类型线索的摸排和有效性甄别。指导金融机构开展外逃人员名单排查、涉毒资金交易监测分析和"打击利用离岸公司和地下钱庄转移账款专项行动"。制定并印发《山西省法人金融机构洗钱和恐怖融资风险评估工作指引》,对风险等级不同的金融机构采取差别化的监管方式,增强反洗钱监管实效。（马　丽）

【货币管理】 加大 10 元以下小面额货币的投放力度,确保全省现金供应和市场券别结构合理;完成 2015 年新版 100 元人民币发行工作。持续推进人民币净化工程,自助取款机及一体机对外支付现金实现全额清分,社会化清分业务稳步发展,在太原市、临汾市推广人民币冠字号码信息与现金实物同步流转。加大残损币回收力度,加强清分和销毁设备管理,确保残损币回收销毁工作安全推进。累计检查发行库 39 次,开展发行库违规操作专项整治,建立辖区内管库员管理信息档案,加强发行库安全管理。在太原辖区增设特种残缺污损人民币兑换网点 37 家,对全省 931 个金融机构网点进行现场检查,优化人民币流通环境。开展反假货币宣传,对全省 784 个金融机构网点进行反假货币检查,推进反假货币工作持续深入开展。截至年底,全省累计收缴假人民币 795.53 万元、11.07 万张,同比分别减少 34.63%、23.98%。（马　丽）

【金融生态环境】 制定《金融富民扶贫

工程贫困农户信用体系建设及农户评级主动授信操作指南》;推动在信用信息共享平台上研发“第三方信用评级信息服务系统”子模块。持续推进山西省中小企业和农村信用体系建设,为全省6.27万户小微企业、408万农户建立了信用档案,评定信用户287万户,信用村6800个,信用乡(镇)235个。推广应收账款融资服务平台,全年累计通过平台融资281笔、287亿元。举办全省2015年诚信文化建设业务竞赛活动等系列宣传活动。制定《进一步推广两类机构信用评级的指导意见》,301户借款企业和担保机构参加了资信评级。参与妥善处置大同天镇“7.13”农民被贷款事件。(马　丽)

【外汇管理】 2015年,中国人民银行太原中心支行与省发改委联合制定《山西省“十三五”开放型经济发展规划》。支持省内4家企业开办跨国公司外汇资金集中运营管理试点业务。推广直接投资外汇管理改革和外商投资企业外汇资本金意愿结汇改革,直接投资项下39项审核业务下放金融机构办理,大幅提高科企业外汇业务办理效率。落实保险业务外汇管理新政策,简化保险业务外汇行政审批。争取总局1.7亿美元短期外债指标,是上年2.4倍,核定太钢集团财务公司等企业和金融机构1.65亿美元短期外债指标,制定支持跨境贸易电子商务发展实施意见,推动第三方支付机构开展跨境电子商务外汇支付业务。完成对全省25家银行的国际收支现场核查。推进重点主体监管,以案例方式设计数据提取处理方法,得到总局认可。促进本外币兑换特许机构业务发展。以富士康精密电子(太原)有限公司为试点,推进企业联机接口服务工作。优化综合柜台服务管理模式,加强对银行和企业的外汇业务培训指导,深化外汇服务能力建设。

(马　丽)

【金融法制环境】 加强法治建设及宣传工作。立法法、商业银行法等金融基础法律法规的修订和颁布,为金融业的持续、健康发展创造更法治环境,也为金融创新提供法律支持。人民银行太原中心支行组织全省金融机构采取多种形式开展反洗钱、征信知识、票据管理、反假货币等方面的金融法制宣传活动,社会公众办理金融业务时遵守金融法律的自觉性和依法维权意识明显提高。

加大对金融违法行为的查处力度。人民银行山西辖内各级分支机构2015年共作出行政处罚决定125件,其中,人民银行太原中心支行作出处罚决定17件,罚款126.39万元,维护辖区金融秩序。

深化金融消费权益保护工作。山西省人民银行系统贯彻落实《中国人民银行金融消费权益保护工作管理办法(试行)》,优化投诉处理流程,采取直接处理、转办、调解等多种方式化解金融消费纠纷。出台《山西省区域金融消费权益保护环境评价试点方案》,开展金融消保环境评估试点。金融消费权益保护信息管理系统在全省上线运行,人民银行系统内部以及人民银行和金融机构之间的信息沟通和传递进一步加强,投诉处理和信息反馈效率显著提升。全年全省人民银行系统共受理金融消费者投诉429件、咨询5048件,消费者满意度100%。

(马　丽)

·农业发展银行山西省分行营业部·

【概述】 2015年,中国农业发展银行山西省分行营业部(简称“农发行山西省分行营业部”)作为太原市唯一国有农业政策性银行,坚持以党的十八大和十八届三中、四中、五中全会精神为指引,认真履行农业政策性支农职能,坚持政策性主体业务不动摇,强化从严管党、从严治行两大根本保障,坚持执行政府意志、服务“三农”需求和遵循银行规律“三位一体”,全力服务国家安全、农业现代化、城乡发展一体化、区域发展战略和脱贫攻坚五大领域,切实加大对“三农”领域供给侧结构性改革的支持力度,为支持太原市农村经济建设做出积极的贡献。

(武荣联　蔡　洁)

【业务指标】 农发行山西省分行营业部面对2015年经济下行的压力,自觉提升站位,强化政策职能,加大支农力度,加强项目营销,业务经营发展再创佳绩,特别是在主营业务发展、存款、利润、欠息清收等方面成效显著。2015年末,全行各项贷款余额58.43亿元,较年初增加25.32亿元,增幅达76.44%,贷款总量较2014年初翻了一番;各项存款余额53.28亿元,较年初增加27.64亿元,增幅达107.8%;实现利润1.89亿元,完成省分行核定利润计划的138%,同比增加0.43亿元;总量、增量、增幅均创5年来最好水平。人均实现利润194.95万元,同比增加47.53万元,增幅为32.2%。收回历年表外欠息,完成省分行下达全年任务的392.47%。表外欠息下降率为52.12%,同比提高29.72个百分点。在农发行山西全省系统2015年经营绩效考评中分别获“农业农村基础设施建设贷款业务发展”“存款营销”“市级分行营业部(室)经营效益”三个单项一等奖,经营效益再创历史新高。(武荣联　蔡　洁)

【品牌荣誉】 2015年,农发行山西省分行营业部在农发行全省系统经营绩效考评中分别获“农业农村基础设施建设贷款业务发展”“存款营销”“市级分行营业部(室)经营效益”三个单项一等奖,获农发行全省系统“金农发行杯法律合规知识竞赛”二等奖,获农发行总行“2013—2014年度五一劳动奖状”,连续13年被山西省直机关精神文明建设委员会评为“省直文明和谐单位标兵”。机关营业室获“2015年度太原同城票据交换先进单位”,连续12年和9年被农发行总行授予“青年文明号”“女职工文明示范岗”等称号。(武荣联　蔡　洁)

【支持粮棉油购销储】 2015年,农发行山西省分行营业部认真履行政策性金融职能,严格按照省分行“五个关口”“八个环节”“十条底线”管理要求及“七个三”操作要领开展工作，通过支持国家、省级储备粮油增储、轮换和太原市地方储备粮增储、轮换计划的实施，进一步发挥调节和稳定粮油市场的积极作用。2015年全年发放中央储备粮食贷款5182万元，新增中储粮2万吨；发放省级储备粮食贷款11198万元，新增省级储备粮食2.5万吨、省级储备油8000吨；发放省级储备轮换贷款1400万元，已支持企业完成3.5万吨省储轮换任务。根据太原市政府2014年市储小麦轮换和建立市级应急成品粮油储备计划，发放市级储备贷款1.21亿元，完成市储小麦20万吨轮换和1万吨应急成品粮油储备工作。通过储备新增及轮换吞吐，有效调节粮食市场价格，保证粮油市场供应安全。（武荣联　蔡　洁）

【银政企合作】 2015年，农发行山西省分行营业部强化银政企高层对接，畅通政务、业务、会务渠道，中长期项目贷款实现快速发展。营业部领导多次向太原市委市政府主要领导汇报工作，并专门向市政府报送《关于落实省委常委、太原市委书记吴政隆同志批示意见的情况报告》，宣传农发行关于棚户区改造、扶贫开发、资本金投资等信贷业务、优惠政策和历年对当地经济的支持情况；主动与市、县、区政府主要领导和有关职能部门、企业负责人进行项目座谈30余次。在积极争取地方党政的重视与支持的同时，主动加强与太原市发改委、财政、水利、扶贫办、城改办等部门的沟通对接。部领导先后与太原市迎泽、小店、万柏林、尖草坪等区主要领导见面，各区政府主动表示合作的意向，为中长期业务快速发展打开前所未有的新局面。

（武荣联　蔡　洁）

【支持水利建设】 2015年，农发行山西省分行营业部领导从前台到后台，紧盯项目办贷进度，及时向省分行、总行汇报项目情况，并连续多次奔赴总行，亲自与有关部门协调沟通，得到省分行的大力支持和总行信贷政策倾斜，切实解决影响项目推进的一些问题，为项目贷款的顺利投放起到了至关重要的作用。12月3日，山西“大水网”项目首笔贷款17亿元成功投放，为全省“兴水战略”提供有力的资金保障，也为缓解水资源供需矛盾、促进全省转型跨越发展注入了新的动力。（武荣联　蔡　洁）

【支持城中村改造】 2015年，太原市城中村改造工作在市委、市政府领导下有序展开。农发行山西省分行营业部抓住机遇，把支持太原市城中村改造作为业务发展的又一突破口，一方面加强系统内部的沟通对接，积极争取总、分行政策支持，研究探索业务合作模式；另一方面加强外部高层营销，下大力气啃硬骨头，联合太原市城改办和六城区、开发区、民营区、高新区城改办共同举办城中村改造专题对接座谈会，启动“深化银政合作、破解资金难题、助力太原城改”活动，取得重大突破。针对太原市小店区龙保社区、迎泽区赵北峰村、经济开发区杨庄等三个城中村改造项目，审批贷款13.55亿元，成功投放6.5亿元，实现山西农发行系统城中村改造项目零的突破。在此基础上，进一步研究总结出支持城中村改造“政府主导拆迁”“PPP合作”“政府拆迁＋安置”等三种模式，为解决“政府城中村改造缺资金、农发行贷款缺途径”的问题打开思路，开拓新途径。

（武荣联　蔡　洁）

【投放重点建设基金】 2015年，农发行设立中国农发重点建设基金。中国农发重点建设基金是由中央政府依法设立组建，用于支持国家确定的“看得准、有回报、不新增过剩产能、不形成重复建设、不产生挤出效应”的重点领域项目建设的投资主体，由农发行在银行间市场定向发行专项债券募集资金设立，重点支持投资大、周期长、回收慢、回报率不高的准公益性和基础性重点项目。实行农发重点建设基金以来，农发行山西省分行营业部领导高度重视，及时与企业和当地政府对接，组织调查，按时保质保量完成基金调查工作，配合省分行做好基金的投放工作。2015年，全行共完成四批重点建设基金项目，已全部投放，支持基金项目12个，涉及金额13.49亿元，占山西省基金投放总额的48.69%。前三批基金已开始支付，累计支付4.44亿元，切实发挥政策性信贷资金对固定资产投资和基础设施建设的支持作用，进一步促进“稳增长、调结构、惠民生”，实现农业政策性银行对社会资金的引导作用。（武荣联　蔡　洁）

【支持农村流通体系建设】 2015年，

中国农业发展银行行长祝树民莅临山西省分行营业部营业室视察工作

农发行山西省分行营业部按照“严控风险，择优扶持、有进有退、优化结构”的信贷策略，从稳市场、调结构、惠民生出发，有重点、抓特色、创品牌，继续加大对特色农产品、鲜活食品流通的支持，发放3.5亿元农村流通体系短期贷款，重点支持太原市河西农产品有限公司、太原市清徐县美特好农产品物流配送等贷款业务，既丰富太原市民的菜篮子，也为粮农、菜农、果农增收、企业增效创造了更多便利条件。（武荣联　蔡　洁）

【存款业务】 2015年，农发行山西省分行营业部积极开展存款“春天行动”，创新工作思路，通过健全考核机制、存贷一体化营销、加强既有资金监管、强化高层对接等多项措施，强力推进存款组织，存款增长迅猛。截至2015年底，全行考核范围内存款余额较年初增加29亿元，增幅达434%。推行一把手责任制。营业部总经理亲自挂帅，分管领导主动出击，班子成员互相配合，积极开展高端营销，充分发挥领导的表率引领作用，为存款营销工作指明方向。完善机制。按照机构、人员、贷款增长等因素制定辖内各机构全年存款增长目标，加大奖励力度。拓展新增长点。借助项目营销投放契机，加大对相关企业的存款营销力度，延长客户资金存续时间，引导项目主体及关联企业在本部开户，新增客户12个，日均贡献2.41亿元。部领导针对同业存款进行高端营销，成功营销同业存款8笔、1.91亿元，为存款增长再添动力。加强监管。严格落实相关监管制度，重点监测大客户资金收支往来。通过加强对大客户资金回笼督促监管，全行企事业单位存款大幅增长，2015年末企事业单位存款余额较年初增加28.87亿元，增幅达663%，创4年来最好水平。

（武荣联　蔡　洁）

【推进代理财政主办行】 2015年，农发行山西省分行营业部对内强化营销管理，对外加强营销攻关，积极推进代理财政主办行工作，辖属两个支行均与当地县政府达成代理拨付支农资金意向。

（武荣联　蔡　洁）

【清收历年欠息】 第三次粮食政策性财务挂账贷款历年欠息是农发行山西省分行营业部遗留多年的重大历史问题，其拨付情况对全行的业务经营发展有着重要影响。2015年，在接到省财政厅下发的《关于清理第三轮粮食政策性财务挂账拖欠农发行利息通知》后，农发行山西省分行营业部迅速部署，主动出击，总经理亲自与太原市财政局局长沟通，分管部领导持续跟进拨付进度，连续几日与财政局经建、预算、国库等相关处室负责人协商，极力排除清收困难，督促财政实施拨付，为财政补贴尽快到位畅通渠道。相关部室认真核算，通力协作。经过部领导及相关人员的不懈努力，最终取得突破性进展，第三次粮食政策性财务挂账贷款历年欠息3051万元全额到位，为利润贡献2880万元，一次性解决了长达9年的历史遗留问题。

（武荣联　蔡　洁）

【风险管控】 2015年，农发行山西省分行营业部着力防范潜在风险，提升风险管控能力，开展贷款客户和信贷制度落实风险排查、民营企业个人担保检查、担保圈排查、客户贷款资格准入、客户评级授信、授信后管理等工作。加强评级授信管理。2015年全行共受理评级授信类信贷业务85笔，完成了对45户企业的评级和40户企业的年度授信工作。加强风险排查。深入排查历年问题客户，建立风险排查问题台账，重点监测问题客户和重要客户，对辖内贷款客户的存量贷款风险情况、三项工作开展情况及风险状况进行了细致排查，共涉及正常贷款企业30户，贷款额27亿元。2015年排查发现全行无新增风险隐患事项。加强风险监测预警，严格控制借款人贷后担保、借贷、投资行为，严防违约风险。加强自营性贷款管理，严格落实自营性贷款管理要求，结合贷款企业实际情况，对唯一1户自营性贷款企业的还款来源进行调整变更，降低贷款风险，提高信贷风险管控能力。强化合规经营管理，开展执法检查和“三项排查”工作，对所辖32户企业进行以“我行员工是否违反中央八项规定”“是否违反廉洁办贷十不准”等为主要内容的专项排查，对2012年以来的印章及相关登记簿、坚决遏制违规经营和违法犯罪行为，严格守住风险防控底线。

（武荣联　蔡　洁）

【依法治行】 农发行山西省分行营业部采取四项措施，提高全行法治理念和执行力，扎实推进依法从严治行。强化理论素养，通过党委中心组学习、全员集中学习会、支部会、普法宣传教育等多种形式，积极开展依法从严治行大讨论，征集意见建议10条。切实增强全体员工法治观念、合规意识。强化责任担当。部党委把履行主体责任作为核心政治任务，强化党委（党支部）领导的主体作用，严格落实纪委的监督责任，将执纪问责贯穿于工作的各个方面，坚持以上率下，依法管理，一级抓一级，层层抓落实。强化制度建设。先后开展“信贷基础管理年”“财会基础工作专项整治”等活动，对经营管理的工作内容、操作要点、主要风险点、违规责任等进行系统梳理，集中修订完善了各条线工作要点和考核办法，汇总编制《中国农业发展银行山西省分行营业部机关管理制度》，以严格有力的制度约束扎紧扎牢权力运行的笼子。强化整改落实。通过加强跟踪督办、推行合规承诺等多种方式，把问题清单迅速转化为整改清单，按条线对辖内问题整改落实情况定期跟进督导，逐项检查，逐项整改，逐项追责，切实让制度成为“带电的高压线”。（武荣联　蔡　洁）

【开展“深化基础管理年”活动】 2015年，农发行山西省分行营业部以信贷、财会和综合为重点，制定信贷、财会、综合条线的实施方案，立足实际、突出重点，开展“深化基础管理年”活动。加强信贷管理。开展了2014年“制度执行年”回头看并顺利通过山西省银监局验收，组织开展信贷知识竞赛活动，网络参赛人员

84人，参赛比例达87.5%。组织开展了征信知识宣传、消保系列活动、征信查询与管理自查活动，并通过中国人民银行太原中心支行的检查。加强内控管理，在贷款受理、调查、审批、发放等各个环节坚决做到不符合要求的不做、没有把握的不做，严格准入，杜绝带“病”上会。加强财会基础管理。坚持晨会制度，加强对综合业务、第二代支付、联网核查认证、账户管理等系统的管理，加强“卡、证、章”管理，落实坐班主任日常负责制，对长期从事柜员工作的人员实行轮岗，严把柜面各项操作关口，严防操作风险。深入开展财会专项整治工作，抽调业务骨干对全辖现金管理、对账管理、账户管理、财务管理等9个方面的财会基础管理工作进行了拉网式排查，同时接受了总行内审特派办的“三项检查”，财会基础管理水平进一步提高。加强基础管理。以总行内部评价检查、银监部门“一加强、两遏制”检查活动和以前年度内外部检查发现问题为落脚点，制定整改方案，建立整改台账，落实整改责任，抓好整改落实。重点加强印章管理，严格按要求对县支行行级印章统一集中管理，设置专门用印场所，配置双人管印用印，规范用印审批流程，确保用印安全规范。开展档案等级行管理、保密再检查、“六五”保密法制宣传教育总结验收等工作，按时完成2014年度各类档案的归档工作，基本完成历年文书档案扫描上传、各类专业档案录入、声像和实物类档案数字化工作，机关档案工作达到“档案工作一级行”标准。认真开展跟进序时审计工作，共计审计贷款21笔，涉及金额75524万元；审计财务支出2861笔，金额1432.6万元。

（武荣联　蔡　洁）

【党风廉政建设】 2015年，农发行山西省分行营业部坚持党建和业务工作“两手抓、两手硬”，严格落实党风廉政建设责任制，成立党建工作领导小组，修订了营业部党委生活、党支部工作等19项制度。部党委切实履行“一岗双责”，把落实中央八项规定、反对“四风”、加强内控管理等新要求纳入责任范围，将党风廉政建设纳入工作总体布局，以高度的政治自觉落实党委主体责任。以深化转职能、转方式、转作风作为纪委履行监督责任的保障。通过全员签订廉洁从业承诺书、开展反腐倡廉教育活动、聘请行风监督员、观看廉政警示教育片、进行风险警示谈话、举办预防职务犯罪专题讲座、设计印发廉政书签、开通纪检监察微信公众平台等方式，增强全员拒腐防变的自觉性，有效推进廉政文化深入发展。

（武荣联　蔡　洁）

【“三严三实”专题教育】 2015年，农发行山西省分行营业部把专题教育作为加强党的建设、推进从严治行的重要抓手，高标准开展，高质量推进。结合党的群众路线教育实践活动整改后续任务进行“回头看”，认真梳理“两方案一计划”和专项整治任务工作；通过开展问卷调查、发放征求意见表、深入基层调研等方式广泛征求意见建议，查找出领导班子“不严不实”问题10条；深化学习教育，将专题教育活动融入经常性思想政治建设，党委领导讲授“三严三实”专题党课4次，开展中心组专题学习研讨7次，党委中心组带头开展专题学习研讨5次，副科级以上干部进行学习研讨发言16人次，邀请党校教授讲党课2次，观看专题教育片5次。在扎实做好总行规定“关键动作”的基础上，精心设计特色载体，创新学习方式，开展主题宣讲日、革命传统教育、业务竞赛、专项治理等活动，切实把牢思想“总开关”；坚持问题导向，深入全面查找各部室和支行、各专业条线基础管理工作存在的“不严不实”问题，建立整改台账，严肃整改问责，以专题教育为契机，抓实抓细“两基”管理，确保中央部署和总分行党委要求不折不扣做到位、见成效。（武荣联　蔡　洁）

【提升队伍素质】 2015年，农发行山西省分行营业部把开展业务学习和培训作为提高员工素质的重要途径，加大对员工的培养力度，强化理想、信念、价值观教育，为干部职工统一购买了《习近平谈治国理政》《习近平系列重要讲话读本》《“三严三实”党员干部读本》《中国共产党廉洁自律准则》《中国共产党纪律处分条例》等学习用书，采取集中学习、个人自学等形式，组织党员领导干部研读指定书目，学习党章党纪，提升党员政治理论素养。开展多样化、多层次的岗位知识培训、跟班学习，鼓励员工积极参加各类资格证书考试和在职学历教育，切实提高专业素质和业务技能水平。加强对领导干部日常行为的约束和监督，严格管理员工因私出国（境），部机关高级主管（主任）和副主管（副主任）、县支行正副

中国农业发展银行山西省分行营业部营业室员工正在召开晨会

行长以及曾任上述职务现转聘为业务岗位人员，全部签订了承诺书。继续严格落实机关考勤管理制度，强化纪律约束，营造遵纪守法、风清气正的良好氛围。广大党员干部的主观能动性不断提高，干部员工的精神状态和工作作风明显转变。

（武荣联　蔡　洁）

【推进企业文化建设】 2015年，农发行山西省分行营业部通过完善职代会制度、每年开展企业文化和思想调研，为员工打造多层次、多渠道的学习沟通交流平台；圆满召开了第四届第三次职工代表大会，征集代表提案，切实解决群众关心问题。同时，以开展青年文化月、各项文明创建活动为契机，常年开展学雷锋、送温暖、革命传统教育、廉政警示教育等活动，开展"团干部如何健康成长"大讨论、主题征文、青年拓展训练、公益活动、广播体操比赛、女职工读书活动等一系列活动，深化企业文化建设，让员工深刻感受到企业文化的内涵，营造团结、奋进、和谐的工作氛围，增强员工的团队意识和凝聚力。（武荣联　蔡　洁）

【完成第二代支付系统上线工作】 2015年，农发行山西省分行营业部完成第二代支付系统上线工作，标志着该部在现代银行电子化发展的道路上又迈出了重要的一步，将进一步提升支付结算效率，提高政策性信贷资金管理水平，增强履行政策性金融职能的能力。

（武荣联　蔡　洁）

【联合开展省储粮验收核查】 2015年，农发行山西省分行营业部会同山西省粮食局、财政厅组成联合检查验收组，对山西晋粮物流有限公司进行验收核查。核查人员对省级储备稻谷的存量、入库单、台账等逐一进行核实校验，并对粮库管理工作提出要求。

（武荣联　蔡　洁）

【开展"防范打击非法集资宣传月"活动】 2015年，农发行山西省分行营业部开展了防范打击非法集资宣传月活动，通过电子滚动屏播放宣传标语、组织每周全员集中学习、发放拒绝非法集资倡议书及签订承诺书、张贴宣传画、开展专项排查和开通纪检监察微信公众平台宣传等形式向广大干部职工和社会群众宣讲非法集资相关知识，使广大民众自觉远离非法集资。（武荣联　蔡　洁）

【开展"银行业消费者权益保护知识"宣传活动】 2015年6月12日，农发行山西省分行营业部开展了"银行业消费者权益保护知识"专题宣传活动。通过设置宣传台、发放宣传资料、现场解答疑问等方式，向公众宣传消费者权益保护相关内容，为普及金融知识、提升银行业消费者维权意识起到积极的促进作用。此次活动共分发宣传资料350余份，现场解答问题涉及公众百余人次。

（武荣联　蔡　洁）

【开通直接投资信息系统】 2015年9月15日，农发行山西省分行营业部正式开通直接投资外汇业务信息系统，填补山西省农发行系统不能办理直接投资业务的缺口。（武荣联　蔡　洁）

·农业银行山西省分行营业部·

【概述】 中国农业银行山西省分行营业部，是农业银行设在省城太原的唯一一家二级分行，也是山西唯一一家列入总行"46112"优先发展战略的重点省会城市行。2015年有在岗员工2181人，下辖18个一级部室，16个一级支行，其中：城区支行12个，县区支行4个，有营业网点87个，上线运行的离行式自助银行网点99个，ATM机上线运行数量350余台，实现太原城区和四县域全覆盖。

（佟　亮）

【负债业务】 2015年底，全行本外币各项存款余额为948亿元，较年初增加31亿元。各项存款日均余额894.5亿元，较年初净增42.8亿元，日均增量四行第二。其中，对公存款日均余额544.6亿元，较年初净增19.8亿元，四行排名第二；储蓄存款日均余额349.9亿元，较年初增了23.1亿元，四行排名第一。

（佟　亮）

【资产业务】 2015年底，全行本外币各项贷款余额为546.5亿元，较年初增加98.22亿元，全年累计投放各项贷款304.5亿元。存贷比例达到58.74%，提高9.36个百分点。贷款增量位居四大行首位，其中个贷方面全年累计发放个人贷款2792笔、132631万元，个贷余额41.5亿元，较年初净增9.1亿元，增量全省农行第一，四大行排名第二，市场份额持续提升。全行不良贷款余额为7.1亿元，较年初下降2.6亿元，不良率1.32%，较年初下降0.84个百分点，不良余额、不良率实现"双降"，远低于系统平均水平。

（佟　亮）

营业部组织百谜迎春猜谜活动

【中间业务和利润】 在经济下行，行业竞争激烈情况下，截至 2015 年 12 月底，实现中间业务收入 23708 万元。全行实现拨备前利润 16.1 亿元；实现拨备后利润 13.2 亿元，利润较上年度增加 800 多万元。当年综合绩效考核排名全省第二，在全国省级分行营业部中排名第 5。

（佟　亮）

【渠道建设】 紧跟太原“南移东进”城市发展变化，新筹建明珠支行、太原南中环支行等人工网点 2 个，完成了长治路分理处等 4 个网点的迁址改造，完成新城市花园、清徐美锦南大街等 14 个离行式自助银行的上线运行，人工网点达到 87 个，离行式自助银行上线并正常运行 99 个，全行电子渠道金融性交易量占比 92.07%，较上年末增长 3.28%。

（佟　亮）

【党建工作】 按照党建工作部署，践行党风廉政建设党委主体责任，开展“三严三实”专题教育活动，为各项业务发展提供了有力保障。全面加强基层党组织建设，强化一级支行班子成员对二级支行包点联系督导、并明确了二级支行班子构成和议事规则，有条件的 40 个二级支行率先成立了单独党支部，营业部机关和辖内 16 个支行均已建成“党员活动室”，做到“三有、十上墙”。持续深化作风建设，组织开展对《中国共产党廉洁自律准则》和《中国共产党纪律处分条例》两部党规的学习，还在全辖范围内开展“讲党性、守纪律、明责任、树清风”的征文和专题演讲活动，加强廉政文化建设。

（佟　亮）

【营销活动】 先后组织了春天行动“抢头彩”、元宵节“百谜迎春”“大战红五月，扩户上台阶”、产品应用“比学赶超”等多项活动，开展“幸福春天·喜气洋洋”“耕耘初夏·播种希望”“欢乐圣诞·喜迎新年”等定期存款专项营销活动。

（佟　亮）

【服务地方经济】 2014 年、2015 连续两年累放总金额达 517.86 亿元，存量占比从四行排名第四上升到第三，实现了排名的进位提升。一方面在债券、融资等方面取得新突破。积极参与地方债券发行，成功承销省政府债券 57 亿元，积极开展晋能集团 60 亿元私募债券、焦煤集团 60 亿元私募债券的续接工作。为山煤集团办理 10 亿元理财融资，焦煤集团发行 29 亿元中票；晋能集团发行 35 亿元中票。签发银行承兑汇票 1096 笔，金额 12.7 亿元；办理贴现放款 194 笔，金额 2.1 亿元，全力支持省城经济的发展。另一方面加大了代发工资，水电、话费等代收代付业务营销，加快大额定期存单、“E商管家”等新产品的推广，加大商户分期、汽车分期及家装分期业务营销力度。开展烟草联名卡专项营销。年末新增签约客户 934 户，占全省系统增量 75%，累计归集资金 12000 万元。（佟　亮）

【客户建设】 通过分析客户资源结构，加强巩固机构类账户和代理业务营销，抓住集团性、行业性、系统性客户营销，挖掘个人高端客户潜力，建立全员营销氛围，持续壮大客户基础。对公有效账户数较年初净增 2316 户，系统内排名第一，新营销了市国土资源交易事务中心、阳媒太原化工新材料、中海油山西能源、太原重工、万达百货、永辉超市等有分量的客户。个人加权贵宾客户较年初增加 7039 户，完成省分行年度计划的 108%，贵宾客户产品交叉销售率较年初提升了 11.3%。新增电子银行个人活跃客户 21.5 万户，完成全年计划的 134.4%；企业电子银行活跃客户 1327 户。信用卡有效客户新增 16182 户，信用卡特约商户净增 497.2 户，完成全年计划的 331.5%。抓住股市热潮，新增第三方存管较年初净增 21876 户，增量列全省农行第一。

（佟　亮）

【国际业务】 全年累计实现国际结算量 459765 万美元，同比增长 25.26%；累计实现跨境人民币结算量 81 亿元，同比增长 43%；全行实现结售汇 37260 万美元；对公国际业务收入 1002.7 万元；办理全省首笔错币参融通 30727 万元、首笔买方福费廷 2 亿元、首笔人民币对公理财产品质押项下涉外保函业务 2000 万美元，实现国内信用证融资产品全覆盖。

（佟　亮）

【风险管理】 深入开展信贷管理“三化三无”创建活动，主动加大贷款业务检查力度，严密防范“私贷公用”“多贷一用”等骗取信贷资金的问题。加快不良清收处置和信贷管控力度，严防存量贷款裂变。严格落实柜员岗位轮换及运营主管轮岗制度，加大柜面运营操作培训力度，确保员工都能熟悉流程、熟练操作，严防各种形式的柜面风险。全年有 4 家支行、19 个网点获得总行运营“三化三铁”先

组织开展案例警示教育图片展

进单位。到期贷款现金收回率、不良贷款生成率、不良贷款清收处置率、三化三铁达标优秀率、员工行为管理等多项指标在全国20家省会城市行位居前列。

(佟 亮)

【合规教育】 组织支行班子成员、机关副科级以上干部、网点负责人分两批前往太原第二监狱开展警示教育，引导全行员工切实加强约束，真正做到守住底线、抵制诱惑、合规操作、廉洁从业。要求全行员工通过剖析典型案例、撰写心得体会筑牢合规经营的思想防线。

(佟 亮)

【增强员工活力】 精简支行综合考评指标17项，加大风险管理、日均核心存款、人均经济增加值等主要指标的考核，更加突出战略重点。进一步完善对支行领导班子及领导干部、穿透式支行、网点负责人及机关部室的考核评价，严格副职考核要求，健全干部考评体系。首次出台了《网点员工薪酬积分制管理指导意见》，通过积分量化员工履职内容和结果，并与工资等薪酬挂钩，实现履职考核过程的标准化、数据化管理。通过采取专家面授、集中培训和网络自学等形式，组织开展领导力提升、营销提升、产品运用、中青年员工等多层次、多角度的培训。通过技术比武、岗位练兵等活动，抓好专业人才建设，引导员工学知识、提技能、强素质。

(佟 亮)

【企业文化】 着力做好人文关怀“六件实事”，深入开展“建家活动”，组织职工趣味运动会、征文演讲比赛、文艺汇演、棋牌比赛、冬季健步走等文体活动，开展送温暖、帮扶困难员工，努力营造“人人有平台、个个展风采、精神带物质、文化促发展”的工作氛围，多样的文体活动丰富了广大员工的精神文化生活，增强了团队建设。 (佟 亮)

·晋商银行·

【概述】 2015年，面对经济下行、利率市场化和互联网金融等多重挑战，晋商银行坚持稳中求进的工作总基调，秉承“诚信、创新、实干”的企业文化理念，聚焦“转型、风控、发展”三个重心，立足“区域化发展、差异化竞争、综合化经营、网络化服务”四个方向，迎难而上、扎实推进各项工作，各项业务实现逆势增长，经营发展取得新突破。 (韩晓俊)

【主要指标】 截至2015年底，晋商银行资产总额1568.54亿元，较年初增加137.37亿元，增长9.60%。各项存款余额1042.16亿元，较年初增加124.81亿元，增长13.61%。各项贷款余额648.44亿元，较年初增加140.98亿元，增长27.78%。2015年，全行实现营业收入43.65亿元、营业利润14.31亿元、净利润10.79亿元。 (韩晓俊)

【机构发展】 截至2015年底，晋商银行有分支机构122家，其中太原地区71家(含1家小企业金融服务中心)，异地分行9家，异地支行42家。 (韩晓俊)

【品牌荣誉】 2015年，晋商银行被评为“中国金融品牌500强”“全国企业文化建设创新先进单位”“山西省金融系统优质服务先进单位”“山西省金融系统工人先锋号”，荣获“第四届最佳中小银行——最具市场竞争力奖”，理财业务能力、发行能力、信息披露规范性位于山西省内21家金融机构第一位。 (韩晓俊)

【支持经济发展】 2015年，晋商银行充分发挥地方法人银行优势，立足大局，紧紧围绕全省煤炭和非煤产业做文章，围绕全省经济“六大发展”做文章，围绕全省煤炭产业“六型”转变做文章，围绕更加贴近民生做文章，全力支持山西企业发展和重大项目建设。2015年，累计向各类企业提供一般贷款469.26亿元，其中198.68亿元贷款集中投入到煤炭、化工、冶金、电力等山西支柱型产业上，95.81亿元贷款投入到制造业、流通业等中小企业，174.77亿元贷款投放到小微企业；充分运用绿色快速审批通道，为200户存量企业续贷389.95亿元；运用结构化融资手段，为企业融资102亿；快速响应省、市两级政府大力推进“城中村”改造的举措，成为首家为项目提供融资银行，通过开发交易所委托债权投资模式，全力保障改造项目顺利进行，成功与万柏林区、小店区、晋源区开展业务合作，累计融资额37.91亿元。 (韩晓俊)

【助力小微企业】 战略布局、统筹推进小微金融业务发展，在全行范围内开展小企业金融业务区域规划工作，各机构小企业中心因地制宜，分别制定小企业金融业务发展思路、行动方案，形成分中心区域业务发展规划；改进信贷业务操作流程，完善小企业客户准入标准，提高业务办理效率；成立太原首家“科技银行”，为科技型中小企业提供专项金融服务。累计向2207户小微企业发放各项贷款326.83亿元，余额达到222.86亿元，占到全行各项贷款余额的34.26%。

(韩晓俊)

【推动金融创新】 2015年，晋商银行创新并办理商业承兑汇票保贴业务；成功发行了首单23亿元的信贷资产证券化产品和首期二级资本债，发行了首单20亿元公司债券，作为主承销商承销山西省地方政府债券22.52亿元；积极介入一级市场融资业务，开展股票、债券的混合型资管产品、上市公司股票质押业务；成为全国市场利率定价自律机制基础成员，在全国银行间债券市场发行三期同业存单；先后推出“先得利”“一本万利”创新类负债产品，深受市场欢迎，成为拉动本行个人储蓄存款的又一抓手；结构性存款、大额协存等业务的推出，得到市场认可，在较短时间内快速提升公司存款规模，成功扭转了近年来公司存款负增长的惯性模式；开展优秀产品研发成果评选活动，对评选出的5项优秀产品和3项创新产品给予重奖，引导更多的团队、员工积极投身到产品研发、创新和应用中去。 (韩晓俊)

【完善服务渠道】 2015年，晋商银行主动适应互联网变革大势，推动直销银行上线运行，为本行打造“网络银行+移动金融+大数据”三位一体的互联网金融发展模式迈出坚实一步；网上银行、手机银行、微信平台全面改版升级，客户体验进一步优化；完成了晋商消费金融公司筹建工作，正式开业；15家社区银行完成筹建，36家对外运营，总数达59家，存款和理财业务突破20亿元。

（韩晓俊）

【丰富业务产品】 2015年，晋商银行发行理财产品299期、金额685.29亿元，存续余额302.11亿元，综合理财能力、发行能力、信息披露规范性位居全省21家商业银行之首，在全国2016银行理财实力榜中位居第37名；7家“晋升财富”理财中心开业运营。重新修订下发《卡易贷循环贷款管理办法》，促使“卡易贷”业务实现强劲增长，累计授信突破5万户，贷款余额26.21亿元；面向个体工商户和小微企业主，推出“商易贷”经营类贷款。推出“小荷卡”“DIY卡”为代表的个性化银行卡产品，借记卡产品不断丰富，累计发卡量突破200万张。（韩晓俊）

【加强风险管控】 制定2015年信贷政策指引，从行业、客户、产品、区域四个维度明确信贷政策要点，统一授信审查风险偏好；加强行业研究和市场调研，先后制定完善了煤炭、焦化、批发零售、铸造、汽车等30个行业的授信指引，更好地指导信贷投放和结构调整；严格控制产能过剩行业信用风险总额，持续加强贷款基础管理，逐户制定落实清收处置方案，继续保持不良贷款“双控”；通过与分支机构考核挂钩，强化欠息清收管理；按照监管要求，组织全行开展“两加强、两遏制”自查工作，进一步规范全行业务经营，防范金融风险。（韩晓俊）

【内部管理】 2015年，晋商银行加强运营管理。继续对全行柜面操作等各类业务流程进行优化梳理，开展厅堂一体化、网点效能优化提升等项目。作为全行“一号工程”，网点效能优化提升项目稳步推进，在开展网点效能基础建设工作的同时抓主要矛盾，解决柜面凸显问题，久治不愈的柜面“顽疾”得到改善；业务办理中增加电话银行签约功能，全面保障社区银行新业务顺利开展。加强财务管理。重新梳理全行财务管理的授权内容，完善优化财务费用的管理职责与审批流程；严格管理每日头寸和日间流动性，组织开展资本压力测试，对内部资金价格及系统进行调整和升级改造。加强科技建设。完成全行2015年度信息系统灾备切换演练，提高应急处置能力；推进全行91项科技项目的建设，满足全行内部管理和客户服务需要。加强人员培养。以行外引进、行内公开选拔等方式选聘中层管理人员20余人，充实了相当数量的总行和一线工作人员，通过能上能下的选人用人机制，激发工作活力。加强企业文化建设。深入挖掘晋商银行企业文化核心理念，与传承晋商精神相融合，提炼出“诚信、创新、实干”的核心理念，形成“责任、坚持、落实、效果”的八字要求，激发起广大员工的主人翁意识和工作积极性，进一步推动业务发展。（韩晓俊）

【首单信贷资产证券化产品发行】 2015年1月23日，晋商银行首单信贷资产证券化产品“晋元2015年第一期信贷资产证券化信托资产支持证券”在银行间市场成功发行，发行规模为23.636亿元。

（韩晓俊）

【成为全国市场利率定价自律机制基础成员】 2015年6月4日，晋商银行通过市场利率定价自律机制合格审慎评估，成为全国市场利率定价自律机制的基础成员，获得发行同业存单及SHIBOR（上海银行间同业拆放利率）、LPR（贷款基础利率）场外报价资格。稍早前，晋商银行已经获准成为山西省市场利率定价自律机制基础成员，并被选定成为山西省市场利率定价自律机制利率定价监测组副组长单位。（韩晓俊）

【签署社会保障“一卡通”建设战略合作协议】 5月15日，晋商银行与山西省人力资源社会保障厅举行“社会保障‘一卡通’建设战略合作签约仪式”。此次战略合作，是在传统社会保障卡基础上加载金融功能，既服务民生又促进金融发展，既能享受社保待遇又能体验金融服务，是一项实实在在的民生工程。

（韩晓俊）

【手机银行全新升级】 2015年6月29日，晋商银行手机银行2.0版正式全面对外推广运行。手机银行2.0版是本行在结合手机银行1.0版使用情况及互联网金融前沿动态的基础上，对手机银行客户端进行的一次全新升级改版，使其

2015年9月17日，晋商银行首家晋升财富中心在肖墙路支行隆重开业

更智能、更便捷、更安全。（韩晓俊）

【首期二级资本债成功发行】 2015年8月19日，晋商银行首期二级资本债全额成功发行，中标利率5.8%。本次发行二级资本债是利用创新型资本工具补充资本的有益尝试，既有利于提高资本充足率、夯实业务发展基础，更有利于拓宽资本补充渠道和改善资本结构，为做大做强晋商银行奠定基础。（韩晓俊）

【开展“金融知识进万家”宣传服务月活动】 2015年9月1日，晋商银行在山西省银监局的统一部署下，以“多一份金融了解，多一份财富保障”为主题，在全省范围内，正式开启了2015年度“金融知识进万家”宣传服务月活动。在活动中，晋商银行主动走出网点，深入基层，将金融知识的普惠工作落实到了学校、社区、商圈、农村、工厂中，扎实做好金融知识宣讲的“五进”工作。（韩晓俊）

【创新储蓄产品】 2015年11月12日，晋商银行正式推出业内首款前置式短期储蓄产品——“先得利”。11月30日，晋商银行第二款利息前置式储蓄产品“一本万利”正式上线。晋商银行借记卡累计发卡量突破200万张。晋商银行积极推广基于借记卡的资产管理和消费信贷产品，努力使借记卡成为统一管理个人各种资产、负债的工具，成为各种代理支付和其他增值业务平台。（韩晓俊）

【社区银行存款和理财突破20亿元】 2015年，晋商银行社区支行存款和理财突破20亿元。通过积极组织各项惠民活动、社区文化活动，开展特卖会、小型沙龙会等各种营销活动，使客户、合作商户和本行取得三赢效果，最终形成一个生活圈平台，让客户、商户充分参与到这一平台的建设中，形成独具特色的商业模式，得到客户的认可。晋商银行“卡易贷”业务累计突破五万户。“卡易贷”业务推出以来，历经十余次改造，客户数量从百到万，走出一条困境中求发展的品牌推广之路。（韩晓俊）

·中国邮政储蓄银行太原市分行·

【概述】 2015年，邮储银行太原市分行在人民银行和银行业监管部门的监管指导下，认真贯彻落实总行、省分行的各项发展战略和要求，坚持省分行“加快转型、强化基础、合规运营、稳健发展”战略定位和“加强风险管控、差异定位市场、调整业务结构、转变增长方式”主旨，强市域、提县域，实施“补短、拉长、创新”发展策略，坚持依法合规经营，实现“四大新提升”：一是优化经营模式，转变增长方式，企业综合效益新提升；二是明晰发展定位，整合业务资源，核心业务规模新提升；三是夯实内控基础，强化风险合规，抗风险能力新提升；四是完善运营机制，做好支撑保障，运营管理能力新提升。邮储银行太原市分行获山西省总工会金融工作委员会颁发的2015年度山西省金融系统“优质服务标兵单位”“五一劳动奖状”称号；在邮储银行山西省分行“三杯、三先”评比中获“经济效益杯”“资金安全杯”称号。（李　鑫）

【多元化服务】 邮储银行太原市分行立足服务“三农”的发展定位，普惠小微，促进实体经济发展，以县域规模化、设施化、示范化经营的农业产业为重点，加强银政合作，突出抓好土地承包经营权贷款、农机购置补贴贷款、扶贫贴息再就业、家庭农场、“公司＋农户、商户”等各项贷款投放，为太原市实体经济发展贡献力量。抓好产品创新。以国家及地区政策为导向，围绕省市重点项目，从固定资产、基本建设、技术改造、流动资金方面持续跟进贷款产品创新，量身定制适合企业发展的信贷产品；强化担保创新。加强与辖内担保公司对接，完善“银担”平台建设，多渠道引入担保资金；加快“权利抵押”和纯信用贷款产品开发，将贷款客户的实业经营权、土地承包经营权、林木所有权等合法权利列入邮储银行抵押品范畴，有效解决抵质押瓶颈；深化服务创新。不断跟进贷款发放进度，保证企业及时获得资金支持；主动走入企业，变贷后检查为贷后服务，利用银行信息、数据优势，帮助企业发现经营中的不足，解决实际困难，形成银企良性互动。

（李　鑫）

【服务“三农”】 2015年，邮储银行太原市分行为更好服务“三农”、服务社区、服务中小企业，改变传统的单一营销模式，拓展客户渠道，主动寻找第三方平台合作，争取政府财政支持建立风险补偿金、“以奖代补”给予贴息，建立健全信贷风险补偿和分散机制。同时，分区域在太原市成立特色金融服务中心，建立专业化营销团队，按照“一行一业、一县一品”思路，坚持“特色拉动”经营路径，创新发展零售信贷产品，做好重点农业产业和农户服务，重点推出家庭农场贷款业务、再就业小额担保贷款业务、小额互助担保贷款、烟草贷业务等小额贷款新项目，为小微企业、农户提供综合金融服务，从结算、理财到投资、融资提供一系列金融产品，有力促进农村企业发展壮大。

（李　鑫）

【化解融资难题】 2015年，邮储银行太原市分行积极探索实践，在服务“三农”和商业可持续之间探索出一条“相互协调、相互促进”的特色发展之路。累计发放蒙牛乳业爱心贷款千余万元，成功解决吕梁、晋中、榆次等地区奶农的融资问题。不仅解决奶农融资难的问题，更有效促进邮储银行支农、惠农、便农业务的发展。市分行将高举普惠金融旗帜，坚持走“大银行聚焦小贷款”的特色发展道路，紧抓大力发展普惠金融的机遇，发挥邮储银行的网点优势，扎实做好“三农”金融服务，持续支持小微企业发展，探索扶贫开发金融服务工作的有效方式，切实做好“三农”金融服务的主力军。

（李　鑫）

【缓解小微企业融资难题】 2015年，邮储银行践行普惠金融理念，探索精细化、批量化、专业化的金融服务模式。在为小微企业及农户提供信贷服务时，在信贷技术、资金管理上不断创新，严格防范风险，设计抵押品多样、额度灵活、流程简约的贷款模式。依据属地经济特色，开发出有地方经济特点和邮储特征的信贷产品和服务流程，同时将融资支持、信息服务、财富管理等内容相结合，进一步丰富小微企业金融服务内涵。（李　鑫）

【金融服务】 2015年，邮储银行太原市分行作为太原市境内网点数量最多、覆盖面最广的金融机构，依托全市庞大的网络优势，拓宽营销渠道，完善服务功能，实施赶超战略。截至2015年底，全市个人储蓄账户突破540余万户，全市居民持邮政绿卡户计500万户；服务企事业单位380余家，为340余个企事业单位代发工资，月代发户数达22万户，代发金额4.5亿元；为近40个企事业单位代发养老金，月代发户数达30万户，代发金额达5亿元；将信用卡业务作为满足民众临时性资金需求手段，全年累计发卡约2万张，以“悦享”活动打造品牌用卡环境，发展特惠商户112户，其中白金商户68户，优质商户44户，切实为广大城乡居民提供差异化、多层次金融服务。

（李　鑫）

【合规稳健运营】 2015年，邮储银行太原市分行持续将“合规稳健运营”理念摆在经营发展的突出位置，明确监管要求，重点强调责任意识、问题意识，着力推动案防工作体制，坚持深化合规建设，实现改革“窗口期”全行“案件起数和金额”为零。服务项目周全，硬件配套设施完善，重点加大自助设备投入力度有效提高网点服务效率，全力提高顾客满意度。

（李　鑫）

【征信专题宣传】 2015年，为进一步加强征信宣传工作，积极响应人行统一开展的“全国征信专题宣传”活动，邮储银行太原市分行开始为期6个月的征信专题宣传活动，全面普及征信知识，通过举办征信知识培训、组织从业人员参加征信知识答题、开展“加强征信宣传教育，提升国民信用水平”为主题的征信专题宣传“亮点周”活动以及“信用记录关爱日”主题宣传，公众对征信体系的认识得到明显提高，引导社会公众逐步树立诚信理念，争做诚实守信的模范，为营造良好的信用环境奠定基础，为有效改善金融生态贡献力量。（李　鑫）

【打击非法集资】 2015年，邮储银行太原市分行在南宫广场参加全省“打击非法集资，保障经济秩序，共建和谐三晋”专项宣传活动。本次活动由山西省金融办、山西省银监局主办，公、检、法、农、林、商务、教育、工商、银监、证监、保监等直属厅局单位和商业银行各行代表参加。为了确保宣传效果，市分行制作宣传页，确保内容简明扼要，重点突出，包括非法集资的特征、主要表现形式和常见手段等内容。对全市自营网点和邮政代理金融网点采用电子屏和条幅形式开展“打击非法集资”宣传，宣传人员借助活动主办单位统一制作的知识广播、案例展板、宣传折页，使群众了解“珍惜血汗、远离非法集资”“树立正确理财观念，警惕非法集资陷阱”等知识和防范技巧。

（李　鑫）

【警示教育】 2015年，邮储银行太原市分行高职高管赴晋源区人民检察院预防职务犯罪警示教育基地参观，工作人员对国家和地方领导人员的决策部署、先进典型案例、职务犯罪因素、解析贪官心理演变过程、查办的典型案例和主要成效等进行的讲解，让现场参观人员能够身临其境感受到国家对预防职务犯罪的决心，了解到职务犯罪的形成及其后果，印象深刻，触及灵魂。高职高管们对照职务犯罪案例，深刻分析，查找自身不足，深刻认识到预防职务犯罪的重要意义，受到心灵的洗礼和灵魂的升华，在心底敲响坚守职业道德、廉洁自律从业的思想警钟，并结合工作实际，查找自身不足，在工作实践中积极改进，提升合规履职意识，为营造风清气正的从业氛围起到了很好的推动作用。（李　鑫）

【“三严三实”专题研讨】 2015年，邮储银行太原市分行党委召开2015年中心组学习暨“三严三实”专题研讨会。会议围绕“严以用权，真抓实干，实实在在谋事创业做人，树立忠诚、干净、担当的新形象”主题展开，明确“严以用权”是领导干部作风的核心，党员干部要始终坚持和倡导“权为党”“权为民”“权为公”“权为责”；坚决杜绝和防止“权心不纯”“法外之权”“权中私权”“权欲无底”。市分行党委书记赵金贵同志做总结讲话，深入学习党的十八届五中全会精神。深刻领会党中央提出的全面建成小康社会、推动经济社会持续健康发展的“六项坚持”原则和“五大理念”，并将会议精神与企业发展管理紧密结合起来，做好市分行2016年工作发展规划；学好、学深、学透《中国共产党廉洁自律准则》《中国共产党纪律处分条例》。要全面加强市分行各级党组织建设和班子队伍建设，加强党风廉政建设，树立市分行各级领导干部忠诚、干净、担当的良好形象；全行各级党员干部要把“三严三实”学习成果落实到实际行动中去，深刻领会十八大以来全面从严治党新形势，对照各项规定要求，带头履职尽责。（李　鑫）

·招商银行太原分行·

【概述】 2015年，招商银行太原分行面对煤炭市场持续低迷，山西主导产业下滑，主要经济指标增速持续放缓，各种矛盾相互交织，风险压力不断增加，区域经济面临前所未有的困难，无论是支持实体经济的发展，还是客户服务升级、员工成长与关怀、绿色金融、社会公益等方面，太原分行坚定不移的履行着自己的社会责任。分行深入贯彻落实中央方针政策和省委省政府决策部署，真抓实干、攻坚克难，在全省经济社会的发展中工作亮点不断显现；结合总行“一体两翼”发展战略和“三个稳定”要求，坚持有所为有所不为，将风险管理和业务转型发展作为两项重点工作贯穿始终，不断强化内控合规管理、人员队伍建设和作风建设，夯实发展基础，逐步形成自己的经营特色和发展渠道。对中小企业业务、个人财富管理、个人一卡通与信用卡等方面保持领先位置。（张　磊）

【金融服务】 2015年，招商银行太原分行紧跟交易商协会新政，践行总行轻型银行战略，围绕省内重点发债客户，尤其是八大煤业集团及太钢、汾酒、漳泽电力等重点客户，发挥超短融、短融对客户流动性支持的作用，有效地满足客户融资需求。全年为省内重点客户发债金额达226亿元（含联席主承销），其中：同煤集团发行短融75亿元、超短融50亿元；为焦煤集团发行短融30亿元；为潞安集团发行超短融20亿元；为太钢不锈发行超短融20亿元；为山煤集团发行超短融10亿元；为漳泽电力发行私募债16亿元；为汾酒集团发行中票5亿元。在有效的缓解企业的流动性紧缺问题的同时降低企业的财务成本。其中汾酒集团中票、漳泽电力私募债、潞安集团超短融、太钢不锈超短融的利率低于同期基准利率，有效地降低企业财务成本。（张　磊）

【资金投放】 2015年传统的信贷资金支持难以支持省内过剩产能行业企业的融资需求，为确保企业资金需求，招行另辟蹊径，通过租赁撮合渠道满足客户融资需求。与昆仑租赁、外贸租赁、中建投租赁、招银租赁等30多家租赁公司建立联系合作，累计投放59亿元。其中为同煤塔山投放10亿元、同忻煤矿投放8.5亿元、同煤麻家梁投放4亿元、同煤地方煤业投放4.8亿元、河南晋开投放7亿元、晋煤集团投放5亿元、首钢长治投放3亿元、西山煤电投放5亿元、春雷铜材投放1亿元、永泰能源投放0.72亿元、中煤平朔10亿元。同时，发挥招商银行1.9万亿元理财资金池优势，为美锦投放30亿元、为交通厅投放10亿元。山投集团20亿元融资项目，包括10亿元私募债项目总行已批复，上报总行5亿元代推介过桥融资；10亿棚改项目，总行批复再议，要求落实相关问题。（张　磊）

【增加优质资产】 招行站在产业发展的高度，关注山西新产业、新业态的变化，引领产业发展方向，抢占产业制高点，快速改变目前资产结构中一煤独大的局面，全面锁定重点行业企业，开展名单制营销，尤其是山西的高端装备制造业，新能源汽车节能环保，新材料、生物医药，电子信息，文化创意产业。通过基金融资支持省内城市基础建设投资融资需求，在省委省政府的高度重视下，城中村、公路道路、轨道交通等基础设施建设力度不断加大，投融资需求也不断增加。为此，通过PPP、政府引导基金等模式，为省内重点项目、重点客户提供融资支持。与太原市龙城发展投资有限公司成立的50亿元的城市建设基金获得总行批复，遴选具体项目，重点跟进太原轨道交通2号线、太原—晋中城际轨道交通、太原市妇幼保健院等重点项目，拟通过基金融资模式给予省内城市基础建设、医疗等民生工程重点项目支持。

（张　磊）

【零售信贷】 2015年，招商银行太原分行实现规模增长，保证贷款质量。“持之以恒，聚焦优质资产的组织与经营。零售投放方面，信用卡、住房按揭贷款是大力拓展的重点，成为整个资产结构中最为稳固的基石。”将住房贷款业务作为零售信贷业务投放重点，不断拓展优质、战略开发商房贷业务。全年住房贷款余额为24.91亿元，较年初增加11.06亿元，增幅为79.88%。收付易业务方面。强化收付易考核应用，持续开展收单业务劳动竞赛。与三方合作公司通联、银联商务就合作收单事宜中沟通。收付易年日均存款较上年净增6100万元，收付易客群达7036户。

（张　磊）

【客户服务】 2015年，招商银行太原分行夯实网点服务的统一管理，打造山西“星级”网点。为能够更好服务客户，太原分行开展盲文服务指南印制，哑语统一学习，总分行服务制度、银行业协会相关工作指引及文明规范服务相关规范等材料的汇编等工作。同时在各网点间掀起了新的服务热潮，从厅堂硬件的整改，到网点人员的精神面貌，都有很大程度的改观。山西省银行业协会结合各网点申报意愿及网点日常表现，评选出4家符合条件的候选网点。经过激烈的角逐和紧张的评选工作，府西街支行被评定为“五星级服务网点”，体育路支行被评定为“四星级服务网点”，朔州分行被评定为“三星级服务网点”。（张　磊）

【推进专业化管理】 完善零售事业部组织架构，新增财富管理部，全面推进事业部内综合管理；推进事业部内大综合运行体系，将队伍建行、绩效考核、费用管理、数据分析、行政综合等纳入统一管理，落实目标管理责任制，整合资源。提高零售工作的效率。

调整公司部组织架构，公司业务总部内设营销支持中心和风险管理室，牵头负责机构客户、战略客户、大中客户的营销推动和全流程的风险把控，实现总部统一指挥谋划、支行专心作战冲刺的高效运作模式；成立交易银行部、投资银行部，形成分行战略客户、机构客户、大中客户、小企业客户分层经营体系和交易银行、投资银行产品专业化经营体系。优化公司条线的结构，进一步明确对公客户经理的岗位职责，提高其工作效率。

太原分行组建成立同业业务总部，内设综合室，下设同业客户部和票据中心两个一级部门，从组织架构上实现分行同业业务的独立运行，为了更大程度发挥同业客户经理的市场竞争效应，同业业务总部将进一步优化同业营销体系，拟设置两支直营团队，目标定位为构建一支集管理、营销、风险控制、综合分析为一体的经营团队。通过业务部门的结构优化，提高其工作效率的同时，为客户提供更方便快捷的服务。（张　磊）

【提升客户服务能力】 2015年，招商银行太原分行完善培养机制，细化、分层分类提升。以学习力提升为目标，分层、分类制定培训大纲，强化效果验收。通过新入行员工集中培训、定岗员工专项培训及在岗员工提升培训三方面培训，实现零售条线各类人员的专业培训。完善培训方式、内容、后评价等体系，组织批发团队负责人（业务骨干）、大中客户经理、小企业客户经理、产品直销专员4个培训班，每周固定培训时间、明确培训内容，全面提升专业能力充实产品经理队伍。增加批发产品经理10人，由分行公司部分管总经理带头，赴总行围绕资产托管、现金管理、客户拓展、贸易金融、票据业务等开展学习交流，结合分行实际，制定详细的业务开展规划。扩充柜面服务人员。按季进行补充配置，补充低柜20余人、贵宾10余人、市场20余人、大堂10余人，有效保证分行业务的推进。中小微型企业，对账户费用、转账费用较为敏感。针对该类企业，充分利用c+套餐、移动支票等来减免账户费用、网银费用，降低小微型企业成本。（张　磊）

【创新融资工具】 有不少优质行业的优秀客户，有资金需求，但缺乏有效的担保方式，难以在银行获得融资。针对客户特点，主要采取以下措施：发展供应链业务，利用核心企业的高信用度、高透明度和规范化运营的特点，通过核心企业与上下游的结算来为上下游企业增信，降低小企业客户的贷款担保门槛；学习利用总行开发出的信用类产品，向客户针对性推荐。针对中小微企业客户有不同的发展阶段，对结算方式的需求也不一样，为客户匹配产品，在流资、银承、信用证或商票中选择适合客户的产品。

深入服务山西经济发展，深入贯彻落实《国家税务总局、中国银行业监督管理委员会关于开展"银税互动"助力小微企业发展活动的通知》等精神，太原分行与山西省国税局、地税局共同签署《银税互动战略合作框架协议》，标志税务部门与太原分行部门银税互动活动正式启动。太原分行将根据税务机关提供的企业纳税信用评价结果，向守信的小微企业提供信贷及相关金融服务，助力小微企业良性发展，实现小微企业、银行、税务三方共赢。为不断适应和满足客户需求，持续提升服务质量与服务水平，展现员工优秀的服务素质和良好的精神风貌，分行工会联合办公室、零售金融总部共同举办"2015年招商银行太原分行服务礼仪大赛暨服务高手舞林大会"。全程紧密围绕"改善客户体验，击破服务痛点"的内在核心，注重服务与业务相结合，突显服务对业务的促进作用。（张　磊）

【人才培养】 2015年，招商银行太原分行围绕总行工作思路，以人力资源转型为主线，以市场化和专业化为主旨，深刻理解人力改革的内涵和政策要求，狠抓"最后一公里"的落地。改革政策的落实，有效地支持全行的战略转型与业务发展。分行在人才培养方面扎实落实总行的人才战略，积极发现、激励、保留和培养人才，同时引导员工"做自己的主人"，主动学习，积蓄能量，实现个人的职业选择与职业发展。为进一步强化人才队伍的建设与管理，促进人才内部合理流动，铸造可持续的人才竞争优势，分行固本溯源。人才库建设以核心人才库和后备人才库为两大抓手：通过核心人才库，建立素质优良、能力突出、结构合理的精锐人才队伍。做好核心人才的激励与保留，预防"失血"；通过后备人才库，建立人才生成、培养和补充机制，做好后备人才的培养和提升，有效"造血"。分行引进同业优秀人才17人，通过校园招聘引进重点院校硕士、本科应届毕业生20人，并开展2015年暑期实习生计划，选拔50名优秀硕士、本科在校学生参与实习，为2016年校园招聘进行储备；完成18个专业岗位、672人次的专业岗位后备人才入库，建立4个层次、159人的管理岗位后备人才库。

充分利用人才交流平台获取分行综合用人信息，根据个人职业发展意愿，主动规划自己的职业发展路径。通过这种市场化、开放式的择业机制，尽力摆脱传统的、行政化的、"画地为牢"的人员管理模式，为人岗有效匹配提供一个信息透明的平台，实现人员自由择岗。对机关部室缺编岗位组织公开竞争性选拔，13名员工通过选拔，补充到位。分行组织产能位列后三分之一的客户经理进行转岗，对综合素质高的人员遵从个人职业发展意愿，调整到适合的岗位上，解决人岗错配的问题；从运营条线选拔学历高、业务专、能力强的14名运营人员补充到管理岗位或其他业务岗位，拓宽员工职业发展道路。完成462名员工的专业序列评审工作，理顺员工发展通道，拓展员工职

2015年招商银行太原分行服务礼仪大赛暨服务高手舞林大会

业生涯发展空间，有效地促进员工队伍专业化、可持续发展。（张　磊）

【员工管理】 2015年，招商银行太原分行创建职工之家，打造党工苑地宣传平台。设置党工团活动园地(职工之家、乒乓球室、健身活动室、员工作品长廊)展示全行员工优秀风貌。全年不间断征集书法、绘画、摄影等作品，既是展示个人风采的根据地，也是分行历年重要事记的总结与展示，作为档案长久保存。完善工会俱乐部的建设。分行工会共建设8个俱乐部，分别是：摄影俱乐部、篮球俱乐部、羽毛球俱乐部、乒乓球俱乐部、游泳俱乐部、瑜伽俱乐部、骑行俱乐部、太极拳俱乐部，建立健全俱乐部章程及俱乐部会员活动管理办法，实施自主管理与工会统筹相结合，工会提供经费，俱乐部接受工会监督，定期向组织汇报，充分发挥俱乐部组织灵活、活动丰富、与员工密切接触等优势，促进员工间的文化交流，丰富员工的业余生活。

开展行内外运动会。在分行开展常规性俱乐部活动的同时，开展全员趣味运动会、羽毛球、乒乓球及篮球赛，为不同爱好、不同兴趣的员工搭建活动平台，扩大业余生活参与面。派出代表队参加山西省金融工委组织的金融行业篮球赛中，荣获季军。开展扶贫帮困、员工救助等活动。制定困难员工慰问管理办法，对遇到困难、突发紧急情况的员工及家属进行帮扶，已累计救助生病、家庭困难职工10余人次，金额50余万元。举办参与青年员工联谊会。在山西金融工会举办的第二届"青春之约"青年联谊会中，组织分行30余名青年员工参与其中，既结交金融界的新朋友，又为发展奠定良好的感情基础。（张　磊）

【绿色金融】 2015年，招商银行太原分行制定适合山西本土特色的区域绿色信贷政策，为全省产业结构调整和转型升级提供全方位的金融服务。支持低碳经济发展，改善存量信贷资产结构支持"三农"经济发展。按照"关注龙头、扶持特色、安全为先"的总体信贷原则，支持现代农业发展。在客户选择上，优先支持农业产业化龙头企业，如山西粟海集团有限公司、山西忠民集团有限公司等；支持区域特色农副产品企业，如山西水塔醋业股份有限公司、太原市东湖醋业有限公司、太原市宁化府益源庆醋业有限公司等企业。在金融服务上，加快产品创新，积极拓展基于农业产业化龙头企业、大型连锁超市的供应链金融服务。在深入调研分析、摸清经营模式，落实第一还款来源和有效担保措施的前提下，鼓励通过"1+N"供应链金融等模式批量拓展具有区位优势和地方特色的农业小微客户群。支持现代物流产业发展。现代物流业为太原分行信贷政策中积极支持类行业，按照"优选客户、控制风险、依托平台、创新模式"的信贷原则，认真落实各项风险控制措施，有效推进投资业务质效发展，支持了清徐县美特好农产品配送物流有限公司、柳林县迅达物流有限公司、霍州市顺腾物流有限公司、山西金速物流有限公司以及太原市万诚工贸物流有限公司等一大批物流企业。

（张　磊）

【支持文化旅游产业】 为金融支持文化旅游品牌的培育开拓，根据总行"积极审慎、择优介入、鼓励创新、控制风险"的要求，稳妥支持文化旅游产业发展，向山西日报社、山西和信文化传媒有限责任公司、介休市绵山风景区开发有限责任公司、山西历山旅游投资有限公司、山西太原四季风旅游有限公司、山西平安国际旅行社有限公司等文化旅游项目提供1.47亿元的信贷支持。（张　磊）

【支持小微企业】 2015年，招商银行太原分行为进一步缓解小微企业融资难、融资贵问题，扩大金融支持覆盖面，坚持发展小微不动摇，坚定不移发展小微金融业务。一方面，以"小额、分散、标准"为原则，从行业、区域、客群角度细化信贷政策，优先支持食品饮料及烟草制品、纺织服装及日用品、文化体育用品及器材的批发零售，食品饮料加工制造，餐饮服务等关系民生消费的行业；另一方面，加强客户经理队伍管理，提升审批中台识假能力，打造强大的中后台风险管理体系。不断提升小微企业金融服务机构的覆盖面，新增营业网点12个，累计投放小微贷款98.69亿元，有效地缓解小微企业的融资压力。（张　磊）

【优化增量资产投向】 2015年，招商银行太原分行着重突出"一体"，把零售业务做大做强。抓好总行房地产战略客户和全国性开发商个人住房贷款业务；加大消费信贷产品和服务创新，重点支持个人购车、耐用消费品、住房装修等消费信贷，择优介入城区居民旅游休闲、文化体育等消费领域；做好与公司、同业条线的联动，在服务业、文化产业等个人客户资源丰富的产业领域，挖掘消费信贷业务发展机会。根据总行设定的优质行业，结合山西经济转型特点，围绕装备制造、军工、文化旅游、医药医疗、新材料、节能环保、信息技术、健康服务业、现代物流业等新兴行业以及电力、公路、房地产等传统行业，重点介入其中的央企、优质省属国企和上市公司等行业内龙头企业，按照总行相关要求实施名单制营销和管理。对核心客户精耕细作，制定综合营销服务方案，发展投行业务和交易银行业务等轻型业务。加大同业资产拓展，不断提升同业资产比重。紧抓战略客户，依托政府引导基金、商业银行理财资金托管、理财产品投资和销售、保险协议存款等产品，选择重点深度营销，不断做多做强，提升收入贡献。

（张　磊）

【社会公益】 社会责任是企业文化的重要组成部分，2015年，招商银行太原分行秉承"源于社会、回报社会"的宗旨，将"负责任"融入到品牌建设中。由分行办公室、零售银行部统一组织，配合总行、人民银行、银监局主题宣传内容，采取路演、讲座等多种形式，走进社区、广

场、商圈等向公众进行反洗钱主题宣传、征信宣传、反假宣传等各项银行业金融知识宣传活动，累计发放宣传折页万余张，受众人数万余人，有效引导社会公众科学合理使用银行产品和服务，提升消费者金融投资安全意识和风险管理能力，体现了太原分行"以客户为中心"的服务理念。组织各种形式多样、富有内涵的亲子活动、户外活动，让客户子女在招行特有的亲子品牌文化的熏陶中成长，从而增加与客户整个家庭的紧密度。由分行党委、团委、工会共同组织，全行干部员工集体参与，"爱找招行" 系列活动成为招商银行太原分行公益宣传的特色品牌，每逢重要节日，分行党委书记都会携党委、团委、工会到各贫困单位、小区慰问孤寡老人，二级分行也对部分村落进行走访慰问（朔州分行慰问双碾乡侯港村），以实际行动践行招商银行做负责任银行的坚定承诺，树立良好企业形象。积极配合总行组织员工在为云南武定、永仁捐款献爱心活动中捐款捐物、结对子，参与率达 100%，同时还为贫困地区、灾区人民贡献自己的一份力量。其中 2015 年分行新结对子 14 对，涉及捐款金额 14000 元，续结对子 15 对，涉及捐款金额 15000 元。（张　磊）

·兴业银行太原分行·

【概述】 2015 年，兴业银行太原分行下辖 24 个分支机构(其中太原市 13 个，晋中市、晋城市各 5 个，临汾市 1 个)，员工 1200 余人。兴业银行太原分行总资产达 1030.57 亿元，各项存款 732.58 亿元，贷款余额 469.17 亿元，分别较年初增加 127.01 亿元、79.90 亿元和 128.41 亿元；较"十一五"末(2011 年 12 月 31 日)增加 638.19 亿元、419.37 亿元和 257.24 亿元。个人核心客户新增、环境金融业务余额新增、金融自助通业务替代率等 3 项指标在兴业银行全国系统中排名第一。环境金融专属客户新增、信用卡资产质量等 17 项指标在兴业银行全国系统内同类区行中排名第一。贷款余额和新增额在当地股份制商业银行中均排名第二。对公存款余额从 2015 年 6 月份起在当地股份制商业银行中一直排名第一。（王鹏宇）

【客户建设】 2015 年，兴业银行太原分行采取"四个聚焦"策略，对已具体化的国家战略、已明朗化的金融改革、已清晰化的社会需求和已明确化的转型方向，细化制定产业基金客户、供应链核心企业、小企业集群、绿色金融、烟草行业、结算类客户六大类目标客户营销方案，区别实施总行战略客户群沙盘、区域优势客群沙盘、高价值客群沙盘等 8 项沙盘计划。全年对公客户新增 1722 户，达 1.14 万户，其中有效基础客户新增 235 户。13 个客户入围总行 B 类骨干客户名单。新增上市公司客户 6 户，新增新三板合作客户 10 户，成功为 1 家分行授信客户签订券商辅导协议；发挥赤道银行优势，全年新增环境金融客户 70 户，在兴业银行全国系统内同类区行排名第一；融资余额较年初新增 136.66 亿元，在兴业银行全国系统内排名第一。

兴业银行太原分行深化和巩固原有重点客户战略合作，仅总行级骨干客户焦煤、晋煤、同煤在分行融资额度就新增 161.75 亿元。积极推进采矿权资源价款缴纳专项贷款业务，完成焦煤集团及山煤进出口共 5.1 亿元投放。响应省市政府号召，支持太原市龙城发展公司城市道路建设项目、太原市城中村改造和棚户区拆迁工程等，并新增一批民生服务类客户。在全力拓展和维护客户的同时，依托现金管理业务提高客户贡献度，带动吸收结算型存款日均新增 4.12 亿元；结构性存款日均余额达 100.24 亿元，较年初增加 42.25 亿元。（王鹏宇）

【业务发展】 2015 年，兴业银行太原分行面对经济结构调整、产业转型升级的新形势，兴业银行太原分行将机构业务作为全年业务发展的重点，尤其是大力发展 PPP 项目和产业基金等新型投融资模式。成功竞标为山西省人民政府债券承销团 8 家主承销商之一，全年累计中标 39.7 亿元；成功落地山西省前两笔、共 30 亿元的山西省国库现金管理业务；成功营销全省首个 PPP 项目——临汾市尧都区涝洰河生态建设工程。特别是与山西省财政厅、山西省住建厅及北京首创集团共同设立的"山西省改善城市人居环境 PPP 投资引导基金"，是山西省内设立的首只大型 PPP 投资引导基金，开创新形势下商业银行服务地方经济的新模式。此外，兴业银行太原分行还参与组建山西省旅游产业基金。（王鹏宇）

【业务创新】 投行业务全年落地 357.40 亿元，在兴业银行全国系统内同类区行中均排名第二。其中，标准化债权承销规模 140 亿元，连续三年在山西当地金融同业中排名第二。同时，企业资产证券化、永续债、产业基金、"银租宝"业务等创新产品取得突破。贸易融资业务量 463.36 亿元，客户新增 403 户，在兴业银行全国系统内同类区行排名第二。发挥"赤道银行"优势，积极投身节能环保事业，围绕水资源利用和保护、固废处理、供暖三大重点领域，综合运用表内外多种渠道，在当地同业中率先创新推出绿色融资服务，是全省排污权交易业务的独家主办银行，还作为当地唯一金融业代表和全国先进典型参加全球环境基金中国排污权交易研讨与成果推广会，成为山西省唯一的"服务绿色经济特色银行"。到 2015 年底，兴业银行太原分行绿色融资余额达 283.61 亿元，较年初新增 136.66 亿元，在兴业银行全国系统中排名第一。加快产品创新运用，通过融资租赁 + 内保直贷业务融资 18.9 亿元，通过融资租赁 + 反向保理融资 37.2 亿元，通过融资租赁反向保理 + 黄金租借业务融资 23.3 亿元。现金管理业务为太原第二热力公司、晋城热力公司搭建省内首批取暖费微信跨行缴费平台，上线荣华大药房等 40 户连锁类客户扫码支付业务。为金虎便利成功落地首个线下 POS 收单

兴业银行太原分行自助机

资金存管业务，受到当地人民银行肯定。根据政府和监管部门积极支持小微企业发展的要求，以集群、担保平台为抓手，以易速贷、连连贷、交易贷为产品基础，全年新增小微企业客户2193户，有效基础客户达901户；贷款余额23.52亿元，较年初增加10.57亿元，在兴业银行全国系统内同类区行排名第三，并在当地股份制商业银行中率先完成“三个不低于”目标。（王鹏宇）

【零售业务】 2015年，兴业银行太原分行全年个人存款日均新增16.67亿元，日均余额达114.8亿元。个人贷款累放41.43亿元，余额达60亿元，较年初增加18.87亿元，余额新增在当地股份制商业银行中连续3个月排名第一。零售核心客户当年新增3.14万户，在兴业银行全国系统内排名第一。全年新增兴业通收单商户8535户，总数达1.27万户，在当地股份制商业银行中排名第一；核心商户（日均储蓄存款大于1万元）较年初新增4439户，在兴业银行全国系统同类区行排名第一。信用卡新增发卡8.16万张，刚性年费白金信用卡发卡7798张，均在兴业银行全国系统同类区行中排名第二。兴业银行总行先后在山西太原召开“兴业银行网点转型改革启动大会”“兴业银行2015年结算性存款业务专题会议”和“兴业银行2015年第四期‘小社区，大作为’讲师团巡回培训”三个大型活动，既是对兴业银行太原分行相关工作业绩的肯定和褒扬，也成为推动分行零售业务率先发展契机。（王鹏宇）

【网点转型】 2015年，作为兴业银行全国系统内网点转型改革的首批5家试点分行之一，兴业银行太原分行大力推动营业厅劳动组织模式优化，促进厅堂人员“一岗多能”，加快网点T动力改造，将集中作业与智能化机具替代相结合，全面启动智能厅堂管理系统布设工作，从交易结算型向服务营销型转变。到2015年11月网点转型率100%完成，到2015年末配置零售低柜服务人员28人，厅堂操作类人员占比下降至59.26%；金融自助通业务替代率达94.92%，系统内排名第一；回单机交易替代率97.54%，集中作业率78%，“一岗多能”合格率86%。社区支行和传统网点零售低柜全部实现业务远程授权、传统网点实现节假日业务远程授权。网点转型初见成效，厅堂营销服务能力得到极大提升。（王鹏宇）

【产品创新】 2015年，兴业银行太原分行树立推广“安愉人生”“寰宇人生”“活力人生”“百富人生”四大品牌，初步形成系列客户群。以“兴动力”手环信用卡为切入点，兴业银行太原分行成为2015太原国际马拉松赛第一家官方合作银行。围绕社区支行周边商圈，与兴业银行总行消费金融公司合作开展POS流水贷业务，累计办理3200万元，开辟消费贷款新市场。适应互联网加新形势，加快发展电子银行业务，新增“精英版”电子银行客户9.49万户，新增率在兴业银行全国系统内同类区行排名第一。（王鹏宇）

【抓好活动带动】 继续深入开展“百项工程”，支行抓大项，员工立小项，坚持季季有活动，活动各不同的原则，先后组织开展“苏宁消夏购”“银联钱包线上特惠”“兴动大派送”“全民健身进社区”“消夏电影季”“1元洗衣”等惠民活动。特别是兴业银行太原分行与太原市体育局合作举办“太原市全民健身示范社区挂牌仪式”，为首批创建的32个社区授牌，并为社区健身活动提供赞助和支持，形成兴业社区服务品牌。2015年末，仅社区支行版块综合金融资产达28.88亿元，较年初新增18亿元；个人存款10.3亿元，较年初新增6.3亿元。其中朝阳街社区支行综合金融资产突破2亿元，体育路航远大厦、临汾军分区、晋城人民医院和双东富力城4家社区支行均突破1亿元。（王鹏宇）

【抓好客户分层服务】 进一步完善零售客户分层管理体系建设，建立客户营销、客户维护、客户服务、客户提升一体化管理机制，努力促进零售客户维护的无缝对接。坚持差异化原则，打造“大数据”下多样化贵宾客户维护回馈平台，进一步丰富了贵宾客户增值服务手段。此外，电销中心建立营销指标KPI分析制度，通过对零售CRM系统的数据筛选，提取“休眠”客户数据，对客户进行深度分析和挖掘，寻找客户配置产品的空白领域，精准营销。全年通过电话营销办理刚性年费白金信用卡3829张，在兴业银行全国系统同类区行中排名第一。（王鹏宇）

【金融市场业务】 深入研究客户、产品、产业和区域发展策略，努力把握市场机遇，全年实现利润总额1.31亿元。打破过去主要依靠省内中小金融机构带动负债增长的单一模式，营销天弘、兴全、上银等基金公司客户，非银行业金融机构存款占比明显提升。全年分行同业核心客户达11户。新增"钱大掌柜"和"掌柜钱包"有效客户1.36万户，累计达2.84万户。全年累计销售理财759.28亿元，其中终端理财销量148.36亿元，在兴业银行全国系统同类区行中排名第二。共实现6家村镇银行科技输出核心业务系统上线，11家村镇银行代理接入大小额支付系统上线。加强银银平台柜面互通建设，与晋中银行实现柜面代理结算和理财门户业务合作，支持长治银行柜面互通二代系统升级上线。

资产业务（含票据业务）全年下柜623.14亿元，当年收入1.08亿元。资产支持证券、保险债权投资、两融收益权受让业务等6种新业务品种实现首笔落地。2015年初，兴业银行太原分行推动兴业银行总行与当地山西投资集团成立"兴创达基金管理公司"，并竞标成为4家山西省人民政府产业引导基金管理行之一。资产托管规模达750亿元，2015年底又入围山西省农村信用合作联社资产托管行。（王鹏宇）

【风险管控】 2015年，兴业银行太原分行高度重视风险管控工作，对全行风险体制进行重新梳理，实现风险大集中，取消、减少风险窗口，扎扎实实落实兴业银行总行和监管部门要求，多策并举构建立体化风险防控体系。

兴业银行太原分行成立特殊资产经营部，专门负责不良资产清收盘活。全年完成资产转让9.06亿元、核销6.98亿元、重组盘活11.55亿元、现金清收1.49亿元。其中通过抵押物债权转让的方式，一举清收一笔个人不良贷款1600万元，实现了变现抵押物的新突破。为了从源头上遏制不良的产生，兴业银行太原分行又成立了尽职调查中心，对规定范围内的信贷业务真实性独立核查，强化风险管理的第一道防线。建立风险联席会议制度，定期不定期召集风险条线人员召开联席会议，及时研究分享风险信息，采取针对性预防措施。

加大双线检查频率和覆盖范围。兴业银行太原分行风险条线和各业务条线组织各类检查313次，及时发现和处理问题隐患。特别是根据"两遏制、两加强"要求，把加强员工异常行为管理作为重中之重。专门成立内部问责委员会，制订委员会相应工作规则，对部分违反职业操守的员工进行调离岗位、降级降职处理，对履职不到位产生新增不良和违规违纪责任人进行查处和问责，初步形成不敢违、不能违，违规必问责的强大震慑力。（王鹏宇）

【深化改革】 2015年，兴业银行太原分行打破条线分割，积极推进支行综合化经营，建立经营单位月度经营分析会制度，着力提高干部综合素质，培养全方位人才。积极推动人员流动和优化组合，64人通过行内招聘、竞聘转岗，打通员工职业生涯上升通道，建立"能上能下、能进能出"动态考核管理机制。进一步改革优化财务资源配置，引导全行业务在规模、效益和质量上协调发展。突出增盈创利核心目标，充分发挥考核杠杆作用，通过改革考核政策和对价机制，加大效益指标考核权重，引导经营机构"算账作业务"。（王鹏宇）

【完善综合服务能力】 坚持"科技兴行"战略，开发和上线自助填单系统、晋城热力代缴系统、晋中烟草资金代缴项目、山大商务学院校园一卡通系统等项目。网络建设和机构覆盖基本完成。全年新建网点25家，其中新开业传统支行9家，改建2家，新开业社区支行14家，新增自助机具33台，2015年末传统支行总数达25家，位居当地股份制商业银行第四；社区支行49家，位居当地股份制商业银行第二。自助机具总数达271台。进一步规范会计结算管理体系建设，提高服务水平，完善以作业中心、会计结算管理中心、自助运行管理中心、反洗钱管理中心、检查监督中心为基础的公共服务平台建设。尤其加强对各网点金融自助通身份识别管理，会计规范化操作水平得到明显提升。工团活动进一步繁荣丰富。建立孕妈妈、摄影、徒步骑行、足球、读书等11个俱乐部，组织开展足球友谊赛、书法课、徒步游、亲子游戏等文体活动，家园文化氛围进一步浓厚，员工幸福指数进一步提升。2015年，兴业银行太原分行为山西省人民政府确定的定向扶贫项目捐赠10万元，还与太原市血液中心共同举行爱心献血公益活动，彰显三晋兴业人的大爱精神。（王鹏宇）

·中国银行太原滨河支行·

【概述】 2015年，中国银行太原滨河支行秉承"诚信、绩效、责任、创新、和谐"的企业文化，坚持"担当社会责任，做区域最好银行"的发展理念，发挥自身外汇经营特色，不断丰富的服务品种，更好地满足不同层次的金融服务需求，为支持山西地方经济转型创新发展、实现金融振兴做出了积极的贡献。2015年实现经营净收入2.71亿元，实现净利润1.11亿元，全年实现安全经营无事故，为全行上下集中精力发展业务营造良好的经营环境。（赵　炜）

【促合作、求共赢】 2015年，太原滨河支行充分发挥多元化、全球化的业务优势，积极推动山西经济转型跨越发展，为煤炭、建筑、交通等主流行业提供各种有针对性的特色服务。同时，加大对提高能效、可再生能源、环境保护、资源综合利用等节能环保产业的授信支持力度，打造"绿色信贷"。一方面积极支持焦煤集团、中铁三局、中铁十二局、龙泉能源、山西能源交通投资有限公司、西山煤电等一批国家重点建设项目和大型企业，满足客户融资需求，有利支持企业的业务发展。2015年底，全行公司批发贷款余额43.39亿元，较年初增加6.08亿元，增

幅16.29%。另一方面,积极扶持中小微企业,2015年共计支持新模式中小企业14户,较年初增加4户。(赵 炜)

【支持公共基础事业】 2015年,中国银行太原滨河支行始终注重加强对军队、武警客户的营销维护,将军队、武警客户作为重要的战略合作伙伴之一,不断深化军银合作关系,以互惠互利、共同发展为原则,不断加大军队客户服务力度,与中国人民武装警察部队山西边防总队、山西武警总队、中国人民解放军二六四医院等省内多家军队单位建立良好的合作关系。不断加强医疗保障事业支持力度,持续推进清徐县新型农村合作医疗管理中心新农合医保卡项目、古交矿区总医院银医项目、古交社保卡、西山煤电社保卡等项目,2015年成功实现古交矿区总医院银医一卡通投产上线,西山煤电社保卡项目古交方面实现发卡27265张,太原市方面实现首批制卡2516张,发卡160张,进一步加大对民生领域的支持力度,有力改善农村金融服务,促进县域经济发展,迈出"金融服务,普惠民生"的新的发展步伐。

(赵 炜)

【多样化金融】 太原滨河支行积极研究市场、研究政策,满足客户需求,顺应市场需要,不断创新产品、创新业务,成功办理首笔私募承销、托付安、外币保信金、私人银行签约客户大额人民币优惠利率存款、人民币保信金、电子银行承兑汇票、投融通、票据息保通、福费廷、中期票据、债券分销、同业投资、银行间债券市场投资顾问服务等业务,不断丰富业务品种,拓宽产品渠道。(赵 炜)

【打造客户首选金融】 2015年,中国银行太原滨河支行认真落实省分行网点转型工作要求,组织开展智能化销售服务流程导入工作,加强专业队伍管理,通过专题培训、以岗代训、跟班学习等方式提升员工素质,从与客户接触的最前端开始提升对外服务能力;重新梳理业务流程,寻找影响客户服务质量和效率的关键环节和症结并逐项改进,提升工作效率;在全行倡导"二线向一线倾斜、干部向员工倾斜、全员向客户倾斜"的服务理念,为提升客户服务水平提供资源保障;持续性地开展技能练兵活动,不断强化员工业务技能,提升柜面业务办理速度;加大"优质高效服务"检查力度,督促网点提升服务质量。(赵 炜)

【构建持续发展】 2015年,中国银行太原滨河支行围绕"担当社会责任,做区域最好的银行"的战略目标,坚持业务与服务统筹、内控与发展协调、公司与个金联动、基础与基层并重、激励与约束共导,以讲政治、讲执行、讲规矩、讲责任、讲效率为工作要求,以管理好、服务好、绩效好、素质好为工作目标,以热爱中行、热爱岗位、热爱员工为工作理念,持续提升精细化管理水平,加强企业文化建设,努力实现发展在规模、速度、质量、效益上的全面提升。

坚持奖罚分明,强化机制建设,进一步突出"以效益为中心",明确发展导向,建立多层级、多角度的激励约束机制,调动全行业务发展积极性,提升网点综合效能。秉承公平公正,强化人才培养,坚持以实绩看德才、凭德才用干部、看公论定取舍的选人用人导向,进一步拓宽优秀人才的职业发展通道,为支行的经营管理和长远发展储备人才,确保行行有通道,岗岗能成才。注重素质提升,强化队伍建设,加强专业队伍的专业化、职业化、市场化和规范化建设,打破工龄、资历界限,以业绩论等级,以等级定薪酬,鼓励员工在专业序列中做精、做专、做深,持续提升专业素质,努力打造一支高素质、有干劲、出成绩的业务发展主力军。注重文化引领,凝聚全行共识,坚持"行务公开",提倡阳光做人、阳光办事,在全辖形成党委统一领导、各党支部具体承办,全行员工广泛参与的工作机制;通过实实在在的关爱行动,提升员工对中行的认同感、归属感及忠诚度,进一步在全行营造起和谐融洽的团队氛围,增强集体向心力和凝聚力。(赵 炜)

太原滨河支行业务发展"会诊"会议

【内控案防】 在抓好业务发展的同时,太原滨河支行认真贯彻落实省分行内控管理工作要求,从各类风险排查、案例风险提示、员工思想教育、监察案件防控、应急预案演练、声誉风险防范等方面入手,不断加大对关键岗位、关键业务、关键环节的监督、检查力度,巩固和提升全辖员工的合规经营意识和风险防范意识,为全行的经营发展提供了良好的环境和氛围,确保全年安全生产无事故。

(赵 炜)

保险业

·人保财险太原市分公司·

【概述】 2015，中国人民财产保险股份有限公司太原市分公司作为区域内最大的财产险公司，始终践行“人民保险、服务人民”的历史使命，坚持依法合规经营，以服务区域经济建设为己任、以促进民生领域发展为动力、以树立全民保险意识为本职，为净化保险市场、规范经营行为、服务经济社会发展作出不懈的努力。把物质文明、精神文明、政治文明建设贯穿于公司经营、管理的各个方面，依托市委、市政府创造的有利经济环境，不断加强“专业化、标准化、集中化、差异化”建设，经过不懈努力，公司整体盈利能力、发展能力、服务能力得到有效提升，品牌影响力得到进一步加强。中国人民财产保险股份有限公司太原市分公司下设26家经营机构，实现6城区、4县区的全覆盖。理赔中心作为公司的服务终端部门，全年新增两个服务点，全辖达到12个服务点，并在区域内4S店基本实现了全覆盖，以方便广大客户群体享受到最佳的理赔服务体验。

截至2015年底，公司全年累计保费收入96239.2万元，较上年增加1473.91万元，同比增长1.56%。累计综合成本率95.25%，实现经营利润4913.03万元，其中，综合费用率34.09%，综合赔付率61.17%。 （王建新）

【召开2015年工作会议】 2014年12月29日，人保财险太原市分公司召开2015年工作会议暨开门红动员大会，进一步贯彻落实全省工作会议精神，并对太原市分公司2015年工作进行了安排部署。会议指出，2015年要深化“以客户为中心”全面转型，以产品线条线建设为着力点，以优化理赔服务为支撑点，明确“三增目标”，实施“四大工程”，打好“五大战役”，全面对标市场，加速跑赢市场，形成发展新格局、新气象、新突破。

（王建新）

【承保太原首批“长鼻子”校车】 2015年3月，人保财险太原市分公司承保首批6辆校车承运人责任险、车辆保险，共计保费4.7万元。公司以品牌优势、服务优势、市场美誉度赢得校车公司的认可和赞誉，双方正式签署协议，为未来所有上路行驶的校车提供一揽子保险服务，为全市中小学生出行提供人保优质服务和高品质保障。 （王建新）

【积极开展3·15宣传活动】 在2015年3·15来临之际，太原市分公司开展了多种形式的保险宣传活动。开展“总经理接待日”“经理值班日”等活动，耐心细致的解答客户咨询，处理投诉案件；各经营单位积极开展进社区、进农村、进校园的“三进入”宣传活动，开展诚信保险宣传，普及保险知识，为广大群众答疑解惑，提升了公司知名度和美誉度；利用平台、借助工具，积极宣传3·15“至尊关爱·走进人保”客户体验活动。广大员工在微信平台对公司活动广泛宣传，努力做到让广大保险消费者满意，为引领太原保险行业健康发展、营造良好社会环境做出积极的贡献。 （王建新）

【签署省内代驾险第一单】 2015年4月21日，太原市分公司成功承保首单省内代驾责任险，保费收入2万元。太原市公司积极探索非车险领域，拓展搭建第三方合作平台，深挖合作对象资源，最终成功签署代驾责任保险协议。

（王建新）

【签发“i保养”全省第一单】 2015年7月2日，“i保养”全省第一单成功落地太原市分公司。车主只要成功投保人保i保养专属车险，即可享受全年不限次数的免费保养服务，将实惠真正的回馈给客户，同时，“i保养”项目的上线运营将公司拉入社会经济互联网+时代的快车道上。 （王建新）

【开展7.8保险公众宣传日活动】 2015年7月8日，是第三个全国保险公众宣传日。人保财险太原市分公司积极响应山西省保险局、行业协会、省公司的号召，精心组织，辖内各经营单位积极行动，围绕“保险—让生活更美好”的主线、“一键保险，呵护无限”的年度主题开展了一系列活动。此次宣传活动进一步增强了客户的保险意识，展示了人保最新的服务、承保、理赔、增值服务等方面的创新举措，增强客户对人保的认可度，使广大消费者充分了解保险业在经济社会发展中的地位和作用，收到了很好的社会效果。 （王建新）

2015年7月8日，保险公众宣传日活动现场

【举办“三严三实”专题党课】 2015年7月10日，人保财险太原市分公司党委书记郭益民以“践行‘三严三实’，锤炼作风促转型发展”为主题，就深入开展“三严三实”专题教育，贯彻落实“三严三实”有关要求，讲授“三严三实”专题党课。从“三严三实”科学内涵和重大意义、“不严不实”的突出问题、转变工作作风，切实践行“三严三实”要求和扎实开展“三严三实”专题教育等四个方面进行讲授，并号召全辖要进一步落实中央、集团、总、省公司党委关于开展“三严三实”专题教育的决策要求，提高党员领导干部的思想认识，锤炼工作作风，把握“三严三实”专题教育的部署安排，进一步把专题教育与作风建设、业务发展和经营管理实际紧密联系起来，进一步提振精气神、锤炼好作风、展现新作为，为推动公司转型升级、实现跨越发展做出更大贡献。

(王建新)

【召开“服务品质提升督导项目”启动大会】 2015年8月23日，人保财险太原市分公司召开“服务品质提升督导项目”启动大会。太原市分公司总经理郭益民强调，面对行业压力不断加剧、业务发展困难重重的局面，更要下决心、下力气，用优质的客户服务来提升公司的整体竞争力。会上，太原市分公司组织全体参训人员进行了宣誓和签字，并邀请浙江“亚美信企业顾问有限公司”进行为期5天的专业培训。

(王建新)

【积极开展农业保险赔付工作】 人保财险太原市分公司承保小店、清徐、阳曲、娄烦全县区范围的农业保险。2015年8月全市范围内农作物因干旱原因受损严重，各县区范围内多个乡镇受灾，面积之广，损失之大，为历史罕见现象。灾害事故发生后，公司立即组织相关人员并邀请省公司理赔事业部相关领导赶赴现场开展施救工作及现场查勘核损工作，经过与当地政府以及农业专家近两个多月的辛苦工作，完成了全部的查勘定损工作，并且在最短时间内将赔款“零现金直赔到户”，由于及时的赔付，使受灾农户在经济上得到了补偿，发挥了保险的经济补偿职能，对社会的稳定起到了积极的作用。

(王建新)

【积极开展“营业中断险”赔付工作】 2015年，人保财险太原市分公司承保太原钢铁(集团)比欧西气体有限公司的营业中断保险。当太原钢铁(集团)比欧西气体有限公司7#制氧机组液氧泵B泵冷箱燃爆并造成生产中断，被保险人就其生产中断造成的损失向公司提出索赔。收到被保险人报案后，公司立即派员前往现场进行调查核实，由于专业技术要求较高，公司聘请根宁翰保险公估公司及省公司专家组成员多次前往事故地点，对损失成因、损失经过、损失结果予以核定，人保支付赔款1584.12万元。使被保险人在经济上及时得到补偿，生产及时得到恢复，确保生产顺利进行。

(王建新)

“服务品质提升督导项目”启动大会现场

·中国人寿保险股份有限公司太原分公司·

【概述】 2015年，中国人寿保险股份有限公司太原分公司认真贯彻总、省公司的决策部署，团结带领广大员工，面对市场竞争的压力和挑战，业务发展创历史新高。全年总保费收入实现15.05亿元，同比增长22.97%，快于全省平均增速9.3个百分点，市场份额为13.06%。全年实现首年标保1.21亿元，同比增长49.77%。个险渠道，首年期交保费收入2.65亿元，同比增长83.49%，个险10年期以上保费收入4589万元。个险渠道短期险852.53万元，同比增长12.05%。银保渠道，首年新单保费收入4.19亿元，同比增长34.44%，其中期缴保费收入2942万元，同比增长-26.67%。团险渠道，短险保费收入5858万元，同比增长25.88%，其中意外险保费收入3454万元，同比增长58.81%。全辖营销总人力达6107人。个险渠道，架构人力达5444人，较年初新增3183人，同比增长141%；全年晋升组经理117人，主管人力达288人。团险渠道，销售总人力达164人，其中代理制销售队伍113人，建成8个城区标准拓展团队和13个县支公司标准拓展团队。银保渠道，新增保险规划师361人，规划师队伍达500人。市场竞争力稳步提升。在个险“双领先”战略指引下，个险首年期交和营销人力，与主要竞争对手对标比值分别提升到0.55和0.65，较上年分别提升10个和22个百分点。

(张永宁)

【商业保险】 2015年，商业保险在整个社会保障体系中的定位从“三个基础(社会保险、社会救助、社会福利)”“三个重点(基本养老、基本医疗、最低生活保障制度)”“两个补充（慈善事业、商业保险）”中的“补充地位”提升为三大支柱（企业年金和职业年金、商业人寿和健康保险、城乡社会救助制度）之一。政府相继出台《关于开展城乡居民大病保险工作的指导意见》《关于加快发展商业健康保险的若干意见》和《关于实施商业健康保险个人所得税政策试点的通知》等具体实施政策，商业保险已成为社会管理体系的重要组成部分，保险业将更加快速的发展。继“国十条”“省十条”后，太原市政府于12月正式下发《太原市人民政府关于加快发展现代保险服务业的实施意见》，支持保险机构经办新农合大病保险、城镇居民大病保险、职工大病保险及相关补充保险服务，提高社会管理效益。推动商业保险参与社会保障体系建设。支持保险机构创新保险产品，主动参与社区养老、居家养老和机构养老建设。推行商业健康保险个人所得税政策试点工作，开展政策支持保险机构为经济困难群体、残疾人和失独、失能高龄老年人提供意外伤害保险和医疗救助试点工作等。鼓励保险企业创新保险产品，建立保险与信贷互动机制，助力贫困农民脱贫，支持发展小额人身保险、借款人意外伤害保险、农民养老健康保险等普惠保险业务。（张永宁）

【政保业务】 太原市城镇职工补充意外伤害保险，2015年9月太原分公司成功承保1713.60万元，成为全省政保业务又一张千万元以上大单。成功中标太原市新农合大病医疗保险，为太原市参合农民意外险业务奠定坚实基础。古交支公司“新农小”业务实现保费146.32万元，打造出全省“新农小”业务“财政、新农合共同出资”的“五种模式”之一，为全省、全市树立小额保险业务发展标杆。（张永宁）

【改革创新】 2015年，中国人寿保险股份有限公司太原分公司推进“区部化管理职场化经营”的管理模式，将资源直接配置到作为最小经营单元的区部，将市场对标的责任分解到区部，升级、改造和新建50个区部，为发挥扁平化管理的优势、提升专业化经营的水平和提升全市可保资源丰富地区的全覆盖提供了有力的保障，成为公司跨越发展的新的引擎。公司个险条线三大平台基础上，划分为城区、双塔、县域、收展四大板块，确定“百人主管、千人队伍、亿元期交”的阶段性发展目标，同时，落实以“渠道对渠道”“平台对平台”“机构对机构”的对标要求，将板块作为市场对标的第一责任主体，并以“移动靶固定打”的预算考核模式进行动态实时对标。四大板块实现架构人力过千的目标，双塔和城区板块基本实现主管过百人、期交过亿元目标。公司在现有队伍升级改造基础上，筹建职工大病服务专员队伍，作为实现赶超战略全新增长极。借新收展基本法，以1.3万家参保企业和130万职工大病客户为目标，以医保宣传和客户服务为切入点，借助“五大系统、三大工具”实现对客户资源开发、管理和应用新突破。半年时间，开拓参保单位近千家、收集客户信息四万余份、成功增员634人。为实现对主要竞争对手的赶超探索出一条新路径。（张永宁）

【市场对标】 2015年，太原国寿经营理念将“预算为中心”转变为“以预算为底线、以市场对标为中心”，对标市场、紧盯对手，努力拼搏，为太原国寿再铸辉煌拼出了信心、搏出机遇，成为各级管理层工作的新标准，专业经营能力和市场应变能力得到极大的加强，观念的转变传递着发展的正能量，公司上下呈现出全员谋发展的良好氛围。个险条线合力对标，对主要竞争对手形成空前的压力，2015年的“6070”目标基本实现，太原分公司获得集团公司“大中城市业务发展奖”，成为全国系统百家重点城市分公司中获奖的七家公司之一，成为山西国寿系统自分业以来的首次集团公司年度会议表彰的市级分公司。“职工大病保险客户资源开发与专项队伍建设”荣获总公司“2015年度创新成果优秀奖”，填补山西国寿在此项奖励上多年的空白。副总经理董娜获总公司“2015年度‘感动国寿十大人物’入围奖”。公司获“经营管理先进单位”“电子化服务推广先进单位”“信息技术创新”一等奖、国寿“云助理”推广一等奖、国寿“云桌面”推广三等奖，城区个险获全省唯一的“‘双领先’战役突出贡献奖”，城区个险和双塔双双获“个险渠道经营先进单位”、团险渠道获“团险渠道经营先进单位”等多项殊荣。集团工会还推荐太原分公司为“全国金融系统劳动竞赛示范单位候选集体”。（张永宁）

科　技

【概述】 2015 年,太原市科技局贯彻党的十八大、十八届三中、四中、五中全会精神和习近平总书记系列重要讲话精神,落实省市科技创新推进大会精神,实施创新驱动发展战略,在发展高新技术产业、促进大众创业万众创新、推动科技金融结合等方面取得新突破,科技创新对稳增长、调结构、促转型、惠民生的支撑力和贡献度不断提高。（李　平）

【高新技术产业实现新突破】 2015年,太原市科技局支持企业创新能力建设。太重集团“矿山采掘装备及智能制造实验室”被认定为国家重点实验室。分类指导、重点培育,全年新认定国家高新技术企业 105 家,高新技术企业数量比上年增长 39%,高新技术企业销售额占规模以上工业企业销售额比重达 29%,超额完成省市年度目标考核任务。娄烦县、古交市实现了高新技术企业零的突破。科技部门积极参与、努力争取,被国家五部委确定为全国首批小微企业创业创新基地城市示范,争取国家和省 10 亿元专项资金支持。制定印发“众创空间认定扶持办法”等政策措施,新建众创空间 22 个,积聚软件开发、3D 打印等一批科技型“双创”企业。建筑面积 32 万平方米的清华控股太原创新基地投入运营,208 家科技企业入驻。建设“双创服务中心”,为创客提供低成本、全要素、开放式、便利化“一站式”服务。高新区建设投资有限公司和山西创昇万通科技有限公司被认定为国家级科技企业孵化器,太原高新置业被认定为省级科技企业孵化器,“C 立方”等 20 个众创空间被认定为山西省众创空间。（李　平）

【成果转化】 2015 年,太原市科技局依托国家(太原)创新驿站,筹建集“1 网 4 技 7 大科技服务”功能于一体的科技大市场。完善不锈钢深加工、煤机装备以及节能环保三个领域科技成果转化服务信息系统,定期开展专题(专场)成果发布和项目对接。推广新能源汽车 1096 辆,在全国 39 个推广应用城市(群)中排名 24 位。组织 1000 名农村科技特派员和 40 余名“三区”科技人才推广应用农业新技术、新品种 100 余项,开展星火科技培训 12 万余人次。面向中小微企业和科技服务机构等,组织开展技术交易业务培训和政策解读。全市技术合同成交额 52.99 亿元,其中:市内技术合同成交额 21.96 亿元,比上年增长 162%。（李　平）

【科技金融】 2015 年,太原市科技局协调设立 1 亿元的天使投资基金和 1 亿元的创业投资引导基金,扶持具有自主知识产权和市场前景较好的种子期、初创期科技企业。设立 6000 万元的科技型小微企业信贷风险补偿专项资金,引导金融机构、担保机构加大对科技型小微企业的信贷支持。指导晋商银行在高新区成立太原市第一家科技支行,开发知识产权质押、股权质押等科技金融产品,为科技型中小企业提供专业金融服务。组织举办科技金融对接活动,向省城金融机构推荐企业科技项目融资需求。（李　平）

【企业专利工作】 市科技局实施中小企业专利“灭零行动”,指导服务新兴产业领域 100 余家“零”专利中小企业申请专利。对太原重工等 10 余家知识产权优势企业开展知识产权贯标工作,促进专利技术与相关行业标准融合。开展专利执法专项行动,查处假冒专利 40 余件,立案受理专利纠纷 39 件。全市发明专利申请 2890 件,同比增长 10.6%;发明专利授权 1533 件,同比增长 49.9%;有效发明专利拥有量 5157 件,同比增长 28%,超额完成省市年度目标考核任务。（李　平）

【服务科创城建设】 市科技局协助省科城办开展征地拆迁、招商引智工作。1 个基础设施建设项目（马练营道路建设）以及科技创新综合服务平台建设项目和华能山西低碳技术研发中心等 7 个研发机构开工建设,清华大学山西清洁能源研究院等 5 个研发机构完成项目立项和土地摘牌。科创城建设项目总投资 77.11 亿元,完成投资 16.88 亿元。（李　平）

【科技政策支持】 开展调查研究，组织起草《中共太原市委太原市人民政府关于贯彻落实创新驱动发展战略的实施意见》(并发〔2015〕9号文件)，在增强企业技术创新能力，用好省城高校、科研院所科技力量等八个方面出台28条政策措施，将科技创新工作任务指标纳入市委市政府对各县区、开发区和市直各有关部门的年度目标责任考核体系，形成了市委市政府有力领导、部门协调联动、产学研协同创新的科技工作格局。 (李　平)

【科技管理改革】 市科技局贯彻落实市委9号文件，财政科技投入进一步加大，市本级财政科技经费安排9797万元，比上年增长90.3%。构建普惠性创新支持政策体系，先后制定出台"技术合同交易奖补认定审核办法""填补国内首台(套)重大新产品认定奖补办法"等系列配套措施，对12个填补国内空白首台(套)重大新产品给予1600万元研发补助，对新认定的国家重点实验室给予100万元创新能力建设补助。围绕7个新兴产业领域以及5方面科技创新重大问题，组织展开12个重点课题研究，编制科技创新发展"十三五"规划纲要。 (李　平)

【招商引智】 2015年，太原市政府与中科院签订战略合作协议，推进企业与中科院开展产学研科技合作，中科院"电子辐照技术联合研发基地""基于互联网的重型装备远程监控与诊断系统研究"等8个项目签约落地。深入实施科技扩大开放"五个一"工程，引进转化浙江大学"燃煤电厂污染物超低排放技术"等35项高科技成果，引进北京大学陈世忠教授等23名科技创新高端人才及创新团队，引进清华大学清泰能源有限公司等12个高科技企业。柔性引进两院院士新建8个院士工作站。 (李　平)

【科技资源开放共享】 市科技局实施"一网两库"扩容提质，建成科技文献等6个科技资源基础平台以及机械装备等6个专业创新服务平台，为1200余家中小企业提供科技资源共享服务。省城高校、科研院所和大中型企业的4500余台(套)科学仪器设备列入大型科学仪器设备协作共用网，共享使用率达到45%。建成科技创新报告服务系统，市级科技计划项目形成的200余项科技成果（专利技术)面向社会开放共享。 (李　平)

【科技普及】 2015年，太原市科技局以贯彻省市科技创新大会精神为重点，在太原日报、太原电视台等省城媒体广泛开展科技创新宣传、科技政策解读。以全国科技活动周、全国科普日、3.18太原科技日等为重点，广泛组织开展科技进企业、下农村、到社区、进学校等系列科普活动，邀请两院院士、武汉大学李德仁教授等专家学者、行业精英举办"智慧城市大数据""大众创业、万众创新"等专题科技讲座70余场，开展各类技术培训160余期。成功举办第十二届太原市青少年发明创新竞赛。中北大学被授予"全国科普教育基地"。 (李　平)

【基层组织规范化建设】 2015年，太原市科技局落实"三会一课"制度、中心组学习制度等，严肃认真开展党内政治生活。修订完善"市科技局基层党组织基本工作制度"，指导局系统14个基层党支部按期换届，及时整顿2个软弱涣散党支部。开展党支部书记"述职评议"和党务干部培训，增强基层党务干部责任意识和履职能力。创建服务型基层党组织，组织党员干部深入产学研一线以及农村、社区、学校等，摸需求、抓对接、搞服务，宣传解读科技政策，开展科学普及，对定点扶贫村—阳曲县西陵井乡岭底村扶贫工作实施"两个全覆盖"(局机关和直属单位全覆盖、局系统全体在职党员全覆盖)。全年新发展3名青年同志入党，转正3名预备党员。 (李　平)

【推进"六权治本"】 2015年，太原市科技局依法确定行政权力清单19项，制定责任清单、办事指南以及工作流程图、防控风险图等。加强规范性文件管理，对73件规范性文件进行清理，废止30件。认真贯彻民主集中制，对"三重一大"事项集体讨论、民主决策。严格落实干部选拔任用条例，全年调整干部5次，交流3人，提拔任用33人。广泛开展党务政务财务公开，邀请政风行风监督员以及服务对象监督评议。 (李　平)

【文明单位创建】 2015年，市科技局召开创建文明单位再动员大会，签订"文明单位创建工作目标责任书"，落实目标任务。组织举办"纪念抗战胜利70周年""祭奠革命先烈"、岗位技术练兵比武以及"道德讲堂""我们的节日""全民学习周"、摄影比赛、主题演讲会、金秋登山等一系列主题实践活动。开展扶贫济困送温暖活动，募集捐款2.2万余元、衣物380余件，无偿献血1.2万毫升，组织志愿者慰问老党员及军烈属，资助社会贫困人员和聋哑残疾儿童。抓党建带团建促工建，引深"青年文明号"创建工作，符合条件的8个单位全部创建成功。(李　平)

气　象

【概述】 2015年，太原地区年平均气温为10.5℃，较常年偏高0.5℃；年降水量为370.2毫米，较常年偏少11%，阶段性旱涝显著；年日照时数略偏少，秋季出现了阶段性寡照。主要气象灾害有阶段性干旱、暴雨和冰雹，给农业生产和人民生活造成了一定的影响，农业气候年景较差。 (曹晓红)

【气温】 年平均气温偏高。2015年太原市平均气温为10.5℃，比常年平均值(10.0℃)偏高0.5℃。各站年平均气温为8.7(娄烦)~11.4℃(小店、清徐)，和常年相比，观象台偏高0.9℃，小店偏高0.4℃，尖草坪偏高1.0℃，清徐偏高0.5℃，阳曲偏高0.2℃，古交偏高0.4℃，娄烦偏高0.6℃。全年极端最低气温为

-20.1(阳曲)~-14.2℃(尖草坪),阳曲、尖草坪、小店出现在1月1日,其余各站出现在1月30日;全年极端最高气温为35.1(娄烦)~36.9℃(清徐),小店、尖草坪出现在7月12日,其余各站出现在7月30日。

2015年太原市逐月平均气温分布:冬季(12~2月),太原市平均气温为-5.8(阳曲)~-2.5℃(小店),阳曲较常年偏低0.9℃,小店较常年偏低0.1℃,其余各站较常年偏高0.3~0.9℃。春季(3~5月),太原市平均气温为10.2(娄烦)~13.3℃(清徐),阳曲较常年偏低0.3℃,其余各站较常年偏高0.4~1.1℃。夏季(6~8月),太原市平均气温为20.6(娄烦)~23.5℃(小店),山区较常年偏低0.2~0.3℃,清徐持平,其余各站较常年偏高0.1~0.5℃。秋季(9~11月),太原市平均气温为8.8(娄烦)~10.8℃(尖草坪、清徐),小店较常年偏低0.1℃,其余各站较常年偏高0.2~1.0℃。12月份,太原市平均气温为-4.6(娄烦)~-1.4℃(观象台),和常年同期相比,各站偏高1.0~2.2℃。 (曹晓红)

【降水】 年降水量偏少。2015年太原市年总降水量为318.4(娄烦)~403.6毫米(观象台),各站年降水量距平百分率分别为:观象台-5%,小店-10%,尖草坪-14%,清徐-10%,阳曲-5%,古交-7%,娄烦-24%,娄烦降水偏少,其余各站略偏少。全市平均年降水量为370.2毫米,较常年偏少11%。全年暴雨日数:小店、阳曲、古交各出现1天。全年大雨日数:观象台5天,小店2天,尖草坪2天,清徐3天,阳曲3天,古交2天,娄烦1天,清徐、阳曲和常年同期持平,观象台较常年偏多1天,其余地区较常年偏少1~2天。全年≥0.1毫米降水日数:观象台79天,小店74天,尖草坪79天,清徐78天,阳曲79天,古交83天,娄烦90天,各站较常年偏多4~14天。 (曹晓红)

【日照】 年日照时数大部偏少。2015年太原市日照时数为2119.4(古交)~2710.3小时(观象台),和常年相比,观象台偏多301.9小时,小店偏多198.1小时,尖草坪偏少86.4小时,清徐偏少42.5小时,阳曲偏少74.4小时,古交偏少166.4小时,娄烦偏少36.9小时。年日照时数除观象台、小店较常年偏多外,其余各站较常年均偏少。 (曹晓红)

【霜冻】 2015年,太原地区终霜冻(黑霜):古交、娄烦出现在5月12日凌晨,阳曲出现在4月17日凌晨,其余各站出现在4月14日凌晨。初霜冻(黑霜):古交、娄烦出现在10月2日凌晨,观象台、清徐出现在10月11日凌晨,其余各站出现在10月9日凌晨。 (曹晓红)

【盛夏高温天气】 2015年盛夏太原市多次出现高温天气,为近年来所少见。7月12~13日大部分县(区、市)日最高气温大于35℃,26~30日太原市持续出现高温天气,其中26、27、30日太原市大部分地区日最高气温大于35℃。日最高气温大于35℃天数:清徐6天、古交5天,尖草坪4天,小店4天,观象台3天,阳曲2天,娄烦1天。日最高气温大于36℃天数:清徐2天,观象台、小店、尖草坪、古交各1天。 (曹晓红)

【暴雨洪涝灾害】 7月31日~8月3日,太原市出现2015年入汛以来范围最广、强度最大的降水过程,各地过程降水量为17.6~136.1毫米,降水量大于100毫米的乡镇有4个,大于50毫米的乡镇有39个,大于25毫米的乡镇有21个,最大雨量出现在阳曲的东黄水,降雨量为136.1毫米。此次降水过程有效缓解旱情,对大秋作物生长十分有利,同时丰沛的降水补充太原市水资源。但由于短时强降水、大风等强对流天气出现,引发了部分地区出现城市内涝、山洪、地质灾害以及作物倒伏等灾害。 (曹晓红)

【秋季降水】 2015年秋季(9~11月),太原市平均降水量为129.3毫米,较常年同期(93.3毫米)偏多36.0毫米。

(曹晓红)

【农业】 冬小麦生产气候条件评价:2015年太原市冬小麦播种面积为1710亩,较上年减少23.5%。小麦播种面积占粮食播种面积的比例由去年的0.2%下降到0.15%。小麦总产量669吨,较上年下降23.7%。小麦单产391公斤/亩,与上年同期持平。本年度太原市冬小麦播种以来,农业气象条件对产量形成有利。播种前降水充沛,小麦足墒播种;冬前生长期底墒充足,大部壮苗入冬;越冬后期有明显降雪过程,冬小麦安全越冬和顺利返青;起身拔节~抽穗灌浆期降水及时,小麦顺利拔节抽穗,籽粒灌浆充分;麦收期天气晴好,利于收获晾晒。总体来说,本年度太原市冬小麦生长期内热量充足,播种和产量形成关键期降水充沛,灾害少且影响较轻,农业气象条件对其生长发育及产量形成比较有利。

玉米生产气候条件评价:2015年太原市秋粮播种面积、总产量及单产较上年均有所减少。2015年秋粮播种面积为113.18万亩,较上年下降0.7%。秋粮总产量29.9万吨,较上年下降11.6%。秋粮平均单产264公斤/亩,较去年下降11.1%。秋粮以种植玉米为主,玉米播种面积78.02万亩,占秋粮面积的68.9%。玉米总产量26.01万吨,较上年减少12.0%。玉米平均单产333公斤/亩,较上年减少10.5%,玉米产量占秋粮总产量的87.1%。

2015年玉米生育期内,水分条件较差,热量和光照充足,气象条件总体较差,不利于玉米产量形成。分阶段看,春播期墒情良好,玉米足墒播种;苗期降水偏多,生长状况良好;拔节抽雄期降水偏少,玉米遭受卡脖旱;灌浆初期太原市出现大范围强降水过程,前期旱情得到缓解,减轻干旱影响;乳熟期降水特多,为玉米灌浆乳熟提供良好条件;成熟收获期天气晴好,玉米顺利成熟,收晒顺利。

(曹晓红)

【林果业】 2015年越冬期雨雪天气过程较多,降水量较常年偏多8成,积雪深度厚,对果木顺利越冬和降低森林火险气象等级有利。3月份,太原市基本无降水,气温偏高,光照充足,土壤失墒加快,各地旱情有所发展,森林火险气象等级偏高。4~5月份降水偏多,墒情良好,气温偏高,光照适宜,此时正值果木开花发芽需水的关键时节,对果木生长有利。6~7月份,太原市阵雨或雷阵雨天气发生频繁,但由于大部分地区降水量较小且分布不均,各地旱情持续或发展,特别是7月下旬太原市出现持续高温天气,加大土壤蒸发量,旱情迅速蔓延和加重,造成果蔬产量下降,品质降低。8月初太原市出现一场大范围强降水过程,各地旱情得到缓解,对林果业生产有利。9月份太原市降水偏多,墒情良好,对林果业有利,但是下旬后期太原市连续出现阴雨天气,气温偏低、光照偏少,容易诱发果树病害发生。10月份降水偏少,光照充足,气温适宜,墒情良好,对林果业有利。11月太原市多次出现大范围雨雪天气,增加土壤水分,对林果业生产和缓解森林防火压力等有利。综上,2015年气候条件对林果业生产有利。 (曹晓红)

【水资源】 降水资源是水资源的主要补给源。太原市降水资源量用下式计算:

$$R = S \times \frac{1}{7}\sum_{i=1}^{7} R_i$$

其中R为全市年降水资源量,Ri为单站年降水量,i为台站序号(太原市有7个台站),S为太原市土地面积。采用国家气候中心关于各省年降水资源丰枯评价指标来对太原市降水资源进行评价。

根据太原市七个站点资料的统计分析,2015年全市年降水资源量为25.849亿立方米,比常年偏少3.137亿立方米,比上年偏少3.884亿立方米,根据太原市年降水资源丰枯评价指标,2015年太原市为正常年。 (曹晓红)

【交通】 2015年影响太原市交通的主要气象因素为雨、雪、大雾和灰霾天气。1月24日和28日,太原市先后出现两次大范围降雪天气过程,持续的阴雨雪天气对公众出行不利,给交通运输等行业造成较大影响。2月19日,太原地区出现中~大雪、局部暴雪,2月26~27日,太原地区普降小到中雪,局部中到大雪,两次降雪过程出现在春节及春运返程高峰期,同时由于雪后气温显著下降,路面积雪和结冰现象严重,导致部分高速公路封闭和航班停飞,对春运和节日出行不利。4~9月份太原市多次出现降水过程,降水日数偏多,导致能见度下降,对交通运输业有一定不利影响8月1~3日,太原市出现分布不均的短时强降水天气,太原市部分路段出现道路积水现象,对城市交通造成较大影响。11月,太原市两次出现较强降雪过程,特别是11月23日夜间~24日太原地区出现中到大雪天气,26日凌晨各站最低气温为-15.7~-11.5℃,为入冬后最低值。气温偏低,积雪融化较慢,道路结冰现象一直持续,对公路交通和人民生活造成较大影响。12月13日太原地区出现大雾天气,15时以后太原市大雾弥漫,浓雾锁城,最低能见度仅200米,严重影响城市交通。 (曹晓红)

【城市空气质量】 2015年,太原市市区空气质量一级优天气为29天,二级良天气为201天,三级轻度污染天气为105天,四级中度污染天气为18天,五级重度污染天气为11天,六级严重污染天气为1天。冬季(1~2月)冷空气活动频繁,降雪过程较多,扩散条件较好加上降雪的清除作用,空气质量较常年偏好。3月份降水偏少,扩散条件较差,空气质量较常年偏差。4、5月份太原市多次出现降水天气,有利于空气中污染物的沉降和净化,同时有效抑制地面扬沙起尘,空气质量良好。6~8月份太原市降水总量偏少,但多次出现阵雨雷阵雨天气,扩散条件较好,空气质量优良。9月份太原市多次出现降水天气,提升空气质量。10月份天气晴好,但静稳天气增加,开始出现中度污染天气。11月份太原市多次出现全市范围的强降水天气,净化空气,改善空气质量。11月份进入采暖期,污染物排放量增加,中度以上污染天气有所增多。12月份降水偏少,静稳天气多,外加采暖期污染物排放量增加,烟霾天增多,空气质量进入全年最差时期。12月共出现重度污染天气6天,严重污染天气1天,其中12月8、9、10日以及13日太原市连续出现雾霾天,8、9、10日空气质量为重度污染,13日为严重污染。

(曹晓红)

防震减灾

【概述】 2015年,太原市防震减灾坚持预防为主、防御与救助相结合的工作方针,坚持以最大限度减轻地震灾害损失为根本宗旨,坚持突出重点、全面防御的工作思路,全面贯彻落实党的十八大、十八届三中、四中全会精神,准确把握当前防震减灾工作新形势、新任务、新要求,进一步巩固群众路线教育实践活动成果,扎实开展学习讨论落实活动,深入开展"三严三实"专题教育,持续开展作风建设、能力建设,成立太原市防震减灾"十三五"规划编纂小组,完成《太原市防震减灾"十三五"规划》初稿。进一步强化防震减灾三大体系建设,在中国地震局、中国灾害防御协会组织的防灾宣导活动中,获"2015年第四届平安中国防灾宣导系列公益活动优秀组织奖";在全省地震观测资料质量检测评比中获台网速报优秀第一名。 (许梨花)

【地震监测】 2015年,太原市防震减灾局加强监测台网建设及运行管理,确保监测数据科学、有效。进一步优化升级数字化测震台网软硬件,对太原地区及周边的地震监控水平达到了M1.5级,自动速报控制在5分钟内。强化观测手段管理,坚持"全面掌握、手段到人、责任落实"制度,尽力发挥各观测手段的最大效用。严格执行省地震局地震监测仪器停测审批制度,对不符合新标准、新要求的老旧监测仪器,一律先申报,后停测,以保证监测数据的完整、全面。严守操作规程,注重日常维护,确保信道畅通,全年信息节点连通率达到100%,监测台站平均运行率95%以上,纳入省网的监测台站运行率98%以上。严格震情监视跟踪工作,严格执行《2015年太原市震情监视跟踪工作方案》,着重做好节假日紧急处置准备,随时做好加密观测与宏微观异常的收集、跟踪、落实及报送。成立了地震宏微观异常收集、报送、核实工作组,跟踪核实2起宏观异常,通过专家会商排除了地震前兆异常的可能。实现全年"异常落实零差错、异常落实不过夜"。坚持周、月会商制度。认真开展太原盆地及周边地区地震活动趋势研究,积极探索太原市及周边地区的中期地震趋势和短临地震预报,研究编写《山西省及太原盆地2015年下半年地震趋势研究报告》和《山西省及太原盆地2016年度地震趋势研究报告》,在2015年全省地震趋势会商会报告评比中获得地市组优秀第三名。开展定期与不定期的监测环境安全巡查,依法做好地震监测台站保护,全年无一破坏监测环境的事故发生,为监测数据的科学、有效提供了有力的基础保障。(许梨花)

【"一县一台"建设】 2015年,太原市防震减灾局率先开展"一县一台"建设,努力夯实基层基础。开展"一县一台"建设是提高基层防震减灾能力的有益探索。经过努力,在小店区北流涧建成一个地震观测站,完成监测设备配备,设置2个监测项目,投入试运行。全市十县(市、区)中有小店、清徐、万柏林等6个县(市、区)建立前兆台站。(许梨花)

【防震减灾宣传】 2015年,太原市防震减灾局以建设"平安校园""平安社区""平安乡村"为主题,市抗震救灾指挥部全体成员单位开展了为期一周的宣传活动暨第四届"平安中国千城大行动"活动。活动主要内容包括"三个一"活动、"三示范、一标准"创建活动、防震减灾影视片免费放映、地震科普知识专题讲座等。期间,市、县两级共发出各种宣传资料20余万份、宣传手册12余万本、各类宣传品10余万个,制作并展出宣传版面、板报、宣传挂图1万余块(张),发放并收回防震减灾知识问卷2000余份,放映各种防震影视宣传片200余场,入户宣传1000余人次,更新1000余平方米科普画廊,开展地震科普知识讲座108场,借助全市160个邮政营业网点的170多台视频广告机开展了为期两周的防震减灾科普宣传,通过报纸夹寄发送防震减灾宣传品10万份。"7·28"期间,以提升普通民众防震技能为重点,开展了创建省级防震减灾示范县启动仪式及系列防震减灾宣传活动。防震减灾"六进"活动持续深入开展。将传统媒介与新媒体合理结合,充分发挥各自特点,常态化进行以报纸、电视、公共场所LED屏、网络等为主的多渠道宣传,进一步提升民众的防震减灾知晓度、防震减灾社会关注度、个人防震技能掌握度。(许梨花)

【防震减灾示范工程建设】 市防震减灾局加强对市级宏观观测点的建设指导与管理,开展了1期宏观员培训及2次灾情速报演练,宏观点经费补助到位,宏观员作用不断体现。结合"平安社区""平安校园"创建活动,按照省级防震减灾示范社区和防震减灾科普示范学校建设标准,深入开展防震减灾示范社区及科普示范学校建设工作。建成国家级地震安全社区3个,省级防震减灾社区42个,市级防震减灾社区253个;省级防震减灾科普示范学校35所,市级防震减灾科普示范学校340所。扎实开展农村民居地震安全工程建设。在晋源区等7个涉农县(市、区)各建设了一处农村民居地震安全工程,每一处都安装LED电子显示屏及地震预警系统,设置应急避险场所及宣传栏。宣传抗震农居,编印《农民自建房指导手册》免费发放。几年来全市累计建成地震安全农居示范工程56个,农村民居基本不设防的局面有所改善。(许梨花)

【抗震设防管理】 2015年,太原市防震减灾局依法、科学、适度进行抗震设防监督检查,深入贯彻落实太原市依法行政工作会议精神,不断提高执法效率,全年执法检查40余人次,没有处罚案件。确保全市重大建设工程地震安全性评价达100%,新、改、扩建建设工程抗震设防要求达到100%。加强制度建设,制定、修订行政执法检查审批制度、行政执法检查记录制度等4项制度。建立抗震设防联席会议制度,制定并印发《太原市防震减灾工作联席会议制度》,进一步强化各县(市、区)、各部门之间的协调合作。广泛宣传、认真贯彻《山西省建设工程抗震设防条例》和新一代区划图。2015年是《山西省建设工程抗震设防条例》实施的第一年,为宣传好、贯彻好《条例》,市防震减灾局翻印了8000册《条例》免费发放给市、县建设工程单位及相关管理单位,并组织全市地震系统骨干深入学习,以理解和掌握《条例》主旨。(许梨花)

【行政审批】 2015年,太原市防震减灾局做好抗震设防要求并联审批服务。根据市政府行政审批制度改革的要求,持续深化审批流程改革,主动对接,主动作为,主动先行一步,召开了行政审批工作改革座谈会,提出简化流程、缩短审批时限的具体办法。对全市重大、重点项目主动提前介入,做好专业建议和服务,不断提高审批时效,最大限度支持太原市城市基础建设,服务群众、服务社会的能力有所提高。(许梨花)

【震害防御基础性工作】 2015年,市防震减灾局与中国地震局地球物理研究所合作,共同开发建设太原市"强震危险区大城市地震灾害情景构建项目",完成项目一期工程。项目建成后将为太原市防震减灾规划、抗震设防、震后应急救援

等工作提供有力的科技支撑与决策依据。（许梨花）

【应急物资储备】 太原市、县两级均采取政府贴息、企业储备实物方式，常年储备价值2亿多的救灾物资，每年贴息477万余元，其中市级财政贴息300万元，使地震应急物资储备基本实现制度化、常态化。全市有物资储备点69个，其中，市级贴息储备点9个，县（市、区）贴息储备点20个，县（市、区）无贴息储备点40个。储备物资种类共50余种，其中生活必需品有：饮用水5860.5吨，方便面1093吨，熟肉（火腿）373吨，饼干396.5吨，罐头267吨。市抗震救灾指挥部组成联合检查组对承担抗震救灾物资储备工作的九家单位进行突击检查，各县（市、区）也对本区域内应急物资储备情况进行一次全面检查，以保证应急物资储得实、调得出、用得上。（许梨花）

【应急避险避难场所建设】 2015年，由于迎泽公园要进行整体提质改造，其作为国家Ⅰ类标准应急避难场所存在一些问题。公园总面积66.69万平方米，迎泽湖水面占总面积三分之一，不符合应急避难要求。园内树木茂密，空旷地较少，应急篷宿区建设空间狭小，不符合防火和活动板房搭建要求。园内应急通道不畅，救援、消防车辆进出困难，救援直升机难以起降，给伤员转运和救灾物资调运带来不便。公园周边高楼林立，不符合应急避让距离要求。公园内游乐、餐饮等附加设施过多，占用大量空地，使避难场所设施无法建设和摆放。尤其是迎泽公园地势低，一旦大震灾害发生，极易受到洪涝、暴雨等次生灾害的威胁，造成二次灾难。市政府经过慎重考虑，召开专家论证会，调整当初的设计规划，并向省有关部门进行报告，将原规划设计的迎泽公园国家Ⅰ类标准地震应急避难场所建设项目调整到在建的和平公园。同时，鉴于迎泽公园是最大、最早的公园，地处城市中心地带，交通便利、周边人口稠密、公园设施完善，按照就地就近原则，按照城市防灾避险公园标准，对迎泽公园进行了大范围改造和提档升级，特别是强化应急避难场所功能。按照临时安置1万灾民的要求，增设应急消防、应急指挥、应急消杀、应急水源净化、应急供电、应急标志等相关应急配套设施27项，配备专用供水管网和储备井，直饮水净化设施，增加水冲式暗坑厕所和独立化粪池，配置千余顶应急帐篷。制定《迎泽公园应急避难场所应急预案》等12项制度。高标准建成迎泽公园防灾避险公园。由住建部党组成员、副部长王宁带队的国务院专项督查组对防灾避险公园建设情况进行督查调研和现场检查，对防灾避险公园建设给予肯定。（许梨花）

【应急队伍建设】 2015年，太原市建立专兼结合、军地互补，既相对独立又互为补充，平时分散管理、震时统一调配的多层次、广格局的应急队伍体系。太原市地震应急救援队伍包括太原市抗震救灾抢险队（专业队）、各专业防救组应急队、民兵预备队、县区应急队及志愿者队伍。其中，太原市抗震救灾抢险队1支，共150人；综合应急队伍11支，共1051人；突击应急队伍74支，共6725人；专业应急队伍172支，共8449人；专家应急队伍46支，共318人；新闻报道应急队15支，共128人；民兵预备役队伍21支共3100人；十市（县、区）共有58支应急队伍，共662人；志愿者队伍4932支，注册志愿者29万余人，其中有5万余志愿者接受了专业救援培训和教育，掌握了基本的救护技能，成为专业救援队的重要补充。各队伍按照“谁建设、谁培训、谁管理”的原则，结合自身专业要求进行装备与培训。（许梨花）

【应急演练】 2015年，太原市防震减灾局开展不同类型地震应急演练。组织系统职工参加2次全省应急演练，完成全部演练科目。推进应急演练进学校、机关、社区、企业、农村，全年组织不同层次、不同类型、各有侧重的各类应急演练共计1500余次，约35万余人（次）参加，有效增强民众自救互救能力。（许梨花）

【信息化建设】 2015年，太原市防震减灾局完成山西地震速报短信息太原子网平台的建设并投入使用，保证了测震数据的高质量传输和震情信息发布的及时性与准确性。完成太原市防震减灾地理信息系统二期建设任务，并以GIS为基础，建设太原市台站管理与监测系统信息化管理相结合的太原市防震减灾监测信息系统。推进灾情信息共享机制建设。（许梨花）

【政策保障】 为在新形势、新环境下更加科学、规范开展好防震减灾工作，市政府及时出台《关于进一步加强防震减灾工作的意见》（并政办发〔2015〕20号）。市委、市政府对防震减灾工作的高度重视及系列措施，为防震减灾事业持续健康发展提供有力的政策保障。（许梨花）

【改善地震监测预报能力】 2015年，太原市地震监测台站布局雏形基本形成。四个企业台站由政府接收管理，并按照地方专业台站标准进行了监测手段设置和基础设施建设，完成人员岗位设置。形成由“一中心、五台站”组成的市级监测网，和由十县（市、区）、三开发区组成的县级监测网，以及无人值守观测点。建成地下流体综合观测、大地电场和电磁波观测、地应力和地温观测等观测手段28项，95%以上实现了数字化改造，其中大多数与中心台联网，实现市、县监测网互联互通，全市监测数据共享平台基本形成。建成由6个子台组成的数字化测震台网，并实现与省地震局互联互通。群测群防网络基本确立。城乡抗震设防和震灾防御能力有效提升。落实“太原市行政审批流程再造，推进效能政府建设”重大战略部署，严格按照“两集中、两到位”要求，将抗震设防要求管理纳入政府固定资产投资联合审批流程。依法、科学、适度进行抗震设防监督检查。全市重大建设工程地震安全性评价达100%，新、改、扩建建设工程100%达到抗震设防要求。实施“百校兴学”“百院兴医”工程,对全市中小学校舍及医院建筑物进行抗震加固改造。地震安全民居示范工程建设及城市老、旧、危房及棚户区改造稳步推进。城乡综合抗灾能力有效提升。

（许梨花）

【地震应急救援体系建设】 应急指挥能力得到提升。新修订《太原市地震应急预案》。依托太原武警支队建立第一支专业化地震应急救援队伍，配置现代化地震应急装备及抢险救援设备，初步实现地震应急有队伍、有装备、有能力。设置了四百余个地震应急避险场所。建成城市防灾避险公园1个。依托市区内的和平公园，正在同步建设一个国家I类标准的地震应急避难场所。地震应急物资储备基本达到制度化、常态化。采取政府贴息、企业储备的方式,常年储备地震应急物资近30个品种、价值过亿元,并按照100万灾民三天基本需求的标准常年储备食品和饮用水。定期排查易引发地震次生灾害的工程，最大限度减少地震灾害隐患。经常性开展地震应急演练,实现了在校中小学生地震应急演练常态化。防震减灾宣传教育广泛深入。开展地震科普知识“六进”活动。在《太原日报》等主要媒体开辟地震知识专栏，利用公交移动电视长期宣传地震科普知识,在“太原防震减灾信息网”设立“地震科普”专栏。开展防震减灾示范建设,建成国家级地震安全社区3个，省级防震减灾社区42个，市级防震减灾社区253个;省级防震减灾科普示范学校40所,市级防震减灾科普示范学校340所。建立地震信息传输绿色通道，地震信息发布和舆情监控逐步规范。“三网一员”体系得到巩固。地震科技和信息化建设取得新突破，进行基于数字太原的地震灾害评估与地理信息系统一期开发，与国家地球物理所合作实施“强震危险区大城市地震灾害情景构建项目”。防震减灾法制化建设取得进步。防震减灾法得到深入宣传和贯彻落实，防震减灾目标责任考核得到落实,依法行政能力得到加强,全民防灾意识普遍增强。（许梨花）

【地震信息】 北京时间2015年5月25日03时06分，在太原市小店区（北纬37.6°，东经112.5°）发生M2.4级地震,震源深度5公里。北京时间2015年6月2日18时51分，在太原市晋源区(北纬37.8度,东经112.5度)发生M3.2级地震,震源深度5公里。（许梨花）

【开展专题教育】 2015年,太原市防震减灾局根据中央《关于在县处级以上领导干部中开展“三严三实”专题教育方案》要求,按照市委的统一安排部署,市防震减灾局开展“三严三实”专题教育。在专题教育中，局党组坚持全面深入学习贯彻党的十八大和十八届三中、四中全会精神，深入学习贯彻习近平总书记系列重要讲话精神,围绕协调推进“四个全面”战略布局,对照“严以修身、严以用权、严于律己,谋事要实、创业要实、做人要实”的要求,聚焦对党忠诚、个人干净、敢于担当。坚持突出问题导向,贯彻从严要求,紧扣主题、对准问题,在深入深化、务求实效上下功夫，努力推动全局党员干部自觉践行“三严三实”要求,引导党员干部弘扬严的精神和实的品格,将“三严三实”要求内化于心、外化于行,真正从思想上、政治上、作风上严起来、实起来。在专题教育中,始终把学习教育放在首位,着眼于坚定理想信念、强化党性观念、增强实干精神。深入学习党的十八大和十八届三中、四中全会精神,以及习近平总书记系列重要讲话，学习党章和党的纪律规定等方面内容,组织党组(中心组)进行13次集体学习,4次专题研讨,召开专题民主生活会1次，局党组成员分别以普通党员身份参加所在局党小组“三严三实”专题组织生活会各1次,严和实的要求逐渐立起来、树起来。党员干部把践行“三严三实”作为终生必修课的意识逐渐增强,党性修养不断加强，理想信念更加坚定，政治思想素质有效提高,道德境界不断提升,严的习惯、实的作风逐渐形成。（许梨花）

【落实“两个责任”】 2015年,太原市防震减灾局党组高度重视加强党的思想建设、组织建设、作风建设、反腐倡廉建设、制度建设,认真贯彻全面从严治党要求,以高标准严要求保持和发展党的先进性、纯洁性，努力增强党员干部自我净化、自我完善、自我革新、自我提高能力,进一步增强党的创造力、凝聚力、战斗力。在党的建设过程中,始终坚持严字当头,抓住重点、聚焦问题,从严从实、严实结合,做到坚持思想教育从严,进一步坚定广大党员干部的理想信念。坚持作风建设从严,抓作风建设,不断增强党员干部全心全意为人民服务的意识和本领,把改进作风的实效体现在实实在在的工作中。坚持组织建设从严,从严治吏,着力培养选拔党和人民需要的好干部。坚持正确选人用人导向，严格把握德才兼备、以德为先的标准。按照习近平总书记提出的好干部的五条标准，着力打造忠诚干净担当的高素质干部队伍。坚持制度建设从严，严明党的政治纪律和政治规矩,把守纪律、讲规矩摆在更加重要的位置。严格依靠党章、党规、党纪管党、治党,切实把纪律和规矩严起来,使纪律成为管党治党的尺子、党员不可逾越的底线。制定《太原市防震减灾局关于开展“基层组织规范化建设年”活动实施方案》,“基层组织规范化建设年”活动有序推进。按要求完成支部换届选举工作。

（许梨花）

【党风廉政建设】 坚持贯彻党风廉政建设责任制,严格落实“一岗双责”。以零容忍态度惩治腐败，加强反腐败体制机制创新,强化对权力运行的制约和监督,加快形成不敢腐的惩戒机制、不能腐的防范机制、不易腐的保障机制。始终把党风廉政建设与业务工作同部署、同落实、同检查、同考核。召开全市防震减灾系统党风廉政建设专题会议,出台“廉四条”。

持续推进八项规定精神贯彻落实，认真抓好本系统廉政文化建设，促进清廉、高效蔚然成风。（许梨花）

科协工作

【概述】 2015年，太原市科协以邓小平理论、"三个代表"重要思想、科学发展观、习近平总书记系列重要讲话精神为指导，认真学习贯彻落实党的十八大，十八届三中、四中、五中全会精神和市委十届七次全会精神，认真履行"三服务一加强"工作职能，围绕中心，服务大局，真抓实干，各项工作取得新进展。（周 腊）

【专题教育】 2015年，太原市科协坚持把学习贯彻党的十八大，十八届三中、四中、五中全会精神和习近平总书记系列重要讲话精神作为重大政治任务，贯穿于全年各项工作任务当中。通过召开领导班子会议、中心组学习会议和全体干部职工大会、专家辅导报告会等形式深入学习，不断用党的理论和政策武装头脑，指导工作，推动实践。通过学习，深入把握讲话贯穿的信仰、信念，着力解决世界观、人生观、价值观这个"总开关"问题，补足精神之钙，进一步增强"三个自信"；深入把握讲话贯穿的历史担当精神，自觉向以习近平为总书记的中央领导集体学习看齐，进一步增强责任意识和主动担当的意识；深入把握讲话对新时期党和国家一系列重大理论和实践问题的新概括、新阐释，进一步强化政治意识、法治意识和大局观念，推动市科协的各项工作。（周 腊）

【开展学习讨论落实活动】 2015年，按照山西省委、太原市委的统一部署，市科协深入开展了以"深入学习贯彻习近平总书记系列重要讲话精神，净化政治生态、实现弊革风清、重塑山西形象、促进富民强省"为主题的学习讨论落实活动。主要采取中心组学习、党校专题培训、"一把手"讲党课、观看警示教育片和个人自学等形式，认真系统学习习近平总书记系列重要讲话精神、党的十八届四中全会精神以及省委、市委有关文件和主要领导讲话精神等内容；围绕省市委提出的讨论重点，结合实际开展分析讨论；在广泛听取意见建议的基础上认真开展反思剖析，扎实开展专项整治。共组织中心组集中学习16次，党校集中培训1天，参观中国共产党反腐倡廉历程展1次，集中讨论8次，完成专项整治任务11项。通过开展学习讨论落实活动，市科协班子成员和干部队伍进一步坚定了宗旨意识，增强了忠于职守、廉洁自律的自觉性、主动性。

在"三严三实"专题教育中，市科协根据中央、省市委的安排部署，坚持从严要求，强化问题导向，聚焦对党忠诚、个人干净、敢于担当，按照党组书记带头讲党课，开展专题学习研讨，召开专题民主生活会和组织生活会，率先落实整改要求的内容方法步骤来进行。党组书记和党组成员讲授专题党课3次，组织集中学习20次，开展专题研讨会4次，其中，市委组织部领导参加专题研讨1次。为开好"三严三实"专题民主生活会，开展了深化学习研讨、主动征求意见建议、深入开展谈心谈话、认真对照检查等工作。共征求市直机关工委和10个学会、10个县（市、区）科协、10个企业科协的意见建议，开展谈心谈话31人次。在此基础上，领导班子深入查找存在的问题，认真剖析原因，明确改进方向和整改措施，召开"三严三实"专题民主生活会。并结合开展党员民主评议工作，召开专题组织生活会。通过开展"三严三实"专题教育，促使市科协领导班子在加强党性修养、转变工作作风，着力解决"不严不实"问题等方面，有了新的起色和重大改观，增强了大家践行"三严三实"要求的思想自觉和行动自觉。（周 腊）

【推进院士工作站建设】 2015年，太原市科协认真履行院士工作站建设领导组办公室职责，积极稳妥地推进院士工作站建设。组织召开太原市院士工作站建设推进大会，以太原市人民政府的名义为2014年建立的12个院士工作站授牌，并对2015年院士工作站建设工作进行了安排部署。根据有关单位的建站申请，通过材料审核、现场考察、领导组会议审定等程序，在山西省干细胞基因工程有限公司等8个企事业单位新建了院士工作站。建立院士工作站35个，引进两院院士43名、著名外籍专家1名，院士团队专家201名，与院士专家团队共签订合作项目130余项。主办"2015年全国堆焊再制造技术学术会议"，市委书记吴政隆会见了参会嘉宾，并出席了徐滨士院士与太原冶金机械厂建立院士工作站的签约仪式。会议的成功举办，对太原市促进科技创新，推广再制造技术，起到了积极的作用。做好院士工作站建设的宣传工作，制作100多块反映院士工作站建设成果的展板，在北方国际高新科技成果博览会上集中展示；在《太原日报》刊登6个专版，宣传院士工作站建设取得的成效；拍摄反映院士工作站建设的专题片《人才的力量》，展示依靠人才实现创新发展的成果。院士工作站已成为引进高端人才、转化科研成果、提升自主创新能力的重要平台。市委书记吴政隆高度重视院士工作站建设工作，在全市科技创新推进会、民营经济发展推进会和市委常委会上，对院士工作站建设工作给予充分肯定，并多次作出批示，鼓励院士工作站要在经济社会发展中发挥更大的作用。省政府参事室、省委政研室、中国科协书记处书记王春法同志等部门和领导，对院士工作站建设的经验和取得的成就也进行了专题调研，并给予了充分肯定。（周 腊）

【技术创新】 2015年，太原市科协组织全市各企业科协积极参与中国科协组织的以技术创新为核心的"讲理想、比贡献，奋力实现中国梦"活动，在提高企业自主创新能力、培养创新型人才、提升员工科学素质等方面发挥了重要作用。全市企业开展技术立项、技术攻关、技术创新等"讲、比"活动，共立项2336项，提出合理化建议19791条，实施合理化建议10043条，取得经济效益7亿多元。完成"金桥工程"项目12项，为企业增加利税1000余万元。选定市经济开发区山西天地煤机装备有限公司，作为全国创新方法培训的太原试点企业，举办山西省群众性创新方法培训班，通过讲授专业理论和案例分析，使技术人员初步掌握运用"TRIZ"理论解决实际问题的方法。各企业科协也在内部积极开展创新方法培训，促进科学思维、科学方法和科学工具的普及和推广，为企业自主创新提供理论和方法指导。组织专业技术人员参加山西省创新方法知识竞赛，晋西代表队获一等奖，市科协代表队获二等奖，太重、汾西代表队获三等奖。举办"2015年实施知识产权战略巡讲(太原站)"活动，邀请中国科协盛小列和科技部杨林村两位专家，围绕科技成果鉴定与知识产权、企业技术创新活动中的专利信息运用等内容，为企业和大专院校的部分科技人员进行宣讲。还举办了"法律咨询服务专题报告会"，邀请梁庆隆律师为企业科技人员讲解了知识产权保护的理论和实务，提高大家运用知识产权的能力。

（周　腊）

【开展国外专利技术信息推广应用】 2015年，市科协依托中国科协开发的国外发明专利数据库系统，加大力度推进该系统在全市的推广与应用，不断提高本市企业利用国外发明专利进行技术研发、技术创新的水平。通过举办专利项目推广座谈会、开展企业使用情况调研、答疑等工作，2015年为29家企业注册安装国外发明专利检索应用系统。使用该系统的企业和科研院所达125家。

（周　腊）

【加强学会业务指导】 全年批复成立太原市食疗协会、太原阳光鹿童脑瘫康复服务中心、太原市企业创新发展研究会、太原市新媒体协会等4个社会组织；太原发明家协会也在办理成立手续；接受太原市药学会、太原市食品安全学会的变更业务主管申请，担任业务主管。继续加强业务主管学会的党建工作，在太原化工学会组建党支部。指导业务主管学会及时换届和变更有关事项，确保学会规范发展。（周　腊）

【组织开展学术交流活动】 指导各学会根据各自的专业和行业特点，开展学术讲座、专业技术培训、技能大赛等形式的交流活动。太原市药学会举办合理用药专题讲座，承办了中国药学会在太原举办的临床药学案例分析培训班；太原市营养师协会举办的"营养美食秀"活动，为会员搭建学习交流的平台；太原阳光鹿童脑瘫康复服务中心邀请北京协和医院专家李玉光做了现场教学指导；太原市珠心算协会组织开展"世界珠算日"系列活动；太原市医学会定期举办了学术论坛等。这些活动提升学会学术交流水平，服务会员成效显著。（周　腊）

【开展自然科学评选表彰活动】 活动共征集理、工、农、医及综合类论文388篇。按照《太原市自然科学优秀学术论文评选及奖励办法》的规定，经单位初审、专家评审和综合审定，共评选出一等奖论文58篇，二等奖论文130篇，三等奖论文197篇。论文评选要求高、评审严、专业性强，为促进太原市学术繁荣和发展，展示和交流市科技工作者的学术成果搭建了平台。（周　腊）

【开展科普活动】 2015年，太原市科协注重发挥学会专业人才聚集的优势，组织学会积极开展科普活动，涌现出药学会、心理研究会、营养师协会、食品安全学会、食疗协会、户外救助科普志愿者协会等科普先进典型。太原市药学会举办食品药品安全知识社区大讲堂和"传承抗战精神建设健康中国"为主题的社区公益活动；太原市心理研究会在社区长期坚持开展心理知识专题讲座；太原市食品安全学会积极开展《食品安全法》培训；太原市营养师协会坚持每周一次，连续五年为太原电台免费做营养健康知识宣传节目；太原市食疗协会举办"倡导健康饮食文化，食疗公益社区行"活动。其他各学会也结合自身实际，在重要时间节点开展了各类科普活动，受到广大市民的欢迎。（周　腊）

【《科学素质纲要》实施工作】 2015年，市科协继续发挥太原市全民科学素质工作领导组办公室职能作用，协调各成员单位、各县区、各部门，结合各自工作职能开展全民科学素质工作，初步形成强化科普合力、推动全民科学素质工作良好局面。通过全省网上考核平台，逐月上报全市全民科学素质工作情况，全年共上报各类工作动态1000余项。在全省全民科学素质工作考核中，2013年、2014年连续两年名列全省第一。在山西省2015年全民科学素质纲要实施工作电视电话会议上，副市长王爱琴代表太原市作典型发言。认真开展《全民科学素质纲要》"十二五"自查总结。代表全省接受国家督察组检查，督查组对"十二五"时期全民科学素质工作给予充分肯定。

（周　腊）

【开展品牌科普活动】 围绕"万众创新·拥抱智慧生活"主题，举办第12个全国科普日系列活动。在科普日主场活动中，组织开展了青少年科技创新大赛科幻绘画获奖作品展、科普舞台剧汇报表演、"科技创新与载人航天"科普报告会，同时邀请首都著名专家夏青、朱进、朱克勤、赵士洞分别在太原理工大学、山西财经专修学院、山西大学和太原师范学院做了4场对话科学报告会。省、市四大班子有关领导也参加了科普日主场活动。科普日期间，组织科普剧进校园、参观科普教育基地、科普画廊知识联展和社区健康讲座等活动。整个活动参加人数达8万余人。围绕"创新创业·科技惠民"主题，开展科技周系列活动，举办讲座10余场，发放资料10万余份，展出版面2千余块，开展咨询服务20余场。通过科普讲座、文艺宣传、画廊展览等方式开展了崇尚科学、破除迷信等主题科普活动，还与全民科学素质成员单位合作，在全国低碳日、世界环境日等时间节点开展专题科普活动。开展“科普知识进万家”活动，编印《农村致富新技术》《清洁能源绿色生活》《崇尚科学破除迷信》《转基因科普小知识》《青少年科普知识读本》等科普图书，为农民赠书8.5万余册，为社区居民赠书10万余册，为各中小学校、科普教育基地等赠书5万余册。

（周　腊）

【推进科学素质提升】 通过实施科普益民计划，不断提升社区科普服务能力。在全市45所社区科普大学开设了保健养生、家庭安全等科普课程；积极打造社区科普典型，同煦苑社区科普楼宇文化，人民南路社区“天天讲堂”科普讲座等，成为社区科普的品牌。有临汾市科协、秦皇岛市科协、广元市科协前来本市参观学习社区科普工作。在科普示范社区创建工作中，迎泽区南海二社区获国家级科普示范社区称号，万柏林区滨河社区获省级科普示范社区称号，共获科普益民计划奖补资金30万元。全市创建市级科普示范社区23个、省级科普示范社区16个，有7个社区获国家和省级“科普益民计划”奖励。（周　腊）

【实施科普助教计划】 2015年，市科协组织全市各中小学校10万余名师生参加第30届青少年科技创新大赛活动，收到参赛作品1953件，市科协对获奖作品进行了表彰。在全省、全国比赛中，推荐的作品共获全省一等奖31个、二等奖53个、三等奖26个；获全国一等奖1个、二等奖5个、三等奖5个。获奖数量在全省11个地市中连续多年排名第一。组队参加第十五届中国青少年机器人竞赛（山西赛区）联赛，太原市科协获优秀组织单位奖。组织11所科普示范学校，举办校园“科技节”、科普竞赛、科普讲座等活动，成效明显。与省医学会联合开展“科学与健康——健康知识进校园系列巡讲”活动，在10所中小学校举办20场健康知识科普讲座。还与质监局、食药监局、卫生局、安监局、团市委等部门合作，举办“安全进校园”活动。（周　腊）

【实施科普惠农兴村计划】 通过逐级申报、实地考察、审核公示等程序，小店区蔬菜协会等3个协会被评为全国优秀农村专业技术协会，阳曲县林园种苗有限公司科普示范基地等2个基地被评为全国优秀科普示范基地，尖草坪区杜月新被评为全国新农村科普带头人。清徐县拔奎村葡萄协会被评为省级优秀农村专业技术协会，小店区赵玉宝被评为省级农村科普带头人，娄烦县马铃薯惠农科技产业园科普服务站被评为省级优秀科普惠农服务站。娄烦县同福种养协会、古交市果树协会被评为省级升级版农技协试点协会。共获得国家级和省级科普惠农奖补资金154万元。市科协还组织市级以上农村科普示范基地、协会举办开放日活动，并参与“科技周”“科普日”、科技下乡等活动，通过示范引领，提高农民依靠科技增收致富积极性。（周　腊）

【科普能力建设】 2015年，市科协加强对科普画廊管理和使用，建立全市科普画廊电子档案，对迎泽公园的科普画廊拆除重建；每季定期更新画廊内容，全年共更换1600余个版面，内容涉及食品安全、健康养生、核能安全等；联合市委防范办、市气象局、市环保局、市警备区等部门共建科普画廊，实现资源共享，拓展了科普画廊的宣传功能。做好科普屏媒推广建设工作，通过召开推介会、研讨会、观摩会等形式，努力推进科普屏媒建设。截至2015年底，共安装科普屏媒150块，覆盖110个小区，受众人数近100万人。做好科普宣传报道工作，在市级主流媒体、太原科协网、山西科协网、中国科协网宣传报道150余条；在“中国科协综合信息服务平台”发布太原市信息1000余条；《科普时间》栏目在太原电视台新闻频道每周播出4次，全年播出52期208次；太原科协网站在科普知识宣传方面也发挥积极作用，各类科普知识和稿件累计达3000余条。（周　腊）

【加强科协基层组织建设】 2015年，市科协加强对县（市、区）和园区科协的工作指导力度，拓展服务领域。召开县（市、区）和园区科协工作会议，安排工作、听取汇报、征求建议意见。对全市2010至2015年度科普惠农兴村计划奖补资金使用情况，召开专题会议安排十县（市、区）督导检查，规范管理。按照“哪里有科技工作者，就要把科协组织建到哪里”的要求，积极推动基层科协组织建设，太原不锈钢产业园区科协正式成立。全市四大园区中，有三个园区成立科协组织，民营区科协组织在积极筹建中。全市新成立企业科协23家，市企业科协数量已达到109家。（周　腊）

【开展推优推先工作】 2015年，市科协开展第八届“山西省优秀科技工作者”评选推荐工作，共推荐9位候选人；推荐太重集团郝建光参加中国科协开展的“创新力量——优秀企业基层科技工作者推选宣传”评选活动；向省总工会推荐“五小”竞赛暨科技传播奖参评先进集体和先进个人；向山西省科协推荐“金桥工程”优秀组织工作者2名。通过有关科技奖项的遴选推荐工作，鼓励科技工作者干事创业的热情，不断拓宽科技工作者成长成才的通道。（周　腊）

【教育引导】 2015年，市科协与省科协在省科技馆联合主办“科技梦·中国梦——中国现代科学家主题展”全国巡展（太原站）活动，省委领导孙绍骋和市委领导刘海芸出席开幕式，同时组织全市科技工作者、党员干部和市民4万余人参观展览。邀请中国科学院张藜和郭曰方两位专家，在省科技馆为科技工作者作《新中国的海归科学家》《科学与人生》专题讲座。全市科技工作者、青少年学生3万余人，参观在省博物院举办的

"弘扬两弹一星精神　共铸中国梦"大型展览;全市一千余名科技工作者参加在南宫举办的"核"你在一起院士报告会。通过参加活动,使科技工作者深刻感受到老一辈科学家求真务实、爱国奉献科学精神,激励大家为实现强国之梦而努力奋斗。

(周　腊)

【自身建设】 2015年,市科协坚持以干部队伍建设为重点,努力加强机关自身建设。通过抓学习,提高干部职工的理论水平和综合素养。定期组织干部职工学习各类理论知识和各项与业务相关的政策法规;组织观看廉政教育警示、优秀党员事迹等影片;听取各类院士专家报告会等,不断教育干部职工树立正确的人生观、世界观和价值观。除日常学习外,干部在线参学率达100%,平均完成上级规定学时。按要求参加省、市有关部门和单位组织的各类专业学习,先后参加了省科协干部培训班、市委组织部干部选学培训班、县处领导干部轮训班以及档案培训、保密培训、财务培训、女干部培训等学习,有效提高领导干部和职工能力素质和业务水平。(周　腊)

【开展文明单位创建活动】 2015年,市科协通过开展系列创建活动,促进干部职工文明素质和单位文明程度不断提高。组织博爱一日捐、扶贫日捐款、"健步行"等活动,开展了"我们的节日"系列活动,举办多期道德讲堂,认真组织开展国际志愿者日活动,开展"三下乡"、精准帮扶贫困村等活动,广泛宣传社会主义核心价值观,制作太原市科协善行义举榜,认真履行文明委成员单位职责,参加文明城市创建工作,按时高质量完成承担的文明城市创建工作任务。(周　腊)

【开展服务型党组织建设】 坚持民主集中制原则,健全领导班子分工负责制,重大问题由党组集体讨论决定,分管领导积极负责抓好落实。坚持党务公开,严格党的组织生活,加强党内基层民主监督,积极开展谈心谈话、民主评议党员工作,不断激发党组织的生机与活力。加强党员队伍建设,不断完善基层党组织和党员信息库;结合"三严三实"专题教育及时召开机关党总支部组织生活会;在清明节、抗战胜利暨世界反法西斯战争胜利70周年纪念日、建党94周年等纪念日,组织党员开展革命烈士陵园扫墓,走访慰问老党员、老干部和困难党员活动,观看《全国离退休干部"双先"代表巡回宣讲太原报告会》等活动,进一步激发全体党员爱党、爱国、爱社会主义热情。坚持制度建设,建立健全基层党建工作责任制,明确了党组书记为第一责任人的职责;进一步完善目标责任制,坚持组织生活会、党员联系群众、民主评议党员、干部谈心谈话等工作制度和"三会一课"制度,党建工作得到不断加强。

(周　腊)

【落实党风廉政建设】 召开党风廉政建设专题会议,对党风廉政建设和反腐败工作进行全面部署;认真贯彻落实党风廉政建设责任制,将党风廉政建设列入党组工作重要议事日程;班子成员认真落实"一岗双责",层层传导压力,确保党风廉政建设责任制落到实处。通过中心组学习、党课教育、观看警示教育片等形式,强化纪律建设,提高廉洁自律意识。先后组织大家学习《王儒林同志关于省直机关党风廉政建设工作的讲话》、新修订的《中国共产党廉洁自律准则》《中国共产党纪律处分条例》等,参观《中国共产党反腐倡廉历程展》,观看《警钟长鸣》《贪欲之害》《作风建设永远在路上》等教育片,学习《关于对15起违反中央八项规定精神案例的通报》等内容。还给每位党员发放《习近平总书记关于严以修身、严于律己的重要论述摘编》《习近平用典》《习近平谈治国理政》等学习资料,提高干部职廉洁从政意识。严格执行组织纪律和工作纪律,强化对上级重要决策部署和党组重点安排部署的监督检查,加大对纪律执行情况的监督检查力度,保证党内监督的有效实施。推进"八项规定"贯彻落实,严格执行关于公务接待、公车管理、办公用房等方面的有关规定,并结合单位实际情况,建章立制,将改进作风进行到底。(周　腊)

【法治建设】 2015年,太原市科协认真贯彻落实《关于加快"法治太原"建设的意见》文件精神,全面贯彻落实中央和省、市关于法治建设的各项部署要求,不断提高运用法治思维和法治方式解决问题的能力。将法律法规学习纳入中心组学习的重要内容,并将学法用法、遵法守法、依法办事的情况纳入领导干部的述职述廉报告内容,作为考察识别干部的重要条件。加强对干部职工法治教育培训,组织干部职工学习中央、省市关于依法治国的重要论述以及《保密法》《科普法》《知识产权法》等相关法律内容,组织观看学习中央党校法学教授卓泽渊所作的《全面推进依法治国的重大问题——党的十八届四中全会的法理解读》专题讲座。坚持依法办会,始终将法制要求贯穿于党的群团工作当中,依法维护科协组成部门和科技工作者的民主权力和合法权益。结合科协工作特点,发挥全民科学素质成员单位作用,深入开展普法工作,利用全国科普日和科技周等品牌科普活动,进机关、进社区、进厂矿,开展法治宣传教育。(周　腊)

经济发展研究

【概述】 2015年，太原市人民政府发展研究中心贯彻落实十八大和十八届三中、四中、五中全会精神和习总书记系列重要讲话精神，党组和领导班子高度重视党的建设，认真落实“两个责任”，深入开展学习讨论落实活动和“三严三实”专题教育，遵循“创新求是，当好参谋”的宗旨，完成一批重大课题和重点、难点课题的研究，完成市委、市政府交办的各项工作任务。 （任忠强）

【课题研究】 2015年太原市目标考核五项重点课题任务：《太原市2014年经济发展分析与2015年建议》、太原市“十三五”规划前期课题《“十三五”时期太原市主体功能区建设和生产力布局研究》和《“十三五”时期太原市加快开发区发展研究》《太原市企业50强分析》《中国城市年鉴2015太原卷》。其中《“十三五”时期太原市主体功能区建设和生产力布局研究》和《“十三五”时期太原市加快开发区发展研究》两个课题任务，事关太原经济发展全局的重大课题，通过专家评审并在24个“十三五”专项研究课题中，两课题均被市发改委评价为最好。受市委组织部邀请，参与起草撰写《中共太原市委贯彻落实 < 中共山西省委关于全面贯彻好干部标准树立正确用人导向从严管理干部的决定 > 的实施意见》。受省政府发展研究中心委托完成专稿《山西省情报告蓝皮书》太原市情的撰稿工作。主笔起草市委宣传部、市社科院招标课题《太原市首善之市研究》，和市慈善培训中心合作完成。该研究竭力挖掘太原市的优势与机遇，凸显了太原市作为省会城市的独特魅力。 （任忠强）

【建议咨询】 发展研究中心完成常务副市长任在刚和市改革办交办的各项行政体制改革联络协调和文稿起草服务工作，同时提出行政管理体制改革方面的研究建议，如“投资项目审批全流程记录”建议被列入太原市2015年创新性改革任务中。按照市领导指示，同市中小局、市财政局等部门参加国家小微企业创业创新示范城市申报工作，主持《太原市小微企业创新基地城市示范工作实施方案》起草工作，加上吴书记、耿市长亲自答辩，太原市以总分第一名成绩从全国36个申报城市中成功入选。是第一次牵头起草重大申报方案。

起草吴政隆书记安排的课题《关于理顺太原城区城市管理体制的政策建议》，与市城乡管委、市财政局、市环卫局成立联合调研组，经过深入调查研究，分近期和长远两个阶段，提出决策建议。任市长根据吴书记的要求给研究中心安排课题任务，聘请省社科院专家加盟，在到市有关部门调研的基础上，用一周时间提出《关于促进太原市民营经济发展的若干政策建议》的调研报告。受市政协邀请，主笔起草“做大做强县域经济”专题议政会的主报告《太原市县域经济发展现状及对策研究》，并指导七个分报告的研究起草工作，得到吴书记和张贵元主席等领导的高度评价，并被收入《太原市政协“做大做强县域经济”专题议政会资料汇编》。 （任忠强）

【交流合作】 中心与中国陇海兰新经济促进会合作完成课题《丝绸之路经济带重要城市水资源保护与利用调查研究》，《关于加快太原市旅游产业发展的研究报告》入编陇兰促进会旅游专题合集。研究中心参加电视台《太原新闻》《新闻对话》节目系列专题采访和《太原日报》《太原企业家》等杂志和报刊的专题约稿。应太原企业家协会、太原工业联合会的邀请，组建企业专家服务委员会，并建立企业调研联系点，成为掌握企业情况的一个重要渠道，为企业咨询会诊服务，加强与企业及社会各界的联系合作。《太原市现代服务业发展研究》课题获2015年“中国发展研究奖”三等奖，获2014—2015年度全国政策咨询信息交流“先进单位”，贾庆荣同志也获该项工作全国“工作标兵”称号。 （任忠强）

【内部管理】 2015年，太原市经济发展研究中心补充和完善一系列规章制度，出台《课题管理办法》《课题研究工作制度》《学术委员会工作制度》，实现内部管理有据可依，科研工作有章可循。重视科研基础工作，强化处室数据库建设，积累研究工作的基础数据。发挥好专家顾问作用的同时，研究中心聘请9位有丰富经验的专家型官员为第二批特约研究员，邀请参加重大课题的研究和评审等工作。与山西财经大学、山西省社科院、市委组织部等部门合作开展课题研究，课题研究成果的深度、广度都有所提高。研究人员完成一篇个人年度课题，并委托专家进行打分和点评分析。举办各类讲座，鼓励研究人员走上讲台，与大家共享学习培训成果。全年有8人次进行了各类学术讲座，包括《如何理解经济新常态》《关于公共政策评估的几个问题》等内容，努力提高研究人员研究和写作能力。为全体职工办理全民终身学习卡、购书卡，为每位职工购买《当务之急：2014—2017年中国的最大风险》《西方文明的文化基因》等书籍，开展读书交流活动。完善固定资产的购置、保管、申领、使用、报废、处置方面的制度，为变动的固定资产重新更换了标签，实现常态化的台账管理。严格落实重大节假日领导带班和值班制度，举办消防讲座，提高预防火灾的意识，消除安全隐患。进一步加强规范化管理，多次探望生病住院的职工和家属，为重大病职工开展捐款活动，并向全体会员发出《倡议书》。为全体职工和离退休人员进行了体检，组织交纳职工医疗互助工程互助金，组织参加"健步行"活动。研究中心职工书屋被确定为2015年全国工会职工书屋示范点。

（任忠强）

【扶贫工作】 2015年，太原市经济发展研究中心包扶的贫困村调整为娄烦县天池店乡窑儿上村，年初派驻扶贫队员，春节前到村里慰问贫困户，为困难群众送去米、面、油等慰问品，同时与村民代表进行座谈、深入田间地头实地察看，了解掌握情况。制定《2015年扶贫工作计划》《2015—2019年五年扶贫工作计划》。选派财金处处长区桂恒同志担任第一书记，按照精准扶贫的要求，研究中心21名党员干部与44户贫困户结成对子，魏建庭同志亲自带队到包扶对象家里进行实地走访察看，加深与群众的感情，尽最大力量帮助村里解决磨坊、上学就业等困难，受到村民的高度评价。（任忠强）

【机关党建】 2015年，研究中心领导班子积极向上、团结和谐，在"三严三实"民主生活会上，班子成员开展批评与自我批评，发现问题、统一思想、增进团结。坚持民主集中制，重大事情都要上党组会，为提高效率，党组会和主任办公会经常合并召开。按照公开化、阳光化的管理理念，单位重大事项全部公开。根据干部选拔条例，提拔周志强同志为经济研究处处长，严格遵守干部选拔条例、公务员条例和市委组织部的有关规定。将一把手分管的人事、财务工作交由班子其他成员负责。坚持中心组和党员学习制度，认真组织学习习总书记系列讲话和有关政策文件，从严抓好各项党建工作。（任忠强）

【文明单位创建】 开展"道德讲堂"活动，组织全体职工观看爱国电影《百团大战》。加强志愿者队伍建设，开展"绿色照明、节约用电""节约用水"等活动，设置宣传牌，以实际行动崇尚道德，践行文明。为生病的困难同志组织捐款。组织5名同志组成网络文明传播志愿服务小组，积极参与中国文明网及太原文明网组织的网上文明活动。（任忠强）

太原社会科学研究院（联）

【概述】 2015年，太原社科院（联）围绕市委、市政府中心工作，坚持"聚智咨政 传承创新"的办院方针，开展基础理论研究和实用对策研究，努力为开创弊革风清、富民强市的新局面提供理论支撑和智力支持。全院科研人员深入开展社科理论研究工作，在各级各类报刊公开发表学术论文20余篇，主要包括《增强"智慧"理念，助推城中村改造》《抢抓机遇积极参与 把太原建成"一带一路"核心节点城市》《以五个统筹助力太原科学发展》《以大学生创业带动就业 大力促进太原经济发展》《"柳溪"公共园林审美思想探源》《临县青塘村古建特色》《关于民营经济发展的几点认识》《以创新驱动太原旅游业发展》等。在《太原日报·要闻版》刊登《把山西打造成为"丝绸之路经济带"的陆路枢纽》，全面介绍院（联）开展的《山西参与"一带一路"建设》课题研究成果，提升院（联）的美誉度与影响力。

（李小青）

【研究课题】 2015年，市社科院全年共完成各级各类课题20余项。其中，按照市委分管领导的指示精神，在市委宣传部指导下，起草《太原新智库建设意见》；承担完成省社科规划办课题《山西积极参与建设"丝绸之路经济带"发展研究》；完成太原市"十三五"规划前期研究课题《太原市深化体制机制改革研究》（与市委政研室合作）《太原市统筹发展研究》的研究工作；以应用性、对策性研究为主体，在广泛征求专家学者意见的基础上，采取公开招投标办法，以活页匿名评审方式立项，课题研究实行中期检查，结题采用专家评审制度，完成《太原积极参与"一带一路"战略节点研究》《太原市红色文化资源开发研究》《太原职业教育发展研究》《太原建设学习型城市研究》《加快太原城中村改造及综合治理对策研究》《太原居民养老模式研究》《太原建设引领全省发展的首善之市研究》等7项课题的研究工作；完成《太原乡村游发展研究》《太原高铁装备制造业及相关产业发展研究》《太原城市群协调发展研究》3项市情调研课题的研究工作；与市旅游局合作完成《太原市"十三五"旅游产业发展规划》，受市财政局委托完成《科技创新推动太原经济发展研究》；精心组织整编建院30年史料《太原社科30年》；做好2014年优秀论文和研究成果的收集整理工作，形成由山西出版传媒集团正式出版的社科系列丛书《2014年度太原社会科学研究成果》和《太原历代城市变迁史略》共30余万字。（李小青）

【编撰专题刊物】 2015年，市社科院认真组织编撰刊发《社科信息》。《社科信息》是院（联）以服务市委、市政府决策为宗旨的专题刊物，全年共编撰6期《社科信息》（1200余册），专题关注了城中村改造、科技创新、民营经济等。省委常委、市委书记吴政隆先后对第1期、第3期作重要批示；市委常委、政法委书记、市公安局局长汪凡对《社科信息》也作重要批示，体现市委对《社科信息》的关心与重视，进一步增强全体干部职工的积极从事社科理论研究工作的信心。

依托MAS移动平台和口袋书的方式，普及社科知识。全年发送短信2万余条，覆盖人群3000余人，集中宣传党的路线方针政策，积极传播经济、社会知识以及太原历史文化知识；向机关、社区、调研基地人员免费发放《社科知识》口袋书读本，有效拓展了社科知识的受众面，充分体现科普工作的创新性和实用性。推进太原社科网建设。太原社科网是院（联）依托太原市电子政务协同办公平台构建的非经营性的网站，是院（联）秉持“聚智咨政、传承创新”理念，解读政策、科普推介、加强学会管理的重要平台。

（李小青）

【学会活动】 2015年，市社科院建立健全管理监督机制。加强对所属社团组织的日常监督管理，市社科联领导带领学会部同志先后深入所属太原市地方志学会、太原市三晋文化研究会、太原市美学协会、太原市青龙古镇研究会和太原市维护企业合法权益联合会等5家学会进行调研，了解各学会工作情况及存在问题，指导所属学会、协会和研究会完善内部治理结构，系统规范所属社科社会组织行为。组织学会开展活动。召集所属学会负责人座谈学习讨论，参加各学会组织开展的多种活动。参加太原美学协会组织的纪念毛泽东同志诞辰122周年文艺活动、太原市青龙古镇研究会第一届理事会暨揭牌仪式等。（李小青）

【学术交流】 市社科院按照习近平总书记提出的“社科院要把马克思主义作为必修课，成为马克思主义学习、研究、宣传的重要阵地”的要求，确定每周五为理论、业务知识学习和道德讲座日。采用边学习边讨论方式，认真学习党的十八届三中、四中、五中全会精神和习近平总书记系列重要讲话精神，围绕贯彻落实“四个全面”战略布局，组织广大干部职工集中学习《习近平用典》《法治热点面对面》等书目；坚持“请进来”与“走出去”原则，邀请省商务厅处长李国荣作关于山西参与“一带一路”建设的专题讲座；邀请市委党史办主任杨云龙作关于太原抗战的专题报告；邀请部分专家学者多次就如何化解过剩产能、加快园区经济发展等内容召开专题分析座谈会。根据市委安排，院长胡建林、副院长张晨强作为市委十八届五中全会宣讲团成员，分别在经济区和市国资委、市卫计委进行十八届五中全会精神宣讲。（李小青）

【调查研究】 院（联）领导成员参与、陪同省社科院院长李中元带队的调研组对城中村改造、开发区扩区发展、推进三个一批等情况进行调研。接待省社科联副巡视员王崇德一行以“切实做好学会与科普工作”为主要内容的3次调研活动。先后组织课题组成员前往成都、重庆、厦门、泉州、福州等院（联），主要对课题研究、科研管理、学会管理、科普工作等内容进行相互交流学习，汲取经验。组织10余人次的学术交流活动。应邀参加在四川宜宾召开的以“适应新常态，推动社科工作繁荣发展”为主题的全国大中城市社科联第26次工作会议；赴南京参加以“繁荣发展哲学社会科学，推动社科知识宣传普及”为主题的2015年全国副省级城市社科联社科普及工作联席会议；赴广州参加全国城市社科院第25次院长联席会暨“一带一路”与新型城市智库建设论坛等。（李小青）

【党组织建设】 2015年，市社科院牢固树立“抓好党建是本职、不抓党建是失职、抓不好党建是不称职”的意识，坚持开展理论学习20余次，积极落实“三会一课”、组织生活会、党员领导干部专题民主生活会和党员组织生活会等制度；领导班子成员积极履行分管职责和一岗双责，认真发扬“马上就办”精神，开展主要以修身律己为内容的“道德讲堂”活动，深入到对口单位山大二院社区开展党员志愿服务活动，以传递正面声音开展网络文明传播活动；多次深入到扶贫点阳曲县东黄水镇洛阴村开展精准扶贫工作，为村“两委”征订《人民日报》《山西日报》《太原日报》，赠送6台台式电脑，与扶贫合作单位市文化局共同购买100把椅子、10顶帐篷、10张桌子等；参加全市“慈善一日捐”活动。（李小青）

【廉政建设】 2015年，市社科院落实党风廉政建设责任制。深入贯彻落实习近平总书记关于新形势下从严治党的新要求，按照中央和省、市委关于党风廉政建设的安排部署，严格遵守《中国共产党廉洁自律准则》《中国共产党纪律处分条例》，坚决把权力关进制度的笼子里，全面落实领导干部重大事项报告制度、廉政公示制度、“一岗双责”制度，大力推行公务接待制度、财务报销制度、三公经费及预算公开制度等，着力建设公开透明的权力约束机制，形成用制度规范从政行为，按制度办事，靠制度管人的有效机制，扎实推进党风廉政建设各项工作顺利开展。（李小青）

教　育

【概述】 2015年，太原市教育局深入贯彻党的十八大及十八届三中、四中、五中全会精神，深入学习习近平总书记系列重要讲话精神和以习近平同志为总书记的党中央领导集体崇尚实干、勇于担当、廉洁自律的优良作风，全面落实国家、省《教育规划纲要》和太原教育"十二五"规划，坚持以立德树人为根本任务，深化改革，促进均衡，全力规范，聚焦质量，维护公平，努力办好人民满意的教育。小店区、杏花岭区、尖草坪区、万柏林区、古交市顺利通过国家均衡县评估认定；全市19所公办省级示范高中学校计划招收定向生4944名，覆盖全市所有普通初中学校，向农村、薄弱初中学校倾斜，实际招收4913名，完成率达99.37%，7月30日，《山西日报》以"好政策怎样更加惠民"为题进行报道；16所农村幼儿园改造任务全部完工；义务教育阶段交流教师2066名，占符合交流条件教师总数（14018名）14.74%，交流校级干部81名，占符合交流条件的校级干部人数（374名）21.66%。各项指标均超额完成省考核要求。（黄　飞）

【"三严三实"专题教育】 2015年，太原市教育局制定"三严三实"专题教育实施方案，定期集中学习研讨，认真开展批评与自我批评；将直属学校、单位整合为4个片区，局党委班子成员分工负责，262名县级领导干部集中学习研讨交流，撰写文章1048篇。为直属学校党员干部购买理论学习书籍11464本。针对"三严三实"专题教育中不作为、慢作为现象，梳理10个方面问题，自我排查，及时修正，年底前全面整改到位。大力加强领导班子和领导干部政治纪律、组织纪律和廉政纪律建设，始终与党中央保持高度一致，始终做到政治信仰不变、政治立场不移、政治方向不偏。2015年，太原市教育局党委在市委组织的抓基层党建专项述职民主测评中获91.96分。

（黄　飞）

【教育重大民生项目】 启动新改扩建16所学校，总建筑面积67.72万平方米，已累计投资10.9亿元。至年底完工3所，开工建设13所；小学生放学后免费托管服务工作于3月份启动试点，投入1999万元，直接受益学校204所，受益家庭117158个；区属学校直饮水工程，涉及4个县区（小店区、尖草坪区、万柏林区、晋源区），投资1140万元，全部完成招投标；义务教育阶段学生投保综合保险工作，投入702.88万元，赔偿限额由每人每年累计最多32万元提高到60万元。基于"云"计算、覆盖所有学校的城域网提升改造工程完成，并投入试运行；名师公益网上视频答疑覆盖初中全部学科，得到了广大学生的认可。全市10县（市、区）学校"校校通""班班通"工程建设全部达100%，多媒体教室覆盖率达89.1%；生机比达13.2∶1，师机比达1.2∶1。圆满完成国家"两通"建设任务。（黄　飞）

【深化招考制度改革】 2015年，太原市教育局改革幼儿园入园办法：统一招生时间、统一招生办法、统一工作流程，坚持招生计划公开、招生办法公开、招生结果公开，全市29所公办幼儿园共招收101个班、2525名幼儿；改革小学入学办法：坚持免试就近入学，严格划分学区，认真登记信息，严格审查资格，完全公开信息。全市小学入学率达100%，就近入学率达95%以上；改革"小升初"办法：公办初中首次实行"多校划片"电脑派位入学，民办初中30%名额用来电脑派位。全市72.3%学生实现对口直升，95%以上学生实现就近入学；改革中考招生办法：所有公办高中停止招收择校生，中考统一网上报名、择优录取，录取率达96.15%，严格禁止"抢生源"。以上工作中，人大代表、政协委员、家长代表、新闻媒体积极参与监督，堵住了工作漏洞，维护了社会公平，受到了社会各界的一致好评。

（黄　飞）

【培育和践行社会主义核心价值观】 2015年，太原市教育局组织"五个一"系列活动，600余所学校参与，培养学生社会责任感、创新精神和实践能力；举办太原市第七届学生风采大赛，1000余名师生进入决赛，提升学生弘扬传统文化、关爱社会的意识。切实提高学校德育工作实效，建立德育“六化”校级协作机制，举办太原市德育“六化”工作成果博览，分享典型经验。积极建设太原市社会实践育人共同体，融合 20 个社会场所，协调各方力量，为学生创设更多的实践平台。举办家庭教育公益报告会 185 场，畅通家校联系，形成教育合力。 （黄 飞）

【管理体制改革】 深入开展督导工作。积极探索管办评分离机制，科学调整督学责任区，完成太原市第三届督学聘任，新聘市政府督学 110 名，首聘视导员 124 名，认真组织各类专项督导，全年责任督学随机督导 8 千余次，接受投诉举报电话 1200 余个，解决群众反映问题 310 个，该项机制成熟并有效运行。迎泽区成为全省唯一通过省级评估认定的责任督学挂牌督导创新县（市、区）。12 月 24 日，《山西日报》以“冷血检查热血服务”为题对太原市督学责任区工作进行报道。

（黄 飞）

【办学体制改革】 2015 年，太原市教育局积极深化教育体制改革，努力扩大优质教育资源。义务教育“联盟校”工作继续推进，全市城乡教育一体化工作深入开展。以杏花岭区为代表的义务教育办学体制改革取得新突破，新道街小学与国师街二小、后小河小学与西缉虎营小学、新建路小学与羊市街小学分别整合为大学区，带动薄弱学校，放大优质资源。

（黄 飞）

【课堂教学改革】 2015 年，太原市教育局提高课堂教学效率。近年来，太原市积极推进课堂教学改革，把课堂教学质量看成学校教育的生命线。11 月 23 日，山西省第三届小学课堂教学改革研讨会在太原市新西小学召开了现场会，来自全省 11 个地市的领导和校长共同探讨课堂教学改革。12 月 16 日，山西省第四届初中校长课堂教学改革研讨会在太原市第三十七中举行，来自全省的 200 余名初中校长集中研讨新课改模式。做好在初中学业水平考试中加试理化实验操作和信息技术的准备工作，培养学生动手和实践能力。7 月 25 日，《中国教育报》以“互联网 + 实验操作考试”为题报道了本市实验教学的新尝试。 （黄 飞）

【中高考】 2015 年，中考太原市总均分 467 分、及格率 64.77%、总均分 426 分以上学校占 58.38%，分别比 2014 年高 11 分、3.51%和 10.36%，600 分以上学生分布在 157 所学校，占全市初中学校 80%；全市高考一本达线率为 15.96%、二本以上达线率为 34.10%，理工类学校均分为 433 分、文史类学校均分为 373 分，全市二本 B 类以上达线人数（不含特长生）10678 人，占考生总人数 32.80%，比 2008 年提高一倍；清华、北大在全省录取 136 人，太原市考生被录取 66 人，占 48.53%，高考一本、二本达线率和录取率在全省继续名列前茅。 （黄 飞）

【阳光体育运动】 2015 年，太原市教育局切实关注学生健康成长：保障学校阳光体育一小时活动，全面实施国家体质健康标准。开展第五届音体美学科课堂教学质量测查工作，不断强化体育课教学质量；开展普通中小学体育教师教学基本功技能比赛，有力推动“一校一品”体育特色项目深入开展。阳光体育系列比赛历时 6 个月，累计 10 万人次参加；青少年校园足球蓬勃开展，全市 49 所中小学校被教育部命名为全国特色学校。此项工作，在教育部举办的全国青少年校园足球行政管理人员培训会上作经验介绍；10 月 29 日，《中国教育报》以“在孩子心中种下足球梦想”为题进行报道。在山西省第 20 届大中学生田径运动会上，太原市囊括男子团体总分、女子团体总分、团体总分第一名，打破 9 项纪录。在 2015 年山西省中学生篮球锦标赛上，太原市学校夺得男子高中组、初中组前三名和女子高中组第一名、第三名。

（黄 飞）

【艺术活动】 开展太原市第二十五届学校艺术教育活动月，10 万余名中小学生参与了校级、县（市、区）级和市级展演活动，9 个节目被选定参加全国文艺展演，占全省报送节目的二分之一。尊重引导学生个性发展，不断提升学生科学素养：35 支代表队赴北京参加第十届全国青少年未来工程师博览与竞赛，获得博览项目金奖 2 个、竞赛项目全国第一名 1 个、一等奖 12 个，其他奖项 30 个。

（黄 飞）

【学前教育】 全面完成公办幼儿园建设任务。2015 年度全市新改扩建公办幼儿园建设任务为 28 所。其中，新建 9 所、改扩建 19 所，总建筑面积 24961.9 平方米，投入资金 3806.68 万元。到年底，22 所幼儿园全面完工，6 所主体完工，新增

太原市第二十五届学校艺术教育活动

学位5040个。扩大早期教育试点工作成果，新增服务社区50个，新设早教指导中心35所，开办公益讲座400余场，使近万名家长受益；开展“给孩子的爱”学前教育宣传月活动，对星级幼儿园实施动态管理，严格按照“五公开”规范办园行为，对478所无证幼儿园进行集中整治，规范一批、整改一批、取缔一批；全年培训园长200人次，同时充分发挥公办园示范引领作用，积极组织89所优质幼儿园与178所薄弱园结对帮扶，协调4所直属园与新疆建设兵团2所幼儿园签订了对口援疆协议，为深化幼儿园改革趟出了新路子，有力促进了学前教育工作创新发展。2015年，太原市前三年毛入园率达95.14%。（黄　飞）

【小学特色学校建设】 通过制定小学特色学校建设标准、专家培训报告会、10县（市、区）近45所学校演讲展示、县（市、区）申报、专家进校认定，全市共确定首批“太原市特色小学示范校”54所、“太原市特色小学项目学校”7所，为推进全市小学特色化建设奠定了良好基础。

（黄　飞）

【高中办学条件标准化建设】 根据省教育厅要求，从2015年至2017年全面完成普通高中学校办学条件标准化建设工作；制定下发了《太原市普通高中学校办学条件标准化建设评估验收工作实施方案（试行）》和《太原市普通高中学校办学条件标准化建设评估验收规划》；2015年分别对25所普通高中学校进行评估验收，合格学校23所，合格率达92%。

（黄　飞）

【基础教育制度建设】 2015年，太原市教育局分别制定并出台《太原市特殊教育提升计划实施方案》《关于深化基础教育教学改革创新育人模式的指导意见》《关于深入推进基础教育课堂教学改革的意见》《关于推进初中学校小班化教学工作的指导意见》《太原市农村教学点工作方案》；通过组织工作汇报会、研讨交流、专项督察、工作调研等方式，加大各项制度的落实力度。（黄　飞）

【职业教育】 2015年，太原市教育局组织25所职业院校的2464名学生和121名教师参加了11个专业大类33个项目的竞赛活动。经过专业技能的比拼，共评选出优秀辅导教师216名、获奖选手998名，并为38名教师记二等功；组织太原市职业学校代表队参加2015年全国职业院校技能大赛，本市选手获一等奖1个、二等奖1个、三等奖6个。成功开展太原市首届职业教育活动周，全市31所职业院校以不同形式开展职业院校开放日、职业教育专题讲座、职业院校招生咨询、为民便民服务等各类主题活动，宣传职业教育，赢得百姓认可，取得显著效果。继续加强实训基地建设，不断改善职业院校办学条件，成功申报山西省中等职业学校重点专业、实训基地建设项目9个。太原幼儿师范学校新校建设和升格工作有序推进。（黄　飞）

【学习型城市建设】 举办太原市2015年全民终身学习活动周，组织各类学习活动11926项，294万市民参与。举办“学习大讲堂”345场，直接受益群众近7万人次；组织“天天课堂”48297场，“十分钟全民终身学习圈”基本形成。

（黄　飞）

【中考体育考试】 2015年，太原市教育局对44201名考生实行信息智能IC卡管理，组织考前适应性训练，为学校及考生制发宣传手册和《流程与规则》讲解光碟，并依托太原教育电视台加大宣传造势，确保公开、公正、公平。（黄　飞）

【音体美教育】 2015年，太原市教育局组织130所中小学校24007名学生对音体美学科课堂教学质量进行测评测查，举办有85所学校代表队429名体育教师参加的教学基本功技能大赛，集中418名音乐美术教师进行业务培训，选派28名体育教师赴北京师范大学等5所高等院校学习交流，培养395名软式棒垒球和跳绳教练员，提升“一校一品”体育特色教育教学水平。（黄　飞）

【青少年校园足球】 2015年，太原市教育局遴选4名足球教练赴法国培训，同时教育部还为太原市选聘了5名外籍教练，49所中小学校被教育部命名为“全国青少年校园足球特色学校”，《中国教育报》进行了报道，太原市在教育部举办的“全国青少年校园足球行政管理人员培训会”上作了经验介绍。派出16所学校147名运动员参加了“2015年全国青少年校园足球冠军杯赛”、“全国青少年校园足球夏令营”和“谁是球王”青少年校园足球比赛，取得了1个一等奖、5个二等奖、1个三等奖。太原市第四十八中学校代表队赢得了山西省青少年校园足球联赛暨山西省足球锦标赛高中组和初中组第二、三名佳绩。（黄　飞）

【校园卫生工作】 针对中小学生心理生理成长规律特点，开展了预防季节性事故、传染病和健康教育。组织了学生体质健康调研，上报率达100%，且市政府财政拨款200万元完成了义务教育阶段学生体检工作。对全市200余名校医及500多名校园卫生工作者进行了业务培训，卫生防控细致到位、成效明显，全年没有发生公共卫生突发事件。（黄　飞）

【校园安全】 2015年，太原市教育局全面推广使用学校安全教育平台管理系统，建立科学系统的安全教育教学课程体系和管理评价体系。与市红十字会联合在全市中小学、幼儿园开展了学校应急救护培训活动，积极落实安全演练常态化要求；组织全市中小学校首届“希望杯”学校安全教育示范课课件及优质课评选活动，加速推进安全教育课程化建设。对全市200余名校医及500多名校园卫生工作者进行了业务培训，全年未发生任何医疗事故。不间断开展学校安全检查工作，确保做到安全隐患排查全覆盖、无死角。全市学校全年共开展校

园周边环境集中或专项整治行动300余次，切实净化校园周边环境。（黄 飞）

【保障随迁子女受教育权利】 全市随迁子女入学实现与市民子女“同城待遇”，截至2015年9月，全市义务教育阶段进城务工人员随迁子女在校人数为94411名。2015年，全市普通高中招收随迁子女2270名，各特殊教育学校继续接收随迁子女中的残疾孩子入学。目前，全市接收随迁子女在校生10万余名，保障了进城务工人员子女接受教育的权利。

（黄 飞）

【实施特殊教育提升计划】 2015年，太原市教育局下发《太原市特殊教育提升计划实施方案》，出台《太原市强化残疾人职业技能培养工作方案》。小店区、清徐县新建的特教学校投入使用，全市特殊教育学校教职工特教津贴提高到位，特殊教育学校生均公用经费得到有效保障。

（黄 飞）

【各类教育资助政策落实】 认真落实各项资助政策，及时把党和政府的温暖送入贫困家庭。全年下达学前幼儿家庭经济困难学生资助资金1375万元，直接受益幼儿13750人；下达普通高中国家助学金3208.4万元，直接受益学生16042人；下达中等职业学校国家助学金1062.16万元，直接受助学生7081人；下达2015年普通高校国家资助经费3786.67万元，对就读于本市普通本科高校和高等职业学校中的优秀学生以及品学兼优的家庭经济困难学生进行资助；继续实施普通高校家庭经济困难新生入学资助项目，发放资助金31.65万元，资助家庭经济困难新生435人。此外，发放中央专项彩票公益金教育资助项目资金664.4万元，惠及师生1378人；下达2015年地方高校学生应征入伍服义务兵役国家资助资金164.604万元。

（黄 飞）

【均衡城乡教育发展】 一是促进资源配置均衡。按照太原教育“十二五”规划要求，积极推进全市公办义务教育学校标准化建设。截至2015年秋季，共评估验收公办中小学537所，合格学校517所，占96.3%，超额完成85%的目标任务。全面启动了全市民办义务教育学校标准化建设，当年评估验收学校30所，合格学校21所，合格率达70%。二期薄改工作扎实推进，古交市、清徐县工作任务基本完成，学校办学条件得到进一步改善。二是促进生源配置均衡。严格执行的小学对口就近入学、初中电脑随机派位、高中定向生名额分配、义务教育新生电脑统一分班等措施，有效缓解了“择校热”，彻底遏制了“择班热”，生源流动渐趋理性，生源配置渐趋均衡。三是促进软件配置均衡。完善名师工作站运行模式，将名师工作室建在薄弱学校，实现以强带弱、以点带面的辐射效果。2015年11月，在全国首届名师工作室建设博览会上以“释放名教师活力，助推薄弱校发展”为题进行了交流汇报。（黄 飞）

【整肃教育不良倾向】 认真落实党中央、中央纪委和省、市关于反腐倡廉工作的新部署、新要求，对违反中央八项规定和财经纪律、“四风”问题、学校违规办学、教师违规从教等行为严厉惩处，坚持标本兼治，坚决整肃不良倾向，立案查处12件，给予党政纪处分20人。其中，自办查处4件，给予党政纪处分9人，诫勉谈话12人，通报批评11人，书面检查9人，辞退1人，约谈10人。通过明察暗访，对参与校外培训机构有偿补课的3名教师，分别给予行政警告处分。以上举措，警醒了干部教师，净化了教育行风，形成了长效机制，在全市教育系统初步营造了弊革风清的良好环境。（黄 飞）

【提高干部教师素质】 2015年，太原市教育局持续开展全市中小学校长“思考与实践”主题交流活动，征集文章542篇。认真落实“国培计划”，9000余人次参加各类培训项目。开展第二届“成长杯”竞赛，563名选手进入决赛阶段。引入免费师范生99人，充实优秀教师队伍；为娄烦县、阳曲县招聘农村特岗教师49名，及时补充农村师资。严格执行国家、省市相关政策，全年辞退教师9人。组织太原市教师心理健康麦田项目暨心理健康教育教师执业能力培训班，有效提升专职心理教师、德育骨干教师和优秀班主任的专业技术水平。《中小学心理健康教育》以“专业引领人本管理规范实施”为题介绍了太原市的先进经验。

（黄 飞）

【老干部工作】 2015年，太原市教育局落实好老干部“两个待遇”。加强离退休人员政治理论学习和支部建设，在抗战70周年活动期间对抗战老战士、老干部进行慰问。为文华苑老干部支部增设活动场所。为9位特殊困难老干部申请到“太原市帮困解难专项救助资金”。为198名离休干部和487名县处级退休干部进行体检。开展聚集正能量“五个一”活动。开展书画、征文、党章知识竞赛，收集征文76篇，参加市老干部局书画展。评选出市直系统79位“健康老人”，并给予表彰。

（黄 飞）

·教育装备中心·

【概述】 2015年，太原市教育装备中心围绕市教育局工作重点，深入开展学习讨论落实活动，全面推进教育装备应用改革试点工作，重点做好全市中考理化生实验操作考试和教育技术装备信息化管理平台应用工作，不断推进教育技术装备管理向标准化、规范化、现代化迈进。

深入开展学习讨论落实活动。按照局党委深入开展学习讨论落实活动的安排，制订活动方案，组织党员干部认真学习贯彻落实党的十八大、十八届三中、四中、五中全会精神，学习习近平总书记系列讲话精神，廉政文化读本等内容，以思想上的提高带动工作的完成。通过开展群众路线整改落实“回头看”，反思剖析研判，专项治理等活动，以“规范从教行为、弘扬高尚师德”主题系列教育活动为载体，大力推进学习讨论的有效落实。强化党组织建设，如期完成党支部换届工作。认真落实教育局关于落实党风廉政建设党委主体责任和纪委监督责任的实施意见，加强反腐倡廉建设，落实党风廉政责任制，全力推进惩防体系建设。加强创建精神文明和谐单位标兵的组织领导，制定创建方案，采取有效措施，保持市级文明标兵单位荣誉。

广泛开展“我们的节日”主题活动，大力弘扬优秀传统文化，进一步激发干部职工参与传统节庆活动的积极性和主动性，增强优秀传统文化的吸引力和感染力。（温俊丽）

【领会教育发展新理念　开拓实验考核评价】 2015年，太原市教育装备中心直面实验教学发展困境，聚焦实验考核评价难题，着眼于破解实验评价、实验考核难题。努力利用互联网新理念、新技术破解难题，推动实验教学整体的改革与发展。太原市2015年中考理化实验操作考试于5月21日至31日举行。全市44202名初中毕业生参加考试。为使中考实验操作考试公平公正，率先在全国创新使用互联网+实验操作评价系统。

整套系统由实验操作考试城域管理中心、考场设备组成。通过实验操作评估系统，考试前电脑随机抽签确定考生的场次及考题号。同时实现实验操作过程的实时监控、记录和上传；学生答卷的网络批阅和批阅过程的监管、记录；实验试题的编制、导入和存储等功能；能将实验过程再现，提高实验考评的效率和公平性。监考教师一对二进行监考，监考评分教师根据学生实际操作进行打分，即时提交。做到阳光操作，确保考试成绩真实有效。

初步形成对实验教学区域发展的“太原模式”的基本认识：即努力提高学生的实践能力和创新能力，以实验教学评价改革为抓手，提升、稳固实验操作考试的地位，通过互联网与实验考试相融合提升考试的科学性、规范性和公平性，以此带动实验装备、实验教学管理、实验教学实施、实验教学研究等实验教学多个领域的发展，进而实现实验教学事业的整体发展。（温俊丽）

【加强教育装备建设与管理】 2015年，太原市教育装备中心完善太原市教育技术装备应用平台，提升教育装备信息化管理建设。实现涵盖整个基础教育装备的教学仪器、设备、易耗品等日常管理；理、化、生及科学等实验教学的过程管理；理、化、生、科学实验室及音、体、美、劳等专用教室的使用管理；学校，各级教育部门装备所需的统计报表等功能的管理平台正式上线，进行大规模人员培训，分别对学校校长、专管员、各学科老师等进行一级培训约5000余人。（温俊丽）

2015年太原市理化实验操作考试

【承办教育部、省教育厅安排大型活动】 “教育部—中国移动多媒体教学应用展示交流活动”在山西太原成功举行。2015年4月，由教育部和中国移动主办，太原市教育装备中心和太原市三桥街小学共同承办了本次活动，来自中西部西藏、宁夏、新疆等12个省、自治区、直辖市的100多位一线教师和专家参与交流和研讨。会上12位教师以说课的形式展示了自己在教学过程中积累的多媒体应用教学成果；华南师大博士生导师，教育技术研究所副所长柯清作了题为《超重构与超越——应用互联网思维改造教育》的专题报告；全国中小学互动课堂教学实践观摩活动评审专家委员会副主任专家容梅围绕《课堂的重构与超越交互式电子白板的教学应用》的报告开拓了老师们的思维，丰富了老师们的视野。

教育部装备研究与发展中心组织的全国学校后勤装备工作研讨会在太原市召开。2015年10月，来自全国30个省份80多名负责学校后勤装备的领导参加。协助省教育技术装备中心安排会议的地点、参观的学校。与会领导参观了十二中的食堂、宿舍、体育馆、图书馆、其他功能教室，对十二中规范的后勤管理给予肯定。强化后勤装备的精细化管理，不断提高服务质量，使后勤装备工作由粗放式管理逐步走上专业化、集约化、规范化、标准化、高效化的道路。

全国“基于创新环境下的数学实验教学研究2015论坛”会在太原举行。2015年12月11—13日来自东北华北广州等地区的300多名教师、专家、教育部的领导齐聚太原进山中学。教师们应用手持技术进行数学实验教学说课，中国数学协会的理事长章建跃博士大会上做精彩点评。

围绕“一考两开三靠近”教育装备应用改革试点工作，开展几项大的活动。组织太原市第二届三维创意设计大赛。3月在太原十二中举行太原市第二届三维创意设计实践活动，有30所中小学的50个队参与创新设计活动，27件作品获一等奖、2件作品获二等奖，其中的五件作品参加全国的科技创新比赛。组织读书征文活动。4.23开展了以“书香伴我行，争当阅读之星”为主题的读书征文活动，上交征文1554篇。实验教师、图书管理员教研活动。今年的实验教师教研活动主要是对现行初高中理科实验的操作进行演示和交流，并请专家进行了针对性的指导与点评。全年理化生教研活动各10次，图书教研活动10次，教研活动组织有序，效果良好。组织中小学教学能手(实验教学)评选活动。全市57名中小学实验教师参加此次评选，最终评选出太原市实验教学能手27名。从中选出11名能手代表太原市参加省级比赛，8人获得山西省教学能手（实验教学)称号。开展太原市第三届理化生实验技能大赛活动。为提升理化生教师实验教学素养，提高实验教学质量，举办太原市第三届理化生教师实验教学基本技能竞赛活动。 （温俊丽）

慈善职业技术培训中心

【概述】 2015年，太原市慈善职业技术培训中心贯彻党的十八大及十八届三中、四中全会精神，按照市委十届六次全会以及全市经济工作会议部署要求，围绕“六个表率”要求，拓展培训业务，开展“三严三实”专题教育，完善提升服务型党组织，持之以恒强化作风建设，市慈善培训中心按照主要职责要求，借鉴相关城市经验，多方合作，解决培训场所和经费困难，努力开展培训工作，先后与几家国有股份制企业合作开展了短期定向岗前培训，中心有办公室，财务处，培训处，教研室，人事处，后勤处6个职能处室，职工44人。在市委组织部、市直工委的大力支持下，2015年完成支部换届，有支部委员5名，中共正式党员18名，预备党员3名。 （原 阳）

【扩展书法业务培训】 2015年，太原市慈善职业技术培训中心为更好发挥利用闲置的教学资源，联系合作机构，建立书法培训基地，聘请了中国书法家协会会员，山西省书法教育专业委员会副秘书长朱世杰任书法培训中心主任，在连续两年的平稳发展中，具备一定规模，在业界极具口碑。在原有基础上扩展到六个校区，设中小学生初级、中级班20个，高考冲刺班2个，成人班7个，书法专职教师10人，兼职教师8人，教辅人员3人，是太原市首家被授予“山西省书法教育示范基地”专业培训机构。高考班采取小班教学模式，并采取多项措施力推后勤基础设施配套完善，做好住宿、就餐、保洁等后勤服务保障，寓管理于各项服务之中，后勤精细化管理和人性化服务，受到全体师生与学生家长一致好评。自高考班开班以来，有170人以专业或特长考入中央美院、浙江大学、西安交大、北京师大、兰亭书法学院等名校，近年来在山西省书法统考中专业通过率100%，升学率80%以上，在社会上以“教学严谨、管理严格、成绩显著”著称。

中心为鼓励优秀书法学员和教师，设立“漱石奖学金”。其奖励对象为2016届在培训中心的高考冲刺班学员及书法专业教师，奖励条件为：通过全程高考冲刺专业训练，考入高等院校书法专业，学习期间品学兼优者，教学成绩显著的书法教师，在全国或者省级专业展赛中成绩优异者。在山西省教育学会书法教育专业委员会举办的2015年书法教育高层论坛暨年会中，朱世杰老师当选为山西省教育学会书法教育专业委员会副会长，并获“山西书法教育领军人物”称号；谢美娜老师当选为山西省教育学会书法教育专业委员会理事；有10名教师获“山西省书法教育名师”称号；有6人论文获优秀论文奖；有8人作品获优秀作品奖。在太原市25届学校艺术活动月中，获一等奖14人、二等奖32人、三等奖41人、优秀奖39人。

中心为了培养书法班师生的艺术鉴赏力，提升整体学员的艺术素养，邀请中国音乐协会会员、国家一级作曲家、山西省艺术研究创作中心主任岳晓勇作了一堂题为“感受音乐魅力，提升艺术素养”的艺术主题讲座，向培训中心师生讲述了他对音乐与书法间互通之处的理解，从而激发他们对书法学习的动力。中心与世杰书法教育培训中心、怀冰艺术社共同在省美术馆举办了2015成人书法教学作品展。省人大、省文联、省市书协相关领导和三晋出版社社长、人民出版社总编等20余位嘉宾，以及各界书法爱好者共800余人参加了开幕式，对成人教学作品展给予了好评，并对今后的发展方向提出了宝贵建议。 （原 阳）

【专题教育】 2015年，太原市慈善职业技术培训中心根据单位现有县处级领导干部1人的实际情况，分层次推进落实专题教育活动，党支部委员共同参与进行专题学习研讨，针对全体党员组织加强党员党性和道德的教育与实践。利用集中学习日，中心主任组织大家学习、讲党课，发挥带学促学作用，组织专题辅导2次，亲自讲党课6次，支部委员及中层干部集中学习12次，专题研讨3次。按时召开专题组织生活会。同时，将“三严三实”专题教育与日常工作结合起来，发扬务实精神，推进各项工作顺利完成。

（原 阳）

【持续深化学习型党组织建设】 中心围绕“五学六提升”为主题制订学习计划，对中层干部、党员和其他职工学习进行分层次管理；坚持读原著、学原文的学习原则，为职工统一购置学习资料，做到人手一份；采取了多种学习形式，深化学习内容，要求每篇学习笔记中要有自己的心得体会；每月亲自讲党课至少1次，并对全体干部职工的学习笔记亲自点评批阅，摆出新问题，提出新要求，促进学习质量进一步提高。此外，全力支持干部职工参加市委组织部、市委党校“第一期青年干部培训班”“财务人员素质提升班”“档案管理”等业务培训；鼓励职工参加各种学历教育，提高自身文化素质，读研5人，进修大专学历1人，完成专升本5人。报考经济师中级专业技术资格8人。（原　阳）

【“基础组织规范化建设年”活动】　中心强化支部班子建设，实行周例会制度，定期研究党建工作暴露出的问题和矛盾。顺利完成党支部换届工作，有支部委员5名。调整划分2个党小组，建立小组微信群。健全工作制度，落实“三会一课”。扎实开展“联述联评联考”工作，坚持和完善民主评议党员制度，加大对党员的监督管理力度。保证党费足额收缴，坚持做好经常性组织关怀，营造党内温馨关爱氛围。加强工青妇群团组织的组建工作，为机关党建工作形成合力。

（原　阳）

【服务型党组织建设】　2015年，太原市慈善职业技术培训中心以“在职党员进社区服务”活动为着力点，借势借力，强化党员队伍责任意识和服务意识。有13名党员分别到7个社区报到，先后参加所在社区组织的清理脏乱差小区卫生、为社区居民发放安全宣传手册、对社区内贫困家庭进行走访帮扶、为所在小区义务修剪树木等活动。此外，中心与文华苑社区建立共建关系，利用春节、七一、重阳节等节日开展帮扶慰问活动，参加人数60余人次，慰问金额3000余元。

（原　阳）

党员进社区开展帮扶慰问活动

【教育引导】　中心重点对党员及入党积极分子进行党的基础知识专题教育；通过“共产党员”微信平台，以党性教育为重点开展党员教育，组织30名党员及入党申请人进行关注订阅；组织党员对单位公共场所等多处卫生死角不定期进行清理；组织中层干部、党员及入党积极分子开展“迎七一”“纪念抗战胜利70周年”等主题党日活动。贯彻落实《中国共产党发展党员工作细则》，认真组织对入党积极分子的培养教育，新接收预备党员3名，有入党申请人15名，其中，培养积极分子2名，培养发展对象3名。

（原　阳）

【作风建设】　中心贯彻落实中央“八项规定”不走样，严格执行省纪委“五个不准”、市纪委“八条禁令”。开展“廉洁自律、拒收节礼”承诺实践活动，坚持不懈反对“四风”，坚决杜绝“节日腐败”。严格财务管理，按照标准规范公务接待、公务用车，严格控制三公经费使用，把党风廉政建设和反腐败工作落到实处。通过观看《感动中国年度人物颁奖典礼》《开讲啦》等专题影像资料，经常性开展警示教育、遵纪守法教育、社会主义核心价值观教育等活动，学习“焦裕禄”“兰辉”“高文斌”等践行党的群众路线的优秀干部、道德模范事迹报告，弘扬正气。（原　阳）

【社会志愿服务活动】　2015年，中心成立“学雷锋志愿服务队”，在“我为群众送温暖，平安欢乐过大年”第52个学雷锋活动月期间，中心与文华苑社区结对子开展走访慰问困难家庭5户。在灵星社区开展关爱特殊儿童志愿活动，先后多次为自闭症孩子们捐赠乒乓球台、球拍等体育活动器材，为教师们捐赠羽绒棉服，同孩子一起上课、做操、做游戏。职工义务献血14人次。（原　阳）

【扶贫助学结对子】　2015年，太原市慈善职业技术培训中心与阳曲县泥屯镇南路村10名贫困学子结对子进行帮扶助学，在寒暑假开学前开展帮扶活动。41名职工每人捐款300元，共计金额12300元，为帮扶学生尽微薄之力。访贫活动中，了解学生们近期学习生活情况和存在的困难，使帮扶工作真正落到实处。中心联系合作机构，建立书法培训基地，为3名贫困学生捐助学费6000元。

（原　阳）

【开展双拥活动】　2015年，太原市慈善职业技术培训中心组织相关人员前往阳曲县南路村，看望居住在那里的3位伤残军人及烈士家属，送去慰问品和祝福，尽自己所能向他们伸出援手。认真做好军转人员接收工作，接收军转人员2人，并据本人实际对其工作岗位做了妥善安置，鼓励他们爱岗成材。在“八一”建军节前夕召开座谈会，送去节日慰问，期待他们继承和发扬部队的优良传统和作风，今后在各自的岗位上，再立新功。开展国防、爱国主义教育，组织观看《百团大战》《邓小平登黄山》等影片，组织团员开展清明爱国主义教育活动——参观“天下第一碉”爱国主义教育基地。（原　阳）

【树立良好道德风尚】　中心在办公、培训等公共区域设置遵德守礼提示牌，营造崇尚道德、践行文明的良好氛围；开展文明餐桌行动，在职工和学员中宣传、培养节约粮食、尊重劳动的良好习惯；倡导绿色出行，将公务用车进行合并使用；发扬艰苦奋斗精神，日常办公严格控制支出，公务接待严格执行规定标准；抓好网络文明传播志愿者队伍建设。选调3名同志成立“网络文明传播服务小组”，通过论坛、博客、播客、QQ、微博等在太原市文明网微信平台，做好传播文明、引领风尚的传播者，创建中心网站，发挥传播文明的平台作用。（原 阳）

【文体活动】 2015年，太原市慈善职业技术培训中心参加市直机关全民健步行活动；为纪念中国人民抗日战争胜利暨世界反法西斯战争胜利70周年，组织收看9.3阅兵、开展国防教育及“勿忘国耻、圆梦中华”职工硬笔书法展等主题系列活动；举办职工运动会，在爬山、乒乓球、跳绳、踢毽子、跳棋等比赛项目中，增进职工之间交流和友谊，激发工作热情。通过组织书法培训班学员写春联、清明节开展宣传文明祭祀、护林防火活动，七夕节组织职工座谈会，重阳节到帮扶结对子点南路村探访空巢老人等，将“我们的节日”主题文化活动引深。（原 阳）

【召开会员大会】 中心召开工会会员大会，工会主席何中同志主持会议，李越主任及中心全体会员参加会议。中心工会积极协助开展扶贫帮困、捐款等集体活动，组织职工踊跃报名市直工委组织的踢毽子跳绳比赛、并组织职工开展一系列健康向上的文体等活动，通过一系列活动开展，不仅活跃职工文化生活，同时把思想教育的内容渗透、融化在活动之中，使职工受到感染、熏陶和教育，起到“润物细无声”的效果。（原 阳）

【课题研究成果】 2015年，中心围绕党建工作，深入调查研究，积极探索新形势下机关党建工作方法与途径，精心撰写课题报告——《关于健全党员教育工作的调研报告》，获2015年度机关党建重点课题研究成果优秀奖，并受到表彰。中心被市委市政府评为2015年度市级双拥先进单位。（原 阳）

·太原市财贸学校·

【概述】 太原市财贸学校创建于1956年，1981年改为太原市财贸学校，1999年评为省部级重点中专学校，2004年确定为国家级重点中专学校，山西省五星级管理中等职业学校，是太原市第一批财经类国家级重点中专学校。

2015年，学校有教职工111名，专任教师93名，全部本科以上学历。有48个教学班，在校生1757人。开设会计、计算机应用、会计电算化、电子商务、计算机与数码产品维修、工艺美术、美术设计、市场营销、计算机网络等专业，其中会计专业、计算机及应用、美术设计专业分别于2005年、2007年、2012年被省教育厅批准为省级示范专业和市级重点专业。

全校教职员工秉承“崇德志学，精技立业”教育理念，辛勤耕耘，精心育人，为社会和企业输送数以万计高素质劳动者和技能人才，受到社会和用人单位赞誉，多年来毕业生就业率一直稳定在95%以上。

学校坚持创品牌学校、办精品专业、育技能人才的发展之路。立足区域经济的发展，培养高素质的应用型人才。近几年来，学校强内涵、抓改革、提品位、促发展，各方面工作都取得了显著的成绩。学校先后获得全国职业院校技能大赛“企业网搭建及应用”“网络布线”“智能家居”项目三等奖、全国志愿服务项目大赛金奖、全国职业院校技能大赛成绩突出学校、中国青年志愿者优秀组织奖、山西省文化博览会特殊贡献奖、山西省职业院校技能大赛优秀组织奖、太原市“三育人”先进单位、太原市“平安校园”、太原市“五四”红旗团委、太原市文明单位、太原市双拥先进单位、太原市职业院校教学质量综合奖、太原市职业院校招生工作突出学校等多项荣誉。

（王雅琴 王增艳）

【实行目标责任制，实现管理精细化】 2015年，太原市财贸学校引进目标管理机制，在学校年度工作任务确立之后，管理队伍团结协作，求真务实。

学校领导班子结构合理，能够全面贯彻党的方针政策，端正办学指导思想，工作有计划、有创新，决策能力强，年龄和学历结构合理；管理上能坚持民主管理，充分调动教职工积极性；中层管理队伍结构合理，人员精干，具有较强的开拓进取精神。管理体制务实创新，管理制度科学规范，实现信息化管理。学校实行全员聘用制，加强岗位考核和人事改革，科学设置机构和岗位。建立并实施了《目标岗位责任制》制度，完善《岗位考核实施细则》，对具体岗位按工作职责进行量化，坚持绩效考核。学校为规范教育教学各项管理行为，提高教学质量，培养德才兼备的人才，强化制度抓管理，出台了一系列健全、规范、时效性强的规章制度，确保学校各项工作科学、有序、高效开展。（王雅琴 王增艳）

【加强实训室建设】 2015年，太原市财贸学校加强校内实训室建设，为技能培养提供良好的实训条件。2015年在政府支持下，出资300万元建设了“美术设计与制作实训基地”，包括“艺术（广告）制作实训室”“摄影实训室”“画室”“计算机组装与维护实训室”；投入260万建立了“计算机应用专业实训基地”，包括“计算机主板检测与维修实训室”“硬盘维修与数据恢复实训室”，扩充更新了“计算机网络应用实训室”等；投资81万建设了电子商务基础工作室、摄影与美工工作室。这些实训室条件可满足对应专业所有课程理实一体教学环境，并能满足人才培养基本要求。实训室建设按照实际生产工作环境建设，除能够满足正常实训教学外，在企业技术人员的指导下还可以承接一些相关业务，在保障实训室充分利用的同时，能够让学生接触到实际工作环境,积累一定的工作经验。学校还投入100万元,用于会计实训室的建设,新建立了会计虚拟税收实训室,引进价值30万元的新道沙盘系统,完善ERP企业经营沙盘模拟实训室,引进杭州贝腾市场营销电子模拟综合实训软件,强化了综合实训教学环节。

为进一步保障实践教学的质量,校企合作在原有招生就业校企合作的基础上,着手与“神州数码科技有限公司”“上海企想信息技术有限公司”“北京中盈创信科技有限公司”“山西承方印刷物资有限公司”“太原富多彩科技有限公司”“中华网校”“畅捷通”等企业就人才培养技术人员的教学内容、教学方法、师资队伍建设等相关问题进行了深入交流,并初步与企业达成联合培养意向,就学生实习实训、就业推荐等多方面予以合作。 (王雅琴 王增艳)

【加强课程体系建设】 为适应市场需求,2015年太原市财贸学校新增电子商务专业,拓展计算机网络应用的培养方向,严格按照教育部发布的《专业标准》安排课程,并根据学生选择确定培养方向。专业课程针对职业岗位具体要求和职业资格标准,针对职业资格认证内容体系,设置课程体系与优质核心课程,优化教学资源,使得教学资源可以满足课程体系要求。信计系引进“北京中盈创信科技有限公司”自主开发的《计算机主板维修课程实践》《硬盘维修与数据恢复课程实践》两门课程及其编写的实训教材。借助重点专业建设工作,预按照专业课程设置完成9门课程以上课程建设,2门核心课程精品课程建设,将《计算机主板维修课程实践》《硬盘维修与数据恢复课程实践》两门核心课打造成优质的“富媒体”课程。改革教学模式和评价模式,使得教学形式更加多样生动,评价更加立体多元。以人才培养目标为依据,出台并试行《太原市财贸学校学分制管理办法》,从学生品行、学业和技能三方面进行综合评定,收到良好效果。

(王雅琴 王增艳)

【注重技能培养】 2015年,太原市财贸学校保持优良传统,突出技能培养,彰显职业教育特色。基于专业系部工作机制的建立,制定了校内技能竞赛的方案,于11月中旬拉开帷幕,完成2013、2014级学生的校内技能鉴定考试。在全校师生的共同努力下,学校圆满完成了省市企业网搭建、会计(电算化、手工记账)、沙盘模拟企业经营、智能家居及市场营销技能大赛的组织工作。各级赛事,成绩优异。国赛、省赛、市赛佳绩频传。“CAD”“网络搭建及应用”“职业英语”“智能家居”“沙盘模拟企业经营”五个项目代表山西省参加了2015年全国职业院校技能大赛。其中“沙盘模拟企业经营”“智能家居”两个项目获三等奖。

在2015年山西省第九届职业院校技能大赛中,学校学生和教师参加了会计、计算机、市场营销、电子商务、英语等14个项目的竞赛,在辅导教师和参赛选手的努力下取得了优异的成绩,共获得一等奖11个、二等奖8个、三等奖11个。派出30名学生参加了“文明风采”大赛征文类项目、展示类项目、“职业生涯规划”设计项目的比赛。在辅导教师和参赛选手的努力下均取得了优异的成绩,共获得一等奖12个、二等奖8个、三等奖7个。等级奖获奖率达80%。

在2015年度太原市中等职业院校技能大赛活动中,共派出236名学生和8名教师参加了会计手工、会计电算化、市场营销等16个项目的竞赛,在辅导教师和参赛选手的努力下取得了优异的成绩,共获得一等奖10个、二等奖24个、三等奖35个、优秀奖3个。

(王雅琴 王增艳)

山西省第九届职业院校“山西九鼎方正杯”会计电算化翻打传票项目赛场

·太原城市职业技术学院·

【概述】 2015年是深化党的群众路线教育实践活动,落实全面从严治党要求重要之年,是全面推进学院整体改革关键之年,也是全面完成“十二五”规划收官之年。在市委、市政府领导下,太原城市职业技术学院深入开展“学习讨论落实”活动和“三严三实”专题教育,深度推进学术机构、绩效工资、内部管理和教学科研等方面改革,积极探索和创新联系服务师生内涵方法,经过全院教职工一年的拼搏努力,学院人才培养水平显著提升,文明和谐建设成效彰显,从严治党新常态逐步建立,各项工作全面推进。学院学报被评为中国高职高专院校学报类核心期刊(A)类。学院被太原市公安局、省城社会管理综合治理委员会评为年度省城“平安标兵单位”。太原市委书记吴政隆、山西省人大常委会副主任周然等

领导先后莅临学院调研指导，对学院工作给予充分肯定。 （牛燕云 田 宁）

【学习讨论落实活动和“三严三实”专题教育】 通过班子成员集中学习、专题讨论、集中授课、观看影片、实地参观等方式，运用山西干部在线、校园网等学习平台，认真学习了党的十八届三中、四中、五中全会精神和中纪委十八届三次、四次、五次全会精神，全年中心组理论学习20次；开设“道德讲堂”8次；班子成员集中学习10天，每人撰写读书笔记5万余字；中层干部每人撰写读书笔记3万余字；赴西山廉政园等地参观学习3次；组织观看王儒林书记“三严三实”专题党课1次；院长讲授党课2次；各党支部书记作专题党课5次；组织中层以上干部进行了4次专题交流研讨，撰写了交流发言材料164篇；观看《百团大战》《南平红荔》等教育影片6场。通过学习，党员干部政治理论素养得到了提高，为转变作风、推动发展奠定了理论基础。

认真开展“学习讨论落实”活动。根据省、市委的要求，主动与市委第十督导组沟通，制定了《深入开展学习讨论落实活动实施方案》，成立了由院长杨志家为组长的领导小组，对“四风”问题整改落实的进展、效果以及存在问题进行了“回头看”。制定了十项讨论提纲，对容易滋生腐败的重点部门、环节进行剖析，党委班子成员共集中讨论3次，17个党支部先后讨论了34次，查找出学院存在的突出问题19条。召开了专题分析研判会，并通过专题通报会，接受师生员工监督。

扎实开展“三严三实”专题教育。5月28日，党委副书记、院长杨志家为全院党员干部讲授专题党课，启动了学院“三严三实”专题教育。召开了多次专题会议，成立了活动领导小组，周密部署活动开展；针对党委班子和班子个人存在的不严不实问题，广泛征求了党员、群众、离退休教职工和学生的意见和建议。召开了各类座谈会30余次，以支部为单位下发了征求意见表350份。班子成员针对征求到的意见建议，认真总结归纳，形成了党委班子及班子个人“不严不实”问题清单，并对照清单，本着统一思想、凝聚共识、促进工作的目的，召开了高质量的专题民主生活会，对班子成员提出了明确要求。通过专题教育，学院中层以上干部特别是班子成员在思想认识上进一步提高，党的纪律和规矩意识进一步强化，工作作风明显转变，工作质量明显提升，构建了崇洁尚廉、风清气正的校园政治生态环境。 （牛燕云 田 宁）

【推进依法治校】 严格落实党委领导下的校长负责制，根据省教育厅要求，重新修订学院《章程》，并申报核准。完善科学的工作和决策机制，定期召开党委会和院长办公会，围绕“三重一大”事项集体决策。召开教职工二届三次、四次代表大会，对学院年度工作、财务情况以及绩效工资等重大事项进行表决通过。召开学院团员代表大会和第六次学生代表大会，努力畅通师生参与学院办学渠道，维护师生基本权利。

严守“八项规定”，落实主体责任。严格按照“八项规定”办事，明确班子成员始终是作风建设的责任主体。2015年公车运行维护费、公务接待费和发文数量比2014年分别减少18%、34%、14%。大力整治吃空饷人员，辞退、解聘吃空饷人员8人，先期追缴吃空饷资金10万余元。班子成员办公室面积均小于20平方米，全年无出国（境）人员，无持有会员卡和出入私人会所等情况。

着力发挥党委主体责任，坚持“一岗双责”，把党风廉政建设工作与教育教学一同谋划。层层签订了廉政建设“一岗双责”承诺书，认真贯彻落实了“六权治本”要求，制定了党风廉政责任制党委主体责任清单和纪委监督责任清单，出台了《违反党风廉政建设责任制责任追究暂行办法》以及《预防领导干部职务犯罪工作方案》。重新修订了基建、采购、科研、招生就业、财务等方面的制度，通过剖析典型案例、举办廉政书画展等方式把党风廉政教育常态化。一年来未出现违法问题。 （牛燕云 田 宁）

【推进整体改革】 优化管理体系，提升科学管理水平。成立了学术委员会，制定了学术委员会章程及学院科研、课程立项奖励的相关运行文件，评审通过院级优质课程30门。调整内设机构，增设了教学质量监控办公室、思政部，“双创”工作机构。全面规范细化内部管理环节，完成了定岗定编与岗位聘用工作，依据岗位职责制定了服务师生工作流程。

构建校企育人模式，提升创新型人才培养水平。重新修订了《学院校企合作管理办法》《学院校企合作实施细则》，为校企合作全面开展奠定了坚实基础。新增5家校企合作签约单位，全院已有42家合作单位。探索校企合作新路径，与太原轨道交通总公司建立了全面“订单式”培养合作关系，山西戎子酒庄电子商务部进驻学院，实现了从“订单培养”到“教学工厂”的新模式。探索提升大学生创新创业能力培养模式，成立了创新创业领导组，出台了《深化创新创业教育改革实施方案》，从创业教材编制、师资培养、筹建创课空间等方面着手，为学生创业提供必要的师资、场地及资金支持。举办了第四届“三创”大赛，提升了学生的创业能力。

实施校园建设规划，突破人才培养瓶颈。本着彻底解决制约教学发展的实训场地问题，提升职业教育环境，改善师生工作学习生活条件的目的，制定了《学院校园建设总体规划》，对学院建筑布局做了科学规划，为学院中长期发展奠定了坚实基础。规划中建筑面积近3万平方米的实训楼工程列入市教育局2016年首批建设项目。

提升教师队伍整体素质，提供人才培养保证。对34名青年教师进行了教学能力培训。将17名新进青年教师派到专业实训室实习一年。选派优秀青年教师参加全省高职院校青年教师教学基本功竞赛，强化专业教师双师素质培养，全年

举办青年教师赛讲比赛,提高教师职业能力

共派出55人次专业教师外出学习、考察、参加学术会议,13名教师参加了国培项目,90%以上的专业教师完成了继续教育任务。将基础部教师划归各系,增强基础课教师服务专业能力素养。学院取得高校讲师评聘资格,2015年评定教授1人,副教授1人,学院有高级职称教师65名,其中教授6名。校内科研项目立项4门,专著1部,科研专利1项,教材5部,论文34篇。(牛燕云　田　宁)

【招生就业创新高】 太原城市职业技术学院多年来整体实现"进口旺,出口畅"良好态势,在2015年全国高职院校生源整体紧张情况下,学院招生工作逆势上扬,连续八年完成招生计划。2015年,高职高专录取人数1958名,报到人数1804人,报到率为92.13%,学生录取率和录取分数均有提高,整体招生情况位居全省同类院校前列。

经委托权威机构麦可斯公司调查,2015届毕业生3个月后的就业率为83.82%。其中,就业对口率达66%以上,用人单位对学院毕业生满意度为97%,均高于全国高职院校平均水平。

拓展企业培训领域,增强服务社会能力。电子商务专业与省扶贫办合作,为全省培训电商人员1200名;与美特好集团合作,培训员工160余人;与商务厅合作,为静乐县对口培训电商人员43名;与顺风快递公司合作,定期对新员工进行培训。酒店管理专业为山西煤乡酒店培训员工40余人。成人教育部3年来为山西省建筑行业和太原市建筑企业培训三类人员近万人。2015年共计完成省建设厅委托培训14期、3000余人次。全年承接社会各类考试8次。

(牛燕云　田　宁)

【提高服务管理学生水平】 2015年,太原城市职业技术学院坚持班会制度,把核心价值观教育、心理咨询教育、就业创业教育、安全法制教育、规章制度教育等内容渗透到了班会当中。做好了学生晨练、晨读、上课和晚自习等各环节的组织管理,做到每日有检查、每周有通报、每月汇总上课出勤情况,并将日常考核与评奖评优和系部工作实绩挂钩,促进了系部和班级管理。组织了学生管理人员及辅导员培训。引入山东明德物业管理集团,提升了公寓服务和管理的水平。评选出院级先进班集体15个,优秀班主任15名,优秀学生干部143名,三好学生205名,优秀心理健康信息员18名。

推进大学生思想政治工作。成立了思想政治理论教学部,大力提升思政课教师能力,强化了大学生思想政治教育工作。通过主题班会和黑板报等形式,开展了"12.4全国法制宣传日宣传教育活动、"安全教育""考风考纪教育"和廉政文化进校园等活动;连续10年举办了"5.25"心理健康教育宣传月活动,开展了心理情景剧大赛、《我们是一家人》DV大赛、"打开心窗　我心飞扬"心理健康知识竞赛、心理电影赏析等多项活动。将社会主义核心价值观、廉洁教育、思想道德教育和素质教育紧密结合,使诚信守法、正直自律等良好道德意识根植于学生头脑之中。

创建富有特色校园文化。大力开展学生职业技能竞赛活动,2015年,学生在国家与省级各类技能大赛中获奖12项,学院荣获1个一等奖、3个二等奖、8个三等奖。开展了暑期社会实践活动,各系部、13个学生社团开展丰富多彩的系列活动。如:艺术设计系、信息系组织端午粽飘香趣味运动会、歌手大赛等;工程经济系组织毽绳、拔河比赛;财会系组织广播体操比赛、素质拓展活动、辩论赛、唱响团歌等活动。开展了学院职工"韩潮峰书画展";组织学院合唱团参加了太原市教科文卫体系统职工小合唱比赛,并获得了三等奖。　(牛燕云　田　宁)

·万柏林实验中学校·

【概述】 万柏林区实验中学位于万柏林区上庄街56号,1959年建校,1986年改建,2008年扩建,2015年有教学班28人,教职工129人,学生1429名,教学设备齐全,124名专任教师中有11名研究生、101名本科、12名大专教师。校区占地面积57942平方米,生均占地面积达40.54平方米;建筑面积20438平方米,生均建筑面积达14.3平方米。另外校园内有塑胶操场,有足球、篮球、排球、羽毛球等活动场地,有新建的小公园面积达4657平方米,新旧校园绿化面积12717平方米,形成一个风景优美、环境幽雅,绿树成荫的区属中学。

2015年,学校深入贯彻党的十八大及十八届三中、四中、五中全会精神和习近平总书记的系列重要讲话精神,全面落实《国家中长期教育改革和发展规划纲要(2010—2020年)》,坚持"团结　务

实 协作 争先”的校风，本着“敬业爱生 严谨 迎新”的教风，努力营造“刻苦 善思 踏实 进取”的学风，立德树人，改革创新，勇于实践，乐于奉献。学校办学实力不断增强，社会影响日益扩大。连续多年保持太原市“精神文明先进单位”称号。（王润生）

【“三严三实”活动】 2015年，按照市教育局关于开展“三严三实”活动通知要求，学校深入讨论制定专题教育实施方案。成立活动领导小组，制定了切实可行的集中学习教育工作计划，组织开展多种形式的专题学习研讨活动，每个专题列出重点学习篇目、研讨题目和需要解决的重点问题，坚持个人自学和集中研讨相结合。开展深度研讨、深化认识。校领导率先垂范，突出“三严三实”主题，讲好专题党课。民主生活会上，班子成员认真查找“不严不实”问题，在认识深化中明确方向，在思想碰撞中达成共识，在调研实践中拿出措施。“三严三实”活动进一步推进了党员干部作风建设，增强了班子成员的创造力、凝聚力、战斗力。

（王润生）

【规范办学】 2015年，学校有28个教学班，每班的人数均不超过55人，依据国家相关标准开足开全了课程，还开设了书法课、安全课，社会实践课等样本课程；招生时严格按照免试、划片、就近、分配入学的原则，实行阳光招生，均衡编班、均衡配置教师，不存在重点班的现象；在课堂上开展向40分钟要质量，不搞题海战术、疲劳战术，大力推行减负工作，使学生们在愉快的环境中健康成长。

创新性地开展教育教学工作。教职工人事制度创新。要引入竞争机制，实行聘任制，率先聘任高级教师、学科带头人、骨干教师，形成一支结构合理、业务精湛、作风严谨、锐意创新的高素质教师队伍，中层领导和教师定期民主测评，严格进行考核，与奖励机制挂钩，开创团结竞争、积极进取的工作新局面。在原有基础上进一步完善教职工管理、后勤管理的各项规章制度，形成一套完整的相互衔接的高效的学校管理运作体系。

教学内容创新。既坚持课程设置的统一性，又讲求一定的灵活性，反映本校特色。一是推广探究式学习，培养学生创新能力；二是因地制宜，开发校本课程，丰富教学内容；三是成立各种兴趣小组，充分发挥学生个性特长，促进其全面发展。

教学方法创新。教研室带领各教研组进行每周一次的教研活动，学期初定出本学科、本年级的教改子课题实施方案，每周讨论、集体备课、理论学习。每月提出一个教法问题进行全校探讨，以求共同提高，制定课堂教学新模式，推广探究式学习法，真正实现“主体参与，先学后教，当堂达标”。

教学手段创新。学校配备3个电脑教室，28个教学班都是有实物投影多媒体教学班。形成多功能、交互式现代远程教育网络，以教育信息化为龙头，带动教育教学现代化。（王润生）

【现代化硬件建设】 学校有物理实验室两间，共194.44平方米、物理仪器室一个，共64.79平方米；化学实验室两间，共194.44平方米；化学仪器室一间，共64.79平方米；生物实验室两间，共184.8平方米；生物仪器室一间，共63.78平方米、仪器值87401.2元；学生电脑教室3个280.79平方米，配备225台电脑，设备值683400元、每位教师都配备了笔记本电脑，共126台，设备值454000元；图书室一间，共305.28平方米、其间藏书80000余册，生均53册、阅览室两间，共370.28平方米；35台多媒体教学仪器，设备值415500元；音乐教室一间88.96平方米、音乐器材室一间30平方米，器材值31518元、美术教室一间69.8平方米、美术器材室一间71.1平方米、器材值41830元；体育器材室54平方米，器材值131585.2元；卫生室一间20.7平方米；综合实践室一间97.49平方米。各个科室都有专门的教室并有专任老师负责管理。（王润生）

【落实各项安全制度】 2015年，强化学校安全管理工作的力度，消除学校内部各种设施的安全隐患，学校及周边环境安全状况改善，不断加强对学校师生的安全教育，以保障学校师生人身财产安全和学生健康成长。学校各部门都树立了安全第一的思想，针对可能或容易发生的安全事故制定相应的安全防范制度，做到有章可循，有据可依。

建立安全工作领导责任制和责任追究制。严格执行责任追究制度，对造成重大安全事故的，要严肃追究有关领导及相关责任人的责任。将安全教育工作作

学生做物理实验

为对教职工考核的重要内容，实行一票否决制度。建立学校安全保卫工作的各项规章制度，并根据安全保卫工作形势的发展，不断完善充实。建立健全定期检查和日常防范相结合的安全管理制度。制定各类安全预案学校建立事故处置领导小组，制定了意外事故处置预案制度。加强师生的教育，促进安全意识提高和自护自救能力的增强。以安全教育为重点，经常性地对学生开展安全教育，特别是抓好交通、逃生演习等的安全教育。

（王润生）

·太原市第三实验小学校·

【概述】 2015年，太原市第三实验小学校深入贯彻党的十八大及十八届三中、四中、五中全会精神，扎实开展“三严三实”专题教育活动，打造崇尚实干、勇于担当、廉洁自律的优良作风，全面落实《太原教育“十二五”规划》《学校三年发展规划》，坚持以立德树人为根本任务，精细管理，聚焦质量，深化改革，全力规范，完成年初制定的各项指标任务，先后获太原市特色小学示范校，太原市首届中小学“升华杯”课堂教学竞赛团体一等奖、集体一等功，太原市教育系统最佳领导班子，太原市普通中小学体育教师基本功技能大赛(小学组)团体一等奖，太原市教育系统教师文艺展演三等奖等。

（史春元　史燕香）

【党建工作】 2015年，学校深入开展“三严三实”活动，制定具体实施方案，校长作《践行“三严三实”，推动学校健康发展》专题教育党课。认真参与教育局党委第二片区集中学习与研讨交流，提交论文5篇。向全体教职工、家长发放征求意见表200份，汇总意见建议；开展谈心谈话，相互交流思想。班子成员召开以践行“三严三实”为主题的民主生活会，把自身存在的问题讲清楚，把问题根源讲透彻，把整改措施讲具体。针对“三严三实”专题教育中不作为、慢作为现象，梳理出11个方面的问题，自我排查，及时修正。此外，强化管理，严格“从严治党”要求。加强全体教职员工理论学习，将集体学习与个人自学、集中讨论与个体探究、撰写论文与实践应用相结合。廉洁从教、规范职务行为，做到长抓、常警示、常教育，让理论学习成为教职工提高自身素质的新常态。组织全体党员干部认真学习《中国共产党廉政自律准则》《中国共产党纪律处分条例》。开展公开承诺，强化监督执纪问责。要求党员干部守纪律、讲规矩；教育党员干部坚决拒绝“七个有之”行为，努力做到“五个必须”；鼓励党员干部勇于担当，事不避难，积极作为。三是大力加强领导干部政治纪律、组织纪律、廉政纪律建设，始终做到政治信仰不变、政治立场不移、政治方向不偏。（史春元　史燕香）

“三严三实专题教育”民主生活会

【开展“学习讨论落实”活动】 太原市第三实验小学校确定“整治小学入学”“违反师德师风行为”“违规乱收费”等三项专项整治问题，制定具体整治措施，深入开展学习讨论落实活动的总结报告。全体教职工在经历签署《“三不”责任书》、参与“三多三认真”系列活动之后，规范从教行为，积极弘扬高尚师德。通过预先摸排周边适龄儿童填报信息举措，重视从严把关、认真审核，控制班容量，最大限度促进教育均衡。通过公示一科一辅目录，严禁教师私自购买教辅资料，代收费即时发生、即时收取、据实结算，杜绝违规发放津贴补贴等举措，做到依法收费、依规开支。同时，全员参与，创建双拥先进、文明和谐单位。全校师生积极参与文明和谐创建，保持山西省文明和谐单位称号。开展双拥工作，强化国防教育、帮抚济困、军民共建等活动落实。年内与太原陆军预备役高炮旅签订军民共建协议，对现役军人家属和复转军人予以关心帮助，妥善解决随军子女入学问题。

（史春元　史燕香）

【养成教育】 2015年，太原市第三实验小学校重抓养成教育，年内工作可概括为1234，即，一个竞赛、两个月份、三个环节、四项出新。一个竞赛重点推进：前半年，坚持开展以“学生养成纪录冠军赛”为重点的养成教育班级竞赛。后半年，介入“纪律＋卫生双百分”双项考核，拓宽班级获奖面，用皇冠、花环、花球等奖励标志激励学生，有效提升管理质量；两个月份重点引深：“强化教育月”“衔接教育月”，从安全教育到习惯养成，从疏散演练到校规温习，引导学生从良好开端步入健康成长轨道；三个环节重点突破：实施“校内校外一个样”养成教育专项行动，从入校离校、上课上操、环境秩序三个环节重点突破。入校离校，遵规范，守交规。上课认真专注，课间文明游戏。做操动作标准，队列规范有序。环境秩序，留下美好，不留垃圾。并借助竞赛力量，依托日常高频率点评，辅以美德少年的评选，取得良好教育效果；四项工作推陈出新：在《开学第一课》教育方式上做创新，推出写观后感，提高安全教育实效。运动会队列队形、精神文明奖项选拔完全由学生自主评价，有效调动孩子们参与积极性。《米涂遇邪知返记》征文、书法、绘画竞赛，全校学生参与，优秀作品分批次展出，周周出新，有实效。重组值周教师、学生团队，细化职责，提出百分考核新制，提高值周教师责任意识。

（史春元　史燕香）

【德育活动】 学校扎实推进体卫艺工作。体音美三科教学质量市级检测继续名列全市前茅；体育教师让学生充分体验阳光体育活动乐趣，组织召开学生全员参与的第 29 届田径运动会以及跳绳、踢毽子、“三对三篮球赛”，把学生的路队、武术操、蛇形长跑活动有序组合，丰富大课间内容，保证学生每天一小时体育活动时间；音乐教师带领舞蹈社团的孩子刻苦排练，参加太原市艺术教育活动月比赛，获三等奖。“六一”汇演，欢声笑语、歌舞飞扬，丰富学生的校园生活。美术作品适时展览，丰富学校视觉文化；校医室完成病假学生登记、传染病预防宣传、信息报送等常规工作，全权接手学生《城镇医疗保险》，提高工作效率。此外，少先队活动蓬勃开展。年内工作概括为三抓。队伍建设：包括中队辅导员队伍建设、队干部队伍建设；五个阵地：校园红领巾广播站、升旗仪式、主题队会、校园电视台、电子屏等宣传阵地；节日活动：学雷锋日、安全教育日、清明节、世界地球日、气象日、读书日、防震减灾日、端午节、禁毒日、抗战胜利 70 周年、教师节、重阳节、消防安全日、国家宪法日、交通安全日、国际志愿者日，主题活动、志愿服务、宣传教育通贯全年，形成学生与社会融合的实践阵地，促进学校德育工作稳步推进。（史春元　史燕香）

【精细作业】 2015 年，太原市第三实验小学校规范书写、精细作业依靠三措施。出台“核心字表”：组织语文教师对课标规定的常用字表进行整理，根据汉字部件出现的频率挑选出具有代表性的独部件字和部件组合字，通过指导这些核心字，从中掌握规律，写好所有的汉字；检查考核：教研室按照《太原市第三实验小学校作业批改细则》，每学期普查作业 1 次，抽查 7 次，涵盖语数英三个学科，涉及全体学生作业，平均每位教师被抽查 2 次。检查后针对有问题的作业批改，教研室都要找教师面谈，提出改进意见；开展竞赛：设立班级作业评比台，表彰各班作业书写认真规范的同学。期末以年级为单位，举行“书写比赛”。最终，学生作业书写以及卷面书写有了明显进步。

（史春元　史燕香）

【队伍建设】 学校规范听评课，促进教师成长。规范要求：制定《中青年教师培养方案》，要求职初教师做到“学习、适应、规范”，每周听课一节，每月反思一次。要求青年教师做到“展示、提升”，承担课题研究主要任务，每学期听课至少 8 节，每学期形成两篇高质量的教学反思。要求中年教师发挥“指导、帮助”的作用，每月至少听青年教师一节课，并及时进行评课；检查落实：每学期教研室对职初教师检查听课笔记、教学反思 4 次，青年教师 2 次，中年教师 1 次。每次检查结束，都要针对检查中发现的问题进行点对点辅导。同时还多次听职初教师常态课，对其课堂教学以及工作中遇到的困惑给予具体指导。《青年教师培养方案》的落实，使新上岗教师快速成长。在太原市第二届“成长杯”课堂教学技能竞赛中，学校第 4 次进入总决赛，王青老师取得决赛第一名的优异成绩，并在全市教学观摩活动中进行展示。

（史春元　史燕香）

【课题研究】 学校重抓课题研究，得到稳步推进。聆听专家讲座：邀请岳亮萍老师做题为《教师课题研究行动单元的设计与开展》专题讲座，并对下一步课题组行动研究的实施与开展进行具体指导；主题教研：各课题组针对自己的研究内容开展专题教研，围绕内容和目标设计了调查问卷，14 个课题组共发放问卷调查表 1372 份，随后对收回的有效问卷进行整理、统计，并对调查情况进行归因分析，最后形成 14 份调研报告。

（史春元　史燕香）

【特色建设】 学校精办社团活动，精读国学经典。发放问卷调查，组建三、四年级社团。对新一轮社团活动的场地、器具、教师配置进行调整。规范社团管理，细化社团学生上、下课及社团教师上课纪律要求。修改音乐、体育、美术社团课程纲要；国学经典方面：保证时间，学校

开展经典诵读活动

继续利用早读、放学路队等零散时间，由班主任老师组织，集体诵读，做到熟读成诵。规范内容，各年级均有规定篇目和自选篇目，全校学生背诵《小学生必背古诗词》，一至六年级分别选诵《弟子规》《三字经》《增广贤文》《笠翁对韵》《论语》《初中生必背古诗文》等内容。检阅效果，期末以年级为单位进班级进行测评，围绕必背篇目和选背篇目从“声音、技巧、情感、精神面貌、整体效果”五个维度进行打分，评选出诵读优秀班级，为下学期经典诵读展示提供支持。另外，年内科技展览丰富多彩，3～6年级学生参加英语口语山西赛区比赛，80多人进入复赛，成绩喜人。（史春元　史燕香）

【信息化建设】 2015年，太原市第三实验小学校三网三屏及时维护更新，有效发挥宣传沟通作用；重视对电教员的培训，提高了信息技术设备使用频率；重新制定《信息技术量化考核方案》，修订《信息化设备保养制度》《信息化设备规范使用制度》，逐步完善管理；配备无线网络设备、18个平板电脑、2套机器人活动设备，使“基于人人通下的网络教学实践”教学环境又进一步；校本资源服务器、直播系统设备的运行，促进教育教学及党务工作开展；校园电视台社团，以主题活动开展教学，有23名团员进入山西电视台担任小主持人，其中3位同学在《HAPPY动漫》专题节目中作主持。（史春元　史燕香）

【基础建设】 2015年，太原市第三实验小学校完成5项重点工作：学期初，调整班级课桌凳、清洗开水器、配齐办公用品、设施安全检查、各类隐患排查，常规工作做到了后勤不后，服务先行；坚持每周五组织后勤人员对校园校舍设施进行全面检查，发现问题立即处理解决。更换破损的课桌椅、门、锁、窗等，定期对学校水、电、暖进行检查维修，保证学生正常上课；及时进行物资采购工作，确保教学用具和清洁卫生用具按需到位。后勤物品的保管与发放，严格执行学校使用管理制度，做到定科、定班；落实节约措施，利用宣传教育牌提高师生节约意识，坚持对公共场所巡查，尽量减少和避免能源消耗；参加义务劳动，推进了后操场绿化、换土、夯实、搬运等项目的进程，为全面完成基础设施建设打下坚实基础。（史春元　史燕香）

【安全工作】 制定、修改、完善《校门周边车辆停放管理制度》《集体宿舍管理制度》《学校警备室管理规范》《食堂用餐提前申报制度》《防汛应急预案》《食品安全应急预案》《校园防暴应急预案》等制度规范，确保岗位明确、责任落实；遵循“安全第一、预防为主”方针，组织消防知识、心肺复苏术培训，提高教职工在遭遇重大突发事件或自然灾害时的应对救护能力；加强食品监管力度，严格进货渠道，规范各类票据，强化工作人员着装和操作流程，禁止三无产品进入校园，定期或不定期抽查，保证学校食堂食品安全。（史春元　史燕香）

【工团活动】 工会、共青团是太原市第三实验小学校校重要的群众组织。为发挥团员先锋带头作用，2015年支部安排4次会议，专门研究共青团工作，并组织团员参加民主生活会、义务劳动等，帮助青年教师成长。校工会从切实维权、监督用权、讨论审议、重大决策等方面，实现基层工会职能，为学校发展做出重大贡献。九九重阳节组织老干部开展棋类比赛，丰富老年生活。校级、中层干部带领少先队员对退休教师登门慰问，并送去节日贺卡。组织大病互助医疗保险，会同教育局看望生病的张慧，安排教职工体检，开展多项健身活动等。（史春元　史燕香）

·建筑中巷小学·

【概述】 万柏林区建筑中巷小学始建于1996年，校园占地面积14560平方米，2015年有21个教学班，1123名学生，79名教职工。其中省级骨干教师3人、市级骨干教师15、县级骨干教师3人。学校设有图书室、微机室、档案室、多媒体室、科学实验室等专用教室，各室设备齐全、管理到位、使用率高。学校始终坚持“以人为本，教学相长”教育理念，以均衡发展工作为有利契机，积极转变教育教学观念，努力提高教育教学质量，全面实施素质教育。（任政拖）

【提高教师队伍质量】 2015年，建筑中巷小学建立有效的激励机制，开展好教师继续教育，提升教师队伍质量。相继建立《校本教研保障制度》《教师博客、网络研修制度》《新型教师能级考评制度》等各项规章制度，并把考核结果与绩效

中巷小学开展“红领巾相约中国梦，关注十三五，创造新生活暨庆六一表彰大会”

工资挂钩，充分调动教师们参与学习、研究的积极性。全校教师工作能力有明显提高，让一批骨干教师脱颖而出，有教师63人，其中：中小学一级教师54人，占全校教师总数90%；中小学二级教师7人。重视教师素质提升工程，落实教师素质提升方案、教师读书方案和教师培训计划；建立青年教师、骨干教师、新教师长效机制，以老带新，结对互助；认真组织校本培训和校本教研，号召全体教师苦练基本功，努力提升教师理论水平、专业素质和道德水平，涌现出一批省市区骨干、学科带头人和业务精英。

（任改拖）

【开展教育活动实现家校互动】 2015年，建筑中巷小学召开家长学校活动。通过家长学校活动，向家长宣传学校的办学方针、教育指导思想；介绍教育发展方向，引导家庭教育观念，帮助家长树立正确的人才观，重视孩子良好习惯的培养。每学期成功开展家长学校活动，于9月份举行了一年级新生的家长学校活动，向家长们介绍了一年级的任课教师、学生作息时间的安排以及就一年级小朋友学习习惯的培养策略与家长们进行了探讨交流。“六一”到来之际，开展了“红领巾相约中国梦，关注十三五，创造新生活暨庆六一表彰大会”，表彰关心学校、支持学校工作的优秀家长42名。

建立家长开放日活动，吸引家长参与学校教学活动。为了鼓励家长积极参与学校教学活动，直接了解学校教学和教师的工作情况，以及自己的孩子在学校的表现，本年学校组织开展了六年级家长开放日活动，家长们参与了二节课的教学活动，老师们亲切地授课，孩子们专注地听讲，课堂相比平时更显得认真、有序，收到了良好的教学效果。本次家长开放日活动，共有近40位家长前来观摩6位教师的公开课教学展示，课程涵盖了语文、数学、英语、思品四门课程，向家长们呈现了常态化的学校教学管理与课堂教学活动。

开展“携手育人，共创学生美好未来”家访活动。于9月份召开了家访活动动员会议，会议向全体教师介绍活动背景和意义，并结合学校实际，就活动主题、时间、内容、要求、安排等方面进行部署，其中一年级新生必须在第一学期内做到家访全覆盖；二到六年级由班主任统筹计划安排，确保每学期家访学生不少于10户，一学年达到班级学生比例的50%。了解家长的期望、要求以及教育方法，也了解到了学生在学校以外的另一面，认识了更真实、更全面的学生，为教育教学中真正做到因材施教打好基础，增加教育力度。

（任改拖）

·享堂南街小学·

【概述】 2015年享堂南街小学围绕“让每一个生命绽放美丽”办学理念，以“尚美教育”为办学特色，建章立制，确保学校工作的有序开展；凝心聚力，加快学校建设；情理兼容，做好师生稳定工作；分析学校现状，规划学校愿景；在三校(享堂小学、享堂南街小学、胜利东街小学)合并、文化“整合”基础上，找准学校发展定位，明确学校发展目标——努力把学校建成管理规范有特色，教师整体优化有特点，学生全面发展有特长的杏花岭区北部优质学校。

2015年顺利完成“标准化”及“基础教育均衡发展”各级评估验收工作。在全体教职工的共同努力下，实现学校健康跨越发展，学校先后荣获杏花岭区文明单位、杏花岭区双拥单位；全国“双有”活动优秀组织奖；太原市第二十四届学校艺术教育活动月及第十五届师生美术摄影书法作品展优秀组织奖；太原市首届中小学文化素质风采展示活动优秀组织奖。学校一位老师获太原市教学能手称号，一位教师获省思品课山西选拔赛一等奖，五位教师经过片教学赛选拔先后参加区“成长杯”和“小学科课堂教学赛”，三人获小学科课堂教学赛一等奖。

（薄艳飞）

【安全责任落实】 2015年，享堂南街小学成立安全工作领导小组，落实一岗双责管理。每学期初学校与班主任、学校与全体教师等签订了安全责任书，强化了学校、教师、家长、学生的安全责任意识。学校充分利用校园电子屏、黑板报等对学生进行安全知识教育，同时，要求各班每学期进行形式多样的安全主题教育活动。坚持晨检制度。定时开展“安全应急”演练，法制副校长、交警员多次来学校进行专题讲座。不定期进行学校水、电路、教学设施及教学楼的安全隐患排查，并记录存档，及时做出整改。加强各种传染病的防治工作，做到每天定时开窗通风，有效预防各类传染疾病的发生。学校并根据实际情况备有切实可行的安全管理预案，建立了相

享堂南街小学的一年级学生国画课

关安全管理制度,争取做到无安全隐患死角。由于宣传到位,措施得力,学校教学秩序井然,创建平安校园。(薄艳飞)

【教师队伍建设】 2015年,享堂南街小学领导班子团结合作,分工具体明确,职责到位。利用周一的例会班子成员坚持做到定期检查自己的分管工作,相互帮助,共同进步。能够与教师真诚相处,工作中以情动人,以理服人。坚持依法治校、民主治校,充分发挥教代会、工会的作用,学校章程及每一项制度和方案的出台,都是先提交到教代会,经过教代会讨论、修改后付诸实施。3月完善修订并完成《学校章程》上报工作。

在师德建设中,长期坚持师爱宣传,加强《教师职业道德规范教育》,健全规范绩效工资运行机制,做好教师绩效考核工作。并以年度考核和评优评先活动为契机,大力表彰奖励学校优秀教师。加大课堂常规管理力度,发现问题及时反馈纠正。本学期起建立“校名师”评选考核办法,激励教师爱岗敬业做名师。

重视教师培训,加强中青年骨干教师培养。做到有训必参,建立优秀骨干教师外出培训奖励机制。山晋书院的杨海河老师对全体教师进行书法培训;美术骨干教师每月一次对全体教师进行的中国写意画培训;完成教师继续教育培、教师公需课程等各种类型的业务培训。2015年教师到外省参加学习人数达50人次。注重参训教师与同学科教师在互动、交流研讨活动中达到共同成长、共同提高的目的。(薄艳飞)

【教科研工作】 各教研组每月围绕工作重点订出本月详细活动内容,做到活动不走过场,有实效。每月一次教研员蹲点包校活动,推进教科研工作。各教研组每周四以一位教师的课进行一次集体备课研究活动,以编写学生学案为任务,开展研讨培训,每月一次开展品生品社教学研究;以学科组为单位每月最后一周开展小型活动,进行小课题研究,以各类开放课为载体开展听课、议课活动。培训和竞赛、学习与展示相结合。通过轮教课、教研组内的听评课、课题研究课、青年教师展示课、党员示范课等,来推动教师教学水平的提升。尤其是青年教师要主动向师傅学习,主动请师傅听自己的课,加快自己的成长。开展教师教学基本功技能的培训和竞赛活动,组织教师书法比赛、第二届课堂教学大赛等教师基本功技能比武系列活动。积极参加市第二届青年教师“成长杯”新课堂教学大赛和区小学科课堂教学大赛。5位教师通过片教学赛的选拔参加了区课堂教学大赛,祁权、赵婷婷获得小学科一等奖。高斌老师参加了中国教育学会中小学德育分会组织的山西省思品学科优质课评比获山西选拔赛一等奖。6位老师参加区教师技能赛,王鹿老师获太原市体育教师教学技能赛特等奖。(薄艳飞)

【特色课程建设】 2015年初,享堂南街小学将学校课程结构重新进行设计,将国家课程、地方课程和中国写意画校本课程统整成为一个有序而高效的学校课程体系,努力体现课程是教育的核心,把教学与育人功能、课程与育人功能做到有机统一。成立校本课程开发领导小组,组织相关人员,根据学生不同发展需求,对校本课程进行开发。编写时挖掘相应的课程资源,注重与“美术”课程的整合,设计有创意的课程主题和课程单元,形成了独具特色的中国写意画系列校本教材。2015年3月起,开展中国写意画普及教学,从一年级开始。根据学生的学习情况,有重点、有步骤的开展中国写意画特色教学。学生在学习中国写意画的同时,了解了其悠久的历史、灿烂的传统文化,感受中国写意画独特的艺术魅力,激发了学生对中国传统文化的热爱。丰富多彩的活动——学生优秀作品展、“一笔一画,梦想开花”中国写意画创作赛、“六一”现场作画、“我为古诗词配画”比赛等活动,激发了学生对中国写意画学习的热情,培养良好志趣,激发潜能,锻炼才干,丰富了校园文化生活。获得太原市学生阳光体育系列比赛2015年太原市中小学生排球比赛小学男子组团体第一名。第三十届山西省青少年科技创新大赛4人次获奖。太原市第四届“五小”竞赛活动7人次获奖。太原市第二十四届艺术教育活动月书画摄影比赛、舞蹈比赛39人获奖。太原市学生阳光体育系列比赛中小学生围棋赛5人次获奖。

(薄艳飞)

·太原市晋源区第三实验小学·

【概述】 2015年,太原市晋源区第三实验小学以党的十八大精神统领全面工作,紧紧围绕区教育局提出的“强化理念、提升质量丰富内涵、创建特色”要求,坚持“在起点播种希望,以读书明德启智”的办学理念;坚持“五抓一发展”的治校方略(即:抓关键,建设一个坚强团结的领导班子,抓根本,建设一支高素质的教师队伍,抓核心,注重德育工作的实效性,抓中心,加强教研教改工作,落实素质教育的创新性,抓党建,发挥好党组织的战斗堡垒作用和党员的先锋模范作用,发展,发展特色教育,铸造学生人格的完美性),最终促进学校科学发展、和谐发展、均衡发展、办人民满意的教育;全面贯彻教育方针,扎实推行新课程改革,坚持教学中心地位、质量核心地位不动摇。学校“向师德要质量、向管理要质量、向教研要质量、向服务要质量、向安全要质量、向纪律要质量”,弘扬“自强、厚德、和谐”的学校精神,教职工吃苦耐劳,甘于奉献,奋发向上,争先创优,遵规守纪,团结合作,努力实现学校教育的又快又好发展。晋源区第三实验小学位于义井街南三巷23号,创建于1956年,有教职工115人,45个教学班,学生2600余名。(鲁向勇 李玉英)

【队伍建设】 2015年,晋源区第三实验小学领导干部做到公正、公平,把公道正派原则体现到工作中,体现到人才队伍建设中，有针对性地做好职工的思想工作，进一步理顺关系，做到相互了解、互相配合支持，充分体现学校的制度管理、过程管理和评价管理，全力打造风清气正的实验三小。在建立一支师德高尚，具有创新能力和创新作风的教师队伍上下功夫。以“三多、三不、三认真”活动为载体，加强师德师风建设，并把师德师风建设作为加强政风行风和精神文明建设工作的切入点。组织教师外出培训、听讲座、读书等活动，更新观念，提升理论水平及业务素质。组织教师以校本培训为主要方式，深入学习各科新课程理念。

学校派教师参加国培顶岗置换培训、工作坊项目培训、全员网络培训，组织教师认真阅读《学记》《给教师的101条建议》《优秀教师建构和谐课堂的101个“理念”》《优秀教师提升课堂实效的101个“问题”》等教师职业素养与专业发展系列丛书及其他相关专业理论书籍，撰写心得体会，引导教师不断汲取教育名家的教育思想，使自己的思想与名家碰撞，增强作为教育者的思想底蕴和文化底蕴。校党支部将党建工作贯穿于教育教学工作中，采取“三个着力”：抓好支部及校领导班子；抓好党员及入党积极分子；抓好辅导员及少先队员，广泛征求党员意见，开展党员“献良策、促发展、创和谐”活动，让每位党员畅所欲言，出谋划策，为搞好党建工作尽心竭力。

（鲁向勇　李玉英）

【德育工作】 晋源区第三实验小学在弘扬和培育民族精神、文明习惯的养成教育、诚信教育、理想信念教育上下功夫。这不仅体现在学校培养人才的目标上，将德育贯穿于学校工作中，落实于教育、教学、管理、服务、科研和环境等各个环节，营造全方位、立体式的育人氛围。

实施学生养成纪录冠军赛，进行“行为规范标兵”评比及每周文明班级评比，学期末德育星级班级评比。开展“告别不文明行为”活动，进一步培育和践行社会主义核心价值观，不断提升学生的文明素养，增强了学生规范自己言行的自觉意识和遵守秩序、爱护环境的责任感。

重视起始年级的教育，举行一年级新生入学礼、入队仪式和六年级“感恩与责任”少年礼及“感恩奋进，畅想未来”毕业礼，让学生在庄严神圣的仪式活动中实现自我教育、自我提高。结合重要节庆日、纪念日，开展教育实践活动。教师节开展“祝福献给敬爱的教师”活动，抗日战争胜利纪念日、9月30日烈士纪念日教育活动，建队日开展“放飞梦想　幸福成长”主题大队活动。清明节之际，召开“颂先贤　奠英魂　传薪火”主题大队会。“六一”节，隆重举行“体验美德，畅想快乐”庆祝表彰大会暨第十五届艺术科技月风采展示活动。现场比赛的时间长、规模大，学生作品内容丰富、形式多样，展示学生丰富的想象力和多彩的校园生活。系列活动活跃了学生的课余文化生活，激发了学生对艺术的爱好和兴趣，培养了学生健康的审美情趣和良好的艺术修养，展示了学校艺术教育的成果。

（鲁向勇　李玉英）

【主题教育活动】 2015年，太原市晋源区第三实验小学开展“读书·明理·做人”主题教育活动，利用十五分钟读书时间坚持诵读校本教材《我爱中华美诗文》。读书系列活动的开展给学生提供展示个性风采平台，帮助学生对中华优秀传统美德、社会主义核心价值观内涵有了更为深刻的理解，促进学生学习做人做事道理，提升文化素养和道德修养。组织评选背诗大王、读书明星、书香家庭和书香班级，这些活动营造浓厚的校园书香氛围，激励学生从小树立远大志向，为中华之崛起而努力学习。在太原市第二十二届全国青少年“奋发向上　崇德向善”爱国主义读书教育活动演讲比赛中六年三班郭泓涛同学获一等奖。举办“学法　懂法　守法”主题班会，升旗仪式上进行国旗下的讲话和遵纪守法的承诺仪式，开展禁毒宣传教育，通过各班出一期法制宣传教育主题黑板报和学生自制手抄报，营造班级法制宣传氛围。学校邀请心理辅导老师王俊君走进高年级课堂，开展学生心理辅导活动，帮助学生解自己，调节自我，树立自信，提高学生的遵纪守法意识。组织“家长寄语　老师期望”征集活动，开展“家长志愿者进课堂当老师”活动，充分发掘了家长自身的教育资源，发挥家长的教育优势，有50位学生家长在活动中展示风采。

学校特邀太原家庭教育报告讲师团邢春涛老师进行“读国学经典，健康孩子身心——做一个快乐的读书郎”主题讲座；安博老师进行“做智慧父母”公益讲座；王孝红老师进行“正面管教”家庭公益讲座。本校张继欣老师为家长做“始于此，成于此”专题讲座。邀请太原市教育

“体验美德　畅想快乐”庆“六·一”表彰大会

局家庭教育讲师团专家仝富强教授做题为《让天才成批出现》讲座。学校与教师和家长签订安全目标责任书，开学初组织安全课，进行安全演练，升旗仪式上对学生进行安全教育，此外结合相关教育日对学生进行专项安全教育。

(鲁向勇　李玉英)

【推进素质教育】 2015年，晋源区第三实验小学以“校本研究”(即以学校为研究主阵地，以学校教育教学中的问题为研究对象，以促进学校发展、教师科研和教学研究融为一体的研究制度）为突破口，采取“点面结合，以点带面，全面铺开”的方法推进课改，探索和创设各科目标教学模式，推动目标教学由教改变常规，开展形式多样的教学活动，为目标教学的推进和深化创造良好的教研氛围，实现晋源区实验三小特色的教学模式——集体教研。

教研组通过集体备课、互听互评、师徒结对子等活动，意在达到“三勤”——勤学、勤问、勤思考，耐心、热心、诚心，带师魂、带师能、带师德，汇报课出彩、教学反思出彩、论文出彩，进而做到功夫下在备课上，本领显在课堂上，水平写在论文上，进而实现从经验型向科研型的转变，使年轻教师快速成长起来。同时，骨干教师充分发挥了的引领、辐射作用。通过撰写教学论文、案例与反思，总结经验，发现问题，找出不足，使教学活动更具有创造性，不断超越现有水平，向更高层次迈进，同时把在教学实践中获得的感悟、体会加以升华、深化，促进教学成果的推广应用，而且见到了成效。

(鲁向勇　李玉英)

【依托多彩活动助学能力】 晋源区第三实验小学组织开展社团活动，“飞翔”田径社团、“动感”乒乓球社团、“投石车”和“过山车”科技社团、“青草”剪纸社团、好声音社团，之后又陆续开设了“自由飞翔”美术社团、“亲圪蛋”舞蹈社团、“小小格斗家”跆拳道社团、快板相声社团、金话筒语言表演社团、“飞扬”跳绳花毽社团和计算机大本营等。准确把握特色学校内涵，围绕“为了学生的发展”开展创建工作。围绕“德智相扬教育”的核心思想，体现中国优秀传统文化核心和精髓的人生道德智慧教育，学校精心创设育人文化氛围——“明德”墙、“春风化雨”墙、“书意育才　墨香沁人”文化墙、山水写意画、校外国学一条街及“明德学堂”，浓厚的国学书香氛围，感染熏陶着身处其中的每一个学生。邀请太原市政府教育督导委员会督学吴金生为全校教职工做“实验三小德智相扬教育特色学校建设的内涵与实施策略”专题讲座。

(鲁向勇　李玉英)

【依法治校，规范办学】 晋源区第三实验小学在市、区教育局、物价局、财政局审核收费的基础上，严格执行收费政策，亮牌收费，真正做到不乱收费、不多收费、不搭车收费。学校评优选模公示。学校评选出的市、区级先进教育工作者、优秀教师、优秀班主任、先进德育工作者、学校“优秀教师”及支部发展新党员等结果都进行公示。坚决杜绝拉关系、走人情的不正之风。学年岗位考核公示。全体教师认真学习并对照岗位责任制，如实自评；学校考评小组本着对每一位教师负责的态度，根据平时记录材料和工作表现，领会实质，标准量分，并将教师学年底考核、区教师教学质量目标考核和学校教师学期考核等岗位考评结果张贴公布。规范学校的学籍管理，严格学生转、退、休学手续。严格按市物价局和上级的收费标准，杜绝乱收费，学校未发现违规乱收费及违反承诺制的问题。

(鲁向勇　李玉英)

·太原市晋源区实验小学校·

【概述】 2015年，太原市晋源区实验小学校的扩建工程圆满竣工。学校新建一幢双面四层教学楼，200米环形塑胶操场、1200平方米室内体育场，改造旧教学楼，绿化美化整个校园。教学班增加到34个，学生数达1860人。学校秉承“养正教育”办学理念，以“国家义务教育均衡验收”为契机，坚持特色立校。把“创建太原市首批特色示范校”作为工作重点，扎实推进素质教育。坚持求真务实、狠抓落实的原则，不断强化学校内部管理，推进教师队伍建设，提高学校办学水平和教育教学质量，提升学校办学品位，促进学生健康快乐成长。实验小学获中国现代教育研究院、现代教育研究杂志社葫芦丝《阿瓦人民唱新歌》团体一等奖，汉听山西省红领巾体验赛太原市市级选拔赛晋级奖，汉听山西省红领巾体验赛优秀代表队，太原市第二十五届学校艺术教育活动月学生文艺汇演(小学组舞蹈)一等奖、(小学组合唱)二等奖，第三十届太原市青少年科技创新大赛优秀活动奖，“灵之舞”获“山西省少先队红领巾小社团”称号，太原市教育科学“十二五”一般规划课题优秀成果奖。学校获全国特色学校、教育部首批命名“中华优秀文化传承学校”、全国写字教学先进校、全国冬季长跑先进集体、山西省模范集体、山西省素质教育先进学校、山西省语言文字规范化示范学校、太原市首批“特色办学示范校”、太原市模范集体、太原市巾帼文明岗、太原市平安校园、太原市家庭教育示范基地、太原市文明单位等荣誉。

(张丽琼)

【特色化办学】 晋源区实验小学位于晋源区贞观街，成立于2004年9月。服务范围东起新晋祠路，南至迎宾路，北至古城路，西到贤富苑，还有部分城中村改造拆迁户子女。2015年学校有34个教学班，1860名学生。有教职工87人，其中专任教师82人，本科学历有76人，占专任教师人数92.7%，中级以上职称教师52人，占专任教师人数63.4%。获区级以上优秀工作者、学科带头人、教学能手、优秀教师、优秀班主任等称号的累计达238人次。教师专业结构配置合理。全部教师均取得教师资格证、普通话等级证、信息技术培训合格证。学校设有党支部、总务处、教导处、政教处、教研室、大队部、工会、关工委等组织机构。学校占地面积32134.94平方米，有教学楼两幢，建筑面积21562平方米，体育运动场地10960平方米，建有风雨操场一座和200米环形跑道。校园布局合理，功能区划清晰。有科学实验室2个、图书室3个、音乐专用教室4个、美术专用教室4个、电脑室4个、仪器室1个、阅览室1个、体育器材室、综合实践活动室、卫生室、开水房等。同时，覆盖校园网，实现班班多媒体。为每位教师配备一台笔记本电脑，达到每师一桌一椅一机一柜的要求。学校图书馆中有藏书28004册，办学条件达到《山西省义务教育学校办学基本标准》。学校还加强校园绿化、美化工作，绿化面积达8200平方米，优雅舒适的校园环境，完善的办学条件，为扎实开展学校发展工作奠定基础。（张丽琼）

【养正教育】 2015年，太原市晋源区实验小学校围绕“养正教育”，确立“传承中华经典文化，培育臻于至善新人”的办学特色。以“品正德良、善思会学、健康阳光、个性鲜明”为培养目标，“诚、善、真、美”为校训，“崇正、求实、和谐、奋进”为校风，“尚法、爱生、合作、创新”为教风，“善思、乐学、主动、求真”为学风，扎实开展学校各项工作，着力为孩子们营造一个健康快乐地成长环境和浓厚的学校文化氛围。

加强校园的环境创设。形成突出学校办学理念的校园文化。其中有体现读书活动的如小故事大智慧、唐诗三百首、好书推荐、书香系列版面等，楼道开放式图书架、班级图书柜，为师生的读书活动提供良好的场所。少先队大队部建立“红领巾广播站”，开设：今日好人好事、美文欣赏、校园动态、学习方法讲坛等栏目，活跃校园文化氛围。

区实验小学校在重视校园环境建设的同时，注重德育“六化”的渗透。依照《太原市学校养成教育精细化评估标准》，从班级管理、诚实守信、好学上进、科技创新、勤俭节约、文明礼仪、文体艺术、自强自立、尊老爱亲、助人为乐、热心公益等十一项对学生进行教育。使孩子从日常细微之处开始，逐渐养成良好的行为规范。将规范的具体要求渗透到日常作息中，与班级量化考核及养成教育周冠军、月冠军、学期冠军评比有机结合，形成有要求、有检查、有评比的体系。少先队活动是落实学校德育工作的主渠道，少先队活动搞好了，将影响和改变孩子的一生。将“养成教育”贯穿于德育工作的始终，学校设计“12”节活动，分别是1、2月快乐寒假节，3月雷锋示范节，4月读书、体育节，5月艺术节，6月毕业节，7、8月暑期收获节，9月开学季，10月爱国教育节，11月消防节，12月迎新年节。每一个节都能结合德育教育及特色创建的主题，以中华优秀传统文化为宗旨，设计系列化的活动。10月13日是中国少年先锋队建队日，为新入队的一年级同学举办隆重的入队仪式。向孩子们普及《认识光荣的少先队》《走近光荣的少先队》《热爱光荣的少先队》等队知识课程，通过浅显易懂的方式，帮助一年级新同学接受启蒙教育。还邀请家长全程参与，新队员与家长共同在队旗下合影，让家长亲身见证孩子加入第一个正式社会组织的光荣时刻，留给队员们深深的感动和难以磨灭的美好回忆，让入队仪式既体现组织的庄严神圣，更让入队仪式融入亲情。为学生过“少年礼”，希望所有毕业的孩子意识到12岁在他们成长过程中是一个里程碑，他们不再是小学生了，要成为有主见、有担当的少年。也希望孩子从这一刻起学会自强、自立，懂得感恩和责任。通过每天语文课前两分钟的时间，让每一个孩子都能轮流进行演讲活动，内容包括讲故事、播报新闻、读书感受、诗歌诵读等。这样的活动开发学生的潜能，彰显了学生的个性，提升学生的能力。学校还与社区采取灵活多样的方式加强沟通。在学校周边有晋祠博物馆、省图书馆、龙山、太山、天龙山、蒙山等丰富的德育实践基地，充分利用这些优质资源，与驻地单位紧密联系，发展学校与驻地单位的双向资源，使假日小分队社会实践社团走进社区，培养一大批小小导游员，免费为游客进行讲解，同时请家长义工、社区义工带领学生开展活动，增强孩子的社会实践能力。

（张丽琼）

【学校管理】 2015年，太原市晋源区实验小学校执行教育行政部门的有关规定，教育教学秩序井然，执行国家课程计划、课程标准，按课程计划的要求开足开齐各类课程，重视语文、数学、英语，突出艺体特长，活动类课程按规定开设。地方

太原市晋源区实验小学校舞蹈社团的节目《荷韵》参加太原市第二十五届学校艺术教育活动月文艺展演获第一名

课程开设了班会、电脑、安全、写字课,校本课程开设有葫芦丝及每天下午的诵读校本课程。有计划、有安排、有落实、有效果,提高学生素质,促进全面发展。执行"划片招生,就近入学"的原则,做好新生招生工作。执行市教育局招生要求,确保"学区内学生一个不少,学区外学生一个不多"。按区教育局学校编班的文件要求,在一年级新生的师资配备、编班工作中,邀请50%的家长,人大、政协及驻地代表参加,按照程序,公开公平公正地开展编班工作,确保教育的公平性。因地制宜地开展大课间活动,保证学生每天至少有一个小时的体育锻炼时间。通过形式多样、丰富有趣的体育项目活动,鼓励学生加强锻炼。自编一套融音乐、舞蹈、武术等多元素为一体的"阳光少年 舞动激情"韵律操。在锻炼学生的体魄的同时让大家感受到艺术的感染力。

(张丽琼)

【提升教学质量】 2015年,太原市晋源区实验小学校深化新课程改革、狠抓教学管理。开展教学模式的革新,开创具有实小特色的教改之路。提出"构建特色教学模式,打造优质智慧课堂"的研究思路。分步完成三大四小共七个学科的课堂模式研究。语文"感知质疑—品读悟道—拓展写意"教学模式,数学"启思质疑—探究建构—应用检测"三阶段五环节教学模式,英语"3+3"教学模式,及其他学科"1314"教学模式。其中,数学教学模式研究获山西省"十一五"优秀课题成果一等奖,"十二五"数学课题《小学毕业班数学复习课习题配备的有效性研究》,已经顺利通过了中期评估。语文课堂教学模式的研究,已形成整套教案集、课件集、当堂检测集、教师随笔集,并通过讲座、公开课等形式面向全区进行展示,为此,学校语文教研组荣获"太原市优秀教研组"称号。特色项目教师获区级以上奖励累计达15人次,特色教育论文获市级以上奖励累计达9人次,教师辅导学生参加各类竞赛获奖数不胜数。教科研的突出表现,使学校获"全国教科研工作先进单位"称号。开展教师交流活动。选派校骨干教师外出学习、培训。同时,根据教育局安排,迎泽区教育部门的专家团队进行工作指导;和晋源街道五府营小学开展"送教下乡"活动;与王郭小学、花塔小学、北大寺小学组成校际间结对;有效促进教师互帮互学,促进校际间学校发展。

区实验小学校完善考评制度,着重过程性评价:考勤制度、教学常规考核制度、学生养成教育冠军奖评制度等一系列措施,全面、科学、客观、真实地考评师生的成绩,充分调动师生的积极性,促进教学质量的提高。教学管理制度健全,学校办学行为规范,教师从教行为规范,注重提高课堂教学效率。学生每年毕业合格率达100%,学生体质健康测试依照教育部健康测试标准合格率达94.7%。

(张丽琼)

【创建安全校园】 2015年,太原市晋源区实验小学校成立学校安全工作领导小组,确定校长石永红为组长,副校长赵国威为安全工作分管领导,形成安全工作校长亲自抓部署,分管领导具体抓落实的局面。修订完善《学校突发安全事故应急处理预案》,坚持安全工作责任到人,学校同班主任签订《安全管理责任书》,给学生下发《学生安全须知》。学校安全工作真正做到了学校、班级、学生、家长职责明确,齐抓共管。强化安全教育。把安全工作放在学校工作的首位,利用教师例会、升国旗等时间开展安全教育。重视学期初的"安全第一课",按规定开设健康安全教育课。聘请法制副校长和区防疫站同志进行法律法规、卫生健康知识讲座。对学校的围墙、电路、各类设施等进行拉网式安全排查,及时整改安全隐患。收缴学生带来的危险玩具,确保及时消除安全隐患。广泛宣传,鼓励学生自愿投保,每月一次组织地震逃生演练、防止楼梯间踩踏事故演练和消防演练活动。增强安全实践体验活动。邀请消防部队进校园。消防官兵通过消防器材展示、技能表演、安全知识讲解等,提高学生的自身保护能力和自救常识。学校获晋源区"平安校园"、太原市"平安校园"称号。

(张丽琼)

【培育新人】 2015年,太原市晋源区实验小学校围绕营造环境、课程建设、随笔随议、活动推进等方面进行。除校园文化建设为师生的读书活动提供良好环境外,在地方课程中设置读书课,先后选择《三字经》《千字文》《唐诗一百二十首》等国学内容进行学习,实现书香进课堂。随笔随议方面,学校在《书香校园创建方案》中,规定每个师生每周至少要写一篇随笔,记录自己的读书心得或成长感受。学校有小记者120多人,师生随笔在《生活晨报》《太原晚报》等报纸发表500余篇。学校汇编了师生随笔集共6册。活动推进主要是开展读书诵读活动、征文比赛、设定"读书节"等形式,促进书香校园品质的提升。尤其是读书卡的制作,将自己的艺术创新与读书心得结合起来,在读书的过程中体会动手制作的乐趣。开展"我爱识字"集字卡制作评比活动,让学生将课内外认识的汉字以集字卡的形式收集起来,定期进行评比展示。在自制字卡的过程中,学生通过眼看、耳听、口念、手写认识汉字,同时也通过网络、工具书等渠道了解汉字的意义。学生还为集字卡增加了创新的内容,如:为字卡设计漂亮的外形,增加组词、造句、笔顺、结构等拓展知识。 (张丽琼)

【艺术教育】 2015年,太原市晋源区实验小学校从舞蹈、声乐、器乐等多方面实施教育,并特别选定葫芦丝作为学校的艺术特色。从起始年级就开设葫芦丝课并向家长做出五项承诺:专任教师,免费授课,专门课时,专人辅导,固定时间练习。学校的葫芦丝教学已取得明显成效:学校音乐教研组开发《葫芦丝教程》,用于授课使用,在专家指导下,制定《晋源区实验小学葫芦丝考级制度》,共分六段十二级定出《考级曲目》,由学生自主申报考级类别,由学校颁发《葫芦丝考级证书》以资鼓励。学校的葫芦丝队伍参加全国“葫芦丝巴乌北京邀请赛”喜获银奖，在历年太原市艺术活动月、“晋之源”群众文化活动周中均有出色表现。围绕艺术传承，开设校级、班级艺术社团辅助课程。现有国画、儿童画、皱纹纸创意画、板画、剪纸、书法、舞蹈、管弦乐、电子琴、葫芦丝、合唱、篮球、田径、毽球、乒乓球、语言训练、思维拓展等二十余个校级辅助课程科目。以班为单位开展翻花绳、毛线编织、机器人、刮画、手指画、课本剧、折纸、古诗诵读、纸杯工艺、相框制作等34项活动。活动项目根据学生的兴趣爱好或辅导教师个人所长来选定，并且保证这些项目都能有可持续发展性。有的社团还请到校外辅导员进行辅导，学生的创造性思维更加开阔，作品在国家、省市区各级获奖频频。（张丽琼）

·杏花岭区锦绣苑小学·

【概述】 2015年，学校实施“以人为本，精细管理，求真务实，和谐发展”的管理原则，深化课堂教学改革，提高教育质量；加强校本培训，提高教师师德修养和专业化水平。以综合实践活动课程常态化实施为抓手，打造学校特色，促进学校整体教学改革的向前发展，办人民满意的教育。（梁慕和　梁晓华）

【校本研训】 参与市区级研讨观摩活动，推动学校研训上新台阶。4月，太原市杏花岭区综合实践中研班开展“着眼主题教学活动，放眼常态课程发展”主题教研活动。刘媛君做“用心弹奏综合实践五部曲，倾心铸就特色发展新篇章”经验汇报，总结锦绣苑小学十几年来综合实践活动走过的心路历程。同时青年教师赵祥瑜做《中国式过马路——中期交流资源共享》课例展示，学校的综合实践活动不仅与学科结盟，更与文化联姻，与自然接触，与社会接轨，向生活的宽阔领域不断延伸，形成锦绣苑小学独特的办学特色，获得与会专家及教师的赞赏。

派学科骨干教师外出培训，学习前沿理论与实践经验。5月，学校派教学副校长梁晓华和综合实践活动教师赵祥瑜参加合肥举办的全国第十三届综合实践活动年会，同时参加课题成果评选，赵祥瑜做《用心弹奏综合实践五步曲，倾心铸就特色发展新篇章》经验交流，另外多名教师提交的论文案例获奖，副校长梁晓华的《浅析综合实践活动开题阶段的指导》论文二等奖，刘媛君的《家乡地名调查》案例一等奖，赵祥瑜的《中国式过马路——中期交流　资源共享》优质课和案例二等奖。（梁慕和　梁晓华）

【科研课题研究】 抓好课题研究，形成科研核心组。学校从课题研究的目的，到具体计划的制定，从学校综合实践活动课程的设计，到学科渗透的研究性学习，从鼓励师生共同参与课题，到边实践边完善教材等等，都建立严格的实施、检查制度，环环紧扣。同时通过“网上论坛”，派分管领导、教师参与全国性的年会培训，帮助教师紧跟全国综合实践课改形式，确保学校综合实践活动课题驶向正确的航道。

参加教育部课题中期评估和杏花岭区特色学校验收工作。12月18日上午，学校多名教师在杏花岭区后小河小学聆听来自教育部综合实践活动项目组专家沈旎的讲座，学校做“加强教师有效指导，促进学校特色发展”中期汇报，获得好评。11月，学校接受杏花岭区教育局特色学校验收工作，12月，学校被命名为“杏花岭区特色学校”。

初步探索出综合实践活动教师有效指导的策略，撰写出教学论文、案例等。校领导和教师关于有效教学指导策略研究课题进行专题研究、互动式教研，从“选择主题，制定计划阶段；收集信息，实施研究过程；结题总结，展示汇报阶段”三方面探索，课题组成员撰写的论文在国家、省市级论文比赛中获奖。将课题组实验教师的研究成果进行汇编，编写印发校本教材《综合实践活动资源包》《综合实践活动案例教学设计集》；多名教师的论文、案例选入《杏花岭教研》刊物中。同时学校荣获太原市教育科学“十二五”规划课题结题评估优秀等级和优秀成果奖。（梁慕和　梁晓华）

【课程建设】 开展“爱鸟周宣传日”“我做园区小导游”“保护非洲冠鹤”等主题实践活动，并与山西省野生动物保护协会共同评选“金牌讲解员”。开展“小学课程建设的实践研究”课题实验。学校依照区课程建设的整体思路，组织教师组建成一支基地课程建设队伍，同时学习相关课程建设的理论知识和实践经验，开发开展“走进太原动物园，亲近奇妙的朋友”基地课程活动。（梁慕和　梁晓华）

·太原幼儿师范学校·

【概述】 2015年，太原幼儿师范学校是山西省、太原市培养培训学前教育、早期教育、艺术教育师资人才的重要基地。学校占地551.7亩，其中旧校区占地53.9亩，新校区占地366.7亩，预留用地131亩。2015年共有在校生8806人，教学班161个，在全国同类学校中规模最大。开设学前教育、学前音乐教育、学前舞蹈教育、学前英语教育、学前美术教育等九个专业，其中学前教育、学前舞蹈教育、学前美术教育专业为“省级示范专业”。

学校落实《国家中长期教育改革和发展规划纲要（2010—2020年）》，坚持“瞄准市场、内涵发展、质量立校”的理念，立德树人，改革创新，增强办学实力，扩大社会影响。（李咏梅　史媛雅）

【“三严三实”活动】 2015年，太原幼儿师范学校成立活动领导小组，制定集中学习教育工作计划，组织开展专题学习研讨活动，每个专题列出重点学习篇目、研讨题目和需要解决的重点问题，坚持个人自学和集中研讨相结合。校领导讲好专题党课，班子成员查找“不严不实”问题，在调研实践中拿出措施。坚持为群众办实事、解难事，帮助解决20余名教职

非常课堂知识竞赛

工子女入园入学问题，5个支部40余名党员利用节假日赴社区帮扶孤寡老人。（李咏梅　史媛雅）

【安全保障】 2015年，太原幼儿师范学校坚持“一个一，三个零”安全理念，落实“安全十条”，安全日报、三级联动机制、安全督导组一日三查、各部门巡检排查等制度落到实处。开展“周安全专题教育”及“周紧急疏散演练”工作，全年开展防火、防震等安全专题教育20次；开展防恐、消防等演练26次；发现、排除大小隐患200多起；组织师生参加省、市安全知识网络竞赛9068人次，获市直属学校第一名。（李咏梅　史媛雅）

【教学常规】 抓好备课、听课、上课、作业辅导、考试展示等教学常规环节，促进教学常规工作规范化、科学化。严把教学进度计划关，加强教案督导检查，抽查教学进度及教案6000余人次。强化多层次听课，推门听课和指定听课相结合，对新入职教师专项督导听课32节，校级领导、中层干部和行政人员对口听课1577节，教师听课10458节，11个科室教师专项交叉听评课1225节。

（李咏梅　史媛雅）

【技能训练】 2015年，太原幼儿师范学校根据幼师教学实际，提升学生“说、写、做、玩、弹、唱、舞、画”八项职业技能，探索出以“导生制”为核心的技能教学模式，选拔优秀高年级学生作为导生辅导低年级学生训练，调动学生学习的积极性。舞蹈、打击乐等48项技能项目，分四个阶段开展28周，展示12次，约180000人次参加展示，形成学技能、练技能、比技能的氛围。在2015年太原市职业院校学生技能大赛中，获得一等奖33个，二等奖58个，三等奖116个；在山西省技能大赛中，2名学生获三等奖；在省“文明风采”大赛中，获一等奖17个，二等奖12个。5名教师获得优秀辅导教师并荣立二等功。

（李咏梅　史媛雅）

【师资建设】 学校从树师德、提师能两方面加强教师队伍建设，弘扬高尚师德，力行师德规范，强化师德教育，优化制度环境。重申太原市教师从教十条禁令，倡导太原幼师教师从教八条规范，每个教师签订师德建设目标责任书。

暑期，组织教师参加PPT制作和白板使用技术培训，两期培训368人；学校派出13个考察团队，52名教师分赴北京、上海、广州、深圳、珠海等地，实地考察学习，咨询35个专家，召开38次座谈会，拓宽视野，并结合学校实际，形成13份考察报告。

5名教师赴北京参加蒙台梭利教师教育实践参与式全程培训，6名教师赴首都师范大学参加亲子教育培训，1名教师赴德国参加奥尔夫音乐培训。在市教育局首届“升华杯”新课堂教学团体竞赛中获集体一等奖，荣立集体一等功。14名教师获市教学名师、市教学标兵等称号。

（李咏梅　史媛雅）

【非常课堂】 2015年，太原幼儿师范学校普及精品大课8个，覆盖三个年级，完成非常大讲坛25场，约23000人次学生上课；开展百场“非常课堂”竞赛，教师、班主任听课1880人次，学生观摩评课3200人次，评出精品课程20例；开展常规“非常课堂”2176场，专题“非常大讲坛”41场；音乐欣赏、地理、历史等学科采取“非常大课堂”和“非常小课堂”知识竞赛的形式进行考试，完成202场“非常小课堂”和21场“非常大课堂”知识竞赛。学生上课约510000人次，专家、行政人员、教师、班主任督导观摩7849人次，学生观摩评课52310人次，录制教学视频近300节。（李咏梅　史媛雅）

【研讨交流】 2015年，太原市教科研中心在市幼师学校举办“带教之中话教改”校本教研主题展示观摩，有关专家及兄弟院校领导、教师100余人观摩；5月，由市教育局、北京师范大学出版社学前教育分社主办，学校承办“聚焦学前师资·助推园所发展”专题研讨会，7名专家受邀参加，参会园所近200家，园长300余人；12月，承担太原市国培项目第一期园长培训，邀请16名专家对来自10余个县区，120余名幼儿园园长进行为期2周的培训；由学校牵头的太原市学前教育专家指导委员会，举办以“贯彻落实指南·优化区域活动”为主题的全市幼儿园专题培训会，参会人员800余人。2015年在市教科研中心职业院校教学工作会议上，学校被评为市教科研工作示范单位。（李咏梅　史媛雅）

【课题研究】 2015年，中国学前教育学会“十二五”规划课题“幼儿科学领域核心经验及其获得方式的研究”结题，太原幼儿师范学校获中国学前教育学会优秀课题二等奖；6月，山西省教育科学“十二五”规划课题“专业发展视域下中职教师合作文化的建构研究”和“模拟教学在学前教育专业课程中的实践研究”课题立项，9月开题。通过专家学术报告、阶段研究成果研讨、研究经验交流、教育教学实践，教师教学水平和科研素养得以提升。 （李咏梅 史媛雅）

【实习实训】 校内实训与校外实习有机结合，见习、短期实习、顶岗实习三层次环环相扣，步步提升。推行“双导师制”，实习指导教师、幼儿园园长、教师共同指导学生，园校联动，共育人才，形成以素质能力为核心，行业参与的学生评价模式，提高人才培养质量。同时，学校重视实训场所和基地的建设，以相应的课程为依托，突出学前教育实训内容，建设校内学前教育实训场所。2015年，重点围绕蒙氏教育和亲子教育，对实训室功能进行重新定位，明确具体活动内容，对实训材料进行投放，投入资金达400多万元；打造儿童美术活动中心，建设立体造型馆、纸艺馆、童画馆与布艺馆四个实训室，融专业教学、职业培训和技术服务为一体。校外实践基地扩大至106所，包括太原市育蕾幼儿园、山西省委幼儿园等省内一流的五星级幼儿园，满足学生多轮循环，不同层面实习的需要，实现学校和岗位之间零距离人才培养的目标。

（李咏梅 史媛雅）

【教材开发】 2015年，太原幼儿师范学校组织各科教师针对学情教情，开发校本教材，编写《幼儿教师实用语言艺术》《幼儿园环境创设——环境与艺术的对话》等20部教材，第一批9部由北京师范大学出版社出版发行。此外，组织教师编写“非常课堂”系列教材，将技能版、综合版整合成“非常课堂”教材第一辑，由北京师范大学出版社正式出版。

（李咏梅 史媛雅）

【课程建设】 2015年，太原幼儿师范学校坚持以服务为宗旨，以促进就业为导向，优化课程设置，打造精品课程，创新教学模式，深化教学改革，加强教学的实践性、开放性和职业性。各专业探索适合本专业特色的教学模式，推行实训室情景模拟教学法、项目教学法、案例分析教学法、启发式教学法等教学方法。同时加大经费投入力度，为课程建设提供必要的保障。针对教师资格证考试的新要求，在对各专业课程设置做较大调整的基础上，组织学前科、基础文科等教师，学习、研究教师资格证考试的大纲、要求，优化课程内容，制定强化培训课程实施方案，并予以实施，为2016年学生首次参加幼儿教师资格考试奠定基础。

（李咏梅 史媛雅）

【升学深造】 2015年，太原幼儿师范学校870名学生通过对口升学升本升专；艺术类高考各专业合格率均达96%以上，其中美术达100%。65名学生被本科院校录取，一本达线率25.6%，二本B以上达线率52.2%。 （李咏梅 史媛雅）

【援疆支教】 舞蹈科青年教师冯宝江承担五家渠职业技术学校学前教育专业《舞蹈》课程436课时的教学任务，完成支教工作。在全国技能大赛新疆赛区教师舞蹈组比赛中，冯宝江获第一名；在中华文化传统比赛中编排的舞蹈分获二、三等奖。 （李咏梅 史媛雅）

【德育养成】 建立起一套严爱有度、个性与共性、他律与自律结合的管理体制，突出一日生活“五个点”准“军事化”管理，坚持开展“开学、散学、毕业”等仪式教育。利用“晚点名三维养成教育平台”，开展基础品德、基本教养、良好情商等核心素养专题教育40次；通过“升旗仪式教育平台”，开展规范学生从教行为职业道德核心素养教育32次；借助“班会课程化教育平台”，开展写给幼师生一生忠告核心价值观教育36次；通过“军训及新生入学教育平台”，完成为期14天的新生军训工作及入学专题教育工作；利用“我们的节日”节假日专题教育活动平台，组织开展“纪念五四、传承民族精神”等大型专题教育活动5次；通过“家长网络学校及家长委员会”平台，开展大型家校互动活动6次，发放家校互动、跟踪管理资料26000余份，通过“家校互动化示范校”申报的评估考核。承担与太原市第61中学、第45中学和徐沟镇中学的德育协作示范任务，年底作为示范校代表进行协作成果汇报，获“太原市德育六化成果博览引领作用突出示范校”称号。

（李咏梅 史媛雅）

【安教工作】 2015年，太原幼儿师范学校安教办把安全工作放在一切工作的首位，全年无重大学生安全事故。组织开展“三尺讲台”竞赛，历时88天，涵盖学前教育五大领域，涉及8个安教办，49名班主任，101个班级，二、三年级共5125名学生参与活动，讲课达35875人次，听课达3700人次。评选出公开精品课7场，优质教案403份，PPT课件30节。同时，利用手卷钢琴“随时、随地、随身”的特点，坚持每生每天保质保量练习一小时。三个年级120个班级，6895名学生参与“手卷钢琴”竞赛活动，推选出3场精品课，提升弹唱技能。

（李咏梅 史媛雅）

【助学捐资】 2015年，太原幼儿师范学校完成8806名在校生免学费信息上报、审批及资金拨发；评审1483名受助学生并发放143.8万元国家助学金。开展第15次太原幼师“爱心万里行”活动，捐资185588.2元，资助218名贫、特困生。

（李咏梅 史媛雅）

【招生就业】 2015年，太原幼儿师范学校坚持廉洁招生，全员招生，竞争招生，信用招生，通过11个地区、120个县、988所学校的招生网络展开招生宣传动员，分赴吕梁、忻州等8个地区、22个县乡、92所中学，完成2015级新生预交费、预报到、预录取接待工作，2015年招生2785人，连续13年保持中专招生全省第一。

召开“太原幼师2015年毕业生就业洽谈会”，实际参会260余家用人单位，提供就业岗位2800余个，近85%学生达成就业意向。2015年首次采用互联网招聘平台，完成毕业生与用人单位互联互

通渠道新平台搭建，基本实现招生与就业“无缝链接”。（李咏梅　史媛雅）

【后勤服务】 2015年，太原幼儿师范学校维修屋面防水1000平方米、粉刷墙面2200平方米，翻修院面1100平方米；维修学生床1518支、宿舍门243扇、课桌1430张、课凳2200个、灯具285具，维修水箱洁具15套；绿化管护各种绿植，种植各类花卉、乔灌木3273株；装修装饰“儿童美术活动中心”教室4个、学前亲子感统专业教室2个、儿童豆腐坊体验中心、升格资料室及新校沙盘模型室。

学校食堂为全校师生提供物美价廉饭菜，更新饭菜10余种，饭菜品种达200余种。同时，重视食品安全，强化员工服务意识，提升优质服务水平。

（李咏梅　史媛雅）

【新校建设】 2015年，太原幼儿师范学校领导赴北京中铁总部督促施工进度3次，迎接各级领导指导检查27次，组织专家认证会、联席会等53次，监督各类招投标30次。截至2015年底，新校完成全部工程70%，新校区11个单体全部封顶。其中教学1号楼、教学2号楼、宿舍楼东环部分基本完工；宿舍楼西环部分铺装完成70%，食堂铺装完成80%，动力中心设备安装基本完成；基础实验楼、办公楼及交流中心、美术实训楼二次结构完工，舞蹈实训楼、音乐实训楼、音乐花园、大学生活动中心加紧施工；室外管网完成80%，景观施工完成大门、百年刻度前的地面铺装，操场看台打桩完成。全年新校累计完成产值4.7亿，财审后支付3.5亿元，占投资预算35%。

（李咏梅　史媛雅）

【设备配置】 2015年，太原幼儿师范学校采购新校区设备共计926.104万元，主要包括50000册图书、图书管理软件、阅览桌椅等183.35万元，食堂设备176.9488万元，学前教育科技活动设备140.325万元，学前教育乐高积木大世界设备201.34万元，LED显示屏及附属设备108.34万元。

落实3209.9715万元的教学、办公、生活设备资金和2150.6149万元的智慧校园信息化建设预算经费。截至2015年底，新校设备投入资金达近亿元。

（李咏梅　史媛雅）

【升格幼专】 2015年，太原幼儿师范学校申办“太原幼儿师范高等专科学校”取得成果。8月，太原市政府第9次常务会、市委第25次常委会分别审议通过学校升格事宜，山西省政府批复教育厅进行研提。学校资料筹备组历时三个月完成评估档案资料整理完善等工作。12月1日，通过省教育厅高等学校设置专家组对升格工作的正式考察。之后，根据专家组考察意见，在省教育厅发规处指导下，学校修订并完善升格论证材料，省教育厅最终形成专家考察报告。12月底，升格工作进入行文报送省政府审批环节。（李咏梅　史媛雅）

【惠民工程】 2015年，太原幼儿师范学校秉承“资源共享，开放办学”惠民理念，学校在前期调研和实地考察基础上，初步确定剧场、儿童科技体验中心等12项“惠民工程”项目。大型儿童剧《龙的传人》于10月首演。11月，幼儿美术活动中心4个场馆正式对社会开放；舞蹈科教师推出“小动物舞蹈世界”；12月，儿童豆腐坊体验馆正式开放。“惠民工程”项目接待太原市幼儿及家长近19000人次。

（李咏梅　史媛雅）

【幼教集团】 2015年，学校探索产学研一体化改革，提出创建太原幼师幼教集团构想，集团将对170个城中村改造项目幼儿园、新建小区配套幼儿园和需要整改的幼儿园统一管理，由业主单位零租金提供场地，引进董事会、分红制等现代管理理念，按照国际一流标准建设，统一打造五星甚至超五星惠民幼儿园，让更多百姓享受到优质的学前教育资源，解决“入公办园难，入民办园贵，入无证园乱”问题。（李咏梅　史媛雅）

J Y 2016

jiao yu

教育

文　化

【概述】 2015年，太原市文化局（版权局）贯彻党的十八大，十八届三中、四中、五中全会和习总书记系列重要讲话精神，以人民为中心，以"六大发展"为主线，践行"三严三实"，推动文化繁荣发展取得新成效，适应经济社会发展新常态。太原市文化局（版权局），局机关内设17个职能处（室），局属单位12个。

（曹永明　吴　鹏）

【提升党建工作水平】 2015年，市文化局坚持"双学"，以中心组学习为龙头，学习党的十八届五中全会和习总书记系列重要讲话精神，统一思想、凝聚力量；学习党中央崇尚实干、勇于担当、廉洁自律的优良作风，领导班子作风变化。开展"三严三实"专题教育，局党组带头，从严要求，强化问题导向，持续落实整改。开展服务型基层党组织建设，提升党建工作水平。强化管党治党责任，开展基层党组织书记抓党建工作述职评议考核。制定《党员管理信息系统动态管理办法》。组织党务干部参加工委培训。开展"道德讲堂"等主题党日活动。发挥工青妇桥梁纽带作用。践行社会主义核心价值观，贯穿到文化建设各环节，通过展演、展览、活动进行广泛宣传。（曹永明　吴　鹏）

【落实廉政两个责任】 2015年，市文化局强化"两个责任"意识，制定并落实"两个责任"清单，局党组听取局属单位党风廉政建设和"两个责任"落实情况，约谈局机关中层正职和局属单位党政主要负责人，党组书记主讲"两个责任"专题党课。学习新修订的准则和条例，严明政治纪律规矩，强化监督执纪问责，警示教育，纠正"四风"，开展违规收送礼金、红包、节礼等问题专项整治。加强廉政文化建设，举办局属系统廉政文化讲座；市级晋剧院、艺研院、群艺馆、图书馆发挥各自职能优势，开展廉政创作、演出和图书推荐活动。（曹永明　吴　鹏）

【编制文化十三五规划】 2015年，市文化局遵照党的十八届五中全会和省委、市委十届七次全会精神，精心策划，科学编制市重点专项规划—《太原市文化发展"十三五"规划》，为未来五年市文化提供发展蓝图和行动指南，争取将重点文化项目纳入全市规划予以保障。编制《太原市新广业发展"十三五"规划》《太原市文化产业发展"十三五"规划》。客观总结《太原市文广新发展"十二五"规划》执行情况。（曹永明　吴　鹏）

【文化体制改革】 2015年，市文化局建立全市公共文化服务体系建设协调机制，确定22个部门为成员单位，推进公共文化服务体系建设。出台《做好向社会力量购买公共文化服务工作的落实意见》《向社会力量购买公共文化服务第三方评估的改革指导意见》，加强政府购买公共文化服务力度。推动文化事业单位建立法人治理结构，以市图书馆为试点，科学选举理事会成员，召开理事会第一次会议，法人治理工作步入正轨。市政府印发《进一步加大传统文化、非遗传承保护力度的改革指导意见》，建立非遗保护传承体制机制。编制《太原市大力支持小微文化企业健康发展意见》，扶持成长型小微文化企业迅猛发展。

（曹永明　吴　鹏）

【繁荣艺术创作演出】 2015年，市文化局开展以"中国梦"为主题的艺术创作，着手电视连续剧《钟楼街往事》剧本创作，推出晋剧《于成龙》《续范亭》《紫穗槐》，话剧《谍杀》及小戏小品、歌舞等30余部。获国际奖3项、国家奖4项、省级奖2项，其中戏曲电影《傅山进京》获中美国际电影节"最佳戏曲片"奖；晋剧《上马街》获第十六届上海白玉兰戏剧表演"主角奖、配角奖"；全省唯一入选的晋剧《守护夕阳》参加全国第十四届戏剧节获优秀剧奖。晋剧《傅山进京》《于成龙》《续范亭》《太宗归晋》，舞剧《千手观音》获国家艺术基金资助项目。承办纪念抗战胜利70周年"烽火战歌"专场音乐朗诵会；晋剧《续范亭》《上马街》，话剧《谍杀》参加山西优秀舞台剧展演；晋剧《于成龙》参加山西优秀新创剧晋京展演；音乐剧《十年》参加纪念毛泽东《讲话》发表73

周年演出。惠民演出350场,受众20余万人。市属院团营业演出581场。参加澳大利亚交流活动、法国“关帝节”庆典活动。编撰《市艺研院院藏剧本选集》。参加市职业院校技能竞赛获优秀教师奖23个、学生一等奖7个,举办“师道承艺——美术教师作品展”。 (曹永明 吴 鹏)

【健全公共文化服务体系】 2015年,市文化局完善全市四级公共文化服务网络,推进市级两馆建设,开展第四次全国文化馆评估定级工作。推动市图书馆改扩建工程,做好闭馆不闭服务。组织承办第二十五届全国书博会,协调24个部门进行媒体宣传、氛围营造、市政市容等工作;开展“聚焦书博会·媒体看山西”太原站等3项主题活动,完成主会场工作任务。开展“文化太原 幸福龙城”两节系列文化活动和文化惠民基层行、电影惠民月活动。成功举办“中国·太原国际鼓王邀请赛”。组织第十七届“群星奖”太原市选评活动。开展“书香太原”全民阅读活动,向8万余残障人赠送“爱心数字阅读卡”。美术馆成功举办“第十二届全国美展获奖作品展太原巡展”“新态·太原国际雕塑双年展”“山西文博会五大美展”“全国书博会书画展”等48场展览,日高观众1万人,全年观众100万人,受到赞誉。“吴为山雕塑专馆”常年开放。举办“大美讲堂”25场。编辑出版《大美丛书—张熙玉雕塑作品集》。获山西文博会优秀组织奖。 (曹永明 吴 鹏)

【非遗保护传承】 2015年,市文化局非遗传习展示中心正式对外开放,开展“印象老太原”非遗展演展示,非遗进校园、进课堂活动。组织“文化遗产日”系列活动,宣传展示非遗成果。命名古建筑模型制作技艺等11家非遗传习场所为第二批太原市非遗传习基地。积极申报第五批国家级非遗代表性传承人和第五批市级非遗代表性项目。编辑出版《古建筑模型制作技艺》非遗抢救性音像资料。

(曹永明 吴 鹏)

【文化产业发展】 2015年,市文化局推动文化消费发展,编制《太原市促进文化消费试点实施方案》,落实补助资金,建立文化消费卡。扶持文化产业优势项目,高新区文创联盟、特玛茹申为国家文化产业重点项目。新金鼎成为省第三批文化产业示范基地。推进太原工业文化创意园区建设,组织“中国·太原国际青年金雕创作营”活动,创作金雕作品41件。开展市第三批文化产业示范基地和特色文化产业县乡村评选。组织参加山西、深圳、北京文博会,东盟博览会,中国体文旅博览会,全市招商项目签约金额上百亿元,占全省总量三分之一。局荣获山西文博会优秀组织奖。(曹永明 吴 鹏)

【文化市场监管】 2015年,市文化局审批事项下放全部完成,各县区和开发区承接,审核换证1469家文化市场经营单位。推进120家网吧转型升级。太原市在全国文化市场技术监管平台存量数据激活率达97.6%,实现网上审批和执法应用。检查娱乐场所点唱系统及视屏播放系统。加大对歌舞娱乐、网吧、演出、出版物、广电等经营场所监管力度,以净化校园周边环境为重点,开展暑期文化市场百日专项整治,对未成年人进入网吧及未实名登记进行严管重罚。建立网络文化监管机制,对经营性、非经营性互联网文化单位进行初审和备案,并将实力的经营性互联网文化单位上报省文化厅核发《网络文化经营许可证》;对已停止互联网文化活动的非经营性互联网文化单位实施了备案注销。组织太原新闻网等10多家网站进行文明旅游宣传活动。重新构建局网站,加强日常维护。创建市公共文化服务设施数字化信息平台,建立市文化系统数据库。(曹永明 吴 鹏)

【广播影视】 2015年,市文化局加强安全播出管理,全市重大节日、重要活动安全播出无事故。全面完成广电“户户通”建设任务,安装设备总数9100套。开展卫星地面接收设施专项整治,有效遏制非法接收卫星电视节目行为。加强电影行业管理,完成20家城市影院年检换证,新增3家城市影院,县级影院实现全覆盖,全市电影票房达2.8亿元,同比增幅41.4%。农村电影放映全覆盖,全年放映12156场,实现“三个一”目标。在农村寄宿制学校开展优秀电影放映,保证每个中小学生每月观看一场爱国主义电影。

(曹永明 吴 鹏)

【新闻出版】 2015年,市文化局注重新闻报刊管理,确保报刊出版方向。严格报刊内资年检,完成报刊内资审读,编发8期《太原审读通讯》。全年审批出版内部图书22种。对45种内资(刊型)进行评审评级。完成810余名新闻采编人员《记者证》的换发和有关人员的考试。强化印刷复制业管理,严格印刷企业年检和“五项制度”落实,对全市印刷企业9426名从业人员进行备案统计。有5家印刷企业被省确定为示范企业,占全省示范企业总数41.7%。开展“扫黄打非”斗争,围绕“清源”“固边”“净网”“秋风”“护苗”专项行动集中整治,有效净化了出版物市场。全年检查出版物经营单位和印刷企业730家次,清查165所中小学校教辅读物,清理游商地摊68处,处理群众举报86件,收缴非法出版物86200余册份,“非法宗教图书印刷案”“《中华乡村》杂志案”“销售淫秽色情光碟案”被列为省“扫黄打非”重点督办案件,均被告破。加强版权工作,开展“4.26世界知识产权日宣传周”活动。组织“剑网2015”专项行动,对59家网站进行监控。对41个政府部门软件正版化和10223台计算机进行重点检查,并在全国软件正版化工作会上作为唯一省会城市进行经验介绍。

(曹永明 吴 鹏)

【法治安全建设】 2015年,市文化局加强依法行政工作力度,执行《行政执法责任制》,层层签订行政执法目标责任书。建立案件办理回访制度、执法通报制度,对案件办理情况进行清理、通报。建立“六权治本”限制权力制度,完善制度6项,新增制度7项。健全责任清单和问责依据，对107项事权逐一梳理，细化到条，落实到款。清理14份党内规范性文件，有效1件，失效4件，废止9件。全面落实安全责任制，实施安全测评体系，开展安全大检查，确保安全无事故，获市安全生产先进单位。（曹永明 吴 鹏）

【综合保障服务】 2015年，市文化局深入精细化管理，加强后勤保障服务。办理人大建议5件、政协提案13件。处理12345便民热线199个。报送舆情信息1209篇，被中宣部采用60余篇，名列全市前位。主动化解信访问题，处理信访事件2起。加强值班、保密、档案、双拥、创卫、计生等工作。认真编制财务预决算，为工作打下基础。加强业务统计，培训县区文化统计人员业务技能。规范核算，顺利运行。做好经费测算，确保资金到位。重视政府采购，发挥资金使用效益。加强理财，完善资产管理。做好离退休人员管理和老干部服务。慈善一日捐款2040元。开展阳曲县洛阴村扶贫，选派干部到村担任第一书记。点对点帮扶100个贫困户；建设村文化活动中心；包装推广农作物；开展慰问活动；组织晋剧赴村演唱2场，丰富村民文化生活。

（曹永明 吴 鹏）

【干部选拔任用】 2015年，市文化局重视领导班子和干部队伍建设。认真执行《党政领导干部选拔任用工作条例》，严格做好干部选拔任用工作。本年度共调整干部5人，其中局机关提拔副主任科员1人；局属单位提拔正科级干部2人，提拔中层副科级干部1人，交流副科级干部1人。局党组严格贯彻《条例》和民主集中制，按照“好干部”标准，树立用人导向。按照中组部要求，把“三严三实”融入干部队伍建设中，推进干部工作规范化、制度化，形成严密、完整的运行机制。根据市组部要求，多次对“破格”“带病”提拔领导干部等情况进行了自查，均不存在问题。开展局属单位领导班子、局机关公务员年度考核。加强干部人事档案管理。与浙大成功举办“太原市文化系统干部能力提升专题培训班”。为艺校、美术馆向社会公开招聘各类专业人员。选派优秀文化人才到贫困边远地区开展定点服务。（曹永明 吴 鹏）

新闻出版

·太原日报报业集团·

【概述】 2015年，太原日报报业集团以转型发展和融合发展为主基调，贯彻落实中央和省、市的决策部署，围绕全市中心工作，加大改革创新力度，推进集团各项工作健康有序发展。太报传媒被山西省工商局评为“山西省守合同、重信用企业”“山西省爱国卫生先进单位”；离退休人员管理处被评为全省老干部工作先进集体。在第四届中国报业党建工作座谈会上，论文《浅析地市级党报如何践行“三严三实”，促进传统媒体与新兴媒体的融合发展》获二等奖。（办公室）

【队伍建设】 2015年，太原日报报业集团按照市委统一部署，集团市管干部分4个专题，采用集中学习与个人自学相结合、理论学习与集中研讨相结合等方式，先后学习《习近平关于严以修身的重要论述摘编》《习近平关于严于律己的重要论述摘编》《习近平关于严以用权的重要论述摘编》等重要论述，同时集中学习《中国共产党党组工作条例》《中国共产党廉洁自律准则》《中国共产党纪律处分条例》等党内条例。每位班子成员和市管干部都结合自身实际，撰写心得体会，以践行三严三实为题目，为集团全体党员和分管部门党员讲党课。报业集团在重大问题决策上，坚持民主集中制原则，发挥每位班子成员聪明才智，在集思广益基础上进行科学决策。（办公室）

【业务建设】 2015年，太报集团“三报一网”围绕全市中心工作，聚焦新闻主业，创新办报思路，加大策划力度，把握好时效度，重点就“三严三实”专题教育活动、城中村改造、五个一批工程、创新创业、五城联创等方面的工作开展宣传报道，做好新闻宣传和舆论引导工作。

《太原日报》完成解读党的十八届五中全会精神、市委十届七次全会精神、人大、政协两会等重大会议报道，以及抗战胜利70周年纪念专题系列采访（6个系列）、城中村改造、科技创新、民营经济发展、金融振兴、省城环境综合整治等重大专题宣传报道。完成市委常委会、市委全会及全市经济工作会议等重要政务报道任务；围绕“全省学太原，太原怎么办”“科技创新”（6篇）“金融振兴”（3篇）等专题报道推出了系列评论；推出《龙城交警》等各类联合办版内容。

《太原晚报》推出城中村改造、五个一批等重点工程建设系列报道，养老服务业发展、二十五届书博会、抗战胜利70周年纪念专题采访，推出12篇金融振兴系列报道；在官方微信平台开展“创新创业”宣传活动；策划“拥抱互联网+，创富‘朋友圈’”，推出“从卫国功臣到反贪尖兵——追记清徐县检察院反贪局副局长李洪达”等通讯，推出“这5家违规预售楼盘何以如此任性？”等新闻监督报道，发挥新闻媒体的舆论监督作用。

开设“革弊立新移风易俗”专栏，推出“太原优秀青年成长经历展示录”系列报道；推出《李克强总理深情朗诵他的对联——晋祠乡居者刘大鹏的中国视野》《一百年前的山西是啥样 法语版正太铁路老照片面世》《吕梁山走出了一代廉吏》等独家原创报道；首次派出记者走出国门，参与第17届亚运会的全程报道；形成“今日观点”“热议”等品牌栏目。

《山西商报》围绕“商”字做文章，做好经济新闻的宣传报道。太原新闻网推出“城中村改造”“抗战70周年胜利”等10多个新闻专题，新闻原创能力、传播能力进一步提升，在全省排名领先。

《太原晚报》官方微信坚持内容原创的原则，影响力位列山西综合性纸媒首位。《太原日报》新闻客户端（APP）二期改版上线，功能进一步完善，影响力逐步

扩大。（办公室）

【报业经营】 2015年，集团职工创新经营方式，拓展经营空间，深挖经营潜力，确保集团正常运营，在实现经营销售收入1.46亿元，比上年减少1100万元，下降7.5%情况下，争取政策支持，节约成本费用1033万元。物业公司进驻两个社会小区和一个公司的物业市场，广告公司策划一系列小微活动，印务公司加强技术改造，拓展商业包装业务，发行公司完成大征订任务，“两报”平均数和期发数略有下降，房地产公司完成印务园区工程验收。为职工兑现正常的工资增长，理顺长期不规范的工资关系。

推进非报经营，智慧信息亭项目启动，建成两个样亭。被山西省文化厅树为全省第三批文化产业示范基地，被太原市企业家协会会授予2015年2A级诚信企业称号。（办公室）

【党建工作】 坚持改进和加强党委中心组学习，每次不少于半天，全年不少于12次，集中组织学习十八届五中全会精神、市委十届七次全会精神等，提高党委班子的辩证思维能力、理论思维能力和创新思维能力。坚持执行民主集中制，重大决策和选人用人坚持集体领导、民主集中、个别酝酿、会议决定，以开展“三严三实”专题教育活动为契机，健全完善党委集体决策制度和议事规则，重大决策都要经过决策咨询委员会论证，以提高决策的民主化、科学化水平。坚持以党章和党内生活准则为依据，严格执行党内民主生活会制度，建立健全集团党委成员谈心制度，开展批评与自我批评。

（办公室）

【内部管理】 执行“一报告两评议”规定，按照《干部任用条例》精神，经竞聘演讲、民主推荐、谈话推荐、组织考察等程序，组织太原新闻图片社社长、太原晚报小记者公司经理等职位的竞聘，做到公开公平公正。开展纪律作风集中整治，重点对落实八项规定和违反工作纪律等行为进行规范和集中治理。开展反腐倡廉警示教育、作风建设、纪检干部工作职责和作风建设等专项工作，强化集团干部职工的自律意识和自律能力，促进集团整体作风的改善。持续开展精神文明创建和报业文化建设，集团党委成员两次集体赴娄烦县娄烦镇河家庄村下乡扶贫，完成市委考核任务。开展集团安全生产大检查活动，落实安全监管责任，杜绝安全生产事故。做好为干部职工进行年度体检、部聘人员转社聘等实事好事。

（办公室）

【纪检监察】 2015年，太报集团干部职工学习贯彻党的十八届四中、五中全会精神，规范工作流程，严密工作程序，提高运用法治思维和方式解决问题能力，提高依法办事水平。全年加强对各经营公司办公物资采购、生产生活设备及日报新媒体APP等招投标工作。严格执行修订的《实物冲顶工作规定》，对800余万元的抵顶实物进行询价认定。以“三重一大”为重点，推进企业事务公开。

（办公室）

·太原广播电视台·

【概述】 2015年，太原广播电视台贯彻落实党的十八大、十八届三中、四中、五中全会和习近平总书记系列重要讲话精神，按照“四个全面”战略布局，围绕中心、服务大局，坚持稳中求进、改革创新，把握“两个巩固”，打造精品力作，进一步唱响主旋律、凝聚正能量、营造好氛围、重塑新形象，推动新闻宣传、文化演艺、事业建设和产业发展取得新成绩，较好地完成全年工作目标和任务。（赵　亮）

【开展重大主题宣传报道】 2015年，太原广播电视台围绕市委市政府中心工作，坚持团结稳定鼓劲、正面宣传为主的方针，深化“走转改”，为全市改革发展稳定营造了良好氛围、汇聚强大正能量。采取多种形式，集中宣传报道全市党员干部群众学习贯彻十八届四中、五中全会精神和习近平总书记系列重要讲话精神的生动局面；深入开展“行进中国·精彩故事”大型主题采访活动；为践行社会主义核心价值观，弘扬正能量，倡导真善美，推出《先锋颂　堡垒赞》等专栏；为积极配合经济的止缓、回稳、促增，推出了《新常态　新突破　新发展》等专栏；为配合党风廉政建设，推出《践行“三严三实”　推进作风建设》等专栏。（赵　亮）

【中心工作宣传报道】 2015年，太原广播电视台宣传各级各部门认真贯彻落实贯彻落实中央、省委决策部署，形成“三个高压态势”、落实“六权治本”、推动“六大发展”、实现“六个表率”的生动实践，宣传贯彻市委关于正确处理“六个关系”、全力推进“五个一批”、努力重塑“三个新形象”等重要部署的落实情况。推出《城中村改造面对面》大型访谈直播节目，为打赢城中村改造这场硬仗凝聚正能量、营造好氛围起到积极作用；推出系列报道《加强综合整治　改善环境质量》，全面反映实施污染企业关停搬迁、集中供热全覆盖工程、气化太原、城中村整村拆迁改造等五大工程，狠抓工业污染治理等五项整治落实情况；推出《先锋颂　堡垒赞》等专栏，弘扬正能量，倡导真善美；推出《新常态　新突破　新发展》专栏，配合经济止缓、回稳、促增。

（赵　亮）

【重大活动宣传报道】 2015年，太原市“两会”举行之际，发挥广播电视的媒体优势，创新报道内容、手段、方式，通过现场直播、开设专栏、策划推出特别报道等多种形式，充分反映会议的盛况，深入基层，关注民生，引导群众，大力宣传全市各项工作的新举措、新进展、新成效，展示全市干部群众锐意进取、奋发向上的精神状态。围绕中国人民抗日战争暨世界反法西斯战争胜利70周年，结合太原抗战历史，推出特别系列报道《抗日烽火》等栏目。（赵　亮）

【对外宣传工作】 2015年，太原广播电

视台围绕市委市政府中心工作，根据省、市各个阶段的工作重点，认真分析省台、中央台的用稿需求，查找问题，寻找对策，策划相应的主题报道，加大在中央台、省台的上稿力度。全年有34件新闻作品在中央电视台和中国之声中播出，并获2015年度中央人民广播电台新闻报道特殊贡献奖。其中，《我市用扎实的"三严三实"专题教育转变干部作风推进城中村改造》在央视《新闻联播》播出，《太原市委书记和市长联合回应：太原不采取限购措施》等在中国之声《新闻和报纸摘要》播出，为宣传太原、提高和扩大太原影响力美誉度做出贡献。（赵 亮）

【栏目创新】 2015年，太原广播电视台按照"定位准确、节目精细、个性突出"思路，各频率频道积极探索，从节目设置、时间编排等方面推陈出新，着力提高品牌影响力。新闻频率引入"大服务"概念，在改版《行风追踪》《行风热线》的同时，还与市食药监局、市房地局等部门联合开办栏目，扩大频率服务内容，体现频率公信力；音乐频率联合山西省58所高校广播站，打造"校园大联盟"栏目，推出互动栏目"听说太原"，通过线上线下互动的方式，激发听众收听和参与节目的热情；新闻频道推出《新闻微话题》，利用微信、微博等移动互联网媒体与电视观众互动，打造全新的互动式新闻体验；法制频道联合北京、天津、大连等九个城市台地面频道共同推出大型法制电视节目《法治中国60分》，节目覆盖包括北京在内的十省区市三亿四千万收视人群。以品牌活动带动频率频道营销，推出《1044幸运大派送》《107青春正当时》《1026"爱的小橘灯"系列活动》等多个活动，扩大频率品牌的影响力与竞争力。成立新媒体中心，拓展网络平台，从微博、微信、CUTV、蜻蜓FM等多个新媒体平台发布新闻资讯，开发的手机客户端"太原手机台"和CUTV太原台PC端已上线试运行，为实现多屏互动、媒体融合探索可持续发展之路。全年全台共有139件新闻作品获奖，包括国家级奖19件，省级奖77件。其中，《912新闻早高峰》获中国广播电视奖全国优秀栏目，《107早班车》获2014年度全国广播收听市场风云榜节目综合收听率前10，《印象龙城》获2014中国广播电视媒体"民生影响力十强栏目"。电视台承办的2015年城市春晚获中视协金鹰奖和中广协特别奖。

（赵 亮）

【广播电视文化创作】 摄制40集军事历史文化系列电视专题片《铁血风云—太原军事史话》，与全国其他城市广播电视台联合制作的纪念抗日战争胜利70周年的60集专题片《血铸河山》及反映太原抗战历程的历史纪实专题片《太原抗战》。出版发行电视连续剧《一代廉吏于成龙》，创作电视小人书《太原老故事》第二季共十集，并制作成包括DVD和连环画册的多媒体文化礼品进行发售。

（赵 亮）

【文艺演出】 强化"走出去"战略，精心打造三台原创文艺精品。太原歌舞杂技团以"中国梦"为主题创作的音乐剧《十年》在杭州首演，获巨大成功，并参加在上海举办的中国原创优秀音乐剧展演活动。太原舞蹈团编创的反映太原深厚历史文化、传递向上向善价值观的舞剧《雁丘词》在北京首演成功；舞剧《千手观音》赴乌鲁木齐参加2015中国新疆国际民族舞蹈节。太原话剧团为纪念抗战胜利70周年编创的献礼大剧《谍杀》在北京首都剧场演出获得巨大成功。此外，还进行100多场文化惠民演出。全年各团共演出523场，收入596.9万元，实现社会效益与经济效益双丰收。（赵 亮）

【事业建设】 中波广播更换发射机，改善和提高覆盖效果。投资1000多万元升级改造广播播控中心中控室和新闻、经济、交通三个频率直播室，在省内处于领先地位。移动电视新建3个发射站点，有效提高城区信号强度。组建了台新媒体中心，"太原手机台"APP上线，本台的覆盖率影响力得到了有效提升。百姓频道合作的"百姓生活"和法制频道推出的"TV摇摇乐"APP，有效地实现电视和手机的双屏互动。太原有线启动HFC网络向下一代广播电视网（NGB）的升级改造，建设三网融合业务平台。完成有线电视互动2.0系统的升级扩容，建立完善业务支撑系统和用户管理系统。完成有线电视BOSS系统建设并投入运行，启动标准化营业厅的改造建设项目。

（赵 亮）

【产业发展】 调整营销策略，优化广告结构，实施分频道经营，挖掘创收潜力。太原有线有效推广互动电视视频点播、时移电视、高清电视等新型业态，实施"WiFi"试点及光纤入户项目，巩固和拓展广播电视经济增长点。山西省通信管理局审核通过网络公司在太原市范围内开展因特网接入（ISP牌照）的申请，迈出全IP化的第一步。在整体经济下行压力较大的严峻形势下，以提高经济增长质量和效益为突破口，全年实现创收5.3亿元，总体上实现平稳的发展。（赵 亮）

【安全播出】 2015年，太原广播电视台坚持把安全播出工作作为广播电视的生命线和头号政治任务来抓，明确任务，强化管理，研究问题，督查落实，特别是对特殊保障期提前安排部署，使得安全工作重点突出，落实有力。市财政局下达预算974万元，启动重要信息系统升级改造，相关申报工作完成，设备采购工作纳入2016年政府采购计划。定期开展安全隐患排查整改工作，并在春节、国庆等节假日、"9.3"阅兵、"两会"等重要保障期开展针对性检查，对每一个环节、岗位、安全措施都进行梳理排查，投入资金467.991万元积极整改安全隐患。进行停电和消防应急演练，切实提高单位各部门人员处置突发事件时快速反应和整体联动的能力，并从中提出改进措施，修订完善应急预案。全年投入1343万元用于解决安全播出问题，52项隐患和问题得到了解决，保障重要节点的安全播出。太原有线网络公司配合城中村改造和市政

道路施工，全年完成各类光缆线路抢修235次、移改140次，维修150次，敷设约274千米，确保正常播出。（赵　亮）

【党建和党风廉政建设】 2015年，太原广播电视台各级党组织牢固树立抓党建是最大政绩的理念，认真履行从严管党治党责任，以学习讨论落实活动和"三严三实"专题教育为载体，采取集中学习、专题讨论、党课辅导等形式精心组织政治理论学习150余次，加强思想理论武装工作；围绕领导班子建设、组织功能发挥、工作制度执行等重点内容，落实"三会一课"、民主生活会、组织生活会，基层组织书记述职述廉、民主评议党员等工作，推进基层组织规范化建设。同时，坚持把党风廉政建设作为全台从严治党的重要内容，狠抓"两个"责任的落实，制定出台了《实施意见》和《责任清单》，层层传导压力，推动工作落实。开展"三公经费"、公务用车、陈规陋俗、大操大办等专项治理，坚决把中央八项规定落到实处；严格执行《准则》《条例》和执纪监督"四种形态"的要求，组织了两轮廉政谈话、处置问题线索11个，进行谈话函询4人，真正把纪律挺在前面；精心实施"六权治本"工作，对全台易发生廉政风险的部门、岗位进行全面梳理排查，新制定广告、节目购销、卫星节目等相关风险防控制度4项，扎紧扎实制度的笼子，为文化广播电视健康持续发展提供了坚强的政治和纪律保证。（赵　亮）

·太原教育电视台·

【概述】 太原教育电视台于1982年11月成立，隶属于太原市教育局，全额拨款、公益一类事业单位，核定编制人数95人，2015年有正式职工86人，有党政办公室、总编室、新闻部、技术部、节目部、播出部、行政后勤部、全媒体开发部、对外交流部、活动培训部、专题部、广告部等12个内设机构，是重要的市级专业电视新闻舆论机构，也是山西省两大教育电视台之一。

太原教育电视台的宗旨和业务范围为:组织制作宣传党和国家的教育方针、政策，为教育的发展制作新闻、专题节目，制作和播出教育教学节目，实施远程教育和终身教育，制作播出有益于少年健康成长的教育、娱乐、影视等节目，建设电视媒体和网络媒体，向全国传播和交流教育节目。

太原教育电视台立足公益性教育电视平台定位，全力创建优质的学习型平台和发展空间，从单纯的服务于学校教育拓展为服务于学习型社会、服务于人力资源能力建设、服务于办好人民满意的教育，拓展教育新闻宣传的深度和广度，取得了较大的媒体影响力，成为国家、省、市教育信息的重要交流平台。

（办公室）

档　案

【概述】 2015年，太原市档案局学习贯彻习总书记系列讲话和党的十八大、十八届三中、四中、五中全会精神，贯彻落实中央、省、市各项重大决策、部署和要求，开展"三严三实"专题教育活动，推进市委、市政府两办《关于加强和改进新形势下档案工作的实施意见》的贯彻落实，档案工作体制进一步健全，"三个体系"建设再创佳绩。（邱俊玲）

【出台档案管理规范性文件】 2015年，太原市人大主任会议专题听取全市档案管理工作情况汇报，市人大法制委、教科文卫委、市政府法制办先后3次调研档案工作，把修订《太原市档案管理条例》列入太原市人大2015年度集中打包修改的地方性法规项目，召开专家论证会12次，先后6易其稿，对《条例》进行逐条逐款、认真反复修改。11月6日，《条例》审核稿经太原市第十三届人大常委会第三十五次会议审议通过。（邱俊玲）

【档案规范化管理】 市档案局探索贴近中心工作的新路径、结合点。对市住建委、市城管委等部门开展重点建设项目档案监督指导，登记管理重大建设项目档案59份，完成太原天然气有限公司等6项市级重点工程档案专项验收。与市农委联合印发《关于做好农村土地经营权确权登记颁证档案工作的意见》，指导市国土资源局创建数字档案室，列入国家第一批数字档案室建设试点单位。指导县区围绕城中村改造提供档案服务，指导晋源区档案馆参与并收集记录金胜镇南阜村城中村拆迁改造工作照片集《记忆的家园》2册、11000余张照片，为记录太原历史，留存城中村资料。落实国家档案局8、9、10号令，完成太原市公共租赁住房保障中心、太原市十九中等20个市所属二级单位和6个企事业单位的《文件材料归档范围和文书档案保管期限表》审批备案工作，指导全市113个机关、企事业单位实现档案规范化管理。

（邱俊玲）

【"城市记忆"工程】 2015年，太原市档案局建成全国档案系统内容最齐全的晋商档案数据库。市档案局与民间收藏家建立合作整理利用协议，采用先整理扫描，实体和电子同步分类办法，完成合约、股票、账本、晋商书信、族谱等十三个大类六十一个小类的14347件6.8万余幅晋商档案文献的分类、整理、编目和核对工作，完成《晋商档案文献概览》的选图、分类、整理等工作，建成全国档案系统最齐全的晋商档案数据库。（邱俊玲）

【抗战档案数据库】 2015年是抗战胜利70周年，太原市档案馆通过征集中央档案馆、第二历史档案馆、解放军档案馆的珍贵档案，梳理太原市档案馆抗战资料，接收民间收藏人士高六模抗战实物档案和老摄影家顾棣抗战照片，奔赴山西各大抗战遗址拍摄收集资料，从民间征集美国、意大利、日本拍摄的记录视频，与省委汾东公寓管理处合作，接收太原仍健在的130名抗战老战士照片资料，形成体系较为完善的由5812件图

片、文献、实物和视频构成的山西抗战档案数据库。（邱俊玲）

【民生档案数据库】 克服馆藏饱和的困难，接收医疗保险、企业养老、公证档案34373卷(件)，形成由15万卷档案构成，关系60余万普通群众利益，涉及林权承包、土地流转、环境监测、村民宅基地、医保社保等26项内容的民生档案体系，全市11个国家综合档案馆民生档案总数达36个种类49万卷，民生档案数据库数量全省第一。到2015年底，全市11个综合档案馆馆藏达104万卷(件)，比2010年增长55.5%，最早档案文献从1630年提前到1580年，清以前纸质档案从9件，增加到200余件。（邱俊玲）

【专题数据库】 2015年，在建好三个核心数据库的同时，市档案馆建成由1651册(电子书籍)珍贵古典书籍构成的山西省方志数据库，100余家老店构成的老字号数据库，99项非物质文化遗产数据库，20余家企业450余册档案资料构成的民国太原工业数据库，党的群众路线在太原数据库等5个专题数据库。（邱俊玲）

【益源庆“醋”档案申遗】 2015年，由“中国档案文献遗产工程”国家咨询委员会评选、国家档案局权威公布的第四批《中国档案文献遗产名录》揭晓，太原市档案馆申报的“宁化府益源庆历史档案”入选。“宁化府益源庆历史档案”以益源庆醋酿造技艺为主要构成，记录益源庆自明初创办600多年的酿醋技艺的发明、发展和传承过程，包括益源庆全固态发酵食醋生产工艺、益源庆商标、醋具实物、经营管理及历史实景照片等共计80件档案文献，反映和展示山西醋文化悠久历史和丰富内涵。山西共3件(组)档案文献入选。（邱俊玲）

【信息化和档案保护】 2015年，太原市档案局档案信息化建设取得进展。开展增量档案电子化，存量档案数字化，录入电子目录48.3万条，电子目录总量达220.9万条，完成全文数字化54.4万幅。全市11个综合档案馆电子目录总量达687万条，全文数字化达152万幅，与“十二五”初期相比增长1.5倍。

2014年12月15日，太原市档案局干部职工在三楼会议室过抗战案卷

抢救与保护档案取得突破性成果。对濒危档案采取仿真复制、修裱、丝网膜加固等手段进行根本性抢救，裱糊抢救晋商档案、抗战档案、民国时期山西省各地地图等7500页，丝网膜加固民国报纸1200张、民国资料1800张，万余件历史档案得到妥善保护。完成异地异质档案备份108G，应对突发事件对档案的危害。

保护散存在民间的档案。征集赵梅生画作、华国锋照片等珍贵档案65件；采集“回忆已故市长岳维藩”口述档案录音录像120分钟，征集省人大原副主任、阎锡山秘书李蓼源口述音像100分钟；拍摄记录太原市两会、国际马拉松等重大活动照片8000余张、摄像录像320余分钟。

加大可移动文物普查工作。组织全市11个综合档案馆开展第一次可移动文物普查工作。市档案馆对馆藏建国前档案资料登记20万件近50余万页，录入目录24.8余万条，筛查上报2038件可移动文物档案，拍摄、测量、编号4903幅，文物级档案做到家底清楚、分类明确、电子管理、方便利用。（邱俊玲）

【创新档案服务手段】 2015年，太原市档案局建立划控鉴定及解密工作新机制。明确在7项工作环节开展档案鉴定，确保国家档案资源信息安全。对馆藏1985年的档案逐件逐页进行鉴定划控，开放档案19586件、控制利用27748件；登记1985年涉及秘密文件1000件，通过向31个单位去函、限定档案解密时限的办法，摸索涉密档案处理的经验。

建立异地查档跨馆出证服务新机制。市档案馆与杭州市档案馆、广州市档案馆签订“婚姻档案跨馆利用服务工作协议书”，实现“异地查档、跨馆出证、服务民生”的新举措。坚持首问负责、一证查阅、延时服务、预约查档、全程代办、免费查档等便民措施，全年共接待2324个单位、3550人次查阅利用档案，调阅案卷29909卷(件)，出具证明1870份，复制、扫描档案5103页。

建立服务民营经济档案新机制。成立非公企业档案工作协作组，建立档案人员QQ群、微信群，搭建起非公企业档案人员业务联系平台。（邱俊玲）

【档案文化献力“抗战”】 2015年，太原市档案局编撰《民族危难》《团结抗战》《中流砥柱》《伟大胜利》抗战系列图册4

《档案中的山西抗战》图册

册,全书1000余页,使用图片2000余张。书稿以图片和文献资料为支撑,反映山西军民作战、统一战线、重要贡献等,并将山西抗战与中国抗战、世界反法西斯战争结合起来,在展示山西抗战地位与作用同时,既肯定国民党军抗战表现,又强调共产党及其领导下人民军队中流砥柱作用。在馆内举办以"正义的胜利"为主题的280张图片180件实物构成的太原抗战档案展览;与太原市文明网联合举办"太原地区网上抗日战争历史纪念馆",利用三维立体动态浏览技术,打造出逼真的抗战档案史料展览。与山西电视台、太原电视台合作录制专题节目10期;与《山西晚报》合作推出"纪念抗战胜利70周年山西战场英烈录"系列专版27版,在《山西画报》《太原日报》《太原晚报》上刊登纪念抗战专版70余版,弘扬抗战精神和爱国主义精神。(邱俊玲)

图 书

【概述】 2015年,在太原市文化局领导和关心支持下,太原市图书馆深入贯彻党的十八届三中、四中全会和习近平总书记系列重要讲话特别是文艺工作座谈会重要讲话精神,围绕市文化局中心工作及《2015年度工作目标任务》,稳妥推进新馆建设进程,着力打造"书香太原",推广全民阅读活动,深化多点服务理念,拓宽延伸服务领域,推进公共文化服务体系建设,保障广大市民的基本文化权益,为推进太原兴并富民发展提供有力文化支持。2015年全年文献总流通人次337261人次,书刊文献外借128135册次;全年共采购新书95652册;共举办展览13场、公益讲座及电视讲座46场,网站访问量1390750人次。各项业务指标均达到年初预定目标。(张建荣)

【"三严三实"教育】 2015年,在做好太原市图书馆党的群众路线教育实践活动"回头看"各项工作的基础上,按照市文化局关于开展"三严三实"专题教育工作方案的文件精神和安排部署,结合太原市图书馆实际,在全馆中层以上领导干部中开展了"三严三实"专题教育工作,拟写并上报《太原市图书馆关于开展"三严三实"专题教育工作方案》,明确专题教育的指导思想、目标任务和内容方法;配合支部组织馆领导班子成员进行"三严三实"专题学习研讨和深刻反思,扎实进行整改,使太原市图书馆专题教育工作有序推进。(张建荣)

【新馆建设】 2015年是太原市图书馆改扩建工程建设至为关键的一年,按照国家"十三五"规划对公共文化服务体系建设的要求为指导,太原市图书馆新馆将注重技术先进性、图书馆功能多样性,以人性化、休闲化营造书香四溢的阅读环境,打造更宽阔、更优美的阅读休闲空间、公共文化空间,建成"读者的大书房""百姓的会客厅",市民的文化休闲中心。市图书馆与代建方、设计及施工单位对各项设计进行充分的沟通。从图书馆班子领导到各相关部门负责人及业务骨干,均参加了改扩建办公室组织的各分项设计百余次的设计研讨、沟通会议,向设计方、代建方提出设计建议。年内,市图书馆改扩建工程已完成了消防审核、建设许可证、供电、供暖、天然气接入等手续办理;开展了消防、安防、外幕墙、精装修、室外亮化及园林景观等多项设计。(张建荣)

【专业化建设】 2015年,太原市图书馆专业数字信息化(读者服务业务管理平台建设方案)设计经专家论证后进入招标采购;专业柜架桌椅设备进行多次的平面排布研讨、设计沟通和交流,招标工作已完成,进入生产加工阶段;多功能报告厅深化设计及读者学习交流空间的会议系统设备设计完成,设备招标采购启动;读者餐厅厨房深化设计完成,开始设备招标采购;标志导示系统进行了多次设计并已完成,积极准备招标工作;Logo设计在向社会公开征集的基础上,进行了多次设计深化;古籍库内典藏柜进入生产阶段;读者自助借还系统构架设计完成。市图书馆地理位置优越、交通便利,与周边省博物院、省地质博物馆等文化建筑相协调和融合,将成为太原市一个新的拥有宽阔公共空间的文化标志性建筑。(张建荣)

【"书香太原"活动】 2015年,"书香太原"系列活动是市文化局重点工作,也是"五个一批"重点民生和文化惠民活动。太原市图书馆全年分五个阶段开展"书香太原"活动,包括:翰墨飘香"书香两

节”“爱阅读、爱生活、爱公益”为主题的“春季读书月”、以“你选、我购、图书速借”活动为主要内容的“夏季读书月”、以“相约精彩书博,品味书香并州”为主题的“金秋读书节”及以“品读经典”为主题的“全民阅读月”活动。活动贯穿全年,精彩纷呈,成为全民阅读推广活动着力打造的文化品牌。 （张建荣）

【首创跨界合作新模式】 在“2015年书香太原——夏季读书活动”中太原市图书馆首创图书馆与书店跨界合作的新模式,并在全国首创在书店设立现场办证服务台,使读者享受到“现场办证”“现场选书”“现场借阅”的创新服务模式,受到广大读者的一致好评。活动使原有服务阵地前移,打破传统服务模式,是公共图书馆创新阅读方式、打造阅读品牌,推动全民阅读的一次大胆变革。活动为读者借书11727种,62484册次。在全国第25届图书交易博览会期间,来自《光明日报》《北京青年报》《农民日报》《中国文化报》《中国新闻出版广电报》《中国妇女报》《天津日报》及新浪网的记者采访团在新华书店太原书城,详细了解开展的“你选、我购、图书速借”活动,并纷纷采访报道,对活动给予一致好评。

（张建荣）

【微信平台开启】 在4.23世界读书日“春季读书月”活动之际,太原市图书馆正式开启“太原市图书馆”微信平台,在2015年“书香太原”系列活动期间,利用该平台在活动不同阶段开展“廉政专题图书推荐”“抗战胜利70周年专题图书推荐”“国家图书馆推荐70种图书”等优秀图书馆推荐活动,并适时发布“书香太原”系列活动情况,及时告知读者,吸引读者参与到全民阅读推广活动中。

（张建荣）

【互联网+多载体阅读】 2015年,太原市图书馆不断拓宽服务领域,创新引入科技手段,在“纪念中国人民抗日战争胜利七十周年”之际、“科普日宣传活动”之际,在美术馆分馆三层图书馆阅览室、市群艺分馆二层图书借阅室分别举办了数字阅读活动。读者可使用电子图书借阅机扫描图书二维码、轻松进行手机阅读,以及分享至朋友圈同享手机阅读,使读者免费体验太原市图书馆移动数字阅读服务。引入互联网+思维,多种载体的阅读方式,使读者阅读体验更加便捷、舒适、多元,为推动全民阅读活动的开展起到积极的作用。太原市图书馆积极延伸服务触角,拓宽服务领域,2015年下半年有针对性的考察并选择大型公共服务窗口,并陆续在机场候机大厅、市委、市政府、市政协、市人大分别设立市图电子图书借阅机服务点,近5万余种图书、视听文献,方便读者借阅,为推进太原地区公共文化服务体系建设,推广全民阅读,建设书香城市、书香机关,外塑“书香太原”良好形象起到积极促进作用。

（张建荣）

【关爱弱势群体,成就阅读梦想】 2015年,在“4.23世界读书日”活动期间,太原市图书馆继续深化和持续开展“春蕾读书”工程,制作8万余张“小学生阅览证”免费赠送小店区、晋源区、尖草坪区教育局;同时,制作8万余张“爱心数字阅读证”向全市残障人士免费发放;购置低视力助视设备,启动“我是你的眼”爱心公益服务。此外,为关爱农民工子弟,让他们实现阅读梦想、通过读书来不断提高和完善自己。市图书馆还在“六一”、秋季开学季期间,积极组织安排为农民工子弟较多的彭村小学、郝温村小学开展图书赠送活动。为彭村小学专门定制购买小学生推荐阅读的图书120册,赠送期刊200余册,赠送教辅图书200册,为郝温村小学图书室捐赠少儿图书20箱约2000余册图书。并与学校共同组织“书香太原”优秀图书读后感征文比赛,为评选出来的80名获奖学生发放学习用品,努力让公益文化均衡、平等惠及社会,受益群体更加广泛。 （张建荣）

【捐赠图书】 2015年,为推进公共文化服务走向基层,弥补基层图书室资源不足、设备落后的现状,太原市图书馆积极支援基层图书室藏书及硬件设备建设。利用馆藏剔旧资源、设备为娄烦县陈家庄组建图书室,捐赠书架6组,期刊架1组,报架2个,图书3500余册,期刊43册,地图4张,阅览桌4张,椅子16把。利用国家图书馆调拨的图书资源,为阳曲县图书馆调拨图书47箱约5000册少儿教辅图书。为当地图书室能够更好地开展服务提供了强有力的保障,受到当地老百姓的欢迎。全年向各基层服务分点共计捐赠图书10700余册,捐赠期刊

2015年4.23世界读书日启动仪式上“太原市图书馆公众微信平台”正式开通,读者可在移动终端借还图书、检索文献、数字阅读

2800余册。　（张建荣）

【"书香军营"服务】 2015年，太原市图书馆在"书香太原"系列活动中，不忘军民鱼水情深，开展打造"书香军营"的延伸图书配送服务。全年共对外配送图书8000余册。为配合"先进文化警地联建联谊联创"活动联席会议的召开，丰富基层连队官兵的业余文化生活，市图书馆为武警太原支队第十中队图书室配送流通图书300册，赠送期刊200余册，并把该图书室纳入到市图书馆分馆服务建设中，加强图书室的服务建设，及时更换图书，受到基层连队官兵的大力欢迎。"八一建军节"期间，为十家共建部队分馆配送图书1000余册，赠送期刊1500余册，自带播放设备深入军营，为官兵播放优秀影片。在武警山西总队太原市支队训练基地组建图书室，并配送图书500余册，同时和武警太原支队新兵训练基地建立长期文化服务合作意向，满足新兵在训练期间的文化需求。定期与部队官兵组织座谈会议，征求服务意见，深化沟通与联系，了解战士们的文化生活需求，为深入开展好有针对性的军营文化建设、打造"书香军营"起到积极的推动作用。　（张建荣）

【举办图书交易博览会】 2015年，在太原市煤炭中心举办的第二十五届全国图书交易博览会上，来自太原市图书馆的文化志愿者积极做好会议服务，并积极开展"好书推荐""读者书博会现场选书，市图馆买单"等现场活动，现场征集市民的图书需求信息，解答市民读者信息咨询，宣传太原市图书馆的各项服务内容，使市图书馆服务触角不断延伸。市图书馆特邀请青年文化学者、著名书画家、资深媒体人、《西游记当代解构评析》作者石恺在太原美术馆报告厅开讲，重新跨界解构《西游记》，带领广大读者体验不一样的"西游"，在书博会期间，为广大市民奉献了一次有滋有味的文化大餐。石恺先生现场还对市图书馆捐赠《西游记当代解构评析》，市图书馆馆长郭欣萍向石恺先生赠送《太原市图书馆珍贵古籍名录图录》。太原市图书馆积极发挥公益优势，延伸服务触角，添彩书博会，为"金秋读书月"拉开精彩序幕。

（张建荣）

【推陈出新】 2015年，太原市图书馆结合本馆闭馆不闭服务的分点服务模式，馆长"新年送书"约500余册；"新春楹联书写"活动特邀请太原市老龄协会和省城书法名家现场书写楹联，赠送读者，翰墨飘香，喜迎新春；传统"元宵节猜谜"活动有趣有益，吸引青少年读者广泛参与；在美术馆、市群艺馆图书阅览室适时分别设立"全民阅读年会重点推荐图书"专架、"2014年中国好书""第四届文津图书奖获奖图书"及"廉政图书""抗战70周年"等"图书推荐专架"，极大丰富和深刻突出了各个活动阶段全民阅读推广活动的内涵；同时免费提供电子阅览、网上查询资料、开展"网络书香过大年"活动；利用本馆分点、分馆及县区馆的多渠道推荐、甄选，积极开展"百名读书状元""书香家庭"评选活动等。组织开展讲座、展览、读者沙龙等读者活动，多点运行、以点带面、辐射全市，并送讲座、展览到小店区、阳曲县、古交市等县区，为市民送去内容丰富、形式多样的文化大餐。为总结、表彰、推广学习型家庭、学习个人，引导更多的读者、家庭多读书、读好书，推广亲子共读的读书和生活方式，使广大市民的综合素质得到全面提升，经过前期筹备、评审报送、严格审核，评选出"读书状元"100名、书香家庭10个、优秀组织单位17个，并于"全民读书月"期间进行表彰，市图书馆将常态活动推陈出新，丰富大众文化生活。　（张建荣）

【"高校志愿者联盟"服务】 "太原市图书馆高校志愿者联盟"自2013年创建以来，加强图书馆与读者之间的交流与沟通，建立和完善了太原市图书馆、各高校图书馆与广大读者沟通互动的平台，为提升公共图书馆公众认知度起到了积极的促进作用。在2015年贯穿全年的太原市图书馆"书香太原"活动中，太原市图书馆高校志愿者积极参与各项活动的组织、推广，展现了志愿者们热情的公益推广服务行动，在2013、2014年获得文化部颁发的"文化志愿者基层服务年示范项目"称号的基础上，2015年底，"太原市图书馆高校志愿者联盟"又一次被山西省文化厅选送至文化部参与该奖项评选活动。　（张建荣）

【制定发展规划】 2015年是"十二五"规划的最后一年，如何把握太原市图书馆在"十三五"期间科学发展理念、发展重点及转型趋势成为"十二五"规划结束之年的重大战略任务。市图书馆领导班子十分重视对太原市图书馆事业"十三五"发展规划的研究与制定，组织领导班子会议、中层干部会议对公共图书馆现状、制约性因素、发展目标及新馆发展、创新等多个方面的问题进行讨论，组织制定并出台《太原市图书馆"十三五"发展规划》。"十三五"规划的制定恰逢市图书馆新馆改扩建期间，既是市图书馆新馆未来发展的机遇更是挑战，是对市图书馆新馆运行机制、转型发展、特色化建设及文献资源建设等进行的一次全方位的研究与探讨，对市公共图书馆实现可持续发展具有重要的现实意义。按照市委宣传部的工作安排和市文化局要求，太原市图书馆推行理事会制度，逐步实现法人治理结构。多方收集法人治理结构的相关资料，多次研究并拟写《太原市图书馆法人治理结构章程》，创新文化管理体制机制，推动公共图书馆建立法人治理结构建设进程。太原市图书馆理事会成立大会暨第一届理事会会议正式召开，会议审议通过《太原市图书馆章程（讨论稿）》，通过提名、选举，太原市文化局副局长安俊跃当选为太原市图书馆理事会理事长、太原市图书馆馆长郭欣萍当选为副理事长，太原市图书馆副馆长陈钦安、中层干部李跃文及经行政主管部门遴选产生的6位社会公众代表（其中资深文化专家1人、人大代表或政协委员1人、律师代表1人、媒体代表1人、读者代表2人）为理事会成员。理事会每届任期为5年，将作为决策监督机构，不断推动公共图书馆建设发展。

（张建荣）

【开展文献数字化数据加工】 2015年，太原市图书馆做好闭馆不闭服务的多点服务，发挥分点阵地作用，在市群艺馆综合阅览室、美术馆综合休闲分馆等条件成熟分点开辟电子阅览、网上检索等服务功能；为视障人士提供电子阅览爱心服务；向全市市民、读者广泛发放小学生阅览证、市图图书借阅、数字文献阅览及网上书刊检索操作指南手册等宣传资料；在节假日期间适时开辟图书推荐专架，利用网站、微信进行优秀图书、期刊美文推荐，为广大市民、读者提供便捷、绿色、优质的阅读服务。全年市图书馆总流通人次为337261；书刊文献外借人次为101919人次；书刊文献外借册次为128135册次。为了在新馆开放之际做好图书流通准备工作，在美术馆分点兼顾开展好阵地服务的同时，开始了图书RFID芯片的数据加工工作，面对人员短缺、工作任务量大、疑难问题多等多重困难，市图书馆多方调集人力资源，合理分工、规范流程，全年完成了1729箱139000余册的芯片数据加工工作，为新馆资源服务升级的统筹布局提供有力的保障。

（张建荣）

【古籍保护】 为让市民了解古籍，关注古籍保护事业，在2015年4月23日"世界读书日""6.13世界文化遗产日"活动期间，在太原美术馆、市图分馆分别举办"古籍保护成果展""我与中华古籍"摄影大赛优秀摄影作品展览及古籍线装书及拓片制作体验活动，向广大市民普及古籍保护知识。工作人员现场展示线装书的制作方法和拓片上墨。进行制作和体验，市图书馆在迎泽区图书馆及万柏林区图书馆进行了"我与中华古籍"摄影大赛优秀摄影作品展的巡回展出，摄影展的图片全部来自全国各级古籍保护单位及古籍研究利用工作者在古籍普查、古籍征集、古籍修复等相关工作中的真实记录。工作人员讲述中华古籍保护利用事业中，文化典籍得到精心呵护、古籍善本代代传承的动人故事和感人事迹。在小店区、清徐县图书馆举办古籍保护知识讲座，让全市各区县广大读者了解这些民族文化遗产，了解古籍保护工作背后的故事，以提高广大公众古籍保护意识，形成全社会了解古籍、阅读古籍、保护古籍的良好氛围。

（张建荣）

【地方文献征集】 2015年，太原市图书馆地方文献征集种类渐丰，数量稳定增长；文献质量较好，涉及面较广；与省、市文联建立联系，广开征集渠道，基层资源不断增多，特色更加凸显，为新馆开馆后开设专题地文资源展示、地域文化学术交流提供了充足的储备，市图书馆共征集地方文献书刊600余种，1400余册。筹划新馆"文字、书籍、阅读"展览内容，参观国家典籍博物馆，与北京清创、北京博华天工文化发展有限公司接洽，确定展览的工作任务、工作进度，为展览筹备做大量前期准备工作。与北京博华天工文化发展有限公司签订"山西太原市图书馆世界文字书籍简史"展览大纲合同，展览进入倒计时实施阶段。由省科技厅条财处组织有关专家对自建的"晋阳文献数据库"进行验收鉴定，专家们听取馆长郭欣萍的项目建设汇报，观看项目结题PPT，认真审阅项目的相关材料，经质询讨论达成共识：该项目提供资料完整，数据翔实，超计划完成任务书规定的各项指标，经费使用合理，同意通过验收。

（张建荣）

【建设特色数字馆藏】 2015年，太原市图书馆深入开展数字图书馆推广工程数字资源联合建设项目的实施，包括元数据仓储和政府公开信息两大项目课题的建设。安排专门技术人员通过国图技术交流群学习加工著录技术，开展项目数据的著录、维护；馆领导亲自组织自建、积极联络数据外包服务，与数据外包商开展合同签订、数据规范、加工制作等多项工作的沟通，项目数据完成数据制作，元数据完成第三方验收工作，全部数据提交国家图书馆进行审核验收；做好资源联建项目"政府公开信息"的申报工作。开展市图书馆特色资源库建设，从撰写前期建设需求、栏目设计及发布版面要求等文件，多次与资源制作公司共同开展资源库平台建设、数据筛选倒入等工作，平台制作并完成傅山及晋祠专题数据一万余条。

（张建荣）

【公共文化服务体系】 2015年，太原市图书馆认真贯彻"知识工程"计划，发扬"全民阅读示范基地"示范作用，坚持带领、组织各学会馆开展好系列全民阅读活动，在4.23世界读书日、图书馆宣传周期间，组织学会会员馆开展丰富多彩的读书活动；在小店区图书馆组织召开太原图书馆学会常务理事会暨县区馆长例会，对2014年度全民阅读活动情况进行总结、表彰，对2015年学会工作进行展望部署。市图书馆组织县区馆馆长、学会成员等赴苏州、晋城等兄弟单位参加中图学会及山西省图书馆界组织的"全民阅读年会""公共图书馆经验交流会"等，邀请山西大学经济管理学院教授、研究生导师贾君枝，为学会广大从业人员做"面向图书馆馆藏资源的知识聚合服务"讲座。为扩大业务交流，增强协作关系起到推动作用。

（张建荣）

【做好人才储备】 2015年，太原市图书馆对馆内人员业务学习进行考核，出台并制定《2015年业务学习计划》。学习内容涉及图书馆专业理论、改扩建及新馆业务建设课题研究、部门业务工作前瞻性探讨等，时间跨度为全年。市图书馆还适时安排、组织部分骨干人员参加国图、外省兄弟图书馆开展的"图书采访编目""民国文献编目""数字化资源建设""公共图书馆法人治理结构建设研讨班"等业务交流与学习。通过鼓励广大职工结合工作实践，主动参与业务学习，发扬钻研精神，精学业务知识，为改扩建后的新馆开放储备理论知识和人才力量，全馆开展培训辅导受训人次约1142人次。

（张建荣）

【行政后勤保障】 2015年，太原市图书馆加大后勤管理力度，着力改善馆舍环境，加强行政用品库的管理，做到有计划购置，节约资金，厉行节俭，严格出入库手续及账目管理，及时做好各分点设施设备的维护，保证业务工作正常开展；消除安全隐患，按照市文化局要求及分点服务实际情况，出台《太原市图书馆“两节”期间安全生产工作方案》《安全生产大检查工作方案》《2015年“安全生产月”活动方案》等安全工作实施方案，各部门、各服务分点负责人层层签订消防安全责任书；保卫科坚持日常安全检查，节假日期间由馆领导亲自带队加强安全检查和督促，保证了在全年安全工作无事故发生，努力为广大读者营造安全、健康、舒适的阅读环境。发挥工会的桥梁纽带作用，日常做好困难职工、生病职工的慰问、关心；为全体职工申请、办理大病医疗保险；为调动和发挥广大职工的积极性、创造性，齐心协力共谋发展，专门举办“迎新春工作座谈会”，组织职工赴双塔寺、五龙城郊森林公园进行革命传统教育暨登山比赛活动，接受爱国主义教育和革命传统教育；为纪念中国人民抗日战争暨世界反法西斯战争胜利70周年，迎接中华人民共和国成立66周年国庆，特举办“热爱祖国，忠于职守”主题音乐朗诵会，通过活动，激发职工爱国主义情感，弘扬和培育民族精神、爱国情怀和忠于职守、爱岗敬业精神。（张建荣）

太原美术馆

【概述】 2015年，太原美术馆在市文化局领导下，努力提高科学化、规范化管理水平，精心策划高水平展览，在繁荣发展太原美术事业，提升扩大太原文化影响力，丰富省城人民文化生活等方面取得进步和发展。完成《太原美术馆管理制度汇编》（初版）；组织全国重点美术馆创建工作办公室，协助馆领导班子协调、组织创建工作，并整理汇编全国重点美术馆评估汇报资料册。（李锦连越）

【展览陈列工作】 2015年，太原美术馆共举办48场展览：

1月15日—2月8日，艺舟撷英——太原美术馆馆藏作品精品展；1月20日—2月5日，中国共产党反腐倡廉历程展；

2月10日—3月10日“中国梦·民族情——欢乐中国年艺术大展”，包括：纸上生花——晋之梦山西剪纸艺术精品展、明清平阳木板戏画展、绛州木板年画展、山西民窑瓷上戏画展、纸上韶华——迎乙未剪纸展、清徐常丰皮影展、“聚焦春秋　凝固瞬间”戏剧艺术摄影展、翰墨丹青梨园春书画展、情系梨园——徐雪涛戏剧人物画展、“喜洋洋”杯羊年春联展览。

3月13日—4月3日，精微入玄——山西省中国画小品名家邀请展；3月13日—4月3日，火红的山楂树——俄罗斯当代油画展；

4月17日—5月7日，“第十二届全国美术作品展览暨中国美术奖·创作奖、获奖提名作品展览”太原巡展；

5月9日—5月30日，山西省第二届漆画作品展；5月10日—5月30日，漆墨春秋——乔十光漆画艺术五十年全国巡展（太原站）；5月23日—5月30日，薪火相传——山西木刻版画展；

6月1日—6月10日，第二十七届中国华北摄影艺术展览；6月1日—6月10日，山西参加历届全国、国际摄影艺术展获奖品展览；6月1日—6月10日，格物新境——胡钢锋当代摄影艺术展览；6月1日—6月10日，“扎根基层聚焦民生”郝建军新闻摄影作品展；6月10日—6月28日，“中国梦　龙江情”黑龙江工业版画展；6月12日—6月28日，华君武漫画展。6月13日—6月28日，2015年非遗纪念日展览活动。6月15日—6月28日，为有源头活水来苏州画家山西采风作品展。6月15日—6月28日，苏州书画家新创作品展。

7月5日—7月25日，太原市关工委——第四届中国太原关工杯“习大大教导我”少儿美术作品大展暨太原少儿文化艺术节。

8月1日—8月14日，太原市纪念中国人民抗日战争胜利70周年“民族

2015年8月8日，太原美术馆“大美工作坊”推出“纸上的舞蹈——书法、舞蹈跨界体验活动”，启发孩子们用多种艺术形式表达情感

魂·翰墨情”美术、书法原创作品展。8月1日—8月14日，太原市书法家协会会员作品展。8月20日—9月5日，太行丹青——红色经典美术作品展。8月20日—9月5日，中国梦·民族魂——纪念抗日战争胜利70周年中国画名家画展。8月28日—9月5日，庆祝中国人民抗日战争胜利暨九三学社成立70周年书画作品展。

9月9日—9月15日，山西文博会分会场五大美术展览，包括：有此山川——二十世纪的山水画、巨擘风采——董寿平从艺七十年回顾展、红色记忆·抗日烽火——中国三北剪纸艺术大师作品联展、抗战风云中俄朝反法西斯战争油画展、山西·右玉西口风情油画写生作品展。9月25日—10月5日，“全民阅读·文华三晋”主题书画作品展，包括四大展览：中央领导、古今贤人读书名言警句，全国新闻出版系统书画展（展览名称：倡导全民阅读）、山西省全民阅读书画展（展览名称：文华三晋　书香九州）、珂罗版展（展览名称：弘扬传统文化）、“书香中国万里行”开展过的城市作品展（展览名称：建设书香社会）。

10月7日—10月11日，溪山清濛——许钦松、陈良宗中国山水画展。10月16日—11月16日，雪海流香——赵梅生90艺术回顾展。10月16日—10月22日，师道承艺——太原市文化艺术学校美术教师作品展。10月20日—10月30日，幸福龙城　美丽太原——“情暖夕阳　快乐摄影”太原市百名老年摄影爱好者主题作品展。10月25日—11月15日，艺苑驰骋——马泉书画作品展。

12月12日，新态·2015太原国际雕塑双年展。（李　锦　连　越）

【开展馆际交流合作办展】 2015年2月初，中国美术馆年会在广东东莞召开，太原美术馆综合办公室和展览陈列部两名工作人员参加，听取国内优秀美术馆的工作经验，学习了解美术馆当前发展态势和发展方向，积极主动与国内多家美术馆洽谈，介绍太原美术馆的相关情况，欢迎与之交流办展，最终与深圳美术馆、苏州市美术馆、黑龙江省美术馆达成馆际交流合作意向。

2015年6月是太原美术馆与国内多家美术馆合作办展高峰期。6月12日至6月28日，华君武漫画展在太原美术馆举办，这是深圳美术馆的馆藏精品跨馆办展，也是太原美术馆邀请国内优秀美术馆馆藏品到美术馆巡展的首例。6月10日—6月28日，“中国梦　龙江情”黑龙江工业版画展来到太原美术馆；6月15日—6月28日，由苏州市文广新局、苏州公共文化中心、苏州国画院、苏州市美术馆联合举办的“苏州书画家新创作品展”“为有源头活水来苏州画家山西采风作品展”，在太原美术馆举办，实现了馆际巡展、合作办展。8月，太原美术馆馆藏精品绛州木版年画抵达江南水乡——苏州，在苏州市美术馆展出，向苏州市民展示山西传统木版年画的精彩。这次“走出去”，对太原美术馆具有重要意义，开拓了合作交流办展的新局面，增加了太原美术馆的自信心影响力。

（李　锦　连　越）

【“吴为山雕塑专馆”开馆】 2015年9月8日，位于太原美术馆的吴为山雕塑专馆正式开馆，馆内36件雕塑作品、14幅书画作品面向观众展出，这些精品力作均由中国美术馆馆长吴为山精心雕刻、绘制而成，彰显中国文化的魅力，引发时代共鸣。太原美术馆为筹备此次开馆，馆内工作人员积极与吴为山沟通洽谈，充分尊重吴为山本人的展陈意愿，使馆内展陈符合吴为山要求，实现专业化布局；太原美术馆调配了专门的场馆人员进行日常看护，确保展品的安全，提供优质的服务。吴为山雕塑专馆将作为太原美术馆的常设展厅免费对外开放，观众可以全年欣赏到雕塑展览。

（李　锦　连　越）

【举办“第十二届全国美术作品展览”太原巡展】 2015年4月17日，“第十二届全国美术作品展览暨中国美术奖·创作奖、获奖提名作品展览”太原巡展在太原美术馆正式开幕。此次展览由中华人民共和国文化部、中国文学艺术界联合会、中国美术家协会共同主办，太原市文化局承办，太原美术馆执行承办。共展出作品260件，其中，金奖作品5件，银奖作品12件，铜奖作品13件，优秀奖作品46件以及各展区进京作品184件，囊括油画、版画、国画、漆画、水彩粉画、年画、连环画、综合材料等多个门类。

全国美术作品展览每五年举办一次，是中国规模最大、参与范围最广、作

2015年12月12日，雕塑双年展开展后，中国美术家协会副主席、中国美术馆馆长吴为山与山西省委常委、宣传部长胡苏平，省委常委、太原市委书记吴政隆一同观展

品种类最多、最具影响力和权威性的国家级综合性美术大展，代表国家美术创作最高水平，此次展览是国展巡展首次来到太原。巡展期间，有近10万人来到太原美术馆参观展览。为更好地配合国展落地太原，让文化建设真正实现惠民、利民，太原美术馆不仅通过官网、官微等线上平台为观众传递展览资讯、开设在线讲堂，还在线下安排专业讲解团队、组建志愿者服务团队、精心策划《大美讲堂》专题讲座，6位专家应邀为观众解读全国美展获奖作品。为期二十天的展览，太原美术馆取消周一休馆惯例，周一至周日全面免费开放。来自省城及周边地市的中小学、大专院校、党政机关、企事业单位、武警部队以及国际友人等约三十个团体分批次到馆参观全国美展。

（李锦连越）

【打造龙城文化品牌】 2015年12月12日，“新态·太原国际雕塑双年展”在太原美术馆开展。此次展览由中国美术家协会、中央美术学院、太原市人民政府主办，中国美术家协会雕塑艺委会、中国美术家协会策展委员会、中央美院雕塑系、太原市文化局和太原美术馆承办，全面展示中国近年来雕塑艺术创作新面貌、新探索、新动态。

此次展览是太原市政府在2015年重点推出的一张文化名片，旨在打造龙城太原一大文化品牌和群众喜闻乐见的文化盛事，从而提升城市文化影响力，丰富人民群众精神文化生活。

（李锦连越）

【典藏与创作研究】 2015年，太原美术馆关注山西本土艺术家，力求构建具有山西地域特色的收藏体系。太原美术馆与画家赵梅生拟达成收藏意向，预计收藏50余幅作品；与雕塑家张熙玉的家人友好洽谈，拟收藏张熙玉雕塑作品51件。典藏研究部与创作研究部、书画频道合作，将本馆典藏的116件艺术作品进行了专业拍摄，并对典藏作品的电子档案进行了整理、审核，上报至全国美术馆藏品普查办公室。创作研究部对本馆典藏的龚贤《溪山书屋图》进行了研究，并发表学术论文《“金陵八家”之首龚贤再引市场关注》；完成了“2015年度全国艺术科学规划项目申报”的工作，申报项目“国家赞助机制对艺术发展的影响研究”。

在学术研究方面，太原美术馆举办了3场学术研讨会。5月10日，艺术评论界知名学者、专家就乔十光先生对漆画艺术发展的贡献、漆画艺术的文化价值及范型意义、漆画的当代性走向等议题，展开了学术探讨。5月23日，举办了纪念毛泽东同志《在延安文艺座谈会上的讲话》发表73周年座谈会，专家、学者、版画家们就“文艺服务人民大众”及版画艺术的发展等主题进行了理论研讨。2015年12月12日，“新态·2015太原国际雕塑双年展”开幕当天下午，双年展学术论坛太原美术馆学术报告厅举办。两百多名国内雕塑界专家、学者、批评家、艺术家齐聚一堂，就雕塑艺术的创新与发展进行学术研讨。

（李锦连越）

【公共教育工作】 2015年，太原美术馆“大美讲堂”共举办26场，艺术教育活动及展览配套活动共举办13场，3月7日，《国画大师董寿平艺术初探》（主讲人：钱骥俊）；3月14日，《扩视野、接地气——美术与设计创作谈》（主讲人：李吉君）；3月21日，《山西民俗与民间艺术》（主讲人：段改芳）；3月28日，《书法是艺术中的艺术》（主讲人：韩少辉）；4月3日，《浅谈俄罗斯油画》（主讲人：高先中）；4月18日，《漫谈全国美展（一）》（主讲人：张何、孟旭耀、谭逸）；4月25日，《漫谈全国美展（二）》（主讲人：乔亚丁、孙海清、刘彩军）；5月2日，《漫谈全国美展（三）——工笔人物画创作谈》（主讲人：谭逸）；5月10日，《齐白石的绘画艺术漫谈》（主讲人：王鲁湘）；5月16日，《漆画艺术漫谈》（主讲人：武贵文、王玉文）；5月23日，《扎根人民·扎根生活——纪念毛泽东同志，<在延安文艺座谈会上的讲话>发表73周年》（主讲人：王东满）5月30日，《生活摄影》（主讲人：戴翎）；6月1日，《长城摄影初探》（主讲人：杨越峦）；6月1日，《纪实摄影的功能作用》（主讲人：王东风）；6月6日，摄影专题讲座；6月13日，非物质文化遗产专题讲座——庆祝第十个“文化遗产日”；6月20日，漫画专题讲座；6月27日，版画专题讲座；7月4日，《让孩子在想象的世界里畅游》（主讲人：苗静）；7月11日，《家长在孩子心灵成长中扮演的角色》（主讲人：李军兰）；7月18日，《童真童画——从第四届“关工杯”<习大大教导我>少儿美术作品大展赛谈少儿书画》（主讲人：李毅华）；7月25日，《中外儿童创造力的培养》（主讲人：裴亚丽）；9月8日，《风云变幻　山水大千——谈二十世纪中国山水画》（主讲人：刘尚勇）；9月13日，《真有天然之趣——近观齐白石艺术》（主讲人：吴洪亮）；9月25日，《西游记》背后的新世界（主讲人：石恺）；12月19日，刘存惠现代花鸟画公益讲座。

“大美讲堂”邀请山西省内以及省外著名美术家、学者、教授讲授精彩的专题讲座。讲座内容围绕艺术审美教育展开，与馆内展览紧密结合，受到听众的喜爱和好评。

2015年，太原美术馆开办“大美暑期课堂”和“大美工作坊”两个品牌活动。其中，“大美暑期课堂——走进太原美术馆”系列活动共举办两期，第一期（7月30日）以《来自海洋的呼唤——让鱼儿回家》为主题，第二期（8月30日）以《纪念抗战胜利70周年——我心目中的老红军》为主题。“大美工作坊”共举办一期，主题为“纸上的舞蹈——书法、舞蹈跨界活动”。活动吸引了众多小朋友和家长们的热情参与，受到了广泛好评。在展览配套活动方面，第25届书博会期间，太原美术馆公共教育部配合组织了“扫微信——送《名城太原》动漫光盘”活动和“文华三晋　书香九州——小手画绘本”公共教育活动。全民终身学习周期间，太原美术馆公共教育部参与承办了

“2015 全民终身学习周启动仪式”，参与组织学习周期间的 8 场配套活动。

（李　锦　连　越）

【媒体宣传和安保工作】 2015 年，太原美术馆对官方网站和微信平台进行了初步优化升级。根据美术馆实际工作、群众需求反馈和创建重点美术馆的要求，对官网和微信添加完善了相关功能配置，完成了英文网站的建设工作，进一步突出强化了官网和微信平台的宣传主阵地作用。后台数据统计显示，群众关注度、浏览量呈明显上升。根据对来访群众的实地调查，通过订阅太原美术馆官方宣传服务，获取展览信息，成为太原美术馆固定观众的常态化需求，官网和微信也成为外部媒体了解和传播太原美术馆动态信息的有益窗口。

搭建媒体联络平台，建立起完善的对外新闻发布工作长效机制。太原美术馆信息中心掌握山西电视台、太原电视台、山西教育电视台、黄河电视台、山西综合广播、中国文化报、山西日报、山西晚报、山西画报、山西青年报、山西经济日报、山西工人报、太原日报、太原晚报、生活晨报、三晋都市报、新华网、中国网、山西新闻网等省内十几家主流媒体，将四十余名记者纳入到了太原美术馆外宣工作群组，互动良好，对于扩大太原美术馆影响力起到了积极的推动作用。在对外信息发布方面，实现了通过馆内媒体及时、快速地向观众推送馆内最新动态，并能实现一定程度上与观众在线互动，及时满足观众的信息需求。实现了利用外部媒体向更广泛的群众进行信息传达和输送。

2015 年，太原美术馆紧抓安全工作，安全保障部协同各部门完成了“山西省文化产业博览会分展区”“山西省书博会”等大小几十个展览的收件、布展、展厅展线及相关工程建设工作，保障展览的顺利举行，为各项展览提供了“人防”和“技防”安全性保障。与公安、消防、质检、电力、自来水公司、长风商务区等单位积极联络，对接相关工作，完成了太原美术馆的安全保障性工作，完善了馆内安全设施设备和全馆的工程建设。

（李　锦　连　越）

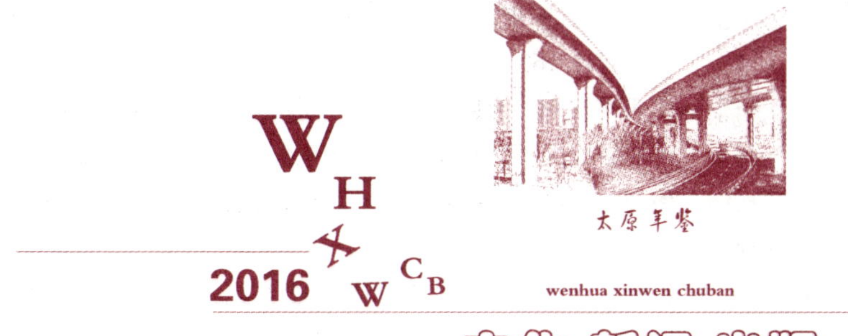

卫生 体育

卫　生

【概述】 2015年11月6日太原市卫生和计划生育委员会正式挂牌，11月23日完成机关处室整合设置，12月3日完成人员定岗定位。市县乡三级卫生计生服务资源全部整合到位。太原市卫生计生系统共有卫生机构2791个（不含村卫生室），医疗床位36760张，每千人拥有医疗床位8.55张。各类卫生技术人员52592人，其中：执业（助理）医师20045人，注册护士24245人，每千人拥有医生4.66人。市卫生计生系统在市委、市政府的领导下，贯彻市委十届六次、七次全会精神，以强化党建为统领，以落实计划生育基本国策、深化医改、百院兴医、疾病防控为重点，抓班子带队伍、抓管理促发展、抓服务树形象，积极作为，迎难而上，创造性工作，承担的4项省考市目标任务和9项市委、市政府考核指标及24项重大民生项目（事项）全部超额完成，连续4年被评为全省卫生计生系统优秀单位，部分单项工作进入全国先进行列，全市卫生计生事业步入健康发展的快车道。（宋晨曦）

【县级公立医院综合改革】 2015年，太原市卫生和计划生育委员会在全市28所县级公立医院全部实行药品零差率销售，减轻群众就医负担1.74亿元。在三县一市试点建立分级诊疗制度，县域内就诊人数同比上升3.33%，住院次均费用同比降低9.13%，患者自付费用比例同期下降15%；在全国率先建立的村医进退流转机制运转良好，投入829万元用于村卫生室运行和村医队伍建设，首批“村来村去”143名毕业生正式加入村医队伍，第四批39名学生入读太原卫校，对1497名在岗村医实行差别化岗位补助，580名村医享受退养新政，首例村卫生室医疗服务保险获赔2.75万元；在全国首创“千医千村牵手”帮扶模式，466名城市医生牵手497名乡村医生；建成163个群众满意的基层医疗卫生机构和19个县乡医联体，基层医疗卫生服务网底不断夯实，县域内医疗卫生服务能力进一步提升。（宋晨曦）

【城市公立医院综合改革】 2015年，太原市卫生和计划生育委员会以促进医疗资源均衡化、标准化、优质化为目标，统筹规划包括省级医院在内的医疗资源，重点解决老城区资源密集、南部新区资源不足、农业县区优质资源短缺的问题；促进优质医疗资源下沉，建成17个跨区域医联体，全市10所三级医院全部开展医联体建设、10县（市、区）综合医院全部纳入医联体范围；采用PPP模式合作共建市妇女儿童医院被列入全国第二批示范项目。在广泛调研、充分论证的基础上，市政府出台了《太原市公立医院综合改革实施方案》，为“十三五”开局之年深化公立医院改革提供指导。

（宋晨曦）

【新型农村合作医疗】 2015年，太原市卫生和计划生育委员会在全市参合人数达到105.82万人，参合率99.65%。人均筹资标准482.66元，门诊慢性病补偿病种达36种，重大疾病补偿病种达25种。在全国省会城市中率先推出的新农合“先住院后付费”改革举措常态化运行，惠及百万参合农民，已有16.2万人次受益。新农合门诊补偿比例达60%以上，住院报销比例保持在75%左右，补偿封顶线达到15万元。全面启动新农合大病保险市级统筹，最高支付限额达40万元。自实施以来，累计为901.8万人次报销医药费19.97亿元。（宋晨曦）

【百院兴医工程】 2015年，太原市卫生和计划生育委员会市直医疗卫生建设项目均被列入全市“五个一批”重大民生项目，其中9项被列入省政府“百日百项”工程，在6个原址改扩建项目中，市第二人民医院老年病综合楼、市妇幼保健院综合楼等2个项目基本具备使用条件；市第四人民医院感染性疾病住院大楼、艾滋病诊治楼，市第九人民医院全科医师培养基地等3个项目主体完工。在6个迁建项目中，市中心医院、市人民医院、市中医医院、市公共卫生中心等4个项目全面开工建设；市妇女儿童医院项目攻克了大规模治理污染土壤难关，有望成为市政府2016年第一季度重大固定资产投资项目，正式开工建设。

（宋晨曦）

【科教兴医】 2015年，太原市卫生和计划生育委员会按照综合医院少而强、专科医院特而精的发展思路，持续加大医学学科带头人培养、高端医学人才引进、重点学科建设的力度。7个院士工作站和15名特聘科主任发挥了较好作用，院士进站工作31次，开展手术584例、门诊5092人次、讲座培训23次，引进新技术、新项目16项，开展科研合作6项；太原市中心医院皮肤科、太钢总医院烧伤整形科等8个学科跻身省级重点，市级重点学科扩大到42个，选树45位市级名特医学专家；派出120名市级优秀中青年骨干到北京、上海等地深造学习，培训基层适宜人才9790人次；6人入选全省卫生高端领军人才、92人入选精英骨干队伍，人才梯队和学科层次逐步趋优。

（宋晨曦）

【医院建设】 2015年，太原市卫生和计划生育委员会持续开展“三好一满意”活动和改善医疗服务行动计划。医院文化建设普遍加强，敬畏生命、守护健康理念深入人心；医疗质量控制普遍重视，二级以上公立医院全部实施临床路径管理，优质护理服务病区达80%以上；医疗服务环境普遍优化，三级医院推行分时段预约和诊间预约服务，医联体内实现就医直通；投入340余万元救助354名无主住院患者和9名应急救治病人；做实国家贫困白内障患者复明工程和健康快车项目，使2638例患者重建光明。加强行业监管，对42家医疗机构给予不良执业记分或移交公安查处，联合太原市物价局在民营医院开展价格诚信评价。

（宋晨曦）

【卫生信息化建设】 2015年，太原市卫生和计划生育委员会投资2300余万元建成包括13个子系统的市级卫生信息平台；启动太原云医院建设，在省人民医院、太原市中心医院、清徐县人民医院试点与基层医疗机构互联互通的远程医疗服务；在市直医院试运行以社保卡为介质的“一卡通”项目，方便群众就医；太原市远程心电云平台覆盖65所社区卫生服务机构，极大地方便了基层和患者。12320卫生计生热线深得社会各界好评。

（宋晨曦）

【疾病预防控制】 2015年，太原市卫生和计划生育委员会全市适龄儿童疫苗接种率连续3年保持在95%以上，高血压、糖尿病规范化管理率分别达到83.53%、81.42%，33.8万户、102.3万人成为家庭医生签约服务对象，基本公共卫生服务水平进一步提升；市疾控中心实验室生活饮用水检测能力达到106项，成为全省卫生系统第一家；建立病原微生物院士工作站，实现全省公共卫生历史上零的突破；持续推进疾控系统“包保”帮扶行动，实施市县乡村疾病工作一体化管理，杏花岭区等5个区（县）成功创建为省级慢性病综合防控示范区；健康教育更加贴近基层、贴近群众、贴近实际，健康传播卫星网覆盖范围逐步扩大，试点经验在全国推广，疾病防治原创作品《菊花公主》等5部动漫宣传片和5册系列连环画深受欢迎，《西游记健康新传》在太原电视台公映并获得国家奖励。在全省首次发布健康白皮书，为政府制定公共政策提供第一手资料。

（宋晨曦）

【卫生监督】 2015年，太原市卫生和计划生育委员会着力打造“智慧卫监”，建成太原市卫生监督网格化监管平台，实现了卫生监督工作模式的新突破；编印《卫生监督工作手册》，出台卫生监督协管服务工作规范，确保了卫生监督规范化和全覆盖；全面实行公共场所、医疗机构量化分级管理和网格化监管，开展了医疗卫生、饮用水卫生、学校卫生、放射卫生等12个专项整治，公共卫生、医疗卫生和计划生育监督覆盖率达到100%；6份卫生监督案卷被选送上报国家卫计委，1份被评为优秀。依托市急救中心，建成辐射六城区的15个急救站点，组建了17支市级卫生应急队伍。认真落实《太原市无偿献血条例》，固定献血点增加到15个，年均供血达到30吨，基本满足省城临床用血需求，太原市连续9届18年获得无偿献血先进城市荣誉称号。

（宋晨曦）

【国家卫生城市创建】 2015年，太原市委、市政府高度重视，调整充实创建国家卫生城市领导小组，将创建国家卫生城市纳入“五城联创”并列入“十三五”规划之中，规模空前的城市基础设施建

市长耿彦波督导市直医院迁建项目

设、城中村改造、城乡爱国卫生清洁运动、环境质量综合整治、健康教育和健康促进等一系列重大举措已经成为创建工作的巨大引擎,城市承载能力显著提升,城乡卫生面貌明显改观,2015~2017创建周期的各项准备工作有序推进。全年共完成农村改厕5230座,太原市和古交市、清徐县、阳曲县继续保有省级卫生城市和卫生县城称号。(宋晨曦)

【计划生育工作】 2015年,太原市卫生和计划生育委员会严格落实中央关于计划生育“三个不变四个到位”精神要求,依法规范生育行为,稳妥实施“单独两孩”政策,人口自然增长率3.68‰,出生人口性别比104.51,符合政策生育率稳中有升,全市生育水平持续保持稳定,人口结构平衡优化;继续推进免费孕前优生健康检查,完成检查19554人次,完成率119.2%。计划生育网格化管理和国家级优质服务体系创建实现了全覆盖,57所医院通过国家级爱婴医院评审,太原市妇幼保健院被评为全国百家优秀爱婴医院;持续推进流动人口基本公共服务均等化,2015年共提供“十免费”服务32.4万人次;认真落实计划生育“4+2+2”奖励扶助政策,特别是以创新家庭医生签约服务为抓手,辅以市直医院兜底保障,把党和政府的关怀及时送至计生特殊家庭,努力实现应扶尽扶、精准扶助。

(宋晨曦)

【守法诚信执业】 2015年,太原市卫生和计划生育委员会在全省率先实施医疗机构不良执业行为积分管理。根据不良执业行为的类别和情节,不良记分共分12、6、4、2、1五个档次,在积分周期内,医疗机构不良执业行为累积记分达到15分以上的,取消本年度评优、评先资格;校验期为1年的医疗机构,年度积分累计超20分的,给予暂缓校验;暂缓校验期内,不良执业行为记分累积超过12分的,依法注销医疗机构执业许可证。卫生行政部门对医疗机构不良执业行为和积分情况,通过媒体公示,引导群众安全就医。2015年,全市对39所医疗机构不良执业行为进行记分,按规定下达整改通知书并注销1所医疗机构。医疗机构不良执业行为积分管理,对于促进医疗机构自觉守法、诚信执业、保障医疗质量和医疗安全具有非常重要的现实意义,可为医疗卫生信用建设提供实践经验。(宋晨曦)

【促进人才合理流动】 2015年,太原市卫生和计划生育委员会根据国家卫生计生委等五部门印发《关于推进和规范医师多点执业的若干意见》。为更好适应新形势要求,2015年全市在医师多点执业的准入门槛、执业范围、手续办理、区域注册、激励机制等五方面又做出重点突破。执业类别由原来的临床、中医、口腔放宽至公共卫生类别;准入门槛由原先的中级职称降到初级;手续办理由原来的审批制改为备案登记管理;试行区域注册制,中级及以上职称的离退休医师和儿科、精神卫生、康复医学等紧缺专业的多点执业医师,在太原市域内注册第一执业地点后,即可在本市行政区划内任一医疗机构内执业;多点执业医师在社区卫生服务中心(站)、乡镇卫生院及村卫生室执业的时间,视为职称晋升前到基层服务时间。创新医师多点执业管理,促进优质医疗资源有序流动和科学配置,促进医学紧缺专业和基层医疗卫生服务能力提升,有利于患者就近享受到优质医疗卫生服务。(宋晨曦)

【拓展心电网络云平台服务】 2015年,太原市卫生和计划生育委员会山西省首家远程心电云平台在太原市第二人民医院建成。市二院在原有社区心电网络远程诊断中心的基础上,运用最新医疗云技术,把B2B、O2O两种模式叠加起来打造的互联网+心电诊断网络平台,在社区卫生服务机构终端实现12导联同步心电图、12导联同步动态心电图、动态血压、网络血脂、血糖检查五位一体的检测功能,经山西省科技厅鉴定达国际先进水平。太原市心电网络云平台除提供基础医疗服务外,还能为患者提供心电监测、管理、名医远程诊疗、医院导诊和协助就医等服务,实现数据在社区卫生服务机构与省市各级医院间的共享。全市有4所医院、29所社区卫生机构、1所乡镇卫生院、5所村卫生室签约安装远程心电设备,平台累计发送社区心电图报告73851份,动态心电图512例,动态血压95例。其中急重症513例,急性心梗22例,陈旧性心梗86例,阳性率35.81%,无一例误诊漏诊,患者均得到及时救治。该平台对建设互联网+医疗诊断模式具有很强的示范作用。(宋晨曦)

国家卫生计生委副主任金小桃调研太原市医改工作

【"12320"+ "卫星传播网"】 2015年，太原市卫生和计划生育委员会太原市12320卫生热线面向全省开放，12320热线秉承"耐心倾听、精准帮助、及时反馈、跟踪问效"服务理念，不断创新服务方式，丰富服务内涵，现已具备政策解读、健康咨询、就医指南、投诉举报、建议表扬、预约挂号、戒烟服务、心理咨询等八项服务功能，建立了电话、微信、微博、短信、飞信、网站"六位一体"的服务模式。开通的"云医院12320远程会诊平台"、"太原电台12320广播版"和"太原电台健康频率"专家连线服务极具特色。2015年全国12320热线第三方服务质量评价中，山西省太原市12320热线以97.88分，排在北京之后，获得第二名。同时，为创新健康传播形式，探索通过卫星网建立覆盖各级卫生行政部门和各类医疗卫生机构的宣传阵地，迅速准确传播健康知识和卫生便民信息，国家卫生计生委将太原市确定为全国健康传播卫星网唯一试点城市，并在全市1534个医疗卫生机构安装1700套卫星视频接收设备。通过试运行，阶段性成效已显现。在全国健康传播卫星网工作会议上做经验交流。12320卫生计生热线和健康传播卫星网正成为卫生计生工作听取民声、反映民意、解决民需、促进民康的重要渠道。

（宋晨曦）

【"一卡通"+"云医院"】 2015年，太原市卫生和计划生育委员会"一卡通"被列入太原市政府"五个一批"重大民生事项，由市卫生计生委牵头，建行、兴业银行出资，已在太原市中心医院等医疗机构建成并试运行，深受群众欢迎。"云医院"是通过大数据、云计算、物联网技术等新一代信息技术，由医疗资源和医疗管理应用系统构成的健康管理及医疗服务共享服务平台。2015年4月，与东软熙康公司签署协议启动太原"云医院"建设项目。该项目通过线下建设基础设施平台，线上整合居民健康大数据，实现城市优质医疗资源、基层医疗资源和就诊患者深度融合。山西省人民医院等2所三甲医院、清徐县人民医院等4所县级医院、北大街西社区卫生服务站等45家基层医疗机构及12320卫生热线等加入"云医院"服务平台，已成功为723例患者提供了远程会诊服务。就医"一卡通"项目以社保卡、银联卡为介质，在医院的自助一体机上实现当日挂号、预约挂号、自助缴费、预约取号、报告打印和查询系统六大功能，优化了就医流程，有效缓解百姓就医中存在的看病挂号时间长、候诊时间长、缴费时间长、看病时间短的"三长一短"问题。

（宋晨曦）

【先进荣誉】 2015年，太原市荣获"全国无偿献血先进城市"（国家卫生计生委、红十字总会、解放军总后勤部卫生部表彰）。太原市卫生局、太原市人口计生委荣获"全国妇幼健康服务先进集体"（国家卫生计生委表彰）。太原市卫生局12320卫生热线荣获"全国28个省（区、市）12320第三方服务质量评估"第2名（国家卫生计生委宣传司表彰）。太原市荣获"2014年度人口计划生育工作目标责任制考核综合先进单位"（山西省人民政府表彰）。太原市荣获"2015年度目标责任考核优秀市"（山西省卫生计生委表彰）。太原市荣获"2014年度山西省基本公共卫生服务项目考核先进市"（山西省卫生计生委、山西省财政厅表彰）。太原市荣获"2015年度山西省卫生城市"（山西省爱国卫生运动委员会表彰）。太原市卫生局荣获"2015年度山西省卫生计生监督技能团体二等奖、优秀组织奖"（山西省卫生计生委、山西省总工会表彰）。太原市卫生局荣获"第二届山西文化产业博览会优秀组织奖"。

（宋晨曦）

·太原市红十字血液中心·

【概述】 太原市红十字血液中心（山西省血液中心）负责省城100余所医疗机构临床供血，承担全省采供血机构技术指导、质量控制与评价等工作，是山西省采供血工作业务指导、教学和科研中心。中心先后设立影都、千峰、南宫、长风街、万达、美都汇、太钢医院、煤炭医院、太化医院、龙城、郝庄、梅园百盛、兴华街、古交、清徐、阳曲、娄烦、山西高校新校区（晋中）18个街头固定献血点，另有2辆流动献血车开展团体献血活动，初步建立覆盖全市的较为完善的采供血网络，为临床用血医院提供24小时供血服务。中心下设18个科室，开展疑难血型鉴定、疑难交叉配血、新生儿溶血病产前检查和产后诊断、骨髓和器官移植配型、造血干细胞捐献者HLA高分辨、低分辨检测及血小板配型等血液学相关业务，免疫血液学被太原市卫生局评为太原市医

郝庄献血屋启用仪式

学重点学科。中心还是山西医科大学教学基地和山西大学生命科学与研究学院科研合作单位。中国造血干细胞捐献者资料库山西定点组织配型实验室、Terasaki(泰撒奇)基金会配型技术培训中心、山西省血型参比实验室、太原市献血委员会办公室、太原市输血技术研究所、太原市无偿献血义工服务大队均设在血液中心。

市红十字血液中心秉承“一切为了献血者的健康与受血者的安全”的宗旨,努力为献血者和临床医院提供更好的服务,认真履行血液中心工作职责,坚持以科学发展观为指导,以宣传招募为先导,以质量管理为抓手,以血液安全为中心,以保证临床用血为目标,以提高服务水平为立足点,迎难而上,多措并举,内强素质,外树形象,完成全年各项工作任务。全年共采血 80147 人次,采血量 30.9 吨,采血量同比增长 8.8%,临床用血近 30 吨,同比增长 2%;机采血小板采集 14924 治疗量,同比增长 12.3%;报销血费 160 万元,同比减少 18%;单位总收入 7228 万元,较去年增长 8%;总支出 8344 万元,较去年增长 23%。无偿献血连续 9 届 18 年荣获“全国无偿献血先进城市”称号;保持市文明单位标兵称号;保持山西省文明和谐单位荣誉称号;被省委、省政府授予“模范单位”荣誉称号;被省档案局评为“山西省企业科技事业单位档案工作规范化管理 AAA 级”单位;被市委、市政府授予“双拥先进单位”称号;被市政府评为“太原市安全生产管理标杆单位”称号;被市妇联授予“巾帼文明示范岗”等荣誉称号。 (办公室)

【推进无偿献血】 2015 年,市红十字血液中心与市委、市政府、市卫生计生委联系请示,重新调整充实由王爱琴副市长担任市献血委员会主任、成员单位达 41 家的献血委员会领导机构,明确各级各有关部门在无偿献血工作中的角色定位,明确各县(市、区)政府、各有关部门工作职责。召开全市无偿献血工作会议,下发无偿献血工作计划,把无偿献血工作纳入市、县(市、区)年度工作目标,层层抓好落实。由市献血办与市文明办积极协调沟通,将无偿献血达标率纳入文明创建工作考核体系。通过强化组织领导,推动无偿献血工作的开展,形成全民参与、社会各界广泛支持的良好氛围。

(办公室)

【营造浓厚社会氛围】 2015 年,市红十字血液中心在政府部门的高度重视和社会各界的大力参与下,制定无偿献血《条例》并实施,为无偿献血的未来发展奠定坚实的基础。市政府、市人大先后组织召开学习宣传贯彻《条例》会议,对十县(市、区)人大、政府及有关部门负责人进行《条例》的详细解读和专项培训。中心采取多种有效措施,大力学习宣传贯彻落实。加大媒体宣传力度,在省市各大媒体刊登(播)《条例》全文及专栏解读共计 56 期(刊),制作“一袋血的旅行”流程图、动漫广告及血液制备全流程宣传片在媒体播放,报道量同比增长 5%。加大街头宣传力度,利用户外大型电子广告屏、公交站台、献血屋 LED 广告屏滚动播放《条例》解读及公益广告,在全市 200 个社区共 400 余块科普宣传栏进行《条例》刊登和宣传普及。专题活动,先后印制《条例》读本 5 万份、专题海报 1000 份,利用无偿献血宣传月及“5·8”“6·14”等节日,开展“第十二届百城千店万人献血活动”等 22 次大型献血宣传招募活动。以网站、微信微博、义工服务大队及新改建的无偿献血科普教育基地作为血液知识普及的重要宣传平台,推动无偿献血科普教育工作经常化、规范化、制度化。办好《太原献血报》等内部刊物,全年共出版 18 期,用稿 150 余篇,发行 5 万余份。通过行之有效的宣传活动,扩大无偿献血的知晓率、覆盖率、参与率。 (办公室)

【满足临床用血需求】 2015 年,市红十字血液中心采取多种举措,保障临床供血需求。加强街头献血屋建设,新增梅园百盛、兴华街、柳巷万通 3 个街头献血屋(点),改建娄烦县、阳曲县献血点为街头献血屋,方便市民就近献血。加大献血团体招募力度。结合 2015 年献血工作计划,中心深入 160 余家团体单位开展宣传招募活动,共计 24322 人次参与献血,占全年献血量 30%。加强管理,调动工作积极性。结合工作实际,重新划分献血服务一、二科职责,通过加强内部竞争,有效调动外采人员工作积极性。推广新血液制品,开展血浆病毒灭活项目,投入临床,通过一系列措施,血液库存一直保持在库存中上游水平,杜绝互助献血现象,有效保障临床供血需求。 (办公室)

5.8 世界红十字日宣传活动

【确保血液安全】 2015年，市红十字血液中心规范行业行为，确保血液安全。按时开展质量管理体系文件的评审修订与培训考核工作，共修订质量手册10个章节、程序文件7个、各部门操作规程96个，确保了质量体系的持续改进。加强网络建设，实现信息化管理。对血液管理信息系统进行3次功能升级，完善业务流程科室的功能模块，强化数据安全。继续完善与医疗机构信息联网工作，配合省卫计委启动全省信息联网工作，主服务器及系统已在血液中心安装完毕，待解决数据接口问题后，最终实现全省采供血机构数据互联互通。加强血液检测，确保血液质量。开展核酸检测项目，实现血液标本核酸检测全覆盖，用血安全性得到大幅提升。按照省卫计委要求，中心承担大同、朔州等5市血站的血液核酸集中检测工作。全年共参加国家卫计委、省临检中心室间质评20次，成绩全部合格。检测标本71250人份，上报抗-HIV初筛阳性标本129例，合格率96.9%。加大投入，综合能力有效提升。先后投入600余万元，购置大容量低温离心机、全自动血细胞处理仪、荧光定量PCR等仪器设备，对成分科进行场所改建，提升了综合服务能力，保障血液质量安全。（办公室）

【队伍建设与合作交流】 2015年，市红十字血液中心开展职工培训和继续教育工作。全年共举办18次全员培训讲座，职工培训均达到卫生部规定的75学时，申报并完成省级继教项目4项、市级继教项目1项。加强对外合作交流。完成省科技攻关项目阶段性工作，承办“混合血小板与病毒灭活血浆专题研讨会”专题研讨会，提高省移植配型技术水平及输研学术水平；完成国家外专局“异基因造血干细胞移植的供受者HLA匹配的策略以及组织相容性实验室的ASHI认证”引智项目，组织召开全国性的相关学术研讨会；与省临检中心合作完成对全省260多家医院的省级室间质评工作；完成来自全省临床医院和各市血站送检的疑难标本，其中红细胞血型相关检测4125人次，血小板血型相关检测226人次，HLA配型129人次；完成对全省260家医院输血科血型鉴定项目的省级室间质评工作。通过学习培训和合作交流，广大职工基本理论更加扎实，操作技能更加熟练，输血科研水平明显提升。（办公室）

【队伍建设】 2015年，市红十字血液中心强化党建基础工作，提升党员队伍素质。坚持中心组学习制度。开展中心组理论学习，班子成员的政治理论水平和业务水平进一步提高。严格党的组织生活。坚持“三会一课”，认真召开民主生活会，增强班子的整体合力。加强基层党组织建设。完成行政后勤党支部的换届选举工作，加强了基层党支部的凝聚力和战斗力。全年发展党员2名，转正预备党员1名。开展党风廉政教育，组织党员参观反腐倡廉图片展，前往黄陂烈士陵园和高君宇故居参观学习，营造崇尚廉洁的氛围，提高拒腐防变的能力。坚持政务党务公开，集中开展反“四风”、三公经费及医疗行业“九不准”等专项整治活动，修订完善培训费、招待费、合同管理等相关财务制度，加强对制度执行情况的监督。按照委党委“三严三实”专题教育的安排部署，制订了实施方案和学习计划，组织开展专题党课，分专题开展学习研讨活动，深入剖析，共查摆不严不实问题3大类共7项，并列出整改措施和完成时限，坚持不懈整改作风，形成风清气正的新常态。（办公室）

【扶贫帮困】 2015年，市红十字血液中心选派闫国荣同志担任扶贫结对村——娄烦县杜交曲镇罗家曲村担任驻村第一书记，发动全体党员与该村100户贫困户结成对子，实现精准扶贫，帮助群众解决实际困难。通过职工捐款和单位筹资的方式，共投入资金197200元，为该村安装太阳能路灯，方便该村村民夜间出行，得到该村百姓的一致好评。（办公室）

【文化建设】 2015年，市红十字血液中心坚持开展精神文明创建活动，定期开展道德讲堂和“我们的节日”系列主题活动，保持省级文明和谐单位荣誉称号。开展双拥共建活动，每逢大型节假日，中心都要上门慰问驻地官兵，结合部队实际情况，为部队购置2.4万元的文体用品，活跃官兵生活，保持市双拥先进单位荣誉称号。开展特色活动，举办读书交流会、身边的好人、“我是血站人，我骄傲”演讲比赛等形式多样的文体活动，陶冶职工情操。发挥工青妇组织重要作用，为职工办好事、办实事。先后组织开展书画摄影作品展、硬笔书法比赛、春游藏山、秋游红崖谷等活动，关心职工身体健康，为全体职工安排体检，三八节前为百余名女职工进行妇科专项体检等活动；积极关心职工生活，开展送温暖活动，走访困难党员和职工39人次，加强职工的凝聚力。（办公室）

【安全管理】 2015年，市红十字血液中心健全安全保卫领导机构，完善制度体系，明确落实安全防范责任，强化职工责任防范意识。加强安全技术防范，投资45万余元，更换大楼监控设施，建造性能先进的集中监控室，构筑安全防范屏障。严格节假日值班管理。在节假日期间，中心领导、中层干部严格执行值班制度，保卫人员进行24小时值班。定期组织全员学习教育，全年共组织安全工作培训活动6次，组织应急预案演练活动2次，增强全员安全防范意识，做到安全防范警钟长鸣。（办公室）

·卫生监督·

【概述】 2015年，太原市卫生局卫生监督所坚持以党的十八大和十八届四中、五中全会精神为指导，以深化“学习讨论落实”活动和“三严三实”专题教育活动为契机，贯彻落实市卫计委关于做好全市卫生监督工作的决策部署和工作要求，转变工作思路，倾力关注民生问题，

完善卫生监督体系建设，贯彻执行各项卫生法律法规，开展卫生监督专项整治，完成各项工作任务。（赵俊康）

【制度建设】 2015年，卫生监督所梳理、修订、补充、完善各项规章制度，出台一系列较为规范的工作制度，并汇编成册。汇编包含八个篇章，98条制度，涉及党务、廉政、行政、人事、科研、财务、后勤、行政执法等诸多方面，使卫生行政执法行为不断规范化、制度化和科学化，使每项工作、每个环节都能切实做到用制度管人管事。按照市卫计委要求，全面启用电子版执法文书，并将使用期间遇到的问题随时反馈，文书应用正确、填写完整、书写规范、用语准确，保证卫生监督执法的质量，提高了执法效率。按照市卫计委下达的目标责任书要求，根据各科室工作职责和实际情况，层层分解和签订所科两级目标责任书，并定期督查责任书完成情况，确保各项工作责任到人。（赵俊康）

【队伍建设】 2015年，卫生监督所在卫计委的领导下，以“全市卫生监督一盘棋”为工作理念，打造一流卫生监督队伍为目标，利用区县所长例会制度、各类专业讲座和集中培训、率先试行计量认证工作、编写卫生监督工作手册等各种机会，采取举办业务观摩交流活动、深入区县督导工作、全面推进考核评优、加强案卷评查等方式，不断规范监督员的执法行为，提高监督人员的业务素质能力，加强全市人才队伍建设。同时，派出七名专业组组长远赴新疆开展对口援疆，将其作为一项业务工作的同时还视为一项政治工作，不走过场，用真情实感倾尽全力培训、指导新疆同行。在全省综合监督技能竞赛选拔中遥遥领先。市监督员在全国技能竞赛中荣获团体第十名，个人单项第五名。在全国突发传染病和中毒事件应急技能竞赛中，卫生监督所监督员以全省第一名的优异成绩代表山西省参加全国竞赛，并获得优胜奖。卫生监督所报送的执法案卷荣获国家卫计委执法案例评选最高奖项。（赵俊康）

【执法监督规范医疗服务市场】 2015年，卫生监督所按照上级部门有关工作要求，在以往“打非”的基础上，以亮剑行动为抓手、医疗卫生为重点，不断创新工作方式，开展打击非法行医专项整治、传染病防治工作、互联网专项督查、“一法两规”落实情况监督、打击代孕专项整治、“两非”专项检查、血液透析机构督查、传染病防治和消毒产品生产企业专项督查等一系列工作，并100%查处群众投诉举报案件，切实加强对全市各类医疗机构的监督检查力度，有效规范医疗服务市场秩序。全年共监督检查医疗机构438户，覆盖率达100%，监督户次数814户次，制作电子文书814份；受理投诉举报案件42起，查处案件42件，查处率100%；立案查处案件33件，其中非法医疗广告13件，超范围开展诊疗活动8件，使用非卫技人员8件，其他违法事实6件，责令改正15家，给予警告22家，没收违法所得约5.2万元，罚款总计约25.73万元。（赵俊康）

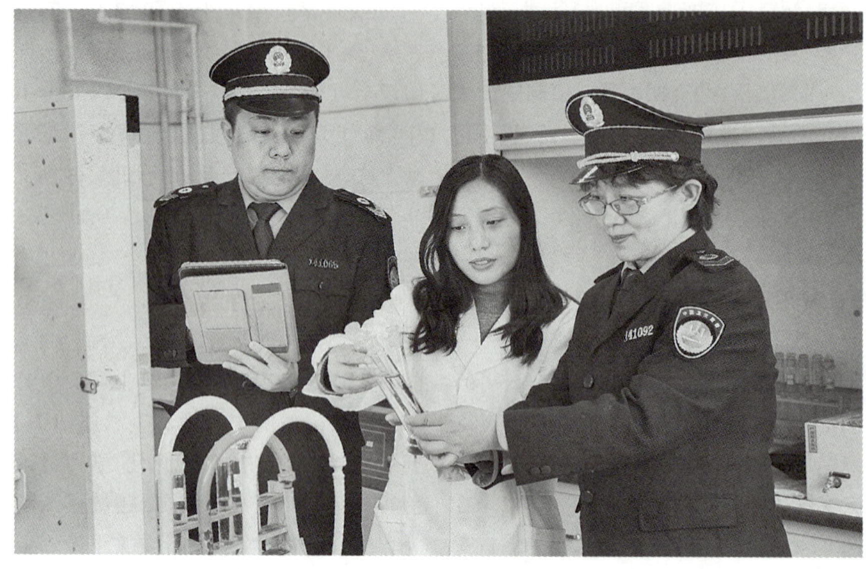
大力开展现制现售饮用水专项检查、水质处理器专项检查、化学处理剂专项检查等，并对存在违法违规行为的单位进行行政处罚

【公共卫生监管】 2015年，卫生监督所为加强卫生监管水平，提高经营者卫生主体责任意识，规范经营行为，防止传染病传播，完善卫生监督信息公示及量化分级管理工作，开展公共场所“五小”行业专项整治等各类专项检查，创新性地开展医院候诊室公共场所卫生管理、严格要求集中空调通风系统评价报告书、《太原市生活美容院承诺书》制定、公共场所卫生监督情况通报机制建立、“连锁餐饮示范店”创建等工作。全年共监督检查公共场所单位459户，监督覆盖率100%；完成所有公共场所单位的卫生许可证发放、复核和年度监测工作；对193户公共场所单位的量化分级管理工作进行全面的监督、审查和评分工作，信誉度量化分级管理率达100%；产品类样品监测件数184件，合格件数181件，合格率98.37%；非产品类样品监测项次31771项次，合格项次31694项次，合格率99.76%。（赵俊康）

【饮用水卫生监管】 2015年，卫生监督所进一步摸清全市供水“家底”，并对全市设计日供水千吨以上城乡集中式供水单位进行全面排查摸底，完善卫生监督档案信息。同时，按照重点工作计划，开展现制现售饮用水专项检查、水质处理器专项检查、化学处理剂专项检查等，对存在违法违规行为的单位给予行政处罚。（赵俊康）

【加强学校卫生监管】 2015年，卫生监督所将小店区作为全省推进“健康校园”活动的示范区，制定“五统一”制度，在全市推广实施，并在全省进行经验交流。同时，组织业务骨干完成学校卫生专业教学片的编写与制作，更好地指导监督员开展学校卫生监督工作。

（赵俊康）

【开展现场快检】 2015年，卫生监督所对全市卫生监督快检技术和管理情况进行全面摸底的基础上，统一下发现场快检制度、设备标志、设备使用及维护等相关资料模板，并制定考核方案，基本建立起全市卫生监督现场快检工作的框架。分别选派人员参加“内审员培训”和“实验室管理人员、质量（技术）负责人培训”，并取得相关资格。不断充实应急物资储备。结合经费预算，购置饮用水、游泳场应急检测设备以及防护装备等，进一步提高突发事件的应对水平。

（赵俊康）

【放射防护和设备性能检测】 2015年，卫生监督所对太原市直管的93家放射诊疗机构进行了放射卫生日常性监督执法检查，监督覆盖率100%，处罚医疗机构2家。同时，对35个存在新、改、扩建的放射诊疗建设项目按照规定完成了卫生审查、竣工验收工作。对93家放射诊疗机构的280余个放射诊疗工作场所开展了放射防护检测工作，对开展放射诊疗机构的240余台X射线摄影机、影像增强透视机、DR、CT等设备的性能进行了状态检测。加强职业卫生监管。开展职业卫生专项检查，对所管辖的19家职业健康检查机构、5家职业病诊断机构进行了监督检查，并受理职业病诊断鉴定病例1例。（赵俊康）

【宣传卫生监督工作】 卫生监督所采取简报和期刊的形式，及时将卫生监督动态向上级机关和各类新闻媒介进行报送。全年共编发信息简报96期、322条，省级部门、市卫生局及各类媒体共采纳28条，编发《太原卫生监督信息》期刊4期，同时还与省内外、县（市、区）近45余家卫生监督机构进行经常性信息交流，从不同角度展示卫生监督工作成果、推介工作经验、曝光卫生违法事件、宣传卫生监督工作，进一步提高在社会公众中的影响。卫生监督所业务工作得到社会各界的广泛好评，被共青团山西省委授予山西省“青少年维权岗”创建单位。

（赵俊康）

将小店区作为全省推进“健康校园”活动的示范区，并顺利通过省级专家组的验收。现已在全市得到推广实施，并进一步在全省进行经验交流

【规范行政执法行为】 2015年，卫生监督所严格执行“三重一大”事项集体决定制度，凡属重大事项决策、重要干部任免、重要项目安排和大额度资金的使用，始终坚持“集体领导、民主集中、个别酝酿、会议决定”的原则。继续从班子成员、纪检监察干部、中层干部三个层面上组织安排廉政教育。及时将党风廉政建设责任书进行分解，将各项工作落实到各分管领导、各责任部门，年终进行考核，把考核结果与年终评优评先进行挂钩，明确责任，实行层层抓落实的责任体系。完善廉政制度建设，加强源头控制，从而使科室管理、行政执法不断规范化、制度化、科学化。贯彻落实市卫计委关于改进工作作风有关规定，提倡严细实廉，反对庸懒散奢，促进作风转变。通过激励创新、奖优罚劣，提升科室管理水平。

（赵俊康）

【加强信息化建设】 2015年，卫生监督所对太原市卫生监督信息报告数据进行统计分析。利用国家卫生监督信息报告对全市十个县区被监督单位、经常性卫生监督、卫生监督检测、案件查处、信息填报情况进行详细分析，用客观数据真实反映各县区卫生监督工作的实际情况。同时，正式开通新版卫生监督监督门户网站、手机门户网站与太原卫生监督微信公众平台，为公众提供更加全民，更加便捷的服务。（赵俊康）

【开展清产核资工作】 2015年，卫生监督所组织相关科室对固定资产首次进行清产核资工作，摸清全所资产存量及使用情况，清理和解决历史遗留问题，做到家底清楚、物尽其用，保管责任明确到位，优化资产配置，并向市财政局对接报废部分办公用品。其次，针对所办公楼年久失修造成的墙皮脱落、暖气漏水等安全问题，对办公楼进行防水、粉刷和维修，解决安全隐患的同时，改善职工的工作环境。

（赵俊康）

·疾病控制·

【概述】 2015年，太原市疾病预防控制中心占地面积6989平方米（含市监督所办公用地),建筑面积5960平方米,其中实验室用房2400平方米。2015年中心共有职工196人,其中专技岗161人,包括正高8人,副高31人,中级55人,助理66人,员级1人;管理岗22人;工勤岗13人。疾控中心通过计量认证评审,取得山西省职业病诊断、职业健康监护、放射工作人员健康体检和山西省职业卫生技术服务资质;通过中国实验室国家认可委的认可12类、199项。通过山西省质量技术监督局计量认证9大类,16小类234个参数;食品资质认定:33大类,84小类,185个参数。中心固定资产3453万元,较2010年(1481.7万元)增长133%;现有实验室仪器设备652台(件),价值2790余万元,较2010年实验室固定资产(707.9万元)增长近3倍。

太原市疾控中心的前身是太原市卫生防疫站。1957年,在防疫分队和乳肉仪器卫生管理所的基础上成立太原市防疫站;2002年,为适应改革需要,太原市防疫站、职业病防治所、结核病防治所撤销重组,成立太原市疾病预防控制中心。

(张　静)

【疫情工作】 2015年,疾控中心全市年报告6起突发公共卫生事件相关信息,1起突发公共卫生事件(定级为一般);共报告传染病19244例,较上年同期(24013例)减少24.78%;共处理预警信号1026条,预警信号处理及时率为97.08%。艾滋病疫情呈蔓延趋势,男男性行为人群(MSM)感染率持续上升。报告艾滋病病毒感染者/病人共3074例,本市885例,占28.79%。年报告510例,较2010年底(203例)增长151.23%。MSM人群所占比例由2010年的29.06%增长到48.04%。布病散发病例呈逐年上升趋势。年全市报告布病病例190例,较2010年同期(67例)增加2.8倍,全年无疾病暴发疫情。

(张　静)

【免疫规划工作】 2015年,疾控中心开展8月龄~6周岁儿童麻风疫苗查漏补种和入托入学新生接种证查验工作,共涉及10万余人次。提高免疫规划的信息化程度,以县为单位,逐步提高村级预防接种信息系统客户终端覆盖率。开通迎泽区、杏花岭区全部村级预防接种信息系统客户端,尖草坪区和古交市分别开通42个和12个村级单位。以星级门诊为试点,推广儿童预防接种短信预约平台,有77个乡级接种单位开通使用。

(张　静)

【结核病工作】 2015年,疾控中心全市已登记管理肺结核患者1463例,较2010年同期(2063例)减少600例。新涂阳肺结核病人治愈率达96.94%,总体到位率达95.91%。2010年—2015年登记涂阳患者密接者筛查率每年保持100%的好成绩。地方病工作对照《山西省地方病防治"十二五"规划》,燃煤污染型氟中毒、水源性高碘甲状腺肿达到"十二五"规划的目标;碘缺乏病在市级水平上达到十二五规划的目标,县级水平上9个县(市、区)达规划目标,迎泽区结果待定;饮水型地方性氟中毒基本达到目标。

(张　静)

【成立快速反应突击队】 2015年,疾控中心调整突发公共卫生事件应急队伍(平均年龄38岁),成立突发事件快速反应突击队(平均年龄35岁),全体突击队员编入太原市陆军预备役。市疾控中心组织"突击队"和各县市区疾控中心应急队员到太原市陆军预备役通信团进行封闭训练,实现市县两级队伍一体化实训,提升太原市疾控系统整体应急能力。

(张　静)

【建立院士工作站】 2015年,疾控中心与中国工程院院士、国家传染病预防与控制重点实验室主任徐建国合作建立太原市疾控中心院士工作站,成为省首家病原学微生物院士工作站,实现省公共卫生系统院士工作站零的突破。太原市疾控中心开展传染病预防控制国家重点实验室自主研究课题:《太原市感染性腹泻病原谱研究》。力争用三年左右的时间,在病原微生物分子血清分型、分子流行病学及新病原发现等方面有所突破,用分子血清方法代替传统血清分型方法,缩短检测时间,提高检测样品"命中率",在突发公共卫生事件应急处置过程中起到实验室病原检测"一锤定音"作用,争取将微生物检验科建设成为省级重点学科。

(张　静)

【完善联防联控机制】 2015年,疾控中心与太原机场出入境检验检疫局、山西国际旅行卫生保健中心签订突发急性传染病联防联控工作框架协议。建立联席会议机制,突发事件驻守机制,相互通报疫情信息,把预防急性传染病的关口前移,在出入境口岸方面建立起一道密不透风、稳定高效的突发急性传染病防控防线。中心定期将每月的风险评估报告通报至山西省出入境检验检疫局。

(张　静)

【艾滋病防治】 疾控中心鉴于艾滋病疫情蔓延加速形势,由疾控部门负责艾滋病病毒感染者/病人的检测、管理、随访、抗病毒治疗的防治模式已不能满足当前疫情防控需求,启动艾滋病管理防治结合新模式,即由每区确定定点管理医院,负责管理、随访与治疗;区卫生局负责组织管理和督导考核,区疾控中心负责进行技术指导与督导,小店、迎泽、杏花岭、万柏林四城区已将全部艾滋病病毒感染者/病人下放至各定点医院。

(张　静)

【出台人群健康报告】 2015年,疾控中心首次撰写《2013年度太原市人群健康状况报告》和《2014年度太原市人群健康状况报告》,包括全市居民健康情况和卫生事业发展的相关数据,内容涉及全市居民人口基本情况、传染病发病情况、精神疾病、儿童健康状况、孕产妇分娩相关信息、医疗卫生服务、健康环境状况七个方面,为制定各项卫生政策,开展疾病防控提供参考。《出生监测分析报告》显示:出生缺陷发生率为0.86%,比2010年(0.97%)降低11.34%。2014年度《学生监测分析报告》显示:呼吸系统疾病、过敏、皮肤病、传染病、意外

伤害为学生常见病症。（张　静）

【"包保"帮扶】 2015年,疾控中心"千分制"考核机制,成为具有"太原特色"的县级疾控中心评价标准;县区疾控中心实验室检测能力大幅提高。晋源区水质检测的能力从11到24项,基本具备水质常规检测的能力。小店区所有检测项目均能自主完成。其他各县区疾控中心积极购置仪器设备、培训人才,实验室能力水平均有提高。疾控工作的分级负责的网络化管理机制得以建立,疾控工作从粗放向精细转变,公共卫生服务方式从被动应对向主动作为转变,突发公共卫生事件应急处置工作思路从临时突击向长期战备转变。（张　静）

【科研成果】 2015年,疾控中心完成省首次对MSM(男男性接触)人群行为特征和HIV感染情况进行的科研课题——"男男性接触人群行为干预及HIV感染率调查",为MSM人群艾滋病防控防治工作提供了科学依据和防控思路。进行人肠道病毒分子流行病学和麻风减毒活疫苗强化免疫血清学的两项科研项目研究;"太原市志贺氏菌分子流行病学研究"成功申报省科技厅基础研究项目。创作"西游健康新传"动画片3集、慢病防治连环画5册《幼儿健康教育三定位模式》获"山西省公共管理领域优秀科研成果"三等奖。《西游记健康新传·预防冠心病》在"医生微世界——2015中国健康科普大赛"中荣获三等奖。

获国家卫生计生委颁发的"全国疾病预防控制工作先进集体"荣誉称号;动画片《西游记健康新传·预防冠心病》在由中国疾病预防控制中心、清华大学国际传播研究中心组织的"医生微世界——2015中国健康科普大赛"中荣获三等奖。获山西省精神文明建设指导委员会颁发的"2014—2015年度山西省文明单位"获山西省人力资源与社会保障厅颁发的《幼儿健康教育三定位模式获山西省公共管理领域优秀科研成果三等奖》。（张　静）

·急　救·

【概述】 2015年,太原市急救中心落实卫计委的各项工作部署,以目标和问题为导向,不断调整和变革,推出急救"四个理念"凝心聚力、"三驾马车"明晰职责、"两个着力点"提升效能等创造性举措,优化卫生服务、健全急救体系、激发社会合力,心肺复苏、抢救成功率同步大幅提升,在中央电视台新闻频道专题报道。向机关、厂矿、社区、学校等地民众普及急救知识达3万余人次。主动承担太原国际马拉松赛、能博会以及"三会一节一赛"等重大赛事和会议保障,承担无主无助患者的医疗救治及转运的社会责任,为平安太原作出贡献。（办公室）

【制度创新,激发活力】 2015年,急救中心以绩效考核制度、奖惩制度、效能建设制度"三驾马车"驱策,排查每一环节,重设流程、缩短时间,力求急救高效有力。完善修订四大类204项规章制度,编成《太原市急救中心管理规章制度汇编》,力求用制度管人、管事;精度考核各类人员,明确日常考核、中层干部任务定制考核等具体标准。急救中心从制度创新入手,着眼明确责任、高效协同、调度科学、质量管理和建设团队等,激发活力、驱动发展,推动院前急救再"提速",生命守护更"安全"。急救中心注重院前急救,办成抢救危重病人的"流动医院"。争分夺秒,专业"救"治,守护生命安全。极大地降低患者入院后的伤残率和死亡率。（办公室）

【效能建设】 2015年,急救中心开展安全生产"知责、履职",加强监督管理,班子成员每月定期下站常规检查、在易出现思想懈怠的时间点突查,对各站出诊人员的反应时间、出诊速度、业务能力、物资储备等进行全面考核。通过"PDCA""六何管理"实现网格化管理,明确工作流程,限时办结,引入积分累计的方式分层次考核,逐级对履职情况、工作任务完成情况按标准打分、逐月公示,综合考评分数直接与职工个人的绩效、奖惩情况挂钩。数字化的精度考核助力急救发展,首问负责、知责履责、行为规范、运转协调、公正透明、廉洁高效的管理机制逐渐成形,院前急救步入高效发展的"快"车道。体现职工自身价值留住人才,人人争先创优,形成全中心主动作为和创新的良好氛围。（办公室）

【安全筑基】 2015年,急救中心选准"片区管理,引入竞争激活效能建设动力;情景模拟训练、严格培训、反复预演

2015年9月13日,完成"2015太原国际马拉松赛"保障任务

筑牢安全基础,保持“零医疗事故”纪录。急救中心将“片段式”的旧诊疗模式转变为“全景式”的新诊疗手段,数十个院前急危重症救治流程合并重组缩减到6个,“大部制”诊疗流程化繁为简,便于记忆、操作;针对个别致人死亡的急危重症,则制定单病种流程,保障患者获得安全连贯的医疗服务。将整合后的救治流程,以情景模拟训练的方式,贯穿到日常管理中,反复强化训练提高效能。情景模拟竞赛以片区为单位,开展涵盖急救现场环境评估、救治流程规范、突发事件报送节点、医德医风、法律法规等多元素集为一体的各种形式竞赛,还“灵活反转”每个环节,模拟演练出诊过程中遇到的多种复杂急救现场情境。出诊人员不断应对各种“突发状况”,院前急救基本知识和技能得以完善和提升,服务意识、安全意识、责任意识以及急救综合能力、自身素质都有长足进步。新制定《患者知情同意书》《转出院患者协议书》等医疗文书。详细排查梳理历年医疗隐患,针对病情危重患者的沟通不到位、家属不知情等不规范现象,以及接诊医院无床位导致急救资源被扣押的纠纷问题,新制定的医疗文书规范出诊,规避了风险。

出诊人员严格遵守“三同意一陪同”原则。根据《院前医疗急救管理办法》,患者转院不属于急救范畴,然而为满足患者迫切的转院需求,在转诊量激增的情况下,针对急危重症患者制定“三同意一陪同”原则:转出医院、转入医院和患者或家属同意,危重病人转出医院医生陪同。通行的便携式担架与车载担架车不匹配,原有横向约束带使用复杂,救治处置不便利,且容易发生患者跌落等情况。急救中心分片区组织职工研讨,专门定制尺寸匹配的便携式担架;自主研发全国首个“四点式肩带保险带”,替代横向约束带,避免患者在车辆行驶过程中出现二次损伤。 (办公室)

【优化流程】 2015年,太原市急救中心规定在接到急救任务后,必须保证在1分钟调度,2分钟出诊,综合考虑就近、就急、就能力,以及尊重患者意愿等因素选择医院进行救治。急救中心实行调度询问“两名一号”与出诊途中复核、了解详情相结合的方法,接警先了解地名、病名、接车人联系电话,然后用定制的标准语言告诉对方:“请您的电话一定保持通畅,稍后出诊人员会和您确定具体接车地点。”快速完成调度,迅速出诊,途中再详细了解更多信息,确保急救调度既安全又高效。通过调度合理派诊,双向派诊、路段巡诊、特勤大队临时转市内出诊等举措,保证患者得到快速救治;高峰时段,积极与交警部门及FM107交通广播频率联动,通过在拥堵路段人工干预、广播引导等方式,疏导社会车辆让行,在生命通道拥堵时享受到联动机制带来的高效、便捷、安全的院前医疗救治服务。

(办公室)

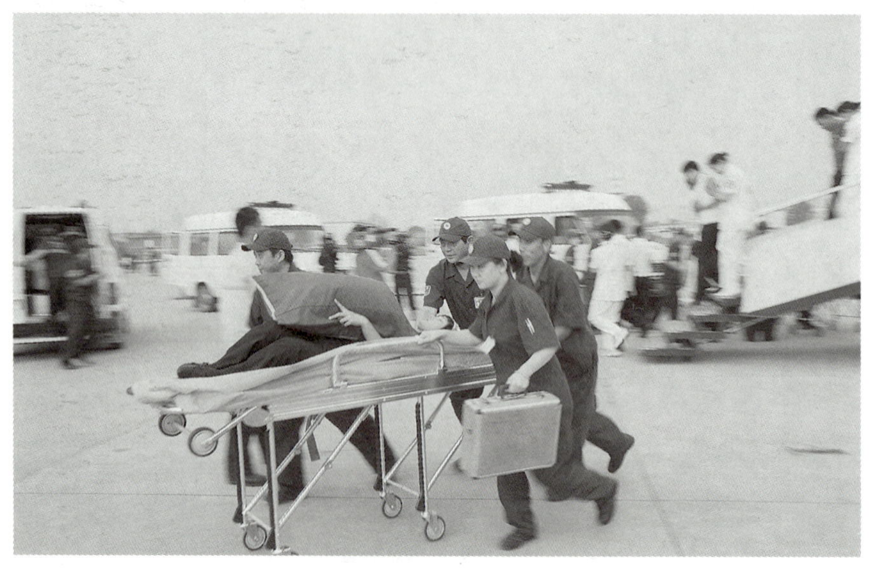

反恐演练

【完善应急体系】 2015年,现代科学的院前急救已经从独立站点演变为协同合作、有效配合的整合体系。作为市唯一的院前医疗机构,太原市急救中心通过站点增设、设备更新、队伍建设等节点创新,逐步完善应急体系建设,发展为一支包括16个急救站和特勤队、基本覆盖城六区,“招之即来、来之能战”的准军事化急救队伍。急救中心将全员编为三个应急梯队,第一梯队为各站值班人员及车辆,第二梯队为各站应急人员,第三梯队为中心其他人员,不定期进行突发事件医疗救援应急演练,严控应急集结时间,提升救援反应速度,提高突发公共事件发生时的应急救援能力。确保第一梯队迅速出诊成功救治转运伤者,同时第二梯队能够迅速补位,确保日常急救工作正常进行,遇重大型突发事件时能全员参战。

制定完善应对各种突发事件的紧急医疗救援预案,与各科室、急救站签订医疗、交通安全目标责任书。完成救助3人以上突发事件379趟次。太旧高速车祸、阳兴大道车祸以及长途中巴车在青银高速侧翻等事件发生,急救中心立即启动突发事件医学救援应急预案,从各个急救站调集急救车辆赶赴现场,成功救治转运伤者的同时,日常急救工作正常进行。

太原市急救中心被纳入山西省紧急医学救援队伍,参与有关部门组织的反恐演练、消防演练、水上救援演练等。这些大型演练检验和提升急救中心的应急救援能力和多部门间协同行动能力,搭建起环环紧扣的“生命接力”救援通道,实现科学救援、高效救援和有序救援。急救中心自筹部分资金,先后引进更新了通讯指挥车、应急物资保障车、奔驰负压监护型救护车、儿童专用重症监护抢救型救护车等40余辆救护车及多参数呼吸机等车载医疗设备，应急装备水平的大幅提升。组建特勤队，专用于长途救治转运急危重症患者，以及重大突发事件救援和日常保障。救护车配备多参数呼吸机等高、精、尖医疗设备，建成移动的重症监护室，填补了太原市省际医疗救治转运患者的空白。年内，成功救治转运180余名主动脉夹层动脉瘤等急危重患者。同时，与“京津冀一体化医疗转运联动体系”合作，解决了太原市患者寻求高级医疗支持、医疗信息不流通等一系列问题，为急危重症患者转运提供保障。

（办公室）

【互联网+，推进急救科学发展】 急救调度指挥是120急救的指挥中枢。2015年，急救中心建立国内先进的一体化急救指挥调度平台，装配4G无线视音频通信，有效融合先进信息技术与先进急救服务理念，对车辆及时定位了解动态，便于科学派诊、一键派诊，做到信息准确统计，方便保存。动态收集的数据则作为优化环节的重要依据，比如根据接诊数据分布，西站晚班延长1个小时，以满足该区域居民早高峰密集的急救需求。

（办公室）

【完善急救体系区域协同建设】 2015年，急救中心建立的“区域协同救治体系”，将太原市院前急救体系向科技惠民急救推进一大步。区域协同救治采用全新的管理理念和多学科协作医疗模式，开通与胸痛中心、脑卒中中心的急救绿色通道，借助4G网络实现高清、流畅的音视频传输，满足对接技术需求，做到救护车在到达医院前，将患者生命体征实时传输到指挥中心、医院及专家，由专家提前判断及指导，预先做好手术准备。院前、院内医疗信息无缝隙连接，缩短救治时间，提升太原市应急救助整体运行效率和质量。招募志愿者抬担，弥补政府服务和急救服务的不足。活动共招募到300余名志愿者，100名合格者被分配至6个急救站，缓解抬担难问题。为缩小急救半径推进网点建设，相继成立264医院急救站、煤炭医院急救站、太钢职工总医院急救站、西山煤电总医院急救站、化肥医院急救站，党风教育基地急救站点6个急救站点，为省城市民提供更加高效、快捷的急救服务。 （办公室）

【岗前培训】 2015年，急救中心在市卫计委支持下，出台“加强太原市急救中心各急救站支援工作”实施方案，将急救中心视同为基层医疗卫生机构。无论新上岗职工，还是来自协作医院的工作人员，严把准入关，通过以情景模拟训练为基础的严格岗前考核，才能上岗入站。省内三甲医院等各大医院邀请急救中心进行全员院前急救轮训。急救中心将16个急救站按地理位置划分为东、西、南、北4个片区，以片区管理增强竞争提升效能。班子成员分片“包保”，片区内委任一名站长为召集人，定期组织本片区职工开展知识技能比武，分析整改问题。各站之间的横向联系增强，激活片区之间的竞争意识，被动管理变为主动作为，提高联合协作、有序救援能力，确保任何急救现场都“忙而不乱”，急救资源得以最大化利用。 （办公室）

【团队建设】 从严管理，强化中层干部队伍建设。严格执行干部选拔任用“党风廉政一票否决制”，对新任干部进行廉政谈话；对违反工作纪律的干部给予停职检查、调离岗位及免职等严肃处理，起到警示作用。2015年中层干部实行竞聘上岗、轮岗交流，竞聘上岗38人，轮岗11人，调整岗位4人。强化行风，增强党员干部抵抗力。坚持在中层干部例会进行“形势教育”，针对个别有倾向性苗头的中层干部进行诫勉谈话，形成长效机制；坚持“每日一课”教育，专人负责每日把党的政策、重大事件及警示教育案例等发送至每位中层干部的电子邮箱，潜移默化增强党员干部抵抗力。涌现出身先士卒的好站长刘欣丽、好医生张红梅等先进模范人物，在太原市精神文明办2015年度“我身边好人”评选活动中，中心推荐的“见义勇为好人”急救护士张韬、“诚实守信好人”急救车驾驶员孙国强榜上有名。 （办公室）

·太原市中心医院·

【概述】 太原市中心医院成立于1958年，是集医疗、教学、科研、预防、保健、急救和康复为一体的市属最大的三级甲等综合医院。医院占地60343平方米，建筑总面积75570平方米，其中业务用房面积47681平方米。编制床位840张，实际开放床位1234张。共设有临床、医技科室53个。有省级重点学科1个（皮肤科），省级重点专科2个（神经内科、心血管内科），山西省重点实验室1个（皮肤科实验室），市级重点专科11个（皮肤科、检验科、呼吸科、肾内科、妇科、影像科、骨科、生殖中心、耳鼻咽喉科），设有两个硕士学位授予点。2015年，全院有职工1894人，其中有享受国务院特殊津贴专家4人，专业技术人员1476人，包括博士、硕士一百多人。医院目前是山西医科大学非直属附属医院，承担着山西医科大学等省内8所院校的教学任务，是山西省批急诊急救专科护士培训基地、山西省血液透析专科卫技人员规范化培训实践基地和内科、外科、妇产科、全科、耳鼻喉科、精神科、医学影像科、医学检验科、皮肤科、急诊科共10个专业的住院医师规范化培训基地。

2015年，全院开展“整顿工作作风、狠抓服务质量”专项作风整顿，重点解决不在乎、不含糊、不团结、不合作、不负责、不尽责、不承担、不落实等痼疾，率先从门诊和护理两个点切入，明确提升服务是医院当前选择的唯一出路，坚决遏制了重大事件和突出矛盾的发生，有效地扭转了思想涣散、作风疲沓的势头，抑恶扬善，激浊扬清，激发了全院干部职工的信心和决心。

在学科建设上。把学科建设作为头等大事来抓，实施了明确学科研究方向，努力提高学科技术、人才、科研整体实力的战略方针，着力推动医院认可的、比较好的学科超常发展；大力支持过去发展欠佳，现在发展速度较快，有一定成效的先行发展，争取点上突破，做到以点带面，激发齐头并进的效应。普外科现已能够独立开展ERCP手术、双镜联合(LC+ERCP)治疗胆系结石达到了国内领先水平；耳鼻喉科鼻眼相关疾病的诊断治疗在全省三级医院中达到顶级水平，鼻内镜下视神经减压术、鼻腔泪囊吻合术、鼻内镜下眶内肿物切除术等在省内都是最先开展，处于省内领先国内先进水平；骨科开展关节镜微创技术，手术人数已达100余例，达到省内先进水平；泌尿科已具备开展超声引导下经会阴前列腺穿刺活检的能力，这是国内前列腺穿刺活检的"最高标准"；内分泌科在糖尿病足诊治领域独具特色，是省城三甲医院中唯一开展了该项目的科室，目前已开设糖尿病足病专科门诊，并正在完善"糖尿病、足病诊疗工作室"等等。

在质量控制上。坚持以质量为核心，狠抓医疗质量管理，促进医院内涵建设。医院强化"以病人为中心、以质量为核心"的医疗质量管理，结合进一步改善医疗行动计划，以提高质量、保障医疗安全为切入点，建立健全各种医疗管理组织，更新和完善医院医疗质量管理委员会、医院质控、科室医疗质量管理小组三级质控组织，为确保医疗质量与安全提供了组织保障。医疗质量专家督导组成员定期或不定期对医院医疗、护理质量和医务人员的违规行为提出干预措施，通过在全院范围内开展医疗质量大检查、三级医师查房制度等系列活动，深入临床科室，严格按照检查标准，对临床病历、医患沟通记录、各种知情同意书、辅助检查报告、三级医师查房记录等质控环节进行严格检查，发现问题要求相关责任人及时整改。重视基础质量、狠抓环节质量、严把终末质量。在基础质量管理过程中，重点对手术器材、院感、药品等使用进行了严格的检查。对全院一次性卫生材料、手术器材的使用、毁型、消毒、无害化处理进行了严格的检查。杜绝术中感染、交叉感染等。对各科室特别是手术室的无菌物品的消毒使用、保管进行了严格检查，加强了各科室空气消毒、细菌培养的监控。

三甲评审标准，突出在以病人为中心、突出医疗质量持续改进、强调安全、绩效的特点，各种临床操作更标准规范，医疗行为更安全有效是三甲评审的硬性要求。严格按照三甲医院标准，从精细化管理入手，逐步完善科室设置，建立健全各项管理制度、工作流程，进一步规范医院管理和医疗服务行为，严密监控三百多项评审指标。监管抗生素使用、大额费用、危重病人的治疗等，使医疗行为更加及时和规范。在诊疗收费上，着力通过降低药品收入占比、降低耗材支出，规范检查和用药行为、规范临床路径和治疗项目，有效控制了医疗成本，减轻了群众就医负担，保障了医疗安全。

市中心医院开展"整顿工作作风、狠抓服务质量"动员大会

在制度建设上，从文体、内容、合法性、必要性、规范性和可操作性等方面对全院现有的733条制度、264各岗位职责进行梳理，从制度层面达到依法治院。通过制度建设，再次明确了各级人员岗位职责，建立和完善了各项考核制度，明确了、病历、处方书写规范、医疗护理技术操作常规、各种医疗设备操作规程等，保证了全院的各项工作有章可循、有法可依，从而达到医院管理的科学化、制度化、规范化和程序化。

在绩效改革上，进一步强化了医院公益性的发展方向和评价标准，建立了科学清晰的医疗绩效评价机制，充分发挥了奖励性绩效工资的激励导向作用，达到了优劳优酬、提升活力的目标。通过大量调研、论证，坚持收支平衡、效率优先、向一线骨干关键岗位倾斜等分配原则，形成了新的绩效方案，按照关键业绩指标考核方法，依据三个"支撑点"，重点从科室工作质量、工作效益、成本核算、满意度等方面进行综合考核，分为四个考核体系(临床、医技、平台、职能后勤)，发放总量不变，收入减成本，科室盈利有绩效，亏损有保底。不同时期，项目考核权重不同，以此达到了院科共同承担、共同发展、共同受益的目的。　(刘　婷)

·太原市第三人民医院·

【概述】 太原市第三人民医院(太原市传染病医院)始建于1950年，分别于2009年和2010年相继增挂"山西省公共卫生临床中心""山西医科大学附属传染病医院"名牌，是山西省目前规模最大的集医疗、教学、科研、预防、康复于一体的三级甲等传染病专科医院，承担着省城乃至全省传染病的临床诊治及突发公共卫生事件的医疗救治任务。

（艾　洁　郭天龙）

【业务指标】 2015年，医院全年门诊接诊87730人次，较去年同期下降1.02%；住院人数9738人次，较去年同期下降3.54%；出院患者9707人次，较上年同期下降4.9%；手术例数527例，较上年同期增长16.6%；实际开放床位682张，病床周转次数14.3次，较去年同期减少0.71次；病床利用率为97.5%，较上年同期下降0.51%；平均住院天数25天，较去年同期延长0.95天。全年总收入为20960.64万元，较上年同期增长2.17%；医疗业务收入为19797.54万元，较上年同期增长1.76%，其中药品收入为11049.76万元，占业务收入的55.81%，较上年同期降低1.97%；门诊次均费用为557.17元，较上年同期增加8.84%；出院患者平均住院费用14903.67元，较上年同期增加5.62%；固定资产总额为8824.38万元，较上年同期增长11.41%。

（艾　洁　郭天龙）

【落实便民惠民】 2015年，医院规范门（急）诊就医流程，完善《弃婴遗婴救助保护流程》《军队相关人员医疗优抚就医流程》《减免残疾人就医费用流程》等内容；入院服务处为患者提供陪检、运送住院患者标本、预约申请单等服务，并为住院科室配送血制品，进一步提高患者满意度。门诊设置"一站式"便民服务台，实行"五优先""四减免""三免费""两服务"等政策；对急危重症患者推行"先抢救、后付费"服务，确保急危抢救"绿色通道"畅通无阻，救治及时有效。门诊大厅及住院病区设置了患者费用实时查询一体机，满足患者对医疗服务项目的查询；同时在三个肝病病区试运行移动医生、护士工作站；公开患者投诉、举报、建议的渠道和联系方式等。推进预约诊疗服务科学化管理，通过电话、短信、网络（QQ群预约、微信群预约、公众微信预约）、现场、医师诊间预约等渠道为患者提供预约诊疗服务，复诊患者预约率达50%；实行门诊预约，有效分流门诊患者，使患者均匀有序就诊，减少交叉感染的几率。检查结果实现互认，医学检验结果互认项目46项，医学影像检查互认项目4项，并通过显示屏公示互认项目。合理配置医疗资源，制定"门（急）诊医师定期在其他传染病科轮转制度"；新成立重症医学科，已逐步接收院内危重患者；逐步推行日间手术。（艾　洁　郭天龙）

【医联体建设】 2015年，医院与太原市清徐县人民医院、清徐县西谷乡卫生院、晋城市传染病医院、晋中市传染病医院和朔州市传染病医院五家医疗机构建立医联体。定时派专家轮流赴清徐县西谷乡卫生院进行义诊、临床教学、健康教育等帮扶工作，并安排内科、院感科、影像科、心电图室、医疗管理、护理等专家进行学术讲座，确保优质医疗资源下沉，提高基层医疗服务水平。严格落实"千医千村牵手"工程，选派15名医师与15个村的18名乡村医师牵手结对进村帮扶，建立微信群，并随时指导村医工作，为村医答疑解惑。（艾　洁　郭天龙）

【医疗质量与安全】 2015年，全年医院感染发生率为1.71%，较上年同比无变化；医院感染标本送检率为87.2%，较去年同期降低3.03%；环境卫生检测合格率为99.65%，较上年同期增加0.09%；医疗器械清洗、消毒灭菌合格率均达到100%；医务人员医院感染率为0%。

加强对医院感染重点部门监管。重点对手术室、重症医学科、供应室、内窥镜室的医院感染管理进行监控，对预防手术部位医院感染控制措施进行重点督查，外科手术病人手术部位医院感染发生率0%。保障用药安全。全年住院患者抗菌药物使用率20.22%、门诊抗菌药物处方比例1.01%、急诊抗菌药物处方比例2.44%，均在国家控制指标内，保障了患者的合法权益和用药安全。严格控制住院患者费用药占比。为规范医疗行为，强化内部管理，控制不合理收入比重，促进临床合理用药能力和管理水平持续改进，要求全院临床科室药品收入占业务收入的比例控制在55%以下。

（艾　洁　郭天龙）

【临床路径】 2015年，医院巩固和扩大临床路径应用范围，新制定感染科3个临床路径病种，通过医院专家组审核，并在临床正式实施。同时，已开展实施10个病种临床路径，入径率71.18%；入径完成率66.42%；变异率33.58%。规范执业行为，防范医疗安全隐患。修订医疗技术准入制度，加强医师授权动态管理；严格落实医疗核心制度，加强医疗质量、服

2015年8月8日，中国工程院医药卫生学部庄辉院士、市卫生局局长郝宝清对第三人民医院"院士工作站"进行调研指导

务质量及医院安全检查考核；加强医疗质量督查，每月医疗质量管理委员会、病案质量管理委员会专家对医疗环节质量、终末质量进行督查，对疑难危重等病历重点督查；建立医疗运行评价和考核机制，发现问题及时整改；加强对消毒药械、一次性医疗用品的监管，保证安全使用。加强医患沟通，和谐医患关系。专设患者协调办统一负责患者投诉事宜，接待投诉实行首诉负责制，能现场解决的即刻解决，需进一步调查核实的，在规定时间内进行答复；建立投诉档案，按季度分析小结，全年共处理投诉17例。强化管理体系，确保医院安全稳定。现有专职保卫人员8人，保安30人，全院监控系统实现联网，重点部位覆盖率达到100%。年内修订"党政同责，一岗双责"制度，建立安全生产检查和隐患整治台账，共进行安全培训18次，突发事件应急演练2次、消防应急演练2次。

（艾　洁　郭天龙）

【优质护理服务】 2015年，医院以"重塑护士职业形象，打造人文护理品牌"活动为载体，将优质护理服务延伸到门（急）诊、手术室、供应室、入院服务处，体现出"一科一特色、一科一品牌"的服务理念（妇产科建立产后妈咪微信群、其他传染病科开展健康教育路径化管理、肝病科室开展优质护理服务延伸护理等）。

（艾　洁　郭天龙）

【特色诊疗服务】 2015年，医院提升重点学科业务能力，促进专科特色服务。其他传染病科为第三人民医院重点学科，全年共收治包括手足口、麻疹、水痘、流行性腮腺炎、布氏杆菌病、狂犬病等传染病680例，收治中无误诊、无差错事故，急危重症的抢救成功率不断提高。加强传染病特色妇产科工作，巩固爱婴医院成果。规范孕妇学校，加强对高危孕妇的管理，全年妇产科共收治439人，其中妊娠合并肝炎产妇357人、梅毒携带产妇39人、艾滋病携带产妇7人。妊娠合并乙肝母婴垂直阻断是第三人民医院诊疗特色，阻断率达到95%以上，极大地减轻乙肝病毒对新生儿的危害。为提高学科建设，妇产科已申报省市联动重点专科。

（艾　洁　郭天龙）

【"百院兴医"工程】 2015年，医院新建门诊楼正式投入使用。为配合市中医医院迁建工程，年内拆除总面积为4131.96平方米危房建筑物（原住院病房），新建2323平方米影像科、介入科、食堂、会议室等。迁建工程稳步推进，新址选址意见书已完成，后续工作正在推进中。

（艾　洁　郭天龙）

【科学化管理】 2015年，医院有正高职称17人，副高职称61人，中级职称143人，初级职称194人，为进一步优化专业技术人员梯队建设，本年度公开招聘儿科、麻醉、外科等急需专业人才10人，编外聘用各类专业技术人员40人。医院为降低医患纠纷，提高医护工作效率，年内全院实施无线移动医疗项目，医生查房和医嘱执行全部可以在患者床边完成；"一卡通"的投入运行，使市医保和省医保患者可率先在医院实现医保卡在手，自助挂号缴费，非参保患者可凭银行卡实现挂号及诊间缴费，提高就诊效率和患者就医体验。（艾　洁　郭天龙）

·太原市第八人民医院·

【概述】 2015年，太原市第八人民医院贯彻国家医改精神，努力推进医联体建设。深入开展"三严三实专题教育活动"和"深化学习讨论落实活动，推进行风建设'九不准'专项整治"活动，认真落实太原市卫计委《进一步改善医疗服务行动计划实施方案》，以病人为中心，改善人民群众看病就医感受，为人民群众提供质优价廉的医疗服务。（办公室）

【医疗安全】 2015年，市第八人民医院强化病历质量及核心制度的落实。利用电子病历系统运行，对病历进行实时监控。对归档病历严格把关审核。强化病历质量奖惩制度，与责任人绩效挂钩。做好临床路径管理工作。完善临床路径流程，加强临床路径统计、月报、汇总、分析、评价等工作。开展临床路径11个专业，40个病种，全年进入临床路径病历数311个，入组率90.41%，完成率81.99%。开展出院患者回访及"听群众心声，请患者评议"活动。广泛深入征求意见建议，2015年1–12月份，回访出院患者1520人次，回访率98%。共收到感谢信37封，锦旗9面。发放评议卡8136张，收集评议卡7407张，门诊发放率10.52%；住院发放率80.74%；回收率91.04%；满意度达100%。举办便民义诊活动开设预约诊疗，无假日门诊、济困门诊、接送医联体病人检查。省人民医院中医、呼吸、肾内、神内科共15位知名专家在医院开展义诊活动。为167位居民提供健康咨询、康复指导、制订治疗方案等服务。

（办公室）

【抗菌药物专项整治】 2015年，市第八人民医院对临床科室逐月统计、分析和总结抗生素药物使用情况。抗菌药物使用情况各项指标基本达标。严格执行临床合理用药和处方点评制度，逐月抽查处方、病历，并对结果进行排序、公示，列入科室考核体系，落实奖惩措施。新制定了各种药物管理制度和分析用药评价体系。完善继续医学教育管理制度和继续医学教育规划、实施方案，制订培训计划，申请包括针刀治疗颈肩腰腿痛、超声医学在临床中的应用等在内的太原市继续教育项目10项，开展学术讲座22余次，培训人员3080余人次。提升医务人员队伍整体素质。做好职工医学院、山西老区医学院、太原卫校实习生带教工作，定期组织实习生业务学习、召开实习生座谈会和护理教学查房。（办公室）

【优质护理与服务】 2015年，市第八人民医院优质护理服务在急诊科、手术室、供应室等非临床科室逐步开展，覆盖率真正达到100%。鼓励护士长创建本护理单元独特的护理品牌，调动护士长和护士的积极性，树立"以人为本"的服务理念，营造温馨舒适的就医氛围，为病人提供优质全面无缝隙服务。老年病科尝试创造性开展工作，用“巡回治疗车”为患者提供连续性床边治疗和护理，收效显著。开展护理“品管圈”活动。开展品质管理活动，提升护理质量。护理部分别组织各品管圈进行了两次阶段性成果汇报演示，提升医院护理品质。在第三届全国举办的医院“品管圈”大赛中获优秀奖。护理部举行“护理技术操作能手”选拔大赛。其中2人参加市卫计委举办的“太原市第十届职工职业技能大赛”，获得“太原市第十届职工职业技能大赛护理操作能手”及“太原市第十届职工职业技能大赛优秀奖”。医院加快人才建设步伐，积极引进、着力培养、返聘专家等途径加强人才队伍建设。通过公开招聘引进急需人才；加大人才培养力度，选拔25余名医务人员到省人民医院及省内其他三甲医院进修学习，提升医务人员专业技术水平；返聘专家对专业技术队伍实施传帮带提升专业技术人员整体素质。

（办公室）

【公共卫生服务】 2015年，市第八人民医院认真落实《母婴保健法》及“两纲两规”，严格B超管理和胎儿性别鉴定。辖区共管理孕产妇。管理率为98.74%。完成基础免疫接种3439人次，做好高危儿童及心理行为发育异常儿童的登记和管理工作，针对性的采取防范措施。组织开展健康教育工作，定期对医务人员进行控烟等健康教育知识培训，全年共培训512人，覆盖率99.6%。强化控烟工作，定期对病区进行检查，发放宣传资料547份。举办健康教育大讲堂17次，共2673人参加。社会公益性宣传活动11次，发放资料1485份，现场咨询470人。

（办公室）

【文化与行风建设】 2015年，市第八人民医院加强医院文化建设。通过组织开展便民义诊，对口支农，献血，志愿服务，深化“我们的节日”主题活动，及时宣传报道医院的信息，共发表《八院通讯》48期，在《健康生活报》等报刊上刊登13篇文章。组织医务人员认真学习，进行“九不准”知识测试，坚守职业信仰；医院领导组多次深入临床一线，利用晨会深化“九不准”教育并自查违规行为；临床科室与住院患者签署不收和不送“红包”协议书；对存在问题不留死角，狠抓整改；用制度管人，奖优罚劣；继续完成医德医风考评工作，将医德医风考评结果与职称晋升、岗位聘用、评先评优等直接挂钩。

（办公室）

·太原市第九人民医院·

【概述】 太原市第九人民医院（太原市中心医院北院）前身为兴安化学材料厂职工医院，建于1959年，位于尖草坪区新兰路72号，为市直属二级甲等综合医院。2002年，加入太原市中心医院集团，由市中心医院输入技术资源。2006年3月，经太原市政府正式批准，由太原市中心医院兼并，成立太原市中心医院北院。2006年，在改革的大潮中，北院成为全省首家国企医院向公立医院转型改革试点单位。2014年6月根据省编办文件批准太原市中心医院北院成立为太原市第九人民医院。2015年，太原市第九人民医院（太原市中心医院北院）围绕“一个目标、两项改革、三大转变、四项重点任务”全方位做好医院各项工作。贯彻落实科学发展观，深入开展党的群众路线教育实践活动，本着“小医院、大医生”“三级医院医疗、二级医院收费”“久久为功，善做善成”的办院宗旨，积极推进医院建设发展，各项工作均稳步向前推进。面对医疗技术水平低、设备短缺、人才匮乏的发展困境，全院职工凝心聚力，团结协作，大力推进医院改革发展进程。2015年总收入2294.4万元，比上年同期增长29.57%；门急诊、住院人数42625人次，比上年同期增长16.7%；病床使用率66.63%，比上年同期增长9.19%。

（张国卉）

【院企合作】 本着“优势互补、多边共赢”的原则，深化院企合作，九院与山西红十字口腔医院、国药集团山西有限公司、太原市第一强制隔离戒毒所签订战略联盟协议，创新医院管理模式，进一步提升医务人员专业水平，促进学科内涵建设，降低管理成本，完善供应保障，在资源、设备、管理及服务理念等方面实现资源共享，真正使医院、合作及广大患者实现“三方共赢”。为进一步推动医院发展，拓展医疗服务项目，2015年7月13日九院与德国德迈医疗集团举行座谈交流会，确定双方合作成立血液净化中心，使血液净化中心的医疗技术与管理水平能充分体现德国顶尖技术，为太原市医疗卫生事业发展注入崭新的活力，以实际行动促进太原市医疗健康服务水平的突破，切实使透析患者感受到好的医疗质量，造福于血液透析患者。选址已经确定，正在办理报批手续。

（张国卉）

【设备更新】 在上级部门的政策支持下，九院于2015年2月完成煤炭发展基金划拨医疗器械采购工作，共增设电解质仪、全自动血凝仪、化学发光分析仪、胎心监护仪、动态心电图仪等价值约100万元设备，调试安装投入使用。参与太原市卫生局与飞利浦（中国）医疗保健集团会谈，与世界500强企业飞利浦（中国）投资有限公司达成合作协议，确定建立飞利浦“蒲公英基地”，审批购进16排螺旋CT、DR、彩超及电子胃镜等设备，缓解临床和病人的检查需求，降低住院患者的看病负担，极大促进和提升诊断准确率和医疗质量。

（张国卉）

【社会公益】 2015年，九院作为一所公立医院，在承担日常医疗任务的同时还承担相应的社会公益责任，完成上级部门指定的山西省军事院校和国防生体检任务和太原市草坪区武装部士兵、士官体检工作。通过开展当“白衣天使”遇到“马路天使”不一样的5·12护士节、关爱特殊儿童系列活动、关爱出租车司机健康大礼包派送、与山西房车俱乐部签订唯一指定健康保障医院、与晋城银行合作开展“暖冬义诊社区行”免费义诊活动以及暖冬行动“先住院、后付费”等多种形式活动。提升了九院知名度，展现九院人关心公益事业、勇于承担社会责任、无私奉献的良好精神风貌。（张国卉）

【品牌提升】 2015年，5·12护士节活动在各大纸媒占据护士节版面突出位置，活动刊登后，先后又被中国文明网、中国西藏网、新浪网、凤凰网、新民网、和讯网等10余家门户网站竞相转载，点击量破万次。活动中的16名“天使之星”是九院与太原在线携手，通过网络投票—初赛—复赛—决赛最终评选出的优秀护理人员，受到社会各界的广泛关注和支持，两轮网络投票参与人数达40万人次。“先住院，后付费”暖冬行动也被多家门户网站转载。九院开展的公益活动通过山西电视台《都市110》、黄河电视台《黄河新闻》、太原电视台《太原新闻》《新闻快车》、FM107.0太原交通广播、FM91.2太原新闻综合广播、山西日报、山西晚报、太原日报、太原晚报、三晋都市报、发展导报、中华网山西、中国网山西、中国网医药、人民网、山西新闻网、山西日报网、黄河新闻网、太原在线网等20家媒体进行全方位、多视角报道，发稿件数达60余篇。

（张国卉）

【建设全科医生临床培养基地】 全科医生临床培养基地项目主体为学员培训、住宿、示教、模拟综合用房。此建设规模为地上六层，建筑面积为6478.13平方米，总投资2560万元，九院自承担此项工作起，全院人员齐心协力，加快推进全科医生培养基地项目建设。在建设、设计、监理、施工及相关部门的共同努力下，全体施工人员克服种种困难，保质量、保安全、赶时间、拼速度，2015年完成主体结构的封顶。九院围绕“以病人为中心，以质量为核心，为患者提供安全、温馨的就医环境”，将“久久为功，善作善成”当做信念，把推陈出新作为医院发展的永久生命力，紧跟国家深化医改的步伐，探索医养结合新模式，励志走出一条创新跨越的改革发展之路。（张国卉）

·太原市妇幼保健院·

【概述】 2015年，太原市妇幼保健院（以下简称“保健院”）以保健为中心，以保障妇女儿童健康为宗旨，加强妇幼保健机构服务能力建设，推进百院兴医工程，门急诊人数为230016人次；出院人数为8581人次；分娩数2738人；手术例数3129例；业务收入10566万元；固定资产总额7822万元，增幅2.30%；资产负债率27.10%，较去年同期下降9.04%；药占比30.05%，同比下降1.73%；职工人均收入61650元；三公经费同比减少21.69%；病床使用率65.98%（2014年76.19%）；平均住院日5.26天，同比减少0.48天；院内感染发生率0.72%，同比减少0.13%；群众满意度98.39%。保健院加强对外宣传工作力度，在网络发布医院信息753条，各类报纸刊登医院新闻172篇，电视及广播电台播报医院新闻62条。荣获“全国百家优秀爱婴医院”“全国妇幼健康服务先进集体”等称号。

（办公室）

2015年10月30日，妇幼健康中国行走进山西太原

【党建工作】 2015年，保健院加强党建，发挥党组织的战斗堡垒作用。召开“三严三实”专题研讨会4次，班子成员查找后列出个人问题清单38条，整改整治措施40项；坚持定期中心组学习与自学相结合，全年集中13次，构建“学习型的党委班子”；强化“两个主体责任”，推进党风廉政建设。落实党风廉政建设目标责任制，逐级签订、逐级承诺、逐级考核、责任追究；加强重点岗位、重点环节廉政风险防控；执行八项规定，强化节日廉政教育，编辑发放节日廉政慰问信57封及廉政短信285条次。（办公室）

【健康服务】 2015年，保健院继续贯彻落实《母婴保健法》，加强“三网监测”“削峰工程”等工作，派出专家166人基层督导51次，开展培训17次，受益3400人次。做好宫颈癌筛查工作，完成标准的102%。以爱婴医院复核创建工作为重要手段，降低孕产妇、儿童死亡率和剖宫产率，提高母乳喂养率，提升全市妇幼健康服务水平和母婴健康水平。孕产妇死亡率10.61/10万，住院分娩率99.93%，母乳喂养率72.63%，孕产妇系统管理率87.00%，3岁以下儿童系统管理率87.98%，7岁以下儿童健康管理率96.47%，均达标。（办公室）

【基层帮扶】 2015年，保健院持续推进“一对四”社区帮扶。对口帮扶社区为11

个，建立双向转诊绿色通道，与276家社区卫生机构签订双向转诊协议书，完成签约率的97%；开展“千医千村牵手”活动，27名医务人员对口帮扶27名村医；建立医疗联合体。与郝庄卫生服务中心建立医联体，共派出专家坐诊56人次，接诊人数2770余人次；帮助郝庄卫生服务中心完善妇科和产科功能；开展对口支援工作。派出专家11人分批分次入驻侯村乡卫生院，进行传、帮、带，组织查房会诊、病例讨论、专题讲座等21次，义诊3次，共服务1811人次。（办公室）

【管理机制】 2015年，保健院制订《中共太原市妇幼保健院委员会“三重一大”集体决策制度》等13项管理制度，医院管理制度化。成立医院采购物资询价组、百院兴医采购询价组，规范采购程序，保证采购质量，防范经济风险，确保采购行为公开透明和阳光运行。（办公室）

【质量管理】 2015年，保健院开展“医疗质量安全月”活动，健全制度、完善流程共144项，逐步建立院、科、组三级质控网络；加强病历质量管理，建立门诊、住院医生工作站，由手写病历改为电子病历，提升病历内涵质量；加强临床路径管理，进入临床路径的病种数为27种，完成率为97%，各项指标均达标；加强合理用药管理，促进合理用药管理水平和抗菌药物临床合理应用能力持续改进。全院药占比30.05%，住院患者抗菌药物使用率为50.5%，同比下降5.9%，达到国家标准；优化护理资源，分层次分组进行整体化护理，做到护士层级动态管理；加强“三基”考核，组织临床、医技医务人员144人考试2次，合格率100%；护理考试进行考试5次，共计425人次，合格率为100%。（办公室）

【品牌学科】 2015年，院士团队专家亲临医院进行手术示教31例，查房会诊、疑难病例讨论，共服务患者103人；引进全国围产医学专业委员会主任委员杨慧霞，引领院产科水平向全国一流水平迈进。开设全省首家妊娠糖尿病一日门诊，共为350名孕妇提供合理化的孕期管理，并向全省推广；针对大月份流产，开展腹腔镜下、阴式子宫颈环扎术，填补全省技术空白；开设儿外科病区、妊娠糖尿病区，拓展服务领域；

强化科研技术水平，省科研5项，分别为《太原市“铅干预工程”协作体系平台建设》《糖尿病母儿神经发育预后及影响因素分析》《太原市3-6岁儿童行为问题研究》《miRNA-106调控内质网应激蛋白ERp44在妊娠期糖尿病中的研究》以及《妊娠期血清甲状腺功能相关指标参考值的确定》；申报《经阴道容积及能量多普勒超声对围绝经期子宫内膜病变的研究》为省级科研项目；新技术新项目准入40项；发表论文37篇，其中可视12篇，省级24篇，论著1部；加强学术交流，协办“全国妇幼健康服务年——走进山西”活动，主办第二届山西妊娠合并糖尿病规范化诊治暨孕期营养培训班等省、市级培训班9期。（办公室）

【队伍建设】 2015年，把“大专科小综合”确定为建设医院的方向，引进业务专家和管理专家，外聘国内知名专家7名；为人才流动站充实医生20名、护理人员39名、检验人员2名，其中研究生学历10名；赴大连预招21名应届医学生（其中有7名研究生）；派出进修、学习人员110人次，包括市级学科带头人1名、后备学科带头人2名、青年业务骨干2名；短期培训86名。（办公室）

【平安医院建设】 参加医疗责任保险；加强三防建设，建立完善入侵报警系统、视频监控系统，安装一键式报警装置，重要部位进行重点监控；配备保安15名；组织开展典型案例分析，持续整改。深化绿色医院服务理念，报废拆除燃煤锅炉，降低医院运营费用，改造并接入城市集中供热管网工程，改造多处跑冒滴漏的供热主管道，确保全院按时保质供暖。做好应急工作，完善应急流程和防控预案，加强应急培训，全年组织开展应急演练8次，提升应对各种突发事件的能力。与市计生站、市药具站合并，申报“三定”方案，并于12月31日正式挂牌成立“太原市妇幼保健计划生育服务中心”。

（办公室）

【医德医风建设】 2015年，保健院开展行风专项整治和规范医务人员行为专项检查，执行“九不准”规定；结合卫生系统治理医药购销领域商业贿赂专项工作和行风评议工作，加大宣传教育，强化社会监督；制定受理和解决投诉工作流程并成立投诉办，以群众满意为标准，构建和

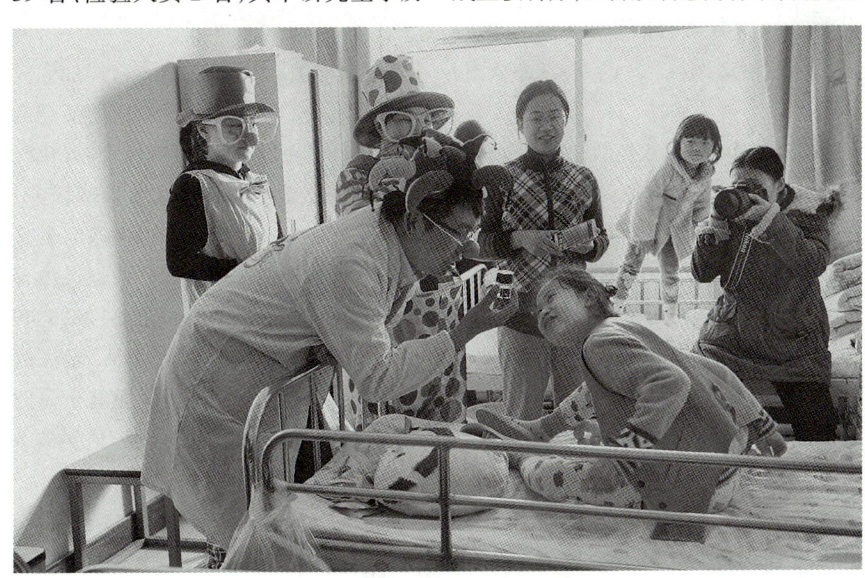

2015年10月31日，小丑医生万圣节

谐温馨医院。全年共收到锦旗144面，表扬信125封，退还患者红包64人次，共计35700余元，患者满意度达98%以上。（办公室）

【便民惠民服务】 2015年，保健院在省城医院建立"妈咪小屋"，并在省、市"妈咪小屋"建设工作会议上进行经验分享和交流。设立全省首家以医院为基地的省青联志愿者活动基地，与山西省青联联合推出"小丑医生"活动，并成立保健院"欢乐天使（小丑医生）"志愿者服务队（74名），从8月份开始共组织4次活动。

在新建南路口设立应急通道，在医院西门增设导诊台和挂号收费窗口，各大路口及院内张贴就医路线标志1000余张；通过"为您服务中心"小喇叭、电子显示屏、医院微信公众平台、交通广播等渠道，向市民公布医院路线，方便就诊；在新建路南内环街口上设立"为您服务咨询站"，提供宣传、引导或帮助妇女儿童到院就诊，共服务8700余人；免费为2542名产妇提供产后营养餐服务；免费外出接收转诊新生患儿12人；开设二胎咨询门诊，帮助单独妈妈解读计划生育政策，为想要二胎的家庭提供生育咨询和服务；开设助产士门诊，服务211名产妇；开展自由体位分娩，降低分娩侧切率，侧切率由2014年的56.7%降至2015年的37.8%；开展无痛分娩，减少分娩时的恐惧和产后的疲倦，共服务62例。（办公室）

【公益活动】 开展双拥活动，八一前夕，赴市政府警卫连和太原武警支队一大队慰问，送去三千余元的慰问品；组织职工参加慈善捐，全院466人共计捐款10710元；组织职工参加无偿献血活动，共45人献血18000毫升；六一前夕为太原市福利院的孩子们送去慰问品；开展各类义诊活动27次，受益3000余人。组织院领导及党员干部赴娄烦县娄烦镇仁家沟村开展精准扶贫活动，对接26家贫困户。（办公室）

【"百院兴医"工程】 2015年，市妇幼院保健业务用房、住院楼工程已接近尾声，可部分缓解保健医疗用房紧张、看病难、住院难的现状。医院迁建工程项目前期工作已经基本完成。（办公室）

【信息化建设】 2015年，保健院完成"一卡通"系统、门诊叫号系统和预约挂号平台项目建设，缩短患者排队等候时间。设计推出医院微官网，并利用微信平台推广医院信息，开展咨询、宣教、预约挂号等服务。建立中国妇产科内分泌QQ群，通过网络解答问题，组织病例讨论，规范诊治等，全国各地的妇产科医生和知名专家等成员近千人。建立儿科、妇科等专业方面的微信群以及质控、医院评审等管理方面的微信群，通过网络强化管理，提升质量。（办公室）

【职工活动】 组织"追逐梦想、扬帆起航迎春联欢会""中国美　劳动梦"科教文卫体合唱比赛、"职工拔河比赛""主题健步行""乒羽活动""心理沙龙""摄影展"等活动，丰富职工业余生活；为579名职工进行健康体检（含"关爱医生"项目医生129人）；为体检乙肝抗体阴性职工注射乙肝疫苗，共223人受益。（办公室）

体　育

【概述】 2015年，太原市体育局加强党风廉政建设，开展学习讨论落实活动和"三严三实"专题教育，推进体育"五化"，完成第一届全国青年运动会参赛任务，实现竞技体育三大突破；以市政府名义下发《关于加快发展体育产业促进体育消费的实施意见》（并政发〔2015〕49号）；开展"强健体魄·阳光生活"全民健身系列活动，在全市范围内掀起全民健身新高潮。2015太原国际马拉松赛被中国田径协会授予"金牌赛事"称号。（刘潇涵）

【群众体育】 2015年，全市群众经常参加体育锻炼人数比例达32%以上，达到《国民体质测定标准》合格以上人数比例增加，人均体育场地面积1.48平方米，市县两级实现全民健身"三纳入"，人均体育事业费2元。

市体育局组织开展龙城全民健身社区行活动。根据全省"强健体魄·阳光生活"系列活动安排，按照"冬跑，春舞，夏泳，秋赛"四个板块，组织活动达百余次，覆盖群众10多万人次。在科学健身服务体系方面，完成全国第四次国民体质监测7200个样本量的监测任务和山西省《国家体育锻炼标准》1200个样本量测试，进行1440个群众体育现状入户调查；成立市级国民体质监测中心，扶持5个县（市、区）成立国民体质监测站。根据国家体育总局安排，对全市6个县（市、区）的18个街道、乡（镇），37个居（村）委会的1440个样本量进行全民健身活动状态问卷调查；对娄烦县、清徐县、古交市、阳曲县4个县（市）3–6岁幼儿进行2000个样本量的国民体质监测。在青少年体育发展方面，49所学校被命名为市级体育传统项目学校，50所学校被命名为省级体育传统学校；在青少年体育俱乐部创建方面，新增7所省级青少年体育俱乐部；2015年度校园足球联赛共有42所学校、1038名学生参与。创建国家级体育传统项目学校3所，国家级青少年体育俱乐部28所，创立太原市天龙山青少年户外体育活动基地，举办阳光体育科学健身校园行活动。（刘潇涵）

【竞技体育】 在训练体系方面，基本形成以市属专业体工队为一线、市属体校为二线、市属训练点校为三线的层次分明、年龄衔接的竞技训练梯队。在人才队伍建设方面，创建国家级高水平体育后备人才基地1个、省级高水平体育后备人才基地4个，培养11名国际级裁判员，86名国家级裁判员，486名国家一级裁判员，2000余名国家二级裁判员。在运动成绩方面，一是第一届青运会运动成绩实现历史突破。2015年10月，第一届全国青年运动会在福建省举办，太原市体育代表团共取得金牌11枚、银牌9枚、铜牌7枚，金牌总数位列55个参赛城市第九位，位列参赛省会城市第六位，取得全市参加全国综合性运动会的历史最好成绩，并获得“体育道德风尚奖”。二是参加国内外各大赛事，在全国各类大赛中夺得10个第一名，10个第二名，3个第三名，24个四至八名；国际赛事方面，郝佳露分别获得2015年击剑南非世界杯和世界击剑锦标赛女子重剑团体冠军，张萌萌、刘慧敏夺得全国射箭冠军赛暨第31届奥运会选拔赛第二名。三是按照国家体育总局、省体育局安排，完成第一届全国青年运动会武术套路、女子柔道、拳击、自行车(BMX)四个项目预赛和自行车项目决赛承办工作。四是推进第二届青运会筹备工作。组织相关人员分两批随省、市学习考察团赴福建学习考察。

（刘潇涵）

【体育产业】 一是转变政府职能，创新管理体制，2015年成立太原市体育产业管理中心和体育产业公司，建立斯迈夫太原体育产业孵化基地。二是按照国务院46号文件和省政府32号文件精神，完成《太原市人民政府关于加快发展体育产业促进体育消费的实施意见》。三是以中国体育文化·体育旅游博览会为机遇，做好参展、安保、后勤保障等工作，被组委会评为“最佳组织奖”。四是理顺管理运行机制，加强体育彩票销售工作力度，全年共销售体育彩票金额达66936.7万元，居全省第一，较上年增长11%，占全省总销量的32%。（刘潇涵）

【品牌赛事】 一是继续打造“太原国际马拉松”体育名片。以“为和平，跑太马”为主题2015年太原国际马拉松赛，共有14个国家和地区的3万多名选手参赛，中国田径协会评为马拉松“金牌赛事”，乐视网和太原电视台全程直播。二是打造“龙城赛龙舟”体育名片。在“两博会”期间，举行“2015汾河龙舟公开赛”，促进文化、体育和旅游深度融合，提升城市知名度、美誉度。三是继续打造“全国篮球城市”体育名片，引进和参加国内外专业性篮球赛事，做好CBA、WCBA主场各项保障工作。四是继续打造“汾河体育健身长廊”体育名片。完善公共体育基础设施，对健身路径进行新建及更新，完成塑胶健身步道试验段、迎泽桥东景区13个轨道棋安装建设。（刘潇涵）

全民健身活动蓬勃开展

【行业督查】 国家体育总局局长刘鹏带队对山西省体育工作进行调研督查。此次调研督查主要包括六个方面内容：一是地方政府将全民健身事业纳入国民经济和社会发展规划、经费纳入各级财政预算、工作纳入各级政府年度工作报告的情况；二是各市、县（区）完成“全民健身活动中心”建设情况；三是完成“县级公共体育场”建设情况；四是街道（乡镇）、社区（行政村）建设完成便捷、实用的体育健身设施工作情况；五是按照国家相关法规和有关规定，使用和管理大型体育场馆免费低收费开放补助资金工作情况；六是新建居住区和社区按相关标准规范配套群众健身相关设施建设完成情况。调研督查期间，刘鹏一行先后对太原市汾河公园体育长廊、山西省体育博物馆、晋中市体育馆、玉湖公园等体育文化及群众活动场馆进行实地调研。

（刘潇涵）

【2015太原国际马拉松赛】 9月13日8时，2015太原国际马拉松赛在中国（太原）煤炭交易中心鸣枪开赛。省委常委、市委书记吴政隆，副省长张复明，省政协副主席李悦娥，中国田径协会副主席沈纯德，省政府副秘书长郭立，省体育局局长苏亚君，市委副书记王成，省体育局副局长李振生，市委常委、秘书长陈河才，市人大副主任傅建荣，副市长王爱琴，市政协副主席王爱萍等出席。5名抗战老兵特邀参加开幕式。吴政隆、张复明、李悦娥、沈纯德、苏亚君等共同为起跑鸣枪发令。（刘潇涵）

【全国青年古典式摔跤锦标赛】 2015年全国青年古典式摔跤锦标赛在太原举行，山西代表队共派出11名运动员参加，其中6名运动员由太原市摔跤柔道跆拳道运动管理中心培养输送。山西队以3金2银1铜51分的总成绩，领先于其他参赛队伍。（刘潇涵）

【山西省第十五届运动会蹦床年度赛】 山西省第十五届运动会蹦床年度赛在山西省体育馆举行。由太原市体育运动学校代表太原市参赛并收获所有业余组的16枚金牌，并且包揽男子乙组团体、女子乙组团体、男子丙组团体、女子丙组团体、身体素质团体、蹦床团体操等六个项目的所有金牌。（刘潇涵）

太原国际马拉松赛

【全国 BMX 冠军赛】 2015 年 8 月，全国 BMX 冠军赛(第四站、总决赛)、全国 BMX 锦标赛暨全国青年锦标赛、第一届全国青年运动会 BMX 资格赛在太原市小轮车训练基地举办。赛事由国家体育总局自行车击剑运动管理中心、山西省体育局、太原市人民政府主办，太原市体育局承办，太原市第三少年业余体育学校协办，共有 21 支代表队 200 余名运动员同台竞技。 (刘潇涵)

【“李宁·红双喜杯”中国乒乓球联赛】 “李宁·红双喜杯”2015 年中国乒乓球会员联赛(山西太原站)在山西工商学院举行。太原市首次承办此项赛事，比赛设男、女团体和男、女单打，按年龄分设 30 岁组、40 岁组、50 岁组、60 岁组、65 岁组，共进行 208 场团体和 450 余场单打，共吸引来自全国各地的近 498 名运动员参赛。 (刘潇涵)

【中国体育文化·体育旅游博览会】 以“弘扬体育精神，建设体育强国”“倡导体育旅游，助力经济发展”为主题的 2015 中国体育文化·体育旅游博览会(简称“两博会”)于 2015 年 10 月 11 日在中国(太原)煤炭交易中心开幕。 (刘潇涵)

卫生 体育

文　物

【概述】 2015年,太原市文物系统干部职工坚持以"高起点、高标准、高水平展示文化遗产魅力,提升城市文化品位,打造晋阳文化品牌,建设历史感、生态性、文化味为一体的文化名城"为工作目标,科学谋划和开展全市文物工作,推进城市历史文化保护与发展,文物事业取得成绩,文化名城建设取得成就。

(陈雅彬)

【重点工作】 2015年,古城府城"两城"保护工作成绩突出。晋阳古城和太原府城是太原悠久历史的见证。晋阳古城发掘面积4000余平方米,新发现宫城内一处重要建筑的建筑基础——磉墩12个,为古城遗址公园建设增添一大亮点;太原府城开工10处重点文物保护工程,西校尉营关帝庙等4处基本完工,其余6处按照修缮方案加紧进行。

青龙古镇和明太原县城是太原市南北两处地方特色浓郁的城镇。青龙古镇保护修复工程完成拆迁174户约5万平方米;修复古建筑72座,总面积约93086平方米;完成时代生活博物馆、农耕博物馆等9处场馆的修复和陈列布展。晋源乡村农耕文化工程、明太原县城城墙修复工程完成城门城墙发掘3830平方米,完成修复47%;29处古建筑修缮工程相继施工,17处已基本完工。

西山文化带文物保护工程成效显著。西山地区的天龙山石窟等国保单位是彰显晋阳文化的重要依托。西山一带由南至北,晋祠环境综合整治工程办理土地手续,解决多年来景区与周边纠纷不断的历史遗留问题;赵梅生美术馆主体工程全面竣工,进入装修布展阶段;天龙山石窟、龙山石刻抢险加固工程相继实施。太山龙泉寺文物修复工程东坪新寺完成工程总量的80%;望都阁基础工程全部完成;舍利塔的设计方案通过专家论证,地质勘测完成。崛嵎山窦大夫祠、净音寺、多福寺院落整治工程壁画彩塑修复工程启动。

太原博物馆组织骨干外出学习考察,推进陈列布展和配套建设,完成《雄州霸府》等五个主题八个展厅3000余件文物的内容和形式设计,文物展厅准备就绪,安检、票务等系统完成调试,人员上岗培训完毕,基本具备部分开馆试运行条件。晋祠博物馆举办"岁月·光影——晋祠百年记忆"老图片展等专题展览6场次。国师纪念馆创新讲解形式,编排《最后的嘱托》《山西女兵连》等多个剧目,并走进学校、走进社区进行展演。高君宇故居陈列布展和服务能力提升改造工程全面实施。

第一次可移动文物普查成果凸现。完成全市18072件(套)、共计229806件文物数据采集登录上报工作;督导参与包括央企、省、市级在内的24个行业外文物收藏单位开展普查工作,采集上报数据27158件(套);创新思路,在全省率先开展成果转化,选取100件文物进行3D扫描,编撰《太原馆藏文物精华》一书,为藏品数字化及展示提供基础。

(陈雅彬)

【文物基础保护】 2015年,依法完成106处第三批市保的保护范围和建控地带的划定工作。组织编制唱经楼等3处国保规划,完成大关帝庙等6处文保单位保护修缮工程的立项申报,督军府旧址等11个专项保护方案的审批。太原工程队旧址、晋阳饭店等重点文物得到保护。全市共有100余处文物保护工程开工实施,工程投资量近亿元。 (陈雅彬)

【文物保护】 依法开展地下考古调查勘探,全年开展文物调查35万平方米,文物勘探60万平方米,抢救性清理发掘53座汉代到明清时期保存较好、价值较高的古墓葬。开展东山大墓考古发掘及保护前期准备工作,太原生态职业学校唐代壁画保护正在进行。做好城中村改造中的文物保护,加强相关区域风貌整体性和文脉延续性的管控,对其中的历史建筑和历史民居应保尽保,依法实施原址保护。 (陈雅彬)

【文物安全管理和执法】 2015年,开展古建筑安全隐患排查,完成24处国保古建筑、4处省保古建筑、68处市保古建筑、163处县(市、区)保古建筑的全面排查,制定太原市“十三五”期间木结构古建筑维修计划。完善隐患排查治理体系,建立隐患风险点电子档案。市、县两级出动400余人次开展日常巡查和安全检查。加大“六打六治”力度,建立责任倒查制度。加大文物违法案件的查处力度,及时纠正文物违法案件12起,查处2起。阳曲县开化寺消防工程立项获批,组织实施太原大关帝庙消防工程。(陈雅彬)

【科技保护和学术研究】 《太原市博物馆珍贵馆藏文物预防性保护方案》等2个方案获得国家局批复。《晋祠博物馆文物预防性保护》等2个项目获得省局立项。太原市博物馆文保中心建设得到313万元中央财政经费支持,已进入招标准备阶段。完成晋祠碑碣石刻、楹联匾额的调查研究,对晋祠圣母殿彩塑进行数字化数据采集。实施天龙山蟠龙松等古树名木保护。对太山金棺实施科技保护。对市属馆藏器物、陶俑等进行清理、修复。对龙山童子寺遗址发掘出土的壁画进行修复保护。开展北齐徐显秀墓科技保护,完成《太原北齐徐显秀墓壁画保护修复研究》报告。开展学术研究,全系统在省级1级以上期刊发表论文12篇。

加大文物保护普法宣传与惠民活动。景区宣传短片《悠悠中华情,锦绣太原城》在山西卫视展播。深入研究、挖掘文物资源内涵,开展《晋祠文化遗产全书》《太原市文物建筑》等20部专业书籍的编撰工作,《太原文化美景》《品读龙山》等2部重点文物宣传书籍,以及《老街老巷老景观》《老城记忆》等城区文化书籍已付梓。《太原最有文化的33处美景》参展第25届全国图书交易博览会并受到好评,入选山西经济出版社推介书目。利用纪念日、黄金周、中华传统节日等,开展普法宣传42场次。开展“一景一品”惠民活动,举办晋祠立夏看牡丹赏花游园会、晋祠菊花节活动,晋祠王氏、唐氏祭祖活动,双塔“昌文风,启文运”系列文化活动,“文化太山”系列活动,龙山丁香、红叶节等等文化活动70余场次。组织书法、绘画、摄影等艺术家赴文物景区采风创作,扩大景区影响。全年市属文物景区共接待游客400余万人,近六成游客享受各种国家、省、市规定的优惠减免政策。太山、龙山景区实行早8点前免票进山政策。(陈雅彬)

【党建工作】 深化党的组织建设。坚持民主集中制度,凡遇重大问题决策、重要干部任免、重大项目投资决策和大额资金使用等“三重一大”事项,都要召集党组会议集体研究、集体决策。坚持三会一课制度,局党组中心组带头学习,带头讲党课,带头开展批评与自我批评。抓好基层组织建设,配齐15个党支部的支部书记,按期进行换届选举。

落实“两个责任”。制定落实党风廉政建设主体责任清单和监督责任清单,层层签订廉政建设责任书。把党风廉政建设与行政业务工作一起部署、一起落实、一起实施、一起考核。

改进党的作风建设。执行中央八项规定,压缩“三公”经费,机关公务接待同比减少80%、节约经费60%以上。依规封存机关公务用车,从严控制公务外出。加强公文会议管理,机关公文同比减少26%,会议时间压缩54%。推进“六权治本”,确定权力清单。以工程建设、安全防范等重点领域、关键环节为重点,加强制度建设,制定出台制度20项。新开工文物保护项目实行公开招投标。

推进精神文明建设。参与文明城市创建,设置“讲文明树新风”“图说我们的价值观”公益广告牌和遵德守礼提示牌400块。开展2015年“慈善一日捐”募捐活动,文物系统共募得善款2.23万元。发放大病互助金1.47万元。(陈雅彬)

【《晋祠古建筑》出版发行】 晋祠早在1961年就被国务院公布为首批全国重点文物保护单位。祠内文化遗产内涵极为丰富,价值各具特色。仅亭台楼榭等各式建筑就有百余座,这些建筑创建年代从宋元明清至民国,建筑类型序列非常完整,在国内尚属孤例,堪称“中国古代建筑博物馆”。《晋祠古建筑》全面反映晋祠博物馆多年来对祠内古建筑的研究成果,首次对祠内古建筑进行系统整理和书面展示,为专家、学者及广大的古建筑爱好者提供研究参考资料。书中收录反映晋祠各时期百余座建筑精华的图片300余幅,并一一配以专业的文字说明。同时,每一建筑均配建筑平面图,重点建筑还配有立面图和剖面图,力求从文字、图纸、图片全方位展示晋祠古建筑的独特内涵。(陈雅彬)

【寻找文化遗产守护者】 2015年1月17日,由国家文物局指导,中国文物保护基金会主办的第七届薪火相传——寻找文化遗产守护者年度杰出人物(集体)颁奖典礼、古建筑保护与利用学术研讨会暨《中国古建筑行业年鉴》首发式在北京举行。山西北方机械制造有限责任公司政治工作部部长刘贵红荣获第七届“薪火相传——寻找文化遗产守护者年度杰出人物”。(陈雅彬)

【调研青龙古镇】 2015年2月6日,市委副书记、市长耿彦波调研阳曲县青龙古镇,了解古镇布展情况,实地察看主景区文化区域定位的历史生活博物馆中的九窑十八洞、管委会、千佛阁等的陈列布展工作及征集的古构件,并提出指导意见。(陈雅彬)

【杏花岭区开展文物旅游安全生产大检查】 2015年2月,杏花岭区文物旅游局派出安全巡回检查组,对辖区范围内唱经楼和解放路天主教堂等2处国家级文物保护单位,山西国民师范革命活动旧址和赵树理旧居等5处省级文物保护单位,南肖墙关帝庙、浙江会馆旧址等22处市级文物保护单位,以及旅行社、旅游景区进行安全生产大检查。山西国民师范革命活动旧址纪念馆安全生产工作坚持“预防为主、消防结合”的方针,加强值班人员和日常巡查等工作,检查各部门和重点部位防火、防盗等工作。组织全体职工进行一次实地消防演练，提高全体职工安全意识和应对突发事件的能力。此外，全年组织全体职工进行两次消防安全知识学习。 （陈雅彬）

【成立快反应急分队】 2015年，晋祠博物馆精挑10名工作人员组建一支快反应急分队，邀请太原消防九中队的官兵进行专业培训，强化消防安全知识及各种消防器材设施的实际操作，提高应对突发事件的能力和掌握应对技能。

（陈雅彬）

【“双塔讲坛”】 2015年2月3日，市委党校市情与发展研究室主任、省城科技顾问、省智慧城市专家范富受邀双塔讲坛，解读“2014市情回顾与发展展望——兼谈城市转型期双塔大景区的战略选择”，从城市精神和城市核心价值观、地理、人口、资源、环境、产业结构、太原在山西的经济地理位置、历史文化等15个方面生动解读“美丽太原，我的家”；通过对太原市情、山西省情和中国国情以及国际形势的比较分析，对太原市如何转型发展进行探讨；就城市转型发展期双塔大景区的战略选择提出设想。

（陈雅彬）

【文物惠民】 2015年春节期间，全市各文物景区组织开展文化惠民活动，丰富和满足游客的节日文化生活。晋祠博物馆围绕“我为群众送温暖、平安欢乐过大年”主题，举办“迎春节、闹元宵”猜谜游园会，开展有奖猜灯谜活动，共计发出《晋祠旅游文化丛书》650本、晋祠纪念章300个、特色钥匙链100个；双塔寺景区举办“登塔纳吉祥，赏梅品墨宝”系列活动；国师纪念馆将党风廉政建设在不同历史时期的具体内容呈现在展厅，并制作实景，复原国民党监狱等；太山举办迎羊年登山祈福、敲“吉祥钟”等活动；关帝庙景区24小时开放，免费给军烈属、五保老人、贫困家庭写春联。全市文物景区共接待游客17万人次，减免优惠达10.82万人次。市属文物景区游客量接待游客近13万人次，晋祠景区接待游客11.19万人次，减免优惠9.03万人次，游客人数较上年同期增长50%以上。各县（市、区）对外文物景区均免费开放，晋源区和尖草坪区文物景区接待量超1.6万人次，其中，蒙山大佛景区免费接待游客1.67万人次，较上年同期增长15%。

（陈雅彬）

【太原古建筑保护工作】 3月25日，国家文物局局长励小捷在太原市调研古建筑保护工作。实地调研窦大夫祠和净因寺，了解古建筑修缮、周边环境整治及防水、防火、防雷电等保护情况并指示加大文物保护力度，坚持依法管理，完善规章制度，在保护中发展、在发展中保护，引导和鼓励社会力量参与文物修缮和保护工作，国家文物局将在项目、资金、人才等方面加大对山西古建筑保护的支持力度，加快推进山西古建筑保护步伐。

（陈雅彬）

【发现元代壁画墓】 2015年2月11日，在太原市刚玉集团五一生活区项目建设中发现一座古墓葬。市文物考古研究所和市文物稽查队工作人员通过考古勘探和抢救性发掘，共发掘金元时期墓葬3座，其中1座为元代壁画墓。该墓为砖砌八边形单室墓，叠涩穹隆顶，内有八个仿建筑斗拱，斗拱之上分别有椽头、滴水各一周。壁画彩绘人物、花鸟图案，斗拱表面及椽头也均施彩绘，拱眼之间保存有花卉图案，具有较高的历史、艺术、科学价值。该墓葬结构完整，壁画内容丰富，且绘制水平较高，是太原市发现的为数不多的金元时期壁画墓。 （陈雅彬）

【晋祠博物馆启动手机门户网站建设项目】 晋祠博物馆加大信息化建设力度，针对手机用户及智能终端用户群体量身定做，4月正式启动手机门户网站建设项目。该手机门户网站将按照手机或智能终端等设备显示规格进行设计，按照手机及智能终端用户浏览习惯及需求进行栏目设置，力求栏目设置合理、信息查询方便、内容更新及时有效。同时，手机门户网站将与晋祠官方网站信息同步，与晋祠博物馆官方微博、微信公众服务平台紧密联系无缝链接，建立晋祠博物馆全方位网络宣传平台。该网站不仅有旅游咨询、景点介绍等相关内容，还搭建网上餐饮、酒店预定、在线购票等功能平台，与大型官方网站建立链接，为游客提供全方位的服务。同时，还制作英文和日文两个版本的页面，将晋祠最精华的景点内容展示给广大游客。此外，网站上增加晋祠官方微博、官方微信公众服务平台，实现与公众的交流互动。

（陈雅彬）

【李方膺作品展】 于2015年4月25日在晋祠博物馆开展展期一个月，展品40余件，其中李方膺书画精品30余件。李方膺（1697—1756），字晴江，号虬仲，别号木田、觉道人、淮南布衣、翰墨苍头等，江南通州（今江苏省南通市）人，清代著名书画家，“扬州八怪”之一。李方膺常以梅兰竹菊“四君子”及苍松入画，作品可谓诗、书、画齐佳。

南通博物苑由著名的爱国主义实业家、晚清状元张謇于1905年创办，是中国最早的公共博物馆，在中国博物馆发展史上具有开风气之先的意义。李方膺作品展于4月25日在晋祠博物馆开展展期一个月，展品40余件，其中李方膺书画精品30余件。 （陈雅彬）

【双塔牡丹文化节在永祚寺拉开帷幕】 永祚寺“双塔”闻名遐迩，为全国重点文物保护单位，也是太原市重要的文物旅游景点。寺内植有以明代牡丹“紫霞仙”为代表的六千余株各色牡丹珍品。2015年4月25日，第三十二届太原双塔牡丹文化节在永祚寺拉开帷幕，牡丹节挖掘双塔及牡丹文化内涵，举办“花为媒”省城书画名家咏双塔牡丹作品展和“券览花香”门券收藏展、“双塔之春”双塔诗词诵读活动、太原市老年学会书画展等活动。

（陈雅彬）

【《黄河在咆哮》在山西国民师范旧址取景拍摄】 2015年5月11日，纪念抗战胜利七十周年战争大剧《黄河在咆哮》剧组在山西国民师范旧址革命活动纪念馆拍摄。该剧再现中国共产党领导的八路军在抗日战争中以山西为主战场发挥的中流砥柱作用。山西国民师范旧址革命活动纪念馆前身系山西省立国民师范学校，始建于1919年(民国8年)，为阎锡山创办的一所专门培养全省小学教员的师范学校，是中国共产党第一、二次国内革命战争和抗日战争初期在山西开展反帝、反封建革命活动，建立抗日民族统一战线，发动群众开展抗日救亡运动的重要基地之一。山西省立国民师范学校从建立到停办18年中，为中国共产党在山西的革命活动从组织到发动、人才培养等各方面起到重要作用，被后人誉为“晋省革命摇篮地，培育文武治世才”。

(陈雅彬)

【开展“国际博物馆日”宣传】 2015年5月18日，是国际博物馆协会(ICOM)确定的，旨在号召世界各国关注博物馆和文化事业，促进世界博物馆事业健康发展的“国际博物馆日”。晋祠博物馆开展《博物馆条例》《晋祠保护条例》的宣传活动，免费发放文物保护等方面的法律法规知识和晋祠宣传资料；组织开展“流动博物馆进校园主题赠书”活动，为在校师生讲解晋祠历史和传说故事，引导未成年人热爱家乡、热爱祖国；组织文艺骨干与晋祠一中志愿者同台展示晋祠特色文化，为游客献上丰盛的文化大餐。国师纪念馆以“要弘扬山西源远流长的法治文化、博大精深的廉政文化、光耀千秋的红色文化”为指导思想，提出“走进国民师范，追寻红色记忆”的活动口号，精心策划宣传活动，为观众提供义务讲解服务，进行快板书、情景剧表演，利用电子显示屏滚动播放宣传教育口号，制作活动宣传展板等。同时，该馆职工走上街头发放宣传资料，与过往市民进行互动交流。

(陈雅彬)

【打造“兴文运，创文风”文化品牌】 双塔之一文峰塔是明代万历年间为“兴文运，创文风”而兴建的一座风水宝塔。双塔寺景区挖掘自身文化内涵，推出多个展示塔文化、牡丹文化以及双塔溯源的文化活动，打造“兴文运、创文风”的文化品牌，举办33届牡丹文化节，以及多个书画、印鉴、摄影及人物展览。5月24日，该景区与太原市育杰幼儿园合作，共同举办“相约双塔，静心读书‘大珠小珠落玉盘’”为主题的经典古诗词表演。

(陈雅彬)

【“双塔印象”摄影展】 2015年6月20日，武亚明“双塔印象”摄影展在双塔寺景区内举办。双塔寺是一座拥有四百余年历史的三晋名刹，“凌霄双塔”自古就被誉为“晋阳奇观”，是全国现存砖塔成双组合实例中规模最大、形制最完善、塔身最高的一组，堪称中国“双塔之最”，是锦绣龙城发展的见证者。武亚明用变幻的镜头捕捉光影的投射，通过镜头找寻记忆，记录一年四季、不同时段、不同角度的双塔影像，彰显双塔魅力。

(陈雅彬)

【捐赠文物】 2015年7月17日，山西青年抗敌决死队队员梁汝琦之子梁民主将其父生前使用的党内的铅印文件原件、珍贵的决死队员照片3张以及部队行军时所用的马褡子与信件挂袋，捐赠给山西国民师范纪念馆收藏。梁汝琦曾任太岳军区任通讯科长和局长。

(陈雅彬)

【刘少奇长孙赴山西国师纪念馆】 1937年抗日战争全面爆发后，平津局势日益严峻。经党中央批准，中共中央北方局书记刘少奇率北方局机关迁至太原。在此，刘少奇担负起领导华北抗日游击战争，开展抗日救亡群众运动，恢复、建立和发展党的基层组织，指导和推动山西统一战线的重任。太原则成为抗日战争初期华北游击战争战略支点的核心，爱国青年和革命志士向往的地方。省立国民师范是山西革命运动的摇篮和重要活动基地，刘少奇曾在此为太原党员、抗日力量做过重要报告并指导组建山西青年抗敌决死队(简称决死队)，7月25日，刘少奇长孙阿廖沙一行20余人到山西国民师范纪念馆，追寻刘少奇的抗战足迹。忆农耕文明、时代生活、弘扬传统文化、教育子孙后代做出更大贡献。 (陈雅彬)

【《大美郝庄书画展》在双塔景区开展】 8月上旬，由太原市双塔寺文物保管所与西城服装城书画社共同举办的“大美郝庄书画展”在双塔景区精品牡丹园展厅开展，展览持续至8月30日。《大美郝庄书画展》展出近百幅泼墨写意山水花鸟画和书法箴言。作品分别由董天禄、李步岳、张学恭、张礼中、付瑞洪、樊瑾、李晋学、宋安福等8位书画家亲手创作。

(陈雅彬)

【旧址修缮工程】 2015年10月，山西私立进山学校旧址修缮保护工程通过验收并竣工。工程5月正式开工，总投资约230万元。山西私立进山学校旧址位于上兰街办中北大学校内，由中北大学使用和管理。1922年阎锡山召开“进山会议”后，创办“山西私立进山学校”。1932年8月，由阎锡山亲自选址，学校全部迁往上兰村。旧址坐北朝南，占地面积约10万平方米，校舍建筑30多处。

(陈雅彬)

【参加中国·山东(济南)国际旅游交易会】 2015年8月28日—8月30日，由济南市人民政府和山东省旅游局联合主办的“2015年中国·山东(济南)国际旅游交易会”在山东省济南市举办。山西省旅游局统一组团参展，以“晋善晋美·美丽山西休闲游”为主题，宣传山西省的旅游资源，开拓山东旅游客源市场。

(陈雅彬)

【菊花文化节】 以“菊映晋祠美，花蕴龙城梦”为主题的2015太原晋祠菊花文化节于9月26日至10月11日在晋祠景区举行，历时16天。主要布展区从晋祠公园东大门到晋祠博物馆，面积约10000平方米。展区共设14个大中型立体花坛，花带、花境等，总计用花量达10万盆，有200个品种，其中品种菊2万余盆，艺菊2000盆，各类小菊、草花70000余盆。在晋祠公园东大门片区和晋祠博物馆门前片区，以太原历史文化为主线，用不同造型、不同颜色的菊花突出菊花风清傲骨的气质以及春秋太原、唐代晋阳时期的辉煌历史，通过名花和古建的融合，展现唐风晋韵风采。 （陈雅彬）

【国家文物局视察调研】 国家文物局副局长宋新潮一行莅临双塔寺视察调研。听取双塔寺文管所关于文物保护、景区发展等方面的工作汇报；察看景区的文物保护现状，并就景区的发展规划、古建筑的保护等方面提出指导性意见和建议；调研可移动文物普查工作现场，询问进展情况。 （陈雅彬）

【双塔景区志愿服务】 一是开展文明旅游宣传活动。节日期间在景区门前发放文明旅游宣传单，倡导文明旅游，保护文物资源。二是开展定时定点义务讲解服务活动，加深游客对双塔景区历史文化的了解，践行“文化惠民”。三是开展文明引领和劝导不文明行为活动。组织志愿者对老年人、残疾人、儿童及行动不便的人士提供义务引领服务，设计游览路线；对游客在景区出现的不文明行为，进行善意劝导。四是开展贴心服务。在景区接待室设置服务岗，为游客免费提供旅游咨询、免费提供开水、针线包等。弘扬志愿服务精神，提升双塔景区的形象。

（陈雅彬）

【书画摄影展】 太原市龙山文物保管所与太原市文联、太原市书法家协会、美术家协会和摄影家协会联合举办的“红叶情、龙山行”现场书画摄影创作活动于2015年10月13日在龙山山顶昊天观内举行，活动的主要内容是进行现场书法绘画创作，摄影家进行摄影采风，活动当日昊天观内聚满游客。 （陈雅彬）

【参加豫、秦、晋三省六市文物行政执法工作研讨会】 “豫、秦、晋三省六市文物行政执法工作研讨会”在河南郑州召开，太原市文物稽查队参加研讨。会议围绕文物行政执法活动面对的新型城镇化建设过程中文物违法行为多样化、文物产权多元化和执法环境复杂化等议题展开讨论。郑州、西安、太原、大同、宝鸡、渭南六市文物稽查部门分析当前工作面临的形势，并就其他文物行政执法工作、联合打击文物犯罪等问题进行探讨。

（陈雅彬）

【山西国师纪念馆红色旅游】 国师纪念馆配合《山西日报》《太原晚报》完成多次专题采访，登载《抗战时期的山西女兵连》《在国师的岁月》《国民师范的职业教育》等专栏文章报道，向社会各界介绍革命历史与烈士们的光辉事迹。接待刘少奇长孙阿廖沙参与的湖南花明楼刘少奇纪念馆、香港凤凰卫视、长沙电视台一行在该馆拍摄电视片《追寻少奇抗战足迹》和山西影视集团广电影视艺术传媒有限公司拍摄的大型历史文献专题片《黄河在咆哮》。接待南京广播电台抗战西北行的采访组及山西省教授协会、中北大学、太原市环保局等单位到访。同时接待山西籍将军刘忍的子女、国民师范学校原校长赵丕廉的长孙赵理中、牺盟会员和决死队员赵君其的外孙、武灵初之女武苑等。共接待团体和散客5万余人次。

（陈雅彬）

【龙山童子寺燃灯塔保护亭竣工】 龙山童子寺燃灯塔保护亭项目作为龙山石窟抢险加固保护工程项目的一个重要组成部分，按照施工进度，2015年完成主体结构建设、复古构建装饰、防雷设施、安装护栏、上漆等各道工序。 （陈雅彬）

【《梦回晋祠——穿越三千年的情缘》上线】 太原系列旅游微电影《梦回晋祠——穿越三千年的情缘》于12月7日正式上线。微电影以晋祠精美而独特的建筑群作为主要取景地，展示晋祠的悠久历史、古建园林、雕塑碑刻、古树名木，以景抒情，讲述晋文化系统上溯西周封唐建晋至盛唐肇创文脉的历史传承。

（陈雅彬）

【消防实战演练】 2015年12月8日，国师纪念馆与太原市杏花岭区消防中队合作，组织官兵和纪念馆工作人员开展消防演练工作。演练灾情假设：当日上午，因游客吸烟不慎，导致起火，随即迅速蔓延。值班人员发现火情后立即报警，同时启动固定消防设施开展自救，有序疏散被困人员。接警后，杏花岭中队立即出动两台水罐车，十余名消防员到达现场，到场后，消防员进行火情侦察、救人、灭火、破拆、排烟、供水等程序，迅速深入火场内部展开战斗。经过近20分钟紧急处置，大火被成功扑灭。 （陈雅彬）

【双塔寺文管所第一期冬季业务培训】 2015年12月，太原市双塔文管所和太山文管所共同举办冬季业务培训班，来自2个基层文物保护单位干部职工23人参加为期6天的培训。课程包括《国家级历史文化名城——太原》《太山龙泉寺塔基地宫遗址》《水墨漫画》《活动策划与执行细节》《新媒体现状及发展趋势》《紫砂壶鉴赏》《诗词格律》《太极文化》《文章写作》和《摄影技术》等内容。 （陈雅彬）

【可移动文物普查】 2015年1月，太原市晋祠博物馆完成并上传上级文物数据2000余件，并对4000余件普通文物数据进行数据整理和上传。对7000余枚库存古钱币进行信息采集和整理，完善馆藏古钱币的种类和研究范围。

（陈雅彬）

【消防检查】 为保障天龙山景区文物安全，保证消防系统正常运转，12月26日，天龙山文管所督促消防维保单位对圣寿寺及禅堂院的消防系统进行全面检测。对每一个消防烟感器、报警器进行检测和清洗维修，并对需更换的烟感器、报警器的存放位置和数量进行登记。检测所有消防栓及每个消防栓对应的防水袋、水枪的配备情况，并对发现需更换的已损坏的消防栓口密封圈、消防水枪、消防箱柜门登记在册。对消防水泵进行检测，保障能正常运转。通过检测，对部分发生故障、有缺失的消防设备及时进行更换、补充、维修、完善。 （陈雅彬）

旅　游

【概述】 2015年,太原市旅游行业干部职工按照"一心、两带、四区"的空间布局,坚持"改革促发展、创新求发展、转型谋发展"的理念,塑造"唐风晋韵·锦绣太原"城市品牌形象,推进旅游产业链的延伸和完善,探索服务质量标准化途径,依法规范市场运行秩序,夯实旅游安全基础,游客满意度在全国60个重点旅游城市排名首次进入前十名;宝华国旅、红马国旅首次跻身全国百强旅行社行列,分列第28位和第57位。改变委托第三方编制规划的传统模式,首次依靠自身力量编制完成"十三五"发展规划。

2015年,全市接待入境游客21.01万人次、增长4.68%,旅游外汇收入8059.54万美元、增长5.13%;接待国内游客4891.47万人次、增长17.12%,国内旅游收入583.34亿元、增长17.77%;实现旅游总收入588.35亿元,增长17.67%。

（张利红）

【旅游宣传】 2015年,在全国首创依托大型旅游企业域外分公司建立宣传营销中心进行形象推广的模式;在全省率先拍摄以景区宣传为主题的微电影《梦回晋祠——穿越三千年的情缘》,点击率超过1000万人次;用"资源换技术"合作方式,开发包括全市20个主要景区的"一路乐"手机APP,实现游客在网上下载应用程序即可实景体验全市景区的功能;与中央电视台合作拍摄《远方的家——长城内外》太原专题片,向国内外介绍太原的历史文化、风土人情、秀美山川、风味特色;与企业合作举办太原"东湖杯"旅游摄影大赛和山西国际房车露营博览会等大型活动。（张利红）

【标准化建设】 申请国、省扶持资金完成"旅游厕所革命"的目标任务和4个工农业旅游点建设项目;在非传统文物景区打造国家4A级景区台骀山滑世界乐园;支持旅游商品开发,"山西老陈醋系列"和"福娃娃软陶系列"分别荣获2015中国国际旅游交易会"旅游特色食品类"金奖和"旅游纪念品"金奖。支持企业创新管理模式,发展新型经营业态,"线上+线下"成为太原旅游企业的发展路径。

（张利红）

【旅游市场监管】 2015年,坚持"重教育、严执法、促诚信、倡文明"的工作思路,整顿市场秩序,提升服务质量,加大执法力度,倡导文明旅游,在全国首创投诉企业约谈一把手制度,全年游客投诉满意率达100%。

开展旅游安全生产大检查,首次实施"啄木鸟"工程,依托社会监督、内外结合强化安全生产责任的落实和隐患消除,实现"十二五"期间连续五年无旅游安全生产责任事故的目标。（张利红）

【人员培训】 把服务人员素质提高作为产业发展的基础工程,在全国首创"互联网+旅游培训"模式,依托微信平台开办旅游微课堂,变集中培训为主为集中和日常培训相结合,促进导游人员素质的提升,在2015年全省导游员大赛暨"寻找最美导游"活动中,太原市闫鑫等5名导游分获一、二、三等奖,占全省获奖者总数的56%。（张利红）

【自身建设】 一是开展"两学一做"学习教育。二是加强党的队伍建设。开展党员组织关系集中排查,理顺党员组织关系和党籍管理。三是加强基层党组织建设。四是加大党员日常教育管理监督力度。以"三会一课"、专题讨论、红色教育为载体,以党性党风党纪教育为主线,开展理想信念教育、警示教育和岗位廉政教育,规范党内政治生活。五是加强机关文化建设,利用"我们的节日"元旦、春节志愿服务、学雷锋义务植树、清明节诵读、身边的好人推荐评选等专题活动,引导党员干部自觉做正能量的传播者。六是落实党风廉政建设党组主体责任和纪检监察部门的监督主体责任,坚持主要领导负总责、分管领导一岗双责。加强对旅游执法、旅行社设立审批、购买服务或商品等重点业务工作的监督检查力度,查处"四风"突出问题,严肃责任追究。

（张利红）

·晋祠博物馆·

【概述】 2015年,晋祠博物馆在市文物局的领导下,围绕中心工作,开拓创新,齐心协力,特别是在文物本体保护、学术研究、陈列展览、藏品管理、古树保护、宣传接待、安全保卫、信息网络和党的基层组织建设等方面成绩显著。晋祠博物馆共荣获"山西省文明单位标兵""山西省爱国卫生先进单位""山西省非物质文化遗产传习基地""太原市文明单位标兵""太原市双拥模范单位"、太原市"景区清洁工程"评比第一名5项集体荣誉。

（周永丽）

【文物本体保护】 晋祠博物馆以加强文物本体保护为工作重点,全力开展文物抢救性工程。各项工程手续完善,资料齐全,操作规范,管理严谨,质量合格。董寿平美术馆南侧莲池的改造工程全面完成,并对小游园进行升级改造,铺设路面,配植景观植物。留山园改造工程顺利竣工,并重新设计院内的道路,叠水池和植物配置;完成七十二台——读书台、三台阁等建筑群的保护修缮工程;铁质文物的保护工程全面启动,先期对8尊北宋和明代的铁狮进行保护;完成水镜台二层檐的抢修工程;开展文物数字信息化工作,对圣母殿彩塑进行数据采集,为科学保护宋代彩色塑像提供信息支持。八角莲池的维修工程如期完成。改造馆内路面4480.17平方米,油饰古建筑1300平方米,安装花栏墙11.41立方米。（周永丽）

【基础设施改善】 2015年,晋祠博物馆新建1座旅游卫生间。积极争取资金,在小东门出口新建卫生间,缓解压力,提升服务档次,主体已完成,进行内装工程。对浮居院东耳房和翰香馆东厢房等建筑进行维修;为配合 AAAA 级景区建设,对馆内基础设施进行维修改造。安装游人桌椅 40 套、制作匾额 3 块。完成西湖东侧小广场改造,完成河道杂树清理;安装馆内导览牌 10 处、残疾人设施维护 8 处,油漆维护指示牌、标志牌 262 处,新建消防泵房管理房,更新林区电缆 700 余米,改造排水管网 630 米。 (周永丽)

【项目储备】 2015 年,晋祠博物馆为不断提升文物本体的科学保护水平,结合实际,编制《晋祠圣母殿内彩绘泥塑保护修复》《晋祠水镜台保护修缮工程》等立项报告,均已获得国家文物局的批准。《晋祠博物馆藏于成龙行书立轴等书画文物保护修复》《晋祠博物馆消防系统工程》《晋祠博物馆在线监测》《晋祠博物馆文物预防性保护》《晋祠古树保护规划》等立项报告,作为项目储备上报上级文物主管部门。 (周永丽)

【文物普查】 2015 年,晋祠博物馆完成 2000 余件馆藏三级以上文物的普查工作。文物普查的重点是普查普通文物。清点、清理宋、元、明、清历代钱币 20000 余枚;拍摄书法、绘画、瓷器、铜器、陶器、玉器 4000 余件;修改、完善文物数据的基本指标 4000 余件。 (周永丽)

【学术研究成果】 晋祠博物馆对晋祠文化的研究逐年增加学术研究经费,加大培养专业技术人员的力度,重视人才储备和梯队建设,学术研究成果不断创新。2015 年,编辑《晋祠联匾额诠释》《鉴于岁月—晋祠馆藏铜镜(部分)》《唐太宗晋祠铭译》《晋祠文化遗产全书》等专业书籍已正式出版;完成《晋祠古树风韵》《讲解晋祠》《太原王氏历代名人选》《晋水志》等书籍的编辑工作;完成晋祠碑碣石刻文本制作工作。对馆内 444 块碑碣石刻进行数据统计,共计填写碑碣石刻登记表 309 份,释读校对碑文 309 篇;释读草书、异体字、通假字 2000 余字;拍摄整理碑碣照片 2000 余张;完成碑碣拓片共 2300 余张。并就《晋祠碑碣研究拍摄与数据资料平台制作项目》的信息采集工作,拍摄影像资料 2000 余张;《晋祠博物馆大事记》初稿已脱稿。大事记系统梳理公元前 497 年至公元 2014 年,在晋祠博物馆发生的大事、要事,新增、修改馆内有关信息共计 200 多条;《试论晋祠古典园林造园艺术特色》《晋祠博物馆发挥社会教育功能实践与探讨》《晋祠馆藏铜镜的保护与修复》《晋祠文化遗产保护和利用的一些思考》等多篇论文发表在国家和省部级刊物上。整理撰写晋祠景区楹联匾额调查报告。内容涉及楹联匾额 300 余块(副),拍摄照片 500 余张,填写表格 200 余个,对 53 处建筑 79 块(副)楹联匾额提出补充完善建议,对晋祠公园 74 副楹联,101 块匾额进行数据登录和分析解读。 (周永丽)

【陈列交流展览】 2015 年,晋祠博物馆发挥博物馆社会教育的职能,进行公民再教育的大课堂。做好每一个陈列展览是博物馆的主要任务。在做好基本陈列的同时,把陈列展览的重点工作向外延伸,不断引进交流展览,举办丰富多彩的临时陈列,为广大游客提供一个学习和教育的平台。与南通博物苑开展合作,联合举办"梦绕梅花楼——南通博物苑藏李方膺作品展",共展出李方膺书画精品 33 幅,相关书籍 28 本。李方膺是"扬州八怪"之一,以梅、兰、竹、菊"四君子"和苍松入画,作品可为诗书画俱佳,有"梅仙"之称。展览不仅能够增进广大游客对"扬州八怪"的了解,也为两地书画爱好者搭建起交流的桥梁。 (周永丽)

【举办晋祠百年记忆展】 晋祠博物馆共展出 120 幅"清末民国时期""建国十七年""文革时期""改革开放以来"等四个阶段反映晋祠沧桑巨变的老照片。本展览被特邀参加在平遥举行的"2015 年第 15 届中国平遥国际摄影节",开展"百年晋祠、百年影像、百年记忆——晋祠老照片展"活动。与山西大学、赤桥村联合举办纪念刘大鹏诞辰 158 周年系列活动和"潜德幽光——纪念刘大鹏先生诞辰 158 周年特展"。展出刘大鹏《晋祠志》《晋水图志》手稿,雍正八年版王氏宗谱,清乾隆四十七年土地买卖契约等大量珍贵史料,此外还展出戏服、研究出版物、专家学者与村民往来书信及刘大鹏"赤桥十景诗"书法十二条屏等大量资料。通过本次展览,引起社会的广泛关注,中央电视台、山西电视台、黄河电视台等众多媒体进行相关报导,引发新一轮晋文化研究热潮。 (周永丽)

【"一景一品"战略】 依托珍贵的王氏、唐氏人文资源,注重提升活动的品质,坚持事先策划,精心组织的原则,成功举办

2015 年 8 月 20 日,东南亚五国王氏祭祖

2015 年 6 月 11 日，“岁月·光影”老照片展

“中华唐氏捐赠仪式暨祭祖”活动。参加第十二届中华王氏文化研讨会暨 2015 年年会，并收藏《三槐王氏总谱》等珍贵书籍。精选馆藏赵梅生书画作品 20 余件赴国家博物馆进行专题展出。甄选董寿平书画精品 44 件，举办“董寿平书画专题展”。响应“一带一路”战略，与宁夏固原博物馆联合举办《胡风东来——宁夏固原丝绸之路文物精品展》。与苏州拙政园管理处合作，举办“晋祠博物馆藏铜镜展”和“拙政园碑拓艺术展”。为迎接“5·18 国际博物馆日”“5·19 中国旅游日”和第十一个“文化遗产日”，更好地发挥博物馆功能，增强南北馆际文化交流，围绕本年度博物馆日主题“博物馆与文化景观”和文化遗产日主题“保护文化遗产，促进科学发展”，策划两个交流展。与苏州市虎丘山风景名胜区管理处、苏州市拙政园管理处、苏州市留园管理处合作，在浮屠院举办《苏派盆景精品展》，展品 70 件。与仪征市博物馆合作，在傅山纪念馆举办《雨花石韵——仪征博物馆藏雨花石精品展》，展品 116 件。

（周永丽）

【安全工作】 2015 年，晋祠博物馆与各部室签订安全生产和社会综治责任书。全力应对特险周，制订应急预案和保卫方案，完成清明特险期的护林防火工作。对 354 具消防器具进行更新维护。开展隐患排查工作，发现问题及时解决。实行社会化管理，增加安保人员 17 名，在主要出入口、馆内外定点巡逻、夜间专职巡查。安检设备购置工作已进入政府采购程序。结合安全形势，组织全馆职工开展反恐消防应急演练。全局系统现场观摩，给予高度评价。在馆内中心区域建立微型消防站，配备必要的消防设施，提高应对突发事件的能力。

（周永丽）

【宣传晋祠品牌】 2015 年，晋祠博物馆在太旧路石太段、大运路侯禹段、大运路忻州段、大西高铁沿线祁县出站口、灵石、晋中候车厅、太原南站等地推出晋祠形象宣传；在北京公交车站采用灯箱形式宣传晋祠；在《映像》《山西画报》《晋善晋美》《晋在其中》《太原日报》《优秀中华魂　锦绣太原城》等大型报纸杂志开展形象宣传。与山西卫视、山西电视台开展合作，播映晋祠宣传专题片，制作《山西书法名碑》系列影片。宣传介绍“晋祠之铭并序”“晋祠藏华严经石刻”及“太原段帖”等碑刻的书法艺术，配合太原市旅游局完成了晋祠微电影《梦回晋祠——穿越三千年的情缘》的拍摄等。利用“5·18 国际博物馆日”“中国文化遗产日”“五一小长假”“十一黄金周”“元宵节”“清明节”等节日，在水镜台举行惠民文艺演出，以歌唱晋祠美、晋祠宋塑服饰展示、水母娘娘的传说剧、晋剧、山西民歌演唱等多种形式宣传晋祠深厚的历史文化。围绕“我为群众送温暖，平安欢乐过大年”主题，开展的有奖猜谜活动。旅游推介宣传，赴京、川、渝、鄂、宁、闽、甘、陕、穗、台等地参加旅游推介活动。印刷晋祠宣传册 1 万余份，全方位宣传晋祠。做好信息传输，全年共上报各类信息 1051 条。其中文明信息 70 条，双拥信息 6 条，微博 851 条，博文 48 条，晋祠微信 41 条，晋祠官网信息 35 条。

（周永丽）

【惠民服务】 2015 年，晋祠博物馆继续为广大游客免费提供讲解、开水、轮椅、雨伞、医疗、邮政、婴儿车和发放宣传册等便民服务。成立志愿者服务队，开展志愿者服务。新聘用 25 名讲解员，充实讲解队伍。与当地学校联合开展“流动博物馆进校园”主题活动，共捐赠图书 17 套，纪念章 1000 枚，宣传光碟 20 张，宣传册 1000 份。为驻地学校开辟了第二课堂。积极开展“小小志愿者学雷锋志愿活动”，为中小学生了解晋祠，感受晋祠提供有利条件。全年共为 5878 批 / 次游客提供讲解服务。开展“美丽山西休闲游”活动，面对广大游客统一实行票价下浮 15% 的优惠，全年共接待游客 150 万余人次。其中，“5·19 中国旅游日”和“9·27 世界旅游日”两日分别免费接待游客 10.3 万 / 人次和 9.8 万 / 人次。

（周永丽）

【队伍建设】 2015 年，晋祠博物馆开展业务培训。利用旅游淡季，连续举办《讲解员业务知识》《消防安全技能》《创文明单位、建文明景区》《天龙山石窟的历史与艺术》《你是社会保障的受益者》《写好公文也精彩》《帝王与晋祠考略》《中国古代泥塑彩绘的制作工艺及流程》《古建消防安全》《中国书法各种书体源流浅谈》《古代彩塑无损检测》《品读古扇》《从 <滕王阁序> 看 <晋祠铭> 的文学价值》《秦汉—罗马古代东西方的两大文明》《插花艺术与花艺》《晋祠景区的规划及景区的服务与管理》等业务培训，干

部职工的综合素质不断提高。（周永丽）

【人文关怀】 2015年，晋祠博物馆共慰问47名离退休干部职工，为全馆272名工作人员进行体检，开展"博爱一日捐"活动，共捐爱心款项7828元。由馆领导带队赴娄烦县静游镇下龙泉村开展精准扶贫，按照市委组织部的统一安排，选派素质高、能力强的青年骨干出任第一书记。进入淡季，为活跃干部职工的本体生活，增进身心健康，组织全体职工开展登山比赛。（周永丽）

【内部管理】 2015年，晋祠博物馆加强内部管理。全面实行面部识别终端考勤管理制度，组织二线工作人员在节假日和双休日充实到一线部室支援工作；完成工作人员年度考核；足额缴纳各类社会保险；对34名聘期期满的合同制人员进行考核。完成事业单位工作人员工资和养老保险改革的基本工作。对全馆固定资产认真核查，登记造册，进一步规范国有资产的管理使用工作。建立健全各项管理制度，出台《太原市晋祠博物馆工作人员出差审批制度》《太原市晋祠博物馆公务接待管理制度》《太原市晋祠博物馆办公用品管理办法》。组织力量研发具有晋祠特色的工艺品，制作笔筒和办公商务套件等纪念品。为提高绿化养护和卫生保洁的管理水平，实行社会化管理，完成环境卫生和园林管理的社会化招标工作。对馆内12株古树名木的树体保护，13株古树的根部复壮。新栽草坪2300平方米，新制作安装2300米的绿地护栏，引进樱花、碧桃等各类名贵花木100余株，栽植花卉5000余丛。新栽珍贵树木及白皮松、华山松、樱花、海棠、玉兰等树种210株，增添园林景观。

（周永丽）

【组织建设】 2015年，晋祠博物馆领导班子一班人，时刻以党章为标准，团结带领全体党员，坚持"三会一课"制度，不断完善各项党内规章制度，强化党员教育和管理。围绕全馆中心工作，创造性地开展党建工作。开展学习讨论落实活动，按照市文物局的统一部署，制定《太原市晋祠博物馆关于开展学习讨论落实活动的实施方案》，印发《太原市晋祠博物馆关于开展学习讨论落实活动领导组及办公室的通知》，组织党员干部学习省委和市委领导的重要讲话，以及必读篇目并做好心得体会和读书笔记。开展"三严三实"专题教育。按照太原市文物局的安排，制定《太原市晋祠博物馆关于开展"三严三实"专题教育的工作方案》，明确指导思想、目标任务和教育内容，结合实际，以专题讲党课的形式，全面开展"三严三实"专题教育。召开领导班子民主生活会和全体党员组织生活会。通过开展领导班子民主生活会和党员组织生活会，领导班子的团结协作能力进一步加强，党支部的战斗堡垒作用和党员的先锋模范作用得到充分发挥。按照组织发展程序，培养发展对象，有1名入党重点发展对象参加市直工委组织入党前培训。完成市文明办召开的志愿服务协调会，完善与太原市外国语学校学雷锋志愿者服务结对共建单位对接工作。参加市文明办组织的"家规家训征集活动"和"2015身边好人"的推选工作，共推荐4名候选人。开展培育和践行社会主义核心价值观活动，围绕宣传教育和文化传播，开展社会主义价值观和"中国梦"主题教育。加强党风廉政建设，完善干部廉政档案工作，签订党风廉政建设责任书，制定《党风廉政建设主体责任清单》和《关于党风廉政建设监督责任清单》，对馆领导班子、主要负责人和班子成员的党风廉政建设责任做出明确规定。确立支部为党风廉政建设监督责任主体，明确主要监督责任。

荣获"山西文明和谐标兵单位""太原市文明和谐标兵单位""太原市双拥共建先进单位""太原市旅游先进单位""太原市优秀旅游景区"及"太原市文物系统先进党支部"6项集体荣誉。（周永丽）

民族宗教

【概述】 2015年，太原市民族宗教工作围绕全市中心工作，学习贯彻党的十八大和十八届三中、四中、五中全会精神，贯彻落实中央和全省民族工作会议精神，依法管理宗教事务，积极引导宗教与社会主义相适应，深入开展学习讨论落实活动和“三严三实”专题教育，各项重点工作任务全面完成，切实维护民族团结、宗教和谐、社会稳定。（程慧娴）

【推进民族宗教领域建设】 2015年，全局坚持以上率下，深入开展“三严三实”专题教育。局党组把“三严三实”专题教育作为重大政治任务，局领导班子成员分别联系工作实际，联系党员干部思想、工作、生活和作风实际，带头讲党课。班子成员对照反面典型，深入查找工作或生活中存在的“不严不实”问题，并围绕3个专题召开局党组（扩大）学习研讨会和机关干部全体会议，深挖思想根源，触及灵魂深处，通过示范引领、以上率下，广大党员干部精神状态和工作作风明显好转。强化法治建设，深入推进“六权治本”。局党组带头学法、知法、用法，树立法治思维，坚持依法办事，对已经制定的各项规章制度再次进行梳理完善。同时按照“六权治本”要求，编制权力清单（初稿）。全面规范权力运行流程，监察部门全程介入，推动各项决定的合法性审查，真正使“六权治本”落到实处。

（程慧娴）

【宗教事务管理】 民族团结进步创建活动扎实推进。深入贯彻落实中央和全省民族工作会议精神。及时传达贯彻中央和全省民族工作会议暨第六次民族团结进步表彰大会精神，认真落实《中共中央、国务院关于加强和改进新形势下民族工作的意见》，严格按照山西省贯彻落实《中共中央、国务院关于加强和改进新形势下民族工作的意见》重要举措分工方案，起草《重要举措分工方案（征求意见稿）》。在2015年5月全省第六次民族团结进步表彰大会上，荣获“全省民族团结进步创建活动先进集体”光荣称号。

以社区民族工作为抓手，指导城六区在少数民族人口相对聚居的社区建立完善少数民族流动人口服务管理的相关制度。坚持“四个面向”，即面向社区常住少数民族居民、驻地单位少数民族人员、少数民族流动人员与社区全体人员；突出“五个抓手”，即抓组织、抓制度、抓宣传、抓活动、抓服务；结合创建主题，各社区实行“三个一”，即成立一个社区少数民族工作协调小组，出台一个活动工作方案，建立一套工作制度；建好“三个台账”，即少数民族常住人口信息台账、少数民族流动人口信息台账、少数民族贫困人口信息台账。社区民族工作逐步制度化、规范化。

以教风为主题，以加强宗教活动场所财务监督管理和消防安全为重点，指导各宗教活动场所公开财务收支情况，定期接受财务监管，不断提高宗教活动场所管理的法治化水平。开展宗教活动场所安全大检查，下发关于场所安全、反恐、反邪教等工作的通知，完善应急工作预案，加强敏感节点和节日期间宗教活动安全工作。指导市级宗教团体健全完善各项制度，鼓励和支持宗教界在扶贫济困、助残助学等方面，开展公益慈善活动；指导举办佛教讲经说法、道教玄门讲经、伊斯兰教解经活动、天主教神学思想建设、基督教讲道交流等活动，促进宗教教职人员正信正行，得到广大信众和社会各界的好评。（程慧娴）

【依法管理宗教事务】 2015年，开展民族宗教政策法规“宣传月”活动，举办全市宗教界人士宪法及宗教政策法规培训班、“国法与教规”研讨会、《宗教事务条例》实施十周年座谈会；组织市县乡民族工作干部在宁夏社会主义学院举办民族工作干部专题培训班；向各县（市、区）、各宗教团体、宗教活动场所发放宗教政策法规资料1000余册，全市民族宗教人士法治思维、法律意识普遍增强。强化清真食品日常监管，将清真食品安全列入全市食品安全工作的重要内容，建立了清真食品定期联合检查机制，在元旦、春节、中秋、国庆等重要节日，与市食安办开展了清真食品市场联合检查；积极发挥清真食品监督员队伍作用，及时收集信息，通报重要情况，确保全市清真食品市场安全有序。全力服务城中村改造，对城六区、经济区所涉及的宗教活动场所认真调研，做到既服从城中村改造需要，又合理布局宗教活动场所，不引发任何宗教领域的矛盾纠纷。认真做好宗教活动场所主要教职任职备案、宗教活动场所登记证换发工作。稳妥做好伊斯兰教朝觐工作。依法遏制基督教非法传教，加大对基督教私设聚会点的治理整顿，积极探索长效机制，抵制基督教乱设点、乱传道等问题；认真贯彻落实国宗局文件精神，开展佛教寺庙、道教宫观专项整治工作，维护宗教界的良好形象。

（程慧娴）

【维护民族宗教稳定】 2015年，全局坚持把安全稳定作为民族宗教工作的重中之重。形成每周走访、每月排查、定期报告制度。确保板寺山“三大瞻礼”大型宗教活动连续30年安全有序，做好天主教、基督教圣诞节、伊斯兰教圣纪等重大宗教活动时期的安全稳定工作；妥善处置各类非法宗教活动。（程慧娴）

【队伍建设】 加强队伍建设，全面改进工作作风。高度重视领导班子思想建设、制度建设和作风建设。坚持党组中心组学习制度、党组会议和局长办公会议议事制度。坚持民主集中制原则，充分发挥每个班子成员的工作积极性，“三重一大”事项集体研究、集体决定，做到集体领导、民主集中、个别酝酿、会议决定。加强机关建设，制定《机关工作规则》等27项内部管理制度，规范工作流程，提高行政效能。完善“三会一课”制度、民主评议党员制度、组织发展工作制度等，深入推进在职党员到社区为群众服务与精准扶贫工作，党组织的凝聚力、战斗力和创造力不断增强。落实主体责任，推进党风廉政建设。把落实好党风廉政建设责任制工作摆在重要位置，与各项业务工作同部署、同落实、同检查。全面落实“一岗双责”，编制《落实党风廉政建设主体责任清单》《监督责任清单》《行政权力清单》，签字背书，明确责任。制定《行政审批流程》《风险防控图》和《办事指南》，明确审批流程和具体办事程序、时限。认真落实重大决策、重要干部任免、重大项目安排和大额度资金使用等重要问题集体讨论决定的规定。（程慧娴）

老龄工作

【概述】 2015年，太原市老龄办贯彻落实党的十八大、十八届三中、四中全会精神和习近平总书记系列重要讲话精神，按照省老龄办年初的工作部署，在省老龄办领导和各处室的具体指导下，在市老龄委各成员单位、各县（市、区）老龄办、大型企业和有关单位的配合下，以《老年法》为依据，以“三严三实”专题教育为主线，以《太原市老龄事业发展“十二五”规划》收官为契机，着力推动各成员单位分工协作，切实加强基层老龄工作，深化老龄宣传、志愿服务、老年文体活动等工作，开拓创新，锐意进取，不断提高为老年人服务水平。（王东礼）

【开展为老服务】 2015年，太原市委市政府结合太原政治、经济、社会、生态发展情况，高度重视老龄事业发展，支持老龄服务的开展。各级老龄部门、市直各部门、各大企业、各涉老部门结合自身工作，积极开展为老服务，提升全市老年人的幸福感。为了全面掌握全市老龄事业的发展情况，通过会议安排，问卷调查，实地走访，指标汇总，专题研讨，开展老龄事业发展“十二五”规划目标任务终期评估，多次修改后向市委市政府作了报告。推进老龄战略对策体系、老年经济供养体系、老年健康支持体系、老年宜居环境体系、老龄服务体系和老龄工作体系建设，从制度、物质、文化、组织、精神等方面做好应对人口老龄化挑战的各项准备，切实保障老年家庭和老年人基本生活，促进了老龄事业与经济社会的协调发展。进一步落实城镇职工基本养老保险制度和城镇居民基本医疗保险制度，启动银发安康工程，发挥商业保险补充性作用；落实完善了老年社会救助制度，为全区城市三五老人发放救助金，老年人精神关爱得到重视和加强；老年人权益保障力度逐步加大，老年人社会生活环境得到优化，基层老年人协会得到创新发展。对成员单位、院校、企业、养老院以及老年人进行调研的基础，提出三项“十三五”规划建议。（王东礼）

【建立完备的养老服务体系】 2015年，太原市老龄办完善以居家养老为基础、社区照顾为依托、机构养老为补充的养老服务体系，积极整合社会为老服务资源，不断满足各层面老年人的服务需求。科学谋划、研究制定太原市的养老服务体系建设目标任务、建设重点、服务范围及相关设施建设的功能定位、运行机制和保障措施、政府责任等，不断丰富和发展。建立科学的养老服务管理机制。把发展养老服务业纳入经济和社会发展规划，探索推进新型养老服务模式，探索建立老年长期护理保险制度，着力培育现代老年产业体系。根据养老服务业的特点，结合老年人的身心特点和消费习惯，建立完备的养老服务联席制度，多部门联合、多方位规范、多角度管理，建立第三方参与机制，建立完善的养老服务管理机制。建立完善的养老服务的评价和监督机制。完善养老服务体系的质量管理评价和监督机制，建立由党政牵头，老龄、民政组织，相关部门参与的老龄问题联席工作体制，引入第三方对养老服务进行指标量化和科学评定，联席会议采取评定过程监督，实施过程不定期检查，随机抽查等方式，全面推进养老服务信息公开和诚信体系建设，加强对养老服务的监督和检查。（王东礼）

【“敬老文明号”创建活动】 2015年，太原市各基层创建单位以“关爱老人、构建和谐”为主题，以“老年人满意”为标准，在提高服务标准、改善服务质量、落实优待政策上下功夫，真心实意为老年人办实事、解难事、做好事，创建活动取得明显成效。为动员太原市卫生计生系统各单位开展为老服务，推动落实老年优待政策，营造文明和谐的社会氛围，市老龄委（办）、市卫生局和市人口计生委联合下发《关于在全市卫生、计生系统开展“敬老文明号”创建活动的通知》，在全市卫生计生系统广泛开展“敬老文明号”创建活动。按照全国老龄办和省老龄办关于“敬老文明号”评选表彰活动的部署，在全市范围内组织开展太原市第五届“敬老文明号”单位和“敬老助老模范个人”评选表彰活动。《中国社会工作·老龄》在分三次调研的基础上，以“大老龄格局下的太原‘敬老文明号’”为主题，从党政机关、窗口、企业、社区、农村、养老机构、老年组织以及老龄工作先进人物八个方面，全面报道太原市“敬老文明号”创建活动开展五年来的成就和经验。全国老龄办副主任吴玉韶同志为专刊题写卷首语——《“敬老文明号”从太原走向全国》；市老龄委常务副主任郝建业、老龄办主任李并敏应邀参加在厦门市召开的“全国部分省市‘敬老文明号’创建活动交流研讨会”，并在会上交流“敬老文明号”创建的做法和经验。（王东礼）

【推进基层老龄工作】 2015年，太原市老龄办推进老龄工作先进示范县（市、区）建设建立和完善老龄工作激励机制，充分发挥基层老龄组织在老龄事业和文明创建中的积极作用，把加强基层基础工作作为重要内容来抓，要求各县（市、区）、街办（乡镇）、社区（村）要根据创建标准，认真组织部署各县（市、区）老龄办继续秉承“抓基层、打基础、树品牌、创一流”的指导思想，全年贯彻落实全国、全省《关于加强基层老龄工作的意见》和《关于加强基层老年协会建设的意见》精神，推进基层老龄工作。结合“三严三实”专题教育的开展，进一步建立完善示范创建活动的管理制度和长效机制。对8个先后荣获省级示范县的小店区、迎泽区、杏花岭区、万柏林区、尖草坪区、晋源区、古交市、清徐县进行调研，分别从组织领导、老年政策法规、养老服务、宣传教育、文化体育等方面进行了检查指导。此外，太原市的娄烦县、阳曲县正在积极地进行创建工作，全市60%以上的街（乡）、社区（村）达到市级示范创建标准。太原市充分发挥先进典型的影响带动作用，逐步形成省、市、县（市、区）三级联动、分级管理、逐级检查验收的局面，为全市老龄事业的长足发展打下坚实的基础。开展“银龄御险”和送文化、送服务等“银龄行动”。（王东礼）

【基层老年人协会建设】 2015年，太原市老龄办按照全国、省老龄办的要求，将基层老年人协会作为基层开展老龄工作的重要依托和载体创新发展。针对老年人精神生活相对比较单一的状况，带着“如何充分发挥好基层老年协会的作用，提高老年人的生活指数”等问题，多次深入十个县（市、区）的部分社区和农村进行调研，按照组织建起来，牌子挂起来、活动搞起来的原则，不断加强“组织建设、阵地建设和制度建设”三项建设，积极组织老年人参与“居家养老、文明创建、文化体育”三项活动，鼓励老年人积极发挥“协调作用、自我服务和互助服务作用、维护稳定特殊作用”三个作用，不断提升基层敬老服务的水平和质量。在此基础上，完成全市基层协会建设的规范化协会及样本协会、典型协会的摸底调查，并对调查结果进行了详细的统计整理。同时，根据省里的文件要求，对各县（市、区）的在乡镇（街道）备案的乡镇（街道）、村（社区）老年协会进行详细的摸底统计，并填表上报省老龄办。市老龄办着力打造精品老年协会建设，并为每县（市、区）发放5万元资金。此外，还关注基层协会的发展动态和状况，对各县（市、区）在协会建设中出现的问题，积极征求意见并及时给予反馈，更好地推动基层老年协会建设，造福老年群众。（王东礼）

【居家养老服务建设】 2015年，太原市推出居家养老服务，按照服务就近、就便、经济的原则，推行的“居家养老”主要采取无偿、低偿、有偿三种服务形式。与民政部门协调联系，充分利用20万元的社区惠民资金在迎泽区海边街、杏花岭区锦绣苑、小店区山毛、尖草坪区建工二、阳曲县商贸新街等社区开办起了“老年餐桌”。为规范老年食堂服务标准，民政部门还专门出台服务指南，将享受优惠的老人分为甲、乙、丙、丁四类，社区其他老年人也可凭居家养老服务券享受到优惠午餐。全市已建起老年餐桌65个，建立有城乡老年日间照料中心350个。老年餐桌项目还被民政部授予全国社区贡献奖，李立国部长亲自题词“兴办老年餐桌好”。省委书记王儒林在省城“城中村”改造调研时考察红十字托老中心、小店区坞城街办太航社区馨悦养护院、迎泽区柳巷街道校尉营社区日托中心等养老机构后指出，“要顺应社会发展趋势，加强引导、统筹规划、加大投入，研究解决养老机构遇到的政策、管理等问题，整合利用现有医疗资源，开展医养结合，同时吸引社会力量，盘活闲置资源，通过日间照料、居家护理等多种方式，形成多种模式、多元投入、多方参与的健康养老业态。“城中村”改造要统筹规划养老机构，依托社区、企业和专业团队，把养老服务这项民心工程、德政工程办好办实。”按照王儒林书记的指示精神，太原市在全面调研梳理全市养老工作状况，充分考虑和吸纳各地、各相关部门、专家的建议意见后，形成《关于加快发展养老服务业的实施意见》，确立“政府主导、保障基本；政策引导、社会参与；深化改革、激发活力”的三项基本原则，提出“到2020年，全市新建社区养老服务中心396个，城乡老年日间照料中心建成940个，居家养老服务基本覆盖城乡社区。全市机构养老床和医养融合床位数达31万张以上，每千名老人拥有养老床位40张，基本解决全市失能、半失能老人和其他有需求老人的机构养老服务需求”的发展目标。清徐县县委、县政府也结合自身实际,联合下发《关于加快发展养老服务业的实施意见》,对全面推进清徐县养老服务业发展作出全面部署。民政部副部长邹铭在副省长张建欣、副市长魏民等省市领导的陪同下就社区居家养老情况对漪汾苑社区进行调研,并对该社区以“三社联动”模式,引入社会力量参与社区居家养老服务事业的社区居家养老新模式给予肯定,并强调在今后的为老服务工作中要大力推广积极拓展。

（王东礼）

【宣传教育】 2015年,市老龄办贯彻落实全国老龄办等10部门联合下发的《关于培育和践行社会主义核心价值观,加强老龄宣传教育工作的通知》精神,以及省、市有关指示精神,不断加大宣传工作力度,除了宣传党和政府的老龄工作方针政策、《老年法》以及其他法律法规外,还加强了其他形式的宣传,扩大老龄工作的影响力。《中国老年》杂志以民办养老院典型比家美托老院院长为封面人物,并专题刊登该院院长杨喜风的先进事迹;重阳节当天,与文明办共同在《太原日报》头版向全市发出尊老敬老助老的倡议书,在《太原晚报》中版分两个版面详细介绍9位百岁老人的故事,体现各级地方党委、政府的关心,体现家庭和子女的呵护和孝敬,体现社区(农村)基层单位的热情服务,体现社会敬老文化的传承和弘扬,体现时代的文明进步,也展示百岁寿星老人良好的精神风貌和健康生活。为了进一步发挥《太原老龄网》利用信息技术深入宣传老龄工作的作用,规范网上信息发布,保障网络信息安全,提高网站运行效率,完善网站的建设、运行、维护和管理,市老龄办将网站改版,并制定《太原老龄网》管理办法下发至各县(市、区)老龄办、各成员单位、各大型企业、各涉老组织等,并以此为契机对全市老龄工作刊物、网站、专栏、专版的质量和水平提出更高的要求,使其成为宣传老龄工作的重要平台和阵地。

（王东礼）

【发挥老龄通讯员队伍的作用】 鼓励各县(市、区)通讯员宣传各级老龄工作的好做法、好经验,推动老龄宣传工作的不断进步和发展。山西第八届老年健康产业博览会和太原市第五届老年文体艺术节在太原中国煤炭博物馆开幕,全国老龄办李耀东莅临并主讲《老龄服务业发展现状、问题及趋势》,市老龄委常务副主任郝建业在养老服务论坛作《关于构建公益与市场相结合新型养老服务体系的探讨》主旨发言。市老龄委常务副主任郝建业在太原市群艺馆面向全市文化系统代表主讲“传承中华美德·弘扬敬老文化”的道德讲堂。以“践行‘三严三实’专题教育”为内容,李并敏主任、于兰副主任带领机关干部深入十县(市、区)进行调研,并走访部分高龄、特困老人,有针对性地提出在农村试点试行低龄老人照顾高龄老人、健康老人照顾病残老人的邻里守望互助新模式。为进一步践行社会主义核心价值观,探索当前全市社会老龄化问题的解决途径,汇集社会各界智慧,加强老年文化建设、弘扬孝亲敬老的传统美德、展示敬老文化的深厚底蕴、促进老龄事业发展,太原市老龄委(办)正在筹办“太原市首届敬老文化论坛”,已收到论文60余篇,其他相关工作正在进行当中。全年在《太原工作》《中国社会工作》《中国老年》等杂志发表调研论文8篇,并上报全国、省老龄办调研论文23篇。

（王东礼）

【推进志愿服务】 2015年,市老龄办鼓励和引导各单位、部门、各厂矿、院校、社会团体、热心群众等开展针对老年人的志愿服务活动以及文化体育活动,营造全社会关爱老年人的良好环境,推动太原市老年文化体育建设向前发展。年初,下发《2015年志愿服务活动工作方案》,进一步推进各级老龄工作机构、组织、个人参与文明城市创建,抓好组织落实、制度落实以及活动落实,并开展以休闲娱乐服务、生活便利服务、身心保健服务、法律援助服务、节日帮扶慰问为主的各类活动。按照全国、省老龄办要求,为推动志愿服务工作的制度化、规范化和常态化,弘扬现代文明意识和团结互助的社会道德风尚,市老龄办下发《关于推荐优秀老年志愿者的通知》,经层层推荐并严格把关,成立“太原市千名优秀老年志愿者服务队”。

（王东礼）

【老年人文化建设】 2015年9月,太原市老龄办召开“敬老月”活动安排部署会,从深入开展走访慰问送温暖活动、扎实开展老年维权优待活动、开展志愿服务系类活动、广泛开展老年文体健身活动、组织开展老年展览展演活动、重点开展老龄宣传活动六大方面统筹推进全市“敬老月”工作,省老龄办专职副主任吴建强、省老龄办副主任续爱峰出席会议。10月“敬老月”期间,全市各级老龄办继续组织开展第六届“敬老月”活动,广泛组织和动员各有关部门、社会组织、企事业单位,积极开展走访慰问、特困救助、维权优待、志愿服务、文化宣传、文体娱乐等活动,为老年人办实事、做好事、献爱心。太原市老龄工作委员会办公室、太原市文化局联合主办,太原市群众艺术馆承办,在太原市群众艺术馆成功举办“庆重阳、展风采、促和谐”为主题的太原市老年舞蹈、戏剧、器乐艺术及书画展演系列活动,召开老年艺术展演总结大会。为老同志们提供学习交流、相互促进、共同提升并繁荣老年文化艺术的新的平台。市老龄办携手市群艺馆老年艺术团赴娄烦县盖家庄村开展“心连心、送温暖”慰问帮扶演出活动。与市文化局在市群艺馆举行“太原市纪念抗日战争胜利70周年”老年摄影展,引导大家铭记历史、缅怀先烈、弘扬抗战精神,进一步推进爱国主义教育,传播正能量。各县(市、区)也积极开展各类活动,丰富老年人精神文化生活。

（王东礼）

【优抚慰问活动】 2015年,太原市老龄委办将精神文明创建、双拥工作、扶贫工作与老龄志愿服务、慰问、宣传工作有机结合,整体推进。在春节来临之际,市老龄委(办)领导带领机关干部分成三组深入十县(市、区)对全市220名特困老人进行慰问。开展全市各类老人的调查、摸底、审核,并确定救助慰问对象;市老龄委办领导走访慰问5名优抚对象,并每人发放慰问金300元;市老龄委常务副主任郝建业、太原警备区政治部副主任陈珊一行慰问来并省亲的新疆老红军;市老龄委常务副主任郝建业,市老龄办主任李并敏、副主任于兰带领机关干部职工以及志愿者到山西荣军疗养院看望退伍革命军人,带去慰问金,赠送意外伤害险。市各县(市、区)主要领导也十分重视关心老年人的生活,分别在元旦、春节、端午、重阳节等节日期间开展各类丰富多彩的、形式多样的走访慰问、敬老院调研等活动。企事业单位、社会组织、爱心人士等开展对老年人的慰问救助活动。 (王东礼)

shehui shenghuo

社会生活

·山西焦煤集团·

【概述】 2015年,山西焦煤围绕山西省“六大发展”理念,全面实施“11236”发展战略,扎实推进“678”年度行动计划,全面建设现代化新型能源集团。企业生产原煤1.05亿吨、精煤4589万吨、焦炭962万吨、化工产品328万吨,发电130亿度,生产煤总销量8974万吨,实现销售收入1956亿元,工业增加值351亿元,税费81亿元,在市场逆境中保持平稳健康发展。 (杨士元)

【思想教育】 坚持党委中心组集体学习制度,认真学习习近平总书记系列重要讲话精神,深入领会党中央国务院和省委省政府新思路新举措新要求,围绕集团公司“11236”发展战略目标和“678”年度行动计划,科学制定措施,有效应对压力,坚定发展自信。高度重视宣传阵地建设,改版焦煤报纸版面,开通焦煤官方微信,抓好电视和网站建设;坚持正确舆论导向,开展形势任务教育,挖掘基层典型经验,讲好焦煤故事,夯实思想基础。 (杨士元)

【基层党的建设】 认真履行党建主体责任, 把抓好党建作为最大的政绩,开展党委书记抓党建述职评议考核,层层传导压力,推动了党建任务落地见效。加强基层党组织规范化、制度化建设,坚持从严治党、依规管党,党组织的战斗力进一步增强。树立大抓基层导向,抓点带面、精准发力,持续开展“四好班子”“五好党支部”创建评比活动,整顿72个软弱涣散的党组织,减少党员空白班组197个,加强基层组织,提升党建水平。 (杨士元)

【干部队伍建设】 坚持先立规矩后选人,严格干部标准,修订完善干部选拔任用、综合考核评价等制度,强化党委的领导把关作用,着力选拔对党忠诚、个人干净、敢于担当的干部,树立正确的用人导向。严格干部考察,开展“三个一批”和“六查”工作,甄别处理176人、调整退出58人、掌握优秀干部396人;规范个人有关事项报告,副处级以上人员全部实行“凡提必核”;进行干部人事档案审核清理,纠正不规范档案43人。严格干部约束,查处违反干部选拔任用规定的行为8人,对“11·17”瓦斯事故的责任人员进行先行问责。 (杨士元)

【党的作风建设】 开展“三严三实”专题教育和“学习讨论落实”活动,党委书记带头讲党课,召开专题民主生活会,强化立规执纪,解决突出问题,转变干部作风。组织《中国共产党巡视工作条例》宣讲活动,开展《中国共产党廉洁自律准则》和《中国共产党纪律处分条例》答题考试。落实“八项规定”精神,严防“四风”反弹,抓住重要时间节点,开展违规收送礼金红包、顶风违纪大操大办等专项整治,全年查处违反“八项规定”精神问题14件,党纪政纪处分21人,起到正风肃

5月26日,山西焦煤以党委书记讲专题党课的形式启动“三严三实”专题教育

纪效果,形成反"四风"的高压态势。

(杨士元)

【党风廉政建设】 落实"两个责任",严格执行党委42项和纪委28项责任清单,抓住主体责任,全年专题研究廉政工作29次,做到党风廉政建设和中心工作同部署、同检查、同落实。持续抓好省委专项巡视整改,每项整改任务由一名集团领导牵头、一个责任部门负责落实,开展2轮"一对一"约谈,组织4次全覆盖督导,促进41项整改任务落地见效。实行"一案双查",对出现区域性、系统性违规违纪问题的部门和单位,既追究当事人的责任,又追究主体责任和监督责任。纪检部门加快"三转",全年立案112件,撤职以上重处分21人,形成反腐的高压态势。

(杨士元)

【文明和谐】 实施"焦煤文化提升工程",强化文化传播、落地和评价三项重点,规范融合和创新提升企业文化。开展文明创建,26个单位被评为省属企业文明单位标兵,28个单位被评为省属企业文明单位,9个社区被评为省属企业文明社区。以领导干部大接访和平安建设为抓手,健全矛盾纠纷预警、排查和处置机制,畅通诉求表达渠道,加强社会治安综合治理,维护企业和谐稳定大局。

(杨士元)

【安全生产】 强化安全"红线意识",深入落实"838"安全工作部署,以重大隐患排查治理为重点,加强责任落实、动态检查、五人小组、领导挂牌、系统会诊、质量标准化建设等工作,深入开展六大专项整治、"三查"和安全大反思大检查大整改活动,全年各类检查共排查隐患16.3万条,整改隐患16.2万条,整改销项重大隐患49条;共查处"三违"人员1588人次,停产整顿矿井工作面37个,安全罚款251万元,安全问责256人;共建成一级质量标准化矿井27座,完成安全投入8.65亿元,轻重伤事故同比下降29%。生产组织上,合理采掘衔接,提高单产单进,优化储装运系统,主动适应市场需求。 (杨士元)

【协同发展】 坚持大集团发展道路,遵循集团上下"一盘棋"和集团效益最大化原则,优化集团管控模式,明确集团战略与投资决策中心、子分公司运营管理中心、矿厂生产经营中心三级职能定位。各子分公司在集团战略指导下,明晰各自发展定位和思路,在煤机装备、技术、贸易、资金等方面加大优势互补,协调联动发展态势良好。 (杨士元)

【市场营销】 坚持"六统一"销售不动摇,实施"五保"营销策略,稳定大客户、开发新市场,大客户接货量保持在87%以上,全年新开发用户314户,增加销量1388万吨。煤焦化电子商务平台——焦煤在线开始运行,推进建立全国炼焦煤协商销售机制。坚持煤焦联动、销贸一体,完成外采统销78万吨,外采内供108万吨,煤焦联动152万吨。加强回款清欠,共办理抵抹业务18.9亿元,全年货款回款率达到98%。创新营销机制,激发一线营销人员活力,集团从5月份实现产运销基本平衡,12月份再创销量新水平。

(杨士元)

【经营管控】 树立全员过"紧日子"的思想,出台加强生产经营管控的23条特别措施,严控资金费用支出,全年可控费用同比下降30%;降薪从集团领导开始,层层传递经营压力;加大资金争取力度,按要求完成采矿权抵押贷款和上缴,并申请财政资金6.3亿元,全年共争取各项政策资金10.6亿元。推进内控体系建设,制定机关部门权力清单和责任清单,优化核心业务流程,出台经营风险控制管理等办法,强化法律审核,优化经营业绩考核评价体系;加大审计监察力度,全年完成审计项目437项,完成效能监察项目167项。 (杨士元)

【转型发展】 以重点工程项目和循环经济园区建设为抓手,全年共完成固定资产投资152亿元,43项重点工程和17项重大项目顺利推进,沙曲矿一矿变两矿及选煤厂改扩建项目进入联合试运转;斜沟、庞庞塔等重大项目手续办理取得实质进展,回坡底矿扩界、贺西矿增层等手续快速突破。强化项目建设管理,修订完善招投标管理办法、工程造价管理办法等制度,推进项目依法合规建设。焦化、电力、煤机、建筑、物流贸易等非煤产业稳步发展,新兴产业发展迈开步伐,5座瓦斯发电项目顺利推进,分布式光伏发电积极探索;设立碳资产管理公司,探索开展碳排放权交易管理;推进产业扶贫,控股建设武乡龙泉农业产业园等项目,全年完成产业扶贫投资8.8亿元。

(杨士元)

【改革创新】 按要求公开两级集团财务等重大信息;深化机构人事改革,机关撤销合并合署11个机构;对盐化、飞虹、融资租赁等单位高级管理人员和专业技术人员进行市场化选聘;深化薪酬改革,出台生产矿井安全考核激励指导意见;人力资源管理等信息化系统建设顺利推进。推进科创城低碳技术研究中心项目;79个重大科研攻关课题有41个已按计划开展并取得阶段性成果;全年共承担上级科技专项17项,授予国家专利64项,获得省部级以上科技进步奖35项,科研经费减免税6029万元;"五小创新"活动和"金点子"工程深入开展;重介浅槽排矸、焦化污水深度处理等一批新技术新工艺得到推广应用;劣质煤制民用焦研究取得突破,"西山绿焦"正式投入生产;沙曲瓦斯治理"三区联动"申报国家工业大奖;集团总经理金智新增选为中国工程院院士。全年培养和建成国家级劳模创新工作室1个、国家级青年文明号1个、全国模范职工之家11个、全国劳模6名。加强民生改善,全年建成保障性住房156万平方米1.3万户,共提取支付各类社保基金87.9亿元;加强信访稳定和困难帮扶,走访慰问困难职工5.3万人次;加大矿区环境治理力度,通过实施清洁能源替代和燃煤电厂超低排放改造,主要污染物排放量大幅降低,节能量指标超额完成,矿区的绿化、净化和美化程度进一步提升。 (杨士元)

【循环经济】 对六大循环经济园区项目调整优化、“填平补齐”。古交园区电厂三期2×66万千瓦项目开工建设，集中供热改造全面启动，水泥厂产能置换完成工信部公示；兴县园区水泥项目建设进入收尾阶段；临县园区电厂项目获得核准并全面开工建设，铁路专用线完成中南铁路接轨点铺设；洪洞园区60万吨烯烃项目再度优化，与之配套的100万吨甲醇项目完成备案；运城盐化园区光伏发电一期100兆瓦项目已与中电投山西可再生能源公司签约，正争取项目指标。（杨士元）

2015年6月26日，古交电厂三期进入主体建设阶段

【减亏增效】 深化降本增效，商品煤综合成本同比下降102元，降幅24%，发电成本下降3%，焦化成本下降16%。优化生产布局，精采细收上组煤，增加优质煤产量，全年限产高硫煤400万吨，增加低硫优质煤600万吨。对亏损单位进行“解剖麻雀”，深入挖潜增效，特别是焦化板块从“产供销耗财”五大环节深入对标，挖潜增效4亿元。拓展信托理财投资等盈利性金融业务，山焦财务全年实现利润5亿元，同比增幅25%。（杨士元）

【盘活资产】 推进设备资产管理信息平台建设，加强内部闲置设备的调配与盘活，山焦机电通过向汾西、联盛转租等方式，全年盘活集团内部闲置设备资产9660万元；发挥装车系统和洗煤厂富余能力，外采煤炭配洗配售，全年多生产精煤15.5万吨；加强股权监管，对全集团227个控股项目和64个参股项目进行分类清理，山焦投资晋非公司股权按照国资委意见基本理顺。（杨士元）

【转岗分流】 在2014年清理分流1.4万人的基础上，2015年又清理分流20434人，其中解除终止劳动合同7843人，内部新项目分流、机关充实一线、内部退养、暂时中止合同等分流5007人，对外劳务承包、组建专业化队伍替代外委队伍等输出1431人，清理地面临时工、劳务派遣工2679人，清理井下外委队伍3474人。综合减少用工1.55万人，年节约人工费用10亿元。（杨士元）

【融资优化】 通过内保外贷融资租赁等创新融资产品融资185亿元；成功发行六期债券募集资金167亿元，直接融资比例提高2%；全年帮助子公司新增融资150亿元，续贷到期贷款230亿元，提供临时资金111亿元。融资租赁公司在上海自贸区正式挂牌成立，首单对山焦汾西2亿元售后回租业务已经开展；成立融资担保公司已获批复，正办理开业手续。推进11个拟上市公司改制，爱钢公司股改方案及在股转系统挂牌已取得省国资委批复，正申请挂牌；安瑞风机正进行评估备案；山焦霍州亿能电气、山源电气已取得省国资委批复。山焦国发香港公司成功取得境外3亿美元融资授信。

（杨士元）

【资源整合】 按照“三个一批”要求推进整合煤矿建设。全年共5座矿井达产达效，产能360万吨/年；5座矿井通过竣工验收，产能690万吨/年，4座矿井进入联合试运转，产能420万吨/年；对停产缓建煤矿进行详细摸底，完善资料，对其中煤质较好、储量较大的两座矿井调整为开工建设并复工验收，并积极研究落后产能退出和产能置换工作。参加赴粤、鄂、沪招商推介及央企入晋招商活动，加强与上下游企业的战略合作，推进“煤电材”“煤焦化”“煤电铝”“煤焦钢”一体化发展，与河北建投合作晋电送冀煤电一体化项目，与首钢京唐焦化二期、山东钢日照精品钢基地焦化合作建设煤焦钢一体化项目，与中铝、山东信发分别合作兴县、交口煤电铝一体化项目，与山西聚义实业集团合作2×1000兆瓦电厂项目，与山西联通公司合作云计算中心项目等对外合作项目有序推进。

（杨士元）

【文化提升】 升级山西焦煤网站，改版《山西焦煤报》，开通山西焦煤微信公众号；加强职工文化阵地和职工书屋建设，首批15家职工书屋通过验收并挂牌，开展形式多样的群众文化系列活动；规范企业文化标志使用；着力推进焦煤文化的规范融合和创新提升，着力培育和构建独具焦煤特色的优秀企业文化，焦煤品牌文化大为提升。集团公司荣获“首届中部地区百佳企业文化品牌”称号。

（杨士元）

·国电太原第一热电厂·

【概述】 2015年，国电太原第一热电厂在国电集团公司、华北公司的领导下，深入贯彻工作会议精神，按照“一五五”核

心战略思想,以“双提升”活动为抓手,经过全厂干部职工的努力拼搏,取得综合治理“一年上台阶”的阶段性成效,目标责任制考核达到B级,被评为集团公司三星级企业。搬迁重建工作取得重要进展,与太原市政府签订了框架协议。“三严三实”专题教育活动扎实开展,作风转变取得成效。经营工作持续向好,在全省利用小时大幅下降的情况下,全年实现利润5198万元,考虑综合治理投入后利润同比增加3748万元,超额完成了全年各项目标任务,实现了职工收入与企业效益同步增长,让职工共享企业发展成果,保持了企业和谐稳定的良好局面。综合治理工作受到集团公司、华北公司的充分肯定,分别荣获集团公司奖励基金一等奖、华北公司总经理奖励特等奖。

(郭春华　阎玉山)

【生产经营】 2015年,太一厂发电量完成37.88亿千瓦时;利用小时完成3673小时(含6.2亿替代电量);供热量完成759.64万吉焦;综合厂用电率完成12.54%;供电煤耗完成318.62克/千瓦时;入炉综合标煤单价完成320.19元/吨;燃油量消耗1990吨;财务费用降低2482万元;利润总额完成5198万元,全面完成了华北公司下达的考核目标。

(郭春华　阎玉山)

【综合治理】 2015年,太一厂以现场文明生产治理、设备治理为突破口,全面开展综合治理工作,强化组织领导。成立以党政主要负责人为组长的安全生产综合治理领导组,分阶段、分节点、分区域对综合治理工作进行部署,召开协调会,责任层层分解,压力逐级传递,统筹做好综合治理工作。全员参与治理。采取部门分片承包、集中突击等方式,重点对生产区域死角、外围泵房、电缆沟、电缆夹层等环境进行治理。落实安全生产责任制。班子成员转变作风,靠前指挥,严格执行领导人员安全生产联系点制度,深入现场,及时发现问题,及时督促整改,确保责任制落实到位。落实安全措施。修订各类应急预案、机组启停方案及反事故措施,重点督查反事故措施、检修作业监护、“两票三制”和重大操作监护等落实情况。完善体制机制。精简整合多经财务部等4个职能部门,鼓励青年骨干回到生产一线,先后有36人充实到生产队伍。同时建立专项奖励资金600万元,责任到岗,奖惩到人,有效调动职工参与治理工作的积极性。狠抓设备治理和文明生产治理。对隐患、缺陷梳理分类,制定整改计划,利用机组停备进行整改,重点对风、烟系统、制粉系统、磨煤机油系统漏点进行治理,现场和厂区的跑冒滴漏现象得到有效控制,文明生产水平明显改观。

(郭春华　阎玉山)

【安全生产】 2015年,太一厂把安全生产工作与综合治理相结合,落实安全生产责任制,安全生产管理水平实现稳步提升。全年未发生人身轻伤及以上事故和一般设备事故,一类障碍同比减少2次,实现了三个百日安全长周期。加大安全监管力度,全年共开展防火防爆、危化品等专项检查12次,隐患排查共计1158项,整改完成1061项。加强外委工程安全监管,制定实施《外委工程现场监护管理标准》,同步推行“外委工程监护每日检查卡”制度,降低外委工程安全风险。以#13机组A修为试点,推进标准化管理,先后实施了#12、#13机组A修、#11、#14机组C修任务,热网系统及公用系统大修任务。完成#13机组高压转子返厂、凝汽器改造、空预器蓄热包更换;四台机组锅炉承压部件检修;锅炉风烟系统漏风治理等一系列重点项目。#13机A级检修后厂用电率降低1.2个百分点,供电煤耗降低13.84克/千瓦时;四台机组等效可用系数同比升高5.47%。实施#13机组单机运行串带五期厂用电改造,降低停机后的网购电量。强化运行机组消缺管理,加大消缺率的考核,遗留缺陷同比减少125条,机组可靠性和经济性均有所提高。(郭春华　阎玉山)

【运行管理】 2015年,太一厂针对五期机组长期备用的情况,严格执行机组长期备用的系统隔离和保护措施,确保机组具备应急启动条件。加强设备巡检,提前做好热网系统设备的检查、保养工作,确保供热期机组运行稳定。优化运行方式,加强#13、#14机组燃烧调整,锅炉结焦问题得到有效解决。严格跟踪发电及调峰计划,加强“两个细则”减免的沟通工作,全年减免考核共计233万元,争取到调峰等项目补偿190万元。完成#11、#12机组脱硝改造和#13、#14机组脱硫提效改造,实现了达标排放。#11、#12机组脱硝改造在时间紧、任务重的情况下,精心组织施工,严格控制进度,按计划完成了改造,保障集中供热。加强扬尘治理,对灰场、煤场压实覆盖,定期洒水喷淋,运灰道路及护坡进行了硬化整治,扬尘污染得到有效控制。年排污费同比减少646万元,顺利通过国家环保部污染减排核查工作。(郭春华　阎玉山)

【经营工作】 2015年,太一厂优化电量结构,争取非供热期电量替代政策,向区域电厂替代电量6.2亿千瓦时(霍州5.2亿千瓦时、榆次1亿千瓦时),取得收入8855万元。充分利用机组供热优势,争取优惠政策,大用户电量1.2亿千瓦时的结算电价高于交易电价6.5分/千瓦时,增加收入766万元。加大热费催缴力度,清理陈欠4200万元。争取到#11、#12机组两个细则减免政策,减少考核100余万元。全年入厂标煤单价(不含税)累计完成291元/吨,同比降低106元/吨,入厂入炉煤热值差每千克完成0.223兆焦。加强入厂验收,加大亏吨亏卡索赔力度,杜绝了煤场亏煤现象。在火车运煤专线12月停运的情况下,及时筹措煤源和运力,完成汽车煤与火车煤的顺利衔接,供热期燃料库存量达到50万吨,同时运输成本降低16元/吨,为保障供热和降本增效奠定基础。

(郭春华　阎玉山)

【降本增效】 2015年,太一厂降低财务费用。完成贷款置换28.71亿元,资金成本率完成3.92%,较年初下降1.68个百分点；积极筹措资金还贷2.31亿元；票据化结算完成6969万元，共节约财务费用2482万元。争取政策支持。争取到供热补贴705万元，失业保险补贴190万元，增值税减免785万元。加大保险理赔力度，保险理赔完成445万元，理赔率89%。规范物资采购。全年华北公司集采额完成7724万元，占全年物资采购比例的87%。自采物资进一步规范立项、招标和定标程序，采购过程更加公平透明，有效降低采购成本。（郭春华　阎玉山）

【体制改革】2015年，太一厂按照集团公司的有关要求，修订完善《绩效考核管理办法》等考核制度16个、管理标准65个，推行了《中级管理人员月度绩效考核办法》。结合华北公司考核指标体系，对全厂通挂考核指标、专业指标考核进行修订，完善考核机制，规范了考核导向，收入分配继续向生产一线倾斜。制定《厂长特别奖管理办法》，对生产、经营方面做出突出贡献的部门和个人进行奖励，充分调动全厂干部职工积极性。整合了多经财务部等四个职能部门，缩减了管理机构数量。理顺了固体排放物综合利用回归主业后的职责衔接和管理程序，规范了多经企业人工成本支付渠道。在华北公司的领导下，推进检修公司体制改革，2016年1月1日检修公司将正式划归华北电力技术工程有限公司管理。

（郭春华　阎玉山）

【队伍建设】2015年，太一厂开展高级工职业技能鉴定，生产人员高级工比例达到51.22%，同比提高35.91%。财务人员在集团公司会计知识大赛中，取得集团公司个人第四名、华北公司团体第一名、个人第一名的好成绩。注重职工个人素质培养，针对工作需要和职业发展需求，组织部分生产干部赴先进电厂交流学习，举办了中级管理人员综合能力提升、班组长培训、青年员工的职业素养与生涯规划等专题培训讲座。积极参与“首席师”活动及“培英”计划，一人被聘为华北公司首席师，四人入选“培英”计划，队伍综合能力得到有效提升。

（郭春华　阎玉山）

【搬迁工作】2015年，太一厂经过集团公司、华北公司和山西分公司与太原市政府的多次沟通协商，10月22日华北公司与太原市政府签订搬迁重建框架协议，搬迁工作迈出重要一步，为推进企业发展和保障职工利益争取到有利政策。在华北公司和山西分公司的领导下，密切关注政策变化，开展信息政策的收集和研究，委托太原市建筑设计院对土地规划方案进行优化。根据框架协议议定的优惠政策，加强与政府有关部门的对接和沟通，为争取土地规划调整等政策落地打下基础。（郭春华　阎玉山）

【多经后勤管理】2015年，太一厂检修公司加强项目部安全管理，怀安、榆次两个项目部较好地完成了检修任务，协助甲方高标准通过了集团公司“两个标准化”验收。晋阳集团依托资源，挖掘市场，通过拓宽租赁业务增加了利润收入。同时结合搬迁重建框架协议，提前开展工作，注册成立太原晋阳怡景园林绿化工程有限公司。物业公司服务水平进一步提高，累计为1423名职工办理公积金提取，为综合治理期间提供就餐服务17万人次、现场送餐3万余人次，提高服务标准，降低了就餐价格。深入实施惠民工程。组织1963名在岗职工进行全面体检，为职工的身心健康提供了保障。解决了检修班组加班餐问题，让职工群众真正得到实惠。关爱困难职工，开展“送温暖”活动，加入太原市医疗互助工程和集团公司特困无忧保险工程，建立了困难职工帮扶基金会，先后帮扶职工124人，41名特困职工已录入全国总工会信息库。加大班组建设力度。开展班容班貌整治，更换了部分桌椅及电脑等设施，完善创星级班组管理办法，全厂81个班组中，累计三星级班组达到18个、二星级班组32个。加强矛盾化解。进一步修订信访接待制度，完善信访接待室配套设施，畅通职工诉求反映渠道，妥善处理群众来访21件。加强依法治企，利用法律途径依法依规解决历史遗留问题。

（郭春华　阎玉山）

【党群工作】2015年，太一厂认真开展“三严三实”教育实践活动。通过各类宣传阵地，开展党课、讲座、讨论会等各类教育活动十余次，引导广大党员干部立足岗位、率先垂范。强化组织建设。制定并实施基层服务型党组织创建方案，建立领导班子成员基层支部联系制度，对基层支部的“三会一课”进行检查指导，加强班子成员与职工群众的沟通联系。弘扬企业文化。围绕安全生产主旋律，开展劳动竞赛、主题演讲比赛和消夏晚会等活动，展现企业积极健康的精神风貌，增强企业凝聚力。发挥群团组织作用。深入开展“爱心服务站”“学雷锋”等品牌活动，展现青年职工的风采和活力。

太一厂严格执行“三重一大”集体决策制度。修订党委会、厂长办公会议事规则，对人财物等重大事项严格履行集体决策制度，形成科学的决策机制。落实“两个责任”。坚持“监督、执纪、问责、教育、建设”五位一体，实行党政负责人一岗双责制，强化责任意识，扎实推进反腐倡廉建设。加强风险防控。针对燃料、生技等重点部门和关键岗位，组织廉政专题党课，进行廉洁从业约谈，开展“小金库”和特定关系人从事经济活动的专项治理工作，制定防控措施434条，防范廉政风险。加强八项费用管理，对使用情况每月进行同比和环比分析，全年八项费用同比降低29.13%。

（郭春华　阎玉山）

·大唐太原第二热电厂·

【概述】2015年，大唐太原第二热电厂面对电价下调、发电利用小时下降、全省发电装机容量增长、七期机组投产后折旧及财务费用大幅升高等极为严峻的内、外部形势，砥砺奋进、迎难而上，围绕集团公司、分公司的总体工作思路和奋斗目标，强化“价值思维和效益导向”理念,把握电煤价格持续低位运行、融资成本持续下降等有利条件,戮力同心、多措并举,安全基础得到夯实,节能减排实现突破,完成七期尾工,增收节支"双管齐下",职工队伍保持稳定,顺利开展了"三严三实"专题教育,取得利润3477万元的好成绩,较好地完成年度各项目标任务。 (董曙华 阎玉山)

【生产经营】 2015年,电厂安全生产累计安全运行887天;发电量完成60.28亿千瓦时,剔除同期试运行电量后,同比多发1.27亿千瓦时。机组利用小时300兆瓦级机组累计完成4195小时,较省调火电同容量级别机组累计利用小时(4060小时)高135小时,较在晋五大集团300兆瓦级机组平均利用小时(4114小时)高81小时,在省调火电同容量级别电厂(30家电厂)中排名第11,在在晋五大集团同容量级别电厂中排名第4;供热量完成1187.41万吉焦,同比多供117.49万吉焦。

综合供电煤耗完成312.03克/千瓦时,较计划(313.7克/千瓦时)降低1.67克/千瓦时,同比降低8.14克/千瓦时,创近年来最好水平。综合厂用电率完成11.16%,较计划(10.76%)升高0.4个百分点,同比降低1.06个百分点。

燃油耗量完成625.09吨,同比降低326吨。综合标煤单价完成299.96元/吨,较调控计划(335.27元/吨)降低35.31元/吨,同比降低114.97元/吨。入厂入炉煤热值差完成0.22兆焦/千克,较计划降低0.08兆焦/千克;利润总额完成3477万元,同比少盈利7281万元。 (董曙华 阎玉山)

【安全生产】 2015年,电厂贯彻落实集团公司一系列安全生产要求,围绕"抓落实、严考核、重实效"抓好安全生产。强化安全培训教育,不断提高安全素质。开展"安全大讲堂"活动132次,参加培训人员达到3960人次;强化对新《安全生产法》的学习,生产岗位人员实现100%参加学习培训,100%通过考试考核;强化对集团公司事故案例的学习落实,对照要求和防范措施进行排查,深刻吸取教训、举一反三,彻底消除隐患。开展反违章活动。严格现场监督管理,加大违章曝光和处罚力度,对现场违章行为实行"日通报、周说清、月考核",使反违章工作始终保持高压态势。完善规章制度,修订安全生产管理标准和制度44个,不断强化、提高依法治安水平。以安全风险控制评估为载体,通过自查和内审,有力地促进了安全管理水平和安全防控能力的提高。推进电力安全生产标准化建设,通过山西能监办的审核,成为国家电力安全生产标准化二级企业。完成#10、#11机组B级检修以及#12、#13机组C级检修,全厂主辅设备的安全性、可靠性、经济性得到提高。新增获得授权的专利12项,占近年来获得授权专利的40%。加强了对技术骨干人才的培训、培养力度,特别是在集控、热控、继电保护等专业取得实效。 (董曙华 阎玉山)

【发电运行】 2015年,电厂由于2014年度电量超发,省经信委扣除2015年度基础电量5.87亿千瓦时,此外受经济下行的影响,电量计划严重短缺,出现全厂单机组运行。为了切实抓好发电量,争取到20万机组全年基础电量18.7亿千瓦时。争取大用户直接交易、西龙池、河北增供、特高压等市场上网电量8.2亿千瓦时,折合发电量9.13亿千瓦时,平均交易电价313.43元/兆瓦时。太二在加强运行管理方面,在保证日负荷计划的基础上,积极与中调沟通联系,尽量争取多发。加强管控,电量分解到值,值际竞赛活动中加大电量比重,调动值班员抢发电量的积极性。利用供热机组的优势,积极与能监办、中调协调,申请核定最小负荷,努力提高冬季供热期机组的负荷率。争取开机条件,尽最大可能避免单机运行。发挥降缺陷行动计划的激励作用,严格执行缺陷考核制度,提高消缺工作的质量和时效性,确保设备健康水平。认真执行新修订的《配煤掺烧管理办法》,提高对煤种变化的适应性,减少因煤质原因影响电量。 (董曙华 阎玉山)

【降本增收】 2015年,电厂超前研判煤炭市场动态,及时掌握省内煤矿生产情况,与同区域其他电厂对标挖潜,不断调整采购策略,保持了合理库存。巩固与国有大矿的战略合作关系,同煤轩岗、阳煤、焦煤价格均大幅度降低,2015年长协大矿共进煤197.86万吨,占总进煤比例的63%,降低燃料成本1476万元。利用集团公司燃料采购电子平台,采取竞价方式,进一步降低采购价格和燃煤成本,最大程度向市场要效益,2015年招标采购67.14万吨,占总进煤比例的22%,降低燃料成本1416万元。加强燃煤采制化的精细管理,通过交叉化验、弃样复检、外送化验等手段,严格考核掺杂使假,控制热值差,节约燃料成本300万元。严控工程预结算及招投标、合同管理,核减工程造价1566万元,核减合同金额682万元。优化资金配置结构,开展融资租赁业务及电子承兑汇票业务,有效降低利息支出,同时增加净还贷额,全年财务费用较年初预算减少3140万元。调整责任成本预算指标,固定费用支出在年度预算基础上降低4000万元,其中可控费用在年度预算基础上降低1900万元。开展财产保险索赔工作,获得保险理赔款113万元,核减200兆瓦机组财产保险费用78万元。千方百计做工作,积极争取到市政府集中供热财政补贴1154万元,全厂机组除尘电价及新建机组环保电价落实到位。

(董曙华 阎玉山)

【节能减排】 2015年,电厂按照集团公司及山西省政府关于现役燃煤发电机组超低排放改造的有关要求,厂投资约1.15亿元,克服了由于技术方案调整造成的工期短、任务重、设备供货紧张等困难,用时111天完成#10—#13机组超低排放改造任务,实现"当年立项、当年审批、当年施工、当年验收"的目标,成为山西省首家四台300兆瓦及以上机组全部实施超低排放改造的电厂。改造过程中,重点加强了工程安全、质量和进度的管控,抓好方案优化,提前进行#10脱硫烟道的制作和防腐工作。严格落实各项安全措施,逐级落实安全责任制,加强上岗人员安全培训和安全监督,抽调8名专责人员充实到现场安全检查组,24小时不间断、零距离监管,确保有现场作业的地方就有安监人员。认真执行早、晚会制度,每日落实工程进展情况,严格管控进度,联系施工方、供应方,确保设备准时到货、及时安装。现场派驻技术人员,严抓细节管理,对可能影响工程质量的施工设计、施工工艺、技术措施等进行全过程控制。与施工队伍签订进度奖惩协议,充分调动积极性,有力地推动施工进度。协调省经信委、省环保厅等部门对项目进行竣工验收,正式文件已经下发,为享受改造政策奠定基础。

节能改造#12、#13机组增加暖缸系统,有效解决冷态启动振动大的问题,使机组从冲转到并网的时间缩短至原来的20%以下,冷态启动油耗也由原来的150吨左右降到15吨左右。对#10、#11机轴封系统进行治理,高压缸效率提高2.78%,中压缸效率提高0.19%。对#10、#11机中低压缸连通管进行改造,机组热耗降低约50千焦/千瓦时。对磨煤机叶轮装置进行改造,排矸量由原来的400吨/天左右降低至17吨/天左右。对空预器、吹灰器、6KV电缆、中水系统进行改造。(董曙华　阎玉山)

【完成七期扩建】 2015年,电厂投资5000余万元对东煤场进行全封闭改造。按照七期工程环评的要求,对东煤场进行全封闭改造,改造过程中克服了边施工边上煤、交叉作业多、高空施工等困难,做到生产与改造"两不误",封闭改造后的煤场对减少厂区及周边环境的扬尘污染起到了巨大的作用。投资6700余万元完成七期机组乏汽供热改造。为确保在严寒期到来前系统投运,采用各种有效手段保障工期:督促设计方进行现场设计,减少中间环节,提高工作效率;对主要设备进行驻厂催交,将原来的制造工期由三个月缩短为40天;统筹规划,施工两班倒,从开工到第一台热泵开始冲洗调试,总工期仅用了三个月时间,比正常工期缩短一半,实现对集团公司和市政府的承诺。七期热泵已经投入运行。完成其他尾工及消缺。完成两台机组尾工共165项,其中重点项目19项已全部完成;消缺完成95%,其中13项主要缺陷已全部完成。开展达标验收工作。机组性能试验已全部完成,取得省质监站发布的各阶段质监报告及备案证明,环保各单项设施、水土保持、安全设施三同时、消防设施、职业卫生健康等专项验收已通过并取得验收文件,环保设施竣工验收申请已上报省环保厅,完成初设、施工图、竣工图图纸等工程建设项目文件共计1560卷册的整理归档工作。已向分公司、集团公司申请进行工程达标验收。

(董曙华　阎玉山)

【党群工作】 2015年,电厂党群工作坚持围绕中心、服务大局,以"三严三实"专题教育为契机,组织各级党组织开展"严以修身"专题学习研讨、党课宣讲、专题党日活动,引导广大党员干部立足岗位、率先垂范。以推进服务型党组织建设为抓手,加强党支部班子建设。以党内"三级量化考核"为重点,坚持每季支部工作综合检查。开展"履职尽责,一心为民"主题活动,围绕企业中心工作、技术攻关项目,发挥"岗、区"示范辐射的作用,为企业降本增效、提升盈利能力打好基础。以"六位一体"精神文明创建为手段,开展12次道德讲堂活动。以品牌建设为载体,开展"大唐精神"的宣贯活动。代表分公司参加集团公司"青春杯"安全知识竞赛并荣获三等奖。代表市经信委工委参加太原市"培育和践行社会主义核心价值观百姓讲故事"演讲比赛并荣获一等奖。以"阳光、微笑、健康"为主题,组织开展形式多样的心理健康辅导活动,成为思政宣教工作的有益补充,得到职工的广泛参与和好评。代表分公司参加集团公司第13届专业知识和技能竞赛,获得"中国大唐技术能手"、获得"中国大唐优秀技能选手"荣誉称号。获得国家、省、市"优秀QC小组"和"质量信得过班组"称号12个。继电保护创新工作室被评为集团公司示范型职工技术创新工作室。在党风廉政建设方面,重点是强化执纪监督,全年监督"三重一大"事项决策48项/35次,开展专项巡视3次,针对招投标管理、公务用车管理、安全生产管理强化组织约谈,加强重要节日、个人重大事项、"八项规定"执行情况的监督力度,推进"五类"问题整改及专项巡视整改工作。

(董曙华　阎玉山)

【多经后勤】 2015年,电厂坚持以市场为导向,以规范为重点,内强管理,外寻突破,努力提升市场竞争力,维护企业与职工队伍稳定,全年经营收入8618万元,其中对外创收2065万元,利润69万元。后勤各单位以高标准做好服务保障工作,始终秉承"职工利益无小事"的宗旨,细化服务内容,提升服务质量,在厂区环境治理、采暖系统维护、职工健康体检、幼儿园改造、电梯大修等方面做了大量细致的工作,有效满足广大职工的生活所需,为稳定职工队伍发挥重要作用。电厂为职工群众兴办六个方面的实事,除北固碾棚户区改造住房建设,由于市烟草公司土地手续不全无法办理公积金贷款手续导致工程因资金原因没有进展外,其余全部按时完成。厂多次派专人协调、沟通、跟进,向区政府、棚改办发文咨询、督促,区政府、棚改办正在协助开发商与太原市住房公积金管理中心沟通,力争早日解决职工公积金贷款问题,满足建设的资金需求,早日复工。

(董曙华　阎玉山)

·太原市电机厂·

【概述】 2015年,太原市电机公司围绕"抢抓机遇,对接高端市场,塑造企业产品新形象;创新发展,传承历史优势,提高企业核心竞争力”的方针目标，明确产品定位，找准目标市场，使产品进入水泵、空压机、风机领域，全年完成工业总产值（现价）20344.67万元，同比增加25.13%，其中产品总产值完成19524.51万元，同比增加28.05%；实现工业增加值5768.73万元，同比增加40.57%；实现销售总收入17640.9万元，同比增加30.65%；实现全员劳动生产率86100元/人，同比增加51.06%；完成产品产量98.28万千瓦，同比增加4.13%。公司成功申报“山西省著名商标”、太原市“AA”级诚信企业，并获“太原市文明单位”荣誉称号。（办公室）

【产品结构调整】 2015年，公司定位目标市场，发展基本系列电机，在山西各地区建立经销点，在太原万水市场建立直销零售点，加大基础系列电机销售力度，尽快占领省内市场；加快在空压机行业、风机水泵行业、环保机械行业拓展市场。经过调整，2015年生产基础系列电机56.26万千瓦，占全年总产量的57.4%。产品转型效果初步显现。

外贸分公司在维护传统俄罗斯市场的同时，针对调整后的产品结构，开发南非、比利时、土耳其客户。

产品设计部门调整Y2系列产品设计，使该产品达到YX3（YE2）系列高效率电机的效率标准，并按YX3产品快速投入市场。同时开发YE3（IP55）系列超高效率电机，得到小店区政府科技项目资金支持及山西省商务厅的外经贸产品转型升级资金支持。自主研发YKE2、YKE3、CKE4（IP23）-2、4P空压机专用高效率、超高效率和超超高效率防护式三相异步电动机。

技术部门共取得三项有关产品设计的专利授权，完成YRBT隔爆绕线电机生产许可证、CQC节能认证证书、能效标志实验室备案、防爆电机修理资质等手续的办理，完善产品的认证许可。工艺人员以研发超高效电机等差异化产品为切入点，开展技术攻关，形成公司独有的超超高效电机生产的核心技术，具备解决电机轴承杂音难题的基本思路及方法。（办公室）

【管理制度】 2015年，公司内部推行5S管理，制定12分管理制度，将每一位员工的日常工作都纳入到12分管理中，做到立规矩、定标准、守底线、明奖惩。

生产安全处以销售计划为指令，强化生产管理，优先安排客户急需产品生产，制定进度计划，各生产分厂配合，确保合同按时交付。同时加强安全管理，强化操作规程，全年未发生重大安全事故，保证生产正常运行。

公司内实行定岗定编、竞聘上岗，针对待岗人员制定《待岗人员管理办法》，对待岗人员以双向选岗、解除劳动合同等方式进行分流。对旷工、辞职人员及时解除劳动合同，提高全员劳动生产率。薪酬管理方面，工艺技术人员根据实动工时重新核定工时定额，在生产一线职工中完善计件工资分配，取消二次分配，体现多劳多得；综合管理处规范加工工时控制管理办法，保证核定加工量的真实、客观。公司对管理岗位的工资结构进行调整，增加激励性津贴，取消不合理支出。

加强往来账款管理及固定资产管理，供应、销售环节的账目及时核对，做到账目明晰，设备处与财务处配合，为搬迁后的所有设备重新编号、建立台账，并办理新购设备入账手续，保证账、物相符，避免资产流失。财务人员合理调配资金，全程跟踪物流管理，保证资金投入的效率最大化。

在技术管理方面，围绕CAXA图文档管理系统，规范技术文件审批流程，分类整顿现有企业标准，启动ERP系统中的设备管理模块，使设备管理实现数字化。（办公室）

【质量管理】 2015年，公司对定型产品进行优化设计，从产品设计源头降低成本。工艺处及时修订产品材料定额，从工艺方面挖潜革新。H315及以下低压电机故障率为0.4%；H355及以上故障率为1.38%，均完成考核指标。但高压电机故障率达到3.85%，大幅度突破考核指标的1%。年末，将检验处升级为品质部，做好合格供方审定工作，从材料购进到生产各环节全程发挥质量控制作用，杜绝不合格品进入生产环节中，保证产品的一次试验合格率。成立检测计量中心，负责公司计量器具的维修、保养，产品的型式试验，保证产品检验的公正、准确。提出“下道工序就是客户”的理念，要求各分厂之间的转序模拟市场化运行决杜绝不合格品流入下道工序，保证产品质量稳定可靠。市场服务处完善考核制度，明确市场服务职责，制定服务规章制度、现场工作方法和返厂电机服务程序等工作文件，全方位跟踪用户使用情况，产品出现故障后第一时间到达现场，赢得用户信任。（办公室）

【集团化发展】 2015年，电修分公司、模具分公司、冲剪分公司、物业分公司、科威公司、鑫华源立体车库公司等独立分公司运营逐步走向正轨，在与总公司的业务往来已经实现完全市场化的情况下，金工分厂并入模具分公司，当年模具分公司实现销售收入2208万元，缴纳税金50万元，上交公司利润115万元。冲剪分公司全年实现销售收入2233万元，缴纳税金16万元，上交公司利润62万元。电修分公司实现销售收入422万元，比上年增长15%，缴纳税金21.7万元，上交公司利润25.5万元，开发防爆电机修理业务，成为首个完全融入市场的独立分公司。物业分公司实现销售收入90万元，上交公司利润4万元。鑫华源立体车库公司实现销售收入1160万元。中小型事业部、大中型事业部之间的业务往来全部模拟市场化运行，各独立分公司高效运转，为公司今后多元化、系列化、产业化综合发展奠定基础。年初公司精简管理队伍，将党、政、工、团、纪的办事机构合并成立党政办公室。（办公室）

·万柏林区人民法院·

【概述】 2015年,院党组带领全院干警以学习贯彻党的十八大和十八届三中、四中、五中全会精神为契机,以"学习讨论落实"活动和"三严三实"主题教育为载体,以公正廉洁司法为目标,加强干警的政治思想教育,提高队伍政治素质。获"全国保险纠纷诉调对接机制建设工作示范单位"、全省法院信息化建设工作集体三等功等荣誉称号。 (办公室)

【审判和执行】 2015年,法院新收各类案件4482件,旧存232件,审(执)结3844件,结案率为81.54%。其中审理各类刑事案件626件788人,审结583件721人,审结率为93.13%;审理各类民商事案件3115件,审结2556件,审结率为82.11%;立案登记行政诉讼案件55件、国家赔偿案件1件,经审查不予受理18件,立案受理的38件,已审结33件,审结率为92.73%;办理执行案件902件,执结638件,执结率为70.73%;受理的15件申诉案件全部审结;强化诉讼服务中心功能建设,完善司法便民措施,开辟立案绿色通道,全年共接待来访群众10500余人(次)。坚持首问责任制、首办责任制。延伸司法服务,做好社会治安综合治理工作。以依法打击阻碍、破坏城中村改造的犯罪活动、及时化解城中村改造中出现的矛盾纠纷和及时提供法律服务等为重点,对2015年列入万柏林区城中村改造任务的17个村提供服务和保障。 (办公室)

【队伍建设】 围绕"立案难、诉讼难、执行难""门难进、脸难看、事难办""人情案、关系案、金钱案"等"六难三案"问题以及专项整治五个方面50余项重点内容开展"执法司法突出问题专项整治";深化司法公开,推进审判流程公开、裁判文书公开、执行信息公开"三大平台"建设,对全部案件的庭审过程进行同步录音录像,1782篇裁判文书已上传至中国裁判文书网;建立诉讼服务中心,完善司法便民措施。对确有困难的当事人,准予缓、减、免交诉讼费共计36万余元,救助生活确有困难的信访案件信访人26人(次)57万余元;加强信访接待,院主要领导亲自接待来访群众370余人(次);开展"法律服务大篷车"活动和一村一警联系走访活动。先后进行16批(次)法律服务活动,现场为当事人举办6次法律专题讲座,接受154名群众的法律咨询。工作中,班子成员带头办理疑难复杂案件,其中院长审理案件5件、执行案件1件,其他9名班子成员办案均在8件以上,至少办理1件执行案件。

重视老干部工作,落实老干部政治、生活两个待遇。加强党风廉政建设。贯彻中央"八项规定",把从严治党的八项要求和反对"四风"放在队伍建设的特殊位置,开展党风廉政教育,党组成员、中层领导、一般干警三个层次签订《廉政责任书》,明确司法廉洁和司法作风的具体要求、职责任务。结合岗位风险防控"利剑工程"整治司法不公、司法不廉。防止"四风"问题反弹,在重大经费开支、大宗物资采购、工程建设项目、人事变动等方面做到集体研究、民主决策和集体决定。严格执行办公用房、公务用车、公务接待等各项规定,"三公"经费支出逐年下降。通过观看警示教育片、听取廉政报告、设立举报中心、公布举报电话、建立执法档案、排查岗位执法风险等措施强化内外监督制约,整肃队伍的工作作风、审判作风、审判纪律、规范司法行为。严格落实党风廉政建设主体责任和监督责任,全年共受理举报线索14件,已核查10件,均未发现违法违纪事实。 (办公室)

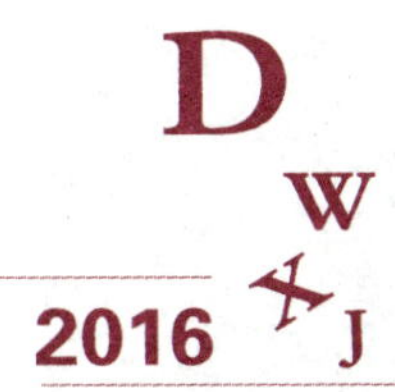

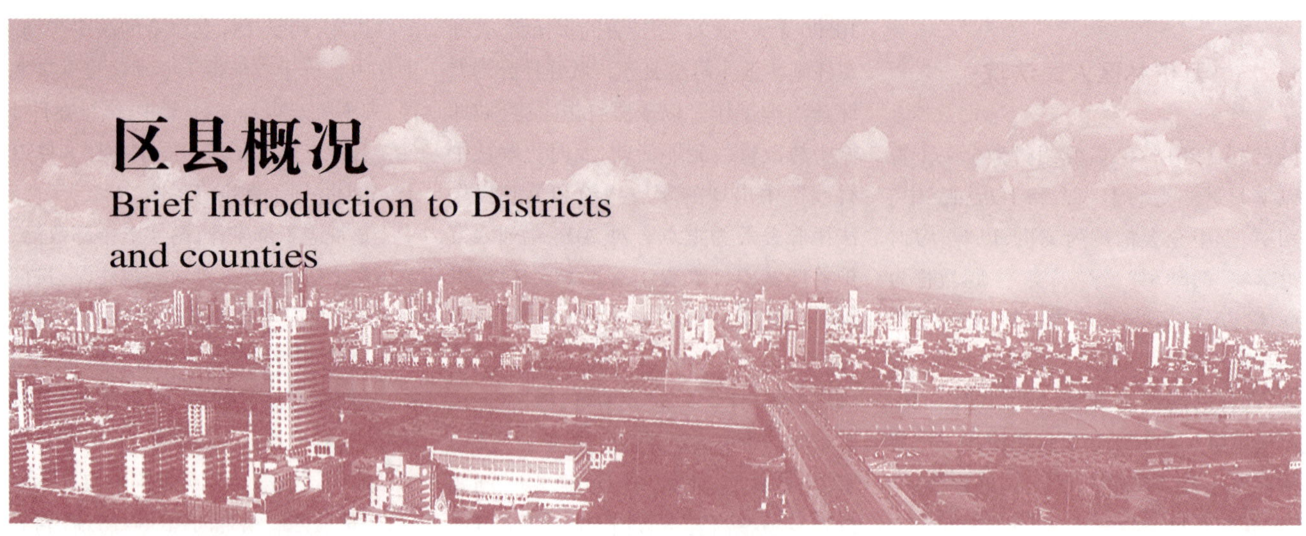

区县概况

Brief Introduction to Districts and counties

小店区

中共区委书记	车建华
区人大常委会主任	陈其武
区长	杨继承
区政协主席	王健
区人民法院院长	陈荣克
区人民检察院检察长	王宏亮

【概述】 小店区位于山西省中部，太原市区东南部，晋中盆地北端。地理坐标东经112° 24′ 至112° 43′ ，北纬37° 36′ 至37° 49′ 。北与太原市迎泽区为邻，西以汾河为界与万柏林区、晋源区相望，南与清徐县接壤，东与晋中市榆次区毗连。下辖坞城、营盘、北营、平阳路、黄陵、小店、龙城7个街道和西温庄、刘家堡2个乡，北格镇1个镇。共有社区居委会121个(含未改制村改居)，行政村39个。辖区总面积275平方公里。根据2015年人口抽样调查，小店区常住人口77.30万人，其中城镇人口70.75万人，乡村人口6.54万人，城镇化率达91.53%。

2015年，小店区在省委、市委的正确领导下，认真学习贯彻党的十八大和十八届三中、四中、五中全会精神，深入学习贯彻习近平总书记系列重要讲话精神，按照“四个全面”战略部署，认真落实省委、市委决策部署，扎实做好稳增长、促改革、调结构、惠民生、防风险等各项工作，各项事业取得新成绩，荣获国家级荣誉26项，省级荣誉55项，市级荣誉138项。 （马峰 吴轩）

五龙城郊森林公园登山步道

【经济发展】 2015年全区经济增长实现9.5%，截至“十二五”末，全区地区生产总值达到350.1亿元，年均增长6.5%；一般公共预算收入达到23.4亿元，年均增长19.3%；固定资产投资完成额达到254.2亿元，年均增长6.9%；社会消费品零售总额达到452.4亿元，年均增长12.7%。第三产业占GDP比重达到74.9%，现代服务业支柱作用凸显，长风—亲贤、南内环街电子数码、体育南路餐饮服务等6个商圈辐射能力逐步增强。打造规模化物流园区基地11个，注册企业253家，物流集散洼地效应持续扩大。电子商务企业发展到110家，2家企业挂牌“新三板”，培育省级众创空间3个，民营企业、中小微企业累计发展到2万余户，各类市场主体达到6.7万户，小店区开启了“大众创业、万众创新”新时代，跻身全国投资潜力百强区第54位。

（马峰 吴轩）

【城市建设管理】 全力推进亲贤、杨家堡、北营、许东、龙保、新庄、狄村、王村8个城中村整村拆除改造，村拆除面积132.31万平方米，拆除率近90%，居全市第一。投资1.2亿元完成13条道路建设，按期完成10条市政道路12.38万平方米拆迁任务。积极服务科创城建设，完成1894.5亩征地任务和3条道路征地拆迁，累计搬迁、拆除企业35家。扎实推进省城环境质量改善。全年二级以上优良天气233天，优良率达到63.8%。拆除分散燃煤采暖锅炉172台，拔掉黑烟囱745根。完成东山五龙城郊森林公园登山步道等配套景点和基础配套建设，新建10个游园。城市管理更加高效，数字城管中心处置案件群众满意率达98%以上，全市排名第一。组织开展2015年平安小店建设行动计划，推进平安小店建设。

（马　峰　吴　轩）

【发展和改善民生】 2015年累计投入22.76亿元用于民生项目。提高中小学生均公用经费标准，被评为全国义务教育发展基本均衡县。提高城乡低保标准，每人每月达到505元。建成37个社区日间照料中心、5个社区老年餐桌，床位达到2062张。为60岁以上老人免费体检，为80岁以上老人每人每月发放高龄保健补贴50元。52家平价菜店基本覆盖低收入群体。投资1704万元改造10个老旧片区。完成建筑节能改造72.6万平方米。

（马　峰　吴　轩）

【社会安全稳定】 全力维护社会稳定。实行区直部门、街道、（乡）镇联合接访制度，群众信访案件办结率97%。坚持“事要解决”，省、市两批次交办的案件全部办结，涉纪涉法涉诉问题化解率达到94%。抓细抓实安全生产。按照财政总收入的1‰设立安全专项资金400万元。全年整改隐患3226条，未发生较大以上安全生产事故。（马　峰　吴　轩）

【加强党的建设】 一是深入学习贯彻习近平总书记系列重要讲话精神。区委班带头践行“三严三实”，带头落实中央八项规定精神，以6个方面49项具体任务为抓手，持续整改一批突出问题。坚持党的领导、人民当家作主、依法治国有机统一，积极运用法治思维、法治方式解决发展稳定中各种矛盾问题。二是层层压实“两个责任”。在不设党委的76个区直单位，明确由行政一把手履行主体责任，指定一名班子副职履行监督责任。建立区、街（乡镇）、村（居）三级落实“两个责任”体系。领导和支持区纪委履行监督责任，聚焦主业，加快“三转”，全面完成9个内设机构调整。三是深入开展“三严三实”专题教育。区委常委带头讲党课、带头学习研讨、带头查摆问题、带头落实整改，召开专题民主生活会，梳理问题371个，形成5个方面20项47条措施的整改任务书。四是坚决把纪律和规矩挺在前面。集中查处了一批有震动、有影响的典型案件，实施常态化督查，严肃查处群众身边的腐败问题和违反中央八项规定精神及“四风”问题，形成有力震慑，良好政治生态逐渐形成。五是加强基层党组织建设。对19个街乡和区直党（工）委开展述职评议，压实党建主体责任。完成34个软弱涣散党组织整顿。持续加大基层党建工作投入力度。选派4名干部到软弱涣散村任“第一书记”。强化党员队伍教育服务管理，发展党员151名。

（马　峰　吴　轩）

茂业俯瞰

·小店区统计局·

【概述】 小店区统计局行政编制为14人，现有人员14人，其中：局长1名、副局长2名、总统计师1名、工作人员10名。下属单位有区经济调查队、区经济监测中心。区经调队工作人员6名，区经济监测中心3名。年末干部职工共23人。

2015年荣获太原市县级统计机构综合工作总体评价优胜单位、综合分析和信息类优胜单位、综合服务和创新类优胜单位、综合统计资料编辑类优胜单位、综合统计基础管理工作类优胜单位、综合考核优秀领导班子、文明标兵单位。

（白凤香）

【常规统计调查】 一是圆满完成各项常规统计调查工作任务。在规模以上工业、资质以上建筑、限额以上批零贸易、房地产业、服务业五个专业深入实行国家“一套表”联网直报。坚持把客观准确地反映全区经济社会发展实际作为统计工作的核心任务，按照国家、省、市统计报表制度要求，加强统计业务培训，规范统计工作流程，认真搞好统计数据审核评估，高质量完成16个专业、866家联网直报单位和3600多家非联网直报单位共98种月（季）度定期报表和88种年度报表数据的收集、审核、上报任务。二是高效开展各项统计调查。结合当前经济社会发展中的重点、难点和热点问题，按照上级部门的安排，以积极的态度和科学的工作方法，严格按照统一的监测和调查方案要求，利用多种调查手段，圆满完成了全国月度劳动力调查，小微工业企业季度抽样调查，服务业抽样调查、文化产业调查、妇儿监测统计调查、创建全国教育均衡县满意度调查等数十项调查工作,为各级党委、政府和部门掌握经济社会发展状况,了解社情民意,制定相关政策提供了重要依据。(白凤香)

【提升统计服务水平】 一是做好统计常规工作。继续围绕区委、区政府中心工作,把握需求导向,提高统计信息的时效性和准确性,按时完成每月度的报表、分析和监测,编制完成年度统计公报和统计年鉴。全年撰写专业分析80余篇,其中被市统计内网采用12篇;撰写综合统计分析12篇,编纂经济运行监测12本;统计信息简报70余篇,其中被国家省网采用6篇、市网采用61篇,位居全市十县市区之首。二是开展统计调研活动。围绕经济下行趋势,深入街道(乡、镇)、企业开展调研活动,了解基层重点行业和企业发展现状,进行及时的统计监测和监控,起草关于GDP测算、全区经济形势预测、重点商贸企业现状、个体商业经营户、房地产投资以及部门统计工作等专题分析报告10余篇,及时反映全区重点领域经济运行情况,得到区领导的高度重视,采取了积极有效措施。

(白凤香)

【主要经济指标监测】 2015年,统计局围绕全区主要经济指标的年度目标任务,以全面深入实施街乡在地统计为主要抓手,以责任单位重点推进为基本主体,确保年度指标任务的努力完成。一是加强对街乡主要经济指标的监测力度。在实施"在地统计"的基础上,将全区主要经济指标任务分解到街乡,明确区直责任单位,每月对主要指标完成情况进行监测,及时报区领导,并以一定形式通报各街道(乡、镇)和区直相关单位。二是加强和充分发挥街乡统计职能。在完成常规统计报表和普查任务的基础上,对准"四上"联网直报企业经营情况进行定期监测,培养、发现、扶持有发展潜力的企业,确保达到起报标准的企业及时入统,同时全面把握本辖区经济总量。三是加强规范完善经济指标的高效工作运行机制。逐步规范和完善区、街(乡、镇)、村(居)委会齐抓共管的经济管理三级联动机制,统计部门按照"应统尽统"的方法和原则,组织全区各行业各专业统计工作;加强与责任单位的沟通和联系,每月数据及时反馈各责任单位,便于责任单位了解和掌握情况,采取更加科学和合理的方法和措施;对重点行业、重点企业进行重点帮助和扶持,促进企业良性发展。(白凤香)

【提升统计创新能力】 推进在地统计改革试点工作。按照市局的部署,在规上工业、资质以上建筑、限额以上批零贸易、房地产业、重点服务业五个专业实行国家"一套表"联网直报的基础上,积极推行农业统计村级联网直报和固定资产投资统计方法制度改革工作,实行《2015年固定资产投资统计制度方法改革试点统计制度》。目前全区报表单位达749家,其中"企业一套表"单位730家,亿元以上在建项目单位19家。

(白凤香)

小店区第三次全国经济普查综合业务培训会

迎泽区

中共区委书记	刘文华
区人大常委会主任	阴国平
区长	冯原平
区政协主席	宋国庆
区人民法院院长	赵晋虎
区人民检察院检察长	陈加林

【概述】 迎泽区位于山西省太原市汾河之东,市区中部,城区东与晋中市榆次区、寿阳县相邻;西隔汾河与万柏林区相望;南连小店区;北接杏花岭区,总面积117平方公里,总人口60.6万余人,是太原市面积最小、人口密度最大的城区。2015年,迎泽区全区地区生产总值完成534.98亿元,比2014年增长7.7%;人均国内生产总值88405元,比2014年增长7.2%;服务业增加值完成458.17亿元,比2014年增长7.9%;固定资产投资完成190.97亿元,比2014年增长24.8%;社会消费品零售总额完成397.11亿元,比2014年增长10.6%;一般公共预算收入16.13亿元,比2014年增长7.3%;农林牧渔总产值8245.9万元,比2014年降低2.6%;粮食总产量374.9吨,比2014年增长0.2%;工业总产值65.98亿元,比2014年增长6.21%;城镇常住居民人均可支配收入28352元,比2014年增长8.2%,农村常住居民人均可支配收入17970元,比2014年增长7.5%。全区主要经济指标全线飘红,是全市唯一全部完成5项主要经济指标的县区。与"十一五"末相比,主要经济指标实现"两个

突破、三个翻番”：地区生产总值在全市县区中唯一一家突破500亿元大关，年均增长8.52%；服务业增加值突破400亿元关口，占全区GDP比重保持在85%左右，占全市份额近三分之一，年均增长8.65%；固定资产投资、社会消费品零售总额、一般公共预算收入三项指标实现翻番，年均分别增长25.1%、15.7%和17%。五项主要指标增速全部高于全市平均水平。（张国文）

【抢抓发展先机】 2015年，迎泽区全面实施“三个突破”，加大科技创新力度，全年新增高新技术企业3家，技术合同成交额9000万元，高新技术企业销售额占到规模以上工业企业的26%。加快金融改革，成立太原迎泽国有投资有限公司，搭建区级融资平台。推进民营经济发展，充分利用全国首批小微企业创业创新基地城市示范政策，启动互联网+智慧产业园、太原IDC(大数据)中心、双创孵化器及金融创投平台等项目，迎泽电子商务双北产业园成功引入电商企业21家，被省商务厅命名为全省电子商务示范基地，全区新增企业1318户、个体工商户4987，分别比2014年同期增长37.6%和34.6%。（张国文）

【稳定经济增长】 2015年，迎泽区坚持以增量促转型、以集聚促升级，启动了发展楼宇(总部)经济三年行动计划，实施了景峰国际、安业商务楼宇、鼎元时代等3处为楼宇社区服务中心建设。落实重点项目“六位一体”滚动推进机制，项目储备、签约、落地、开工、建设、投产分别达101.5%、103.3%、106.13%、201.13%、100.1%、114.86%。深入实施“五个一批”重点工程，在产业发展、基础设施建设、社会民生发展等方面，部署实施的50项重大项目和重点工作基本完成。5项主要经济指标全面完成市下达目标，增速均位居全市前列，经济发展总体呈加快增长趋势。（张国文）

【优化城乡面貌】 2015年，迎泽区举全区之力推进城中村改造，在确保完成市下达4个环内城中村整村拆除任务的同时，同步启动枣园、赵北峰2个村，累计拆除122.71万平方米，6个村整村拆除基本完成。积极探索城市管理新机制，试点推行由街道牵头以行政执法、清扫保洁、无物业管理、垃圾清运为一体的“四位一体”网格长负责制。深入推进“五大工程”“五项整治”，淘汰老旧机动车和黄标车2118台，完成101.38万平方米既有居住建筑节能改造，为全区3892户置换洁净煤2.2万余吨。大力推进东山生态建设，在全省首家实施县级现代林业建设示范工程总体规划，启动了千亩林果基地建设项目，完成栽种400亩，东山生态走廊循环圈基本成型。（张国文）

【惠及民生福祉】 2015年，迎泽区稳步加大民生投入，持续在困难群众和老年人、残疾人等特殊群体的保障、救助、帮扶、解困及社会福利服务等方面持续提标扩面；在社区服务场所提档改造，社区为老服务、文体服务等设施建设以及数字校园、便民平价市场建设等方面加速全覆盖进程；在环境治理、老旧片区及小街巷改造整治、既有居住建筑节能改造、农村饮水安全保障、社区惠民资金项目建设等方面加大民生普惠力度，年初承诺的20件重点惠民实事全面完成，省市下达的63项民生领域重要指标任务基本完成。（张国文）

【确保社会稳定】 牢固树立维护稳定是第一责任的理念，利用“流动人民调解庭”，山西省首家先行调解中心，化解一批重大不稳定因素，开展大接访32次，接待来访群众223批1120人次，化解省市交办信访案件98件，化解率达100%。全力抓好安全生产，积极推进安全生产党政同责“三级五覆盖”，创新机制体制，着力整治隐患，提升监管水平，安全事故起数和直接经济损失同比实现“双下降”，建筑工地、危化、烟花爆竹、特种设备、农机等行业领域保持零死亡、零事故、零损失，各项责任制指标得到较好控制。强化治安防控体系建设，深入推进“平安迎泽”工作，在全市率先组建“迎泽区公交安全协管大队”，平安小区、平安单位达415家，人民群众安全感进一步提升。（张国文）

【提升政府效能】 2015年，迎泽区完成卫生计生机构合并改革，公立医院试点等各项改革任务；全面推进“六权治本”，完成权力清单初稿；建成投用了集政务大厅、社保大厅和便民服务平台于一体的区综合服务中心，实现区本级审批服务事项集中办理。建立健全依法决策、执

小山沟城郊森林公园

法责任、过错追究和工作责任推进及奖惩等机制制度，建立制度限制权力制度建设会商等制度，权力运行更加规范透明。完成公务用车改革,封存公车200余辆。扎实开展“三严三实”专题教育,落实党风廉政建设“两个责任”,严格执行八项规定,持续整治“四风”,重拳惩治不作为、乱作为,做到党风廉政建设与改革发展稳定共同谋篇布局。（张国文）

【非法集资治理】 2015年1月15日，迎泽区召开集中整治非法集资活动排查工作动员会，安排部署非法集资治理工作。区财政局、信访局、工商分局、各街办(镇)主要负责人参加会议。会议指出,当前,非法集资活动在宣传途径、诈骗手段、资金转移、逃避打击等方面呈系统化、集团化、专业化的趋势,诈骗范围由少数投资人向全社会扩散,对社会民生危害较以往更大。会议要求,各部门、各街办(镇)要高度重视,认真开展辖区排查工作,迅速了解、准确掌握辖区非法集资案件涉及企业信息。工商分局要全面摸清辖区融资担保机构经营状况并提供给各街办(镇)，对已经停止营业的融资担保机构尽快依法取缔，对注册地不在迎泽区的融资担保机构尽快依法清理，对正常经营的融资担保机构要加强日常监管,发现有非法集资问题的融资担保机构,要在实施处罚的基础上及时向公安机关移送案件。各街办(镇)根据工商分局提供的情况对辖区融资担保机构进行逐一排查,并与公安分局核实,准确掌控辖区涉及非法集资案件情况。公安分局负责受理非法集资案件的侦破调查。信访局与公安分局、各街办(镇)及时对受害群众进行稳控接返,做好接访劝返工作。

（张国文）

【廉政工作】 2015年3月5日,迎泽区召开政府廉政工作会议，区政府领导及区直各部门、各单位、各街(镇)主要负责人参加会议，区纪委书记李锦应邀出席会议。会议由常务副区长侯富田主持,区长冯原平做重要讲话,安排部署2015年区政府系统廉政工作。会议指出,要清醒认识当前党风廉政建设和反腐败斗争形势，坚决把思想和行动统一到习近平总书记重要讲话和中纪委全会、国务院廉政工作会议精神上来,统一到省委、省政府、市委、市政府对形势的研判和对工作的部署上来,转政风,强机制,严监管,明政纪，坚定做好政府系统廉政工作的信心和决心，坚定不移推进政府系统党风廉政建设和反腐败斗争。会议强调,全区政府系统要以建设法治政府、创新政府、廉洁政府和服务型政府为目标，以深化改革为动力,以制度约束为重点,以正风肃纪为抓手,严明政治纪律和政治规矩,坚持依法行政、廉洁从政、勤政为民,努力实现干部清正、政府清廉、政治清明,促进经济平稳健康发展和社会和谐稳定。一是要落实主体责任,以严格的责任和健全的机制促进廉政。二是严格守纪律讲规矩，以严明的纪律和严肃的执纪推动工作。三是驰而不息狠刹“四风”,以良好的政风行风和干部作风优化环境。四是加快“六权治本”,以法治思维和法制方式推进源头防腐。会议要求,要突出反腐倡廉新作为,展示政府建设新成效,开创政府工作新局面，为全市全区净化政治生态、实现弊革风清,加快“六大发展”做出新的更大贡献。（张国文）

【城中村改造工作】 2015年3月9日,迎泽区召开城中村改造工作动员会,安排部署城中村改造具体工作。会议由常务副区长侯富田主持,区委书记刘文华、区长冯原平分别作重要讲话，市城改办主任陈志强、城中村改造涉及重点村及相关单位主要负责人参加会议。会议强调，做好城中村改造工作，一是深刻把握,强化认识,切实增强加快城中村改造的紧迫感和责任感，把城中村改造作为当前刻不容缓的重大民生工程和迫在眉睫的重要发展工程来抓;二是明确任务,突出重点,充分发挥镇、村“两委”班子战斗堡垒作用和紧密联系群众的优势,以先锋模范作用，引领带动群众形成改造合力;三是聚力保障,强力推进,各级干部要增强克服困难、应对挑战的担当和本领,强化措施,狠抓落实,确保改造工作决战决胜,圆满完成。会议要求,城中村改造工作虽然任务重,时间紧,但城中村改造的组织者、参与者、实施者,要以一流的精神状态投入，以一流的工作举措推进,紧盯目标,确保全区城中村改造各项工作快速推进,向市委、市政府交一份满意的答卷。（张国文）

【惠民实事】 2015年，迎泽区确定20件惠民实事：将城乡低保对象医疗救助封顶线提高到6万元;实施“救急难”便民救助工程,让困难群众不出社区、街道就能解决突发性、紧迫性、临时性基本生活困难;对在区级医院住院治疗高血压、糖尿病的参合农民实行补贴；将一级重度残疾人护理补贴和生活补贴提高到600元；将百岁老人高龄津贴提高到500元,将80岁至99岁低保老人高龄津贴提高到100元；将散居孤儿养育金提高到1200元；为低保残疾人发放年终一次性生活补助1000元;对符合条件的低保户、重度残疾人参加城镇居民医疗保险实行财政全额补贴;对当年考取全日制高中、大专和本科的在籍残疾学生或残疾人家庭子女一次性发放助学金1000元、3500元和4500元;对列入片区改造以外的社区服务场所,实施基础设施提档升级;新建3个社区老年人日间照料中心和7个“老年餐桌”；将辖区注册登记的民办社会养老机构在用床位补贴提高到840元；完成剩余26个社区图书阅览室建设,实现全覆盖;新建30个社区全民健身场地;在每个街(镇)设立1至2个平价便民市场;启动3所中学改扩建,实施5所中小学校舍、操场和3所标准化公办幼儿园建设改造;实施10个老旧片区和12条背街小巷综合整治;新建5个小游园和5个街头小绿地；完成100万平方米既有居住建筑节能改造;解决松庄、捐子等村1900余人的饮水安全问题。

（张国文）

【南沙河新建路段隧道主体完工】 2015年5月6日，南沙河快速路新建路段下穿工程主体完成，隧道主体完成混凝土浇灌，隧道上方的新建路也开始进行路面整修，南沙河沿岸道路改造项目西起滨河东路，设计车速每小时30公里，主线不设红绿灯，为连接城市中心区及建设路以东地区的一条重要的东西向交通及景观性通道。按照计划，未来南沙河快速路的终点将是建设路口。南沙河改造过程中，在双塔西街、新建路、解放路、东岗路、建设路的节点处会修建下穿通道。这样，东西向车辆可沿通道继续直行。在现状跨河桥外侧将设右转辅道与相交道路连接，车辆可在此完成转向，行人可通过人行通道过街。5月2日，新建路段的下穿工程最后一板混凝土浇筑完毕，而最先进行混凝土浇灌的部分已完成终凝。 （张国文）

【"老年餐桌"开业】 2015年，迎泽区营业面积最大的"老年餐桌"在文庙街道双塔寺一社区开业。据了解，该餐厅占地面积170余平方米，可同时容纳100余位老年人就餐。 （张国文）

【国家安全领导小组办公室挂牌】 2015年7月14日，迎泽区国家安全领导小组办公室举行挂牌仪式，标志着区国家安全领导小组办公室正式成立。市委政法委、市国家安全局相关领导和区国家安全领导小组负责人参加出席挂牌仪式。市委政法委常务副书记张守斌做重要讲话，要求面对国际国内威胁国家安全和社会政治稳定的复杂形势，区国家安全机关要切实增强责任感和使命感，紧紧把握国安办挂牌成立机遇，全力推动国家安全人民防线工作深入开展。区委副书记、政法委书记阎生华要求，区国安办各项工作要尽快步入正轨，实现基层国家安全工作"有机构管理，有专人干事，有经费保障"，把握政策形势，畅通工作渠道，不断在规章制度、组织体系、网络布局、情报搜集等方面取得新突破，为迎泽区经济社会发展创造和谐、稳定的社会环境。

（张国文）

【吴政隆调研指导迎泽区专题教育】 2015年7月20日，省委常委、市委书记吴政隆在迎泽区调研指导"三严三实"专题教育时强调，要深入学习贯彻习近平总书记系列重要讲话精神，认真落实中央和省委部署，强化问题导向、注重学用结合，高标准严要求、重实际求实效，把"三严三实"专题教育不断引向深入，以过硬的作风稳增长、调结构、促改革、惠民生，用改革发展稳定民生各项事业的成果检验专题教育的成效。市领导张明星、陈河才参加。吴政隆来到老军营街办，与街道社区干部、居民代表等座谈，听取意见建议。随后，吴政隆参加指导迎泽区委中心组"严以修身"专题学习研讨。（张国文）

【责任督学挂牌督导创新评估验收】 2015年10月20日，由省教育厅任月忠副厅长带队的山西省责任督学挂牌督导创新县评估验收组，对迎泽区责任督学挂牌督导创新县工作落实情况进行评估验收。市教育局局长马兆兴，区领导贾津生、侯森陪同。验收组一行听取了迎泽区关于督导工作情况的汇报，并深入大南关小学和朝阳街小学实地检查工作开展情况。在大南关小学，验收组一行观看《迎泽教育督导现代化评估监测平台建设及运用》视频短片；在朝阳街小学，验收组与全区农村学校片区专兼职责任督学、学校校长、学校视导员进行座谈交流。

（张国文）

【与腾讯签署战略合作协议】 2015年11月11日，迎泽区政府与腾讯科技（深圳）有限公司就腾讯智慧迎泽（微社区、微商圈）、腾讯太原互联网+智慧产业园项目达成合作共识，在并州饭店举行项目合作签约仪式，成为全国首家与腾讯达成"互联网+战略合作"的城区。区委书记刘文华、区长冯原平及区相关领导，腾讯科技（深圳）有限公司及相关企业负责人参加签约仪式。此次合作项目旨在落实李克强总理在两会上提出的互联网+战略，腾讯公司联合山西省人民政府共同制定"互联网+"的行动计划，推动互联网与其他行业融合发展。以太原市为"城市服务"入口中心城市，辐射晋中、大同、运城、晋城等其他十家地市，建立以"互联网+政务""互联网+民生""互联网+产业"等为核心的智慧城市服务平台，覆盖医疗、交管、交通、水电煤、社区、旅游、餐饮、娱乐等各个领域，为山西的转型跨越发展提供更大的推动力，抢占"互联网+"时代的发展先机。根据协议，迎泽区将依托腾讯丰富的用户资源、成熟的云计算能力，微信、QQ等强大的社交平台，有效整合双方的优势资源，把互联网技术及资源与迎泽区产业、民生、政府有机连接起来，更好地服务百姓。

（张国文）

杏花岭区

中共区委书记	李　浓（女）
区人大常委会主任	李树结
区　　长	李　浓（女）（1–10月） 张　磊（代区长）（11–12月）
区政协主席	施国立
区人民法院院长	张建农
区人民检察院检察长	路效国

【概述】 杏花岭区位于太原市东北部，居汾河之畔，是太原市的中心城区。东与晋中市寿阳县交界，东南、南与迎泽区相邻，西南、西以汾河中心线为界与万柏林区隔河相望，西北与尖草坪区接壤，北、东北与阳曲县毗邻。北纬37° 30′ 36″～37° 34′ 48″，东经112° 18′ 36″～112° 27′ 36″。辖区总面积170.2平方公里，其中建成区面积32.2平方公里，乡村面积138平方公里。常住人口65.03万人，下辖10个街道、2个乡，107个社区、40个行政村。区人民政府驻巨轮街道胜利街99号。

2015年，全区地区生产总值完成

453.23亿元,同比增长6.4%;服务业增加值完成369.21亿元,同比增长7.1%;固定资产投资完成191.88亿元,同比增长28.5%;社会消费品零售总额完成186.02亿元,同比增长10.7%;规模以上工业增加值完成10.76亿元,同比增长8.9%;城镇常住居民人均可支配收入完成28417元,同比增长8.0%;农村常住居民人均可支配收入完成15782元,同比增长7.8%;一般公共预算收入完成16.09亿元,同比增长2.3%。农林牧渔业总产值12340.8万元,粮食总产量895.4吨。

(刘彩秀)

【项目建设】 2015年,服务业在杏花岭区经济发展中的支柱地位增强。北京华联购物中心、富力城商业综合体、山西汽运集团冷链物流等重点项目进展顺利,万达商业综合体、丈子头农产品物流园一期、职工新街海鲜市场等项目建成并投入运营。一批新的增长点和支撑点逐渐形成,服务业投资占到全区固定资产投资的81.8%,增加值占到地区生产总值的81.5%,高出"十一五"期末4.2个百分点,服务业的支柱地位进一步凸显。现代化农业基地建设稳步推进。推进舒清农业文化创意产业园建设,种植观赏花卉1.5万平方米。丈子头鸿泰昌种养场建成并投入使用,成为全省较大种羊基地。扶持农村"一村一品"建设,建设庄子上村、西岭村、枣沟村。全年培育省级农民专业合作示范社1个,市级示范社3个,区级示范社5个。工业转型升级。东山煤矿东兴煤业一期井筒工程全部施工完成,二期工程进入收尾阶段;东山东昇一期矿建工程和井底的附属工程基本完工,矿井具备联合试运转条件;华能东山2×F级燃气热电联产工程已建成并投入使用,供热面积1200万平方米。

(刘彩秀)

【城乡建设】 实施敦化北路、大东关街及红沟东路、兵工南马路(含西侧规划路)、东峰路(凯旋路)、北中环与东环高速牛驼寨互通工程、小返南街和卧虎山路共7个城市道桥建设项目9条道路的房屋征收工作,完成动迁1159户、13.32万平方米。王家山—下岭、张新线(窑头—后沟段)、河里头—石柱沟、水沟—长沟公路4条公路改建项目建成通车。成立区城乡管理局,整合管理资源,初步建立起管理、作业、考核三位一体的管理模式。新、改建公厕10座、升级达标5座,实现行人步行15分左右、居民楼周边500米左右有一座公厕,解决如厕难问题。新建5个压缩垃圾中转站,配置5个移动中转站,切实杜绝城中村及城市周边乱倒垃圾现象,解决确保垃圾清运问题。集中开展校园周边环境、无照占道、夏季烧烤等专项整治,推进环卫工作"六个覆盖",重点打造府东街、府西街、胜利街、新建路4条示范街道,街道秩序和环境卫生得到明显改善。 (刘彩秀)

山西国民师范旧址

【城中村和棚户区改造】 2015年,杏花岭区启动实施剪子湾、耙儿沟、道场沟、小枣沟等8个城中村整村拆除改造,基本完成1798个院落、4728户、48处公建83.85万平方米的拆迁任务,完成总拆迁量的99.99%。5个村启动安置房建设,全年开工安置房2041套,22.69万平方米,超额完成市下达目标任务,城中村改造综合评分排在全市第一。加快推进棚户区改造,启动山西工程职业技术学院、北涧河和东盛巷8号3个棚户区改造动迁工作,完成动迁379户、1.7万平方米。推进2014年已实施的棚户区项目拆迁收尾工作,新动迁663户、7.01万平方米。全区新开工保障住房6459套,基本建成9005套,完成投资11.98亿元,超额完成2015年目标任务。(刘彩秀)

【生态建设】 2015年,东山生态建设持续推进。北山森林防火通道建设工程(杏花岭区)已全线通车。至2015年底,共完成生态绿化10.9万亩,种植各类苗木671万株,其中新造林7.4万亩,提档增绿3.5万亩,义务植树绿化面积20000余亩,森林覆盖率达到31.2%,生态建设成果得到进一步巩固。建成区新增单位附属绿地0.5公顷、居住区绿地4.9公顷,新建小游园8个,500米见园覆盖面积83.77公顷,见园覆盖率达77%,位居全市第一。建成区绿化覆盖率、绿地率、人均公共绿地面积分别达到36.41%、28.2%、6.53平方米。推进环境质量改善,"五大工程""五项整治"成效明显。市区二级以上优良天数达到221天,同比增加54天,空气污染综合指数排名由2014年的城六区第五位上升到2015年的第三位。拆除分散燃煤采暖锅炉83台、284.3吨,清洁能源替代常年运行燃煤锅炉1台、1蒸吨,关停污染企业1家,拆除城中村燃煤采暖小锅炉599台,

拆除棚户区燃煤小火炉1280台。做好建筑工地扬尘污染整治、黄标车淘汰、垃圾秸秆禁烧等工作。（刘彩秀）

【社会事业】 2015年，杏花岭区提升托底保障能力，民生支出18.7亿元，占一般公共预算支出的89.1%，同比增长25.5%，高出全市6.6个百分点。城镇新增就业19802人。推进教育卫生事业，实施新道街小学、新建路小学、后小河小学“大学区制”试点。7所学校标准化操场、18所学校厕所、30所学校校园美化和22所校园文化建设工程完工并投入使用。实施小学生放学后免费托管，为全区中小学生投保综合保险，参保率100%。通过全国义务教育发展基本均衡区验收。全面推开县级公立医院综合改革，推进区中心医院综合楼建设，新型农村合作医疗参合率100%，18个基层医疗卫生机构和38个村卫生所全部实施国家基本药物制度，医疗保障服务水平不断加强。38个社区便民服务设施提档升级，新建9个社区养老服务中心、4个日间照料中心，实施惠民项目239项，社区服务功能和水平进一步提升。办好一批民生实事，完成既有居住建筑节能改造62.8万平方米，惠及群众6953户约27812人。采煤沉陷区治理工作有序推进。完成4条农村通返不通道路改造和9个村供水管道改造、2个村打井工程，农村出行难和饮水安全问题得到解决。稳定低生育水平，提高出生人口素质，人口自然增长率为2.70‰。开展群众文化体育活动，促进城乡体育均衡发展。重视安全生产，全年未发生重大安全生产责任事故。推进“平安杏花”建设，打击各类违法犯罪，社会保持和谐稳定。

（刘彩秀）

【政府自身建设】 2015年，杏花岭区落实“两个责任”，狠刹“四风”，严肃问责不作为、慢作为。推进“六权治本”，推进行政审批“两集中、两到位”和流程再造工作，编制完成区级权力清单和责任清单，精简审批环节30%。推进政府服务向基层延伸，区、街（乡）、社区（村）三级服务体系得到完善。做好市级下放的权力事项承接，涉及杏花岭区的44项行政权力，已有35项完成承接，其余9项正在对接。公务用车改革有序推进，涉改公车全部封停。实行政务公开、企务公开和村务公开，建立全方位、全过程、多层次的权力制约监督机制。自觉接受人大、政协监督，听取各民主党派、工商联、无党派人士建言献策。（刘彩秀）

尖草坪区

中共区委书记	郭建发
区人大常委会主任	王国卿
区长	李贵增
区政协主席	张银喜
区人民法院院长	张嵩
区人民检察院检察长	孙向荣

【概述】 2015年，面对复杂多变的宏观经济形势和经济下行压力，尖草坪区主动适应经济发展新常态，围绕省级转型综改试验区建设的主线，以“五个一批”为抓手，推动产业转型升级，加快重点项目建设，扩大有效投资，推进城市建设管理，改善生态环境质量，兴办民生好事实事，全区经济社会平稳健康发展。

全区生产总值完成246.17亿元，增长1.6%；规模以上工业增加值完成120.18亿元，下降3.2%；服务业增加值完成92.24亿元，增长3.7%；固定资产投资完成132.22亿元，增长32.8%；社会消费品零售总额完成83.26亿元，增长9.6%；一般公共预算收入完成6.65亿元，增长5.6%；城镇常住居民人均可支配收入完成27805元，增长6.8%；农村常住居民人均可支配收入完成12858元，增长7.2%。（邢春莲）

【转型综改】 推进省级“两项”改革任务：宏一园林等13家企业获得“助保贷”总额4629万元；实施太钢、二电厂、选煤厂周边环境整治工程。建立农村土地预流转备案制度，全年完成土地流转1000亩。创新公共服务供给机制，推行区中心医院与区中西医结合医院集中管理体制。探索城市近郊新农村发展的新进程，标志性项目太原市人和美老年公寓项目已完成2万平方米的建设工程。加快建立人才开发与流动机制，为林业、畜牧和卫生系统招聘专业技术人员30余名。探索农村土地经营权可抵押融资模式，太原恒山机电有限公司经歇子寨村委同意将占用的农村集体建设用地抵押贷款2000万元。围绕产业转型、生态修复、城乡统筹、民生改善确定的九牛现代农业循环产业园、太原滨西商务中心、四大城

九牛牧业办公楼

郊森林公园、新村城中村改造等十个重大项目进展顺利。扩权强县工作按照下放及时、承接及时、正常运行的无缝隙对接的要求,对接完成发改、经信、国土、环保等九个部门63个下放事项。

(邢春莲)

【农业经济】 全区完成粮食产量1.34万吨,同比下降10.4%;蔬菜产量6.55万吨,同比增长0.5%;果品产量2.39万吨,同比增长20%;肉产量4417吨,同比下降5%;禽蛋产量1980吨,同比增长2%;牛奶产量1.61万吨,同比增长62%。提升食用菌产业水平,完成香菇反季节生产试验示范工作,打造"崛山围"品牌食用菌。推进节水灌溉、生态修复等工程,实施柏板村后北梁果园节水灌溉工程,投资1000万元进行北部退水渠综合治理,农业生产生活条件得以改善。特色农业成效明显。基本建成投资2亿元的九牛现代农业循环产业园岗北标准化奶牛养殖场项目;总投资2.6亿元的北固碾村农业生态园项目已完成投资1亿元;众成汾河湾花境凭借上千种花卉、100亩生态林的优美环境,举办山西最大规模"萤火虫之夜"活动,吸引数万市民游览。

(邢春莲)

【新兴产业】 东杰智能登陆深交所创业板,成为太原市首家在"创业板"上市企业。石化工贸"新三板"上市前期工作已完成,券商已入驻;恒山机电"新三板"上市融资工作推进。太原市冶金机械厂依托院士工作站专家开发的"120吨特大型电渣重熔结晶器"产品,对打破国外的高端装备制造业技术垄断具有战略意义。九牛牧业建成两个5000头奶牛养殖场和一座现代化乳制品烘焙加工厂,构设1200个销售网点,成为种植、养殖、加工、配送、销售为一体的新型农业龙头企业。引导社会力量在广立机械加工园打造众创空间,形成科技创新创业集聚示范区。加强创业创新载体建设,支持中北大学孵化园优化拓展服务领域、提升增值服务能力。

(邢春莲)

【第三产业】 全国500强、上市公司长春欧亚集团与锦绣集团正式合作建设的全国第二座巨型欧亚大卖场——欧亚集团山西锦绣店主体工程已完工。全市面积最大的黎氏阁家具北中环店正式开业,晋东小商品市场改造工程5号楼装修工程已完工;六大钢材市场转型发展,鑫佳园钢材市场已转型为建材装饰市场。房地产业快速发展,恒大御景湾、辰兴优山美郡、滨河果岭、三千渡等大型房地产项目建设速度加快,房地产业增加值同比增幅达到17.8%。加大旅游产业投入,对崛山围山、森林公园、中华傅山园、西高庄农家乐等旅游景区(点)的道路和公厕等进行维修改造。马头水乡庄头村入选山西最美旅游村,3户精品农家乐已挂牌省级旅游客栈。全年全区游客接待量达44万人(次),实现旅游收入4500万元。

(邢春莲)

【城乡建设】 基础设施建设持续提升。基本完成太兴铁路征地拆迁工作,有序推进阳兴大道配套绿化、亮化工程,基本完成西流街、恒源路等5条小街小巷改造。在城中村改造中,恒大御景湾项目已累计完成投资24.5亿元,大东流、小东流与富力集团签订框架协议,西流与大唐、现代、北京融创等投资商进入合作洽谈阶段。大东流、西流、小东流、滨河新村和光社等5个村整村拆除工作进展顺利。投资1857万元提升环卫基础设施建设,购置环卫清扫清运车,新建10座垃圾转运站,改造公厕3座。引深城乡清洁工程,推进环卫清扫收集一体化改革,维护区域市容环境面貌。加快社区提档升级,新建古城街办滨河路南社区和南寨街办二电社区办公场所及居民公益性服务设施。实施省城环境质量改善"五大工程"和"五项整治",大留村、呼延村等13个村配套污水收集管网进展顺利。推进"气化草坪"工程,上薛、岗北、横渠村等已建成供气。启动太钢、二电厂、选煤厂周边环境综合整治工作,初步改善重点区域周边环境。

(邢春莲)

【社会事业】 城镇新增就业9947人,城镇登记失业率控制在3.27%内。提高低保标准,城乡低保标准分别提高25元、20元。全区发放各项社会保险金、城乡低保金和各类救助金达6.8亿元。加大对科技产业的扶持力度,区财政下拨科技经费940万元。向阳、马坡等5所村办(公办)幼儿园新(改、扩)建工程基本完工。实施教育质量提升工程,高中课改荣获教育部基础教育成果二等奖;区一中通过省级示范高中复评。医疗卫生事业不断进步,对13个村级卫生所实施提档升级。提高公共卫生服务水平,基本公共卫生服务人均经费财政补助标准由35元提高到40元,为农村60岁以上老年人实行健康体检。文化惠民工程蓬勃开展。加强非物质文化遗产保护,"土堂大佛的传说"等13项非物质文化遗产项目列入全区第二批区级非物质文化遗产名录。开展大型文体活动100余场,送戏送电影下乡1000余场。

(邢春莲)

万柏林区

中共区委书记	王静恩
区人大常委会主任	侯　安
区长	杨俊民
区政协主席	陈绍卿
区人民法院院长	王成万
区人民检察院检察长	田树平

【概述】 万柏林区总面积304.8平方公里,辖1个乡、14个街道办事处、44个行政村、113个社区,年末户籍人口564744人,城镇人口532992人。

2015年,万柏林区委、区政府面对复杂严峻的经济下行压力和艰巨繁重的改革发展任务,适应经济发展新常态,全区实现地区生产总值352.2亿元,完成年计划的100.1%,同比增长7.2%,其中,第三产业(服务业增加值)151.8亿元,完成年计划的109.2%,同比增长16.1%,高于全市增速(11.4%)4.7个百分点,增速在10县(市、区)中排名第1;固定资产投资全年实现381.6亿元，完成年计划的100.1%，同比增长22.1%，高于全市增速（16%）6.1个百分点，绝对量位居第1；规模以上工业增加值全年实现113.2亿元，完成年计划的80.3%，同比下降0.6%；社会消费品零售额全年实现214.1亿元，完成年计划的93.1%，同比增长0.5%，其中，限额以上社会消费品零售额全年实现121.1亿元，同比下降12.2%；一般公共预算收入15.37亿元，完成年计划的117.5%，同比增长28.1%，高于全市增速(5.9%)22.2个百分点，增速10县(市、区)排名第2；城镇居民人均可支配收入全年实现27673元，同比增长7.2%；农村居民人均可支配收入全年实现18764元，完成年计划的100.1%，同比增长8.1%，绝对量位居第1。

（武超龙）

【重点工程】 2015年，万柏林区重点工程“六位一体”目标任务全部完成，全市排名取得3项第一，3项第二。

储备项目80个，储备金额3828.36亿元，完成年度目标任务3825亿元的100%，综合得分排名全市第一。落地项目累计25个，落地金额226.83亿元，完成额排名全市第二；完成年度目标任务211亿元的107.5%，完成率排名全市第四。

开工项目5个，开工投资额200.19亿元，完成额排名全市第二；完成年度目标任务177亿元的113.1%，完成率排名全市第二。省市两级重点工程项目建设累计完成投资355亿元，完成额排名全市第一，完成年度目标任务302亿元的117.55%，完成率排名全市第五。投产项目15个，投产投资额218.54亿元，完成额排名全市第一；完成年度目标任务211亿元的103.57%，完成率排名全市第七。协助符合条件的老工业企业的搬迁改造项目申报上级专项资金支持。2015年共有太重集团、太原煤气化集团、山西国营大众机械厂等企业的4个项目获得国家、省级专项资金支持7163万元，其中国家专项资金3203万元，省级专项资金3960万元。

全区招商引资签约项目共8个，签约总投资276.9亿元，完成年目标任务275亿元的100.7%。实际引进外来资金96.1亿元，完成年目标任务80亿元的120.1%，实际利用外资20209.57万美元，完成年目标任务15000万美元的134.7%。

（武超龙）

【城乡建设】 2015年，万柏林区配合加快基础设施建设，稳妥推进城中村改造。按照兴华西街、气化西街、下元南一条、下元南二条、大井峪南街、义井北街、前北屯路及万看路等9条道路的改造计划，开展拆迁摸底工作，为道路建设扫清障碍，累计拆除各类建筑物72505平方米。整村拆除及回迁安置工作顺利推进，累计拆除各类建筑60.47万平方米，拔除烟囱702根。回迁安置房已累计完成或封顶约200万平方米，在建约67万平方米，前北屯、枣尖梁、下元、东社回迁安置工作基本完成。下元、南寒、沙沟、小王、南社、东社、新庄、小井峪、后北屯、闫家沟10个村已完成集体经济改制，累计挂牌出让土地25块，摘牌19块。天泰·玉泽园、恒大·滨河左岸、迎泽世纪城、智诚·御河骏景4个城中村改造项目各类手续基本办理完结。

完成三北防护林封山育林、育苗、提档升级造林等1.3万亩等营造绿化任务，全区森林覆盖率41.6%。确定建设和平南路丽景游园、西华苑虎峪河游园等8个游园，面积108749平方米，总投资2263万元，下庄游园、西华苑虎峪河游园、慧通游园、朝南水岸游园4个游园已全部完成，南社游园、龙泉寺游园、和平南路丽景游园3个游园主体完成。全年共完成13条道路配套绿化，共栽植行道树2474株；机非隔离带栽植乔灌木1410株，栽植绿篱7373平方米。全年义务植树1.8万株，新增单位附属绿地1.743公顷、新增居住区绿地4.363公顷，完成垂直绿化5420延长米，培养园林化单位6个。建成区绿化覆盖率达40.72%、绿地率达34.64%、人均公共绿地面积达9.59平方米。

坚持“日常管理精细化、环卫作业机械化、城乡环卫一体化”的工作目标。对17座中转站全面进行技术升级和设备更新；对11座旱厕进行供水供电管网改造；创建星级单元91个；打造完善11个老旧片区；108个无人管理楼院实现环卫保洁全覆盖；治理下元商贸周边30多处乱点；清淤美化虎峪河等7条河道；高标准打造前进路等30余条亮点街道；打造文兴路等省级容貌保洁示范街2条；整治玉泉山森林公园等10个精品亮点，新建“小长城”等7个综合市场；推行政府购买服务，将迎泽西大街等共149.4

和平公园

万平方米的城市主干道和13条共96.36公里的旅游公路及防火通道，推向市场化运作；以南屯为试点推行城中村环卫公司接管模式。

全区实现生活污染源烟尘减排557.226吨，二氧化硫减排1337.342吨，氮氧化物减排111.445吨；整村拆除9个村，拆除土小锅炉657台（供热面积60.47万平方米），通过集中供热，替代拆除燃煤锅炉6个单位9台54吨位，达到供热面积39.7万平方米。截至2015年12月31日，万柏林区PM2.5均值为50微克/立方米，比上年的67微克/立方米下降25.4%。二级以上优良天数为260天，优良率71.4%，与上年相比，优良天数增加55天，优良率增加15.2个百分点。空气质量指数6.66，比同期的7.37下降9.6%。通过集中供热拆除燃煤锅炉11台，面积42.9万余平方米。对全区城中村（棚户区）农村冬季洁净煤使用情况进行调查摸底，共涉及21个村（棚户区），居民户11083户，发放洁净煤2.13万余吨。强化辖区内工业企业及燃煤设施污染防治和排污企业监管，对16个污染企业采取关停、限产等措施。（武超龙）

【民生事业】 2015年，万柏林区社会保障体系建设日益完善，覆盖范围稳中有增，养老保险提质扩面。全区城镇职工基本养老保险参保41247人，其中企业职工参保22356人，基金征缴13610万元；机关事业单位养老参保8676人，基金征缴9961万元。失业保险参保24583人，基金征缴1610.7万元；工伤保险参保12500人，基金征缴257万元；生育保险参保12500人，基金征缴226万元；城乡居民社会养老保险参保58382人，基金征缴1602.8万元；城镇居民医疗参保201227人；加大劳动保障平台建设力度，落实创业优惠政策，就业形势稳中向好。全区城镇新增就业19176人，其中城镇失业人员再就业7622人，就业困难人员就业1928人，创业带动就业3873人，转移农村劳动力802人。城镇登记失业率为3.8%。

2015年区财政投入科技经费1500万元，安排科技项目35项。在科技创新创业方面，安排资金100万元，科技计划项目12项，重点支持太原大四方节能环保有限公司等9家高新技术企业通过国家高新技术企业认定，完成市下达指标任务的300%，高新技术企业销售额达102亿，与规上工业企业销售额比值达到42.15%，超过指标任务1.65个百分点；全区技术合同成交额达到6.48亿元，超额116%完成指标任务。全年有效发明专利拥有量为1360件，完成目标任务的119%。小微企业专利拥有量达227件（市下达任务216件），完成任务的105%。全区万人发明专利拥有量达17.4件。

全面加强学校、幼儿园软硬件建设，新（改扩）建公办幼儿园4所，签约2所合作办学学校。启动新建特殊教育学校。通过国家义务教育发展基本均衡县的验收。红星巷小学、兴华礼仪幼儿园（西园）等6所学校（幼儿园）新建项目及西苑小学等5所学校操场改造项目的竣工验收；完成河北街小学和万柏林十中外网建设工程；投资3366.5万元完成36所学校体育运动场地塑胶化工程；投资约2359万元完成各中小学校的教学楼进行内外粉饰及校园文化建设。

推进文化惠民工程，发放农村文化建设专项资金、以奖代补资金和文化专管员补助资金。为10个社区打造示范文化活动室，完成全区农村“户户通”100台安装工作；全年文化惠民演出共23场，指导、组织引领基层社区举办消夏晚会102场，举办“纪念抗日战争暨反法西斯胜利70周年”为主题的社区居民歌咏大赛等各类广场文化活动；全年农村放映公益电影700余场；申报皮雕技艺、武氏绣法两项市级非物质文化遗产项目；向市民免费开放万柏林区壁画馆、美术馆、篮球场、田径场、网球场；加强对西山抗战碉堡、白家庄碉堡和华严寺的修缮保护；成立区文化旅游发展中心，万亩生态园申报3A级景区，完成王封一线旅游规划；协助和指导桃花沟景区的深度开发。

加强公共卫生体系建设，做好各项重大疾病的防治工作，巩固和提高免疫接种率，适龄儿童国家免疫规划疫苗接种率均保持在90%以上；为重点人群开展健康查体和健康管理，年度65岁以上老年人体检完成27283人，完成率70.99%；高血压患者累计规范管理37832人，完成率80.07%；糖尿病患者累计规范管理13355人，完成率87.65%；重性精神疾病登记患者1125人；加快城乡卫生一体化建设，全面推进新型农村合作医疗工作，连续7年参合率达100%。2015年新农合参合人数为79165人；区级财政比政策标准多配套308万元，全年为75162人次参合农民报销医疗费用3129.54万元；慢病病种达到45种，报销比例为70%，为全市最高；推进支付方式改革，辖区内定点医疗机构实行“次均费用限额+按病种付费”相结合的管理模式，实现支付方式改革全覆盖。（武超龙）

【安全稳定】 2015年，万柏林区落实安全生产党政同责，开展安全生产大检查、隐患排查和“打非治超”等专项整治行动，突出对煤矿、非煤矿山、危化品、交通运输、食品药品等重点领域和重点环节的监管，打击非法生产和私挖滥采等违法活动，突出抓好护林防火、消防安全、防汛等工作，抓好重大安全隐患举报工作，加强应急快速反应处置能力，全区安全生产继续保持平稳态势，全年未发生较大安全生产事故。全年共发生各类安全事故366起，死亡25人。其中生产经营性事故30起，死亡13人，煤矿非煤矿山领域零事故、零死亡；危险化学品领域零事故、零死亡；消防火灾生产经营性事故零事故、零死亡；道路交通领域生产经营性事故发生事故28起，死亡11人；工矿商贸企业（太原重工股份有限公司矿山设备分公司）发生生产经营性事故1起，死亡1人；建筑领域（中医学院）发生生产经营性事故1起，死亡1人。

同时，做好信访工作，加强和创新社

会治理，做好反恐维稳工作，保持"打黑除恶"高压态势，及时有效化解各类矛盾，维护社会和谐稳定。 （武超龙）

【政府建设】 2015年，万柏林区注重政府自身建设，转变政府职能，改进政府工作。履行"一岗双责"，政府系统党风廉政建设进一步加强。执行中央八项规定精神，驰而不息纠正"四风"，"三公"经费支出大幅下降。建成全省一流的区级政务服务中心，组建公共资源交易平台，规范政府投资项目招投标，行政管理和服务质量水平明显提高。加强依法治区，深化政府信息公开，加大行政考核、效能监察和审计监督力度。开展"三严三实"专题教育，干部作风明显转变，干事创业氛围更加浓厚。 （武超龙）

晋源区

中共区委书记	王立刚
区人大常委会主任	张连生（1—5月） 张奇峰 人大主任（6—12月）
区长	尤天拴（1—11月）
区政协主席	董云飞
区人民法院院长	周雪松
区人民检察院检察长	常向东

【概述】 2015年，全区生产总值在结构调整中总量不减，增长8.4%；固定资产投资由2010年的48.39亿元增加到166.22亿元，年均增长34.8%；社会消费品零售总额由2010年的15.34亿元增加到29.02亿元，年均增长12.9%；财政总收入突破10亿大关，取得历史性跨越；公共财政预算收入由2010年的1.69亿元增加到6.46亿元，年均增长31.4%；农村居民人均可支配收入达到12412元，年均增长11.4%。 （方慧敏）

【经济建设】 一、二、三产结构比例优化为7.9∶37∶55.1，呈现出一产稳步发展、二产提档升级、三产明显提高的格局。农林牧渔业总产值7.59亿元，增长6.85%。农产品加工销售收入7.2亿元，增长12.5%。建成省级休闲观光农业示范园2个、设施蔬菜标准园1个，市级农业示范园4个。累计恢复种植晋祠水稻2000余亩。苗木花卉种植面积占全市53%，成为全市最大的种植基地。工业新增投资11.4亿元，新兴工业项目投资6.4亿元、占比56.5%。新登记小微企业486户，民营企业增加值增长10.6%。金融业增加值增长13.4%。培育科技示范基地6个，技术合同成交额1.01亿元。服务业增加值28.85亿元，增长7%。长风国贸第六馆年销售额2.72亿元，增长198.9%。鸿升时代金融广场、阳光城国际广场主体完工，格盟金融城落地建设。晋源区乡村农耕文化保护工程修复城墙1500米，修缮历史建筑17处，安置楼封顶18栋。店头古村落被评为中国景观村落。蒙山大佛景区年接待游客80万人次，全区年接待游客300余万人次。 （方慧敏）

【城乡建设】 推进城中村改造，拆除面积229.98万平方米，在全市实现"北堰村整村拆除速度第一，西寨村启动城改第一，义井村完成整村拆除第一"。安置房开工124.93万平方米，北阜村4栋安置楼全部交付。城中村征拆工作走在全市前列，保障省市重点工程建设，完成涉及52个村179万平方米拆迁任务，征地清表1.2万亩。晋阳湖公园、晋阳污水处理厂等年度保障任务全面完成。供热、污水、引黄管线所涉征拆在全市率先完成。姚村高新拓展区24.5万平方米、滨河西路南延1500亩征拆任务30天内完成。 （方慧敏）

【生态建设】 推进"五大工程""五项整治"，六项主要污染物指标均有下降，二级以上优良天数增加10%。清洁供热替代205万平方米，新增区域集中供热23万平方米，置换城边村洁净煤5.83万吨，拔掉城中村黑烟囱2119根。关停落后污染企业161家。淘汰黄标车及老旧车1900辆。清理烧烤摊点196处。建成大型垃圾中转站2座。秸秆综合利用率99%。绿色文明工地达标率91.6%。清理农村"四堆"3.26万处，创建一批达标村和星级单元。持续推进山上造林绿化和城市园林绿化，全区森林覆盖率25.2%，城市绿化面积新增31.6万平方米，建成区绿化率41.15%，被省绿化委授予"山西省古树名木保护示范区"称号。 （方慧敏）

【社会事业】 加强民生投入，2015年民生类财政支出增长12.6%，占财政支出的87.43%。完成2所中小学老旧校舍、7所幼儿园新改扩建和区实验小学二期工

太山

程。14所村级小学操场和13所中小学直饮水投入使用。成成中学、市第二外国语学校建设进展顺利。20个村卫生室提档升级。85个村卫生室启动乡村医生签约服务。省儿童医院主体完工。市妇幼保健院、市人民医院与区人民医院合作共建项目扎实推进。城镇新增就业4155人,各类社会保险任务超额完成,社保卡应用推广工作走在全省前列。城乡低保标准实现一体化,月标准提高到505元。新农合年补贴标准提高到61元。采煤沉陷区搬迁安置小区开工建设。保障性住房建设任务超额完成。

加强食品药品、道路交通、建筑工地、消防等重点领域安全监管,安全生产事故死亡人数下降27%。双拥共建成效明显,人民武装工作全省综合考评第一。信访、综治、防震减灾工作扎实有效,分别荣获省抗战胜利70周年纪念活动期间信访工作先进集体、省级平安区、省防震减灾工作先进单位。 (方慧敏)

【政府建设】 落实从严治党主体责任,狠刹"四风",推进党风廉政建设。严格管权管钱,强化审计监督,确保公共资金安全。持续减权限权,编制完成部门权力清单、责任清单,取消并承接省市下放事项共204项,工商前置改后置审批事项25项,精简行政职权事项586项。启动公务用车改革,封停全部涉改公车。自觉接受人大和政协监督,听取各民主党派、工商联、无党派人士建言献策。办理人大代表建议和政协提案194件,办复率100%。

(方慧敏)

古交市

中共市委书记	常　青
市人大常委会主任	闫亮娥(女)
市长	贾慕权
市政协主席	褚宇平
市人民法院院长	刘三娃
市人民检察院检察长	孙中杰

【概述】 古交市位于吕梁山脉关等帝山东翼与云中山南端交接处,山西省太原市西北部,地处北纬37° 40′ 6″ 至38° 8′ 9″,东经111° 43′ 8″ 至112° 21′ 5″ 之间,东西宽50公里,南北长53公里,总面积1551平方公里,山地和丘陵占总面积的98.9%,其中耕地面积42.11万亩;煤田分布面积754平方公里,煤炭资源总储量96亿吨。2012年下辖7乡、3镇、4个街道办事处。全市总人口22.48万人。 (赵志英)

【改革创新】 2015年是"十二五"的收官之年,也是经济社会发展尤为困难的一年。面对严峻复杂的经济形势和"保工资、保运转、保民生"的繁重任务,古交市人民政府扭住"1233"("1"指完善东部新城火山片区,"2"指做好"煤"与"非煤"两篇文章,第一个"3"指抓好汾河城区段蓄水美化一期治理、采煤沉陷区综合治理和生态环保治理,第二个"3"指解决好供暖、供气和污水处理三大问题)工作重点,以推进"五个一批"(指一批重大产业项目、一批重大基础设施项目、一批重大民生项目、一批重大不稳定因素化解、一批重大改革事项)为抓手,持续推进行政审批、工商登记、户籍管理、金融服务等重大事项改革,主动承接省和太原市下放审批权限191项,行政审批事项由294项清理规范为187项;初步搭建固定资产投资审批、公共服务、中介服务三大服务平台,工商登记13项前置审批改为后置审批,建立城乡统一的户口登记制度;率先搭建助保贷融资平台,累计为中小企业融资4.5亿元;引导农村土地流转2.6万亩。全市经济社会保持平稳发展势头,为"十三五"发展奠定良好基础。

狐爷山风光

把握扩权强县和转型综改"双试点"政策机遇,推进6大类52项重大改革,小微企业拥有授权专利数达19件,为26家企业发放"助保贷"2.44亿元。探索企业融资新业态,成立"古交金牛汇富创业投资管理公司"。推进政府机构改革和职能转变,政府工作部门由原来的27个精简为24个,33家涉及审批服务的部门全部进驻政务大厅。加快商事制度改革,实行"先照后证""三证合一、一照一码"登记制度。持续推进农村土地制度改革,完成农村土地承包经营权确权登记工作年度目标任务。 (赵志英)

【经济转型】 加快结构调整,转型步伐进一步提速。围绕做好"煤"与"非煤"两篇文章,加快改造提升传统产业,实现生产矿井4座,联合试运转矿井2座,建设矿井11座,完成投资5.7亿元。煤矿单井生产规模提升3倍,机械化开采率和资源回收率分别达到100%和80%。蓝焰煤层气开发利用项目建成投产；国新LNG-CNG合建站和燃气管道项目基本完成；兴能电厂三期、中联煤层气开发利用等项目有序推进。培育发展新兴产业，华能国茂有机肥项目开工建设，中广核风力发电项目即将投产，银泰铝循环产业园项目申请立项。加大招商引资力度，签订太阳能光伏发电、煤矿低浓度瓦斯发电供热等12个合作协议，签约资金126亿元。加快现代农业发展，新发展“一村一品”专业村16个、农民专业合作社10个，实现农产品加工销售收入4.2亿元。非煤产业增加值比重达到26.44%。

（赵志英）

【基础建设】 城乡服务功能进一步完善。实施东部新城火山、三岔口片区改造等8个续建项目和西苑广场、优景美郡二期等7个新建项目，启动火山新街、火山二桥等市政项目。完成红梁山隧道安全生命防护、城市供水水质提升和金牛西大街供水管网迁移等工程。推进集中供热改造，完成5个二级换热站扩容和18个换热站新建，实现城区供热面积400万平方米。开工建设天然气置换煤气管网、第二污水处理厂、生活垃圾移动式收集等工程。完成太古供热长输管线等省和太原市重点工程的征收拆迁任务；新建维修24处农村饮水安全工程，解决11000余人的饮水安全问题；创建3个省和太原市级美丽宜居示范村，实施省级林业生态环境综合治理、汾河城区段河道治理一期、水泉寨东园提质改造一期和市民广场亮化等工程，完成荒山造林9.22万亩。加大环保违法违规打击力度，加强企业监管和污染治理，空气质量二级以上天数达293天，优良率达80.3%，在太原市十县市区名列前茅。

（赵志英）

【生态环境】 实施环境治理“五大工程”和“五项整治”，提升电力、焦化、煤炭、洗煤等行业污染治理水平，关停取缔各类废旧洗煤厂、非法洗砂场和土小企业60余家。实施城乡清洁工程，建成全省首家县级数字城管平台，生活垃圾无害化卫生填埋场投入运营。实施“三环生态圈”战略，完成三北防护林荒山造林、金牛森林公园南北山景区绿化、汾河沿线造林绿化、太古高速出口绿化等生态绿化工程，累计造林43万亩，森林覆盖率由17.96%提高到20.06%。连续五年被评为“山西省爱国卫生城市”，被授予“全省环境质量改善攻坚行动突出县市”称号，进入“山西省园林城市”行列。

（赵志英）

【社会事业】 累计新改扩建幼儿园21所，新建维修校舍4万余平方米，完成学校标准化建设61所，改造学校运动场地19.5万平方米。承接国家级科技发展计划3项、省和太原市科技项目30余项，争取资金1.75亿元。中心医院住院楼、卫生监督所业务楼、医疗急救中心建成投入使用，8所乡级卫生院和124所村级卫生所建设全部完成。新农合实现“先住院、后付费”，筹资标准由241元提高到470元，参合率达99.8%。食品药品综合检验检测中心被列为全国首批区域性试点之一。新改扩建10个乡镇综合文化站，新增公共馆藏图书24.7万册，晋绥八分区机关驻地旧址、福福山生态园区等一批文化旅游项目初具规模，红豆山庄挂牌为国家3A级景区。 （赵志英）

【民生保障】 新增城镇就业人数5956人，登记失业率控制在3.95%。落实农机具购置补贴、粮食直补、农资综合补贴、危房改造、低收入农户冬季用煤补贴、“一事一议”财政奖补等支农惠农政策，持续实施饮水安全、太阳能路灯、广播电视“户户通”等基础设施建设，农村街巷硬化等新的“五个全覆盖”全面完成。实施义务教育“全面改薄”和中小学校操场塑胶化工程，新改扩建幼儿园4所，“义务教育发展基本均衡”在太原三县一市率先通过国家级认定。建成妇幼保健业务楼，改扩建乡镇卫生院3所，为中心医院配备核磁、CT等设备。开展“文化惠民基层行”活动，实施广播电视“户户通”工程，为全市3250户边远村庄村民安装直播卫星地面接收设施。完成嘉乐泉采煤沉陷区综合治理试点任务，启动实施了37个村、5691户的采煤沉陷区治理搬迁安置项目；完成牛角上危岩体治理，启动铁炉二沟滑坡治理，新建廉租房140套，改造农村危房546户，为低收入农户发放用煤补贴869万元，补贴购置农机具80台件。

（赵志英）

【行政效能】 执行人大及其常委会的决议，支持人民政协履行职能，接受人大、政协监督，听取各民主党派、工商联、无党派人士意见，办理人大代表建议和政协提案208件。开展农村集体“三资”管理专项清理整治整改行动，整改问题1034个；推进公务用车改革；落实《加快推进法治古交建设的实施意见》，开展“六五”普法。深化行政审批制度改革，启动实施政务服务中心综合改造项目，补充完善中介目录库，行政效能进一步提升。

（赵志英）

清徐县

中共县委书记	韩良会
县人大常委会主任	张启亮
县长	王琳玉
县政协主席	张晋涛
县人民法院院长	张福平
县人民检察院检察长	马　江

【概述】 2015年，清徐县地区生产总值较上年增长6.5%，服务业增加值同比增长9.4%，规上工业增加值同比增长5%，固定资产投资同比增长25.2%，社会消费品零售总额同比增长10.1%，一般公共预算收入同比增长4.4%，城镇常住居民人均可支配收入同比增长7.6%，农村常住居民人均可支配收入同比增长8%。

（杨宇霆）

【经济发展】 把稳增长作为全局工作的突出任务，引导传统骨干企业拉长产业链，提高附加值。李家楼、锦富、麦地掌等矿井基本建设进展顺利。美锦能源完成重大资产重组，股份市值由30多亿元上升到300亿元，投资向非煤产业拓展。梗阳新上2.7亿立方焦炉煤气制天然气项目，为省城提供清洁能源的同时，有效带动焦化产业顺利转型。亚鑫研制生产50万吨清洁型焦炭，在化解过剩产能的同时，为大气环境综合整治做出贡献。水塔、紫林等传统优势企业生产规模扩大，康镁、百澳等新型企业股改顺利，企业上市稳步推进。夯实农业生产基础，新增高效节水灌溉面积2.7万亩，改善灌溉面积8.9万亩，建成高标准农田0.87万亩。完成4157亩设施蔬菜百万棚建设工程，打造2156亩无公害设施蔬菜示范基地，蔬菜总产值增长13%。（杨宇霆）

【产业升级】 编制《产业发展规划》，加大固定资产投资，突出抓好30项重大产业项目。狠抓村庄搬迁，全力保障阳煤化工新材料园建设，打造全省现代煤化工生产基地。琦峰醋业、锦天服装、鸿鹄机械等联动试车，三强炭黑、黑猫炭黑、盈德气体等顺利投产。与经开区合作探索“飞地经济”新模式，开发区面积扩展到48.8平方千米。加大招商引资力度，签约引进锂电子动力电池等22个新兴产业项目，将有效带动产业结构调整升级。（杨宇霆）

【民生建设】 实施22项重大基础设施建设项目，“双供一路”工程将大大缩短与市区的距离，有效解决工业用水、补充景观用水，为县城预留1000万平方米供热能力，市供水工程预计今年9月底完工，彻底改善居民饮水质量。307国道绕城线形基本形成，太祁高速南出口投入运行，高速县城出口预计今年9月底恢复通车。实施24项重大民生项目。“三公经费”压缩15.9%，民生投入1.28亿元，增长30.1%。全面推行分级诊疗，加快改造薄弱学校，提高城乡低保标准，放宽保障房申购标准，PPP模式实施县城规划区和徐沟地区供热工程，社会力量运营校车，实施社区惠民项目，提高了民生保障能力。（杨宇霆）

【改革创新】 加快推进电子商务进农村，开展“双创”示范工程，利用“互联网+”模式，推动“大众创业，万众创新”。电子商务交易额增长45%，农村电子商务交易额增长46%，农特产品网络销售额增长36%。29项重大改革事项取得成效，政府机构改革迈出实质步伐，整合卫计、科教、工商质监等职能，完成商事登记制度改革、公车改革、招待所经营体制改革等。推行“两集中、两到位”行政审批制度改革，优化固定资产投资项目联合审批、规范中介机构服务行为，推动政务服务向基层延伸。（杨宇霆）

清泉寺

【生态建设】 深入推进环保“五大工程、五项整治”，升级改造56家铸造企业，取缔3家小炼油企业，否决61个高耗能重污染项目。建立705家污染源企业、133家重点工业企业、43家竣工验收企业、3家限期治理企业监测台帐，完成水泥、钢铁、电力行业及污水处理厂减排核查核算，编制9家煤矿企业矿山生态恢复治理方案，造林绿化工程完成1.74万亩。实施城乡爱国卫生运动和城乡清洁工程，投资1878.4万元改善农村人居环境，顺利通过省级卫生城市验收。空气质量优良率47.9%。（杨宇霆）

【安全生产】 按照党政同责、一岗双责、失职追责要求，严格落实安全生产“五个全覆盖”，深入开展打击非法加气站等“六打六治”专项行动，104家零售药店纳入中国电子监管系统平台，全年未发生重大安全生产事故。完善社会治安立体防控体系建设，健全覆盖农村社区警务体系，增强了群众的安全感和满意度。加强应急队伍建设，开展燃气抢险、卫生防疫等应急演练，提高了抢险救灾和处置突发事件的能力。（杨宇霆）

阳曲县

中共县委书记	吕　荣(8月免) 刘晋萍 (女,12月任)
县人大常委会主任	侯拴龙(2月免)
县　　长	刘晋萍(女)
县政协主席	白海林(2月免)
县人民法院院长	田志勇
县人民检察院检察长	王全华

【概述】 “十二五”时期，阳曲县累计完成地区生产总值165.98亿元，增长92.3%；规模以上工业增加值85.23亿元，增长148.1%；社会消费品零售总额44.77亿元，增长113.1%；固定资产投资额180.91亿元，增长287%；服务业增加值43.37亿元，增长31%；财政总收入

28.13 亿元，增长 72.3%；公共财政预算收入 17.76 亿元，增长 133.3%；城镇居民人均可支配收入达到 20160 元，增长 66.5%；农村居民人均可支配收入达到 7078 元，增长 81.7%。（崔振刚）

【大力发展现代农业】 2015 年，阳曲县坚持科技引领，推广全膜双垄沟播技术 12.7 万亩，粮食产量实现“五连丰”，总产量达到 10.75 亿斤，增长 14%。新增设施蔬菜 2.1 万亩，保有量达到 2.3 万亩，蔬菜播种面积达到 10 万亩，增长 53.8%。加快畜牧养殖业发展，引进宝迪食品、永丰禽业、桦桂农业、七峰山牧业等一批龙头企业，初步形成龙头带基地、基地连农户的产业化格局。开展“万人脱贫大行动”，全县贫困村从 76 个减少到 40 个，贫困人口从 4 万人减少到 1.46 万人。（崔振刚）

【大力推进工业转型】 2015 年，阳曲县投资 19 亿元打造高标准承载平台，总部园区、小微企业创业园、大盂工业园初具规模，“五通一平”基本完成。不断完善的基础设施，不仅为宝迪食品、太钢碳纤维、禄纬堡耐火材料、众能天然气等项目落地建设和如期投产创造了条件，同时也夯实了工业强县的承载基础。五年来，共有 86 个项目落地建设，73 个竣工投产，规模以上工业企业达到 21 家。山西高科在“新三板”成功上市，为阳曲县经济实现“三个突破”提供了样板。五年累计完成工业总产值 303 亿元，是“十一五”时期的 2.13 倍。（崔振刚）

【培育新兴产业和服务业】 布局实施一批新能源、新材料等产业项目，2015 年新兴产业固投占到工业总固投的 84%，三产比重由 2014 年的 23.7%增加到了 30.6%。青龙古镇开发进展顺利，成功入选全国传统古村落名录，进入全省十大新锐景区。西门庄园、香槟壹号、青草坡乡村庄园、龙王沟生态农庄等一批农家乐档次高、规模大、休闲特点浓郁，吸引了大批游客，2015 年接待量达到 50 万人次，旅游收入达到 1400 万元。（崔振刚）

【基础设施建设】 2015 年，阳曲县坚持规划引领，调整《阳曲县城总体规划》，规划面积由 87 平方千米扩容拓展到 116.86 平方公里，城镇化率由 29.9%提高到 34.7%。启动了城东新区、高铁片区、青龙古镇片区建设，大县城框架基本拉开。高标准完成了现代大道、企业大道、108 国道和 314 省道县城段改造、双阳路、黄东线、东西山和北山森林防火通道等一批重点工程，特别是阳兴快速通道建成通车，拉近了与省城的时空距离。全县农村公路五年累计完成 1120 公里，百平方公里公路密度由 44.41 提高到 58.07。实施农村危房改造 6842 户，创建美丽宜居示范村 15 个、三星级以上单元 88 个，改造棚户区 5 个、城中村 1 个，建成保障性住房 2542 套，发放廉租住房租赁补贴 537 户。（崔振刚）

【生态建设】 2015 年，阳曲县完成水保初治面积 28 万亩、生态修复管护面积 40 余万亩，北小店阳坡水土保持科技示范园成为太原市首个国家级水保科技示范园。推进造林绿化，五年完成营造林 18 万亩、通道绿化 196 公里，森林覆盖率由15.36%提高到 20.36%。县城建成区绿化覆盖率达到 41.05%，绿地率达到 37.03%。加强节能减排改造，引深打非治违行动，万元地区生产总值综合能耗下降 6.25%以上，万元工业增加值用水量下降 18.59%。（崔振刚）

【社会事业发展】 2015 年，阳曲县 56 所中小学通过市级标准化学校验收。投资 1.2 亿元，新、改、扩建职高实训楼、阳曲三中教学楼和宿舍楼，以及新阳街小学、阳兴小学、机关幼儿园、阳兴幼儿园教学楼，办学条件明显改善。创建国家级示范校 1 所，省级示范校 3 所，市级示范校 6 所，教学质量稳步提升。县级公立医院综合改革全面推进，基本药物制度全面实施，城镇职工、城镇居民和新农合三项基本医保应保尽保，人均基本公共服务经费由 15 元提高到 40 元，新农合参合率达到 99.4%。县就业和社会保障服务中心、老干部活动中心、图书馆完成升级改造，综合文化站、村级文化活动场所、农民体育健身设施、农家书屋、文化信息资源共享工程实现全覆盖。此外，人事、审计、物价、统计、档案、史志、气象、食药安全、民族宗教、人民防空、防震减灾等工作都取得了新成绩，妇女、儿童、老龄、残疾等事业都有了新进展。（崔振刚）

【加强民生保障】 “十二五”时期，民生支出占公共财政预算支出的 85%以上，

青龙古镇牌楼

人民群众幸福感、获得感进一步增强。开通904、907、907支路公交和乡村公交线路33条,惠及128个村庄10余万群众。投资3.2亿元,完善解决10个乡镇、152个自然村、11所学校、4.56万人以及5000余头大畜的饮水安全问题。100所村卫生室完成提档升级。县城实现24小时供水。推进社会保险扩面征缴工作,社会保障体系日趋完善。城镇职工基本养老保险参保人数达14127人,增长146.8%;城乡居民社会养老保险参保人数达78910人,增长18.86%。通过努力,县域公交、寄宿制学校澡堂、广播电视村村通、城乡社保、城乡居民养老待遇、城乡居民大病保险、重特大疾病医疗救助、教师免费体检、山区教师免费乘公交实现全覆盖。城镇和农村低保标准分别提高到475元和288元。建成农村敬老院10所、社区日间照料中心2所、农村日间照料中心34所。高度重视安全生产,安全生产形势平稳,推进"平安阳曲""法治阳曲"建设,社会保持和谐稳定。

(崔振刚)

【深化依法行政】 积极优化政务服务,县、乡、村三级政务服务体系基本建成。编制完成县级权力清单、责任清单,行政职权事项由3698项精简到2156项,取消行政审批事项27项,审批时限压缩30%。深入开展党的群众路线教育实践活动、学习讨论落实活动和"三严三实"专题教育,狠刹"四风",干部作风明显好转,为全县经济社会发展营造了良好的环境。

(崔振刚)

娄烦县

中共县委书记	薛东晓
县人大常委会主任	冯永奎
县长	李树忠
县政协主席	武润生
县人民法院院长	王　晋
县人民检察院检察长	郭　刚

【概述】 娄烦县位于太原市西北,位于太原市西北94千米处的汾河中上游,地处吕梁山区,属土石山区。是太原市的郊区县,也是集库区、老区为一体的国家级贫困县。地理坐标为北纬37° 51′ ~ 38° 13′,东经111° 31′ ~112° 2′ 。全县总面积1289.9平方千米。2015年总人口12.5万人。娄烦县具有较为丰富的矿产资源、文物资源和生态旅游资源。已探明的矿产主要有煤、铁、大理石等16种,其中煤储量15亿吨,铁矿储量6亿吨以上;境内有古遗址24处、古墓葬群7处、古建筑40多处、古碑石60处、革命纪念地97处;娄烦县山川秀美,生态环境良好,可开发的名胜景点有11处。

2015年,全县地区生产总值13.98亿元,十二五期间年均增长7.4%;固定资产投资27.2亿元,年均增长51.5%;服务业增加值9.2亿元,年均增长13.4%;社会消费品零售总额4.4亿元,年均增长14.8%;财政总收入52173万元,较上年下降34.25%;农村居民人均可支配收入5535元,年均增长12.2%,城镇居民年人均可支配收入17511元。全县主要经济指标基本保持两位数增长,经济社会发展迈上新台阶。

涧河公园水景园

2015年,全县面对经济下行压力,贯彻落实稳增长、促改革、调结构、惠民生、防风险等各项政策措施,经济社会平稳发展。全县固定资产投资增长39.3%,全市排名第一;社会消费品零售总额增长10.3%,全市排名第五;农村居民人均可支配收入增长8.9%,全市排名第一。社会消费品零售总额和农民人均纯收入与"十一五"末相比基本实现了翻番。全社会固定资产投资五年累计完成73.4亿元,是"十一五"期间的1.6倍,为"十三五"的发展奠定基础。

(张宪平)

【产业结构】 马铃薯"一县一业"初具规模,种植面积达到10万亩,建成了科技产业园区,"娄烦山药蛋" 通过国家地理标志认证,被评为全省"一县一业"工作先进县。农产品加工销售收入达到4.2亿元,是"十一五"末的2倍。因地制宜发展79个"一村一品"村,促进农民增收、农业增效;全县煤矿产能由原来的570万吨提高到690万吨。聚力发展新能源项目,引进风电、瓦斯发电、光伏发电等一批新项目;高君宇故居修复完善,纪念馆投入使用。东山生态园、天池生态园、汾河水库风景区等生态园区初具规模。云顶紫台等一批农家乐迅速发展。旅游产业正逐步成为经济发展的新亮点,2015年,全县接待游客首次突破10万人次,综合收入近千万元。

(张宪平)

【生态建设】 坚持增绿增收结合、保水富民并重,生态建设成效初显。实施库周绿化、荒山绿化、县城绿化、矿区绿化和通道绿化等多项生态绿化工程,累计造林41.9万亩，绿化通道104.5公里。绿化率57.2%，森林覆盖率28%。先后被评为山西省造林绿化先进集体、省林业生态县、省林业六大工程建设先进县、全国绿化模范县。成功申报三个国家级试点县，搭建生态建设先行先试、政策集成与资金扶持平台。持续加强水源保护，涧河人工湿地水质改善工程、环库防护网工程、危化品车辆监控工程等项目投入运行，入库水质由地表水四类提升到三类。

（张宪平）

【扶贫开发】 落实扶贫政策，实施脱贫项目，全民参与脱贫攻坚。2015年，脱贫1.4万人。实施“百企千村”产业扶贫开发项目，流转土地4.96万亩，受益贫困户6500户。蔬菜产业片区扶贫项目，建成温室大棚650亩、露地蔬菜1.5万亩。扶贫移民搬迁工程，搬迁2920户1万余人。完成31个整村推进项目，1.4万户4.5万名贫困人口受益。增强脱贫攻坚合力，形成领导联村、部门包村、工作队驻村和干部包户的扶贫工作机制。

（张宪平）

【社会事业】 实施“五全”普惠工程，全县10万农民新农合参保全覆盖、所有五保老人全部集中供养、60岁以上老人养老全保障、义务教育阶段寄宿生交通费全补贴、农村孕妇补助全覆盖和育龄妇女健康普查全免费。连续五年对集中供热实施补贴，受益人群近4万人。教育事业全面发展，投资1.24亿元，改造、新建校舍6万平方米，通过省级标准化验收。卫计管理服务水平不断提高，实施县城综合医院建设、乡镇卫生院及66所村卫生室标准化建设，推行药品零差价销售和分级诊疗制度。率先在全省建成城镇人口网格化管理服务系统。农村新的“五个全覆盖”工程和“五件实事”超额完成任务，被评为全省农村新的“五个全覆盖”工作先进县。（张宪平）

【城乡建设】 围绕打造“山水娄烦”，先后蓄水美化一条河，提升改造两座公园，建设亮化五座桥，拓宽新建五条路，规划实施两个片区。县城规划区面积由3.5平方公里扩展到7.3平方公里，城镇化率由33.5%提高到39.8%。县城绿化覆盖率达到43.3%，人均公园绿地面积11.8平方米，被评为山西省园林县城和省级卫生县城。推进美丽乡村建设，先后创建城乡清洁三星级以上单元89个，省级达标村80个，完成库周17个村环境连片整治。改善农村生产生活条件，改造中低产田2.4万亩，建成水浇地1.15万亩。实现饮水安全、村村通油（水泥）路和街巷硬化全覆盖。（张宪平）

【社会稳定】 落实企业主体责任与部门监管责任，健全“党政同责、一岗双责、齐抓共管、失职追责”的安全生产责任体系。在全市率先建成安全生产综合监管智能一体化平台。健全安全生产专家队伍参与隐患排查治理的长效机制。推进“平安娄烦”建设，打击各类违法犯罪，群众安全感和满意度进一步提升。推进食品药品监督管理体制改革，完善县乡村三级监管体系，全县未发生公共食品药品安全事故。落实信访责任制，开展大接访、大排查、大化解活动，全县信访形势好转。（张宪平）

【自身建设】 实施“六权治本”，推进行政权责清单编制工作。开展“两集中、两到位”和行政审批流程再造工作，审批事项承诺办结时限较法定时限平均提速60%。按照法定权限和程序行使权力、履行职责，自觉接受人大法律监督和政协民主监督，人大代表意见、建议和政协委员提案办理率均为100%。狠抓党风廉政建设和反腐败斗争，压减“三公”经费，加大行政监察和审计监督力度。开展党的群众路线教育实践活动、“学习讨论落实”活动、“三严三实”专题教育，干部作风明显转变。（张宪平）

社会和经济发展统计资料

太原市县(市、区)及乡镇、办事处名称

县 级	乡 级
小店区	北格镇、刘家堡乡、西温庄乡、坞城街办、营盘街办、北营街办、平阳路街办、黄陵街办、小店街办、龙城街办
迎泽区	郝庄镇、迎泽街办、桥东街办、文庙街办、柳巷街办、老军营街办、庙前街办
杏花岭区	中涧河乡、小返乡、三桥街办、敦化坊街办、巨轮街办、涧河街办、鼓楼街办、杏花岭街办、坝陵桥街办、大东关街办、职工新街街办、杨家峪街办
尖草坪区	向阳镇、阳曲镇、马头水乡、柏板乡、西墕乡、汇丰街办、古城街办、柴村街办、迎新街街办、南寨街办、上兰街办、新城街办、光社街办、尖草坪街办
万柏林区	王封乡、化客头街办、东社街办、千峰街办、下元街办、和平街办、万柏林街办、兴华街办、南寒街办、杜儿坪街办、白家庄街办、长风西街街办、小井峪街办、西铭街办、神堂沟街办
晋源区	金胜镇、晋祠镇、姚村镇、义井街办、罗城街办、晋源街办
古交市	河口镇、马兰镇、镇城底镇、阁上乡、嘉乐泉乡、梭峪乡、岔口乡、常安乡、原相乡、邢家社乡、东曲街办、西曲街办、桃园街办、屯兰街办
清徐县	清源镇、东于镇、徐沟镇、孟封镇、马峪乡、柳杜乡、西谷乡、王答乡、集义乡
阳曲县	黄寨镇、东黄水镇、大盂镇、泥屯镇、侯村乡、凌井店乡、高村乡、杨兴乡、西凌井乡、北小店乡
娄烦县	娄烦镇、杜交曲镇、静游镇、庙湾乡、马家庄乡、盖家庄乡、米峪镇乡、天池店乡

太原市行政区划

单位:个

指标	街道办事处	社区居委会	乡政府	镇政府	村民委员会	自然村
总　计	53	626	31	21	896	1492
小店区	7	117	2	1	39	44
迎泽区	6	95		1	19	33
杏花岭区	10	115	2		32	40
尖草坪区	9	63	3	2	84	94
万柏林区	14	113	1		44	59
晋源区	3	36		3	78	99
清徐县		24	5	4	188	203
阳曲县		10	6	4	117	344
娄烦县		6	5	3	142	217
古交市	4	37	7	3	146	343
高新区		1				
经济区		10				
民营区					7	16

太原市主要年份人民物质文化生活提高情况

指标	单位	1985	1990	1995	2000	2005	2010	2013	2014	2015
一、城乡居民收入										
农村常住居民人均可支配收入	元	526	763	1444	2643	4402	7611	11288	12616	13626
城镇居民人均可支配收入	元	646	1573	3939	6019	10476	17258	24000	25768	27727
城镇非私营单位在岗职工平均工资(含铁路驻并单位)	元	1199	2351	5538	8394	18547	38838	51305	56885	60515
二、平均每人居住面积										
城镇居民	平方米	5.63	7.07	8.15	10.13	11.94	13.65	33.00	35.00	39.00
农村居民	平方米				26.00	28.60	35.14			
三、每百户居民拥有耐用消费品(抽样)										
电冰箱										
城镇居民	台	2	52	68	90	96	98	89	88	93
农民	台		2	12	27	34	53	61	63	68
彩色电视机										
城镇居民	台	17	84	98	115	119	110	102	104	104
农民	台	3	9	36	65	85	105	98	103	105
洗衣机										
城镇居民	台	64	95	88	94	99	97	95	95	97
农民	台	12	33	50	59	64	89	87	88	91
四、每千人拥有卫生技术人员和医疗卫生床位数										
每千人拥有卫生技术人员	人	10.4	10.6	10.6	9.6	9.0	10.9	11.1	11.4	12.2
每千人拥有医疗卫生床位数	张	7.8	8.8	8.5	8.0	7.0	7.6	8.2	9.2	8.5
五、储蓄										
城乡居民储蓄存款年末余额	亿元	11.29	48.76	197.54	419.63	1183.95	2386.79	3307.99	3325.78	3432.12
平均每人储蓄存款余额	元	486	1894	7064	13788	30110	61943	77525	77555	79654

注:1.2014 年以前农村常住居民人均可支配收入为农民人均纯收入。

2.2013 年起城镇居民每人居住面积为建筑面积。

太原市主要年份国民经济主要指标

指　标	1985	1990	1995	2000	2005	2010	2013	2014	2015
年末户籍常住人口(人)	2344452	2612087	2827710	3087491	3403874	3654990	3679451	3697425	3673857
按性别分									
男性	1258322	1384876	1490281	1607655	1766902	1867963	1871142	1875995	1858619
女性	1086130	1227211	1337429	1479836	1636972	1787027	1808309	1821430	1815238
按农业、非农业分									
农业人口	919217	975743	995113	1048251	1014606	1024831	1034634	1050703	
非农业人口	1425235	1636344	1832597	2039240	2389268	2630159	2644817	2646722	
社会从业人员(人)	1377500	1592200	1773000	1611200	1616195	1760476	2009600	2174700	2227500
按三次产业分									
第一产业	235500	248400	258000	276800	271587	242519	242600	246400	251700
第二产业	770000	853400	872000	611500	530983	569339	679600	676600	649200
第三产业	372000	490400	643000	722900	813625	948618	1087400	1251700	1326600
按职工、非职工分									
城镇非私营单位职工	989000	1111000	1124000	884117	757996	846286	967484	1078240	1050453
#国有	756000	892000	919000	533148	458206	460685	373448	482200	462583
集体	233000	219000	205000	119411	62939	47730	38541	35641	34621
城镇私营企业和个体从业人员	8000	61000	127000	217056	355324	422952	551188	603189	682044
农村从业人员	351000	385000	434000	503753	502875	491238	490928	493271	495003
城镇非私营单位在岗职工工资总额(万元)	115920	257007	609421	724376	1378220	3147504	4809134	6013680	6229561
#国有单位职工	94900	220674	529353	441159	828598	1705528	1785456	2885596	3204005
城镇集体单位职工	21020	35909	67586	60029	54590	83962	113919	118093	122401
城镇非私营单位在岗职工年平均工资(元)	1199	2351	5538	8394	18547	38838	51035	56885	60515
#国有单位职工	1279	2510	5788	8460	18375	37684	50913	62022	71070
城镇集体单位职工	938	1696	3371	5285	9192	18255	31155	34756	37637
城镇居民人均可支配收入(元)	646	1573	3939	6019	10476	17258	24000	25768	27727
城镇居民人均消费性支出(元)	585	1357	3409	5341	7806	12106	14338	14430	15455
#食品	308	653	1588	1750	2412	3710	4600	3558	3585
衣着	112	241	514	564	1050	1234	1507	1584	1589
居住		36	194	388	857	1172	1481	3237	3355
农村常住居民人均可支配收入(元)	526	763	1444	2643	4402	7611	11288	12616	13626
农民人均生活消费支出(元)				1634	2601	3879	7407	9444	10124
#食品				696	909	1312	2518	2450	2578

续表

指　标	1985	1990	1995	2000	2005	2010	2013	2014	2015
衣着				204	350	493	837	852	893
居住				225	334	642	1141	2543	2787
地区生产总值(万元)	442126	939154	2330302	3962652	8995771	17813546	24629174	25310917	27353442
第一产业	28885	58755	118405	154936	201903	302806	371617	388627	373954
第二产业	295782	520827	1098481	1656880	4240499	7846278	10270599	10123118	10201765
工业	239985	453958	916245	1298969	3223916	5756569	7209830	7028126	6921129
建筑业	55797	66869	182236	357911	1016583	2089709	3060769	3094992	3280636
第三产业	117459	359572	1113416	2150836	4553369	9664462	13986958	14799172	16777723
人均生产总值(元/人)	1905	3648	8331	13021	26294	46230	57720	59023	63483
地区生产总值指数(%)	105.4	109.1	113.0	109.0	115.6	111.3	108.4	103.3	108.9
第一产业	91.7	126.8	102.6	106.8	101.1	104.9	102.8	104.3	101.3
第二产业	105.5	107.9	113.3	108.1	116.2	111.4	110.3	101.0	106.0
工业	106.4	102.0	116.0	108.7	117.6	111.0	109.0	100.8	105.7
建筑业	99.5	150.1	99.9	105.0	112.1	112.4	114.3	101.7	106.8
第三产业	108.2	109.3	113.3	111.1	115.8	111.4	107.1	105.1	111.4
全社会固定资产投资额(万元)	194510	262924	701894	1047702	4385077	9164811	16707390	17460868	20256080
全社会竣工房屋面积(平方米)	3585900	2870100	2848000	4420700	6064048	7795531	7877194	9435193	9597538
全社会新增固定资产(万元)	126292	212335	517719	876782	1193234	4114718	5991585	11325373	7002156
商品零售价格总指数(以上年价格为100)	112.0	100.7	114.5	96.0	100.2	102.6	101.3	100.7	98.6
食品类		99.7	124.2	93.8	103.7	108.2	105.6	103.3	100.3
服装鞋帽类		106.9	119.1	100.6	96.3	96.9	100.8	102.5	103.3
纺织品类		106.9	120.1	94.9	98.0	109.6	107.6	102.2	98.4
中西药品及医疗保健用品类		99.1	114.3	101.3	98.7	105.8	102.1	100.6	101.0
文化和体育用品类		93.3	104.0	99.3					
文化办公用品类					99.4	97.6	95.3	98.0	97.4
体育娱乐用品类					99.1	97.9	100.0	101.2	99.1
日用品类		99.8	109.0	98.0	100.7	99.0	100.0	99.8	99.4
家用电器类		93.1	102.2	95.6	97.3	92.6	94.4	96.3	97.6
燃料类		119.9	105.9	107.6	112.8	117.0	98.2	98.2	88.1
建筑装潢材料类	112.0	100.4	102.8	99.4	102.1	97.7	99.3	98.6	98.0
居民消费品价格总指数(以上年价格为100)		101.7	116.8	103.6	101.1	103.0	103.1	102.2	100.4
食品类		99.7	123.4	93.2	103.8	108.4	105.5	103.2	100.3

续表

指　标	1985	1990	1995	2000	2005	2010	2013	2014	2015
衣着类		106.9	116.8	99.6	96.2	97.2	100.9	102.5	103.4
家庭设备用品及维修服务类		99.8	106.5	98.6	100.0	100.8	103.8	104.4	100.0
医疗保健和个人用品类		99.1	113.7	101.1	101.6	102.6	101.4	100.7	100.3
交通和通讯类		147.7	94.9	97.8	96.3	97.7	99.2	100.5	98.7
娱乐教育文化用品及服务类		93.3	112.3	96.4	101.9	101.8	103.9	102.2	100.4
居住类		105.9	111.9	107.0	102.4	101.2	102.7	101.4	99.8
服务项目类价格总指数(以上年价格为100)		110.2	107.3	162.1	102.9	102.4	103.7	103.2	100.6
农林牧渔业总产值(万元,按当年价格计算)	38744	73925	193432	246156	344060	560634	722383	760400	739124
农业产值	28489	47608	120504	163107	199305	336794	434021	451781	428567
林业产值	2266	1877	4382	4020	12088	49426	71993	76362	69118
牧业产值	7942	22069	66859	77344	114172	154140	182375	196441	202345
渔业产值	47	662	1687	1685	2689	3063	3261	3083	3060
农林牧渔服务业产值					15806	17210	30733	33733	36035
农林牧渔业总产值指数(以上年价格为100)	99.6	108.3	102.2	106.9	101.3	104.9	103.3	104.9	101.8
农业产值		107.9	95.9	110.1	99.6	102.6	102.4	103.5	100.2
林业产值		93.0	106.8	102.4	74.7	105.5	115.3	105.9	103.4
牧业产值		110.8	112.8	102.8	104.9	106.9	100.8	107.4	103.9
渔业产值		116.5	103.6	103.7	107.6	119.7	76.0	94.5	-0.7
农林牧渔服务业产值					100.8	127.0	111.6	108.7	106.5
主要农作物播种面积(千公顷)	145.34	145.72	139.23	136.82	118.56	113.55	107.18	101.94	100.33
粮食	107.61	116.25	107.93	100.35	83.48	84.78	80.48	76.12	75.57
棉花	0.23	0.12	0.86	0.83	0.22	0.08	0.04	0.02	0.01
油料	22.70	13.52	13.90	11.05	5.05	3.11	2.50	2.50	2.31
主要农产品产量									
粮食(吨)	304534	387806	334171	294557	291865	321585	327786	338981	299327
棉花(吨)	133	96	849	998	276	105	52	22	14
油料(吨)	16756	13882	6636	10557	3845	2721	3056	3087	2995
肉类(吨)	12001	17109	33603	47606	65135	49975	50159	53466	56011
禽蛋(吨)	7428	20003	35272	44361	43165	36412	27345	29011	29920
工业企业单位数(个)	1560	1981	2033	383	489	480	440	406	408
按经济类型分									
国有经济	289	331	335	178	95	37	23	18	19

续表

指　标	1985	1990	1995	2000	2005	2010	2013	2014	2015
集体经济	1270	1638	1601	89	60	40	21	19	16
其他	1	12	97	116	334	403	396	369	373
按轻重工业分									
轻工业	713	877	727	128	111	107	86	79	81
重工业	847	1104	1306	255	378	373	354	327	327
工业企业总产值(万元,按1990不变价格计算)	620037	1276457	2588265	3105189	9213954	20003397	26488396	24310044	21592702
按经济类型分									
国有经济	536776	1063635	2008511	697609	715540	662004	835756	557915	1215862
集体经济	81674	204830	443982	197970	164977	147631	124931	108972	60132
其他	1587	7992	135772	2209610	8333437	19193762	25527709	23643157	20316708
按轻重工业分									
轻工业	150649	334579	449580	528811	703205	1400948	1578127	1490784	1470754
重工业	469388	941878	2138685	2576378	8510749	18602449	24910269	22819260	20121948
主要工业产品产量									
原煤(万吨)	2140	2840	3133	2544	4482	3775	3711.47	3645.12	3988.88
发电量(万千瓦时)	347800	367800	873200	1135500	1594000	2038000	2792500	2566000	2574800
粗钢(万吨)	152.73	190.24	238.82	249.90	353.34	850.00	977.84	1144.60	1078.60
生铁(万吨)	110.97	160.00	241.00	292.00	394.22	696.90	698.58	852.67	777.37
焦炭(万吨)	152.56	386.33	893.24	836.00	1201.00	1268.00	1136.15	1078.64	1029.40
水泥(万吨)	76.20	73.94	148.70	170.00	272.65	582.50	594.74	484.87	478.07
太原地区铁路货运量(万吨)	2398	3295	3735	4278	6113	5064	4239	4330	4414
太原地区铁路客运量(万人次)	814	878	992	864	1074	2210	2523	2620	2598
公路货运量(万吨)	1852	4458	9249	8600	11593	8783	11099	14206	14286
邮电业务总量(万元)	1470	3890	36723	238105	540873	1452903	796122	905857	1072137
社会消费品零售总额(万元)	229781	456637	1116123	1894200	3840302	8258458	12814594	14501658	15407962
外商直接投资(万美元)	43	141	4500	7280	16490	58501	94426	107673	85049
接待海外旅游人数(人次)	9695	13519	23594	47886	100859	283194	465965	200679	210065
接待国内旅游人数(万人次)	173	277	462	860	1408	1995	3645	4196	4891
地方财政收入(万元)	50872	92130	134263	214828	569525	1384809	2473261	2588527	2742403
地方财政支出(万元)	32519	61055	146653	245873	718390	1896358	3191090	3226934	4199913
#基本建设支出	4657	4674	11529	5392	25197				
文教科卫支出	7645	15259	35510	53994	141640	532802	892479	952291	1086343
#教育事业费支出				35688	92774	359491	547273	527157	620878

续表

指　标	1985	1990	1995	2000	2005	2010	2013	2014	2015
学校数(所)	2057	2009	1967	1890	1400	1003	918	804	792
#普通高等学校	9	12	13	12	32	42	44	43	43
中等专业学校	41	46	48	47	28	30	32	32	32
普通中学	278	223	235	237	251	230	226	228	224
小学	1664	1646	1575	1503	1003	607	543	423	416
在校学生数(人)	451732	442897	518546	649236	980584	1154723	1166770	1162875	1158152
#普通高等学校	26976	32463	44480	72689	265535	329712	526279	540233	546581
中等专业学校	17711	29323	43323	83107	53475	76540	70332	65021	56392
普通中学	151704	126591	131401	173635	222462	239953	222821	217920	206557
小学	241219	232653	269039	295062	317752	267325	254414	261282	275621
专任教师数(人)	31419	36427	39028	43109	55733	63377	65698	65661	65596
#普通高等学校	4910	6031	6056	6669	16223	20912	23988	23791	23771
中等专业学校	2369	3221	3543	3373	1623	2266	2787	2713	2689
普通中学	10159	11203	11663	13775	16005	17134	18392	18477	18792
小学	12526	13415	14747	16637	17388	17079	16608	16691	16379
毕业生数(人)	96239	102370	111805	131606	223103	323154	326913	322795	313479
#普通高等学校	4997	8088	12421	12572	53735	97398	140587	147659	151583
中等专业学校	4956	10037	11635	15027	16252	26875	24041	23795	24587
普通中学	36732	40519	32638	44537	64141	71310	79795	75429	73908
小学	45648	37058	45576	48260	49201	52792	46477	42558	36073
卫生机构数(个)	932	998	972	1002	1954	2527	2638	2662	2791
#医院	194	220	221	131	194	191	182	178	185
卫生机构床位数(张)	18332	22944	24082	24817	23652	27771	35247	36022	36760
#医院	16721	21248	22174	19317	21736	24703	32584	33917	34828
卫生技术人员(人)	24328	27780	30101	28418	29549	39930	47194	48820	52662
#医院	15732	19429	21594	21855	22728	28529	34846	36307	39463

注:1.本表地区生产总值、社会消费品零售总额2005年至2008年为第二次经济普查调整后口径。

2.2014年以前农村常住居民人均可支配收入为农民人均纯收入。

3.工业企业单位数、工业企业总产值2000年以前为乡及乡以上口径,以后为规模以上工业口径,2005年起为当年价。

4.2011年起固定资产投资起点由计划总投资50万元以上的项目提高到500万元以上,且没有全社会固定资产统计指标。

5.2011年邮电业务总量采用新口径计算。

6.2005年起社会消费品总额不含未通过市场直接向消费者出售的产品。

7.2005年以前外商直接投资包括间接投资。

8.教育指标中不包括幼儿园。

9.卫生指标中不含村卫生室数。

2015 年太原市公路通车里程

单位:万吨

指　标	单位	2015	比 2014 年增长(%、百分点)
公路通车里程	公里	7359.55	0.2
按隶属关系分			
国道	公里	383.97	-0.1
省道	公里	467.02	持平
县公路	公里	1022.60	持平
乡公路	公里	1716.87	0.4
村道	公里	3676.67	0.1
专用公路	公里	102.42	持平
按等级分			
等级里程	公里	7239.73	4.4
高速	公里	286.89	-0.2
一级	公里	206.37	持平
二级	公里	948.93	0.2
三级	公里	1254.73	1.0
四级	公里	4542.81	0.1
等外里程	公里	119.82	-5.5
等级公路占总里程比重	%	99.4	4.2
按铺装质量分			
有铺装路面里程	公里	5778.68	1.5
占总里程比重	%	78.5	1.4
简易铺装路面里程	公里	735.10	-3.3
占总里程比重	%	10.0	-4.0
未铺装路面里程	公里	845.77	-5.7
占总里程比重	%	11.49	-5.8
百平方公里公路网密度	公里	105.32	0.2

2015 年太原市乡镇、村通公路、通油路情况

指 标	单位	数量
乡镇总数	个	52
通油路乡镇数	个	52
乡镇通油路率	%	100.0
行政村总数	个	951
通公路行政村数	个	951
行政村通公路率	%	100.0
通油路行政村数	个	949
行政村通油路率	%	99.8

2015 年太原市旅游人数及收入

指标	2015	2014
一、海外旅游人数(人次)	210065	200679
外国人	147961	141356
香港同胞	34804	33214
澳门同胞	4042	3878
台湾同胞	23258	22231
二、国内旅游人数(万人次)	4891.47	4176.44
三、旅游外汇收入(万美元)	8059.54	7665.96
四、国内旅游收入(亿元)	583.34	495.33

2015 年太原市出境旅游人数

单位:人次

指标	2015	2014
出境旅游人数	483119	541264
# 出国游	259372	266081
香港游	95993	99453
澳门游	55861	92740
台湾游	71893	82990
首站前往国家		
日本	24342	17961
泰国	58936	47453
韩国	43267	84338
德国	8167	6886
澳大利亚	7629	6534
新加坡	13503	13942
马来西亚	5496	6595
印度尼西亚	19186	13642
法国	7498	7319
其他	71348	61411

2015年太原市保险业基本情况

项目		原保险保费收入		赔款与给付支出	
		金额(万元)	增速(%)	金额(万元)	增速(%)
合计		1606592.4	41	430713.1315	5.93
人身险公司	国寿股份	150524.09	23.0	57770.62	28.5
	国寿存续	7851.08	-2.7	11955.04	5.9
	太保人寿	85513.31	17.5	12540.25	6.2
	平安人寿	167401.97	27.4	19770.21	9.8
	新华人寿	55129.29	5.5	22610.71	11.2
	泰康人寿	75486.41	-8.9	31992.17	15.8
	太平人寿	57674.94	34.8	9253.89	4.6
	工银安盛	28782.89		5.65	
	信诚人寿	960.58	335.3	11.90	0.0
	光大永明	10350.64	32.0	439.62	0.2
	民生人寿	27420.69	139.0	636.03	0.3
	生命人寿	73460.85	109.6	2396.99	1.2
	平安养老	8132.93	18.8	2917.81	1.4
	合众人寿	7032.14	149.9	2955.92	1.5
	人保健康	25490.37	85.1	5562.10	2.7
	农银人寿	10708.70	6.5	4265.00	2.1
	人保寿险	37216.41	-31.1	9229.75	4.6
	国华人寿	90750.47	211.3	555.53	0.3
	英大人寿	5899.34	19.7	2523.88	1.3
	泰康养老	7592.70	310.9	303.30	0.2
	幸福人寿	25036.81	142.6	265.86	0.1
	阳光人寿	87691.41	461.6	4666.70	2.3
	百年人寿	4490.47		24.21	
	安邦人寿	111410.95			
财产险公司	人保产险	96239.20	1.6	59164.13	-2.9
	大地产险	12126.45	13.4	6860.30	3.3
	中国信保	5395.36	26.3	987.60	57.1
	中华联合	10482.35	-26.4	8455.05	93.9
	太保产险	35491.43	-9.2	21131.57	-18.3
	平安产险	109718.96	15.9	43764.69	20.0
	华泰产险	9448.00	-0.5	3712.66	-5.1
	天安产险	6497.15	-0.2	3508.25	39.1
	华安产险	11064.57	32.1	3142.84	2.6
	永安产险	5098.93	38.8	2356.64	-28.7
	太平产险	14113.99	10.5	5202.25	13.1

续表

项目		原保险保费收入		赔款与给付支出	
		金额(万元)	增速(%)	金额(万元)	增速(%)
财产险公司	中银保险	6586.74	7.6	3792.79	74.1
	永诚产险	7059.46	9.5	4243.65	14.0
	安邦产险	688.12	-18.6	370.37	17.7
	信达产险	7213.06	1.5	2012.71	16.3
	安盛天平	13995.95	15.0	6870.74	14.0
	阳光产险	13118.75	29.0	4251.19	33.7
	都邦产险	4285.24	11.4	1425.71	11.3
	渤海产险	411.96	16.7	224.95	9.5
	国寿产险	34967.48	-12.8	23976.37	-0.2
	安诚产险	4652.24	92.2	1440.41	28.1
	中煤产险	12283.25	-19.0	9987.83	32.5
	英大产险	14186.25	7.7	6516.28	23.0
	紫金产险	7275.92	26.5	3365.70	24.6
	众安产险(虚拟)	2165.59	193.7	1295.34	121.7
	中铁自保(虚拟)	15.94			

2015年太原市上市公司主要经济指标

指标	营业总收入(万元)	净利润(万元)	每股收益(元)	总股本(万股)	净资产(万元)	每股净资产(元)	经营活动现金净流量(万元)	每股经营现金净流量(元)	净资产收益率(%)
合计	17722687	-520298	-0.19	2731784	10032467	3.67	1256089	0.46	-5.19
ST生化	50027	6684	0.28	27258	52549	1.84	7031	0.26	16.80
美锦能源	570168	-40795	-0.19	195920	665839	3.19	98839	0.50	-10.85
漳泽电力	909749	60001	0.18	225373	744613	2.57	277735	1.23	7.51
英洛华	112681	-5933	-0.14	44449	119028	2.66	-19546	-0.44	-5.93
太钢不锈	6791271	-382632	-0.65	569624	2209197	3.74	272867	0.48	-16.05
*ST煤气	165484	-205340	-3.05	51375	73596	0.42	-6909	-0.13	-152.92
西山煤电	1865827	21062	0.04	315120	1898482	5.09	94440	0.30	0.88
山西证券	383850	148137	0.57	251873	1322126	5.00	362136	1.44	14.44
跨境通	396081	16637	0.27	63540	204311	3.22	-1294	-0.02	8.69
东杰智能	36565	3633	0.30	13886	68706	4.95	-7145	-0.51	6.82
太原重工	686110	2302	0.01	242396	543966	2.24	-60176	-0.25	0.41
*ST山水	1095	-1687	-0.08	20245	6835	0.23	-40	0.00	-29.36
太化股份	230558	-17730	-0.34	51440	53479	1.01	-4629	-0.09	-29.20
盛和资源	109815	1852	0.02	94104	140630	1.28	-26395	-0.28	1.57
晋西车轴	201026	10071	0.08	120819	310778	2.57	3288	0.03	3.27
狮头股份	9165	241	0.06	23000	70397	2.09	7584	0.33	2.94
*ST山煤	3959489	-226408	-1.20	198246	679456	1.89	58050	0.29	-47.96
国新能源	676441	53693	0.53	108466	404855	3.24	88263	0.81	19.35
通宝能源	567283	35913	0.32	114650	463623	3.99	111992	0.98	8.29

2015 年小店区国民经济主要指标

指　标	单位	2015
一、基本情况		
行政区域面积	平方公里	295
乡个数	个	2
镇个数	个	1
街道办事处个数	个	7
二、人口		
常住户数	户	172102
常住人口	万人	82.92
户籍人口	万人	62.33
其中：农业户籍人口	万人	8.15
三、综合经济		
(一)地区生产总值	万元	6577191
第一产业增加值	万元	79847
农业	万元	59348
林业	万元	4128
牧业	万元	16345
渔业	万元	26
第二产业增加值	万元	3257200
其中：工业	万元	2424639
第三产业增加值	万元	3240144
其中：农林牧渔服务业	万元	2200
(二)财政、金融		
公共财政收入	万元	234193
各项税收	万元	201123
公共财政支出	万元	367554
其中：农林水事务支出	万元	22063
科学技术支出	万元	3549
医疗卫生支出	万元	24319
教育支出	万元	51128
四、农业		
(一)生产条件		
设施农业占地面积	公顷	280
农业机械总动力	万千瓦特	19.44
化肥使用量(折纯量)	吨	3421
农药使用量	吨	70
地膜使用量	吨	50
机收面积	公顷	6815

续表

指　标	单位	2015
(二)农作物播种面积	公顷	12816.7
粮食作物播种面积	公顷	7799.2
其中:小麦	公顷	71.5
玉米	公顷	7694
大豆	公顷	16.6
蔬菜播种面积	公顷	5006.7
(三)农产品产量		
粮食总产量	吨	66632
其中:小麦	吨	414
玉米	吨	66014
大豆	吨	80
园林水果产量	吨	780
肉类总产量	吨	4506
其中:猪肉产量	吨	2200
年末生猪存栏	头	18650
年末牛存栏	头	7780
年末羊存栏	只	18940
禽蛋产量	吨	4050
奶类产量	吨	42100
蔬菜产量	吨	274817
水产品产量	吨	46
五、工业及建筑业		
规模以上工业企业单位数	个	46
规模以上工业总产值	万元	552684.70
规模以上工业企业从业人员年平均人数	人	7656
规模以上工业企业主营业务收入	万元	550423.50
建筑业企业单位数	个	259
六、交通、通讯与能源		
公路里程	公里	339.88
七、贸易、外经、旅游		
社会消费品零售总额	万元	4293992
出口总额	万美元	11511
当年实际使用外资金额	万美元	782.28
八、固定资产投资		
固定资产投资	万元	2541980
新增固定资产	万元	1643420
房地产开发投资	万元	1271592

续表

指　标	单位	2015
其中:住宅	万元	1028453
住宅竣工面积	万平方米	19.7
九、教育、科技、文化、卫生		
普通中学	所	41
小学数	所	67
普通中学专任教师数	人	3590
小学专任教师数	人	2588
普通中学在校学生数	人	40984
小学在校学生数	人	57715
全年专利授权数	件	1057
公共图书馆图书总藏量	千册	98.21
剧场、影剧院个数	个	3
体育场馆个数	个	2
医疗卫生机构床位数	床	6104
医疗卫生机构技术人员	人	9284
其中:执业(助理)医师	人	3700
十、居民收入		
居民人均可支配收入	元	27473
城镇居民人均可支配收入	元	28322
农村居民人均纯收入	元	18543
十一、社会保障		
各种社会福利收养性单位数	个	1
各种社会福利收养性单位床位数	床	200
城镇基本养老保险参保人数	人	80647
城镇基本医疗保险参保人数	人	259707
失业保险参保人数	人	41560
新型农村合作医疗参保人数	人	153345
新型农村社会养老保险参保人数	人	84594
城镇居民最低生活保障人数	人	891
农村居民最低生活保障人数	人	1456
十二、资源与环境		
森林面积	公顷	1247
工业二氧化硫排放量	吨	1752
氮氧化物排放量	吨	1865
烟(粉)尘排放量	吨	1265
污水处理厂数	座	3
垃圾处理站数	个	12
城区空气质量优良以上天数	天	197

2015年迎泽区国民经济主要指标

指　标	单位	2015
一、基本情况		
行政区域面积	平方公里	117
镇个数	个	1
街道办事处个数	个	6
二、人口		
常住户数	户	153588
常住人口	万人	60.64
户籍人口	万人	53.14
其中:农业户籍人口	万人	1.06
三、综合经济		
(一)地区生产总值	万元	5349825
第一产业增加值	万元	3863
农业	万元	161
林业	万元	3307
牧业	万元	367
渔业	万元	28
第二产业增加值	万元	764225
其中:工业	万元	399061
第三产业增加值	万元	4581737
(二)财政、金融		
公共财政收入	万元	161343
各项税收	万元	144784
公共财政支出	万元	223912
其中:农林水事务支出	万元	6954
科学技术支出	万元	157
医疗卫生支出	万元	14849
教育支出	万元	33572
四、农业		
(一)生产条件		
设施农业占地面积	公顷	2.3
农业机械总动力	万千瓦特	1.02
化肥使用量(折纯量)	吨	2.7
农药使用量	吨	1.1
(二)农作物播种面积	公顷	181.5
粮食作物播种面积	公顷	170.0

续表

指 标	单位	2015
其中:玉米	公顷	87.8
大豆	公顷	1.1
油料播种面积	公顷	3.3
蔬菜播种面积	公顷	7.7
(三)农产品产量		
粮食总产量	吨	375
其中:玉米	吨	223
大豆	吨	2
油料产量	吨	6
园林水果产量	吨	214
肉类总产量	吨	374
其中:猪肉产量	吨	296
年末生猪存栏	头	2230
年末牛存栏	头	20
年末羊存栏	只	2678
禽蛋产量	吨	111
奶类产量	吨	36
蔬菜产量	吨	284
水产品产量	吨	50
五、工业及建筑业		
规模以上工业企业单位数	个	6
规模以上工业总产值	万元	654674
规模以上工业企业从业人员年平均人数	人	5809
规模以上工业企业主营业务收入	万元	669530
建筑业企业单位数	个	262
六、交通、通讯与能源		
公路里程	公里	85.34
七、贸易、外经、旅游		
社会消费品零售总额	万元	3971131
出口总额	万美元	18815
当年实际使用外资金额	万美元	8183
八、固定资产投资		
固定资产投资	万元	1909744
新增固定资产	万元	465888
房地产开发投资	万元	955392

续表

指　标	单位	2015
其中:住宅	万元	784031
住宅竣工面积	万平方米	69.2
九、教育、科技、文化、卫生		
普通中学	所	22
小学数	所	36
普通中学专任教师数	人	2529
小学专任教师数	人	2005
普通中学在校学生数	人	29048
小学在校学生数	人	33623
全年专利授权数	件	535
公共图书馆图书总藏量	千册	100
剧场、影剧院个数	个	8
体育场馆个数	个	1
医疗卫生机构床位数	床	9143
医疗卫生机构技术人员	人	13159
其中:执业(助理)医师	人	4866
十、居民收入		
居民人均可支配收入	元	28042
城镇居民人均可支配收入	元	28352
农村居民人均纯收入	元	17970
十一、社会保障		
各种社会福利收养性单位数	个	1
各种社会福利收养性单位床位数	床	100
城镇基本养老保险参保人数	人	48326
城镇基本医疗保险参保人数	人	156927
失业保险参保人数	人	17241
新型农村合作医疗参保人数	人	23923
新型农村社会养老保险参保人数	人	26643
城镇居民最低生活保障人数	人	2170
农村居民最低生活保障人数	人	505
十二、资源与环境		
森林面积	公顷	1760
工业二氧化硫排放量	吨	598
氮氧化物排放量	吨	1874
烟(粉)尘排放量	吨	96
垃圾处理站数	个	11
城区空气质量优良以上天数	天	197

2015 年杏花岭区国民经济主要指标

指　标	单位	2015
一、基本情况		
行政区域面积	平方公里	170
乡个数	个	2
街道办事处个数	个	10
二、人口		
常住户数	户	177229
常住人口	万人	65.95
户籍人口	万人	59.59
其中:农业户籍人口	万人	1.65
三、综合经济		
(一)地区生产总值	万元	4532309
第一产业增加值	万元	5753
农业	万元	1470
林业	万元	2689
牧业	万元	1594
第二产业增加值	万元	834488
其中:工业	万元	121440
第三产业增加值	万元	3692068
(二)财政、金融		
公共财政收入	万元	160936
各项税收	万元	148001
公共财政支出	万元	209931
其中:农林水事务支出	万元	7013
科学技术支出	万元	3387
医疗卫生支出	万元	15029
教育支出	万元	57701
四、农业		
(一)生产条件		
设施农业占地面积	公顷	13
农业机械总动力	万千瓦特	1.54
化肥使用量(折纯量)	吨	34
农药使用量	吨	13
地膜使用量	吨	5
(二)农作物播种面积	公顷	664.9
粮食作物播种面积	公顷	596.9

续表

指　标	单位	2015
其中:玉米	公顷	277.9
大豆	公顷	129.9
油料播种面积	公顷	4.6
蔬菜播种面积	公顷	63.4
(三)农产品产量		
粮食总产量	吨	895
其中:玉米	吨	472
大豆	吨	116
油料产量	吨	5
园林水果产量	吨	1128
肉类总产量	吨	1660
其中:猪肉产量	吨	1487
年末生猪存栏	头	14929
年末牛存栏	头	46
年末羊存栏	只	8358
禽蛋产量	吨	406
奶类产量	吨	63
蔬菜产量	吨	2737
五、工业及建筑业		
规模以上工业企业单位数	个	26
规模以上工业总产值	万元	258699
规模以上工业企业从业人员年平均人数	人	8946
规模以上工业企业主营业务收入	万元	263469
建筑业企业单位数	个	171
六、交通、通讯与能源		
公路里程	公里	134.58
七、贸易、外经、旅游		
社会消费品零售总额	万元	1860177
出口总额	万美元	29939
当年实际使用外资金额	万美元	1350
八、固定资产投资		
固定资产投资	万元	1918814
新增固定资产	万元	199347
房地产开发投资	万元	1271510
其中:住宅	万元	825423

续表

指 标	单位	2015
住宅竣工面积	万平方米	215.81
九、教育、科技、文化、卫生		
普通中学	所	40
小学数	所	52
普通中学专任教师数	人	3476
小学专任教师数	人	2422
普通中学在校学生数	人	37644
小学在校学生数	人	43822
全年专利授权数	件	337
剧场、影剧院个数	个	2
体育场馆个数	个	1
医疗卫生机构床位数	床	9375
医疗卫生机构技术人员	人	14099
其中:执业(助理)医师	人	4877
十、居民收入		
居民人均可支配收入	元	27929
城镇居民人均可支配收入	元	28417
农村居民人均纯收入	元	15782
十一、社会保障		
各种社会福利收养性单位数	个	7
各种社会福利收养性单位床位数	床	643
城镇基本养老保险参保人数	人	56648
城镇基本医疗保险参保人数	人	149869
失业保险参保人数	人	31955
新型农村合作医疗参保人数	人	29791
新型农村社会养老保险参保人数	人	37235
城镇居民最低生活保障人数	人	7481
农村居民最低生活保障人数	人	2087
十二、资源与环境		
森林面积	公顷	1687
工业二氧化硫排放量	吨	1090
氮氧化物排放量	吨	5159
烟(粉)尘排放量	吨	706
垃圾处理站数	个	15
城区空气质量优良以上天数	天	197

2015年尖草坪区国民经济主要指标

指　标	单位	2015
一、基本情况		
行政区域面积	平方公里	285
乡个数	个	3
镇个数	个	2
街道办事处个数	个	9
二、人口		
常住户数	户	108413
常住人口	万人	42.8
户籍人口	万人	33.55
其中:农业户籍人口	万人	3.34
三、综合经济		
(一)地区生产总值	万元	2461700
第一产业增加值	万元	31955
农业	万元	19788
林业	万元	4514
牧业	万元	7562
渔业	万元	91
第二产业增加值	万元	1507382
其中:工业	万元	1256845
第三产业增加值	万元	922363
其中:农林牧渔服务业	万元	349
(二)财政、金融		
公共财政收入	万元	66530
各项税收	万元	58145
公共财政支出	万元	120928
其中:农林水事务支出	万元	10234
科学技术支出	万元	1557
医疗卫生支出	万元	15300
教育支出	万元	33973
四、农业		
(一)生产条件		
设施农业占地面积	公顷	111.2
农业机械总动力	万千瓦特	4.23
化肥使用量(折纯量)	吨	1001
农药使用量	吨	105
地膜使用量	吨	148
机收面积	公顷	789.2

续表

指　标	单位	2015
(二)农作物播种面积	公顷	5589
粮食作物播种面积	公顷	4473.9
其中:玉米	公顷	3246.0
大豆	公顷	271.4
油料播种面积	公顷	42.0
蔬菜播种面积	公顷	1026.7
(三)农产品产量		
粮食总产量	吨	13418
其中:玉米	吨	12333
大豆	吨	290
油料产量	吨	44
园林水果产量	吨	23776
肉类总产量	吨	4417
其中:猪肉产量	吨	3823
年末生猪存栏	头	29908
年末牛存栏	头	8929
年末羊存栏	只	20353
禽蛋产量	吨	1980
奶类产量	吨	16103
蔬菜产量	吨	66900
水产品产量	吨	206
五、工业及建筑业		
规模以上工业企业单位数	个	61
规模以上工业总产值	万元	6896807
规模以上工业企业从业人员年平均人数	人	53508
规模以上工业企业主营业务收入	万元	9722387
建筑业企业单位数	个	73
六、交通、通讯与能源		
公路里程	公里	200.40
七、贸易、外经、旅游		
社会消费品零售总额	万元	832580
出口总额	万美元	157561
当年实际使用外资金额	万美元	11253.63
八、固定资产投资		
固定资产投资	万元	1600006
新增固定资产	万元	749284
房地产开发投资	万元	356658

续表

指　标	单位	2015
其中:住宅	万元	320227
住宅竣工面积	万平方米	2
九、教育、科技、文化、卫生		
普通中学	所	22
小学数	所	38
普通中学专任教师数	人	1581
小学专任教师数	人	1385
普通中学在校学生数	人	15227
小学在校学生数	人	23296
全年专利授权数	件	813
公共图书馆图书总藏量	千册	119.11
剧场、影剧院个数	个	1
体育场馆个数	个	2
医疗卫生机构床位数	床	2808
医疗卫生机构技术人员	人	3339
其中:执业(助理)医师	人	1482
十、居民收入		
居民人均可支配收入	元	26860
城镇居民人均可支配收入	元	27805
农村居民人均纯收入	元	12858
十一、社会保障		
各种社会福利收养性单位数	个	1
各种社会福利收养性单位床位数	床	230
城镇基本养老保险参保人数	人	53138
城镇基本医疗保险参保人数	人	107255
失业保险参保人数	人	22325
新型农村合作医疗参保人数	人	112330
新型农村社会养老保险参保人数	人	74409
城镇居民最低生活保障人数	人	3900
农村居民最低生活保障人数	人	2734
十二、资源与环境		
森林面积	公顷	4993
工业二氧化硫排放量	吨	35342
氮氧化物排放量	吨	40746
烟(粉)尘排放量	吨	10799
污水处理厂数	座	2
垃圾处理站数	个	13
城区空气质量优良以上天数	天	197

2015年万柏林区国民经济主要指标

指　标	单位	2015
一、基本情况		
行政区域面积	平方公里	305
乡个数	个	1
街道办事处个数	个	14
二、人口		
常住户数	户	160453
常住人口	万人	77.38
户籍人口	万人	56.47
其中:农业户籍人口	万人	3.18
三、综合经济		
(一)地区生产总值	万元	3522115
第一产业增加值	万元	6628
农业	万元	639
林业	万元	4898
牧业	万元	1076
渔业	万元	15
第二产业增加值	万元	1997897
其中:工业	万元	1106564
第三产业增加值	万元	1517590
其中:农林牧渔服务业	万元	610
(二)财政、金融		
公共财政收入	万元	153705
各项税收	万元	142317
公共财政支出	万元	233127
其中:农林水事务支出	万元	12355
科学技术支出	万元	1743
医疗卫生支出	万元	15215
教育支出	万元	58450
四、农业		
(一)生产条件		
设施农业占地面积	公顷	3
农业机械总动力	万千瓦特	3.51
化肥使用量(折纯量)	吨	51
农药使用量	吨	2
地膜使用量	吨	2

续表

指　标	单位	2015
机收面积	公顷	260.0
(二)农作物播种面积	公顷	612.7
粮食作物播种面积	公顷	526.5
其中:玉米	公顷	330.0
蔬菜播种面积	公顷	41.2
(三)农产品产量		
粮食总产量	吨	1179
其中:玉米	吨	782
园林水果产量	吨	496
肉类总产量	吨	870
其中:猪肉产量	吨	794
年末生猪存栏	头	8679
年末牛存栏	头	82
年末羊存栏	只	324
禽蛋产量	吨	500
奶类产量	吨	325
蔬菜产量	吨	1040
水产品产量	吨	20
五、工业及建筑业		
规模以上工业企业单位数	个	26
规模以上工业总产值	万元	2935819
规模以上工业企业从业人员年平均人数	人	112739
规模以上工业企业主营业务收入	万元	4649401
建筑业企业单位数	个	144
六、交通、通讯与能源		
公路里程	公里	195
七、贸易、外经、旅游		
社会消费品零售总额	万元	2141408
出口总额	万美元	12071
当年实际使用外资金额	万美元	20210
八、固定资产投资		
固定资产投资	万元	3816427
新增固定资产	万元	1193437
房地产开发投资	万元	1104127
其中:住宅	万元	580188
住宅竣工面积	万平方米	64.9

续表

指　标	单位	2015
九、教育、科技、文化、卫生		
普通中学	所	27
小学数	所	57
普通中学专任教师数	人	2471
小学专任教师数	人	2717
普通中学在校学生数	人	26556
小学在校学生数	人	47112
全年专利授权数	件	945
公共图书馆图书总藏量	千册	31.7
剧场、影剧院个数	个	5
体育场馆个数	个	4
医疗卫生机构床位数	床	4610
医疗卫生机构技术人员	人	8104
其中:执业(助理)医师	人	3073
十、居民收入		
居民人均可支配收入	元	27444
城镇居民人均可支配收入	元	27673
农村居民人均纯收入	元	18764
十一、社会保障		
各种社会福利收养性单位数	个	2
各种社会福利收养性单位床位数	床	90
城镇基本养老保险参保人数	人	41247
城镇基本医疗保险参保人数	人	201227
失业保险参保人数	人	24583
新型农村合作医疗参保人数	人	79165
新型农村社会养老保险参保人数	人	58382
城镇居民最低生活保障人数	人	4151
农村居民最低生活保障人数	人	2627
十二、资源与环境		
森林面积	公顷	4620
工业二氧化硫排放量	吨	11118
氮氧化物排放量	吨	4101
烟(粉)尘排放量	吨	1186
污水处理厂数	座	1
垃圾处理站数	个	28
城区空气质量优良以上天数	天	197

2015 年晋源区国民经济主要指标

指　标	单位	2015
一、基本情况		
行政区域面积	平方公里	288
镇个数	个	3
街道办事处个数	个	3
二、人口		
常住户数	户	64309
常住人口	万人	22.85
户籍人口	万人	19.99
其中:农业户籍人口	万人	4.41
三、综合经济		
(一)地区生产总值	万元	523787
第一产业增加值	万元	39960
农业	万元	29885
林业	万元	2643
牧业	万元	7290
渔业	万元	142
第二产业增加值	万元	195288
其中:工业	万元	92701
第三产业增加值	万元	288539
其中:农林牧渔服务业	万元	542
(二)财政、金融		
公共财政收入	万元	64556
各项税收	万元	59682
公共财政支出	万元	106420
其中:农林水事务支出	万元	7827
科学技术支出	万元	1201
医疗卫生支出	万元	12443
教育支出	万元	21415
四、农业		
(一)生产条件		
设施农业占地面积	公顷	237.4
农业机械总动力	万千瓦特	17.41
化肥使用量(折纯量)	吨	917
农药使用量	吨	68
地膜使用量	吨	67
机收面积	公顷	812.0
(二)农作物播种面积	公顷	4901.2

续表

指 标	单位	2015
粮食作物播种面积	公顷	2592.0
其中:稻谷	公顷	140.0
玉米	公顷	2318.0
大豆	公顷	15.5
蔬菜播种面积	公顷	2309.2
(三)农产品产量		
粮食总产量	吨	21464
其中:稻谷	吨	899
玉米	吨	19532
大豆	吨	56
园林水果产量	吨	3692
肉类总产量	吨	4431
其中:猪肉产量	吨	3146
年末生猪存栏	头	27140
年末牛存栏	头	2535
年末羊存栏	只	14424
禽蛋产量	吨	5468
奶类产量	吨	11301
蔬菜产量	吨	161102
水产品产量	吨	260
五、工业及建筑业		
规模以上工业企业单位数	个	21
规模以上工业总产值	万元	220425
规模以上工业企业从业人员年平均人数	人	6447
规模以上工业企业主营业务收入	万元	702012
建筑业企业单位数	个	47
六、交通、通讯与能源		
公路里程	公里	202.80
七、贸易、外经、旅游		
社会消费品零售总额	万元	290178
出口总额	万美元	2672
八、固定资产投资		
固定资产投资	万元	1662222
新增固定资产	万元	681868
房地产开发投资	万元	143375
其中:住宅	万元	109909
住宅竣工面积	万平方米	

续表

指　标	单位	2015
九、教育、科技、文化、卫生		
普通中学	所	12
小学数	所	29
普通中学专任教师数	人	1116
小学专任教师数	人	822
普通中学在校学生数	人	12282
小学在校学生数	人	15517
全年专利授权数	件	79
公共图书馆图书总藏量	千册	22
剧场、影剧院个数	个	1
体育场馆个数	个	1
医疗卫生机构床位数	床	1209
医疗卫生机构技术人员	人	1388
其中:执业(助理)医师	人	569
十、居民收入		
居民人均可支配收入	元	22320
城镇居民人均可支配收入	元	27767
农村居民人均纯收入	元	12412
十一、社会保障		
各种社会福利收养性单位数	个	1
各种社会福利收养性单位床位数	床	108
城镇基本养老保险参保人数	人	15762
城镇基本医疗保险参保人数	人	22212
失业保险参保人数	人	7903
新型农村合作医疗参保人数	人	123803
新型农村社会养老保险参保人数	人	82974
城镇居民最低生活保障人数	人	1456
农村居民最低生活保障人数	人	5993
十二、资源与环境		
森林面积	公顷	4840
工业二氧化硫排放量	吨	9270.33
氮氧化物排放量	吨	18407
烟(粉)尘排放量	吨	1107
污水处理厂数	座	1
垃圾处理站数	个	3
城区空气质量优良以上天数	天	197

2015年古交市国民经济主要指标

指　标	单位	2015
一、基本情况		
行政区域面积	平方公里	1584
乡个数	个	7
镇个数	个	3
街道办事处个数	个	4
二、人口		
常住户数	户	79646
常住人口	万人	21.18
户籍人口	万人	21.80
其中:农业户籍人口	万人	8.75
三、综合经济		
(一)地区生产总值	万元	219944
第一产业增加值	万元	17288
农业	万元	7497
林业	万元	4757
牧业	万元	4958
渔业	万元	76
第二产业增加值	万元	58329
其中:工业	万元	35557
第三产业增加值	万元	144327
其中:农林牧渔服务业	万元	1770
(二)财政、金融		
公共财政收入	万元	77693
各项税收	万元	31407
公共财政支出	万元	175826
其中:农林水事务支出	万元	12796
科学技术支出	万元	207
医疗卫生支出	万元	15097
教育支出	万元	46437
年末金融机构各项存款余额	万元	1552371

续表

指　标	单位	2015
其中:居民储蓄存款余额	万元	1242395
年末金融机构各项贷款余额	万元	533553
四、农业		
(一)生产条件		
设施农业占地面积	公顷	72
农业机械总动力	万千瓦特	22.15
化肥使用量(折纯量)	吨	751
农药使用量	吨	31
地膜使用量	吨	131
机收面积	公顷	3266.0
(二)农作物播种面积	公顷	9115.5
粮食作物播种面积	公顷	7463.5
其中:玉米	公顷	1560.0
大豆	公顷	1301.5
油料播种面积	公顷	747.2
蔬菜播种面积	公顷	543.6
(三)农产品产量		
粮食总产量	吨	10597
其中:玉米	吨	2388
大豆	吨	1100
油料产量	吨	832
园林水果产量	吨	583
肉类总产量	吨	4480
其中:猪肉产量	吨	2665
年末生猪存栏	头	22015
年末牛存栏	头	2212
年末羊存栏	只	68733
禽蛋产量	吨	3321
奶类产量	吨	240
蔬菜产量	吨	40333

续表

指 标	单位	2015
水产品产量	吨	140
五、工业及建筑业		
规模以上工业企业单位数	个	11
规模以上工业总产值	万元	225971
规模以上工业企业从业人员年平均人数	人	5225
规模以上工业企业主营业务收入	万元	217504
建筑业企业单位数	个	11
六、交通、通讯与能源		
公路里程	公里	731.04
民用汽车拥有量	辆	9523
年末公交车路数	路	21
年末实有公共汽(电)车营运车辆数	辆	164
年末实有出租汽车数	辆	237
固定电话用户	户	36840
移动电话用户	户	192451
互联网宽带接入用户	户	38511
全社会用电量	万千瓦时	23377.51
其中:居民生活用电量	万千瓦时	5497.86
七、贸易、外经、旅游		
社会消费品零售总额	万元	445856
八、固定资产投资		
固定资产投资	万元	642663
新增固定资产	万元	354132
房地产开发投资	万元	67341
其中:住宅	万元	53788
住宅竣工面积	万平方米	15.51
九、教育、科技、文化、卫生		
普通中学	所	21
小学数	所	30
普通中学专任教师数	人	1177

续表

指　标	单位	2015
小学专任教师数	人	1516
普通中学在校学生数	人	12096
小学在校学生数	人	17895
全年专利授权数	件	21
公共图书馆图书总藏量	千册	47.77
剧场、影剧院个数	个	1
体育场馆个数	个	1
医疗卫生机构床位数	床	1383
医疗卫生机构技术人员	人	1813
其中:执业(助理)医师	人	697
十、居民收入		
居民人均可支配收入	元	22347
城镇居民人均可支配收入	元	25788
农村居民人均纯收入	元	13072
十一、社会保障		
各种社会福利收养性单位数	个	1
各种社会福利收养性单位床位数	床	504
城镇基本养老保险参保人数	人	29183
城镇基本医疗保险参保人数	人	65650
失业保险参保人数	人	36036
新型农村合作医疗参保人数	人	73162
新型农村社会养老保险参保人数	人	56511
城镇居民最低生活保障人数	人	3947
农村居民最低生活保障人数	人	4307
十二、资源与环境		
森林面积	公顷	27167
工业二氧化硫排放量	吨	13320
氮氧化物排放量	吨	12011
烟(粉)尘排放量	吨	13234
污水处理厂数	座	4
城区空气质量优良以上天数	天	285

2015年清徐县国民经济主要指标

指　标	单位	2015
一、基本情况		
行政区域面积	平方公里	609
乡个数	个	5
镇个数	个	4
二、人口		
常住户数	户	121846
常住人口	万人	35.08
户籍人口	万人	32.85
其中:农业户籍人口	万人	24.30
三、综合经济		
(一)地区生产总值	万元	1159220
第一产业增加值	万元	135406
农业	万元	101701
林业	万元	2389
牧业	万元	30326
渔业	万元	990
第二产业增加值	万元	618392
其中:工业	万元	531692
第三产业增加值	万元	405422
其中:农林牧渔服务业	万元	4010
(二)财政、金融		
公共财政收入	万元	61628
各项税收	万元	41682
公共财政支出	万元	156068
其中:农林水事务支出	万元	20331
科学技术支出	万元	1309
医疗卫生支出	万元	24219
教育支出	万元	45001
年末金融机构各项存款余额	万元	1876517
其中:居民储蓄存款余额	万元	1300017
年末金融机构各项贷款余额	万元	1403808

续表

指　标	单位	2015
四、农业		
(一)生产条件		
设施农业占地面积	公顷	1024.6
农业机械总动力	万千瓦特	38.05
化肥使用量(折纯量)	吨	13145
农药使用量	吨	476
地膜使用量	吨	643
机收面积	公顷	14000.0
(二)农作物播种面积	公顷	30454.9
粮食作物播种面积	公顷	20524.0
其中:小麦	公顷	42.0
玉米	公顷	19827.4
大豆	公顷	24.7
油料播种面积	公顷	25.2
其中:花生	公顷	16.3
棉花播种面积	公顷	7.7
蔬菜播种面积	公顷	9631.5
(三)农产品产量		
粮食总产量	吨	107896
其中:小麦	吨	255
玉米	吨	104031
大豆	吨	43
油料产量	吨	48
其中:花生	吨	28
棉花产量	吨	14
园林水果产量	吨	52117
肉类总产量	吨	23845
其中:猪肉产量	吨	17862
年末生猪存栏	头	115384
年末牛存栏	头	8506
年末羊存栏	只	101441
禽蛋产量	吨	6973

续表

指　标	单位	2015
奶类产量	吨	15255
蔬菜产量	吨	640472
水产品产量	吨	1351
五、工业及建筑业		
规模以上工业企业单位数	个	63
规模以上工业总产值	万元	1505767
规模以上工业企业从业人员年平均人数	人	18376
规模以上工业企业主营业务收入	万元	1470940
建筑业企业单位数	个	20
六、交通、通讯与能源		
公路里程	公里	530.14
民用汽车拥有量	辆	42300
年末公交车路数	路	26
年末实有公共汽(电)车营运车辆数	辆	66
年末实有出租汽车数	辆	100
固定电话用户	户	26755
移动电话用户	户	286145
互联网宽带接入用户	户	56263
全社会用电量	万千瓦时	68811.09
其中:居民生活用电量	万千瓦时	14674.43
七、贸易、外经、旅游		
社会消费品零售总额	万元	504248
出口总额	万美元	4120
八、固定资产投资		
固定资产投资	万元	914867
新增固定资产	万元	222201
房地产开发投资	万元	39565
其中:住宅	万元	33119
住宅竣工面积	万平方米	1.11
九、教育、科技、文化、卫生		
普通中学	所	20
小学数	所	77

续表

指　标	单位	2015
普通中学专任教师数	人	1705
小学专任教师数	人	1586
普通中学在校学生数	人	18455
小学在校学生数	人	21303
全年专利授权数	件	111
公共图书馆图书总藏量	千册	105.08
剧场、影剧院个数	个	1
体育场馆个数	个	1
医疗卫生机构床位数	床	711
医疗卫生机构技术人员	人	751
其中:执业(助理)医师	人	387
十、居民收入		
居民人均可支配收入	元	18192
城镇居民人均可支配收入	元	26778
农村居民人均纯收入	元	15692
十一、社会保障		
各种社会福利收养性单位数	个	6
各种社会福利收养性单位床位数	床	620
城镇基本养老保险参保人数	人	29168
城镇基本医疗保险参保人数	人	39757
失业保险参保人数	人	14568
新型农村合作医疗参保人数	人	247046
新型农村社会养老保险参保人数	人	169240
城镇居民最低生活保障人数	人	1444
农村居民最低生活保障人数	人	4342
十二、资源与环境		
森林面积	公顷	5993
工业二氧化硫排放量	吨	6319
氮氧化物排放量	吨	3869
烟(粉)尘排放量	吨	5495
污水处理厂数	座	1
城区空气质量优良以上天数	天	168

2015年阳曲县国民经济主要指标

指　标	单位	2015
一、基本情况		
行政区域面积	平方公里	2059
乡个数	个	6
镇个数	个	4
二、人口		
常住户数	户	64159
常住人口	万人	12.24
户籍人口	万人	15.09
其中:农业户籍人口	万人	11.18
三、综合经济		
(一)地区生产总值	万元	310225
第一产业增加值	万元	49543
农业	万元	29009
林业	万元	4532
牧业	万元	15975
渔业	万元	27
第二产业增加值	万元	165878
其中:工业	万元	155519
第三产业增加值	万元	94804
其中:农林牧渔服务业	万元	1339
(二)财政、金融		
公共财政收入	万元	33575
各项税收	万元	19038
公共财政支出	万元	108899
其中:农林水事务支出	万元	24824
科学技术支出	万元	611
医疗卫生支出	万元	13117
教育支出	万元	19739
年末金融机构各项存款余额	万元	5626515
其中:居民储蓄存款余额	万元	425356
年末金融机构各项贷款余额	万元	219916

续表

指　标	单位	2015
四、农业		
(一)生产条件		
设施农业占地面积	公顷	360
农业机械总动力	万千瓦特	21.51
化肥使用量(折纯量)	吨	8744
农药使用量	吨	98
地膜使用量	吨	1204
机收面积	公顷	13550.0
(二)农作物播种面积	公顷	24395.3
粮食作物播种面积	公顷	21338
其中:玉米	公顷	15019
大豆	公顷	1044
油料播种面积	公顷	314
其中:花生	公顷	2
蔬菜播种面积	公顷	2229.9
(三)农产品产量		
粮食总产量	吨	61658.7
其中:玉米	吨	50867
大豆	吨	1648
油料产量	吨	573
其中:花生	吨	3
园林水果产量	吨	4174
肉类总产量	吨	8986
其中:猪肉产量	吨	5099
年末生猪存栏	头	33623
年末牛存栏	头	6681
年末羊存栏	只	152258
禽蛋产量	吨	6310
奶类产量	吨	16614
蔬菜产量	吨	90650
水产品产量	吨	42

续表

指 标	单位	2015
五、工业及建筑业		
规模以上工业企业单位数	个	23
规模以上工业总产值	万元	506634
规模以上工业企业从业人员年平均人数	人	3824
规模以上工业企业主营业务收入	万元	376819
建筑业企业单位数	个	6
六、交通、通讯与能源		
公路里程	公里	740.47
民用汽车拥有量	辆	7536
年末公交车路数	路	33
年末实有公共汽(电)车营运车辆数	辆	120
年末实有出租汽车数	辆	60
固定电话用户	户	13094
移动电话用户	户	124183
互联网宽带接入用户	户	20787
全社会用电量	万千瓦时	47462.94
其中:居民生活用电量	万千瓦时	4132.76
七、贸易、外经、旅游		
社会消费品零售总额	万元	115893
出口总额	万美元	9
八、固定资产投资		
固定资产投资	万元	575996
新增固定资产	万元	343610
房地产开发投资	万元	44022
其中:住宅	万元	34993
住宅竣工面积	万平方米	2.45
九、教育、科技、文化、卫生		
普通中学	所	11
小学数	所	16
普通中学专任教师数	人	690
小学专任教师数	人	656

续表

指　标	单位	2015
普通中学在校学生数	人	8520
小学在校学生数	人	7752
全年专利授权数	件	7
公共图书馆图书总藏量	千册	55
剧场、影剧院个数	个	2
体育场馆个数	个	1
医疗卫生机构床位数	床	1137
医疗卫生机构技术人员	人	676
其中:执业(助理)医师	人	224
十、居民收入		
居民人均可支配收入	元	10970
城镇居民人均可支配收入	元	20160
农村居民人均纯收入	元	7078
十一、社会保障		
各种社会福利收养性单位数	个	11
各种社会福利收养性单位床位数	床	1269
城镇基本养老保险参保人数	人	14127
城镇基本医疗保险参保人数	人	21783
失业保险参保人数	人	6079
新型农村合作医疗参保人数	人	109347
新型农村社会养老保险参保人数	人	78910
城镇居民最低生活保障人数	人	4563
农村居民最低生活保障人数	人	4457
十二、资源与环境		
森林面积	公顷	38820
工业二氧化硫排放量	吨	2734
氮氧化物排放量	吨	4667
烟(粉)尘排放量	吨	2308
污水处理厂数	座	1
城区空气质量优良以上天数	天	219

2015 年娄烦县国民经济主要指标

指　标	单位	2015
一、基本情况		
行政区域面积	平方公里	1276
乡个数	个	5
镇个数	个	3
二、人口		
常住户数	户	51224
常住人口	万人	10.83
户籍人口	万人	12.59
其中:农业户籍人口	万人	9.45
三、综合经济		
(一)地区生产总值	万元	139831
第一产业增加值	万元	17162
农业	万元	9798
林业	万元	3452
牧业	万元	3688
渔业	万元	224
第二产业增加值	万元	30579
其中:工业	万元	29260
第三产业增加值	万元	92090
其中:农林牧渔服务业	万元	809
(二)财政、金融	—	
公共财政收入	万元	28472
各项税收	万元	17967
公共财政支出	万元	76203
其中:农林水事务支出	万元	13641
科学技术支出	万元	418
医疗卫生支出	万元	10812
教育支出	万元	12483
年末金融机构各项存款余额	万元	387377.3
其中:居民储蓄存款余额	万元	233947
年末金融机构各项贷款余额	万元	129909.75
四、农业		
(一)生产条件		
设施农业占地面积	公顷	17.6
农业机械总动力	万千瓦特	11
化肥使用量(折纯量)	吨	901
农药使用量	吨	10
地膜使用量	吨	75
机收面积	公顷	2800.0

续表

指　标	单位	2015
(二)农作物播种面积	公顷	11592.8
粮食作物播种面积	公顷	10086.5
其中:玉米	公顷	1650.1
大豆	公顷	1348.5
油料播种面积	公顷	1176.1
蔬菜播种面积	公顷	265.0
(三)农产品产量		
粮食总产量	吨	15212
其中:玉米	吨	3416
大豆	吨	1942
油料产量	吨	1487
园林水果产量	吨	1540
肉类总产量	吨	2441
其中:猪肉产量	吨	1135
年末生猪存栏	头	11240
年末牛存栏	头	2950
年末羊存栏	只	69788
禽蛋产量	吨	801
蔬菜产量	吨	9971
水产品产量	吨	438
五、工业及建筑业		
规模以上工业企业单位数	个	12
规模以上工业总产值	万元	108947
规模以上工业企业从业人员年平均人数	人	1014
规模以上工业企业主营业务收入	万元	54456
建筑业企业单位数	个	1
六、交通、通讯与能源		
公路里程	公里	420.95
民用汽车拥有量	辆	6840
年末公交车路数	路	5
年末实有公共汽(电)车营运车辆数	辆	35
年末实有出租汽车数	辆	30
固定电话用户	户	11542
移动电话用户	户	85713
互联网宽带接入用户	户	14851
全社会用电量	万千瓦时	13909.05
其中:居民生活用电量	万千瓦时	3302.3
七、贸易、外经、旅游		
社会消费品零售总额	万元	43933

续表

指　标	单位	2015
八、固定资产投资		
固定资产投资	万元	271514
新增固定资产	万元	156343
房地产开发投资	万元	40658
其中:住宅	万元	33258
住宅竣工面积	万平方米	29.34
九、教育、科技、文化、卫生		
普通中学	所	8
小学数	所	14
普通中学专任教师数	人	457
小学专任教师数	人	682
普通中学在校学生数	人	5745
小学在校学生数	人	7586
公共图书馆图书总藏量	千册	50.2
医疗卫生机构床位数	床	280
医疗卫生机构技术人员	人	339
其中:执业(助理)医师	人	170
十、居民收入		
居民人均可支配收入	元	9788
城镇居民人均可支配收入	元	17511
农村居民人均纯收入	元	5535
十一、社会保障		
各种社会福利收养性单位数	个	5
各种社会福利收养性单位床位数	床	1125
城镇基本养老保险参保人数	人	10142
城镇基本医疗保险参保人数	人	14178
失业保险参保人数	人	5303
新型农村合作医疗参保人数	人	106259
新型农村社会养老保险参保人数	人	49611
城镇居民最低生活保障人数	人	3244
农村居民最低生活保障人数	人	11266
十二、资源与环境		
森林面积	公顷	19980
工业二氧化硫排放量	吨	2106.5
氮氧化物排放量	吨	280.48
烟(粉)尘排放量	吨	3830.245
污水处理厂数	座	1
城区空气质量优良以上天数	天	295

索　　引

说　明　(1)本索引以人名、地名、机构名称、活动名称、事件(事物)名称等为主题词进行检索。(2)本索引按主题词汉语拼音字母顺序排列(数字开头主题词另排序),主题词后面的数字和字母分别表示所在页码和分栏位置(abc表示本页码左中右三栏)。(3)本索引主题词主要选自本年鉴正文部分,特载、大事记、附录以及图表、照片不在索引范围内。

C

D

G

H

J

K

L

Q

R

S

W

X

Y

Z

太原年鉴撰稿人员名单

（以姓氏笔画为序）

马　丽　马　峰　马　翔　马松威　马富荣　介晋芳　方慧敏　牛路捷　牛燕云
王　飞　王　冰　王　轲　王　浩　王　斌　王　琳　王　慧　王一飞　王小鑫
王东礼　王玉凤　王安厦　王红进　王建新　王润生　王艳平　王雅琴　王鹏飞
王鹏宇　王增艳　王耀廷　冯启仁　冯琬云　史改莲　史春元　史媛雅　史燕香
司建林　田　宁　白凤香　白瑞军　艾　洁　边素庭　乔保证　任改拖　任忠强
任跃中　刘　宁　刘　婷　刘　翔　刘　蓉　刘　震　刘小青　刘文剑　刘华政
刘丽宏　刘林贵　刘俊萍　刘春生　刘美芬　刘彩秀　刘雁珍　刘潇涵　刘慧资
孙　静　孙卫东　孙生杰　孙胜利　孙淑环　安晓娟　师彦晋　师秋娟　成瑞鸿
米睿民　许　航　许梨花　邢春莲　闫　峰　闫伟卓　闫菲菲　佟　亮　吴　轩
吴　昊　吴　鹏　宋　彪　宋晨曦　张　玉　张　凯　张　柳　张　洋　张　涛
张　媛　张　静　张　磊　张双乐　张少栋　张永宁　张冰晶　张守峰　张丽琼
张利红　张迎春　张远超　张佩忠　张国文　张国卉　张国香　张建荣　张宪平
张晓华　张晓茜　张爱生　李　平　李　佳　李　炜　李　莉　李　莹　李　翔
李　锦　李　鑫　李小青　李日坤　李四喜　李玉英　李向阳　李咏梅　李勇东
李钟锴　李海威　李爱军　李维秀　杜孟力　杨士元　杨宇霆　杨红昌　杨宏平
杨志刚　杨俊国　连　越　邱俊玲　陈妍瑛　陈雅彬　周　腊　周永丽　孟秀君
尚潇涛　武建新　武荣联　武超龙　范海东　郑　罡　郑慧敏　段繁绪　荀　伟
贺新新　赵　忠　赵　炜　赵　亮　赵文平　赵志英　赵国琦　赵俊康　赵晋春
赵晋胜　郝亚婷　郝嘉艳　原　阳　姬　哲　徐敬利　栗　群　耿龙飞　贾涛宁
贾景钰　郭　微　郭　静　郭天文　郭天龙　郭勇智　郭春华　郭晓娟　崔　晰
崔振刚　曹永明　曹晓红　曹素玲　梁晓华　梁慕和　阎玉山　黄　飞　黄承明
景春勇　温　阳　温俊丽　程慧娴　董修竹　董曙华　韩文俊　韩妍妍　韩晓俊
韩翠峰　鲁向勇　窦晋斌　路　晶　靳　强　蔡　洁　蔡鹏勇　潘　晓　黎俊伟
薄艳飞　霍永刚　魏建文

中国邮政集团公司太原市分公司

山西省邮政分公司总经理张宗梁一行在太原市分公司总经理张俊卿等陪同下，在迎泽区东岗支局、小店区王村支局及东太堡支局进行调研

太原市分公司总经理张俊卿、副总经理康健前往清徐县与好朋友商贸有限公司签署快递包裹代收合作协议

太原邮政隶属于山西省邮政分公司，为中央国有企业，是一个社会公用性服务行业，主要承担着省城党政军机关、企事业单位和全市340多万市民的用邮服务，既有普遍服务的义务，又具有国有资产经营职能。2007年以来，邮政体制改革不断深化，经历了政企分开、邮银分营、速递物流分营、企业更名等改革，目前，太原邮政由中国邮政集团公司太原市分公司、中国邮政储蓄银行太原分行、邮政速递物流公司太原营业部三大经营主体构成。

中国邮政集团公司太原市分公司的前身是太原市邮政局，于2014年3月份更名为山西省邮政公司太原市分公司，之后又于2015年4月份正式更名为中国邮政集团公司太原市分公司。公司下辖4个县（市）邮政局、6个区邮政局、4个收投分局，设有9个机关职能部室、7个专业局和3个支撑服务单位和2个附属公司。现有员工2566名，占全省比重12.64%；拥有总资产2.23亿元，其中固定资产1.36亿元，占比52.11%；邮政局所178处，城市投递道段105条，乡邮道段104条，函件专投道段43条，社区邮政服务点988个，室内外信箱191个。平均服务半径1.77平方公里，平均服务人口1.93万人。

山西省分公司副总经理杨海峰慰问太原市分基层网点

小店区区长杨继承一行在园区建设选址处与市分公司总经理张俊卿交谈

10月9日，太原市分公司与省、市寄递局在龙城国际举行第46届世界邮政日活动

太原市迎泽区

高院院长周强（左一）赴东太堡人民法庭调研。省长李小鹏（右二）等陪同

市委书记吴政隆（左二）在迎泽区视察工作，区委书记刘文华（左三）、区长冯原平（左四）陪同

小五台小学

迎泽区位于山西省太原市汾河之东，市区中部，城区东与晋中市榆次区、寿阳县相邻；西隔汾河与万柏林区相望；南连小店区；北接杏花岭区，总面积 117 平方公里，总人口 60.6 万余人，是太原市面积最小、人口密度最大的城区。

2015 年，全区地区生产总值完成 534.98 亿元，比 2014 年增长 7.7%；人均国内生产总值 88405 元，比 2014 年增长 7.2%；服务业增加值完成 458.17 亿元，比 2014 年增长 7.9%；固定资产投资完成 190.97

南沙河快速路改造

建设路快速化改造

市委副书记、市长耿彦波（中）、副市长王爱琴（右三）与新西小学师生共庆六一儿童节

区委书记刘文华（左二）、区长冯原平（左一）到辖区检查消防安全

亿元，比 2014 年增长 24.8%；社会消费品零售总额完成 397.11 亿元，比 2014 年增长 10.6%；一般公共预算收入 16.13 亿元，比 2014 年增长 7.3%；农林牧渔总产值 8245.9 万元，比 2014 年降低 2.6%；粮食总产量 374.9 吨，比 2014 年增长 0.2%；工业总产值 65.98 亿元，比 2014 年增长 6.21%；城镇常住居民人均可支配收入 28352 元，比 2014 年增长 8.2%，农村常住居民人均可支配收入 17970 元，比 2014 年增长 7.5%。全区主要经济指标全线飘红，是全市唯一全部完成 5 项主要经济指标的县区。

柳巷商业街

便道清洗全覆盖

小山沟城郊森林公园

中国石化销售有限公司山西太原石油分公司

市委书记吴政隆莅临太原公司皇后园油库视察指导

省公司徐建春总经理深入太原公司就“拆一还一”工作开展及充电桩市场情况进行调研

开展“关注油品质量　拒绝调和油”活动

太原石油分公司隶属于中国石化销售有限公司，成立于1954年，现下设14个部门，管辖10个县区公司。截止目前，公司共有加油站108座，其中六城区分布58座，清徐20座，阳曲10座，古交10座，娄烦6座，另有高速公路服务区参股站4座。公司网络量占太原市总量39%，是名副其实的成品油销售市场主渠道。

一直以来，太原石油分公司坚持“以人为本、诚信负责、从严管理、创新经营”的理念，始终以践行国有骨干企业三大历史责任为宗旨，致力于推动太原市各项建设、满足市民生活出行需求，得到了社会各界的充分肯定与高度认可。

员工在加油站向顾客介绍“12·23畅享秒杀活动”

开展“人在旅途　爱在油站”活动

太原石油分公司段繁绪经理在加油站指导工作

太原石油分公司组织电子商务培训

开展“迎新春 启新程”运动会

开展“扫微信二维码”送券活动

牵手农企，打造易捷销售新业态

山西昆明烟草有限责任公司

国家局局长凌成兴、山西省副省长付建华一行视察公司技改项目

国家局副局长徐王莹视察公司

红云红河集团总裁武怡视察山昆公司技改项目

山西昆明烟草有限责任公司（简称山昆公司）的前身太原卷烟厂始建于 1930 年。1998 年兼并曲沃卷烟厂，2000 年配合国家烟草专卖局、山西省烟草专卖局关闭了芮城卷烟厂，成为山西省唯一的卷烟工业企业。2003 年 7 月以太原卷烟厂为基础，山西省烟草公司和昆明卷烟厂共同出资组建山昆公司。2004 年 11 月，按照国家烟草专卖局部署，山西省烟草公司所持股份划转中国烟草实业发展中心持有，企业行政管理权限也随之上划。2005 年 11 月，红云集团组建，红云集团承继原昆明卷烟厂股权控股山昆

公司易地技术改造工程正式奠基

国家局整顿办主任赵国臣到山昆公司调研

中烟实业总经理董晓民调研山昆公司技改项目

公司。2008 年 11 月红云集团与红河集团合并组建后，红云红河集团承继原红云集团股权控股山昆公司至今。

截止 2015 年底，公司占地面积为 129435.27 平方米，其中厂区占地 85477.43 平方米，新营库占地 43957.84 平方米。从业人员为 1022 人，其中在岗职工 962 人。企业总资产 388789 万元（年末值），固定资产总额 115207 万元（年末净值），流动资产 270378 万元，资产负债率 16.02%。配备 5000 公斤 / 小时制丝生产线一条，1250 公斤 / 小时梗丝生产线一条；新购 4 组 ZJ17 卷接机组用设备、1 组 ZB45 硬盒包装机组、1 组 ZB25 软盒包装机组、3 台 YF26 滤棒接受机等烟机，形成共 14 台套卷包机组的设备配置。年卷烟生产能力 275.4 亿支（55.08 万箱）。

易地技改土地出让签字仪式

技改工程桩基第一桩成功完成

中烟实业副总经理刘龙主持召开“三严三实”民主生活会

山昆公司“三严三实”专题教育启动大会

太原市教育局

市委书记吴政隆重视教育民生项目

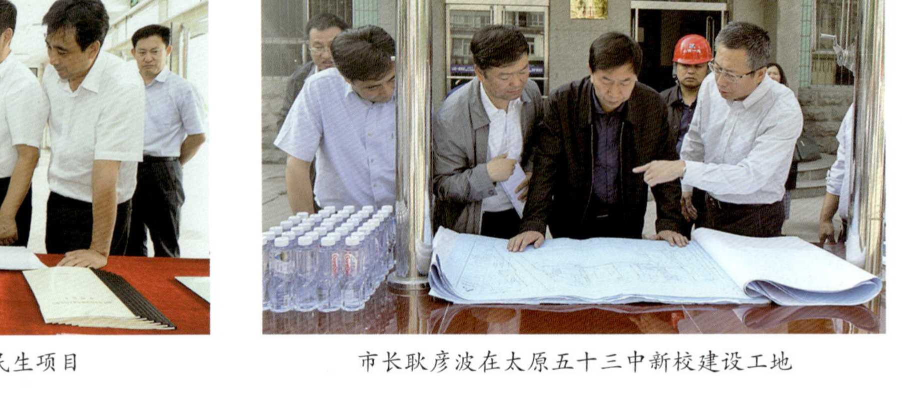

市长耿彦波在太原五十三中新校建设工地

艺术教育活动月

校园达人秀

2015年，太原市教育局深入贯彻党的十八大及十八届三中、四中、五中全会精神，深入学习习近平总书记系列重要讲话精神和以习近平同志为总书记的党中央领导集体崇尚实干、勇于担当、廉洁自律的优良作风，从严从实，打造优良作风，深入开展党风廉政建设，带头践行核心价值观，超额完成省市考核指标，致力改革创新，主动破解教育难点问题，优化结构，着眼长远持续发展，全面提升教育质量，分类关注，保障困难群体权利，努力维护社会公平，多措并举，不断缩小城乡差距，促进教育均衡发展，标本兼治，坚决整肃不良倾向，营造教育良好环境，德能双升，提高干部教师素质，夯实教育发展基石，依法行政，强化责任担当意识，提升机关工作效能，以高度的政治责任感、良好的精神状态和扎实的工作作风，紧紧围绕“办人民满意的教育”的核心任务，为我市重塑“三个形象”、实现“六个表率”做出了应有的贡献。

风采大赛素质拓展

太原六十七中新貌

阳光体育运动

太原市城乡管理委员会

2015 年 12 月 28 日，省委书记王儒林视察太古项目并慰问一线职工

2015 年 8 月 5 日，省委副书记、省长李小鹏视察晋阳污水处理厂项目建设

太原市城乡管理委员会（太原市城乡管理行政执法局）组建于 2009 年 12 月，为太原市政府工作部门，主要承担全市城市道路、桥涵、照明、管涵、池渠、泵站、市容环卫等市政基础设施维护管理；城市供水、供气、供热、污水处理等公用事业运营管理；节约用水和再生水利用管理；行使建筑、人防、园林绿化、市容环卫等市政公用设施占用等方面的行政执法职责。委机关内设 27 处室；直属有市行政执法总队、太原供水集团、市市政管理处、市热力公司、市照明管理处、市数字城管指挥中心等 19 个企事业单位，全系统干部职工万余名。

2015 年 6 月 17 日，市委副书记、市长耿彦波在亲贤街工地调研

南中环高架桥工程竣工

学府街改造施工现场

2015 年 9 月 18 日，道路新修后乾泽苑社区群众赠送锦旗

太原市市政工程总公司

总经理张平国陪同副市长张齐山视察工地

太原南站道路桥梁配套工程

太原市市政工程总公司（以下简称“总公司”）成立于1953年，注册资金2.5亿元，是拥有市政公用工程和公路工程施工总承包双壹级、房屋建筑工程总承包贰级资质的国有大型建筑施工企业。同时，总公司还具备公路路面壹级，公路路基工程壹级，桥梁工程贰级，城市及道路照明工程贰级，钢结构工程贰级，桥梁贰级等专业承包资质。

总公司主营道路、排水、桥梁、建筑安装、防洪排水、污水处理、园林绿化、公路路基、路面等施工工程及进行对外经济合作，兼营机械租赁与修理、沥青与砼制品加工、试验检测等业务。现有各类机械设备总台数378台，总功率达到22500千瓦，年施工能力在20亿元以上。总公司拥有各类专业技术人员484人。其中高级职称41人，中级职称230人，一级建造师61人，二级建造师64人，造价工程师9人，安全工程师20人，试验检测师16人。

总公司承建的工程多次荣获中国市政金杯奖，山西省建筑工程汾水杯质量奖，省、市优质工程奖。总公司也先后被授予全国优秀施工企业，全国施工行业重合同守信用企业，山西省优秀建筑企业、省骨干建筑业企业、省企业100强、省建筑施工安全生产标准化单位。总公司依靠企业良好的市政品牌，将经营空间拓展到广东、内蒙等省市，先后在浙江、四川、福建、广州、深圳、珠海等省市成立了多个分公司，使企业走出了山西，走向了全国。

太原市长风大桥建造工程

总公司办公大楼

太原汾河绿化工程

山西忻州市雁门大道

太原市漪汾桥建造工程

授予：太原市市政工程总公司
建筑施工安全生产标准化单位
（有效期与安全生产许可证相同）
山西省住房和城乡建设厅
二〇一五年三月

山 西 省
二〇一四年度
优秀建筑企业
山西省建筑业协会
二〇一五年六月

太原市热力公司

省委书记王儒林来公司视察

省委常委、市委书记吴政隆来公司视察调研

太原市热力公司成立于1982年，主要从事集中供热建设和运营管理工作。公司下设23个部门，14个分、子公司，现有职工2000余人。公司先后获得全国文明单位、全国精神文明建设先进单位、全国“五一”劳动奖状等荣誉。

公司首个集中供热工程于1990年开工，1994年首期投运，2002年以来进入快速发展期，以平均每年500万平方米的速度发展。“十二五”期间，建设了二电七期、瑞光、嘉节、华能、南部、东山替代6个供热项目，新增供热能力5520万平方米，实现扩网7465.3万平方米，占目前总供热面积的68%。截至2015年底，公司建成热力站1166座，供热一次管网870公里；供热面积达1.1亿平方米以上，为太原市主城区可供热面积的70%，覆盖3486个单位，85万余户居民，258万余人，供热规模名列全国第二。凭借有效的技术保障和优质的供热服务，公司供热合格率始终保持在99%以上。

经过集中供热多年来的建设发展，累计取缔燃煤锅炉房4208座，土小锅炉14473座；取代燃煤烟囱4222根，土小锅炉烟囱16383根；减少锅炉房和煤灰占地5054亩。每年可节约标煤471.97万吨，减少灰渣115.47万吨，减少二氧化硫排放量15.39万吨，减少烟尘排放量13.58万吨，节能、环保效益可观。

目前，太原市热力公司正在奋力拼搏、攻坚克难，全面投入到集中供热的发展建设中，为全市的发展做出新的更大的贡献。

太古项目隧道贯通

管线施工现场

太原天然气有限公司

山西省委副书记楼阳生，省委常委、太原市委书记吴政隆到公司看望慰问坚守岗位的干部职工

五一劳动节前夕，省委常委、太原市委书记吴政隆一行，莅临公司慰问全国劳模叶晋庆

太原天然气有限公司位于晋阳街东沺三巷3号，具有山西省“四气”生产经营企业从业资格，主要从事太原市行政区域内管道天然气经营。公司以“客户至上，服务社会”为宗旨，紧紧围绕“安全生产、稳定供气”的中心任务，为太原市百万用户提供燃气供应及燃气相关配套服务。

十二五期间，公司有序推进天然气利用工程，加快清洁能源替换工作。先后组织实施了天然气置换工程、燃气替代燃煤锅炉改造工程、城边村气化改造工程及液化气改造工程等市政重点民生工程，新发展用户20余万户。大力加强城市燃气管网基础设施建设，积极推进地下老旧管网改造工作，累计建成城市燃气管线3千余公里，城市门站2座，各类调压站1287座，储配站3座，基本形成覆盖太原市的高中低压三级燃气管网输配系统。

近年来，公司获得全国、省、市、煤炭行业优秀QC成果奖、技术进步奖等四十余项，荣获“全国质量信得过班组”，“省城平安标兵单位”，“市委先进单位”，“市安全生产工作优秀企业”，“市诚信企业”，“民主评议政风行风工作优秀单位”，“为民服务优胜奖”，“冬季供热供气保障工作优秀单位”，“市重点工程建设优秀单位”，“市政公用服务进社区优秀单位”，“太原市50强企业”、“太原市服务业50强”，“市社会扶贫先进单位”等荣誉称号。

公司第二十六届龙舟大赛在迎泽公园举行

学府街燃气管网铺设现场

2015年2月，公司积极开展燃气安全进社区活动，做好安全用气宣传工作

山西焦煤集团有限责任公司

12 月 14 日，山西省委书记王儒林在山西焦煤调研煤矿瓦斯发电工作

2 月 12 日，国务委员王勇在山西焦煤调研煤矿安全生产工作

山西焦煤集团有限责任公司（以下简称山西焦煤）是国内最大的炼焦煤生产企业，是煤炭产量过亿吨的特大型能源集团，位列 2015 世界企业 500 强第 264 位、中国企业 500 强第 48 位、中国煤炭企业 100 强第 2 位。资产总额 2557 亿元，职工总数 23 万人。

山西焦煤组建于 2001 年 10 月，属山西省国有独资企业，总部位于山西省会太原市，下属有西山煤电、汾西矿业、霍州煤电、华晋焦煤、山西焦化、运城盐化、山西焦炭等 23 个子分公司和西山煤电、山西焦化、南风化工 3 个 A 股上市公司。

山西焦煤以煤、焦、电、化为主业，兼营物流贸易、装备制造、材料、民爆、建筑、煤层气、节能环保、投资金融、文化旅游、房地产等配套辅助产业。有六大主力生产和建设矿区，主要矿厂分布在太原、晋中、临汾、运城、吕梁、长治、忻州 7 个地市的 29 个县区。

山西焦煤主导产品有焦煤、肥煤、1/3 焦煤、瘦煤、气肥煤、贫煤等多个煤种，其中强粘焦煤和肥煤均为世界稀缺资源，是大钢厂大高炉不可或缺的骨架炉料；化工产品主要有冶金焦、铸造焦、焦粉、甲醇、炭黑、硫磺、工业萘、洗油、沥青、元明粉、硫酸钡、镁盐、化妆洗涤用品等。公司与多家上下游大企业结成了战略合作伙伴关系，多次被授予全国煤炭工业优秀企业、全国“守合同重信用”企业、全国模范职工之家等荣誉称号，荣获“全国五一劳动奖状”。

2015 年，山西焦煤紧紧围绕山西省“六大发展”理念，全面实施“11236”发展战略，扎实推进“678”年度行动计划，全面建设现代化新型能源集团。企业生产原煤 1.05 亿吨、精煤 4589 万吨、焦炭 962 万吨、化工产品 328 万吨，发电 130 亿度，生产煤总销量 8974 万吨，实现销售收入 1956 亿元，工业增加值 351 亿元，税费 81 亿元，在市场逆境中保持了平稳健康发展。

12 月 7 日，山西焦煤副董事长、党委常委、总经理金智新（前排中）当选中国工程院院士

3 月 10 日至 3 月 30 日，山西省委第五专项巡视组对山西焦煤开展了为期 21 天的专项巡视

太原市教育装备中心

太原市教育局局长马兆兴在全国“中学数学实验”论坛上讲话

太原市教育局副局长赵长红在第二届“三维创意设计实践活动”现场

太原市教育装备中心为教育公益一类副县级事业单位，现有教职员工 49 人，拥有理化生、图书、电教、信息技术等专业技术人员 40 人，后勤管理人员 9 人。下设四个科室办公室、仪器科、设备科、电教科。两个工作办公室即太原市中小学着装工作办公室和太原市实验操作考试办公室。主要负责全市各级各类中小学教育技术装备工作及全市中小学教学仪器设备的采购和供应；负责全市中小学实验室、图书室建设与管理工作；承办中小学统一着装及学具、教学用品的管理工作协助学校进行实验室管理，同时培训考核实验人员；负责“春芽图书馆”的筹建与监督管理工作；组织校园捐书工程；承办教育局交办的其他工作任务。

教育部后勤装备研讨会在并召开

兄弟省市来中心交流考察

2015 年太原市理化实验操作考试

最美校服进校园

参加文教工委小合唱比赛

太原幼儿师范学校

市委书记吴政隆到新校调研

团结奋进的太原幼师领导班子

2015 级新生军训汇报演出

太原幼儿师范学校是山西省、太原市培养培训学前教育、早期教育、艺术教育师资人才的重要基地。学校总计占地 551.7 亩，其中旧校区占地 53.9 亩，新校区占地 366.7 亩，预留用地 131 亩。目前共有在校生 8806 人，教学班 161 个，在全国同类学校中规模最大。开设学前教育、学前音乐教育、学前舞蹈教育、学前英语教育、学前美术教育等九个专业，其中学前教育、学前舞蹈教育、学前美术教育专业为“省级示范专业”。

安全教育及紧急疏散演练

学生手卷钢琴竞赛

校长任志勇向省教育厅、市教育局领导汇报新校建设情况

2015 年 12 月 1 日，校长任志勇向省教育厅高等学校设置专家组汇报升格工作

2015 年，本校深入贯彻党的十八大及十八届三中、四中、五中全会精神和习近平总书记的系列重要讲话精神，全面落实《国家中长期教育改革和发展规划纲要（2010-2020 年）》，坚持“瞄准市场、内涵发展、质量立校”的理念，立德树人，改革创新，勇于实践，乐于奉献。学校办学实力不断增强，社会影响日益扩大。连续 23 年保持太原市“文明和谐标兵单位”，连续 13 年保持山西省“文明和谐单位”称号。

尤其是新校建设得到市委市政府的高度关注，市长耿彦波指示要用一流的设计单位，一流的施工队伍，建一所全国最漂亮的富有特色的学校，并从设计、施工、资金、设备等方面给予大力支持。5 月 11 日，市政府办公会议上议定，太原幼师新校建设要加大人力、物力和机械投入力度，精心组织，周密安排，确保工程进度。8 月 25 日，市委书记吴政隆亲自到新校调研，充分肯定了新校建设工作，并对学校开展十二项“惠民工程”项目大加赞赏。

“小动物舞蹈世界”演出深受小朋友喜爱

10 月大型儿童剧《龙的传人》首演获得了良好的社会效应

新校夜景鸟瞰

杏花岭区享堂南街小学

义务教育均衡县省级督导验收

教师学习会

升旗仪式

2015年享堂南街小学围绕“让每一个生命绽放美丽”办学理念，以“尚美教育”为办学特色，建章立制，确保学校工作的有序开展；凝心聚力，加快学校建设；情理兼容，做好师生稳定工作；分析学校现状，规划学校园景；在三校(享堂小学、享堂南街小学、胜利东街小学)合并、文化“整合”的基础上，找准了学校的发展定位，明确了学校的发展目标——努力把学校建成管理规范有特色，教师整体优化有特点，学生全面发展有特长的杏花岭区北部优质学校。

一年级学生国画课

雪塑大赛

家庭教育讲座

教师学习会

2015年顺利完成“标准化”及“基础教育均衡发展”各级评估验收工作。在全体教职工的共同努力下，实现了学校的健康跨越发展，学校先后荣获杏花岭区文明单位、杏花岭区双拥单位。全国“双有”活动优秀组织奖；太原市第二十四届学校艺术教育活动月及第十五届师生美术摄影书法作品展优秀组织奖；太原市首届中小学文化素质风采展示活动优秀组织奖。学校1位老师获得太原市教学能手荣誉称号，1位教师获得省思品课山西选拔赛一等奖，5位教师经过片教学赛的选拔先后参加区“成长杯”和“小学科课堂教学赛”，3人获得小学科课堂教学赛一等奖。

家长开放日

学生汉字书写大赛

荣获太原市小学男子排球第一名

太原城市职业技术学院

市委书记吴政隆莅临学院调研指导工作

学院组织党委中心组成员前往廉政教育园参观学习

举办青年教师赛讲比赛，提高教师职业能力

太原城市职业技术学院是经山西省人民政府批准、教育部正式备案的公办综合高等职业院校。

学院位于太原市胜利桥西，环境优雅，交通便利。学院占地近200亩，拥有先进的教学、实训、生活、文体等设施设备，其中建筑技术实训基地为国家级实训基地，建材实验室为我省高职院校唯一国家级建筑材料检测点，电子商务与机电一体化专业实训基地为国家财政重点支持的实训基地。原山西省委书记王茂林在我院设有“王茂林捐赠图书藏书馆”。

学院现有校内实验实训室61个，总面积达到9835.69平方米，教学科研仪器设备总值达到2873.39万元，生均5196元。其中国家级实训基地和实训中心2个，省级示范性实训基地4个，市级实训基地1个。建有校内生产性实训基地5个。2015年，学院制定了《学院校园建设总体规划》，按照规划设计，基本解决了制约学院长期发展的教学场地问题，特别是实训场地短缺问题，为学院中长期发展奠定坚实基础。

学院建设理实一体化课程，培养高素质技能人才

学院学生足球队获得山西省大学生足球联赛（高职类）第一名，代表山西赴天津参加全国大学生足球联赛

学院志愿者参加太原市节约用水宣传活动

太原市财贸学校

太原市教育局局长马兆兴、副局长荆俊杰视察本校综合楼建设

本校学生沙盘模拟企业经营荣获三等奖

太原市财贸学校创建于1956年，1981年改为太原市财贸学校，1999年评为省部级重点中专学校，2004年确定为国家级重点中专学校，是太原市第一批财经类国家级重点中专学校。

学校位于太原市坞城北街26号。现有教职工111名，专任教师93名，全部本科以上学历。现有48个教学班，在校生1757人。现开设有会计、计算机应用、会计电算化、电子商务、计算机与数码产品维修、工艺美术、美术设计、市场营销、计算机网络等专业，其中会计专业、计算机及应用、美术设计专业分别于2005年、2007年、2012年被省教育厅批准为省级示范专业和市级重点专业。

学校开展“专业品牌化、技能标准化、成才多元化”的办学理念，经过历届领导班子和全体师生的努力，办学规模逐年扩大，办学质量逐步提高，办学水平明显提升，办学成效显著，受到各级教育行政部门的表彰和认可，先后荣获山西省中等职业院校技能大赛优秀组织奖、第八届中国青年志愿者优秀组织奖、太原市中等职业学校教育教学质量优异学校、太原市职业院校教学质量综合奖、太原市职业院校招生工作成绩突出学校、参加全国职业院校技能大赛成绩突出学校等。

校门

半军事化管理

青年志愿者服务

本校承办2015山西省技能大赛

太原市万柏林区实验中学

区文明办部长唐杰来校检查精神文明工作

区领导来校指导工作

万柏林区实验中学位于万柏林区上庄街56号，1959年建校，1986年改建，2008年扩建，现有教学班28个，教职工129人，学生1429名，教学设备齐全，124名专任教师中有11名研究生、101名本科、12名大专教师。校区占地面积57942平方米，生均占地面积达40.54平方米；建筑面积20438平方米，生均建筑面积达14.3平方米。别外校园内有塑胶操场，有足球、篮球、排球、羽毛球等活动场地，有新建的小公园面积达4657平方米，新旧校园绿化面积12717平方米，形成一个风景优美、环境幽雅，绿树成荫的区属中学。

2015年，本校深入贯彻党的十八大及十八届三中、四中、五中全会精神和习近平总书记的系列重要讲话精神，全面落实《国家中长期教育改革和发展规划纲要(2010-2020年)》，坚持“团结　务实　协作　争先”的校风，本着“敬业　爱生　严谨　迎新”的教风，努力营造“刻苦　善思　踏实　进取”的学风，立德树人，改革创新，勇于实践，乐于奉献。学校办学实力不断增强，社会影响日益扩大。连续多年保持太原市“精神文明先进单位”称号。

学校操场

学生做物理实验

小百灵艺术团

青年教师侯峰思维导图公开课

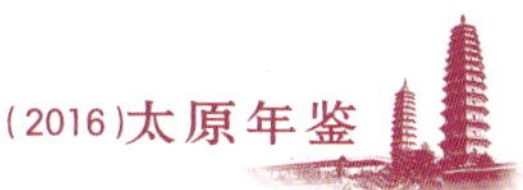

太原市万柏林区建筑中巷小学

开展“缅怀历史，振兴中华”清明节祭扫烈士墓活动

党支部组织党员到廉政园重温党的誓词，坚定理想信念

万柏林区建筑中巷小学始建于1996年，校园占地面积14560平方米，现有21个教学班，1123名学生，66名教职工。其中省级骨干教师3人、市级骨干教师15、县级骨干教师3人。学校设有图书室、微机室、档案室、多媒体室、科学实验室等专用教室，各室设备齐全、管理到位、使用率高。学校始终坚持“以人为本，教学相长”的教育理念，以均衡发展工作为有利契机，积极转变教育教学观念，努力提高教育教学质量，全面实施素质教育，现已经成为服务西山，影响万柏林，走向大太原的一所特色学校。

开展“红领巾相约中国梦，关注十三五，创造新生活暨庆六一表彰大会”

校运会开幕式

举行以“安全教育日和市安全教育月”为主题的安全教育活动

开展“寻找雷锋足迹，弘扬雷锋精神”学雷锋系列活动

参加第十一届全国青少年未来工程师竞赛并获三等奖

太原市第三实验小学

"三严三实专题教育"民主生活会

"诊断式"开题论证会

防震减灾逃生演练

阳光体育冬季长跑活动

2015年，校领导班子团结带领全校教职员工，深入贯彻党的十八大及十八届三中、四中、五中全会精神，扎实开展"三严三实"专题教育活动，积极打造崇尚实干、勇于担当、廉洁自律的优良作风，全面落实《太原教育"十二五"规划》和《学校三年发展规划》，坚持以立德树人为根本任务，精细管理，聚焦质量，深化改革，全力规范，完成了年初制定的各项指标任务，获得了丰硕的成果，先后荣获太原市特色小学示范校；太原市首届中小学"升华杯"课堂教学竞赛团体一等奖、集体一等功；太原市教育系统最佳领导班子；太原市普通中小学体育教师基本功技能大赛（小学组）团体一等奖；太原市教育系统教师文艺展演三等奖等。

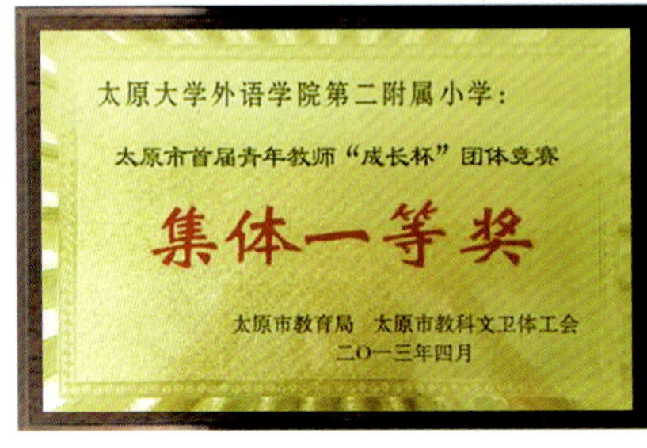

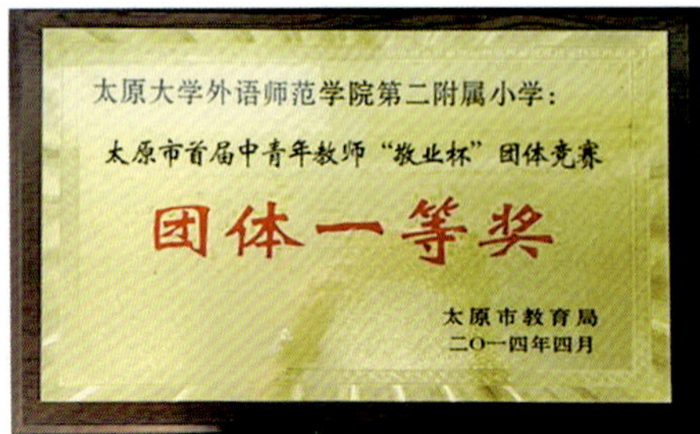

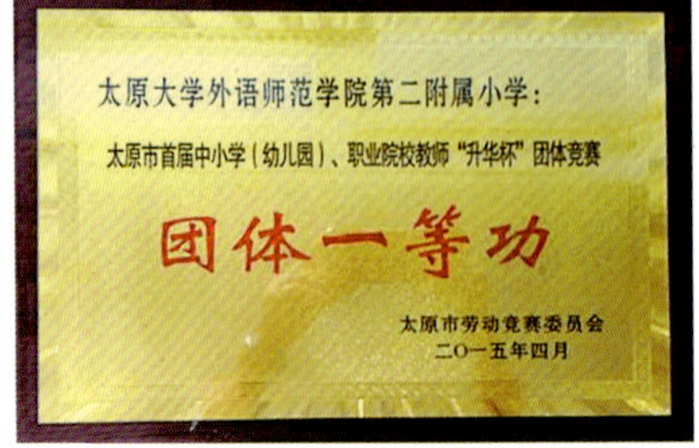

培训积极分子

参观卫校实践体验

开展经典诵读活动

慰问光荣院老红军

"六一"文艺汇演

太原市晋源区实验小学

区领导来校检查工作

每周一的校委会例会

2015年，学校扩建后的全貌，风景优美，功能齐全，打造了一所本区内规模最大的优秀学校

校园一角

晋源区实验小学校是成立于2004年9月的一所区属小学。总用地面积32134.94平方米。学校现有34个教学班，1860名学生，专任教师82人，获得区级以上学科带头人、教学能手等荣誉称号的累计达238人次。

学校始终秉承“养正教育”的办学理念，以“品正德良、善思会学、健康阳光、个性鲜明”为培养目标；以“诚、善、真、美”为校训，以“崇正、求实、和谐、奋进”为校风；以“尚法、爱生、合作、创新”为教风；以“善思、乐学、主动、求真”为学风，立足学生的全面发展，关注教师的专业成长。

学校先后被评为：全国特色教育先进学校、国家教育部颁发首批中华优秀文化艺术传承学校、太原市首批特色小学示范校等荣誉称号。

本校舞蹈社团的节目《荷韵》参加太原市第二十五届学校艺术教育活动月文艺展演获得第一名

本校葫芦丝队正在参加“桃李杯”中国青少年艺术风采展演活动，并获团体总分一等奖

2015年的“六·一”文艺汇演，校级社团——电子琴组的孩子们正在演奏

太原市晋源区第三实验小学

校领导班子组织学习

太原市教育局局长马兆兴、党委副书记刘福海等领导在比赛现场听取本校学生的介绍

太原市晋源区第三实验小学位于义井街南三巷 23 号，创建于 1956 年，现有教职工 115 人，45 个教学班，学生 2600 余名。

2015 年，太原市晋源区第三实验小学实现了跨越式的发展，在晋源区教育局的正确领导和全校广大教职工的奋力拼搏下，学校以党的十八大精神统领全面工作，紧紧围绕区教育局提出的“强化理念、提升质量丰富内涵、创建特色”要求，坚持“在起点播种希望，以读书明德启智”的办学理念；坚持“五抓一发展”的治校方略（即：抓关键——建设一个坚强团结的领导班子，抓根本——建设一支高素质的教师队伍，抓核心——注重德育工作的实效性，抓中心——加强教研教改工作，落实素质教育的创新性，抓党建——发挥好党组织的战斗堡垒作用和党员的先锋模范作用，发展——发展特色教育，铸造学生人格的完美性），最终促进学校科学发展、和谐发展、均衡发展、办人民满意的教育；全面贯彻教育方针，扎实推行新课程改革，坚持教学中心地位、质量核心地位不动摇。学校“向师德要质量、向管理要质量、向教研要质量、向服务要质量、向安全要质量、向纪律要质量”，大力弘扬“自强、厚德、和谐”的学校精神，广大教职工吃苦耐劳，甘于奉献，奋发向上，争先创优，遵规守纪，团结合作，努力实现了学校教育的又快又好发展，并取得了一定成绩。

“体验美德　畅想快乐”庆“六·一”表彰大会

“心怀感恩　奋发向上”建队日主题大队会

校运会开幕式

“过山车”项目国赛夺金

太原市杏花岭区锦绣苑小学

杏花岭区区长张磊、副区长郝虎生、教育局局长尹骏来学校视导工作，校长梁慕和陪同

杏花岭区教育局局长尹骏陪同省教育厅副厅长任月忠来本校进行创建全国义务教育发展基本均衡县区验收工作

杏花岭区

特色学校

杏花岭区教育局
二〇一五年十一月

太原市教育科学“十二五”一般规划课题

优秀成果奖

太原市教育科学规划领导小组办公室
二〇一五年十二月

锦绣苑小学（前身为太钢三校）是山西省基础教育课程改革基地校、太原市综合实践活动学科基地校、杏花岭区特色学校。学校创建于1962年，位于杏花岭区柏杨树街北二巷8号，是一所四轨制小学，服务范围为两个社区和两个行政村，属于城乡结合小学。学校现有23个教学班，学生1214名，专任教师60名，其中教师研究生学历4人，本科学历34人，专科学历22人，省教学能手2人，市教学标兵1人，市教学能手1人，市骨干教师12人，区教学标兵1人，区教学能手6人。学校先后荣获教育部基础教育课程改革综合实践活动项目组先进学校成果一等奖、中国教育学会小学教育专业委员会“小学特色学校办学成果”和“先进集体”、山西省“三优”工程校本教材一等奖、太原市教育科学“十一五”“十二五”规划课题一等奖和杏花岭区“综合实践活动优秀学科教研组”等称号。

“欢欢喜喜中国年”综合实践活动作业展

六一文艺演出

太原市动物园保护非洲灰冠鹤活动